중국철학의 기원과 전개

This book is translated into Korean from the original
《发生与诠释─儒学形成, 发展之主体向度的追寻》with financial support from
the Chinese Fund for the Humanities and Social Sciences.

중국철학총서 5
중국철학의 기원과 전개

지은이 丁爲祥
옮긴이 손흥철 · 최해연
펴낸이 오정혜
펴낸곳 예문서원

편집 유미희
인쇄 및 제책 주) 상지사 P&B

초판 1쇄 2022년 7월 11일

출판등록 1993년 1월 7일(제307-2010-51호)
주소 서울시 성북구 안암로 9길 13, 4층
전화 925-5913~4 | 팩스 929-2285
전자우편 yemoonsw@empas.com

ISBN 978-89-7646-473-6 93150
YEMOONSEOWON 13, Anam-ro 9-gil, Seongbuk-Gu, Seoul, KOREA 02857
Tel) 02-925-5913~4 | Fax) 02-929-2285

값 55,000원

중국철학총서 5

중국철학의 기원과 전개

丁爲祥 지음
손흥철 · 최해연 옮김

예문서원

옮긴이의 말

정위상丁爲祥 교수의 『發生與詮釋』(역서 제목:『중국철학의 기원과 전개』)은 기존의 여러 철학사와는 여러 가지 면에서 색다른 저작이다. 일반적으로 철학사는 저자의 철학적 관점이나 시각을 중심으로 일정 범위의 철학사 전체를 잘 요약정리하거나, 문제 위주로 철학사를 재구성하는 방법으로 전개된다. 그런데 이 책은 이러한 방법과 관점 외에 철저하게 시대상황과 경전經典의 해석을 중심으로 중국 고대의 철학사를 서술하였다. 시기적으로 고대에서 한漢왕조까지의 제자학諸子學 가운데 유儒·도道·묵墨·법法의 사상을 핵심 연구의 대상으로 삼았다.

정위상 교수의 이 책의 특징을 정리하면 다음과 같다.

첫째, 중국철학사에 대한 이해의 지평이 확대되었다. 이 책에서 저자는 유가儒家·도가道家·묵가墨家·법가法家를 중심으로 한 여러 학파들의 사상을 정치·역사·문화·환경 등을 종합적으로 망라한 관점에서 서술하였다. 이러한 점에서 철학 혹은 사상이 역사와 문화 등 현실의 구체적 삶과 밀접한 관련이 있음을 체계적으로 이해할 수 있었다.

둘째, 주요 학파들의 사상 사이의 맥락 혹은 연결 관계에 대한 문제다. 대부분의 학자들은 예를 들면 유가와 도가를 서로 상극의 관계로 이해하거나 상호 비판적 관계를 중시하여 연구한다. 그런데 이 책에서는 상호 관계를 역사적 맥락 관계로 파악한다. 각 시대마다 시대가 요구하는 실용적 사상이 다를 수 있다. 그리고 시대와 공간을 초월하여 하나의 보편적 가치를 가지는 사상이 있다. 이들의 사상을 시간과 공간을 초월하여 그 보편적 가치를 탐구하는 것도 충분히 의미가 있으나, 근원적으로 과거와 현재 혹은 미래까지의 시대와 공간의 연결을 중심으로 철학을 연구할 필요도 있다.

셋째, 문헌학적인 관점이다. 중국철학은 분서갱유焚書坑儒와 같은 참혹한 정치적 소용돌이를 거치면서 흔히 제자백가의 저서와 오경五經과 같은 경전의 진위眞僞와 후인들의 찬집纂輯 과정에서 책의 내용에 가감加減이 있었다. 이에 대한 연구가 훈고학訓詁學이나 고증학考證學 등 또 하나의 학문적 연구 분야가 되었다. 이와 아울러 그동안 위서僞書로 판명된 부분은 제자백가 개인의 본래 사상이 아니라고 판단하고 이에 대한 부분은 연구대상에서 제외하는 경향이 있었다. 그런데 이 책에서는 위서라고 판명된 부분의 내용까지 하나의 종합적 체계로 폭넓게 이해하였다. 저자는 시대적 환경과 더불어 새롭게 재평가할 부분이 있으므로 앞으로 새로운 논의의 필요성을 제기하였다.

넷째, 중국철학 연구의 새로운 지평을 제시하였다. 이 책의 제목의 한 부분인 전석詮釋은 일반적으로 "해석解釋"으로 번역할 수 있는데, 여기에서는 경전經典에 대한 연구와 이해를 포함하는 '해석'으로서, 동양학 관점의 "해석학解釋學"으로 이해할 수 있다. 이는 서양의 '해석학'(Hermeneutics)과 비교해 보면, 개념적 의미는 비슷하지만, 그 내용과 방법 및 유래는 전혀 다르다. 그동안 중국철학에 대한 연구가 역사적으로 일부 권위 있는 전문 연구자의 견해를 중심으로 비판과 재해석 및 일부의 가감을 중심으로 전개되었는데, 이 책은 정확한 경전의 고증을 통하여 연구를 진행하였다. 이러한 관점은 철학의 내용과 방법론 및 사회적 연관성 등을 매우 풍부하게 확장하였다.

이 외에도 이 책은 여러 가지 우수한 특징을 포함하고 있다.

역자는 우리에게 잘 알려진 여러 중국철학사를 통하여 중국철학을 공부하였고, 제자백가諸子百家의 사상을 기초로 중국철학 전반에 대한 이해를 할 수 있었다.

그리고 이를 토대로 몇 권의 저술과 여러 논문을 작성하였다. 그러나 역자는 『發生與詮釋』을 번역하면서 중국철학과 중국철학사에 대한 새로운 이해와 함께 철학적 사유의 주제에 대한 새로운 이해를 할 수 있었다. 특히 철학사상은 철저하게 시대적 산물임을 새삼 확인하였다.

해방 이후 한국 사회에서 철학은 사람들의 구체적이고 일상적인 삶과 밀접한 실용학문이 되지 못하고 있다. 왜냐하면 철학에서 추구하는 엄밀한 진리추구와 엄밀한 논리성은 우리 생활의 가치판단이나 사실판단에서 가장 중요한 첫째 원칙이 아니기 때문이다. 또한 우리 사회의 다양한 갈등과 모순 등에 대하여 철학은 실용적 대안을 제시하는데 그 역할이 충분하지 않기 때문이다. 그동안 우리 사회에서는 철학적 사유가 개인의 생활과 사회에 실용적으로 이용되지 못하고 혈연血緣·지연地緣·학연學緣과 같은 비이성적 상호 관계와 이익 관계가 가치판단이나 사실판단의 중요한 척도가 되어 왔다. 그리고 전문적으로 철학연구에 종사하는 사람들조차도 철학은 없고 이념理念에만 집중하는 경향이 있다. 이것은 우리 사회의 지적知的 환경을 잘 대변해 주는 말이다.

이 책에서는 시대에 부응하고 시대를 이끌어 가는 사상들의 역할을 잘 설명하고 있으며, 동시에 시대를 이끌 사상과 사유를 만들어 내지 못하는 지도자와 국가가 제대로 발전하지 못하고 일찍 역사의 뒤안길로 사라지는 현상도 잘 설명하고 있다.

이 외에도 이 책에서는 유儒·도道·묵墨·법法 네 학파의 철학과 주요 인물에 대한 새로운 자료와 해석을 많이 제시하고 있다. 이런 의미에서 이 책은 중국철학 연구의 새로운 관점과 지평을 제시하였다고 볼 수 있다.

아울러 이 책을 번역하면서 저자의 풍부한 어휘력과 표현력을 통하여 중국어와 한자말에 대한 이해를 더 축적할 수 있었다. 과거의 역사와 삶의 현상, 그와 어우러지는 사상의 향연에 밤새는 줄 모르는 즐거움도 있었다.

끝으로 이 책의 저자 정위상 교수의 노고에 큰 박수를 보내며, 중국의 국가사과기금중화학술외역항목國家社科基金中華學術外譯項目과 인민출판사, 한국의 예문서원 등 모두에게 깊은 감사를 드린다.

이 책은 많은 고문古文, 경전經典과 잘 접하지 못하였던 고대 문헌의 인용문이 있고, 저자의 문장도 독특한 부분이 있고, 긴 만년체의 문장도 많아 번역에 애를 먹었다. 따라서 번역의 관점이 다를 수도 있고 일부 오류가 있을 수 있다. 독자 여러분의 따끔한 질정質正을 부탁드린다.

2021년 08월

역자를 대표하여

浩山齋에서 孫興徹

이끄는 글

20세기가 지나갈 때 불혹의 나이를 넘긴 한 사람의 인문학자인 필자는 80년대의 "문화 열기"(文化熱) 속에서 유학 연구를 시작하였고, 또 90년대의 "국학 열기"(國學熱) 가운데 유학에 대한 운명적 사고를 시작하였다. 21세기 이래로 필자는 또 유학에 관한 여러 가지 쟁론(爭論)에 참여하였다. 현재 "이순(耳順)"(60세)의 나이에 임해서는 20세기 유학의 커다란 시비(是非)와 흥기와 쇠락에 관해 평가를 거쳤지만, 필자의 마음에는 항상 이러한 문제들이 맴돌고 있다. 유학은 역사적으로 결국 어떻게 발생하였는가? 또 어떻게 발전하였는가? 그 생겨남과 발전은 또 어떤 양상의 기초와 특색을 갖추고 있는가? 유학 연구 하나에 매진해 온 한 사람의 학자로서, 만일 이러한 문제들에 대하여 기본적인 정견(定見)이 없다면, 또 일련의 기본적인 관점이 형성되지 않았다면, 그리고 유학이 당면한 현실적 문제들에 대하여 단지 머리가 아프면 머리만 치료하고 다리가 아프면 다리만 치료하는 단편적인 생각으로 유학의 존재와 발전의 합리적 근거와 그 실현의 의미를 포괄하여 설명한다면, 어떤 사람이 오로지 책에만 몰두하여 유학의 역사적 문헌을 분류하고 정하는 데 온 힘을 기울이고 아울러 이로써 이른바 높고 크고 상등의 이론체계를 구축했더라도, 필자는 이것을 자기의 인생에서 바꿀 수 없는 것으로 생각한다. 당연히 필자는 결코 이러한 연구를 반대하지도 않으며, 또한 그러한 연구의 의미를 부정하지도 않는다. 왜냐하면 학술은 반드시 이처럼 점차 누적된 방식으로 추진되기 때문이다.

그러나 필자의 유학 연구는 처음부터 끝까지 이른바 "이론 인식" 혹은 "현실적 필요"에 따른 시각으로 시작하지 않았다. 따라서 이른바 사람의 주체향도(主體向度) (subject dimension)는 필자가 시종일관 포기할 수 없는 일종의 기본 입장이다. 그리고 주체 생존의 크기와 방향에 따라서 유학의 발생과 발전을 거슬러 올라가는 것이 마땅히 필자가 가지고 있는 기본적인 시각이다.

지난 30여 년 동안 필자는 송명리학宋明理學과 근·현대 유학을 포괄하여 선진先秦 유학에 대한 계승과 발전 관계, 그리고 그 기본 맥락의 소통에 주력하였고, 이러한 소통적 연구는 또한 필자에게 기본적으로 유가의 학술적 성격과 정신적 주요 관심(關懷) 및 그 지향하는 이상을 이해할 수 있도록 하였다. 따라서 어느 정도 필자의 연구 그 자체가 스스로 반드시 유학의 발생과 발전에 대하여 유학이 유학의 기본적 특징을 이루는 까닭을 꼭 반성하도록 재촉하였다고 할 수 있다. 이 외에도 사상의 성격으로 보면, 유학은 일종의 전형적인 도덕이상주의 사조에 속하며, 이러한 도덕이상주의는 사람들이 자신의 도덕수양을 통하여 자신의 명운命運, 나아가 인류의 명운을 보도록 나타낼 뿐만 아니라, 또한 선진의 유儒·도道 두 학파 즉 공자와 노자의 "도道"와 "덕德" 가운데 어느 것이 더 근본인가의 문제에서 "상호 비평"(互絀, Mutual Criticism)을 나타내며, 동시에 공자가 사람의 도덕성의 근원에 대한 기본적 자각과 그 끝없이 소급해서 올라가는 데서 더욱 잘 나타난다. 예를 들면 공자가 여러 번 개탄慨嘆하여 말한 "하늘이 나에게 덕을 생겨나게 하였도다!", "문화가 나에게 있지 않도다!" 등등의 말은 또한 모두 분명하게 사람의 덕성의 근원을 위로 하늘에 맡겼으며, 자사가 말한 "하늘이 명한 것을 성性이라고 한다"(天命之謂性), "성誠은 하늘의 도道이며, 성誠하여지려 함은 사람의 도이다"라는 구절도 또한 똑같이 인간 덕성의 품부(稟賦)와 그 천명天命에 대하여 근원까지의 소급과 확인을 통하여 분명하게 나타내었다. 맹자孟子에 이르면 "내가 진실로 그것(역자 주: 天命)을 가지고 있다"에서 "이것은 하늘이 내게 부여한 것이다"라고 단언하기에 이르며, 또한 선진유가는 사람의 덕성德性의 근원에 대하여 일종의 기본적 자각과 "하늘이 부여한" 명확한 정위定位(자리매김)를 분명하게 표현하였다. 그렇다면 결국 무슨 원인으로 중국의 "축심시대軸心時代"[1] 사상가들이 한결같이 인간의 덕성의

---

1) 역자 주: 1940년대 말 독일의 Karl Theodor Jaspers(1883~1969)가 1949년 『역사의 기원과 목표』(Vom Ursprung und Zielder Geschichte)라는 책에서 제시한 개념으로, BC 800~BC 200년 사이에 탈레스, 피타고라스, 석가모니, 공자, 소크라테스, 플라톤, 아리스토텔레스, 맹자, 장자, 순자, 예수 등 많은 훌륭한 인물이 태어나 인류문명에서 인간정신과 세계관을 확립한 대전환의 시대를 "Axial Age" 혹은 "The Axial

근원을 하늘과 함께 하늘의 명령에까지 소급해 올라가도록 하였는가? 당연히 그들에게는 사람의 덕성의 근원을 하늘에 기탁寄託하는 것은 무엇보다 사람의 인식 궁극에까지 나아가는 것을 의미한다. 왜냐하면 그들이 볼 때 이 문제 자체는 곧 인류의 인식능력을 초월하며, 혹은 근본적으로 말할 수 없는 인식상의 명백한 문제라고 할 수 있으며, 곧 덕성 자체의 성질은 곧 인식을 초월해 있을 뿐만 아니라, 사람의 덕성의 근원에 대하여 끝없이 소급해 나가며, 또한 한결같이 인류의 인식능력을 초월하는 문제이기도 하다. 그러나 현대의 인식이론의 영향과 또한 끊임없이 유가사상이 역사적으로 결국 어떻게 발생하고 어떻게 형성되어 전해 내려왔는가를 탐색한 것에 대하여 말하면, 이러한 대답은 분명히 결코 사람을 만족시킬 만한 답안은 아니다. 따라서 유학의 발생, 발전해 나가는 주체 생존의 크기와 방향과 그 생존의 근원에 대한 소급에 대하여, 필자 개인의 흥취도 있을 뿐만 아니라 동시에 유가儒家 학리學理의 발전과 그 존재 현실의 합리성의 문제도 포함된다.

다만 물론 개인의 연구 흥미이든 유학 발전의 이론의 필요이든, 우리가 접할 수 있는 첫째의 대상은 곧 역사이고, 이것은 유학의 발생과 발전을 기록한 각종의 역사 문헌과 관련이 있다. 그러나 우리는 여기서 역사기록의 문헌 자체를 직접 접할 수는 없으며, 반드시 먼저 역사에 대한 우리의 기본관념을 분명하게 해야 한다.

1. 역사

중화민족은 매우 역사를 중시하는 민족이다.[2] 또 춘추시대에는 이미 사관이

Period"라고 하였으며, 이를 "軸心時代"로 번역하였다.
2) 역사를 중시함은, 한편으로는 당연히 중화민족은 자기 생존의 역사 경험을 매우 중시하고, 역사 경험의 반성과 종합을 중시한다고 말할 수 있다. 분명하게 말하면 이러한 특징은 또한 농경문명의 필요로 귀결되며, 농경문명의 기초에서 필연적 산물이라고 할 수 있다. 그러나 다른 한편으로는 자기 생존의 역사 경험의 종합을 중시하는 동시에 중국문화의 주체적 성격의 전형적인 표현이라고 말할 수 있다. 왜냐하

있어 역사의 발언권을 지켜 내기 위하여 생명을 바치는 대가도 치렀다.[3] 이러한 원인은 진실로 여러 가지 방면으로 말할 수 있겠지만, 역사를 중시하는 것은 중국의 전통문화 중 하나의 특징으로, 이 특징은 당시에 이미 의심할 수 없는 기본적 사실이 되었다. 예를 들면, 『주역周易』 「계사繫辭」에서는 상고시대의 역사와 관련하여 "상고에는 결승結繩의 정치[4]를 하였고, 후세에 성인이 서계書契(부호문자)[5]로 바꾸었고, 백관으로 다스리며, 만민이 살피게 하였다"[6]라고 기록하였으며, 노자老子의 『도덕경道德經』에도 "작은 나라의 적은 백성들이 (사람 힘의) 열배 백배의 기물器物을 사용하지 않도록 하고, …… 줄을 매듭지어 (약속의 징표로) 사용하게 하고, 그 음식을 달게 먹고, 그 의복을 아름답게 하고, 그 거처에 안주하게 한다"[7]라는 말이 있다. 이는 적어도 "줄을 매듭지어 일을 기록하는"(結繩記事) 시대부터 중화민족이 이미 역사기록의 시대에 진입하였음을 설명하는 것이며, 노자가 말한바 "줄을 매듭지어 (약속의 징표로) 사용하게 하였다"라는 말은 비록 어느 정도 우민愚民의

면 역사는 그 주체적 성격의 기록뿐만 아니라, 동시에 그 주체적 성격과 구체적 지혜가 형성되는 직접적 근원이며, 서로 다른 시대의 주체적 지혜도 오직 역사를 통해야만 비로소 서로 다른 주체들과 계승발전하고 끊임없이 생장하고 번영할 수 있다. 공자가 "혹 주나라의 禮制를 이어받는다면 백 대 이후에도 알 수 있다"(『論語』, 「爲政」)라고 한 말은 현대의 엘리트들이 항상 민족문화의 보수적 성격이라고 비판하지만, 사실 이 또한 이러한 주체적 문화와 그 구체적 지혜에 근거하여 발현해 나오는 민족정신이다.

3) 『左傳』, 襄公 二十五年, "太史가 '催杼가 그 임금을 죽였다'라고 기록하니 최무의 아들이 그를 죽였다. 그의 아우가 이어서 그렇게 기록하니 이 때문에 두 사람을 죽였다. 태사에게는 또 한 사람의 동생이 있어 또 이와 같이 기록하자 최무의 아들은 죽이지 않았다. 南史씨는 太史들이 모두 죽었다고 들었고, 그것을 그대로 기록한 竹簡을 가지고 나아가거니, 이미 이와 같이 기록하였다는 것을 듣고서 비로소 돌아갔다."

4) 역자 주: 글자가 없던 상고시대에 새끼 같은 줄을 매듭지어 중요한 일을 기억하고 서로 간의 약속을 표시하는 문자 대용의 표기 도구. 고대의 이집트, 티베트, 중국 등에서 이용하였으며, 하와이와 페루의 원주민들은 근대에까지 사용하였다. 한편, 중국에서는 先史時代의 簡易한 정치를 의미하기도 한다.

5) 역자 주: 고대에 짐승 뼈, 龜甲, 대나무, 나무에 새긴 고대문자. 契는 刻과 같은 의미이다.

6) 『周易』(吳哲楣 主編, 『十三經』), 「繫辭」, 56쪽.

7) 『道德經』(『諸子集成』 第3冊, 上海書店, 1986年版), 第八十章, 제46~47쪽.

혐의는 있지만, 또한 같은 의미로 중화민족의 역사 관념이 심원深遠하고 길게 면면히 이어져 왔음을 증명하였다. 유학과 도가 두 학파가 이처럼 함께 인정하는 상황으로 보면 중화민족은 아마도 분명히 이른바 "줄을 매듭지어 이용"한 시대를 거쳐 왔다고 할 수 있다.

이러한 의미에서 보면, 이른바 역사는 사실 우리 민족의 지난날이며, 기록된 역사적 문헌도 또한 우리의 "지난날"에 대한 역사의 기억이다. 그런데 도대체 이 "역사 기억"을 어떻게 직면해야 하는가에 대해서 연구할 것들이 많다. 이제 막 선진유학先秦儒學에서 벗어난 양한兩漢의 경학에서 먼저 앞장서서 일어난 금문경학今文經學은 『춘추春秋』를 공자孔子가 "한漢나라를 위하여 제정한 법"을 나타내었다고 생각하였다. 당시의 유자儒者들을 말하면, 이러한 관점은 당연히 인생의 가치의 근원과 정권의 합법성의 측면에서 유가들이 말하는 "춘추대일통春秋大一統"의 정신에 대한 분명한 확인이다. 그러나 이어서 일어난 고문경학古文經學에 대하여 말하면, 그들은 반드시 역사 문헌의 측면에서 유가와 그 육경六經의 계통을 다시 새롭게 해독解讀(분석의 의미)해야 하며, 따라서 또 공자를 삼대三代의 걸출한 인재, 주공周公의 계승자라는 자리매김을 부여하였다. 공자 본인에 대하여 말하면, 아마도 한 사람의 박학다식博學多識하고 삼대의 문화를 종합한 문헌사가文獻史家였다고 할 수 있다. 양한兩漢의 경학은 공자의 다른 신분과 다른 지위를 다루는 데서 갈라졌는데, 실제로는 "경經"과 "사史"의 다른 시각 즉 이른바 가치의 근원과 역사 문헌의 기록의 다른 각도의 문제를 제기하는 것과 같다.

그래서 유학이 다시 한 번 중대한 발전을 하는 송대宋代에 이르러 양송兩宋의 리학理學을 집대성한 주자朱子조차도 "경經"과 "사史"의 관계 문제에 대하여 당시 "동남삼현東南三賢"[8]의 한 사람인 여조겸呂祖謙과 한바탕 지루하고 헛된 그리고 서로 양보할 수 없는 논쟁을 벌였다. 여조겸은 자연히 역사적 각도에 따라 유가의 경전 문헌을 해독解讀하기를 바랐지만, 반면에 주자는 반드시 "경"의 각도에 따라서

---

8) 역자 주: 朱熹, 張栻, 呂祖謙 세 사람을 가리킨다.

이해해야 한다고 분명하게 고수하였고, 아울러 만약 역사의 세목細目과 구체적인 역사적 지혜에 맹목적으로 도취한다면 반드시 유가의 도덕적 이상과 가치를 상당히 잃어버리거나 없어지게 하는 데 이르게 되거나, 하나의 "자질구레한 도리"(零碎道理) 로 추락하거나 심지어는 "패자覇者의 권술權術(伯術)"이라고 높이 칭송하게 된다고 생각하였다. 이로 인하여 그는 시종일관 반드시 "경"의 초월성을 유지하여 유가의 경전과 문헌 그리고 그 기본 정신을 해석해야 한다고 강조하였다. 이 두 사람의 서신 가운데 주자가 일생에서 가장 많이 쓴 서찰 즉 「답여백공答呂伯恭」으로 쓴 여러 서신 중 끝에 동봉한 한 통은, 거의 최후의 통첩通牒을 하는 상황에 이른다.

> 희熹가 지난날 기경奇卿을 보고서 삼가 옷깃을 여미고 날마다 순서를 강의하며, 듣건대 단지 여러 학생이 『좌씨左氏』와 여러 현인의 상소문을 읽게 하니, 『논어論語』와 『맹자孟子』 등 여러 경전은 아마도 배우는 사람들에게 단지 빈말만 하고 가르치지 않을까 두렵습니다. 모르긴 해도 그렇지 않습니까? 만약 이와 같다면 아마도 잘못입니다. 대개 공부를 하는 순서는 위기爲己(자신의 수양을 위한 공부) 이후에 타인에게 이르며, 이치에 통달(達理)한 이후에 제사制事(구체적인 업무)를 할 수 있다. 그러므로 정부자程夫子(程頤)는 학생을 가르침에 먼저 『논어』와 『맹자』를 읽고 차례로 여러 경전을 읽은 뒤에 사서史書를 보게 하였으니 그 순서를 어지럽힐 수 없다. 만약 헛되이 공언空言에만 힘쓰는 것과 단지 『논어』와 『맹자』 등 경서에서 궁행躬行의 의미만 취하여 가르치는 것은 서로 비슷하다.(그 空言이 뭐이 더욱 심하다.) 『좌씨左氏』의 주소奏疏(상소문)에 이르면 모두 시사時事의 이해利害인 배우는 사람에게 절실한 급선무는 아니다.(그 空言이 뭐이 더욱 심하다.)[9] 그리고 그

---

9) 이 문장을 자세하게 읽으면 여기서 "其爲空言, 亦益甚矣"라는 여덟 글자가 "但當就 『論』『孟』經書中教以躬行之意, 庶不相遠"의 구절 뒤에 반드시 이어져야 할 것 같아 필자는 여기서 다만 圓括弧를 사용하여 추측성의 표시로 옮겨 놓았다. 왜냐하면 이른 바 "其爲空言, 亦益甚矣"는 곧 呂祖謙이 먼저 『논어』와 『맹자』를 읽으면 반드시 "단지 空言에 힘씀"의 결과에 도달할 것이라고 하는 辭舌을 겨냥한 말이다. 그 뒤의 "而欲 使之從事其間而得躬行之實, 不亦背馳之甚乎?"에 이르면 분명히 "至于『左氏』奏疏之言, 則 皆時事利害, 而非學者切身之急務"라는 말과 긴밀하게 연결되며, 따라서 이들은 모두 동일한 방향의 의미에 속하기 때문에 필자는 또 方括弧로써 그것이 위로 옮길 수

사이에 궁행躬行의 실무를 얻도록 하려면 또한 배치背馳됨이 심하지 않겠는가? 나의 생각은 이러하여 의문을 나타내지 않을 수 없으니 오직 그대가 판단하시라.[10]

여기서 주자가 분명하게 공부하는 순서는 반드시 "『논어』와 『맹자』를 먼저 읽고 차례로 여러 경전을 읽은 뒤에 사서史書를 보게 하니 그 순서를 어지럽힐 수 없다"라는 것을 강조하였는데, 실제로 이것도 또한 "경經"의 가치의 근원과 가치의 표준적 지위를 옹호하려는 것이다. 그리고 여조겸은 만약 완전히 "경經"으로만 출발한다면, 곧 반드시 공허하게 될 것이므로 따라서 마땅히 조금씩 구체적인 일련의 "사적史籍"으로부터 출발해야 한다고 생각하였고, 그 결과 주자의 "최후통첩"적인 비평을 받았다. 그리고 주자가 강학한 기록인 『주자어류朱子語類』에는 여조겸의 역사 시각에 대한 비평이 더욱 분명하게 엄격해져서 거의 토벌討伐의 경지에 이른다. 예를 들면, "여백공이 사람들에게 『좌전左傳』을 즐겨 가르치니[11] 혹은 '『논어』와 『맹자』를 보도록 가르침만 못하다'라고 하였다. 백공이 (그러면) '아마도 사람으로 하여금 밖으로 나가게 할 것이다'라고 하였다. 어떤 사람이 '『논어』와 『맹자』를 보면 세 걸음도 (밖으로) 나갈 수 없지만, 『좌전左傳』을 보면 또한 백 걸음을 나감에랴!' 사람이 만약 『좌전』을 익히면 곧 이익을 따르고 해로움을 피할 수 있게 된다. 그러나 세상의 이로움과 해로움은 어떻게 사람이 쫓고 피할 수 있겠는가? 군자는 오직 도리에 부합하는가를 보고서 옳다면 행하고, 불가하면 멈추니 화禍와 복福은 본래 천명天命이다'"[12]라고 하였다. 또 "내가 일찍이 여백공이 학자들에게 『좌전』을 사랑한다고 하는 말을 듣고 내가 경계하여 말하기를 '『논어』, 『맹자』, 육경六經의

있음을 표시하였으니 여기서는 삭제할 수도 있으나, 총체적으로 『논어』와 『맹자』를 드러내어 呂伯恭(여조겸)이 『좌씨』를 돌출시켜 한 방법을 비평하였다. 아마도 잘못 베껴서 전하여서 비롯된 것일 수 있어서 특히 이렇게 표시하여 식자들이 다시 변론하도록 제공한다.

10) 朱熹, 『朱熹集』, 권35, 「答呂伯恭」 103(四川教育出版社, 1996년판), 1535쪽.
11) 역자 주: 본문의 "呂伯恭愛叫人看"에서 '愛叫'는 '愛敎'를 잘못 인용하였다.
12) 黎靖德 編, 『朱子語類』, 권83(中華書局, 1986), 2150쪽.

허다한 도리에서 말하지 않은 것은 오직 이것이다. 위로부터 자질구레한 도리가 있다면 일을 잘 살필 수가 있겠는가?라고 하니 백공은 믿지 않고, 후일 또 『한서漢書』를 말하였다. 만약 그를 그대로 둔다면 이제는 또 어떤 깊은 곳에 이를지 모르며, 생각만 해도 아찔하니 진실로 육자정의 비웃음을 받아도 마땅하다'13)고 하였다. 이와 같은 것들은 당연히 그들 두 사람이 "경經"과 "사史"에서 서로 다른 출발점과 그 시각상의 차이가 있음을 모두 표현하였다.

명대明代에 이르면 왕양명王陽明(1472~1528)이 분명하게 "육경六經은 모두 역사歷史"라는 관념을 제출하고, "사事는 역사를 가리켜 말하며, 도道는 경經을 가리켜 말하며, 사事가 곧 도道이며, 도가 곧 사이다. 『춘추春秋』도 역이며, 오경五經도 역사다. 『역易』은 포희包羲씨의 역사이며, 『서書』는 요순堯舜 이하의 역사이며, 『예禮』와 『악樂』은 삼대三代의 역사이니, 그 사事가 같고 그 도道가 같은데 어찌 다르다고 할 바가 있겠는가?'14)라고 하였다. 이후 줄곧 "이단異端" 사상가로 간주하는 태주泰州 학파의 후학인 이지李贄(1527~1602)도 이와 비슷한 관점을 제출하여, "경經과 사史는 하나이니, 사史이되 경經이 아니면 예사穢史15)이니 어찌 후세의 경계와 거울로 삼을 수 있겠는가? 경經이면서 사史가 아니면 단지 허튼소리를 말할 뿐이니 어찌 사실을 드러냈다고 할 수 있겠는가? 그러므로 『춘추』라는 하나의 경전은 춘추시대라는 한 시대의 역사이다. 『시경詩經』과 『서경書經』은 이제삼왕二帝三王16) 이래의 역사이다. 그리고 『역경易經』은 또 경전 그 자체로 사람에게 드러나며, 역사가 시작된 이래 도는 여러 번 옮겨 가고, 변역變易도 일정하지 않으니 일정하다고 고집할 수 없다. 그러므로 육경을 모두 사史라고 해도 옳다"17)고 하였다.

이후부터 각 시대마다 사상가들은 "육경은 모두 역사다"라는 문제에 직면해야

---

13) 『朱子語類』, 권121, 2938쪽.
14) 王守仁, 『王陽明全集』, 「語錄上」(上海古籍出版社, 1992), 214쪽.
15) 역자 주: 본래의 역사를 왜곡한 역사서. 출전: 『北史』, 「魏收傳」.
16) 역자 주: 二帝는 唐의 堯와 虞의 舜, 三王은 夏의 禹, 殷의 湯, 周의 文王과 武王. 문왕과 무왕은 부자로 한 사람으로 간주한다.
17) 李贄, 『焚書・續焚書』, 「經史相表裏」(中華書局, 1975), 214쪽.

하고 그 구체적인 언급도 또한 서로 다르다. 예를 들면, 왕양명의 "오경五經도 역시 역사다"라는 말은 주로 "경經" 그 자체는 그 자체로 존재하고 또한 반드시 구체적인 역사적 사실에서 실현되었음을 가리킨다. 곧 "사事는 역사를 가리켜 말하며, 도道는 경經을 가리켜 말하며, 사事가 곧 도道이며, 도가 곧 사이다"라는 말이다. 그리고 이지李贄가 말한 "육경은 모두 사史이다"는 주로 "경經" 자체가 곧 역사 가운데 존재함을 가리키며, 따라서 또한 오로지 "경經"이 직접 실현된 것이 "사史"라고 보았다. 곧 "사史이되 경經이 아니면 예사穢史이니 어찌 후세의 경계와 거울로 삼을 수 있겠는가? 경經이면서 사史가 아니면 단지 허튼소리를 말할 뿐이니 어찌 사실을 드러냈다고 할 수 있겠는가?"라는 말이다. 이것은 일종의 "경"을 소멸하고 "사"로 돌아가는 데로 나아가 있다. 즉 경전의 초월성과 그 도덕이상 그리고 가치 표준의 가능성을 없애 버렸다. 후일의 고염무顧炎武가 말한 "리학理學이 곧 경학이다"라는 말은 "경"과 "사"의 상호 증명의 방식을 통하여 "사"를 밝히려고 하는 것으로, 이것은 분명하게 사학史學으로 나아갔으며, 따라서 그 자신이 실제로 청대淸代 역사학의 개산開山이 되었다. 건가乾嘉[18])시대에 이르러 장학성章學誠이 다시 "육경은 모두 역사다"라고 하였을 때 이미 분명하게 "경"과 "사"의 관계에 대해 일종의 새롭고 세밀한 사고가 형성되었다. 그는 다음과 같이 말한다.

> 육경은 모두 역사다. 옛사람은 책을 쓰지 않았고, 옛사람은 일찍이 사事를 떠나서 리理를 말하지 않았으니 육경六經은 모두 선왕의 정치의 법전이다.[19]

> 옛사람은 말(言)에서 사事를 보며, 말을 사事로 여기며, 일찍 사事와 언을 두 가지로 나누지 않았다.[20]

---

18) 역자 주: 乾隆(1711~1799, 재위: 1735~1795), 嘉慶(1760~1820, 재위: 1796~1820)을 합쳐서 부르는 명칭.
19) 章學誠, 『易教』 上, 葉瑛 校注, 『文史通義校注』(中華書局, 1985), 1쪽.
20) 章學誠, 『書教』 上, 葉瑛 校注, 『文史通義校注』, 31쪽.

여기서 이른바 "사事"와 "언言", "사事"와 "리理"는 왕양명이 말한 "사事가 곧 도이며, 도가 곧 사事이다"라는 말과 꼭 같으며, 실제로 "경經"과 "사史"를 나눌 수 없는 관계를 말한다. 한편 "리理"와 "도道"는 반드시 구체적인 "사事"와 "언言"에서 실현되어야 한다는 말이며, 다른 한편으로는 바로 이와 같기 때문에 따라서 "사事"에 나아가 "리理"를 구하고, "언言"에 나아가 "도道"를 구해야 하며, 또한 "사事"와 "언言", "사事"와 "리理", 그리고 "사事"와 "도道"의 관계도 일종의 상호검증(互證)과 또 상호반대(互逆)의 연산演算이 된다고 할 수 있다. 이와 같이 "경經"과 "사史"의 관계를 말하면, 한편으로는 먼저 "경經"을 구체적 사실을 기록한 "사史"에서 충분히 실현되도록 해야 하며, 다른 한편으로는 "리理"와 "도道"도 반드시 구체적인 "사事"와 "언言"에서 실현되어야 하기 때문에, 따라서 사람들도 완전하게 "사事"에 나아가 "리理"를 구하고, "언言"에 나아가 "도道"를 구하며, 또 "사史"에 나가서 "경經"을 구할 수 있다. 그러므로 경학經學과 사학史學의 불일치는 사실 결코 사람들이 역사에 직면해 있는가의 여부 혹은 역사문헌을 분석해야 하는가에 있지 않고, 주로 그 서로 다른 '주요 관심'(關懷)[21]의 방향과 사상적 시각에 있다. 경학이 비록 또한 역사와 직면해서 역사 문헌을 분석해야 하지만, 그 주요 관심의 방향은 오히려 결코 역사적 사실의 구체적인 지식의 측면에만 국한된 것이 아닐 뿐만 아니라, 주로 초월적인 도덕이상과 가치이상에 있어야 한다. 이른바 맹자의 "그 마음을 다하면 그 성性을 안다. 그 성을 알면 하늘을 안다"[22]는 말에서부터 장재張載의 "하늘은 마음이 없으며, 마음은 모두 (다른) 사람의 마음에 있다"와 "(다른) 사람이 기뻐하면 하늘도 반드시 그것을 기뻐하며, 미워하면 하늘도 반드시 미워하니……그러므로 하늘을 알고자 하는 사람은 백성을 자세하게 살펴야 옳다"[23]는 말과

---

21) 역자 주: 關懷라는 개념은 이 책에서 매우 많이 사용되고 있다. 일반적으로 관심, 배려, 보살핌 등으로 해석되지만 이 책에서 사용된 개념을 번역하기에는 부족하다고 생각된다. 『漢語大詞典』(上海古籍, 2002)에서는 '垂念' '在意' '操心' '關心愛護' 등으로 풀이하였다. 이러한 의미들을 종합해서 보면, 깊은 관심 혹은 큰 관심, 重視, 重要視 등으로 해석할 수 있다. 이후 이 책에서는 關懷를 '주요 관심'으로 통일한다.
22) 『孟子』(吳哲楣 主編, 『十三經』), 「盡心上」, 418쪽.

심지어 하층의 일반 백성들이 말하는 "민심에 나아가서 천심天心을 보라"라는 말까지 포괄해서 그 실상은 또한 모두 이 하나의 의미에서 성립된다.

따라서 "경經"과 "사史"의 관계와 어떻게 "사학史學"에서부터 "경학經學"에 이를까 하는 시각의 전환과 관련하여 제기된 문제에 대하여 장학성은 또한 다음과 같이 깔끔하게 설명한다.

> 삼왕三王의 서誓·고誥·공貢·범範의 여러 편24)은 삼황의 여러 황제의 의례義例로 추측되며, 상고시대의 간소하고 소박한(簡質) 결승문자와 그렇게 멀지 않고, 문자가 막 만들어지던 때에 은미함과 형명形名에 통달하도록 충분히 기록하였다. 사史에 의거하여 편명을 지었고, 본래 정해진 법이 없으며, 후세 역사가가 완전하게 갖추어 얻을 수도 없으므로 일정하게 정해진 이름의 뜻에 한정될 뿐이다. 공자가 그것을 차례로 정리하고 기록하고, 도리가 통하여 널리 앎(疏通知遠)25)을 취하여 진실로 가르침을 펼쳤다.26)

장학성의 이 말은, 한편으로는 "경經"을 처음부터 그것이 형성된 각도를 "사史"로 돌리거나, 다른 한편으로는 이지李贄와 같이 직접 "경"은 "사"를 수식한다고 보는 관점으로 돌아가거나 혹은 아예 고염무顧炎武와 같이 직접 "경"은 "사"를 증명함으로써 형성된 구체적인 역사 지식이라고 보는 것과 전혀 같지 않다. 그는 명확하게 "경"은 반드시 "사"를 초월하여 "도리가 통하여 널리 알며, 진실로 가르침을 펼치는" 효능이 있다고 본다. 여기서 "경"과 "사"의 관계는 또한 기본적으로 분명해진다. "사"의 중요성은 곧 그것이 구체적인 사건에 관한 역사적 지식을 제공할 뿐만

---

23) 張載, 『經學理窟』(『張載集』, 中華書局, 1978), 「詩書」, 256·256~257쪽.
24) 역자 주: 『尚書』의 疏에 "三王의 訓·誥·誓·命·歌·貢·征·範의 여덟 종류가 있다"라고 하였다.
25) 역자 주: 이 구절의 원전은 다음과 같다. "『禮記』, 「經解」, "孔子曰: 入其國, 其教可知也. 其爲人也溫柔敦厚, 『詩』教也; 疏通知遠, 『書』教也; 廣博易良, 『樂』教也; 絜靜精微, 『易』教也; 恭儉莊敬, 『禮』教也; 屬辭比事, 『春秋』教也."
26) 章學誠, 『書教』 上, 葉瑛 校注, 『文史通義校注』, 30쪽.

아니라, 주로 "경"이 내포하고 지탱하여 구체적 이해의 역할을 하는 데 있으며, 사람들이 중시하는 "사"를 "사"를 중시하는 관건은 곧 "사"가 "경"에게 일종의 구체적인 발생과 구체적인 형성의 이해와 설명을 제공해 줄 수 있는가에 달려 있다.

바로 이 때문에 "경"과 "사"의 이러한 관계는 중화민족의 역사에서 반드시 "기억"해야 할 우리의 첫째 출발점이 된다. 왜냐하면 민족의 역사적 "기억"은 실제로 곧 "경학"이 발생하고 형성되는 비밀을 포함하고 있기 때문이다.

2. 구체적 발생

일단 우리가 "사"를 민족정신을 이해하는 "경"의 기본 출발점으로 삼을 때, 또 다른 하나의 중대한 문제에 직면하게 되는데, 이것은 역사적 사실로 누적된 경험지식에서 출발하여 어떻게 "경"의 방향으로 나아갈 수 있으며, 아울러 "도리가 통하여 널리 알며, 진실로 가르침을 펼치는" 효능을 갖춘 "경"의 수준을 높일 수 있도록 할 것인가의 문제이다. 왜냐하면 역사 사실은 비록 누적된 일정한 "기억"과 지식일 수 있지만, 그러나 구체적인 역사 사실과 경험지식은 도리어 결코 "진실로 가르침을 펼치는" 보편적이고 초월적인 효능을 갖추고 있지 않기 때문이다. 역사 지식이 족히 "지난 일을 거울삼아 미래를 아는" 지혜가 되려면, 구체적이고 경험 형태적인 역사 지식이 반드시 보편적이고 초월적이라는 두 방향의 변화와 상승이 있어야 한다. 이 문제에 대하여, 비록 현대의 인식이론이 "감성感性", "지성知性", "이성理性", 그리고 "지각知覺", "통각統覺" 등 많은 치밀한 논설을 갖추고 있지만, 그러나 만약 이 이론을 자세하게 갈고 닦았다면, 하나의 개별에서부터 일반의 보편성으로 확장되고 구체성에서 추상으로의 초월성과 상승의 과정을 거치지 않은 것이 없다. 그리고 이 과정이 만약 실현된다면 그것은 당신이 곧 현대의 인식이론을 존중하고 따랐기 때문이며, 만약 통하지 않는다면 여전히 경험지식의 영역에 머물러 있게 되며, 그것은 당신이 훌륭하게 현대 인식이론의 지도를 따르지 않았음을 말한다.—사실 솔직히 말하면, 그렇게 해서 통하면 효과가 있는 것이고, 통하지 않으면 그저 당신 개인의 자질을 탓할 수밖에 없다.[27]

실제로 이 문제는 "사事"와 "언言", "사事"와 "리理" 그리고 "사史"와 "경經", "사史"와 "도道"의 독특한 형성과 표현방식에 대한 중국문화로부터 비롯되기 때문에 근본적으로는 문제로 보지는 않는다. 장학성이 이른바 "옛사람의 사事는 언言에 드러나고 언言이 사事이므로 일찍이 사事와 언言을 두 가지 것으로 나누지 않았다"라는 말이 곧 하나의 구체적 표현방식이며, 동시에 하나의 절실하게 행할 수 있는 사고의 과정이다. 따라서 이미 "옛사람의 사事는 언言에 드러나고 언言이 사事"라면 그것은 마땅히 "사事"에 나아가 "언言"을 해석하고 또한 "사事"에 나아가 "리理"를 해석하고 나아가 "사事"에 나아가 "도道"를 구함으로써 더욱 추상적인 "사史"에 나아가 "경經"을 해석하는 것을 포괄한다. 그리고 이러한 방법은 한자가 형성되는 "육서六書" 이른바 상형象形, 지사指事, 회의會意, 전주轉注, 형성形聲, 가차假借의 여섯 가지 방법에서 표현되었을 뿐만 아니라, 상고上古의 과두문자蝌蚪文字와 그 구체적인 형성形成도 본래는 또한 "상象"에서 "형形"으로 즉 "사事"로부터 "언言"으로, "사事"에서 "리理"로 나아가 "사事"에서 "도道"로 가는 과정이다. 그리고 『장자莊子』라는 책에 일찍이 문혜군文惠君(梁惠王)을 위하여 소를 (잡아 뼈와 살을) 해체하는 포정庖丁이 분명하게 "사事"에 나아가 "리理"를 해석하고, "기技"에 나아가 "도道"를 구하는 전범典範이라고 말할 수 있다. 포정은 문혜군을 위하여 매우 훌륭하게 소를 해체하는

---

27) 사람의 존재가 서로 다른 자질을 가진다는 이 점에 착안하여 유가가 인정하는 것을 맹자의 말에 비유하면 다음과 같다. "목수와 수레 제작자는 사람들에게 컴퍼스와 자를 사용하는 법을 알려줄 수는 있지만, 그 사람을 工巧하게 해줄 수는 없다."(『孟子』,「盡心下」) 이 말은 유가는 사람과 사람 사이에 분명하게 서로 다른 자질을 인정할 뿐만 아니라 또한 사람들은 분명히 "能"과 "不能" 그리고 "工巧"함과 "공교하지 않음"의 문제가 있음도 인정하였다. 그러나 유가의 도덕성은 도리어 근본적으로 이러한 "能"과 "不能"의 자질의 각도를 따라서 세워진 이론이 아니며, 주로 사람마다 본래 가지고 또 사람마다 할 수 있는 기초에 근거하여 논술된 것이다. 따라서 결국 사람마다 본래 가지고 또 사람마다 할 수 있는 기초에 근거한 것이며, 또한 "能"과 "不能"의 서로 다른 자질에 근거한 것이라면, 유가의 도덕이성과 현대의 인식이론은 기본적으로 구별된다고 할 수 있다.

구체적인 기술을 보여 준 후 그와 아래의 대화를 나누었다.

> 문혜군은 "오오, 훌륭하도다! 기술이 여기까지 미칠 수 있단 말인가!"라고 하였다.
> 포정은 칼을 놓고 대답하기를, "제가 좋아하는 것은 도로서, 기술보다 뛰어납니
> 다. 처음 제가 소를 해체할 때에는 소의 전체 모습만 보였습니다. 3년이 지난
> 후에는 소의 전체 모습이 보이지 않기 시작했습니다. 지금의 저는 오로지 정신으
> 로 임하며 눈으로 보지 않습니다. 눈의 작용을 멈추니 정신의 작용만이 있습니
> 다.……"[28]라고 하였다.

포정이 여기서 보여 준 것은 당연히 그가 소를 해체하는 기술이었으나, 그가
아울러 표현하고 추구한 것은 도리어 초월적인 "도道"에 있었으며, 이러한 초월적인
"도"는 또한 결코 그 구체적인 기술의 밖에 있지 않고, 그가 소를 해체하는 구체적인
기술 가운데 있었다. 따라서 그는 "제가 좋아하는 것은 도로서, 기술보다 뛰어납니
다"라고 하였는데, 곧 직접 구체적인 기술을 통하여 그 초월적인 "도"의 파악과
추구를 내포하고 표현하며 아울러 실현하였으며, 문혜군은 포정이 이처럼 소를
해체하는 고론高論을 자세하게 들은 후 감명 깊게 말하기를 "내가 포정의 말을
들은 후 양생을 얻었다"[29]고 하였다. 여기서 소를 해체하는 "기技"에서 인생의
"도道"에 이르고, 소를 해체함에 "틈이 없는 사이로 (칼을) 넣음"에서 문혜군이
사람의 "양생養生"의 깨달음에 이르는 것은 완전히 하나를 들어 셋을 알아 가는(擧一反
三, 역자 주: 하나를 알면 열을 안다와 같은 뜻) 발산의 형식인 하나를 유추하여 확산하는
과정이며, 개별에서 일반으로, 구체적인 것에서 추상의 보편과 초월에 이르는
상승의 문제와 관련되지만, 도리어 완전히 자연적으로 발생하는 것이며, 또한
"소를 해체함"의 과정에서 자연적으로 실현된다. 따라서 "사事"에서 "언言"으로,
"사事"에서 "리理"로 나아가 "사事"에서 "도道"에 이르고 "사史"에서 "경經"에 이르는

---

28) 『莊子』(郭慶藩 編, 『莊子集釋』, 臺北萬卷樓圖書公司, 2007), 「養生主」, 131쪽.
29) 『莊子』(郭慶藩 編, 『莊子集釋』), 「養生主」, 137쪽.

상승과 초월의 과정이며, 중국의 전통문화와 그 구체적인 지혜에 대하여 말하면 전혀 문제가 되지 않는다.

그러나 현대의 인식이론 특히 그와 같은 순수한 인식론의 입장에서의 이론을 해독하여 말하면, 어떻게 개별에서 일반으로, 구체적인 것으로부터 추상으로 나아가느냐는 것이 큰 문제이다. 이렇게 현대의 인식이론의 영향을 받고 인식을 사상의 유일한 표준으로 삼는 현대인들에 대하여 말하면, 어떻게 구체적인 사실을 묘사하고 기술하는 "사史"에서 "도리가 통하여 널리 알아서 진실로 가르침을 펼치는" 기능인 "경經"으로 나아가는가가 하나의 큰 문제이다. 그야말로 상제가 존재하는 우주론의 증명과 같이 곧 우주만물을 연구할 수 있다 하더라도, 여전히 이 만물의 밖에 만물 존재의 근거가 되는 상제에 대해 "몽懵"과 "시猜"[30]의 깨달음을 진행하는 것으로 증명한다.[31] 곧 이처럼 우리가 여기서 비로소 구체적인 발생의 방식으로써 유가의 경전과 그 가치와 이상의 형성 과정을 재현하지 않을 수 없다.

구체적인 발생을 말하면, 사람들은 곧장 스위스의 아동 심리학자 피아제(Jean Piaget, 1896~1980)의 "발생인식론"을 생각할 수 있는데, 이른바 발생학은 곧 경험으로써 묘사하고 기술함과 심리분석의 방법으로써 사람의 인식의 구체적인 생성을 설명하는 것으로 생각한다. 그러나 사실 이것은 대단히 큰 오해이다. 왜냐하면 "발생인식론"은 하나의 매우 분명한 인식론의 배경과 그 자리매김이 있으며, 이것은 곧 그 분석과 연구가 오직 주체와 객체의 사이에만 머물 수 있으며, 객체의 실연상태에서 주체의 인식에 이르는 사이에만 머물 수 있기 때문이다. 그러나 유학과 중국 전통의 경전의 발생학 연구는 도리어 결코 간단한 주체 대 객체의 인식 생성에 제한되지 않으며, 구체적 발생의 방식으로 옛사람이 자기의 생존과 실천에서 그 사람의 인생관념과 가치이상과 그 지혜의 구체적 생성을 분명하게 설명한다. 전자는

---

30) 역자 주: 懵과 猜는 기초 논리에서의 "의심"과 "추측, 추리"로 이해할 수 있다.
31) 당연히 현대의 인식이론은 결코 스스로 이러한 문제를 자신에게 제출할 수 없으며, 그들은 왕왕 이것이 사람의 심리에서 필요로 하는 신앙의 문제를 따라 외면당한다고 여긴다. 만약 이른바 순수인식론의 논리를 따르면 단지 이와 같은 문제는 결국 "懵"과 "猜"로 귀결된다.

총체적으로 주체와 객체의 대치를 배경으로 삼고 아울러 주체 대 객체의 인식 생성을 목표와 범위로 삼은 것이며, 후자는 주체인 옛사람과 그 사람의 인생관념과 가치이상이 결국 어떻게 발생하고 또한 구체적으로 생성하였는가를 대답하려는 것이다. 전자는 총체적으로 주체와 객체의 관계와 인식론의 범위 내에서의 가감승제 加減乘除라고 말할 수 있으며, 후자는 반드시 보편과 초월을 특징으로 보는 주체의 가치관념과 그 도덕이상의 구체적 발생과 구체적 형성을 언급해야 한다. 따라서 전자는 총체적으로 여전히 대상인지의 이성으로 개괄할 수 있으며, 후자는 갖춘바 보편적 주요 관심과 초월성이 지향하는 주체 가치의 이성의 범위에 속한다.

실제로 발생학의 이러한 원인이 분명하지 않은 오해와 배척도 또한 중국 전통문화의 내부와 전통문화의 연구자들에게서 온 것이다. 현재의 전통문화 연구에서 사람들이 유가이론의 체계와 그 형이상학에 따른 탐색과 천발闡發을 비교적 중시하고 동시에 서양철학과의 소통과 대화를 비교적 중시하기 때문에, 어떤 의미에서는 유학의 형이상학에 근거하고 그 이론체계의 해석과 드러내어 밝힘(闡發)도 또한 유학발전의 하나의 필연적인 요구이다. 이러한 배경 아래에 사람들이 유가경전에 대하여 발생학적으로 연구할 때 가끔 이것을 단지 하나의 형이하의 경험성과 역시성歷時性의 연구로 생각할 수 있다. 그러나 사실은 그렇지 않다. 사람의 본연의 생존세계로 말하면, 그것은 본래 이른바 형이상形而上과 형이하形而下의 구분이 없으며, 단지 일원一元의 실연實然의 현실세계 그 자체이다. 그러나 이 세계를 더 잘 이해하고 파악하며 향상시키고 변화시키기 위해서는 또한 반드시 개별로부터 일반으로, 구체성에서 추상성으로, 그리고 당하當下(당면한)의 현실에서 보편으로 도달하고, 또한 초월적 측면의 한층 한층의 파악과 점진적 향상의 과정을 거쳐야 한다. 왜냐하면, 이른바 형이상의 이론체계의 근본은 곧 형이하의 생존세계 가운데서 생겨나고 형성되었기 때문이며, 또한 유가儒家가 형성되는 일련의 형이상의 이론구조는 또한 결코 일종의 이론의 흥취에서 나온 것이 아니며, 도리어 완전히 당면의 일원一元의 생존세계를 위해 이바지하기 위함이다. 이러한 각도에서 보면 유학의 구체적 발생과 형성形成 기제機制(원리 메커니즘)를 잡았으며, 또한 유학이 생성하는 현실의 근거를 잡기를 기다렸다. 이와 달리 만약 형이상 이론의 분석과 전시에 오직 도취하고, 따라서 형이상 세계가 발생하고 구체적으로 형성되는 까닭을 홀시忽視한다면, 그것은 이른바 형이상 세계는 곧 도리어 일종의 원천源泉이 없는 물이 되고 뿌리가 없는 나무가 될 가능성이 있으며, 혹자는 일종의 단지 속된 것을 자랑하고 겁을 주는 공중누각과 같다고 말한다. 다음으로 유가경전에 대하여 진행하는 발생학 연구도 또한 결코 유학 역사상의 구체적인 경력과 구체적 사건 그리고 그 구체적 지혜 자체에 도취된 것이 아니며, 그 역사의 발생 과정을 통과하여 새롭게 해석해야 하며, 그 형이상의 관념과 그 가치와 이상이 결국 어떻게 생성하고 어떻게 발생하였는가를 분석해야 한다. 일정한 의미에서 말하면, 이것은 즉 그 처음, 즉 역사와 논리상의 통일된 근원을 따라 유학을 연구하고 유학을 이해하는 것이다. 또한, 발생학의 시각으로 유학의 가치관념과 그 이론체계의 역사 발생과 구체적 생성을 연구하고서 유학에 대하여 말한다면 실제로 또한 '원탕화원식原湯化原食'의 작업이다.32) 왜냐하면 중국문화의 주체성, 지혜의 구체성 그리고 그 "사事는 언言에서 드러나고 언言이 사事이다"라는 형식과 표현방식은 본래 곧 그것으로 하여금 이른바 형이상의 일차원으로 순이론화하고 대상화 방식의 분석과 추론을 할 수 없도록 하고, 또한 반드시 일정한 역사 배경과 사회환경 속에서 그 구체적인 함의를 이해해야 하며, 한 걸음 더 나아가 그 "도리가 통하여 널리 알며, 진실로 가르침을 펼치는" 효능을 이해한다.

　이 외에, 유가의 인생이상과 가치관념에 대한 발생학 연구는 실제로 중국

---

32) "原湯化原食"은 郭齊勇 선생이 20세기 90년대 이래 중국철학 연구의 현상과 체계에 대한 反思에 기초하여 제출된 하나의 "새로운" 그리고 전통적인 중국문화 연구의 방법이다. 곽제용 선생을 따라 학습한 몇 년 동안에 필자는 이 진로를 깊이 받아들인 후발주자이며, 이 책의 "발생, 解讀 그리고 해석(詮釋)"의 사상적 노선은 실제로는 또한 이 하나의 진로를 따라 형성되었다.
역자 주: '原湯化原食'은 중국의 식사법으로 그 음식을 만들 때 쓴 국물을 함께 마시면 소화에 도움이 된다는 뜻이다. '反思'는 1980년대 중국에서 유행한 하나의 철학연구의 방법으로, 사상을 과거 그 사상이 형성된 당시 역사발전의 과정 혹은 사회사조 등과 연결하여 깊게 재고찰하는 태도를 가리키는 용어이다.

전통의 "사事"와 "언言", "사事"와 "리理" 그리고 "사史"와 "경經", "사史"와 "도道"의 독특한 형성과 표현방식에 근거하여 전개되는 일종의 근원을 소급해 찾아가는 혹은 역산逆算 방식의 연구이며, 국인國人(人民)[33]들이 가장 좋아하는 구체적 역사 이성을 따라서 그 초월적 가치관념과 그 도덕이상의 구체적 발생과 구체적 생성을 이해한다. 어떤 의미에서 이것 또한 역사 이성과 초월 이성을 역사 이성의 발생, 생성 과정의 분석, 초월 이성의 구체적 생성에서 통일하려고 시도하였다. 그렇지 않다면 역사 이성과 초월 이성의 서로 다른 성질, 서로 다른 주요 관심과 집중 또한 필연적으로 서로 비방하고 서로 해치는 사조로 흘러갈 수 있으며, 마치 우리가 일찍이 겪었던 금문경학과 고문경학, 그리고 한학漢學과 송학宋學이 서로 비판하는 것처럼 또한 민족정신을 무너뜨리는 엄중한 날개가 되었다.

마지막으로 분명하게 말해야 할 것은, 전통 유학과 그 경전의 발생학적 연구에 대한 이러한 것은 사실 또한 곧 중국 전통문화가 형성된 까닭과 현재에도 여전히 광범위하게 운용되는 '공부하는 학문적 원리(學理)의 길'과 맞물려 있다는 것이다. 당연히 우리는 근래 몇 년 동안의 중국철학 연구에서 공부하는 원리의 길 혹은 공부론의 시야視野는 끊임없이 사람들에 의해서 확대 운용되며, 본래 일반적 도덕수양 혹은 인생수양 심지어 개념인지의 종류와 같은 허다한 문제도 또한 모두 완전히 이른바 공부론의 영역 가운데로 더해져 분석하고 토론되고 있음을 인정하지 않을 수 없다. 그리고 이처럼 공부론의 시야가 확대 운용되면, 결국에는 반드시 공부론의 진로 자체의 소멸에 이를 수 있다.[34] 원인은 매우 간단하다. "공부功夫"는 본래

---

33) 역자 주: 西周와 춘추시대 國都(수도)에 거주하는 사람을 통칭하는 말이며, 일반적으로 "周族의 자유민"을 가리킨다. 현대에서는 人民의 의미로 쓰인다. 이후 國人은 人民으로 표현한다.

34) "功夫"는 본래 "本體"와 상응하는 개념이다. 그러나 중국철학에서 본체와 주체의 필연성으로부터 연관되며, 따라서 공부는 가끔 본체에서 주체로, 도덕실천에서 인생수양 혹은 인식 추구의 진로에 이르기까지 광범위하게 운용된다. 그러나 그 구별은 본체관념의 내재적 특징인 필연 규정은 그 공부가 추구하는 인생 실현과 顯彰의 이중적 성질과 관련되어 있으며, 본체의 확장을 주체의 수양을 추구한다면 단지 외재적으로만 증가하는 특성 즉 이른바 "外鑠"(외부로부터의 잠식)을 갖추고 있다. 그러

하나의 개별과 "본체本體"가 서로 대응하는 개념이며, "공부론功夫論"은 본질적으로 "본체론本體論"에 대응해서 명확하게 확립되고 아울러 본체의 현실화와 실현을 지향하는 공부의 추구 활동으로 삼으며, 따라서 그것은 단지 본체의 현저하게 드러냄(彰顯)을 추구하고 지향하는 한 걸음마다 증가하고 또 걸음마다 나타내는 실천 추구 활동이다. 이러한 추구의 과정은 동시에 또한 구체적인 사건과 실연세계의 층층에 따라서 올라가 초월세계 혹은 가치이상을 지향하는 과정이며, 당연히 유가의 가치이념의 생성 과정이기도 하다. 따라서 유가의 형이상학의 이념과 그 가치이상에 대하여 진행하는 발생학 연구는 실제로는 일원一元의 형이하形而下의 현실세계에서 출발하여, 실천 추구 혹은 "이상실험理想實驗"의 "추체험追體驗"[35]의 방식을 통하여 유가의 가치이상과 초월적 형이상의 세계를 따라 구체적 발생과 구체적 생성적 연구를 진행한다. 필자가 보기에 이것은 아마도 그러한 순수인식론의 막연한 연구에 치우침을 바로잡을 수 있을 것이며(왜냐하면 순수한 인식이론은 근본적으로 유가의 형이상학 체계의 근거와 그 도덕이상의 구체적 발생과 구체적 생성에 접근할 수 없고 설명할 수도 없기 때문이다.), 또한 순수하게 사변적 유추에 따르거나 근본적으로 현실의 인생과 실제 생활의 주요한 방법과는 아무 관련이 없는 것에 치우침도 바로잡을 수 있다.

3. 사회학과·인류학

유가의 역사에 관하여 진행하는 발생학 연구는 사실 전통문화 가운데 본래

나 도리어 결코 내재적으로 근거하는 기체에서의 실현과 현창의 의미는 갖추고 있지 않다. 유가의 리학의 발생학 연구에 이르면 곧 하나의 현실 주체에서 출발하여 끊임없는 內向의 투명화의 방식을 통하여, 한 걸음 한 걸음 더 가까이 다가가고 한 걸음씩 내재의 근거와 그 도덕본체를 드러내는 과정을 거친다.

35) 역자 주: 追體驗(Nacherleben). 현상학의 용어. Wilhelm Dilthey(1833~1911)는 현상학적 이해의 한 방법으로 한 특성을 지향하는 고차적 이해를 '추체험' 혹은 '追構成'이라 불렀다. 즉 대상에 대한 이해는 외적인 표현에서 근거를 찾아서 그로부터 받은 내적인 體驗을 파악한다. 이때 대상으로서의 他者의 이해는 자신의 체험을 타자의 체험으로 移入하는 것이며, 이러한 자기이입이 가능한 근거는 일간은 동일한 '心的構造'를 가지고 있기 때문이다.(『네이버백과사전』 인터넷판 참고)

있는 방법이다. 만약 유학의 연구를 여기서 멈춘다면, 이것은 곧 역사상 어떤 시대의 유학 연구와도 다른 구별이 없으며, 또 문화의 발전과 역사적 진보를 드러내지 못한다. 따라서 21세기의 유학 연구를 위하여 마땅히 역사적 진보와 더불어 인류의 지식축적에서의 우수한 부분을 체현해야 할 뿐만 아니라, 동시에 마땅히 서양의 인문과학의 연구 방법도 흡수하고 본보기로 삼아야 한다. 이 책에 대하여 말하면, 먼저 사회학과 인류학 두 가지 면에서 표현된다.[36] 그리고 이것은 본질적으로 서양의 인문학의 방법에 근원을 두는데, 중국의 전통문화 연구에서 말하자면 어떤 의미에서는 도리어 "타산他山의 돌도 옥玉을 만들 수 있다"라는 작용을 일으킬 수 있고, 더욱이 중국 전통의 연구 방법의 맹점과 부족한 면을 고찰하면, 심지어 매우 독특한 작용을 일으킬 수 있다.

이른바 사회학 방법은 곧 인문학 연구에 종사할 때, 우선 마땅히 역사적 배경과 사회 기초, 그리고 사회 역사적 조건 등의 요소를 고려해야 하며, 또한 마땅히 사상의 형성에 필수적인 사회 역사의 조건과 사람들이 그것을 받아들이고 인정하고 선택하는 데 필수적인 사회 역사적 조건 등의 요소까지 고려해야 한다. 왜냐하면 사상관념은 사회생활에서 생겨날 뿐만 아니라, 어떤 면에서는 오직 사회현실에서 작용할 수 있고 또한 그 구체적으로 겨냥하는 조건에서 비로소 제출될 수 있다. 이렇게 볼 때 어떤 사상의 탄생과 형성은 또한 그 사상주체의 주관적 바람의 요소를 표현할 뿐만 아니라, 동시에 그것이 형성되는 사회 역사적 조건과 그것이 구체적으로 겨냥하고 대상의 사이에 서로 반목하고 서로 뒤섞이는 요소까지도

---

36) 이 책은 서양 인문학의 연구 방법을 본보기로 말하면, 당연히 "사회과학과 인류학"의 두 가지 방법까지는 이르지 않으며, 아래 절에서 말하는 이른바 "해독과 해석"도 또한 마찬가지로 서양의 해석학을 중요한 본보기로 포함하고 있다. 왜냐하면 만약 서양 해석학의 본보기가 없다면, 근본적으로 중국 전통의 경전해석 방법에 대해 깊은 반성을 할 수 없으며, 또한 서양의 야외조사나 실지 조사와 같은 방법에 근원하는 것도 또한 필자가 참고한 범위 안에 있다. 그러나 만약 중화민족의 "人"의 생성과 "文化"의 생성, 그리고 "유학"의 생성과 같은 역사적 과정에 대하여 말하면, 서양의 "사회학과 인류학"은 틀림없이 중요한 작용을 한다. 따라서 여기서 곧 "사회학과 인류학"은 서양 인문학 연구 방법을 대신 지칭한다.

반영해야 한다. 이처럼 사상은 또한 일정한 사회 역사의 조건에서 존재하게 되며 아울러 그것은 구체적으로 겨냥하는 사상이 있다. 그리고 사상의 발전도 또한 반드시 그것이 사회현실과 기타의 사상 형태 사이에 상호 작동하고 상호작용하는 결과로 이루어진다.

이러한 시각에서 출발하여 우리는 먼저 이른바 "육예六藝"와 "육경六經"이 본래 는 장기적으로 잘못 방치되었고 아울러 가장 판별하여 식별할 가치가 있는 관계임을 알 수 있다. 참으로 한무제漢武帝가 "오경박사五經博士를 설치"한 이래 사람들은 줄곧 "육예六藝"로써 "육경"을 가리켜 말했으며, 오늘날에 이르기까지 사람들은 여전히 이 두 가지를 "대육예大六藝"와 "소육예小六藝"라고 부르는 데 익숙한 것 같으며, 혹자는 깨끗하게 "무육예武六藝"와 "문육예文六藝"로 구별한다. 그러나 만약 일정한 사회 역사의 조건에서 출발하면 이른바 "경經"은 결코 "예藝"보다 먼저 존재할 수 없으며, 심지어 "예藝"와 동시에 출현할 수도 없음을 분명하게 알 수 있다. 그리고 공자가 제창한 "도道에 뜻을 두고 덕德에 의거하며 인仁에 의존하고 예로써 교유한다"[37]는 말과 "내가 시험하지 않았으므로 예로 한다"[38]고 할 때의 "예藝"는 모두 "경經"과 동의어일 수 없으며, 또한 결코 "경經"의 함의로 운용될 수 없다. 따라서 공자가 "내가 무엇에 집중할 것인가? 말몰이에 집중할까? 활쏘기에 집중할까? 나는 말몰이에 집중해야겠다"[39]라고 하고, "내가 어렸을 때는 천하였으므 로 비천한 일에 많이 능하다"[40]라고 감탄하는 말을 따라서 볼 때 또한 이른바 "예藝"는 먼저 구체적인 일을 하는 "예능藝能"을 가리킨다고 분명하게 인증할 수 있지만, 그러나 결코 후일에 만들어진 "천天·지地·인人 삼재三才"의 도의 벼리인 "경經"을 가리켜 말한다고 할 수 없다. 그리고 『여씨춘추呂氏春秋』에서 여불위呂不韋 (BC ?~BC 235)가 양유기養由基(BC ?~BC 559)와 이유伊儒(생졸미상)가 찬탄하여 말한 "문

37) 『論語』(吳哲楣 主編, 『十三經』), 「述而」, 1275쪽.
38) 『論語』(吳哲楣 主編, 『十三經』), 「子罕」, 1281쪽.
39) 『論語』(吳哲楣 主編, 『十三經』), 「子罕」, 1280쪽.
40) 『論語』(吳哲楣 主編, 『十三經』), 「子罕」, 1281쪽.

예文藝의 사람이다"⁴¹⁾라는 구절은 사실 원래는 "육예六藝"를 가리켜 한 말이다. 사마천司馬遷(BC 145?～?)이 『사기史記』 「골계열전滑稽列傳」에서 "공자는 '육예六藝는 하나로 다스려진다. 『예禮』로 사람을 절도 있게 하고, 『악樂』으로 화목함을 생기게 하고, 『서書』로써 정사를 말하고, 『시詩』로써 정서를 말하고, 『역易』으로 변화를 말하며, 『춘추春秋』로써 의義를 말한다'라고 하였다"⁴²⁾라고 언급한 말로써 보면, "육예六藝"를 "육경六經"이라고 부르는 관행은 아마도 공자시대에 이미 형성된 것으로 보이며, 실제로 이러한 표현은 극히 단지 사마천 자신이 보충적으로 개괄하였을 가능성이 있다. 왜냐하면 곧 『사기史記』 「유림열전儒林列傳」에서 사마천은 또 분명하게 "한漢나라가 일어선 뒤 여러 유학자들이 비로소 그 경예經藝를 닦고 그 대사大射와 향음鄕飮의 예를 말하였다"⁴³⁾고 하였기 때문이다. 여기서 "대사향음지례大射鄕飮之禮"의 "예藝"는 결코 "경經"을 가리켜 말할 수 없으며, 또한 "경經"과 "예藝"를 잇달아 부르는 방법도 오직 그 각각 가리키는 바를 설명할 뿐이다. 따라서 여기서 말하는 "예藝"는 단지 더욱 원시적인 "육예六藝" 즉 "대사향음지례大射鄕飮之禮"의 "예藝"를 가리키는 말일 뿐이다.

그렇다면 어떻게 "육예六藝"가 "육경六經"에 비하여 더 원시적이라고 여기고, 아울러 "육예六藝"는 "육경六經"을 가리켜 말한다고 단정하는 것이 하나의 역사적인 오류인가? 이것은 주로 두 가지 서로 다른 사상적 내포와 서로 다른 형성 기초로 말미암아 결정된다. 그 본래 포함된 뜻으로 말하면, "육예六藝"는 주로 사射·어御·서書·수數·예禮·악樂 이 여섯 가지가 직접 개체(국가의 士)들이 체현해 된 기본적인 예능藝能으로부터 가리켜 말한 것이며, 실제로 상고시대부터 하夏·상商·주周 삼대에 이르기까지 누적된 개체생존으로 포괄하는 이른바 작전作戰기능의 총체적 집성이며, 이것은 곧 공자의 "예로써 교유한다"와 그가 감탄한바 "내가 시험하지 않았으므

---

41) 呂不韋, 『呂氏春秋』(『諸子集成』 제6책, 상해서점, 1986년판), 「博志」, 314쪽.
42) 司馬遷, 『史記』(『二十五史』, 卷一, 中國文史出版社, 2002年版), 「滑稽列傳」, 318쪽, "孔子曰: 六藝於治一也. 禮以節人, 樂以発和, 書以道事, 詩以達意, 易以神化, 春秋以義. 太史公曰: 天道恢恢, 豈不大哉! 談言微中, 亦可以解紛."
43) 司馬遷, 『史記』(『二十五史』, 卷一), 「儒林傳」, 307쪽.

로 예로 한다"와 이른바 "많이 비천한 일을 할 수 있다"라는 말의 근본 원인이며,[44] 당연히 또한 "육예六藝"의 진정한 형성을 나타낸다. 후일에 이루어진 『시詩』, 『서書』, 『예禮』, 『악樂』, 『역易』, 『춘추春秋』를 "육경六經"으로 총칭하는 데 이르면, 완전히 후대의 유가가 그 도덕이상주의에 입각하여 추구한 천지인 삼재의 도에 대한 일종의 총체적인 구조 혹은 총체적 안배按排이며, 물론 유가의 세계관을 나타내는 체계를 형성하였기 때문에 양자 간의 서로 다른 내포와 작용은 자연히 같은 나이라고 말할 수 없다. 따라서 모종삼牟宗三(1909~1995)은 분명하게 지적하기를 "공자도 예禮·악樂·사射·어御·서書·수數의 육예六藝를 가르쳤다.…… 다만 육예만으로는 결코 유가라고 하기에는 부족하며, 육예와 더불어 그 의의를 밝히고, 그 원칙을 밝혀야 비로소 유가다운 유가가 될 수 있다"[45]고 하였다.

그러나 사람들은 왜 항상 "육예六藝"가 "육경"을 대신한다고 생각하는가? 현존하는 문헌으로 보면, 역사적으로 비교적 일찍 "육예六藝"와 "육술六術"로 "육경"을 가리켜 말한 사람은 한漢나라 초기의 가의賈誼(BC 200~BC 168)였다. 『가의신서賈誼新書』 「육술六術」에는 그가 먼저 "육경"에서 가리키는 "음양과 천지인天地人"이 내포하는 "육리六理"에서부터 "육법六法"까지 논의하고, 또 "육법"에서부터 "육술六術"과 "육행六行"까지 논의하였으며, 마지막에 비로소 『시詩』, 『서書』, 『역易』, 『춘추春秋』, 『예禮』, 『악樂』의 이른바 "육예六藝"에까지 확대하여 말하였다. 가의는 다음과 같이 말하였다.

덕에는 여섯 리理가 있는데 무엇을 육리六理라고 하는가? 도道, 덕德, 성性, 신神, 명明, 명命 이 여섯 가지 덕의 리이다. 여섯 리는 생겨나지 않을 수 없으며, 이미 생겨나면 여섯 리는 생겨난 바의 내면에 존재한다.…… 그러므로 음양은 각각 여섯 달의 절기가 있으며, 천지는 육合六合(天地와 四方)의 일이 있으며, 사람은

---

44) 錢穆(1895~1990) 선생은 "공자가 살았을 때 禮樂射御書數를 가리켜 六藝라고 하였다. 사람들이 예를 배움이 고기가 물에 있을 때 그것이 물임을 잊듯이 수영을 하는 것이 스스로 즐기는 것과 같다"고 하였다.(錢穆, 『論語新解』, 三聯書店, 2012, 237쪽)

45) 牟宗三, 『中國哲學十九講』(『牟宗三先生全集』 29책, 臺北聯經出版公司, 2003년판), 53~54쪽.

인仁, 의義, 예禮, 지智, 신信의 행行이 있으며, 행이 조화로우면 즐거움이 생기고, 즐거움이 생기는 것이 여섯이니 이를 일러 육행六行이라고 한다. 음양과 천지가 운동함에 그 육행을 잃지 않기 때문에 육법六法과 화합할 수 있으며, 사람이 삼가 육행을 닦으면 또한 육법과 화합할 수 있다.

그러나 사람이 비록 육행을 가지고 있더라도 자세하게 알기 어렵고 오직 선왕先王만이 그것을 자세하게 알 수 있고 일반 사람은 스스로 도달하기 어렵다. 이런 까닭에 반드시 선왕의 가르침을 받아야 비로소 좇아 일할 바를 안다. 따라서 선왕은 천하에 가르침을 베풀고, 사람이 가진 바로써 그것을 교훈으로 삼고, 사람을 인도하는 정을 참됨으로 여긴다. 그러므로 안으로는 육법에 근본하고 겉으로는 육행을 체體로 하며, 『시詩』, 『서書』, 『역易』, 『춘추春秋』, 『예禮』, 『악樂』의 여섯 가지 술術과 더불어 대의大義로 삼으며, 그것을 육예六藝라고 한다.[46]

현재 볼 수 있는 문헌으로 보면 아마도 한유漢儒들이 "육예六藝"로써 "육경"을 대신하여 최초로 운용하였을 것이며, 이른바 "안으로는 육법에 근본하고 겉으로는 육행을 체體로 하며, 『시詩』, 『서書』, 『역易』, 『춘추春秋』, 『예禮』, 『악樂』의 여섯 가지 술術과 더불어 대의大義로 삼으며, 그것을 육예六藝라고 한다"는 관점은 또한 한유가 내외통일의 "육술六術"로써 유가의 "육경"의 기본 작용을 표현하였음을 비교적 정확하게 설명하였다. 가의賈誼 이전에도 혹은 아예 직접 간단하게 "경예經藝"라고 지칭하였다. 예를 들면 육가陸賈(BC 240~BC 170)는 다음과 같이 말한다.

중성中聖[47]의 시기에는 벽옹辟雍(천자의 나라에 설치한 대학)과 상서庠序[48]의 가르침을 펼쳤는데, 상하의 의례儀禮를 바로잡고, 부자父子의 예禮와 군신의 의義를 밝혔다. 예의禮儀를 홀로 행하면 기강紀綱이 서지 않고 후세에는 쇠락하고 피폐해진다. 이에

---

46) 賈誼, 『賈誼新書』(『賈誼集 · 賈太傅集』, 岳麓書社, 2010년판), 「六術」, 94쪽.
47) 역자 주: 육가는 그의 저서 『新語』에서 역사의 흐름을 先聖, 中聖, 後聖의 세 단계로 나누어 설명하였다.
48) 역자 주: 辟雍은 천자의 나라에 설치한 대학이며, 庠은 周나라 때의 향교, 序는 殷나라 때의 향교를 말하며, 합하여 庠序는 일반 학교를 지칭한다.

후성後聖에는 오경을 정하여 육예六藝를 밝히고, 하늘과 땅을 다스린다.…… 49)

그러므로 성인은 혼란을 경經과 예로써 방지하였고, 힘써 굽을 것을 표준 원칙으로 바로잡았다.…… 50)

성인의 도는 경예經藝의 깊이를 극진히 하고, 이로써 징험하지 않는 말을 논한다.51)

육가가 이처럼 "경예經藝"라고 합쳐 부르는 방식은 무엇을 말하는가? 이것은 한편으로 본래 하夏·상商·주周 삼대에 개체의 생존기능인 "육예六藝"로써 오랜 기간 흘러온 전통이며(예를 들면 공자의 "예로써 교유한다"는 말과 같다.), 다만 끊임없이 진보하는 문명의 기초에서 또 공자의 "문文·행行·충忠·신信"의 "네 가지 가르침"(四敎)52)의 흡수와 요약과 개괄을 경과하였으며, 이 때문에 원래 이것은 단지 개체의 생존기능으로서의 "육예"도 점점 행할수록 더 멀어지고, 따라서 하나의 요원한 역사의 "기억記憶"이 되고, 혹은 적어도 이미 더 이상 개체의 생존으로 작용할 수 없게 되고, 나아가 왕조의 정벌전쟁에 이바지하는 주요한 기능이 되었다. 이와 동시에 유가가 최근에 형성한 "오경五經" 혹은 "육경六經"은 현실의 생활에서 또 점점 더 중요한 작용을 하게 되었으며, 이에 따라 원래 영향력이 멀었던 "육예"로써 유가에서 새롭게 형성된 "오경" 혹은 "육경"을 대신하는 현상이 하나의 자연적인 추세가 되었으며, 유가의 경전에서 "『악樂』은 본래 없는 경전이다"53)라는 사실은

---

49) 陸賈, 『新語』(『諸子集成』 제7책), 「道基第一」, 2쪽.
50) 陸賈, 『新語』(『諸子集成』 제7책), 「道基第一」, 3쪽.
51) 陸賈, 『新語』(『諸子集成』 제7책), 「道基第一」, 15쪽.
52) 『論語』(吳哲楣 主編, 『十三經』), 「述而」, 1276쪽.
53) 徐復觀(1903~1982)은 陸賈가 "五經을 정하고 六藝를 밝혔다"고 한 말을 논평하여 말하기를 "그는(육가) '六經'을 말하지 않고 '五經'을 말했으며, 문헌의 관점에서 보면 『樂』은 본래 없는 경이기 때문에 사실에 근거하여 논하고 실재로는 단지 '오경'만 있었기 때문에 '오경'이라는 말은 결국 兩漢시대에 통용되는 명칭이 되었다"고 하였다. 이미 당시에 "실재로 단지 '오경'만 있었다"고 하는데도 사람들은 왜 도리어 항상 "六藝"로써 유가의 경전을 가리키려 하였는가? 이러한 현상이 생긴 원인은 한편으로는 당연히 유가는 분명히 여섯 가지 방면의 경전이라고 생각하였기 때문이며,

역시 "육경"의 대명사인 "육예六藝"가 원래 전통 "육예"의 설에 대한 빌려온 명칭임을 설명해 준다. 육가는 여기서 분명하게 "오경을 정하고 육예를 밝혔다"고 하여 양자를 함께 지칭하였고, 또한 당시에 그것들이 아마 각각 독립적으로 존재하였거나 독립하여 존재할 수 있다는 뜻이 있을 수 있음을 말해 준다. 육가 본인이 원래 고진박사故秦博士(秦왕조 때의 박사)라는 특수한 신분임을 고려하면, 그가 오경과 육예六藝를 집적 개괄하고 총칭하여 "경예經藝"라고 불렀을 때는 또한 분명하게 이 두 가지를 서로 다른 이름으로 부를 때와의 사이에 교체 혹은 과도기적 형태임을 나타낸다. 이 뒤에 가의賈誼에 이르면, "육예"는 또한 직접 "육경六經" 혹은 "육술六術" 로 대체되고 약칭이 되었다. 당연히 가의에 대하여 말하면 그는 또한 반드시 당시 유행하는 이른바 "육리六理", "육법六法" 그리고 "육술六術, "육행六行"과 같은 여러 설을 빌려 와서 "육경"과 "육예"의 관계에 대하여 한 차례의 논증을 진행하였으며, 그에 따라 "육경" 대 "육예"에 대한 전면적인 대체를 완성하였다.(물론, 명칭만 놓고 본다면, 이 과정은 동시에 사람들이 원래 익숙했던 "六藝"를 육가의 "육경"으로 바꾸어 부르는 과정이라고 할 수 있다.) 이 외에 당시의 사회현실에서 본다면, 이제 막 형성된 대일통大─統의 전제 정권의 면전에서 당시의 유생은 아마도 또한 주로 "오경" 혹은 "육경"의 연구를 통하여 출사의 자격을 얻었으며, 이 때문에 유생에 대하여 말하면 원래 천天·지地·인人 삼재의 도리로 삼았던 강령적綱領的 문헌인 "육경"도 이제는 유자儒者 개인들이 전제왕조를 향해 관직을 요구할 때의 특수한 기능이 되었다.(예를 들면 한나라 초기의 경전의 전수자는 기본적으로 모두 故秦博士였다는 상황도 충분히 이러한 점을 설명하였다.) 이러한 조건에서 "육경"에 대한 유자들의 탐구도 사실은 당시의 "국사國士"들의 "육예"에 대한 탐구와 같으며, 또한 모두 왕조(의 은혜)에 힘을 다하는 지식인

다른 한편으로는 秦왕조 때에는 장기적으로 關東(函谷關의 동쪽)의 "六國"과 대치하고 있었기 때문에 통일이 된 후 또한 분명하게 "數는 6을 기본으로 한다"고 규정하였다."(『史記』, 「秦本記」) 이것은 "6"의 유행과 함께 사람들이 "6"을 습관적으로 표현하는 경향을 초래하였으니,─육가의 "六法", "六術", "六行"의 여러 설명은 곧 秦漢 시대 지식인들이 습관적으로 표현 방법이었다.(徐復觀, 『中國經學史的基礎』[『徐復觀論 經學史二種』], 世紀出版集團, 2005년판, 46쪽 참고)

들의 특수한 예능이었으며, 이것은 아마도 한유漢儒들이 항상 "육예六藝"를 "오경"이나 "육경"으로 대신하는 기본 원인일 것이다.[54] 그러나 이러한 "잘못된 대치代置" 혹은 대체 과정이 본래 이 책의 한 중점을 두고 변석辨析하는 문제이므로 여기서는 단지 간단하게 서술하는 방식에 그칠 수밖에 없다.

여기서 사회학을 통해 중국 고대 문헌을 선별한 예를 다시 들어 보자. 예를 들어 유가경전의 하나인 『대학大學』은 도대체 언제 형성되었는가? 역사상 결코 분명한 기록이 없다. 그것은 원래 『예기禮記』 중 한 편의 문장에 속하였고, 한대漢代에 편제가 형성되고, 앞사람들도 도대체 누가 쓴 것인가를 분명하게 기록하지 않았기 때문에, 리학가인 이정二程도 바로 그 사상적 특성에 근거하여 추론하기를 "『대학』은 곧 공자의 유서遺書이며, 모름지기 이로부터 공부하면 어긋나지 않을 것이다"[55], "『대학』은 공자의 유언遺言이니, 배우는 사람들은 이로부터 공부하면 덕의 문으로 들어가는 데 미혹迷惑되지 않을 것이다"[56]라고 하였다. 이정二程의 "공문孔門의 유서遺書"와 "공자의 유언遺言"이라는 기본적인 논정論定이 있기 때문에 (이정의) 뒤를 이은 주자도 이 기초에서 한 걸음 더 나아가 추론하여 『대학』을 "경經"과 "전傳"의 두 부분으로 나누었다. 이러한 방법에 대하여 주자는 또 해석하기를, "경일장經一章은 대개 공자의 말이며, 증자曾子가 그것을 서술하였다. 전傳의 열 개 장은 증자의 뜻이며, 문인들이 그것을 기록하였다"[57]라고 하였다. 이렇게 되어

---

54) 한나라 사람들은 항상 "오경"과 "六藝"를 함께 지칭하였는데, 한무제의 "오경박사 설치"라는 기본 국가정책에 대해 마땅히 그 "오경"은 당시에 실제로 지칭한 말이며, "六藝"는 단지 虛說에 불과하였다고 말할 수 있다. 그러나 宋代에 "四書"가 형성된 후에 "四"와 "六"사이의 대구성(對仗性)의 관계로부터 사람들은 또한 더 "육경"으로 부르기를 원하였으며, 더 이상 "『樂』"은 본래 "經"이 없다거나 이미 없어진 실정임을 언급하지 않았다. 이것은 "육경은 나에게 새로운 국면을 열도록 요구하였다"는 王夫之(1619~1692)의 말을 "六藝는 일체의 학술을 통섭한다"는 馬一浮(1883~1967) 의 관점까지 이르도록 촉진하였다. 그러나 이러한 관점은 또한 사람들이 직접 "六藝"를 "육경"으로 보는 역사적 오해를 심화시켰다.

55) 程顥·程頤, 『程氏遺書』(『二程集』, 중화서국, 1981), 권2상, 18쪽.

56) 程顥·程頤, 『程氏粹言』(『二程集』), 권1, 1204쪽.

57) 朱熹, 『大學章句』(『四書集注』, 岳麓書院, 1985), 5쪽.

『대학』은 또 공자 문하에 제자들이 대대로 전승하고 아울러 차례로 서로 발명한 유가경전의 가상假像이 된 것 같다. 실제로 만약 우리가 사회학의 관점에서 이 문제를 본다면, "세상에 도가 없다"(天下無道)와 "예악이 붕괴되었다"(禮崩樂壞)의 춘추시대에, 공자는 당시에 이러한 "유언遺言" 이른바 "명덕明德", 친민親民", "지지선 止至善"의 삼강령과 이른바 "격格·치致·성誠·정正", "수修·제齊·치治·평平"의 팔 조목八條目을 통하여 나라를 태평하게 다스린다는 말을 할 수 없을 뿐만 아니라, 효자로 이름난 증자라고 해도 또한 이러한 "유서遺書"나 "유언遺言"을 남길 수 없었을 것이다. 왜냐하면 당시는 근본적으로 "천하를 태평하게 다스리는" 이른바 통일의 시대가 아니었기 때문이며, 따라서 유가도 근본적으로 스스로가 이러한 임무를 제기할 수 없었다. 공자가 당시에 맡은 역할은 주로 "극기복례克己復禮"에 있었고, 아울러 인仁으로써 "예禮"를 지탱하였으며, 증자의 맡은 역할은 어떻게 "인"과 "예藝"에 대한 내재적 응집을 통하여 자신이 입신하고 처세한 "효도孝道"를 형성하는가에 있었다. 따라서 역시 "격格·치致·성誠·정正", "수修·제齊·치治·평平"과 같은 "유서遺書"와 "유언遺言"을 남길 수 없었다. 왜냐하면, 당시에는 근본적으로 이러한 사회 역사적 조건이 갖추어지지 않았기 때문에 유가들이 자신을 위해 이러한 임무를 제기할 수가 없었기 때문이다. 심지어 맹자시대에 이르러서도 이른바 "천하를 평치平治"하는 조건이 여전히 성숙하지 못하였고, 그래서 맹자는 다음과 같이 탄식하기를 "무릇 하늘이 아직 세상을 태평하게 다스리려고 하지 않으니, 비록 세상을 태평하게 다스리고자 하면 지금의 세상에 내가 아니면 누가 하겠는가?"[58] 라고 하였다. 분명히 맹자시대에 이르러 이른바 "평치천하"라는 말이 이미 형성되었 으며, 따라서 어떻게 "평치천하"를 이룰 것인가 라는 문제가 사람들의 관심 범위에 들어가게 되었으나, 그 실현 조건은 도리어 여전히 성숙되지 않았으며, 그러므로 맹자가 "무릇 하늘이 아직 세상을 태평하게 다스리려고 하지 않았다"고 탄식하였다. "수修·제齊·치治·평平"을 근본으로 지향하는 『대학』은 오직 진秦왕조가 나날이

---

58) 『孟子』(吳哲楣 主編, 『十三經』), 「公孫丑上」, 1372쪽.

경전국책耕戰國策59)을 통하여 또한 법가의 무력통일의 노선을 분명하게 확립한 배경 아래 비로소 형성될 수 있었고, 유가의 이러한 "명덕明德", "친민親民", "지지선止至善"의 삼강령三綱領과 "격格·치致·성誠·정正, "수修·제齊·치治·평平"의 "팔조목八條目과 같은 도덕통일노선이 완전히 출현할 수 있게 됨으로써 함께 대치할 수 있게 되었고, 이에 따라 유가는 진秦의 통일 이전에 한 곡의 뛰어난 노래를 이루었다.60)

더 나아가 만약 우리가 서양의 인류학의 연구 방법을 참고할 수 있다면, 또한 유학사儒學史에서는 분명히 비록 도덕적으로 정확하지만 인식착오에 속하는 많은 예가 존재한다는 것을 알 수 있을 것이다. 아래 두 가지 내용을 보자.

재여宰予가 낮잠을 자자, 공자는 "썩은 나무에는 조각을 할 수 없고, 거름흙으로 만든 담장은 흙손질을 할 수가 없다. 재여를 어찌 꾸짖겠는가?"라고 하였으며, 공자는 "나는 처음 사람을 볼 때 그 말을 듣고 그 행동을 믿는데, 이제는 사람을 볼 때 그 말을 듣고 그 행동을 살피게 되었으니, 나는 재여로 말미암아 고치게 되었다"61)고 하였다.

…… 새벽이 되었다고 알리니 선생은 손수 스스로 곡식을 키질하였다. 백사白沙 (陳憲章, 1428~1500)가 아직도 일어나지 않으니 선생은 큰소리로 "우수한 재능도 만약 나태하다면 후에 어떻게 이천伊川(程頤, 1033~1107)의 문하로 가겠는가? 어떻게 맹자의 문하로 가겠는가?"62)라고 하였다.

---

59) 역자 주: 秦의 商鞅(?~BC 338)이 제정한 국가 정책으로, 호구의 전시체제로 개편하고 농업과 생산을 장려하며 軍功을 중심으로 인사제도를 확립하는 등의 개혁정치의 하나이다.

60) 『대학』의 작자와 그 형성시대에 관하여 필자는 아마도 맹자의 후학들이 秦왕조의 무력정벌 노선에 대응해서 제기했던 것으로 유가가 도덕이성을 기초로 건립한 "修·齊·治·平"의 노선이라고 생각한다.(拙著, 「『大學』今古本辨正」, 『陝西師範大學學報』, 2011년 제4기) 참고.

61) 『論語』(吳哲楣 主編, 『十三經』), 「公冶長」, 1269쪽.

62) 阮榕齡, 『陳白沙年譜』(『陳憲章集』, 中華書局, 1987), 806쪽.

이 두 항목의 비평은 완전히 유학사에서 약 2천 년 동안 거의 일관된 공동 인식이라고 말할 수 있다. 전자는 재아宰我가 "낮잠"을 자다가 공자의 꾸중을 들은 것이고, 후자는 진헌장이 일찍이 오여필吳與弼(1391~1469)의 문하에 있을 때 아침에 늦게 일어났기 때문에 똑같이 꾸중을 들은 것이다. 현상적으로 보면 "낮잠"과 "일찍 일어남"은 자연히 서로 다른 생활습관에 속한다. 사람들은 당연히 일찍 자고 일찍 일어나는 습관을 기를 수 있다. 그러나 인류학과 사람의 천성이라는 측면에서 보면, 어쨌든 사람이 일찍 일어남이 습관이 되는 것 아니면 늦게 일어남이 적합하게 되는 것, 이른바 "낮잠"도 아마 자연적 천성의 측면에 기초할 것일 수도 있다. 생활 습관의 관점에서 보면, 일찍 자고 일찍 일어나는 습관은 당연히 배양할 수 있지만, 만약 인간의 자연적 천성의 관점에서 보면 서로 다른 생활습관을 변화시키는 것은 몹시 어려울 수 있다. 물론 유가는 맹자 때부터 "뜻이 기氣의 으뜸이다"(以志帥 氣)라는 이상을 제기하였으며, 아울러 "본성을 다함"(盡性)과 "본성의 완전한 실천"(踐 形)의 방식을 통하여 인간의 자연천성을 완전하게 장악하고자 하였다. 송대宋代에 이르면 리학가인 장재張載(1020~1077)는 이른바 "변화기질"의 설을 제시하였으며, 아울러 소위 "천지지성天地之性"을 표준으로 삼아 사람의 기질지성氣質之性을 개조하고 제고시키려 하였다. 사실 이러한 주장이나 관점은 단지 도덕이성을 기초로 사람의 됨됨이를 결정하는 자연기상에 단련과 수정을 더하는 것이며, 따라서 그것으로 하여금 도덕이성의 규범과 요구에 더욱 부합하도록 하였다. 만약 "뜻이 기氣의 으뜸이다"와 "변화기질"과 같은 단련과 수정은 곧 사람의 행위와 습관으로 하여금 더욱 도덕 예제의 요구에 부합하도록 하는 것이라면, 일반인들도 실제로는 모두 적응할 수 있다. 그러나 만약 이른바 "기질을 변화"시키는 것이 사람의 어떤 "천성天 性"을 철저하게 변화시켜서 완전한 "천지지성天地之性"으로 돌아가게 하는 것이라 면,[63] 이러한 단련은 매우 어려울 뿐만 아니라, 또한 일종의 "착란錯亂"을 일으킬

---

63) 장재는 "形이 있은 후에 기질지성이 있고, 그것을 善으로 돌이켜야 천지지성이 거기에 존재한다. 그러므로 기질지성은 군자는 性이라 하지 않는다"(『正蒙』, 『張載集』, 「誠明」, 23쪽)라고 하였다. 이러한 점에서 보면 리학가는 분명히 "천지지성"을 통하여

수도 있다. 장자莊子가 "물오리는 비록 다리가 짧지만 길게 이어 주면 걱정하게 될 것이다. 학의 다리는 비록 길지만 그것을 짧게 잘라 주면 슬퍼할 것이다"[64]라고 한 말과 하층민이 하는 "강산은 쉽게 바뀌어도 품성은 바뀌기 어렵다"는 말은 모두 자연의 천성이 변화하기 어려움을 말한 것이다. 물론 사람의 서로 다른 천성을 유가는 실제로는 인정하였는데, 예를 들면 『맹자』라는 책에서는 일찍이 "백이伯夷는 맑음에 이른 성자聖者이며, 이윤伊尹은 자임自任에 이른 성자이며, 유하혜柳下惠는 화합和合에 이른 성자이고, 공자는 시중時中에 이른 성자이다"[65]라고 하였는데, 이 말은 성인의 경지에 도달한다 해도 사람의 자연적인 천성의 다름이 결코 완전히 없어지지는 않음을 말해 준다. 그러므로 맹자는 사람의 서로 다른 천성에 대하여 특별한 포용력으로 표현한 것 같다. 예를 들면 백이와 이윤과 유하혜에 대한 평가에서 "세 선생은 서로 다른 특성이 있지만, 그것은 하나로 나아간다. 그 하나란 무엇인가? 말하자면 인仁이다. 군자가 또한 인仁일 뿐이니 하필이면 (행동이) 같아야 하는가?"[66]라고 하였다. 그러나 재아宰我와 진헌장의 "낮잠" 현상에 대하여 사람들은 흔히 도덕이성의 시각에서 비판하지만, 뜻밖에도 이른바 "낮잠"과 "늦게 일어남"은 다 같이 자연적 천성에 기초하여 존재함을 모른다.[67]

사람의 기질지성을 전면적으로 주재하고 제고하려고 하였다.

(64) 『莊子』(郭慶藩 편, 『莊子集釋』), 「駢拇」, 350쪽.

(65) 『孟子』(吳哲楣 主編, 『十三經』), 「萬章」, 1401쪽.

(66) 『孟子』(吳哲楣 主編, 『十三經』), 「告子」, 1214~1415쪽.

(67) 2003년 여름방학 때, 필자는 스웨덴에서 열린 국제중국철학회에 참가하였다가 돌아오는 비행기에서 옆자리에 앉은 쌍둥이 스웨덴 자매를 만났다. 그들은 5~6살로 보였다. 그들은 같은 모양의 의복과 같은 모양의 얼굴이었으며, 자연히 같은 생활습관을 가지고 심지어는 음성까지도 똑같았다. 밤 10시가 막 지나자 그 중 한 명은 조용히 잠들고, 다른 한 명은 춤을 추다가 노래하다가 새벽 1시가 넘어서야 비로소 잠들었다. 다음 날 아침 일찍 어제 저녁 일찍 잤던 아이가 그 자매의 활동을 이어서 똑같이 노래하고 춤을 추었으나 그의 한 자매는 그 시간에 도리어 오래 자면서 깨지 않았다. 물론 아무리 잡아당겨도 일어나지 않았다. 같은 비행기를 탄 여행객들은 모두 "이 아이는 정신과 체력(精力)이 정말 좋아서 놀랍게도 노래하고 또 춤추며 밤새 떠들썩하였다"고 경탄했다. 그러나 필자는 도리어 이와 같은 현상이 사실 쌍둥이 자매의 서로 다른 천성이 서로 교대한 것에 불과함을 분명하게 보았다. 이것은 사람의 서로 다른 천성이 취학하기 전의 쌍둥이 자매 사이에 이미 존재하고 있음을 말해 준다.

따라서 만약 우리가 서양사회학과 인류학의 방법을 참고로 한다면, 옛사람들이 확실히 편파적인 견해를 많이 가지고 있음을 발견할 수 있을 뿐만 아니라, 더 중요한 것은 사회학과 인류학이 우리가 옛사람들의 사상 생성과 형성을 이해하는 데 최소한도의 보장을 제공할 수 있다. 예를 들면 『대학』의 형성 시기의 문제에 관한 한, 리학가들은 "공자가 말하고, 증자가 그것을 서술하였다"라고 생각한다. 그러나 5·4 신문화운동이 시작된 이래, 사람들은 "옛것을 의심하는 사조思潮"의 영향으로 『대학』이 진秦·한漢시대 유가의 작품이라고 생각한다. 만약 사회학의 시각으로 보면, 전자는 근본적으로 『대학』이 저작될 수 있는 사회 역사적 조건을 갖추지 못하였으며, 후자는 또한 아직 진·한시대 유자들의 구체적 생존의 조건과 현실 조건을 주의하지 않았다. 왜냐하면 "백가百家를 몰아내고 오직 유술儒術만 존중한다"라던 한나라 시대에 전제적 제왕과 유자들이 암암리에 만든 도덕이상을 기초로 한 "수修·제齊·치治·평平"의 강령을 허용할 수 있었겠는가?—일찍이 한漢의 소제昭帝에게 요순堯舜을 본받아서 제위帝位를 선양禪讓하라고 권고하였다가 단두대로 보내진 휴맹眭孟(?~BC 78, 본명은 眭弘, 孟은 字)이 결국 (대장군 霍光에 의해) "요언妖言으로 대중을 미혹시킨다"라는 죄명으로 요참腰斬(허리를 베어 죽임)을 당한 사례가 아마 가장 분명한 회답일 수 있다.

4. 해독과 해석

해독과 해석은 연구활동에서 서로가 이어서 서로 스며들며 서로 결정하며 또한 서로 촉진하는 두 개의 다른 연결고리이다. 일반적으로 말하면 해독은 흔히 연구의 첫걸음이며, 단지 어느 정도 해독이 된 기초에서 비로소 해석을 진행할 수 있다. 다만 한편으로 해석은 가끔 또 다른 해독의 선결 조건이 되거나 혹은 예상되는 전제가 되기도 하며, 또한 잠재적으로 해독의 기본 방향을 결정하기도 한다. 실제의 연구에서 어떤 해독이든 모두 반드시 일정한 해석의 요소를 포함함으로써 그 해독의 기본 방향을 결정하며, 어떤 해석도 반드시 어느 정도의 해독을 기초로 이루어지며, 또한 어느 정도의 해독은 해석의 전제가 된다. 두 가지의 구별은 일반적으로 말하면, 해독의 목적은 주로 문본文本(원문, 원전 텍스트)에 진입하고 문본을 이해하는 것이자, 문본과 융합하여 하나가 되어서 가능한 문본의 본래 의미를 발굴하는 데 있다. 따라서 해독은 실제로는 문본에 진입하여 문본과 원래 문본의 기본적인 의미를 파헤치는(破解) 과정이다. 그러나 해석은 반드시 해석자와 문본 사이에 존재하는 일정한 시공적 "거리"가 있다는 전제를 인정해야 하며, 해석 그 자체도 또한 필연적으로 어느 정도 본문과 "배치"되는 경향을 내포하고 있다.(만약 어느 정도 거리가 없다면 곧 해석할 필요가 없으며, "거리"는 스스로 "배치"되는 문본을 포괄하고, 문본의 본래 함의를 확장하며, 실제로 또한 해석이 성립되는 까닭의 근거를 포함하고 있다.) 이러한 각도에서 만약 해독이 곧 "그 속에 들어감"이며 아울러 문본의 기본적인 구조와 또 원래 문본의 기본적 함의를 파헤치는 과정이라면, 해석은 문본과의 "배치"가 "그 밖으로 나타남"이며 문본이 갖출 수 있는 가치와 의미를 발굴하는 과정이다.

그러나 해독과 해석은 실제로는 밀접하여 서로 나눌 수 없으며, 해독이 해석과 떨어질 수 없는 까닭은 해독이 시작되기 전에 해독 자체가 곧 포함하는 일정한 예상이 그 해독이 전개되는 기본 방향이 되기 때문이다. 그리고 해석이 해독을 떠날 수 없는 까닭도 해석이 반드시 일정한 해독의 기초에서 이루어지기 때문이다. 분석에서 완전히 벗어난 어떤 해석은 문본의 객관적 기초를 벗어난 일종의 주관적인 억측이 될 수밖에 없다.

해독과 해석은 서로 구별되지만, 서로 스며들고 서로를 지탱하는 관계는 우리에게 각자가 독립적으로 분석과 설명을 진행하지 않을 수 없도록 한다.

해독에 관해 말하면, 연구 활동을 기본적으로 시작하려면 해독의 근본 목적은 문본에 들어가서 사건이 발생하는 원인을 파헤치고, 가능한 한 역사의 진상을 모두 환원還元해야 한다. 어떤 의미에서 해독은 역사적 사건이 발생하기 전의 원인과 결과 그리고 그 영향의 과정을 가능한 한 모두 환원하는 것이며, 나아가 가능한 한 역사 사건에 대해 그 있는 그대로의 분석과 설명을 진행한다. 그러나 일반적으로 인문성人文性 역사 사건은 결코 자연사건처럼 완전하게 중복되지 않으며, 심지어 야외野外의 조사와 컴퓨터 모의模擬(simulation)와 서로 보충하는 방식을 통하여 종합적으로 전체 사건의 발생 과정을 재현할 수 있다. 그러나 인문성 사건은 이미 지나간 역사이며, 마찬가지로 하나의 구체적 발생의 과정이 있다. 그리고 그것의 진행순서와 발전은 각 방면의 요소와 상호작용을 하며, 또한 마찬가지로 일종의 피할 수 없는 필연성이 있다.

이처럼 "파헤침과 환원"의 목표로부터 출발하여 인류학과 사회학은 장차 우리가 역사문헌에 대하여 진행하는 해독의 가장 기본적인 방법이 된다. 예를 들면 상고시대의 "줄을 매듭지어 일을 기록함"(結繩記事)[68], 수인씨燧人氏의 "부싯돌을 쳐서 불을 피움"(鑽燧取火)[69], 유소씨有巢氏의 "목재로 집을 지음"(構木架屋), 복희씨伏羲氏의 "인류(男女)을 분별함"(分別人倫), 신농씨神農氏의 "농경을 시작함"(開啓農耕)으로부터 헌원씨軒轅氏의 "배와 수레를 발명함"(發明舟車)에 이르기까지, 이러한 역사 사건은 당연히 모두 인류문명의 거대한 진보를 나타낸다. 그러나 인류학의 관점에서 보면 우선 중화민족이 인류 집단으로 점점 형성되는 과정이며, 사회학적 관점에서 보면 중화문명과 동시에 그 문화적 특성이 점점 생성되는 과정이다.

역사의 발전에 따라 인류학의 요소는 점점 사회학에 그 지위를 물려주고, 당연히 사회학의 요소는 끊임없이 두드러지고 증강되는 과정에 있다. 왜냐하면 인류학은 가끔 인류의 종족 형성의 과정에서 직면하는 공통적 문제에 관여하지만, 반면에 사회학은 어느 정도는 인류문명의 특수한 표현과 그 그것이 체현된 특수성에

---

68) 역자 주: 이하 "結繩記事" 혹은 "결승기사"로 표기
69) 역자 주: 鑽燧取火에서 鑽은 뚫다, 송곳, 金剛石의 의미이며, 燧는 부싯돌을 의미한다. 즉 鑽으로 燧를 비벼서 불을 피우는 방법이다. 이 용어는 보기에 따라서 나무에 구멍을 내어 다른 나뭇가지로 마찰하여 불을 얻는 방법으로도 볼 수 있다. 그러나 이 책의 원문 42쪽에 "『太平御覽』에 鑽木取火(나무구멍을 비벼서 불을 피움)와 鑽燧出火(부싯돌을 쳐서 불을 피움)의 기록이 함께 존재한다"라는 표현이 있다. 鑽燧取火는 鑽燧出火와 같은 뜻이다. 그리고 '取火'는 글자 그대로는 '불을 얻음'이지만, 실제로는 '불을 피움'의 뜻이다. 그러므로 이후 鑽燧取火를 "부싯돌을 쳐서 불을 피움"으로 번역한다.

대한 역사적 진보를 다루기 때문이다. 따라서 인류학에서 출발하여 이른바 "결승기사結繩記事", "부싯돌을 쳐서 불을 피움"(鑽燧取火), "목재로 집을 지음"(構木架屋), "인류(男女)을 분별함"(分別人倫), "농경을 시작함"(開啓農耕), "배와 수레를 발명함"(發明舟車) 등등은 자연히 인류문명의 거대한 진보를 표현하며, 이러한 진보는 동시에 문명의 지역적 특색과 민족 특색을 점차로 드러내기 마련이므로, 따라서 원래 인류학의 문제였던 것이 점차로 사회학으로 옮겨지게 되었다.―이른바 인류사회의 종족적 특색으로 대체되었다.

  인류 가운데 어떤 종족의 문명발전이 점점 더 그 민족의 특수성으로 드러나게 되면 이른바 사회학의 요소 즉 인류집단이 공통으로 안고 있는 문제들도 끊임없이 주체 쪽으로 응집되고, 또한 점점 더 그 종족이 공통으로 소유하는 특징으로 드러나게 된다. 이때 이른바 사회학의 요소는 곧 점점 개체의 행위와 습관으로 응집되고, 또 이른바 후천적으로 얻은 습성이라는 주체적으로 선택된 논리로 대체되는데, 왜냐하면 이때의 개체는 이미 종족성이나 사회성의 특수한 표현으로 형성되었기 때문이다.[70] 따라서 아주 오래된 선사문명先史文明에 대하여 인류학과 사회학의 요소는 매우 중요하게 되고, 또한 원시적일수록 더욱더 많이 인류 종족이 직면한 공동의 문제를 나타낸다. 그러나 문명의 진보와 역사의 끊임없는 발전에 따라서 이른바 인류성과 종족성, 그리고 그 개체로 응집된 요소들이 또한 점점 더 많이 두드러진다. 역사적 사건과 역사적 문헌에 대한 해독이 완전히 개체라는 주체에게 알려질 수 있을 때 일종의 문명의 거대한 발전을 표명할 뿐만 아니라, 또한 그 문화의 상대적 성숙이나 성숙으로 향해 감을 나타낸다. 왜냐하면 문명의 발전에

---

70) 墨子의 다음과 같은 논리를 보라. "이제 사람들에게 말하기를, '네게 갓과 신발을 주고 그 대신 너의 손과 발을 끊겠다. 그대는 하겠는가?'라고 하면, 반드시 하지 않을 것이다. 왜냐하면 갓과 신발이 손과 발만큼 귀하지 않기 때문이다. 또 말하기를 '너에게 천하를 주고 너를 죽인다면 너는 하겠는가?'라고 물으면 반드시 하지 않을 것이다. 왜냐하면 천하가 자신의 몸만큼 귀하지 않기 때문이다."(『墨子』[『諸子集成』 제4책], 「貴義」, 상해서점, 1986년판, 265쪽) 묵자의 이 선택은 전형적으로 중국인의 생존이 실재론에 기초한 선택의 공통된 인식이며, 따라서 묵자도 또한 이와 같은 방법으로 "義가 귀하다"는 결론을 논증하였다.

따라서 인류학의 요소와 사회종족의 요소도 끊임없이 응집하고, 개체의 주체적 심리적 기반으로 내재화內在化되기 때문이다.

유학의 발생과 형성에 대하여 말하면, 그것은 실제로 인류학의 요소가 점점 물러나고 사회학의 요소가 점점 더 강해지는 시대에 처해 있으며, 그것이 동양문명으로 형성됨에 따라서, 그 종족적 특징이 나타나기 시작하면서 아울러 사회적 정체성과 개체성의 응집이 점점 형성되기 시작하였다. 개체가 충분히 하나의 완전한 의미에서의 사상문화의 주체가 될 수 있을 때, 민족적 성격 형성은 물론 어느 정도는 동시에 유학의 초보적 형성을 나타낸다. 이것은 또한 유학이 언제나 사람을 연구대상으로 삼고, 사람이 사람이 되는 기본적 특징으로서 전면적인 자각을 자신의 주요 임무로 삼는 근본 원인이다.

이러한 기초에서 우리는 다시 해석을 생각해 보자. 이른바 해석은 일정한 시공간의 거리가 있는 역사적 사건이나 문헌에 대하여 가치와 의미를 묻고 평가하고 밝혀냄을 가리킨다. 왜냐하면 해석은 주체와 대상이 되는 문본文本 사이에 일정한 거리가 예정되어 있을 뿐만 아니라, 해석 자체에도 동시에 사건과 문헌에 대한 가치와 의미에 대한 발굴과 밝혀냄이 예정되어 있다. 이런 점에서 해석은 해독에 속할 뿐만 아니라 일종의 더욱 깊이 들어가는 해독 활동이다. 그러나 해석은 일반적인 해독과 구별되는데, 주로 그것은 결코 문본 세계에 대하여 올바르게 파헤치고 환원하는 데 있지 않으며, 주로 해석자가 반드시 자신의 견해에서 역사적 사건을 그 마땅함, 즉 이른바 가치와 의미에 대하여 질문과 밝혀냄을 진행하는 데 있다.

예를 들면, 『논어論語』에서 공자는 일찍이 여러 차례 "육예六藝"의 하나인 "사射"(활쏘기)의 문제에 대하여 설명하였는데, 공자는 결국 "활쏘기"에 대하여 그 역사성의 파헤침 혹은 환원성의 해독을 하였는가 아니면 가치와 의미에 대한 질문과 밝혀냄을 진행하였는가? 아마도 두 가지를 겸하였다고 해도 후자를 위주로 하였음은 의심할 수 없다. 예를 들면 공자는 다음과 같이 말하였다.

군자는 어떤 일에도 남과 다투지 말아야 하나, 반드시 활쏘기는 다투어야 할진저!

읍을 하고 겸양의 뜻을 표시한 뒤 대臺에 올라 겨루고 끝나면 내려와서 함께 술을 마시니 그 다툼은 군자답다고 할 수 있다.71)

활쏘기에 과녁을 맞히는 것을 위주로 하지 않은 것은 힘이 동등하지 않기 때문이다.72)

만약 우리가 공자의 "활쏘기"에 대한 "해독"에서 인류가 발명한 활과 화살 그리고 활과 화살을 운용한 실제적인 역사로 대응한다면, 이것은 분명히 결코 역사의 진상을 환원하는 방식의 객관적 해독이 아니다. 왜냐하면 인류가 활과 화살을 발명한 목적은 먼저 금수와의 "싸움"에 있고, 생존과 생계를 찾는 데 달려 있기 때문이다. 그러나 공자가 여기서 한 "해독"―"군자는 어떤 일에도 남과 다투지 말아야 한다"라는 구절에서 "그 다툼은 군자답다"라는 말까지 그리고 "활쏘기는 과녁을 맞히는 것을 주로 하지 않음"이 이른바 "옛날의 도"라는 말은, 도리어 완전히 군자의 인격이 활을 쏘는 예에서 마땅히 드러내어야 하는 것을 중심으로 표현하고 전개된 것이며, 더욱이 "활쏘기는 과녁을 맞히는 것을 위주로 하지 않는다"라는 말은 곧 인류가 활과 화살을 발명한 목적과는 완전히 상반된다고 할 수 있다. 물론 사람들은, 이것이 공자가 "활쏘는 예"를 해독한 것이지 "화살을 쏘는 것"에 대한 "기능"을 해독한 것은 아니지만, 그렇다고 하더라도 이러한 "해독"은 분명하게 "활쏘는 예"와 "화살을 쏘는 것"의 기능 사이의 시공적 거리를 표현했을 뿐만 아니라 동시에 양자의 목적과 의미에서 어느 정도 서로 상반되는 취향을 표현하고 있다고 변명할 수 있다. 왜냐하면 공자의 이와 같은 "해독"에 대하여 말하면, 그는 실제로 도덕이성道德理性과 예악문명禮樂文明의 기초에서 군자의 인격은 "활쏘는 예" 가운데서 마땅히 표현되어야 할 것을 해석하고 밝혀내었기 때문이다.

이와 같은 상황은 『맹자孟子』라는 책에서도 표현되었는데, 이러한 군자의 인격은

---

71) 『論語』(吳哲楣 主編, 『十三經』),「八佾」, 1264쪽.
72) 『論語』(吳哲楣 主編, 『十三經』),「八佾」, 1264쪽.

"활쏘는 예"에 있고, 심지어 두 나라가 전쟁하는 가운데서도 또한 한 걸음 나아간 표현이 있다. 예를 들면 다음과 같다.

> 어진 사람은 활을 잘 쏘는 사람과 같다. 활을 잘 쏘는 사람은 자신을 바르게 한 다음 활을 쏘며, 쏘아서 적중하지 못하면 이긴 사람을 원망하지 않고 도리어 자신에게서 허물을 찾는다.[73]

> 정나라 사람이 자탁유자子濯孺子로 하여금 위衛나라를 침공하게 하였는데, 위나라에서 유공지사庾公之斯로 하여금 그를 내쫓도록 하였다. 자탁유자가 "나는 오늘 병이 들어 활을 잡을 수가 없으니 나는 죽을 것이다"라고 하고, 그의 노복에게 "오늘 나를 쫓아오는 사람이 누구냐?"고 물으니 노복이 "유공지사입니다"라고 대답하니, "나는 살겠구나"라고 하였다. 노복이 "유공지사는 위나라에서 활을 잘 쏘는 사람인데, 어른께서는 내가 살겠구나 하시니 무슨 말씀인가요?"라고 물었다. (자탁유자가) 말하기를 "유공지사는 윤공지타尹公之他에게서 활쏘기를 배웠는데 윤공지타는 단정한 사람이니 그가 사귄 벗도 반드시 단정할 것이다"라고 하였다. 유공지사가 이르러 말하기를 "어른께서는 어찌 활을 잡지 않는가요?"라고 물으니, (자탁유자가) "오늘 내가 병이 나서 활을 잡을 수가 없네"라고 하니, (유공지사는) "소인이 윤공지타에게 활을 배웠고, 윤공지타는 어르신께 활쏘기를 배웠습니다. 저는 차마 어른에게서 배운 도리로 어르신을 해칠 수가 없습니다. 비록 그러하지만, 오늘의 일은 임금이 내린 일이라 내 맘대로 그만둘 수가 없습니다"라고 하고, 화살을 뽑아 수레바퀴를 쳐서 화살촉을 빼 버리고 네 대의 화살(乘矢)을 쏜 후 돌아갔다.[74]

맹자의 해석에서 첫 번째는 "활쏘기"를 "활쏘는 예"로 환원하였다. 활쏘기 시합의 구체적인 현장에서, "자신을 바르게 한 후 활을 쏨"에서부터 마지막 "자신에게서 허물을 찾음"의 반성에 이르기까지 분명히 모두 인인군자仁人君子가 활쏘기

---

73) 『孟子』(吳哲楣 主編, 『十三經』), 「公孫丑上」, 1366쪽.
74) 『孟子』(吳哲楣 主編, 『十三經』), 「離婁下」, 1392~1393쪽.

시합에서 마땅히 보여 주어야 할 것을 가리켜 말하였다. 따라서 하나의 문제가 드러난다. 이것은 결국 활쏘기의 기술을 겨루는 시합인가 아니면 군자의 인격을 활쏘기 시합에서 마땅히 드러내야 하는가? 분명히 유가儒家에 대하여 말하면, 그 무게중심은 단지 후자에 있을 수밖에 없다. 왜냐하면 『논어』에도 공자와 남궁괄이 아래와 같은 대화를 하고 있기 때문이다.

> 남궁괄이 공자에게 "예羿는 활쏘기를 잘하였고 오奡는 육지에서도 배를 움직였지만 모두 제명에 죽지 못했고, 우禹임금과 후직后稷은 몸소 농사를 지었지만 천하를 손에 넣었습니다"라고 하자 공자는 대답을 하지 않았다. 남궁괄이 나가자 "군자답도다 이 사람이여! 덕을 숭상하는구나 이 사람이여!"라고 하였다.[75]

여기서 공자가 대답하지 않은 것은 실제로 남궁괄이 "덕을 숭상"하는 경향에 대한 찬미의 정이 충만하였다. 만약 남궁괄에 대한 공자의 이와 같은 찬미와 『맹자』에서의 자탁유자, 유공지사와 근본적으로 아직 얼굴을 드러내지 않은 윤공지타 세 사람을 비교하면, 후자 즉 자탁유자, 유공지사와 근본적으로 아직 얼굴을 드러내지 않은 윤공지타 이 세 사람은 완전히 활쏘기 기술을 서로 전수하는 방식으로 연결되었고, 실제로 완전히 "단정한 사람이니, 그가 사귄 벗도 반드시 단정하다"라는 사람됨과 사귀는 친구에게도 전해 주는 논리를 통하여 그 세 사람이 서로 일치하는 군자의 인격을 통하여 연결되었다. 이것은 곧 활쏘기 기술의 시합일 뿐만 아니라 동시에 도덕인격의 시합이다. 즉 도덕인격이 기초에서 확립된 "친구를 숭상함"의 활동이다. 이 점을 따라서 보면, 공자와 맹자처럼 "활쏘기"를 도덕인격의 방식으로 해석하기보다는, 차라리 먼저 고대의 활쏘기 예를 도덕인격의 방식으로 "해독"한 것이 더 낫다.

이 점을 깨닫고 나면 이른바 해독과 해석은 확실히 상호 스며들고 서로 전화轉化하는 관계임을 분명하게 알 수 있다. 공자가 말한 "그 다툼이 군자답다"라는 말과

---

75) 『論語』(吳哲楣 主編, 『十三經』), 「憲問」, 1298쪽.

"활쏘기는 과녁을 맞히는 것이 아니다"는 말은 마땅히 "활쏘기의 예"를 일종의 도덕인격으로 해석하였고, 동시에 또한 도덕이성의 기초에서 고대의 활쏘기 예를 해독하였으며, 또한 맹자의 "어진 사람"은 기술이 다른 사람만 못하면 "이긴 사람을 원망하지 않는다"라는 표현에서 "자신에게서 허물을 찾는다"라는 반성은 이미 군자의 인격은 "활쏘기의 예"에서 마땅히 표현된 해독이며, 동시에 군자의 인격은 "활쏘기의 예"에서 표현된 구체적 해석이다. 바로 이러한 도덕이성을 기초로 한 해독과 해석이 서로 침투하고 서로 전화해서 비로소 유가儒家가 형성되고 발전하는 기본적인 동력을 형성한다. 그리고 유학의 이러한 역사를 따라서 보면, 야스퍼스(Karl Theodor Jaspers, 1883~1969)가 말한 이른바 "축심시대軸心時代"(The Axial Period)는 실제로는 고대의 생존기능에서부터 예악문명禮樂文明에 이르는 해독과 해석의 상호 전환일 뿐이다.

5. 전승: 역사의 활성화로 미래로 나가자

해독과 해석이 서로 침투하고 서로 전화하는 통일체 가운데 가장 중요한 기초는 곧 주체 자각적인 계승과 '순차적 전승傳承'(傳遞)이다. 계승이 있으면 곧 해독의 동력이 있으며, 순차적 전승이 있으면 곧 해석의 기초가 있다. 유학을 주체로 삼는 중국의 전통문화 자체는 하나의 주체적 문화이며, 곧 계승과 순차적 전승의 기초에서 아울러 해독과 해석의 상호 전화로 표현되는 '생겨나고 또 생겨나 쉬지 않음'(生生不息)의 동력에 의거하여 건립되었으며, 이 책은 반드시 주체적 생존의 방향을 따라 유학의 원시적인 발생과 구체적 형성을 거슬러 가고자 하며, 또한 유학의 이와 같은 발생학의 원리에 근거하여 이처럼 '원탕화원식原湯化原食'(당시의 사회상과 역사성과 함께 철학 사조를 연구하는 태도)의 연구 방법을 취하지 않을 수 없다.

그러나 이와 같은 계승발전의 방식은 반드시 공자로부터 시작되었으며, 혹자는 공자로부터 중국문화가 시작되고 이미 그 독특한 계승방식과 발전의 방향이 형성되었다고 한다. 공자가 처한 춘추시대는 분명히 "예禮가 무너지고 악樂이 파괴됨",

"세상에 도가 없어짐"의 어지러운 세상이었다. 그러나 이러한 시대에 공자는 도리어 "하늘이 나에게 덕德을 부여해 주었으니 환퇴桓魋76)가 나를 어찌하겠는가?"77)라고 하고 아울러 항상 "문왕文王이 이미 돌아가셨으나 문文은 여기에 있지 않은가?"78)라는 정신을 견지하고, "자신을 이기고 예를 회복함"을 지향하며, "그것이 안 되는 줄 알면서도 한다"79)는 정신으로 예악문명의 수호와 밝혀 드러내는 데 종사하였으며, 이로써 중국문화의 계승방식과 발전방향의 개벽자開闢者가 되었다. 공자가 삼대의 예를 보는 태도를 살펴보자.

> 은殷나라는 하夏나라의 예를 따랐는데 버리고 더한 것을 알 수 있다. 주周나라는 은나라의 예를 따랐는데 버리고 더한 것을 알 수 있다. 만약 누군가 주나라의 뒤를 잇는다면 비록 백 세대 이후라도 알 수 있다.80)

> 안연顏淵이 나라의 정치에 대하여 묻자, 공자가 말하였다. "하夏나라의 역법을 시행하고 은나라의 수레를 타고 주나라의 면류관冕旒冠을 쓰고 음악은 소무韶舞81)로 한다."82)

> 주나라는 (夏와 殷) 2대를 거울로 삼아서 그 문화가 찬란하도다! 나는 주나라를 따르리라.83)

---

76) 역자 주: 춘추시대 宋의 司馬向魋이다. 桓公의 후예이므로 桓魋라고 한다. 공자가 송나라에서 제자들과 큰 나무 아래에서 예를 강론하는데 환퇴가 그 나무를 베어 공자를 죽이고자 하였다.
77) 『論語』(吳哲楣 主編, 『十三經』), 「述而」, 1276쪽.
78) 『論語』(吳哲楣 主編, 『十三經』), 「子罕」, 1280쪽.
79) 『論語』(吳哲楣 主編, 『十三經』), 「憲問」, 1301쪽.
80) 『論語』(吳哲楣 主編, 『十三經』), 「爲政」, 1263쪽.
81) 역자 주: 저자는 韶와 舞로 나누어 표기하였는데, 일반적으로 韶는 순임금이 직접 지은 음악과 그에 따라 춤을 추는 것을 합하여 韶舞라고 한다. 따라서 여기서는 韶舞로 붙여서 쓴다.
82) 『論語』(吳哲楣 主編, 『十三經』), 「衛靈公」, 1303쪽.
83) 『論語』(吳哲楣 主編, 『十三經』), 「八佾」, 1264쪽.

삼베 면류관이 예인데 지금은 명주 갓을 쓰니 검소하다. 나는 대중大衆을 따르리라. 대청 아래에서 절하는 것이 예인데 지금은 대청 위에서 절을 하니 교만하다. 비록 대중과 위배된다고 해도 나는 대청 아래에서 절을 하리라.[84]

삼대의 예에 대한 공자의 이와 같은 태도는 과거에는 줄곧 "역사의 수레를 거꾸로 돌리는" "복벽광復辟狂"[85]이라고 비판하였다. 그러나 하루아침에 사람들은 그러한 극좌極左 사조가 기승을 부리던 시대와 작별하였다. 바로 알 수 있듯이 공자의 이러한 "안 되는 줄 알면서도 하는" 태도는 실제로 문화전통을 유지維持하고 수호하려는 정신이며, 이러한 유지와 수호는 또한 반드시 먼저 진정한 문화주체정신을 갖추고 있다. 곧 공자는 진정한 문화주체의 정신을 갖추고 있었기 때문에 삼대의 예악禮樂제도의 사이에서 태연하게 선택할 수 있었고, 일정한 조건에서 "대중을 따름"이 가능하였으며, 또한 일정한 조건에서 "대중과 위배됨"도 가능하였고, 그에 따라서 수천 년 역사의 중국 전통문화가 끊임없이 계속되도록 하였다. 그래서 삼대의 예악제도에 대한 변혁으로 버림과 더함 그리고 종합적 계승을 논할 때 진래陳來 선생은 "삼대 이래의 중국문화의 발전을 떠나서 고립적으로 유儒라는 글자의 원류를 고찰하면 유가사상의 기원을 이 사상사의 문제로 진정으로 해결하기 어렵다"[86]라고 하였다. 이에 따라 공자의 문화주체정신과 삼대의 예악제도의 종합적 계승으로 말미암아 비로소 유학이 오늘날 인류정신의 중요한 유산으로 남았다고 말할 수 있다.

공자는 왜 삼대 예악문화를 시종 일종의 버리고 더함의 결합으로 종합적으로 계승하는 태도를 유지하였을까? 여기서 관건은 그가 전통문화에 대하여 명확한 주체적 계승정신을 가지고 있었다는 점이다. 이러한 주체계승정신이야말로 그로 하여금 삼대의 예악제도를 버리고 더함을 결합하는 태도로 채택할 수 있도록

---

84) 『論語』(吳哲楣 主編, 『十三經』),「子罕」, 1280쪽.
85) 역자 주: 고대의 천자가 諸侯를 임명하는 分封制를 회복하려는 미친 사람.
86) 陳來, 『古代宗敎與倫理—儒家思想的根源』(北京, 三聯書店, 1996), 342쪽.

하며, 또한 이러한 주체적 계승정신이야말로 그로 하여금 매우 분명한 방법으로 "하夏나라의 역법을 시행하고 은나라의 수레를 타고 주나라의 면류관冕旒冠을 쓴다"라고 주장하게 하였다. 분명하게 삼대의 예악문화의 정수精粹는 공자의 주체적인 계승정신 앞에서는, 수요에 따라 증감하고 때에 따라 버리고 더하는 생동하는 유산으로 변하였으며, 중국문화의 발전 노선에서 또한 공자의 이와 같은 연혁沿革과 버리고 더함의 상호 결합의 종합적 계승의 주체정신으로부터 결정되었으며, 따라서 "혹 누군가 주나라를 계승한다면, 혹 백 세대 이후라도 알 수 있다"라고 하였다.

그러나 근현대에 이르러 동서문화 교류의 융합의 종합적 배경과 중국의 현대화 추구가 번번이 좌절된 현실 때문에 중화민족의 주체정신을 대표하는 유학은 줄곧 비판받고 조소 받는 대상으로 변했으며, 중국의 근현대에서 민족적 비운悲運의 주요 당사자가 되었다. 물론 이러한 현상은 또한 근대 이래 중화민족이 번번이 업신여김을 당하고 또 기력을 회복할 힘이 없는 현실 때문에 조성되었으며, 따라서 여러 세기 동안 사람들이 유학을 전통문화로 여기는 것을 멸시하는 심리와 전면적인 비판사상을 형성하였다.

이러한 사조 속에서 사람들은 전통문화를 낙후되었다고 비판할 수 있고, 또 마땅히 내가 사용하는 방식으로 이른바 영활한 "계승繼承"을 할 수도 있으며, 동시에 서양의 각종 새로운 이론을 빌려서 이해(衰解)하는 해독과 해석을 진행할 수 있지만, 여기에는 예외 없이 공통적인 경향이 있는데, 근본적으로 진정한 주체적 계승정신이 부족하다는 것이다.(왜냐하면 진정한 주체적 계승 정신에는 반드시 중국의 근·현대가 낙후된 비판을 떠맡을 책임이 필요하기 때문이다.) 그러나 주체적 계승 정신이 부족하므로 그 비판은 결코 진정한 비판이 아니며, 그 계승 또한 진정한 계승이 아니다. 비판적 계승이든 이른바 "영활"하게 내가 사용하는 방식의 해독과 해석이든, 실제로는 완전히 전통문화에 대한 조소이거나 혹은 자신을 대상화한 조소와 과시 활동에 불과하다. 예를 들면, 20세기에 유가로서 인생을 탐색하는 최고의 결론인 도덕이 자주 사회진보의 주요 장애로 간주되고, 수천 년 문명으로 축적된 군자라는 인격도 또한 자주 "진부함"과 "무능"의 대명사로 간주되며, 이른바 경학經學이나 리학연구理

學研究도 일종의 경전을 뒤적거리는 백발노인의 번쇄한 고증학考證學으로 간주되거
나, 그렇지 않으면 일종의 "골동품"과 같은 "가짜 도학道學"의 대명사로 간주된다.
이러한 배경에서 이른바 "봉자수封資修"[87] 혹은 "쓰레기더미"[88]라는 말은 또한
전통문화에 대한 기본적인 자리매김이 되었으며, 이른바 민족정신조차도 실제로는
때때로 황사黃砂 바람을 일으키는 사막이 되었다.[89] 이러한 현상은 우리의 문화전통
을 천시賤視할 뿐만 아니라 전통문화가 현대화로 나아가는 길을 가로막았다.

이러한 모든 현상은 도대체 왜 그런가? 유학은 유학자들이 수천 년 동안 탐색해
온 결정이므로 반드시 명확한 주체적 계승이 되어야만 비로소 진정으로 그 말
속으로 들어갈 수 있으며, 또한 명확한 주체적 계승 정신이 있어야만 비로소 그
사상의 함의를 진정으로 이해할 수 있다는 것이 중요한 이유이다. 그러나 20세기
중국의 엘리트들은 앞다투어 대상 인식의 방법으로 유학을 검토할 때 기껏해야
극히 표층적인 의미만 인식하고, 근본적으로는 그 심층적인 생존의 실천과 이상적
가치의 의미는 전혀 보지 못하였다. 공자가 "하夏나라의 역법을 시행하고 은나라의
수레를 타고 주나라의 면류관冕旒冠을 쓰는" 방식으로 삼대의 예악문명을 충분히
활성화할 수 있었던 관건은 그가 매우 자각적으로 삼대 문화의 진정한 계승자였던
데 있었다. 그러나 20세기 중국의 엘리트들이 항상 "비판과 계승"의 유형을 맴돌며
"진보와 낙후"의 사상에만 젖어 있었던 관건은 사람들이 늘 높은 곳에서 아래로
보는 자세로 전통을 생각하고 전통을 자세히 살펴보기 때문이었으며, 따라서 근본적
으로 전통에 대한 책임 있는 정신이 결여되어 이른바 "비판과 계승"의 태도나

---

87) 역자 주: 封建主義, 資本主義, 修正資本主義를 합친 말. 마르크스주의 관점에서 앞 세
   사상을 비꼬거나 공격하는 말.
88) 역자 주: 진부한 사상을 가진 사람이나 나쁜 사람을 가리키는 말.
89) 최근 인터넷에서 열렬하게 토론하는 이른바 "노인을 존중하지 않는" 현상, 예를 들
   면 "사람을 속였다", "사람을 때렸다" 등에 대하여 사람들은 어지럽게 질책하기를
   "이것은 나쁜 사람이 늙어버렸다"라고 하는데, 이것은 "문화대혁명"의 바람이 남긴
   것이다. 실제로 20세기의 중국이 "전통부수기"의 방식으로 사회진보를 추구할 때
   또한 사회는 반드시 퇴보되어 "밀림"이 되고 사람들은 퇴락하여 "동물"이 되는 상
   황에 이르렀다.

"진보와 낙후"의 시각에서도 단지 자신은 점점 더 진보적인데 전통은 점점 더 낙후되고 보수의 대명사라고 보았다. 이것이 곧 "문화대혁명"에서 전통문화는 "점점 더 반동적이다"라고 보는 진정한 근원이다. 바로 진정한 주체적 계승의 정신이 결핍되었기 때문에 또한 "비판"과 "계승"의 선택과 "진보"와 "낙후"의 분별에서도 실제로는 완전히 일종의 자문자답自問自答식의 자아긍정이거나 혹은 자기표현의 활동이 되고 말았다.

전통문화에 대해 말하자면, 진정한 주체적 계승 정신과 그 주체성으로서의 참여야 말로 진정으로 "파헤침"과 "환원"을 하여 그로써 전통문화를 "해독"하고 "해석"하는 유일한 통로이다. 왜냐하면, 전통문화는 본래 주체적 생존의 방식으로 고대인의 생존 실천에서 형성되었기 때문이며, 물론 "파헤침", "환원" 또한 "해독"과 "해석"에 대해서도 모두 반드시 "그 안에 들어감"의 주체적 참여의 방식으로 해야만 비로소 그 가운데의 삼매三昧를 알 수 있으며, 따라서 주체 계승의 방식으로 해야만 비로소 그 운용의 생존적 상황을 활용할 수 있다. 공자가 삼대의 예악문화를 충분하게 활용하고 아울러 새로운 차원으로 끌어올린 것은 바로 그 명확한 주체계승정신의 실현에 근거하였으며, 만약 그렇지 않았다면 공자가 어떻게 삼대 문화의 집대성을 이루었겠는가?

이뿐만 아니라 일찍이 현대의 인식이론을 괴롭혔던 "감성感性", "지성智性", "이성理性" 그리고 개별로부터 일반에 이르기까지, 구체성에서 추상성으로 향상 및 뛰어넘기의 문제는 본래 전통문화에서의 인생실천의 방식인 "일(事)"이 바로 도道이며, 도가 바로 일", "일"로써 "이치"(理)를 구하며, "말"로써 "도"를 구하는 과정에서 함양된 것이며, 단지 우리가 포정庖丁이 소를 해체하는 것처럼 구체적인 과정으로 깊이 들어갈 수 있다면, 또한 "일"로써 "말"을 알고(解), "일"로써 "이치"를 구하며, "기술"로써 "도"를 구함을 포함하여, 나아가 더욱 추상적으로 "역사"로써 "경전"을 아는 도리를 이해할 수 있다. 그리고 수隋·당唐 이래 중국의 전통문화와 그 구체적인 지혜가 인도 불교의 반야 지혜의 세례를 받은 이후에 더욱 분명하게 이른바 "의식을 전환하여 지혜를 이룸"(轉識成智)과 "지혜를 다하여 덕德을 드러냄"(窮

智見德)의 방법으로 자신의 보편성 추구와 초월성으로의 지향을 나타낸다. 그러나 이와 같은 것들이 만약 주체계승정신을 떠나거나 주체적 참여를 떠난다면 곧 공중의 누각樓閣이 되고 말며, 나아가 사변적 유희가 되어 버린다. 이것이 곧 이 책이 항상 사람의 주체향도主體向度(subject dimension)를 첫 출발점으로 삼는 근본적인 원인이다.

가장 중요한 점은, 이러한 주체적인 "일"로써 "말"을 알고 "일"로써 "이치"를 구하며 "기술"로써 "도"를 구함을 포함하여 더욱 추상적으로 "역사"로써 "경전"을 아는 것이 전통문화의 구체적 생성을 포함하고 있을 뿐만 아니라 동시에 전통문화의 현대화로 나아가는 길을 포함하고 있는 것에 있다. 왜냐하면 오직 주체계승정신의 기초에서만 전통문화에서의 시간적 요소가 비로소 진정으로 지양되며, 전통문화에 서의 초월적으로 미래를 향하는 요소도 필연적으로 크게 드러나 빛날 수 있으며, 또 이른바 "죽은 것이 살아 있는 것을 붙잡음"의 교착된 국면에서 스스로 빠져나올 수 없는 상황에 빠지지 않을 수 있다. 이것은 "전통" 그 자체가 과거와 미래의 사이에 연결되어 있을 뿐만 아니라, 우리가 전통문화를 주체적으로 계승한 정신으로 우리가 반드시 그것을 현대적으로 해독하고 해석하도록 하기 때문이다. 이러한 주체계승정신의 앞에서 전통문화는 우리 민족정신의 "어제"이며 또 반드시 장차 우리가 나아가고자 하는 "내일"의 정신적 양식糧食이자 문화적 생명력이다.

물론 필자도 잘 알고 있듯이, 자신의 견해에서 보면, 유학에 대한 주체 발생학 방식의 연구 진행은 의심할 여지없이 그것이 발생하는 까닭과 형성된 정확한 사고 방향을 가리키며, 다만 현재의 전통문화 연구에서 이러한 주체 발생학 방식의 연구는 도리어 결코 학계 연구의 주류적 사고 방향이 아니다. 필자도 또한 결코 자신의 사고 방향이 곧 전통문화 연구의 유일하고 정확한 길이라고 생각하지 않는다. 그리고 자신이 저장한 지식의 부족, 자료수집의 불완전함 또는 문헌판독이 정확하지 않기 때문에, 필자도 수시로 각종의 서로 다른 관점의 비평을 받아들여 자신의 사고 방향을 수정하고 보완하며, 자신의 관점을 바꾸고 수정할 준비가 되어 있다. 그러나 필자가 보기에 수천 년 된 문명의 전승과 십수억의 인구를 가진 민족으로서 당연히 포함해야 하고 중화민족의 전통문화에 대한 주체적인 발생학적인 연구를 포함해야 할 것이다.

또 한 가지 설명해야 할 점은, 필자는 이 사고 방향을 선택한 때부터 끊임없이 중앙텔레비전 방송국에서 방영한 현장 기록물(documentary) 프로그램 「위기현장의 재방송」 가운데 포함된 "해일海溢", "화산火山", "항공사고"(空難), "바다표범의 사망"과 "고층건물의 붕괴" 등 여러 종류의 재난성 사고의 현장조사를 시청하였는데, 이러한 재난성의 사고가 발생하는 까닭은 인위적 요소(예를 들면 일반적으로 "항공사고"와 미국의 정유공장의 폭발사고)로 일어나기도 하지만, 그러나 기본적으로는 모두 자연역량의 방식으로 초래된 재난 발생이다. 필자는 일찍이 한 번도 쉬지 않고 반복해서 자연과학계가 도대체 어떻게 그 재난성의 결과에서 점차 그것이 발생하지 않을 수 없는 구체적인 연유緣由를 탐구하는가를 예의 주시하였으며, 그러는 과정에서 적지 않은 계시를 얻었다. 이 책은 유학의 발생과 발전의 사람의 주체향도主體向度 (subject dimension)에 관한 소급溯及이 비록 일정한 자연적 요소와 관련되지만, 주로 우리의 옛사람, 앞사람이 만든 문화 주체의 자각적 선택의 요소이며, 따라서 또한 전통문화가 형성된 "인문人文으로 세상의 덕을 이룸"(人文化成)[90]의 역량이다. 다행스럽게도 우리 민족은 결국 풍부한 역사의 "기억"을 쌓았으며, 우리의 민족정신은 실제로 스스로 역사 "기억"을 끊임없이 종합하여 미래로 나아가고 있다. 따라서 비록 인문적인 사건이 자연적인 사건처럼 반복할 수 있거나 심지어 현장을 환원할 수 있을 정도에는 영원히 도달할 수 없지만, 역사문화가 발생하는 핵심 요소와 핵심 고리를 어느 정도 드러낼 수 있으며, 주체적 선택은 "인문으로 세상의 덕을 이룸"의 과정에서의 작용임을 분명하게 한다면 충분히 할 수 있을 뿐만 아니라 또한 영원히 필자가 노력해야 할 방향이기도 하다.

---

90) 역자 주: 『周易』 賁卦(䷕) 彖辭, "觀乎天文, 以察時變, 觀乎人文, 以化成天下." "人文으로 세상의 덕을 이룸"의 뜻이다.

마지막으로 보완해야 할 점은, 이 과제의 성과물을 제출하고 심사의 결론을 기다리는 틈에 필자는 여영시餘英時[91] 선생이 쓴『하늘과 사람의 교제를 논함—중국 고대사상의 기원에 대한 시탐』[92]과 이택후李澤厚(1930~)[93] 선생의『무당에서 예禮까지, 예禮를 해석하여 인仁으로 돌아감』[94]이라는 두 권의 대작을 읽었다. 책의 이름만 봐도 알 수 있듯이, 두 선생의 대작은 필자가 이 과제에서 탐구하고자 했던 문제와 동일한 논제의 영역에 속할 뿐만 아니라 동일한 시간대에 있다. 이 두 선생은 자연히 모두 필자가 지극히 존경하는 학술의 선배이자 당대 중국사상사 탐색의 선두에 있는 두 거물이며, 이택후 선생의『비판철학의 비판』(批判哲學的批判),『미의 여정』(美的歷程),『중국고대사상사론中國古代思想史論』과 여영시 선생의『대진과 장학 성을 논함』(論戴震與章學誠),『주희의 역사세계』(朱熹的歷史世界) 그리고『사士와 중국문 화』(士與中國文化),『송명리학과 정치문화』(宋明理學與政治文化) 등등도 또한 필자가 반복

---

91) 역자 주: 餘英時(1930~). 天津 출생. 홍콩에서 錢穆에게서 수학. 1956~1961년 하버드 대에서 박사학위를 받았다. 1973~1975년 홍콩중문대학 부총장, 이후 하버드 대학교, 예일 대학교, 프린스턴 대학교 등에서 교수 역임. 현 프린스턴 대학교 명예교수. 2006년 '인문학 노벨상'인 클루그상(미국 국회도서관 주최)을 수상. "우리 시대에 지적으로 가 장 위대한 중국 역사학자"로서 그 학문적 권위를 공인받음. 2014년 대만중앙연구원에서 "혁신적인 연구" 업적을 쌓은 학자에게 수여하는 '중국학 唐獎'상을 받았다. 杜維明, 劉 述宣, 成中英 등과 더불어 일명 '현대 신유학 제3세대'로 불린다. 중국공산당을 비판하는 민주주의자.『동양적 가치의 재발견』,『중국 전통적 가치체계의 현대적 의의』,『역사와 사상』,『사학과 전통』,『흙과 중국 문화』,『홍루몽의 두 가지 세계』,『현대 유학론』 등의 저서가 있다. 참고: http://3g.163.com/dy/article/D904DNCN0512GVUA.html
92) 餘英時,『論天人之際—中國古代思想起源試探』(中華書局, 2014년판).
93) 이택후는 1930년 湖北省 武漢의 貧寒 가정 출생. 1950년 북경대학 철학과 입학. 독학 으로 譚嗣同, 康有爲 등 근대 개혁사상가들을 연구하였다. 폐결핵으로 咯血을 하면서 도 연구에 열정. 중국사회과학원 철학연구소에서 연구에 종사. 문화혁명 때 혁명사 상이 부족하다고 河南省으로 下放을 당하였다.『모택동전집』 밑에 칸트의『순수이성 비판』을 숨기고 연구하였다. 72년에 복귀하였다. 1988년 전국인민대표대회 문교위 원회 위원으로 선출, 국무원 학위위원회 위원 등으로 활동. 1989년 전후 중국의 정 치, 경제의 개혁과 언론자유, 법치의 실현을 주장하고, 학생운동을 지지하며, 정치범 석방을 요구하였다. 민주주의와 과학이라는 5·4운동의 정신을 제기한 1989년 천안 문사건의 배후로 지목되어 3년간 가택연금을 당했다. '부르주아 지식분자'로 몰려 많은 비판을 받았고, 학술활동도 금지되었다. 1992년 미국으로 가서 활동하고 있다.
94) 李澤厚,『由巫到禮, 釋禮歸仁』(三聯書店, 2015년판).

해서 깊이 연구하는 본보기가 되는 저작이다. 그런데 두 분 선생은 똑같이 중국의 상고사에 초점을 맞추어 중국사상의 기원을 탐구할 때 한결같이 '무속사巫俗史 전통'(巫史傳統)을 겨냥하였으며, 또한 무속사 전통의 변천變遷을 살펴보고서 중국사상의 원시적 발생과 그 발전과 변천을 설명하였다.

두 분의 학술 선배와 시각과 사상적 취향에서 엇갈리자 필자도 모르게 한기寒氣가 느껴졌다. 따라서 필자도 거꾸로 다시 나의 선택방향을 가늠해 보지 않을 수 없었으며, 또한 반복해서 두 분 선생의 중국의 상고사에 대한 매우 일치된 '무속사 전통'의 해독과 그 사상적 시각을 깊이 연구하지 않을 수 없었다. 반복된 깊은 연구의 기초에서 필자는 다음과 같은 것을 확인하였다. 여영시 선생은 주로 "절지천통絶地天通"[95]의 배경 아래 무속과 예가 얽혀 합해지고 "천명무상론天命無常論"(천명은 일정하지 않고 덧없다)의 충격을 통하여 중국의 '축의 시대' 사상돌파와 그 "천인합일天人合一" 전통의 형성을 설명하였다. 반면에 이택후 선생은 근본적으로 이른바 축심의 돌파와 돌파하지 않음의 문제에는 관심이 없었다. 그의 주요 관심은 주로 어떻게 "무군합일巫君合一"(무당과 군주의 합일)의 방식으로 중국 역사상의 문화적 양대 전변轉變을 설명하는가에 있었고, 이 또한 해당 저서의 제목에서 분명하게 "무당에서 예禮까지"(由巫到禮)와 "예를 해석하여 인仁으로 돌아감"(釋禮歸仁)이라고 밝혔으며, 아울러 이로부터 중국문화 특히 유가사상의 형성을 설명하였다.

필자는 중국 역사에서 일찍이 존재했던 무속사巫俗史의 전통을 인정하지만, 이른바 "무巫"는 일반적으로 단지 민간의 소전통의 범위에 존재하며, 설령 왕권조정에도 충분히 존재할 수 있지만 일종의 의존적 존재라고 생각한다. 그리고 왕권에 대하여 말하면, 그것은 오직 신복信服(복종함)과 복무服務의 사명만 있을 뿐, 근본적으로 이택후 선생이 "무군합일巫君合一"에서 개괄한 "'무巫'가 '군君'(정치적 首領)이 되는

---

95) 餘英時는 『중국사상의 전개』에서 중국 사상의 발전을 네 단계로 나누었는데, "絶地天通"은 세 번째 단계로서, 집단이나 계급, 국가나 집단의 이익으로 권리를 요구하고 개인에게는 생명의 의미를 부여함으로써 의미의 원천을 독점함으로써 자주를 없애 버린 단계를 말한다.

특권의 직능"을 갖추고 있지 않으며,96) 도리어 "군君" 자신이 반드시 "무巫"의 공능과 속성을 갖추고 있음을 의미한다.(당연히 어느 정도에서는 이 선생님의 이 판단이 정확하지만, "무"는 단지 "군"의 여러 속성 가운데 하나이며, 단지 "군"의 지위에 의지할 뿐이므로, "무" 자신은 근본적으로 "군"과 "합일"하는 자격을 갖출 수가 없다.)97) 또한 여영시 선생이 공자가 "남쪽 사람들이 '사람이 항심恒心이 없으면, 무당과 의사도 고칠 수 없다'고 하였다"98)라고 인용한 말을 공자도 "'무'의 문화에 결코 생소하지 않았다"99)고 설명한 것도 아니다. 왜냐하면 이 책의 다음 페이지에서 여 선생은 또 『백서帛書』 「이삼자문二三子問」의 "나는 그 덕을 구할 뿐이며, 나와 무당(史巫)은 같은 길을 가지만 돌아가는 곳은 다르다"100)라는 말을 인용하였는데, 이것은 이미 유가와 무당은 "같은 길을 가지만 돌아가는 곳은 다름"의 관계를 매우 분명하게 설명한 말이기 때문이다. 그렇지 않다면 공자도 또한 이른바 "사람이 항심恒心이 없으면, 무당과 의사도 고칠 수 없다"라는 말로 제자들을 면려勉勵할 수 없었을 것이다. 그리고 사마천司馬遷(B.C.145?~B.C.86?)도 궁형宮刑의 충격을 받은 후에 도리어 "저의 선친은 상서로운 조짐(剖符)이나 신비한 글(丹書)을 받은 공功도 없으며, 문장과 역사(文 史)와 역법曆法은 복서卜筮나 복축伏祝들과 가까우며, 진실로 주상主上이 좋아하는 바는 가수나 배우로 그들을 기르니 유속流俗의 가벼움입니다"101)라고 하여 스스로

---

96) 李澤厚, 『由巫到禮, 釋禮歸仁』, 6쪽.

97) 어느 정도는 당연히 이택후 선생의 이러한 관점이 정확하지만, 그는 도리어 어떤 의미에서는 군주에게 "巫"의 기능을 부각시켰다. 실제로 중국문화에서 대부분의 사람들은 모두 이러한 공능을 갖추고 있는데, 『尚書』「金縢」에서 주공이 여러 공자를 위하여 상천과 삼대의 조종에 대하여 기도한 내용을 기록한 것이 곧 "巫"의 공능의 표현이다. 또 공자가 말한 "盟約하려 하나 신이 듣지 않는다"(『史記』[『二十五史』, 권 1], 「孔子世家」, 149쪽)라는 구절을 포함함, 역제의 제왕들이 하늘에 제사하고 조상에 제사하며, 풍년을 기원하는 것 및 일반 백성이 비웃듯 말하는 "급하면 부처 다리를 안는다"도 모두 "무"의 공능의 표현이라고 볼 수 있다. 다만 이와 같은 현상은 결코 인류 생활에서 주도적 지위를 차지하는 것은 아니다.

98) 『論語』(吳哲楣 主編, 『十三經』), 1296쪽.

99) 餘英時, 『論天人之際─中國古代思想起源試探』, 135쪽.

100) 餘英時, 『論天人之際─中國古代思想起源試探』, 136쪽.

101) 班固, 『漢書』(『二十五史』, 卷一), 「司馬遷傳」, 596쪽.

자조自嘲하거나 자신을 설명할 수 없었을 것이다. 왜냐하면 공자나 사마천은 틀림없이 현대인과 비교하면 삼대를 대표로 하는 중국의 상고사를 훨씬 더 잘 이해하였기 때문이다. 만약 중국의 상고사에서 확실하게 일찍이 "무군합일巫君合一"의 시대가 있었다면, 공자는 "사람이 항심恒心이 없으면, 무당과 의사도 고칠 수 없다"라고 하여 제자를 면려할 수 없었을 것이다. 그리고 사마천도 심지어 이 점에 근거하여 공자처럼 "문왕이 이미 죽었으니 문文은 여기에 없어졌도다!"[102]라고 선언할 수 있겠는가? 공자가 "무당과 의사"로써 제자를 면려하던 까닭과 사마천이 "진실로 주상主上이 좋아하는 바는 가수나 배우로 그들을 기르니 유속流俗의 가벼움입니다"라고 하여 자신을 비하하려던 까닭은 실제로 모두 그들이 매우 분명하게 무당(巫)·역사가(史)·점쟁이(卜)·복축(祝) 등이 당시 왕권조정과 사회 대중의 마음의 지위에 있음을 알고 있었음을 말해 준다.

따라서 필자는 여영시와 이택후 두 선생의 중국 상고사의 무속사 전통 방식의 해독은 실제로는 "무당과 역사"의 지위를 부적절하게 높인 것이며, 두 분 선생이 무술巫術의 변천을 통하여 예악문화의 형성을 설명한 것은 대략 그 예악도 단지 이른바 "옥백玉帛을 말하였는가?", "종鐘이나 북을 말하였는가?"와 같은 측면에 머무는 것이라 생각한다. 당연히 두 분 선생은 이미 중국사상사 연구의 거목이며, 또한 국제적인 학술 시야를 갖추고 있기 때문에, 이와 같이 고상한 자리에 오를 수 없는 필자의 초야의 견해는 단지 태산泰山은 한 줌의 흙도 사양하지 않는다는 말로 양해와 바다 같은 포용을 구할 뿐이다.

---

102) 『論語』(吳哲楣 主編, 『十三經』), 「子罕」, 1280쪽.

제1부

중국철학의 기원

제1장 민족의 '기억'에서 중화문명의 역사적 발자취를 찾는다

민족의 역사 "기억"에 관하여, 비록 중국에는 매우 일찍이 반고盤古가 하늘을 열었다는 설이 있고 여와女媧가 흙을 빚어 사람을 만들었다는 설도 있으며, 중화민족은 확실히 매우 강한 역사의식과 생명의 근원의식이 있음을 드러내었고, 어느 정도는 그 세계의 통일성과 지역의 상대적 안정성을 실현하였지만, 한편으로는 중화문명의 기원을 나타내는 삼황오제三皇五帝, 특히 이른바 "삼황三皇"에 관한 설은 도리어 진한秦漢시대까지는 일정한 형식이 없었다. 즉, 진시황 때 이른바 "삼황"을 "옛날에 천황天皇이 있고, 지황地皇이 있고, 태황泰皇이 있었는데, 태황이 가장 귀하였다"[1]라는 말로 이해하였는데, 이것은 분명히 진시황이 지극히 존귀함을 만족시키려는 심리적 욕구에 따라 꾸며낸 것이다. 반고班固의 『백호통의白虎通義』에 이르러, 또 복희씨伏羲氏, 신농씨神農氏와 수인씨燧人氏 혹은 축융씨祝融氏를 대표로 하는 두 가지 서로 다른 삼황설三皇說을 형성하였다.[2] 이것은 역사 전설 혹은 역사 기억에 근거하여 중화민족의 발생과 발전사를 탐색하는 사고의 방향을 형성하였다. 그러나 북송시대에 편찬된 『태평어람太平御覽』에서도 여전히 이른바 천황·지황·인황人皇을 삼황으로 보고, 아울러 유소씨有巢氏·수인씨·포희씨包犧氏를 "인황" 중의 삼황으로 보았다.[3] 이것은 분명히 위에서 말한 두 가지 측면을 통일하여 표현한 것으로, 따라서 인간 제왕의 지극히 존귀함을 만족시키는 심리적 요구를 만족시켰으며,

---

1) 司馬遷, 『史記』(『二十五史』, 권1), 「秦本紀」, 23쪽.
2) 『白虎通義』, "三皇者, 何謂也? 謂伏羲, 神農, 燧人也. 或曰: 伏羲, 神農, 祝融也."(陳立 撰, 吳則虞 點校, 『白虎通疏證·三皇五帝』, 中華書局, 1994년판, 50～51쪽 참고)
3) 『太平御覽』 第一冊(中華書局, 1960년판), 363～364쪽을 참고하라.

동시에 단지 "인황"만으로는 천天·지地·인人 "삼황"을 통섭할 수 없음을 설명하며, 또한 인간 밖에 하늘의 초월성적 의미를 남겨 두었다고 할 수 있다. 이러한 현상은 한편으로는 역사상 삼황오제에 관한 설이 사실 안정적이지 않다는 것을 설명하면서도 동시에 삼황오제를 동양문명의 개벽자로 여기도록 하였는데, 마치 고대 중국인들이 끊임없이 만들어 내야 했던 것 같다.―고대 중국인들이 현실의 인간인 제왕帝王의 후예이며, 반드시 세상을 제왕의 소유로 여기는 심리 상태로 과거를 추론하고 하늘 밖을 추론함으로써 상고시대에는 이른바 "삼황"이 있었다는 설을 얻을 수 있도록 하였다고 말할 수 있다.

만약 이런 관점에서 본다면 20세기의 고사변파古史辨派[4]들이 견지한 "누층累層적으로 조성된 중국 고대사"라는 학설은 확실히 분명한 이치가 있으며, 중화문명의 상고사도 분명히 시대의 발전과 끊임없이 사람들이 새롭게 거듭 해독하거나 거듭 새롭게 빚어낸 특징을 갖추고 있다. 그러나 이것은 단지 문제의 한 부분으로 중화민족은 확실히 역사를 매우 중시하며, 이른바 역사라는 것도 분명히 길고 오랜 시간 형성되고 해독과 끊임없이 거듭 새롭게 만들어지고 해석되는 과정을 거쳤음을 말해 준다. 그러나 다만 역사상 두 가지 서로 다른 "삼황"의 전설로만 보면, 중국의 상고사에 관한 여러 가지 학설 가운데 민족융합의 과정에서 다른 종족이 당시에 일으킨 다른 작용과 다른 영향으로 결정되었을 가능성이 매우 크다. 다른 한편으로, 만약에 이 현상을 좀 더 생각해 보면, 중화민족은 어떻게 끊임없이 해독하고 해석하며, 또한 끊임없이 자신의 역사를 새로 만들어 내는가(重塑, remodeling)? 실제로 이것은 그 길고도 심원한 역사의식의 구체적인 표현은 아닌가? 해독과 해석이든 remodeling

---

4) 역자 주: 疑古派라고도 하며 顧頡剛(1893~1980)과 錢玄同 등이 대표적 인물이다. 이들은 중국의 신문화운동 이후에 출현한 "옛것을 의심하여 거짓을 변별함"(疑古辨僞)을 특징으로 史學과 經學을 연구하는 학파를 가리킨다. 특히 고힐강은 國故整理運動에 참가하였으며, 중국 고대사는 위조된 전설을 모아 놓은 것이라는 가설을 토대로『辨僞叢刊』을 간행하고, 대표적 저서인『古史辨』(7책)을 편집하였다. 그는 전통문화 가운데 우상을 타파하는 데 노력하여 擬古派의 중심인물이 되었다. 저서에는『三皇考』,『尙書硏究講義』,『中國疆域沿革略史』,『吳歌甲集』등이 있다.

이든, 사실 오직 그 역사관념이 끊임없는 자각하는 기초에서 비로소 발생하는데, 이 점도 여하간에 모두 부인할 수 없는 기본 사실일 것이다.

오늘날 우리가 옛사람들의 이러한 학설이 그 소이연所以然이 분명하지 않은 동시에 또한 끊임없이 옛사람들이 거듭 역사전설을 새롭게 해독하고 해석하고 만들어 내는 것에 직면해서 만약 우리가 그것이 "누층累層적으로 조성된" 특징 때문에 일률적으로 믿지 않고, 우리의 역사가 이른바 확실한 역사기록(信史)의 기초 위에서 확립할 수 있다면, 곧 성문成文으로 기록된 확실한 역사기록이 될 수 있지만, 그 가운데는 여전히 그럴듯하게 둘러맞춘(自圓其說) 요소와 스스로도 설명할 수 없는 측면들이 많이 포함되어 있다. 물론 다른 한편으로는 우리가 완전하게 이러한 전설을 진실의 역사로 믿는다면 이러한 역사도 마찬가지로 우리 스스로도 설명할 수 없다.—예를 들면 반고의 개천開天설, 여와女媧가 사람을 만듦(造人)과 같은 학설은 서양인류학에서 나타나는 인류의 형성과 발전사의 실제 역사와는 마주할 수 없으며, 단지 중화민족의 장국하고 심원한 역사의식과 생명의 근원의식을 표현하였을 뿐이다.[5] 이러한 상황에서 서양의 인류학과 사회학을 살펴서 우리에게 필요한 객관적 평가방법과 취사선택의 표준을 제공할 수 있다. 예를 들면, 인류가 형성된 시각에서 보면 이른바 반고의 개천설과 여와의 사람을 만듦과 같은 설은 자연히 고대인들의 상상에 기초한 전설로 귀결된다.[6] 다만 이처럼 인류학과 사회학으로 출발하면 이른바 수인씨燧人氏 · 유소씨有巢氏 · 복희씨伏羲氏 · 신농씨神農氏, 중화민족 인문人文(인류문화)의 시조인 헌원씨軒轅氏조차도 전설傳說로 귀결되지 않을 수 있다.(비

---

5) 盤古의 개천설은 인민의 "세상"(世間)이 사실 천지 사이의 중국 혹은 중원뿐임을 나타낸 것이며, 여와의 흙을 빚어 사람을 만들었다는 설도 또한 인민이 스스로 근본하는 생명의식을 표현한 것이다. 실제로 이것은 모두 주체성의 입장에서의 표현이다.
6) 서양 인류학의 발표에 의하면 세계에 존재한 인간은 10만 년 전 아프리카의 한 여성에게서 기원하며, 이것은 인류의 DNA(基因; 유전자) 연결구조로 증명되었다. 필자는 기본적으로 이 학설을 믿는다. 다만 이 학설도 또한 인류가 대략 약 10만 년의 역사를 가졌음을 증명하며, 각각의 인종과 그 다른 문화는 실제로는 단지 서로 다른 지리적 환경이 만든 작용과 서로 다른 지리적 환경 작용 가운데 자아의 선택이라는 설명으로 귀결된다.

록 그 가운데 여전히 많은 전설의 요소를 포함하고 있지만) 왜냐하면 이러한 설은 중화민족과 그 문명 그리고 문화의 시초를 형성하는 상징일 뿐만 아니라 또한 인류가 진보하는 역사적 발걸음을 나타내기도 한다. 즉, 적어도 인류문명의 발전사에서 일종의 꽤 특수한 개별적 사건 혹은 양상을 나타낸다. 물론 인류의 형성에 따라, 또한 문명의 진화를 따라 출발하면 역사도 모두 이러한 단계를 뛰어넘을 수는 없다. 혹은 분명히 중화문명의 민족적 특성의 형성과 그 융합과 진보의 역사를 드러낸 기록이라고 할 수 있다.

중화민족 상고사 가운데 이러한 신화와 전설이 진실의 역사와 서로 뒤섞인 상황에 대하여 전목錢穆(1895~1990) 선생은 『죽서기년竹書紀年』 가운데 역사적 사실에 관련된 변석과 선택으로 우리에게 매우 좋은 본보기를 제공하였다. 『죽서기년』은 원래 서진西晉의 태강太康 연간(280~289)에 출토된 한 권의 선진시대 사적史籍으로, 정사正史에서 보류된 진秦나라 국사國史의 기록이 지나치게 조략하고, 구체적인 날짜도 없었으며, 훗날 분서갱유焚書坑儒로 인하여 문헌이 단절되었기 때문에 사마천의 『사기史記』 「육국표六國表」에서도 명백한 많은 오류가 있었는데, 『죽서기년』 가운데 많은 기록으로 이러한 허점과 오류를 보완하고 바로잡을 수 있었다. 그러나 당나라 이래, 옛사람들의 『죽서기년』에 대한 거듭된 연구를 거치면서, 그 가운데 또한 적지 않은 "거짓과 오류誤謬" 심지어 황당하고 조리에 맞지 않는 설이 있음을 발견되어, 그것이 비록 분명하게 선진先秦시대의 사료史料에 속하며 또한 출토가 매우 이르지만, 폐기된 사서史書로 치부되었다. 전목 선생은 여러 방면에서 비교 검토한 기초에서 "『기년紀年』은 곧 전국시대 위魏의 역사이며 그것은 춘추시대 이전의 일을 채용採用하여 책을 만들었다. 전국시대의 역사에 대해 말한 것은 사실대로 믿을 수 있다"[7]고 하였다. 이것은 곧 『죽서기년』에서의 "거짓과 오류"의 내용이 주로 "춘추시대 이전의 일을 채용하여 책을 만들었다"에서 말미암는다고 말하는 것이다.—이것은 자연히 도청도설道聽途說(길에서 듣고 길에서 남에게 하는 말.

---

7) 錢穆, 『先秦諸子系年』(商務印書館, 2001), 23쪽.

근거 없는 풍문)의 요소나 성분을 포함한다. "전국시대의 역사에 대해 말한 것은 사실대로 믿을 수 있다"라는 말은 그것이 일부분은 곧 위나라 역사가들 당시의 기록으로부터 나왔기 때문이다. 그리고 중국 춘추시대 이래 근엄한 역사학 전통도 전국시대 역사 사실의 기록의 엄숙성을 확보하였다. 이처럼 전목 선생도 『죽서기년』에 대한 해독을 통하여, 즉 그 가운데 믿을 수 있는 부분을 통하여 『사기』 「육국표」 가운데 많은 결점과 빠진 부분을 보정하고 바로잡았으며, 이에 따라 『선진제자계년先秦諸子系年』은 선진시대 제자諸子들을 잘 정리한 매우 중요한 사서史書가 되었다. 전목 선생의 이러한 방법은 마땅히 할 수 있는 것은 다했다고 할 수 있으며, 적어도 『죽서기년』이라는 거의 폐기된 역사서를 살려내었다. 그리고 그 구체적 방법은 모래에서 금을 캐는 것과 같으며, 또한 분명하게 "금金"을 캐내는 것과 같다. 같은 이치로 중국 상고사에서의 신화와 전설이 진실한 역사와 서로 뒤섞여서 서로 얽혀지는 상황에 직면하여 우리는 서양의 인류학과 사회학의 기본 원리와 서로 관련된 성과를 참고할 수 있으며, 그것은 인류진화와 문명발전의 하나의 선상에서 기본적인 참고가 될 수 있으며, 따라서 중국의 상고사에서 각종의 전설이 모두 인류진화와 문명발전에 부합하는 해독을 가능하도록 한다.

설사 이와 같더라도 우리는 여전히 옛사람들의 역사기록으로부터 출발해야 한다. 다시 말하면, 우리는 단지 옛사람들이 상고역사의 여러 가지 기록 가운데 "진짜"일 가능성이 있는 요소를 되풀이하여 찾아낼 수 있을 뿐이지 인류문명의 진화와 발전에 필수적이라고 마음대로 옛사람의 역사를 조작해서는 안 된다. 왜냐하면 상고사에 관한 그러한 기록이 이미 확실하다고 증명된 것은 옛사람들이 끊임없이 해독과 반복적 해석으로 만들어진 역사이며, 그 가운데는 반드시 어느 정도 "진짜"라는 역사적 사실에 근거하기 때문이다. 따라서 우리는 오늘날 이러한 역사적 사건과 전설에 대한 기록이 거듭 새롭게 해독됨을 통해 역사의 진상과 실마리를 찾는 데 노력하며, 아울러 이로써 역사적 진실에 접근할 수 있다.

1. 역사 기점의 선택

선사문명에 관한 옛사람들의 여러 가지 "기억" 가운데 "줄을 매듭지어 일을 기록함"(結繩記事)만큼 신뢰할 만한 것이 없다. 공자의 『역전易傳』, 노자의 『도덕경道德經』에서부터 장학성章學誠(1738~1801)이 "오경五經"을 거슬러 올라가서 『역교易教』와 『서교書教』가 형성된 까닭을 모두 반복해서 거론하기까지 "줄을 매듭지어 일을 기록함"은 어느 정도는 중화문명의 일종의 믿을 수 있는 역사가 되었음을 설명하였다고 볼 수 있다. 그리고 중국의 초기의 여러 사상적 유파들은 중화민족이 분명히 "결승기사"의 시대를 경과하였음을 인정한다. 그러나 만약 우리가 이 하나의 사실史實을 자세하게 살펴보면, 이른바 "결승기사"는 실제로 부호문자(書契)가 발명되기 이전의 인민들이 "일을 기록함"의 방식이었다는 것을 소급하거나 추론해 낸 것임을 알 수 있다. 그리고 이러한 일을 기록함의 방식은 확실하게 과거에 존재하였을 수도 있고, 근본적으로 존재하지 않았을 수도 있다. 실제로 이러한 설은 인류가 부호문자의 기록이 있게 된 후 앞 인류들의 기억방식에 대한 일종의 반대 추론일 가능성도 있고, 또 "줄"(繩)의 연속성의 특징으로 역사의 끊어짐이 없음을 표시하는 것일 수도 있다. 사실, 만약 인류의 "기사記事" 방식이나 역사의 "기억"의 방식으로 말하면, 세상에 널리 펴져 있는 "암각화"(巖畵)와 여러 가지 묘장墓葬(=古墳) 혹은 출토된 기물들도 마찬가지로 인류의 초기 기억을 충분히 나타낼 뿐만 아니라,[8] 또한 일정한 "사실적인 묘사"(寫眞性)의 특징을 갖추고 있다. "결승기사"의 특수성은 주로 그것이 분명하게 이른바 "줄을 매듭지음"의 방식으로 사람들의 역사적 기억의 연속성을 나타내는 데는 충분할 뿐이다. 사실 "결승기사"는 역사의 시작도 아니며, 또한 역사의 종점도 아니다. 왜냐하면 "결승기사"의 시대에도 여전히 그 앞의

---

8) 실제로 출토된 기물은 결코 인류가 자신의 "기억"을 나타내는 방식은 아니며, 단지 당시의 생활과 영원히 이와 같은 생활이 계속되도록 희망함을 나타낼 뿐이다. 그러나 이 점 때문에, 출토된 기물은 역사의 진실에 대하여 가끔 일정한 사실적 묘사를 나타낸다.

역사가 있음을 추론할 수 있기 때문이다. 또한 "줄" 그 자체가 이미 인류문명이 산물이다. 심지어 어떤 의미에서는 이른바 "결승기사" 또한 후대 사람들이 "줄"의 연속성의 특징에 근거하여 인류의 초기 역사를 해석하고 소급해 낸 상상일 가능성도 매우 크다.[9] 왜냐하면 당시 사람들이 "줄"로 "매듭짓는" 때, 그 기억은 "줄을 매듭짓는" 유일한 방식일 뿐만 아니라, "암각화", "제사" 심지어 "씨앗을 심음", "기물을 주조鑄造함"도 동일하게 인류 초기의 기억을 나타낼 수 있었기 때문이다. 또한 "결승기사"와 같은 특수성으로 보면 그것은 실제로 인류문명의 단절을 나타내는 데 불과하며,—이른바 "부호문제"의 발명 이전의 인류의 "기억"이라는 특수한 방식일 뿐이다. 이와 같다면, 중화민족은 매우 일찍이 자신의 역사 기억을 형성하였으며 또한 역사를 매우 중시한 이러한 점은 세계가 인정하는 것이며,[10] 문제는 중화민족의 역사 기억이 도대체 어느 시점에서 그 기점이 시작되는가이다. 따라서 여기서 우선 역사의 시작점에 대한 선택의 문제가 하나 있다.

역사의 시작점에 관한 선택에서 몇 가지 기본적인 요소를 먼저 반드시 고려해야 하는데, 첫째, 우리(중국인)는 중화中華의 대지에 살고 있는 "사람"의 형성을 기본 시작점으로 삼아야 하며, 심지어는 "사람"보다 앞의 역사를 거슬러 올라가서는 안 된다. 둘째, 우리도 반드시 인민들이 이미 존재한 "역사 기억"을 시작점으로 삼아야 하며, 이른바 인류진화의 일반적 과정에 근거하여 허구를 날조해서는 안 된다. 셋째, 우리는 또한 반드시 인민들이 말하는 "세계"의 형성과 그 발전을

---

9) 예를 들면, "줄"의 연속성의 특징인 기억은 "문화대혁명" 기간에 사람들이 옥수수 수염을 꼬아서 만든 "줄"로 그 연속하여 끊임이 없는 불씨의 특징을 보존하였는데, 백성들이 이것을 "火繩"(불붙이는 심지)이라고 불렀다.

10) 예를 들면 캄보디아(柬埔寨)의 "Angkor Wat"(앙코르와트; 吳哥窟)는 완전히 인류건축사의 하나의 기적이라고 할 수 있으나, 다만 캄보디아의 정부나 민간은 모두 이러한 건축이 도대체 어떤 시기에 건축되었는가에 대한 기록이 없으며, 도리어 중국의 元대의 使節(당시 太監 신분)이 출장기록에서 "Angkor Wat"가 당시에 막 건축되었다는 상황을 기록하였고 이에 "Angkor Wat"는 대개 宋元시기에 건축되었음을 추론할 수 있다.—필자는 CCTV 9번 채널의 「현장기록」(紀實)의 프로그램에서 "앙코르와트"가 언제 건축되었는가에 관한 역사고증을 보았다.

주요 내용으로 삼아야 한다. 왜냐하면 이른바 "세계" 자체는 사람의 세계이기 때문이며,11) "세계"의 발전도 또한 인류문명 발전의 우선적 표현이다. 넷째, 이 "세계"의 전개와 그 발전 과정에서 점차 동양문명의 특색이 드러나게 되며, 이러한 특색은 동시에 중화문명의 기반과 근원을 구성하였다.

실제로 중화민족의 상고사(어느 정도는 인류형성의 進化史도 포함한다.)에 관하여 우리의 옛 선인들은 이미 많은 반사성反思性12)의 기억이 있으며, 이러한 "기억"은 또한 우리 민족의 발전과 진화변천의 역사를 구성하였다. 먼저 옛사람들의 상고사에 관한 "기억"을 살펴보자.

> 상고의 시대에 인민은 적고 짐승은 많아 인민이 금수와 벌레와 독사를 이길 수가 없었다. 성인聖人이 나와서 나무를 깎아서 집을 만들어 여러 피해를 피하도록 하니 백성들이 그를 기뻐하며, 세상의 왕으로 삼고 유소씨有巢氏라고 불렀다. 백성들이 과일과 열매와 조개와 대합을 먹고 비린내와 누린내와 악취가 있어 창자와 위를 상하게 하여 백성이 많이 질병에 걸렸다. 성인이 나와서 부싯돌을 쳐서 불을 피우도록 하여 비린내와 누린내를 없애니 백성들이 그를 기뻐하여 세상의 왕으로 삼고 수인씨燧人氏라고 불렀다.13)

> 옛날에 삼강三剛과 여섯 기율이 아직 없을 때 인민은 단지 그 어머니만 알고 그 아버지는 알지 못하였다. 앞으로만 나아갈 뿐 뒤로는 돌아갈 수 없었다. 누워서 숨을 쉬며 걸어가며 숨을 쉬고, 배고프면 먹을 것을 구하고, 배부르면 남겨

---

11) 옛사람들의 소위 반고가 천지를 개벽하였다는 것은 가장 전형적으로 중국인이 말하는 "세계"는 하늘과 땅 사이에 존재한다는 특징을 나타낸 말이다. 또 董仲舒가 말한 "옛날에 문자를 만든 사람은 세 획에서 그 중간을 연결한 것을 王이라고 하였다. 세 획이란 天・地・人이며, 그 가운데를 연결하는 것은 그 도를 통하는 것이다"(『春秋繁露』, 「王道通三」)는 중국인들이 말하는 "세계"의 특색을 표현한 말이다.

12) 역자 주: 反思性은 학습활동의 과정을 돌이켜 반성해 가며 진행하는 학습 방법을 말한다. 구조주의 사상에서 探求性, 自主性, 發展性, 創新性을 추구하며 문제 해결의 방법을 찾아가는 학습 방법이다.

13) 韓非, 『韓非子』(『諸子集成』 제5책, 上海書店, 1986), 「五蠹」, 339쪽.

두고, 짐승의 털을 얻고 피를 마시는 생식生食을 하며, 가죽과 갈대로 옷을 해 입었다.14)

어머니를 죽인 아들이 있다는 유사有司의 말에, 완적阮籍이 "아! 아버지를 죽일 수 있으니, 어머니도 죽이는구나!"라고 하였다. 앉은 사람이 그 실언을 괴이하게 여겼다. 임금이 "아버지를 죽이는 일은 세상에서 가장 나쁜 일인데 옳다고 여기다니?"라고 하였다. 적籍이 "금수禽獸는 그 어미를 알아도 아비를 모르니, 아비를 죽이는 것은 금수의 무리다. 어미를 죽이는 것은 금수만도 못하다"라고 하였다. 여러 사람이 기뻐 복종하였다.15)

위에서 말한 몇 가지 설은 자연히 모두 옛사람들의 중화민족에 관한 것이라고 할 수 있는데, 곧 "중화민족"이 형성되고 발전한 역사의 "기억"이다. 그 첫 번째는 『한비자韓非子』의 「오두五蠹」편에서 나온 것으로, 선진시대 제자들의 우리 민족의 역사 시작점에 대한 회고라고 할 수 있다. 당연히 한비16)가 보기에 이른바 유소씨, 수인씨 등등은 우리의 최초의 조상이자 동시에 중화문명의 창시자이며, "유소有巢" 와 "수인燧人"과 같은 종류의 설에 대해서도 분명히 현실 사회생활의 조건과 대비해서 제시된 것이며, 집이 없음(無巢)에서 집이 있음(有巢)에 이르고, 불을 쓸 줄 모르는 데서 부싯돌을 쳐서 불을 피우도록 한 대표적 인물을 가리킨다. 두 번째 조항은 동한東漢시대 국가 이데올로기의 대표인 『백호통의白虎通義』에서 나왔으며, 또한 대체로 인륜문명의 기본적 특징인 "삼강三綱과 육기六紀17)"가 형성되기 이전 인류의

---

14) 陳立 撰, 吳則虞 點校, 『白虎通疏證・三皇五帝』, 50~51쪽.
15) 房玄齡 等, 『晉書』(『二十五史』, 권2, 中國文史出版社, 2002), 「阮籍傳」, 676쪽.
16) 역자 주: 이 책의 저자는 『韓非子』가 아닌 韓非子를 주어로 사용하는데, 한비자는 책 이름이며, 저자인 韓非는 韓子로 부르지 않고 그냥 韓非로 부른다.
17) 역자 주: 漢의 班固는 『白虎通』「三綱六紀」에서 "六紀는 諸父(아버지 항렬의 堂內親), 兄弟, 族人, 諸舅(고대 천자가 異姓의 제후나 大夫에 대하여 존칭으로 부르는 말), 師長 (스승과 어른), 친구를 말한다"(六紀者, 謂諸父, 兄弟, 族人, 諸舅, 師長, 朋友也)라고 하였다. 『禮記』「樂記」에서는 "父子와 君臣의 紀綱으로 삼는다"(爲父子君臣以爲紀綱)라고 하였는데, 唐의 孔穎達『禮緯含文嘉』를 인용하여 疏를 달기를 "육기는 諸父는 선함이 있고, 諸舅는 義가 있으며, 族人은 차례가 있고, 昆弟는 친함이 있으며, 師長은 존중함

상황을 표현하였다. 그리고 그 뛰어난 점은 그것이 분명하게 "사람들이 단지 그 어머니만 알고 그 아버지를 모르는" 시대를 분명하게 표현한 데 있으며, 이른바 "그 아버지를 모른다"라는 특징은 그것이 동물의 내부적 군거생활의 상호 관계를 증명할 수 있을 뿐만 아니라 서양의 인류학에서 드러낸 모계사회와 그 특징을 실증할 수 있다.[18] 여기서 서술한 "누워서 숨을 쉬며 걸어가며 숨을 쉬고, 배고프면 먹을 것을 구하고, 배부르면 남겨 두고, 짐승의 털을 얻고 피를 마시는 생식生食을 하며, 가죽과 갈대로 옷을 해 입었다"라는 상황은 곧 모계사회의 인류 생활을 생생하게 묘사한 것이다.(반고는 어떻게 "누워서 숨을 쉬며 걸어가며 숨을 쉬는" 이러한 실감 나는 상상을 만들어 내었는지 모르지만, 오늘날까지도 우리는 여전히 이러한 상상을 뛰어넘을 수가 없다.) 세 번째 조항은 분명히 "이단異端"의 색채가 있으며, 아울러 "탕왕湯王과 무왕武王 을 비난하지 않으면 주공周公을 경시하며, 명교名敎(儒學)를 넘어서 자연自然(道敎)에 맡긴다"[19]는 말로 유명한 위진현학자 완적阮籍(210~263)의 말이다. 여기서 "금수禽獸 는 그 어미를 알아도 아비를 모른다"라는 특징으로 보면, 『백호통의白虎通義』의 "사람은 단지 그 어머니를 알고 그 아버지를 모른다"라는 말에서 직접 추론하였음이 유력한데, 왜냐하면 "어머니를 알고 아버지를 모른다"라는 말은 현대인들이 모계사 회의 인류 관계를 설명하는 말일 뿐만 아니라, "아버지를 죽이는 것은 금수의 무리며, 어미를 죽이는 것은 금수만도 못하다"라는 설명도 또한 직접 모계사회의 사람과 금수를 구별하는 하나의 표준이며, 동시에 동물에서 인류사회로 진화하는

이 있으며, 친구는 오래함이 있으니 이것이 六紀이다"(六紀, 謂諸父有善, 諸舅有義, 族 人有敍, 昆弟有親, 師長有尊, 朋友有舊, 是六紀也)라고 하였다.

18) 사실 이러한 설은 현재 이미 동물의 군거생활의 내부의 상황에 대한 조사의 도전으 로 받아들여졌다. 왜냐하면 끊임없이 교체하는 수컷 수령이 전임 수령의 미성년 "새 끼"를 사정없이 호령하여 죽이며, 이러한 상황은 사자 떼의 생활에서 전형적이며, 초식동물 가운데서도 이러한 상황이 있다. 따라서 일부 靈長類의 암컷들은 자신의 "새끼"들이 더 많이 보호를 받을 수 있도록 수많은 수컷과 교배를 하는 척 꾸미는데, 사실 그 자신은 매우 분명하게 자신의 "새끼"가 어느 수컷에 속하는지 잘 알고 있다.

19) 이러한 표현은 원래 嵇康(224~263)이 「與山居源絶交書」에서 자술한 데서 나왔으며, 여기에서는 魏晉玄學者들의 공통적 인생관을 지칭하는 말로 사용하였다.

실마리를 제공하였기 때문이다. 자연히 이 말에는 이른바 부계사회의 시작을 이미 우리의 옛사람들이 명확하게 인류문명의 시작으로 보았다는 의미가 있다. 왜냐하면, 이른바 "아비를 죽이는 것은 세상에서 가장 악하다"라는 말도 실제로는 사람이 사람다운 사람이 되는 기본적 특징에 대한 충분한 자각적 표현이기 때문이다.

이러한 설을 보면, 인민들의 상고 역사에 관한 기억도 사실은 어느 정도는 우리 인류사회의 발전과 변화의 실마리를 포함하고 있다. 만약 우리가 장차 모계사회로부터 부계사회로의 변화를 인류문명의 시작이라고 생각한다면, 유소씨로부터 수인씨에 이르는 것도 또한 중화민족의 진정한 기원이라고 볼 수 있다. 왜냐하면 물론 수인씨의 "부싯돌을 쳐서 불을 피움"도, 유소씨의 "나무를 깎아서 집을 지음"도 모두 동물 생활과의 작별을 알리는 것이기 때문이다. 그리고 "집을 지음"과 "불을 사용함"은 자연히 인류문명의 시작이며, 진정한 사람의 생활방식이며, 중화의 대지에서 서식하였다.

그러나 『한비자』의 소급적 기억은 비록 서로 존재하고 또한 서로 설명할 수 있지만 분명히 어느 정도 논리적 오류가 있어 보인다. 이것은 곧 수인씨의 "부싯돌을 쳐서 불을 피움"은 실제로 유소씨의 "나무를 깎아서 집을 지음"보다는 매우 가능성이 있어 더욱 역사적 선재성先在性과 전제성前提性을 갖추고 있다. 왜냐하면 "사람" 혹은 인류사회의 형성으로 보면, 아마도 불을 사용하는 습관이 있다면 장기간 불을 보존할 수 있는 데서 나아가 "부싯돌을 쳐서 불을 피움"의 기초에서 비로소 "나무를 깎아서 집을 지음"에 이르지 않을 수 없기 때문이다.(불씨의 보존이 진정으로 생활습관이 되었다.) 실제 상황에서 보면, 근본적으로 불을 사용할 줄 모르는 오랑우탄의 무리에서 매일 "집을 얽음"(架巢)의 습관이 있지만, 오랑우탄의 "집"은 동물과 벌레와 뱀을 방지하여 "여러 가지 피해를 피함"의 작용을 할 수 없으며, 당연히 진정한 "정착定着"이라고 할 수 없다. 실제로 오랑우탄이 매일 저녁에 항상 "집을 얽는" 습관은 사실 때에 맞추어 습관적으로 하는 생활이며, 따라서 일종의 본능적 습관이라고 할 수 있다. 그러나 "불을 피움", "불을 사용함"은 사람이 동물에게서 "털을 얻고 피를 마시는 생식生食"을 하던 습관으로부터의 작별이며, 항상 불을 사용하는

조건에서 비로소 "나무를 깎아서 집을 지음"의 방식으로 "정착" 생활을 해야만
했다.[20)

실제로 이러한 인식은 본래 삼대三代 문화에서 집대성되었으며, 유학의 창시자인
공자의 사상이 되었다. 예를 들면 『공자가어孔子家語』에서 공자는 중국 상고문명의
시작과 인류의 초기 생활의 상황을 소급하였다. 그리고 공자의 이러한 소급은
또한 유가의 경전인 『예기禮記』 「예운禮運」 편에서 볼 수 있다. 『공자가어』는 연이어
서한西漢의 공안국孔安國과 삼국三國의 왕숙王肅으로부터 그 진실성을 줄곧 의심받았
으나, 그 구체적 설은 이미 『예기』와 상호 인증을 할 수 있고, 여러 방면의 증거를
수집 정리하였으며(예를 들면 陳士珂는 선진시대에 형성된 여러 문헌으로써 『공자가어』의 기록의
진실성을 증명하였다.), 학계에서도 또한 점점 더 『공자가어』와 『논어』가 동시에 형성되
었음을 긍정하였으므로, 따라서 우리는 여기서 『공자가어』가 공자 자신의 기본적
생각임을 나타낸다고 볼 수 있다. 그리고 『공자가어』에서 공자는 소급하여 다음과
같이 말한다.

　　옛날 왕도 아직 궁실宮室이 없을 때 겨울에는 굴을 파고 살았고, 여름에는 나무로
　　만든 집에서 살았다. 아직 불로 익히지(火化) 않았을 때는 초목의 열매를 먹고
　　짐승의 고기를 먹고 짐승의 피를 마시며 짐승의 가죽을 이용하였다. 아직 실과
　　삼이 없어 새의 깃이나 짐승의 가죽을 옷으로 입었다. 뒤에 성인이 나타난 후에
　　불의 이로움을 발명하여, 쇠를 거푸집에 녹이고 흙을 빚고, 궁실에 창문을 만들
　　고, 고기를 굽고 지지고, 생선을 삶고 볶으며, 발효시켜 술을 만들고 실과 삼을
　　이용하여 옷감을 만들며······ [21)

---

20) 수인씨와 유소씨의 선후에 관하여 『莊子』와 『韓非子』에서 『白虎通義』와 『太平御覽』까
　　지 모두 유소씨를 수인씨 앞에 두었다. 인류의 진화사를 연구하면 분명히 한 번의
　　轉倒가 있었음을 알 수 있다. 왜냐하면 불을 사용할 수 없는 조건에서 이른바 "나무
　　를 깎아 집을 지음"이 필요하지 않기 때문이다. 다만 이 한 번의 뒤바꿈에는 인민들
　　의 강렬한 주거관념과 영토귀속의 의식이 있었음을 알 수 있다.
21) 陳士珂 편집, 『孔子家語疏證』, 권1(上海書店, 1987년 영인본), 27쪽. 이 외에 이와 같은
　　내용과 대체로 같은 기록은 동시대의 『예기』 「예운」에서도 볼 수 있다. 吳哲楣 主編,

이러한 공자의 소급에서 "아직 궁실宮室이 없을 때 겨울에는 굴을 파고 살았고, 여름에는 나무로 만든 집에서 살았다"라는 서술로 볼 때 분명히 "일정한 곳에 머물며 삶"(居住)이 인류문명의 시작으로 볼 수 있으나, 다만 "뒤에 성인이 나타난 후에 불의 이로움을 발명하여, 쇠를 거푸집에 녹이고 흙을 빚고, 궁실에 창문을 만들었다"라는 말로써 보면, 이른바 "쇠를 거푸집에 녹이고 흙을 빚고, 궁실에 창문을 만들었다"라는 말은 여전히 "불의 이로움을 이용"한 기초 위에서 건립되었다. 이것은 중화민족이 강렬한 거가居家의 관념과 영토귀속의 의식을 갖추고 있지만, 사람의 생성과 인류문명의 진화와 발전으로 보면, 이른바 "불을 사용함"이 "일정한 곳에 머물며 삶"에 비하여, "수인씨"가 "유소씨"에 비하여 더 역사적 선재성이 있음을 말한다.

아마도 같은 원인으로, 엥겔스는 유인원에서 사람으로의 전변轉變하는 과정에서 "불을 사용함"의 작용을 분석할 때도 분명하게 설명하였다.

> 육식은 두 가지 새로운 결정적 의미의 진보를 촉진하였는데, 즉 불의 사용과 동물의 사육이다. 전자는 소화의 과정을 더욱 단축하게 하였는데, 왜냐하면 불은 입에 이미 반쯤 소화된 음식물을 제공하기 때문이며, 후자는 육식을 더욱 풍부하게 하였는데, 왜냐하면 동물의 사육은 수렵 이외에 새롭고 항시적인 육식의 공급원을 제공하였기 때문이다. …… 사람에게 이 두 가지 진보는 새로운 해방의 수단이 되었다.[22]

엥겔스의 이 논술을 보면, 인간과 동물의 구별 측면에서나 인류문명의 각도에서 보면, 불을 얻음과 불의 사용은 모두 하나의 참신한 시작과 발단을 나타내며, 또한 인류가 동물로부터 털가죽을 취하고 피를 마시는 생식 생활과의 고별을 시작하는 징표이기도 하다.

『十三經』, 474쪽을 참고하라.
22) 엥겔스, 「유인원에서부터 사람으로의 전환에서 노동의 작용」, 『마르크스 엥겔스 문집』 제9권(人民出版社, 2009), 556쪽.

이렇게 보면, 이른바 수인씨의 시대가 대표하는 것은 우리의 조상이 "과일과 열매와 조개와 대합을 먹고 비린내와 누린내와 악취가 있고, 창자와 위를 상하게 하였기" 때문에 "부싯돌을 쳐서 불을 피워 비린내를 삭이지" 않을 수 없었으며, 이것은 결국 무엇을 먹을 것인가와 어떻게 먹을 것인가의 문제일 뿐만 아니라, 이미 "사람"으로서 또한 사람의 방식으로 중화의 대지에서 생활하게 되었다는 사실이다.

2. 생존과 그 기능: "부싯돌을 쳐서 불을 피움"에서 "나무를 깎아 집을 지음" 까지

"부싯돌을 쳐서 불을 피움"이 인류 생활의 시작을 나타낸다면, 결국 본질적으로 인류생존의 기능인 "불을 피움"과 "불을 사용함"의 현상도 한 걸음 더 살펴볼 가치가 있다. 왜냐하면 똑같이 명백한 문제가, 우리의 조상이 먼저 "과일과 열매와 조개와 대합을 먹고 비린내와 누린내와 악취가 나는" 것과 같은 문제에 직면하였을 때 곧바로 "부싯돌을 쳐서 불을 피워 비린내를 삭임"을 생각해 내지 못하였고, 매우 긴 시간이 지난 뒤에 먼저 자연의 천화天火(번갯불이나 태양 빛에 의해 일어나는 여러 자연 發火)를 알고 자연의 불을 이용한 뒤에 또 불씨를 보존하는 방법을 배우고, 최후로 완전히 생활에 필수적인 것이 되어 불이 없이는 더는 먹을 수 없게 된 뒤에 비로소 이른바 "부싯돌을 쳐서 불을 피움"을 발명하게 되었기 때문이다.[23] 맹자 시대에서도 민간에는 여전히 "불을 빌림"의 관습이 남아 있었다.[24]

---

23) 이러한 현상의 발생은 사실 완전히 일종의 우연일 가능성이 있다. 예를 들면 일본에서 한 무리의 원숭이들이 해변에서 생활하였는데, 아주 우연히 바닷물에서 한 뿌리 고구마를 주워 바닷물에 씻자 고구마의 표면에 진흙이나 모래가 없어졌고, 이에 원숭이들은 고구마를 먹기 전에 먼저 바닷물에 씻는 습관을 배웠다. 머지않아 전체 원숭이 무리는 이와 같은 경험을 배웠고, 또한 바닷물에 고구마를 씻어 먹는 습관이 생겼다.

그러나 상상할 수 있듯이 초기 인류도 처음에는 동물처럼 자연계의 천화天火(번갯불이나 태양 빛에 의해 일어나는 여러 자연 發火) 현상에 놀람과 두려움을 가지지 않을 수 없었다.[25] 그러나 사람들은 자신의 지혜로 효과적으로 자연의 불이 사람에게 줄 수 있는 상해를 방지할 수 있게 된 후에, 여유 있게 강 건너 불구경하는 마음 상태로 자연계의 자연발화 현상을 대면하였다. 이러한 과정에서 조상들이 얻은 가장 큰 수확은, 자연히 자연의 불로 인하여 타 죽거나 잘 구워진 동물의 사체를 그대로 즐길 수 있게 된 것이다. 이후에 동물에게는 자연발화의 불이 늘 겁난劫難이 될 수 있지만, 인류 종족에게는 축제의 날이 될 수 있다. 아프리카의 토착민과 미국의 인디언들은 매일 수렵을 해서 집으로 돌아오면 모두 숙영지에서 모닥불을 피우고 남녀노소 할 것 없이 모두 노래하고 춤추는데, 이것이 축제와 같은 활동이 되었다. 이로써 또한 인류의 생존조건의 공통성임을 알 수 있다. 운남雲南의 소수민족의 "횃불 축제"(火把節)[26]는 처음부터 이러한 뜻을 포함하고 있었는지는 모르지만, 온 부족이 출동하여 모닥불을 둘러싸고 노래하고 춤추는 광란의 현상으로 보면 분명히 하나의 중요한 축제행사이다. 이러한 과정에서 사람들이 먼저 인식한 것은 불의 작용(음식을 익힐 수 있을 뿐만 아니라 야수의 피해를 방지할 수 있는 것)이며, 배워야 하는 것은 어떻게 불씨를 보존할 것인가를 기초로 자연의 불을 자각적으로 이용하였다.

---

24) 맹자는 "백성은 물과 불이 없으면 생활하지 못하고, 해가 져 어두우면 문을 두드려 물과 불을 구하는데, 주지 않는 사람이 없는 것은 넉넉하기 때문이다"라고 하였다. (『孟子』[吳哲楣 主編, 『十三經』], 「盡心上」, 1421쪽)

25) 일찍이 읽은 소설 『林海雪原』에서 李勇奇는 일찍이 少劍波가 草原과 숲에서 생활하는 1년 사계절 가운데 만나는 "네 가지 두려움" 즉 "봄에는 들불(荒火)을, 여름에는 산사태를, 가을에는 모기와 벌레를, 겨울에는 '눈사태'(攪雪龍)를 두려워해야 한다"는 것을 알려 주었다. 현지 사람의 총체적 생활경험은 "봄의 들불은 맞불로 대처하고, 여름의 산사태에는 산봉우리로 오르고, 가을에 모기와 벌레는 연기와 향을 사용하고, 겨울에 눈사태를 만나면 산 정상으로 오른다"라는 것이다. 더욱이 "봄의 들불은 맞불로 대처한다"라는 점은 인류의 생존 지혜를 잘 표현하였으며, 우리도 이로써 옛사람이 자연발화를 인식하고 자연적으로 발화하는 불을 이기는 과정을 추측할 수 있다.

26) 역자 주: 운남의 彝族·白族·納西族·傈僳族·拉祜族 등의 전통적인 명절이며, 음력 6월 24일경에 해충을 몰아내는 의미로 횃불을 대문에 걸기도 하고 들고 다니며 밭을 밟기도 한다.

바로 자연발화된 불의 보존과 이용은 사람들의 음식 공급원을 확장하였을 뿐만 아니라, 사람들로 하여금 음식과 육식을 익혀 먹는 것이 기본적인 생활방식이 되게 하였다. 이러한 기초에서, 채집에서 어획漁獲까지 자연적으로 생산방식이 확장되었다. 그러나 음식물 범위의 확장은 육식이 일상의 행위가 되게 하였지만, 또한 불씨를 보존하여 때맞추어 사람들의 요구를 만족할 수 없을 때나 혹은 인위적으로 불을 생성하는 것도 시급하게 해결해야 하는 문제였다. 그리고 이러한 행위를 위해 먼저 알아야 하는 것은 또한 반드시 마찰하여 열을 생성하거나 부싯돌을 쳐서 불을 피우는 현상을 알아야 가능하며, 그래야 비로소 사람들이 이른바 "부싯돌을 쳐서 불을 피움"의 방향으로 노력할 수 있도록 인도할 수 있다.

수인씨의 "부싯돌을 쳐서 불을 피움"은 이러한 배경에서 발생하였다. 공자가 "아직 불로 익히지 않았을 때는 초목의 열매를 먹고 짐승의 고기를 먹고 짐승의 피를 마시며, 짐승의 가죽을 이용하였다"라고 한 말은 수인씨 이전에 중국의 선민들이 생존한 방법을 가리킨다. 그리고 한비韓非가 "백성들이 과일과 열매와 조개와 대합을 먹고 비린내와 누린내와 악취가 있어 창자와 위를 상하게 하여 백성이 많이 질병에 걸렸다. 성인이 나와서 부싯돌을 쳐서 불을 피우도록 하여 비린내와 누린내를 없애니 백성들이 그를 기뻐하여 세상의 왕으로 삼고 수인씨燧人氏라고 불렀다"라고 한 말은 분명하게 수인씨의 "부싯돌을 쳐서 불을 피움"의 구체적인 원인을 정확하게 드러내 보인다. 이 설명은, "부싯돌을 쳐서 불을 피움"이든 "나무를 비벼서 불을 얻음"이든 모두 인류가 자각적으로 불을 사용하는 시대를 시작하였고, 동시에 동물의 털로 옷을 입고 피를 마시는 생활과 고별하였음을 나타낸다.

그러나 불의 이용과 불을 얻음의 문제에서 중화민족은 그 시작점에서 자연의 특색을 잘 이용하였다고 생각된다. 예를 들면, 인류 최초의 불을 생성하는 현상에 대하여 한비가 분명하게 표현한 이른바 "부싯돌을 쳐서 불을 피움"과, 아프리카 대초원에서 생활하는 원시부족이나 오스트레일리아와 아마존 밀림에서 사는 토착민이 주로 "나무를 비빔"을 이용하여 "불을 얻음" 이 두 가지는 분명하게 서로 다른 불을 얻는 방식을 표현하였다. 그리고 『태평어람太平御覽』에서 "나무를 비벼서 불을 얻음"과 "부싯돌을 쳐서 불을 피움"의 기록이 함께 존재한다. 실제로 이른바 "나무를 비벼서 불을 얻음"은 자연히 마찰로 열을 내는 현상을 알고 있는 기초에서 이루어지나, "부싯돌을 쳐서 불을 얻음"은 도리어 분명히 "부싯돌"(燧石)을 타격하는 방식으로 불을 피우는 방식을 이용하였으며, 혹은 우리의 옛 조상이 "찬"(鑽)(송곳, 金剛石)과 "수"(燧)(부시)를 함께 사용하였고, 따라서 "나무구멍을 비벼서 불을 피움"(鑽木取火)과 "수석(燧石)(부싯돌)을 쳐서 불을 피우는 두 가지 방법을 겸용하였다고 할 수 있다. 왜냐하면 "송곳"(드릴) 그 자체는 원주(圓周) 운동과 그 마찰로 열을 발생시키는 현상이 함께 결합하는 것이며, "수(燧)"는 "수석(燧石)"으로 분명히 비비는 방법으로 불을 피우지 않고, 단지 "타격(打擊)" 혹은 "팽당(砰撞)"(충돌, 부딪침)의 방식으로 불을 피울 수 있기 때문이다. 『태평어람(太平御覽)』은 찬목취화(鑽木取火)(나무구멍을 비벼서 불을 피움)와 찬수출화(鑽燧出火)(부싯돌을 쳐서 불을 피움)를 함께 기록하였지만, 그 순서나 선후를 상세하게 검토하지 않고, 한편으로는 중국의 지역이 넓어서 서로 다른 부락(部落)의 사이에 원래 이처럼 서로 다른 불을 피우는 방식이 있을 수 있다고 설명하며, 동시에 이러한 현상을 정리하고 종합하는 문인과 사대부들이 더욱 주목하고 있는 것으로—단지 불만 피우고자 하면, 사람들은 근본적으로 어떤 방식을 사용하든 신경 쓰지 않는다는 사실을 설명하고 있는데, 이는 어쨌든 유감스러운 일이다. 20세기 중기에 이르러 "문화대혁명"의 짧은 시기 물자 공급이 부족하던 시대에, 사회 하층의 일반인들은 가끔 "화겸(火鐮)"(火刀)과 "수석(燧石)"을 서로 타격하여 불을 피우곤 하였으며, 동시에 옥수수수염을 꼬아서 만든 "도화선"(심지)으로 불씨를 보존하였기 때문이다.

더욱 흥미롭고 변석할 필요가 있는 하나의 현상은, 20세기의 70년대에 섬서(陝西)의 서부 "농업대학방책"의 토지 정리 작업 중에 적지 않은 서주(西周)시대 옛날 무덤을 발굴하였으며, 그 부장품 가운데 여러 번 찻잔 뚜껑과 같이 생긴 크고 작은 요(凹)면의 "동경(銅鏡)"(청동거울)이 나왔다. 당시에 고고학 전문들조차도 이것이 어떤 기물(器物)인지 분명하게 알 수 없었다. 그러나 그것이 종종 묘 주인의 손 옆에 놓여 있는 것을 보면 틀림없이 일상의 생활에서 잠시라도 떨어질 수 없는 필수품일 것이다.

처음에는 이러한 기물이 고고학 전문가의 관심을 전혀 끌지 못하였지만, 계속해서 출토되는 상황이라 고고학 전문가들이 앞다투어 관련된 공장에서 동질의 같은 형태의 방식으로 모조품을 만들어 주기를 청하였고, 또한 손수 각종 방식의 "손에 들고 살펴보기"(把玩)를 진행하였다. 그 결과 이 요면凹面을 태양 빛에 바로 맞추기만 하면 이러한 "동경銅鏡"이 뜻밖에도 3~4초 이내에 한 개비 담배에 불을 붙일 수 있음을 알게 되었다. 그제야 원래 이러한 요면의 "동경"이 고대의 문헌에 기록된 것으로 불을 피우는 데 전문적으로 사용하는 "양수陽燧"27)임을 알았다.28) 그러나 여기서는 "수석燧石"도 없고 또한 "찬목鑽木"과 같은 그 가운데를 뚫는 것도 없으며, 이른바 "부싯돌을 쳐서 불을 피움"이 실제로는 아마도 이미 일종의 역사적 관습으로 전해져 왔음을 설명하였다. 불을 피우는 구체적 방식은 근본적으로 손을 쓸 필요가 없이,―완전히 자연의 태양 빛을 이용하여 실현되었고, 따라서 틀림없이 "하늘의 불을 훔쳐서 인간에게 전함"의 방식이라고 말할 수 있다.29)

그러나 현대인이 생활에서도 "불을 피움"은 여전히 두 가지 다른 방식으로 실현되는데, 성냥(火柴)의 마찰열을 얻는 방식으로 불을 피우는 것으로 이것은 자연히 마찰로 열을 발생하는 원리를 운용한 것이고, 아니면 라이터를 이용해서 불을 피우는 것으로, 라이터의 방아쇠(격발기)를 당겨서 "부싯돌"을 타격하는 방식(현재는 이미 電極으로 전통적인 "부싯돌"을 대신하여 사용한다.)이다. 이런 점에서 이른바 수인씨의 "나무구멍을 비벼서 불을 피움" 혹은 "부싯돌을 쳐서 불을 피움"은 오늘날에도 여전히 우리의 생활에서 밀접하게 관련되어 있다. 우리가 "나날이 쓰면서도 모를" 뿐이다.

불의 발명과 사용은 사람들의 생활과 생활의 영역 및 범위를 확장했으며, 따라서 사람으로 하여금 "사람"의 생활에 더 가까워지도록 하였다. 그러나 불의

---

27) 역자 주: 햇빛을 이용하여 불을 피우는 銅製의 거울.
28) 『淮南子』「天文訓」에서는 "그러므로 陽燧를 태양에 맞추면 발화하여 불이 된다"라고 하였다.(『諸子集成』 제7책, 上海書店, 1986, 36쪽)
29) "陽燧"의 발견 과정에 관하여 필자는 陝西의 TV방송국에서 방송한 관련 전문가의 인터뷰를 보았다.

사용은 동시에 하나의 시급히 해결할 문제를 동반하였는데, 이것은 곧 "거주居住" 혹은 "정착"의 문제였다. 실제 역사에서 이 문제는 수십 년 혹은 백 년 이상의 실천적 모색을 통하여 해결되었을 수도 있으나 이론적 각도에서 인류의 초기 생활을 분석하면 이 문제는 "나무구멍을 비벼서 불을 피움"과 "부싯돌을 쳐서 불을 피움"의 발명과 사용에 따라 동시에 출현하였다. 왜냐하면 불을 이용함과 수시로 불을 피울 수 있다는 기초에서 "정착"은 또한 진정으로 짐승과 벌레의 상해를 방지하는 작용을 하였기 때문이다.

여기서 반드시 변석辯析해야 할 문제는 수인씨와 유소씨가 결국 누가 앞이고 누가 뒤인가의 문제이다. 앞의 분석에서 우리는 사람이 사람인 까닭에 근거하면, 아마도 사람과 동물의 구별되는 관점에서 수인씨가 아마도 유소씨보다 먼저 출현하였다고 할 수 있다. 그러나 『한비자』에서 『태평어람』에 이르는 "기억"에서는 유소씨가 줄곧 수인씨보다 먼저 출현하였다고 보았다. 그러나 공자의 이러한 역사에 대한 술회 가운데 앞에서와 마찬가지로 "아직 궁실이 없을 때", "아직 불로 익히지 않았을 때" 그리고 "아직 실과 삼베가 없을 때"라는 말을 병렬하였는데 적어도 이러한 현상은 모두 공존하였음을 말하며, 다만 "훗날의 성인이 나타난 이후에 불을 다스리는 이로움과 쇠를 거푸집에 녹이고 흙을 빚어서 궁실의 문과 창문으로 삼았다"라는 말로써 보면 여전히 "불로 익힘"(火化)이 "사람"으로 향하는 첫걸음으로 설명한다. 그러나 처음으로 말한 "아직 궁실이 없을 때"로부터 보면 또한 중국의 전통적 언어환경에서는 사람들은 "거주" 혹은 "정착"의 문제를 더욱 중시하였던 것 같다. 왜냐하면 『장자』에서 유소씨도 마찬가지로 중화민족의 시조로 보는데, 예를 들면 일찍이 도척盜跖의 설화를 빌려서 말하기를, "옛날에 짐승이 많고 사람이 적던 때에 백성들은 모두 나무 위에 집을 짓고 살면서 짐승들을 피하였으며, 대낮에는 도토리를 줍고 저녁에는 나무 위에 올라가서 살았으므로 유소씨의 백성이라고 불렀다"[30]라고 하였다. 따라서 "백성들은 모두 나무 위에 집을 짓고 살면서 짐승들을

---

30) 『莊子』(郭慶藩 編, 『莊子集釋』), 「盜跖」, 1089쪽.

피하였으며, 대낮에는 도토리를 줍고 저녁에는 나무 위에 올라가서 살았다"라는
상황으로 보면, 이것은 사실 일종의 원시적인 "나무집"의 생활일 것이다.—아마존
밀림의 토착민은 아직도 여전히 "나무집" 생활의 전통을 유지하고 있으며, 이뿐만
아니라 돼지, 개, 닭 등의 가축도 그들과 같이 함께 수십 미터 높이의 나무집에서
살고 있다. 그러나 그들이 여전히 "나무집"에서 불을 피워 밥을 짓는다는 사실은
만약 불이 없다면 그 "나무집"도 실현될 수 없음을 말하며, 혹은 만약 불이 없다면
그 "나무집"을 형성할 필요도 없다고 할 수 있다.

그러나 『장자』와 같이 이와 같은 "나무집"의 특징을 지닌 유소씨는 우리에게
여러 가지 방면의 생각을 하게 하였는데, 첫째, "대낮에는 도토리를 줍고 저녁에는
나무 위에 올라가서 살았다"라는 생활방식으로 보면 분명히 순수한 채식菜食(素食)의
단계에 속한다. "사람"으로서의 생활을 하려면 또한 비교적 간단한 채집업에 기초한
생활을 해야 하므로 이러한 유소씨가 확실히 수인씨 이전에 존재하였을 가능성이
있다. 왜냐하면 당시의 사람들은 "과일과 열매와 조개와 대합을 먹고 비린내와
누린내와 악취가 있고, 창자와 위를 상하게 하여 백성들이 질병이 많은" 것과
같은 문제와 직면하지 않았으나, 수인씨는 완전히 "과일과 열매와 조개와 대합을
먹고 비린내와 누린내와 악취가 있고, 창자와 위를 상하는" 문제가 출현하였기
때문이다. 둘째, 한비韓非가 유소씨에 대하여 묘사한 것을 보면, 사람들은 당시에
이미 "저녁에는 나무에 올라가서 사는" 간단한 "나무집" 생활을 하지 않았으며,
이미 분명히 "나무를 깎아서 집을 지은" 것이며, 실제로는 이미 분명하게 가구와
가옥의 특징을 갖추고 있었다. 따라서 이 "유소有巢"는 저 "유소有巢"와는 같지
않으며, 곧 후자는 마땅히 사람으로서의 "유소有巢"이며, 전자는 단지 유인원類人猿으
로서의 "유소有巢"일 것이다. 셋째, 당시의 "나무를 깎아 집을 지은" 상황으로
보면 이러한 현상은 중국의 남방에서 더 많이 발생하였다. 왜냐하면 북방의 지리적
환경에서 보면, 사람들은 완전히 이미 산체山體에 형성된 동혈洞穴을 이용하였으며,
적어도 이른바 혈거穴居(關中 북방의 농촌에서는 그것을 地窯라고 한다.)가 진행되어 현대사회
까지 북방 사람들은 여전히 요동窯洞에 거주하는 것에 익숙해 있으며, 많은 오지의

탄광 부락에서는 여전히 요동窯洞 방식으로 다층적 형태의 구조로 건축하는 현상이 존재한다. 그리고 북방의 농촌에서는 지금까지도 여전히 이른바 혈거穴居식 지요地窯가 적지 않게 존재하는데, 예를 들면 대경유전大慶油田의 초기의 "건타루乾打壘31)"와 신강新疆의 군인이 황무지를 개간한 농장의 "지와자地窩子32)"와 같은 것은 자연히 전형적인 혈거穴居 형태에 속한다. 당연히 중국의 남방과 북방은 지리적 환경이 차이가 있어 왜 남쪽 사람은 침대를 좋아하고 북쪽 사람은 온돌을 좋아하는가를 설명해야 하는데—남쪽은 습기가 많아 침상에 의지하여 습기를 방지해야 하고, 북방은 건조하고 한랭寒冷하므로 요동窯洞과 온돌로 난방을 하고 보온을 해야 하는 문제를 해결하였다. 넷째, 또 하나의 문제는 장자에서 한비까지 사람들은 왜 한결같이 유소씨를 중화민족의 시조로 보는가이다. 실제로 이것은 중국인의 강렬한 가정 관념과 관련이 있으며, "둥지"(巢)는 동물이 거주하는 움집이며, 그것이 인류의 "가家"를 대신하였다. "가家"가 없는 사람도 "움집"(窩)이 없는 동물과 같이 보호가 부족하다. 아마도 이것이 심리적 배경이 되어 유소씨가 중화민족의 시조로 공인받게 되었을 것이다.

그러나 인류 진화의 관점에서든 인류학의 이론에 근거하여 분석해서든, 수인씨가 아마도 당연히 중화민족의 시조가 되어야 할 것 같다.33) 그 주요한 원인은

---

31) 역자 주: 黑龍江省의 남서부 安達에서 1979년 대경유전이 발견되자 석유 공업 도시로 발전하며 大慶으로 개명하였다. 乾打壘는 흙을 다져 담을 쌓아 지은 집이다.

32) 역자 주: 토굴 밑을 파고 온돌을 설치하고 그 위에 방을 만들고 그 위에 지붕을 얹은 집.

33) 실제로 한비가 수인씨가 "부싯돌을 쳐서 불을 피움"에 대하여 설명한 관점은 당시의 사람들이 불에 의지하는 생활과 원시인들의 생활에 대한 反推라고 할 수 있다. 왜냐하면 1970년대 浙江의 餘姚에서 발굴된 河姆渡 문화유적과 1990년대 발굴된 절강성의 蕭山跨湖橋 문화유적으로 보면, 당시 사람들은 이미 獨木舟(통나무배), 볍씨와 도기 공예를 가지고 있었으며, 이 두 곳의 문화유적은 모두 지금으로부터 7,000~8,000년 이전에 중국인이 "불의 사용", "도기제작"을 포함하여 씨를 뿌리는 농업의 역사가 실제 매우 일찍이 형성되었음을 말한다. 그러나 이 두 곳의 유적은 분명하게 진실이 아니거나, 혹은 인민들이 역사 문헌에 기록된 상고사를 표시하지 않았기 때문에 고고학 전문가들은 이 두 곳의 문화유적 가운데 고대인들이 바닷물의 역류로 멸종되었거나 이사를 하였을 것이라고 단정하고 있다. 그리고 또한 분명히 "중단"된 문화유적이다. 그러나 이러한 상태는 인류의 생존기술이 점점 누적되는 특징이 있으며, 동시

단지 불을 피우고 불을 사용하는 기초에서는 이른바 "나무를 깎아 집을 지음"이 진정으로 인류가 "정착"을 향하는 표현이라고 할 수 있다. 그러나 불을 피우고 불을 사용할 수 있다는 바탕에서의 "정착"은 인류 영역의 확장임과 동시에 인류 생활의 다양한 발전을 표현하였다고 할 수 있다. 바로 이러한 각도에서 이른바 비교적 완전한 의미에서의 "사람"은 "부싯돌을 쳐서 불을 피움"과 "나무를 깎아서 집을 지음"의 기초에서 형성되었다.

3. 복희와 신농: 분업에서 농경으로

중국의 역사에서 복희씨와 신농씨는 서로 이어서 출현한 인물인 듯하다. 이 문제에서 중국 고대사의 기록도 매우 일치하는 것 같은데, 예를 들면 『주역周易』 「계사繫辭」에는 다음과 같이 분명하게 기록되어 있다.

> 포희씨가 떠난 뒤 신농씨가 일어나서 나무를 깎아 보습을 만들고 나무를 휘어서 쟁기를 만드니 쟁기로 김매는 이로움으로 세상을 교화하였다.…… 34)

그리고 다른 상고사의 기록 가운데 이른바 복희씨伏義氏, 포희씨包犧氏, 복희씨宓義 氏는 본래 한 사람을 가리키며, 늘 신농씨 앞에 배열하였는데, 이것은 일단 인류문명 혹은 인류문명의 계열과 관련이 되기만 하면, 문명의 진보에 관한 옛사람들의 "기억"은 확실히 비교적 분명하게 역사의 실마리가 됨을 말한다. 왜냐하면 신농씨로 말할 것 같으면, 만약 복희씨가 가져온 인류의 자연 분업의 진보가 없었다면, 신농씨의 진보는 근본적으로 실현될 수 없었기 때문이다. 복희씨에 대해서 『주역』 「계사」에서는 아래와 같이 기록하고 있다.

에 여러 가지 원인으로 중단되거나 새롭게 발전되었을 가능성을 설명한다.
34) 『周易』(吳哲楣 主編, 『十三經』), 「繫辭下」, 56쪽.

옛날 포희씨가 천하의 왕이었을 때 우러러 하늘에서 상을 관찰하고 굽어 땅에서
법을 관찰하며, 새와 짐승의 문양과 땅의 마땅함을 살펴서 가까이는 몸에서 취하
고, 멀리는 여러 사물에서 취하여 이에 팔괘八卦를 만들어 신명神明의 덕을 통하고
만물의 실정을 구별하였다. 줄을 엮어서 그물을 만들고 촘촘한 것으로 고기를
잡고, 대개 리괘離卦에서 취하였다.[35]

그리고 『백호통의白虎通義』라는 동한의 국가 이데올로기 형태의 정통 서적에서
는 복희씨에 대하여 아래와 같이 비교적 상세하게 기술하고 있다.

옛날에 삼강三剛과 여섯 기율이 아직 없을 때 인민은 단지 그 어머니만 알고
그 아버지는 알지 못하였다. 앞으로만 나아갈 뿐 뒤로는 돌아갈 수 없었다. 누워
서 숨을 쉬며 걸어가며 숨을 쉬고, 배고프면 먹을 것을 구하고, 배부르면 남겨
두고, 짐승의 털을 얻고 피를 마시는 생식生食을 하며, 가죽과 갈대로 옷을 해
입었다. 이에 복희가 우러러 하늘에서 상을 관찰하고 굽어 땅에서 법을 관찰하며,
부부夫婦가 유래하며, 오행이 정해져서 비로소 인도人道가 정해졌다. 팔괘八卦를
그려서 천하를 다스리고 아래로 굽혀 교화하였으므로 복희伏羲라고 불렀다.[36]

분명히 여기서 중요한 것은 복희씨의 "부부夫婦가 유래하며, 오행이 정해져서
비로소 인도人道가 정해졌다"라는 말이다. 『태평어람太平御覽』에 이르면 더욱 상세하
게 기록하고 있다.

복희는 상하를 덕으로 윤택하게 하니 하늘이 그에 새와 짐승의 문장으로 응하였
으며, 땅은 거북의 그림으로 응하였으며, 복희가 여기서 상象을 보고 역易의 괘卦
를 만들었다.……[37]

---

35) 『周易』(吳哲楣 主編, 『十三經』), 「繫辭下」, 56쪽.
36) 陳立 撰, 吳則虞 點校, 『白虎通疏證·三皇五帝』, 50~51쪽.
37) 『太平御覽』 제1책(中華書局, 1960), 364쪽.

복희씨는 목木의 덕으로 세상의 왕이 되었으며, 세상 사람들이 아직 집이 없었고, 수화水火의 조화가 없을 때, 이에 우러러 천문天文을 살피고, 굽어 지리地理를 관찰하고, 처음으로 팔괘를 그렸으며, 천지의 방위를 정하고, 음양의 수를 나누고, 삼광三光(해, 달, 별)을 차례로 배열하고, 팔절八節[38]을 세워 나누어 효爻로써 기氣와 응하니, 무릇 24개 기氣의 소식消息(변화)과 화복禍福으로 길흉吉凶을 제도制度하였다.[39]

이런 기록들을 보면, 복희씨의 가장 큰 공적도 "우러러 하늘에서 상을 관찰하고, 굽어 땅에서 법을 관찰함"으로써 "부부夫婦가 유래하며, 오행이 정해져서 비로소 인도人道가 정해잔" 것일 수가 있다. 이러한 의미에서 이른바 음양과 남녀를 분별하고 인륜과 부부의 도를 정함이 복희씨가 인류문명에 남긴 가장 큰 대표적 공헌이라고 할 수 있으며, 마땅히 중화문명에 대한 가장 큰 추진일 수도 있다. 또 혹은 복희씨 시대에 이르러 중국의 부계사회가 비로소 전정으로 확립되었다고도 할 수 있다. 따라서 육가陸賈(생졸 미상)는 일찍이 「도기道基」편에서 논평하기를, "앞 성인이 우러러 하늘의 천문을 관찰하고, 굽어 지리地理를 관찰하고, 건乾과 곤坤을 그리고 인도人道를 정하였다. 백성이 비로소 부모와 자식의 친함, 임금과 신하의 의리, 부부夫婦의 도, 장유長幼의 순서가 있음을 깨닫고 여기서 백관이 설립되어 왕도王道가 생겨났다"[40]라고 하였다. 그리고 『역위易緯・건착도乾鑿度』에서도 복희씨가 팔괘를 창설한 공적에 대하여 평가하기를, "그러므로 팔괘가 세워지고, 오기五氣가 확립되고, 오상五常이 행해지고, 건과 곤을 모방하여 본받고, 음양에 순응하며, 군신과 부자父子와 부부의 의義를 바르게 하였다. 때를 알맞게 제도制度하고, 그물을 만들어 고기를 잡고, 사람을 보고 등용한다. 여기서 인민이 다스려지고, 임금과 부친은 존중으로써 하며, 신하와 자식은 순응함으로써 하고, 뭇 생명이 화합하여 윤택하며, 각각 그

---

38) 역자 주: 節侯를 구분하는 여덟 가지 절기. 立春, 春分, 立夏, 夏至, 立秋, 秋分, 立冬, 冬至.
39) 『太平御覽』 제1책, 364쪽.
40) 陸賈, 『新語』(『諸子集成』 제7책), 「道基」, 1쪽.

본성을 편안하게 하는 것이 팔괘의 사용이었다"[41])라고 하였다.

그러나 복희씨는 왜 포희씨包義氏, 포희씨庖羲氏, 복희씨宓羲氏 등으로 불리는가? 복희가 부호문자(書契)를 창조한 것에 근거하면 줄을 매듭지어 일을 기록하던 오래된 형식을 따르고, 동시에 그는 거미가 줄을 치는 방법에 근거하여 그물을 만들어서 옛 조상들로 하여금 채집 생활에서 어로 수렵시대로 이르게 하였으며, 아마 어로 수렵을 진정한 일상적 생계수단으로 만들었다고 할 수 있다. 이뿐만 아니라 복희씨에게는 또 하나의 특별한 공헌이 있는데, 그것은 "천지의 위치를 정하고 음양의 수를 나눈 것"이었으며, 따라서 "부부가 유래하고 오행이 바르게 되고 비로소 인도가 정해졌다." 이러한 의미에서 복희씨는 부계사회를 확립한 사람이고, 남녀의 자연적 분업에서 채집과 어로 수렵 사회로의 분업을 촉진한 사람이며, 동시에 인류사회의 문명과 사회질서를 기초한 사람이고, 따라서 육가는 또 "옛 성인이 우러러 천문을 관찰하고 굽어 지리를 관찰하고…… 백성이 비로소 부모와 자식의 친함, 임금과 신하의 의리, 부부夫婦의 도, 장유長幼의 순서가 있음을 깨닫고 여기서 백관이 설립되어 왕도王道가 생겨났다"라고 인정하였다.

옛사람의 역사 "기억"에서 복희씨에서 신농씨까지는 서로 이어지는 관계이다. 그들의 연속적 관계에 대하여 『주역』 「계사」에서는 아래와 같이 기록하고 있다.

> 포희씨가 떠난 뒤 신농씨가 일어나서 나무를 깎아 보습을 만들고 나무를 휘어서 쟁기를 만드니 쟁기로 김매는 이로움으로 세상을 교화하였고 모두 익괘益卦에서 취하였다. 한낮에 시장을 열어 천하의 백성을 오게 하며, 천하의 재화를 모아서 교역하고 물러나고 (각각 그 자리를 얻게 하니) 모두 서합괘噬嗑卦에서 취하였다.[42]

이 말은 복희에서 신농으로 교대가 되는 가운데 가장 중요한 발전과 진보는

---

41) 趙在翰 輯, 鍾肇鵬·蕭文鬱 點校, 『易緯·乾鑿度』, 권상, 『七緯』(中華書局, 2012), 31쪽.
42) 『周易』(吳哲楣 主編, 『十三經』), 「繫辭下」, 56쪽.

농업이 하나의 일상적 생계수단이 되었음을 말하며, 따라서 "나무를 깎아 보습을 만들고 나무를 휘어서 쟁기를 만드니 쟁기로 김매는 이로움으로 세상을 교화하였다"라고 할 수 있다. 또한, 이러한 원시적인 농업이 이미 하나의 일상적인 생계수단이 되었고, 따라서 교환도 하나의 생활에 필수적인 것이 되었고, 이 때문에 "낮에 시장을 열어 천하의 백성을 오게 하며, 천하의 재화를 모아서 교역하고 물러나는" 현상이 있게 되었다.

교환의 전제는 사회 분업에 있으며, 특히 원시 농업과 어로 수렵의 기초를 건립하는 목축업牧畜業의 분업에 있다. 신농이 농업 부분을 개발하는 데서의 기초 작용에 관하여 육가는 다음과 같이 말하였다.

신농에 이르러 움직이는 벌레와 길짐승 때문에 백성을 양육하기 어려워 이에 먹을 수 있는 음식물을 구하여, 온갖 가지 풀의 열매를 맛보고, 시고 쓴맛을 관찰하여 백성이 먹을 다섯 가지 곡식을 가르쳤다.[43]

복희 시대의 "움직이는 벌레와 길짐승 때문에 백성을 양육하기 어렵다"라는 상황으로 보면, 당시는 아마 장소를 옮겨 가며 채집하고 어로 수렵이 병존하는 시대였으며, 신농도 주로 "움직이는 벌레와 길짐승 때문에 백성을 양육하기 어려웠기" 때문에 "먹을 수 있는 음식물을 구하지" 않을 수 없으며, 따라서 "온갖 가지 풀의 열매를 맛보고, 시고 쓴맛을 관찰"하게 되었고, 결국에는 "백성이 오곡五穀을 먹도록 가르치는" 농업으로 귀결하였다. 따라서 『백호통白虎通』에서는 "왜 신농이라고 하는가? 옛날의 인민은 모두 짐승의 고기를 먹었다. 신농에 이르러 인민이 많아지고 짐승이 부족하였다. 이에 신농이 하늘의 때로 말미암고 땅의 이로움을 분별하여 쟁기와 보습을 만들어 백성에게 농사짓기를 가르쳤다. 신묘하고 조화롭게 하여 백성으로 하여금 마땅하게 여기도록 하였으므로 신농神農이라고 하였다"[44]라

---

43) 陸賈, 『新語』(『諸子集成』 제7책), 「道基」, 1쪽.
44) 陳立 撰, 吳則虞 點校, 『白虎通疏證 · 三皇五帝』, 51쪽.

고 평가하였다.

『태평어람』에서는 직접 신농씨를 "염제炎帝"로 지칭하였고, 신농씨에 관한 기록도 점점 상세해졌다. 예를 들면 『여씨춘추』를 인용하여 신농씨를 소개하기를 "신농이 '사士(남자)가 그해 농사를 짓지 않으면 세상 사람들이 굶주리게 되며, 부녀들이 그해에 길쌈을 하지 않으면 세상 사람들이 추위에 떨게 된다. 그러므로 지아비는 친히 경작하고, 아내는 친히 길쌈을 한다'고 가르쳤다"45)라고 하였다. 『태평어람』은 또 가의賈誼의 말을 인용하여 소개하기를, "움직이는 벌레와 길짐승 때문에 백성을 오래 양육하기 어려워 이에 먹을 수 있는 음식물을 구하여, 온갖 가지 풀과 열매를 맛보고, 시고 쓴맛을 관찰하여 백성이 먹을 곡식을 가르쳤다"46)라고 하였다. 분명히 여기서 소개한 신농씨에 대한 평가는 모두 농업의 시작과 교환의 형성이 분명하게 구분되지 않은 것 같다.

『태평어람』은 또 『회남자淮南子』 가운데 신농씨에 관한 내용을 인용하여 다음과 같이 소개하고 있다.

옛날에 백성들은 풀을 먹고 물을 마시고, 나무의 열매를 채집採集하고, 소라와 조개의 고기를 먹고 때로 질병과 독상毒傷의 해가 많았다. 이에 신농이 백성들에게 오곡을 파종하기를 가르치고 토지의 상태가 건조하고 습함, 비옥하고 메마름, 높고 낮음에 따르고, 온갖 가지 풀의 맛을 보고, 샘물의 단맛과 쓴맛을 맛보고 백성들에게 알려 피하고 취하도록 하였다. 이때 하루에 70번이나 중독되었다. 또 말하기를, 신농이 천하를 다스림에 신농이 나라를 두루 다니며, 드러나지

---

45) 『太平御覽』 제1책, 366쪽.
46) 전국시대에 일어난 농가는 신농을 시조로 삼은 듯하며, 아울러 매우 큰 영향을 미쳤다. 예를 들면 『孟子』에는 "신농이 말한 것을 실천하는 許行이 楚나라로부터 騰나라로 가서 문 앞에 도달하여 문왕에게 '먼 곳의 사람인 임금께서 인정仁政을 행하신다는 말을 듣고 집 한 채를 얻어 백성이 되기를 원합니다'라고 하였다"라는 기록이 있다. 농가는 당시에도 매우 큰 영향을 미친 것 같은데, 한번은 陳相과 陳辛이 "그가 배운 것을 모두 다 버리고 (다시) 배운다"라는 태도로 農家를 추종하도록 하였다.(『孟子』[吳哲楣 主編, 『十三經』], 「滕文公上」, 1375쪽)

않은 사역四域을 알고 그 인仁하고 성誠한 마음을 품고 때맞추어 감우甘雨를 내리게 하고 오곡을 번식하여 봄에 생겨나서 여름에 자라고, 가을에 거두고 겨울에 저장하며 달마다 때를 살피고 한 해의 마침을 상고하며, 때맞추어 공물貢物을 헌납한다. 매년 명당에서 곡식을 바치는 제례制禮를 행하니 좋은 일만 있고 나쁜 일이 없었으며, 바람과 비가 들이차지 못하고, 건조함과 습함이 (사람을) 상하게 하지 못하며, 백성을 양육하기를 공변公辨으로 하였다. 소박하고 신중愼重하며 단정하고 성실하고, 성내서 다투지 않아도 재물은 풍족하며, 몸을 고되게 하지 않아도 공이 이루어졌다. 따라서 천지의 공물이 모여서 일어나며, 화합하며 함께 하며 이런 까닭에 위엄 있고 군세지만 시험하지 않고, 형벌을 두지만 사용하지 않고, 법은 분명하여 번잡하지 않고, 교화敎化가 신神과 같았다. 그 땅은 남쪽으로는 교지交趾, 북쪽으로는 유도幽都, 동쪽으로는 양곡陽谷, 서쪽으로는 삼위三危에 이르렀으며, 받들어 따르지 않음이 없었다. 당시에 법은 관대하고 형벌은 느슨하고, 감옥은 텅 비어 세상은 하나의 풍속으로 간사한 마음을 품지 않았다.[47]

이 두 단락의 상세한 설명에서 앞 단락은 주로 신농씨가 "온갖 가지 풀의 맛을 본" 기초에서 "백성에게 오곡을 파종하는 것을 가르쳤음"을 소개하였고, 뒤 단락은 주로 신농의 시대를 이상화하여 서술하였는데, "성내서 다투지 않아도 재물은 풍족하며, 몸을 고되게 하지 않아도 공이 이루어졌다"라는 말과 "법은 관대하고 형벌은 느슨하고, 감옥은 텅 비어 세상은 하나의 풍속이다"라는 종류의 찬탄이 있다. 그러나 그 근거는 여전히 "백성에게 오곡을 파종하는 것을 가르쳤다"라는 한 점에서 건립되었으며, 따라서 『태평어람』에서 개괄하여 "신神은 믿음이며, 농農은 무성함(濃)이다. 처음으로 쟁기와 보습을 만들어 백성에게 경작을 가르쳤으니 그 덕이 농후하여 신神과 같으므로 신농이 되었다"[48]라고 하였다. 이러한 평가로 보면 신농씨는 중국의 농경문명의 개창자라고 볼 수 있으며, 그 "온갖 가지 풀을 맛봄"의 인지 방식 즉 중국의 체인體認(이하 체험적 인식으로 해석)으로 인지하는 방식을

---

47) 『太平御覽』 제1책, 365~366쪽.
48) 『太平御覽』 제1책, 366쪽.

정초한 사람이기도 하다.

이렇게 보면 역사가 발전하여 복희와 신농의 시대에 이르면 중국인의 "세계"도 이미 형성되었을 뿐만 아니라, 또한 그와 다른 "세계"와의 소통과 세계를 인식하는 방식도 이미 기본적으로 확립되었다. 만약 수인씨와 유소씨의 발명과 창조가 중화민족이 "사람"의 시대를 이루었다는 것, 즉 불을 사용하고 또 정착 생활을 가능하게 하였음을 나타낸다면, 복희씨는 또한 중국인이 이른바 "세계"를 형성하였음을 나타낸다. 왜냐하면 "부부가 유래하며, 오행이 바르게 되고, 비로소 인도가 정해졌음"은 진실로 인륜과 문명의 시작으로 확립하였음을 의미하며, "줄을 엮어서 그물을 만들고 촘촘한 것으로 고기를 잡음"은 또 남녀의 자연적인 분업이 사회 분업으로 향하는 것을 나타낸다. 이것은 곧 인민들이 "세계"를 형성하였음을 나타낸다. 이제 『주역』「계사」의 복희씨에 대한 설명을 살펴보자.

> 옛날 포희씨가 천하의 왕이었을 때 우러러 하늘에서 상을 관찰하고 굽어 땅에서 법을 관찰하며, 새와 짐승의 문양과 땅의 마땅함을 살펴서 가까이는 몸에서 취하고, 멀리는 여러 사물에서 취하여 이에 팔괘八卦를 만들어 신명神明의 덕을 통하고 만물의 실정을 구별하였다.[49]

여기서 "우러러 하늘에서 상을 관찰하고 굽어 땅에서 법을 관찰한다"라는 말은 인민들이 이른바 "하늘은 둥글고, 땅은 네모나다"와 "하늘은 덮고 땅은 싣는다"(천지의 큰 은덕)라는 세계를 나타낸다. 그리고 "가까이는 몸에서 취하고, 멀리는 여러 사물에서 취한다"라는 말은 인민들의 인지 방식의 초보적 형식(이후의 신농이 "온갖 가지 풀을 맛봄"은 곧 이와 같은 인지 방식의 구체화, 즉 "맛봄"의 방식을 통하여 인지의 대상을 주체의 일부분으로 전환하고, 인지 대상의 음양과 시고 쓴맛의 속성을 마음으로 인식하고 구체적으로 맛본다.)을 나타낸다. "처음으로 팔괘八卦를 만들었다"라는 말은 인민들이 "세계"를 가장 간결하게 개괄하고 표현한 방식을 나타낸다. 그리고 "신명의 덕을

---

49) 『周易』(吳哲楣 主編, 『十三經』), 「繫辭下」, 56쪽.

통한다"와 "만물의 실정을 구별하였다"라는 말은 실제로 또 사람들이 "세계"를 인식하는 궁극적 임무를 제출하였다고 할 수 있다. 왜냐하면 오늘날까지 우리 인류의 인식은 시종 이와 같은 "신명의 덕을 통함"과 "만물의 실정을 구별함"을 추구함과 주요 관심을 벗어나지 못하기 때문이다.

신농씨에 이르면 이른바 "한낮에 시장을 열어 천하의 백성을 오게 하며, 천하의 재화를 모아서 교역하고 물러남"은 당연히 분업에 기초한 교환행위이며, 신농의 "온갖 가지 풀의 열매를 맛보고, 시고 쓴맛을 관찰함"은 분명하게 또한 주체인식의 기초에서 "세계"에 대한 구체적인 인식을 추구한 것이다. "나무를 깎아 보습을 만들고 나무를 휘어서 쟁기를 만드니 쟁기로 김매는 이로움으로 세상을 교화함"과 "백성이 오곡을 먹도록 가르침" 등등은 "세계"에 대한 체험적 인식을 진행한 결과일 뿐만 아니라, 또 농업문명의 개창開創을 나타낸다. 이와 함께 농업문명의 기초에서 건립된 경험인식, "하늘은 덮고 땅은 싣는다"라는 기초에서 건립된 역사의식과 인생에 대하여 체험적 인식의 기초에서 건립된 생명근원의 의식은 또한 신농씨의 "온갖 가지 풀의 열매를 맛보고 시고 쓴맛을 관찰함"의 방식에 따라서 점점 강화되었다. 따라서 만약 복희씨가 중화의 인류문명의 "시조"이며, "하늘은 둥글고 땅은 네모남", "하늘은 덮고 땅은 실음"의 세계의 개척자라고 한다면, 신농씨는 마땅히 중화 농업문명을 정초定礎한 사람이라고 해야 한다.

4. 염황시대: 중화문명의 기초를 세우다

중국인들은 줄곧 염제炎帝와 황제黃帝[50]의 자손이라고 자칭한다. 이러한 자칭自稱으로 보듯이 염·황시대에 이르면, 중화의 대지에 이미 수많은 종족들이 공동으로

---

50) 역자 주: 일반적으로 炎黃을 하나의 단어처럼 표시하지만, 여기서는 분명하게 炎帝와 黃帝 두 사람을 가리키는 뜻으로 염·황 혹은 炎·黃으로 표시한다.

구성하고 또 대체적으로 통일된 문명이념을 가진 부족연합이 형성되었다.

그러나 상고사에 관한 많은 전설에서, 이른바 "염제와 황제"에서 염제는 흔히
신농씨를 가리키는 말로 사용되며, 『제왕세기帝王世紀』와 『태평어람太平御覽』도 모두
"염제신농씨炎帝神農氏"로 직접 나타내며, 신농씨가 곧 "염제와 황제" 가운데 "염제"
를 가리켜 말한 것처럼 보인다. 그러나 만약 "염·황"이라는 말이 가장 먼저 나온
것을 본다면, 둘 사이에는 여전히 구별이 있어 보이며, 적어도 일정한 시간적
거리가 존재한다. 이 가운데 가장 분명한 상징이 곧 신농씨는 "수인씨燧人氏", "유소
씨", "복희씨"와 같이 먼저 씨족氏族의 영수領袖인 "씨氏"가 출현하였으며, 이것은
또한 그들이 우선 씨족 추장의 신분으로 역사의 무대에 출연하였음을 나타낸다.
그리고 "염炎·황黃" 가운데 "염炎"은 "제帝"를 가리키는 말이며, 또한 "제帝"가
역사에 출현한 것은 그들이 분명히 서로 다른 시대에 살았음을 나타낸다.

이러한 말이 구체적으로 형성된 것을 보면 가장 일찍이 "염·황"을 함께 나타낸
것은 『국어國語』이며, 그 가운데 「진어晉語」에서는 다음과 같이 말하였다.

> 옛날에 소전少典[51]이 교씨蟜氏를 아내로 맞아들여 황제黃帝와 염제를 낳았다. 황
> 제는 희수姬水에서 자랐으며, 염제는 강수姜水에서 자랐다. 자란 이후 다른 덕을
> 가졌으므로 황제는 희씨姬氏가 되고 염제는 강씨姜氏가 되었다. 두 제왕이 군대를
> 일으켜 서로를 멸망시켰던 것은 덕이 다른 까닭이다.[52]

이 기록을 보면, 염제와 황제는 동시대인일 뿐만 아니라 한 어머니에게서
태어난 형제이다. 다만 『장자莊子』에서는 염제인 신농씨에 대하여 다음과 같이
설명한다.

---

51) 역자 주: 有熊氏라고 하며, 그 嫡子가 염제신농씨와 黃帝軒轅氏이다.
52) 『國語』(徐元誥 撰, 王樹民·沈長雲 點校, 『國語集解』, 中華書局, 2002), 「晉語」 4, 336~
     337쪽.

신농의 시대에는 잠을 자러 누우면 편안했고, 일어나면 느긋했다. 백성들은 어머니는 알았지만 아버지는 알지 못했다. 고라니와 사슴과도 함께 지냈다. 경작하여 식량을 얻었고, 베를 짜서 옷감을 얻었으며, 다른 사람을 해치려는 마음이 없었다. 이때에 지극한 덕이 융성하였다. 그러나 황제黃帝는 덕을 펼치지도 못하고 축록逐鹿의 들판에서 치우蚩尤와 싸워서 백 리까지 피로 물들였다.[53]

장자의 이러한 설명에 따르면, "염·황"이 같은 시대에 속했다면, 염제는 신농씨와는 동일시대에 속할 수 없다. 원인은 간단한데, 신농씨는 "백성들이 그 어머니는 알고 그 아버지는 모르는" 모계사회(사실 복희시대부터 이미 "부부가 유래하고 오행이 바르게 되며 비로소 인도가 정해졌다", 이로부터 유추하면 인민은 이 전에 이미 부계사회로 진입하였음이 틀림없다.)에 살았기 때문이다. 만약 이러한 말이 비록 장자가 고의로 미화하거나 고의로 만들어 낸 내용이 있다고 하더라도 그 "사람을 해치려는 마음이 없음"과 "지극한 덕이 융성함"의 평가는 분명히 염제와 황제 시대의 "덕을 펼치지도 못하고 축록逐鹿의 들판에서 치우蚩尤와 싸워서 백 리까지 피로 물들였다"라는 상황과는 다르다. 그리고 『시자尸子』라는 책에는 심지어 신농씨에 대하여 다음과 같이 설명한다. "신농씨가 천하를 다스림에 비가 필요하면 비가 내리게 하고, 5일은 행우行雨이며, 10일은 곡우穀雨이며, 15일은 시우時雨이다. 사계절의 제도를 바르게 하니 만물이 모두 이로우니 신神이라고 한다."[54] 이것은 그야말로 바람이 필요하면 바람을 얻고 비가 필요하면 비를 얻는 신의 조화와 지극한 덕의 세상이다. 따라서 이러한 상황만 보면, "염·황" 가운데 염제는 신농씨로 볼 수 없을 것 같다. 실제로 씨족 영수로서의 신농씨와 염제로서의 신농씨의 "씨"는 다른 뜻을 포함하고 있는데, 전자는 씨족 영수인 신농 본인을 가리키며, 후자는 신농씨족의 후예이자 계승자인 염제를 가리킨다. "씨"는 "성씨姓氏"의 "씨"로부터 유래하였다고 해석할 수 있으며, 또한 "씨족"의 "씨"로부터 유래하였다고 해석할 수 있기 때문에, 지금 사람들이

---

53) 『莊子』(郭慶藩 編, 『莊子集釋』), 「盜跖」, 1090쪽.
54) 『尸子』(『二十二子』, 上海古籍出版社, 1986), 권하, 374쪽.

옛사람이 말한 염제신농씨를 가끔 염제가 곧 신농 본인이라고 오인하기도 한다. 사마천의 「오제본기五帝本紀」에 황제와 염제는 또 다음과 같이 등장한다.

황제黃帝는 소전少典의 아들로 성은 공손公孫, 이름은 헌원軒轅이라 한다. 태어나면서부터 신령스러워, 태어나자 얼마 후 말을 할 수 있고, 어려서부터 빠르게 덕을 쌓았으며, 자라서는 돈독하고 민첩했으며, 장성해서는 총명했다.

헌원의 때 신농씨神農氏의 세상이 쇠약해져 제후들이 서로 침략 정벌하고 백성들에게 포악하였으나 신농씨는 정벌할 수 없었다. 이에 헌원이 군사를 훈련시켜서 조공하지 않는 제후들을 정벌하니 제후들이 모두 와서 복종하였다. 그러나 치우蚩尤가 가장 포악하여 정벌할 수가 없었다.

염제炎帝(신농씨)가 제후들을 침공하여 억누르려고 하니, 제후들이 모두 헌원에게 귀의하였다. 헌원은 이에 덕을 닦고 군대를 정돈하고, 오기五氣를 다스리고, 다섯 가지 곡식을 심으며 만민을 무마撫摩하고, 사방의 토지를 정비하고, 웅熊(곰)·비羆(말곰)·비貔(표범)·휴貅(비휴)·추貙(이리)·호虎(호랑이)를 훈련시켜, 판천阪泉의 들에서 염제와 세 번 싸운 후에 그 뜻을 이루었다.

치우가 난을 일으켜 황제黃帝의 명을 듣지 않았다. 이에 황제는 제후들의 군사를 징발해 탁록涿鹿의 들판에서 치우와 싸워 마침내 치우를 생포하여 죽였다. 이에 제후들이 모두 헌원을 천자로 받들어 신농씨를 대신하게 하니 이가 바로 황제黃帝이다. 천하에 따르지 않는 자가 있으면 황제가 나아가 그를 정벌하였다. 평정한 자는 제거하고, 산을 열어 길을 통하게 하느라 일찍이 편하게 지낸 적이 없었다.[55]

사마천의 이 기록을 보면 "염·황"은 비록 동시대 사람이지만 다른 씨족에 속한다. 이른바 "신농씨神農氏의 세상이 쇠약해져 제후들이 서로 침략 정벌하고 백성들에게 포악하였으나 신농씨는 징치懲治할 수 없었다"라는 말은 분명히 신농씨를 인류의 공동조상으로 보며, 염제의 강씨姜氏 성의 부락은 신농씨족을 직접 계승한

---

55) 司馬遷, 『史記』(『二十五史』, 권1), 「五帝本紀」, 5쪽.
   사마천은 헌원씨를 소개할 때 앞부분에서는 완전히 『家語』에서의 공자가 헌원황제를 소개한 것에 근원한다.(陳士珂 輯, 『孔子家語疏證』, 권5, 127쪽 참고)

것으로 보인다. 이 점은 또한 왜 『제왕세기帝王世紀』에서 『태평어람』까지 모두 직접 "염제신농씨"라고 표현하였는가를 설명해 줄 수 있다. 즉 그들은 염제를 신농씨의 직계 후예 혹은 직접 계승자로 보았다. 바로 "신농씨의 세상이 쇠약해졌기" 때문에 그 뒤를 이어 일어난 염·황 시대는 서로 정벌하는 시대가 되었고, 이렇게 되어야 비로소 황제가 "판천阪泉의 들에서 염제와 세 번 싸운 후에 그 뜻을 이루었다"라는 기록이 가능해진다. 이러한 현상은 또한 분명히 장자莊子와 시자尸子의 문장에서 말하는 신농씨의 시대에 "서로 해치려는 마음이 없었다"라는 말과 "지극한 덕이 융성하였다"라는 말과는 다르다. 이러한 관점에서 보면, 『태평어람』에서 "황제가 덕을 닦고 백성을 교화하니 제후가 귀의하였으며, 황제가 이에 맹수들을 길들이고 훈련시켜, 판천阪泉의 들에서 신농씨와 세 번 싸워서 그를 극복하였다"[56]라고 하여, 실제로 황제와 염제의 대전大戰이 완전하게 가능하다고 말하였으나, 황제와 신농씨의 대전大戰은 결코 가능하지 않았다. 여기서 말하는 신농씨는 단지 신농씨족에 속하는 직계 후예로서의 염제를 설명하였을 뿐이며, 당연히 이른바 "신농씨"일 뿐이다. 그러나 염제가 곧 농경을 발명한 신농씨 본인은 결코 아니다. 황제가 신농씨 통치를 대신하였다는 말도 마땅히 황제가 신농씨의 후예인 염제 부락의 영도권을 대신하였음을 말한 것이다.

신농씨의 후예로서 염제와 신농의 근본적인 구별은, 염제는 분명히 "제帝"에 속하고 부락연맹의 영수領袖이며, 신농은 "씨氏"에 속하며 씨족의 추장酋長이라는 사실에 있다. 따라서 그들은 근본적으로 동일시대에 속할 수가 없다. "황제가 이에 맹수들을 길들이고 훈련시켜, 판천阪泉의 들에서 신농씨와 세 번 싸워서 그를 극복하였다"라는 말은 "염제"의 시대의 하나의 씨족의 집단에서 부족연맹으로 향하는 시대이며, 황제는 최후의 씨족 영수의 한 사람으로 곧 헌원씨이자 동시에 최초의 부족연맹의 지도자이며(염제가 "帝"로 지칭되는 까닭은 단지 그가 蚩尤와 큰 전쟁을 벌인 황제를 도와주었거나 복종하였기 때문에 그에게 일종의 追封死後에 작위를 추서함하였을 가능성이

56) 『太平御覽』 제1책, 367쪽.

매우 크다.), 이보다 앞서 황제가 "신농씨와 판천阪泉의 들에서 싸워서 세 번 싸워 그를 이겼다"라는 구절은 이 대전大戰이 먼저 염제씨족과 황제씨족 사이에 전개되었다는 사실을 말하며, 그 결과를 사마천은 "제후들이 모두 헌원을 천자로 받들어 신농씨를 대신하게 하니 이가 황제이다"라고 하였다. 이 말은 염·황시대에 이르러 중국 역사가 확실히 새로운 한 페이지를 열었음을 의미한다.

황제가 헌원씨로 불리는 데 대하여 『사기』에는 "황제는 소전의 자식으로 성은 공손公孫이며, 이름은 헌원軒轅이었다"라고 기록하였으며, 『제왕세계帝王世系』에서는 "황제는 유웅씨有熊氏의 아들이며, 어머니는 부보附寶라고 하며 그 선조는 곧 염제의 모가母家이다. 유교씨有嶠氏의 딸로 태어나 소전씨少典氏와 혼인하였으므로 『국어國語』에서는 겸하여 칭하였다. 신농씨의 말기에 소전씨가 또 부보附寶를 취하여…… 25개월간 잉태하여 수구壽丘에서 황제를 낳아서 희수姬水에서 길렀으며, 용안龍顏에 성덕聖德이 있어 유웅有熊으로부터 나라를 물려받아 헌원軒轅의 언덕에 살았다. 그러므로 그것을 이름으로 삼고 또 호로 삼았다"[57]라고 하였다. 『대대례大戴禮』에서는 또 공자의 말을 빌려서 "황제는 소전의 아들이므로 헌원이라고 하였다. 태어나면서부터 신령하였다"[58]라고 하였다. 이러한 기록으로 보면 하나는 황제는 이름이 헌원이라는 주장이고, 다른 하나는 "헌원軒轅의 언덕에 살았으므로 그로써 이름을 짓고 호로 삼았다"는 것이다. 그러나 물론 "이름을 헌원이라고 한다"와 "헌원의 언덕에 살았다"라는 것은 당시 문자가 없었기 때문에 이른바 '헌원'이라는 두 글자는 도리어 가장 연구할 가치가 있는 것이었다. 『태평어람』에는 "사광師曠(춘추시대 晉人. 晉平公 때 樂師를 지냄)이 진평공에게 '황제는 귀신과 서태산西泰山의 위에서 코끼리가 끄는 수레(象車)를 타고 여섯 교룡蛟龍을 다스렸다.…… '라고 하였다"[59]고 기록하였다. 따라서 "이름을 헌원이라고 하였다." 이로써 배와 수레의 발명과 관련이 있다고 할 수 있다. 왜냐하면 같은 책인 『태평어람太平御覽』「거부車部」에는

---

57) 『太平御覽』 제1책, 367쪽.
58) 『太平御覽』 제1책, 368쪽.
59) 『太平御覽』 제1책, 368쪽.

이미 분명하게 황제가 배와 수레를 발명하였다는 사실을 기록하고 있기 때문이다. 예를 들면, "황제가 수레를 만들었으므로 호를 헌원씨라고 하였다"[60]라는 기록은 실제로 배와 수레의 발명이 있고 난 뒤 염제와 치우蚩尤 사이의 대전은 그 통일 이후의 "산을 열어 길을 통하게 하면서 일찍이 편하게 지낸 적이 없었다"라는 사실이 비로소 진정하게 전개될 수 있다는 사실을 포함한다. 이것은 씨족의 영수로서 의 "헌원씨"는 이른바 황제가 먼저 마땅히 배와 수레의 발명자이며, "헌원씨"가 황제가 될 수 있으며, 또한 먼저 배와 수레를 발명하였으므로 따라서 세상, 곧 부족연맹의 통일자가 되었다. 따라서 황제에서 시작하여 중국이 하나의 통일된 국가의 정권시대로 접어들었다.

황제에 관한 기록에서 『백호통의』는 "황黃은 중화中和의 색깔이며, 자연의 본성 으로 만세토록 변하지 않는다. 황제가 처음으로 제도制度의 중화를 얻어서 만세토록 오래 보존하였다. 그러므로 황제黃帝로 칭하였다"[61]라고 하였다. 여기서 반복해서 강조하는 "중화의 색"과 "그 중화를 얻었다"라는 말을 보면 당연히 헌원씨가 "황제" 로 불리는 원인이다. 왜냐하면 "중화의 색깔이며, 자연의 본성으로 만세토록 변하지 않는다"에서부터 "처음으로 제도를 만들고 그 중화를 얻어서 만세토록 오래 보존하 였다"까지의 내용으로 보면, 또한 황제는 "중화中和"로써 그 정치의 기본적 특징으로 삼았으며, "황색은 중화의 색이다"에서 "자연의 본성이 만세토록 변하지 않는다"까 지 그리고 "처음으로 제도를 만들고 그 중화를 얻어서 만세토록 오래 보존한다"까지 는 세 가지 측면으로 중화를 설명하였다. 곧 색깔의 중화, 인성의 중화, 그리고 제도의 중화가 그것이다. 황제는 분명하게 그 "중화"로써 전체 민족의 핵심 관념과 치국治國의 기본적인 국책國策으로 삼았다.

그렇다면 황제는 결국 무엇을 창작(制作)하였는가? 『태평어람』에서는 "기백岐伯 으로 하여금 온갖 가지 풀을 맛보고, 질병을 고치는 전범典範을 만들게 하니, 현재의

---

60) 『太平御覽』 제4책(中華書局, 1960), 3421쪽.
61) 『白虎通疏證 · 三皇五帝』, 53쪽.

중심 처방인 『본초本草』의 서적이 모두 나왔다. 사관 창힐蒼頡(倉頡)이 또 새의 발자국을 취하여 처음으로 문자를 만들고 사관이 나왔으니 모두 이로부터 비롯되었다. 그 언행과 계책을 기록하여 보관하였는데 그것을 서계書契(부호문자)라고 한다"[62]라고 하였다. 또 "황제가 수산首山에서 구리를 캐 형산荆山 아래에서 정鼎을 만들었으며, 정鼎이 만들어지자 용의 수염을 늘어뜨린 황제를 맞이하였다.……"[63]라고 하였다. 이러한 기록들을 보면, 황제 혹은 황제라는 이름으로 많은 발명과 창작이 있었으며, 예를 들면 기백이 "온갖 가지 풀을 맛보고" 『본초本草』를 짓고, 창힐이 "새의 발자국 모양을 본떠서" 문자인 부호문자를 만들고, "황제가 수산首山에서 구리를 캐 형산荆山 아래에서 정鼎을 만든 것" 등이 황제 시대에 이미 "솥을 주조함"(鑄鼎)을 시작하였다. 그리고 문자인 부호문자를 발명하기 이전에 "이름을 헌원으로 불렀다"는 말은 물론이거니와 "헌원의 언덕에 거주하였으므로 그것을 이름으로 삼았다"와 같은 이름은 분명히 그의 일생에서 가장 중요한 발명으로 인하여 술회逃懷한 것이다. 전국시대에서 진秦·한漢 제후들의 패권 전쟁에 이르기까지 역사의 영향을 애석하게 여긴 것은 사마천에서 시작된 것으로, 중국문화는 이미 왕권의 쟁탈에 초점이 맞추어져 있었기 때문에 황제가 왜 헌원씨라는 이름으로 불리게 되었는가를 탐구하는 사람이 없었고, 이것은 하나의 역사적 유감이라고 하지 않을 수 없다.

오히려 공자가 헌원 황제에 대해 술회한 것에 그 생존기능과 인류문명 방면의 내용이 더 많았다. 예를 들면 다음과 같다.

처음으로 옷을 만들어 입었고, 보불黼黻[64]을 만들어 입었으며, 풍후風后·역목力牧·상선常先·대홍大鴻을 명령하여 백성을 다스렸으며, 하늘과 땅의 기율紀律과 어둠과 밝음(혹은 음양)의 판단, 삶과 죽음의 도리, 존속과 멸망의 근심을 따랐다. 때에 맞추어 온갖 곡식을 파종하고, 초목을 맛보고, 새와 짐승과 금수에게 어질고

---

62) 『太平御覽』 제1책, 367쪽.
63) 『太平御覽』 제1책, 367쪽.
64) 고대의 大禮·祭服으로 착용하던 袞服에 수놓은 도끼와 亞자의 형상.

너그러웠다. 해와 달과 별과 별자리를 상고하고, 이목耳目을 수고롭게 하고, 마음의 힘을 다하고 물과 불, 재물을 사용하여 백성을 살리고, 백성이 그 이로움을 믿었다.[65]

분명히 황제 시대에 이르면, 이른바 "처음으로 옷을 만들어 입었다"와 "보불黼黻을 만들어 입었으며, 풍후風后·역목力牧·상선常先·대홍大鴻을 명령하여 백성을 다스렸다"라고 한 말과 "때에 맞추어 온갖 곡식을 파종하고, 초목을 맛보고, 새와 짐승과 금수에게 어질고 너그러웠다"라는 말들은 황제의 정권수립과 행위를 잘 표현하였으며, 따라서 또한 "이목耳目을 수고롭게 하고 마음과 힘을 다함"과 "물과 불, 재물을 사용하여 백성을 살리고, 백성이 그 이로움을 믿음"의 정치적 문명과 그 영향이 있었다. 그러나 이러한 기능과 창작은 또한 주로 황제가 헌원씨의 "씨족氏族"으로서,―즉 씨족의 영수라는 일면을 주로 가리키며, "제帝"로서는 그 일생의 사적이 주로 그와 염제炎帝·치우蚩尤와의 다섯 차례의 대전大戰에 집중된 것 같다. 아마 사마천이 보기에 이 다섯 차례의 대전이 그가 "헌원씨"로부터 "황제"로의 전환을 결정하였다. 이 다섯 차례의 전쟁은 주로 황제와 치우·염제, 특히 마지막까지 철저하게 치우를 소멸하는 데 집중되어 있으며, 따라서 전쟁은 거의 황제의 일생 혹은 후반생을 일관하였다. 황제의 다섯 차례 대전에 대하여 『사기史記』의 "제후들이 서로 침략 정벌하고 백성들에게 포악하였으나 신농씨는 징치懲治할 수 없었다"와 "헌원이 창과 방패를 잘 익혀서 올바르지 않은 제후들을…… 그러나 치우蚩尤가 가장 포학하여 정벌할 수가 없었다"라는 말은 실제로 아마 헌원씨가 황제로서 치우를 정벌한 처음 전쟁에서 실패하였을 가능성이 있다. "염제炎帝가 제후들을 침공하여 억누르려고 하니, 제후들이 모두 헌원에게 귀의하였다"와 "판천阪泉의 들에서 염제와 세 번 싸운 후에 그 뜻을 이루었다"라는 말은 틀림없이 황제가 염제와의 세 차례 대전을 펼친 것과 염제를 철저하게 정복한 것을 가리켜

---

65) 陳士珂 輯, 『孔子家語疏證』, 권5, 127쪽.

한 말이다. 최후로 "탁록鹿의 들에서 치우와 싸워 마침내 치우를 잡아 죽였다"라고 한 말은 분명히 또한 북방의 치우 정권을 마지막으로 소멸시켰다는 뜻이다. 따라서 황제에 대하여 사마천은 "천하에 따르지 않는 자가 있으면 황제가 나아가 그를 징벌하고 평정한 자는 제거하였다. 산을 열어 길을 통하게 하면서 일찍이 편하게 지낸 적이 없었다"라고 평가하였다. 이것은 완전히 사방을 정벌한 제왕의 형상이다.

이렇게 사마천의 역사가의 관점에서 황제가 황제로 지칭되는 까닭은 아마 결코 그의 생존기능과 인류문명의 발명과 추진(물론 어느 정도로는 이러한 면을 포괄하고 있지만)에 두지 않고, 주로 그 천하 제후의 정복과 통일에 두었음을 볼 수 있다. 이런 점에서 중화민족의 "인문 시조始祖"로서 황제는 정벌과 통일의 전쟁에서 그 생명의 서막을 열었다고 볼 수 있고, 또한 정벌과 전쟁의 방식으로 중화문명의 서막을 열었다고도 볼 수 있으며, 이런 점들은 상서祥瑞롭지 않은 점도 있다. 그러나 다른 측면에서 보면, 만약 이와 같은 정벌과 통일의 전쟁이 없었다면, 절박했던 전쟁의 필요가 없었다면, 이른바 생존 기증의 발명(예를 들면, 배와 수레와 같은 발명과 동물을 길들이는 것)과 인류문명의 추진과 같은 것은 아마도 또한 그렇게 절박하게 얻을 수 없었을 것이다. 그러나 통일을 이룬 후에 이른바 "기백歧伯으로 하여금 온갖 가지 풀을 맛보고, 질병을 고치는 전범典範을 만들게 하니 현재의 중심 처방인 『본초本草』의 서적이 모두 나왔다. 사관 창힐蒼頡(倉頡)이 또 새의 발자국을 취하여 처음으로 문자를 만들고 사관이 나왔으니 모두 이로부터 비롯되었다. 그 언행과 계책을 기록하여 보관하였는데 그것을 서계書契(부호문자)리고 한다"와 같은 발명과 창조도 또한 출현할 수 없었을 것이다. 한 걸음 더 나아가서 보면, 만약 황제의 정벌과 통일이 없었으면, 전체의 중화민족도 아마 말할 수도 없었을 것이며, 후세에서 말하는 '염황자손炎黃子孫'이라는 말도 성립될 수 없었을 것이다.

그러나 관자管子66)의 문장에서는 황제가 황제인 까닭이 주로 사람을 잘 쓰며,

---

66) 역자 주: 管子는 춘추시대 齊의 管仲(?~BC 645) 혹은 그가 지은 책을 가리킨다. 작자와 저작 시기, 주요 내용 등에 대한 異論이 있다. 내용은 주로 法家사상이 중심이지만, 道家의 요소도 있어 『漢書』에서는 道家로, 『隋書』에서는 法家로 분류한다. 정치의

사람의 장점을 잘 취한 데 있다고 보았다. 『태평어람』에서는 관자의 관점을 인용하여 다음과 같이 말한다.

> 관자는 "황제가 치우를 얻어 천도天道를 밝혔으며, 태상을 얻어 지리地利를 관찰하였고, 창룡蒼龍을 얻어 동방을 분별하고, 축융祝融을 얻어 남방을, 대괴大槐를 얻어 서방을, 후토后土를 얻어 북방을 분별하고, 황제는 육상六相(천·지·동·서·남·북을 담당하는 宰相)을 얻어 천하를 다스렸다"[67]라고 하였다.

이렇게 보면, 황제 본인은 정작 백 가지 가운데 하나도 하지 못하는 사람 같은데, 그 가장 큰 특징은 사람을 씀과 다른 사람에게서 학습을 잘하는 데 있다. 이것은 분명히 도가의 "겸하謙下"의 관념에 의거하여 황제를 새롭게 형상화한 것이다. 헌원이 황제의 후예가 됨으로써 대일통의 정권도 출현하기 시작하였다. 사마천이 묘사한 중국 역사에서 첫째의 천자天子(帝王)인 동시에 "오제五帝"의 우두머리인 황제의 정권의 규모를 살펴보자.

> 동쪽으로는 바다에 이르렀다가 환산丸山에 올랐고, 대종岱宗(泰山)까지 나아갔다. 서쪽으로는 공동산空棟山에 이르렀다가 계두산鷄頭山에 올랐다. 남쪽으로는 장강長江에 이르렀다가 웅산熊山과 상산湘山에 올랐다. 북쪽으로는 훈육葷粥[68]을 내쫓고 부산釜山에서 부절을 맞추어 보았으며[69] 탁록산 아래 평원에 도읍을 전했다. 옮겨 가고 오며 가는 일정한 곳이 없었으며, 군대를 병영과 보위保衛로 삼았으며, 관직의 이름에는 모두 운雲으로 이름을 지어 군대軍隊(師)도 운사雲師라고 하였다. 좌우에 대감大監을 두고 만국萬國을 감독하였다. 만국이 화평하니 귀신과 산천에

要諦는 백성을 부유하게 하고, 백성을 가르치며, 神明을 공경하도록 하는 세 가지 일이며, 그중에 백성을 부유하게 하는 일이 으뜸이라고 하였다.

67) 『太平御覽』제1책, 368쪽.

68) 역자 주: 葷鬻으로도 쓰며 북방의 부족 이름. 夏나라 때는 薰育, 周나라 때는 獫狁, 秦나라 이후 匈奴로 불렸다.

69) 역자 주: 黃帝가 제후에게 부절을 내려 준 뒤 후일 이를 맞추어서 서로를 확인하였다. 또한 이러한 제도를 통해 황제가 지도자의 권위를 확립하였다.

봉선封禪함[70]이 더욱 많아졌으며, 보정寶鼎을 얻어서 태양을 맞이하여 정책을 추진하였다. 풍후風后·역목力牧·상선常先·대홍大鴻을 천거하여 백성을 다스렸으며, 하늘과 땅의 기율紀律과 어둠과 밝음(혹은 음양)의 판단, 삶과 죽음의 도리, 존속과 멸망의 근심을 따랐다. 때에 맞추어 온갖 곡식과 초목을 파종하고, 새와 짐승과 곤충을 순화하고, 두루 해와 달과 별과 별자리와 물(水波)·흙·돌·쇠·옥을 아우르고, 마음과 이목耳目을 수고롭게 하여, 물과 불, 재물을 절용節用하였다. 토덕土德의 상서로움이 있었으므로 황제黃帝라고 불렀다.[71]

분명하게 이 강역疆域은 중국 역사상 가장 최초의 강역이며, 여기서 실시된 정치도 중국 역사상 가장 최초의 정치문명이며, 그 구현된 정치문명도 또한 인류문명 발전 과정에서 반드시 거쳐야 할 단계이다.

이로부터 이른바 오제五帝(黃帝, 顓頊, 帝嚳, 堯, 舜) 가운데 뒤의 네 제왕은 곧 황제의 직계 자손이며, 동시에 황제의 사업을 계승자이자 추진자이다.[72] 다만 오제에 대한 사마천의 서술에서 앞부분은 주로 황제를 중심으로 하고, 뒷부분은 요순堯舜을 중심으로 하였다. 그리고 요순에 관한 서술도 또한 기본적으로 『상서尚書』의 「요전堯典」과 「순전舜典」의 해독과 전술轉述을 통하여 실현되었다. 따라서 "삼황오제三皇五帝"에서 "삼황"은 자연히 "삼황"의 사적事跡 자체에 집중하게 되고, "오제"는 실제로 황제에서부터 하夏·상商·주周 삼대까지 하나의 고리로 서로 이어졌다고 할 수 있다.

---

70) 역자 주: 이 책의 인용문에는 封禪이라는 글자가 없으나, 인용한 원문에서는 있으므로 보충하여 해석한다.
71) 司馬遷, 『史記』(『二十五史』, 권1), 「五帝本紀」, 5쪽.
72) "五帝"를 구체적으로 가리켜 언급한 『史記』, 『大戴禮記』, 『白虎通義』는 모두 분명하게 "오제"는 황제와 그 이후 네 제위의 계승인 즉, 황제, 전욱, 제곡, 요, 순이라는 입장을 견지하였지만, 『古文尚書』는 황제의 다섯 명의 자손을 가리켰는데 곧 少昊, 전욱, 제곡, 요, 순이다. 전자의 특징은 황제를 오제의 우두머리로 보고 모두 세상을 다스린 사람으로 기록한 데 있고, 후자는 오직 황제 이후의 다섯 제위의 자손을 오제로 보았는데, 특히 황제의 독존적 지위를 드러내었으며, 또한 황제의 장자인 소호에게 위임하였다. 이것은 혈연적 장자를 부각시킨 의미가 있으며, 따라서 이 다음에 언급할 것이다.

제2장 "예藝"와 "경經": 사회학적 변별

　　이 장에서부터 우리는 일련의 고증의 성격과 유사한 문제에 직면하지 않을 수 없다. 그 관련된 사상의 내용으로 보면, 주로 유학사儒學史에서 "예藝"와 "경經"의 관계의 문제를 분명하게 밝히기 위함이다. 그러나 문헌의 구체적 표현형식으로 보면, 또한 먼저 유가의 고대 문헌의 하나인 『주례周禮』(또한 『周官』이라고도 한다.)의 저작 시기에 관한 문제를 다룰 것이다. 왜냐하면 이 문제는 우리가 유가 원전의 문헌을 어떻게 믿고 근거로 삼으며, 어떻게 취하고 버릴 것인가의 문제와 관련이 있을 뿐만 아니라, 동시에 우리가 장차 어떤 각도에서 유학의 형식과 발전을 이해할 것인가 즉 유가가 중시하는 중심 문제와 서사모식敍事模式[1]의 문제와도 관련이 있다.

1. 사실기술 방식의 선택

　　사실기술의 방식을 우선 문제로 삼아야 할 까닭은 주로 한 사람의 창의성을 갖춘 사학자로서 중국 역사전통에 대한 심원한 영향을 끼친 사마천을 본보기로 보기 때문이며, 사마천 본인도 전국시대부터 진한秦漢시기 제후들의 쟁패爭霸 전쟁과 정치의 영향을 받았을 뿐만 아니라, 또한 개인의 인생에 닥친 중대한 사건(예를

---

1) 역자 주: 과거 역사적 사건을 발생과 진행 경과를 따라 그대로 서술하는 형식. 이하 "敍事形式" 혹은 "서사형식"으로 표현.

들면 정치적 액운에 말려들어 宮刑(고환 제거을 받은 일)의 영향도 받았다. 따라서 역사적 사건에 대해 비교적 전쟁과 정치, 즉 이른바 힘의 방식에 편중하여 해석하게 되었다.[2] 예를 들어 황제가 황제, 즉 중국 역사상의 첫 제왕이 된 것에 대하여 사마천의 저술은 본래 대체로 『공자가어』에 근원하여 개괄하였으나, 동시에 그는 "……염제炎帝와 판천阪泉의 들에서 싸워서 세 번을 싸운 후에 그 뜻을 얻었다"라는 내용을 첨가하였다. 이후에 또 "탁록涿鹿의 들에서 전욱顓頊과 싸워서 마침내 전욱을 잡아서 죽였다. 그리고 제후들이 모두 그를 헌원軒轅으로 존숭하여 천자로 삼았으며, 신농씨를 대신하였으니 이가 황제이다"라고 하였다. 이처럼 사마천의 붓으로 황제가 황제로 된 것은 마치 주로 "천하에 따르지 않는 자가 있으면 황제가 가서 그를 정벌하였다"라는 이 점에 집중된 것 같다.

물론 이것은 『사기』 가운데의 상고사가 완전히 사마천의 터무니없이 날조된(向壁虛構) 것에서 나온 것이 결코 아니며, 한 사람의 엄숙한 사학자로서 사마천의 서술은 틀림없이 역사적 근거가 있다. 그러나 『사기』에서 서술한 것이 자주 중국 상고사의 "철사鐵史"(분명하고 확실한 역사)로 인식되고 있으며, 따라서 사마천이 전쟁과 정치적 힘에 근거하여 서술하는 방식의 해독은 자연히 역사적 합리성을 가지게 되었다. 그러나 역사는 결국 입체적인 역사이며, 전쟁과 정치라는 역사의 전환점에서 결정적 역할을 하는 요소를 제외하면, 역사는 결국 생존기능과 인류문명으로부터 결정되는 상태의 표현과 일반적으로 사상 문화의 직접적인 결정자인 사회생활의 측면에

---

2) 사마천이 당시에 李陵의 禍에 연루되었으나 스스로 죄를 밝힐 수 없는 감정에 대하여, 『報任安書』에서 서술하기를 "폐하를 誣陷하였다는 혐의로 옥에 갇힐 수밖에 없게 되었습니다. 집이 가난하여 죄를 代贖할 재산도 없고, 교유하는 사람 가운데 구원을 청할 사람도 없고, 주위의 친척과 가까운 사람의 한 마디 도움도 없었습니다.……맹호는 깊은 산에서는 百獸를 벌벌 떨게 하지만, 우리에 갇히게 되면 꼬리를 흔들며 먹이를 구하고, 그 위력이 점점 약해질 뿐입니다"라고 하였다. 이 구절은 또한 반고가 그를 비판하여 "옳고 그름은 성인도 자못 잘못이 있고, 大道를 논하자면 먼저 黃老 이후에 六經이 있고, 협객의 등급을 매기면 처사로 물러나 奸雄으로 나아가고, 장사를 논하면 세력과 권리를 숭상하고 빈천함을 수치로 여기니 이것이 그 폐단이다"라고 말한 심리적 근원이다. (班固, 『漢書』[『二十五史』], 「司馬遷傳」, 596~597쪽 참고)

존재한다. 그리고 역사가 인류사회의 진화 진보의 역사와 문명의 발전 변화의 역사에서 출발하면 또한 오직 생존기능과 인류문명의 발전만이 인류사회의 진보와 역사발전의 진정한 주체가 될 수도 있다. 처음부터(素來) 사람의 생존을 핵심적 주요 관심의 "세계"로 보는 관점에서는 특히 이와 같이 말한다. 전쟁과 정치권력(이른바 권모술수와 힘(實力)을 포함하여)이 비록 역사 전환의 중대한 고비에서 종종 아주 작은 힘으로 거대한 일을 해결(四兩拔千斤)하는 결정적 작용을 할 수 있지만, 인류의 역사가 단지 전쟁과 정치적 힘이 경쟁하는 역사라면 이러한 역사는 아마도 문명의 진보와 문화정신의 발전이 없다고 할 수 있다.

예를 들면, 은殷·주周시대, 즉 서주西周가 은상殷商왕조를 대신한 역사에 대하여 사마천은 다음과 같이 서술하였다. "서백西伯[3]이 은밀하게 선을 행하니, 제후들이 모두 와서 평결을 청했다…… 제후들이 그 말을 듣고 '서백은 천명을 받은 군주이다'라고 하였다."[4] 그리고 무왕武王이 (殷의 폭군) 주왕紂王을 정벌한 것에 대하여 사마천은 또한 "동관東觀의 병사로 맹진孟津에 이르렀다"라고 하였는데, 그것은 무왕이 먼저 맹진에 와서 제후들을 회맹會盟하였다는 뜻이며, 이로써 은殷의 주왕紂王에서 왕조의 기운이 이미 다하였음을 살펴서 그로써 "('그대들은 천명은 모른다. 지금은 아니다'라고 하고) 이에 (무왕은) 군대를 이끌고 돌아갔다"라는 말이 있게 되었다.[5] 사마천의 역사에 관한 서술은 모두 전쟁과 이른바 권모술수까지 포함하는 정치적 힘에서 나온 해석이므로 후세의 유학자들도 그의 문장의 역사에 대하여 변석辨析을 진행하지 않을 수 없으며, 장재張載(1020~1077)와 같은 리학자도 무왕에 대하여 해석하기를 "이와 같다면 무왕의 양쪽 측근(兩畔)이다.…… 이 일은 매우 밀접하여, 당일에 명령이 끊어지지 않으면 군신君臣이며, 당일에 명령이 끊어지면 독부獨夫(외톨이 남자)이다. 그러므로 '하늘을 받들지 않으면 그것은 범죄와 같다'고

---

3) 역사 주: 周를 창건한 文王을 가리킨다. 西伯은 서쪽 제후의 수장을 말하며, 이름은 姬昌이다.(『史記』, 「周本紀」 참고)
4) 司馬遷, 『史記』(『二十五史』, 권1), 「周本紀」, 12쪽.
5) 司馬遷, 『史記』(『二十五史』, 권1), 「周本紀」, 12쪽.

한다"6)라고 하였다. 반고에서 주자까지 모두 사마천의 이러한 역사관에 대하여 많은 비판을 하였는데, 반고가 "성인聖人에게도 시비是非 판단의 잘못이 있는데, 대도를 논하면, 먼저 황로黃老 이후에 육경六經이 있다"7)라고 한 말과 같다. 주자는 이를 위해 심지어 친구인 여조겸呂祖謙(1137~1181)과 격렬한 논쟁을 벌였으며, "공자는 백이伯夷를 '인仁을 구하여 인을 얻었으니 또 무엇을 원망하겠는가!'라고 하였다. 그(사마천)의 한 번의 전傳은 처음부터 끝까지 원사怨辭(원망스러운 말)이며, 백이를 완전히 망쳤다"8)라고 하였다. 이러한 상황은 사마천이 전쟁과 정치적 힘이라는 색안경을 끼고 있었음을 설명하며, 곳곳에서 전쟁과 권모술수와 힘을 포함하는 정치의 영향을 볼 수 있다.

실제 역사는 정말 이와 같을까? 우리는 당연히 전쟁과 정치적 힘이 사회가 나아가는 방향에서 중요한 역사적 작용을 한다는 것을 부인할 수 없으며, 또한 사마천이 서술한 역사에는 역사적 사실의 근거가 결핍되어 전혀 믿을 수 없음을 말하는 것이 아니며, 실제로 『사기』가 "철사鐵史"로 보이는 까닭은 그것이 분명히 역사적 근거를 가지며, 그 서술도 기본적으로 역사적 사실에서 출발하였다. 그러나 우리가 한 시대의 가장 대표적인 예술품을 그 시대의 정신적 직관 형상으로 본다면, 서주西周 정권의 발원지, 즉 주周나라의 원적지原籍地에서 출토된 청동기로서 보면, 조화롭고 기품 있으며 고상하고 중후한 기상이 있으며, 그 표현된 시대정신은 분명히 권모술수로 가득하고 살벌한 전쟁과 정치와 연결할 수 없었다. 도리어 역사적으로 계속 널리 알려진 예악禮樂문명과 그 "하늘을 공경하고 백성을 보호하는" "덕치德治"와 "인정仁政"의 정신과 매우 일치된 내재적 성질과 관련이 있었다. 이러한 상황은 우리가 일찍이 경험한 "계급투쟁을 강령으로 삼은" 시기의 공인工人·농민農民·사병士兵의 형상과 개혁개방 초기에 민간에서 유행한 연화年畫9)와 같다. 전자와

---

6) 張載, 『經學理窟』(『張載集』), 「詩書」, 257쪽.
7) 班固, 『漢書』(『二十五史』, 권1), 「司馬遷傳」, 597쪽.
8) 黎靖德 編, 『朱子語類』, 권122, 2952쪽.
9) 역자 주: 歲畫라고 하며, 春節 즉 설날에 실내에 붙이는 상서로움을 기원하는 그림.

같은 늠름하고 침범할 수 없는 정신은 그야말로 계급투쟁 정신의 예술적 표현이라고 할 수 있으며, 당연히 "문화대혁명" 정신의 표현이다. 후자와 같이 평화와 온화함, 편안함과 건강함의 형상은 억만 인민의 심령心靈의 깊은 곳에서 나온 소망이었다. 그러나 은殷·주周의 정권교체가 전쟁을 통하지 않았다는 말은 결코 아니며, 또한 사마천이 은·주 사이의 전쟁과 정치시각의 해독은 완전히 역사적 근거가 결핍되었다는 말은 아니며, 전국시대에서부터 진秦·한漢의 피비린내 나는 바람과 피가 섞여 내리는 비(腥風血雨)와 같은 전쟁의 시련과 한나라 초기의 정치와 권모술수의 반복된 각축, 그 개인의 특수한 처지를 거치면서, 사회 역사가 전쟁과 정치, 힘의 방식에 치중한 해결을 할 수밖에 없다는 말이다.10)

오히려 역사적 진실에 진정으로 접근하려는 정황은 오히려 중국 상고사의 각종 전설 가운데 남아 있을 수 있다. 사마천의 『사기』는 직접 "인문의 시조"인 헌원 황제로부터 기록을 시작하였고, 따라서 이 전의 중국 상고사 가운데의 각종 전설은 결코 그 선택 범위에 있지 않았다. 실제로 중국 상고사에 관한 여러 전설 가운데 오히려 더 많은 역사적 진실이 남아 있을 수 있다.(물론 도저히 믿을 수 없는 신화 전설, 예를 들면 "盤古가 하늘을 열었다", "女媧가 사람을 창조하였다"와 같은 종류와 같다.) "삼황三皇"의 전설을 예로 들면, 비록 진·한시대의 사람들이 이미 "삼황"이 구체적으로 가리키는 것이 분명하지 않다고 판단하였다. 그러나 『장자』, 『한비자』 등에 산재散在하는 "수인씨燧人氏", "유소씨有巢氏", "복희씨伏羲氏", "신농씨神農氏"에 관한 묘사와 기록은 틀림없는 역사적 사실을 간직하고 있으며, 또한 한 조목의 비교적 분명한 역사 진화의 실마리를 스케치해 내었다. 그 가운데 이러한 "씨족 영수"에 관한 전설은 후일 국가의 공식 이데올로기인 『백호통의白虎通義』와 『태평어람』의 승인과 인정을 얻었다. 그러므로 중국 상고사 가운데 이러한 "씨"에 관한 전설은

---

10) 司馬遷은 "속담에 '천금의 자식은 시장에서 죽지 않는다'라는 말이 있는데, 이것은 헛된 말이 아니다. 그러므로 '세상 사람들이 기꺼이 찾아오는 것을 모두 이익을 위해서이며, 세상 사람들이 어지러이 몰려가는 것도 모두 이익을 좇아간다'라고 한다."(『史記』「二十五史』, 권1], 「貨殖列傳」, 328쪽)

오히려 일련의 진정한 역사의 진실을 파헤칠 수 있는 실마리를 은연중에 내포하고 있을 수 있다.

이 외에도 유학 발생과 발전사의 해독에 관해서도 또 다른 방면의 오류가 있을 수 있는데, 이것은 중국 역사에서 유학의 초기 문헌에 관한 또 다른 학술적 중요한 현안을 포함하고 있으며, 심지어 유가의 역사 문헌 가운데 첫 번째 학술적 현안, 즉 이른바 금문과 고문의 『상서尙書』의 진위에 관한 문제도 포함하고 있다.[11] 필자는 결코 문헌의 진위에 대한 고정考訂(옛 문헌의 眞僞와 同異, 성립 시기 등을 조사해서 밝힘)의 문제에 심취하지 않았으며, 본인의 지식 구조도 결코 이와 같은 문제를 변석하는 데 뛰어나지도 않지만, 이러한 문제도 마찬가지로 역사 문헌에서 어떻게 믿을 만한 자료를 찾아 근거로 삼을 것인가의 문제를 포함하기 때문에 우리는 여기서 또한 일련의 기본적인 변석辨析을 하지 않을 수 없으며, 그로써 이러한 논란이 되는 문헌이 하나의 기본적인 가치표준을 얻는다면 이것은 반드시 이러한 문헌을 기본적으로 인정해야 한다. 예를 들면, 중국 역사상 첫 번째 공식문헌(官方文獻)은 당연히 금문今文『상서』와 고문古文『상서』인데, 실제로는 모두 후일에 합성된 것이다.(현존하는 『상서』의 문본은 실제로는 이미 금문과 고문의 구별과는 상관이 없으며, 단지 伏生이 구술한 금문『상서』도 이미 고증할 수 없다.) 따라서 단지 문본으로서만 금문과 고문의 『상서』의 진위를 조사하여 밝히거나 혹은 직접 『상서』는 이미 완전히 믿고 따를 수 없는 위서僞書임을 주장하는 것은 이미 어떤 의미도 없다.(왜냐하면 이른바 금문『상서』도 이미 考訂할 수 없기 때문이다.) 그러나 먼저 주의해야 할 일은 현존하는 『상서』가운데 첫머리에 속하는 「요전堯典」, 「순전舜典」, 「고요모皐陶謨」, 「대우모大禹謨」와 같은 문헌이 과연 정말로 당요唐堯와 우순虞舜의 시대부터 나온 것일까? 중국에서 문자가 출현한 일반적인 시한으로만 보면, 당요와 우순의 시대에는 근본적으로 이러한 문자 기록이 형성될 수 없음을 알 수 있고, 심지어 은상殷商시대의 갑골문과

---

11) 이 문제에 대해서는 胡治洪, 「『尙書』眞僞問題之由來與重辨」(『江蘇師範大學學報』, 2014년 제1기)을 참고하라.

서주西周 초기에 형성된 갑골문, 반우盤盂(접시 등 그릇)의 명문銘文 등으로 보면, 현존하는 『상서』와 같은 표현이 거의 형성될 수 없을 것이다. 이러한 각도에서 보면, 『상서』는 당요와 우순에서 곧바로 하夏 · 상商 · 주周 · 진秦 4대까지의 공식문헌으로서 반드시 후세 사람들에 의해 추서追書된 것이거나, 혹은 적어도 『상서』 가운데 서주 이전의 역사문헌은 후세 사람들에 의해 추서된 것이다. 곧 사회의 발전이나 문명 진보의 측면에서 볼 때, 『상서』는 모두 당요와 우순의 시대에 본래 있던 공식문헌이 될 수가 없다는 말이다.

이와 같은 불가능은 문명의 발전과 사회진보 즉 이른바 객관적 사회 역사적 조건의 한계에 존재할 뿐만 아니라, 더욱 중요하고 더 직접적으로 사상적 기초의 한계에 존재한다. 예를 들면, 역사적인 면에서 보면 유학은 분명히 역사 속에서 생성되고 또한 역사의 진화 발전 속에서 점차 발전한 것이지만, 만약 『상서』의 측면에서 보면, 당요와 우순은 유가의 성인으로 함께 출현하기 시작하였던 것 같다. 비록 『맹자』에서는 순임금의 성장 과정에 대한 소급이 남아 있지만, 예를 들면, "순임금이 깊은 산속에 살면서 나무와 돌로 집을 짓고, 사슴 돼지와 함께 놀며, 깊은 산속에 사는 야인野人과는 매우 작은 다름이 있었으니, 하나의 선한 말을 듣고, 하나의 선한 행위를 보면 마치 장강長江과 황하黃河가 터진 것처럼 왕성하게 행하여 막을 수가 없었다"[12]라는 구절과 같다. 그러나 현존하는 『상서』 「요전堯典」에서도 요임금의 순임금에 대한 검증과 순임금 개인의 성장과 경험의 과정에 대한 것이 있다. 그렇지만 이와 같은 성장 과정은 결국 그 개인으로 만날 수 있으나 구해서 할 수 있는 경험은 아니며, 단지 그 내재한 성현의 품격의 일종인 외적 일깨움 혹은 외적 실현을 돕는 인연일 뿐이다. 그리고 유가의 세계관과 인생관의 핵심, 이른바 인생의 가치관념 형성도 또한 반드시 일정한 생존기능과 인류문명의 기초를 갖추어야 하며, 혹은 오직 일정한 생존기능과 인류문명의 기초가 있어야 유학이 비로소 진정으로 형성될 수 있다고 할 수 있다. 이런 면에서 보면,

---

12) 『論語』(吳哲楣 主編, 『十三經』), 「泰伯」, 1420쪽.

현존의 『상서』는 분명히 제대로 갖추지 못한 것인데, 왜냐하면 그것은 유학의 인생관과 가치관을 일종의 이미 정해진 존재로 서술하고 있기 때문이며, 이것은 또한 일종의 "하늘이 성인을 나게 한다", 즉 요순은 타고난 천재라는 말이 있게 되었다. 다시 말하면, 『상서』의 저자에 대하여 말하면, 유학의 형성과 발전 과정은 근본적으로 그 시야의 안에 있지 않고, 도리어 일종의 이미 만들어진 존재 형태로 출현한다는 말이다. 이러한 각도에서 우리는 단지 『상서』는 실제로는 오직 유학이 형성된 이후 중국 상고사에 대한 일종의 추서追書 혹은 해독(이것은 곧 유가의 인생관과 가치관을 일종의 이미 정해진 존재로 서술한 근본 원인이다.)일 뿐이며, 도리어 결코 상고의 역사기록 그 자체일 가능성은 없다고 말할 수 있다. 이 문제에 대해서, 그 구체적인 사실기술의 방식으로 보면 더욱 분명해진다. 예를 들어 현존하는 『상서』에서 당요는 처음부터 유가의 성왕으로 출현하였으며, 이는 또한 어느 정도는 공자의 요임금에 대한 기본적인 평가를 인정한다. "위대하도다! 요堯의 임금 됨이여! 높고 크도다! 오직 하늘만이 위대하고 오직 요임금만이 본받았으며, 넓고 넓도다! 백성들이 명명命名할 수 없도다. 그 이룬 공이 높고 크도다! 그 문장文章은 찬란하구나!"[13]라는 표현은, 공자가 요임금의 사업과 "문장文章"에 대해 칭찬하는 것으로 당연히 트집을 잡을 필요는 없다. 그러나 만약 『상서』가 유가의 역사 문헌이라면, 요임금은 처음으로 하늘이 내린 성왕이지만, 역사 무대의 출현은 틀림없이 사상의 형성과 발전의 논리와는 결코 부합하지 않는다. 그렇다면 이른바 도덕교화와 도덕수양의 학설도 또한 완전히 무의미하다. 이러한 각도에서 보면, 우리는 공자가 찬탄한 요임금은 사실 단지 『상서』의 요임금뿐이라고 할 수 있으며, 도리어 그러한 역사에서 진실로 존재한 당요唐堯라고 할 수는 없다.

　　현존의 『상서』에 대해서는 더 엄중하게 비판할 수 있다. 예를 들어 유가가 『상서』를 중시하는 관건은 『상서』 가운데 요·순·우 정권교체의 선양제禪讓制에 관한 기록이 충분히 유가의 "세상은 공민의 것"이라는 도덕이상에 있으며, 사마천은

---

13) 『論語』(吳哲楣 主編, 『十三經』), 「泰伯」, 1280쪽.

또 오로지 이를 위해 요임금이 순임금에게 선위禪位하는 심리의 분석을 보류하였다. 그는 "요임금은 아들 단주가 불초하여 천하를 물려줄 수 없다고 생각하고 이에 순임금에게 권력을 전수하였다. 순임금에게 물려주면 천하는 이익을 얻지만 단주는 병이 나며, 단주에게 물려주면 천하는 병들고 단주가 그 이익을 얻는다. 요임금은 '결국 천하를 병들게 하고 한 사람을 이롭게 할 수 없다'라고 하고, 마침내 천하를 순임금에게 물려주었다"14)라고 하였다. 사마천의 이 분석을 거쳐서 요·순의 선양제인 "천하는 공민의 것"이라는 이념이 확실하게 인심에 깊이 들어갔으며, 자사子思도 『상서』의 이 기록에 근거하여 밝혀 말하기를 "중니仲尼가 요·순을 본받아 널리 계승하고(祖述), 문왕과 무왕을 본받아 드러내고(憲章), 위로는 천시天時를 법으로 따르고, 아래로는 물과 흙의 이치를 따랐다"15)라고 하였다. 그러나 요와 순의 선양제는 정말로 "천하위공天下爲公"의 도덕이상에게서 나온 것일까? 바라건대, 요와 순의 선양제에 대한 왕국유王國維(1877~1927)의 또 다른 분석을 살펴보자.

세상에서는 어지럽게 요·순의 선양과 탕湯·무武의 정벌과 주살을 말하는데, 천하를 전함과 천하를 받음에는 크게 다른 것이 있다. 그러나 제왕의 계보로 말하면, 요·순이 천하를 선양한 것은 순舜·우禹의 공功 때문이라고 한다. 그러나 순·우는 모두 전욱顓頊의 뒷사람으로 본래 천하를 가질 수 있는 사람이었다. 탕·무가 하夏와 상商을 대표하므로 진실로 그 공과 덕이 있기 때문이며, 탕·무는 모두 제곡帝嚳의 뒷사람으로 또한 본래 천하를 가질 수 있는 사람이었다.16)

왕국유의 이러한 분석은 유가의 "천하위공"의 도덕이상에 대하여 그야말로 일종의 치명적 타격이라고 할 수 있다. 우리는 여기서 잠시 이러한 분석이 일리가 있는가의 문제는 접어 두고, 단지 유가의 선양제가 체현하는 "천하위공"의 도덕이상에 대하여 말하면 도리어 일종의 매우 통렬한 비판을 포함하고 있음은 분명하다.17)

---

14) 司馬遷, 『史記』(『二十五史』, 권1), 「五帝本紀」, 6쪽.
15) 『禮記』(吳哲楣 主編, 『十三經』), 「中庸」, 566쪽.
16) 王國維, 『殷周制度論』(『觀堂集林』 제2책, 中華書局, 1959년판), 454쪽.

실제로 필자는 『상서』에 대해 이처럼 강하게 책망하거나 혹은 힐난하는 것은 결코 『상서』 그 자체에 대한 것이 아니라, 주로 그 사실기술의 방식에 관해서이다. 혹은 결코 『상서』의 사실기술 방식 그 자체를 겨냥한 것이 아니라, 주로 이 책의 "발생과 해석"과 같은 특정한 주제를 겨냥한 것이다. 왜냐하면 "발생과 해석"이라는 특정한 주제는 분명하게 반드시 역사발전의 과정에서 그것이 발생하는 결정적 요소와 구체적 연결고리를 따라서 규정해야 하기 때문이다. 그리고 『상서』는 유가의 세계관과 가치관이 형성된 후에 중국의 상고역사를 구체적으로 해독 혹은 이론 해석(가공하여 정리함)을 하였다. 이러한 해독에서 유가의 세계관과 가치관은 실제로 모두 이미 정해진 형태로 출현하였고, 곧 이러한 이미 실제로 정해진 세계관과 가치관으로써 역사 사건을 일정하게 정해진 방향(定向)으로 해독하는 것은 자연히 역사가 농후한 "덕성"과 "덕치"의 의미를 갖추도록 한다. 이러한 점에서도 볼 수 있듯, 비록 『상서』는 중국 역사에서 최초의 공식문서라고 할 수 있으며, 『상서』에서 확실하게 원시유가의 기본적인 사상적 관점을 볼 수 있으며, 역사 사건의 해독과 이해도 포함하지만, 『상서』는 결국 우리에게 유학이 발생하고 형성된 방면에 대한 믿을 만한 정보를 제공하지 않는다.

　그러나 『상서』가 비록 우리에게 유학의 발생과 발전의 부분에 대한 믿을 만한

---

17) 王國維의 이러한 비판은 분명히 불합리하다. 왜냐하면 "황제가 25명의 아들이 있었기" 때문에 顓頊은 황제의 손자이며, 帝嚳은 이미 "황제의 증손"이다. 요임금은 황제의 玄孫이며, 요가 순에게 제위를 선양할 때는 적어도 이미 6대의 간격이 있었다. 만약 각 세대가 모두 25명의 아들이 있었다고 추산하면, 순임금을 그에 따라 헤아리면 적어도 황제의 125명의 증손과 현손 가운데 한 사람일 뿐이다. 이러한 방식의 傳位는 매우 가능성이 낮다고 할 수 있다. 다시 한 번 제위 교체의 형식으로 보면, 요임금은 진실로 그 庶母에서 난 형 摯의 제위를 대신하였으나, 순은 이미 황제의 7세손이다. 그리고 전욱 이후, 순의 역대 선조는 이미 5대를 계속해서 庶人이었다. 만약 이러한 논리를 참고하면 이후에 중화의 땅에서 누가 제위를 대신하거나를 막론하고, 모두 이러한 傳授로 이르렀다고 할 수 있으며, 혹은 본래 조상의 세습으로 전래한 천하라고 할 수 있다. 실제로 요·순의 선양제의 근본 원인은 결코 황제의 자손 여부에 있지 않고, 주로 사마천이 개괄한 "결국 천하를 병들게 하고 한 사람을 이롭게 할 수 없다"라고 한에서 유래한 선택된 논리에 있으며, 이것이 곧 선양제의 근본이다.

정보를 제공하지 않았지만, 그래도 우리에게 유학의 상고문헌의 해독과 이해의 모델을 제공하였다. 그리고 공자가 요·순과 같은 고대 성왕을 찬탄한 것으로 보면, 적어도『상서』는 공자시대에 이미 공인된 역사 문헌에 속하였다고 할 수 있다. 공자가 이른바 "『시詩』와『서書』를 산정刪定하였다"라고 한 말은『상서』에 대해서도 어느 정도 가공하거나 새로 정리한 부분을 포함할 가능성이 있다. 이 밖에도『상서』에서 공자시대에 이르면 이미 정해진 존재가 되었으며, 적어도 또한 『상서』는 틀림없이 공자 이전에 형성되었음을 말하며, 공자가 "옛것을 좋아하고 민첩하게 구한다"[18]라는 말과 아직『상서』가 어떤 시기에 형성되었는가를 밝힐 수 없는 상황에서 보면, 또한『상서』는 적어도『시경詩經』과 같은 시기에 속하며, 곧 적어도 서주 초기의 작품에 속한다고 할 수 있다.『상서』가 형성되는 이러한 특징은 반드시 우리에게 유학이 발생하는 부분에 대한 믿을 만한 정보를 제공할 수 있다. 한 걸음 물러나『상서』가 충분히 우리에게 유가가 무에서 유로 이르는, 즉 구체적 발생과 형성의 부분에서 믿을 만한 정보를 제공할 수 없다고 하더라도, 적어도 상고의 역사에 관한 어떤 해독에서 서주西周의 유가를 대표로 볼 수는 있다. 이 점에서 말하면,『상서』는 적어도 서주의 유가가 해독하고 이해한 상고의 역사를 대표할 수 있다. 상고의 역사에서의 "덕성"과 "덕치"에 관한 이러한 해독은 적어도 서주의 유학의 기본적인 특징으로 볼 수 있다. 중국 상고사의 "덕성"과 "덕치"에 대한 이러한 해독의 특징에 관하여 우리는 또한 완전하게 유학의 현대적 표현과 그 예증例證을 통하여 반대 관점(反觀) 혹은 역방향(反向)의 증명을 진행할 수 있다.『5·4 이래 역반응적 사조와 당대 신유가 재건의 노력』(五四以來逆反的浪潮與當代新儒家重建的努力)이라는 글에서 유술선 선생은 역사상 유가의 서사형식敍事形式의 중요한 특징을 발견하여 "이상과 현실을 초월하는 정치의 상반성을 강조하는 것이 내가 최근 생각할수록 명철한 하나의 논지가 되었다.……"[19]라고 하였다.

---

18) 공자가 말하기를 "나는 타고난 천재가 아니다. 옛것을 좋아하고 민첩하게 구하는 사람이다"(我非生而知之者, 好古, 敏以求之者也)라고 하였다.(『論語』[『十三經』], 「述而」, 1276쪽)

다시 말하면, 유술선은 "당대의 신유가들이 재건한 노력"에 대한 다양한 연구를 통하여, 도덕성이 결핍된 시대일수록 그때 유가의 사실기술과 해독의 방식도 더욱 도덕성을 부각시킬 가능성이 크다는 사실을 발견하였다. 이러한 현상에 대해 비록 우리가 결코 완전하게 이것을 예로 삼아 역사에 대하여 직선적 반대추론(反推)을 할 수 없고, 따라서 도덕이상의 역사관에 충만되어 이른바 "부패하고 혼란된"(漆黑一團) 역사로 보는 것은 결코 아니지만, "이상과 현실을 초월한 정치"의 사이에 있는 "상반성"(對反性)은 유가가 의식적으로 그 상고의 역사문헌의 "덕성"의 해독과 "덕치"의 이해에 대하여 돌출시키는 것은 어떤 면에서는 비교적 효과적이다. 이렇게 보면, 우리는 실제로 이미 두 가지 서로 다른 서사형식의 방식에 직면하고 있는데, 하나는 사마천을 대표로 하여 근본적으로 도가의 서사형식[20]에 근원하는 것이다. 이러한 서사형식은 흔히 전쟁과 정치에 치중하고, 권모술수와 힘을 중시하며, 또 역사 전환의 관건이 되는 까닭을 충분히 설명한다. 또 다른 서사형식은 반고가 개괄하여 "육경의 가운데서 문장을 즐기고, 인의仁義에서 뜻을 두며, 요·순을 밝혀 서술하고, 문왕과 무왕을 드높이고, 중니를 스승의 우두머리로 삼고, 그 말을 중시하고 그 도를 최고로 여긴다"[21]라고 한 말에서 비롯된 이른바 유가전통의 사실기술의 방식이다. 실제로 이러한 서사형식은 또한 곧 우리가 앞에서 『상서』에 대하여 해독한 것으로, 사실 유학의 형성 이후 서주의 유생들이 인의도덕을 근거로 삼아 중국 상고사를 해독하고 재정리한 것이다. 이러한 두 가지 서사형식은 기본적으로 앞사람들이 연구한 역사와 역사문헌을 해독하는 중요한 방법이다. 다만 필자가 보기에 이 두 가지 사건의 경과에 따라 서술하는 형식, 즉 서사형식은 또한 모두

---

19) 劉述先, 『理想與現實的糾結』, 「五四以來逆反的浪潮與當代新儒家重建的努力」(吉林出版集團, 2011), 94쪽.
20) 班固는 "도가의 무리는 대개 史官에서 나와서 成敗·存亡·禍福·古今의 도를 낱낱이 기록한 후에 가장 근본적인 문제의 요결을 알고, 淸虛로써 자신을 지키며, 낮춤과 약함으로 자신을 지킨다. 이것은 임금이 임금의 자리에 올라 백성을 다스리는 方術이다"(道家者流, 蓋出於史官, 歷記成敗存亡禍福古今之道, 然後知秉要執本, 淸虛以自守, 卑弱以自持, 此君人南面之術也.)라고 하였다. 『漢書』(『二十五史』, 권1), 「藝文志」, 478쪽.
21) 班固, 『漢書』(『二十五史』, 권1), 「藝文志」, 477쪽.

지나치게 강한 주관이라는 낙인이 찍혔거나 혹은 적어도 색안경을 쓰고 보았다는 혐의가 있다.

사실 서사형식에 대한 선택은 상상의 성질에 달려 있을 뿐만 아니라 우리가 어떤 각도에서 대상을 보고 역사에 깊이 들어갈 것인가에 달려 있다. 이러한 면에서 공자가 "인문시조人文始祖"라고 서술한 복희의 이미지는 오히려 우리에게 시사하는 바가 더욱 크며, 공자가 개괄하고 아울러 복희씨가 표현한 역사는 아마도 더욱 중국인이 생존하는 진실에 가까울 것이다. 『주역』「계사」에서는 다음과 같이 말한다.

> 옛날 포희씨가 천하의 왕이었을 때 우러러 하늘에서 상을 관찰하고 굽어 땅에서
> 법을 관찰하며, 새와 짐승의 문양과 땅의 마땅함을 살펴서 가까이는 몸에서 취하
> 고, 멀리는 여러 사물에서 취하여 이에 팔괘八卦를 만들어 신명神明의 덕을 통하고
> 만물의 실정을 구별하였다. 줄을 엮어서 그물을 만들고 촘촘한 것으로 고기를
> 잡고, 대개 리괘離卦에서 취하였다.[22]

이 기록은 공자가 복희伏羲가 팔괘를 창설한 것에 대한 일단의 역사적 설명이라고 말할 수 있지만, 이른바 "하늘에서 상을 관찰함", "땅에서 법을 관찰함" 그리고 "새와 짐승의 문양과 땅의 마땅함을 살핌"과 같은 방식을 통하여 비교적 분명하게 인류의 초기의 인식의 일반적인 형성 과정을 밝힌 것이며, 심지어 또한 어떤 하나의 민족의 초기 인식의 형성에서 반드시 거쳐야 하는 단계를 설명하였다고 할 수 있다. 그리고 이른바 "가까이는 몸에서 취하고, 멀리는 여러 사물에서 취함"의 인식방법은 매우 확실하게 중국인의 인식방법의 초기적 형성을 나타내었다. 그리고 "신명神明의 덕을 통함"과 "만물의 실정을 구별함"이 가리키는 방향은 어느 정도 인류 인식의 궁극적 임무를 나타내며 또한 유가의 인식이 이미 초월적이며 또한 내재적 특징이 있음을 표현하였다.

만약 이 점에서 출발한다면 우리도 분명하게 볼 수 있으며, 중국 상고사의

---

[22] 『周易』(吳哲楣 主編, 『十三經』), 「繫辭下」, 56쪽.

전설에서 "다섯 씨" 즉 이른바 수인씨 · 유소씨 · 복희씨 · 신농씨 · 헌원씨는 실제로 우리의 옛사람들이 생존기능과 인류문명의 방면에서 진보하고 발전한 것을 정확하게 표현한 것이다. 비록 이러한 진보와 발전이 모두 역사적 전설에서 나왔다고 해도, 그것은 도리어 더욱 견고하게 생존기능의 진보와 인류문명의 발전과 양자 간의 밀접한 상관성을 확보하고 있다. 그리고 생존기능의 진보와 인류문명의 발전은 또한 그것이 전설에서 나왔기 때문에 결코 완전히 믿을 수 없는 것이 아니라, 도리어 인류문명의 발전이기 때문에 반드시 분명한 생존기능의 기초에서 건립되어 더욱 역사적 진실에 가깝다. 왜냐하면 이 점은 우리가 현재 생존의 실천으로 사실로 증명된 것일 뿐만 아니라, 또한 당대의 인류학과 사회학 연구의 기본적 결론에서 충분히 증명할 수 있기 때문이다.

우리는 여기서 당연히 다시 "다섯 씨"가 추진한 생존기능과 인류문명 발전 부분의 구체적 과정을 재론할 필요는 없다. 다만 "백성들이 과일과 열매와 조개와 대합을 먹고 비린내와 누린내와 악취가 있어 창자와 위를 상하게 하여 백성이 많이 질병에 걸렸다. 성인이 나와서 부싯돌을 쳐서 불을 피우도록 하여 비린내와 누린내를 없애니 백성들이 그를 기뻐하여 세상의 왕으로 삼고 수인씨燧人氏라고 불렀다"는 말과 "상고의 시대에 인민은 적고 짐승은 많아 인민이 금수와 벌레와 독사를 이길 수가 없었다. 성인聖人이 나와서 나무를 깎아서 집을 만들어 여러 피해를 피하도록 하니 백성들이 그를 기뻐하며 세상의 왕으로 삼고 유소씨有巢氏라고 불렀다"는 기록으로 보면 분명하게 역사적 진보는 실제로 인류 생존기능의 발전을 주축으로 삼는다는 것을 알 수 있다. 복희씨가 남녀를 구별하고 신농씨가 농경을 개척함도 또한 인류의 생존 문제를 둘러싸고 전개된 것이며, 복희씨가 채집과 어로 수렵을 분업하고, 신농씨가 "천하의 백성을 오게 하며, 천하의 재화를 모음"의 "교역하고 물러감"에 이르면 우리의 옛사람들이 인류문명 부분에서 거대한 진보를 하였음을 나타낸다. 헌원씨가 배와 수레를 발명하고 동물을 길들이는 것들은 분명히 우리가 문명시대로 진입하는 데 가장 유력한 촉진자라고 할 수 있다.[23]

이렇게 되면, 우리는 또 상고사의 전설에서 또 다른 사실 기록의 방식을 발굴할 수 있으며, 이것이 바로 생존기능의 진보를 기초로 삼고, 인류문명의 발전을 방향타로 삼는 사실 기록의 방식이다. 만약 앞의 두 사실 기록의 방식, 즉 이른바 역사에 대한 전쟁과 정치 방식의 해독과 덕성과 덕치 방식의 이해를 서로 비교하면, 그것이 역사진실에 더 가까울 뿐만 아니라, 아마도 유학이 무에서 유로 나아가는 구체적 발생의 과정을 드러내는 데 더 적합할 것이다.

2. 『주례』의 형성시기

『상서』와 같이 『주례周禮』(원래는 『周官』이라고 한다.)도 유학사에서 매우 중요한 문헌이다. 그러나 그것이 세상에 나온 이래 여러 가지 "위서僞書"라는 논란이 끊이지 않고 있다. 이 점은 또 『상서』와는 완전히 다르다. 『상서』는 공자가 "『시詩』와 『서書』를 산정刪定하였다"라고 한 말에 근거한다. 따라서 사람들은 단지 그 문본을 의심하고 또 고문과 금문 가운데 어디에 둘까를 의심할 뿐이지만, 『주례』는 왕망王莽(BC 45~AD 23. 재위 9~24)이 추천한 것이라는 이유로 사람들은 거의 유가경전의 문헌적 지위로 인정하지 않는다. 필자는 결코 역사와 문헌고증에 뛰어난 학자가

---

23) 청하건대, 大禹가 치수의 공을 이룬 뒤 순과 皐陶에게 올린 업무보고를 보자. "우임금이 '홍수가 나서 하늘에 닿아 거대한 물줄기가 산을 감고 언덕을 넘으니, 백성들이 모두 물을 걱정하였다. 저는 육로는 수레를 타고 갔으며, 물은 배를 타고 갔으며, 진흙 길은 썰매를 타고 갔으며, 산길은 檋(징을 박은 신발)을 신고 갔으며, 산에 오르면 刊木(伐木)을 하였습니다. 益과 함께 대중에게 볍씨와 신선한 식량을 주었으며, 아홉 하천을 하나로 열어서 바다에 이르게 하였으며, 작은 개울을 준설하여 하천으로 흐르게 하였습니다. 稷과 함께 대중에게 (모자라는) 식량을 주었으며, 식량이 모자라는 곳은 여유 있는 곳에서부터 부족한 곳으로 조절하였으며, 거주지를 옮겨 백성이 정착하도록 하니 만국이 다스려졌습니다'라고 하였다. 고요는 '그렇다. 이것은 아름답구나!'라고 하였다."(司馬遷, 『史記』[『二十五史』, 권1], 「夏本紀」, 8쪽) 여기서 "육지는 수레를 타고 갔으며, 물은 배를 타고 갔으며, 진흙 길은 썰매를 타고 갔으며, 산길은 檋(징을 박은 신발)을 신고 갔다"라는 말은 또한 완전히 생존기능 발전의 기초에서 건립된 것이며, 또한 황제(헌원씨)가 이미 발명한 배와 수레와 같이 일종의 역사적 반증이기도 하다.

아니지만, 다만 일정한 사회학의 상식에 근거하여 그 사상 내용에 대한 형성시기와 사회 역사적 조건들을 식별하는 것은 가능하다.

현재 『주관周官』이 형성되는 시기의 여러 가지 견해 가운데 가장 대표적인 견해 세 가지가 있다. 첫 번째 견해는 왕망이 『주관』을 추천할 때 인정했던 것으로 주공周公에게서 나왔다는 설이다. 심지어 그 신뢰성과 권위성을 높이기 위하여 왕망은 『주관』을 『주례周禮』로 개칭改稱하였다. 즉 『주례』라는 이름이 이로부터 비롯되었으며, 아울러 이러한 방식으로 그것이 곧 유가 정치와 관제 사상의 원천임을 암시하였다. 구체적으로 말하면 "주공이 섭정하여 6년이 지난 후 책이 풍성하게 이루어졌으나 실제로는 일찍이 실행된 적은 없었다.…… 후일에 이용되기를 기다린다."24) 그 두 번째 견해는 이른바 전국설戰國說이다. 이 설은 또한 동한東漢시대 공양학公羊學의 대사大師인 하휴何休(129~182)가 말한 "육국六國이 음모한 책"25)이라는 설이 가장 전형이다.(뒤에서 상세하게 설명할 것이다.) 세 번째 견해는 곧 이른바 왕망과 유흠劉歆(생졸 미상)의 합작설이다. 이 견해는 양송兩宋시대 호안국胡安國(1074~1138), 호굉胡宏(1102~1161) 부자가 제창하였다. 즉 당시에는 주로 이 설을 빌려 왕안석의 변법을 비판하였다. 따라서 그 뒤 주자도 전하여 말하기를 "『주례』는 호씨胡氏 부자는 왕망이 유흠에게 명령하여 찬술하였다고 보았다."26) 그리고 현시대에는 서복관徐復觀(1903~1982) 선생의 견해가 가장 대표성을 가진다. 서복관은 만년에 한 편의 장문 즉 「『주관周官』 성립의 시대와 그 사상적 성격」을 지어서 전문적으로 『주관』의 저작시대를 고정考訂하였다. 이 글에서 서복관은 해독하기를 "왕망의 정치적 이상과 야심이 모두 예악禮樂의 제작에 집중되었으며, 그가 일찍이 처음으로 시작한 『주관』은 일종의 합리적 추측이다. 그러나 그가 두 번째로 대사마大司馬로 정권을 잡은 후에는 '친히 제작할' 시간이 없어서, 어쩔 수 없이 '문장의 모범'典文章)이라는 유흠에게 위임하였고, 그로부터 책으로 정리되었으며, 이 또한 합리적 추측이

---

24) 『四庫全書總目提要』, 「周禮註疏」, 『十三經注疏』 상책(中華書局, 1980년판), 631쪽.
25) 賈公彦, 「序周禮廢興」, 『十三經注疏』 상책, 636쪽.
26) 黎靖德 編, 『朱子語類』, 권86, 2204쪽.

다"27)라고 하였다. 분명히 이것은 곧 왕망과 유흠의 합작설이다.

그러나 자세히 따져 보면, 왕망이 『주관』은 주공으로부터 나왔다고 주장한 이후, 그 진정한 출처와 그 진정한 형성시기를 의심하는 사람들은 어느 시대나 있었다고 할 수 있다. 예를 들면 이른바 서주설西周說, 춘추설春秋說, 춘추전국春秋戰國 무렵 설, 전국설戰國說, 한초설漢初說, 그리고 서한말년설西漢末年說 등등이 있는데, 거의 왕조마다 모두 주장하는 사람이 있었고, 아울러 각각 그 논거가 있었다. 다시 『주관』이라는 이름이 처음으로 보이는 역사책으로 보면 『상서』에는 본래부터 "성왕成王이 은나라 명命을 물리치고 회이淮夷를 멸망시키고, 풍豐으로 돌아가서 『주관周官』을 지었다"28)는 일설이 있다. 다만 여기서 『주관』은 사실 단지 『상서』 가운데 한 편의 편명을 가리키는 것이기 때문에 훗날 유가의 "삼례三禮" 가운데 하나가 된 『주관』(즉 훗날 왕망이 개칭한 『주관』이라는 책)과는 결코 서로 같지 않다. 그러나 돌이켜 말하면 후일의 『주례』와 왕망이 크게 추천한 『주관』은 실제로 이 때문에 창작된 것일 수도 있으며, 따라서 『주관』이라는 진정한 이름을 얻었다고 할 수 있다. 왜냐하면 『상서』 가운데의 『주관』 한 편은 원래 당우唐虞에서 하夏·상商 시대까지의 관제官制로 안배된 것이기 때문에, 그 가운데 "당우는 옛것을 자세하게 살펴서, 백 가지 관직을 만들었다. 안으로 백관의 수장(百揆)인 사악四岳29)이 있고, 밖으로는 주洲·목牧·후백侯伯이 있었다. 모든 정사가 화합하고, 모든 나라가 두루 평안하였다. 하夏·상商 두 나라는 관리를 두 배로 늘렸으며 또한 잘 다스렸다. 밝은 왕이 정사를 확립함에 그 관직보다는 그 사람을 중하게 여겼다"30)라는 일설이 있는데, 이 말은 그것이 본래는 분명하게 관제의 설정과 그 방식을 토론한 것임을 설명한다.

---

27) 徐復觀, 『徐復觀論經學史二種』, 「『周官』成立之時代及其思想性格」, 220쪽.
28) 『尙書』(吳哲楣 主編, 『十三經』), 「周官」, 114쪽.
29) 역자 주: 四岳은 共工의 종손 한 사람을 가리킨다는 주장도 있고, 중국 상고시대 전설적 인물로 四方 즉 四岳을 관장하는 제후 네 사람을 가리킨다는 주장도 있다. 漢의 공안국, 宋의 孔平仲, 明의 楊愼均은 한 사람으로 보았다.
30) 『尙書』(吳哲楣 主編, 『十三經』), 「周官」, 114쪽.

분명하게 만약 『주관』이 위서僞書라면 그 "거짓"은 곧 『상서』에서의 "성왕成王이 은나라 명命을 물리치고 회이淮夷를 멸망시키고, 풍豊으로 돌아가서 『주관周官』을 지었다"라는 설은 스스로 명명한 근거로 삼는 것이 거짓이라는 말이며, 동시에 또한 그것을 바꾸어 "주공이 섭정하여 6년이 지난 후 책이 풍성하게 이루어졌으나 실제로는 일찍이 실행된 적은 없었다. 대개 주공이 『주례』를 지은 것도 또한 오히려 당唐의 현경顯慶과 개원례開元禮[31]와 같이 다른 날에 사용되기를 예비豫備되었으나 사실은 아직 실행된 적은 없었다"[32]라고 하였다. 이것은 곧 교묘하게 『주례』라는 이름을 추천한 것과 같으며, 동시에 "주공이 예악을 제작하였다"라는 말과 호응하며, 이로써 『주관』이 곧 주공周公이 정한 예악제도의 결정체임을 암시한다. 이렇게 되면, 『주례』는 유학사에서 『상서』를 기초로 이루어진 두 번째로 변별되는 문헌으로 볼 수 있다.

『주관』의 출현으로 보면 유가의 "삼례" 가운데 하나인 『주례』(곧 『주관』)는 한대에 처음 나타났으며, 『한서漢書』 「경십삼왕전景十三王傳」에 다음과 같이 기록되어 있다.

하간헌왕河間獻王 유덕劉德은 효경孝景(BC 188/157~BC 141, 劉啓) 황제 2년(BC 155)에 하간왕으로 봉해졌는데, 학문에 힘쓰고 옛것(옛 책)을 좋아하며, 사실의 일에서 옳음(진리)을 구하였다. 백성이 좋은 책을 얻으면 가서 반드시 잘 베껴 쓴 것을 돌려주고 진본을 보유하고 금백金帛을 내려 모집하였다. 이로 인해 사방의 도술을 닦는 사람들이 천리를 멀다고 여기지 않고, 혹 조상의 옛 서적이 있으면, 대다수 헌왕에게 받들어 바치니 얻은 책이 많았고, 한漢의 조정 등에 증여하였다.…… 헌왕이 얻은 책은 모두 고문古文이자 진나라 이전의 옛 책인 『주관』, 『상서』, 『예』, 『예기』, 『맹자』, 『노자』 등으로 모두 경전의 설을 기록한 것이며 70명의 선생의 제자들이 논한 것이었다.[33]

---

31) 역자 주: 顯慶은 唐의 3대 高宗의 두 번째 연호(656~661)이며, 開元禮는 당의 玄宗 開元(713~741) 연간에 蕭嵩 등이 편찬한 典禮 158권이다.
32) 『四庫全書總目提要』, 「周禮註疏」, 『十三經注疏』 상책, 634쪽.

자연히 이것은 유가경전의 하나인 『주관』의 이름이 처음으로 역사책에 소개되었다고 할 수 있으며, 가공언賈公彦(생졸 미상)은 「서주례폐흥序周禮廢興」에서 『주관』의 내력을 다음과 같이 소개하였다.

> 기와에 산의 암벽과 집의 벽에서 나와서, 다시 비밀의 창고로 들어가고, 오가五家의 유학자들도 볼 수가 없었다. 효성황제孝成黃帝(劉鰲, BC 51/33~BC 7, 成帝) 때에 뛰어난 재능과 다양한 학문에 통달한 유향劉向(BC 77~BC 6)과 아들 유흠劉歆(BC 50~AD 23)이 교리비서校理秘書로서 처음으로 차례로 그것을 보고 대략을 기록하였다. 그러나 그 가운데 동관冬官 한 편은 잃어버려서 고공기考工記[34]로 보충하였다.[35]

이것은 『주관』이 비록 한무제 연간에 이미 조정에 헌정되었지만, "무제가 『주관』이 말세의 혼란하고 검증되지 않은 책이라고 알았기"[36] 때문에 바로 비밀 창고에 수장되고 서한의 말기에 와서야 비로소 왕망에 의해서 발견되고 아울러 유흠이 정리하여 성대하게 드러내고, 유흠과 왕망의 특수한 관계(유흠은 일찍이 왕망으로부터 "國師"로 추존 받았다.) 때문에 『주관』은 극히 큰 그림자를 드리웠다. 즉 『주관』이 왕망과 유흠의 합작이라는 설은 실제로 이로부터 시작되었다.

그러나 우리는 여기서 잠시 양송시대 호안국 부자가 왕안석의 변법을 비판하면서 제창한 왕망과 유흠의 합작설의 사실 여부를 논할 필요는 없고, 다만 서복관 선생이 주장한 왕망이 스스로 만든 것 혹은 유흠과의 합작설로 보면, 그는 실제로 마치 호안국 부자처럼 강렬한 현실적 주요 관심 때문에 자신의 이성을 왜곡하였다. 「『주관』 성립의 시대와 그 사상적 성격」이라는 논문에서 서복관 선생은 일찍이 17개 방면에서 『주관』을 왕망이 스스로 조작한 까닭을 설명하였으며, 그 가장

---

33) 班固, 『漢書』(『二十五史』, 권1), 「景十三王傳」, 560쪽.
34) 역자 주: 『주례』의 한 편으로, 都城・宮殿・灌漑・武器・農器具・樂器・兵器 등의 제작 기술을 수록하였으며, 특히 차량 부문이 상세하다고 한다. 조선의 漢陽 축성에 많은 참고가 되었다.
35) 賈公彦, 「序周禮廢興」, 『十三經注疏』 상책, 635~636쪽.
36) 賈公彦, 「序周禮廢興」, 『十三經注疏』 상책, 636쪽.

근본적인 이유는 주로 아래에서 논한 것과 같다.

　　왕망과 유흠의 정치적 이상은 관제官制는 천도天道와 부합해야 한다는 것 외에
　　또한 "평균"의 관념을 강조하였으며, 빈부격차로부터 생기는 정치적인 근본 문제
　　를 해결하려고 하였다. 더욱이 관중管仲이 내정을 군령軍令에 의지했던 방법을
　　확대하여 정치와 사회가 하나의 엄밀하고 철저히 통제하는 데 편리한 조직체로
　　만들고, 이를 통해 망명으로 비롯된 여러 문제를 근본적으로 해결하고자 하였다.
　　이 조직체는 군사적일 뿐만 아니라, 또한 정부의 정령政令 모두 이 조직체를
　　통하여 실현되고 가장 효율적으로 발휘되도록 하였다. 이것은 자유롭지만 산만
　　한 농업사회에 대한 대변혁이었고, 심지어 오늘날 소련蘇聯(러시아)을 모범으로
　　삼는 여러 사회주의적 국가의 형태라고 할 수 있으며, 약 1,900년 전에 이미
　　중국에서 제시된 설계도이다. 많은 사람이 그것을 동경하는 근본적인 원인이
　　여기에 있고, 많은 사람이 그것을 의심하는 근본 원인도 또한 여기에 있으며,
　　왕안석 등이 시행하여 실패한 원인도 여기에 있다.[37]

　　『주관』에 대한 서복관의 이 기본적 성질로 알 수 있는 것은 그가 실제로는
소련의 집단농장을 대표적인 군사노예제라고 하여 매우 반감을 가졌으며, 심지어는
이처럼 철저하게 개인의 자유를 박탈하는 군사노예제를 비판하기 위하여 그를
『주관』의 연구에 매달리지 않을 수 없도록 밀어붙였다고 말할 수 있다. 이러한
가치관념 아래, 서복관 선생이 아무리 많은 확고하고 믿을 수 있는 역사와 고증考證적
인 측면의 지식을 운용하였다고 해도, 그 결론을 모두 믿고 따를 수 없었다. 그
주요 원인은 그도 호안국 부자와 마찬가지로 완전히 왕안석의 변법을 비판하기
위해 단지 『주관』에만 호소하였기 때문이다. 호안국 부자도 당시에 왕안석의 변법을
비판하기 위해서 "『주례』…… 왕망이 유흠에게 명령을 내렸다"는 주장을 제기하였
는데, 이러한 주장은 당시에 주자가 "이것은 아마도 그렇지 않을 것이다"[38]라는

---

　37) 徐復觀, 『徐復觀論經學史二種』, 「『周官』成立之時代及其思想性格」, 234쪽.
　38) 黎靖德 編, 『朱子語類』, 권86, 2204쪽.

말로 명확하게 부정하였다. 20세기의 서복관 선생도 소련의 집단농장의 군사노예제
도를 비판하기 위하여 다시『주관』의 연구에 호소하였을 때, 비록 그 비평의 구체적인
대상이 다르기는 하지만, 그는 도리어 똑같이 호안국 부자의 '현재로서 과거를
재단함'의 상투적 틀에 빠져버렸다.

서복관 선생은 필자가 매우 존경하는 선배 학자이고, 중국사상사 연구에서
매우 걸출한 공헌을 하였으며, 규모가 웅대하고 사유가 정밀한 많은 저술을 지었는
데, 예를 들면『중국인성론사中國人性論史』,『중국예술정신中國藝術精神』, 그리고『양한
사상사兩漢思想史』등이 있으며, 늘 책이 나오자마자 어리석은 사람을 크게 일깨우는
핵심을 간파하였다. 그러나 「『주관周官』의 성립시기와 그 사상적 성격」이라는 한
편의 문장은 사상사 연구의 객관성을 잃었다. 간절한 현실적 주요 관심과 강력한
비판 정신이 지나쳐서 근본적으로 오도하였거나 그의 이성을 차단하였으며, 그
때문에 그의 예리한 역사의식이 오로지 현실비판의 욕구에 복종하였던 까닭이다.
왜냐하면 이 논문의 "자서自序"에서 서복관은 이미 매우 분명하게 그가『주관』의
저작시대를 연구하는 정신적 동력을 다음과 같이 설명하고 있기 때문이다.

> 만약 중국이 30년간 실천한 심각하고도 광대한 교훈을 겪지 않았다면, 나는 이
> 책(내가 보기에 곧『주관』)에 대하여 털끝만큼도 염려가 없는 객관적 이해는 불가능
> 하였을 것이다. 옛것을 현재를 위해 사용하는 문제가 아니라 "시대 경험"이 필연
> 적으로 고전연구에서 발생하는 위대한 계발작용을 발생시키는 문제이다.[39]

만약 서복관이 20세기 전반기에 특수한 "시대 경험"[40]이 없었다면, 그는 아마도

---

39) 徐復觀,『徐復觀論經學史二種』,「『周官』成立之時代及其思想性格」, 184쪽.
40) 서복관은 일찍이 1943년 국민당의 延安연락처 주임을 맡았고, 공산당의 영수인 毛澤
東·朱德·彭德懷·周恩來·劉少奇 등과 매우 친밀하게 접촉하였으며, 늘 모택동과 사
회 역사의 문제를 토론하였으며, 전문적으로 모택동의 요구로 유소기의『공산당원
의 修養을 논함』(論共産黨員的修養)이라는 책에 수정 의견을 제시하였다. 重慶으로 돌
아온 뒤에 그는 또 장개석의 제2侍從室의 비서를 담당하였으며, 중요한 업무(機務)에
참여하였다. 곧 국민당과 공산당 두 당에 모두 비교적 깊이 접촉하고 이해하였다고

제2장 "예藝"와 "경經": 사회학적 변별   127

근본적으로 이와 같은 문제에 관심을 가질 수 없었을 것이다. 그러나 곧 이러한 특수한 "시대 경험"이 그가 일관되게 견지한 역사와 사상사에 대하여 "객관적 이해"의 정신을 왜곡시켰다. 이것 또한 이른바 "지자智者가 천 가지를 생각해도 반드시 한 가지를 빠뜨린다"라고 할 수 있을 것이다. 또한, 호안국 부자 이래 중국사상사 연구의 가장 중요한 역사적 교훈이기도 하다. 여기서 당연히 우리는 서복관 선생의 연구 방향이 잘못되었다고 해서 『주관』에 대한 왕망과 유흠의 합작설의 많은 의문을 철저하게 부정해서는 안 된다. 그 의문의 많은 근거도 또한 매우 중요한 이론으로 참고할 가치가 있다. 그러나 그 연구의 근본 목적은 『주관』이 왕망이 정권을 찬탈하는 정치적 야심으로 옛 격식에 구애받지 않고 손수 만들어 낸(自我作古) 저작임을 증명하는 데 있었기 때문에, 『주관』의 원문에서 빠진 한 편을 「고공기考工記」로 보충한 상황에 대하여 그는 『한서』「왕망전」을 자세하고 주의 깊게 읽고 반복하여 음미한 뒤, 이것은 주로 일종의 "잠시도 지체할 수 없음"(迫不及待)의 (조급한) 심리에서 나왔거나 혹은 정권찬탈의 "잠시도 지체할 수 없음"의 심리 때문에 비롯되었다고 보았다. 이러한 심리에 대해 서복관은 다음과 같이 분석하였다.

실제 동관冬官까지 썼을 때 이미 60가지 관직 수를 다 채우기가 쉽지 않음을 느끼고, 게다가 왕망이 정권을 잡고 섭정의 세력이 이미 형성되어 잠시도 지체할 수 없는 요구가 나오자, 이에 의지하여 세상 사람들의 이목을 놀라게 하고 한 걸음 더 나아가 권력을 탈취하는 밑천이 되었으며, 그것이 "한 줌의 성공"(成在一簣)만 거둘 수밖에 없는 원인이 여기에 있었다.[41]

그러나 만약 우리가 이것을 『사고전서총목제요四庫全書總目提要』에 수록된 당나라 때의 가공언賈公彦이 『주례주소周禮註疏』에서 말한 설명(이 부분에 대한 의심을 반박하는

할 수 있다.
41) 徐復觀, 『徐復觀論經學史二種』, 「『周官』成立之時代及其思想性格」, 220~221쪽.

것을 포함하여)과 비교하면, 분명하게 서복관 선생이 질의한 것이 주관적임을 알 수 있다.

> 그것을 위하였는데 어째서 완전한 위조가 아닌가? 육관六官인데 분명히 그 하나
> 가 빠졌다면, 천금으로도 살 수 없지 않은가? 또한, 위조한 사람은 반드시 옛
> 문장을 표절하고, 진짜를 빌려서 그 위조된 것을 사실인 것처럼 하는데, 바로
> 『고문상서古文尙書』이다.[42]

양자를 서로 비교하면, 적어도 『주관』은 왕망과 유흠이 정권찬탈을 위하여 짜 맞춘 위작은 결코 아님을 알 수 있다. 왜냐하면 만약 왕망이 정권찬탈의 야심을 가진 지 오래라면, 『주관』이라는 책은 그가 유씨劉氏 정권을 찬탈하기 위한 매우 중요한 이론적 근거이기 때문에, 그가 아무리 "잠시도 지체할 수 없다"라고 하더라도, 결코 이 정도로 매우 급하게 분명히 내용이 근본적으로 서로 다른 「고공기」로 빠진 부분을 보충하지는 않았을 것이다. 필자가 보기에 『주관』은 왕망이 자작한 경전이 아닐 뿐만 아니라 동시에 마땅히 그와 유흠이 합작한 경전도 아니다. 왜냐하면 자작이든 합작이든 모두 이처럼 "육관六官인데 분명히 그 하나가 빠진" 방법으로 총망悤忙하게 내놓을 수는 없을 것이다.

그렇다면 『주관』은 왕망이 인정한 것처럼 주공이 자작한 것인가? 이 또한 마찬가지로 불가능하다. 왜냐하면, 『사고전서총목제요』 중의 『주례주소』에서 일찍이 "주공이 섭정하여 6년이 지난 후 책이 풍성하게 이루어졌으나 실제로는 일찍이 실행된 적은 없었다. 주공이 『주례』를 지은 것도 당唐의 현경顯慶과 개원례開元禮와 같이 다른 날에 사용되기로 예비豫備되었으나 사실은 아직 실행된 적은 없었다"라고 인정하였으나, 사실 이 또한 일종의 추측성의 의견이며, 그 어투도 완전히 『상서』 「주관」에서 "성왕成王이 은나라 명命을 물리치고, 회이淮夷를 멸망시키고, 풍豐으로 돌아가서 『주관周官』을 지었다"라고 한 말을 모방하여 표현하였다. 매우 분명하게

---

42) 『四庫全書總目提要』, 「周禮註疏」, 『十三經注疏』 상책, 631쪽.

여기 『주례』의 「주관」과 『상서』의 한 편인 「주관」 및 주공과 성왕 사이는 일종의 "누가 진짜 미후왕彌猴王(孫悟空)인가?"의 관계와 비슷하다. 비록 나이와 배분輩分(항렬)으로 말하면 주공이 성왕보다는 어른(성왕의 숙부)이지만, 『상서』의 문본은 이미 『춘추』, 『좌전』, 공孔·맹孟과 관련된 논술과 인증에서 이미 드러났듯이 이 저작은 위서僞書로, 적어도 "가짜"라는 것은 춘추 이전의 서주西周시대이며, 『주관』은 도리어 선진先秦시기 특히 공·맹의 문헌에는 하나도 언급되지 않았다. 우리는 결국, 주공이 『주례』를 저작한 후에 그 본래 목적이 "다른 날에 쓰이도록 예비되었다"라는 데 있었기 때문에, 천여 년(주공이 정권을 성왕에게 돌려주고 『주례』를 저작한 데서부터 왕망이 성대하게 『주례』를 추천할 때까지 거의 천 년의 시간적 간격이 있었다.) 동안 비밀리에 소장하였다고 말할 수 없다.

『주관』이 왕망과 유흠이 위작한 경전이라고 할 수 없고, 또한 주공이 저작한 경전이라고 할 수 없다면, 그 형성시기는 그 중간이라고 추측할 수 있고, 적어도 서한西漢 이전이라고 추측할 수 있다. 만약 우리가 먼저 『주관』은 서주시기에 출현한 문헌이라고 가정하고, 또 하간헌왕이 헌납한 것이라면, 이른바 "임효존林孝存[43]이 무제를 위하여 주관은 말세의 혼란하고 검증되지 않은 책이라고 알리고 십론칠란十論七難을 지어서 배척하였다"[44]라는 말은 또한 마땅히 비교적 믿을 만한 주장이라고 할 수 있다. 그 이유는 그것이 완전히 외재적인 "천天·지地"와 "춘春·하夏·추秋·동冬" 사계절에 따라 설치한 관직 이름이 한무제에게는 분명히 이른바 "말세의 혼란하고 검증되지 않은 책"이었기 때문이다. 임효존이 "십론칠난을 써서 배척함"에 대하여는, 전문적으로 "천·지"와 "춘·하·추·동" 사계절의 방식으로 관명을 설치한 것을 제외하면 우리는 실제로 임효존이 "십론칠난을 써서 배척함"의 구체적인 이유를 찾을 수가 없다. 만약 한무제의 이른바 "말세의 혼란하고 검증되지

---

43) 역자 주: 林孝存은 臨孝存(127~200)으로 이름은 碩, 자는 孝存이다. 금문학자로 『周禮』는 허황한 책이라고 보고, 『周禮十論七難』을 썼으며, 후일 동한의 고문학자 鄭玄은 이를 반박하여 「答臨孝存周禮難」을 썼다.
44) 賈公彦, 「序周禮廢興」, 『十三經注疏』 상책, 636쪽.

않은 책"이라고 한 점에서 보면 "말세"는 분명히 서주西周를 가리켜 말할 수 없으며, 또한 춘추를 가리켜 말할 수 없다.(비록 춘추시대가 확실히 서주의 말세라고 할 수 있지만, 공자의 "禮·樂이 崩壞됨"과 "仁"에 적극적으로 노력하여 "藝"를 지탱하려는 노력으로 보면, 이러한 말세가 또한 아마도 근본적으로 그와 같이 충분하게 하나의 一連된 관제 사상을 제출할 만한 시대적 이유는 되지 못한다.) 따라서 이른바 "말세"도 분명히 단지 진나라가 통일하기 전의 전국시대와 같은 말세를 가리킬 뿐이다.(한편으로 그것은 확실히 춘추전국의 말세라고 할 수 있으며, 다른 한편으로 그것은 확실히 장차 우뚝 일어나 "三皇五帝"를 한 몸에 아우르는 大一統의 정권에 직면하였다.) 이른바 "혼란"과 "진나라 제도를 온전하게 계승한" 서한 정권으로 말하면, 완전하게 "천·지"와 "춘·하·추·동" 사계절이 서로 대응하는 방식으로 관명과 관위官位를 새롭게 설치하였는데, 이것도 분명히 하나의 "혼란" 행위이다. 이런 관점에서 보면, 『주관』은 적어도 하간헌왕이 헌납한 책이어야 하며, 혹은 적어도 헌납하기 전에 이미 존재하였다고 할 수 있다. 왜냐하면, 한무제가 배척한 "말세", "혼란", "검증되지 않음"과 같은 특징은 모두 현존하는 『주관』이라는 책에 구체적인 표현이 있다.

이 외에 우리는 또 『주관』이 한무제 시대에 이미 존재한 증거를 찾을 수 있다. 사마천은 한무제 시대에 태사령太史令으로서, 『사기史記』는 한무제 시대에 이루어진 책이다. 그런데 『사기』 「봉선서封禪書」에는 이미 분명하게 『주관』을 언급하고 있으며, 이 『주관』은 또한 분명하게 『상서』 가운데의 『주관』이 아니다. 이것은 적어도 『주관』이 무제 시대에 헌납받은 책임을 완전하게 믿을 수 있음을 말해준다. 『사기』 「봉선서」에는 다음과 같이 말한다.

『주관』에서 "동지冬至에 이르면 남쪽 교외에서 하늘에 제사하고, 하지夏至가 오기를 기다리며, 하지가 이르면 토지신에 제사 지낸다. 모두 음악과 춤을 사용하며, 신(의 뜻)을 곧 예로써 얻을 수 있다. 천자는 천하의 명산과 대천大川에 제사를 지내며, 오악五岳은 삼공으로 보고, 사독四瀆(해마다 제사 지내는 네 강)은 제후로 보며, 제후는 그 강토 내의 명산과 대천에 제사를 지낸다. 사독四瀆은 장강長江, 황하黃

河, 회하淮河, 제수濟水이다. 천자는 명당名堂, 벽옹璧雍이라고 하고, 제후는 반궁泮
宮이라고 한다"라고 하였다.[45]

여기서 사마천이 인용한 이들 내용은 이미 『상서』 「주관」편에는 보이지 않으며,
또한 유가의 "삼례" 가운데 『주관』(곧 『주례』)편에도 보이지 않는데, 이것은 무슨
문제를 말하는가? 『상서』 가운데 『주관』은 단지 그 가운데의 한 편이기 때문에
그것은 근본적으로 위에서 말한 천자와 제후의 제사와 관련된 내용을 언급할
수가 없고, 따라서 그것은 결코 『상서』 「주관」의 내용으로부터 나온 것이 아니라고
할 수 있다. 다음으로 그것은 또한 금문본今文本으로 된 『주례』의 「주관」편에도
보이지 않는다. 이것은 또한 그것이 원래 "삼례"의 하나인 『주관』 가운데의 한
편인 「동관冬官」으로부터 나왔을 가능성이 매우 크다는 것을 말한다. 그리고 적어도
사마천 시대까지는 당시의 『주관』에서 「동관」편이 흩어져 없어진 상황이 아직
발생하지 않았음을 말한다. 또한 사마천은 태사령의 신분으로 또 비밀서고의 출입금
지를 받지 않도록 하였으므로 완전하게 당시 헌납된 『주관』을 읽었을 수 있었다.
게다가 "천자는 천하의 명산과 대천大川에 제사를 지내며, 오악五岳은 삼공으로
보고, 사독四瀆(해마다 제사 지내는 네 강)은 제후로 보며, 제후는 그 강토 내의 명산과
대천에 제사를 지낸다"라는 구절, 『예기』 「왕제王制」의 천자는 천하의 명산과 대천大
川에 제사를 지내며, 오악五岳은 삼공으로 보고, 사독四瀆은 제후로 보며, 제후는
명산과 대천에 제사를 지내되 단지 그 땅에서만 한다"[46]라는 구절, 그리고 "천자는
명당名堂, 벽옹璧雍이라고 하고, 제후는 반궁頖宮이라고 한다"[47]라는 구절은 표현의
형식과 내용 면에서 모두 서로를 인증할 수 있으므로 다음과 같이 증명할 수
있다. 『주관』은 한무제 시대에 이미 존재하였다.(즉 한무제 시대에 하간헌왕이 헌납한
책이다.) 그것은 『예기』 「왕제」편의 상관된 내용과 서로 인증한다. 또 그것은 『예기』

---

45) 司馬遷, 『史記』(『二十五史』, 권1), 「五帝本紀」, 77쪽.
46) 『禮記』(吳哲楣 主編, 『十三經』), 「王制」, 448쪽.
47) 『禮記』(吳哲楣 主編, 『十三經』), 「王制」, 447쪽.

「왕제」와 마찬가지로 선진시대 유생이 쓴 책에 속한다.

그렇다면 다시 그 저작시대의 상한선을 따라서 보면,『상서』를 중국 최초의 큰 위서로 보지만, 그것은 공자·묵자·맹자 그리고 장자의 저서 가운데 대량의 인증이 있다. 이것은 적어도『상서』가 춘추전국시대에 이미 한 부의 널리 유포된 기정旣定의 문헌이었음을 말한다.『주관』은 이미 주공이 저술한 책으로 간주되지만, 공자는 도리어 아직 인증한 것이 없었는데, 이 책이 공자 이전에 써졌을 가능성이 없음을 설명한다. 왜냐하면 춘추시대에는 공자만큼 주공을 더 잘 이해할 수 있는 인물이 거의 없기 때문이다. 비록 공자가 주공이 일찍이 섭정할 기간에 예禮·악樂을 제작하였음을 인정하였지만, 그가 보기에 주공의 예의 본질은 주로 "임금은 임금답고, 신하는 신하답고, 부모는 부모답고, 자식은 자식다워야 한다"라는 인륜의 규범을 제정하는 데 있었다. 그 내용의 확장을 따라 말하면, 주로 "존존尊尊"(존중해야 할 대상을 존중함)과 "친친親親"(친혈육과 친하게 지냄)의 두 대계통의 협조와 통일에 집중되어 있지, 이른바 "천자"와 "사계절"을 서로 대응하는 방식으로 왕조의 관위와 관명을 신설新設하는 데 결코 있지 않으며, 또한 이러한 또 다른 아궁이에 불을 지피는 방식으로 천도를 본받을 필요는 전혀 없다. 왜냐하면 관원의 위치와 명칭의 설정은 이미 부여된 직책의 현실적 수요가 있고, 또한 분명히 역사적으로 계승된 것이며, 이러한 근거 없이 세워진 방식은 완전히 "천지"와 "사계절"로부터 직접 설치될 수 없다. 이 점은 또한『주관』이 적어도 공·맹 이전의 작품일 수 없음을 말해 준다. 왜냐하면 당시에는 근본적으로 "협서령夾書令"48)의 제한이 없는 조건, 즉 『주관』이 본래 주공이 "다른 날에 사용되기를 예비豫備한" 작품이라면, 근본적으로 계속 비밀서고에 소장해 두고 춘추전국의 백가쟁명시대까지도 여전히 감추어 두고 공개하지 않을 필요가 없다.

이 밖에 가공언은 「서주례폐흥序周禮廢興」이라는 글에서도 "하휴도 6국六國이

---

48) 역자 주: 挾書律이라고 하며, 秦始皇이 BC 213년 승상인 李斯의 건의로 민간이 개인적으로 책을 소장하고 읽는 것을 금지했던 법령.

음모한 책이라고 보았다"[49]라고 주장하였다. 그렇다면 하휴는 결국 어떤 점에 근거하여 『주관』이 "6국이 음모한 책"이라고 보았는가? 하휴는 동한의 유명한 공양학의 대사이기 때문에, 그와 『주관』으로 대표되는 고문경학은 대립하는 학파에 속할 뿐만 아니라, 동한 이후 왕망이 한나라를 찬탈했다는 악명도 충분히 그로 하여금 완전히 왕망을 비판하여 내놓은 경전에 의지하여 금문경학을 다시 떨치도록 하였다. 그러나 하휴는 결코 이 때문에 『주관』이 왕망과 유흠이 위조한 것이라고 비난하지 않았다. 이것은 적어도 당시의 금문경학의 대사인 하휴가 보기에 『주관』은 결코 왕망과 유흠이 위조한 경전이 아님을 말해 준다. 그리고 이른바 "6국이 음모한 책"이라는 설도 또한 분명하게 『주관』을 6국 시대의 책으로 밀고 간다. 하휴가 대표하는 금문경학과 『주관』으로 대표되는 고문경학이 서로 다른 학파의 대립이라면, 동시에 정치적 입장도 대립하기 때문에, 이처럼 처음부터 학파와 정치의 두 가지 면으로 대립하는 견해에서의 비판은 매우 주의해야 할 가치가 있다.

뒤집어서 보면, 한무제가 "주관은 말세의 혼란하고 검증되지 않은 책"이라고 인정한 것은 과연 무엇을 가리키는가? 여기서 말하는 "말세"가 근본적으로 "예와 악이 붕괴"한 춘추시대를 가리킬 수 없다면, 그것은 오직 진나라의 통일 이전인 전국시대를 가리킬 수밖에 없다. 왜냐하면, 만약 "말세"가 춘추시대를 가리킨다면, 유가의 대부분의 경전도 거의 전부 이 "말세"에 형성된 것이 분명하기 때문이다. 이른바 "혼란하고 검증되지 않았다"라는 말에서 "혼란함"이 "천·지"와 "춘·하·추·동" 사계절의 방식으로 다시 관위를 설정한 것을 가리킨다면, 그렇다면 "검증되지 않음"은 오직 그것이 공상적 성질을 가리켜 말하였다고 할 수 있다. 여기에 더하여 하휴의 "6국이 음모한 책"이라는 비평이 더해지면, 그렇다면 실제로는 이를 전후한 시대, 정치와 학술 두 가지 서로 다른 관점에서 이루어진 것임이 증명된다.

이 외에 『주관』은 또 하나의 특이한 점이 있는데, 그것은 국자國子(公·卿·大夫의

---

49) 賈公彦, 「序周禮廢興」, 『十三經注疏』 상책, 636쪽.

자제) 교육의 방식으로 체계적으로 제출된 이른바 "육예六藝"라는 주장이다. 이 "육예"라는 이름은 그 뒤 육가陸賈(생졸 미상)의 "오경五經을 정하고 육예를 밝혔다"라는 말과 각각 독립적으로 가리키는 "경예經藝"를 합쳐 부르는 이름, 그 후 가의賈誼(BC 200~BC 168)가 "육리六理", "육법六法", "육술六術" 등으로 끊임없이 해석한 이름을 거쳐, 마지막으로 한유漢儒들이 전문적으로 사용하여 가리키는 『시詩』, 『서書』, 『역易』, 『춘추春秋』, 『예禮』, 『악樂』의 "육경六經"이라는 주장으로 고정되었다. 따라서 만약 우리가 진秦·한漢의 대일통 정권의 형성을 경계로 삼는다면, 육가는 아마도 진·한 이후 처음으로 "육예"라는 말을 사용한 사상가일 것이다. 육가가 전진前秦[50]의 박사 신분임을 고려하면 "육예"는 분명히 그로부터 비롯된 것이다. 다만 육가와 같은 극히 임의적인 운용으로 보면, "육예"는 『주관』을 포함하여 아마도 진秦의 통일 이전인 전국시대에 형성되었음을 말한다.(만약 그것이 진·한 이후에 형성되었다면, 역사적으로 전문적으로 지칭하는 射御書數禮樂과 같은 종류의 "六藝"가 있을 수 없으며, 또한 "六藝"가 "육경"을 대신하여 가리킨다는 설이 있을 수 없다.) 만약 다시 『여씨춘추呂氏春秋』에서 찬탄한 양유기養由基(東周시대 楚나라 사람, 小說家)와 이윤伊尹는 이른바 "육예의 사람이다"[51]라는 말을 따라서 보면, "육예"의 운용에 대해서도 마찬가지로 『주관』도 전국시대에 형성되었을 수도 있다고 할 수 있다.

그러나 여기서 우리가 『주관』의 형성을 전국시대까지 밀어 올릴 때, 우리는 동시에 그것을 동일한 시대에 속하도록 해야 하고, 또한 개념槪念, 범주範疇, 가리키는 사물의 종류에서 존재하는 상호 중첩된 곳의 저작물과 비교하여, 그 형성의 기본적인 시한을 헤아려 결정(酌定)해야 한다.

---

50) 역자 주: 여기 前秦은 五胡十六國의 하나인 前秦(351~394)이 아니라 "漢나라 이전의 秦"이라는 뜻이다.

51) 呂不韋, 『呂氏春秋』(『諸子集成』 제6책), 「博志」, 314쪽.

3. 『주관』과 『일주서』

『주관』이 선진시기 유가의 문헌이라면, 종합적으로 말해서 그것과 『일주서』는 기본적으로 동일한 대변혁의 시대에 속한다. 그뿐만 아니라, 앞사람의 연구를 통해서 이미 『주관』과 『일주서』에 있는 개념, 범주, 가리키는 사물의 종류에서 분명하게 적지 않게 서로 중첩되는 현상이 있음을 발견하였다. 이 기초에서 양자의 사이에는 필연적으로 서로 증명할 수 있는 부분이 있기 때문에 양자 사이의 공통성을 볼 수 있을 뿐만 아니라, 동시에 상호증명의 방식을 통하여 그 각각이 서로 다른 특색을 이해할 수 있다.

『일주서』에 관하여 이학근李學勤 선생은 "휘교집주彙校集注"의 「서언序言」에서 다음과 같이 말한다.

> 『일주서逸周書』의 이름은 허신許愼(30~124)의 『설문해자說文解字』에서 처음 나타나며, 『한서』 「예문지」에서 『일주서逸周書』라고 썼다. 사용謝墉(1719~1795)이 보경당報經堂의 서序를 지어 "『주서』는 본래 일대一代의 서적을 총괄하는 이름인데, 『상서商書』, 『하서夏書』와 같다'라고 한 말과 같다. 『상서尙書』 가운데 이미 『주서』가 있으므로 『한지漢志』에 수록된 『주서』 71편을 『일주서』라고 바꾸어 부르는데, 이것이 비교적 적당하다.52)

이것은 곧 이른바 『일주서』가 사실은 본래부터 『상서尙書』 중의 『하서夏書』, 『상서商書』53)와 같이 "주사기周史記"에 속함을 말한다. 그 내용도 주로 "주나라 때 임금이 내린 포고문과 명령"(周時誥誓號令也)이다. 그러나 공자가 "시詩와 서書를 산정刪定" 할 때 100편을 『상서』라고 따져서 결정(裁定)하였기 때문에, 원래 "100편보다 조금 많음"(100여 편)이었던 『주서周書』를 부득이 『일주서』라고 부를 수밖에 없었다.

---

52) 黃懷信 等 撰, 黃懷信 修訂, 李學勤 審定, 『逸周書彙校集注』, 「序言」(上海古籍出版社, 2007).
53) 역자 주: 『商書』는 商나라 즉 殷나라의 역사를 의미하며, 五經의 하나인 『尙書』와 다르다. 이후 한자병기를 하지 않는 『상서』는 『尙書』를 의미한다.

그러나 『주관』과 『일주서』가 모두 선진시대 문헌에 속하기는 하지만, 서주왕조의 건립에서 진秦왕조의 재통일에 이르기까지 그 사이에는 약 천 년의 시간적 거리가 있고, 『일주서』가 "주사기周史記"로서 분명히 서주 정권의 건립에 따라 그 "실록"이 시작되었고, 최후로는 그 정권의 멸망에 따라 끝났다. 이러한 배경에서 『일주서』의 시간적 경과가 매우 길기 때문에 『주관』과 『일주서』의 상호 중첩된 내용에 대하여 일반적으로는 대부분 전자(『주관』)는 마땅히 후자(『일주서』)에 근원하고 있음을 인정한다. 심지어는 상반된 관점에서 보면, 『주관』이 주대의 위서僞書에 속한다면, 거기에 있는 많은 "허위"의 내용도 마땅히 『일주서』에서 "만들어 낸" 데서 근거하여 나온 것이며, 이 가운데는 마땅히 이른바 "육예六藝"의 사상적 내용도 포함된다. 왜냐하면 "주사기"로서 『일주서』의 내용도 반드시 주대周代 사관의 묘사 혹은 사실 기록이고, 『주관』은 후대 사람이 선현의 사상을 빌려서 관제官制와 관위官位에 관한 생각을 형성하였기 때문에, 반드시 『일주서』에 의지해야 비로소 실현된다. 이 기초에서 양자의 사이에 서로 중첩된 부분이 곧 『주관』이 『일주서』를 계승하거나 이어받은 관계를 나타낸다.

『주관』이라는 책의 가장 큰 특징은 "관제를 천도에 합치하도록 하고, 천도는 여러 가지 서로 관련된 숫자로 표현되며, 예제와 관련된 것은 반드시 이러한 숫자의 유형과 서로 합치해야 한다"[54]라는 데 있다. 이 점은 주로 "천·자"와 "춘·하·추·동" 사계절의 방식으로 설치한 관위에서 나타난다. 사상적 배경으로 보면, 서주 때부터 "하늘을 공경하고 조종祖宗을 받듦"과 "하늘을 공경하고 백성을 보호함"의 정치적 경험을 총괄하여 나온 이래, 이러한 관제는 천도의 체계와 합치하여 자연히 광범위한 사상적 기초가 있으나, 도리어 결코 완전하게 서주의 관제 설계 그 자체임을 실증할 수 없으며, 또한 『일주서』에서도 관련된 기록이 보이지 않는다. 이것은 서주 이래 "하늘을 공경하고 백성을 보호함"이 하늘의 도덕의식에 합치함이 결코 천도天道를 원형 그대로 따르거나 최선을 다해서 모방하였음을 표현하지 않았음을

---

54) 徐復觀, 『徐復觀論經學史二種』, 「『周官』成立之時代及其思想性格」, 187쪽.

설명한다. 이러한 관점에서 보면, 『주관』은 당연히 "관제를 천도에 합치하도록 하였다"라는 사상은 『일주서』를 분명하게 계승한 성향을 나타낸 것이 아님을 말한다. 당연히 이러한 각도에서 보면, 이러한 "관제를 천도에 합치하도록 하였다"라는 사상이야말로 『주관』 특유의 창조라고 할 수 있다.

그렇다면, 이러한 "창조"는 오직 어떤 조건에서 발생할 수 있는가? 서복관 선생의 고정에 의하면, "관제로써 정치 이상을 표현하는 것은 전국시대 중기를 전후해서 비로소 점차적으로 발전하였다"[55], 즉 『주관』이 "관제를 천도에 합치하도록 하였다"라는 사상도 전국시대 중기 이후에 비로소 형성될 수 있었다는 말이다. 이것은 『주관』과 『일주서』가 형성되는 선후의 연결 관계를 증명하는 것일 뿐만 아니라, 기본적으로 『주관』의 형성시대와 그 사상적 기초를 확정하는 것일 수도 있다. 이 점에 대하여 서복관 선생은 다음과 같이 말한다.

> 관제로써 정치 이상을 표현하는 것이 전국시대 중기를 전후해서 비로소 점차적으로 발전하였다는 것을 나는 "삼공三公"이라는 한마디에서 출현하였다고 짐작한다. 고대에는 5등급의 작위爵位 가운데 공公이 있었으나 이른바 삼공三公은 없었고, 나는 「한대 1인 전제정치하에서의 관제의 변화」(漢代一人專制政治下的官制演變)라는 글에서 이미 특별하게 그 가린 것을 밝혀내었다. 관제가 정치사상을 표현하는 데는 두 가지 계통이 있는데, 하나는 관제를 합리적으로 배분함으로써 정치적 효율을 높일 수 있고, 정치적으로 요구되는 임무를 달성할 수 있으며, 심지어 관제로써 군권君權을 제한하여 전제적 독소를 완화할 수도 있다. 이것이 하나의 계통이다. 다른 하나는 관제를 천도와 서로 합치하게 하여 정치와 천도가 서로 합치한다고 느끼게 하는 계통이다. 고대의 종교적 최고 인격신인 천天의 권위가 서주 말 춘추시대를 거치면서 점차 희미해져서 사라지고, 전국시대 정기를 전후해서 분산되어 수數의 관념과 음양오행의 관념으로 천도天道를 말하고, 천도는 새로운 형태로 여러 방면의 사상으로 유포되어 인간세상과 더 많은 관계를 발생시켰다. 이에 관제가 천도를 대표하는 숫자 혹은 음양오행과의 관계로

---

55) 徐復觀, 『徐復觀論經學史二種』, 「『周官』成立之時代及其思想性格」, 188쪽.

격상되자, 이것이 곧 이상적 관제라고 깨달았다.[56]

　서복관 선생의 이 분석은 한편으로, "관제를 천도에 합치하도록 하였다"라는 사상이 형성되는 역사적 배경을 밝힌 것이며, 다른 한편으로는 또 사상의 변화발전 방식으로 고대의 인격신의 관념 해소를 분석한 후, 춘추전국시대를 거쳐서 "수數의 관념과 음양오행의 관념으로 천도天道를 말하고, 천도는 새로운 형태로 여러 방면의 사상으로 유포되어 인간세상과 더 많은 관계를 발생시켰다. 이에 관제가 천도를 대표하는 숫자 혹은 음양오행과의 관계로 격상되자, 이것이 곧 이상적 관제라고 느꼈다." 분명하게 『주관』은 "관제를 천도에 합치하도록 하였다"라는 사상이 형성될 수 있는 사상문화적 기초이며, 동시에 『주관』이 유가경전의 문헌에서 독특한 특색을 가졌다고 할 수 있다.

　만약 이 점만 가지고 말한다면, 『주관』과 『일주서』는 아마도 결코 비교 가능성이 없으며, 따라서 양자는 분명하게 서로 다른 시대적 배경과 사상적 기초가 있다. 『일주서』는 "주나라의 역사기록"(周史記)에 속하며, 그 내용도 기본적으로 "주나라 때 임금이 내린 포고문과 명령"이다. 그리고 『주관』은 전국시대 중기 이후의 "수의 관념과 음양오행의 관념으로 천도를 말하였다"라는 관제의 가상 생각에 속하며, 따라서 양자의 사이에는 분명하게 명확한 비교 가능성이 없다.

　그러나 그들 사이에는 하나의 왕조의 정치가 시작되고 어떻게 정책 실시가 확립되는가 하는 공동의 구조에 직면하고 있는데, 『일주서』가 이미 주나라의 사관에게서 나왔다면 그것은 또한 단지 기록의 기능일 뿐이다. 그러나 『주관』은 분명하게 전국시대 중기 이후의 새로운 왕조의 형성과 새로운 관제가 어떻게 확립되는가 하는 중대한 문제를 직면하고 있다. 따라서 『주관』은 이른바 "대저 왕이 나라를 세움에 방향을 변별하여 위치를 바르게 하고, 나라의 체계體系를 세우고 임야의 경위經緯를 확립하고, 관직을 설치하고 직분을 나누고, 백성을 극진하게 여겨야

---

56) 徐復觀, 『徐復觀論經學史二種』, 「『周官』成立之時代及其思想性格」, 188쪽.

한다"57)라는 말이 곧 그 각 편과 장의 공통적 출발점이 되었으며, 각 장은 모두 이 점을 입론立論의 근거로 삼았다. 이것은 『주관』이 아마도 전국시대 중기 이후 유가의 '사'들이 새로운 왕조의 건설에 적응하기 위하여 제출한 일종의 "나라의 체계를 세우고 임야의 경위를 확립하고, 관직을 설치하고 직분을 나눔"의 기본적 강령이었음을 말해 준다.

이러한 전제에서 『주관』과 『일주서』 사이에는 일련의 공통적 요소가 있을 수 있는데, 예를 들면 "나라의 체계를 세우고 임야의 경위를 확립함"에 직면한 방위, 토지, 인민 등 여러 요소는 전적으로 공통적이며, 양자가 공통으로 갖춘 "직방職方"58)도 또한 대체로 일치하였다. 당연히 이것은 오직 『주관』이 『일주서』를 답습 혹은 계승한 결과임을 말한다. "직방"에 대하여 『일주서』는 "직職은 주관主管이 다. 방方은 사방四方이다"59)라고 하였다. 분명히 이것은 통치자가 "나라의 체계를 세우고 임야의 경위를 확립함"의 기본적인 의미이다. 그 구체적인 내용에 대하여 『일주서』는 이렇게 전개한다.

직방씨가 천하의 지도를 관장하고 그 방국邦國(제후의 봉토), 도비都鄙(도성과 지방),
사이四夷, 팔만八蠻, 칠민七閩, 구맥九貉, 오융五戎, 육적六狄의 인민을 변별하고,
그 재용財用, 구곡九穀60), 육축六畜61)의 수를 부여한다. 그 이롭고 해로움을 널리
알고, 구주九州의 나라들을 분별하여 함께 이익이 관통하도록 한다.
동남쪽을 양주揚州라고 하고, 진산鎮山62)을 회계會稽라고 하며, 수택藪澤63)을 구구

---

57) 『周禮』(吳哲楣 主編, 『十三經』), 「天官」, 283쪽. 이후에는 「只管」, 「春官」, 「夏官」, 「秋官」
   매 편의 첫머리에 보이며, 또한 완전하게 같은 방식으로 첫머리를 시작한다.
58) 역자 주: 周의 官名으로 『周禮』 「夏官」의 기록이며, 국가의 地圖를 관장하고, 사방
   제후들이 바치는 貢物을 관리하는 職貢의 직책을 맡았다.
59) 黃懷信 等 撰, 黃懷信 修訂, 李學勤 審定, 『逸周書彙校集注』, 「職方」, 972쪽.
60) 역자 주: 왕이 籍田에서 재배한 黍(기장)·稷(피)·秫(차조)·稻(벼)·麻(삼)·大豆
   (콩)·小豆(팥)·大麥(보리)·小麥(밀) 등 9가지 곡식.
61) 역자 주: 六畜으로 쓰며, 집에서 기르는 가축을 말한다. 馬(말), 牛(소), 羊(양), 鷄(닭),
   犬(개), 豕(돼지)를 가리킨다.
62) 역자 주: 한 지역에서 가장 유명한 산.

具區라고 하며, 그 하천河川은 삼강三江이며, 그 침수浸水 지역은 오호五湖이며, 그 이록利祿은 금金, 석죽錫竹, 전촉箭이며, 그 백성은 2남 5녀이며, 그 가축은 닭과 개, 조鳥·수獸이며, 그 곡식은 마땅히 도稻(벼)[64]이다.

정남正南쪽을 형주荊州라고 하며, 그 진산鎭山은 형산衡山이며, 사람이 많이 모인 곳을 운몽雲夢이라고 하며, 그곳의 하천河川은 장강長江, 한수漢水이며, 그 침수 구역은 영수穎水와 담수湛水이며, 그 이록利祿은 단사丹砂, 은銀, 수레 바퀴살(齒), 가죽(革)이며, 그 백성은 1남 2녀이며, 기르는 가축은 조鳥·수獸이며, 그 곡식은 도稻(벼)이다.…… [65]

그리고 『주관』에서는 그 "직방職方"을 대체로 서로 같은 방식으로 설명한다.

직방씨가 천하의 지도를 관장하고, 세상의 땅을 관장하며, 그 방국邦國, 도비都鄙, 사이四夷, 팔만八蠻, 칠민七閩, 구맥九貉, 오융五戎, 육적六狄의 인민을 변별하고, 그 재용財用과 구곡九穀과 육축六畜의 수요를 부여한다. 그 이롭고 해로움을 널리 알고, 구주九州의 나라들을 분별하여 함께 이익이 관통하도록 한다. 동남쪽을 양주揚州라고 하고, 진산鎭山은 회계會稽라고 하며, 수택藪澤을 구구具區라고 하며, 그 하천河川은 삼강三江이며, 그 침수浸水 지역은 오호五湖이며, 그 이록利祿은 금金과 석죽전錫竹箭이며, 그 백성은 2남 5녀이며, 그 가축은 새와 짐승이며, 그 곡식은 마땅히 도稻(벼)이다. 정남正南쪽을 형주荊州라고 하며, 그 진산鎭山은 형산衡山이며, 사람이 많이 모인 곳을 운몽雲夢이라고 하며, 그곳의 하천河川은 장강長江, 한수漢水이며, 그 침수 구역은 영수穎水와 담수湛水이며, 그 이록利祿은 단사丹砂, 은銀, 수레 바퀴살(齒), 가죽(革)이며, 그 백성은 1남 2녀이며, 기르는 가축은 조鳥·수獸이며, 그 곡식은 도稻(벼)이다.[66]

---

63) 본래 水草가 빽빽한 덤불을 의미하나, 여기서는 사람이 모이는 곳을 상징함.
64) 역자 주: 이 책의 원문은 □로 되어 있으나, 『周禮』「職方氏」에는 "其谷宜稻"로 되어 있어 이를 따른다.
65) 黃懷信 等 撰, 黃懷信 修訂, 李學勤 審定, 『逸周書彙校集注』, 「職方」, 975~978쪽.
66) 『周禮』(吳哲楣 主編, 『十三經』), 「夏官」, 283쪽.

분명히 『주관』에서는 『일주서』의 "직방씨가 천하의 지도를 관장하고 그 방국을 변별한다"(職方氏掌天下之圖, 辨其邦國)라는 두 구절의 사이에 이른바 "천하의 땅을 장악한다"(以掌天下之地)라는 설명적인 보충을 더한 것 외에는 거의 완전하게 『일주서』에 원래 있는 "직방職方"을 그대로 답습하였다. 당연히 사람들은 해명하여 말할 수 있는데, 같은 지역의 통치자에 대하여 말하면, "직방"이 나타내는 방위, 토치, 물산, 인민은 모두 기본적으로 안정되어 있다고 말해야 한다. 그러나 『주관』이 명확하게 "천하의 땅을 장악한다"라고 보충적으로 설명한 것을 보면(사실 근본적으로 이럴 필요는 없다.), 『주관』의 "직방"도 바로 『일주서』의 "직방"에 근원하였다고 해야 하며, 이것은 『일주서』의 "직방"에 대한 계승 혹은 답습이다.

이 밖에 『주관』과 『일주서』 사이에도 분명하게 어느 정도 공통적 주장이 있는데, 그것은 곧 "예藝"를 중시하는 것이다. 만약 『일주서』가 서주 사회정치의 실록으로 그것이 "예"를 중시하는 것이 자연히 일종의 사실이라고 할 수 있다면, 『주관』이 "예"를 중시하는 것도 마땅히 『일주서』가 중시하는 "예"에 대한 일종의 해독적 정리와 종합이라고 할 수 있다. 물론 여기서 우리는 잠시 『주관』이 어떻게 "예"를 해독적으로 정리하는가의 문제는 제쳐두고, 청하건대 먼저 『일주서』에서는 어떻게 "예"를 대하는가를 살펴보자.

『일주서』가 비교적 "예藝"를 중시하는 특색에 대하여, 서복관 선생은 오로지 『주관』이 특별하게 중시하고 심지어 독창성을 가졌다고 할 수 있는 "육예六藝"설로부터 출발하여 그 근원을 소급하여, 『주관』의 "육예"는 사실 『일주서』의 "예"에 근원한다고 보았다. 그는 다음과 같이 말한다.

…… 오늘날 볼 수 있는 고전에서 오직 『주서』(곧 『일주서』)에서만 근거를 찾을 수 있다. 『주서』에서는 최소 여덟 곳에서 "예藝"라는 글자가 나타나며, (『일주서』의) 제5장 「적광糴匡」의 "여자餘子들은 기예에 힘쓴다"(餘子務藝)라는 구절에서 "여자"라는 단어는 『주관』에도 보이며, 소사도小司徒에 "무릇 나라의 큰일은 백성에게 이르고, 작은 일은 여자에게 이른다"(凡國之大事致民, 小事致餘子)라는 구절에서

여자는 또 『주관』의 국자國子이며, 대사락大司樂의 "국자를 도로써 기르고, 육예六藝로써 교육한다"(養國子以道, 乃敎之以六藝)라는 말도 곧 여기서 나왔다.[67]

서복관 선생은 여기서 분명하게 『주관』의 "육예六藝"라는 설의 역사적 기원을 소급하였다. 이미 『주관』의 "육예"가 『일주서』가 비교적으로 중시하는 "예藝"에 근원한다면, 이것은 적어도 『주관』이 제출한 "육예"의 설은 결코 근거 없이 창조된 황당무계한 담론이 아님을 말해 준다. 만약 우리가 서복관이 제공한 노선에 따라 검색을 진행한다면, 『일주서』에서 "예"를 언급한 것과 논술은 단지 여덟 곳에 그치지 않으니, 청컨대 필자가 대충 넘겨보면서 보았던 "예"를 보기 바란다.

옛날의 현명한 군주는 이 여섯 가지를 받들어(살펴보면, 福・禍・丑・賞・讓・罰) 만민을 길렀으니 백성이 날로 쓰며 잃지 않았다. 은혜로써 위무慰撫하고, 균등함으로써 화목하게 하고, 불쌍하게 여김으로써 단속하고, 음악으로써 즐기며, 예로써 신중하게 하며, 기예技藝로써 가르치며, 정령으로 진동震動시키며, 일로써 움직이게 하고, 상賞으로써 권면하며, 벌로써 두렵게 하고, 충심으로 임하게 하고, 권형權衡으로 행하게 한다.[68]

기예는 지나치지 않게 하고, 예禮는 때에 맞으며, 즐김은 넘치지 않고, 슬픔은 지나치지 않으며, 균등하게 한결같지는 않게 하며, 은혜를 베풀되 (나쁜 사람을) 용서하지는 않는다.[69]

균등함이 한결같으면 화합하지 않고, 슬픔이 지나치면 피폐해지고, 예가 때에 맞지 않으면 귀하지 않으며, 기예가 지나치면 재능을 해치고, 정령이 왕성하면 오래가지 못하고, 일이 진동震動하면 공적이 적다.[70]

67) 徐復觀, 『徐復觀論經學史二種』, 「『周官』成立之時代及其思想性格」, 238~239쪽.
68) 黃懷信 等 撰, 黃懷信 修訂, 李學勤 審定, 『逸周書彙校集注』, 「命訓」, 34~35쪽.
69) 黃懷信 等 撰, 黃懷信 修訂, 李學勤 審定, 『逸周書彙校集注』, 「命訓」, 36쪽.
70) 黃懷信 等 撰, 黃懷信 修訂, 李學勤 審定, 『逸周書彙校集注』, 「命訓」, 38쪽.

외양간의 가축을 제약制約시키고, 여자餘子들이 함께 기예를 익힌다.71)

다섯 가지 좋은 일은 첫째 어진 사람을 얻음, 둘째 지혜로운 사람을 얻음, 셋째 용감한 사람을 얻음, 넷째 재능 있는 사람을 얻음, 다섯째 기예 있는 사람을 얻음이다.72)

다섯 가지 시위侍衛는 첫째 어진 사람을 밝히고 용서의 마음을 품게 함, 둘째 지혜로운 사람을 밝혀 계책을 돕도록 함, 셋째 무예 있는 사람을 밝혀 용맹함을 유지하도록 함, 넷째 재능 있는 사람을 밝혀 '사'를 거두어들임, 다섯째 기예를 밝혀 관료를 뽑는다.73)

여섯 가지 시위는 첫째 어진 사람을 밝히고 용서의 마음을 품게 함, 둘째 지혜로운 사람을 밝혀 계책을 돕도록 함, 셋째 무예 있는 사람을 밝혀 용맹함을 유지하도록 함, 넷째 재능 있는 사람을 밝혀 '사'를 거두어들임, 다섯째 기예를 밝혀 관료를 뽑음, 여섯째 명령을 밝혀 정사를 돌보게 함이다.74)

봄은 만물을 생겨나게 하고 기르며, 난초蘭草 같은 풀이 성숙해지고, 성글던 풀이 자라 그득해지며, 여름은 생장하도록 기르니 초목의 줄기가 번성하며, 홍수와 장마에 힘쓰며, 가을에는 비로소 수확하며, 절기를 놓치지 말아야 하며, 겨울은 크게 베푼다.75)

교모敎牟와 나무 심기(樹藝)는 서로 견주어 자라며, 직무를 확립함과 전담의 구획이 모두 통한다.76)

---

71) 黃懷信 等 撰, 黃懷信 修訂, 李學勤 審定, 『逸周書彙校集注』, 「糴匡」, 74쪽.
72) 黃懷信 等 撰, 黃懷信 修訂, 李學勤 審定, 『逸周書彙校集注』, 「大武」, 112쪽.
73) 黃懷信 等 撰, 黃懷信 修訂, 李學勤 審定, 『逸周書彙校集注』, 「大武」, 118쪽.
74) 黃懷信 等 撰, 黃懷信 修訂, 李學勤 審定, 『逸周書彙校集注』, 「酆保解」, 200쪽.
75) 黃懷信 等 撰, 黃懷信 修訂, 李學勤 審定, 『逸周書彙校集注』, 「小開解」, 228쪽.
76) 黃懷信 等 撰, 黃懷信 修訂, 李學勤 審定, 『逸周書彙校集注』, 「大聚解」, 401쪽.

우리가 위에서 『일주서』 가운데 발췌해 낸 "예藝"의 운용에 관한 상황만 보더라도, 곧 서복관이 "『주서』 가운데 최소 여덟 곳에서 나타난 '예'자"는 확실히 진지한 통계의 기초에서 얻어진 결론이다. 그러나 이 점은 『주관』에서의 "국자國子를 도로써 기르고, 육예六藝로써 교육한다"라는 말이 분명하게 『일주서逸周書』에서 나온 것임을 설명하는 것 외에 공자가 『논어』에서 "예"를 중시하고 강조하였던 것도 마찬가지로 우리에게 일정한 증거를 제공해 줄 수 있다.

주지하듯이 『논어』는 공자 문하의 제자들이 공자의 일생의 언행을 추억하여 정리한 책이며, 『논어』 가운데 공자가 자술하고 아울러 인도적으로 표시한 "도에 뜻을 두고, 덕에 근거하며, 인仁에 의지하고, 예에 노닌다"[77]라고 한 말 외에 다른 곳에서 제시한 "예藝"는 결코 인과 예만큼 위상이 높지 않다. 예를 들어, "내가 어렸을 때는 비천하였으므로 나는 비천한 일을 잘할 수 있다"[78]라고 하고, "나는 관직에 시험당하지 않았으므로 예에 능했다"[79]라고 한 말은, 다른 사람들이 그(공자)를 "어떻게 그토록 다능多能하십니까?"[80] 등등의 찬양하는 말을 포함하여, 실제로는 모두 "예"를 가리켜 언급한 것이다. 이처럼 "예"로써 다재다능함을 가리키는 화법은 본래 주공周公에 근원하는데, 주공은 상천上天과 삼대의 조종에게 기도하면서 병환 중에 있는 무왕을 대신할 수 있기를 희망하며 분명하게 말하기를 "나는 인仁하고 선고先考처럼 능하며, 재주가 많고 예도 많아 귀신을 섬길 수 있다"[81]라고 하였다. 이러한 현상은 서주 이래 "예"가 실제로는 이미 "예능"을 가리키는 용어가 되었음을 말한다. 따라서 사인士人이 성장하기 위한 필수 과목이 되었으며, 따라서 공자가 말한 "예에 노닌다"라는 말이 곧 증명되었다고 볼 수 있다.

이 외에 『좌전左傳』에도 "예藝"에 대한 논술이 적지 않은데, 다음과 같다.

---

77) 『論語』(吳哲楣 主編, 『十三經』), 「述而」, 1275쪽.
78) 『論語』(吳哲楣 主編, 『十三經』), 「子罕」, 1281쪽.
79) 『論語』(吳哲楣 主編, 『十三經』), 「子罕」, 1281쪽.
80) 『論語』(吳哲楣 主編, 『十三經』), 「子罕」, 1281쪽.
81) 『尙書』(吳哲楣 主編, 『十三經』), 「金縢」, 95쪽.

왕이 크게 분노하여 "크게 나라를 욕보인 것이니, 내일 아침 너희가 활을 쏜다면, 그 기예 때문에 죽을 것이다"라고 하였다.[82]

사관은 기록하고, 고고(음악인)는 시詩를 쓰며, 공송工誦(樂工)은 잠언箴言과 간언諫言을 노래하고, 대부大夫는 임금을 일깨우고, '사'는 말을 전하고, 서인은 나무라며, 상인은 시장을 떠돌며, 백공百工(모든 匠人)은 예능藝能을 헌납獻納한다. 그러므로 『하서夏書』에서는 "관인이 목탁을 치며 길을 순무巡撫하며, 관인과 군인이 서로 규찰하며, 공인은 그 예능을 지켜서 간한다"라고 하였다.[83]

여기서 "예藝"는 모두 구체적으로 맡은 일을 하는 "예능藝能"을 가리켜 말하며, 특히 "백공은 예능을 헌납한다"(百工獻藝)와 "공인은 그 예능을 지켜서 간한다"(工執藝事以諫)라는 말들도 모두 분명하게 "예"를 맡은 일을 하는 특수한 기능과 연결시켰다. 이는 초기 유학에서 "예"의 추구와 논술이 적지 않았음을 말한다.

그러나 다른 한편으로 공자 이후 본래 사인士人이 성장하기 위한 필수 과목으로서의 "예藝"는, "백공"을 포함한 맡은 일을 하는 특수한 기능으로서의 "예藝"는, 모두 이미 공자의 "문文·행行·충忠·신信"의 이른바 "네 가지 가르침"[84]이 되었고, 이 네 가지는 기본적인 품행을 포괄하며, 또한 "(군자는) 널리 문文을 배우며, 예禮로써 요약要約한다"[85]라는 새로운 전통에 지위를 양보하였다. 그러나 『일주서』와 『좌전』에서부터 『주관』에 이르기까지 "예"에 대한 부각과 강조로 보면, "예"는 사인의 성장으로 말해도, 여전히 매우 중요하다. 왜냐하면 그것은 곧 유학의 구체적 발생과 형성에서 일단의 비밀을 포함할 가능성이 있기 때문이다.

---

82) 『春秋左傳』(吳哲楣 主編, 『十三經』), 成公 十六年, 763쪽.
83) 『春秋左傳』(吳哲楣 主編, 『十三經』), 襄公 十四年, 797쪽.
84) 『論語』(吳哲楣 主編, 『十三經』), 「述而」, 1276쪽.
85) 『論語』(吳哲楣 主編, 『十三經』), 「述而」, 1292쪽.

4. "6"의 특수한 함의

"수數"는 중국문화에서 자주 비교적 특수한 의미가 있는데, 일반적으로 수는 수량으로 표시하는 일체의 사물을 가리킨다. 예를 들면, 노자老子의 『도덕경道德經』의 "도道가 1을 낳고, 1은 2를 낳고, 2는 3을 낳으며, 3은 만물을 낳는다"[86]라고 한 문장의 "수數"도 모두 구체적으로 어떤 것을 가리켜 말한다. 그러나 다른 한편으로 "수"는 또한 특별하게 어떤 추상적 사물을 가리키는데, 예를 들면 노자가 "하늘은 1을 얻어 맑으며, 땅은 1을 얻어 안녕하며, 신神은 1을 얻어 신령하고, 골짜기는 1을 얻어 가득 차고, 만물은 1을 얻어 생겨나고, 제후와 왕은 1을 얻어 세상을 곧게 한다"[87]라고 표현한 것처럼, 여기서 말하는 "1"은 분명히 어떤 추상적인 의미를 갖추고 있다. 중국문화에서 가장 추상적이고 가장 파악하기 어려운 것은 이른바 "기수氣數"라는 말이다. 왜냐하면 이 말은 실제로는 이미 일종의 사물이 존재하게 되는 시공時空의 최후의 단계(極限)이기 때문이다. 예를 들면, 무왕이 주왕紂王을 정벌하기 전에 "동쪽으로 가서 군대를 점검하고, 맹진盟津에 이르렀다"[88]라는 말처럼, 당시에 회맹하는 "제후들이 모두 말하기를 '주왕을 정벌할 수 있다'라고 하였고, 무왕은 '그대들은 아직 천명을 모르니 아직 (정벌)할 수 없다'라고 하며, 이에 군사를 돌이켜 돌아갔다"[89]라고 하였다. 여기서 말하는 "천명天命"은 실제로는 은나라 주왕의 왕권이 존재하는 "기수氣數" 혹은 "정수定數"를 가리켜 말한 것이다.(이 점에서 "천명"과 "기수"는 또한 유가와 도가 두 학파의 서로 다른 용어이다.) 당연히 이것은 중국문화에서 "수"에 관한 가장 신비하고 가장 은미하고 알기 어려운 한 면을 대표하며, 따라서 후대의 장재張載가 "이 일의 사이에는 털끝 하나도 용납되지 않으니, 당일에 명령이 끊어지지 않으면 군신君臣이며, 당일에 명령이 끊어지면

---

86) 『道德經』(『諸子集成』 3책), 42장, 26쪽.
87) 『道德經』(『諸子集成』 3책), 42장, 24~25쪽.
88) 司馬遷, 『史記』(『二十五史』, 권1), 「周本紀」, 12쪽.
89) 司馬遷, 『史記』(『二十五史』, 권1), 「周本紀」, 12쪽.

독부獨夫(외톨이 남자)이다"[90)]라는 말로 무왕을 위하여 변호하지 않을 수 없었다. 그리고 장재의 변호는 도가의 관점에서 보면 사실 일종의 "기수氣數"의 의미를 포함하고 있다. 장재의 변호가 만약 도가적 관점이라면, 그것은 사실 "기수"의 의미를 포함하고 있다.

그러나 우리가 여기서 해독하려는 "수"는 이미 그와 같이 신비적 의미가 있는 "기수" 혹은 "정수"를 가리키는 것이 아니고, 또 단지 구체적 사물의 수량 관계만을 가리키는 "수"도 아니라, 양자의 사이에 개입된 것으로 곧 구체적인 것에서 추상적 혹은 구체성을 포함하는 추상적인 "수"이다. 그리고 이것은 두 사이에 끼어 있고, 즉 구체적인 것에서 추상적인 것으로 혹은 구체적이면서 추상적인 것을 포함하는 "수"이다. 한편으로는 분명히 수량적 의미를 갖추고 있지만, 다른 한편으로 그것은 마치 순수한 수량의 관계일 뿐 아니라 어느 정도로는 이미 현실로 드러난 시대의 발전 혹은 인류 인식의 심화이며, 동시에 주로 사람들의 습관적 용어를 통하여 표현되어 나오는 수이기도 하다. 예를 들면, 우리가 위에서 인용한 노자『도덕경』 가운데 "도"로 말미암아 파생되어 나오는 것이 "1", "2", "3"인데, 여기서 "1", "2", "3"은 우리가 일상생활에서 소개하는 어떤 학과, 어떤 영역에서의 이른바 A, B, C의 의미 및 그 관계와는 결코 같지 않으며, "수"의 형식으로 우리의 생존과 그 가운데서의 이 세계의 전개와 변화 그리고 그 층차적 관계를 나타내고 가리키며, 동시에 이러한 세계에 대한 우리의 기본 인식을 나타낸다. 예를 들어 "1"에 대해 노자는 왜 "도는 1을 낳는다"라고 하고, 동시에 또 "하늘은 1을 얻어 맑고, 땅은 1을 얻어 안녕하며, 신은 1을 얻어 신령하다"라고 하였는가? 분명히 여기서 말하는 "1"은 이 세계가 형성되는 가장 높은 본체적 인소因素, 곧 이른바 천지의 근원을 나타내며, 동시에 이 세계를 인식하는 가장 높은 본질을 나타낸다. 그리고 "2"를 말하면, 이 세계 내부의 기본적 인소와 그 발전의 근본적인 동력을 대표하며, 동시에 우리가 이 세계를 인식하는 기본적인 방법을 나타낸다. 그리고 "3"은 이

---

90) 張載,『經學理窟』(『張載集』),「詩書」, 257쪽.

세계 현실적 운행과 그 구체적 전개를 가리키며, 동시에 우리와 이 세계의 상호작용을 나타낸다. 이렇게 보면 이른바 "1", "2", "3"은 또한 노자철학의 기본적 내용을 포함하기에 충분하다.

실제로 비록 공자는 노자처럼 완전하게 이와 같은 형식의 "수"로써 이 세계와 이 세계에 대한 우리의 인식을 나타내는 것을 결코 좋아하지 않았던 같지만, 이러한 "수"와 그 관계는 『논어』에서도 마찬가지로 존재한다. 예를 들면, 유학과 도가가 나누어지고 대립하는 측면에서 보면, 노자가 말한 "1"은 곧 "도道"의 자재自在하는 상태를 나타내고, 공자의 "1"은 곧 "덕"이라고 할 수 있으며, 따라서 노자는 "도를 잃은 후에 덕이 있으며, 덕을 잃은 후에 인仁이 있으며, 인을 잃은 후에 의義가 있으며, 의를 잃은 후에 예禮가 있으니, 무릇 예는 충성과 믿음이 엷어서 어지러움의 으뜸이다"[91]라고 하였는데, 이러한 말은 대비강조와 비판적 말투이다. 그러나 만약 유학의 사회적 활동(立身)과 일 처리의 기본 원칙으로 보면, 유가의 "1"은 또 "예"라고 할 수 있으며, 따라서 공자는 이미 완전하게 "예"를 준칙으로 삼아 안회顏回에게 반복하여 신신당부하며 "예禮가 아니면 보지도 말고, 예가 아니면 말하지 말고, 예가 아니면 듣지도 말고, 예가 아니면 움직이지 말라"[92]라고 하였다. 동시에 또 계씨季氏를 "(천자만이 할 수 있는) 팔일무八佾舞를 뜰에서 추게 하였는데, 이것을 용인한다면 무엇인들 용인하지 못하겠는가?"[93]라고 분명하게 비판하였다. 그러나 만약 공자가 일생에서 최고로 추구한 것으로 보면, 이러한 "1"은 또한 "인仁"이라고 할 수 있다. 왜냐하면 그는 "사람이 인仁하지 못한데 어찌 예禮를 행할 수 있겠는가? 사람이 인하지 않은데 어찌 악樂을 할 수 있겠는가?"[94]라고 개탄하였으며, 동시에 또한 "하루만이라도 자신(의 사욕)을 이기고 예를 회복한다면, 세상이 인仁으로 돌아갈 것이다"[95]라고 갈망하였기 때문이다. 이른바 "2"에 대하여,

---

91) 『道德經』(『諸子集成』 3책), 42장, 23쪽.
92) 『論語』(吳哲楣 主編, 『十三經』), 「顏淵」, 1290쪽.
93) 『論語』(吳哲楣 主編, 『十三經』), 「八佾」, 1263쪽.
94) 『論語』(吳哲楣 主編, 『十三經』), 「八佾」, 1263쪽.
95) 『論語』(吳哲楣 主編, 『十三經』), 「顏淵」, 1290쪽.

공자의 사상에도 마찬가지로 존재하는데, 예를 들면 "공자는 '도道는 두 가지이니, 인仁과 불인不仁이 있을 뿐이다'라고 하였다"96)는 말이다. 다시 예를 들어 "어떤 비천한 사람이 나에게 묻는데, (나는 그 질문에 답할) 아무것도 모른다. 나는 그 양단兩端(모두)을 알아본 뒤 (그것을 가르치는 데) 온 힘을 다한다"97)라고 하였다. "3"에 대해서는 완전히 우리가 사람과 이 세계의 관계를 재인식하고 재조정再調整하는 것을 나타낸다. 예를 들면, "지자知者는 미혹되지 않고, 인자仁者는 근심하지 않으며, 용자勇者는 두려워하지 않는다"98)는 말로써 보면, 공자는 여기서 근본적으로 "3"을 언급하지 않은 것 같지만, 이 이후에는 이른바 "지知·인仁·용勇"을 가리켜 "세상의 통달한 덕"99)으로 보았다.

공자가 "3"에 대하여 설명한 내용 가운데 가장 특징적인 것은 다음과 같다.

공자는 "분발하지 않으면 일깨우지 않고, 말하지 못하는 것을 말하려고 노력하지 않으면 표현해 주지 않으며, 한 모퉁이를 들어 주었는데 나머지 세 모퉁이로 돌이키지 못하면 다시 하지 않는다"라고 하였다.100)

공자는 "세 사람이 길을 가면 (그 가운데) 반드시 스승으로 삼을 만한 사람이 있으니, 그 가운데 (나보다) 좋은 점을 선택하여 그것을 따르고, (나보다) 못한 것은 그것을 고친다"라고 하였다.101)

여기서 공자는 이미 "3"이라는 숫자를 지인知人과 교학敎學에 운용하였는데, 더욱 특기할 것은 이른바 "세 사람이 길을 간다"라는 말이 실제로는 우리가 아는 지식 세계의 "1", "2", "3"과 그 상호 관계의 일종인 가역성可逆性의 통일을 형성하였음

---

96) 『孟子』(吳哲楣 主編, 『十三經』), 「離婁上」, 1384쪽.
97) 『論語』(吳哲楣 主編, 『十三經』), 「子罕」, 1281쪽.
98) 『論語』(吳哲楣 主編, 『十三經』), 「子罕」, 1283쪽.
99) 『禮記』(吳哲楣 主編, 『十三經』), 「中庸」, 563쪽.
100) 『論語』(吳哲楣 主編, 『十三經』), 「述而」, 1275쪽.
101) 『論語』(吳哲楣 主編, 『十三經』), 「述而」, 1276쪽.

에 있다. "세 사람이 길을 간다"라는 말은 자연히 "나"가 직면하고 있는 인생의 현실이라고 말할 수 있으며, 다만 "그 가운데 (나보다) 좋은 점을 선택하여 그것을 따르고, (나보다) 못한 것은 그것을 고친다"라는 것을 통과해야 하며, 따라서 "3"에서 "2"를 추출하였고, "나"라는 사람에 대하여 말하면, 최후로 곧 오직 한 가지만 선택할 수 있으니 이것이 곧 선을 드러내고 악을 응징함, 허물을 고쳐서 착한 사람이 되는 것이다. 이러한 면에서 보면 공자는 능숙하게 "수"를 운용하여 그가 인지하고 있는 세계를 드러내었을 뿐만 아니라, 마찬가지로 "수"와 그 관계를 운용하여 이 세계에 대한 개량과 발전의 의지를 드러내었다.

이렇게 보면, 공자와 노자는 "1", "2", "3"의 수를 분별하여 유가와 도가 두 사상세계의 개척자가 된 것 같다. 그러나 여기에서의 "1", "2", "3"은 또 근본적으로 일반적으로 말하는 어떤 영역이나 어떤 학과에서 병렬하는 A, B, C 및 그 관계와는 다르다. 왜냐하면, 후자는 단지 세계의 전개와 그 순서만을 표시하지만, 유가와 도가가 말하는 "1", "2", "3"의 관계는 입체적인 것이라고 할 수 있기 때문이다. 세계가 세계로 성립되는 다른 층차와 그 기본 형성의 원인을 나타내며, 동시에 사람들이 세계를 인식하고 세계를 파악하는 기본적인 절차를 나타낸다.

만약 우리가 단지 공자와 노자의 "1", "2", "3"에 대하여 이처럼 비교하는 것은 분명히 무의미한 것이다. 왜냐하면, 어떤 하나하나의 개체에 대하여 말하면, 이른바 "1", "2", "3"은 실제로는 모두 인생에서 늘 직면하지 않을 수 없으며 또한 반드시 일생에 얽혀 있는 문제이기 때문이다. 그러나 만약 우리가 공자가 말한 "1", "2", "3"의 수를 사상과 그 서로 계승하여 이어진 후계와 연계하여 보면, 여기서 말하는 "1", "2", "3"은 곧 어떤 특수한 의미를 갖추고 있다. 예를 들어 말하면, 자사子思는 일찍이 분명하게 "지·인·용 세 가지는 세상의 통달한 덕이다"라고 하여 공자의 사상을 발현하였다. 그리고 그 자신도 분명하게 "천지와 함께 참여한다"라고 하여 그 인생의 최고 목표를 나타내었다. 이처럼 "천지와 함께 참여한다"라는 목표의 지향, 즉 맹자의 어법으로 표현하면, 또한 이른바 "군자가 거쳐 간 것은 변화하고, 마음을 둔 것은 신묘하며, 위와 아래가 천지와 함께 흐르니,

어찌 조금만 도움이 된다고 하겠는가?"102)라고 말할 수 있다. 만약 다시 송대 리학가理學家의 말로 표현하면, 또한 "사람은 천지와 함께 서서 삼극三極을 이루는데, 어찌 이기적으로 이 리理를 따르지 않을 수 있겠는가?"103)라는 말이다. 분명하게 자사가 말한 "삼"은 실제로는 주로 "천지와 함께 참여한다"라는 말에서 현실로 드러났다. 맹자에 이르면, 그것은 물론 "세상에 존중해야 할 것이 세 가지이니 작위가 그 하나요, 나이가 그 하나이며, 덕이 그 하나다. 조정에서는 작위만 한 것이 없으며, 향당에서는 나이만 한 것이 없으며, 세상을 다스리고 백성을 기르는 것은 덕德만 한 것은 없다"104)라는 말이고, 맹자가 유가의 전통인 "3"을 분명하게 하고 또 영활靈活하게 운용하였음을 밝혔지만, 맹자에 대하여 말하면 그 가장 큰 특색은 결코 "3"이 아니라 "4"이다. 맹자가 설명한 "사단四端"을 살펴보자.

> 사람은 누구나 차마 하지 못하는 마음을 가지고 있다고 하는 까닭은, 이제 어린아이가 막 우물에 빠지려는 것을 갑자기 보게 되면, 모두 두렵고 근심하는 측은한 마음이 드러난다. 이는 마음속으로 어린아이의 부모와 사귀어 (이득을 얻고자) 함도 아니요, 마을 사람이나 친구들로부터 칭찬을 바람도 아니며, (우물에 빠진 아이를 구해 주지 않았다고) 비난받기를 싫어해서 그런 것도 아니다. 이로써 보면 측은지심惻隱之心이 없으면 사람이 아니며, 수오지심羞惡之心이 없으면 사람이 아니며, 사양지심辭讓之心이 없으면 사람이 아니며, 시비지심是非之心이 없으면 사람이 아니다. 측은지심은 인仁의 단서이며, 수오지심은 의義의 단서이며, 사양지심은 예의 단서이며, 시비지심은 지智의 단서이다. 사람에게 사단이 있는 것은 사지四肢가 있는 것과 같으며, 이 사단이 있으면서 스스로 할 수 없다고 하는 것은 자신을 해치는 것이며, 그 임금이 그것을 할 수 없다고 하는 것은 그 임금을 해치는 것이다.105)

---

102) 『孟子』(吳哲楣 主編, 『十三經』), 「盡心上」, 1420쪽.
103) 陸九淵, 『陸九淵集』, 「與朱濟道」(中華書局, 1980), 142쪽.
104) 『孟子』(吳哲楣 主編, 『十三經』), 「公孫丑下」, 1368쪽.
105) 『孟子』(吳哲楣 主編, 『十三經』), 「公孫丑上」, 1361~1362쪽.

또 다음과 같이 말하였다.

입은 맛에서는 누구나 같은 기호嗜好가 있으며, 귀가 소리에서는 누구나 같은
좋은 소리가 있으며, 눈이 색色에 있어서는 누구나 아름답게 여기는 것이 있다.
마음에서만 그러한 것이 없겠는가? 마음이 누구나 그러하다고 여기는 것이 무엇
인가? 리理와 의義라고 한다. 성인聖人은 내 마음이 함께 그러하다고 여기는 것을
먼저 깨달았을 뿐이다. 그러므로 리理와 의義가 내 마음을 즐겁게 함은 쇠고기와
돼지고기가 내 입을 즐겁게 함과 같다.106)

분명히 여기에도 또 하나 "4"가 나타났는데, 인·의·예·지의 "사단四端"에서
구口·이耳·목目·심心의 "사관四官"으로, 다시 "사체四體" 즉 사지四肢까지, 이들은
또한 맹자가 인생세계를 하나의 기본으로 파악하였음을 나타낸다. 공자의 "1",
"2", "3"이 유가적 인생세계의 개벽을 대표하고, 자사의 "천지와 함께 참여한다"라는
말은 "대인大人"이 유가의 도덕적 이상을 고양함을 가리킨다면, 맹자의 "사단"과
"사체"의 설은 도덕이성이 인생의 몸과 마음 양면에 미치는 전면적 실현과 입체적인
통섭統攝의 관계를 가리켜 말한 것이다.

이뿐만 아니라 맹자철학에서는 심지어 "5"까지 출현하였는데, 비록 이 "5"는
결코 맹자가 직접 표현한 것은 아니지만, 맹자보다 조금 늦은 순자의 입장에서
보면, 이 "5"는 사맹思孟학파의 근본적인 특징이라고 할 수 있다. 예를 들면, 「비십이자
非十二子」에서 순자는 일찍이 "대략 선왕을 본받지만, 그 정통을 알지 못하며, 그런데도
여전히 재질은 격렬하고 뜻은 크며, 듣고 봄은 잡되고도 넓다. 지나간 옛것을 참고하여
설을 만들어 그것을 오행五行이라고 하였다. 매우 편벽되고 사리에 어긋나서 비슷한
것도 없으며, 은슥하고 감추어져서 설복할 수 없으며, 닫히고 제약되어 해설할
수도 없으며, 자신만의 말을 꾸미고 공경하여 말하기를 '이것이 진짜 옛 군자의
말'이라 하였다. 자사가 그것을 제창하고, 맹자가 그에 화답하였다.…… "107)라고

---

106) 『孟子』(吳哲楣 主編, 『十三經』), 「告子上」, 1409쪽.

하였다. 분명히 순자가 볼 때 이것은 이른바 사맹학파가 "지나간 옛것을 참고하여 설을 만들어 그것을 오행이라고 하였다"라고 한 말이다.

　"오행"은 본래 옛사람들이 사람의 생존세계를 구성하는 다섯 종류의 기본적인 재료에 대한 인식과 표현이며, 그것은 이미 『상서尚書』 「홍범洪範」편에 나타나며, 동시에 『국어國語』 「정어鄭語」편에도 보이는데, 옛사람들이 세계를 구성하는 다섯 가지 기본적인 재질에 대해 인식하였다고 할 수 있다. 「홍범」의 기록은 다음과 같다.

　　오행은 첫째는 수水, 둘째는 화火, 셋째는 목木, 넷째는 금金, 다섯째는 토土이다.
　　수는 아래로 적셔 흐르며, 화는 위로 타오르며, 목은 곡직曲直(事理分別)이며, 금은
　　종혁從革(개혁)이며, 토는 가색稼穡(농사와 가축)이다. 아래로 적셔 흐름은 짠맛이며,
　　위로 타오름은 쓴맛이며, 곡직은 신맛이며, 종혁은 매운맛이며, 가색은 단맛이다.[108]

　그리고 『국어國語』에서는 "오행"을 다음과 같이 설명한다.

　　그러므로 선왕은 토를 금·목·수·화와 섞어서 온갖 사물을 이루었다. 이로 인해
　　다섯 가지 맛으로 구미口味와 조합調合하고, 강건한 사지四肢로 몸체를 지키고,
　　육률六律과 화합하여 귀를 밝게 하였으며, (義를 높이는) 일곱 가지 격식을 바르게
　　함으로써 마음을 부리며, (八卦에 관한 풀이인) 팔색八索을 고르게 하여 '인재를
　　기르고'(成人), 구기九紀(아홉 가지 자연법칙을 따른 정치원칙)를 세워서 순수한 덕을 확립
　　하고, (1에서 10까지의) 열 가지 수를 합하여 몸 전체(百體)를 훈련訓練한다.[109]

---

107) 『荀子』(『諸子集成』 제2책), 「非十二子」, 59쪽.
　　　역자 주: 생략된 부분—세상의 어리석고 미련한 유자들이 떠들썩하게 지껄이지만,
　　　그것이 그름을 알지 못한다. 마침내 받아들여 전하기를 공자와 子游가 이후로 존경
　　　을 받게 되었다고 여기니, 이는 곧 자사와 맹자의 죄이다.(世俗之溝猶瞀儒, 嚾嚾然不
　　　知其所非也. 遂受而傳之以爲仲尼子游爲玆厚於後世, 是則子思孟軻之罪也.)
108) 『尙書』(吳哲楣 主編, 『十三經』), 「洪範」, 93쪽.
109) 『國語』(王樹民·沈長雲 點校, 『國語集解』), 「鄭語」, 470~471쪽.

여기서 「홍범」편에서의 "오행"은 자연히 주로 "오행" 자신의 성질로 말한 것으로, 따라서 "아래로 적서 흘러 짜게 되고, 위로 타올라 쓰게 되며, 곡직이 되어 시게 되며, 종혁으로 맵게 되며, 가색으로 달게 된다"는 표현이 있게 되었으며, 이것은 자연히 "오행" 자신의 성질에 따른 인식이라고 할 수 있다. 그러나 『국어』에 이르면 이러한 "오행"과 "오미五味"는 완전히 현실의 삶에서 하나의 중요한 조화의 수단이 되었으며, 따라서 곧 "다섯 가지 맛으로 구미口味와 조합調合하고, 강건한 사지四肢로 몸체를 지키고, 육률六律과 화합하여 귀를 밝게 하였으며, (義를 높이는) 일곱 가지 격식을 바르게 함으로써 마음을 부리며, (八卦에 관한 풀이인) 팔색八索을 고르게 하여 '인재를 기르고成人, 구기九紀(아홉 가지 자연법칙을 따른 정치원칙)를 세워서 순수한 덕을 확립하고, (1에서 10까지의) 열 가지 수를 합하여 몸 전체百體를 훈련訓練한다"라는 말이 있게 되었다. 이러한 특징을 보면, "오행"의 성질은 마치 늘 끊임없이 현실의 삶에서 흡수되고 집결된 것 같이, 마지막엔 모두가 현실 삶의 다양성과 그 중화를 지향하는 몇 가지 종류의 기본적 요소가 되었다.

이러한 점에서 사맹학파의 "오행"설은 장차 어떤 특징을 갖게 되는가? 사맹학파의 "오행"설에 대하여 말하자면, 일찍이 20세기 70년대에 마왕퇴馬王堆의 백서帛書가 막 출토되었을 때, 방박龐樸 선생이 그 가운데의 『오행』편과 『맹자』편의 비교를 통하여 『맹자』 가운데의 "입은 맛있는 음식을 원하고, 눈은 아름다운 색을 원하고, 귀는 좋은 소리를 원하고, 코는 좋은 냄새를 원하며, 사지四肢는 안일安逸함을 원하는 데, 성性은 명命이 있으니, 군자는 (이것들을) 성性이라고 하지 않는다. 부자父子에게는 인仁이 있고, 군신君臣에게는 의義가 있으며, 손님과 주인에게는 예禮가 있으며, 어진 사람에게는 지혜가 있으며, 성인聖人은 천도天道를 향하니 이것이 성性이며, 군자는 (이것들을) 명命이라고 하지 않는다"[110]라는 말에서의 인·의·예·지·성聖은 곧 순자가 "지나간 옛것을 참고하여 설을 만들어 그것을 오행五行이라고 하였다"라고 한 말과 같다고 할 수 있다. 곧 이러한 비교적인 발견이 있었기 때문에

[110) 『孟子』(吳哲楣 主編, 『十三經』), 「盡心下」, 1428쪽.

방龐 선생은 즐겁게 "현재 마왕퇴의 백서가 있으니 우리는 마땅히 기세 높이 '성인은 천도를 향한다'(聖人之於天道也)는 말에서 인人자는 연문衍文이라고 선언하고, 마땅히 삭제해야 한다. 원본은 '천도를 성스럽게 여겨야 한다'(聖之於天道也)이다. 맹자가 여기서 한 말은 곧 '인·의·예·지·신'(聖)의 이 '오행'이다"[111]라고 지적하였다. 이어서 방 선생은 또 그것을 『중용中庸』과 비교하여 『중용』의(31장) "오로지 천하의 지극한 성인이라야 능히 총명하고 예지叡智하여, 사람들에게 군림君臨할 수 있다. 관대하고 넉넉하고 따뜻하고 부드러워 관용을 베풀 수 있다. 분발하고 강하고 강직하고 굳세기에 일을 집행할 수 있다. 단정하고 장중하며 중용中庸을 지키고 올바르기에 공경할 수 있다. 문장과 이치가 긴밀하고 살피기에 분별할 수 있다"라는 말은 실제로는 사맹학파가 "오행"에 대하여 또 다르게 표현한 것임을 밝혔다. 이와 다른 논법으로 방 선생은 해석하기를, "여기서 말하는 총명예지가 곧 성聖이며, 관대하고 넉넉하고 따뜻하고 부드러움은 곧 인仁이며, 분발하고 강하고 강직하고 굳셈은 의義이며, 단정하고 장중하며 중용中庸을 지키고 올바름은 곧 예禮이며, 문장과 이치가 긴밀하고 살핌은 곧 지智이다"[112]라고 하였다. 따라서 백서의 『오행』편과 『맹자』, 『중용』의 비교를 통하여 방 선생은 결론적으로 "백서의 『오행』편의 힌트를 얻어서 우리는 자사와 맹자의 책 가운데서 인·의·예·지·성의 오행을 발견하였으며, 반대로 백서의 『오행』편은 사맹학파에 속한다고 확정할 수 있었으며, 순자의 비평은 근거가 없는 것이 아님을 확정할 수 있었다"[113]라고 하였다.

만약 사맹학파가 "지나간 옛것을 참고하여 설을 만들어 그것을 오행五行이라고 하였다"라는 말이 맞는다면, 그 후의 동중서의 『춘추번로春秋繁露』에서 반고班固의 『백호통의白虎通義』에 이르기까지 강조된 "오상五常"도 비로소 존재할 수 있으며, 따라서 "오상"을 인륜을 잇는 끈으로 여기는 유가의 인생관과 세계관이 있게

---

111) 龐樸, 『竹帛『五行』篇校注及研究』, 「馬王堆帛書解開了思孟五行說古謎」(臺北: 萬卷樓圖書有限公司, 2000), 131쪽.

112) 龐樸, 『竹帛『五行』篇校注及研究』, 「思孟五行新考」, 142쪽.

113) 龐樸, 『竹帛『五行』篇校注及研究』, 「竹帛『五行』篇與思孟『五行』說」, 102쪽.

된다.

이런 관점에서 보면, 『주관』이 고양한 "6"은 매우 특이한 숫자가 될 수 있는데, 한편으로 그것은 명확하게 "관제를 천도에 합치한다"라는 사상을 견지하고, 따라서 완전하게 "천·지"와 "춘·하·추·동" 사계절의 방식으로 관위官位를 설치하였으며, 이것은 틀림없이 유가의 사상계보에 속한다. 그리고 "천·지"와 "춘·하·추·동" 사계절을 종합한 "6'은 사람이 벗어날 수 없는 "육합六合"[114]의 세계를 대표한다. 다른 한편으로 그것은 유가의 "1", "2", "3", "4", "5"의 기초에서 더 돌출적인 수가 "6"이며, 이것은 분명히 사맹학파에서는 갖추어지지 않았다. 혹자는 또 추측하여 말하기를, 『주관』이 고양한 "6"은 사맹학파가 "지나간 옛것을 참고하여 설을 만들어 그것을 오행五行이라고 하였다"라는 기초에서 나온 산물이라고도 할 수 있으며, 당연히 그것은 "천·지"와 "춘·하·추·동" 사계절을 종합한 "육합"으로부터 관위를 설치한 특징이라고 할 수도 있다. 사람이 벗어날 수 없는 "육합"의 세계를 잘 표현하였으며, 동시에 분명하게 "대저 왕이 나라를 세움에 방향을 변별하여 위치를 바르게 하고, 나라의 체계體系를 세우고 임야의 경위經緯를 확립하고, 관직을 설치하고 직분을 나누고, 백성을 극진하게 여겨야 한다"라고 하는 중대한 역사적 배경과 대응한다. 왜냐하면 맹자 시대에는 비록 당시에 이미 분명하게 "만약 하늘이 천하를 다스려지도록 하고자 한다면, 지금 세상에 내가 아니면 누구이겠는가?"[115]라고 분명하게 밝혔기 때문이다. 그러나 맹자도 당시의 형세가 결국은 "하늘은 아직 천하를 다스려지도록 하지 않았다"[116]는 것을 인정하지 않을 수 없었다. 그리고 『주관』의 저자에 대하여 말하면, 새로운 대일통의 왕관이 관동의 6국과 대치하는 데 직면하였을 뿐만 아니라, 또한 이미 분명하게 "대저 왕이 나라를

---

114) "六合"은 본래 "四方"과 "上下"의 여섯 방향을 통일하여 가리킨다. 예를 들면, 「秦始皇本紀」에 곧 "六合의 안쪽은 皇帝의 땅이다. 서쪽으로 流沙에 이르고, 남쪽은 北戶(남쪽 변방의 고대 국가 이름)까지…… 인적이 이르는 곳은 신하와 백성이다"(『史記』[『二十五史』, 권1], 「秦始皇本紀」, 24쪽)라고 하였다.

115) 『孟子』(吳哲楣 主編, 『十三經』), 「公孫丑下」, 1372쪽.

116) 『孟子』(吳哲楣 主編, 『十三經』), 「公孫丑下」, 1372쪽.

세움"에서부터 "나라의 체계體系를 세우고 임야의 경위經緯를 확립함"까지의 형세에 직면하고 있었다. 이러한 관점에서 보면『주관』은 반드시 맹자 이후의 산물이며, 사맹학파의 "지나간 옛것을 참고하여 설을 만들어 그것을 오행五行이라고 하였다"라는 말에서부터『주관』이 제창한 "국자國子를 도로써 기르고, 육예六藝로서 교육한다"라는 말까지 사람들은 대략 양자의 선후와 그 계승 관계를 알아낼 수 있다.

그렇다면『주관』에서 돋보이는 "6"은 여기서 과연 어떤 특별한 의미가 있는가? 먼저,『주관』의 저자는 새로운 통치자가 "대저 왕이 나라를 세움"과 "나라의 체계體系를 세우고 임야의 경위經緯를 확립"하는 국면에 직면하였을 때, 당시의 진왕조가 이미 법가法家가 전국책戰國策의 독촉으로 도모하는 무력통일의 노선이 이미 바꿀 수 없는 추세가 되었음을 설명해야 했으며, 이 점으로 왜『주관』이라는 책에 이와 같은 많은 법가사상이 모여 있는가를 해석할 수 있다.[117] 그것이 법가사상의 일부 흔적을 보여 줄 수 있는 까닭은 실제로 당시의 사회현실을 겨냥한 격렬한 성질의 맞장구와 같은 주장일 수 있다.[118] 이것은 이른바 "관제로써 천도에 합치하게 한다"라는 사상노선을 통하여 당시의 법가사상을 흡수하고 유가儒家의 천인합일 영역으로 통일해 올라가려는 시도였다. 바로 이러한 의미에서 이른바 "천·지"와 "춘·하·추·동" 사계절의 통일도 또한 천도인 "6"의 표현이며, 동시에 당시 진왕조와 대립하고 있던 관동關東의 여섯 나라를 암암리에 포함하고 있다. 그리고『주관』의

---

117) 서복관은 "『주관』의 사상적 특성은『주관』이라는 책을 형성하는 삼대 支柱로부터 알 수 있다. 이른바 삼대 지주는 첫째, 앞에서 이미 설명한 조직체이다. 둘째, 負役 제도이다. 셋째, 刑法 제도이다. 이 삼대 지주가 합하여 하나로 표현되는 사상적 성격이 곧 법가의 사상적 특성이다"(徐復觀,『徐復觀論經學史二種』, 「『周官』成立之時代及其思想性格」, 242쪽)라고 하였다.

118)『주관』으로 六藝를 고양했다는 설과 서로 대응해서 진왕조도 매우 "6"을 중시하였다. 예를 들면, "시황은 五德終始의 傳承을 받들어, 周나라는 火德을 얻었고, 秦은 주나라의 덕을 대신하면, (火德을) 이기지 못하니,…… 숫자는 6을 벼리로 삼아, 符節과 法冠을 모두 6寸으로 하였다. 그리고 수레는 6尺으로 하고, 6척을 1보로 삼고, 여섯 마리 말이 끄는 수레를 탔다"(司馬遷,『史記』[『二十五史』, 권1], 「秦本紀」, 24쪽)라고 하였다는 말에서 보면, "5"와 "6" 두 개의 숫자는 유가에서는 "五經"과 "六藝"의 설치처럼 특수한 의미가 있을 뿐만 아니라, 새롭게 굴기한 진왕조에 대해서도 특수한 의미가 있다.

저자가 보기에 오직 관동의 여섯 나라가 곧 진정한 천도의 구현자였을 것이다. (『주관』이) "6국의 음모의 책이다"라는 하휴의 주장도 아마 이러한 배경에서 비로소 합리적 추측이 될 수 있을진저![119]

다음으로, 『주관』의 "6"은 분명히 공·맹사상에서의 "1", "2", "3", "4", "5"와 다르다. 왜냐하면 공·맹의 "수"는 완전히 개체 인생의 각도에서 전개된 것이며, 『주관』의 "6"은 도리어 완전히 "천·지"와 "춘·하·추·동" 사계절 천도운행의 각도에서 전개된 것이다. 이 점에서 보면, 공·맹사상과는 일관된 사상노선이 분명히 다르다. 그러나 『주관』의 "6"의 논법이 도리어 유가경전에 근거하지 않은 것은 결코 아니다. 예를 들면, 『주역周易』에서는 "『주역』이라는 책은 넓고 크게 모든 것을 갖추고 있다. 천도天道가 있고, 인도人道가 있고, 지도地道도 있다. 삼재三才를 두 번 하므로 6이다. 6은 다름이 아니라 삼재三材의 도이다"[120]라고 하였다. 그리고 『주관』에서의 "6"은 "천·지"와 "춘·하·추·동" 사계절의 천도운행 각도를 통하여 이렇게 "천도"의 "6"을 표현하려고 시도하였을 뿐이다. 양자의 다른 점도 아마도 전국시대 말기 유자들이 천·지·인 "삼재의 도"에 대한 일종의 시험적 탐구를 표현한 것이다. 다만 당시의 사회 사조의 객관적인 전향을 분명하게 드러내었으며, 동시에 선진제자의 개인적 인생관을 사회 역사적 각도의 객관적 인생관으로 전향하도록 하도록 하기에는 충분하였다. 바로 이러한 전향 때문에 비로소 이른바 새로운 왕관학王官學[121]이 될 수 있으며, 곧 유가 경학의 형성과 황권과의 합작이 (왕관학)

---

119) 何休가 『주관』을 "6국의 음모의 책이다"라고 비평한 것에 대하여 필자는 줄곧 아직 그 원문과 구체적 출처를 찾지 못했으며, 또한 구체적으로 가리키는 바도 분명하게 알지 못하였다. 그런데 금문경학의 春秋大一統의 기본 입장에 근거하면, 『주관』이 "관제로써 천도에 합치하게 하였다"라는 사상은 주로 6국의 입장 혹은 6국에 쏠린 시각으로 제시된 것 같으며, 따라서 곳곳에 돌출하는 "6"은 아마도 하휴가 "6국의 음모의 책이다"라는 말로 『주관』을 비평한 근본적인 원인일 것이다. 당연히 이것은 필자의 추측에 불과할 뿐이다.

120) 『周易』(吳哲楣 主編, 『十三經』), 「繫辭下」, 59쪽.

121) 역자 주: 일반적으로 재야학자들을 중심으로 전개되는 학문연구가 아니라, 국가 주도의 학문과 그 경향을 官學이라고 하는데, 이 책의 저자는 왕 혹은 왕권이 주도한 학문과 그 경향이라는 뜻으로 王官學이라고 지칭한다.

창조의 조건이다.

마지막으로 가장 중요한 점으로, 곧 진한시대 유생들이 왜 유가의 "육경六經"(실제로는 "五經")을 "육예六藝"로 부르기를 좋아하였는가이다. 이 문제에 대하여는 단지 가의賈誼가 "6"을 운용한 것을 보기만 해도 그것이 그렇게 되는 까닭이 충분하게 분명해질 것이다. 우리가 앞에서 이미 인증했던 "육리六理", "육법六法", "육술六術", "육행六行" 외에, 청컨대 다시 가의가 "6"을 어떻게 운용하고 있는가를 보기 바란다.

> 왕의 관리는 6등급이 있는데, 첫째는 스승이며, 둘째는 친구이며, 셋째는 대신大臣이며, 넷째는 측근이며, 다섯째는 시종侍從이며, 여섯째는 시역廝役(하인)이다.[122]

분명하게 가의의 「관인」 원칙을 총론한 "왕의 관리는 6등급이 있다"라는 이 말은 실제로 『주관』사상을 분명하게 계승하였다고 할 수 있다. 그러나 『주관』의 "관제로써 천도에 합치한다"라는 "천·지"와 "춘·하·추·동"의 "육관"을 다시 인륜의 색채를 갖춘 "스승", "친구", "대신", "측근", "시종", "하인"의 여섯 가지 형식으로 바꾸었을 뿐이다. 이렇게 볼 때, 만약 『주관』의 작자는 또한 일련의 이상을 추구한 의미가 있다고 할 수 있으며, 아울러 이른바 "관제로써 천도에 합치한다"라는 원칙을 유지하고 있다고 한다면, 가의의 "6"을 특징으로 삼는 「관인」의 원칙은 이미 분명하게 그것을 인륜세계로 돌려놓았다.

따라서 『주관』과 『일주서』의 비교를 통하여 우리는 완전하게 『주관』에서의 이른바 "육예六藝"는 사실 『일주서』에서 강조하는 "예藝"에 근원함을 알 수 있었다. 또한 『주관』과 『주역』을 비교해 보면, 이른바 "6"은 또 유가의 "삼재三才[123]의 도"의 천·인 양쪽을 구체화하였다. 『주관』과 『신어新語』, 『가의집賈誼集』을 비교하면, 또한 육가陸賈에서부터 가의賈誼 전후까지 서로 계승하고 또 『주관』의 사상을

---

122) 賈誼, 「官人」, 『賈誼集·賈太傅新書』(嶽麓書社, 2010), 88쪽.
123) 역자 주: 우주를 구성하는 세 가지 요소는 天·地·人인데 이를 三才라고도 하고 三材로도 통용해서 쓴다.

함께 계승하고 있음을 알 수 있고, 또 선진先秦 이래 유가의 "육경"의 설이 전환하여 "육예六藝"의 결정적 고리가 되었다. 왜냐하면 "악樂은 본래 경전이 없었기" 때문에, 따라서 "육경"의 설도 본래는 "육예六藝"를 계속하여 드러낸 것이다. 서복관 선생의 고정에 의하면 유가의 "육경"의 하나인 "악樂"은 본래 경전이 없었다.124) 그리고 서한 때 『악樂』에 대한 박사를 설립하지 않았다.("樂"경으로 박사를 설립한 것은 바로 왕망 때였다.) 그러나 "육예六藝"의 관념이 하나의 선으로 이어져 유가로 하여금 이미 분명하게 형성된 "오경"을 사람들 마음의 관념으로 거꾸로 깊이 들어가는 것에 적응하지 않을 수 없었으며, 이것은 또한 실제로 존재하는 "오경"을 허구적인 "육경"으로 전개하지 않을 수 없었으며, 또 "육경"설로부터 직접 "육예六藝"로 변하였다.125) 이후에 이른바 "육경이 나로 하여금 새로운 국면을 열도록 요구하였다", "육예가 천하의 모든 학술을 통섭統攝하였다"라는 등등의 말은 또한 역대 유자들이 면면히 계승하게 되었고, 견고하여 부술 수 없는 하나의 전통이 되었다.

---

124) 서복관은 한나라 초의 陸賈가 劉邦에게 "오경을 정하고, 六藝를 밝히고, 하늘을 잇고 땅을 통합해야 한다"라고 건의한 말을 분석하기를 "그가 여기서 말한 오경과 六藝의 명칭은 곧 진나라 때 이미 있었던 명칭을 이어서 서술한 것이며, 그(육가)가 스스로 만든 것이 아니다.…… 그는 '육경'이라 하지 않고 '오경'이라 하였고, 문헌의 관점에서는 악경이 본래 없었으므로 사실에 근거하여 논하였으므로 실재로도 단지 오경만 있었다"라고 하였다.(徐復觀, 『徐復觀論經學史二種』, 「先漢經學之形成」, 46쪽)

125) 蔣國保 선생은 일찍이 「漢儒稱六經爲六藝考」라는 글에서 주로 한유들이 "'經'을 '藝'로, '學'을 '術'로 바꾸었다"라고 보았으며, 또 장 선생은 "'六經'이라는 명칭은 전국시대 중후기까지 늦도록 유행하였고, '六藝'라는 명칭은 도리어 단지 『呂氏春秋』에서만 겨우 간혹 사용되었으며, 유행하게 된 것은 한나라 초 이후부터다"라고 보았다. "六經"과 "六藝"의 유행 시기에 대한 장 선생의 고찰에 필자도 완전하게 동의한다. 다만 이 견해는 도리어 "六藝"의 명칭이 "六經"의 내용을 그대로 대신한 것이며, "六經"이 유학사에서 홀로 분명하게 먼저 드러난 현상일 뿐만 아니라, 『상서』, 『일주서』, 『논어』에서 부각된 "藝"가 특히 공자가 강조한 "예에 노닌다"라는 의미를 말살하였다. 왜냐하면, "名"과 "實"의 관계로 보면 射・御・書・數・禮・樂으로서의 "六藝"와 그 실제의 작용은 바로 역사적 선재성을 갖추고 있으며, "六經"도 또한 완전하게 "六藝"가 이미 사회의 주류생활에서 이탈한 조건에서 그 이름을 빌려 쓸 필요가 없었다. 그러나 실제 상황은 정반대일 수 있으며, 오직 "六藝"가 매우 큰 영향을 갖춘 조건에서만, 새로 굴기한 "六經"은 비로소 "六藝"의 이름을 빌려 씀으로써 자신을 보편화하여 넓혀가지 않을 수 없었다. 청컨대 장국보 선생의 sina.com의 블로그를 보시라.

이 모든 것들은 하나의 특수한 숫자 곧 "6"의 기초 위에 발생한 것으로 보이며, 이것이 곧 "6"이라는 숫자가 당시에 가졌던 특수한 의미일 수 있다.

5. "육예六藝"와 "국사國士"

우리가 "6"의 특수한 함의를 이처럼 분석할 때, 사실 그 목적은 근본적으로 결코 "6"이라는 숫자 그 자체에 있지 않고, 주로 『주관』이 "6"을 통하여 "육예六藝"의 사상을 나타낸 데 있다. 왜냐하면, 역사적 관점으로 볼 때 "육예六藝"는 자연히 비교적 널리 유행하고 또 그 영향이 심원한 개념이라고 할 수 있기 때문이다.[126] 그러나 만약 "육예六藝"의 실상을 알아보고자 한다면, "예·악·사·어·서·수"의 설명과는 별도로, 흔히 직접 "육경"이라는 다른 호칭으로 귀결된다. 이렇게 되면 "육예六藝"가 본래 가리키는 것과는 반대로 하나의 부속적 개념이 된다. 그렇다면 한유들은 왜 반드시 "육예六藝"로써 유가들이 말하는 "육경"을 가리키고자 하였는 가? 혹은 "육경"을 왜 반드시 "육예六藝"의 명칭이나 호칭을 빌려서 쓰고자 하였는가? 그리고 양자의 사이에 결국은 "육경"이 이미 있었던 "육예六藝"를 살짝 바꾼 것인가 아니면 "육경"이 억지로 "육예六藝"의 이름을 징발하였는가?[127] 이 부분이 우리가

---

126) 黃彰健 선생은 말하기를 "六藝는 주대에서 처음에는 '禮樂射御書數'를 가리켰으며, 예·악을 첫머리에 둔 이유가 곧 여기에 있다(살펴보면, 周公이 예와 악을 제작하였음을 가리킨다.)"라고 하였다. 실제로 당시에는 아직 "六藝"라는 이름이 분명하게 있지는 않았는데, 다만 "六藝"의 실상은 분명하게 존재하였다. 왜냐하면, "예·악·사·어·서·수"의 "六藝"는 실제로는 삼대의 문화발전의 집대성이며 종합적 형태로 출현하였기 때문이다.(黃彰健, 『周公孔子研究』, 「序」, 臺北學生書局, 1997, 8쪽)

127) 서복관은 "『주관』의 작자는 매우 藝能의 예를 중시하였다.(뒤의 문장을 보라.) 왜냐하면 『시』, 『서』, 『예』, 『악』, 『역』, 『춘추』의 六藝를 예·악·사·어·서·수의 六藝로 살짝 바꾸었기 때문이다"라고 하였다. 또 "전국 말기 '六藝'라는 한 단어가 출현한 이후에 대개는 『시』, 『서』, 『예』, 『악』, 『역』, 『춘추』를 가리켰으며, 다른 예와가 없었다.…… 그런데 '六藝'라는 단어는 혁혁한 지위를 가지며, 그들은 또 그것을 버리지 않았으며, 이에 예·악·사·어·서·수의 六藝로 바꾸었다. 이것은 그들이 낡은 병의 술을 새 병의 술로 바꾸는 방식의 창조이다"라고 하였다. 필자가 보기에,

장차 정면으로 대답해야 할 문제이다.

먼저 "경經"부터 말해 보자. 비록 "경"의 호칭이 일찍이 『좌전左傳』, 『묵자墨子』와 『맹자』, 『장자莊子』 등의 책에서 보이지만, 유가의 기본 경전인 『시』·『서』·『예』·『악』·『역』이든 공자의 절필絶筆인 『춘추』이든, 비록 그것이 공자의 정리를 통하여 일찍이 유가의 기본 경전으로 역사 문헌에서 존재할 수 있지만, 엄격하게 말하면, 선진시기에 전문적으로 이론적 논변 문제를 다룬 『묵경墨經』을 제외하면, 다른 이른바 "경"이라고 하는 것은 아무래도 단지 일종의 주관적인 자아의 인정에 불과한 것이든지, 아니면 『묵경』처럼 후대의 베껴 쓴 사람들이 당시에 새로 생긴 표현의 습관에 따라 첨부한 것일 수도 있다. 이렇게 말하는 까닭은 사실 오직 하나의 이유로, 이것이 곧 유가경전의 기본 문헌으로 이미 존재하였지만, 다만 그것이 꼭 진정으로 "경"의 호칭을 획득한 것은 아니었다. 원인은 간단한데, 『묵경』이 경으로 불릴 수 있는 까닭과 관건은 묵가의 후학에 있다. 즉 변묵辯墨[128]은 당시 각종의 명변明辯 문제를 둘러싸고 견지되는 문제로 "무릇 변론은 옳고 그름의 구분을 분명하게 함으로써 다스려짐과 혼란함의 실마리를 살피고, 같음과 다름의 부분을 밝히고, 이름과 실상의 이치를 관찰하며, 이로움과 해로움을 처리하고, 의심쩍은 것을 해결한다"[129]라는 것이다. 이것은 스스로 자리매김(定位)한 기본 입장이다.(당연히 이 자리매김은 여전히 일종의 주관적인 자기적 인정이다.) 변묵辯墨에 대하여 말하면, 이른바 "옳고 그름의 구분을 분명하게 함으로써 다스려짐과 혼란함의

서복관 선생은 여기서 문제를 顚倒시켰다. "六藝" 대 "육경"으로 "살짝 바꾼 것"이 아니라, 당시에는 바로 "육경"이 "六藝"라는 명칭이나 이름을 빌려 쓴 것이다. 이 문제에 대하여, 단지 가의가 "6"을 임의대로 또 영활하게 운용한 것을 보면 그러한 까닭을 잘 알 수 있다. 그리고 당시에는 심지어 한무제가 "오경박사를 세움"에 이르렀으며, 오직 "오경"만 있고 "육경"은 없었다. 따라서 단지 "오경"이 "六藝"의 이름을 빌려 썼다고만 할 수 있다.(참고: 徐復觀, 『徐復觀論經學史二種』, 『「周官」成立之時代及其思想性格』, 238·294쪽을 보라.)

128) 역자 주: 일반적으로 墨辯이라고 하며, 『墨子』 서의 「經上」, 「經下」, 「經說上」, 「經說下」 네 편을 가리킨다. 앞 두 편은 墨翟이 찬술하였으며, 뒤 두 편은 그 문인들이 지었다. 여기서 묵가의 명변사상과 논리학을 개괄하고 있다.

129) 『墨子』(『諸子集成』 제4책), 「小取」, 250쪽.

실마리를 살피고, 같음과 다름의 부분을 밝히고, 이름과 실상의 이치를 관찰한다"라는 근거와 규칙을 자연히 경經이라고 할 수 있다. 그러나 유가에서는 도덕이상으로 인륜세계의 사상을 발전시키고 드높이려는 뜻을 세운 유파로서 말하면, 그것은 물론 대대로 서로 전하는 문헌과 세세世世로 지켜온 전통이 있으며, 심지어 그 문헌을 중시하는 태도도 이른바 "나를 알아주는 것도 오직 『춘추』뿐이며, 나를 벌주는 것도 오직 『춘추』뿐이로다"130)라는 높이까지 올랐다. 그러나 엄격하게 말하면, 유가 문헌의 "경"의 지위는 유가들 스스로 자리매김한 데만 그치지 않고, 기본적으로 세속적인 "타자他者"로부터 정립되었다. 당시에 세속적인 "타자"는 세상의 일반 백성을 제외하면, 아마도 오로지 인간세계의 왕권王權뿐이다. 이 말은 결코 의도적으로 유가경전의 지위를 없애려는 것이 아니다. 왜냐하면, 공자는 인생에 대하여 일찍이 "새와 짐승은 같이 무리 지어 살 수 없지만, 나는 이 세상 사람들과 함께 살지 않으면 누구와 함께 살겠는가?"131)라는 정신을 끝까지 견지하였다. 일반적인 유자들은 이른바 "남이 나를 알아주지 않아도 화내지 않는다"132)라는 전통도 당연히 자신들의 문헌을 세상을 구하는 경전으로 자임해서는 안 되며, 즉 유자들이 비록 좋지 않은 것이더라도 자기 것은 귀중하게 여기는 것은 아마도 공자의 "나를 알아주고, 나를 벌주는 것도 오직 『춘추』뿐이다"라는 태도일 수 있다. 그러나 그 문헌의 "경"으로서의 지위는 마땅히 타자의 집단으로 와야 하며, 일방적으로 유가 자신이 인정해서는 안 된다. 왜냐하면 만약 유가 문헌의 "경"의 지위가 완전히 유가 스스로의 자리매김이라면, 이러한 조건에서는 유가의 구세정신도 근본적으로 "타자"로부터의 기본적인 인정도 받을 필요가 없게 되고, 완전히 자아 인정 혹은 자아 기대의 활동이 되기 때문이다. 또 "경"에 대한 이런 자아 인정에서 출발하면, 이른바 경을 외움(誦經)을 포함하여, 경을 전함과 경을 받음만이 곧 유가가 유가일 수 있는 상징이 될 수 있으며, 따라서 원래 첫째 목표인 세상을

---

130) 『孟子』(吳哲楣 主編, 『十三經』), 「滕文公下」, 1382쪽.

131) 『論語』(吳哲楣 主編, 『十三經』), 「微子」, 1313쪽.

132) 『論語』(吳哲楣 主編, 『十三經』), 「學而」, 1259쪽.

구함을 추구하는 그 자체를 대체하고 해소할 수 있다. 실제로 이것이 유가가 유가인 것과 그 기본 정신에 대한 일종의 자아 해결이 되었다.

그러나 이 하나의 근본적 상징 외에 유가의 문헌은 당연히 "경"이 될 수 있다. 그러나 이러한 "경"의 지위는 혹자가 왕권의 승인으로부터 오는 것이 아니라고 말하는 것이 결코 아니라 주로 유가의 자아 인정에서부터 여러 학자 사이의 사상교류에 이르는 사이에 기본적 인정으로 표현된다. 이러한 조건에서 이른바 "경"도 유자들이 "서로 말을 주고받고, 세상의 가르침을 돕는다"라는 일종의 경전 근거가 될 수 있으며, 맹자가 "꼿꼿하게 덕을 행하고 나쁜 짓을 하지 않음은 관직을 얻기 위함이 아니다"[133]라고 말한 구절에서의 "경"은 주로 근본 입장 혹은 근본 원칙을 가리켜 말한 것이며, 이른바 경전에 근거한 뜻은 아니다. 다만 선진시대 제자諸子들의 사상교류에서 유가의 "오경" 혹은 "육경"의 지위는 분명히 이미 다른 제자들로부터 기본적인 인가를 얻었다. 예를 들면 도가의 2대 대가인 장자莊子가 곧 이러한 배경에서 호칭한 것이 유가 "육경"이다. 장자는 다음과 같이 말하였다.

공자가 노담老聃에게 "저는 『시』, 『서』, 『예』, 『악』, 『역』, 『춘추』의 육경을 공부하며, 스스로 오래되었다고 여기는데 누가 그 까닭을 알겠습니까?…… 선왕의 도를 논하며, 주공周公과 소공召公의 업적을 밝혔으나, 한 사람의 군주도 저를 등용하지 않았습니다. 심하지 않은가요? 사람은 설득하기 어렵고 도는 밝히기 어렵습니다" 라고 하였다.[134]

신명神明과 함께하고, 천지를 순수하게 하고, 만물을 기르고, 천하를 조화시키며, 혜택이 백성에게 미치고, '근본의 도'(本數)를 밝히고, 말단의 제도에까지 연결시켜, 육방으로 통하고 사방으로 열려, 작은 것과 큰 것, 정밀한 것과 거친 것에 그 운행이 존재하지 않음이 없다. 그것이 드러나 제도制度에 남아 있는 것은, 옛 법도가 대대로 전해 온 역사에 아직도 많이 있다. 그것이 『시』, 『서』, 『예』,

---

133) 『孟子』(吳哲楣 主編, 『十三經』), 「盡心 下」, 1429쪽.
134) 『莊子』(郭慶藩 編, 『莊子集釋』), 「天運」, 583쪽.

『악』에 있는 것은, 추鄒나라와 노魯나라의 '사'들과 벼슬하던 선생들이 많이 밝힐 수 있었다. 『시』로써 뜻을 지도하였고, 『서』로써 일을 지도하였으며, 『예』로써 행동을 지도하였으며, 『악』으로 화합을 지도하였으며, 『역』으로 음양을 지도하였고, 『춘추』로써 명분을 지도하였다. 그것이 빈번하게 세상으로 확산하여 나라 속에 베풀어진 것을 보면 백가百家의 학문을 때로 일컬어 그것을 도道라고 하였다.(百家之學時或称而道之)[135]

『장자』에서 유가의 "육경"을 언급한 곳이 이 두 곳만은 아니지만, 이 두 곳의 운용이 장자가 유가의 "육경"의 지위에 대한 기본적인 인식을 보다 분명하게 보여 준다. 물론 이 인가도 마찬가지로 유가의 자아인가로 이루어진 것이라고 말할 수 있다. 전자는 자연히 공자의 자술과 감탄이 더해져 표현된 것이며, 이것은 물론 유가의 자아 인정으로 된 것이라고 할 수 있다. 하지만 후자는 마치 "『시』로써 뜻을 지도하였고, 『서』로써 일을 지도하였으며, 『예』로써 행동을 지도하였으며, 『악』으로 화합을 지도하였으며, 『역』으로 음양을 지도하였고, 『춘추春秋』로써 명분을 지도하였다"라는 말과 같이 그야말로 당시의 사상계가 유가의 "육경"과 그 작용을 정확하게 개괄하였다고 할 수 있다.

그러나 『장자』가 도가의 입장에서 유가의 "육경"의 지위를 인정한 것에 대하여 사람들은 여전히 단지 장자의 후학들이 옮겨 쓸 때 그 내용에다 부가시킨 것에 근거한 것일 가능성이 매우 크다고 변명한다. 필자도 이 가능성을 결코 배제하지는 않는다. 그러나 그렇다고 해도, 다만 "『시』로써 뜻을 지도하였고, 『서』로써 일을 지도하였으며, 『예』로써 행동을 지도하였으며, 『악』으로 화합을 지도하였으며, 『역』으로 음양을 지도하였고, 『춘추』로써 명분을 지도하였다"라는 개괄과 "뜻을 지도함"(道志), "일을 지도함"(道事), "행동을 지도함"(道行), "화합을 지도함"(道和), "음양을 지도함"(道陰陽), "명분을 지도함"(道名分)의 유기적 조합으로 보면, 또한 매우 정확하고 적당하게 유가의 경전과 인륜세계 사이의 긴밀한 관계를 나타내었다

---

135) 『莊子』(郭慶藩 編, 『莊子集釋』), 「天下」, 1171쪽.

고 할 수 있다. 이러한 점에서 보면, 장자는 진실로 유가의 지음知音136)이었다고
할 수 있다.137)

　　그러나 위에서 말한 관점은 장자의 후학들이 개괄적으로 부가한 것이라고
하더라도, 이러한 개괄과 부가는 또한 반드시 선진시대에 완성된 것이다. 원인은
매우 간단한데, 진한秦漢의 대일통 정권이 형성된 후에 유가의 "육경"은 더는 "육경"
으로 칭해지지 않고, 직접 "육예六藝"로 불렸고, 혹은 이미 "육예六藝"의 이름을
원래의 "육경"을 대신하여 사용하였다. 곧 사마천의 『사기』에서부터 반고의 『한서』,
범엽范曄의 『후한서』까지 기본적으로 모두 "육예六藝"로써 "육경"을 대신 지칭한다.
이러한 현상은 곧 사실 서복관 선생의 중대한 의심을 구성하였다. "전국 말기에
출현한 '육예六藝'라는 말이 출현한 이후에 모두 『시』, 『서』, 『예』, 『악』, 『역』,
『춘추』를 가리켰으며, 이 외에 다른 것은 없었으며,…… '육예六藝'라는 말은 혁혁한
지위를 가졌으며, 그들은 또한 포기하려고 하지 않았고 이에 예 · 악 · 사 · 어 · 서 ·
수를 육예六藝로 바꾸었으며, 이것은 그들이 낡은 병의 술을 새 병의 술로 바꾸는
방식의 창조이다"138)라고 하였다. 서복관이 여기서 "그들"이라고 한 말은 당연히
『주관』을 위조하였다고 인정한 왕망과 유흠을 가리킨 말인데, 서복관 선생은 또
완전하게 이 점에서 실수하였다. 즉 누가 누구를 대신하였는가를 실수하였다.
왜냐하면, 전국 말기의 『주관』이라는 책에서 "육예六藝"의 개념이 나타났을 때,

---

136) 역자 주: 知音은 가장 친한 벗 혹은 서로 마음이 완전하게 통하는 친한 벗을 말한다.
　　　춘추시대 거문고의 명인인 伯牙가 자신의 거문고 연주를 가장 잘 이해해 준 鍾子期
　　　가 죽자 더 이상 자신의 거문고 소리를 알아줄 사람이 없다고 하여 거문고 줄을
　　　끊었다는 데서 유래한 말.(『列子』, 『湯問』)

137) 莊子와 孟子는 동시대 사람인데, 다만 장자가 이렇게 개괄한 것처럼 도리어 결코
　　　맹자를 만나지 못하였다. 즉 『맹자』라는 책에서 위에서 "꿋꿋하게 덕을 행하고 나
　　　쁜 짓을 하지 않음"과 같은 말을 제외하면, 흔히 직접 "『詩』에서 말하기를", "『書』에
　　　서 말하기를"과 같은 말을 빌려 구체적으로 말한다. 이러한 현상은 유가의 "육경"
　　　과 그 지위가 오히려 스스로 대립하는 면, 즉 도가의 측면에서 보는 관찰, 개괄과
　　　定性일 가능성이 매우 크다는 것을 말해 준다. 이러한 상황은 곧 "內聖外王의 도"와
　　　같을 수도 있는데, 먼저 『莊子』 「天下」편의 對象性의 입장에서의 관찰과 개괄로부터
　　　시작한 후에 비로소 유가의 기본적인 자각과 스스로의 자리매김이 되었다.

138) 徐復觀, 『徐復觀論經學史二種』, 「『周官』成立之時代及其思想性格」, 294쪽.

당시에는 결코 『시』·『서』·『예』·『악』·『역』·『춘추』를 가리켜 말하기가 불가능했기 때문에 먼저 아주 먼 근원에서 오랫동안 흘러온 사·어·서·수·예·악의 구체적인 기능을 가리켜 말한 것이다. 선진시대 제자들이 『시』·『서』·『예』·『악』·『역』·『춘추』와 같은 문헌에 대한 호칭은 장자가 일찍이 공자가 "丘는 『시』·『서』·『예』·『악』·『역』·『춘추』의 육경을 공부하며, 스스로 오래되었다고 여기는데 누가 그 까닭을 알겠습니까?"라고 한 말을 빌려서 분명하게 표현하였다. 이것은 "육예六藝"로써 "육경"을 가리킨 현상을 설명하지만, 사실은 오히려 진한 대일통의 정권이 형성된 이후의 산물이다. 이 이전에 『일주서』에서 『여씨춘추』를 포함하여 『논어』, 『장자』까지 "육예六藝"와 "육경"은 서로 한계가 분명하였다.

이 말은 전통적인 "육예六藝"가 유가의 "육경"이나 "살짝 바꾼 것"이 아니라, 곧 "육경"의 겉옷을 입은 것으로, 유가의 "육경"은 바로 "육예六藝"의 이름을 빌려 쓴 것이다. 이것은 매우 중요한 역사적 배경과 관련된 문제로서 곧 "육예六藝"가 어떤 조건에서 성립되었는가의 문제이다. 곧 앞에서 이미 제기된 것으로 『주관』 이전의 유가 문헌에서는 단지 『상서』·『일주서』·『좌전』·『논어』에만 한결같이 "예藝"를 언급하였는데, 공자가 감탄하여 "내가 무엇을 집중할까? 활쏘기에 집중할까 말타기에 집중할까?"[139]라고 한 말과 "예에 노닌다"라고 자술한 데서 분명하게 표명하였는데, 당시에 이른바 "예藝"는 도리어 하나의 보편적 존재가 되었다. 어찌 보면, 심지어 인자한 군자의 발육發育 모체母體와 같은 존재로 개괄하기도 하였다. 비록 공자가 이미 모든 "예藝"를 오로지 "문文·행行·충忠·신信"의 네 가지 기본적인 품행으로 모아서 개괄하였지만, 사射·어御·서書·수數도 여전히 광범위하게 『논어』 와 『공자가어』 가운데 흩어져 나타나며, 예禮·악樂은 도리어 말하지 않았다. 이것은 곧 공자시대에 사·어·서·수·예·악의 "육예六藝"로 여전히 '사'를 배양하는 기본적인 기능으로서의 "예藝"가 존재하였음을 말한다.

『일주서』는 그 기원이 곧 『하서夏書』와 『상서商書』와 같기 때문에 "주사기周史記"

---

139) 『論語』(吳哲楣 主編, 『十三經』), 「子罕」, 1280쪽.

에 속하며, 그 내용도 주로 "주나라 때 임금이 내린 포고문과 명령"이다. 왜냐하면, 그 연대의 간격이 특별히 크기 때문에 서주西周왕조의 건립에 따른 것이 이 "실록"이라고 할 수 있으며, 마지막으로 반드시 동주東周왕조의 멸망에 따라 종결된 것일 수도 있다. 그러나 "옛날의 명왕明王은 이 여섯 가지를 받들어 만민을 다스렸으며, 백성은 이용하며 잃지 않았다. 은혜로 위무慰撫하고, 균형으로 화합하고, 불쌍하게 여김으로 수렴收斂하고, 풍류로 즐기며, 예禮로써 근신하며, 기예技藝로 가르치며, 정령으로 권위를 떨치며, 일로써 노동하며, 상償으로 권면하며, 벌罰로써 두려워하게 하고, 충심으로 임하며, 권형權衡으로 행동한다"[140]라는 말을 따라서 보면, 이른바 "예禮로써 근신하며, 기예技藝로 가르치며, 정령으로 권위를 떨치며, 일로써 노동한다"라는 주장은 이미 이른바 "예藝"가 곧 일종의 "예禮"의 존재임을 표명하였을 뿐만 아니라, 때로는 심지어 일종의 예禮를 초월한 존재이기도 하다. 예를 들면, "예는 음란하지 않고, 예禮는 때가 있으며, 즐김은 넘치지 않아야 하며, 슬픔은 지나치지 않아야 한다.……"[141]와 같은 종류이다. 또 "예禮는 때에 맞지 않으면 귀하지 않으며, 예가 음란하면 재능을 해친다"라는 말과 "예를 밝혀 관원을 뽑는다", "예를 밝혀 관원의 본보기로 삼는다", "여자餘子(국자)들에게 기예를 익히도록 돕는다"라는 말들로 보면 이른바 "예藝"는 마땅히 당시 귀족의 자제들이 성인 남자로서 갖추어야 하는 기본적인 학습이며, 혹은 "사士"[142]가 '사'임을 결정하는 기본적인 기능이라고 할 수 있다. 이러한 상황은 심지어 공자와 제자들의 일상 문답에서도 남아 있다. 예를 들면, "자공이 '어떠해야 사라고 할 수 있습니까?'라고 여쭈니, 공자는 '행동함에 스스로 염치가 있고, 사방으로 시킴에 임금이 명을 욕되게 하지 않으면 사라고 할 수 있다'라고 대답하였다"[143]라는 말과 같다. 만약 공자의 "사士"에

---

140) 黃懷信 等 撰, 黃懷信 修訂, 李學勤 審定, 『逸周書彙校集注』, 「命訓」, 34~35쪽.

141) 黃懷信 等 撰, 黃懷信 修訂, 李學勤 審定, 『逸周書彙校集注』, 「命訓」, 36쪽.

142) 일반적으로 士를 선비로 해석하나, 한국인의 대표적 특성(character)의 하나로 이해하는 "선비"는 대체로 "매우 인문학적이고 전문적 지식과 미래비전과 도덕성이 높은 리더"를 의미한다. 그런데 중국 고대에서 "士"는 武士, 일반 지식인, 하급관리, 학자 등 다양하게 쓰인다. 따라서 이 책에서는 그냥 "사" 혹은 "士"로 표기한다.

대한 이와 같은 규정을 증자曾子의 "사"에 대한 기본 자각과 조금 더 비교하면, 증자가 말한 "사는 홍의弘毅가 아닌 것으로 할 수 없으며, 임무가 무겁고 도는 넓다. 인仁을 자신의 임무로 삼으니 어찌 무겁지 않겠는가? 죽은 다음에야 멈추니 어찌 넓지 않겠는가?"[144]라는 말은 분명하고 명확하게 군자의 인격과 도덕이상의 요소를 더하였다. 그리고 자공에 대한 공자의 대답은 마땅히 전통적인 사인士人의 기본적인 품격을 가리키거나 혹은 "사"의 전통적 품격에서 한 말이다. "사"의 이러한 전통적 품격은 주로 "예藝"로 배양된다.

한 걸음 더 나아가서 보면, 비록 『일주서』에는 "육예六藝"의 논법은 결코 없지만, 그러나 "육예六藝"를 구성하는 구체적 내용은 모두 갖추어져 있다고 할 수 있다. 그리고 『주관』이 『일주서』를 계승하고 종합하고, 또 초월한 곳도 서복관 선생이 드러낸 몇 가지 특징이다. "관제로써 천도에 합치한다는 표현 외에 또 '균均'의 관념을 강조하여, 빈부의 격차가 초래되는 정치의 근본 문제를 해결하고자 하였다. 또한 관중管仲이 내정의 군령에 위탁하는 방법을 확대하여, 정치사회가 엄밀하고 철저하게 통제되는 조직체로 만들어서 이로부터 백성들이 유망流亡하는 각종의 문제를 해결하고자 하였다"[145]라고 하였다. 서복관의 이러한 개괄에서 "관제로써 천도에 합치한다"라는 사상은 자연히 『주관』이 『주관』이 되는 근본적인 특색이라고 할 수 있으며, 또한 서주 이래 『일주서』를 포함한 "하늘을 공경하고 백성을 보우한다"라는 의식의 천인합일과 함께 재정립하는 방식을 추진하였으며, 이른바 "철저하게 통제되는 조직체"와 같은 종류는 곧 서복관이 말한 "법가사상의 성격"의 표현이며, 당연히 당시 진왕조가 도모한 전국책의 영향을 받았기 때문이라고 할 수 있으며, "국자國子를 예로써 교육하였다"라는 말은 주로 "육예六藝"에 대한 설명에서 나타난다.

사씨師氏가 아름다운 도를 왕에게 고하였다. 국자를 가르침은 세 가지로 하니,

---

143) 『論語』(吳哲楣 主編, 『十三經』), 「子路」, 1296쪽.
144) 『論語』(吳哲楣 主編, 『十三經』), 「泰伯」, 1279쪽.
145) 徐復觀, 『徐復觀論經學史二種』, 「『周官』成立之時代及其思想性格」, 234쪽.

하나는 지극한 덕으로 도의 근본으로 삼으며, 둘째, 민첩한 덕으로 행위의 근본으로 삼으며, 셋째는 효도의 덕으로 거스르고 악함을 알게 한다. 세 가지 행동으로 가르치니, 첫째가 효행으로 부모를 친히 봉양함이며, 둘째는 우행友行으로 어질고 착한 사람을 존숭하며, 셋째는 순행順行으로 스승과 어른을 섬긴다. 호문虎門의 왼쪽에서 왕조의 관리가 되어 나라의 잘못된 일을 장악하고, 국자의 자제를 가르치니 무릇 나라의 귀족과 관직이 없는 사람의 자제들이 여기서 배운다. 무릇 제사祭祀, 빈객賓客, 회동會同, 장례와 기념식(喪紀), 군사와 전쟁(軍旅), 임금의 거동을 따르며, 왕명을 받들어 따름도 또한 이와 같다. 그로 하여금 사이四夷의 노예를 통솔하게 하고, 각각 병력으로 왕궁의 문밖을 지키도록 하였다. 또한, 조정에서나 야외에서나 왕의 행차를 통제(警蹕)하고 왕궁을 지켰다.

보씨保氏는 왕의 나쁜 점을 간하는 일을 맡으며, 국자를 도로써 양육한다. 곧 육예六藝로써 가르치는데, 첫째가 오례五禮, 둘째가 육악六樂, 셋째가 오재五材, 넷째가 오어五馭, 다섯째가 육서六書, 여섯째가 구수九數이다. 가르침은 육의六儀로써 하며, 첫째가 제사祭祀의 몸가짐, 둘째는 빈객의 몸가짐, 셋째는 조정에서의 몸가짐, 넷째는 장례와 기념식에서의 몸가짐, 다섯째가 군사와 전정에서의 몸가짐, 여섯째는 수레와 마차를 탈 때의 몸가짐이다. 무릇 제사·빈객·회동·상기喪紀·군려軍旅는 왕의 거동을 따른다. 왕명을 받들어 따름도 또한 이와 같다. 그로 하여금 왕을 지켜 호위하도록 한다.[146]

향삼물鄕三物[147]로써 백성을 가르쳐서 훌륭한 인재로 등용한다. 첫째가 육덕六德으로 지智·인仁·성聖·의義·충忠·화和이며, 둘째는 육행六行으로 교敎·우友·목睦·인姻·임任·휼恤이며, 셋째는 육예六藝로 예·악·사·어·서·수이다. 향리에서는 8행으로 만민을 규찰糾察하니, 첫째가 불효의 형벌이며, 둘째는 불목不睦, 셋째는 혼인婚姻하지 않음, 넷째는 형제간의 불화, 다섯째는 일을 하지 않음, 여섯째 구휼하지 않음, 일곱째 거짓말함, 여덟째는 사회질서를 어지럽히는 백성에 대한 형벌이다.[148]

---

146) 『周禮』(吳哲楣 主編, 『十三經』), 「地官」, 248쪽.
147) 역자 주: 지방 교육으로서 鄕學의 교육 과정인 六德·六行·六藝.
148) 『周禮』(吳哲楣 主編, 『十三經』), 「地官」, 243쪽.

모든 것이 기초적으로는 국자 교육의 도이지만, 이러한 교육은 우선 기능훈련을 기초로 삼는다. 여기서 국자에게 "삼덕三德", "삼행三行"을 가르치는 것에서부터 '제사祭祀, 빈객賓客, 회동會同, 장례와 기념식(喪紀), 군사와 전쟁(軍旅)' 등의 활동에 참여하는 훈련에까지, 또한 "사이四夷의 노예를 통솔함"까지 실제로는 단지 하나의 지향指向이 있는데, 그것은 곧 국사國士의 훈련과 배양培養의 도道이다. "향삼물鄕三物로써 백성을 가르친다", "향리에서는 8행으로 만민을 규찰糾察한다"와 같은 것은 이른바 "오례五禮", "육악六樂", "오재五材", "오어五馭", "육서六書", "구수九數"로서 곧 "육예六藝"의 구체화와 대중화이다. 따라서 이른바 "육예六藝"는 적어도 서주 이래의 기능, 군사, 교육 활동의 통일이며, 그 목적으로 말하면 주로 나라의 대임을 충분히 담당할 수 있는 "국사國士"를 배양하는 데 있다.

"국사"에 대하여 말하면, 물론 고대 중국에서 면면히 오래 이어져 온 교육 전통의 하나라고 할 수 있지만, 주나라 때의 "사씨師氏"와 "보씨保氏" 그리고 후대의 "태부太傅"와 "태보太保"의 직책도 이를 위해 설립되었다. 그것은 "태자太子" 즉 이른바 왕권의 계승자에 대한 훈련인 동시에 이른바 "국사"를 배양하는 것도 포함한다. "태자"는 당연히 왕권의 계승자이며, "국사"는 당연히 국사國事와 국난國難의 담당자이며 국세國勢와 국운國運의 추동자이다. 따라서 『주관』으로 종합하고 더하여 집중적으로 나타낸 "육예六藝"의 학술은 우선 또한 "국사"를 배양하는 용광로와 훈련의 수단으로 보아야 한다. 그렇다면 역사문헌에서의 "국사"를 살펴보면, 『좌전左傳』 성공成公 16년에는 다음과 같이 기록하였다.

묘분황苗賁皇(생졸 미상, 晉의 8대 良臣의 한 사람. 성은 畢, 斗씨)이 진후晉侯의 곁에서 또 (초나라) 왕의 병졸들에 대하여 고하였다. 모두 "(楚나라에는) 국사(인 伯州犁가 있고, 또 (군사가) 많으니 감당할 수 없다"라고 하였다.[149]

---

149) 『左傳』(吳哲楣 主編, 『十三經』), 成公 十六年, 763쪽.

그리고 『순자荀子』에서는 공자의 말을 전달하며 다음과 같이 훈계하였다.

공자는 "유由(성 仲, 자 子路)야! 그것을 잘 새겨라. 내가 너에게 말해주마. 비록 국사의 힘이 있더라도 자신을 천거할 수 없는 것은 힘이 없어서가 아니라 형세가 그럴 수 없기 때문이다. 그러므로 집에 들어가되 행동을 수양하지 않음은 몸의 죄이다. 밖에 나가 명성이 드러나지 않는 것은 친구의 허물이다. 그러므로 군자가 집안에 들어가면 돈독하게 수행하고, 밖으로 나가면 어진 사람을 벗하는데, 어찌 효자의 명성을 얻지 못하겠는가?"라고 하였다. [150]

『사기』에서 사마천은 심지어 소하蕭何(BC 257~BC 193)의 평가를 빌려서 한신韓信 (BC 231~BC 196)을 표창表彰하였다.

여러 장수는 쉽게 얻을 수 있을 뿐이지만, 나라의 '사' 가운데는 쌍벽을 이룰 사람이 없습니다. 왕께서 꼭 한중漢中의 왕만 되고자 하신다면 한신을 쓸 바가 없지만, 꼭 천하를 다투고자 하신다면, 한신이 아니면 함께 일을 도모할 사람이 없습니다. 왕의 책략이 어디에 있는가를 살펴서 결정할 따름입니다.[151]

『좌전』, 『공자가어』에서 『순자』, 다시 『사기』까지, 매우 분명하게 선을 그어 "국사"의 맥락을 표현하였으며, 또한 두드러지게 "국사"가 담당하는 정신을 나타내었다. 이러한 "국사"는 곧 "육예六藝"가 목표하는 것을 대표하며, 따라서 당연히 그 배양도 목표가 된다. 우리는 여기서 잠시 『주관』의 작자와 그 구체적 제작 연대의 문제를 떠나서, 그것이 "육예六藝"의 교육과 그 "국사"의 배양이라는 목표를 제시한 것만 말해도, 틀림없이 긍정할 만하다. 『주관』의 제작 연대와 그 의미에 대해서는 또한 반드시 "예藝"와 "경經"의 관계를 비교함으로써 계속 밝혀내야 한다.

---

150) 『荀子』(『諸子集成』 제2책), 「子道」, 348~349쪽. 순자의 이 논법은 또한 『孔子家語』 권5, 149쪽에서도 볼 수 있다.
151) 司馬遷, 『史記』(『二十五史』, 권1), 「淮陰侯列傳」, 241쪽.

6. "예藝"와 "경經"

　이치대로 말하면, 유학은 한무제 때에 이르러서야 비로소 진정으로 황권皇權으로 직접 흠정欽定한 "경"이 되었으며, 그 이전에는 반드시 먼저 "협서령挾書令"의 폐지가 있어야 비로소 유학연구가 발흥할 수 있었으니, 곧 사마천은 "한나라가 일어난 후 여러 유학자는 비로소 그 경의 예藝를 익힐 수 있어, 대사大射와 향음鄕飮의 예禮를 연마하였다"[152]라고 개괄하였다. 그러나 만약 우리가 『사기』, 『한서』, 『후한서』를 조금만 훑어보면 비교적 보편적인 현상을 발견할 수 있는데, 유학생 한 사람마다 모두 "오경에 통달하고 육예六藝에 정통함(貫穿)"[153]의 방식으로 역사의 무대에 올랐다는 것이다. 여기서 말하는 오경은 물론 하나의 사실을 가리키는 것이라고 할 수 있는데, 곧 유가의 다섯 가지 기본 경전을 가리켜 한 말이지만, 그렇다면 이른바 육예六藝는 또 무엇을 가리키는가? 실제로 여기에서 육예六藝는 이미 "육경"의 다른 이름이 되었다. 따라서 한대 이후의 "오경", "육예六藝"와 같은 말은 어느 정도에서는 오히려 일종의 동어반복의 형식으로 강조한 것이다. 이 점은 또한 『이십오사二十五史』를 교정校訂한 사람이 "육예六藝"에 꼭 책 이름을 더하고자 했던 원인이라고 할 수 있는데, 왜냐하면 여기서 "육예六藝"는 이미 "육경"의 다른 이름이 되었기 때문이다. 이처럼 또한 자못 특이한 현상이 출현하였는데, 유가의 경전이 진정한 "경經"이 되는 시대에 사람들은 도리어 더욱 "예藝"로 부르는 것을 더 좋아하는 것 같았다. 그리고 유학이 진정한 '사士'의 "예"가 됨에 또한 선진先秦의 제자학諸子學의 시대에는 사람들은 더욱 그것을 "경"으로 부르고자 하였다. 이것은 유학사와 관련된 하나의 중대한 문제로서 곧 "예"와 "경"의 관계에 관한 문제이다.

　왜 "예"와 "경"은 이러한 상반되고 교착적인 상황을 나타내는가? 실제로 이것은

---

152) 司馬遷, 『史記』(『二十五史』, 권1), 「淮陰侯列傳」, 307쪽.
153) 范曄, 『後漢書』(『二十五史』, 권1), 「張衡傳」, 1098쪽.

시대와 관련된 것이면서도 동시에 "예"와 "경" 각각의 서로 다른 특색과 밀접한 관련이 있는 문제이기도 하다.

먼저 "예藝"를 보면, 그 실상을 연구하여 말하면, "예"는 먼저 일종의 예능藝能을 가리킨다. "육예" 가운데 사射·어御·서書·수數는 물론 어떻게 보든 오직 일종의 기능적 성격의 "예"라고 할 수 있지만, 또한 진정한 "예"라고는 말할 수 없다. 그렇다면 "기예技"는 어떤 조건에서 비로소 "예"가 될 수 있으며, 아울러 "예"라고 부를 수 있는가? 객관적 관점에서 보면, "예"라고 충분히 불릴 수 있는 기능은 반드시 초월적인 "도道"의 개념을 포함하고 있어야 하며, 혹자는 반드시 기예技藝로써 도를 포함할 수 있거나, 기예로 도를 표현하는 경지에 도달해야 한다고 말한다. 예를 들면, 『장자』라는 책에서 포정庖丁이 스스로 소를 해체하는 과정의 일단은 기예로써 도를 포함하는 특징을 갖추고 있음을 설명한다. "제가 좋아하는 것은 도道이며, 기예技藝보다 더 나아가는 것입니다. 처음 신이 소를 해체할 때는 보이는 것이 전부 소뿐이었습니다. 3년 후에는 소의 전부를 볼 수 없었습니다. 이제는 신은 정신으로 만나고 눈으로 보지 않으며, 감관으로 아는 것을 멈추고 정신으로 행하려고 합니다.…… "154) 어떤 의미에서 보면, 이처럼 도를 포함한 기예도 "예藝"의 본질적 특성으로 볼 수 있다. 왜냐하면, 장자의 묘사에서 포정은 곧 "손으로 접촉接觸하고, 어깨로 받치며, 발로 밟고, 무릎으로 지탱하며, 뼈를 바르는 쓱싹하는 소리, 칼질로 살을 바르는 소리가 가락에 맞지 않음이 없었다"155)라고 하는 훌륭한 표현이 있고, 또 장자 본인도 "상림桑林(탕왕의 재위 기간 중 7년 동안 가뭄일 때 기우제를 지낸 곳)의 춤과 같고, 칼을 움직이는 소리는 경수經首(요임금 때 咸池樂)의 음절에도 맞았다"156)라고 묘사하며 찬탄하였다. 이것은 포정의 "소를 해체하는 기예"가 실제로 일종의 "예藝"와 같음을 말하며, 혹자는 이미 "예"의 경지에 도달하였다고 하였다. 그렇다면 장자는 왜 직접 그것을 "예"라고 부르지 않고 도리어 명확하게

---

154) 『莊子』(郭慶藩 編, 『莊子集釋』), 「養生主」, 131쪽.
155) 『莊子』(郭慶藩 編, 『莊子集釋』), 「養生主」, 130쪽.
156) 『莊子』(郭慶藩 編, 『莊子集釋』), 「養生主」, 130쪽.

"기技"라고 표현하였는가? 여기에는 이미 유가와 도가의 서로 다른 전통과 서로 다르게 기울이는 관심의 원인이 있으며, 동시에 그 서로 다른 표현의 습관도 관련이 있다. 도가는 자연적 인성을 주장하기 때문에 인간으로서의 행위, 동작하는 몸체 그 자체를 중시하고, 또 관심을 기울이는 것이 사람의 특수한 행위, 특히 보통 사람을 초과하는 능력의 행위에 집중한다. 이와 반면에, 유가는 처음부터 끝까지 도덕적 선성善性을 인생의 목표로 삼기 때문에 그들은 사람의 기능적 행위 그 자체를 중시할 뿐만 아니라, 이러한 행위의 심리적 근거로 내재적인 심령心靈을 더 중시하며, 나아가 내재적 심령과 정신의 몰입과 표현을 중시한다.157) 이것도 유가와 도가의 "기"와 "예"에 대한 중점이 다르기 때문이라고 할 수 있다.

그러나 유가가 강조하는 "예"는 또 어떤 특징이 있는가? 먼저 유가가 "경"으로 삼는 문헌과 이론형태를 서로 비교하면, "예"는 주로 일종의 신체활동이나 특수한 기능형태로 표현되며, 이러한 기능은 동시에 매우 강한 개체성을 갖추고 있다. 예를 들면, 상고사의 전설에서 중화문명의 진보적 발걸음을 "수인燧人", "유소有巢", "복희伏羲", "신농神農" 및 "헌원軒轅"과 같은 "씨氏"라는 이름으로 직접 기록하여, 이러한 생존성을 설명하는 기능은 우선 그러한 특수한 개체, 즉 "씨"를 통하여 발견되거나 드러난다. 그 뒤에 생긴 사射·어御·서書·수數 등도 역사상의 어떤 단계 또는 어떤 특수한 개체와 관련되지 않은 것은 없다. 그러나 "경"은 근본적으로 다른데, 그것은 개체성이라고 하기보다는 근본적으로 개체성을 배척한 것이라고 하는 것이 낫다. 왜냐하면 "경"이 경이 되는 까닭의 관건이 그것이 인생의 "상도常道"를 드러내는 데 있기 때문이며, 그것은 너와 나뿐만 아니라 전체 종족과 전체

---

157) 유가가 사람의 행위와 그 심리적 근거를 더 중시하는 점은 공자와 宰我가 삼년상에 관한 문답 가운데 표현되는 것이 가장 전형적인 것이다. 왜냐하면, 공자는 늘 "(1년 상[期年喪]을 치르면서) 쌀밥을 먹고 비단옷을 입으면 너 마음이 편안하겠는가?"라고 하여, 삼년상을 견지해야 하는 까닭이 주로 "군자는 (1년) 喪을 치름에 기름진 음식을 먹어도 달지 않고, 음악을 들어도 즐겁지 않으며, 집에 머물러도 편안하지 않으므로 (삼년상을 하지 일년상을) 하지 않는다"라고 하여 그 근거를 말하였다.(『論語』 [吳哲楣 主編, 『十三經』], 「陽貨」, 1311쪽)

민족을 포함하여 그와 함께 같은 길로 이어지고, 같은 길을 함께 걸어야 하는 인생의 상도이다. 이 외에 "경"이 경이 되는 관건은 또 그것의 초개체성과 개체의 자질과 구체적 환경에 제한을 받지 않는 특색에 달려 있다. 그리고 "예藝"가 "예藝"가 되는 것은 이와 정반대로, 그것은 개체의 활동과 기능적 색채를 갖추고 있을 뿐만 아니라, "예"가 되는 근본적 특징이 반드시 몸과 마음이 합일하고, 지知와 행行이 함께해야 하며, 또한 완전히 내재의 심령에 따라 주도되는 것이어야 한다. 이것은 곧 유가의 "예"는 그 "경"의 문헌과 이론형태와는 구별되며, 동시에 도가와 같이 단순히 신체와 행위에서 순수한 "기능"의 형태인 근본적 특징과도 구별된다.(당연히 도가의 "技"는 또한 일정한 "智"의 의미를 포함하고 있으며, 때로는 심지어 일종의 특수한 "技能"을 통하여 표현되는 "슬기롭고 기민함"[智巧]이며, 따라서 도가의 관점에서 보면 최고의 슬기롭고 기민함은 곧 슬기롭고 기민함을 절대 보이지 않아야 비로소 진정한 슬기롭고 기민함이 된다.) 혹은 "예藝"가 "예藝"가 되는 근본적인 특징을 결정하는 것이라고 할 수 있다.

"예"와 "경"이 개체의 활동과 기능형태로 존재하고 "경"의 "상도"라는 의의에서 문헌과 이론형태가 다르기 때문에 그들은 구체적인 존재 방식에서도 분명한 차별이 있다. 일반적으로 말하면, "예"는 개체적일 뿐만 아니라 신심합일身心合一과 신심일여身心一如의 특징을 갖추고 있으며, 동시에 완전히 심령心靈 혹은 내재적 정신작용으로 주도되기 때문에 "예"는 물론 개체의 "기능"형태이며 또한 일반인의 "지혜"의 형태이다. 그리고 모두 강렬한 개체성과 환경에 따른 가변성과 조건적 변화와 변화의 특징을 가지고 있다. 중국의 지혜의 구체성과 그 내재적 초월적 특색을 말하면, 완전하게 이러한 신심합일로 말미암으며, 또한 완전히 내재적 심령에 따라 주도되는 특색에 의해 결정된다. 그러나 이 점에서 "경"은 정반대이다. 일반적으로 말하면, "경"이 인생의 "상도"가 될 수 있는 관건은 그것이 갖추고 있는 일정한 보편성과 이로부터 유래하는 보편적 지도의 의의에 달려 있으며, 그렇지 않으면 "경"이 될 방법이 없다. 올림픽의 금메달은 틀림없이 특수한 "기능", "기교" 그리고 "지혜"를 포함하고 있지만, 결코 세계 청소년의 배우고 본받아야 하는 모델이 될 수는 없다. 일반적으로 말하면, 멀리뛰기와 높이뛰기의 금메달리스트를 자기 아이들에게 기대와 본보기로 삼는 부모들은 거의 없다. 여기서 "기"와 "예"의 근본적인 구별은 맹자가 망한 "능能"과 "불능不能"에 있다. 왜냐하면 이러한 "능"과 "불능"은 특수한 자질과 특수한 기교로 이루어지기 때문이다. 맹자는 다음과 같이 말한다.

> (맹자가) 말하기를 "태산泰山을 옆구리에 끼고 북해를 뛰어넘는 일을 다른 사람에게 '나는 할 수 없다'라고 말하는데, 이것은 진실로 할 수 없는 일이다. 어른을 위해 나뭇가지를 꺾는 일을 남에게 '나는 할 수 없다'라고 말하는 것은 내가 하지 않는 것이지 할 수 없는 일이 아니다'라고 하였다.158)

맹자의 이러한 간단한 비유로 알 수 있듯이, "기능"에서 개체적 자질의 요소를 가질수록 더욱 개체의 독립적 "기교"와 "능력"의 색채를 가지며, 따라서 유가의 "예"와 "경"의 거리는 더욱 멀어진다. 이것이 곧 맹자가 말한 "진실로 할 수 없는 일"이라는 말의 확실한 뜻이다. 그러나 이러한 기능의 형태와 반대로 만약 어떤 "기능"에서 인류의 보편적 요소를 가질수록, 곧 이른바 사람마다 모두 다 할 수 있는 요소를 가진다면, 이러한 "기능"은 또 더욱 "예"의 특색을 가지게 되며, 따라서 더욱 많이 "도" 혹은 "경"의 함의를 갖추게 된다. 이것은 곧 맹자가 말한 "하지 않는 것이며, 할 수 없는 것이 아니다"라는 말의 진정한 의미이다. 이러한 관점에서 보면, 유가와 도가 두 학파는 "기"와 "예"에서도 중점을 두는 것이 다르며, 실제로 이것은 완전히 인간의 자연성과 도덕적 선성善性의 구별을 기초로 한다고 할 수 있다. 따라서 유가가 "예藝"를 제창하고 결코 "기技"를 주장하지 않은 것은 주로 그것이 인류의 보편성의 여부로 보는 시각에 착안한 것이다.

이런 점에서 유가의 "경"이 인생의 "상도"로서 비록 일반적으로 인류와 보편성으로서의 의미를 내포하고 있지만, 그것이 "경"으로서는 도리어 결코 "예"의 이러한 기초를 벗어날 수 없으며, "예"의 이러한 구체적 존재와 표현방식을 떠날 수 없다.

---

158) 『孟子』(吳哲楣 主編, 『十三經』), 「梁惠王上」, 1353쪽.

예를 들면, 공자는 『춘추』를 지어서 "나는 공허한 말을 기록하는 것은 일을 행함에서 깊고 절절함을 분명하게 드러냄만 못하였다"[159]라는 견해를 견지하였는데, 곧 구체적인 "일을 행함"으로써 그 "깊고 절절함이 분명하게 드러남"에서의 인륜의 보편성, 이른바 "상도"에 대한 주요 관심을 표현하였다. 그리고 맹자가 도덕적 선성을 사람의 "본심"에 두고자 하고, 또 본심을 "사단"에 두고, "어린아이가 우물에 빠지는 것을 보는" 구체적인 현장의 상황에 둔 것은 곧 측은지심惻隱之心이 마침 드러나는 그 현장에 임하게 함으로써 더욱 깊고 절절하게 측은지심과 도덕적 선성이 일체로 관통하는 관계임을 이해할 기회이다. 만약 이런 관점에서 보면 유가의 "예"와 "경"의 관계는 곧 "예"가 "경"에 근원하는 것이 아니라 바로 "경"이 "예"에 근원하며, 이것은 구체적인 "예"의 인륜에 대한 보편적인 체득과 이해 가운데서 비로소 "경"이 생겨나고 형성되며, 또한 단지 "예"에 내재된 도덕적 선성의 심층적 발굴과 보편적 확장을 통하여 비로소 이른바 "경"이 형성된다.

유가의 "예"와 "경"의 이러한 관계가 당시에 서로 다른 두 가지의 "사士" 즉 "국사國士"와 "지사志士"의 구별에서 한층 더 전형적으로 구현되었다. "국사"는 자연히 "기능", "기교技巧", "총명聰明함", "담략膽略", "지혜智慧"로부터 배양된 "사士"라고 할 수 있으며, 그 특징도 주로 기능, 담략, 지혜 즉 이른바 능력에 있다. 이른바 "지사志士"는 완전히 도덕이상으로 무장된 '사'이며, 그 특징은 주로 도덕이성의 기초와 세상을 가슴에 품는 책임정신에서 표현된다. 예를 들면, 유가의 이러한 서로 다른 두 가지 '사'에 대한 설명은 모두 『논어』에서 나타난다.

> 자공子貢이 "어떤 사람을 '사'라고 할 수 있습니까?"라고 여쭈니, 공자는 "자신의 행동에 부끄러워하는 마음이 있으며, 외국에 나가서도 임금의 명을 욕되게 하지 않으면 '사'라고 할 수 있다"라고 하였다.[160]

---

159) 司馬遷, 『史記』(『二十五史』, 권1), 「太史公自序」, 332쪽.
160) 『論語』(吳哲楣 主編, 『十三經』), 「子路」, 1296쪽.

증자는 "'사는 도량이 넓고 뜻이 굳세지 않으면 안 되니, 임무가 중하고 갈 길이 멀기 때문이다. 인仁을 자신의 임무로 삼는데 어찌 중하지 않겠는가? 죽은 이후에야 그만두게 되니, 어찌 멀지 않겠는가?"라고 하였다.161)

여기서 전자는 자공이 "어떤 사람을 '사'라고 할 수 있는가?"라고 질문한 것으로 분명히 사회에서 일반적으로 말하는 사士(극단적으로 말하면 당연히 "국사"라고 할 수 있다.)를 말한 것이며, 따라서 공자도 완전히 중성적인 뉘앙스인 "자신의 행동에 부끄러워하는 마음이 있으며, 외국에 나가서도 임금의 명을 욕되게 하지 않는다"는 말로 대답하였다. 분명하게 여기서도 주로 "사"의 기능, 담략, 직업, 지혜로 말한 것이다. 증자의 자각적인 "사"는 주로 유가의 "지사"로 말한 것이며, 따라서 "인仁을 자신의 임무로 삼는다"와 "죽은 후에야 그만둔다"라는 규정이 있게 되었다. 후자는 더 분명하게 사람의 도덕적 선함에 대한 충분한 자각에 기초하여 형성된 정신을 담당하는 것으로 말하였다. 왜냐하면 단지 후자와 같은 사람이 곧 유가에서 칭송하는 "지사"이기 때문이다. 그러므로 맹자는 "지사는 도랑이나 골짜기에 버려질 수도 있음을 잊지 않아야 하며, 용사勇士는 자신의 목이 잘릴 수 있음을 잊지 않아야 한다"162)라고 하였다.

만약 우리가 유가의 "예"와 "경"의 관계에 사회 역사적 요소를 더한다면 혹은 사회 역사적 관점에서 유가의 "예"와 "경"의 관계를 본다면, "예"와 "경"의 사이에는 확실히 어떤 자못 기괴한 관계가 존재하고 있음을 발견할 수 있다. 그것은 곧 사회가 동란의 시대(예를 들면 전국시대)일수록, 유학자는 자각적으로 역사문헌을 "경"으로 부를 뿐 아니라(예를 들면, 순자는 분명하게 주장하였다. "배움은 어디에서 시작하고 어디에서 끝내는가? 말하기를 그것을 헤아리면 경을 암송하며 시작하고 예禮를 해독함에서 마친다."163)) 심지어 유가사상을 비판하는 사람조차도 그것이 "경"임을 인정한다.(예를 들면 『장자』

---

161) 『論語』(吳哲楣 主編, 『十三經』), 「泰伯」, 1279쪽.
162) 『孟子』(吳哲楣 主編, 『十三經』), 「滕文公下」, 1378쪽.
163) 『荀子』(『諸子集成』 제2책), 「勸學」, 7쪽.

와 같다.) 그러나 일단 사회가 상대적으로 안정되고 유가의 문헌도 진정으로 "경"으로 존중받는 시대에 이르러서는, 유학자들은 도리어 자신들의 경전을 "예藝"로 부르기를 더 원하였다. 전자는 서주시대로 그 시대는 곧 『일주서』에서 말한 "예"가 형성되는 시대였으며, 후자는 양한兩漢시대와 같다. 왜냐하면, 양한은 곧 유학의 독존적 시대이며 경학이 통치 지위를 점유하던 시대였다. 그러나 한유漢儒는 도리어 이른바 "오경에 통달하고 육예六藝에 정통함(貫穿)"으로 스스로를 표방하거나 서로 표방하기를 더 원하였다. 이에 서복관이 "육경"을 "육예六藝"로 살짝 바꾸었다고 한 상황이 출현하였으며, 『사기』에서 다음과 같이 기록하였다.

> 공자는 "육예六藝는 치국治國에서 하는 일은 한결같다. 『예禮』로써 사람을 절도 있게 하고, 『악樂』으로 화답하게 하고, 『서書』로써 역사적 일을 서술하고, 『시詩』로써 정의情意를 나타내고, 『역易』으로 신묘한 변화를 유추하고, 『춘추春秋』로써 미언대의微言大義를 드러내었다"라고 하였다.164)

사마천이 여기서 인용한 것이 정말 공자의 본래 말일까? 만약 공자의 본래 말이라면, 공자시대부터 시작하여 사람들은 이미 "육예六藝"를 "육경"으로 불렀을 것이며, 혹은 적어도 "육예"라는 이 개념은 결코 『주관』이 처음으로 창시한 것은 아니라고 말할 수 있다. 그러나 만약 그 구체적으로 가리키는 것으로 보면 이른바 "육예"는 실제로 또한 "육경"을 가리켜 말한 것이다. 이처럼 이른바 "육예"가 "육경"으로 바뀌어 포장된 것, 즉 "육예"를 "육경"으로 부르는 현상은 아마도 공자시대부터 이미 시작된 듯하다.

실제로 여기에서 "육예"는 틀림없이 훗날 즉 사마천이 덧붙인 것이다. 왜냐하면, 우리가 여기서 완전히 "경"과 "예"가 공존하던 역사적 증거를 찾을 수 있다면,

---

164) 司馬遷, 『史記』(『二十五史』, 권1), 「滑稽列傳」, 318쪽.
역자 주: 좀 더 자세한 이해를 위하여 여러 해석 자료를 참고하여 내용의 의미를 충분히 살펴 意譯하였다.

그것이 상호 공존하는 상태를 찾아서 마지막으로 살짝 바꾸어 포장한 것까지의 대략적 단서를 찾을 수 있기 때문이다. 유방劉邦의 중요 책사였던 육가陸賈는 본래 전진前秦의 박사이며, 따라서 분서갱유焚書坑儒로 야기된 문헌의 중단은 육가에게는 근본적으로 어떤 장애가 될 수 없다. 그리고 유방을 보좌하여 새로운 나라를 여는 과정에서도 곧 "때만 되면 『시』와 『서』를 말하였다."165) 따라서 그의 유생의 신분도 의심할 수가 없다. 다만 그가 저술한 『신어新語』에서 "경예經藝"라는 말을 이미 항상 함께 제시하고 함께 사용하였다. 예를 들면 다음과 같다.

> 옛것을 말하기 좋아하는 사람은 그것을 지금과 합치시켜야 하고, 멀리 있는 것을 서술하려는 사람은 가까운 데서 고찰해야 한다. 그러므로 역사를 말하려는 사람 은 먼저 오제五帝의 공적을 서술하여 자신에게서 생각해야 하고, 다음으로 걸주桀 紂의 재앙을 열거하여 자신의 경계로 삼아야 한다. 그러면 덕德이 해와 달과 짝하며, 행동이 신령神靈과 합해질 수 있으며, 높이 올라 멀리 바라볼 수 있고, 그윽함에 통달하고 깊숙이 통찰하며, 소리 없는 것도 들을 수 있고, 형상이 없는 것도 볼 수 있으며, 세상 사람들은 그 조짐을 볼 수 없지만, 그 실정을 모르는 것이 없다. 오경五經의 본말과 도덕의 진위眞僞를 교정하고 고치니…… 166)

> 이에 중고中古의 성인聖人이 벽옹辟雍과 상서庠序의 학교를 설립하고, 상·하의 예의禮儀를 바르게 하고, 부자父子의 예禮와 군신君臣의 의義를 밝혔다.…… 예의禮 儀를 단독으로 행하면, 기강紀綱(기율과 법도)이 확립되지 않으니, 후세에 쇠퇴하여 없어졌다. 이에 후세의 성인이 오경五經을 산정刪定하고, 육예六藝를 밝혀서 천지 의 계통을 이었다.…… 167)

> 그러므로 성인은 경예經藝로써 혼란을 방지하고, 공인工人은 준승準繩(먹줄, 일정한 법식)으로 왜곡된 것을 바로잡는다.168)

---

165) 錢福, 「新刊新語序」(『諸子集成』 제7책), 1쪽.
166) 陸賈, 『新語』(『諸子集成』 제7책), 「術事」, 4쪽.
167) 陸賈, 『新語』(『諸子集成』 제7책), 「道基第一」, 2쪽.

노나라 장공莊公이 중토中土(중급의 토지)에 살면서 성인의 뒤를 이어 주공周公의 업業을 닦지 않고, 선대의 체體(근본)를 계승하였으나, 권력을 숭상하고 위력을 휘두르며, 만인萬人의 힘을 가지고, 사람의 힘을 아울러서 공자公子 규糾[169]를 존립存立할 수 없고, 나라가 침탈당하여 수사洙泗[170]를 경계로 삼았다. 무릇 세상 사람들이 『시』와 『서』를 공부하지 않고, 인의仁義를 행한다.(한 글자가 빠졌다.) 성인의 도는 경예經藝의 깊이를 다하며, 징험하지 않은 말을 논하며, 그렇지 않은 일은 배우며, 천지의 형태를 그리며, 재변災變의 괴이함을 논하였다.…… [171]

이것은 곧 사마천이 기록한 육가의 "존망存亡의 징후를 대략 서술하고,…… 매번 한 편을 올릴 때마다 고제高帝(高祖 劉邦)는 좋다고 칭찬하지 않은 때가 없었고, 좌우에서 만세萬歲를 외쳤다"[172]라고 하는 『신어新語』이다. 『신어』를 보면, 육가는 이미 "때만 되면 『시』와 『서』를 말하였다"라고 하였고, 또 분명하게 "오경의 본말과 도덕의 진위眞僞를 교정하고 고쳤다"라고 하였으며, 특히 "후세의 성인이 오경을 산정刪定하고, 육예六藝를 밝혀서 천지의 계통을 이었다"라고 한 말은 유가들이 경전에 대하여 매우 잘 알고 있었을 뿐만 아니라, "오경을 산정", "육예六藝를 밝힘"과 같이 서로 다르게 가리킨 말은 또한 양자가 분명하게 각각 가리키는 바가 있음을 설명한다. 그리고 육가는 여기서 또 반복해서 "경예"라는 말을 제기하였는데, "경예經藝로써 혼란을 방지하였다"라 하기도 하고, "경예의 깊이를 다하였다"라 하기도 하였는데, 여기서 "경예"는 모두 구체적으로 가리키는 바가 있음을 설명한다. 따라서 맹자가 형용사적으로 "꿋꿋하게 덕을 행하고 나쁜 짓을 하지 않는다"는 말에서 장자가 직접 "육경"을 유가의 문헌이라고 하고 또 순자의 "경을 암송하며 시작하였다"라는 말까지, 유가의 "경"이 실제로는 이미 점점 더 사상계에

---

168) 陸賈, 『新語』(『諸子集成』 제7책), 「道基」, 3쪽.
169) 역자 주: 子糾. 공자 규를 가리키며, 춘추시대 覇者의 한 사람인 齊桓公의 형이다.
170) 역자 주: 洙水와 泗水. 공자가 활동하던 지역의 강으로 "공자의 도" 혹은 "공자의 학풍"을 비유적으로 표현한다.
171) 陸賈, 『新語』(『諸子集成』 제7책), 「懷慮」, 15쪽.
172) 司馬遷, 『史記』(『二十五史』, 권1), 「陸賈列傳」, 253쪽.

서 보편적으로 공인된 현상이 되었음을 설명하고, 육가는 "오경"과 "육예"를 구별하여 말하고 "경"의 이면을 직접 보충하여 "예藝"와 합하여 설명하였으며, 또한 이른바 "예"는 이미 사상계의 주목을 받기 시작하였다.

『가의신서賈誼新書』에 이르면, 곧 "육경"에서 가리키는 "음양과 천·지·인"이 포함하고 있는 "육리六理"로부터 "육법六法"을 언급하고, 또 "육법"으로부터 "육술六術"과 "육행六行"을 언급하며, 마지막으로 비로소 『시』·『서』·『역』·『춘추』·『예禮』·『악』이라는 이른바 "육예六藝"를 파생시켰다. 가의는 다음과 같이 말하였다.

> …… 이 때문에 음양은 각각 여섯 달씩의 마디가 있고, 천지에는 육합의 일이 있으며, 사람에게는 인·의·예禮·지·신의 행위가 있으며, 행동이 조화되면 즐거움이 일어나고, 즐거움이 일어나는 것은 여섯 가지이니 이것을 육행이라고 한다. 음양은 천지의 움직임으로 육행을 잃지 않으므로 육법과 합치할 수 있다. 사람이 근면하게 육행을 닦으면, 육법과 합치할 수 있다. 그러나 사람은 비록 육행이 있어도 미세한 것은 알기 어려우니 오직 선왕만이 그것을 살릴 수 있으며, 보통 사람은 스스로 이를 수 없으니 그런 까닭에 반드시 선왕의 가르침을 받아야 해야 할 바를 알았다. 그러므로 선왕이 세상에 가르침을 베풀어 그로 말미암아 사람들이 배워서 교훈으로 삼고, 사람의 정情이 그로 말미암아 참되게 되니, 그러므로 안으로는 육법을 근본으로 삼고, 겉으로는 육행을 모범으로 삼고, 『시』·『서』·『역』·『춘추』·『예』·『악』의 여섯 가지 술術(학술)을 대의大義로 삼으니 그것을 육예六藝라고 한다.[173]

육가의 "오경"과 "경예"에서부터 가의의 "육술", "육행", "육예"에 이르기까지 유가는 "오경" 혹은 "육경"에서부터 "육예"에 이르기까지의 변화되는 과정을 분명하게 드러내었다. 그리고 육가가 "오경"과 "경예"를 병칭立稱한 것에서부터 가의가 "육술六術"과 "육행"으로서 직접 "육예六藝"를 종합한 것도 『시』·『서』·『역』·『춘추』·『예』·『악』의 "육경"이 완전히 "육예"의 수에 맞춤으로써 비로소 "오경"으로

---

173) 賈誼, 「六術」, 『賈誼集·賈太傅集』, 94쪽.

부터 "육경"으로 확장되었다. 육가의 "오경"으로 자연히 분명하게 "『악』은 본래 경전이 없다"라는 사실을 알았기 때문에, 한무제가 "오경박사를 설치하였다"라는 사실도 증명될 수 있다. 가의가 "육술"과 "육행"을 빌려서 "육예"를 추출하려고 한 까닭은 단지 "악樂"이 실제로 존재하기를 바란 때문이며, 그 경전의 문헌이 진실로 존재하는가는 그의 관심 밖에 있었다. 특히 주의할 것은 가의가 "안으로는 육법을 근본으로 삼고, 겉으로는 육행을 모법으로 삼고, 『시』·『서』·『역』·『춘추』·『예』·『악』의 여섯 가지 술術을 대의로 삼으니 그것을 육예六藝라고 한다"라고 한 말에서 "육예"는 또한 "육법", "육행", "육술" 세 가지를 통일해서 가리킨 말이며, 『시』·『서』·『역』·『춘추』·『예』·『악』이 먼저 "여섯 가지의 술"로 출현한 것은 곧 "육예"가 합성되는 과정에 있었음을 말해 준다. 대개 이후로는 "육예"가 곧 『시』·『서』·『역』·『춘추』·『예』·『악』의 별칭이 되었고, 따라서 사마천이 「골계 열전滑稽列傳」에서 "공자는 '육예는 치국治國에서 하는 일은 한결같다. 『예』로써 사람을 절도 있게 하고, 『악』으로 화답하게 하고,…… ' 하였다"라고 개괄하였는데 이것이 역사적 "코미디"(滑稽)이다.

그렇다면 도대체 왜 그런가? 이것은 유학사에서의 중요한 쟁점 문제에 관한 것이다. 예를 들어 말하면, 서주시대에서 보면 그것은 자연히 유학의 맹아시기를 대표하지만, 동시에 하나의 대일통의 왕조시대이며, 이처럼 유학의 맹아이자 대일통의 왕권은 필요로 하는 것은 곧 당연히 유학을 "예藝"로 표현하도록 하며, 마땅히 또한 그때의 유학은 여전히 예악禮樂의 "예"의 포대기 속에 있었다. 그러나 다른 한편으로 대일통의 왕권은 또한 "사"에게 "예"가 긴급하게 필요하였고, 게다가 당시에는 이른바 "예"는 또 "사"가 입신출세하는 계단이었다. 따라서 "예藝"는 또 "예禮", "악"과 함께 시대적인 요구가 되었다. 그렇다면 당시의 "예藝"는 도대체 어떤 작용을 하였는가? 『일주서』에서 "여자餘子(국자)들에게 기예를 익히도록 돕는 다"라는 말과 "예를 밝혀 관료를 뽑는다", "예를 밝혀 관원의 본보기로 삼는다"라는 상황으로 보면, "예藝"는 이미 "사"가 국가에 충성하는 방법이며, 동시에 그것은 그 자체로 관직을 도모하여 관직에 나아가는 방법이다. 그리고 "국사"는 대일통의 왕권이 특별하게 기대하는 바가 되었다.

　한대에 이르면 유학은 이미 국가이념의 형태로 격상하였지만, 유가의 역사문헌은 이미 황권이 흠정欽定하는 "경전"이 되었다. "이리저리 분주하게 돌아다니며 일을 하는"(孔席不暖) 선진유학으로 말하면, 이것은 곧 몽상적으로 구하는 사회 역사적 조건일 수도 있다. 그러나 한대의 유학자에 대해 말하자면, 실제의 정황은 도리어 이와 같지는 않았다. 그 가장 근본적인 원인은 춘추전국시대의 유학자이 주로 자신이 이해한 유학정신에 대해 책임을 지는 데 있으며, 따라서 그들은 충분히 스스로 경전화를 할 수 있었다. 예를 들면, 증자의 "사"에 대한 이해가 이와 같았으나, 대일통의 전제 정권에서는 유학자들은 반드시 먼저 전제황권에 대하여 책임을 져야 했다. 감히 원칙을 고수하고 유학정신으로 황권을 비판한 유생들로 말하면, 동중서가 "재이災異"를 크게 강론하였다가 하마터면 사형을 당할 뻔한 것에서부터 휴맹眭孟(?~BC 78)이 한의 소제昭帝(BC 94/87~BC 74, 漢武帝의 아들 劉弗陵)에게 "어진 사람을 찾아 구하여 제위帝位를 선위禪位하라"라고 건의하는 데 이르고 결국은 뜻밖에도 "요언妖言으로 대중을 미혹시킨다"[174]라는 혐의를 받아 허리를 잘리는 형벌을 받은 일이 곧 하나의 분명한 회답이었다. 따라서 육가에서부터 가의에 이르러서 비로소 부지불식간에 "경예"를 병칭하는 방식을 통하여 한 걸음 한 걸음 유가의 "오경"은 "육경"으로 확장되었으며, 또한 "육경"을 "육법", "육행", "육술"과 서로 통일하는 방식을 통하여 "육예六藝"로 발전하였다. 따라서 유가의 경전과 황권정치의 합작이 실현되고, 당연히 동시에 유학자 개인의 입신출세를 위한 계단이 되었다.

　이 외에 유학자 개인의 측면에서 보면, 춘추전국시대 사람들이 연구한 유학은 마땅히 주로 한 사람의 인생신념과 신앙의 추구에서 비롯되었다고 할 수 있으며, 유학자들이 당연히 자아입법과 자아준수를 할 수 있어야 또한 "경"이 형성되는 계기가 될 수 있었다. 그러나 대일통의 전제황권 하에서는 한편으로 황실의 의도적 지지가 있었기 때문에 유학 연구도 더 이상 자신의 인생신념과 신앙을 추구하는

---

174) 班固, 『漢書』(『二十五史』, 권1), 「眭兩傳」, 649쪽.

것이 아니었다. 먼저 황권에 충성하는 "술術"이 되었다. 이로부터 유가의 경술은 동시에 유학자 개인이 황가에 바치는 "예藝"가 되었으며, 황권의 의도적 지지와 적극적 표창이 더해져서 먼저 "오경박사를 설립"한 후에 또 "오경의 14 박사를 설립하였다." 이처럼 유생들이 유가의 경전을 읽고 연구함은 완전히 공명功名과 이록利祿을 추구하기 위함이었다. 양한의 경학이 자신들의 문하門下와 문파가 박사를 설립할 수 있게 하려고 발생한 격렬한 경쟁이 수단과 방법을 가리지 않는 활동과 의기투합한 것을 보면, 선진에서 양한까지 유학정신의 역사적 변화를 분명하게 파악할 수 있다. 한나라 사람들의 "자식에게 황금으로 가득 찬 상자를 물려주는 것은 경전 하나만 못하다"[175]라는 말, 민간의 "문무의 예를 잘 공부하여 제왕가帝王家에 상품을 팔아라"와 함께 "어려서는 농촌의 촌부이지만, 장성해서는 천자의 당堂에 오른다"라는 말들은, 자연히 한유들의 경학연구의 기본적인 동력이 되었다.

이렇게 보면, 유학의 역사발전은 자연히 먼저 "예藝"가 있고 난 뒤에 비로소 "경"이 있을 수 있었으며, 마찬가지로 먼저 "사"가 있고 난 뒤에 비로소 이른바 "군자"를 추구하는 것과 같다. 그러나 유학은 "예"의 형태가 바뀌어 "경"의 형태가 되었으니 이는 황권의 인정과 전체 민족의 광범위한 동의와 분리될 수 없다. 이러한 과정에서 마침 또 "예"와 "경"의 전환과 역사적 위치의 전도轉倒가 발생하였고, 따라서 사람들이 "육예六藝"를 "육경"이라고 부르는 습관이 생겼다. 유학으로 말하면, 이것은 이미 자학子學(先秦諸子의 학문)에서부터 경학으로의 발전 과정이었으며, 동시에 유학자 개인의 인생신념과 신앙의 추구에서부터 완전히 황가에서 인정하는 국가 이데올로기의 형태가 되는 과정이었다. 이러한 과정이 곧 당연히 유학 이후의 역사발전과 역사변화이다. 우리는 역시 이미 유학 역사에서의 하나의 중요하고 결정적인 부분 곧 "예"와 "경"의 관계에 대한 문제를 분명하게 밝혔다. 그렇다면 우리는 계속해서 이 방향을 따라서 유학에 무에서 유로, "기技"에서 "예藝"로 나아가고, 또한 "경"과 "예"가 병존하는 역사발전을 소급해 올라가 보자!

---

175) 班固, 『漢書』(『二十五史』, 권1), 「韋賢傳」, 642쪽.

제3장 하·상·주: 생존기능에서 예·악문명으로

　　유가는 늘 삼대三代를 말하기 좋아하여 멀리 요순을 존귀하게 여겨 세상에 이름을 알렸다. 예를 들면, 공자가 일찍이 찬탄하기를 "위대하도다! 요堯임금의 됨됨이여! 높고도 크도다! 오직 하늘만이 위대한데 요임금만이 그것을 본받았으니 넓고도 넓도다! 백성들이 형언할 말이 없도다!"[1]라고 하였다. 자사도 공자가 개괄한 말에 대하여 "중니仲尼가 요순을 본받아서 서술하고(祖述), 문왕과 무왕을 본받아서, 위로는 하늘의 때를 율법律法으로 삼고, 아래로는 물과 흙의 이치를 따랐다"[2]라고 하였다. 여기서 말한 "요순을 조술하였다"라는 말은 자연히 유가들이 일관되게 요순을 하늘을 본받는 모범으로 인륜의 본보기로 삼았다는 뜻이다. 그러나 『상서』의 「요전」과 「순전」을 통하여 알 수 있는 것은 이른바 요순이 일생 행의行誼가 실제로는 본래 요순시대의 실록實錄으로부터 나올 수 없는 것이며, 후세의 유가들이 역사적으로 전해오는 말을 근거로 "계고稽古"(옛일을 자세하고 상고함)의 방법으로 회상하여 한 말이며, 이처럼 회상하여 한 말과 요순의 일생 행실의 복원이 분명하게 역사적 근거로 삼는다고 하더라도 또한 유가의 근본정신에 어긋나지 않는다. 유가들이 말하기 좋아하는 삼대는 조금씩 서로 다른데, 왜냐하면 유가들이 말하는 요순의 세상은 전형적인 "천하는 공중公衆의 것"인 시대였으며, 제위 계승의 선양禪讓 방식과 품성이 좋고 능력이 뛰어난 사람을 임용하는 간부선발의 방식도 인륜사회의 극치를 대변한다. 그러나 하夏·상商·주周 삼대는 참으로 살벌하기 짝이 없는 전쟁이

---

1) 『論語』(吳哲楣 主編, 『十三經』), 「泰伯」, 1280쪽.
2) 『禮記』(吳哲楣 主編, 『十三經』), 「中庸」, 566쪽.

잦았던 역사였고, 또한 제위도 혈연에 근거하여 세습으로 전해졌다. 그 최초로 가족적으로 '형이 죽으면 동생이 이어받는 형제상속'(兄終弟及) 제도였으며, 서주西周에 이르러 적장자嫡長子 계승의 제도가 확립되었는데, 천하를 사유하는 노선이 처음으로 시작되었을 뿐만 아니라, 또한 명실상부하게(地地道道) "천하는 일가一家의 사유물" 혹은 "왕가王家가 곧 천하"였다고 말할 수 있다. 실제로 단지 천하를 사적인 것으로 보거나 천하를 사가로 보는 토대에서만이 이른바 형제상속 혹은 적장자 계승의 제도가 형성될 수 있다. 그렇지만 삼대에도 다른 면이 존재하였는데, 제위가 세습으로 전해지는 동시에 삼대의 제왕은 "예禮에 근면하지 않은 왕은 일찍이 없었다"라는 내용으로부터 "인애仁愛"와 "덕치"의 전통이 형성됨과 동시에 유가들이 무에서 유의 요람搖籃에 이르렀기 때문에 삼대는 줄곧 후세 유학자들이 우러러 받들고, 갈망하는 정신적 동산이었다.

요순시대의 "천하는 공중公衆의 것"이라는 생각과 "품성이 좋고 능력이 뛰어난 사람을 임용한다"라는 사회적 통치방식에서부터 우禹·탕湯·문文·무武가 천하를 사가로 여기는 과도기와 변천에 이르기까지를 공자는 다음과 같이 평가하였다.

큰 도가 행해지는 세상에는 천하는 공중公衆의 것으로 여기며, 어진 사람과 능력 있는 사람을 (관직에) 가려 뽑고, 믿음을 강조하고 화목을 도모하였다. 그러므로 사람들은 자신의 어버이만을 어버이로 섬기지 않고, 자신의 자식만을 자식으로 돌보지 않았으며, 노인은 생애를 편안하게 마칠 수 있게 하고, 장정은 자기 일을 할 수 있게 하고, 어린이는 잘 성장할 수 있도록 하였으며, 과부·고아·병든 사람이 모두 부양扶養받으며, (성인의) 남자는 직분이 있게 하고, 여자는 시집을 갈 수 있도록 하였으며, 재화는 땅에 버려져 있어도 (그것을 줍는 것을) 싫어하였으며, 개인에게만 반드시 축적되도록 하지는 않았으며, 힘이 자신에게서 나오지 않음을 싫어하고, 힘이 개인을 위해서만 쓰이지 않도록 하였다. 이런 까닭에 모략謀略이 단절되어 일어나지 않았으며, 강도强盜·도둑(竊盜)·반란叛亂·역적逆賊이 생기지 않았기 때문에 바깥문을 잠그지 않았다. 이것을 대동大同이라고 한다. 지금에는 대도가 이미 없어지고, 천하天下는 일가一家의 사유물이라고 여기며,

각자 자신의 어버이만 어버이로 여기고, 각자 자신의 자식만 자식으로 여기며, 재물과 힘을 자기만을 위해 사용하고, 대인은 세습을 예로 삼는다. 성곽과 해자垓字를 견고하게 하고, 예의禮儀를 기강으로 삼아 군주와 신하를 바로잡고, 부모와 자식의 사이를 돈독하게 하며, 형제간을 화목하게 하며, 남편과 아내의 사이를 화합하게 하며, 제도를 설립하고, 농경지의 경계를 확립하고, 용맹함과 지혜로움을 존중하게 하여, (백성의) 공功을 자기 것으로 여긴다. 그러므로 모략謀略을 씀이 시작되고 전쟁이 이로 말미암아 일어난다. 우·탕·문·무·성·주공은 이로 말미암아 선택되었다. 이 여섯 군자 중 예禮에 근면하지 않은 왕은 일찍이 없었다. 의義로써 드러내고, 신信으로 고찰하고, 허물을 드러내고, 형벌을 인仁하게 하고 겸양을 강론하여 백성들에게 상도가 있음을 보여 주었다.······ 이것을 소강小康이라 한다.3)

분명히 공자가 보기에 전자는 자연히 "대도가 행해지는" 대동의 세상을 의미하며, 후자는 "천하天下는 일가一家의 사유물이라고 여기며, 각자 자신의 어버이만 어버이로 여기고, 각자 자신의 자식만 자식으로 여기는" 소강의 세상이다. 전자의 특징은 "천하는 공중의 것"에 있으며, "사람들은 자신의 어버이만을 어버이로 섬기지 않고, 자신의 자식만을 자식으로 돌보지 않았으며, 노인은 생애를 편안하게 마칠 수 있게 하고, 장정은 자기 일을 할 수 있게 하고, 어린이는 잘 성장할 수 있도록 하였으며, 과부·고아·병든 사람 모두 부양扶養받음"에 있다. 후자는 이른바 "성곽과 해자垓字를 견고하게 하고, 예의禮儀를 기강으로 삼아 군주와 신하를 바로잡고, 부모와 자식의 사이를 돈독하게 하며, 형제간을 화목하게 하며, 남편과 아내의 사이를 화합하게 하며, 제도를 설립하고, 농경지의 경계를 확립하고,······ "라는 내용이다. 분명히 이것은 요순시대와 하·상·주 삼대의 사이에 있는 근본적인 차이다. 그런데도, 삼대의 제왕 즉 우·탕·문·무·주공·성왕도 "예禮에 근면하지 않은 왕은 일찍이 없었다." 따라서 사람들로부터 여전히 충분하게 "의義로써 드러내

---

3) 『禮記』(吳哲楣 主編, 『十三經』), 「禮運」, 473쪽.

고, 신信으로 고찰하고, 허물을 드러내고, 형벌을 인仁하게 하고 겸양을 강론하여 백성들에게 상도가 있음을 보여 주었다"라고 하는 사람들의 칭송을 받을 만한 점이 있었다. 이렇게 보면, 비록 삼대는 이미 타락하여 "천하天下는 일가一家의 사유물이며, 각자 자신의 어버이만 어버이로 여기고, 각자 자신의 자식만 자식으로 여기는" 소강의 세상이 되었다. 다만 여전히 "예의禮儀를 기강으로 삼는" 전통은 남아 있었기 때문에 인륜사회가 되기 위해서 여전히 사람들이 동경하도록 하였고, 또한 끊임없이 돌이켜 보고, 끊임없이 총괄해 볼 가치가 있는 시대였다. 바로 삼대의 이와 같은 동경과 돌이켜 봄과 끊임없는 총괄이 곧 유학이 발육하고 형성되는 요람이 되었다.

그렇다면, 당唐의 요임금과 우虞의 순임금의 선양제禪讓制에 기초하였고 대우大禹의 아들에게 전위傳位한 삼대의 시작은 또 장차 어떻게 전개되었는가? 그리고 우리는 여기서 또 장차 어떻게 하·상·주 삼대의 총체적으로 천년이 넘는 역사를 서술하여 무에서 유에 이르도록 한 유학의 구체적 발생 과정을 분석할 것인가? "서사형식敍事形式(사건의 경과에 따라 그대로 서술하는 방식)의 선택"이라는 한 절에서 우리는 일찍이 중국 역사에는 줄곧 두 가지 서로 다른 서술방식이 존재하고 있음을 분석하였고, 또한 이러한 두 가지 서로 다른 서사형식은 모두 어느 정도 편파적인 면이 있음을 인정하였다. 따라서 이와 같은 기본적 사고의 노선은 우리가 반드시 이 두 가지 서로 다른 서사형식 외에 따로 출로出路를 찾아야 할 것을 결정해야 하고, 또한 삼대에 대하여 하나의 새로운 시험적 해독을 진행하고, 혹은 삼대의 역사에 충분하게 가장 가까운 진정한 서사형식을 찾는 노력을 말하는 것이기도 하다. 이러한 배경에서 우리가 직면하고 있는 가장 중요한 문제는 곧 어떻게 삼대로 나아갈 것이며, 결국 어떠한 마음 상태로 삼대의 문제를 대할 것인가이다.

1. 삼대와 "생존기능"

삼대의 역사를 어떻게 해독하는가에 따라 중국 역사에서 가장 일찍 형성된 사상의 유파인 유가儒家와 도가道家 두 학파(兩家)⁴⁾에 대한 이견이 천년을 넘게 줄곧 존재하였다. 그리고 첫 번째의 불일치(分岐)는, 공자는 "요순을 조술祖述하고 문왕과 무왕을 헌장憲章하였다"라고 한 말에서 직접 표현되고, 노자는 이와는 전혀 상반된 태도를 보였을 뿐만 아니라, 불복하여 상대를 비방하기를 "천지는 인仁하지 않고, 만물을 '제사에 쓰기 위해 짚으로 만든 개(芻狗)'로 보며, 성인聖人도 인仁하지 않으니 백성을 추구로 여긴다"⁵⁾라고 하였다. 그 뜻은 곧 유가의 성인은 본래 그들이 서술한 것과 같지 않으며, 도리어 "백성을 추구로 여긴다" 즉 백성을 노리개로 보는 데 불과하다는 말이다. 유·도 두 학파는 삼대의 역사에 대하여 이처럼 다르게 해독하고 다르게 평가하는데, 이는 각자 서로 다른 역사관의 표현일 뿐만 아니라, 동시에 중국 역사에 두 가지 서로 다른 삼대관의 형성을 선포한 것이다.

삼대의 역사에 관한 서로 다른 해독의 두 번째 중대한 불일치는 남송南宋에서 발생하였으며, 실제로 유·도 두 학파의 삼대 역사에 대한 다른 해독과 그 차이가 본격적으로 전개되었다. 그것을 구체적으로 표현하면, 주로 양송兩宋의 리학을 집대성한 주자와 당시 도학道學사조에 대한 주요한 비평자인 진량陳亮(1143~1194)이 삼대와 "한당漢唐"에 대하여 서로 다르게 평가하는 논쟁에 집중되어 있다. 이 논쟁에 대하여 필자는 이미 전문적 논문이 있고 또한 일찍이 전문서적을 통한 토론을 진행하였기⁶⁾ 때문에 여기서는 단지 간단하게 두 사람의 주요한 차이점만 언급하는

---

4) 역자 주: 이후 兩家 혹은 三家의 家는 학파로 번역한다.
5) 『道德經』(『諸子集成』 제3책), 제5장, 3쪽.
6) 주자와 진량이 삼대와 한·당에 대하여 다르게 평가하는 논쟁은 졸저인 『학술성격과 사상의 계보―주자의 철학적 시야와 그 역사적 영향의 발생학 고찰』(學術性格與思想譜系―朱子的哲學視野及其歷史影響的發生學考察) 가운데 「왕도·패도와 의리의 변론―주자와 진량을 중심으로」(王霸與義利之辨―朱子與陳亮)의 구절을 참고하시오.(人民出版社, 2012, 242~267쪽) 이 외에 또 「도덕과 자연의 사이―주자와 진량의 논쟁과 이 차이에 대한 재고찰」(「道德與自然之間―朱子與陳亮的爭論及其分歧的再反思」, 『哲

것으로도 충분하다고 여긴다. 삼대와 "한·당"의 관계, 특히 삼대를 어떻게 평가하는가에 대하여 주자와 진량의 차이는 주로 아래 두 가지 다른 견해로 나타난다.

일찍이 "천리天理"와 "인욕人欲"이라는 두 말은 고금의 왕도와 패도의 치적에서 구할 필요가 없으며 도리어 내 마음의 의義와 이利와 사邪와 정正으로 돌이켜서 고찰함이 정밀하게 볼수록 더욱 분명해지며, 간직함이 엄밀하고 드러낼수록 더욱 용감해진다. 맹자의 "호연지기"는 지켜야 할 규범(規矩準繩)으로 수렴하여 감히 벗어나지 않으며, 스스로 세상의 중책을 자임하는 사람이며, 비록 맹분孟賁과 하육夏育이라고 해도 빼앗지 못한다. 이것이 어찌 곧 혈기의 소산으로 되는 것이겠는가! 노형은 한고조漢高祖(劉邦)와 당태종唐太宗(李世民)이 한 일을 보고 그 마음을 고찰하였는데, 과연 의義에서 나왔는가 이利에서 나왔는가? 사邪에서 나왔는가 정正에서 나왔는가? 고제高帝라면 사의私意와 분수分數가 오히려 그렇게 심하게 치열하지는 않았지만 없다고 할 수는 없다. 태종의 마음은 내가 보기에 아마 인욕人欲에서 나오지 않음이 없다. 곧 그가 인仁을 가장하고 의義를 빙자하여 그 사사로움을 행하였으니 당시 그와 함께 다투는 재능과 권모술수가 그 아래에서 나왔으며, 또한 인의에 의지할 수 없었기 때문에 저것이 이것보다는 더 선하여 그 뜻을 얻었을 뿐이다. 만약 국가를 건립하여 오래 멀리 전할 수 있다면, 곧 천리의 바름을 얻었다고 하고 이것이 곧 성패成敗로써 시비를 논하는 것이다. 그러나 포로와 짐승을 얻은 것이 많음으로써 논하면, 예법에 어긋남을 부끄러워하지 않음은 정正에서 나온 것이 아니다. 천오백 년 동안 이렇게 정좌正坐하였으니 단지 임시방편으로 시간을 보낸 것에 불과하다. 그 사이에 비록 소강小康이 없지는 않았지만, 요·순·삼왕三王(우·탕·문)·주공周公·공자가 전한 도는 일찍이 하루라도 하늘과 땅 사이에 행해진 날이 없었다.[7]

옛날에 삼황오제三皇五帝가 모두 일생 편안하게 무사히 지내면서 요임금에게서 법도가 처음 정해져서 만세법의 모범이 되었다. 우임금이 처음으로 천하를 한

___

學分析』, 2013 제3기, 1591~1593쪽)을 참고.
7) 朱熹, 『朱熹集』, 권36, 「答陳同甫」 6, 1591~1593쪽.

사가私家로 여기고 스스로 그렇게 하였다. 유호씨有扈氏는 이것이 옳지 않다고 여기고 큰 전쟁을 일으킨 후 그를 이겼다. 탕왕이 남소南巢에서 걸왕桀王을 방벌放 伐하여 상商나라를 열었으며, 무왕은 주왕紂王을 방벌하여 그것을 취하여 주나라 가 되었다. 무경武庚[8]이 (주공의 동생인) 관숙管叔과 채숙蔡叔의 흠결을 협박하여 (형인 주공에게 반기를 들게 하여) 옛 업(은나라)을 수복하고자 하였으며, 일찍이 무왕과 함께 일을 한 경험이 있던 사람들은 덕을 닦아 (반란군이) 스스로 결정하 기를 기다리자고 하였으나, 주공은 중의衆議를 따르지 않고 군사를 일으켜 승리하 였다. 하·상·주의 제도는 세 가문으로 정하였는데, 비록 서로 인과관계가 있지 만 다 같지 않았다. (춘추시대) 오패五霸가 연달아 출현함이 어찌 원인이 없이 그러하겠는가? 노자와 장자는 세상의 혼란이 멈춘 때가 없었다고 보고 그 죄를 삼왕으로 돌렸으므로 요·순은 그 죄를 면하였다. 만약 삼황오제로 하여금 서로 함께 편안하게 무사히 지내도록 하면 어찌 잇달아 나왔겠는가? 그 생각이 상세하 지 않음이 없었는데, 공자만 홀로 그렇게 여기지 않았다. 삼황의 교화를 다시 행할 수 없으니 요·순까지를 조술祖述하였다. 삼왕의 예는 고금에 바뀔 수 없으 며 만세토록 마땅히 헌장憲章해야 하며, 오랑캐 사적의 번잡한 문구를 없애고, 잘못 전해진 것을 버리고, 일 자체의 경중을 참작하고 옳고 그름의 의심을 분명하 게 한 후에 삼대의 문화가 찬란하게 크게 밝아지며, 삼왕의 참뜻(心跡)도 교연皎然 하여 모함할 수 없다. 후세의 임금은 단지 존중하고 경모할 줄만 알고, 학자들은 단지 그것을 암송하고 익힐 줄만 알지 공자의 노고가 이와 같은 줄을 모른다. 그 옳고 그름이 아직 크게 분하지 않을 때, 노자와 장자의 지극한 마음이 어찌 갑자기 쓸모없어져 쓸 수 없겠는가? 량亮은 유자들이 한·당을 봄이 노자와 장자 가 당시에 삼대를 보는 것과 같음을 깊이 두려워하였다. 유학자들의 설을 아직 버릴 수 없는 것은 한·당의 참뜻이 아직 밝혀지지 않았기 때문이다. 그러므로 량은 일찍이 저의 뜻이 있지만, 그것을 자임하지는 않을 뿐이다.[9]

---

8) 역자 주: 殷의 마지막 紂王의 아들로 '祿父'라고도 한다. 商이 망한 뒤 상의 도읍이었 던 殷에서 遺民들을 다스렸고, 武王의 뒤를 이은 成王이 어려서 숙부인 周公이 攝政하 자, 주공의 동생들인 管叔, 蔡叔, 霍叔과 연합하여 반란을 일으켰다.
9) 陳亮, 『陳亮集』, 권28, 「又乙巳春書之一」(中華書局, 1987), 344~345쪽.

주자와 진량의 이 두 단락의 핵심적인 "창단唱段"(小歌曲, aria) 가운데, 주자는 명확하게 도덕이상주의 "삼대관三代觀"을 견지하고서 한·당 이래의 "요·순·삼왕 三王(우·탕·문)·주공周公·공자가 전한 도는 일찍이 하루라도 하늘과 땅 사이에 행해진 날이 없었으며" 한·당의 여러 군주도 기본적으로는 "인욕에서 나오지 않은 생각이 하나도 없었다"라는 부류에 속한다고 생각하였다. 비록 그 마음의 어떤 것이 천리天理와 "우연히 일치하는 때"10)가 있다고 하더라도, 결국 이른바 "소강"에 지나지 않는다는 말이다. 분명하게 이것은 삼대의 도덕이상주의 정신을 드높이고 한·당의 여러 군주가 추구한 "소강"과 그들의 인욕사관人欲史觀의 입장을 깎아내리고 비판한 것이다. 진량은 이와 반대로 삼대의 역사는 사실상 "우임금이 처음으로 천하를 사가私家로 여기고 스스로 그렇게 하였다. 유호씨有扈氏는 이것이 옳지 않다고 여기고 큰 전쟁을 일으킨 후 그를 이겼다. 탕왕이 남소南巢에서 걸왕桀王을 방벌放伐하여 상商나라를 열었으며, 무왕은 주왕紂王을 방벌하여 그것을 취하여 주나라가 되었다. 무경武庚이 (주공의 동생인) 관숙管叔과 채숙蔡叔의 흠결을 협박하여 (형인 주공에게 반기를 들게 하여) 옛 업(은나라)을 수복하고자 하였으며,…… 주공은 중의衆議를 따르지 않고 군사를 일으켜 승리하였다"라는 것에 불과하다고 보았다. 분명히 이것도 이른바 "노자와 장자는 세상의 혼란이 멈춘 때가 없었다고 보고, 그 죄를 삼왕으로 돌렸으므로…… 만약 삼황오제로 하여금 서로 함께 편안하게 무사히 지내도록 하면 어찌 잇달아 나왔겠는가?"라는 말이다. 어떤 의미에서는, 진량이 여기서 견지한 것은 사실 노자가 "성인聖人도 인仁하지 않으니 백성을 추구로 여긴다"라고 말한 삼대 사관이며, 혹은 진량이 보기에 삼대는 적어도 결코 주자가 표창한 것처럼 그렇게 고상高尚하거나 신성神聖하지 않았다고 할 수 있다. 다만 진량은 결코 삼대의 이상가치를 부정하지는 않았지만, 그러나 그 가치는 주로 공자가 "오랑캐 사적의 번잡한 문구를 없애고, 잘못 전해진 것을 버리고, 일 자체의 경중을 참작하고 옳고 그름의 의심을 분명하게 함"을 통하여 비로소 실현될 수

10) 朱熹, 『朱熹集』, 권36, 「答陳同甫」 8, 1600쪽.

있었으며, 따라서 또한 "삼대의 문화가 찬란하게 크게 밝아지며, 삼왕의 참뜻도 교연皎然하여 모함할 수 없다"라는 말도 있게 되었다. 후세의 임금은 단지 존중하고 경모할 줄만 알고, 학자들은 단지 그것을 암송하고 익힐 줄만 알지 공자의 노고가 이와 같은 줄을 모른다. 분명히 이것은 이른바 삼대의 도덕이상의 특색이 사실은 공자가 삼대의 역사를 새롭게 해독하고 새롭게 해석함으로써 만들어진 것에 불과하다는 말이다. 만약 인류사회의 실제 역사를 마주하면, 우리는 진량의 이러한 생각이 실제로 삼대 역사의 실상에 근접함을 인정하지 않을 수 없다. 그러나 주자의 도덕이상주의의 삼대관은 분명히 역사적 실제와는 동떨어진 일면이 거리가 있을 수 있다.[11]

다만 진량이 나타낸 이러한 "실정"도 마찬가지로 반드시 고려해야 할 것은 무엇보다도, 단지 삼대의 이와 같은 개괄적 서술, 즉 "우임금이 처음으로 천하를 사가私家로 여기고 스스로 그렇게 하였다. 유호씨有扈氏는 이것이 옳지 않다고 여기고 큰 전쟁을 일으킨 후 그를 이겼다. 탕왕이 남소南巢에서 걸왕桀王을 방벌放伐하여 상商나라를 열었으며, 무왕은 주왕紂王을 방벌하여 그것을 취하여 주나라가 되었다. 무경武庚이 (주공의 동생인) 관숙管叔과 채숙蔡叔의 흠결을 협박하여 (형인 주공에게 반기를 들게 하여) 옛 업(은나라)을 수복하고자 하였으며,…… 주공은 중의衆議를 따르지 않고 군사를 일으켜 승리하였다"라는 구절로부터 보면, 설마 이것이 바로 도가인 노자에게서 근원하고 또 사마천이 표현한 "전쟁과 정치"의 사관에서 나왔겠는가? 그리고 이러한 역사관 앞에서 비록 우리는 하·상·주 삼대는 곧 권모술수와 살벌한 투쟁으로 충만한 "부패하고 혼란된"(漆黑一團) 것이라고 말할 수는 없지만,

---

11) 모종삼은 "역사를 강론함에 두 가지의 판단이 있어야 하는데, 하나는 도덕판단이며, 다른 하나는 역사판단이다. 중국은 이전에도 이러한 문제가 있었는데, 남송시대 朱夫子와 陳同甫(陳亮) 두 사람이 서로 논쟁한 것이 바로 이 문제였다. 朱夫子는 단지 도덕판단만 하고 역사판단은 하지 않았기 때문에 역사를 강론할 수 없었다. 陳同甫는 단지 역사판단만 하고 도덕판단은 하지 않았기 때문에 두 사람의 충돌이 일어났다"라고 지적하였다.(牟宗三, 『中國哲學十九講』『牟宗三先生全集』 제29책], 臺北聯經出版公司, 2003, 14쪽)

그러나 역대의 유학자들이 만들어 내고 해석한 것과 절대 같을 수는 없다. 그 가운데는 어느 정도라도 자랑할 만한 인애도덕仁愛道德은 결코 없다. 그리고 이른바 인애도덕은 근본적으로 또한 공자가 "오랑캐 사적의 번잡한 문구를 없애고, 잘못 전해진 것을 버린" 산물일 뿐이다. 이렇게 보면, 하·상·주 삼대의 역사는 여전히 유·도 두 학파의 첨예한 대립과 서로 다른 해독 가운데 있는 것 같으며, 또한 각각 합리적 근거도 있다.

바로 이러한 배경 아래 우리는 비로소 새롭게 연구하여 삼대의 진실한 역사의 과정에 접근할 수 있다. 필자가 여기서 명확하게 시도하는 하나의 근본적 방향은, 우리가 삼대의 진실한 역사를 마주해야 하는 만큼, 그리고 삼대는 유·도 두 학파의 원시적 발생의 시대였으며, 동시에 각각 자신의 역사관에 근거하여 해독하려고 힘쓴 시대였던 만큼, 이러한 조건에서 우리의 해독은 반드시 유·도 두 학파가 이미 형성한 해독의 패턴을 넘어가거나 잠시 내버려야 한다. 혹은 우리가 대면하는 첫 번째 것은 아직 유·도 두 학파가 있기 이전이며, 마지막은 유·도 두 학파를 발생시킨 역사형태라고 말할 수 있다. 이것은 곧 우리가 이미 대면하게 된 것이 유·도 두 학파가 발생하기 이전의 중국 사회라는 말이며, 그렇다면 우리의 해독적 시각도 반드시 유·도 두 학파에 의해 이미 정해진 서사형식을 벗어나야 하며, 따라서 유·도 두 학파가 원래 가진 정형화된 틀을 빠지지 않고 동시에 또 합리적으로 두 학파의 서로 다른 시각이 형성된 까닭을 충분히 설명할 수 있는 서사형식을 찾아야 한다.

다행스러운 것은 유·도 두 학파가 발생하기 이전에 중국 역사상의 모든 왕권이 아직 형성되기 이전을 포함해서, 중국인들은 실제로 이미 역사 전설의 방식으로 자신의 역사를 기록하였다. 그 서술의 핵심은 또한 중국의 역사발전의 연속성의 줄거리를 충분히 표하였는데, 그것이 이른바 생존기능生存技能이다. 따라서 우리가 앞에서 서술한 선사시대의 "다섯 씨" 즉 "수인씨", "유소씨", "복희씨", "신농씨"와 중국 역사에서 첫 번째의 인간 제왕인 "헌원씨"는 모두 실제로는 줄곧 생존기능을 통하여 진보하는 방식으로 중국 역사의 발전을 설명하였으며, 아울러 생존기능의 진보를 역사발전의 주요한 동력과 중요한 관건으로 삼았다. 무엇보다도 이러한 생존기능의 계속된 발전의 핵심이자 주축이 된 역사관으로 삼는 것은 합리적으로 중국의 선사문명을 설명할 수 있을 뿐만 아니라, 또한 유·도 두 학파의 구체적인 생성에 관해서도 설명할 수 있다.

이렇게 되면, 우리가 생존기능의 끊임없는 진보의 시각으로 하·상·주 삼대의 역사를 향해 나아갈 때, 우리가 볼 수 있는 것은 우선 인류의 생존기능이 계속하여 진보하고, 계속하여 발전하는 역사이다. 어떤 의미에서 보면, 곧 생존기능의 계속된 진보가 역사를 촉진하고, 왕조의 교체가 이른바 도덕관념과 역사관념의 구체적인 생성을 포함하도록 촉진한다. 분명히 생존기능의 계속적 진보의 기초에서 혹 생존기능의 계속된 진보에 따르고, 동시에 유·도 두 학파의 서로 다른 역사관의 생성 과정이 되었다.

여기서 진정으로 사람을 깊이 고민하게 하는 것은 유가의 덕치와 인애사관이든 도가의 전쟁과 정치사관이든 관계없이 그 자체로 역사에 대한 하나의 해독은 물론 모두 일정한 역사적 근거가 있지만, 하나의 역사관으로 그것들은 단지 진실한 역사의 한 부분이거나 혹은 한 방면일 수 있다.(실제로 모든 해독과 해석은 모두 단지 진실한 역사의 한 측면일 수 있다.) 그러나 우리가 생존기능의 형성과 발전으로 삼대의 역사변화를 설명하려고 시도할 때, 먼저 반드시 유·도 두 학파의 서로 다른 삼대의 해독과 혹은 서로 다른 삼대사관에 대하여 해독과 설명을 해야 하며, 혹은 그러한 서로 다른 역사해독에 대하여 재해독을 진행하고, 또한 그 해독의 재해독을 통하여 최대한으로 접근하고 가능한 한 최대한으로 역사의 진상(眞相)을 원상회복해야 한다. 물론 이러한 원상회복설 즉 환원설도 결국은 단지 옛사람들의 서로 다른 시각에 의해 차폐遮蔽된 객관적 역사의 한 부분 혹은 한 측면에 불과하다.

역사적으로 보면, 유·도 두 학파는 당연히 역사적 발전의 과정에서 형성되었다. 황권의 형성 자체가 하나의 구체적인 역사의 지표이므로 유·도 두 학파는 아마도 모두 어느 정도 황권의 형성에 따라 형성된 특징을 갖추고 있으며, 이러한 의미에서 "제자諸子는 왕조의 관리에게서 나왔다"라는 설이 유구하게 지속하였다. 물론 필자가 보기에 중국 역사에서 제자諸子는 모두 "왕조의 관리"(王官)에서 나온 것은 아니며, 반드시 "왕조의 관리"의 신분을 통해서만 비로소 그 사상이 생성되는 까닭을 설명할 수 있는 것은 아니다. 다만 "학문이 관부官府(朝廷)에 있음"의 시대와 제자들의 사상은 황권의 형성에 따라 형성된 역사적 배경에서 유·도 두 학파는 다른 제자들을 포함하여 "왕조의 관리"와 어떤 함께 태어나서 함께 자란 관계가 존재한다고 말하는 것은 마땅히 또한 비교적 그 사상의 발생과 형성 및 발전의 역사와 비교적 부합하는 역사적 실제라고 말할 수 있다. 따라서 여기서 황권의 발생과 형성은 곧 하나의 사회 역사의 지표이며, 동시에 하나의 인류문명의 진보적 지표가 된다. 사가史家인 반고班固가 보기에 유·도 두 학파는 황권의 형성에 따라 형성되었을 뿐만 아니라, 그것은 또한 모두 "왕조의 관리" 신분을 가지고 있었고, 따라서 그 "왕조의 관리"의 신분은 이 직접 그 역사해독의 기본적 시각을 결정하였다. 유·도 두 학파에 대한 반고의 분석과 설명을 보자.

> 유가의 유파는 대개 사도司徒(교육과 戶口 등을 맡은) 관리에서 나아가 인군人君을 도와서 음양을 따라 교화하는 사람이다. 육경의 가운데서 문자를 깊이 연구하고, 인의仁義의 경지에 마음을 두고, 요堯·순舜을 본받아서 서술하고, 문왕과 무왕을 헌장하고, 중니仲尼를 우러러 스승으로 삼아 그 말을 무겁게 여기고 도와 함께함을 최고로 여긴다.[12]

> 도가의 유파는 대개 사관史官에서 나와서 성패成敗·존망存亡·화복禍福·고금古今의 도를 낱낱이 기록한 후, '가장 근본적으로 해결해야 할 문제'(秉要執本)를 알며, 맑고 욕심이 없음(淸虛)으로써 자신을 지키며, 낮추고 약함으로써 자신을 유지하니, 이것은 임금이 나라를 다스리는(南面) 방법이다.…… 방탕한 자들이 그것을 함에 예학禮學을 끊고 인의仁義를 버리고자 하며, '오직 청허淸虛에 맡겨야만 다스릴 수 있다'라고 한다.[13]

---

12) 班固, 『漢書』(『二十五史』, 권1), 「藝文志」, 477쪽.
13) 班固, 『漢書』(『二十五史』, 권1), 「藝文志」, 477쪽.

반고의 이와 같은 개괄적 서술을 보면 유·도 두 학파는 서로 다른 삼대사관은 아마 완전히 그 서로 다른 왕조의 관리 출신으로 인하여 결정된 것이다. 유가가 처음부터 끝까지 삼대의 도덕이상주의를 드높이는 정신을 견지한 까닭은 그들이 "사도의 관리에서 나왔기" 때문일 뿐만 아니라, 그들이 "육경의 가운데서 문자를 깊이 연구하고, 인의(仁義)의 경지에 마음을 둔" 직업전통이 아마도 끊임없이 이러한 역사관을 강화했던 것 같다. 도가의 역사관은 완전히 그 "사관"의 신분에 의해 결정되었으며, 사관의 직책은 또 그들로 하여금 "성패·존망·화복·고금의 도를 기록"하지 않을 수 없도록 하였으며, 이것은 자연히 이른바 "가장 근본적으로 해결해야 할 문제를 알며, 맑고 욕심이 없음(淸虛)으로써 자신을 지키며, 낮추고 약함으로써 자신을 유지하는" 맑은 정신을 형성하도록 재촉할 것이며, 따라서 이것을 "임금이 나라를 다스리는 방법이다"라고 하였다. 하지만 도가의 이러한 역사적 시각으로 보면, 이른바 "예학(禮學)을 끊고 인의(仁義)를 버린다"라는 말은 아마도 그들이 사관 출신이며 사학적 시각으로 결정된 일종의 필연적 방향이 된 것 같다.

　반고의 이러한 해석은 유·도 두 학파의 서로 다른 역사관의 형성을 설명하는 데서는 분명하게 일리가 있으나, 근본적으로 유·도 두 학파의 서로 다른 역사관의 형성을 결정하는 "왕조의 관리"의 신분 자체는 또 무엇으로 설명할 것인가? 설마 겨우 정치적 수요, 즉 이른바 "왕조의 관리" 신분의 차원에서만 설명할 수 있겠는가? 이것은 정작 일종의 순환논리가 되지 않겠는가? 실제로 이 문제에 대하여 마땅히 우리 민족의 역사 전설 자체가 이미 우리에게 비교적 "경전"적 답안을 제공하였다고 할 수 있다. 즉 "백성들이 과일과 열매와 조개와 대합을 먹고 비린내와 누린내와 악취가 있어 창자와 위를 상하게 하여 백성이 많이 질병에 걸렸다. 성인이 나와서 부싯돌을 쳐서 불을 피우도록 하여 비린내와 누린내를 없애니 백성들이 그를 기뻐하여 세상의 왕으로 삼고 수인씨(燧人氏)라고 불렀다"라는 말과 "상고의 시대에 인민은 적고 짐승은 많아 인민이 금수와 벌레와 독사를 이길 수가 없었다. 성인(聖人)이 나와서 나무를 깎아서 집을 만들어 여러 피해를 피하도록 하니 백성들이 그를 기뻐하며, 세상의 왕으로 삼고 유소씨(有巢氏)라고 불렀다"라는 말이 곧 그것이다.

이로부터 복희씨가 "천지의 위치를 정하고 음양의 수를 나누고", "부부가 유래하고 오행이 바르게 되고 비로소 인도가 정해짐"과 신농씨가 "나무를 깎아 보습을 만들고 나무를 휘어서 쟁기를 만드니 쟁기로 김매는 이로움으로 세상을 교화함" 등 모두는 이른바 "한낮에 시장을 열어 천하의 백성을 오게 하며, 천하의 재화를 모아서 교역하고 물러남"을 포함하여, 심지어 중국 역사상 최초의 제왕인 헌원황제가 염제와 패권을 다투는 "덕을 쌓고 군사를 일으킴"을 포함하여 여전히 "오기五氣를 다스리고, 다섯 가지 곡식을 심으며 만민을 무마撫摩하고, 사방을 헤아려서 웅熊(곰)·비羆(말곰)·비貔(표범)·휴貅(비휴)·추貙(이리)·호虎(호랑이)를 훈련시켜, 판천阪泉의 들에서 염제와 세 번 싸운 후에 그 뜻을 이루었다"라는 사실도 통과하였다. 이것은 역사적으로 이와 같은 모든 "씨"들이 "천하의 왕"이 될 수 있었던 것은 사실 그 "씨"들이 대표하는 생존기능의 진보를 통해서 대부분 실현되었음을 말해 준다. 이러한 의미에서 중국의 상고사 혹은 선사시대 문명 자체는 곧 생존기능이 끊임없이 진보의 추동으로 실현되었으며, 또한 생존기능이 끊임없이 진보하는 추동으로 발전하였다. 따라서 생존기능의 끊임없는 진보의 시각에서 하·상·주 삼대의 역사를 해독하는 것이 오히려 역사적 실제에 가깝게 접근할 수 있으며, 또한 중국사회의 오랜 전통에 더 가까이 접근할 수 있다고 할 수 있다.

그러나 어떻게 생존기능의 진보를 통하여 유·도 두 학파의 구체적인 발생과 역사생성을 설명할 수 있을까? 여기서 우리는 또 반드시 먼저 하나의 역사적 편견을 깨야 한다. 앞의 서술에서 우리는 분명하게 유가의 "인애仁愛와 덕치德治" 사관이 확실히 역사를 의도적으로 미화하거나 끌어올리려는 측면이 있음을 분명히 밝혔으며, 또는 그것은 처음부터 끝까지 도덕이상으로서 역사를 해독함에 필연적으로 하나의 사각지대가 존재한다는 태도를 견지하고 있다. 이와 같은 견해는 어느 정도 유가의 역사관념이 선천적 결함이 있다는 자기반성의 일면도 포함하며, 그것을 비교하면 도가는 아마도 오히려 더욱 역사를 직시하고 더욱 역사를 "악惡"으로 보는 사상 유파일 것이다. 실제로 이러한 관점은 여전히 허점을 포함하고 있다. 이를 유가의 "인애와 덕치"의 사관과 서로 비교하면, 도가의 전쟁과 정치사관은 여전히 더욱 현실을 바로 볼 수 있고, 더 잘 역사의 장점을 바로 볼 수 있도록 표현하였지만, "사관" 출신과 "성패·존망·화복·고금의 도를 낱낱이 기록"하는 직업의 전통으로 말미암아 여전히 어느 정도 시각적 허점이 있다. 마찬가지로 도가의 이러한 시각상의 허점과 또 꼭 맞아 떨어지는 것은, 그들이 현실만 집중해서 주시함으로써 형성된 시각의 예리함과 날카로움에 긴밀하게 서로 연결되어 있으며, 혹은 그 예리함과 날카로운 시각 자체는 필연적으로 가지게 되는 시각의 그림자가 있으며, 따라서 동시에 그 허점도 있게 된다. 물론 우리는 여기서 노자가 말한 "천지는 인仁하지 않고, 만물을 추뉴(芻狗, 제사에 쓰기 위해 짚으로 만든 개)로 보며, 성인聖人도 인仁하지 않으니 백성을 추구로 여긴다"라는 말을 꼭 다시 분석할 필요는 없다. 다만 줄곧 "철사鐵史"라고 높여 부르는 『사기』의 "인문의 첫째 조상"이라고 부른 헌원황제와 역사적으로 첫째 여황제인 여후呂后에 관한 서술에서도 이처럼 분명하게 사마천이 도가의 역사관에 치우쳐 있음이 잘 드러난다. 예를 들면, 그는 헌원황제와 여후에 대하여 아래와 같이 서술하였다.

헌원의 때 신농씨神農氏의 세상이 쇠약해져 제후들이 서로 침략 정벌하고 백성들에게 포악하였으나 신농씨는 정벌할 수 없었다. 이에 헌원이 군사를 훈련시켜서 조공하지 않는 제후들을 정벌하니 제후들이 모두 와서 복종하였다. 그러나 치우蚩尤가 가장 포학하여 정벌할 수가 없었다.
염제炎帝(신농씨)가 제후들을 침공하여 억누르려고 하니, 제후들이 모두 헌원에게 귀의하였다. 헌원은 이에 덕을 닦고 군대를 정돈하고, 오기五氣를 다스리고, 다섯 가지 곡식을 심으며 만민을 무마撫摩하고, 사방의 토지를 정비하고, 웅熊(곰)·비羆(말곰)·비貔(표범)·휴貅(비휴)·추貙(이리)·호虎(호랑이)를 훈련시켜, 판천阪泉의 들에서 염제와 세 번 싸운 후에 그 뜻을 이루었다.
치우가 난을 일으켜 황제黃帝의 명을 듣지 않았다. 이에 황제는 재후들의 군사를 징발해 탁록涿鹿의 들판에서 치우와 싸워 마침내 치우를 생포하여 죽였다. 이에 제후들이 모두 헌원을 천자로 받들어 신농씨를 대신하게 하니 이가 바로 황제黃帝이다. 천하에 따르지 않는 자가 있으면 황제가 나아가 그를 정벌하였다. 평정한

자는 제거하고, 산을 열어 길을 통하게 하느라 일찍이 편하게 지낸 적이 없었다.[14]

7년(BC 188) 가을 8월 무인戊寅, 효혜제孝惠帝가 세상을 떠났다. 장례를 치르는데, 태후太后(呂后)가 곡哭을 하였지만, 눈물을 흘리지 않았다. 유후留侯(張良, BC 250~ BC 189)의 아들 장벽강張辟彊(본명 闢彊, 생몰 미상)이 시중으로 나이가 15살이었다. 그가 (좌)승상(陳平)에게 말하기를 "태후에게 외아들인 효혜孝惠가 오늘 세상을 떠났는데, 곡을 하고 눈물을 흘리지 않는데, 승상은 그것을 어떻게 이해하십니까?"라고 물었다. 승상이 "어떻게 해석해야 할까요?"라고 대답하니 벽강闢彊은 "제왕에게 장성한 아들이 없으니 태후가 중신重臣(君等)을 두려워합니다. 승상께서는 지금 여태呂台(?~BC 187), 여산呂産(?~BC 180), 여록呂祿(?~BC 187)[15]을 장군으로 삼아 남·북군[16]에 주둔하게 하고, 여러 여씨를 궁으로 들어오게 하여 머물며 권력을 장악하도록 청하십시오. 이렇게 되면 태후의 마음도 편안하게 되고, 그대들도 다행히 화를 면할 수 있을 것입니다"라고 하였다. 승상 진평은 벽강의 계책을 따랐다. 태후가 기뻐하였으며, 그 울음이 곧 애절하였다.[17]

이 몇 단락의 묘사에서 전자는 헌원씨가 황제가 되는 까닭에 관한 서술이며, 후자는 여태후가 여황이 되는 까닭에 대한 분석과 서술이다. 헌원황제의 출현을 보면, 먼저 "신농씨神農氏의 세상이 쇠약해져 제후들이 서로 침략 정벌하고 백성들에게 포악하였으나 신농씨는 정벌할 수 없었다. 이에 헌원이 군사를 훈련시켜서 조공하지 않는 제후들을 정벌하였다"라는 내용이다. 분명하게 이것 또한 이른바 헌원이 "신농씨를 대신하였다"에서 시작하여 "조공하지 않은 제후들을 정벌하였다"까지를 말한다. 이 과정의 첫 번째가 헌원씨는 "판천阪泉의 들에서 염제와 세

---

14) 司馬遷, 『史記』(『二十五史』, 권1), 「五帝本紀」, 5쪽.
　　사마천은 헌원씨를 소개할 때 앞부분에서는 완전히 『家語』에서의 공자가 헌원황제를 소개한 것에 근원한다.(陳士珂 輯, 『孔子家語疏證』, 권5, 127쪽 참고)
15) 역자 주 : 세 명 모두 漢高祖 劉邦의 부인인 呂雉 곧 여태후의 조카들이다.
16) 역자 주 : 고조 유방이 만든 두 호위부대. 長樂宮의 동쪽을 맡은 호위부대가 北軍, 未央宮의 서쪽 호위부대가 南軍이다.
17) 司馬遷, 『史記』(『二十五史』, 권1), 「呂太后本紀」, 41쪽.

번 싸운 후에 그 뜻을 이루었다"라는 내용이며, 이어서 또 천자가 되어 "제후들의 군사를 징발해 탁록涿鹿의 들판에서 치우와 싸워 마침내 치우를 생포하여 죽였다"라는 내용이다. 여기서 그 결과가 자연히 "이에 제후들이 모두 헌원을 천자로 받들어 신농씨를 대신하게 하니 이가 바로 황제黃帝이다"가 되었다. 분명하게 사마천의 붓 아래 이와 같은 한 사람의 헌원황제는 실제로 완전하게 "무력에 의지하는 패왕霸王"의 형상으로 만들어졌다. 따라서 그가 만든 "천자天子"의 후예는 또한 단지 하나의 일만 남았는데, 그것은 곧 "천하에 순종하지 않는 자가 있으면 황제黃帝가 가서 그를 정벌한다"라는 내용이며, 그로써 (황제) 자신의 후반생이 "일찍이 편하게 지낸 적이 없었다"라는 상황에 이르게 하였다. 그렇다면 중화민족 "인문의 시조始祖"로서 헌원황제 그가 드러낸 인류문명 혹은 "인간적 주요 관심"(人文關懷)은 주로 어디서 표현되었는가? 대개 역사가인 사마천이 보기에 "천하에 순종하지 않는 자가 있으면 황제黃帝가 가서 그를 정벌한다"라는 것으로 곧 황제黃帝가 "인문의 시조"가 되는 중요한 표시라고 할 수 있다. 분명히 사마천의 붓 아래, 이른바 인문人文이란 실제로는 완전히 무력에 의지한 정벌로 나온 것이며, 반고班固가 그를 "시비가 자못 성인聖人에게 치우쳐 있다"라고 비판할 수 있는 것은 전혀 이상하지 않으며, 그가 계승한 도가사상도 반드시 "예학을 끊고 버리고, 아울러 인의仁義도 버린다"라는 데로 귀착될 수밖에 없다.

물론 어쩌면 세월이 오래되어 묻히고, 역사에서 헌원황제에 관한 자료도 이처럼 많기[18] 때문에, 사마천의 이와 같은 서술도 확실히 나무랄 데는 없다. 그러나 "들어서 알고 있는" 여태후에 대하여 말하면, 사마천은 또 어떻게 서술하고 있는가? 여기서 사마천은 또 "유후留侯(張良)의 아들 장벽강張辟彊"의 도움을 받아 여태후가 효혜제孝惠帝가 붕어崩御한 이후 생각한 바를 나타내었다. 그것이 곧 "태후에게

---

18) 사마천이 헌원황제에 관하여 서술한 전반부는 사실 공자에게서 근원한다. 다만 공자의 헌원에 관한 서술은 "천하에 순종하지 않는 자가 있으면 黃帝가 가서 그를 정벌한다"라는 구절로 귀결되는데, 이것은 분명히 헌원황제의 形象에 대한 두 가지 근본적 차이다.(陳士珂 편집, 『孔子家語疏證』, 권5, 157쪽 참고)

외아들인 효혜孝惠가 오늘 세상을 떠났는데, 곡을 하고 눈물을 흘리지 않는데,……
제왕에게 장성한 아들이 없으니 태후가 중신重臣(君等)을 두려워합니다"라는 내용이
다. 이에 곧 장벽강이 승상에게 "여태, 여산, 여록을 장군으로 삼아 남·북군으로
주둔하게 하고, 여러 여씨를 궁으로 들어오게 하여 머물며 권력을 장악하도록
청하십시오. 이렇게 되면 태후의 마음도 편안하게 되고, 그대들도 다행히 화를
면할 수 있을 것입니다"라고 건의하였다. 정치가에 대하여 말하면 역사는 본래
이처럼 잔혹하며, 따라서 이러한 서술도 아마 분명히 사실적 묘사의 측면이 있을
것이다. 그러나 그 이면에는 또 분명히 사마천의 "전쟁과 정치"의 시각이 드러난다.
이제 똑같이 여태후가 외아들이 요절夭折한 상례喪禮의 상황에 임하는 전후의 다른
표현을 보자.

> 효혜제가 세상을 떠났다. 장례를 치르는데, 태후太后(呂后)가 곡哭을 하였지만,
> 눈물을 흘리지 않았다.…… 태후가 기뻐하였으며, 그 울음이 곧 애절하였다.

사마천의 묘사는 이처럼 거의 진실에 가깝고, 앞뒤 현장 사이가 거의 만화영화처
럼 분명하고 또 긴밀하게 연결되어 있는데, 이 처음과 끝의 전환을 이루는 관건이
되는 고리는 곧 "여태呂台, 여산呂産, 여록呂祿을 장군으로 삼아 남·북군으로 주둔하
게 하고, 여러 여씨를 궁으로 들어오게 하여 머물며 권력을 장악하도록 청하십시오"
라는 구절이다. 즉 여태후가 같은 장소에서 곡읍哭泣하는 사이에 들어간 사람들이
더 많이 바뀌었으며, 바로 이처럼 사람들이 바뀌고서야 비로소 뒤에서 말한 이른바
"태후가 기뻐하였으며, 그 울음이 곧 애절하였다"라고 하는 말이 진실로 사람의
진정眞情이 드러난 결과였다. 가장 특이한 것은 마지막 한 구절의 서술에 있다.
곧 이른바 "태후가 기뻐하였으며, 그 울음이 곧 애절하였다"라는 말은 마치 먼저
그 마음에 "기쁨"이 있고 난 뒤에 비로소 이른바 "그 울음이 곧 애절함"이 있게
되었다는 말과 같다. 즉 모순이면서도 진실이다. 문제는 이러한 한바탕 광경의
연속이 결국이 사마천이 "(직접) 보고 알았는가?" 아니면 "듣고 알았는가?"에 있다.

만약 "보고 알았다"라고 한다면 그것은 근본적으로 불가능하다. 왜냐하면, 여태후가 세상을 떠날 때까지 사마천은 태어나지 않았기 때문이다. 만약 "듣고 알았다"라고 한다면 어떻게 이처럼 긴밀한 장면의 연결이 이루어질 수 있을까? 분명히 여기서 사마천은 "듣고 알았다"라는 역사적 사건에 "전쟁과 정치"의 시각을 더하여 투시하고 해독하였을 뿐만 아니라, 모양과 색깔을 더하여 채색하여 서술하였다.

이 기초에서 우리는 또 도가의 역사관인 "사실寫實"(實狀描寫)과 "사진寫眞"(眞相描寫, 사실적 묘사)의 특색을 볼 수 있다. 이른바 "실상묘사"는 관심의 초점이 처음부터 끝까지 실연實然의 현실정치의 측면에 초점을 맞추고 있는 데 불과하다. 그러나 그것이 묘사하는 현상이 모두 역사상 진실로 발생하였음을 확인해 줄 수는 없다. "사실적인 묘사"도 단지 "전쟁과 정치"라는 시각에서 "진실"이라고 할 수 있을 뿐이며, 하나의 예로 사마천이 여태후에 관한 묘사에서 표현한 "진상眞相"과 같다. 이렇게 보면, 유가의 삼대에 대한 "인애와 덕치" 사관의 정성定性(determine, 성분측정)은 그 도덕이상의 시각을 통하여 하·상·주 삼대의 역사에 관하여 해독하고 투시한 산물일 뿐만 아니라, 도가의 "전쟁과 정치" 사관의 정위定位(자리매김)도 마찬가지로 그 실연의 정치와 권모술수의 시각을 통하여 하·상·주 삼대의 역사를 투시한 결과이다.

우리가 이와 같은 방식으로 유·도 두 학파의 역사관이 다 믿을 수는 없음을 지적하는 것이, 이러한 두 가지 서로 다른 시각과 그 역사관에 대하여 철저하게 부정하거나 혹은 해체해야 함을 의미하지는 않는다. 그들이 나타낸 것은 아마도 진실한 역사의 한 부분이거나 혹은 한 측면이라고 말할 수 있다. 그러나 단지 이처럼 부분이나 측면의 역사 시각에 의지해서는 도리어 합리적으로 자신의 설명을 진행할 수 없다. 다만 양자의 공통적인 정보 저장체(栽體)를 구성하고 양자가 생성되는 공동의 모체인 생존기능을 구성하기만 하면, 비로소 그들에 대한 이와 같은 하나의 측면방식의 시각에 대하여 발생과 형성 원인을 설명할 수 있다. 그리고 이것은 유·도 두 학파의 서로 다른 시각의 공동의 정보 저장체와 발육의 모체가 될 수 있으며, 동시에 우리의 선사문명이 끊임없이 진보하고 꾸준히 발전하는 생존기능을 형성하였다. 그리고 하·상·주 삼대의 역사에 대하여 말하면, 이것 또한 이른바 "육예六藝"이다. 왜냐하면, "육예"가 비록 진秦의 통일 이전인 전국시대 를 총결하지만, 실제로는 도리어 "주사기周史記"인 『일주서逸周書』의 기초에서 하· 상·주 삼대의 역사문화와 생존기능을 통일적으로 표현하려는 시도였기 때문이다. 따라서 새로운 대일통 왕조의 관제官制 형성을 구상하고, 동시에 이를 빌려 새로운 세대의 인재人材(國士)를 배양하는 교전敎典이 되었다.

곧 생존기능과 생존기능으로부터 예악문명으로 나아가는 점에서 "육예"가 구현한 생존기능은 장차 우리에게 삼대의 역사를 해독하는 데 하나의 기본적인 시각을 제공한다. 물론, 중국의 상고사에 일찍이 끊임없이 계속 해독하고, 새롭게 정리하고, 새롭게 해석되는 특징이 있기 때문에, 소위 "육예"는 또한 반드시 먼저 우리가 거듭 새롭게 해독해야 한다.

2. 육예: 발생의 순서와 해석의 순서

고대의 문헌을 검색하든 현대의 인터넷을 검색하든 이른바 "육예六藝"는 유가의 "육경"을 제외하면, 『시詩』·『서書』·『예禮』·『악樂』·『역易』·『춘추春秋』에 관한 해석 외에, "육예"에 관한 모든 보충설명은 다만 한 가지 내용뿐이며, 또한 같은 기본 순서에 따라 전개되는 것을 살펴보면 다음과 같다.

예禮·악樂·사射·어御·서書·수數

이것이 결국 무슨 내용인가? 이것은 곧 원시의 "육예"로서 이와 같은 순서이며, 또한 원시의 "육예"가 드러나는 시기의 순서이기도 하며, 또는 이른바 "육예"의 설이 형성된 시기의 기본적인 순서라고 말하기도 한다. 원시의 "육예"가 이와 같이 배열되는 순서로 형성된 까닭에 관하여 대만의 황창건黃彰健 선생은 일찍이 아래와 같이 설명하였다.

『좌전左傳』에서 "선조인 주공이 주례를 제정하였다"라고 하였다. 주공이 예禮와
악을 제정하여 사람들을 친혈육과 친하며, 존장尊長을 존중하며, 어른을 어른으
로 모시는 것으로써 가르쳤으며, 곧 사람들이 종묘의 제사에서 각각의 명분으로
정한 대로 화락하게 예禮를 행하고, 예악에 의해 무의식중에 감화되어(潛移默化)
천자가 "자손이 백세百世까지" 이어지는 목적을 이루고자 하였다. 육예는 주대周
代에 처음에는 예·악·사·어·서·수를 가리켰으며, 그 가운데 예악을 으뜸으로
여기는 이유가 바로 여기에 있다.[19]

황 선생은 "육예"에서 예악이 으뜸이 되어야 한다고 보았는데, 그것은 사실
예악은 완전히 "선조인 주공"이 만들었기 때문이며, 아울러 "친혈육과 친하며,
존장尊長을 존중하며, 어른을 어른으로 모시는 것으로 가르치기" 위하여 도덕적
사상 내용을 강조하였다. 따라서 당시의 각국의 제후들, 즉 서주西周 통치자들의
여러 계통의 후예들에게는 자연히 선인先人을 기리는 의미도 포함하고 있다. 황
선생의 이러한 해석은 당연히 구체적인 형성원인으로 설명하였다고 할 수 있다.
그러나 이 형성원인이 희씨姬氏 성의 후예인 『좌전』을 포괄하는 작자들에게 아마도
효과가 있을 수 있으나, 전국 이후의 『주관周官』을 포괄한 작자들에게는 꼭 효과가
있다고 말할 수는 없다. 오늘날에 와서 이른바 희씨 성의 후예도 꼭 이와 같이
이해하였다고 말할 수는 없다.

실제로 "육예六藝"가 "예악禮樂을 으뜸으로 삼는" 배열의 순서를 형성하는 것은
결코 이와 같이 간단하지 않으며, 이 배열에서 가장 먼저 "발생의 순서"와 "해석의
순서"의 문제를 포함하고 있다.

여기서 만약 우리가 생존기능의 시각을 따라서, 역사발전의 향도向度(dimension)를
따라서, 이 배열의 순서를 해독하고, 또 초보적으로 이러한 배열 순서의 특성에

---

19) 黃彰健, 『周公孔子研究』, 「序」, 8쪽.

대한 해독을 통하여 삼대의 역사를 이해한다면, 이러한 "예禮"와 "악樂"에서부터 "사射", "어御"로, 다시 "서書"와 "수數"로 이르는 전개의 맥락은 과연 어떤 순수일까? 만약 하·상·주 삼대의 실제 역사에서 이른바 "육예"도 하대夏代의 "예"와 "악"으로부터 은상殷商의 "사"와 "어"에 이르고, 다시 서주의 "서"와 "수"에 이르렀다고 할 수 있는가? 비록 하대에도 확실하게 예·악이 있을 수 있겠지만, 예를 들면 공자는 일찍이 명확하게 "은나라는 하나라의 예禮에서 유래하여 빼고 더함이 있음을 알 수 있다. 주나라는 은나라의 예에서 유래하여 빼고 더함이 있음을 알 수 있다. 그것이 혹 주나라를 계승한 것은 비록 백세를 지나도 알 수 있다"[20]라고 하였다. 또 "하나라의 예는 내가 말할 수 있지만 기杞[21]나라는 증명할 수 없으며, 은나라의 예는 내가 말할 수 있지만, 송宋(은의 후예)나라는 내가 증명할 수 없다. 문헌이 부족하기 때문이다. (문헌이) 충분하면 내가 그것을 증명할 수 있다"[22]라고 하였다. 무릇 이것들은 모두 하·상·주 삼대가 확실하게 각각 그 예·악은 있다고 말할 수 있지만, "사"와 "어"는 당연히 이 삼대 전체를 관통하였다고 할 수 있다. 그렇다면, 이러한 "예악을 으뜸으로 삼는" "육예"의 순서는 과연 어떤 순서인가?

옛사람들의 이와 같은 독특한 배열 순서와 표현방식을 이해하기 위하여 필자는 여기서 특별히 "발생의 순서"와 "해석의 순서"라는 한 쌍의 개념을 제출한다. 이른바 발생의 순서는 마치 우리가 앞에서 이미 분석한 노자철학에서의 "1", "2", "3"과 같이 그 순서는 자연히 이른바 "도道는 1을 낳고, 1은 2를 낳고, 2는 3을 낳는다"라는 순서를 따라 전개되었다. 즉, 여기에서 순서는 "도"의 운용과 전개에 따라 직접 표현되며, 시공세계의 생성변화 순서 혹은 우주변화의 순서에서 잘 나타나며, 자연히 시간의 차원(維度)을 따라 전개되는 역사 발생의 순서이다. 해석의 순서는 주로 하나의 사물을 해석, 분석, 그리고 설명할 때의 논리 순서 혹은 개념전개

---

20) 『論語』(吳哲楣 主編, 『十三經』), 「爲政」, 1263쪽.
21) 역자 주: 商을 창건한 湯王이 夏王朝를 멸망시킨 뒤 夏王朝 禹王의 자손을 제후로 봉한 뒤 杞國이라고 하였다. 그 후 周武王이 殷을 멸한 후 禹의 후손 東樓公을 杞侯로 봉하였다.
22) 『論語』(吳哲楣 主編, 『十三經』), 「八佾」, 1264쪽.

의 가치순서와 이해와 해석의 순서를 말한다. 즉 해석의 순서에 대하여 말하면 그 앞과 뒤의 항목 사이에서 단지 앞 항목을 통해서만 비로소 뒤 항목을 더 잘 설명하고 이해할 수 있다. 따라서 그 뒤 항목으로 하여금 필요한 가치의 성분측정(定性) 혹은 명확한 논리적 자리매김을 얻을 수 있도록 한다. 이러한 상황에서 앞 항목이 반드시 시공의 측면에서 위 항목보다 먼저 생겨난 것은 아니며, 더 많은 경우 실제의 상황에서는 뒤 항목보다 뒤에 출현하며, 다만 반드시 가치와 논리상에서 앞 항목에 우선한다. 여기서 이 두 가지의 관계를 통일하기 위하여 아울러 공자의 개념을 빌려서 설명하자면, 이른바 "예"에서 "인"에 이르는 과정이 곧 발생의 순서를 대표한다. 왜냐하면, "예"가 결국은 "인"보다 먼저 출현하였기 때문에 공자도 그에 따라 "극기복례克己復禮"의 주장을 관철하기 위해 "인"의 관념을 제출하였기 때문이다. "인"에서 "예"에 이르는 과정은 곧 해석의 순서이다. 즉 이해의 측면에서 보면 또한 반드시 먼저 "인"을 통과해야 비로소 더 깊이 "예"를 이해할 수 있다. 공자가 구체적으로 말한 내용이 이른바 "사람이 되어 인仁하지 않으면, 예禮는 해서 무엇하며, 사람이 되어 인하지 않으며, 음악은 해서 무엇하랴?"라는 구절이다.

왜 "예"에서 "인"에 이르는 것이 역사발전의 순서를 대표하는가? 그 주요 원인은 "예"가 틀림없이 공자가 앞사람의 사상을 계승한 것을 대표하기 때문이다. 공자에게 "예"는 틀림없이 시공적 선재성 혹은 역사적 선재성을 갖추고 있다. 그리고 "인"은 공자의 사상적 창조성을 대표하며, 그것은 반드시 공자보다 뒤에 존재하고, 아울러 반드시 공자의 사상이 발전함에 따라 비로소 형성되었다. 물론 공자 이전에 "인"의 개념이 결코 없었던 것은 아니지만, 분명하게 "인"에 깊고 중후한 사상적 함의를 부여한 것은 공자로부터 시작되었고, 또 공자가 "인"을 규정하고 해석함으로써 실현되었다. 왜냐하면, 당시의 실제 상황에서 보면, 공자 시대에 당면한 것은 먼저 "예가 무너지고 악이 망가진" 세계로, 예컨대 "팔일八佾의 춤23)을 가묘에서 추게 하니 이런 짓을 한다면 무슨 짓인들 못 하겠는가?"24)라는 구절은 곧 공자가 당시의 예를 지키지 않고 혹은 신분의 한계를 넘어서 예를 이용하는 현상에 대해 분명하게 비평하였다고 말할 수 있다. 곧 예를 관철하고 예를 지키며 아울러 예를 반복하여 사색하고 다방면으로 문제를 생각하는 바탕에서 비로소 이른바 "인"이 제출되었으며, 그것이 곧 "사람이 되어 인仁하지 않으면, 예는 해서 무엇하며, 사람이 되어 인하지 않으며, 음악은 해서 무엇하랴?"라는 심층적인 질문으로 "인"을 "예"보다 더 뛰어난 사상으로 만들었다. 따라서 "예"에서 "인"에 이르는 과정은 또 공자사상의 하나의 구체적 발생과 역사 발생의 과정을 대표한다. 순서가 매겨지는 것도 자연히 일종의 발생 순서라고 할 수 있다.

그렇다면 왜 또 "인"에서 "예"에 이르는 과정도 공자사상의 해석 순서를 대표한다고 보는가? 그 주요 원인은 오직 "인"을 통해서만 비로소 더 깊이 "예"를 이해하고 "예"를 관철할 수 있기 때문이다. 공자의 다음 논술을 보자.

예禮라 예禮라 하지만, 옥과 비단을 이르겠는가? 악樂이라 악樂이라 하지만 종과 북을 이르겠는가?[25]

사람이 되어 어질지 않으면, 예禮는 해서 무엇하며, 사람이 되어 어질지 않으면, 음악은 해서 무엇하랴?[26]

재아宰我가 묻기를, "삼년상三年喪은 기간이 너무 오래입니다. 군자가 삼 년 동안 예禮를 행하지 않으면, 예는 반드시 훼손됩니다. 군자가 삼 년 동안 악樂을 행하지 않으면 악은 반드시 무너집니다. 묵은 곡식을 다 먹고 나면 새 곡식이 나오고, 비벼서 불을 피우는 나무도 (계절마다) 바꾸어 불을 피우는데, 1년이면 그칠 만합니다"라고 하였다.
공자는 "(부모가 돌아가신 지 삼 년도 되지 않았는데) 쌀밥을 먹고 비단옷을

---

23) 역자 주: 8명이 여덟 줄로 함께하여 추는 춤으로 天子만이 할 수 있다. 그런데 제후가 팔일무를 추게 하는 것은 예와 악의 제도를 무시한 것이다.
24) 『論語』(吳哲楣 主編, 『十三經』), 「八佾」, 1263쪽.
25) 『論語』(吳哲楣 主編, 『十三經』), 「陽貨」, 1310쪽.
26) 『論語』(吳哲楣 主編, 『十三經』), 「八佾」, 1263쪽.

입으면 너는 마음이 편안한가?"라고 하였다.

(재아는) "편안합니다"라고 하였다.

(공자는) "네가 편안하다면 그렇게 하여라. 무릇 군자는 상중喪中에는 맛있는 음식을 먹어도 달지 않고, 음악을 들어도 즐겁지 않으며, 집안에 있어도 편하지 않으니 하지 않는다. 이제 너는 편안하다고 하니 그렇게 하여라"라고 하였다. 재아가 나가자 공자는 "재아는 어질지 못하구나! 자식은 태어나 삼 년이 지나야 부모의 품을 면한다. 무릇 삼년상은 세상의 보통의 상례이다. 재아도 삼 년 동안 부모의 보호를 받았겠지?"라고 하였다.[27]

공자의 이 삼단논술은 모두 매우 적절하게 "인"이 "예"를 해석하고 "예"를 이해하는 본질적 근거 혹은 주재主宰와 정향定向(방향확정)의 작용을 하고 있음을 설명하였다. 먼저 이른바 "예라 예라 하지만……", "악이라 악이라 하지만……" 이라는 물음은 분명하게 공자가 보기에 "예"와 "악"은 전혀 당연하지 않으며 또한 이른바 "옥과 비단", "종과 북"과 같은 외적인 형식이 아니라 반드시 심층적인 의미가 있다. 그렇다면 이러한 심층에 포함된 것은 결국 무엇인가? 공자가 "사람이 되어 인하지 않음"의 현상에서 "예는 해서 무엇하며" "악을 해서 무엇하랴"라는 반복된 질문으로 보면 또한 "인"은 마땅히 "예"의 내재적 받침 혹은 정신적 근거이다. 또, 오직 내재한 "인"을 충분하게 자각한 기초에서 비로소 진정하게 "예"의 본질을 드러낼 수 있으며, 따라서 비로소 사람이 더 사람답게 되고 사람의 본질에 더 접근할 수 있도록 하였다. 재아와 "삼년상"에 대한 토론은 본질적으로 완전히 "예"의 문제이며, 재아는 "일년상이면 족하다"라는 입장을 견지하였는데, 기껏해야 단지 예를 지키지 않았다고 말할 수밖에 없는 까닭이 이른바 삼년상을 행할 수 없다는 것인데, 공자는 재아를 비판하면서 분명하게 "재아는 어질지 않구나"라고 하였다. 왜 재아가 예를 지키지 않는 행위를 공자는 직접 비판하여 "어질지 않다"라고 하였는가? 그 원인은 "인"은 곧 "예를 지킴"의 행위로 관철되고 실현되는 구체적

---

27) 『論語』(吳哲楣 主編, 『十三經』), 「陽貨」, 1311쪽.

근거와 정신적 뒷받침이 되기 때문이다. 만약 "인"을 떠나서는 "예"는 단지 "옥과 비단", "종과 북"과 같은 순수한 외재적 형식이 될 뿐이다. 그리고 "인"이 "예"의 내재적인 근거가 되고, 가치를 부여하는 관계를 포함하는 정신적 받침이 되며, 아울러 반드시 "인"의 각도에서 "예"를 이해하는 맥락을 견지하는 것이 하나의 전형적인 해석의 순서이다.

이렇게 되면 우리가 발생과 해석의 다른 순서로 위에서 나열한 "육예"에 대응하면, 곧 분명하게 위에서 말한 순서가 사실은 철저하게 해석의 순서에 불과할 뿐임을 잘 알게 된다. 여기서 "예악을 으뜸"으로 삼는 해석의 순서는 예악 자체가 "육예"의 최고 발전을 대표함을 나타낼 뿐만 아니라, 또한 나머지 네 가지 기능에 대한 해석을 진행하는 구체적 근거와 가치의 부여자와 방향 확정자가 된다. 이런 경우는 아마도 우리가 서주시대의 청동기에서 볼 수 있는 "회형回型"의 도안과 같은데, 하나의 새로운 선이 시작되면 모두 반드시 그것이 이어받은 선의 정해진 정도의 회돌이 방향(回溯)으로 실현된다. 이러한 구도는 옛 악부시樂府詩에서 이른바 "공작孔雀이 동남쪽으로 날아 오 리를 가서 한 번 배회徘徊한다"라고 하는 구절과 같다. 즉, 실제의 생활에서 우리의 지식과 경험이 어느 정도의 높이에 도달한 후에 반드시 "묶음 포장"(打包, package)하는 방식으로 되돌아와 총결산하는 형태를 형성하는데, 우리가 총결산하고 개괄하기 이전의 지식과 경험의 기본적인 출발점은 단지 우리가 가진 가장 깊고 간절한 경험과 지식일 뿐이며, 또 우리의 가장 깊고 간절한 인식으로 해석하고 총결산하며, 우리의 지나간 인생 경험으로 개괄하고, 심지어 우리 선조의 인생 경험을 포괄할 수밖에 없지만, 결코 되돌아갈 수는 없는 것으로, 우리 선조의 경험으로 규범화하고 우리 현재의 인생감성과 인생지식을 설명할 수 없다.(만약 이러한 상황이 발생하면, 다만 우리 선조의 경험이 실제로는 이미 지나간 우리의 현재의 인지를 통하여 해독하고 새롭게 해석할 수 있음을 설명할 뿐이다.) 사람의 인지심리와 그 발전 과정으로 따라 설명하면 이것은 사실 하나의 "집장식集裝式"(containerization type)의 총결산 형태이다. 컨테이너화와 총결산의 출발점으로서 바로 우리가 현재 가장 깊고 간절하게 인식하고 있는 그 자체이다. 위에서 말한 "육예"의 순서에서 "예악을 으뜸"으로 삼고, "육예"를 이해하는 기본적 출발점으로 보는 까닭은 주로 "예·악"이 우리 인생의 최고 인지를 결정하려는 것이며, 동시에 "육예"의 최고 발전을 대표하기 때문이다. 그러므로 이 점에서 보면 분명하게 알 수 있는데, 이른바 "육예"는 반드시 주공이 "예·악을 제작하였다"라는 기초에서 형성되었다. 한 걸음 나아가 공자가 말한 "하례夏禮", "은례殷禮"는 실제로는 단지 공자가 하·상 양대의 정치제도에서 주대周代의 예악문명의 그림자를 보았다고 할 수 있으며, 혹은 직접적으로 말하면, 공자가 서주의 예·악을 기본으로 삼아서 하·상 양대의 정치제도에서 관조적 해독과 해석을 한 것이다.

그렇다면 이런 해석의 순서에 상응하는 발생의 순서는 마땅히 어떤 표현을 갖추어야 하는가? 당연히 이것은 역사 발생과 문명발전의 궤도를 가지고 있어야 하며, 드러내는 문명과 기능은 낮은 것에서 높은 것에 이르는 시간의 연결에 따라 점차로 전개되는 역사발전의 과정을 따라야 한다. 만약 "육예"를 예로 들면, "사射"와 "어御"를 기본 출발점의 순서로 삼아야 한다. 왜냐하면, "사"와 "어"가 있어야만 "육예"의 원시 발생과 최초 형성을 대표할 수 있고, "사"와 "어"에서 출발해야 비로소 진정으로 "육예"의 원시 발생의 계열과 영역으로 진입할 수 있기 때문이다. 따라서 필자는 여기서 특별하게 반드시 "예·악"을 "사·어"와 맞바꾸어야 한다고 고집하는데, 사실 이러한 맞바꾸기는 단순히 양자가 배열 순서에서 서열이 뒤바뀌는 것만이 아니라, 우리가 결국 어떤 각도에서 "육예"를 인지하는지의 중대한 문제를 대표한다. 우리가 "예·악이 으뜸"이라는 순서를 바꾸어서 "사·어"를 기본 출발점의 순서로 전체 "육예"를 이해할 때 이것은 이미 옛사람의 해석 순서를 "육예"의 원시 발생의 순서로 바꾼 것이다. 즉 우리는 옛사람의 해석 순서를 따라서 "육예"의 원시 발생을 알 수 없기 때문에 반드시 "육예"의 원시 발생의 각도를 따라서 "육예"의 구체적 내용과 그 발전을 이해해야 한다.

이렇게 되면, 이른바 "육예"의 발생 순서도 마땅히 다음과 같아야 한다.

사射·어御·서書·수數·예禮·악樂

여기서 "사·어·서·수·예·악"과 "예·악·사·어·서·수"와 같이 발생 순서와 해석 순서의 뒤바뀜 외에 다른 무슨 뜻이 있는가? 실제로 이것은 하나의 단순한 배열 순서의 문제일 뿐만 아니라 우리가 결국 어떤 각도에서 "육예"를 이해할 것인가의 문제를 표명한 것이다. 또한, 양자의 배열 순서가 이처럼 뒤바뀐 것에 대하여 우리가 힘써 "육예"의 원시 발생의 각도에서 그 구체적 형성과 변화를 이해하였음을 표명하였고, 나아가 가능한 생존기능과 그 발전의 각도에서 "육예"에 대하여 설명하였다.

이와 같이 "육예"의 배열 순서를 중시하는 까닭은 그것이 제출된 이래, 줄곧 "예·악·사·어·서·수"로 표현되어 왔기 때문이다. 이렇게 배열된 순서는 그것이 처음에는 해석은 순서로 제출되었음을 설명하고, 해석의 각도를 따라 "묶음 포장"으로 총결산한 것이다. 심지어 해석의 필요에 따라 제출된 것으로 단지 우리가 말하는 "묶음 포장"적 총결산이 있을 뿐이다. 그러나 "육예"로부터 제출됨으로써 곧 사람들이 해석의 순서로부터 그 발생과 형성을 이해하였고, 따라서 역사 문명에 대한 인식으로서 이것은 완전히 전도되었다고 인정되었다. 비록 이것이 전도되었다고 인정하였으나 사람들의 인식에서는 "육예"가 구체적으로 가리키는 것과 그 구체적인 함의에서의 부정적 작용은 결코 매우 크지는 않으며, 다만 하나의 역사관으로 해석한 역사를 사람들이 직접 원시 발생의 역사와 동일시하는 폐단을 가끔 초래한다.[28]

예를 들어 말하면, 이러한 상황도 왕양명이 『맹자』의 "마음을 다하면 성性을 알고 하늘을 안다"(盡心則知性知天)라는 구절을 삼중관계로 분석하고 해석한 것과

---

28) "육예"에 대한 해석 순서와 발생 순서가 뒤바뀐 것도 역사에 대한 전도된 認定을 초래하였다. 동시에 이와 같이 전도된 인정은 사람들의 인식에서 "육예"가 구체적으로 가리키는 것과 그 사상의 내부에서 부정적 작용은 그렇게 크지는 않다. 대부분 전도된 인식과 그 부정적 작용이 주로 사람들이 "예"와 "경"의 관계에 대해서도 전도되어 표현되기 때문이며, 따라서 완전히 "경"을 통하여 "예"를 규범화하고, "예"를 이해한다. 그리고 근본적으로 이른바 "경" 그 자체가 곧 일정 부분 "예"가 발전한 산물이라는 것은 보지 못했다. 이것이 곧 중국 역사에서 문화와 정신 현상에 관한 가장 근본적인 顚倒이다.

동일하다. 왕양명의 분석은 맹자의 본래 뜻과 완전히 합치하지는 않는다. 다만 "진심盡心, 지성知性, 지천知天"과 "존심存心, 양성養性, 사천事天", 그리고 "요절과 장수는 둘이 아니다(天壽不二), 몸을 수양하며 기다린다(修身以俟)" 이 세 가지를 파악한 관계에서 극히 정밀하고 당연하며, 완전히 우리가 발생 순서와 해석 순서의 관계를 이해하는 데 일조一助할 수 있다. 왕수인은 다음과 같이 말한다.

> 대개 진심·지성·지천은 존심·양성·사천을 말할 필요가 없으며, '요절과 장수는 둘이 아니다, 몸을 수양하며 기다린다'라는 말을 할 필요가 없다. 존심·양성과 몸을 수양하며 기다림의 공부는 이미 그 가운데 있다. 존심·양성·사천은 비록 진심·지천의 경지에는 아직 도달하지 못하더라도 이미 거기에 진심·지천의 공부를 추구하고 있으며, 다시 '요절과 장수는 둘이 아니다, 몸을 수양하며 기다린다'라는 공부를 말할 필요가 없으며, '요절과 장수는 둘이 아니다, 몸을 수양하며 기다림'의 공부가 이미 그 가운데 있다. 길을 가는 것에 비유하면, 진심·지천은 젊고 건장한 사람처럼 이미 분주히 수천 리 사이를 가고 오는 사람이며, 존심·양성·사천은 어린이 때와 같이 정원의 사이에서 걷고 뛰는 연습을 하는 사람이다. '요절과 장수는 둘이 아니다, 몸을 수양하며 기다림'은 강보에 싸인 갓난아이와 같이 담장이나 벽을 짚고 조금씩 일어나서 걸음을 옮기는 것을 배우는 사람이다. 이미 분주히 수천 리 사이를 가고 오는 사람은 더 이상 정원 사이를 걷고 뛰는 연습을 할 필요가 없으며, 정원 사이를 걷고 뛰는 일은 스스로 못할 것이 없다. 이미 정원 사이를 걷고 뛸 수 있으면 더 이상 담장과 벽을 짚고 일어서서 걸음을 옮기는 연습을 할 필요가 없으니, 일어나고 걸음을 옮기는 일을 스스로 못할 것이 없다.[29]

왕양명의 이러한 비유적 설명에서 "담장과 벽을 짚고 일어서서 걸음을 옮기는 연습"과 곧바로 "분주히 수천 리 사이를 가고 옴" 등은 모두 사실 일종의 전형적인 발생 순서이며, 이른바 "이미 분주히 수천 리 사이를 가고 오는 사람은 더 이상

---

29) 王守仁,『王陽明全集』,「答聶文蔚」, 86쪽.

정원 사이를 걷고 뛰는 연습을 할 필요가 없으며, 정원 사이를 걷고 뛰는 일은 스스로 못할 것이 없다"라는 말은 "이미 정원 사이를 걷고 뛸 수 있으면 더 이상 담장과 벽을 짚고 일어서서 걸음을 옮기는 연습을 할 필요가 없으니, 일어나고 걸음을 옮기는 일을 스스로 못할 것이 없다"라는 말을 포함하니, 또한 일종의 해석 순서라고 할 수 있다. 이해와 해석으로 말하면, 우리는 마땅히 "이미 분주히 수천 리 사이를 가고 오는 사람은 더 이상 정원 사이를 걷고 뛰는 연습을 할 필요가 없으며, 정원 사이를 걷고 뛰는 일은 스스로 못할 것이 없다"라는 태도를 견지해야 한다. 그러나 어린이가 구체적으로 성장하고 공부하는 실제의 발생으로 말하면, 우리는 또 반드시 "담장과 벽을 짚고 일어서서 걸음을 옮기는 연습"을 하고 "정원의 사이를 걷고 뛰는" 연습을 한 후에 마지막으로 "분주히 수천 리를 가고 옴"의 경지에 도달할 수 있다. 여기서 만약 우리가 해석의 순서로 실제 발생의 순서를 이해한다면, 이것은 곧 "분주히 수천 리를 가고 옴"의 자세로써 "담장과 벽을 짚고 일어서서 걸음을 옮김"을 설명하는 것이며, 또한 이른바 "분주히 수천 리를 가고 옴"의 자세로써 "담장과 벽을 짚고 일어서서 걸음을 옮김"을 요구하는 것과 같다.

필자가 이와 같이 두 가지 서로 다른 순서를 중시하는 까닭은, 주로 발생 순서의 진전 가운데서 하·상·주 삼대의 생존기능의 진보, 인류의 지식 증가와 사회 사조 및 편중된 관심으로 흐름과 방향전환을 분석해야 할 뿐만 아니라, 이로써 중국 역사상 가장 최초의 사상 유파, 즉 유·도 두 학파가 도대체 어떻게 "육예"를 서로 다르게 계승하고 중시하는 관점으로 자신들이 관찰한 세계의 기본 시각을 형성하고 따라서 그 서로 다른 역사 문화관을 형성하는지를 설명하기 때문이다. 그런 까닭에 이른바 "육예"는 우리 옛사람들이 하·상·주 삼대에서 생존기능의 기초에서와 이러한 생존기능의 "묶음 포장"적 총결산과 정리만이 결코 아니라, 그 서로 다른 총결산의 시각과 서로 다른 해석의 편중으로부터 중국 역사에서 근본적으로 서로 다른 사상 유파 즉 유儒·도道·묵墨 3가의 서로 다른 세계관과 인생관을 형성하였다.

이것 외에 만약 우리가 "육예"의 서로 다른 순서를 서양의 인류학과 사회학에 대응한다면 분명하게 "사射"와 "어御"가 "육예"의 출발점이며, 그것이 체현한 순서가 곧 인류의 발전 과정과 일치함을 알 수 있다. 왜냐하면, 사람들은 오직 "사"와 "어"의 기초가 있어야 비로소 한 걸음 더 나아가 "서書"와 "수數"의 연구도 할 수 있고, "서"와 "수"의 기초가 있어야 비로소 이른바 "예禮"와 "악樂"의 추구도 가능하다. 그러므로 이른바 "육예"의 발생 순서는 실제로는 인류가 진보하는 순서를 의미한다. 이와는 반대로 이른바 "예·악"이 "육예" 가운데 가장 먼저 나왔다고 여기는 것은 비록 사람들의 그 진행의 총결산, 해석과 자리매김에 대한 순서를 의미하지만, 또한 이 때문에 이러한 순서가 가끔은 인류의 실제 발전의 과정과는 역행하는 관계로 나타난다. 왜냐하면, 인류는 "예악을 제정함"의 기초에서 거꾸로 "사射"와 "어御"를 발명할 수 없기 때문이며, 당연히 이미 "예악문명"이 있는 기초에 서 또 거꾸로 "서書"와 "수數"를 연구할 수 없기 때문이다. 즉 "육예"에 대하여 만약 그 해석의 순서를 따라 그 원시 발생을 이해하고, 또 해석의 순서를 그 원시 발생의 순서로 여긴다면, 이러한 순서는 실제 역사를 전도시킨 것일 뿐만 아니라, 인류의 발전 과정과도 역행하는 것이다. 반대로 만약 우리가 그 해석의 순서를 원시 발생의 순서로 뒤바꿀 수 있다면 이것은 "육예"의 실제 발생의 역사를 따라서 "육예"를 인식할 뿐만 아니라, 또한 역사와 논리의 통일을 나타내며, 논리가 역사에서 통일된 구체적 표현이다.

이와 같이 우리는 이미 "육예"의 순서를 철저하게 전도시킨 것으로부터 그 해석의 순서를 원시 발생의 순서로 바꾸었다. 왜냐하면, 가치와 의미의 차원에서 역사발전의 차원으로 바꾸었고, 역사의 원시 발생으로 바꾼 것과 같기 때문이다. 이렇게 해서 이른바 "사·어·서·수·예·악"의 순서가 차례로 전개되고 동시에 하·상·주 삼대의 실제 역사의 전개를 나타내었다.

3. 활쏘기와 마차 몰기: 남자가 "성인 남자"와 "사士"가 되는 기능이다

　동양이든 서양이든, 아프리카 대초원이든 아마존의 밀림이든, 활과 화살의 상호 배합으로 구성되는 "활쏘기"30)는 인류의 첫 생존기능일 것이다. 그 발생의 기초에서 보면, 채집과 어렵漁獵(고기잡이와 사냥)이라는 초보적인 사회분업이 이루어진 이래 "활쏘기"는 형성될 가능성이 있었다. 그러나 그것이 완전히 현대 공업사회의 기계화된 대량생산으로 전면적인 대체가 되기 전까지, "활쏘기"는 여전히 사람들이 자연계에서 먹을 것을 찾는(동시에 전쟁에서 적을 향해 승리를 찾는 방법도 포함해서) 주요한 수단이다. 실제로 부계사회에 진입한 때부터 "활쏘기"는 이미 어떤 청년 남자도 피할 수 없는 "성인成人 의례儀禮"가 되었다. 곧 활쏘기 기술의 형성으로 비로소 부계사회가 최종적으로 확립될 수 있도록 하였다.31) 필자는 일찍이 세계 각지의 생태 표현에 관한 「인류의 별」이라는 프로그램에서 한 아프리카의 늙은 사냥꾼이 한 청년 남자에게 양궁 기술을 전수하는 것을 본 적이 있다. 그들은 함께 화살촉 끝에 딱정벌레의 즙을 바르고, 함께 엄폐물을 설치하고 사냥감의 출현을 기다렸다. 그리고 사냥감이 나타났을 때 늙은 사냥꾼은 청년 남자에게 어떻게 각도와 타이밍을 맞추는가를 지도하였고, 이 청년 사수가 자신의 화살을 이용하여 한 마리 큰 뿔 영양羚羊을 명중시키고 추격하고, 마지막으로 큰 뿔 영양을 메고 자기의 마을로 돌아왔을 때, 이 젊은 사냥꾼은 마침내 성숙한다. 즉 그는 이제 가족을 부양하는 책임을 감당할 수 있다는 말이다.32)

---

30) 역자 주: 이하 육예의 개별적 항목의 표기는 문맥에 따라 "射"는 "활쏘기", "御"는 "마차 몰기"로 번갈아 표기한다. 御 외에 駕車도 '수레를 몰다(끌다)'의 뜻이지만, 수레를 끄는 것이 말 외에 소와 같은 가축이나 사람도 포함한다. 따라서 이 책에서는, "御"는 오직 말이 끄는 수레로 한정하여 "마차 몰기"로, "駕車"는 "수레 몰기"로 구분한다.

31) 『禮記』 「射義」에서 "이런 까닭에 옛날에 천자는 활쏘기로 諸侯 · 卿 · 大夫 · 士를 선발하였다. 활쏘기는 남자의 일이다"(吳哲楣 主編, 『十三經』, 594쪽)라는 구절을 참조.

32) 필자는 CCTV 9번 채널에서 이 과정을 보았다. 이 프로그램에서 아프리카 수렵인의 활과 화살은 모두 상당히 단순하고 초라하여 정말 그냥 땅에서 채취한 물건이라고

중국에서 활쏘기 기술은 언제 형성되었는가? 역사서에는 명확한 기록이 전혀 없다. 다만 원칙적으로 말하면 복희가 어렵漁獵 도구를 만든 이래 활쏘기 기술이 이미 형성된 가능성이 있었다. 대우大禹가 치수治水할 때 그는 이미 "육로는 수레를 타고 갔으며, 물은 배를 타고 갔으며, 진흙 길은 썰매를 타고 갔으며, 산길은 연橇(징을 박은 신발)을 신고 다녔다."[33] 여기서 이른바 "육로는 수레를 타고 갔으며, 물은 배를 타고 갔으며, 진흙 길은 썰매를 타고 갔으며, 산길은 연橇을 신고 다녔다"라는 말은 모두 활쏘기와 마차 몰기라는 생존기능의 기초에서 이루어진 것이다. 만약 이러한 설명이 단지 사마천의 상상에서 보충적으로 설명된 것이라면(실제로 이러한 묘사는 완전히 우임금이 虞舜과 皐陶 두 사람에게 직접 復命하여 보고하던 때에 나온 것이다.), 청하건대 같게 생존함을 하나라의 후예后羿[34]의 행동으로 보기 바란다. 전설 중의 후예는 한 사람의 신전수神箭手이며, 동시에 씨족의 영수였다. 그는 일찍이 하나 때의 세 번째 통치자였던 태강太康이 "놀면서 절도가 없으며", 국사國事를 황폐하게 하니, "궁窮나라의 후예后羿가 백성들이 참지 못함을 이유로" 씨족을 인솔하여 태강의 다섯 아들과 황후를 "낙수洛水가 황하로 들어가는 곳"으로 가서 기다렸다. 『상서尙書』의 「오자지가五子之歌」가 이로 말미암아 지어졌으며, 전체 사건의 원인을 기록하였다.

할 수 있는데, 이것은 그 자연조건과 관련이 있으며, 동시에 그 민족의 성격과 관계가 있다. 그런데 필자는 CCTV 9번 채널의 고고학 분야의 프로그램에서 新疆의 吐魯番 지구에서 출토된 활 한 개를 보았는데, 탄소 14 동위원소의 측정을 거친 결과 대개 3천 년 전(곧 중국의 서주시대에 해당)에 형성되었으며, 그 제작의 정미함은 거의 盡善盡美한 경지에 이르렀다. 해설하는 사람의 소개로는 이러한 활은 祁連山의 특별한 나무 재료를 취하는데, 활을 만들려면 적어도 30년 생장해야 하고, 겉을 싸는 데는 소가죽과 그 기타 장식물 등을 사용하였다. 따라서 사회자는 단언적으로 이 하나의 활은 반드시 두 세대를 이어서 힘써 노력해야만 비로소 완성할 수 있다고 하였다. 필자는 그것을 칭기즈칸의 무덤에 진귀하게 소장된 칭기즈칸이 사용했던 활과 비교하였는데, 양자는 工藝 상에서 어떤 진보나 향상된 점이 없었고, 따라서 중국인이 제작한 활과 화살의 技藝는 서주시대에 이미 완전함에 이르렀음을 알았다.

33) 司馬遷, 『史記』(『二十五史』, 권1), 「夏本紀」, 8쪽.
34) 역자 주: 요임금의 활쏘기 선생. 이하 관행적 표현에 따라 后羿로 표기.

태강이 헛되이 자리만 차지하고, 게으르게 놀기만 하고 전혀 덕이 없었다. 백성이 두 마음을 갖게 되었으나, 여전히 놀면서 절도가 없고, 낙수의 남쪽으로 사냥을 가서 100일이 지나도 돌아오지 않았다. 궁窮나라의 후예后羿가 백성들이 참지 못함을 이유로 황하에서 그를 막고 그의 다섯 형제가 그의 어머니를 모시고 따라가서 낙수洛水가 황하로 들어가는 곳에서 기다렸다. 다섯 아들이 모두 원망하며, 우임금의 훈계를 좇아서 노래를 지었다.[35]

「오자지가」의 이 기록은 우리에게 분명하게 세 가지 방면의 정보를 제공하고 있다. 첫째, 신전수 후예后羿는 하나라 때에 살았다는 것으로, 오직 "활쏘기"가 하나의 기본적인 생존기능이 된 기초에서 비로소 이른바 "신전수"가 출현할 수 있다. 둘째, 선조인 우임금이 자신의 후세 자손에게 준 훈계 가운데 본래부터 "안으로는 여색에 빠지고, 밖으로는 사냥에 빠짐"[36]을 분명하게 훈계하였다. 따라서 하나라 때에 이미 사냥이 비교적 보편적인 레저활동이 되었음을 말해 준다. 셋째, 「오자지가」와 동시에 또한 "네가 만백성을 대함에 엄숙하기를 썩은 줄로 여섯 마리 말이 끄는 수레를 모는 것처럼 하라"[37]라고 분명하게 언급하였다. 이것은 하나라 때에는 활쏘기와 마차 몰기가 이미 어느 정도 보편적인 생존기능이 되었음을 설명한다. 당연히 사람들은 『상서』가 본래 서주의 유생들이 "계고稽古"(옛일을 자세하게 연구함)의 방식을 통하여 진술한 것이라고 해명할 수 있다. 그러나 신전수 후예는 하나라 때에 살았음을 확실하게 긍정할 수 있다. 비록 하나의 전설이라고 하더라도, 반드시 먼저 이 일이 있어야 비로소 전설의 기초가 될 수 있다. 이것은 "활쏘기"와 "마차 몰기"가 하나라 때 생존기능으로 발전하였음을 충분히 나타낼 수 있다. 그리고 태강은 "놀면서 절도가 없고, 낙수의 남쪽으로 사냥을 가서 100일이 지나도 돌아오지 않았다"라는 사실 때문에 한때 "나라를 잃음"의 경력도 마찬가지로 긍정할 수 있다. 왜냐하면, 태강이 "게으르게 놀고", 동시에 또 "낙수의 남쪽으로 사냥을

---

35) 『尙書』(吳哲楣 主編, 『十三經』), 「五子之歌」, 75쪽.
36) 『尙書』(吳哲楣 主編, 『十三經』), 「五子之歌」, 75쪽.
37) 『尙書』(吳哲楣 主編, 『十三經』), 「五子之歌」, 75쪽.

감"은 활쏘기와 마차 몰기가 "게으르게 노는 것"의 기본 조건이 됨을 똑같이 긍정할 수 있다. 이는 하나라 때에 활쏘기와 마차 몰기가 이미 하나의 기본적인 생존기능이 되었음을 말한다.

하나의 생존기능으로서 "활쏘기"는 주로 개인적이고 독립적으로 완성되지만, "활쏘기" 활동과 기능 자체는 활과 화살의 상호 배합으로 완성된다. 그리고 "활쏘기"의 주체적 사람으로서 동시에 이른바 "손에 익음"(手親. 熟練됨)과 "눈썰미"(眼便. 정확한 겨눔[瞄得準])의 상호 배합이 있어야 비로소 작용을 발휘할 수 있다. 따라서 비록 "활쏘기"가 개인의 독립적 조작으로 나타나는 생존기능이지만, 그 자체는 이미 활과 화살의 배합과 "손에 익음"과 "눈썰미"의 상호 배합을 포함하고 있으며, 따라서 한 걸음 더 나아가는 가능성도 포함하고 있다.

"활쏘기"와 같이 "마차 몰기"도 역사적으로는 마찬가지로 언제 형성되었는가에 대한 구체적 기록은 없으며, 비록 황제黃帝 헌원씨라는 이름은 그 본인이 바로 배와 수레의 발명자임을 말해주지만, 수레를 만드는 데서 "마차 몰기" 즉 '수레 몰기'(駕車) 사이에는 또한 일정한 거리가 있으며, 이 거리는 또 반드시 인류문명의 역사발전을 통하여 보충되었다. 그러나 우임금의 시대에 이르러 그의 치수治水 과정에서 주로 "육로는 수레를 타고 갔으며, 물은 배를 타고 갔으며, 진흙 길은 썰매를 타고 갔으며, 산길은 연(輦(징을 박은 신발)을 신고 다님"으로 세상을 순행巡行하였는데, 이것은 그때의 "마차 몰기"가 이미 일상의 생존기능이 되었음을 말해 준다. 그러나 "활쏘기"가 완전히 개인의 독립적인 조작이라는 특성과 서로 비교하면, "마차 몰기"가 생존기능으로서는 반드시 개인의 주체적 한계를 뛰어넘어야 하며, 또한 반드시 두 가지 기본적인 조건에 의지해야 하는데, 하나는 가축(소와 말)의 순화馴化와 사육이며, 다른 하나는 배와 수레의 발명이다. 이 두 가지 조건은 아마도 황제黃帝 시대에 이미 형성된 것 같으며, 예를 들면, 또 염제炎帝의 대전大戰에서 "헌원은 이에 덕을 닦고 군대를 정돈하고, 오기五氣를 다스리고, 다섯 가지 곡식을 심으며 만민을 무마撫摩하고, 사방의 토지를 정비하고, 웅熊(곰)·비羆(말곰)·비貔(표범)·휴貅(비휴)·추貙(이리)·호虎(호랑이)를 훈련시켜, 판천阪泉의 들에서 염제와 세 번 싸운 후에 그 뜻을 이루었다"라는 구절과 같다. 여기서 "웅·비·비·휴·추·호를 훈련시켜, 판천의 들에서 염제와 세 번 싸운 후에 그 뜻을 이루었다"라는 구절은 적어도 소와 말 등의 가축을 길들여 길렀다는 사실을 포함하고 있다. 배와 수레는 황제인 "헌원씨"라는 호칭에 알 수 있듯이 그 자체도 이미 "헌軒"(수레), "원轅"(끌다)이라는 뜻을 포함하고 있으며, 이 두 가지는 바로 또 배와 수레 특히 수레와 하나로 연결되어 있다. 『태평어람』에서 황제에 관해 언급된 "희수姬水에서 성장하여······ 헌원의 언덕에서 거주하였다. 그러므로 그에 따라 이름 짓고 또 호도 지었다"[38]라는 표현이 있다. 우리는 이러한 표현을 통하여 추리적 탐구를 할 수 있는데, 곧 "헌원의 언덕에서 거주하였다. 그러므로 그에 따라 이름 지었다"라는 표현이 결국은 산이 사람으로 인하여 그 이름을 얻었는지, 아니면 사람이 산으로 인하여 그 이름을 얻었는지이다. 만약 사람이 산으로 인하여 이름을 얻었다면 문자로서 서계書契를 발명하기 이전에 산은 어떻게 "헌원의 언덕"(軒轅丘)이라는 이름을 얻었는가? 분명히 이른바 황제가 "헌원의 언덕에 살았다"와 "그로 인하여 이름을 얻고 호도 얻었다"라는 표현은 실제로는 완전히 산이 사람으로 인하여 이름을 얻은 것으로, 곧 단지 황제가 먼저 배와 수레를 발명한 후에 비로소 헌원이라는 이름과 "헌원의 언덕"이라는 이름이 있게 되었다. 이 기초에서 우리는 이른바 "헌원씨"의 표현은 사실 황제가 배와 수레를 발명하였다는 역사적 전설 혹은 역사 기록임을 추단推斷할 수 있다.[39]

같은 형태의 증거가 황제가 천하를 통일하는 과정에서 드러났는데, 왜냐하면 그의 후반생의 활동이 주로 이른바 "천하에 따르지 않는 자가 있으면 황제가 나아가 그를 정벌하였다. 평정한 자는 제거하고, 산을 열어 길을 통하게 하느라 일찍이 편하게 지낸 적이 없었기" 때문이다.[40] 이처럼 "산을 열어 길을 통하게 하는" 활동이 만약 배와 수레가 없는 조건이면, 전혀 상상할 수 없는 일이다.

---

38) 『太平御覽』 제1책, 367쪽.
39) "수레바퀴와 수레라는 이름은 황제가 만들었으며, 무거운 것을 싣고 멀리 옮기며, 평평한 길을 간다.······ "(舒天民, 『六藝綱目』, 中華書局, 1985년 영인판, 86쪽)
40) 司馬遷, 『史記』(『二十五史』, 권1), 「五帝本紀」, 5쪽.

혹은 만약 배와 수레가 없다면 근본적으로 "산을 열어 길을 통하게 하는" 필요와 가능성도 없다. 앞에서 인용한 우임금이 치수를 할 때 서술한 "육로는 수레를 타고 갔으며, 물은 배를 타고 갔으며, 진흙 길은 썰매를 타고 갔으며, 산길은 연(檋)을 신고 다녔다"라는 구절은 완전히 활쏘기와 마차 몰기가 이보다 먼저 이미 형성된 증명임을 알 수 있다. 생각하면, 만약 활쏘기와 마차 몰기와 같은 기능이 없다면, 이른바 "천하에 따르지 않는 자가 있으면 황제가 나아가 그를 정벌하였다"라는 말은 곧 상상할 수 없는 활동이다. 그리고 우임금이 "아홉 하천을 하나로 열어서 바다에 이르게 하였으며, 작은 개울을 준설하여 하천으로 흐르게 하였다"와 "식량이 모자라는 곳은 여유 있는 곳에서부터 부족한 곳으로 조절하였으며, 거주지를 옮겨 백성이 정착하도록 하니 만국이 다스려졌다"[41]라는 말은 곧 하나의 신화가 되었다. 따라서 배와 수레의 발명과 "육예"에서의 "사(射)와 어(御)"는 기본적인 생존기능이 되었으며, 우리는 완전히 단정하여 적어도 황제의 시대에 이미 형성되었음을 말할 수 있다.[42] 그리고 "활쏘기"는 틀림없이 "마차 몰기"보다 먼저 형성된 생존기능이며, 신전수 후예가 하나라 때 출현한 것도 또한 "활쏘기"가 당시에 이미 성년 남자의 "성인 의례"가 되었음을 말해 준다. 따라서 "활쏘기"는 완전히 개인적으로 조작하여 완성할 수 있고, 비록 그것은 활과 화살, 사람의 "손에 익음"과 "눈썰미"의 상호 배합이 필요하지만, 결국은 개인의 독립적 조작으로 독립적으로 완성된다. "마차 몰기"는 반드시 사람과 가축, 사람과 사람 사이의 상호 배합이 필요하다. 따라서 주자와의 쟁론에서 진량(陳亮)은 "활쏘기"와 "마차 몰기"의 관계를 평론하기를 "마차 몰기는 바름으로 하고, 활쏘기는 손에 익음과 눈썰미를 능력으로 삼는다면, 두 가지는 서로 합치하지 않아서 온종일 하나도 얻지 못한다. 활 쏘는 사람은 손에 익힘과 눈썰미를 능력으로 삼고, 수레를 모는 사람은 상세함과 빨리 달림으로써 하니 하루아침에 10마리를 얻었다. 바름으로 수레를 몰지 않으면 하나도 얻을

---

41) 司馬遷, 『史記』(『二十五史』, 권1), 「五帝本紀」, 8쪽.
42) 사실 『태평어람』에서도 일찍이 명확하게 총결산하여 "황제가 수레를 만들었으므로 호를 헌원씨라고 하였다."(『太平御覽』 제4책, 3421쪽)

수 없으며, 활 쏘는 사람이 바르게 하지 않는다. 바름으로 수레를 몰고 바른 활쏘기가 어우러지면 '그 질주를 잃지 않고' '화살을 쏘아 깨뜨리듯 맞추니' 어찌 적중하지 않음이 있겠는가?'[43]라고 하였다. 이 말은 "활쏘기"와 "마차 몰기"의 상호 배합이 수렵 성공의 관건임을 말해 준다. 그러나 "마차 몰기"와 "활쏘기"가 상호 하나로 배합되었지만, "마차 몰기"의 형성이 분명히 조금 늦고, 조건도 좀 더 엄격할 뿐이다. 따라서 "활쏘기"에서 "마차 몰기"에 이르기까지, 이미 사람들의 생존기능이 개체의 독립적인 조작에서부터 사람과 사람까지, 사람과 가축의 상호 배합까지 넓혀졌다. 그리고 두 기능의 형성과 그 상호 배합이 하나라 때 생존기능 가운데 최고를 대표할 만큼 발전하였다.

따라서 중국에서 가장 오래된 두 편의 문헌 즉 『상서』와 『시경』에 "사(射)"와 "어(御)"에 관한 기록이 있는데 먼저 활쏘기에 대하여 살펴보자.

> 내가 그대들에게 어려움을 고하니, 마치 활 쏘는 사람이 (과녁을 맞히려는) 뜻이 있는 것과 같다네.[44]

> 날쌔고 날쌘 용맹한 사내가 활쏘기와 마차 몰기를 위반하지 않는다.[45]

> 네 필의 누런 말이 끄는 수레를 몰아 양쪽 말이 치우치지 않고, 그 치달림을 잃지 않으며, 화살을 쏠 때마다 깨뜨리듯 맞춘다.[46]

여기서 "활 쏘는 사람이 (과녁을 맞히려는) 뜻이 있는 것과 같다"라는 말은 자연히 "활쏘기"의 목표를 가리켜 한 말이며, 이것은 분명히 화살을 쏘는 활동을 가리켜 상식적으로 적용한 것이며, 또한 이미 일상용어의 범위 안에 들어갔음이

---

43) 陳亮, 『陳亮集』, 권28, 「又乙巳春書之一」, 345쪽.
44) 『尙書』(吳哲楣 主編, 『十三經』), 「盤庚上」, 84쪽.
45) 『尙書』(吳哲楣 主編, 『十三經』), 「秦誓」, 123쪽.
46) 『詩經』(吳哲楣 主編, 『十三經』), 「小雅·車攻」, 176쪽.

분명하다. "활쏘기와 마차 몰기를 위반하지 않는다"는 말은 분명히 또한 "활쏘기"와 "마차 몰기"를 서로 배합해서 하는 말이다. 이른바 "그 치달림을 잃지 않으며, 화살을 쏘아 깨뜨리듯 맞춘다"라는 말은 비록 "활쏘기"에 대한 언급과 또한 "마차 몰기"에 대한 언급도 없지만, 도리어 틀림없이 두 가지가 상호 묵계默契로 전제되어 있다. 중국인으로서 말하면, 누구든 그 가운데 "활쏘기"와 "마차 몰기"의 상호 묵계의 함의含意가 있다.

그렇다면 "마차 몰기"에 대하여 살펴보자.

수레를 모는 사람이 그 말(馬)을 바르게 하지 않으면, 그대는 명을 받들지 말라.[47]

아랫사람에 임함에는 간략하게 하고, 백성을 대함에는 관대하게 하라.[48]

나의 우방의 임금(家君)과 어사와 서사들이여, 맹세의 말을 밝게 들으시라![49]

다섯 형제가 어머니를 모시고 따라가서 낙수洛水가 황하로 들어가는 곳에서 기다렸다.[50]

이 몇 구절을 따라서 보면, "마차 몰기"의 가장 직접적인 함의는 '수레 몰기'이며, 당연히 많은 사람을 관리하고 신하를 관리하는 의미로 확장될 수 있다. 동시에 "마차 몰기"는 또한 시어侍御(수레를 시종하다)의 의미도 갖추고 있어, "다섯 형제가 어머니를 모시고 따라간다"라는 설이 있다. 하지만 이 모든 설명은 모두 먼저 수레를 몬다는 "마차 몰기"에서 확장되고 발전된 것이다. "활쏘기"와 "마차 몰기"를 『상서』와 『시경』에서 운용된 것으로 보면, 그것들은 이미 광범위하게 운용되고

---

47) 『尙書』(吳哲楣 主編, 『十三經』), 「甘誓」, 75쪽.
48) 『尙書』(吳哲楣 主編, 『十三經』), 「大禹謨」, 69쪽.
49) 『尙書』(吳哲楣 主編, 『十三經』), 「泰誓上」, 89쪽.
50) 『尙書』(吳哲楣 主編, 『十三經』), 「五子之歌」, 75쪽.

매우 보편적인 생존기능이었던 것 같다. 비록 문헌상이지만, 『상서』와 『시경』은 아마도 모두 서주西周 초기에 형성되었지만, 이처럼 영활하고 확장적으로 운용될 수 있다는 점에서 적어도 그것이 이전 단계에서 발전하였음을 반증할 수 있다. 특히 "활쏘기"와 "마차 몰기"가 유추와 실례實例의 상황에 진입할 수 있는 경우를 보면, 그것은 실제로 일찍이 이미 일상용어의 범위로 진입하였음을 말해 준다. 이것은 또한 당연히 그것이 생존기능의 발전과 그것이 일상생활에서 보편적으로 운용되었음을 반증한다. 총결산하여 말하면, "활쏘기"는 개체의 독립적으로 운용되는 생존기능에 속하며, 비록 그 가운데 활과 화살의 배합과 "손에 익음"과 "눈썰미"의 상호 배합을 포함하고 있지만, 중요한 것은 개체의 독립적 조작을 통하여 완성된다는 것이며, 따라서 "활쏘기"는 부계사회의 청년 남자의 "성인 의례"라고 할 수 있다. 그러나 일단 "마차 몰기"의 범위에 들어가면 먼저 말과 수레, "활쏘기"와 "마차 몰기" 사이의 상호 배합과 연관된다. 이러한 조건에서 "활쏘기"에 능통한 사람이 꼭 "마차 몰기"에 능통할 수는 없다. 당시의 조건에서 "마차 몰기"에 능통할 수 있는 사람은 자연히 "사士"(일꾼)의 계열에 진입할 수 있었으며, 혹은 적어도 황권皇權에 충성을 다하거나 국가를 위하여 복무할 수 있는 계열에 진입할 수 있었다. 예를 들어, 태강이 "놀면서 절도가 없고" 그리고 "100일이 되어도 돌아오지 않았다"라는 경력은 결코 단지 그 한 사람이 원시의 삼림에 "활을 메고 화살을 끼고" 들어간 것이 아니며, 반드시 한 부대의 사람들이 따라갔으며, 그 따라간 사람 가운데 "활쏘기"와 "마차 몰기"가 결코 부족해서는 안 된다.

따라서 "활쏘기"와 "마차 몰기"의 발전은 옛사람의 생존기능의 진보를 나타내었을 뿐만 아니라 그 주체도 개체의 독립적인 조작에서 서로 다른 주체와의 상호 배합으로 확대되었다. 실제로 하夏왕조로 말하면 만약 "활쏘기"와 "마차 몰기"와 다른 방면의 상호 배합이 없이는 문명의 발전은커녕 왕권 자체도 성립될 수 없었을 것이다. 그러나 일단 "마차 몰기" 즉 사람과 사람 사이의 상호 배합이 있게 되면, 태강과 그 자손들도 패배를 승리로 돌릴 가능성도 있었다. 실제 역사도 이렇게 발전할 가능성도 있었기 때문에 태강은 비록 "놀면서 절도가 없어" "나라를 잃음"을 당하였으나, 후예后羿는 이로 인하여 결코 국군國君이 되지 않았으며, 그 신전수의 기능으로 인하여 이른바 "궁窮나라"의 우두머리(日氏)에 도달하지도 않았으며, 결국은 뜻밖에도 자기 제자의 화살에 죽었다.[51]

위의 말은 곧 우리가 생존기능의 측면에서 "활쏘기"와 "마차 몰기"를 소급해 올라간 것으로, 필자는 이러한 것이 "활쏘기"와 "마차 몰기"가 역사의 진실에 접근할 수 있다고 생각한다. 그러나 이러한 "활쏘기"와 "마차 몰기"는 도리어 우리가 대면하는 고전문헌에서의 "활쏘기"와 "마차 몰기"가 결코 아니다. 우리가 대면하는 "활쏘기"와 "마차 몰기"는 간혹 더 많이 먼저 역대 유가경전에서의 "활쏘기"와 "마차 몰기"이며, 아울러 끊임없이 후세의 유학자들이 해석하는 "활쏘기"와 "마차 몰기"이다.

여기서 두 가지 매우 중요한 한계를 반드시 분명하게 파악할 수 있는데, 첫째 한계는 순수한 생존기능으로서의 "활쏘기"와 "마차 몰기"와 공자, 맹자와 유가경전에서 예악문으로 확립된 기초에서 해석되는 "활쏘기"와 "마차 몰기"의 구별이다. 둘째 한계는 "육경"에서 "육예"의 명칭을 빌려 쓴 후에 형성된 "대육예大六藝"와 "소육예小六藝" 혹은 "문육예文六藝"와 "무육예武六藝"의 구별이다. 이 모든 것은 "육예" 개념 해석의 역사를 구성하는 동시에 "육예"의 원시적 의미와 변화의 역사를 포함한다.

그렇다면『춘추좌전』에 기록된 "활쏘기"와 "마차 몰기"와 공맹이 정립한 예악문화의 기초에 따라 해석한 "활쏘기"와 "마차 몰기"의 구별과 그 변화의 관계를 살펴보자.

날짐승과 들짐승의 고기를 도마에 올리지 않고, 가죽과 치아, 뿔과 깃털을 기물로

---

51) 『孟子』에는 "逢蒙이 羿에게서 활쏘기를 배워서, 예의 방법을 다 습득하고 생각하기를 세상에서 예만이 자기보다 뛰어나다고 생각하여 이에 예를 죽였다. 맹자는 '예도 또한 죄가 있다'라고 하였다"(『孟子』[吳哲楣 主編,『十三經』],「離婁下」, 1392쪽)라고 기록하였다.

만들 때 쓰지 않으면 공께서 활을 쏘지 않는 것이 옛날의 제도입니다.52)

처음에 맞붙어 싸울 때, 화살이 내 손과 팔꿈치를 꿰뚫었지만, 나는 (화살대를) 꺾고 수레를 몰았고, 왼쪽 바퀴가 검붉게 물들었으나, 어찌 감히 다쳤다는 말을 하겠습니까? 그대는 참으시오!53)

자어子魚(尹公子의 아들)가 "활을 쏘면 스승을 배반하고, 쏘지 않으면 죽게 되니, 쏘는 것이 예인가?"라고 하였다.54)

(吳나라에) 궁수弓手와 어자御者(전차병)를 주고 오나라에 수레 타는 법을 가르쳤으며, 전쟁에서 진陳을 세우는 방법을 가르치고 초楚나라에 반기를 들도록 교사教唆했다. 그 아들 호용狐庸을 두고 오나라에서 행인行人(외교관)이 되게 하였다.55)

자반子反은 자령子靈과 하희夏姬를 다투며, 그 일을 막고 방해하자, 자령은 진晉나라로 달아나니 진나라 사람은 그에게 형刑의 땅을 주고 그를 모주謀主로 삼아 북적北狄을 방어하고, 오나라와 진나라를 통교하게 하여 오나라가 초나라를 배반하도록 교사教唆하고, 수레 타는 법과 활쏘기와 마차 몰기, 병거兵車의 침공법 등을 가르쳤으며, 그의 아들 호용狐庸을 오나라의 행인行人이 되게 하였다.56)

사냥(田獵)에 비유하면, 활을 쏘면서 마차 몰기에 익숙하면 짐승을 잡을 수 있다. 만약 아직 수레를 타 본 적도 없으면서 활을 쏘고 수레를 몬다면 수레가 엎어지고 무참하게 패하게 될 것을 두려워할 것이니 어느 겨를에 잡을 생각을 하겠습니까?57)

---

52) 『春秋左傳』(吳哲楣 主編, 『十三經』), 隱公 五年, 606쪽.
53) 『春秋左傳』(吳哲楣 主編, 『十三經』), 成公 二年, 739쪽.
54) 『春秋左傳』(吳哲楣 主編, 『十三經』), 襄公 二十四年, 796쪽.
55) 『春秋左傳』(吳哲楣 主編, 『十三經』), 成公 七年, 796쪽.
56) 『春秋左傳』(吳哲楣 主編, 『十三經』), 襄公 二十六年, 827쪽.
57) 『春秋左傳』(吳哲楣 主編, 『十三經』), 襄公 三十一年, 848쪽.

이치대로 말하면, 이러한 "활쏘기"와 "마차 몰기"는 모두 공자와 맹자 이전에 발생하였기 때문에 여전히 원래의 생존과 작전기능의 형태를 유지하고 있다. 제1조에서 "날짐승과 들짐승의 고기를 도마에 올리지 않음"과 "가죽, 치아, 뿔과 깃털을 기물로 만들 때 쓰지 않으면 공께서 활을 쏘지 않는 갓"의 "옛날의 제도"는 분명하게 날짐승과 들짐승의 고기는 단지 "식용食用"으로 이용되었고, 가죽, 치아, 뿔과 깃털은 주로 "기용器用"(기물을 만드는 데 사용)에 필요하였다는 것을 말해 준다. 그리고 이러한 두 가지 조건을 만족시킬 수 없는 상황이라면 이른바 "활을 쏘지 않음"이 "옛날의 제도"라는 말은 실제로 옛사람의 생존기능과 "생명을 보살피는 덕"이 서로 통일되는 표현이다. 분명하게 이것은 이미 "활쏘기"의 순수기능의 형태를 넘어섰으며, 분명하게 "덕德"의 요소를 더한 것이다. 제2, 제3, 제4, 제5의 인용문에서는 분명하게 이미 "활쏘기"와 마차 몰기"를 전쟁에서 이용하였다. 제3조의 특수성은 "예禮"의 고찰을 더 하였으며, 제6조에서는 완전히 "사냥"의 방식으로 전쟁에서의 "활쏘기"와 "마차 몰기" 상호 배합의 중요성을 설명하였다. 이것들은 모두 공자와 맹자 이전에 발생한 "활쏘기"와 "마차 몰기"로, 즉 춘추시대의 "활쏘기"와 "마차 몰기"의 구체적 운용의 사실적인 묘사이며, 동시에 점점 "덕"과 "예"가 "활쏘기"와 "마차 몰기"에 침투와 규범적 작용으로 부각되었다.

공자와 맹자 시대에 이르면, 이러한 "덕"과 "예"는 단순하게 "활쏘기"와 "마차 몰기"로 침투해서 규범작용을 발휘하였을 뿐만 아니라, 이미 직접 "활쏘기"와 "마차 몰기"에 내재한 영혼이 되었으며, 그 내면의 가장 기본적인 결정적 요소가 되었다. 『논어』와 『맹자』 가운데 활쏘기와 마차 몰기의 운용과 설명을 살펴보자.

공자는 "군자는 어떤 일에도 남과 다투지 말아야 하나, 반드시 활쏘기는 다투어야 할진저! 읍揖하여 겸손하게 사대射臺에 오르고, 내려와서 술을 마신다. 그러한 다툼이 군자의 다툼이다"라고 하였다.[58]

---

58) 『論語』(吳哲楣 主編, 『十三經』), 「八佾」, 1264쪽.

공자는 "활쏘기에 과녁의 가죽을 뚫는 것을 위주로 하지 않고, 힘씀이 동등하지 않기 때문이니 이것이 옛날의 도이다"라고 하였다.[59]

공자는 "낚시는 하였으나 그물을 치지 않았고, 사냥은 하였으나 잠자고 있는 동물은 쏘지 않았다"라고 하였다.[60]

내가 무엇을 전문으로 할까? 활쏘기를 할까? 마차 몰기를 할까? 나는 마차 몰기를 하겠다.[61]

인자仁者는 활 쏘는 사람과 같으니, 활 쏘는 사람은 자신을 바르게 한 후에 활을 쏜다. 쏘아서 맞지 않으면 이긴 사람을 원망하지 않고, 돌이켜 자신에게 (적중하지 않은 까닭을) 찾을 뿐이다.[62]

여기서 자못 괴이한 것은 본래 생존과 작전기능으로서의 "활쏘기"와 "마차 몰기"는 현재는 오히려 "군자의 다투는 바 없음" 즉 군자 인격의 표현이다. 이것은 자연히 유가의 예악문화가 활쏘기와 말타기에 대해 근본적으로 방향을 전환하였다고 할 수 있으며, 단순한 생존기능과 작전기술에서 일변하도록 하여 군자 인격의 "의태儀態"로 표현되었다. 따라서 "다투는 바가 없음" 뿐만 아니라 "읍揖하여 겸손하게 사대射臺에 오르고, 내려와서 술을 마신다"라는 말처럼 우아한 행동거지도 완전히 군자 의태儀態의 표현이 되었으며, 따라서 "그러한 다툼이 군자의 다툼이다"라고 하였다. "활쏘기에 과녁의 가죽을 뚫는 것을 위주로 하지 않음"과 "잠자고 있는 동물은 쏘지 않음"은 자연히 모두 군자 인격이 활쏘기 예와 사냥 가운데서 마땅히 있어야 하는 행위규범으로 보고 한 말이라고 할 수 있다. 맹자는 뜻밖에도 "활쏘기 예"를 "인자仁者"에 비유하였으며, 이른바 "이긴 사람을 원망하지 않고, 돌이켜

---

59) 『論語』(吳哲楣 主編, 『十三經』), 「八佾」, 1264쪽.
60) 『論語』(吳哲楣 主編, 『十三經』), 「述而」, 1277쪽.
61) 『論語』(吳哲楣 主編, 『十三經』), 「子罕」, 1280쪽.
62) 『孟子』(吳哲楣 主編, 『十三經』), 「公孫丑上」, 1366쪽.

자신에게 (적중하지 않은 까닭을) 찾을 뿐이다"라는 말은 실제로는 "인자(仁者)"의 인생 태도이자 구체적 표현이다. 당연히 이것은 공자의 "군자는 자신에게서 구하고, 소인은 타인에게서 구한다"[63]라는 말의 구체적인 수행과 알맞음에 대한 설명이다.

이뿐만 아니라, 『맹자』라는 책에서 역사적으로 허다한 "활쏘기"와 "마차 몰기"의 사례와 고사들이 모두 맹자에 의해 새롭게 해석되었으며, 따라서 생동적으로 그 가운데의 덕성과 도덕인격의 내포를 드러내었다. 예를 들면 다음과 같다.

> 옛날 조간자趙簡子(전국시대 趙나라 최초 군주)가 왕량王良으로 하여금 폐해嬖奚(寵臣)와 함께 수레를 타(고 사냥을 하)게 하였는데, 종일토록 새 한 마리도 잡지 못했다. 폐해가 조간자에게 보고하기를 "(왕량은) 세상에서 수준 낮은 말몰이꾼입니다"라고 하였다. 어떤 사람이 왕량에게 알렸다. 왕량은 "다시 한 번 청합니다"라고 하였다. 강하게 청한 뒤 허락을 얻었고, 하루아침에 10마리의 새를 잡았다. 폐해가 보고하기를 "세상에서 뛰어난 말몰이꾼입니다"라고 하였다. 조간자가 "내가 너와 더불어 타도록 하겠다"라고 하니, 왕량이 허락하지 않고, "제가 그(폐해)를 위하여 규범대로 말을 달렸더니 종일토록 한 마리도 못 잡았는데, 그를 위하여 속임수를 쓰니 하루아침에 열 마리를 잡았습니다. 시경에 말하기를 '그 치달림을 잃지 않으며, 화살을 쏠 때마다 깨뜨리듯 맞춘다'라고 하였습니다. 나는 (폐해와 같은) 소인과 수레를 타는 데 익숙하지 않으니 청하건대 사양하겠습니다"라고 하였다. 수레를 모는 사람은 활 쏘는 사람의 비위를 맞추는 것을 수치스럽게 여기며, 비록 그의 비위를 맞추어 (짐승을 많이 잡아) 산더미 같다고 하여도 하지 않는다.[64]

> 방몽逄蒙이 예羿에게서 활쏘기를 배워서, 예의 방법을 다 습득하고 생각하기를 세상에서 예만이 자기보다 뛰어나다고 생각하여 이에 예를 죽였다. 맹자는 "예도 또한 죄가 있다"라고 하였다.
> 공명의公明儀가 "마땅히 죄가 없는 듯합니다"라고 하였다.

---

63) 『論語』(吳哲楣 主編, 『十三經』), 「衛靈公」, 1304쪽.
64) 『孟子』(吳哲楣 主編, 『十三經』), 「滕文公下」, 1378~1379쪽.

맹자는 "좀 적다고는 할 수 있으나 어찌 죄가 없겠는가? 정나라 사람이 자탁유자子濯孺子로 하여금 위衛나라를 침공하게 하였는데, 위나라에서 유공지사庾公之斯로 하여금 그를 내쫓도록 하였다. 자탁유자가 '나는 오늘 병이 들어 활을 잡을 수가 없으니 나는 죽을 것이다'라고 하고, 그의 노복에게 '오늘 나를 쫓아오는 사람이 누구냐?'고 물으니 노복이 '유공지사입니다'라고 대답하니, '나는 살겠구나'라고 하였다. 노복이 '유공지사는 위나라에서 활을 잘 쏘는 사람인데, 어른께서는 내가 살겠구나 하시니 무슨 말씀인가요?'라고 물었다. (자탁유자가) 말하기를 '유공지사는 윤공지타尹公之他에게서 활쏘기를 배웠는데 윤공지타는 단정한 사람이니 그가 사귄 벗도 반드시 단정할 것이다'라고 하였다. 유공지사가 이르러 말하기를 '어른께서는 어찌 활을 잡지 않는가요?'라고 물으니, (자탁유자는) '오늘 내가 병이 나서 활을 잡을 수가 없네'라고 하니, (유공지사는) '소인이 윤공지타에게 활을 배웠고, 윤공지타는 어르신께 활쏘기를 배웠습니다. 저는 차마 어른에게서 배운 도리로 어르신을 해칠 수가 없습니다. 비록 그러하지만, 오늘의 일은 임금이 내린 일이라 내 맘대로 그만둘 수가 없습니다'라고 하고, 화살을 뽑아 수레바퀴를 쳐서 화살촉을 빼버리고 네 대의 화살(乘矢)을 쏜 후 돌아갔다"라고 하였다.[65]

이 두 이야기에서 전자는 정규적인 마차 몰기의 도道에 따라 수레 몰기를 하였지만, 결과는 "온종일 한 마리도 잡지 못했다." 그러나 일단 "속임수로 하니" 도리어 "하루아침에 10마리를 잡았다." 비록 이와 같이 "수레를 모는 사람은 활 쏘는 사람의 비위를 맞추는 것을 수치스럽게 여기며, 비록 그의 비위를 맞추어 (짐승을 많이 잡아) 산더미 같다고 하여도 하지 않는다"라고 해도 이것은 "마차 몰기"가 "새를 잡는 양"의 잣대를 초월하지만, 그러나 단지 이른바 "새를 잡는 양"을 "마차 몰기" 도의 표준으로 삼아서는 안 된다는 말이다. 후자는 후예가 방몽逄蒙에게 활쏘기를 가르치고는 죽임을 당하는 일에 대한 반성으로 덕성을 기능 전수에서의 결정적 작용으로 부각하였다. 따라서 "자탁유자가 위나라를 침공"

---

65) 『孟子』(吳哲楣 主編, 『十三經』),「離婁下」, 1392~1393쪽.

하는 일에서 자탁유자가 살아서 돌아올 수 있는 주요한 까닭은 곧 "단정한 사람이니
그가 사귄 벗도 반드시 단정할 것이다"라는 제자에게 전수하는 논리이며, 따라서
생동적으로 생존과 작전기능에서 덕성을 결정적 요소로 부각시켰다. 그리고 맹자의
역사적 고사에 대한 이러한 해석은 남궁괄南宮适과 공자의 일단 대화에서도 정확하게
나타난다. "남궁괄이 공자에게 '예羿는 활을 잘 쐈고, 오奡는 배를 땅 위로 끌고
다닐 만큼 힘셌지만, 둘 다 제명에 죽지 못하였습니다. 우임금과 후직은 몸소
농사를 지었지만, 천하를 얻었습니다'라고 하였다. 공자는 대답하지 않았다. 남궁괄
이 나가자 공자는 '군자로다. 저 사람은! 덕을 숭상하는구나 저 사람은!'이라고
하였다."[66] 이로부터 공자와 맹자는 실제로는 군자가 덕을 숭상하는 정신을 재조명
하여 "활쏘기"와 "마차 몰기"를 새롭게 해석한 집대성자이다.

이로 인해 "활쏘기"와 "마차 몰기"는 더 이상 단순한 생존기능이나 작전기능이
아니라, 우선 군자 인격의 구체적인 표현이 되었다. 예들 들면,『예기』에서 "활쏘기"
에는 다음과 같은 요구가 있다.

> 그러므로 활 쏘는 사람은 진퇴와 두루 다님에 반드시 예禮에 적중해야 하며,
> 안으로는 뜻이 바르고, 겉으로 몸이 곧은 후에 활과 화살을 잡음이 심히 견고하
> 며, 활과 화살을 잡음이 심히 견고한 후에 적중함을 말할 수 있으니 이것으로
> 덕행을 볼 수 있다.[67]

이런 까닭에 옛날 천자의 법제로 제후는 해마다 천자에게 일꾼을 바쳤는데(貢
獻[68]), 천자는 그를 사궁射宮에서 시험하였다. 그 얼굴과 몸을 예로 비견하고,
그 절도를 악樂에 비견하였다. 적중함이 많은 사람은 제사에 참여하게 하고,
그 얼굴과 몸이 예에 비견되지 않고, 그 절도가 악에 비견되지 않고, 적중함이

---

66) 『論語』(吳哲楣 主編, 『十三經』),「憲問」, 1298쪽.
67) 『禮記』(吳哲楣 主編, 『十三經』),「射義」, 594쪽.
68) 역자 주: 이 책의 인용에는 "諸侯歲貢士於天子"라고 하였으나, 原典에는 歲와 貢 사이
에 獻자가 있어 보충하였다.

적은 사람은 제사에 참여하지 못하도록 하였다. 제사에 여러 번 참여하면 임금으로부터 경사가 얻고, 제사에 자주 참여하지 못하면 임금으로부터 책망을 당한다. 여러 번 경사가 있으면 영지領地를 더해 주고, 여러 번 책망을 받으면 영지를 삭감한다. 그러므로 "활 쏘는 사람은 활쏘기로 제후를 위한다"라고 하였다. 이런 까닭에 제후와 군신君臣은 활쏘기에 뜻을 다하며, 예와 악을 익힌다. 무릇 군신이 예악을 익히고서 떠도는 사람은 아직 없다.[69]

여기서 앞 인용문은 자연히 "활 쏘는 사람"의 태도와 용모에 대한 요구였으며, 뒤 인용문은 덕성과 예의 모습을 중심으로 "활쏘기"에 대한 보상이나 표창을 주관할 수 있다는 말이다. 분명 공자와 맹자는 "활쏘기"와 "마차 몰기"의 덕성과 예용禮容에 대한 해석으로 말미암아 비로소 『의례』와 『예기』에서 이러한 활쏘기와 마차 몰기의 예제와 예용의 요구가 있게 되었다. 당연히 이것은 우리가 유가 문헌 가운데서 볼 수 있는 "활쏘기"와 "마차 몰기"이다.

진·한의 대일통의 전제정권이 형성된 후 육가陸賈에서 가의賈誼에 이르는 지속적인 노력으로 말미암아 유가경전의 문헌인 "육경"이 마침내 "육예"의 이름을 빌려 쓰고는 "육경"에서 "육예"로 명칭과 호칭의 전환이 이루어졌다. 물론 사인士人이 "예藝"의 방식을 빌려서 황권에 충성하는 동시에 황가를 향해 관직을 요구하는 형식을 완성하였다. 따라서 유가 본래의 "육경"도 또한 "육예"의 형식으로 인심人心에 깊이 들어갔으며, 『후한서後漢書』「장형전張衡傳」에서 말한 "오경에 통하고 육경에 관통하였다"와 같은 종류의 표창表彰적 용어가 출현하였으며, 그 가운데 "육경에 관통한다"라는 말은 실제로는 이미 근본적으로 "육예"의 구체적 내용과는 관련이 없다. 이러한 현상은 한편으로 당연히 한대漢代 사회의 문치文治적 특성을 나타내는 동시에 "오경"과 "육예"의 상호 대체하는 과정을 나타낸다. 이러한 배경에서 만약 본래 생존기능이었던 "육예"가 다시 드러낼 필요가 있다고 하면, 또한 "대육예"(육경)와 "소육예" 혹은 "문육예"(육경)와 "무육경"의 구별을 해야 한다.

---

69) 『禮記』(吳哲楣 主編, 『十三經』), 「射義」, 594~595쪽.

단지 중원의 민중이 주변의 소수민족의 무력 충격과 말발굽에 짓밟혔을 때만 본래 그와 같이 생존기능인 동시에 일정한 작전기능인 "육예"도 포함해서 비로소 "무육예"의 방식으로 다시 드러내며, 또한 어느 정도 반성과 관심을 얻었다. 이 방면에서 송원宋元시기의 서천민舒天民이 편찬한 『육예강목六藝綱目』이라는 책이 곧 그러한 전형적인 표현이다.

서천민(1268~?)의 자는 예풍藝風이며, 절강성 은현鄞縣 사람이다. 서천민은 남송 말기에 태어났다. "겨우 10살 때 송나라의 사직이 망하니 울면서 말하기를 '내가 할 일이 없다'라고 하였다. 장성하여 은유隱儒로서 이름이 났으며 그 뜻을 드러내었다. 하루는『한서』에서 '군자는 육예의 기풍을 펼쳐야 한다'는 구절을 읽고 책을 어루만지며 웃으며 말하기를 '반맹견班孟堅(班固) 그가 내 마음이 원하는 것을 먼저 얻었구나!'라고 하였으며, 이로부터 호를 '예풍藝風'이라고 하였다.…… 선생은 일찍이 병든 세상의 군자로서 육예를 가르침으로 삼고, 그 방략을 찾고, 육예에서 널리 찾으며, 모아서 장구章句로 만들어『육예강목』이라고 하고, 집안에 학숙學塾을 열고 가르치니 식자들이 입을 모아 그를 칭송하였다.…… "[70] 서천민의 일생과 그가 편찬한 책의 취지를 보면, 곧『육예강목』이라는 책은 남송 정권을 애도하는 뜻을 포함하고 있을 뿐만 아니라, 동시에 그로써 후일의 사람을 깨우치려는 뜻도 있다. 그리고 『사고전서제요四庫全書提要』에서 이 책을 소개하기를 "이 책은『주례』보씨保氏(고대 군왕을 예의로 바로잡고 귀족 자제를 가르치는 관원)의 육예의 문장을 취하였고, 정강성의 주注와 표標를 조목으로 삼았기 때문에 각각 네 글자의 운어韻語로 묶었다. 그 아들 공恭이 그를 위하여 주석注釋하였고, 같은 군郡의 조의중趙宜中이 부주附注를 달고, 함께 소학小學에서 고증하고 정밀하게 조사하여, 자못 발명함이 있었다"[71]라고 하였다. 그의 아들 서공舒恭도『육예강목제사六藝綱目題辭』에서 "오직 옛날에 가르침을 베풀 때 향삼물鄕三物[72]로 하였는데, 육예가 그 하나로 소홀히 할 수가 없다.

---

70) 舒恭, 「六藝綱目原序」, 『六藝綱目』.
71) 『四庫全書提要』, 「六藝綱目」 머리말.
72) 역자 주: 六德·六行·六藝.

8살은 몽사蒙士(어리석은 사람)로써 소학小學에 처음 입학하여 먼저 그 문장을 외우고 돌아가며 고색考索(탐구조사)하였다. 그가 장성하여서는 다시 유람하면서 널리 그 지취旨趣를 다하여 재덕才德을 완전하게 하였으며, 육예를 자세하게 살펴서 조리條理가 있었다. 옛날의 학자는 일생 휴식이 없었다. 오호라! 난폭한 진秦나라가 전적典籍을 잿더미로 만들었고, 육예의 핵심이 거의 다 없어지고, 오례와 육악六樂의 조목은 모두 존재하지만, 절문節文과 음조音調는 들추어 토론할 것이 없었다"73)라고 하였다. 이 몇 가지의 소개로 볼 때, 『육예강목』은 분명히 정현의 『주례주周禮注』의 기초에서 수집 정리하여 만든 것이다. 즉 서천민은 주로 "소학"의 시각을 통하여 "육예"의 학문을 수집하고 정리하였다.

그렇다면 『육예강목』은 어떻게 활쏘기와 마차 몰기를 소개하는가? 총결산하여 말하면, 그는 "육예"에 대한 소개는 실제로는 이미 앞사람의 해석 순서를 따라서 전개하였는데, 그는 다음과 같이 생각하였다.

육예의 학문은 오례五禮, 육악六樂, 오사五射, 오어五御, 육서六書, 구수九數이다.74)

서천민의 아들 서공은 또 위에서 말한 순서에 대하여 주석하기를 "여섯 가지는 모두 지극한 이치를 담고 있는데, 날마다 이용하고 하나라도 빠져서는 안 된다. 옛날에 소학에 다니는 사람을 가르침에 이것을 우선으로 한다. 강중剛中은 '예악의 오묘함은 천지를 관통하며, 또한 예藝라고 부르는 것은 왜인가? 대개 예악의 이치에 통하는 사람은 성인聖人이며 군자이다. 만약 예를 행함은 오르고 내리고 읍하고 양보함이며, 악樂을 행함은 성聲·음音·절節·주奏이며, 이를 깊이 하는 사람은 예藝로 이름 부를 수 있다'라고 했다"75)라고 하였다.

구체적으로 "오사五射"를 보면, 서천민은 또 『예기』 「사의射義」를 인용하여

---

73) 舒恭, 「六藝綱目題辭」, 『六藝綱目』.
74) 舒天民, 『六藝綱目』, 2쪽.
75) 舒天民, 『六藝綱目』, 2쪽.

말하기를 "'남자가 태어나서 뽕나무 활과 쑥대 화살(남자가 뜻을 세움)을 가지면, 천지와 사방을 여섯 방향으로 헤아리니(射) 천지와 사방은 남자가 일삼는 바이다'라고 한다.…… 사士로서 일삼음이 없으면 먹지 말아야 하니 그러므로 군자는 공을 쌓아 실적에 더하고, 공적보다 더 먹으려고 해서는 안 된다. 천지사방에 일이 있고 난 뒤에 감히 곡식을 이용하니 공적이 실적보다 많으면 먹는 것이 부끄럽지 않으니 이것이 남자의 일이다"[76]라고 하였다. 서천민이 당시에 완전히 한 사람의 "남인南人"의 신분으로서 이와 같이 총결산하였다. 따라서 그 반복해서 강조한 "사士로서 일삼음이 없으면 먹지 말아야 하니 그러므로 군자는 공을 쌓아 실적에 더하고, 공적보다 더 먹으려고 해서는 안 된다"라고 한 구절에서의 이른바 "남자의 일"은 곧 송 · 원의 정권교체 시기의 가슴에 가득 찬 울분과 치욕을 포함하고 있으며, 동시에 "천지와 사방은 남자가 일삼는 바이다"라는 책임정신의 일면을 강조하였다.

다시 "오어五御"를 보면, 서천민은 "수레에 올라 말고삐를 잡고 말을 부려서 질주함을 어御라고 한다. 어御라는 글자는 彳(두인 변)과 卸(풀 사)와 彳으로 이루어지며, 행行이다. 사卸는 해解이며, 혹 행行과 사卸이며, 어御의 직분은 하나의 수레를 네 마리 말이 끄는 것으로 네 마리 말에는 여덟 개의 고삐가 있어 양쪽의 고삐를 쇠고리에 묶고, 여섯 개의 고삐는 손에 두고 그것을 조습調習하여 그 치달림을 잃지 않는다"[77]라고 하였다. 여기서 이른바 "하나의 수레를 네 마리 말이 끄는 것으로 네 마리 말에는 여덟 개의 고삐가 있다"라는 말은 분명히 시대의 진보적 요소가 있으며, 동시에 예의와 꾸밈의 요소도 있다. 왜냐하면, 가장 처음의 "어御"는 본래 이와 같은 위의威儀와 겉장식이 있을 수 없었다. 그러나 서천민은 "어御"에 관한 주석에서 수레를 끄는 실제적 경험의 요소를 분명하게 더하였으며, 따라서 "물의 형세에 따라 굴곡이 있고, 수레는 그를 따라 나아가므로 축수곡逐水曲(굴곡진

---

76) 舒天民,『六藝綱目』, 69~70쪽.
77) 舒天民,『六藝綱目』, 86쪽.

물줄기를 따르듯 말을 타는 기술)이라고 한다"라고 하고, "십자十字대로(네거리)에서 그 수레를 회전시킴에 절도에 따라 춤추는 것처럼 하는 것을 무교구舞交衢라고 한다"고 하고, "금수禽獸가 오른쪽에 있을 때 수레를 왼쪽으로 몰아 임금이 활쏘기를 편리하게 하는 것을 축금좌逐禽左라고 한다"[78]라고 하였다.

그러나 이 모든 것은 생존기능을 중심으로 전개된 것이 아니며, 또한 도덕이상을 중심으로 전개된 것도 아니라, 주로 군사와 전쟁을 중심으로 전개된 것이다. 하지만 또 서천민은 주로 예의禮儀 차원에서 주석을 전개하였다. 따라서 전쟁의 위의화威儀化에 대한 해석이라고 할 수 있으며, 동시에 생존기능을 예의화禮儀化한 꾸밈이라고 할 수 있다. 그래서 그는 또 다음과 같이 말한다. "대열大閱(3년마다 하는 軍檢閱)은 봄의 교령敎令으로 꽹과리와 북으로 하고, 여름의 교령은 호명號名으로 하며, 가을의 교령은 기물旗物(깃발)로 하며, 겨울에는 농한기農閑期이므로 세 계절의 교령을 합한 것이며, 전쟁의 진법陣法을 크게 연습한다"[79]라고 하였다. 총결산하면, 이것은 아마도 어떤 점에서 전문적으로 이른바 "무육예武六藝"의 시각에서 의미를 취한 느낌이 있다. 비록 이러한 취의取義가 완전히 송·원의 정권교체를 촉진했지만, 그러나 냉병기冷兵器(화약을 사용하지 않는 무기, 즉 창과 칼 등)의 시대가 끝남을 고하고, 열병기熱兵器(火器)의 시대가 대두되어 중국인은 앞장서서 화약火藥의 시대를 발명하였으며, 이러한 의미는 어느 정도 꾸밈과 협소함의 혐의를 면하기 어렵다.[80]

이후 명·청 정권교체의 배경에서 또 한 차례 소수민족이 중원으로 들어와

---

78) 舒天民, 『六藝綱目』, 90~95쪽.

79) 舒天民, 『六藝綱目』, 90~91쪽.

80) 이것은 매우 무거운 화제에 관한 것으로, 한편으로는 그 시대의 국민이 이미 火藥을 발명하였으며, 주자의 격물치지 학문도 이미 士人의 마음을 따라 깊이 들어갔으며, 서천민이 『육예강목』이라는 책에서도 또한 대량으로 주자와 관련된 禮學의 저작을 인증하는 것도 포함된다. 그러나 그는 도리어 이미 화약을 戰陣의 방법으로 사용하지 않았으며, 또한 격물치지의 지식 학문을 五射와 六御의 학문에 이용하지 않았다. 이것은 곧 사람들로 하여금 의심하지 않을 수 없게 한다. 근현대의 士人이 서양의 과학탐구정신을 비교하려 할 때 맹목적으로 주자의 格物致知說을 단순히 서양의 물리탐구에 비교하는 것처럼 어리석다고 의심하지 않을 수 없게 한다. 그리고 이와 같은 단순한 牽强附會하는 억지 비교의 마음 상태가 바로 가장 깊이 반성해야 하는 필요성이다.

주인이 되었고, 따라서 안원顔元(1635~1704)도 재차 "육예"에 주의하고, 아울러 "향삼물로 백성을 가르친다"라는 취향을 견지하였다. 그러나 그 의미의 범위는 대체로 여전히 이른바 "소육예" 혹은 "무육예"의 규모와 범위에 머물렀고, 따라서 비록 안원 자신이 비교적 강한 협객의 기질을 가졌지만, 겨우 이러한 "소小"와 "무武"의 "육예"에 의지해서는 처음부터 새로운 길로 나아갈 수 없었다. 따라서 그 자신이 대·소와 문·무의 "육예"를 구분한 기초에서 이른바 협객의 기질로 단지 망국의 분노를 송명리학末明理學을 향하도록 부추길 뿐이었다. 이렇게 되자 그가 견지한 것이 "소육예"이든 "무육예"이든, 리학가를 비판하여 "백 가지 가운데 하나도 쓸모없는 서생"이라는 비판으로 조금 체면을 세우는 것 외에 다른 확실한 새로운 길로 나아가지 못하였다.

마지막으로 활쏘기와 마차 몰기의 진화 궤적을 따라서 보면, 그 가장 간단한 생존기능이 작전기능으로 변화하였고, 서주의 예악문명의 훈도薰陶와 공맹의 도덕 이성의 해석을 거쳐, 다시 진·한의 대일통의 전제정권 하에서 "육예"와 "육경"의 상호 교대를 거침으로써 억지로 "소학"과 "무예武藝"의 협소한 골목으로 몰아넣었다. 실제로 만약 앞의 전향은 확실하게 우리의 예악문화와 도덕문명을 풍부하게 하였다고 하면, 뒤의 전향은 분명하게 우리의 사고의 시각을 제한하였다. 즉 과학혁명으로 나아가는 성과가 없었으며, 또한 열병기의 불꽃으로 분출하지도 못하였다. 이것이 중국 전통의 활쏘기와 마차 몰기의 학문 가운데 하나의 가장 반성해 볼만한 변화의 궤적이다.

4. 서書와 수數: "사士"의 인문적 전향

"활쏘기와 마차 몰기"처럼 명확하게 형성된 시대가 불분명한 것과는 달리, "문자(書)와 셈하기(數)"는 명확하게 은상殷商시대의 사회문명이다. 이 밖에도 "활쏘기와 마차 몰기"가 직접 생존기능에서 발원한 것과 서로 비교하면, "문자와 셈하기"

는 다 같이 이른바 생존기능의 관점에서 출현한 것이 아니라, 이미 뚜렷한 문화와
문명의 색채를 띠고 있으며, 따라서 중국문화의 창조와 그 특색을 드러내고 있다.
왜냐하면 최초의 형성 및 "문자와 셈하기"는 모두 이미 "활쏘기와 마차 몰기"와
같은 단순한 생계형 혹은 주로 생계에 복무하는 기능형태를 벗어나 있으므로
인류의 문화창조를 직접 드러내고, 인류가 시도하고 드러낸 염원과 정신적 창조의
뜻을 나타내었다. 이러한 점에서 "문자와 셈하기"가 비록 상대商代에 형성되었지만,
결코 상대에 그 싹이 튼 것은 아니다.

"문자"의 본질은 무엇인가? 문자의 본질은 사람들의 인식을 응집하고 역사의
정보를 저장하고 아울러 사람들 사이의 서로 다른 인식과 소원을 표현하고 소통해
주는 데 있다. 이런 점에서 만약 우리가 문자의 발명을 하나의 끊임없는 과정으로
본다면, 중국인의 한자漢字의 글자 쓰기와 문자(書契, 부호문자)의 발명은 아마도 복희
시대에 이미 시작되었을 것이다. 『주역』「계사繫辭」에는 다음과 같이 기록되어
있다.

> 옛날 포희씨가 천하의 왕이었을 때 우러러 하늘에서 상을 관찰하고 굽어 땅에서
> 법을 관찰하며, 새와 짐승의 문양과 땅의 마땅함을 살펴서 가까이는 몸에서 취하
> 고, 멀리는 여러 사물에서 취하여 이에 처음으로 팔괘八卦를 만들어 신명神明의
> 덕을 통하고 만물의 실정을 구별하였다.[81]

이 기록에 대하여 사람들은 자연히 이것이 복희가 "팔괘"를 발명하는 과정에
불과하다고 말하는데, 당연히 그렇게 말할 수 있고, 이 과정은 본래 동시에 중국
고대인이 문자와 부호문자를 발명하는 방면에서 가능한 일이며, 혹은 옛사람이
문자의 발명에 대해서도 이러한 과정에서 시작하였다고 할 수 있다. 왜냐하면,
여기서 이른바 "하늘에서 상을 관찰함", "땅에서 법을 관찰함"과 "새와 짐승의
문양과 땅의 마땅함을 살핌"은 본래 인식의 구체적 생성 과정을 나타내며, 동시에

---

81) 『周易』(吳哲楣 主編, 『十三經』), 「繫辭下」, 56쪽.

"상형象形"화의 표현방식의 개체적 맹아가 싹트는 과정을 나타낸다. 그리고 "가까이는 몸에서 취하고, 멀리는 여러 사물에서 취한다"라는 말은 또한 매우 밀착된 유추와 관조적 인식방법이다. "팔괘를 처음 만들었다"라는 말은 그것이 비록 매우 간단한 "괘를 그림" 방식의 표현이지만, 분명한 표현방식의 발명이다. 그러나 "신명神明의 덕을 통함"과 "만물의 실정을 구별하였다"라는 말은 인류의 모든 인식의 궁극적인 목적을 나타내는 동시에 매우 명확한 표현과 소통의 염원을 포함한다고 할 수 있다. 따라서 총결산적으로 복희가 "괘를 그림"은 본래 옛사람들의 일종의 "상형象形"적 인식, 표현과 소통방식의 발견을 대표하며, 문자와 글자 쓰기에 관한 중국 고대인들의 첫 번째 창조이며, 당연히 인류가 글씨를 발명하고 문자를 창조한 근본적 목적이라고 할 수 있다.

중국에서 문자발명의 두 번째 단계는 "부호문자"의 형식으로 출현하였다. 복희가 "처음 팔괘를 만들" 때 그 "팔괘"는 물론 고대인의 생존세계에 대한 인지의 일면을 포함하고 있으며, 동시에 어느 정도 객관적 지칭과 주관적 표현의 염원도 포함하고 있다. 그러나 그 표현방식은 결국 비교적 원시적인 추상적 단계이며, 가장 원시적인 "괘를 그림"의 방식으로 생존세계의 인지를 표현하지 않을 수 없었다. 동시에 또한 "팔괘"라는 부호의 방식으로 생존세계와 비교적 복잡한 관계를 지칭하지 않을 수 없었다. 따라서 『주역』「계사」에서는 "상고에는 결승結繩의 정치를 하였고, 후세에 성인이 서계書契(부호문자)로 바꾸었고, 백관으로 다스리며, 만민이 살피게 하였다.…… "82)라고 하였다. 여기서 "부호문자"는 상고시대의 "결승結繩의 정치"를 대체하였으며, 만약 문자발명의 관점에서 보면 실제로 "팔괘"가 나타내는 원시적인 추상적 부호의 일종으로 추진되고 대체된 것으로, 그것은 비교적 구체적인 "부호문자"의 단계로 발전하였다.83) 따라서 『주역』의 기록에 대하여 『백호통의白虎

---

82) 『周易』(吳哲楣 主編, 『十三經』), 「繫辭下」, 56쪽.
83) 서천민이 볼 때, "부호문자" 자체는 "팔괘"가 한 걸음 발전한 것이며, 그는 "복희가 우러러 天文을 관찰하고, 굽어 地理를 살펴서 처음으로 팔괘를 만들고 곧 부호문자를 만들었다. 朱襄(炎帝)에게 명령을 내려 六書를 개발하니, 文籍이 생겨났다"라고 하였는데, 추론에 지나친 면이 있는 것 같다.(舒天民, 『六藝綱目』, 99쪽)

通義』에서 주석하기를 "후세의 성인은 오제五帝를 말한다.…… 이것은 분명히 황제黃帝 이래 이미 역사로 기록되어 있다"[84]라고 하였다.

중국 상고사의 전설에 관하여, "부호문자"는 창힐蒼頡과 함께 연결된 것 같은데, 창힐은 도대체 어떤 사람인가? 역사서에서는 일반적으로 창힐이 황제의 역사기록 담당 신하라고 본다. 예를 들면, 『육예강목』에서는 "황제의 사관史官인 창힐과 저송沮誦이 거듭 널리 육서六書를 읽고 크도다 공용功用(功效)이여!"[85]라고 하였다. 그리고 진·한의 여러 선생 가운데 순자荀子에서 회남자淮南子까지 한결같이 "부호문자"가 창힐의 중요한 창조라고 여기고 있으며, 또한 양자를 하나로 결합하여 표현하였다. 예를 들면 다음과 같다.

> 그러므로 문자를 좋아하는 사람은 많지만, 창힐이 홀로 전한 것은 하나이며, 농사짓기를 좋아하는 사람은 많지만, 후직后稷이 홀로 전한 것은 하나이다.[86]

> 옛날에 창힐이 문자를 만듦에 자신만을 위하는 것을 사私라고 하고, 사私의 반대를 공公이라고 하였다. 공과 사는 서로 반대이니 곧 창힐이 진실로 이미 그것을 알았다.[87]

> 옛날에 창힐이 문자를 만들고, 하늘은 비를 내려 속粟(곡식)을 기르고 귀신은 밤에 운다.…… [88]

『순자』, 『한비자』에서 『회남자』까지 세 권의 책은 모두 한결같이 창힐이 창조한 "부호문자"를 하나의 일로 언급하였다. 전국시대와 진秦·한漢시기에 이르러서, 창힐이 문자를 창조하였다는 설이 이미 사람들의 마음에 깊이 파고들었고, 또

---

84) 陳立 撰, 吳則虞 點校, 『白虎通疏證·三皇五帝』, 449쪽.
85) 舒天民, 『六藝綱目』, 99쪽.
86) 『荀子』(『諸子集成』 제2책), 「解蔽」, 267쪽.
87) 『韓非子』(『諸子集成』 제5책), 「五蠹」, 345쪽.
88) 『淮南子』(『諸子集成』 제7책), 「本經訓」, 116쪽.

이미 비교적 공인된 견해가 되었다. 그리고 한비韓非는 "공公"과 "사私"의 대비와 반성적으로 말하였고, "창힐이 진실로 이미 그것을 알았다"라는 논조로 귀결되었고, 또한 창힐 이래 중국문자의 구조방법과 그것이 "상형象形", "지사指事"와 "회의會意"의 면에서 이미 일치되어 갔다. 가장 특이한 것은 여전히 『회남자』의 기록에 있는데, "옛날에 창힐이 문자를 만들고, 하늘은 비를 내려 속粟(곡식)을 기르고 귀신은 밤에 운다"라는 말에 대하여 고유高誘(생졸 미상, 靈帝·獻帝시기)는 주해注解하기를 "창힐이 처음 새 발자국의 무늬를 보고 부호문자를 만드니 가짜가 생겨났으며, 가짜가 생겨나니 근본을 버리고 말단을 추구하였으며, 경작耕作의 일을 관두고 송곳만 한 작은 이익을 다투었다. 하늘이 장차 굶주릴 것을 알아 비를 내려 곡식을 기르게 하고, 귀신은 문자로 폭로하는 것을 두려워해서 밤에 운다"[89]라고 하였다. 여기서 "창힐이 처음 새 발자국의 무늬를 보고 부호문자를 만들었다"라는 말은 물론 복희가 "조수鳥獸의 무늬와 땅의 마땅함을 관찰하였다"라는 말과도 고도의 일치성을 유지하고 있다. 그리고 『회남자』에서 말한 "하늘은 비를 내려 속粟(곡식)을 기르고 귀신은 밤에 운다"라는 말도 물론 확실하게 부호문자의 발명이 장차 반드시 인류사회의 "가짜가 생겨남"과 "근본을 버리고 말단을 추구함"에 부정적 영향을 야기할 것을 예견하였다. 그러나 "귀신은 밤에 운다"라는 말은 아닌 게 아니라(未嘗不) "창힐이 문자를 만든" 창조성에 대한 매우 고상한 칭찬이었다.

문자발명의 세 번째 단계는 일반적으로 오직 출토문물, 즉 은상의 청동기에 조각된 '접시와 사발의 명문'(盤盂銘文, 이하 반우명문으로 표기)에서 나타난다. 19세기 마지막 1년인 1899년 은허殷墟의 갑골문의 발견도 중국문자가 은상시대에 형성되었다는 정확한 정보를 제공하였다. 은허의 갑골문은 또 분명히 서주 초기의 반우명문보다 훨씬 앞섰다.[90] 양자가 비교적으로 일치하는 서사체書寫體(필기체)를 보면, 이후에

---

89) 『淮南子』(『諸子集成』 제7책), 「本經訓」, 116~117쪽.

90) 殷商의 갑골문에서 서주의 盤盂銘文(접시와 사발, 명문) 사이에는 서주 갑골문의 시대가 있었으며, 서주 갑골문은 주로 季歷(文王의 아버지로 추존왕)과 成王(周의 제2대 왕)의 시대에 형성되었는데, 이는 서주 초기의 문자이며, 은상의 갑골문에서 서주의 반우명문에 이르는 과도기의 형태라고 할 수 있다. 서주 갑골문의 연구에 관해서는

는 물론 중국문자의 서사체가 어떻게 변화하든, 한자의 구성 방법은 이미 대체로 정형화되었다. 오늘날 중국의 문자도 틀림없이 은상의 갑골문, 주원周原(주나라의 옛 영지)의 갑골문과 서주 반우명문의 기초에서 발전하였다는 점이 이미 하나의 기본적인 공감대를 이루었다. 은상 갑골문의 영향이 가장 크기 때문에 우리는 여기서 은상 갑골문이 중국문자의 생성과 형성을 대표한다고 생각한다.

갑골문에 대하여 한 세기가 넘는 연구를 지나서 현재 학계는 이미 기본적인 공감대를 얻었다. 예를 들어, 그것을 갑골문이라고 부르는 까닭은 각종의 명칭이 반복적으로 비교되면서 최종적으로 확정되었다. 『은상사殷商史』의 저자 호후선胡厚宣과 호진우胡振宇 두 선생은 일찍이 이 과정을 총결산하여 "과거의 학자는 그것을 결코 같은 이름으로 부르지 않았는데, 어떤 사람은 '귀龜', '갑문甲文', '귀문龜文', '귀갑문龜甲文', '갑문문자甲文文字', '귀판문龜版文'으로 불렀으나, 갑골문자는 결코 귀龜에 새긴 것이 아니다. 오히려 '은계殷契', '귀각문龜刻文', '갑골각문甲骨刻文', '갑골각사甲骨刻辭'라는 명칭도 있으나, 갑골문은 또한 결코 계각契刻의 문자가 아니다. 예를 들면, '정복문貞卜文', '정복문자貞卜文字', '복사卜辭', '갑골복사甲骨卜辭', '은복사殷卜辭', '은허복사殷墟卜辭'와 같이 실제로 갑골문의 복사卜辭 외에 기사문자記事文字도 있다. 또 '은허서계殷墟書契', '은허문자殷墟文字', '은허유문殷墟遺文'…… 이 밖에 또 '상간商簡'이라는 명칭도 있다.…… 총결산하면, 모든 것은 '갑골문'이나 '갑골문자'만큼 가장 적당한 말이 없으며, 가장 엄밀하다"[91]라고 하였다. 갑골문 형성의 사상 기초에 대하여 갑골문 전문가인 호후선과 호진우 부자는 『예기禮記』「표기表記」의 "은나라 사람들은 신神을 존중하며, 백성들을 이끌어 신을 섬기고, 귀신을 앞세우고 예를 다음으로 하였다"라는 말을 인용한 후에 총결산하여 말하였다. "은나라 사람들은 귀신을 숭상하고, 은상의 왕실에 일을 만나면 점복占卜을 좋아하였으며, 항상 귀갑龜甲과 우골牛骨 두 재료를 이용하여 길흉을 점복하였으며, 점복을 한 후에

徐錫名, 『周原甲骨文綜述』(三秦出版社, 1987년판); 朱歧祥, 『周原甲骨研究』(臺灣學生書局, 1997년판)를 참고하라.

91) 胡厚宣・胡振宇, 『殷商史』(上海人民出版社, 2003년판), 355쪽.

기록하였다. 기록에는 쓰는 것도 있고 새긴 것도 있으며, 갑골의 위(上)나 혹은 주서朱書를 이용하고, 또한 묵서墨書도 있었다. 어떤 것은 먼저 글을 쓴 후 새긴 것도 있고, 어떤 것은 글을 쓰지 않고 직접 글자를 새긴 것도 있다.…… 이것이 곧 복사卜辭이다. 갑골문의 절대다수는 모두 복사이며, 간혹 어떤 것은 점복과 관련 있는 기사문자도 있다."[92]

갑골문의 형성시한에 관하여 『은상사』의 작자는 나진옥羅振玉(1866~1940), 유악劉鶚(1857~1909), 왕국유王國維(1877~1927)의 관련 연구를 널리 인용한 후, 특히 왕국유의 『고사신증古史新證』의 문장인 "반경盤庚(殷의 19대 임금, 갑골문을 만듦) 이후, 제을帝乙(?~BC 1076) 이전은 모두 은허에 자리 잡았다"라는 말에 근거하여 다음과 같이 판단하였다.

…… 갑골문에 포함된 시대는 제을에서 반경의 시대로 거슬러 올라간다. 그 하한선에 대하여 곽말약郭沫若(1892~1978)은 제을에게서 끝난다고 보고, 은허의 발굴에 참여한 동작빈董作賓(1895~1963)을 포함해서, 먼저 나진옥의 뜻을 받아들이고, 그 후에 왕국유의 설을 따르고 곧바로 『갑골문단대연구례甲骨文斷代硏究例』를 지을 때 비로소 갑골문이 포함된 시대가 반경에서 제신帝辛(BC 1105?~BC 1046?, 은의 마지막 왕. 紂王)에 이르렀다. 우리가 오늘날 말하는 갑골문은 상대商代의 후반기이며, 반경에서 은으로 천도하고 주왕紂王에서 나라가 망할 때까지 8세대 12명의 왕, 273년간의 후반기 즉 이른바 은상시대의 유물이다.[93]

이 말은 갑골문이 기본적으로 은상왕조의 후기에 형성되었음을 말해 준다. 왜냐하면 반경에서 은으로 천도하고 주왕紂王에서 나라가 망하였기 때문에 그것이 갑골문이 형성된 상하의 시한이라고 할 수 있다. 이것이 형성된 시한으로만 보면, 전 단계는 『상서』 가운데의 「요전堯典」, 「순전舜典」과 「고요모皐陶謨」와 「대우모大禹謨」의 종류라면, 틀림없이 이 시간대의 후반은 서주의 유생이 소급해서 나타낸 것이다.

---

92) 胡厚宣·胡振宇, 『殷商史』, 355쪽.
93) 胡厚宣·胡振宇, 『殷商史』, 356쪽.

이미 갑골문이 은상왕조의 후반기에 존재하였다면, 서주에서 주의 성왕 이후의 사람들은 갑골문을 본 적이 없거나 혹은 갑골로 글을 쓸 필요가 없었던 것 같다. 그렇다면 진·한 이후의 사람들이 총결산하여 나타낸 것이 한자의 "육서六書"라는 설과 서로 완전히 부합하는가? 즉 근본적으로 갑골문을 본 적이 없는 후인들이 총결산하여 나타낸 한자는 구성 방법에서 갑골문의 글자구성의 규칙과 완전히 적합한가? 이 문제에서 비록 갑골문이 서주 이전에 땅속에 묻혀서 버려진 문자이지만, 그것은 중국문화의 구체적 특징에 근거하여 진행된 창조적인 것이며, 따라서 그것은 한자의 "육서"와 부합할 뿐만 아니라, 또한 한자의 "육서"가 형성된 제반 특징을 잘 나타내고 있다. 갑골문의 이 특징에 관하여 갑골문 연구 전문가들은 다음과 같이 분석한다.

> 문자의 구조로 보면 갑골문의 가장 기본적인 방식은 여전히 상형象形이다. 그러나 이러한 상형이 이미 정형화되어서 예를 들면, 마馬, 우牛, 양羊 등 허다한 글자가 이미 오늘날의 글쓰기 방법(寫法)과 별로 차이가 없다. 또한, 이미 규격화되어 있는 그대로 쓰는 일정한 격식이 갖추어졌다. 또한, 문자로서의 상형도 매우 예술화되었다. 그리고 대량으로 부수가 합쳐진 형성形聲의 문자가 출현하였는데, 풍風은 범凡의 소리를 따르고, 주酒는 유酉의 소리를 따르고, 강 이름인 원洹은 긍亙의 소리를 따랐다. 가차假借의 글자도 보편적으로 나타나는데, 예를 들면 숫자 백百, 천千, 만萬, 십천十千, 십이지十二支, 방위方位를 나타내는 동東·서西·남南·북北은 모두 가차이다. "우又"(右)자는 본래 손(手)의 형상을 상징하지만, 우又·유有·우祐·유侑로 가차하였다. 여기서 갑골문은 이미 후세 사람들이 말하는 "육서"의 원칙을 사용하고 있었음을 알 수 있다. 그러나 상형象形·회의會意·형성形聲·가차假借 네 종류의 글자 만들기 방법이 더 많다.[94]

갑골문 가운데 "상형이 이미 정형화되었다"라는 내용으로 보면, 그것은 분명히 한자 형성의 가장 중요한 방법이며, 그리고 "대량으로 부수가 합쳐진 형성形聲의

---

94) 胡厚宣·胡振宇, 『殷商史』, 362쪽.

문자"와 "가차假借의 글자도 보편적으로 나타났다"라는 상황으로 보면 갑골문은 이미 한자 형성의 몇 가지 중요한 글자 만드는 방법을 갖추고 있음을 설명한다. 이러한 정황을 곧 『은상사』의 작자는 총결산적으로 "갑골문은 이미 후세 사람이 말하는 '육서'의 원칙으로 이용하였고, 이보다 더 많이 상형, 회의, 형성, 가차 등 네 가지 글자 만들기 방법이 있었다"라고 하였다. 이 말은 충분히 이른바 갑골문이 실제로는 우리의 현대 한자의 정통 선구임을 말해 준다.

현재 발굴된 갑골문과 그것이 반영한 사회생활 방면의 내용으로 보면, "당시에는 사냥이 매우 발달하였다. 전수田狩(겨울 사냥) · 함정陷阱 · 축사逐射(추격 사냥) · 나망羅網 (그물 사냥) · 분소焚燒(불태우기 사냥)가 있다."[95] 이러한 것들은 당연히 모두 "활쏘기와 마차 몰기"의 상호 배합의 기초에서 이루어진 것이며, 자연히 양자의 상호 묵계 된 합작의 뜻을 포함하고 있다. 그리고 "교통방면에서도, 기騎(말타기), 승乘(수레 타기)이 있고, 마차馬車, 우차牛車, 주선舟船(배)과 교량, 역전驛傳(驛站), 관사館舍(旅館)가 있다."[96] 여기서도 "마차 몰기" 즉 수레 몰기 기능의 발전이 나타난다. 이것들은 모두 은상시대의 사회문명을 증명하기에 충분하다. 갑골문이 출현은 상대 사회문명 의 거대한 진보의 표현이라고 할 수 있다.

이 원인 때문이라면, 송 · 원시대의 서천민은 "소학"의 기초에 근거하여 한자의 "육서"를 분석할 때, 한자의 형성과 변화 그리고 구성 방법에 대한 비교적 깊은 인식이 있었다. 예를 들면, 그는 먼저 한자의 기원을 소급하여, 복희 시대에 이미 "육서"가 있었고, 창힐의 "육서"는 복희 "육서"를 한 걸음 더 확장한 것에 불과하다고 보았다. 서천민은 다음과 같이 말한다.

옛날에 포희씨가 세상의 왕이었을 때 처음으로 팔괘를 그리고 비룡씨飛龍氏 주양 朱襄(炎帝)에게 명하여 육서를 만들게 하였다. 황제의 사관 창힐이 저송沮誦과 함께 복희의 글을 확장하고, 다시 육서를 만들었는데, 이것이 고문古文이며, 과두

---

95) 胡厚宣 · 胡振宇, 『殷商史』, 365쪽.
96) 胡厚宣 · 胡振宇, 『殷商史』, 365쪽.

科斗(올챙이)라고 불렀다. 글을 씀에 옻으로 쓰니, 머리는 크고 꼬리는 가늘어 형태가 올챙이 같아서 또한 칠서漆書라고 불렀다. 주나라 선왕宣王 때 태사太史인 주주籀가 늘어서 글자를 만들고 대전大篆이라고 불렀고, 또한 주서籀書라고도 부른다. 진秦의 이사李斯(?~BC 208)가 그 팔분八分(80%)을 보존하고 20%는 버리고 소전小篆이라고 불렀고 세상에 전해져 행해졌다. 정막程邈(생졸 미상, 秦의 서예가)이 또 대전大篆을 변화시켜 예隸로 삼았고, 좌예左隸로 널리 퍼졌고, 관부官府에 편중되었으므로 예서隸書라고 하였다. 한漢의 왕차중王次仲(생졸 미상)도 예서를 변화시켜 팔분八分으로 하였는데, 속칭 예서로 한다고 하였는데, 그렇지 않다. 해서楷書는 곧 지금의 예서이며, 또한 옛 예서로부터 변한 것이다.[97]

여기서 서천민은 복희가 괘를 그렸을 때 "비룡 주양씨에게 육서를 만들라고 명령하였다"라는 문장에서 "육서"가 결국 무엇을 가리키는지 몰랐는가? 왜냐하면, 복희가 창설한 팔괘만으로는 완전한 의미의 문자라고 할 수 없을 것 같고, 단지 부호라고만 부를 수 있으므로 자연히 "육서"는 말할 것도 없고, 또한 "육서"가 필요하다고도 할 수 없었다.(왜냐하면, 단지 괘를 그리는 방식을 통하여 형성된 창조가 그 量만 충족한 것은 기껏해야 하나의 책이라고 할 수 있기 때문이다.) 그러나 또한 창힐이 "육서를 더 만들었다"라는 말은 분명히 역사적 근거가 있다.(왜냐하면, 창힐은 근거 없이 창조할 수 없었기 때문이다.) 가장 특이한 것은 서천민이 여기서 뜻밖에도 "칠서漆書"로서 상고의 "과두科斗" 즉 과두蝌蚪문자의 형성을 설명하였는데, 매우 분명히 일리가 있다.(왜냐하면 생 옻은 끈적끈적하여 글씨를 쓰기가 매우 불편하므로 "머리가 크고 꼬리가 가늘어 형태가 마치 올챙이 같다"라는 말도 또한 그 형상을 잘 나타내었다. 東漢의 杜林(?~47)이 일찍이 西州에서 칠서로 된 『상서』 한 권을 얻었는데 이것이 곧 칠서가 일찍이 이미 존재하였음을 증명한다.) 아울러 이로부터 "대전大篆", "소전小篆" 그리고 "예서隸書"와 "해서楷書"의 형성과 변화 과정도 매우 일리가 있다고 설명하였다.

이른바 한자의 "육서"는 실제로는 한자의 여섯 가지 구성 방법이며, 이것은

---

97) 趙宜中 附註, 『六藝綱目』, 99~100쪽.

한자의 대량 출현하여 이미 광범위하게 유행한 기초에서 비로소 총결산적으로 나타날 수 있었으며, 이른바 먼저 한자의 "육서"가 형성된 후에 다시 "육서"에 근거하여 문자를 만들기를 진행한 것은 결코 아니다. 따라서 일반적으로 말하는 "육서"는 주로 동한의 허신許愼(30～124)이 한자의 구성원에 근거하여 여섯 가지 구성 방법을 나타내었으며, 서천민은 기본적으로 이 방법을 계승하였다. 그러나 서천민은 또 이것을 기본으로 하여 복희 시대에 이미 "육서"가 있었다고 추정하였다. 그리고 황제의 사관이었던 창힐이 또 "육서를 다시 만들었다"라는 말은 아마도 또한 어느 정도 현재로서 옛것을 단절한 혐의가 있다. 그러나 서천민이 한자의 "육서"를 분석한 것 가운데, 그는 여전히 "상형象形"을 근본으로 하고 한자의 육서의 구성 방법을 전면적으로 통일하였다. 그는 다음과 같이 보았다.

> 무릇 글자 만드는 법은 상형이 기본이며 형形(형체)은 상象(모양)을 나타낼 수 없으니, 사事(일)에 속한다. 사事는 지指(가리킴)를 나타낼 수 없으니 의意에 속하며, 의意는 회會를 나타낼 수 없으니 그 주注로 전환轉換하며, 주注는 전轉이 나타낼 수 없으니, 성聲에 속에 속한다. 성聲에 이르면 해諧(화합)하지 못할 것이 없으니, 다섯 가지로 부족하여 가차假借가 생겼다. 그 용례는 어떠한가? 원래는 다른 글자인데, 소리만 빌려서 쓰되, 의미가 있는 것도 있고, 의미가 없는 것도 있다.[98]

이 말은 한자의 가장 기본적 구성 방법이 사실 "상형"이라는 말이며, 이 말은 또한 정확하게 중국 지혜의 구체적 특성과 대응하며, 그 경사經史와 대응해서 병존하며, 보편이 특수에 의지하여 일로써 리理를 드러내는 문화의 특징과 대응한다. 오직 "형形이 상象을 나타낼 수 없다"라는 조건에서는 "사事에 속하며"(指事), "사事가 지指를 나타낼 수 없을" 때는 "의意에 속하며"(會意), "의意가 회會를 나타낼 수 없을" 때는 "주注로 전환하며"(轉注), "주注가 전轉을 나타낼 수 없을" 때는 여기서는 "성聲을 조합함"(諧聲, 形聲의 뜻)이 있고, 따라서 "성聲에 이르면 해諧(화합)하지 못할

---

98) 舒天民, 『六藝綱目』, 130쪽.

것이 없다"(諧聲). 이상에서 말한 다섯 가지 방법으로 전혀 표현할 방법이 없을 때, 이것은 곧 이른바 "가차假借가 여기서 생겨난다"(假借). 이처럼 "상형象形", "지사指事", "회의會意", "전주轉注"에서 "해성諧聲"과 "가차假借"까지가 곧 이른바 한자의 "육서"이며, 이것이 한자가 "상형"이라는 가장 기본적인 조자造字(이하 글자 만들기) 방법으로 순서에 따라 전개한 여섯 가지 구성 방법이다.

이러한 기초에서 서천민은 또 특별하게 한자의 "생성生成"되는 까닭이라는 관점으로 "육서"에 대하여 토론하였으며, 아울러 한자에는 "정생正生", "병생並生", "탁생託生", "측생側生", "겸생兼生", "변생變生", "속생續生" 등의 관계가 있다고 보았다. 그는 다음과 같이 말하였다.

> 정씨鄭氏[99]는 『육서략六書略』에서 또한 상형을 정正(根本)으로 여겨 지사·회의·해성의 생성을 모두 정생으로 보았으며, 근본으로 돌아서 전주를 병생, 가차를 탁생으로 보았다. 또 측생이 있는데 예를 들면, 문文·효爻·굉轟·팽彭 등과 같은 글자이며, 겸생은 치齒·수須 등과 같은 글자이며, 변생은 체締·협祫 등과 같은 글자이며, 속생은 축祝·제祭 등과 같은 글자이다.[100]

여기서 이른바 "정생"과 "병생"은 명문가의 출신 즉 고귀한 신분 출신과 같으며, "탁생", "측생", "겸생", "변생" 등은 비교적 비천한 사회의 하층 출신과 같다. 그러나 이 말은 한자의 형성경로를 비유하는 데 매우 적절하다. 왜냐하면, 한자의 가장 최초의 형성은 분명히 그 주요한 경로에 의해 이루어진 이후에 비로소 점차 확장되고 일반화되었으며, 그 후 비로소 다른 보충적 경로가 형성되었기 때문이다. 그리고 한자의 형성은 이미 중화민족의 생존세계에 대한 일종의 인식과 표현이 되었을 뿐만 아니라, 동시에 그것은 생존세계와 상호작용을 바탕으로 한 하나의

---

99) 역자 주: 鄭樵(1104~1162). 『夾漈遺稿』가 있으며, 『六書略』「六書序」에서 육서의 의미를 설명하였다.
100) 舒天民, 『六藝綱目』, 143쪽.

문화창조이기도 하다.

　"서書"(문자) 형성의 기초 위에 또한 "수數"가 있다. 만약 "서書"가 고대인들이 생존세계에 대해 직접적 지시대명사나 부호화된 징표를 대표한다면, "수數"는 고대인이 생존세계에서 당면한 문제와 곤란한 해결방식을 대표한다. 따라서 "수"는 반드시 "서"의 기초 위에 형성된 것이며, "서"와 서로 비교하면, "수"는 또 필연적으로 더욱 높은 추상도를 가질 수밖에 없다. 이 외에 만약 "서"가 고대인들의 생존세계에 대한 일종의 직접적 지시대명사라면, "수"는 반드시 "서"의 기초에서 형성된 더 높은 지시대명사이며, 더 추상적이며, 더 사물의 원형에서 멀리 떨어진, 그리고 전문적으로 수량과 관련된 관계의 지시대명사이며, 또한 오직 이러한 지시대명사가 있어야만 비로소 더 잘 그 생존세계에서 당면한 곤란함과 문제를 해결할 수 있다. 이러한 의미에서 이른바 "수"는 사실 또 다른 "서"이며, 전문적으로 수량과 관련된 문제를 해결하는 "서"이다.

　"수"에 관한 옛사람들의 연구는 결코 많지 않다. 한편으로 고대인들은 "질質"의 문제에 더 관심을 가졌고, 이른바 "양量"의 문제에는 결코 많은 관심을 가지지 않았던 것 같다.(당연히 認知의 관점에서 보면 또한 고대인의 세계에 대한 관심은 여전히 이른바 순수한 수량 관계의 수준에는 이르지 못하였다고 할 수 있다.) 다른 한편으로는 주로 중국 지혜의 구체적 특성으로서, 이러한 구체적 특징은 또한 근본적으로 국인國人(周族의 자유민)을 제약하고, 사물을 "질"과 "양" 두 방면으로 나누어서 독립적 분석과 파악을 진행하는 데 전혀 익숙하지 않았으며, 더욱이 "질"과 결합하여 "양"을 토론하기를 원하였다.(순수한 양은 "질"의 양과 관련이 없으며, 고대인에 대하여 말하면, 곧 아무런 의미가 없다. 이 점이 왜 아라비아 숫자가 전래하기 전에 중국에서 수량 관계에 대하여 늘 이른바 한자를 통하여 표현해 왔는가를 설명할 수 있다. 예를 들면, "一", "二", "三", "个", "十", "百", "千", "萬", "億", "兆" 등과 같다.) 따라서 오직 "질"의 기초에서 "질"의 규정을 통해야만, "양"이 비로소 그 상대적 의미가 있게 된다. 그러나 중국인이 추상적 사유능력이 결핍되어 있다거나 혹은 보편과 초월에 대한 추구와 주요 관심이 부족하다는 말은 결코 아니며, 그 보편과 초월적 추구와 주요 관심을 직접 그 구체적인 일一이 되어 가능 가운데에 포함시켰다. 곧 중국인의 사유의 이러한 특징 때문에 "서"와 긴밀하게 서로 연결된 "수"는 고대인들이 중시하지 않았지만, 宋송·원元시대에 이르러 서천민이 중국 고대의 "구수九數"의 학문을 분석하려고 할 때, 그 표현은 여전히 『주비산경周髀算經』에 원래부터 있던 표현이었다.

주공이 상고商高에게 묻기를 "듣기에 대부께서 수數를 잘한다고 하는데, 수는 도대체 어디서 나옵니까? 상고가 말하기를 "수의 방법은 원과 네모에서 나오며 네모는 곱자에서 나옵니다"라고 하였다. 주공이 "청컨대 곱자를 사용하는 방법을 묻습니다"라고 하니, 대답하기를 "곱자를 평평하게 하여 바른 줄을 긋고, 곱자를 눕혀서는 높이를 측정하고, 곱자를 뒤집어서는 깊이를 측정하고, 곱자를 뉘어서는 먼 것을 알고, 곱자를 돌려서 원圓으로 하며, 곱자를 합하여 네모로 만듭니다"라고 하였다. 수에는 구장九章이 있는데, 옛날에 법을 만듦에 황제의 신하인 예隸가 가장 먼저 만들었다.[101]

"수"의 유래를 설명하기 위하여 상고는 여기서 특별하게 원과 네모를 언급하였고, 아울러 "곱자를 돌려서 원圓으로 하며, 곱자를 합하여 네모로 만든다"라는 말로써 원과 네모의 구체적인 형성을 설명하였다. 당연히 동시에 "수"의 형성을 대표하고, 중국인의 구체적 사유도 이와 같은 수의 형태가 상호 규정하는 표현방식 가운데서 재차 표현하였다. 중국 "구수九數"의 학문의 이러한 특수한 형성과 표현방식은 한편으로는 그 "수량"과 "질"과 "형形"의 관계는 나뉠 수 없는 특징을 갖추고 있다고 설명하였으며, 다른 한편으로는 전형적으로 중국 지혜의 구체적 특징을 표현하였다.

"구수" 학문의 구체적 내용에 대하여 실제로는 현실생활에서의 수학 문제로 표현된다. 순수한 수량의 유추 관계로 빠지지 않기 위해, 우리는 여기서 특별하게 해결하고자 하는 문제의 방향과 생각들을 나열하고, 마지막으로 다시 개별 사례의

---

101) 舒天民, 『六藝綱目』, 146쪽.

방식으로 구체적 설명을 하고자 한다. 이른바 "구수" 학문의 주요한 표현은 아래 몇 가지 방면으로 표현된다.

첫째, 방전方田(변의 길이로 면적을 측정)으로 밭의 이랑과 경계는 이로써 다스린다.[102]

둘째, 속미粟米(비례법)로 교역과 바꾸고 고침은 이로써 다스린다.[103]

셋째, 쇠분衰分(차등법)으로 귀천貴賤과 세금 부과를 이로써 다스린다.[104]

넷째, 소광少廣(제곱근, 세제곱근)으로 문의 넓이와 네모와 원은 이로써 다스린다.[105]

다섯째, 상공商功(헤아림)으로 일의 진행과 실적은 이로써 다스린다.[106]

여섯째, 균수均輸(수송법)로써 원근과 노력과 경비는 이로써 다스린다.[107]

일곱째, 양육盈朒(過不及을 조사)으로 숨고 섞인 것을 서로 드러내는 것은 이로써 다스린다.[108]

여덟째, 방정方程(어떤 문자에 특정 값을 줌)은 착란과 혼잡, 바름과 어긋남을 이로써 다스린다.[109]

아홉째, 구고句股(울퉁불퉁한 지면 계산)로 높고 깊고 넓고 먼 것은 이로써 다스린다.[110]

위에서 나열한 이러한 방법으로 보면 완전히 현실생활에서 만나게 되는 구체적인 문제들에 대해서 해결방법을 찾는 것과 같다. 즉 이러한 문제는 현실생활에서 벗어나지 않을 뿐만 아니라, 수량의 관계에 대하여 추상적 사유가 필요 없는 구체적 표현방식에 가깝다고 할 수 있다. 이러한 의미에서 중국인은 확실히 순수하게 부호화된 추상적 표현에는 익숙하지 않은 것 같으며, 더욱 생존세계와 그 구체적

---

102) 舒天民, 『六藝綱目』, 148쪽.
103) 舒天民, 『六藝綱目』, 152쪽.
104) 舒天民, 『六藝綱目』, 154쪽.
105) 舒天民, 『六藝綱目』, 158쪽.
106) 舒天民, 『六藝綱目』, 161쪽.
107) 舒天民, 『六藝綱目』, 166쪽.
108) 舒天民, 『六藝綱目』, 168쪽.
109) 舒天民, 『六藝綱目』, 171쪽.
110) 舒天民, 『六藝綱目』, 174쪽.

표현방식을 합하여 구체적으로 표현하기를 원한다. 그러나 이것은 중국인이 추상적 문제를 해결하는 능력이 부족하다는 말이 결코 아니라, 문제를 해결하는 방식에서부터 문제를 표현하는 방식까지 모두가 비교적 구체화하였다는 말이다.

이 특징을 설명하기 위하여 여기서는 특별하게 서양 수학의 피타고라스 정의를 열거하고, 아울러 중국의 "구수九數" 학문 해결방법을 피타고라스 정의와 서로 비교해 보기로 한다.

$$A^2 + B^2 = C^2$$

구고구현법勾股求弦法[111]은 구勾와 고股의 제곱을 합하여 제곱근으로 나눈(並而開方除之) 것을 말한다. 가령 예를 들면, 구勾가 8척, 고股가 15척이면, 현弦은 17척이 되는 것과 같다. 현구구고법弦勾求股法은 현弦의 제곱에서 구勾의 제곱을 빼고, 나머지를 제곱근으로 나누는 것과 같다. 예를 들면, 현弦이 17보, 구勾가 8보이면, 고股는 15보가 되는 것과 같다. 고현구구법股弦求勾法은 현弦의 제곱에서 고股의 제곱을 빼고, 나머지를 제곱근으로 나눈 것과 같다. 예를 들면, 고가 15척, 현이 17척이면, 고는 8척이 되는 것과 같다.[112]

만약 이 두 가지 서로 다른 표현방식을 좀 더 비교하면, 그 문제 해결의 능력이 실제로는 완전히 일치함을 발견할 수 있다. 그러나 문제는 중국의 지혜의 구체적인 특징으로 인하여 구勾·고股·현弦으로 직각삼각형의 세 변의 관계는 분명히 조금 번잡하게 보일 뿐이다. 그리고 구·고·현의 관계를 세 변의 구체적인 수량의 길고 짧음의 관계로 구체화한 것이 이 특징을 잘 표현하였다. 그러나 이것은 단지 구체적인 지적 제약에 다른 표현방식의 문제일 뿐이며, 사유능력과 문제 해결 능력의 문제는 결코 아니다. 따라서 건가乾嘉(乾隆과 嘉慶, 1736~1820) 시대의 대사大師인

---

111) 역자 주: 직각삼각형에서 빗변의 길이를 구하는 법. 직각삼각형에서 직각을 낀 짧은 변을 勾라고 하고, 긴 변을 股라고 하며, 빗변을 弦이라고 한다.

112) 舒天民, 『六藝綱目』, 175쪽.

대진戴震(1723~1777)은 "중토中土에서는 하늘을 측량하는 데 구고勾股를 사용하였는데, 오늘날 서양인들은 삼각三角과 팔선八線[113]으로 바꾸었고, 그 삼각은 곧 구고勾股이며, 팔선八線은 곧 철술綴術(천문학 계산법)이다. 그러나 삼각의 법이 궁극에 이르면 반드시 구고勾股로 다스리며, 구고를 이용할 줄 아는 사람은 방법이 모두 갖추어지니 지당하다고 한다"[114]라고 하였다. 분명히 전통적인 계산학에 정통한 대진의 관점에서 보면, 구고법은 완전히 서양의 삼각형의 이치를 충분히 내포할 수 있으므로 그는 "삼각의 법이 궁극에 이르면 반드시 구고로써 다스린다"라고 생각하였다. 그러나 대진은 도리어 보지 못한 것이 있는데, 구체적 지혜의 표현방식은 결국 추상적 수리의 표현에는 미치지 못하며, 따라서 거꾸로 어느 정도는 중국 수리학의 발전에 영향을 줄 수 있었다. 구고 정리의 두 가지 다른 표현방식은 완전히 중국의 구체적 사유가 결여된 표현이라고 할 수 있다. 다만 이와 같이 분명한 것은 중국인의 구체적 사유는 도리어 국인國人들에게 추상적 문제에 대한 파악능력에 영향을 결코 주지 않았으며, 이른바 구·고·현의 관계는 또한 여전히 $A^2+B^2=C^2$와 같은 보편적 내함內涵을 포함하고 있다. 따라서 이러한 관점에서 보면, 이른바 구·고·현의 관계는 단지 중국 지혜의 표현방식 혹은 표현하는 습관의 문제일 뿐, 결코 지혜 자체의 문제는 아니라고 할 수 있다.

5. 예·악: 생존기능의 인문 귀결

하나라 시대 이전의 "사射·어御"의 발전을 포괄하고 은상殷商의 "서書·수數"까지는 완전히 생존기능의 기초에서 끊임없이 문화창조를 향한 과정이었다. "서·수" 형성의 기초에서 중국문화의 다음 단계의 방향은 자연히 더욱 인문적인 "예악"으로

---

113) 역자 주: "八綫"으로도 쓴다. 고대 삼각함수에 쓰는 正弦, 余弦, 正切, 余切, 正割, 余割의 여섯 線과 正矢와 余矢의 두 선이 있다.
114) 戴震, 『戴震全書』 6, 「與是仲明論學書」(黃山書社, 1995년판), 371쪽.

향해 가는 것이다. 따라서 주대周代의 사회문명도 직접 예악문명이라고 할 수 있다.

왜 삼대 문명의 발전은 필연적으로 더욱 인문적인 "예악"문명으로 향하는가? 그것은 주로 중국문화의 특색과 발전의 내재적 논리로 인하여 결정된다. 예를 들면, 선사시대부터 하대夏代의 "사射·어御"는 실제로 단지 중국인이 그 생존세계에서의 간단한 인지를 바탕으로 형성된 것으로 주변 세계에 관한 기본 지식이며, 아울러 이와 같은 지식을 간단하지만 직접 이용할 뿐이다. 따라서 주로 일종의 생존적 기능(인류의 가장 큰 문제는 역시 생존 문제)으로 표현된다. 은상시대에 이르면 "서·수"로 대표되는 창조는 더 이상 주변 세계에 대한 간단한 인지와 직접 주변 세계에 적응하는 생존기능이 아니라, 생존세계에서 한 걸음 진보한 인식의 바탕에서 형성된 인간 자신이 주변 세계와 함께 관련된 하나의 특징, 지시대명사와 표현활동이다. 그리고 이들은 "부호문자"를 특징으로 하는 지시대명사적인 표현이다.(갑골문 가운데 대량으로 존재하는 卜辭는 사실 은나라 사람이 사람과 자연, 사람과 사람의 관계 파악이 정확하지 않아서 신비적 天意의 표현에서 구해야만 하는 것이다.) 당연히 동시에 또한 인문적 성질을 띠거나 직접 지향하는 창조적 활동이기도 하다. 이 바탕에서 사회문명의 발전과 사람의 생존기능의 진보가 이미 생존 문제를 기본적으로 해결하였기 때문에 인류사회가 직면한 위기도 끊임없이 사람과 자연의 관계로부터 사람과 사회 그리고 사람과 사람의 사이로 옮겨 갔다. 이렇게 되면 사람의 창조성도 끊임없이 사람과 자연의 관계와 사람이 어떻게 자연에 적응할 수 있는가 하는 생존기능의 측면에서 인류사회와 사람과 사람 사이를 향하여 옮겨 간다. 따라서 또 어느 정도 거꾸로, 필연적으로 어떻게 사람 생존의 근본 문제를 어떻게 확정할 것인가를 다시 탐구해야 한다. 이제 막 정권을 수립한 서주의 통치자에 대하여 말하면, 일단 사람의 생존 문제, 정권의 현실에 존재하는 문제가 해결된 후에, 사람의 생존근거, 정권이 존재하는 합리성의 문제가 반드시 그 탐색의 중심축이 될 것이다. 주대의 예악문명도 이러한 배경에서 나타났다.

그러나 여기서 만약 은상의 "서·수"의 발명에서 필연적으로 주대의 "예악"문명으로 향하지 않을 수 없다고 본다면, 사실 이것은 단지 일종의 사후제갈事後諸葛(일이 끝난 뒤에 대책을 세움. 행차 뒤에 나발 분다.)의 방식으로 추론한 논법이라고 할 수 있다. 실제로 이른바 "예악"문명은 단지 이론적 논리로만 안배하여 나온 것이 결코 아니며, 주나라 사람이 정신위기의 중대한 압력으로 부득이 이와 같은 선택과 진로를 정하지 않을 수 없었다고 할 수 있다.

왜냐하면, 그 이전의 하·상·주 삼대에서 이미 하·상왕조 간에 정권교체를 거쳤는데, 이것이 곧 이른바 "탕왕이 하를 정벌"하였기 때문이다. 이러한 과정에서 "하씨夏氏가 죄가 있다"라는 사실은 결국 어떤 상황에 이르렀는가? 단지 그 치하의 일반 백성이 볼 때 당시의 일반 백성은 이미 끊임없이 하나라 걸왕桀王을 저주하여 "이 태양이 도대체 언제 사라질 것이냐, 나와 너 모두 함께 죽으리라"[115]라고 하였다. 따라서 비로소 상탕商湯이 "하나라의 덕이 이와 같다면 이제 짐이 반드시 가리라"[116]라고 개괄하여 하夏를 정벌하는 결심을 하였다. 하를 정벌하는 과정에서 뜻밖에도 다음과 같은 매우 기괴한 상황이 출현하였다. "동쪽을 정벌하면 서쪽 오랑캐가 원망하고, 남쪽을 정벌하면 북쪽 오랑캐가 원망하며 말하기를 '어찌 우리만 홀로 뒤에 정벌하는가?'라고 하였다."[117] 분명히 하의 걸왕 조정은 확실하게 이미 하늘이 분노하고 사람이 원망하는 사람과 신이 공분共憤하여 망하지 않을 수 없는 경지에 이르렀다.

이후 은·주 정권의 교체 시기에도 똑같이 이러한 상황에 직면하였다. 그러나 은나라 주왕紂王 개인의 자질로 말하면, 응당 단연 출중한 개인에 속한다고 할 수 있으며, 따라서 사마천도 은나라 주왕의 개인적 자질을 찬미하여 "자질과 변별력이 빠르고 신속하며, 견문이 매우 민첩하며, 재주와 힘이 보통 사람을 뛰어넘고, 손으로 맹수猛獸를 제압하였다"[118]라고 하였다. 그리고 한 사람의 통치자로서 은나

---

115) 『尙書』(吳哲楣 主編, 『十三經』),「湯誓」, 77쪽.
116) 『尙書』(吳哲楣 主編, 『十三經』),「湯誓」, 77쪽.
117) 『尙書』(『十三經』),「仲虺之誥」, 78쪽.
118) 司馬遷, 『史記』(『二十五史』),「夏本紀」, 10쪽.

라 주왕의 가장 큰 특징은 또한 보통 사람을 뛰어넘는 총명함이었으며, 이것도 사마천이 다음과 같이 개괄하였다. "지혜는 충분히 간언을 막아 낼 수 있으며, 언변은 충분히 잘못을 감출 수 있었다. 신하들에게 재능을 과시하며, 세상에 명성이 높다고 생각하고, 모두 자신보다 아래에서 나온다고 여겼다."[119] 분명히 은 주왕이 볼 때, 단지 그 뛰어난 재지才智와 능력에 의지해도 충분히 천하를 통치할 수 있었다. 따라서 그가 "서백西伯(周의 文王)이 여黎나라를 이겼다"라는 소식을 듣고 놀라지 않고 감탄하여 말하기를 "오호라! 내가 태어난 목숨이 하늘에 있지 않으냐?"[120]라고 하였다. 물론 개인의 자질은 또한 객관적 형세와 지위로 보면, 은 주왕은 총명함이 절정인 "재주와 힘이 보통 사람을 뛰어넘고" 또 "천명天命과 신권神權"의 보우保佑를 받는 군왕이었다.

그러나 이러한 불세출의 군왕이 마지막으로 뜻밖에 은상의 강산을 망쳤다. 그 원인은 은 주왕이 "재능이 남보다 뛰어나다"라는 관점으로 세상을 관찰했을 때, 이른바 "모두가 자신의 아래에서 나온다"라는 것은 필연적으로 피할 수 없는 결론이었으며, 여기에 천명과 신권의 보우를 더하였기 때문에 은 주왕은 대개 그의 강산이 만년에 만만년을 전해질 것이라 보였다. 이러한 인식에서 은 주왕의 방자하고 악을 일삼음이 도리에 어긋나고 역행함이 일상적 태도 표현이 되었다. 청컨대 사마천이 쓴 은나라 주왕의 형상을 보면, "술을 좋아하고 음란한 음악에 빠졌으며, 남의 부인을 희롱하였다. 달기妲己(紂王의 愛妾)를 총애하고, 달기의 말을 따랐다. 사연師涓으로 하여금 새롭게 음란한 노래를 짓게 하고, 북쪽 오랑캐의 저속한 춤과 퇴폐적 음악에 빠졌다. 무거운 세금을 거두어 녹대鹿臺(주왕의 재물창고)를 돈으로 채우고, 거교鉅橋(은의 창고)를 곡식으로 채웠다.…… 술로써 연못을 채우고, 고기를 매달아 숲으로 만들고, 남녀들이 벌거벗고 그 사이를 서로 쫓아다니게 하여 밤새도록 마셨다"[121]라고 하였다.

119) 司馬遷, 『史記』(『二十五史』), 「夏本紀」, 10~11쪽.
120) 『尙書』(吳哲楣 主編, 『十三經』), 「西伯戡黎」, 88쪽.
121) 司馬遷, 『史記』(『二十五史』), 「殷本紀」, 11쪽.

다시 은 주왕의 정권을 대체한 서주의 관점에서 보면, 공계公季(문왕의 부친)가 일어나니 곧 "고공古公(亶父)의 유업인 왕도를 닦고, 독실하게 의義를 행하니 제후들이 그를 따랐다."[122) 주의 문왕에 이르러 또 "후직后稷과 공류公劉의 업을 준수하고, 고공과 공계의 법을 본받아 독실하게 인을 행하고 노인을 공경하며, 어린이에게 인자하였다. 어진 사람에게 예로써 자신을 낮추며, 한낮에는 식사할 여가도 없이 사士를 대접하니 사士가 이 때문에 그에게 많이 귀의하였다."[123) 그러나 주 문왕의 이와 같은 품행이 은 주왕에게 보고 된 후에는 도리어 그것이 통치에 대한 위협으로 보였고, 이 때문에 유리羑里에 구금당하였다.[124) 그리고 당시에 탄압에 시달리던 주 문왕의 입장에서 보면, 그가 반복하여 물었던 문제는 다음과 같다.

문왕이 말하기를 아! 그대 은나라여,…… 문왕이 말하기를 아! 그대 은나라여. 사람들이 또한 말하기를, '쓰러진 나무의 뿌리가 드러나면 가지와 잎은 상하지 않았더라도 뿌리는 실상 먼저 뽑혔다'라고 하였네. 은나라 왕이 거울로 삼아야 하는 것은 멀리 있지 않고, 하夏나라 (桀王의) 때에 있다네![125)

이 말은, 바로 주 문왕이 끊임없이 질문한 것은 곧 은 주왕紂王 조정의 운명 문제로, 그것이 곧 "그대 은나라여"라는 말이며, "가지와 잎이 아직 상하지 않았더라도 뿌리는 실상 먼저 뽑혔다"라는 논조는 곧 은 주왕 조정이 하나의 왕조의 모습을 여전히 유지하고 있는 듯이 보이지만, 실제로는 이미 뿌리에서부터 썩어 있음이 분명함을 말하는 것이다. 그리고 "하나라 말세"의 멸망이 제공한 "은나라의 거울"은 결국 오직 은주殷紂 조정의 거울과 귀결점이 될 수밖에 없었던 듯하다.

---

122) 司馬遷, 『史記』(『二十五史』), 「周本紀」, 12쪽.
123) 司馬遷, 『史記』(『二十五史』), 「周本紀」, 12쪽.
124) 殷·周 관계에 관하여 사마천은 "崇侯虎(紂王에게 西伯 곧 문왕을 모함한 사람)가 주 왕에게 서백을 讒訴하기를 '서백이 선과 덕을 쌓으므로, 제후들이 모두 그를 향하니 장차 임금에게 불리할 것입니다'라고 하니 주왕이 마침내 서백을 羑里에 가두었다"라고 하였다.(『史記』(『二十五史』), 권1), 「周本紀」, 12쪽)
125) 『詩經』(吳哲楣 主編, 『十三經』), 「大雅·蕩」, 206~207쪽.

그러나 당시에 은나라가 자부하던 "천명天命"은 여전히 무시할 수 없는 존재였고, "오직 은나라의 조상만 책冊과 경전을 가졌고, 은이 하나라의 명命을 바꾸었다"126)라 는 경력이 더해졌기 때문에 은 주왕의 왕권은 실제로 여전히 극히 강대한 존재였다. 이에 문왕이 석방釋放되어 돌아온 지 얼마 되지 않아 곧 세상을 떠난 후, 한마음으로 주왕을 정벌征伐한 주의 무왕武王은 "동쪽으로 가서 군대를 검열하고, 맹진孟津에 이르는" 거동을 하였고, 마지막으로 "(제후들이 주왕을 토벌하기를 권하자 무왕은) 너희는 아직 천명을 모른다. (지금은 아니다.)⋯⋯ 이에 다시 군사를 돌렸다."127) 즉 은 주왕 조정의 "천명"(氣數)이 아직 마지막 멸망의 지경에 이르지 않고, 오직 은 주왕이 "스스로 하늘을 단절하고, 백성에게 원망을 맺었다. 아침에 물 건너는 사람의 정강이를 자르고, 어진 사람의 심장을 가르고, 위압으로 살육하며, 온 세상에 해독과 고통을 주었다."128) 이른바 인간이 할 수 있는 모든 악행을 다하는 상황에서 주의 무왕이 비로소 의연하고 결연히 은을 멸망시키는 혁명을 발동하였으며, 출발 직전 주 무왕은 또한 특별히 「태서泰誓」 3편을 지어 사기를 고무하였다.

> 나는 어려서부터 밤낮으로 공경하고 두려워하면서, (아버지) 문왕의 명을 받아
> 새겼다. 상제에게 제사하고 총토冢土(社稷)에도 마땅하게 하였으니, 그대들 무리
> 와 하늘의 형벌을 행하고자 한다. 하늘이 백성을 긍휼히 여기니 백성이 원하는
> 바를 하늘은 반드시 따른다.129)

> 하夏나라 걸왕桀王이 하늘을 따르지 않고, 온 나라에 해독을 끼치고 있다. 이에
> 하늘이 보우하고 성탕成湯에게 명령을 내려 하나라의 명을 항복시켜 내쫓게 하였
> 다. 오직 수受(역자 주: 紂王을 말함)는 걸왕보다 죄가 크니 원량元良(微子)을 박상剝喪
> (가죽을 벗겨 죽임)하고, 간보諫輔(比干, 심장을 꺼내어 주왕에게 보이고 죽음)를 잔인하게

---

126) 『尙書』(吳哲楣 主編, 『十三經』), 「多士」, 106쪽.
127) 司馬遷, 『史記』(『二十五史』, 권1), 「周本紀」, 12쪽.
128) 『尙書』(吳哲楣 主編, 『十三經』), 「泰誓上」, 90쪽.
129) 『尙書』(吳哲楣 主編, 『十三經』), 「泰誓上」, 89쪽.

학대하였다. 스스로 자신이 천명을 가졌다고 말하고, 공경할 필요가 없다고 하고, 제사도 무익하다고 하고, 포악함도 해침이 없다고 하였다. 그 귀감龜鑑이 멀지 않으니 바로 저 하나라 왕(역자 주: 桀王을 말함)이다.[130]

은 주왕의 도리에 어긋나는 만행 때문에 그 치하의 백성들은 벌써 "큰 가뭄에 구름과 무지개를 고대하듯 하였다."[131] 따라서 목야牧野의 결전에서 "적이 우리 군대를 당하지 못하며, 앞에 있던 무리는 창을 거꾸로 들고 뒤를 공격하여 패하게 되니 피가 흘러 방패가 흘러 다녔다. 한 번 갑옷을 입으니 천하가 크게 안정되었다."[132] 이러한 결말은 은 주왕의 예상에서 나왔을 뿐만 아니라, 혁명가로서의 무왕과 주공도 본래 일찍이 성공이 뜻밖에도 이와 같이 쉽게 이루어질 줄 상상하지 못하였다.

그러나 이처럼 손쉽게 얻은 성공은 서주 통치자들의 침식寢食을 편안하게 하지 못하게 하고, 밤잠을 설치게 하였다. 이것이 서주의 정치문화를 근본적으로 변화시키는 "우환의식憂患意識"을 갖게 하였다. 왜냐하면, 문왕이 유리羑里에 구금되어 "역易을 연산演算"하지 않을 수 없을 때, 『주역』「계사」에서는 다음과 같이 설명한다.

『역』이 일어남은 은나라의 말세와 주나라의 덕이 성할 때일까? 문왕과 주왕의 일에 해당하는가? 그러므로 그 말이 위태하다.[133]

분명히 여기서 문왕이 유리에 구금되어 있을 때 그는 끊임없이 은 주왕의 정권에 대한 우환의식에서 출발하여 "아! 그대 은나라여"라고 하였다. 따라서 주 무왕이 주왕을 정벌하는 거대한 성공을 거둔 뒤에 이 우환의식은 주왕을 정벌한

130) 『尙書』(吳哲楣 主編, 『十三經』), 「泰誓中」, 90쪽.
131) 『孟子』(吳哲楣 主編, 『十三經』), 「梁惠王下」, 1359쪽.
132) 『尙書』(吳哲楣 主編, 『十三經』), 「武成」, 92쪽.
133) 『周易』(吳哲楣 主編, 『十三經』), 「繫辭下」, 59쪽.
    역자 주: 이 인용문의 해석은 "『역』이 일어남은 은나라의 말세와 주나라의 덕이 성할 때이며, 문왕과 주왕의 일에 해당한다. 그러므로 그 말이 위태하다"라고 해석하는 것이 옳을 듯하다.

거대한 성공 때문에도 전혀 약화되지 않았을 뿐만 아니라, 오히려 어떻게 하면 은의 주왕과 같은 전철을 밟지 않고 오래도록 다스리고 안정한 방책을 얻을지를 반복하여 생각하였기 때문에 이를 더 급하게 여겼다. 청하건대 주왕 정벌을 성공한 후에 무왕과 주공이 나눈 아래의 대화를 보자.

무왕이 은나라를 멸망시키고, 제후들의 군주가 되었고, 이에 은나라의 현민賢民·경·대부와 구주九州의 어른과 보좌관이 은나라 수도의 교외에서 무왕을 조회朝會하였다. 무왕이 분汾(山西省 汾陽)의 언덕에 올라 멀리 상읍商邑(朝歌라고 하며 商의 도읍인 殷墟)을 바라보며 길게 탄식하여, "오호라! 주왕紂王이 악하여 하늘에 순응하지 못하여 이에 하루아침에 운명하였다. 매우 두려워하며 일어버리지 말아야 한다"라고 하였다. 무왕이 주원周原(서주의 발상지)으로 돌아가는 동안 녹鹿으로부터 구丘에 이르기까지134) 새벽까지 잠을 자지 않았다(具明不寢). 무왕의 내관이 주공 단에게 보고하자, 주공 단이 황급하게 무왕에게 가서 "왕께서는 근심하고 노력한 지 너무 오래되었습니다"라고 하고, 무왕이 왜 잠을 자지 못하였는가를 물었다. 무왕이 "앉게, 내가 말해 줄게"라고 하였다. 무왕이 "오호라, 단旦아! 생각하면 하늘이 은殷나라 사람들을 돕지 않은 것은 나 희발姬發이 태어나기 전부터 지금까지 60년이 지났다. 이양夷羊(神獸)이 목牧(商의 외곽 牧野)에 출현하고, 메뚜기(飛蝗) 떼가 들판을 덮었다. 하늘이 은나라 사람들을 돕지 않기 때문에 지금의 결과가 있게 되었다. 생각하면 하늘이 은나라를 건설할 때 현민賢民 360명을 징용하였다. 그 후 하늘은 이들을 돌보지 않고 또한 그들이 멸망하도록 내버리지는 않아 지금까지 계속 존재하고 있다. 오호라! 나는 이러한 문제를 근심하여 우려가 더 커지고, 우리는 오늘까지도 도읍을 이루지 못하였다. 내가 여전히 천명天命을 이어받은 확신이 없는데, 어떻게 편안하게 잠잘 수 있겠는가?"라고 되물었다. 또 무왕이 말하기를 "단旦아! 나는 하늘의 밝은 명을 얻을 수 있어 천명을 받음을 확정하고, 하늘에 의지하여 도읍을 정할 것이다. 너와 나는 함께 악을 미워하여 은나라 주왕紂王을 주살하여 그와 같은 악을 끊었다. 밤낮으로

---

134) 이 책에서는 "自□至于丘中"으로 기록되어 있으나, 다른 판본에는 "自鹿至于丘中"으로 기록되어 있다. 이에 따라 해석하였다.

힘써 일하여 서토西土에 안정하게 하였고, 나는 나의 사업을 크게 빛나게 하여 덕의 가르침이 사방에 드러나도록 하겠다"라고 하였다. 희단姬旦(周公)이 눈물을 흘리며 옷을 적시고 비통함에 대답을 할 수 없었다.[135]

무왕과 주공의 이 일단의 대화를 사마천은 직접 "내가 아직 하늘의 보우를 안정시키지 못하였으니 어찌 침상에 들 여가가 있겠는가?"[136]라고 주나라 무왕의 마음의 우환의식을 표현하였다. 그리고 양관楊寬 선생은 『서주사西周史』에서 분석하기를 "무왕이 은나라를 극복한 이후 주나라 도읍으로 돌아와서 잠을 자지 않으니 주공이 가서 위문하니 무왕은 '하늘의 보우를 아직 안정하지 못함'을 근심하였다. 무왕은 '하늘의 밝은 명命을 다 이루고, 하늘의 보우를 안정시키고 하늘의 집에 의지하기를' 희망한다"라고 하였다.[137] 이보다 먼저 서복관 선생도 "우환의식"으로 이 현상을 설명하였는데, 그는 곧 서주 정권이 어떻게 오래 다스려지고 오래 안정될 수 있었는지에 대한 "우환의식"이 곧 문왕과 무왕이 줄곧 사색했던 기조基調를 이루었기 때문이라고 보았다.

이러한 "우환의식"은 동시에 서주의 예악문명이 형성되는 사상적 기초를 이루었다. 왜냐하면 『예기』 「표기表記」에서의 하·상·주 삼대 사람들에 대한 비교를 따라서 주나라 사람들이 "사람을 가까이하고 정성을 다함"의 특징을 갖춘 까닭이 곧 예악문명의 훈도薰陶 때문이라고 보았다.

공자는 "하나라의 도는 천명을 준수遵守하며, 귀신을 섬기고 공경하되 먼 조상까지 하며, 사람을 가까이하고 정성을 다하고, 녹을 먼저 하고 위엄을 뒤로 하며, 상을 먼저 하고 벌을 뒤로 하며, 친하되 존중하지는 않는다. 그 백성의 폐는 노둔하고 어리석으며, 교만하고 거칠며, 소박하나 꾸밈을 모른다. 은나라 사람은 신을 존중하고, 백성에게 신을 섬기도록 하며, 귀신을 먼저 하고 예禮를 뒤로

135) 『逸周書』, 「度邑解」, 465~473쪽.
136) 司馬遷, 『史記』(『二十五史』, 권1), 「周本紀」, 13쪽.
137) 楊寬, 『西周史』(上海人民出版社, 2003년판), 137쪽.

하며, 벌을 먼저 하고 상을 뒤로 하며, 존중하되 친하지 않았다. 그 백성의 폐는 방탕하고 조용하지 않으며, 이기려고 하고 부끄러움이 없다. 주나라 사람은 예를 존중하고 베풂을 숭상하고, 귀신을 섬기며 공경해서 먼 조상까지 하며, 사람을 가까이하고 정성을 다하고, 그 상賞·벌罰은 작위의 서열로 하고, 친하되 존중하지 않으니, 그 백성의 폐는 이익을 추구하고 교활하며, 꾸미고 부끄러워하지 않으며, 타인을 해치고도 숨긴다"라고 하였다.[138]

공자의 이러한 분석으로 보면 하나라와 주나라가 "사람을 가까이하고 정성을 다함"의 공통점이 있는데, 왜 또 "소박하나 꾸밈을 모름"과 "꾸미고 부끄러워하지 않음"의 중대한 차이가 있는가? 실제로 이것을 주로 예악문명의 훈도와 교화의 결과이다.

그렇다면, 예악문명은 또 어떻게 발생하였는가? 공자의 관점에서 보면 이것은 주로 "주나라는 하夏·상商 2대를 거울로 삼았기" 때문이다. 즉 하·상 2대의 문화와 문명을 계승한 기초에서 또 필수적인 연혁沿革과 손익損益을 거쳤기 때문에 예악문화가 높은 봉우리로 올라갔으며, 따라서 공자는 "주나라는 2대를 거울로 삼았으므로 문채文彩가 환하게 빛나도다! 나는 주나라를 따르리라!"[139]라고 하였다. 그러나 공자는 여기서 주로 문화와 문명의 축적과 계승의 관점에서 말하였다. 만약 은·주를 구별하는 관점에서 보면 은상殷商의 "서書·수數" 문명이 어떻게 주대周代의 예악문명으로 향하였는가? 이 문제에 대하여 서복관 선생은 주로 은나라 사람들의 종교적 경건함과 주나라 사람들의 우환의식을 비교하여 다음과 같이 설명하였다.

신앙을 중심으로 하는 종교적 분위기에서 사람은 신앙으로부터 구원을 얻는다고 느끼고, 모든 문제의 책임을 신에게 맡기면 이때는 우환의식은 생기지 않는다. 이때의 믿음은 곧 신에 대한 믿음이다. 오직 스스로 문제의 책임을 담당할 때 비로소 우환의식이 있다. 이러한 우환의식 실제로는 매우 강한 의지와 분발하는

---

138) 『禮記』(吳哲楣 主編, 『十三經』), 「表記」, 569~570쪽.
139) 『論語』(吳哲楣 主編, 『十三經』), 「八佾」, 1264쪽.

정신을 포함하고 있다.…… 우환의식이 약동하는 상황에서 사람의 믿음의 근거
는 점점 신으로부터 자기 자신의 행위 자체의 근신勤愼과 노력으로 옮겨 간다.
이러한 근신과 노력은 주나라 초기에는 "경敬", "경덕敬德", "명덕明德" 등의 관념
속에 표현되었다. 특히 경敬이라는 글자는 실로 주나라 초기 사람들의 일체 생활
에 관통해 있었으며, 이것은 직접 우환의식을 계승한 경계의식으로부터 온 정신
적 억압, 집중 및 일에 대한 근신, 진지한 심리상태이다. 이것은 사람이 늘 자신을
반성하는 행위이며, 자신의 행위를 바로잡는 심리상태이다. 주나라 초기에 강조
한 경敬의 관념은 종교적 경건함과 비슷하지만 실제로는 다르다. 종교적 경건함
은 자신의 주체성을 제거해 버리고, 자신을 신의 면전에 던지고 철저하게 신에게
귀의하는 심리상태이다. 주나라 초기에 강조한 '경'은 사람의 정신이며, 산만함으
로부터 집중하고 자신의 관능적 욕망을 자신이 맡은 책임 앞으로 해소하고, 자신
의 주체적인 적극성과 이성작용을 뚜렷하게 드러내는 것이다.[140]

주나라 사람은 "경敬"으로부터 이어진 "경덕", "명덕"의 관념 세계를 건립함으로
자신의 행위를 관찰하고 지도하였는데, 이것은 중국의 인문정신이 가장 먼저
나타난 것이다. 이러한 인문정신이 "경"을 그 동력으로 삼아 그것을 도덕적 성격
으로 만든 것이 서양의 인문주의와 가장 다른 내용이다.[141]

이러한 "경덕", "명덕"의 관념이 형성되는 동시에 주나라 사람들은 또한 또
다른 위대한 항목을 만들었는데, 그것이 곧 자각적 도덕 성질의 인문적 주요 관심과
인문정신이었다. 바로 이 정신이 은·주의 교체기에 원시적인 천명신앙에서부터
예악문명이 드러낸 도덕정신의 전환을 이끌었다. 서복관은 다음과 같이 말했다.

---

140) 徐復觀, 『中國人性論史』(三聯書店, 2001년판), 20쪽.
141) 徐復觀, 『中國人性論史』, 21쪽. 서복관이 강하게 중국문화의 도덕 성격은 "서양에서 말
    하는 인문주의와 가장 다른 내용이 있다"라고 여긴 것은 주로 서양의 인문주의가 神本
    主義로부터 필사적으로 벗어나려는 데서 왔으며, 중국문화의 도덕 성격과 그 인문주의
    는 사람에 대한 이상주의의 높임으로부터 왔기 때문이다. 서복관이 일본 학자 미키
    기요시(三木淸, 1897~1945)의 「人間主義槪論」을 번역한 「西洋人文主義의 發展」(『徐復觀
    雜文補編: 思想文化卷』상, 臺北中央硏究院中國文哲硏究所, 2001년판), 38~78쪽을 참고
    하라.

주나라 사람의 공헌은 전통적인 종교 생활에 자각적인 정신을 주입하였고, 문화를 기물器物 방면의 성취에서 관념 방면으로 전개하도록 제고提高하고, 중국의 도덕적 인문정신의 건립을 계발하였다.[142]

이러한 우환의식의 경고와 계도 아래 점점 종교의 신권에서 벗어나는 과정은 이미 서주의 "인문정신"의 형성 과정일 뿐만 아니라, 동시에 주체적 도덕정신을 각성하는 과정이다. 이 인문주의의 도덕정신은 당시에도 주로 예악문명에 나타났다.

왜 본질적으로 인문주의로서의 도덕정신이 반드시 예악문명으로 드러나야 하는가? 구체적 표현의 관점에서 보면 이 점은 당연히 또 다른 원인이 있다.(다음 절에서 자세하게 설명하였다.) 그러나 근본적으로 말하면 주로 중국문화의 주체적 정신과 그 지혜의 구체적 형태에서 결정된다.

이제 먼저 문화의 주체적 정신을 살펴보자. 중국문화의 주체적 정신에 따르면, 이른바 생존세계는 결코 완전한 하나의 순수 객관적 대상세계가 아니며, 사람과 이러한 세계의 관계, 즉 "나"가 이 세계의 일부분, 하나의 방면(만약 생성의 시각에서 보면, 중국인은 확실하게 이 점을 인정한다.)이라고 하기보다는 차라리 이 세계가 동시에 "나"로 인하여 비로소 형성되고, 아울러 "나"로 인하여 비로소 이런 표현이 있다고 말하는 것보다 못하다. 따라서 그것은 필연적으로 "나"의 시각과 특징을 포함할 수 있다. 그러므로 중국인의 생존세계는 종종 사람과 주변 세계가 상호 생성적인 특색을 띤다. 이 생존세계의 특징 때문에 왕양명王陽明(1472~1528)은, 그 제자가 "천지의 귀신만물은 천고에 그대로인데 어째서 나의 영명靈明이 없으면 모든 것이 없는가"라고 한 세계의 객관성에 관한 문제에 대하여 다음과 같이 대답하였다. "이제 죽은 사람을 보니 그의 정신과 영혼이 이리저리 흩어져 버렸다. 그의 천지만물은 어디에 있는가?"[143]

그렇다면 여기서 주체의 소멸과 함께 사라지는 세계는 도대체 객관성이 있는가?

---

142) 徐復觀, 『中國人性論史』, 14쪽.
143) 王守仁, 『王陽明全集』, 「語錄」 3, 124쪽.

분명하게 (객관성이) 있다. 다만 그것은 단지 하나의 순수한 객관적 세계일 뿐이며, 어느 정도까지는 그것이 오히려 "나"의 행위와 "나"의 주체적 정신 때문에 이렇게 생성된 것이며, 또한 그것이 항상 "나"의 정신과 서로 대대(待對)하여 서로 감통하며 비로소 진정으로 "나"의 세계를 이룬다. 이는 중국인이 말하는 세계는 먼저 주체적 정신이 충만한 생존세계라는 말이다.

왕양명이 이와 같을 뿐만 아니라, 사실 일찍이 복희 시대에 "우러러 하늘에서 상을 관찰하고 굽어 땅에서 법을 관찰하며, 새와 짐승의 문양과 땅의 마땅함을 살펴서 가까이는 몸에서 취하고, 멀리는 여러 사물에서 취하여 이에 처음으로 팔괘(八卦)를 만들어 신명(神明)의 덕을 통하고 만물의 실정을 구별"하였을 때, 이 세계도 마찬가지로 "나"의 "우러러 관찰함", "굽어 관찰함" 및 "가까이에서 취함"과 "멀리서 취함"의 서로 다른 방식으로 인하여 구체적 존재가 되었다. 한편으로 이 생존세계는 틀림없이 먼저 하나의 살아서 생생하고 또한 충분히 체현된 객관적 세계이다.(이 세계의 원시적 생성이라는 점에서 그것은 당연히 "나"에 의지하지 않고서 존재한다.) 다른 한편으로 만약 "나"의 "하늘에서 상을 관찰함", "땅에서 법을 관찰함" 그리고 "새와 짐승의 문양과 땅의 마땅함을 살펴봄"을 떠나서, 아울러 이 기초에서 이른바 "가까이는 몸에서 취하고, 멀리는 여러 사물에서 취함"의 인지 방식이 형성될 때, 이 세계는 여전히 순수 객관적 존재인가? 특히 "가까이는 몸에서 취하고, 멀리는 여러 사물에서 취함"이라는 말은 그 자체가 이 세계가 "나"라는 주체와 시시각각 서로 관련이 있으며 동시에 함께 존재하며, 또한 "나"라는 주체로부터 "우러러 관찰함", "굽어 관찰함" 그리고 "가까이에서 취함", "멀리서 취함"의 서로 지탱해 주는 세계가 있다. 이것이야말로 중국인의 가장 진솔하고 가장 진실한 생존세계를 구성한다.

한 걸음 더 나아가 일찍이 무왕과 주공이 걱정하고 근심하던 세계가 과연 주체적 세계인가 아니면 순수 객관적 세계인가? 만약 이러한 관점에서 본다면, 중국인들은 또한 근본적으로 그러한 순수 객관적 세계를 여태 가져 본 적이 없다. 그들의 세계는 영원히 자신 위치한 그 가운데 있으며, 한결같이 그들이 개괄한 "하늘은 둥글고 땅은 네모다", "하늘이 덮고 땅이 실음"(하늘과 땅의 매우 큰 은혜)과 같이 또한 자신의 서로 다른 선택에 따라서 서로 다른 상태와 색채로 드러난다. 만약 이것이 근본적으로 본래 상태로의 순수 객관적 세계가 아니라고 하면, 그것은 그 순수 객관적 세계가 요구하는 더 "객관"을 요구할 뿐만 아니라 더 현실적이고 더 구체적이기를 요구한다. 왜냐하면, 그것은 완전히 주의 무왕이 비록 용상龍床에 앉고 용포龍袍를 입었지만 침식寢食을 편안하지 않게 하였기 때문이다. 이른바 순수하고 객관적 세계는 절대로 이와 같이 큰 역량이 있을 수 없다.

바로 이 세계의 주체성과 그 인생의 생존 성질 때문에 동시에 그 지혜의 구체적 형태를 결정한다. 즉 중국인의 지혜는 원래 모두 일에 이치가 깃들어 있고 특수에 보편이 깃들어 있다. 다만 그러한 추상적이고 공허하며 더욱이 주체가 현실인생의 보편주의를 절대 동의하지 않으며 또한 좋아하지 않는다. 공자가 쓴 『춘추春秋』에서 견지하고자 했던 "내가 사실이 아닌 말을 기록하기보다는, 행해진 일(行事)의 깊고 절실하고 분명함을 보고 드러냄만 못하다"[144]라는 말과 같으며, 또한 구체적 "행사行事"에 표현된 "깊고 절실하고 분명함"의 인류의 보편적 주요 관심을 표현하려는 것이다. 그리고 포정庖丁이 "신臣이 좋아하는 것은 도道이며, 기技보다 우월합니다"[145]라는 입장을 견지한 관건은 포정이 보기에 근본적으로 "기技"를 벗어난 "도道"는 있을 수 없다는 점이다. 전통에서 말하는 "효자의 가문에서 충신을 구한다"와 『주비산경周髀算經』에서 직각삼각형의 구句 3, 고股 4, 현弦 5의 방식에 관한 표현은 실제로는 마찬가지로 구체적 실사實事와 실례實例로써 보편과 초월적 지혜를 포함하고 표현한다. 따라서 중국 지혜의 구체적인 표현이라고 말할 수 있다. 이 근본 과제에 대하여 시종 즉사구리卽事求理(일에 나아가서[卽 하에 이치를 구함), 즉 역사에 나아가서 경經을 구하는 태도도 곧 중국문화의 주체성과 그 지혜의 구체성이 제시한 일종의 "원탕화원식原湯化原食"(「이끄는 글」의 주32 참고) 방식의 연구에 근거한다.

---

144) 司馬遷, 『史記』(『二十五史』, 권1), 「太史公自序」, 332쪽.
145) 『莊子』(郭慶藩 編, 『莊子集釋』), 「養生主」, 131쪽.

그렇다면, 구체적 지혜는 왜 반드시 예악문명으로 표현되어야 하는가? 이것은 주로 하나라 때의 "사射·어御"에서 은나라 때의 "서書·수數"까지 본래 주체적 생존기능의 관점으로 걸어왔으며, 이러한 주체적 생존기능이 천명과 신권의 외재적 신앙에서 내재적 우환의식에 임하여 격발된 주체적 전향으로 이른바 "하늘을 존경하고 백성을 보우함"이 필연적으로 그 가장 중요한 역사적 교훈이 될 수 있었다. 그러나 "하늘을 존경하고 백성을 보우함"도 반드시 그 주체적 "경敬"과 "보우"(保)에서 실행되었다.

이렇게 되면 본래 생존기능인 "활쏘기와 마차 몰기"와 현존하는 세계의 징표로서의 "서書·수數"가 주체적인 "경"과 "보우"에 더해진 뒤에 완전히 그 주제가 내재한 덕성으로서의 "예藝"가 되는 것이다. 따라서 예악문명 자체는 결코 일종의 기능으로서의 "기技"가 출현할 뿐만 아니라 천의天意와 천심天心이라는 주체적 실천을 함께 시작한다. 아울러 주체의 내재적 "경"과 "보우"의 덕성이 외재적 표현으로 드러난다. 이렇게 되면, "기技"에서 "예藝"까지 외재적 표현의 전환적 변천뿐만 아니라 동시에 그 내재 근거와 주체 기반의 중대한 전환도 포함한다.

이처럼 하夏·은殷 양대의 생존기능과 사회문명이 주대의 주체적 덕성이라는 중대한 전환에 직면했을 때 객관적 "천명"에서 주체적 "덕성"으로 객관적 "기技"에서 주체적 "예藝"로의 전환이 필연적 과정이었고, 이러한 전환은 자연히 주체성과 인문성으로의 귀결을 의미한다.146) 이 귀결은 그 세계의 주체성과 지혜의 구체성이

---

146) 이와 같은 인문적 귀결에는 실제로 매우 심각한 긍정과 부정의 서로 다른 두 작용이 있다. 한편으로 덕성문화와 인문적 주요 관심의 "조숙함"(早熟)은 확실히 중국문화가 외재적인 神本(신을 근본으로 삼음)으로 향하는 숭배의 가능성을 철저하게 배제하였으며, 따라서 인륜을 중심으로 하는 예악문명의 출현이 결정되었다. 다른 한편으로 인륜을 중심으로 하는 문명이 응집되는 동시에 반드시 중국문화가 생존기능의 측면에서 직접 대상 이성에 기초를 둔 과학 인지를 향해 건립되었다. 즉 이른바 "物本"(물질을 근본으로 삼음)으로의 전향이다.(중국 과학지식의 사상이 늦게 나오거나 혹은 발달하지 않은 것은 확실히 이런 면들의 요소에 존재한다.) 아울러 중국문화에서 "政"과 "敎"가 수천 년간 뒤엉키게 하였다. 오늘날에도 우리는 여전히 문화 정신과 인생의 취향이 구성하는 차별을 충분히 느낄 수 있다. 이러한 상황은 아마도 중국에서 발달한 陶瓷공예가 필연적으로 琉璃제조를 정한 것과 마찬가지일 것이다.

가져오는 필연적 결과라고 결코 말할 수는 없지만, 결국은 하·은 양대의 생존기능과 사회문명에서 서주 인문정신의 수렴과 통일에 이르는 사상문화의 배경이 되었다.

6. 예·악이 "덕성"으로 전향하는 기초

하·은 양대의 생존기능과 사회문명이 서주의 인문주의 정신으로 전향할 때, 서주 통치자의 정치적 위기감과 그에 따른 우환의식은 모두 매우 큰 작용을 하였다. 심지어 복희 이래 국인國人의 생존세계 주체성과 그 지혜의 구체성까지 문화적 배경과 사고좌표의 작용을 포괄한다. 그러나 이 과정에서 또한 두 가지 구체적 요소가 매우 중요한 역할을 한다. 이 두 가지 요소는 곧 예능藝能과 덕성德性이다. 그리고 이 두 가지 요소의 작용을 이해하려면, 또한 반드시 먼저 "기技"와 "기능技能" 부터 말해야 한다.

이 책의 「이끄는 글」에서 우리는 일찍이 『장자莊子』라는 책에서 "포정庖丁이 소의 뼈와 살을 해체함"이라는 구절을 인용하였으며, 이후에는 "예藝"와 "경經"을 비교하는 문장에서도 포정이 스스로 기술한 "신臣이 좋아하는 것은 도道이며, 기技보다 우월합니다"라는 구절도 언급하였다. 포정이 소를 해체하는 기예에 대하여 문혜군文惠君(梁惠王)이 당시에 찬탄하기를 "훌륭하도다. 기예가 여기까지 이를 수 있는가?"[147]라고 하였다. 분명히 이 과정에서 물론 포정의 "손이 닿는 곳마다, 어깨가 기대는 곳마다, 발을 딛는 곳마다, 무릎을 굽히는 곳마다" 얼마나 고묘高妙한 경지에 이르렀는가를 모른다.(장자의 평가에 의하면 마땅히 "桑林[탕왕의 재위 기간 중 7년 동안 가뭄일 때 기우제를 지낸 곳]의 춤과 같고, 칼을 움직이는 소리는 經首[요임금 때 咸池樂]의 음절에도 맞았다"라고 해야 한다.) 그러나 포정과 문혜군(심지어 장자 본인을 포함해서) 모두 도리어 시종 "기技"의 자리매김(定位)에 안주하지만, 결코 현대인들처럼 "기"와

---

147) 『莊子』(郭慶藩 編, 『莊子集釋』),「養生主」, 131쪽.

"예"를 가리지 않고 그 특출한 예술을 칭찬하지는 않는다. 그렇다면, 여기서 "기"와 "예"의 구별 문제가 존재하며, 곧 어떤 조건에서는 "기"라고 할 수 있으며, 또 어떤 조건에서는 단지 "예"라고 할 수 있다.

먼저 "기"를 보면, 도대체 무엇이 "기"인가? 그리고 "기"는 또 어떤 조건에서 "예"로 바뀔 수 있으며, 또한 "예"로 불릴 수 있는가? "'예'와 '경'"의 구절에서 필자는 다음과 같이 분석하였다. "객관적 관점에서 보면, '예'라고 충분히 불릴 수 있는 기능은 반드시 초월적인 '도道'의 개념을 포함하고 있어야 하며, 혹자는 반드시 기예技藝로써 도를 포함할 수 있거나, 기예로 도를 표현하는 경지에 도달해야 한다고 말한다……. 어떤 의미에서 보면, 이처럼 도를 포함한 기예도 '예'의 본질적 특성으로 볼 수 있다……. 그렇다면 장자는 왜 직접 그것을 '예藝'라고 부르지 않고 도리어 명확하게 '기技'라고 표현하였는가? 여기에는 이미 유가와 도가의 서로 다른 전통과 서로 다르게 기울이는 관심의 원인이 있을 뿐만 아니라, 동시에 그 서로 다른 표현의 습관도 관련이 있다. 도가는 자연적 인성을 주장하기 때문에 인간으로서의 행위, 동작하는 몸체 그 자체를 중시하고, 또 관심을 기울이는 것이 사람의 특수한 행위, 특히 보통 사람을 초과하는 능력의 행위에 집중한다. 이와 반면에, 유가는 처음부터 끝까지 도덕적 선성善性을 인생의 목표로 삼기 때문에 그들은 사람의 기능적 행위 그 자체를 중시할 뿐만 아니라, 이러한 행위 심리적 근거로 내재적인 심령心靈을 더 중시하며, 나아가 내재적 심령과 정신의 몰입과 표현을 중시한다. 이것도 유가와 도가의 '기'와 '예'에 대한 중점이 다르기 때문이라고 할 수 있다." 지금 보면, 거우 초월적인 "도"의 함의 여부만으로 "기"와 "예"의 본질이 구별된다고 말할 수는 없다. 왜냐하면, 유·도 두 학파의 "도"와 그 함의가 자연적으로 구별이 있는 상황에서 오직 "도"의 함의 여부가 분명히 인仁과 지智를 드러내는 문제이기 때문이다.

그러나 소의 뼈와 살을 해체하는 포정의 경험을 자술한 글에서 적어도 도가가 이해하는 "기"와 그 기본적 함의는 이미 설명하였다. 그리고 "기"의 정의에 대해서도 완전히 유가의 기본적인 승낙을 얻을 수 있었다.(왜냐하면, 단지 포정과 문혜군과 장자를 포함해서 모두 시종 소를 해체하는 것을 하나의 "기"로 생각했기 때문에 당연히 "기"의 표준도 최고의 객관성과 수용성을 갖추고 있다고 해야 한다.) 당시 포정은 다음과 같이 자술하였다.

신(臣)이 좋아하는 것은 도(道)이며, 기(技)보다 우월합니다. 처음 신이 소를 해체할 때, 보이는 건 전부 소였습니다. 3년이 지나자, 소의 전부가 보이지 않게 되었습니다. 지금에는 신은 신명(神明)으로 만나되 눈으로 보지 않습니다. 오관과 지각의 작용은 멈추어지고 정신의 작용만이 행해집니다. 자연의 이치에 따라 큰 틈을 치고 나가고, 큰 틈새를 따라가서 소의 원래 구조대로 좇아가는데, 경락이 얽혀 있는 곳과 살이 엉켜 있는 곳에 부딪힌 적이 없는데, 하물며 큰 뼈에 있어서이겠습니까!…… 저 뼈마디 사이에는 틈새가 있고, (저의) 칼날은 무뎌서 두꺼워지지 않았습니다. 무뎌지지 않은 칼로 (뼈마디의) 틈새를 들어가면, 넓디넓어 칼을 놀림에 틀림없이 여유가 있습니다.[148]

포정의 이러한 서술적 설명에서 비록 그가 이른바 "자연의 이치에 따라 큰 틈을 치고 나가고, 큰 틈새를 따라간다"와 같은 말로 "기"의 특징을 설명하였지만, 그러나 그 가장 근본적 특징은 "기"가 기(技)가 되는 특징을 결정하는 것은 주로 "소의 원래 구조대로 좇아감"이라는 한 점에 있다. 이로써 이른바 "무뎌지지 않은 칼로 (뼈마디의) 틈새를 들어가면, 넓디넓어 칼을 놀림에 틀림없이 여유가 있습니다"라는 교묘함이 있을 수 있다. 이것은 이른바 "기"는 사람의 몸체를 제외하고 행위로서 완성할 수 있는 특수한 동작이라는 것 외에, 또 하나의 객관적 물리의 측면과 그 존재의 구조적 요소, 근거 혹은 표준, 제한이 있다. 그리고 "기"가 사람의 행위에서 하나의 특수한 표준이 되는 것은 또한 이러한 물리적 측면과 그 존재적 구조 자체에 있다. 포정이 "저 뼈마디 사이에는 틈새가 있고, (저의) 칼날은 무뎌서 두꺼워지지 않았습니다"라고 한 말처럼, 이로써 '칼을 놀림에 틀림없이 여유가 있다'라는 경지에 도달할 수 있다. 이를테면, 응당 "기"는 또 사람이 그 특수한

---

148) 『莊子』(郭慶藩 編, 『莊子集釋』), 「養生主」, 131쪽.

행의를 표현해 내는 사람의 물리적 존재와 그 구조가 포함하는 특수한 능력 그 자체라고 해야 한다.

이런 관점에서 보면, "사·어"는 "기능"에 속할 뿐만 아니라, "서·수"도 어느 정도는 여전히 사람의 "기능"이라는 측면에 해당한다.(당연히 이른바 "서"는 어느 정도 "藝"에 속할 수 있는데, 예를 들면, 이후의 書法이 곧 "예"에 속한다.) 필자가 그것을 기능 혹은 생존기능이라고 부르는 까닭은 한편으로는 그것이 완전히 사람의 생존에 필요한 관점에서 형성된 것이기 때문이며, 다른 한편으로는 그것이 주로 사람의 신체와 그 물리적 구조인 "원래 그러한"(固然) 이치에의 기초 위에 건립되었기 때문이다. 그렇다면 유가가 특별하게 중시하는 "예"는 또 어떤 특징을 갖추고 있는가? "'예'와 '경'"의 구절에 대하여 필자는 일찍이 이렇게 생각했다. 이른바 "경"은 주로 "문헌과 이론의 형태"로 표현된다. "예"는 "주로 활동과 기능의 형태인데, 이러한 기능은 또 최고로 강한 개체성을 갖추고 있다.…… 그러나 '경'은 다르다. 그것은 개체성이라 기보다는 근본적으로 개체성을 배격한다. 왜냐하면, '경'이 경經이 되는 관건은 그것이 인생에서 일종의 '상도常道'를 나타내는 데 있기 때문이다. 그것은 너와 나, 그를 여전히 전체 종족으로, 전체 민족이 모두 함께 서로 사상이 일치하고, 함께 같은 길을 걸어가야 하는 인생의 상도를 포괄한다. 이 밖에 '경'이 경이 되는 관건은 또 그것의 개체성 초월 및 개체적 자질과 구체적 환경의 제한을 받지 않는 특색에 달려 있다. 그리고 '예'가 예가 되는 것은 도리어 이것과 반대이다. 그것은 개체의 활동과 기능의 색채를 갖추고 있을 뿐만 아니라 그것이 '예'의 근본적 특징이 되며, 또한 그것은 반드시 몸과 마음이 합일하며, 지知·행行이 겸비되고 또 완전히 내재적 심령을 주도主導로 삼는다. 이것은 유가의 '예'는 이미 '경'의 문헌과 이론형태와 구별될 뿐만 아니라, 동시에 또 도가는 신체와 행위에서의 '기능' 형태에서 건립된 근본적 특징이 있으며, 혹은 '예'가 예가 되는 근본적 특징을 결정한다고 할 수 있다." 당시에 이러한 표준이 제출된 까닭은 주로 "예"와 "경"을 구별하는 데 있고, 따라서 단지 "예"가 예가 되는 일반적 특징을 고수하는 기초에서 우선 그것을 "경"과 구별해야 한다. 현재 우리가 "기"와 "예"를 구별함에 또한 반드시 "기"의 일반적 특징의 관점에 따라 그것을 "예"와 "예"가 예가 되는 근본적 특징을 구별해야 한다.

"기"의 관점에서 보면, "예"를 "기"와 구별하거나 혹은 "예"가 예가 됨에 또 어떤 특징이 있는가? "기"가 기가 되는 것은 그 자체가 직접 하나의 특수한 행위의 기능형태로 표현되는 데 있다. 동시에 이러한 기능형태는 또 사람의 몸의 물리적 구조와 그것이 대상화될 수 있는 "원래 그러함"의 이치에 근거하여 성립된다. 왜냐하면 "예"가 예가 되는 원래 그러함이 그것이 이미 사람의 특수한 기능을 표현할 수 있는 데 있으며, 동시에 이러한 기능이 성립되는 까닭이 또 사람의 몸체와 대상화되는 물리 구조가 가진 "원래 그러함"의 이치 자체에 있을 뿐만 아니라, 주로 사람의 심경과 사람의 내재적 정신에 있으며, 이러한 기능 자체인 동시에 직접 사람의 내재적 정신이 가진 "사의寫意"(그리고 싶은 마음)의 표현에 있다. 이러한 각도에서 보면, "기"와 "예"가 원래 그러함은 모두 사람의 특수한 행위 혹은 특수한 기능으로 표현될 수 있다. 그러나 "기"의 근거와 표준은 주로 사람의 몸, 행위, 그리고 대상화에 포함되는 "원래 그러함"의 이치에 있다. 장자가 말한 "그것이 원래 그러하기 때문"이라는 말은 또 "기"가 기가 되는 근본 특징이라고 할 수 있다. 그러나 "예"는 도리어 완전히 상반적으로 그것의 근본 근거가 결코 사람의 몸과 대상화되는 물리 구조가 본래 가진 "원래 그러함"의 이치에 있다. 속담에서 말하는 '희색이 만면하다'라는 말은 「악기樂記」에서 말하는 "그러므로 노래가 말이 되고, 길게 말한다.…… 길게 말하는 것으로 부족하므로 찬탄하게 된다. 찬탄으로 부족하므로 자기도 모르게 손을 흔들고 춤을 추게 되며 발로 뛰게 된다"[149]이며, 또한 진정으로 내면으로부터 우러나오는 "예"이다. 이러한 시각에서 보면, "예"는 필연적으로 "기"의 성분을 포함하고 있지만, "기"는 도리어 반드시 "예"가 될 수 없다.

아마도 이러한 시각에서 나온 비교에서 공자의 아래와 같은 비평이 있게 되었다.

---

149) 『禮記』(吳哲楣 主編, 『十三經』), 「樂記」, 521쪽.

임방林放(子立, 공자 제자)이 예禮의 근본을 물었다. 공자는 "훌륭한 질문이로다! 예는 사치함보다는 오히려 검소함이 낫다. 장례는 그것이 쉬움보다는 슬퍼함이 낫다"라고 하였다.[150]

공자는 "사람으로서 인仁하지 않으면 예는 무슨 소용인가? 사람으로서 인하지 않으면 악樂은 무슨 소용인가?"라고 하였다.[151]

공자는 "예禮로다 예禮로다 하는데, 그것이 단순히 옥玉과 비단을 말하겠는가? 음악이라 음악이라 하는데, 종이나 북을 말하겠는가?"라고 하였다.[152]

공자의 위와 같은 평론에서 그는 왜 꼭 "예는 사치함보다는 오히려 검소함이 낫다. 장례는 그것이 쉬움보다는 슬퍼함이 낫다"라는 표준을 건지하였는가? 이것은 분명하게 일종의 내재정신을 주도하는 원칙을 건지하고 있음을 말한다. 그리고 "사람으로서 인仁하지 않으면 예禮는 무슨 소용인가?…… 악樂은 무슨 소용인가?"라는 반문에 이르면 "인"의 내재적 원칙을 건지할 뿐만 아니라, 분명하게 "예"에 필수적으로 내재하는 "인"이 심리 근원이자 내재 근거라는 사상을 건지하고 있다. "예"가 "옥과 비단을 말하는 것인가?", "종과 북을 말하는 것인가"라는 반문도 곧 "기"와 "예"의 표준과 한계에 대한 분명한 구분이라고 할 수 있다. 왜냐하면, 만약 "예악"이 단지 일종의 "옥과 비단", "종과 북"과 같은 외재적 형식이라면, 이것은 원래 "예"에 속하는 "예악"을 몸의 "기"의 층차로 끌어내리고 따라서 겨우 "옥과 비단에 집착함"과 "종과 북을 두드림"과 같은 외재적 기능활동이 되는 것에 불과하다.

물론 우리는 위에서 말한 몇 가지 조항이 사실은 모두 예악에 대한 공방의 해석이라고 할 수 있으며, 이러한 표현들은 물론 정확한 일면이 있으나, 문제는

---

150) 『論語』(吳哲楣 主編, 『十三經』), 「八佾」, 1263쪽.
151) 『論語』(吳哲楣 主編, 『十三經』), 「八佾」, 1263쪽.
152) 『論語』(吳哲楣 主編, 『十三經』), 「陽貨」, 1310쪽.

도대체 어떤 정신이 공자를 이렇게 예악을 해석하지 않을 수 없도록 촉진하였는가에 있다. 이것은 "기"가 "예"로 전화하였는가의 여부가 근본적 문제이다. 이것은 내재적 근거의 자각과 환한 각성이며, 또한 사람의 내재적 "덕성"이다.

은·주 정권의 교체에 관하여 만약 그 외재적 형식으로만 보면, 주로 목야의 결전으로 표현된다. 만약 한 걸음 더 나아가 분석하면, 당연히 사마천이 묘사한 "공계公季가 고공古公이 남긴 도를 수행하고, 효와 의를 돈독하게 하니 제후들이 그를 따랐다"[153]라는 역사 전통의 측면과 그 분석을 포괄한 "서백이 본국으로 돌아가 조용히 덕을 닦고 선정을 행하니 제후들이 대부분 배반하고 서백에게로 갔다"[154] 등등으로 깊이 들어갈 수 있다. 그러나 만약 근본적으로 말하면, 주로 문왕에서 무왕, 주공에 이르기까지 하·은 이래의 역사 경험의 총결산 및 그 우환의식의 내재적 응결에 달려 있다.

하·은의 역사 경험의 총결산으로 보면 이른바 "하나라 말세"는 거의 보통 문왕·무왕·주공이 제시한 개념이며, 예를 들면 앞에서 이미 그것을 인용하여 인증하였다.

> 문왕이 말하기를 아! 그대 은나라여, 사람들이 또한 말하기를, '쓰러진 나무의 뿌리가 드러나면 가지와 잎은 상하지 않아도 뿌리는 실상 먼저 뽑혔다'라고 하였네. 은나라 거울은 먼 곳에 있지 않고, 하나라 말세에 있다네.[155]

> 하夏나라 걸왕桀王이 하늘을 따르지 않고, 온 나라에 해독을 끼치고 있다. 이에 하늘이 보우하고 성탕成湯에게 명령을 내려 하나라의 명을 항복시켜 내쫓게 하였다. 오직 수受(역자 주: 紂王을 말함)는 걸왕보다 죄가 크니 원량元良(微子)을 박상剝喪(가죽을 벗겨 죽임)하고, 간보諫輔(比干, 심장을 꺼내어 주왕에게 보이고 죽음)를 잔인하게 학대하였다. 스스로 자신이 천명을 가졌다고 말하고, 공경할 필요가 없다고 하고,

---

153) 司馬遷, 『史記』(『二十五史』, 권1), 「周本紀」, 12쪽.
154) 司馬遷, 『史記』(『二十五史』, 권1), 「殷本紀」, 11쪽.
155) 『詩經』(吳哲楣 主編, 『十三經』), 「大雅·蕩」, 206~207쪽.

제사도 무익하다고 하고, 포악함도 해침이 없다고 하였다. 그 귀감龜鑑이 멀지 않으니 바로 저 하나라 왕(역자 주: 桀王을 말함)이다.[156]

그렇다면 여기서 주의 문왕 부자가 거듭 강조한 "하나라 말세"의 "은나라의 귀감"은 과연 무엇을 가리키는가? 이것은 주 무왕이 분명하게 드러내어 "오직 수受(紂王)는 걸왕보다 죄가 크니 원량元良을 박상剝喪하고, 간보諫輔를 잔인하게 학대하였다. 스스로 자신이 천명을 가졌다고 말하고, 공경할 필요가 없다고 하고, 제사도 무익하다고 하고, 포악함도 해침이 없다고 하였다"라고 하였다. 여기서 특히 주의해야 하는 것은 그들이 거듭 제기한 "하나라 말세"는 실제로 목전에 있는 것으로 은 주왕이 불법으로 점거한 조가朝歌(殷墟)에 있었고, 따라서 이른바 "천명"(氣數)이 아직 마지막 멸망의 지경에 이르지 않고, 오직 은 주왕이 스스로 하늘을 단절하고, 백성에게 원망을 맺었다. 아침에 물 건너는 사람의 정강이를 자르고, 어진 사람의 심장을 가르고, 위압으로 살육하며, 온 세상에 해독과 고통을 주었다. 간사하고 사악한 사람을 숭상하고 믿으며, 바른 사(正士, 箕子)를 가두고 노예로 삼고, 교郊(하늘에 지내는 제사)와 사社(땅에 지내는 제사)를 닦지 않고, 종묘에 제사 지내지 않고, 기이한 기교와 음란한 기교를 만들어 부인婦人(妲己)을 기쁘게 하였다" 등등은 실제로는 모두 은 주왕을 가리켜 한 말이다. 따라서 그들이 말한 "하나라 말세"의 "은나라의 귀감龜鑑"은 사실 은 주왕이 통치하는 사회현실을 가리키며, 진정한 "하나라 말세"와 서로 비교하면, 은 주왕이 통치하는 사회현실이 종종 그 이상도 이하도 아니다. 곧 은 주왕이 통치하는 사회현실은 그들로 하여금 분명하게 "하나라 말세"를 "은나라의 귀감"으로 살펴보게 하였다.

이러한 "은나라의 귀감"은 또한 직접 그들이 사회 역사와 인생에 대하여 완전히 새로운 인식을 하도록 하였으며, 물론 동시에 그들에게 우환의식을 가지도록 하였다. 그러면 그들이 이른바 "하나라 말세"의 "은나라의 귀감"을 통하여 형성한 사회

---

156) 『尙書』(吳哲楣 主編, 『十三經』), 「泰誓中」, 90쪽.

역사에 대한 포괄적 인심의 반영이 무엇인가를 살펴보자.

> 황천皇天은 특별히 친애함이 없고, 오직 덕이 있는 사람을 도와주며, 백성의 마음
> 은 일정함이 없고, 오직 베푸는 사람을 따른다. 선善을 행함은 같지 않으나, 함께
> 다스려지고, 악惡을 행함은 같지 않으나, 함께 어지러워지니, 그대는 그것을 경계
> 해야 할지어다![157]

이것은 주공이 반란을 일으킨 관숙管叔, 채숙蔡叔, 곽숙霍叔을 주살하고 추방한
뒤 채숙도蔡叔度(채숙)의 아들 채중蔡仲에게 준 훈계이다.[158] 채중은 결코 그 아비
채숙도처럼 덕을 배반하고 무능한 사람이 아니므로 주공이 또한 그를 채국蔡國에
봉하고 채중이 곧 "제후의 자리에 올라" 채국으로 부임하러 갈 때, 주공은 또
특별하게 이 「채중지명蔡仲之命」을 지어서 마지막으로 신신당부(叮嚀)를 하며 훈계를
내렸다. 『상서』 「채중지명」은 비록 주공의 입으로 총결산하여 나온 역사의 교훈이지
만, 실제로는 문왕·무왕·주공, 즉 서주 정권의 창업자들의 집단적 지혜의 결정이
다. 이 점을 이해하면 우리는 자연히 왜 벌주伐紂의 거대한 성공을 거둔 후에
천하의 절대 권력과 천자의 지위를 관리함에 임하여 주의 무왕은 오히려 밤잠을
설치며(輾轉反側), 침식寢食을 편안하게 하지 못하였는가를 이해할 수 있다. 이것도
옛사람이 개괄한 "무왕이 '하늘의 보우를 아직 안정시키지 못함'을 근심으로 삼았
다"[159]라는 말이다.

---

157) 『尙書』(吳哲楣 主編, 『十三經』), 「蔡仲之命中」, 110쪽.
158) 역자 주: 武庚 즉 祿父는 商의 마지막 왕인 紂王의 아들로, 상이 망한 후 殷에 머물며
    상의 유민을 다스렸다. 상을 멸망시키고 周를 건국한 武王은 무경이 반란을 일으키
    지 못하도록 그의 동생인 管叔(이름 姬鮮)을 管(지금의 河南 鄭州)의 제후로, 蔡叔(이
    름 姬度)을 蔡(지금의 河南 上蔡)의 제후로, 霍叔(이름 姬處)은 霍(지금의 山西 霍州)의
    제후로 봉하고 이들에게 무경과 상나라의 유민들을 감시하도록 하였다. 이에 이들
    세 사람을 三監이라고 불렀다. 그런데 武王이 죽고 그 아들 成王(이름 姬誦)이 어려서
    무왕의 동생인 周公(이름 姬旦)이 攝政을 하자 이들 삼감이 무경과 연합하여 반란을
    일으켰고, 주공이 이들을 진압하는 데 3년이 걸렸다. 이를 "三監의 亂"이라고 한다.
159) 楊寬, 『西周史』, 137쪽.

한 걸음 더 나아가 주공周公·소공召公·성왕의 무렵에 "성왕이 풍豐에 살다가 낙읍洛邑에서 살고자 하니, 소공에게 먼저 집터를 보게 하고, 「소고召誥」를 지었다."[160] 「소고」에서는 비록 성왕이 "낙읍에서 살고자 한다"라는 말로 시작하지만, 청컨대 주공이 또 한 번 하·은 이래 역대의 정치적 교훈을 총결산한 내용을 보자.

왕은 공손해야 하며, 덕을 존경하지 않으면 안 된다.
나는 하나라를 귀감龜鑑으로 삼아야 하며, 또한 은나라를 귀감으로 삼지 않으면
안 된다. 내(太保)가 감히 알지 않을 수 없어 "하나라가 천명에 복종하며 단지
몇 년 만을 지냈다"라고 하였다. 내가 감히 알지 않을 수 없어, "그들이 지속하지
못하였다. 오직 그 덕을 존경하지 않았기 때문에 이에 그 천명이 일찍 떨어졌다"
라고 하였다. 이제 왕께서 그 명을 이어받았으니 나 또한 이 두 나라의 명을
생각하여 공적功績을 이어받을 것이다.[161]

이 말은 주공이 성왕成王의 귀에 얼굴을 대고 명한 것으로, 그것이 가장 경계하는 계책의 하나는, 주공이 이미 은·주 2대가 멸망하는 근본 원인을 명확하게 총결산하여 낸 것에 있는데, 이것은 "오직 그 덕을 존경하지 않았기 때문에 이에 그 천명이 일찍 떨어졌다"라는 말이다. 분명히 "그 덕을 존경함"이 이미 주공에 의해 직접 정권의 생사존망의 수준으로 제기되었다. 그리고 서주 정권을 창건한 세 사람의 인물 가운데 또한 단지 주공만이 분명하게 이 정권의 생사존망의 관건 문제를 외쳤다.

이 인식의 기초에서 서주의 통치자가 비록 이미 "하늘을 존경하고 백성을 보위함"의 기본적인 국책을 형성하였지만, 그러나 그 우환의식은 도리어 근본적으로 해소되지 않았다. 근본적으로 말하면, 이른바 우환의식은 또 외재적인 천명과 신권으로 결코 대신할 수 없다. 즉 은 주왕은 비록 일찍이 천명을 가지고 있었지만,

---

160) 『尚書』(吳哲楣 主編, 『十三經』), 「召誥」, 102쪽.
161) 『尚書』(吳哲楣 主編, 『十三經』), 「召誥」, 103쪽.

제3장 하·상·주: 생존기능에서 예·악문명으로 **281**

"스스로 하늘을 단절하고, 백성에게 원망을 맺었다"라는 도리에 어긋나는 상황에서 무왕이 주왕을 정벌하기 위한 대군을 따라서 주살하였다. 이것은 외재적인 천명을 믿을 수 없기 때문에 "하늘은 특별히 친애함이 없고, 오직 덕이 있는 사람을 도와준다." 왜냐하면, 오직 통치자의 "덕을 닦고 선을 행함", "하늘을 공경하고 백성을 보우함"이 있어야만 비로소 그 정권을 오랫동안 다스리고 안정되도록 지키는 진정한 계책이 된다. 그리고 주공은 또 하·은 양대의 역사경험에 대한 재총결산을 통하여 명확하게 "그 덕을 존경함"의 여부로 정권의 생사존망의 수준으로 끌어올렸다. 이렇게 해서 서주의 통치자는 "하나라 말세"의 "은나라의 귀감"에 대한 반복적인 되새김을 통하고, 또 자신의 우환의식에 대한 깊은 반성과 깊은 체찰體察을 경과하여 마침내 "하늘을 공경하고 백성을 보우함", "덕을 닦고 선을 행함"의 근본적 덕성문화를 형성하였다.

서주의 통치자가 "하나라 말세"의 "은나라의 귀감"을 총결산하는 기초에서 형성된 덕성문화에 대하여 곧장 서주문화의 계승자를 자처한 공자는 오히려 가장 분명하게 간파하였다. 그는 서주 통치자의 우환의식을 분석할 때 다음과 같이 말하였다.

『역易』이 일어남은 그것이 중고中古(上古와 近古의 사이. 周나라 초기 혼란기)인가? 『역』을 지은 사람에게 우환憂患이 있는가? 그러므로 리履는 덕의 기초이며, 겸謙은 덕의 방편(손잡이)이며, 복復은 덕의 근본이며, 항恒은 덕의 지킴이며, 손損은 덕의 수양이며, 익益은 덕의 여유餘裕이며, 곤困은 덕의 변별이며, 정井은 덕의 땅이며, 손巽은 덕의 법도이다. 리履는 조화하여 지극하며, 겸謙은 존중하여 빛나며, 복復은 적지만 사물을 변별하며, 항恒은 혼잡하지만 싫지는 않으며, 손損은 칭찬하되 숨는다. 리는 조화로써 행하며, 겸은 법도로써 예를 행하고, 복은 스스로 알며, 항은 한결같이 덕을 쌓고, 손은 멀리하여 해롭고, 익은 일어나 이롭고, 곤은 모자라 원망하고, 정은 변별로서 의롭고, 손은 행동으로 무거움을 분별(權重)한다.[162]

---

162) 『周易』(吳哲楣 主編, 『十三經』), 「繫辭下」, 58쪽.

공자가 『주역』의 각종 괘상에 대하여 분석하고 개괄한 데서는 모든 괘상이 모두 우환의식으로 인해 형성된 것 같고, 또한 오로지 "덕"을 중심으로 만들어진 것 같다. 이로써 하나의 기본적인 사고의 맥락이 형성되었는데, 곧 서주 통치자가 "하나라 말세"의 "은나라의 귀감"을 총결산하였기 때문에 비로소 우환의식이 생겨날 수 있었으며, 또한 우환의식에 대한 반복적 되새김과 깊은 반성으로 인하여 비로소 마침내 정권의 생사존망과 직접 관련이 있는 "덕"의 기초를 찾아내었다. 이렇게 되면, 물론 "하나라 말세"의 역사적인 "은나라의 귀감"에 대한 총결산은 또한 자신에게 내재한 우환의식의 반복적인 되새김이며, "덕성"으로 입신立身하고, "덕치德治"로써 입국立國하는 것이 서주 통치자가 세상을 다스리는 기본적인 사고의 맥락 혹은 기본적인 원칙이 되었다.

결국 무엇이 덕인가? 『십삼경사전十三經辭典』의 각 부분의 권 가운데 "덕"의 조목이 아마 가장 많으며, 『상서尙書』, 『시경詩經』에서 『논어論語』, 『맹자孟子』까지 "덕"은 아마 유가가 가장 많이 사용한 개념이라고 할 수 있다. 그러나 옛사람에 대하여 말하면, 그들이 말한 "덕"은 종종 말을 하지 않고 비유한 예설預設(이하 假說로 표기함)의 배경이 있는데, 예컨대 "영덕令德"(美德), "군덕君德" 등등과 같이 이른바 "오직 덕에만 의지한다", "오직 덕 있는 사람을 보우한다"라는 주장에서도 분명하게 "덕"의 중요성을 강조하였다. 그러나 옛사람은 "덕"에 대하여 분명하게 또 명백한 정의를 하지 않았다. 『예기』에 이르러서야 비로소 유가사상을 해석하는 시각에서 "덕"을 위하여 일련의 상호 설명이 가능한 정의를 제시하였다. 예를 들면 다음과 같다.

예악을 모두 얻으면 덕德이 있다고 하며, 덕은 얻음이다.[163]

덕은 성의 단서이며, 악樂은 덕의 번성함이다.[164]

---

163) 『禮記』(吳哲楣 主編, 『十三經』), 「樂記」, 513쪽.
164) 『禮記』(吳哲楣 主編, 『十三經』), 「樂記」, 517쪽.

그러므로 덕을 이룸이 위이며, 예를 이룸이 아래이다. 행行을 이룸이 먼저이며 일을 이룸이 뒤이다. 그러므로 선왕에게는 위와 아래가 있으며, 먼저와 다음이 있으며, 그러한 연후에 세상을 다스릴 수 있다.[165]

위에서 "덕"에 관하여 설명한 정의 가운데, 기본적으로 모두 "예악"의 시각에서 "덕"에 대하여 설명적 정의를 하였으며, 이것은 또한 "예악"과 "덕" 사이에 확실하게 존재하는 일종의 매우 긴밀한 관계를 설명한 것이다. 그러나 "덕은 얻음이다", "덕은 성性의 단서이다"와 "덕을 이룸이 위이며, 예를 이룸이 아래이다"라는 말로써 보면, 이른바 "덕"은 분명히 "예악"에 내재적으로 얻음을 가리켜 말하였다. 그리고 이른바 "성의 단서이다"라는 말도 분명히 "덕"이 인성의 각성覺醒 · 배양培養 · 단서端 緖에 대한 작용을 가리켜 한 말이다. "덕"과 "예"의 "위"와 "아래"의 관계에 대해서는 완전히 "예"를 대한 덕의 외재적 표현으로 파악할 수 있다.

이러한 모든 정의는 틀림없이 "덕"과 "예악"(藝)을 안과 밖, 위와 아래의 관례로 설명하였다. 그러나 『상서』와 『좌전』에서 "덕"은 또 먼저 그것이 만물을 주재하는 "천"과 "신"의 내재적 관계로 표현되었다. 예를 들면 다음과 같다.

> 황천皇天은 특별히 친애함이 없고, 오직 덕이 있는 사람을 도와주며, 백성의 마음 은 일정함이 없고, 오직 베푸는 사람을 따른다. 선善을 행함은 같지 않으나, 함께 다스려지고, 악惡을 행함은 같지 않으나, 함께 어지러워지니, 그대는 그것을 경계 해야 할지어다![166]

> 신臣이 듣건대 귀신은 사람과 실제 친하지 않고, 오직 덕에 의지한다. 그러므로 『주서周書』에서는 "하늘은 특별히 친애함이 없고, 오직 덕이 있는 사람을 도와준 다"라고 하고, 또 "칠직黍稷(제사에 쓰는 곡식)은 향기가 없고, 명덕만이 오직 향기가 있다"라고 하였으며, 또한 "백성은 제물祭物을 바꾸지 않고, 오직 덕이 제물이다"

---

165) 『禮記』(吳哲楣 主編, 『十三經』), 「樂記」, 517쪽.
166) 『尙書』(吳哲楣 主編, 『十三經』), 「蔡仲之命中」, 110쪽.

라고 하였다. 이와 같다면 덕이 아니면 백성은 화합하지 않고 신神도 흠향하지

않는다. 신이 의지하는 것은 덕에 있다.[167]

여기서 황천이 "오직 덕이 있는 사람을 돕는" 관건은 곧 "덕" 그 자체가 황천의

의지가 사람에게 실천되고 표현된 것에 있으며, 또한 천도天道가 사람의 삶에 표현된

것이다. 그리고 귀신이 "오직 덕에 의지하는" 까닭은 또 "덕"이 황천 의지의 근본으로

체현體現되며, 동시에 귀신과 유명幽明(이승과 저승) 두 세계를 관통하는 하늘이 뜻이기

도 하다. 이렇게 보면, 우리가 "덕"과 "예악", 황천의 의지와 귀신의 유명을 관통하여

이해할 때 "덕"은 또한 황천의 의지가 인간의 근본에서 실행된 최고 가치로 표현될

뿐만 아니라, 동시에 인간의 모든 사물의 최고 준칙이 된다. 곧 "덕"의 이러한

특징 때문에 비로소 은 주왕이 가지고 있던 천명신권의 대항자와 대체자가 될

수 있었으며, 따라서 인간 일체의 일, 이른바 "예악"을 포함하는 즉 선善과 불선不善의

최종 결정자가 되었다.

이러한 배경에서 "예악"이 완전히 사람에 내재한 "덕"이 하나의 외재적 표현이

되었을 때 그것도 하나의 "예"의 형태가 될 수밖에 없다. 그러나 이러한 "예"는

또 그러한 있어도 되고 없어도 되는 특수재능 혹은 사람의 몸을 통하여 표현되어

나오는 특수한 행위일 뿐만 아니라, 이른바 "예악을 모두 얻으면 덕德이 있다고

한다"라는 말 때문에 곧 "예악"의 정신이 충분하게 실현되어야만 비로소 진정으로

"덕이 있다"라고 할 수 있고, "예악"은 이미 황천 의지가 인간에게서 실현될 뿐만

아니라, 동시에 또한 사람의 내재적 덕성이 충분하게 잘 드러난 외적 표현이기도

하다. 이렇게 되면 "예악" 혹은 전체 "육예"는 근본적으로 자신을 하·상 이래의

기능형태로 바꾸었고, 따라서 완전하게 사람의 내재적 덕성의 외재적 현현顯現이

되었다. 바로 이러한 의미에서, 오직 서주 이래의 덕성문화가 있어야만 비로소

근본적으로 하·상 이래 "사·어"에서 "서·수"까지의 생존기능 혹은 문명기능의

---

167) 『春秋左傳』(吳哲楣 主編, 『十三經』), 僖公 五年, 654쪽.

형태로 변화할 수 있고, 그에 따라 "예"의 계열로 진입한다고 할 수 있다. 또 바로 이런 의미에서, 사람들이 "예악"정신에 따라서 하·상 이래 "사·어"에서 "서·수"까지의 생존기능 혹은 문명기능의 형태를 새롭게 정리하거나 새롭게 해독을 진행할 때, 그것들은 또 진정으로 과거 그렇게 겨우 몸체의 기교에 기초한 기능형태와 결별함으로써 진정으로 인생이 "예"가 되었다.

따라서 "예악"의 이러한 특징에 근거하여 우리는 서주의 덕성문화가 이미 삼대문화의 합리적 발전일 뿐만 아니라, 동시에 삼대 문명의 발전 궤적을 대표하는 중요한 전환이라고 할 수 있다. 비로 이 전환 때문에 비로소 하·상 양대의 생존기능과 사회문명의 형태가 덕성을 내재적 근거로 삼는 예악문명과 문화로 전화轉化된다. 따라서 그것은 본질적으로 동물지능이 확장한 "사·어"와 "서·수"가 본래 갖춘 인문주의 사상 내용을 갖추도록 한다. 아마도 이것이 바로 중화문명과 중국문화의 진정한 정신의 기초일 것이다. 왜냐하면 그것은 중국문화의 "덕성"의 방향을 개척하였을 뿐만 아니라 어느 정도 중국사회와 그 문명발전의 궤도와 항로를 결정하였기 때문이다.[168] 바로 이런 의미에서 우리는 비로소 더욱 깊이 있게 공자의 다음 말을 이해할 수 있다.

공자는 "은나라는 하나라 예를 이어받아 덜거나 보탠 바를 알 수 있으며, 주나라는 은나라의 예를 이어받아 덜거나 보탠 바를 알 수 있다. 만약 주나라를 계승한 자가 있다면 백세百世가 지나도 알 수 있다"라고 하였다.[169]

공자는 "도에 뜻을 두고, 덕에 근거하고, 인에 의지하고, 육예에 노닐어라"라고

---

168) 서주의 통치자들이 "皇天은 특별히 친애함이 없고, 오직 덕이 있는 사람을 도와준다", "귀신은 사람과 실제 친하지 않고, 오직 덕에 의지한다", "백성은 祭物을 바꾸지 않고, 오직 덕이 제물이다"라는 말로 삼대문화를 최종적으로 총결산하였을 때, 이러한 문화는 철저하게 외적 경배의 종교신앙을 향할 어떤 가능성도 배제하였다. 따라서 오직 중국문화가 철저하게 인문주의를 향하였다. 즉 이것은 인생의 실천추구와 덕성수양의 상호 보완을 통하여 행하는 길이다.

169) 『論語』(吳哲楣 主編, 『十三經』), 「爲政」, 1263쪽.

하였다.[170]

여기서 "백세百世가 지나도 알 수 있다"라는 말은 당연히 "백세" 이후의 절목節目의 시대적 변천과 구체적 제도의 지식을 가리키는 것이 결코 아니라, 주로 중국문화의 정신 기초와 그 발전방향에 관한 "지知(앎)를 가리킨다. 왜냐하면, 이 완전히 "덕성"으로써 황천의 의지가 인간에게서 실현되고, "예악"의 예능으로써 사람의 내적 덕성을 외적으로 표현하는 방식은, 또한 근본적으로 중국문화가 외향적 숭배나 외향적 배모拜謨(敬拜)로 향할 가능성을 배제하였으며, 그리고 사람의 내재적 덕성도 단지 그 내재적 정황을 표현하는 "예악"의 예능으로만 표현될 수 있기 때문이다. 이렇게 되면, 중국문화는 근본적으로 인생에서의 실천추구와 내재적 도덕수양과 상호 보충의 상호작용을 일으키는 형태를 갖춘다. 만약 복희씨의 "우러러 관찰함"과 "굽어서 살핌"과 "가까이는 몸에서 취하고, 멀리서는 여러 사물에서 취한다"라는 말은 이미 중국문화에서 진행된 인지방식의 기초라고 한다면, 문왕·무왕·주공에서부터 공자까지 천명하고 선양된 덕성문화와 예악문명은 곧 중국사회를 위해 그 발전의 기본 항로를 규정하였다. 만약 그것을 공자가 말한 인생 수칙인 "도에 뜻을 두고, 덕에 근거하고, 인에 의지하고, 육예에 노닐어라"라는 말과 재결합해서 본다면, "뜻을 둠", "근거함", "의지함", "노닒"은 동시에 어떤 개인, 즉 문자를 알고 이치에 통달한 군자에서부터 세상을 다스리고 만물을 주재主宰하는 성현의 인격까지 성장하는 반드시 거쳐야 하는 길이다. 여기서 말하는 "예에서 노닒"은 결코 한 개인이 그 특별한 재능을 표현하는 것을 의미하지 않으며, 우선은 그 내적 덕성을 분명하게 나타내고, 아울러 그 내적 덕성인 예악문화를 한 걸음 더 함양하는 것이다.

그러나 이 모든 중대한 실적은 과연 어디서 기원하는가? 이들은 주로 문왕·무왕·주공 이래 서주의 통치자들이 걸桀·주紂가 나라를 망하게 한 교훈에 대한

---

170) 『論語』(吳哲楣 主編, 『十三經』), 「述而」, 1275쪽.

총결산에서 비롯되었으며, 또한 이러한 총결산으로부터 응결되어 성립한 우환의식, 인문적 주요 관심, 그리고 그것이 덕성에 상대하는 내적 함유가 되어 표현하는 예악의 기초가 되었다. 일단 덕성이 문화와 문명의 근저가 되면, 예악을 특징으로 삼는 문화와 문명도 반드시 중국문화 발전의 필수적 과정이 될 수밖에 없다.

제2부

선진제자학의 등장

제4장 "예禮"에서 "인仁"까지: 유학의 역사가 이루어지다

전통적인 삼대에 대하여 말하면, 서주 정권의 건립이 중국사회의 참신한 출발을 나타내기 때문에, 이 이전의 은·주 정권교체는 사실상 이 하나 출발의 주요한 촉진자였다. 따라서 왕국유王國維는 일찍이 이에 근거하여 "중국의 정치와 문화의 변혁은 은·주의 교체기보다 극적이었을 때는 없다"라고 논평하였다.[1] 그러나 만약 우리가 서주西周가 은 주왕(殷紂. 이하 '은주'로 표기) 정권을 대체한 일이 하대夏代 이래 "천하天下는 일가一家의 사유물"(天下爲家)이라는 구조에서 황권 발전의 필연적 결과라고 본다면, 이러한 결과를 추동하여 최종적으로 실현할 수 있는 근본적인 동력은 또 무엇인가? 객관적으로 말하면, 이것은 당연히 은·주 통치자 사이의 역작용과 그 상호 공동의 촉성促成 작용에 달려 있다. 그러나 주관적으로 보면, 응당 서주의 역대 통치자들이 인문적 관심으로 중심을 삼는 우환의식에 달려 있다고 해야 한다.

넓은 의미의 우환의식은 당연히 대대로 있었다고 할 수 있고, 그 자체로도 끊임없이 자신의 관심 방향과 그 구체적 표현방식을 바꾸어 왔다. 그러나 서주 정권의 창건자로서 그리고 문왕·무왕·주공을 대표로 삼는 서주의 정치적 영도자에 대하여 말하면, 물론 그 우환의식이 자신의 관심 방향과 표현방식을 어떻게 변화시킬 것인가는 항상 인문적 주요 관심을 중심으로 삼았다. 예를 들어 말하면, 문왕이 서기西岐(周의 수도)에서 "후직后稷과 공류公劉의 유업을 준수하고, 고공古公과 공계公季의 법도를 본받아 인仁을 돈독하게 하며, 노인을 공경하고, 어린이에게

---

1) 王國維, 『殷周制度論』(『觀堂集林』 제2책), 451쪽.

자애롭게 대하였다. 자신을 낮추어 어진 사람을 대하였으며, 온종일 밥 먹을 겨를도 없이 사士를 대했으며, '사'들이 이 때문에 그에게 많이 귀의한"2) 그 당시에는 또한 이미 명확하게 우환의식을 갖추었다고 할 수는 없었다. 왜냐하면, 이른바 "인仁을 돈독하게 하며, 노인을 공경하고, 어린이에게 자애롭게 대함"과 "온종일 밥 먹을 겨를도 없이 사士를 대하였다"라는 표현과 기풍은 사실 단지 소박한 인문 정서일 뿐이다. 그 후 은 주왕의 시기猜忌 때문에 유리에 구금되어 『역』을 연산演算하지 않을 수 없을 때 이른바 "문왕이 말하기를 아! 그대 은나라여, 사람들이 또한 말하기를, '쓰러진 나무의 뿌리가 드러나면 가지와 잎은 상하지 않아도 뿌리는 실상 먼저 뽑혔다'라고 하였네. 은나라 거울은 먼 곳에 있지 않고, 하나라 말세에 있다네"3)라고 한 말이 곧 진정한 우환의식이 되었으며, 그 우환의 내용은 주로 "은나라의 거울은 먼 곳에 있지 않고 하나라의 마지막에 있다네"라는 말에 있으며, 곧 은 주왕의 강산과 인민이 하의 걸왕桀王이 하왕조를 철저하게 망쳐 버릴 수 있었던 것과 같다는 말이다. 따라서 공자가 일찍이 논평하기를 "『역』이 일어남이 은나라의 말세인가 주나라의 덕이 성할 때인가? 문왕과 주왕紂王의 일인가? 이런 까닭에 그 말이 위태롭다"4)라고 하였다. 그러나 문왕의 신하와 그 모사가 은 주왕에게 미녀와 보물을 바치고 석방되어 서기로 돌아온 후, 문왕이 또 "낙서洛西의 땅을 헌납하고 주왕에게 포락炮烙의 형벌을 그만두기를 청하였을 때"5)의 상황은 분명하게 그 우환의식의 인문적 주요 관심의 성질과 내용을 나타낸 것이었다.

　　무왕 때에 「태서泰誓」의 "하늘이 백성을 긍휼히 여기니 백성이 원하는 바를 하늘은 반드시 따른다"6)라는 말에서 「목서牧誓」의 "그들이 백성에게 포학하게 대하고, 상읍商邑을 간악奸惡하게 어지럽혔다"7)까지는 당연히 모두 전형적인 인문적

---

2) 司馬遷, 『史記』(『二十五史』, 권1), 「周本紀」, 12쪽.
3) 『詩經』(吳哲楣 主編, 『十三經』), 「大雅·蕩」, 206~207쪽.
4) 『周易』(吳哲楣 主編, 『十三經』), 「繫辭下」, 59쪽.
5) 司馬遷, 『史記』(『二十五史』, 권1), 「周本紀」, 12쪽.
6) 『尙書』(吳哲楣 主編, 『十三經』), 「泰誓上」, 89쪽.
7) 『尙書』(吳哲楣 主編, 『十三經』), 「牧誓」, 91쪽.

주요 관심이다. 그러나 그가 상商을 극복하는 거대한 성공을 얻고 나라 안의 황권의 명성이 풍豊과 호鎬의 옛 땅까지 떨쳤을 때, 또한 "새벽까지 잠을 자지 않음"(其明不寢)의 우려를 표현하였으며, 이것이 하나의 전형적인 우환의식이 되었다. 그러나 이때의 우환의식은 역사가의 분석에 의하면, 주로 "무왕이 서주 정권의 '아직 하늘의 보우를 정하지 못함'을 우려하였다. 무왕은 '하늘의 밝은 명命을 다 이루고 하늘의 보우를 정하고, 하늘의 집에 의지함'을 원하였다"[8]라는 의미이다. 매우 분명하게 주 문왕의 우려인 "은의 거울은 먼 데 있지 않고, 하나라 말세에 있다"에서 주 무왕이 서주 정권의 '아직 하늘의 보우를 정하지 못함'을 우려하는 데까지 그 우환의 구체적 내용은 끊임없이 변화하지만, 인문적 주요 관심은 도리어 하나의 사상노선(紅線)처럼 그 우환의식이 전부를 관통하였다.

서주 통치자의 우환의식을 진정으로 최고봉으로 올리고 인생의 극치로 몰고 간 사람은 주공周公 단旦이었는데, 이 점은 먼저 혈연적 출신과 그 일생의 특수한 정치경력에 의해 결정되었고, 이것으로부터 서주 정치의 특수한 국면과 그 "덕치"의 특색을 결정하였으며, 이로부터 중국의 "덕성"문화의 방향을 열었다. 역사적으로 보면, 심지어 여기에서 이후 중국의 유儒·도道·묵墨 세 학파의 등장 순서를 결정하였다고 할 수 있다.

1. 주공의 특수한 경력과 예악의 제작

주공은 틀림없이 서주 정권을 창건한 인물에 속한다. 그러나 이러한 창건은 그가 전면적으로 은·주정권의 전체 교체과정을 경험하였다고 결코 말할 수 없지만, 그 특수한 출신과 경력 그리고 거대한 창건의 역할은 전체 서주 정치와 문화에 모두 깊이 그의 낙인이 찍히게 하였다.

---

8) 楊寬, 『西周史』, 137쪽.

은·주 정권교체의 과정과 주공이 은·주 정권교체 과정에서 작용한 것에 관하여 앞사람들은 이미 비교적 정확하고 적절한 총결과 개괄을 형성하였다. 예를 들면 다음과 같다.

주공周公 단旦은 문왕文王의 아들이며, 무왕의 아우이며, 성왕成王의 숙부이다. 궁벽한 뒷골목에서 큰 항아리 밑을 깨뜨려서 창으로 삼고 사는 가난한 현사賢士 70인을 문안하였다. 문왕이 하려고 했으나 이루지 못했고, 무왕이 만나기는 했으나 제대로 이루지는 못하였다.(역자 주: 마음을 얻지 못함) 주공 단이 어린 주군主君(成 王)을 안고 가서 그들의 마음을 얻었으므로 "성왕成王이 몸으로만 현사賢士에게 낮춘 것이 아닐진저!"라고 하였다.[9]

성왕은 무왕의 아들이며, 문왕의 손자이다. 문왕은 큰 덕이 있었으나 공功을 이루지 못하였으며, 무왕은 큰 공이 있었으나 다스림을 이루지 못하였다. 성왕이 이를 이어받고 인仁으로써 백성을 대하니 "호천昊天"(넓고 큰 하늘)이라고 불렀다.[10]

이 두 단락의 개괄에서 전자는 곧 『여씨춘추呂氏春秋』는 주로 주공이 문왕과 무왕이 아직 이루지 못한 업적을 계승하고, 또 "어린 주군을 안고 가서 그들의 마음을 얻은 것"을 드러내 밝혔다. 따라서 이른바 "성왕成王"의 "성成"은 사실은 거의 주공이 이룬 것이다. 여불위呂不韋(?~B.C.235)의 주공에 대한 이런 평가는 당연히 자신이 주공을 자처하고 주공을 본받겠다는 마음의 태도를 분명하게 나타내고 있다. 그리고 후자 곧 『가의집賈誼集』의 말의 뜻은 조금 변화되었다.(이 점은 가의가 주공을 표창하여 자화자찬하려는 기도를 회피하려는 뜻일 수도 있다.) 주로 "성왕이 이를 이어받고 인仁으로써 백성을 대함"의 작용을 드러내려고 하였고, 따라서 "호천"이라는 말도 분명하게 성왕을 가리켜 한 말이다. 그러나 그들은 문왕이 "아직 나아가지 못함", 무왕이 "아직 이루지 못함"과, 마지막으로 오직 주공이 "어린 주군을 안고 가서

---

9) 『呂氏春秋』(『諸子集成』 제6책), 「下賢」, 166쪽.
10) 賈誼, 「禮容語下」, 『賈誼集·賈太傅新書』, 117쪽.

그들의 마음을 얻었다"라는 사실을 함께 인정하였다. 그러나 여불위가 "성왕"의 "성"을 애써 강조한 것은 심지어 서주왕조의 성공이 주공에게서 이루어졌음을 부각하는 데 있다. 사실 이것은 오직 주공이 서주의 정치와 문화의 진정한 창조자라는 말이며, 성왕의 "인仁으로써 백성을 대함"도 마찬가지로 주공의 배양과 훈육으로 실현된 것이다. 오늘의 시각에서 보면, 주공이 문왕과 무왕이 아직 이루지 못한 업적을 이어받았던 것, "성왕이 이를 이어받고 인仁으로써 백성을 대하도록" 보좌하였던 것 모두 주공과는 떨어질 수 없는 것이며, 주공의 거대한 공적을 구체적으로 드러냈다.

주공 단은 문왕의 넷째 아들이며,[11] 무왕과 관숙管叔의 친동생이다. 주 문왕과 그의 정비正妃인 태사太姒가 함께 열 명의 아들을 낳았다. "큰아들이 백읍고伯邑考, 둘째 무왕발武王發, 그다음이 관숙선管叔鮮, 그다음이 주공단周公旦, 그다음이 채숙도蔡叔度…… 그다음이 곽숙처霍叔處라고 하며,…… 같은 어머니의 10형제인데, 오직 발發(무왕)과 단旦(주공)이 현명하여 좌우에서 문왕을 보좌하였다."[12] 사마천은 이에 근거하여 평론하기를, "문왕이 살아 있을 때부터 단이 아들로 효성스럽고, 인을 돈독하게 행하며, 여러 아들과 달랐다. 무왕이 즉위하자 단이 항상 무왕을 돕는 날개가 되어 보익輔翼하고 많은 일을 처리하였다"[13]라고 하였다. 이렇게 보면, 무왕이 왕위를 계승한 후에 주공 단이 실제로 서주의 고굉지신股肱之臣(가장 중요한 신하)이 되었다. 이 점은, 무왕이 상나라를 이기고 주나라로 돌아왔을 때 "새벽까지 잠을 자지 않고 고민하였다", 그리고 "왕의 어린 아들을 숙부인 단旦(周公)에게 의탁하였다", 단이 황급하게 무왕에게 가서 "'왕께서는 근심하고 노력한 지 너무 오래되었습니다'라고 하고, 무왕이 왜 잠을 자지 못하였는가를 물었다"[14]라는

---

11) 주공의 일생 행실에 관하여 曹堪生, 李學林 두 선생이 함께 편찬한 『周公評傳』(四川大學出版社, 2006년판)을 참고하라. 이 책은 주공의 일생 사적에 관한 수집 방면에 많은 시간을 들였고, 필자는 여기 주공의 일생에 관한 서술에 대하여 이 책의 자료수집과 정리를 주로 도왔다.
12) 司馬遷, 『史記』(『二十五史』, 권1), 「管蔡世家」, 101~102쪽.
13) 司馬遷, 『史記』(『二十五史』, 권1), 「魯世家」, 96쪽.

상황에서 보면, 마땅히 한 사람의 어머니에게서 태어난 10형제 가운데 주공과 무왕의 관계가 가장 긴밀하였다고 할 수 있다.

『춘추좌씨전春秋左氏傳』에서 주공이 주나라 왕실의 "고굉股肱"의 지위에 있고 그가 무왕과 성왕을 "협보挾輔"(받들어 보좌함)한 일에 관하여 서술한 내용은 진실로 모두 옳다고 할 수 있다. 예를 들면 다음과 같다.

> 옛날에 주공과 대공大公이 주나라 왕실의 고굉股肱(가장 중요한 신하)이 되어 성왕을 보좌하였다. 성왕은 두 사람의 공로를 위로하고 서로 결맹結盟하도록 하여 "대대로 자자손손 서로 해치지 말라"라고 하였다.[15]

> 옛날에 무왕이 상나라를 이기고, 성왕이 천하를 안정시키고, 밝은 덕이 있는 사람을 선발해 제후로 세워서 주나라의 울타리가 되게 하였다. 그러므로 주공이 왕실을 도와 천하를 다스리니 (모든 제후가) 주나라에 친목하였다.[16]

사실 여기서 "주나라 왕실의 고굉이 되어 성왕을 보좌하였다"라는 말도 모두 먼저 주공이 무왕을 "보좌"한 일을 가리켜 말하였으며, 당시의 상황은 사마천이 서술한 바와 같다. "이미 주왕紂王을 주살하고, 주공은 큰 도끼(大鉞)를, 소공召公은 작은 도끼를 들고 무왕을 양쪽에서 합세하였다.……"[17] 그러나 아마도 이러한 "고굉"의 지위와 "보좌"의 역할이 주공의 일생에는 적지 않은 번거로움을 가져왔을 것이다. 물론 이러한 번거로움이 근본적으로 주공을 만든 것이다.

상나라를 이긴 후에 무왕은 피로가 쌓여 병이 들었으며, 거의 생명이 다한 지경에 이르렀다. 이에 주공은 "스스로 자기의 일로 생각하여, 세 개의 단壇을 만들고 함께 정결하게 청소하였다. 남쪽에 단을 만들어 북쪽을 향해서 주공이

---

14) 『逸周書』, 「度邑解」, 467~468쪽.

14) 『逸周書』, 「度邑解」, 467~468쪽.
15) 『春秋左傳』(吳哲楣 主編, 『十三經』), 僖公 二十六年, 678쪽.
16) 『春秋左傳』(吳哲楣 主編, 『十三經』), 定公 四年, 942쪽.
17) 司馬遷, 『史記』(『二十五史』, 권1), 「魯世家」, 96쪽.

섰다. 구슬을 박은 홀笏을 들고(植璧秉珪) 대왕大王, 왕계王季와 문왕에게 아뢰었다."18)
곧 무왕의 병세가 호전되어 완전하게 건강을 회복할 수 있도록 주공은 특별히
단을 설치하고 자신의 삼대 조상에게 기도하고, 심지어 무왕대신 생명을 바칠
수 있기를 기원하여 상천의 "비자조子(天子)의 책무"를 만족시켰다. 그 축사는 다음과
같다.

> 당신의 원손元孫 아무개가 모질고 급한 병에 걸렸습니다. 당신 세 왕은 천자의
> 책임이 하늘에 있으니, 단旦으로써 아무개의 몸을 대신하소서. 저는 어질고 아버
> 지와 같이 유능하여, 재주가 많고 예藝도 많아 귀신을 섬길 수 있습니다. 그러나
> 당신의 원손은 저 단旦처럼 재주와 예가 많지 못하여 귀신을 잘 섬길 수 없습니다.
> 상제의 뜰에서 명을 받고, 널리 사방의 보우를 받아 당신의 자손이 땅으로 내려와
> 안정되게 할 수 있었으니, 사방의 백성이 두려워하지 않을 수 없습니다. 오호라!
> 하늘이 하늘의 보배로운 명령을 내려 주심에 우리 선왕도 영원히 의지하여 귀의할
> 곳이 있습니다. 이제 제가 곧 원귀元龜(점칠 때 쓰는 큰 거북 등껍질)에 나타난 명을
> 따라서 당신이 저에게 허락한다면, 저는 벽옥과 홀을 들고 돌아가 당신을 기다리
> 겠습니다. 당신이 저를 허락하지 않으면, 나는 벽옥과 홀을 감출 것입니다.19)

이 말은 주공이 심지어 자신의 삼대 선조가 허락하면 자신의 생명을 무왕의
건강과 바꾸겠다는 말이다. 만약 오직 그 조상이 상천에게 전달하는 책임이 있다고
하면, 주공 단도 더욱더 상천의 요구를 만족할 수 있는데, 왜냐하면 그는 "재주도
많고 예도 많을" 뿐만 아니라, "능히 귀신을 섬길 수 있기" 때문이다. 전하는
바로는, 주공이 기도한 후 또 거북점을 통하여 세 번 점을 친 것이 모두 길조吉兆를
얻었으므로 무왕의 병세가 호전되었던 것 같다. 이에 "주공이 그 비책을 금등金縢의
궤匱에 비장備藏하고, 지키는 사람에게 감히 말하지 못하게 경계警戒하였다."20)

---

18) 『尚書』(吳哲楣 主編, 『十三經』), 「金縢」, 95쪽.
19) 『尚書』(吳哲楣 主編, 『十三經』), 「金縢」, 95쪽.
20) 司馬遷, 『史記』(『二十五史』, 권1), 「魯世家」, 96쪽.

이러한 고사에 대하여 오늘날의 우리는 당연히 여러 다른 견해를 가질 수 있다. 그것이 효과가 있는가의 여부는 오늘날 이미 어떤 사람도 조상에게 기도하여 능히 재난을 면하고 질병을 물리치는 방법이라고 믿지 않는다. 다만 당시의 상황에서 말하면, 서주는 확실히 무왕과 같이 능히 대국을 안정시킬 수 있는 지도자가 없어서는 안 되었다. 이른바 "하늘이 하늘의 보배로운 명을 내려 주심에 우리 선왕도 영원히 의지하여 귀의할 곳이 있습니다"라는 말은 물론 상천의 "보배로운 명"의 실현이 결국 조종이 "의지하고 귀의하는 곳"임을 가리켜 한 말이며, 또한 응당 무왕에게 맡겨야 한다는 말이다. 그리고 상대의 갑골문에 남아 있는 대량의 복사卜辭를 보면, 옛사람이 어디로부터 오는지를 모르는 곤란함에 직면했을 때 조상에게 기도하거나 창천의 신령에게 계책을 묻는 것은 아마도 은·주시대 사람들이 항상 사용하는 방법이다. 따라서 우리는 완전히 주관적으로 주공의 이러한 진실성을 이해할 수 있는데, 왜냐하면 당시의 상황에서 이처럼 조상의 망령亡靈에 기도로 구하는 방식은 확실하게 이미 어쩔 수 없는 방법이었기 때문이다. 그러나 만약 이것이 주공이 만든 고도의 그럴듯한 꾸밈(秀作, 속임수)이라고 하면,[21] 이후 섭정攝政이 될 수 있는 밑천을 얻은 것이고, 그렇다면 주공이야말로 진정으로 가장 간사하고 악한 사람이다.

머지않아 무왕이 병으로 세상을 떠났다. 이로써 서주 정권은 물론 주공 단 개인으로서도 진정으로 엄준한 시련이 찾아 왔다. 무왕이 상나라를 이긴 후 "이에 왕자 녹보祿父(紂王의 아들)를 세워서 상商지역을 지키고 조상에게 제사를 지내도록 하였다. 관숙管叔을 동쪽에, 채숙蔡叔과 곽숙霍叔을 은殷지역에 세워서 은나라의 신하를 감독하게 하였다."[22] 이치대로라면, 이처럼 "이에 왕자 녹보祿父(紂王의 아들)를 세워서 상商지역을 지키고 조상에게 제사를 지내도록 함"의 방식은 삼대 이래 정권교체의 공통된 방법이었으며 곧 이른바 나라는 멸망시켜도 제사는 끊지 않는

---

21) 현대인들은 귀신을 믿지 않으므로 자연히 속임수라고 이해하지만, 은·주시대의 "귀신을 존중하고 섬기는" 배경에서 이러한 일은 결코 속임수가 아니다. 또한 누구도 감히 이와 같은 방식으로 자기의 조상의 망령을 희롱하지는 않으며, 마땅히 극히 정중한 승낙이다.

22) 『逸周書』, 「作洛」, 『逸周書彙校集注』, 510~511쪽.

것이다. 그러나 무왕이 상나라를 이기고 난 바로 2년 뒤 병으로 세상을 떠났고, 성왕은 당시 나이가 어려서 새로운 정권은 여전히 아직 안정되지 않았다. 그런데 무왕과 주공의 동포同胞 형제인 관숙·채숙·곽숙은 원래는 은상殷商의 옛 지역에 (제후고) 봉해진 이른바 "은의 삼감三監"이었는데, 평소에 주공이 상나라를 이기는 과정에서 "보좌"한 공에 불만을 품었고, 지금 또 서주 정권이 건립된 후 주공이 "고굉"과 "보익輔翼"의 지위에 있는 것에 불만을 품었다. 이에 무왕이 일찍 세상을 떠나고 성왕이 나이가 어려서 새 정부가 아직 안정되지 않은 상황에서 사방에 "주공이 유자孺子(成王)를 이롭지 않게 하리라"[23]라는 유언비어를 퍼뜨렸는데, 그 뜻은 비록 무왕이 이미 성왕을 왕권의 계승자로 확립하였지만, 성왕이 나이가 어리기 때문에 이 정권은 반드시 주공 단에게 찬탈 당할 것[24]이라는 말이다. 나아가 이 유언비어에 근거하여 은 주왕의 아들인 무경과 연합하고 솔선하여 삼감의 난을 일으켰다. 은 주왕의 아들 무경에게는 당연히 "그 옛 왕업王業을 회복"하는 기회이지만, 주공에게는 창졸간에 방어할 수 없고 또 입이 있어도 변명하기 어려운 위급하고 어려운 국면이었다. 왜냐하면, 만약 주공이 병사를 이끌고

---

23) 『尚書』(吳哲楣 主編, 『十三經』), 「金滕」, 96쪽.
24) 관숙·채숙·곽숙에 대하여 말하면, 이러한 기도는 아마 충만한 "지혜"의 색채를 띠고 있으나, 이러한 지혜는 단지 자기 이익만을 위한 계산된 수요에 복종할 뿐이다. 사실을 보면, 그들은 결코 죄가 너무 커 용서받을 수 없는 나쁜 사람일 뿐만 아니라, 그 원인을 말하면, 주공의 "股肱"(가장 중요한 신하)과 "輔翼"(보좌)의 지위에 대한 불만에 불과하다. 그러나 이러한 마음 상태의 발전은 반드시 이른바 "주공이 孺子 (성왕)에게 이롭지 않다"라는 謠言의 발생을 초래하였다. 이러한 요언은 결국은 완전히 자신의 이익을 따른 계산에 착안한 것이다. 그러나 이처럼 완전히 자신의 이익을 따른 계산에서 출발한 "지혜"는 결국 "일을 그르침"(砸鍋)과 "혼란에 빠뜨림"(攪局)으로 발전한다. 중국 역사에서 이러한 현상과 비극은 얼마나 되풀이되었는지 모르지만, 도리어 충분하게 성사될 수 있는 지혜는 결코 아니며, 단지 "기반을 무너뜨린", "일을 그르친", "혼란에 빠뜨린" 지혜라고 할 수 있다. 왜냐하면, 비록 관숙, 채숙, 곽숙의 이 계획은 충분히 이루어질 수 있었고, 그들은 또 반드시 새로운 이익을 모색하는 데 빠지는 국면을 만나게 된다. 이러한 의미에서 유가의 대의와 원칙, 대국의식과 그 義를 먼저 하고, 利를 뒤로 하는 선택 정신은 곧 매우 뛰어난 공헌이다. 이 공헌은 당시 주공의 仁을 위하는 일에는 결코 사양하지 않는 정신과 어려움에 굴복하지 않고 나아가는 정신을 통하여 표현되었다.

먼저 출병하여 난을 평정하면 그것은 곧 이른바 "주공이 유자孺子(어린아이)를 이롭지 않게 하리라"라는 함정에 빠지게 되고, 만약 출병하여 난을 평정하지 않으면, 왕계·문왕·무왕에 이르는 삼대의 사람이 고심하여 경영한 서주 정권이 하루아침에 무너지기 때문이다.

이러한 상황에서 주공의 선택은 우선 태공太公(姜子牙), 소공召公(배다른 형제)과 긴급하게 의논하여 두 사람의 이해와 지지를 얻는 것이었다. 반란의 주동자 곧 이른바 "삼감三監"이 주공의 동포 형제였기 때문으로, 강자아는 비록 국사國師의 신분이지만 결국은 혈연의 밖에 속한 사람이며, 소공도 비록 형제이지만 이복형제로서 여전히 혈연적으로는 한 단계 떨어져 있었다. 이러한 위급한 때에 오직 주공 단이 비로소 출병하기에 적합하였던 것 같다. 이에 "두 공에게 고하기를 '내가 (반란자를 죽임을) 피하지 않으면, 내가 나의 선왕에게 고할 것이 없다'라고 하였다."[25] 곧 조상의 기업을 수호한다는 큰 국면의 의식에서 출발하여, 주공도 오직 난국을 맞이하여 이 길을 갈 수밖에 없었는데, 그것은 곧 반드시 군대를 통솔하여 반란을 평정해야 한다는 뜻이다. 이에 곧 주공이 섭정왕으로 자처하는(攝政稱王) 시대가 열렸다.

당시의 국면은 무경武庚과 삼감三監, 그리고 일찍이 은상殷商의 옛 땅에 살던 회이淮夷가 모두 반란을 일으키니, 주공은 부득이 먼저 그를 겨눈 정치적 반란에 임하지 않을 수 없었으며, 그것에 대한 선택은 당인불양當仁不讓(인을 행함에 스승일지라도 양보하지 않는다. 仁을 행함에 적극 앞장선다.)으로, 의연하고 결연하게 군대를 이끌고 출정하였다. 군대를 출정하기 전에 주공은 또 특별하게 「대고大誥」를 지어 무왕의 적장자이며 서주 왕권의 계승자인 성왕에게 한 차례 마음의 고백과 신신당부를 하였다.

왕이 대략하여 말하기를 "아! 그대들 여러 나라와 일을 맡은 백관百官(御事)들에게

---

25) 『尙書』(吳哲楣 主編, 『十三經』), 「金縢」, 96쪽.

널리 고하노라! 불행하게도 하늘이 우리 가문家門에 해害를 내림이 끊임이 없도다. 특히 왕은 아직 나이가 어린데도 원대하고 유구한 왕업을 이어받았도다. 명철한 사람을 만나 백성을 안정하게 이끌지도 못하였는데 하물며 천명을 헤아릴 수 있는 사람이 있겠는가? 아! 나의 어린 아들이 심연深淵을 건너는데 내가 마땅히 건너는 방법을 찾아야 하도다. 천명을 받들도록 도와준 크게 보배로운 거북(人寶龜)의 큰 공을 지금까지 잊을 수가 없도다. 하늘이 재난을 내릴 때 나는 감히 그것을 감추어 두지 못하고, 문왕이 우리에게 남겨주신 대보구人寶龜에 점복占卜하여 천명天命을 물었노라. 내가 대보구에게 기원하기를 '서쪽에 큰 재난이 있고, 서쪽 사람들도 안정하지 못하고 지금 준동蠢動하고 있도다. 은상殷商의 소주小主(小腆, 곧 武庚)가 결국 감히 그의 잔존세력을 조직하였도다. 천제天帝께서 재난을 내리니 그들은 우리나라에 곤란함이 있고 백성이 안정되지 못함을 알고 있도다. 그들은 자신들이 나라를 되찾아야 한다 라고 말하고, 도리어 우리 주나라를 도모하려고 하여 현재 그들은 뛰고 날아오르도다. 최근 며칠 동안 10명의 현자가 와서 나를 돕고 있으니, 나는 그들과 함께 앞으로 나아가 문왕과 무왕이 도모한 공업을 이루고자 하노라. 우리는 장차 전쟁을 치름에 길吉함과 이로움이 있지 않겠는가?라고 물었도다. 그런데 점복은 우리의 전조前兆는 모두 길하리라' 라고 하였다.[26]

이 말은 주공이 출정하기 전에 성왕에게 한 당부와 훈계이며, 이 한 편의 "대고大誥"에서 당시에 "서토西土에 큰 어려움이 있으니 서토의 사람이 또한 안정되지 않았다"라는 현실이 있음을 설명하였으며, 동시에 명확하게 그것은 "하늘의 두려움이 내림"의 정신으로 "은의 작은 무리"의 잔여 세력을 소멸시키고, 그로써 "어린아

---

26) 『尚書』(吳哲楣 主編, 『十三經』), 「金縢」, 96쪽.
　　역자 주: 이 구절은 해석이 난해하고, 해석에 이견이 있어 이 책의 저자가 쓴 標點에 충실하게 해석하였고, 다른 역자들의 확인을 위해 특별하게 원문을 수록한다.
　　"王若曰: 猷大誥爾多邦越爾御事, 弗弔天降割於我家, 不少延. 洪惟我幼沖人, 嗣無疆大歷服. 弗造哲, 迪民康, 矧曰; 其有能格知天命! 已! 予惟小子, 若涉淵水, 惟往求朕攸濟. 敷賁敷前人受命, 茲不忘大功. 予不敢閉, 天降威, 用寧王遺我大寶龜, 紹(卜問, 卜問)天明. 卽命曰: 有大艱於西土, 西土人亦不靜, 越茲蠢. 殷小腆誕敢紀其敍. 天降威, 知我國有疵, 民不康, 曰: 予復! 反鄙我周邦, 今蠢今翼. 曰, 民獻有十夫予翼, 以於敉寧·武圖功. 我有大事, 休? 朕卜並吉."

제4장 "예禮"에서 "인仁"까지: 유학의 역사가 이루어지다　　**301**

이"(성왕)가 "더없이 큰 왕업"을 계승하는 일을 확보하려 함을 표시하였다. 이에 반드시 섭정해야 하는 시대가 되었다.

중국 역사에서 주공이 섭정왕으로 자처한(이하 '攝政稱王'으로 표기) 문제는 의견이 분분하고 어지러운 화제이다. 한편으로 역사적 기록 특히 전국·진·한시대의 기록으로 보면, 사람들은 주공이 일찍이 '섭정칭왕攝政稱王'한 일이 사실이라고 인정하는 것 같다. 다른 한편으로는 주공의 '섭정칭왕'의 일이 역사에 미친 영향으로, 진秦왕조의 여불위, 서한 말기의 왕망王莽, 동한 말의 조조曹操(155~220)에서 청왕조의 다이곤多爾袞(1612~1651)까지 또한 사람들의 비난을 받는 내용과 성분이 매우 많은 것 같다. 그리고 서주시대부터 확립된 적장자嫡長子 계승제도 이래(서주의 이 제도는 실제로 또 주공의 "섭정"이 먼저이며, 그 후에 "還政"[왕정으로 돌아감]이 진정으로 확립되었다.), "섭정"의 형식은 늘 사람들에게 왕권의 신성성과 합법성을 침해한다는 혐의를 느끼게 하였다. 따라서 정통의 유가 특히 양한 이후의 정통 유가는 왕망의 "섭정"과 "한나라를 찬탈함"에 대한 반감 때문에 이른바 "주공이 성왕을 보좌함"(周公相成王)이라는 말로 주공이 '섭정칭왕' 한 일에 대하여 어떤 식으로든 해명하고자 하는 것 같다. 실제로 『상서』 「대고」의 "주공이 성왕을 보좌함"이라는 표현으로만 보면, 그것은 완전히 후세 유가의 해명 혹은 의도적 왜곡에서 나온 말일 수도 있다.(다음에서 상세하게 설명할 것이다.)

이러한 현상이 생긴 원인은, 한편으로 당연히 진한시대 대일통大一統의 전제정권이 형성된 이래, 독존적 왕권은 일종의 신성불가침의 "신기神器"(임금의 자리)였으며, "신기"에 접근하기를 시도하는 어떤 행위도 모두 대역부도大逆不道로 보고 반드시 철저하게 근절될 수밖에 없었기 때문이다. 다른 한편으로는 주공 이후 여불위에서부터 왕망, 조조, 다이곤에 이르기까지 모두 주공의 "섭정"의 깃발을 들고 자신의 사적인 것을 도모했기 때문이다. 이것은 사람들이 주공의 '섭정칭왕'에 대한 일종의 기피현상을 조성하였을 뿐만 아니라, 역사상 야심가들이 주공의 '섭정칭왕'을 이용하였기 때문에 사람들에게 "섭정"과 같은 표현을 두려워 쓰지 못하도록 하였다. 실제로 "천하를 일가一家의 사유私有로 여기는" 삼대에 대하여 말하면, 황권皇權은 근본적으로 그렇게 신성하지 않았으며, 결론적으로 말하면 "하나의 성姓, 하나의 집안의 흥망과 도읍의 전이轉移에 불과"27)할 뿐이다. 그 "신성"의 근거도 단지 일종의 황권의 "혈연전달"에 불과하다. 당시만 해도 혈연전달의 관점에서는 주공에 게 어떤 제약도 결코 없었다. 즉 주공도 문왕의 아들이자 무왕의 형제였다. 만약 은상의 "형제상속제도"를 따르면, 주공도 완전히 합리적 합법적인 왕위계승자라고 할 수 있다. 그러나 황권의 신성함이 그 "혈연전달"의 특징뿐만 아니라 또한 반드시 "적전嫡傳"의 특징을 가져야 한다고 하면, 무왕 희발姬發도 마찬가지로 문왕의 "적장 자"가 아니었다. 당시에는 한편으로 "적장자" 계승제가 제대로 확립되지 않았고, 다른 한편으로 진정한 "적장자"인 백읍고伯邑考는 살아 있을 때 문왕의 책봉을 받지 못하였으며, 진정하게 "적장자계승제"가 확립되어야 할 때를 이미 일찍이 지나쳤다. 따라서 전국과 진·한시대에 사람들은 종종 실사구시적으로 주공이 '섭정칭왕' 한 일을 역사적 사실로 인정하였다. 그러나 황권이 점점 더 독존화獨尊化, 신성화神聖化되면서 사람들은 오히려 점점 더 주공이 '섭정칭왕' 한 일을 언급하기를 꺼렸다.

이와 반대로 이보다 더 이른 역사에서 사람들은 오히려 솔직하게 주공이 섭정한 사실을 말할 수 있었다. 예를 들면 『공자가어孔子家語』에서 공자는 명확하게 주공이 분명하게 '섭정칭왕' 한 경력을 인정하였다.

무왕이 붕어하자 성왕의 나이 13세로 왕위를 이어받았다. 주공이 총재冢宰(六卿의 우두머리)로 섭정하여 천하를 다스렸다. 다음 해 여름 6월 장례를 치르고 성왕의 대관식을 하여 조상에게 배알拜謁하고 제후들을 접견하니 또한 군주로서였다.28)

공자의 이러한 표현은 거의 사실의 기록이라고 할 수 있으며, 당시에는 '섭정칭 왕'을 기피하는 습관이 형성되지 않았을 수도 있기 때문에 공자는 주공이 확실하게

---

27) 王國維, 『殷周制度論』(『觀堂集林』 제2책), 453쪽.
28) 陳士珂 輯, 『孔子家語疏證』, 권8, 199쪽.

"섭정으로 천하를 다스린" 경력을 인정하였을 뿐만 아니라, 동시에 주공이 제후의 면전에서 "또한 군주로서였다"라는 사실을 인정하였다. 그러나 왕권의 독존화에 따라 섭정칭왕은 정치생활에서 매우 큰 기휘忌諱(꺼리는 일)가 되었다. 이것은 진·한 대일통의 정권이 형성된 후에 비로소 관습이 되었다고 할 수 있다. 생각하면, 상의 개국 재상宰相인 이윤伊尹이 상의 탕왕을 보좌한 후에 "유방流放(유배)의 방식으로 상나라 탕왕의 계승자인 태갑太甲을 징벌한 일도 있었다."29) 이것은 진·한 이후 황권이 독존인 시대에는 거의 상상할 수 없는 일이다.

따라서 진·한 이후의 역사에서 정통의 유가일수록 더욱 주공의 '섭정칭왕'의 논법을 기휘하였다. 그러나 유가를 제외한 다른 사상가들은 오히려 주공이 일찍이 섭정왕이었던 역사를 바로 볼 수 있었다. 청컨대 역사적으로 주공의 '섭정칭왕'에 대한 여러 평론을 보자.

옛날에 은 주왕紂王이 세상을 어지럽히고, 귀후鬼侯(와 鄂侯)를 죽여 포를 떠서 제후들에게 먹였다. 이 때문에 주공은 무왕을 도와 주왕을 정벌征伐하였다. 무왕이 붕어하자 성왕이 유약하여 주공이 천자의 지위를 실천하여 천하를 다스렸다. 6년 동안 제후를 명당에서 조회하고, 예禮·악樂을 제작하고, 도량형度量衡을 반포하여 천하가 크게 복종하였다. 7년 만에 성왕에게 정사를 돌려주었다. 성왕은 주공을 천하에 훈로勳勞가 있다고 생각하여 곡부曲阜에 주공周公으로 봉하였으니, 땅이 사방 칠백이며, 혁거革車(兵車)가 천승千乘이었으며, 노공魯公(伯禽, BC 1045~ BC 998)에게 명하여 대대로 주공을 천자의 예악禮樂으로 제사 지내도록 명령하였다.30)

옛날에 무왕이 붕어한 뒤 성왕이 어리므로 주공 단이 동궁東宮(왕세자)의 역할을 하고, 성석成石을 밟고 명당明堂(조회하는 正殿)에 제사하여 임시로 천자가 되어

---

29) 태갑이 즉위하였는데, (喪禮에) 밝지 않았다. 伊尹이 桐으로 추방하였는데, 3년 후에 亳(탕왕의 서울, 하남성 商丘縣)으로 다시 돌아오니, (왕이) 범상하게 생각하니 이윤이 「太甲」세 편을 지었다.(『尙書』[吳哲楣 主編, 『十三經』], 「太甲」, 80쪽)
30) 『禮記』(吳哲楣 主編, 『十三經』), 「明堂位」, 500쪽.

7년을 지냈다.³¹⁾

무왕이 붕어崩御하였을 때 성왕成王은 어렸으므로 주공이 성왕을 보좌하고 무왕을 이어서 천하를 다스렸는데, 세상이 주나라를 배반함을 싫어하였기 때문이다. 천자의 자리를 이행하고, 천하의 결단해야 할 일을 듣고, 의연하게 본래 (왕위가) 자신의 것처럼 하였으나 세상에서는 탐욕스럽다고 하지 않았다. 형 관숙管叔을 죽이고 은나라를 폐허로 만들었는데도 세상에서는 포악하다고 하지 않았다. 겸하여 천하를 제도하고 71개의 제후국을 세우고, 희씨姬氏 성만 53명이었으나 세상에서는 편파적이라고 하지 않았다.³²⁾

주공 단이 임시로 7년간 천자를 대신하고, 성왕이 장성하여 그에게 정치를 돌려주었다. 천하를 위한 계책이 아니라 그 의무 때문이었다. ³³⁾

무왕武王이 붕어하였을 때 성왕이 나이가 어려, 주공이 문왕의 왕업王業을 계승하고, 천자의 일을 이행하고 세상의 정사를 듣고, 이적夷狄의 난을 평정하였으며, 관숙管叔과 채숙蔡叔의 죄를 처벌하고, 병풍을 등지고 제후들을 조회하고 처벌과 포상을 결정하되, 좌고우면함이 없으니 위엄이 천하를 진동하였으며, 명성은 온 나라를 진동시켰으니 무武에 유능하다고 할 수 있다. 성왕이 장성하자 주공은 도적圖籍과 정사를 돌려주고, 북면하여 왕을 모시고 신하로서 섬겼다. 청한 후에 일하고, 복명한 후에 시행하며, 독단적으로 방자한 뜻이 없었으며, 거만한 기색도 없었으니 유능한 신하라고 할 수 있다.³⁴⁾

전국에서 진·한까지의 이러한 평론에서 사람들은 한결같이 주공의 "천자의 지위를 실천함", "임시로 7년간 천자를 대신함", "천자의 일을 이행함" 등을 언급했는데, 특히 한비韓非가 "주공 단이 임시로 7년간 천자를 대신하고, …… 천하를 위한

---

31)『尸子』(『二十二子』, 上海古籍出版社, 1986년판), 卷下, 376쪽.
32)『荀子』(『諸子集成』 제2책), 「儒效」, 73쪽.
33)『韓非子』(『諸子集成』 제5책), 「難二」, 277쪽.
34)『淮南子』(『諸子集成』 제7책), 「氾論」, 214쪽.

제4장 "예禮"에서 "인仁"까지: 유학의 역사가 이루어지다　305

계책이 아니라 그 의무 때문이었다"라고 하였다. 본래 법가를 대표하는 인물인 한비는 주공에 대한 존경 때문에 오는 어떤 기휘의 심리가 없는 것 같지만, 도리어 명확하게 "주공 단이 임시로 7년간 천자를 대신하였다"라고 지적하였는데, 이것은 전국과 진·한시대의 다른 사상 유파 가운데 주공 '섭정칭왕'의 일은 오히려 자타가 공인하는 기본 사실이었음을 설명한다.[35] 그러나 문제는 이후의 사람들이 왜 이처럼 주공 섭정칭왕의 일을 기휘하고 언제나 이른바 "주공이 성왕을 보좌하였다"라는 말로 가리려고 하는가에 있다.

실로 이것은 하나의 매우 중대한 역사 문제일 뿐만 아니라, 또한 심원한 역사의식을 갖춘 현실적 문제이다. 우선 역사적 관점에서 보면, 은상 이전(또한 은상을 포함해서)의 왕위계승 계보의 순서는 기본적으로 형제상속(兄終弟及) 제도이며, 따라서 대체로

---

35) 주공의 '섭정칭왕'의 문제에 대하여, 필자는 역사 문헌에서 字句의 훈고 방면의 이유를 찾는 데에는 결코 익숙하지 않지만, 역사 사실에서 일찍이 '섭정칭왕'을 한 근거로 세 개의 큰 결정적 구절을 찾아낼 수 있었다. 첫째, 후세에 주공을 이해하는 사람이든 존경하는 사람이든 아마 모두 공자를 넘지 못한다. 공자는 일생 모두 주공을 인생의 모범으로 삼았다. 그런데 "주공이 예악을 제작하였다"라는 역사 기록에 직면해서 공자는 도리어 명확하게 자기는 "述而不作"(타인의 학설을 기술할 뿐, 자신의 학설을 만들지 않다.[『論語』, 「述而」])이라고 하였다. 그 원인은 공자의 손자인 자사가 비로소 철저하게 밝혀낼 수 있었는데, "비록 그 지위를 가지더라도 진실로 그 德이 없으면, 감히 예악을 만들지 말아야 하며, 비록 그 덕이 있더라도 진실로 그 지위가 없으면, 또한 감히 예악을 만들지 않아야 한다"(『禮記』, 「中庸」)라고 하였다. 따라서 주공이 예악을 제작하였다는 바로 이 점에서 그가 일찍이 '섭정칭왕' 하였다고 말할 수 있다. 즉 이미 그 덕이 있고 그 지위가 있었다는 말이다. 둘째, 주공의 葬禮로써 보면, 사마천은 "주공이 豊에서 병이 들어 장차 세상을 떠날 무렵에 '반드시 나를 成周(洛邑. 지금의 洛陽)에 장사 지내어 내가 감히 성왕을 떠나지 않음을 분명하게 하라'라고 하였다. 주공이 세상을 떠나자 성왕도 또한 그렇게 하도록 하고, 주공을 畢(鎬京. 지금의 西安 근처)에 장례 지내고, 문왕 때부터 자신이 감히 주공을 신하로 생각하지 않았음을 분명히 하였다"라고 하였다.(『史記』, 「魯世家」) 여기서 신하의 예로 주공을 안장하지 않은 현상이 곧 '섭정칭왕'을 하였다는 표현이다. 셋째, 주공의 봉지를 魯로 하였는데, 노나라는 "郊에서 문왕에게 제사를 지낼" 수 있을 뿐만 아니라, 언제나 "천자의 예악"을 享有할 수 있다.(『史記』, 「魯世家」) 『예기』에서는 심지어 성왕이 "魯公으로 대대로 천자의 예악으로 제사를 지내라고 명령하였다"(『禮記』, 「明堂位」)라고 하였다. 이것은 모두 어떤 제후국이나 제후왕도 지금까지 없었던 대우이며, 천자만 누릴 수 있는 예악의 특권이자, 또한 주공이 섭정칭왕을 한 일에 대한 일종의 기념이자 보답이라고 할 수 있다.

가족 혹은 혈연을 중심으로 하였다고 할 수 있다. 왕국유는 이로 인하여 "우虞·하夏는 전욱顓頊의 후예이며, 은 주왕은 모두 제곡帝嚳의 후예이며, 마땅히 은·주와는 같은 혈통이다"36)라고 논하였고, 아울러 이에 근거하여 추론하기를 "요·순이 천하를 선양禪讓하고, 순舜·우禹는 공업功業으로써 하였는데, 그러나 순·우는 모두 전욱의 후예로서 본래 천하를 가질 수 있었던 사람인 탕湯·무武가 하夏·상商을 대신한 것은 진실로 그 공功과 덕으로써 하였으나, 탕·무는 모두 제곡의 후예로서 또한 본래 천하를 가질 수 있었던 사람이다"37)라고 하였다. 그렇지만 왕국유는 제계전수帝系傳授의 계보순서系譜順序인 적장자계승제로 은상 이전의 형제상속제도를 대체한 일은 확실히 하나의 거대한 역사적 진보임을 인정하지 않을 수 없었다. 따라서 그는 은상의 형제상속제도에서 출발하여 "태왕太王이 왕계王季에게 전하고, 문왕이 백읍고伯邑考를 버리고 무왕에게 전하였으며, 주공이 무왕을 이어서 '섭정칭왕'하였는데, 은殷의 제도로 말하면 모두 옳다"38)라고 하였다. 다시 말하면, 하대 이래의 "천하天下는 일가一家의 사유물" 즉 "왕가王家가 곧 천하天下"라는 말은 물론, 또한 은상시대를 포함하여 서주의 선조가 받들었던 형제상속제도(서주에서 "太王이 王季에게 전하고, 문왕이 伯邑考를 버리고 무왕에게 전하였다"라는 말은 실제로 모두 長子를 버리고 次子에게 전한 것이며, 이것은 또한 현명한 사람을 선택하여 왕위를 전하는 관습을 유지하였다고 할 수 있다.)로 보면, 주공의 '섭정칭왕'도 모두 어떤 불합리한 요소는 없으며, 합리적·합법적이며, 근본적으로 어떤 변명으로 설명할 필요가 없다.

그러나 서주에서부터 확립된 적장자계승제도가 시작되자 은상 이전의 형제상속제도는 역사의 무대에서 사라졌고, 따라서 당시의 사회현실에서 볼 때, 적장자계승제도의 배경에서 보면, 주공의 섭정칭왕은 자연히 더 이상 합리적이지 못하였다. 왕위계승제도의 이러한 변화는 중국의 구체적 지혜가 왕위계승에서 표현되었을 뿐만 아니라, 이러한 지혜는 또 바로 주공 본인의 자아희생과 몸소 한 일을 통해서

---

36) 王國維, 『殷周制度論』(『觀堂集林』 제2책), 452쪽.
37) 王國維, 『殷周制度論』(『觀堂集林』 제2책), 454쪽.
38) 王國維, 『殷周制度論』(『觀堂集林』 제2책), 455~456쪽.

실현된 일이다. 은·주의 왕위계승에서의 이러한 중대한 변화에 대하여 왕국유는
『은주제도론殷周制度論』에서 다음과 같이 분석하였다.

> 전자제傳子制(자식에게 왕위를 전하는 제도)로부터 적適·서庶의 제도가 생겼다. 무릇
> 동생을 버리고 자식에게 전함으로써 싸움을 멈추게 한다. 형제간의 혈통은 본래
> 부자父子보다 못하며, 형의 존귀함도 또한 아버지만 못하므로 형제간에는 항상
> 왕위쟁탈의 사건을 면하지 못한다. 특히 동생에게 전하는 일이 이미 없어진
> 후에 왕위를 계승하는 것은 당연히 형의 아들일까? 동생의 아들일까? 이치대로
> 말하면 당연히 형의 아들에게 전해야 하며, 사실로써 말하면, 전하는 대상이
> 종종 동생의 아들도 된다. 이것이 상나라 사람이 중정中丁(太戊의 아들로 商의 제10대
> 왕) 이후 9대에 걸쳐 혼란이 있게 된 까닭이었으며,[39] 주나라 사람들의 전자제傳子
> 制는 곧 이러한 폐단을 구하기 위하여 설립되었다.[40]

분명히 서주 통치자가 '전자제'로 은상의 형제상속제도를 대체하였던 것은
본래 형제간의 "왕위 다툼의 일"을 피하기 위함이었다. 그러나 전자제가 확립됨에
따라 이른바 적장자계위제繼位制도 그에 따라 형성되었는데, 주공이 곧 이 제도를
확립하는 데 첫 번째 단추를 끼운 인물이다. 주공의 위대한 점은 그가 먼저 "섭정"의
방식으로 국가의 위급함에 응하였고(그렇지 않았으면 반란을 평정하지 못하였다.), 그 후
또 "정사를 돌려줌"의 방식으로 솔선해서 적응하고 확립하였으며, 아울러 적극적으
로 이 역사적 조류를 추진하였음에 있다. 주공의 이러한 역사적 작용에 대하여
왕국유는 "무왕이 붕어하였을 때 천하는 아직 안정되지 않았고, 국가는 뛰어난
군주에게 의지하였다.…… 그러나 주공이 곧 성왕에게 왕위를 전하고 자신이 섭정하
였으며, 그 후에 정사를 돌려주었다. 섭정이라는 것은 변고變故를 구제하기 위함이다.

---

39) 역자 주: 中丁이 죽은 뒤 동생 外壬이 왕위를 이었고, 외임이 죽은 후 그의 동생 河亶
甲이 왕위를 이었다. 이후 적자계승이 폐지되어 왕실의 자제들이 왕위를 놓고 서로
싸워 9대에 걸쳐 혼란이 거듭되었다.(『史記』, 「殷本紀」 참조)
40) 王國維, 『殷周制度論』(『觀堂集林』 제2책), 456~457쪽.

성왕에게 왕위를 돌려줌으로써 올바름을 정착시켰다. 이후에 아들이 계승하는 법이 마침내 모든 왕이 바꾸지 않는 법이 되었다"[41]라고 평가하였다. 물론 반드시 지적할 점은, 이른바 '적장자계위제'는 하루아침에 이루어질 수 있는 일(一蹴而就)이 아니라, 반드시 하나의 맹아가 발아한 후에 형성되어 마지막으로 정형화되는 과정을 거쳐야 한다는 것이다. 왕국유가 은나라 주왕이 미자계微子啓를 뛰어넘어 직접 왕위를 계승한 일을 분석[42]한 데서부터, 왕휘王暉가 "적장제가 조갑祖甲 이후의 강정康丁(26대)·무을武乙(27대)의 시대에 이미 형성되었다"[43]라고 명확하게 밝혀낸 데까지, 모두 은상의 형제상속제도가 도치된 "9세의 난亂"에 대하여 설명하고, 또 사람들이 가족 내부에서의 전위傳位 순서상에서 "싸움을 멈추는" 방법을 끊임없이 모색하였다. 한 걸음 더 나아가 보자. 서주시대에 이르면 당시에 "무왕이 붕어하고 성왕이 나이 어린" 상황에서 관숙·채숙·곽숙이 무엇 때문에 겨우 "주공이 유자孺子(成王)를 이롭지 않게 하리라"라는 유언비어에 의지하여 반란을 일으키는 구실로 삼았는가? 실제로 이 현상은 이때 적장자계위제가 이미 형성되어 사람의 마음에 깊이 파고든 관념이 되었음을 동시에 설명한다. 그렇지 않으면, 만약 사람들이 여전히 형제상속제도의 관념에 머물러 있었다면, 이른바 "주공이 유자孺子(어린아이)를 이롭지 않게 하리라"라는 유언비어는 어떤 큰 파도를 일으키지 못하였다. 이런 관점에서 보면, 이른바 적장자계위제는 사실 중국인이 "천하는 일가一家의 사유물"(天下爲家)로 보는 시대에 왕권의 계승 순서가 어떻게 분쟁紛爭과 전쟁을 감소시킬 것인가에 대한 충만된 지혜의 공헌이라고 할 수 있으며, 주공 본인은 먼저 개인적인 응급인 "섭정"과 반란을 평정한 후의 "정사를 돌려줌"을 통하여 이 제도가 영원히 확립되어 가도록 하는 데 솔선수범率先垂範한 사람이다.

이러한 의미에서 주공의 어려움은 사실 결코 "유언"이 처음 일어난 이른바 "주공이 유언을 두려워한 날"이라는 데 있었던 것이 아니라(물론 이때도 분명히 어려움은

41) 王國維,『殷周制度論』(『觀堂集林』제2책), 456쪽.
42) 王國維,『殷周制度論』(『觀堂集林』제2책), 456쪽.
43) 王暉,『商周文化比較硏究』(人民出版社, 2000년판), 6쪽.

있었지만, 그 어려움은 주로 주공 개인적으로 가까운 사람으로부터 공격을 받고, 입으로는 변론하기 어려운 위급함에 있었다.), 더 어려운 일은 이미 "이적夷狄의 난을 평정하고 관숙과 채숙의 죄를 물어 주살함"에 있었다. 즉 이른바 "천하에 크게 신복信服" 한 뒤에 주공은 도리어 충분히 "도적圖籍과 정사를 돌려주고, 북면하여 왕을 모시고 신하로서 섬겼다. 청한 후에 일하고, 복명한 후에 시행하며, 독단적으로 방자한 뜻이 없었으며, 거만한 기색도 없도록" 할 수 있었다. 이것은 자기의 권리를 희생하여 천고에 통하는 법칙성의 제도와 바꾸었다. 그리고 가장 곤란한 것은 주공이 이미 서주의 통일 대업을 완성하였고 아울러 이미 "정사를 돌려준" 이후, 마지막으로 성왕에게 청하여 서주에 남아서 "성왕을 보좌"하지 않을 수 없었음에 있다. 이치대로라면, 주공은 이때 충분히 인간 지존의 지위로 봉지를 얻어서 천륜을 향유할 수 있었지만, 그가 이미 성왕에게 "도적圖籍과 정사를 돌려주고, 북면하여 왕을 모시고 신하로서 섬겼으므로" 또한 일반 신하와 마찬가지로 왕명의 부름에 응하지 않을 수 없었다. 이에 이른바 "청한 후에 일하고, 복명한 후에 시행하며, 독단적으로 방자한 뜻이 없었으며, 거만한 기색도 없었다." 이것은 완전히 신하의 직분에서 나온 것이다. 이처럼, 주공은 일차로 군·신간의 지위를 바꾸었을 뿐만 아니라, 임금을 섬기는 마음으로 자신이 가르친 성왕을 받들어 모시지 않을 수 없었으며, 따라서 그 아들 백금伯禽으로 하여금 그를 대신하여 노魯나라에 부임하도록 하였다. 그럼에도 의외로 주공은 도리어 아래와 같이 신신당부하고 훈계하며 백금을 배웅하였다.

　　주공이 백금을 훈계하기를 "나는 문왕의 아들이며, 무왕의 동생이며, 성왕의 숙부로, 나는 세상에서 또한 천賤하지 않다. 그러나 나는 머리를 감다가 (손님을 맞이하러) 세 차례나 머리 다발을 움켜쥐었고, 밥을 먹다가 세 번이나 입안의 밥을 뱉고서 일어나서 사士를 맞이하였으며, 오직 천하의 현인을 잃을까 근심하였다. 아들아 너는 노나라로 가더라도 나라를 가졌다고 다른 사람에게 교만하지 말아라"라고 하였다.[44]

---

44) 司馬遷, 『史記』(『二十五史』, 권1), 「魯世家」, 96쪽.

만약 이것이 단지 주공이 만든 고도의 그럴듯한 꾸밈으로 자기 아들인 백금을 훈계한 것에 불과하다고 한다면, 청하건대 공자의 기록과 논평을 보자.

옛날 주공이 총재冢宰의 존위尊位(높은 지위)에 있으면서 천하의 정사를 제도制度도 하면서도, 오히려 가난한 사인士人에게 몸을 낮추어, 하루에도 170명을 접견하였다. 이것이 어찌 도道가 없어서이겠는가? 사인을 얻고자 했기 때문이다. 어찌 도가 있으면서도 천하의 군자에게 자신을 낮추지 않을 수 있겠는가?[45]

곧 주공의 이러한 마음 상태와 그의 입신처세의 정신 때문에 이후의 조조曹操조차도 "주공이 밥을 뱉어내어 천하의 마음을 돌렸다"(「短歌行」)라고 하여 주공의 품행과 집권의 풍격을 찬미하였다. 실제로 천하를 마음으로 여기고, 천하의 마음으로 천하를 책임지려는 것이다. 이러한 관점에서 볼 때, 주공은 인류역사에서 최초의 만델라(Nelson Mandela, 1918~2013), 중국 고대의 워싱턴(George Washington, 1732~1799)이라고 할 수 있다.

주공이 "삼감의 난"이라는 위급한 때에 인仁을 위해 물러서지 않는 정신(當仁不讓)으로 정진挺進하여 나감으로써 자연히 연달아 일련의 성공을 거두었다. 이러한 성공에 대하여 『상서대전尚書大傳』에서 개괄하기를 "1년 만에 반란을 평정하였고, 2년 만에 은나라를 이기고, 3년에는 엄奄나라를 제압하였으며, 4년에는 후侯와 위衛를 건립하고, 5년에는 성주成周(주왕조가 건설한 낙양 근처의 東都와 西都)를 영건營建하고, 6년에는 예악을 제정하였으며, 7년에는 정사를 성왕에게 돌려주었다"[46]라고 하였다. 마땅히 매우 정당한 개괄이라고 할 수 있다. 주공의 섭정 경력 중 이 "7년의 정사"에 관하여, 그 앞의 5년의 정치는 자연히 서주 정권의 응급 변고를 구제하기 위한 작품이고, 단지 6, 7년차 2년의 정사가 곧 중국 역사에서 영원한 규칙의 초석을 놓았다고 할 수 있다. 앞부분에 대해서는 이미 주공의 "성왕에게

---

45) 陳士珂 輯, 『孔子家語疏證』, 권3, 84쪽.
46) 伏生, 『尚書大傳』, 권2(湖北崇文書局光緒三年, 1877, 판각본).

정사를 돌려줌"에서 논하였으므로, 여기서는 그 "예악제작"의 심원한 영향을 주로
분석하고자 한다.

주공의 예악제작에 관한 왕국유의 분석에 의하면, 이것은 현실정치로부터
인문, 도덕과 역사문화로 지향하는 중대한 조치였다. 최근 한 세기 동안 필자가
본 범위 내에서, 학계에서 왕국유보다 나은 이러한 아주 정확한 논단을 제출한
사람은 거의 없었다.(물론 앞사람들도 왕국유의 기초에서 모두 서로 다른 정도의 진전이 있었다.)
따라서 주공의 예악제작에 대하여 필자는 주로 왕국유가 논단한 분석방법을 통하여
이 문제에 대한 본인의 기본적 시각을 나타내고자 한다.

주공은 왜 예악을 제작하려고 하였는가? 이것은 당연히 요堯·순舜의 삼대
이래의 전통이라고 할 수 있다. 그러나 그 예악제정의 최초 발단은 무엇보다 현실적
정치 위기에서 비롯되었다. 다시 말하면, 주공의 예악제정은 어느 정도는 오히려
현실정치의 위기가 추동하여 실현된 것이다. 즉 주공이 섭정칭왕으로 응급한 변고를
구제하지 않을 수 없을 때, 사실은 대체로 그 예악제작의 기본 방향이 예정되어
있었다. 청하건대 왕국유가 은·주 정치체제의 별도의 시각에서 서주 정치제도를
끌어들인 분석을 살펴보자.

주나라가 천하를 안정시키는 까닭을 보고자 하면, 반드시 그 제도로부터 시작해
야 한다. 주나라 사람의 제도는 상나라와 크게 다르니, 첫째는 자식에게 왕위를
전하고 정실正室 소생에게 왕위를 전하는(立子立嫡) 제도이며, 이로부터 종법과
상복의 제도가 생겼으며, 아울러 이로부터 봉건적 자제子弟의 제도가 생겼으며,
임금은 하늘이며 아들은 신하 제후가 되는 제도이다. 둘째는 묘수廟數(종묘의 수)의
제도이며, 셋째는 동성불혼同姓不婚(어머니의 성이 같으면 혼인하지 않음)의 제도이다.
이 몇 가지는 모두 주나라가 천하를 다스리는 까닭이며, 그 요지要旨(宗旨)는 상하
를 도덕으로 아우르며, 천하의 제후와 경卿·대부大夫·사士·서민庶民이 하나의
도덕 단체로 합일한다. 주공이 제작한 본래 의미는 실제 여기에 있으며, 이것은
견강부회牽强附會의 말이 아니다.[47)

여기서 왕국유의 은·주의 정치와 문화의 동이에 대한 비교 분석은 전적으로 서주의 "입자입적立子立嫡"의 제도에서 비롯하였다. "입자立子"제는 자연히 은상 이전의 형제상속제도에 대한 대체라고 할 수 있으며, 이러한 대체는 또한 혈친血親을 강화하고, 혈연의 거리를 가까이 끌어들이는 요소도 있으며, 동시에 혈연의 진화를 강화하는 요소도 있다. 이러한 중대한 변혁은 "형제간의 혈통은 본래 부자父子보다 못하며, 형의 존귀함도 또한 아버지만 못하므로 형제간에는 항상 왕위쟁탈의 사건을 면하지 못한다." 그리고 "자식에게 전하는 제도"(立子制)는 자연히 주로 동배同輩 형제간의 "왕위쟁탈의 사건"을 방비하는 데 그 목적이 있다. 따라서 "무릇 동생을 버리고 자식에게 전함으로써 싸움을 멈추게 한다." "정실正室 소생에게 왕위를 전하는"(立嫡) 제도는 완전히 "입자제立子制"의 기초에서 더 심화된 결과이다. 왜냐하면, 왕권의 계승이 만약 단지 "입자제"에만 한한다면 그것은 이전의 형제상속제도의 부활을 면하기 어렵다. 예를 들면 왕국유가 이미 명확하게 "만약 여러 아들 가운데 임의로 한 사람을 선택하여 왕위를 물려주면, 이 아들은 또 임의로 자기가 전해 주고 싶은 사람에게 전해 주어 그 싸움은 더욱 심해지니, 상나라가 형제의 장유長幼로 서로 전함이 오히려 질서가 있다. 그러므로 자식에게 전하는 법도 있고, 적嫡·서庶의 법도 또한 그와 함께 생겼다"[48]라고 하였다. 다시 말하면, "입자제"만으로는 동배 형제간의 "왕위쟁탈사건"의 발생을 결코 방비할 수 없으며, 그리고 중국의 수당隋唐 이후 "입자제"의 기초에서 이른바 우수하고 현명함을 등을 시험하여 선발했는데, 결과는 도리어 왕실 내부 형제 사이의 상호 살육만 초래하였으므로, 이것이 더욱 분명한 "은나라의 귀감"이라고 할 수 있다. 따라서 또 "입적제立嫡制"를 선행입법으로 통과해서 비로소 은상 이전의 형제상속제도를 철저하게 역사의 무대에서 몰아낼 수 있었다.(형제상속제도의 폐단은 은상의 "九世의 혼란"이 이미 그 충분한 증명이 된다.) 그리고 이러한 거대한 역사의 진보는 실제로는 주로 주공이 먼저 "섭정"을 한 후에 또

---

47) 王國維, 『殷周制度論』(『觀堂集林』 제2책), 453～454쪽.
48) 王國維, 『殷周制度論』(『觀堂集林』 제2책), 457쪽.

제4장 "예禮"에서 "인仁"까지: 유학의 역사가 이루어지다　313

주동적으로 "정사를 반환"함을 통하여 실현된 것이다. 즉 "섭정이라는 것은 변고變故를 구제하기 위함이다. 성왕에게 왕위를 돌려줌으로써 올바름을 정착시켰다." 따라서 왕국유가 논평하기를 "이 제도는 실제로 주공으로부터 정해졌으며, 주공의 제도개혁에서 가장 위대한 것이다"[49]라고 하였으며, 또 "이 이후에 아들이 계승하는 법이 마침내 모든 왕이 바꾸지 않은 법이 되었다"[50]라고 하였다.

왕위 전승의 계보에서 "입적제"의 확립은 사회구제를 재구축하는 기본적인 출발점이 확립된 것과 같으며, 사회 전체가 적·서구별의 체계에 따라서 다시 구축될 수밖에 없었다. "적·서는 존귀함의 계통이며, 이로부터 종법이 있고, 의복제(服術)가 있으며, 그 효과가 정치에 미치는 것은 천자 지위의 전정前定[51]이다. 동성同姓 제후의 봉건封建과 천자의 존엄과 같은 주나라의 제도는 또한 친혈육과 친함의 계통을 이용함이 있으니 제법祭法(제사 지내는 법)에 그친다."[52] "주나라 사람은 '존귀한 사람을 존귀하게 여김(尊尊)의 뜻'을 '친혈육과 친함(親親)의 뜻'으로 감당하여(經, 대신하여) 적·서의 제도를 확립하였으며, 또 친친親親의 뜻을 존존尊尊의 뜻으로 대신하여 묘제廟制를 확립하였다. 이것이 문식文飾으로 삼는 까닭이다."[53] 이러한 모든 평론은 모두 왕국유가 주대 사회를 분석하는 기본적인 핵심이며, 주대의 사회구조도 마치 포정의 칼 아래 있는 소처럼 그것을 해체하는 칼이 가는 방향에 따라 층층이 드러난다. 마지막으로 왕국유는 종합적으로 "이상의 여러 제도는 모두 '존존'과 '친친' 두 뜻에서 나왔으며, 그러한 존존, 친친, 현현賢賢 이 세 가지는 천하를 다스리는 통의通義(도리와 정의)이다. 주나라 사람들은 존존과 친친 두 뜻으로 위로는 조상과 사당을 다스렸으며, 아래로는 자손을 다스렸으며, 옆으로는 곤제昆弟 (형제)를 다스리고, 어진 이를 어질게 대하는(賢賢) 뜻으로 관료를 다스렸다"[54]라고

49) 王國維, 『殷周制度論』(『觀堂集林』 제2책), 458쪽.
50) 王國維, 『殷周制度論』(『觀堂集林』 제2책), 456쪽.
51) 역자 주: 이슬람교의 Geidel에서 온 말로 高貴함, 定命 등의 뜻이 있다.
52) 王國維, 『殷周制度論』(『觀堂集林』 제2책), 467쪽.
53) 王國維, 『殷周制度論』(『觀堂集林』 제2책), 468쪽.
54) 王國維, 『殷周制度論』(『觀堂集林』 제2책), 472쪽.

하였다.

이것이 바로 주공의 "제례制禮"이고, 그 근거와 출발점은 모두 적·서의 구별을 확립하는 데 있다. 적嫡은 군통君統의 확립에 있고 존존의 계통으로 전개되고, 서庶는 혈연의 친친에서 혈연의 현현賢賢을 뛰어넘는 데까지의 계통에서 확립된다. 따라서 전체 사회는 하나의 유기적 전체가 된다. 옛사람이 말하는 경천위지經天緯地(천하를 경륜하여 다스리는 대단히 뛰어난 재능)는 완전히 이러한 적·서제도와 존존, 친친, 현현의 확장에 따른 관점에서 설명할 수 있다. 그리고 이러한 구조 가운데 가장 중요한 부분은 적장자계승제를 확립한 데 있으며, 이는 전체 사회구조의 최초 출발점이라고 할 수 있고, 적장자계승제와 적·서의 구별, 존존·친친의 구별로부터 남녀의 구별에 이르고, 또한 모든 사람은 자신의 존존·친친·현현의 그물망 속에서 생활한다. 그리고 모든 사람은 위로는 천자·제후에서 아래로 사士·서인에까지 이 연결망 속에 있는 자연스러운 권력(권리)을 누릴 뿐만 아니라, 동시에 반드시 이러한 "인륜천지人倫天地" 혹은 인륜세계를 위해 그에 상응하는 책임도 져야 한다. 이러한 책임은 존존 계통의 정치책임에 속할 뿐만 아니라, 동시에 친친과 현현 계통의 혈연도덕과 사회의무이기도 하다. 따라서 왕국유는 또 논평하기를, "주나라의 제도와 전례典禮는 곧 도덕의 기계器械(연장)이며, 존존·친친·현현·남녀유별 네 가지의 결합체結合體이다. 이것을 민이民彝(常道, 사람의 떳떳한 도리)라고 하며, 이로부터 말미암지 않은 것은 상도常道가 아니라고 한다"[55] 하였다. 이것은 전체 사회가 존존의 정치권력의 체계일 뿐만 아니라, 동시에 이 남녀의 구별을 포함한 친친·현현의 도덕체계이다. 만약 단지 이 점에서 보면 우리는 비로소 공자의 이른바 "만약 주나라를 계승한 사람이 있다면 백세가 지나도 알 수 있다"라는 말을 이해할 수 있을 것이며, 주공 본인에 대하여 말하면, 또한 공자의 아래와 같은 평가를 이해할 수 있다.

---

55) 王國維, 『殷周制度論』(『觀堂集林』 제2책), 472쪽.

공자가 주나라로 가서 선왕이 남긴 제도를 보고 예악의 지극함을 고찰하고,……
탄식하여 말하기를 "내가 이제야 주공이 성인임과 주나라가 (천하의) 왕이 된
까닭을 알겠네"라고 하였다.[56]

인류사회에 관하여 말하면, 주공이 "예를 제작"한 일이 비록 경천위지의 효과가
있을지라도 "예"의 본질은 주로 "구별"(別)에 있으며, 존존尊尊의 계통이 귀천貴賤을
구별하고, 친친의 계통이 친소親疏를 결정하는 데서부터 현현賢賢의 계통이 현우賢愚
를 변별하는 데까지 자연히 모두 그것이 인류사회를 다스리는(經緯) 역할을 한다.
그러나 만약 한 사회의 계통에서 단지 "구별"만 있다면, 그것은 단지 사람과 사람
사이의 관계가 나날이 소원疏遠해지고, 이른바 겉으로는 공경하는 체하며 속으로는
꺼리는(敬而遠之) 말은 실제로는 소원해짐의 표현이다. 따라서 인류사회에는 "예"만
있다면 턱없이 부족하며, 반드시 "악樂"이 있어야 한다.

주공이 "악을 제정"한 것에 관하여 『여씨춘추呂氏春秋』에서는 "주 문왕이 기岐에
있을 때 제후들이 은나라의 세 음적淫敵을 제거하고 문왕을 도왔다. 산의생散宜生이
'주왕은 정벌함이 옳다'라고 하니 문왕이 허락하지 않았다. 주공 단이 이에 시를
지어 '문왕이 위에 있을 때 하늘로부터 부름을 받았네. 주나라의 땅이 비록 오래되었
지만, 그 명을 유신維新(낡은 제도를 아주 새롭게 고침)하였네'라고 하여 문왕의 덕을
계승하였다. 무왕이 즉위하여 여섯 개 군대로서 주왕을 정벌하고자 하였는데,
여섯 개 군대가 아직 도달하기 전에 정예병으로 목야牧野에서 (주왕을) 이겼다.
돌아와서 부괵俘馘(포로)을 태실에 맡기고 이에 주공에게 명하여 대무大武를 짓도록
하였다. 성왕에게 전위傳位하니 은의 백성이 반란을 일으켜 주공에게 명하여 그들을
몸소 정벌하도록 하였다. 상나라 사람들이 코끼리를 부려 동이東夷를 학대하자
주공이 군대를 이끌고 그들을 쫓아 강남에 이르렀는데, 이에 '세 마리 코끼리'를
지어 그 덕을 찬미하였다. 그러므로 음악이 유래한 것은 숭상함이며, 한때에 만들어

---

56) 陳士珂 輯, 『孔子家語疏證』, 권3, 71쪽.

진 것만은 아니다"[57]라고 하였다. 이 기록을 보면 주공은 확실히 다재다예多才多藝하다. 그러나 이것은 단지 구체적인 음악창작에 속할 뿐이지, "제례制禮"로부터 왔으며 아울러 "제례"정신의 "작악作樂"이 배어 있는 것은 아니다.

"제례"로부터 온 "작악"은 주로 음악에서 나타나는 정신적 응집력이며, 이 점은 공자의 전면적 계승과 정확한 이해를 얻었고, 아울러 "악樂"을 종합적으로 "예禮"의 역할에 포함시켜 그것이 유기적 전체가 되도록 하였다. 예를 들면, 공자는 "백성이 친혈육을 사랑하도록 가르침에 효孝보다 나은 것이 없다. 백성이 예에 따르도록 가르침에 공경함보다 나은 것이 없다. 풍속을 바꾸는 데 음악보다 나은 것이 없다. 임금을 편안하게 하고 백성을 다스리는 데는 예보다 나은 것이 없다"[58]라고 하였다. 그 뒤에 나온 『예기』에서 이 정신은 매우 잘 표현되었다. 예를 들면, "예禮로써 그 뜻을 인도하며, 악樂으로써 그 소리를 조화하고, 정치로써 그 행동을 통일하고, 형벌로써 그 간사함을 방지한다. 예·악·형·정은 그 궁극은(목표) 하나이며, 백성의 마음을 한 가지로 하여 다스림의 도를 나타낸다"[59]라고 하였다. 만약 예악의 다름과 그 상호 보완적인 관계로 볼 때, "악"의 특징은 주로 인정의 "화和"와 "동同"에 있다. 예를 들면 다음과 같다.

> 악은 같음을 위한 것이며, 예는 다름을 위한 것이다. 같으면 서로 친해지며, 다르면 서로 공경한다. 악이 (禮를) 이기면 거침이 없고, 예가 (악을) 이기면 흩어지게 된다. 정情과 합하여 외모를 꾸미는 것은 예악의 일이다. 예의가 확립되면 귀천貴賤이 가지런해지고, 악樂과 문文이 같아지면 상하가 화합하며, 좋아함과 싫어함이 드러나면 어짊과 모자람이 구별된다. 형벌은 난폭함을 방지하며, 작위로써 어진 이를 천거하면 정치가 고르게 된다.[60]

---

57) 『呂氏春秋』(『二十二子』),「古樂」, 644쪽.
58) 『孝經』(吳哲楣 主編, 『十三經』),「廣要道」, 1322쪽.
59) 『禮記』(吳哲楣 主編, 『十三經』),「樂記」, 513쪽.
60) 『禮記』(吳哲楣 主編, 『十三經』),「樂記」, 514쪽.

분명히 이른바 악은 예와 비슷하지만, 모두 인류사회에 이바지하며, 또한 모두 인류문명의 표현이 된다. 이것이 이른바 "악은 같음을 합치고, 예는 다름을 변별하며, 예악의 설은 인정을 주관한다. 근본을 궁구하면 변화를 아는 것은 악의 정이며, 진실함을 드러내고 거짓을 버림은 예의 도리다"61)라는 말이다. 따라서 「악기樂記」에서 "악"의 작용을 아래와 같이 분명하게 표현하였다.

> 그러므로 악은 종묘에서 군신·상하가 함께 그것을 들으니 화합하고 공경하지 않음이 없었으며, 족장族長과 향리 가운데서 어른과 아이들이 함께 들으니 화합하고 따르지 않음이 없으며, 규문閨門(여기서는 家門)에서는 부자父子와 형제가 함께 들으니 화친和親하지 않음이 없다. 그러므로 악은 한결같이 살펴서 안정되고 조화롭게 하여 사물에 비유하여 절도로 꾸미며, 절주節奏(리듬)가 화합하여 문식을 이루며, 그로써 부자와 군신이 화합하며, 만민을 가까이하며 친하니 이는 선왕이 악을 만든 방법이다.62)

이 단락과 거의 같은 표현이 있는데, 즉 선왕이 "악"을 밝혀 드러낸 것 가운데 순자가 특별하게 한 구절을 더하였는데, "그러므로 악이란 천하의 큰 다스림이며, 중화中和의 벼리이다"63)라고 하였다. 매우 분명하게 순자가 여기서 "악"에 대하여 이른바 "천하의 큰 다스림"이라고 자리매김을 한 것은 주공에 예악을 제정한 기본 정신을 가장 잘 개괄하였다. 즉 "예"가 귀천을 구별하고, 친소親疏를 정하고, 현우賢愚를 변별하는 데서 출발하였고, 동시에 개개인에게 공동적이며 사람이면 없을 수 없는 희로애락喜怒哀樂의 정과 그 표현방식 및 공간을 제공하였으며, 그 구체적 표현으로 노래로 읊고, 길게 말하며, 탄식하는 것도 포함하였다. 즉 "탄식으로 부족하므로 자신도 모르게 손으로 춤추고 발로 뛰었다."64) 오직 이래야만, 비로소

---

61) 『禮記』(吳哲楣 主編, 『十三經』), 「樂記」, 517쪽.
62) 『禮記』(吳哲楣 主編, 『十三經』), 「樂記」, 520쪽.
63) 『荀子』(『諸子集成』 제2책), 「樂論」, 253쪽.
64) 『禮記』(吳哲楣 主編, 『十三經』), 「樂記」, 521쪽.

사람마다 "악은 같음을 통괄함"을 관통하며, 또한 순자가 말한 "천하의 큰 다스림이다"라는 말과 같다. 이렇게 보면 이른바 주공이 예악을 제정한 것은 실제로는 예악제도를 통한 것이며, "천하는 일가一家의 사유물"로 보는 시대에서 이른바 "천하는 공중公衆의 것"이라는 이상을 실현하는 데로 실현되었다.

2. 정치와 사상문화: 주공에서 공자까지

주공의 이러한 인생은 결국 어떠한 인생이며, 그 정신은 또 어떤 정신인가? 어느 정도에서 말하자면, 이것은 주周 종족宗族의 역대 통치자들이 장기간 축적하여 이룩한 전통의 한 형태이며, 동시에 여러 가지 인연으로 인하여 끊임없이 격발激發되어 점점 더 많아지고 점점 더 드러나는 일종의 도덕적 심경이다.

사마천의 기록에 의하면, 주 종족의 통치자는 처음에는 은상처럼 형제상속제를 봉행奉行하지 않은 것 같다. 아마도 그들은 아직 그럴 필요가 없었을 것이다. 왜냐하면 그들은 단지 봉토를 받은 제후에 지나지 않기 때문이다. 그러나 설령 제후라고 해도, 그들은 소위 적장자계승제를 확립하지 못하였을 듯하며, 종종 장자를 버리고 차자에게 왕위를 전하였을 것이다.(이러한 선택 가운데 요컨대 이른바 "立賢"[어진 이에게 왕위를 전함의 요소를 포함하는가를 탐색할 가치가 있다.) 것이었다. 주 종족 통치자들의 이와 같은 왕위계승 방식은 처음부터 이른바 어질고 능력이 뛰어난 사람을 선발하여 임용하는 요소를 포함하고 있었던 듯하다. 따라서 『사기』의 '세가世家'의 첫머리에 열거된 「오태백세가吳太伯世家」에서 사마천은 곧 주 종족의 이러한 "어진 이를 선택함"의 특징을 기록하였다.

> 오태백吳太伯(춘추시대 오나라 초대 군주)과 태백의 동생 중옹仲雍은 모두 주나라의 태왕太王 고공단보古公亶父의 아들이며, 주나라의 왕 계력季歷의 형이다. 계력은 현명하였고 성덕聖德이 있는 아들 창昌이 있었으므로, 태왕은 계력에게 왕위를

전하고 창으로 이어지도록 하고자 하니, 이에 태백과 중옹 두 사람은 형만荊蠻으로 달아나 문신을 하고 단발하여 쓰일 수 없음을 보여 주고, 계력을 피하였다. 계력이 과연 왕위에 오르니 그가 왕계王季이며 아들 창은 주周 문왕文王이 되었다. 태백은 형만으로 달아나 자신을 구오句吳라고 불렀다. 형만 사람들이 그를 의롭게 여겨 따르니, 1천여 호가 그에게 귀순하여 그를 오태백五太伯으로 옹립하였다.65)

이것은 도대체 주의 태왕이 계력을 선택한 것에 대해 불만을 표시한 것인가, 아니면 사마천이 말한 것처럼 "문신을 하고 단발하여 쓰일 수 없음을 보여 주어 계력을 피하였던" 것인가? 아마도 두 가지 다일 수도 있다. 왜냐하면, 설령 "계력을 피한다"고 해도 곧 계력을 위해 양보한다고 해서 반드시 형만으로 도망갈 필요는 없을 듯하기에 "형만荊蠻으로 도망함"의 일은 어느 정도 불만의 요소를 포함할 수 있다.66) 그러나 계력으로 보면, 이것은 지극히 큰 압력이 되며, 물론 동시에 자아수신과 덕을 쌓는 동력이라고 할 수 있다. 또 만약 "태왕은 계력에게 왕위를 전하고 창으로 이어지도록 하고자 함"으로 보면, 주 종족이 왕위계승자를 선택하는 표준에서 모두 처음부터 어진 이를 선택하여 왕위를 전하는 특징을 갖추고 있었으며, 계력과 희창姬昌에 관하여 말하면, 또한 당연히 극히 큰 압력이나 촉진력이 된다. 문왕에 이르러서는 또한 그 큰아들 백읍고伯邑考를 버리고 둘째인 희발姬發에게 직접 왕위를 전하였는데(희발을 冊立할 때 백읍고는 이미 사망하였다.), 이렇게 보면, 주 종족의 통치자들이 완전히 장유의 구별을 전혀 의식하지 않고 능력이 뛰어난 사람을 선발하여 임용하는(選賢任能) 표준이 이미 하나의 관습적 전통이 된 듯하다.

---

65) 司馬遷, 『史記』(『二十五史』, 권1), 「吳太伯世家」, 88쪽.
66) 泰伯과 계력이 천하를 양보한 일에 관하여 공자는 일찍이 매우 높게 평가하였다. 예를 들면, "태백은 지극한 덕이 있다고 할 수 있다. 세 번 천하를 양보하였지만, 은밀하여 백성들이 칭송할 수 없었다"(『論語』, 「泰伯」)라고 하였다. 필자는 여기서 오로지 현대인의 권리와 이익의 관점에서 태백이 "천하를 양보"한 일을 분석하였는데, 공자가 말한 "세 번 천하를 양보함"에 대하여는 한편으로는 믿음을 표시하는 동시에 어느 정도는 도덕이해로부터 나오는 부담이 있다. 따라서 서술 가운데 필자는 반드시 현대인이 완전히 공리적 시각에서 나왔다는 의심을 먼저 인정해야 한다.

문왕이 왕위를 계승한 후, 한편으로는 "후직后稷과 공류公劉의 사업을 따르고, 고공古公과 공계公季의 법을 본받고, 인仁을 돈독하게 하고, 노인을 공경하고, 어린이에게 자애로웠다. 어진 사람에게 예로써 낮추고, 하루에도 식사할 겨를도 없이 사士를 접대하였으며, 사士들이 이 때문에 그(문왕)에게 귀의하였다."[67] 다른 한편으로 통치자의 이러한 '능력자에게 양보하는 풍조'의 감화와 영향 아래 백성들도 잇달아 인애仁愛와 예양禮讓을 타인에게 나타내었으며, 예를 들면 "우虞·예芮의 사람이 해결하지 못하는 옥사獄事가 있어, 주周나라로 갔다. 경계에 들어서니, 농부는 모두 경계를 양보하고, 민속도 모두 어른에게 양보하였다. 우·예의 사람들이 아직 서백을 만나기도 전에 모두 부끄러워하며, 서로 '우리가 싸우는 것은 주나라 사람들이 부끄러워하는 일이니, 무엇 때문에 (주나라로) 가겠는가? 단지 치욕만 얻을 뿐이다'라고 하고, 마침내 돌아갔다. 제후들이 이 소문을 듣고 말하기를 '서백은 아마도 천명을 받은 군자이다'라고 하였다."[68] 분명히 문왕이 금방 즉위하여 이른바 인애와 예양의 풍속은 아마도 이미 제후들이 주 종족 통치자들의 기본적인 전통이 되었다고 공인한 듯하다.

이러한 배경에서 은 주왕의 탐욕과 잔학함이 아마도 문왕·무왕 부자의 인애仁愛 전통으로 되돌아가는 추진력이 된 것 같다. 예를 들면 주 문왕이 막 즉위하고 그 신하들이 뇌물을 바치는 방법으로 속죄금을 내고 주나라로 귀환하였기 때문에 곧바로 은 주왕에게 "낙서洛西의 땅을 헌납하고 주왕紂王에게 포락炮烙의 형벌을 거두어 달라고 청하였다. 주왕이 그것을 허락하였다."[69] 사마천은 이로 인하여 문왕의 이러한 거동은 실제로는 곧 이른바 "음陰으로 선을 행함"이라고 생각하였고, 의도적으로 만든 고도의 그럴듯한 꾸밈이고, 아울러 이러한 꾸밈의 방법으로 주왕이 더욱 잔학하고 탐욕스럽게 보이도록 만들었다. 그러나 문제는 첫째, 확실하게 은 주왕의 잔학함과 탐욕이 문왕에게 선을 행함(그럴듯하게 꾸밈)의 기회를 제공하였으

---

67) 司馬遷, 『史記』(『二十五史』), 「周本紀」, 12쪽.
68) 司馬遷, 『史記』(『二十五史』), 「周本紀」, 12쪽.
69) 司馬遷, 『史記』(『二十五史』), 「周本紀」, 12쪽.

며, 둘째로는 다른 제후들도 마찬가지로 이러한 선행의 기회를 얻었지만, 도리어 문왕과 같이 토지와 이익으로 대가를 치르고 은 주왕의 잔혹한 형벌을 폐지하는 일은 없었다. 바로 이런 배경에서 우리는 비로소 『시경』에서 서술한 "문왕이 말하기를 아, 너희 은상이여!…… 은의 거울은 먼 데 있지 않고, 하나라 말세에 있다"라는 내용을 이해할 수 있으며, 또한 서주 역대의 통치자들이 총괄한 역사 교훈을 이해할 수 있다.

황천皇天은 특별히 친애함이 없고, 오직 덕이 있는 사람을 도와주며, 백성의 마음은 일정함이 없고, 오직 베푸는 사람을 따른다. 선善을 행함은 같지 않으나 함께 다스려지고, 악惡을 행함은 같지 않으나 함께 어지러워지니, 그대는 그것을 경계해야 할지어다![70]

나는 하나라를 귀감龜鑑으로 삼지 않으면 안 되며, 또한 은나라를 귀감으로 삼지 않으면 안 된다. 내(太保)가 감히 알지 않을 수 없어 '하나라가 천명에 복종함에 단지 몇 년 만을 지냈다'라고 하였다. 내가 감히 알지 않을 수 없어, '그들이 지속하지 못하였다. 오직 그 덕을 존경하지 않았기 때문에 이에 그 천명이 일찍 떨어졌다'라고 하였다. 이제 왕께서 그 명을 이어받았으니 나 또한 이 두 나라의 명을 생각하여 공적功績을 이어받기를 바랍니다.[71]

곧 이러한 은의 거울이 서주 통치자가 하늘을 존경하고 백성을 보호하고, 인애仁愛로 나라를 다스리는 전통을 형성하도록 하였다. 물론 이때 문왕 부자의 선행은 분명히 (무왕의) 병 때문에 두 배로 부풀려진 임기응변의 혐의가 있지만, 은의 주왕이 다시 한 번 "하나라 말세"의 "은나라 거울"을 다시 되풀이한다면 이러한 하늘을 존경하고 백성을 보호하고, 인애로 나라를 다스리는 전통도 병 때문에 두 배로 부풀려진 임기응변의 행동이 아니며, 이미 유혈적 교훈이 그 전제의

---

70) 『尙書』(吳哲楣 主編, 『十三經』), 「蔡仲之命中」, 110쪽.
71) 『尙書』(吳哲楣 主編, 『十三經』), 「召誥」, 103쪽.

기초로 작용한 것이다. 그리고 서주 통치자들이 종합적으로 역사 교훈이 한 걸음 한 걸음 변하여 은 주왕이 멸망하는 현실이 될 때 그 "하늘을 존경하고 조상을 본받음", "덕을 존경하고 백성을 보호함"의 진실한 의미도 추측으로 알 수 있다. 왜냐하면, 이것은 단지 하나의 사람을 끌어들이는 구호가 아니라, 그 정권의 생사존 망과 긴밀하게 서로 관련이 있기 때문이다.

　이러한 배경에서 문왕이 세상을 떠나고 무왕이 왕위를 계승하고 또 상나라를 이기는 거대한 성공을 거두었을 때, 무왕과 주공 형제는 그 조상이 총결산한 "은나라 거울"에 대해서도 또한 깊이 신뢰하고 의심하지 않았다. 그리고 무왕이 큰 병이 들고 주공이 또 그 삼대 조상에게 자신의 몸을 무왕을 대신하여 하늘의 책임을 지겠다는 약속과 보증을 받을 때 또한 근본적으로 이른바 그럴듯하게 꾸민(秀作) 방식의 연출이 될 수 없었다.(만약 그것이 그럴듯한 꾸밈이라면, 이것은 반드시 하늘을 기만하고 조상을 없애는 행동이 된다.) 후세에 유전된 "점복占卜"과 "해몽解夢"의 종류에서 말하는 신비한 예언은 또한 오직 그들 자신의 깊은 믿음과 의심이 없었기 때문에 비로소 진정으로 유전되어 올 수 있었다.

　주공이 이러한 배경에서 역사의 무대에 등장하였을 때, 그가 "머리를 감을 때 세 번 머리를 틀어쥐고, 밥을 먹다 세 번 토해 냄"도 또한 단지 그 천명과 조상의 경외의식의 관점에서 이해될 수밖에 없다. 그렇다고 하더라도 그는 또 그의 동포 형제로부터 시기와 근거 없는 의심을 결코 면할 수 없었다. 따라서 "무왕이 붕어하고 성왕이 나이가 어려", 주공 자신이 "보좌"의 지위에 있자, 삼감三監 이 "주공이 어린아이에게 이롭지 않다"라는 유언비어를 퍼뜨렸을 때, 이러한 "유어 비어"와 그것이 가리키는 것이 결국 "거짓"인지 "진실"인지는 주공의 일생에서 가장 큰 시련이었다. 이때 만약 주공이 완전히 그 개인의 명성을 따랐다면, 그는 이미 조정을 떠나서 노국魯國에 봉해질 수 있었고, 심지어 사직하여 하야下野하는 방식으로 "보좌"의 지위에서 물러날 수도 있었다. 그러나 이것이야말로 삼감이 원하는 일이었다. 주공도 만약 이처럼 선택한다면 천명과 조상의 기업에 가장 큰 불경이자 심지어 배반이 될 것이고, 이러한 선택의 결과는 또한 반드시 서주

역대 조상이 고심해서 경영한 기업이 끊어지게 되어, 따라서 세상이 다시 전란의 국면으로 빠질 수밖에 없게 될 것임을 잘 알았다. 하지만 주공은 결코 그렇게 하지 않고, 두 사람의 공신(강태공과 召公)과 연합하여 "안으로는 부형을 제거하고, 밖으로는 제후를 위무하고, 9년 하나라 6월에 무왕을 필畢에 장례 지냈다."[72] 그 후 다시 용감하게 출정하여 난국을 맞이하여 앞으로 나가서 끝내 섭정칭왕을 펼치고, 군사를 일으켜 삼감의 난을 평정하는 큰 깃발을 올렸다. 이러한 과정에서 주공의 정신적 스트레스를 자연히 추측하여 알 수 있다. 왜냐하면, 그의 이러한 선택은 실제로는 삼감이 퍼뜨린 유언비어를 겨눈 것이기 때문이다. 특히 어렵고 위험했던 것은 성왕도 한때 이 유언비어를 믿고, 주공이 확실하게 "섭정"으로 찬위簒位하려는 마음이 있다고 여긴 일이다. 줄곧 "주공이 동쪽에 2년간 있으면서 죄인을 잡았다"[73]라는 데까지, 곧 이른바 "1년에 반란을 구하고, 2년에 은을 이간" 후에 "주공은 이에 시를 지어 왕에게 증정하여 「치효鴟鴞」라고 불렀으며, 왕도 역시 주공을 감히 책망하지 못하였다."[74] 이 점은 동시에 성왕이 당시에는 분명히 이미 의심과 시기심을 가지고 있었음을 말해 준다. 결국 "하늘에서 크게 벼락과 번개가 치며 바람이 불어 곡식이 모두 쓰러지고, 큰 나무가 뽑히니 국인國人(周族의 자유민)들이 모두 두려워하였다. 왕과 대부 등 모든 관리가 금등金縢의 편지를 열어 보고 주공이 스스로 자신의 공을 무왕을 대신한다는 말을 얻었다."[75] 이때서야 성왕은 비로소 한바탕 부끄러운 감정이 충만하여 "옛날 공이 왕가에서 근로勤勞함에 오직 어렸기 때문에 알지 못하였다. 오늘날 하늘이 위엄을 내어 주공의 덕을 드러내었는데, 오직 짐의 자식이 새롭게 맞이하니, 우리나라의 예禮로도 또한 마땅하다" 여겼다.[76] 이로써 비로소 철저하게 주공에 대한 의심을 풀었다.

그리고 이 과정에서 주공은 진정성이 있었는가의 여부가 그 주체적 기반이라고

---

72)『逸周書』,「作洛」,『逸周書彙校集注』, 516쪽.
73)『尙書』(吳哲楣 主編,『十三經』),「金縢」, 96쪽.
74)『尙書』(吳哲楣 主編,『十三經』),「金縢」, 96쪽.
75)『尙書』(吳哲楣 主編,『十三經』),「金縢」, 96쪽.
76)『尙書』(吳哲楣 主編,『十三經』),「金縢」, 96쪽.

할 수 있다. 그러나 삼감의 유언비어와 성왕의 의심은 항상 주공의 주관적인 진실성 여부의 매우 강력한 외적 감시와 제어가 되었다. 비록 주공이 일찍이 어떤 정권찬탈의 마음(혹은 고의로 성왕에게 정사를 돌려줄 시한을 연장하는 등)이 있었더라도, 이러한 강대한 감시와 제어가 앞에 있다면 아마도 감히 털끝만큼이라도 (그 마음을) 남겨둘 수 없었을 것이다. 만약 조금이라도 남았으면, 삼감의 유언비어가 사실로 증명되었을 뿐만 아니라 주공 본인도 결코 빠져나올 수 없는 심연深淵에 빠졌을 것이다. 그리고 유가의 역사와 중국의 역사도 반드시 이로 인하여 고쳐 써야 한다. 따라서 이러한 관점에서 보면, 바로 이러한 강력한 외적 감시와 제어의 역량 때문에 비로소 주공이 "1년 만에 반란을 평정하였고, 2년 만에 은나라를 이기고, 3년에는 엄奄나라를 제압하였으며, 4년에는 후侯와 위衛를 건립하고, 5년에는 성주成周(주왕조가 건설한 낙양 근처의 東都와 西都)를 영건營建하고, 6년에는 예악을 제정하였으며, 7년에는 정사를 성왕에게 돌려주었다"라는 위대한 실천의 성공을 거둘 수 있었으며, 동시에 중국 역사에서 거의 신화에 가까운 성공적인 정치개혁을 확보함으로써 주공의 위대한 업적을 이룸과 함께 중국의 예악문명을 이룩하였다.

이런 관점에서 주공의 위대함과 그 성취는 주로 그의 주관과 객관의 양면적인 강력한 감시와 제어에 기인한다. 주관적 관점에서 보면, 역대 조상의 전통과 하夏 · 은殷 양대의 역사교훈과 하늘의 뜻과 민심에 대한 경외와 책임정신은 모두 반드시 일종의 순수한 도덕적 정서를 형성하도록 하였다. 객관적 관점에서 보면 삼감의 유언비어와 성왕의 의심과 가장 중요하고 가장 염려해야 할 것, 즉 주나라의 왕권이 중단되는 중대한 비극을 맞이하는 일은 모두 항상 그를 감시하고 제어하고, 그로 하여금 반드시 소아小我의 이익을 희생하는 방식으로 역사의 책임을 전면적으로 지도록 그를 독촉하였다. 만약 오직 이러한 시각에서만 본다면, 우리는 비로소 주공이 정사를 성왕에게 돌려준 후 왜 "북면하여 왕을 모시고 신하로서 섬겼다. 청한 후에 일하고, 복명한 후에 시행하며, 독단적으로 방자한 뜻이 없었으며, 거만한 기색도 없었다……"[77]였는지를 이해할 수 있다.

비록 주공의 동작이나 행위가 결코 비난할 점은 없다고 하더라도 주공은 결국

한 사람의 정치가이다. 이처럼 정치가로서 추동한 개혁과 예악문명의 건립은 결코 정치적 차원에만 머물지 않고, 광범위하게 사회의 여러 계층으로 파급되며, 사회의 여러 방면으로 전파되어 영향이 심원한 예악문화로 전개되었다. 따라서 사마천은 "성왕과 강왕 시대에 천하가 안녕하여 형벌과 과실이 40여 년간 쓰이지 않았다"78)라고 하였다. 서주에서 춘추시대에 이르는 수백 년간 전체 인류사회의 가장 높은 도덕적 규범은 곧 예禮였다. 이것은 곧 주공이 예악을 제작한 역사적 영향이라고 할 수 있으며, 동시에 공자의 인생탐구의 역사적 배경과 현실적인 출발점이 되었다.

공자孔子(BC 551~BC 479)는 유가사상의 창시자이다. 비록 공자 이전에 이미 "유儒"의 명칭이 있었지만,79) 그러나 오직 공자로부터 시작하여 "유"가 비로소 진정으로 하나의 인생의 이상, 이른바 군자의 인격을 대신 가리키는 표준이 되었으며, 따라서 자각적 인생을 열게 되었다.

공자의 일생에서 주공은 공자와 시·공적 거리가 가장 가까운 성인의 한사람이며, 그가 가장 존경하고 숭배하는 성인이었다. 후일 맹자가 말한바 "오백 년에 반드시 왕자王者(성인)가 일어난다"80)라는 말은 주공에서 공자까지의 시간적 거리를 둔 뜻일 수 있다. 이 외에 공자의 일생에서 그가 가장 중시한 "예"는 실제로 주공이 자작한 예악을 가장 높은 곳으로 밀어 올린 것이다. 공자 스스로가 자리매김한 "타인의 학설을 기술할 뿐, 자신의 학설을 만들지 않았다"라고 한 말은 실제로는

---

77) 주공에 관한 이 표현에서, 우리는 당연히 주공이 이른바 "하늘이 내린 성인"(天縱之聖)이라고 말할 수는 없으며, 그도 우리와 마찬가지로 다양한 형식의 계산과 안배를 할 수 있으나, 주관과 객관의 양면적인 강력한 감시와 제어 아래, 그는 오직 항상 "大義"를 따라서 그 인생을 선택하여 나아갈 수밖에 없었다고 하겠다. 이런 상황은 완전히 우리로 하여금 黑鉛이 강대한 압력으로 다이아몬드로 변화하는 과정을 연상케 한다.

78) 司馬遷, 『史記』(『二十五史』), 「周本紀」, 13쪽.

79) 공자가 자하를 가르치면서 말한 "너는 君子儒가 되고, 小人儒가 되지 말라"(『論語』, 「雍也」)를 보면, "儒"는 당시에 이미 비교적 광범위하게 쓰인 호칭인 듯하다. 공자 문하의 제자들도 모두 "유"로 자각하고 있었으며, 공자도 주로 "君子儒"의 태도를 견지하였다.

80) 『孟子』(吳哲楣 主編, 『十三經』), 「公孫丑下」, 1372쪽.

주로 그와 주공이 제작한 예악을 서로 비교해서 한 말이다. 이러한 두 측면에서 그들 사이의 구체적인 차별을 표현하였을 뿐만 아니라, 동시에 그들 두 사람의 인생 방향에서의 일치점을 설명한다. 따라서 공자로 대표되는 유가사상과 그 특색을 이해하려면 주공이 공자에게 끼친 사상적 영향, 두 사람의 다른 시각 그리고 주공의 사상에 대한 공자의 계승, 추진, 확장하는 관계도 하나의 기본적인 전제가 된다.

이미 앞에서 말한 바와 같이, 주공의 예악제작은 완전히 서주의 정치적 위기와 자신에 대한 신임의 위기가 서로 얽혀서 이루어진 일종의 정치개혁 조치였으며, 또한 정치제도의 개혁으로부터 전체 사상문화와 인류생활의 실천적 영역으로 확대되었다. 따라서 주공이 공자에게 끼친 영향에 대하여 말하면, 주로 춘추시대의 정치와 사상문화의 배경에서 표현되었다. 실제로 이 점이 주공이 공자와 천하의 후세에 끼친 영향을 충분히 표현하였다고 할 수 있으며, 동시에 공자를 대표로 하는 유가사상의 생성과 발전의 사상문화의 배경을 표현하였다.

춘추시대의 사상문화의 국면에 대하여 서복관 선생은 『중국인성론사』에서 일찍이 다음과 같이 개괄하였다.

> 『좌전左傳』과 『국어國語』를 보면, 춘추시대 242년간의 역사에서, 이 한 시대에서
> 공동의 이념이 있음을 발견하는 것은 어렵지 않은데, 이는 인생의 범위뿐만 아니
> 라 우주의 범위까지 포함하는 이념으로 이것이 곧 예禮이다. 앞에서 이미 말한
> 바대로 예는 『시경詩經』시대에 이미 인문의 특징으로 변화하였다. 곧 춘추시대가
> 예의 세기이며, 또한 인문의 세기였는데, 이것은 『시경』시대를 계승한 종교가
> 추락한 이후의 필연적인 발전이다. 이 발전의 경향이 중국문화의 주요 발전의
> 방향을 나타낸다.[81]

서복관이 여기서 말한 춘추시대 "공동의 이념은 인생의 범위뿐만 아니라 우주의 범위까지 포함하는 이념으로 이것이 곧 예禮이다"라는 말과 "중국문화의 주요

---

81) 徐復觀, 『中國人性論史』(三聯書店, 2001년판), 40~41쪽.

발전의 방향"이라고 한 말은 실제로 모두 공자의 관점을 따라서 개괄하였다고
할 수 있고, 또 공자의 관점을 따른 것이라고도 볼 수 있다. 이 말은 곧 여전히
이른바 뒷북치는(事後諸葛, 일이 끝난 뒤에 대책을 세움) 특성을 가진 것 같다. 그러나
현대인에게서 이러한 뒷북치는 방식의 견해는 자연히 피할 수 없는 일이며, 문제는
그것이 시대의 진실한 상황을 드러내었느냐의 여부에 있다.

만약 우리가 공자의 인생으로 (관점을) 전환하면, 분명하게 볼 수 있는 것은
공자 일생의 최대 노력이 어떻게 서주의 예악제도를 회복할 수 있는가에 달려
있는 것 같다. 이른바 참람僭濫하게 예를 이용하는 현상을 포함하여, 예를 위반하거나
예가 아닌 어떤 것이든 모두 반드시 공자의 준엄한 비판을 받지 않을 수 없었다.
그리고 『논어』에서 이른바 예禮는 거의 공자가 사람을 식별하고, 사람을 평가하고,
사람에 대한 비평을 포괄하는 기본적 표준이라고 할 수 있다. 예를 들면 다음과
같다.

공자가 계씨에게 말하기를 "정원에서 팔일무八佾舞(64명이 추는 가장 큰 文舞와 武舞)를
추는 것을 인정할 수 있다면 무엇을 인정할 수 없겠는가?"라고 하였다.[82]

공자는 "선진先進(옛사람)들의 예악은 소박하고 꾸밈이 없으며, 후진後進(공자 당시
사람)들의 예악은 군자君子(문화적 지성적)와 같다. 내가 하나를 쓴다면 나는 선진을
따르겠다"라고 하였다.[83]

공자는 "공손하되 예禮가 없으면 수고롭고, 근신勤愼하되 예가 없으면 두려워하
고, 용맹하되 예가 없으면 혼란스럽고, 강직하되 예가 없으면 잔혹하게 된다.
군자는 가까운 사람에게 돈독하게 하면 백성이 인仁을 즐거워하니, 그러므로 오래
되어도 버리지 않으면 백성들이 도둑질하지 않는다"라고 하였다.[84]

---

82) 『論語』(吳哲楣 主編, 『十三經』), 「八佾」, 1263쪽.
83) 『論語』(吳哲楣 主編, 『十三經』), 「先進」, 1286쪽.
84) 『論語』(吳哲楣 主編, 『十三經』), 「泰伯」, 1278쪽.

여기서는, 공자가 계씨의 "정원에서 팔일무를 추는 일"에 대해 명확하게 비판한 것에서 "야인野人"과 "군자君子", "선진先進"과 "후진後進"의 비교와 평가에 이르기까지, 또 "공손하되 예가 없음", "근신勤愼하되 예가 없음", "용맹하되 예가 없음", "정직하되 예가 없음"에 대한 구체적인 분석까지, 공자는 확실하게 "예"를 사람을 평가하는 유일한 표준으로 삼았음을 충분히 설명하였다. 이러한 관점에서 보면, 우리는 자연히 안회顔回(BC 521~BC 490, 字는 淵)에 대한 다음과 같은 질문과 당부를 이해할 수 있다.

> 안연顔淵이 인仁을 물으니, 공자는 "자신을 이기고 예禮를 회복함이 인仁이다. 하루라도 자신을 이기고 예를 회복하면 천하가 인으로 돌아가니, 인을 행함은 자신으로부터인가 아니면 타인으로부터인가?"라고 하였다.
> 안연이 "청하건대 그 항목을 여쭙겠습니다"라고 하니, 공자는 "예禮가 아니면 보지 말고, 예가 아니면 듣지 말고, 예가 아니면 말하지 말고, 예가 아니면 행동하지 말라"라고 하였다.
> 안연이 말하기를 "저는 비록 불민不敏하나 이 말씀에 전념하겠습니다"라고 하였다.[85]

공자와 안회의 이 문답은 사제 간 최대의 정신적 담당일 뿐만 아니라, "예가 아니면 보지 말고, 예가 아니면 듣지 말고, 예가 아니면 말하지 말고, 예가 아니면 행동하지 말라"라는 말은 분명하게 그들이 우선적으로 예를 자신들의 보고 들음의 표준과 말과 행동의 기본 규범으로 삼았음을 나타내었다. 이것은 곧 생동적으로 공자가 예로써 사람을 대하는 인생을 전면적인 규범으로 진행한 염원을 표현한 것이다.

"예"에 대한 공자의 이러한 태도는 또한 분명하게 문왕·무왕·주공의 사업을 계승하려는 것임을 나타낸다. 『논어』에서 이러한 면들에 대한 공자의 논술과 표현은

---

85) 『論語』(吳哲楣 主編, 『十三經』), 「顔淵」, 1290쪽.

매우 많다.

공자는 말하기를 "주나라는 (夏·殷) 2대를 본보기로 삼았으니, 그 문화가 찬란하
도다! 나는 주나라를 따르겠노라"라고 하였다.[86]

공산불요公山弗擾가 비읍費邑에서 반란을 일으키고, (공자를) 부르자, 공자가 가려
고 하였다.
자로子路(혹 季路, BC 542~BC 480, 仲由)가 싫어하여 말하기를 "갈 곳이 없으면 그만
두시지 하필이면 공산씨에게 가려고 하십니까?"라고 하니,
공자는 "나를 부르는 사람이라면 어찌 공연히 그러겠는가? 만약 나를 써 주는
사람이 있다면 나는 그를 동방의 주나라로 만들겠노라!"라고 하였다.[87]

필힐佛肸이 (반란을 일으키고 공자를) 청하자, 공자는 가고자 하였다.
자로가 말하기를 "옛날 유由(仲由)가 선생님께 듣기를 '자신의 몸으로 친히 불선不
善을 행하는 자에게 군자는 들어가지 않는다'고 하였습니다. 필힐은 중모中牟에서
반란을 일으켰는데 선생님께서 그에게 가면 어떻게 합니까?"라고 하였다.
공자께서 "그렇다. 그런 말을 하였다. 또 '견고하면, 갈아도 닳지 않는다'라고
하지 않았더냐? 또, '희다면 검게 물들여도 검어지지 않는다'라고 하지 않았더냐?
내가 어찌 과호匏瓜(박)에 불과한가? 어찌 매달려 있어 먹을 수도 없는 물건이겠는
가?"라고 하였다.[88]

공자가 광읍匡邑에서 두려움에 빠져 "문왕은 이미 세상을 떠났지만, 문화는 여기
에 있지 않은가? 하늘이 장차 이 문화를 없어지게 하였다면, 그 뒤에 죽을 내가
이 문화와 함께할 수 없을 것이다. 하늘이 아직 이 문화를 없어지게 하려 하지
않는다면, 광인匡人들이 나를 어떻게 하겠는가?"라고 하였다.[89]

---

86) 『論語』(吳哲楣 主編, 『十三經』), 「八佾」, 1264쪽.
87) 『論語』(吳哲楣 主編, 『十三經』), 「陽貨」, 1309쪽.
88) 『論語』(吳哲楣 主編, 『十三經』), 「陽貨」, 1310쪽.
89) 『論語』(吳哲楣 主編, 『十三經』), 「子罕」, 1280쪽.

공자는 말하기를 "심하도다. 나의 노쇠함이며! 오래되었구나. 내가 다시 꿈에서
도 주공을 보지 못함이!"라고 하였다.[90]

실제로 위의 말들은 공자의 일생을 관통하는 인생의 느낌(感受)일 수 있으며,
"나는 주나라를 따르겠다"에서 "내가 동방의 주나라로 만들겠다"라는 말까지는
공자의 일생에서 정치상의 노력을 대변할 수 있지만, 네 곳의 난관에 부딪힌 후에
"과호匏瓜"의 비유를 통하여 공자가 분명하게 정치적 노력을 아직 포기하지 않았음을
설명하였다. 그리고 "문왕은 이미 세상을 떠났지만, 문화는 여기에 있지 않은가?"라
는 방식의 자신감에서 "하늘이 아직 이 문화를 없어지게 하려 하지 않는다"라는
말까지의 희망과 마지막 "내가 다시 꿈에서도 주공을 보지 못한다"라는 한탄까지는
인생의 종착지에 도달하였지만 공자는 여전히 그가 떠안은 천하의 "사문斯文"(유학,
유학자)의 책임을 포기하지 않았음을 설명한다. 이것은 또 공자가 일련의 정치적
실망을 겪은 후, 마지막으로 전환하지 않을 수 없어서 "문文"의 관점에서 그가
"주나라를 계승"하려는 사업을 선양하였다. 이러한 의미에서 공자는 문왕·무왕·
주공의 사업의 계승자라는 점에서 마땅히 서로 상처를 주지 않을 뿐만 아니라,
마땅히 '서로 협력하고 보완하여 서로의 장점을 돋보이게 할'(相得益彰) 수 있다.

그러나 공자는 결국 주공과 다르다. 주공은 태어나면서 그 혈연 출신이 이미
분명하게 정치가의 신분을 예정하였으니, 예를 들면 그의 아들 백금에게 자술하기를
"나는 문왕의 아들이며, 무왕의 동생이며, 성왕의 숙부이니 나는 천하에 또한
비천하지 않다"라고 하였는데, 여기서 말하는 "비천하지 않음"은 틀림없이 혈연
출신으로 한 말이다. 그러나 만약 주공이 권력과 지위를 탐냈다면, 섭정칭왕을
한 후에 계속하여 이른바 "형제상속"의 제도를 되살리는 리허설을 할 가능성이
없지도 않았다. 그러나 주공은 도리어 천하의 대의를 따라서 의연하고 결연하게
정사를 성왕에게 반환하였고, 이것은 자기의 권력욕망을 희생함으로써 천하 후세의

---

90) 『論語』(吳哲楣 主編, 『十三經』), 「述而」, 1275쪽.

통칙通則(通規)과 제도가 되었으며, 동시에 예악문명의 개척자가 되었다. 공자가 주공을 존경하고 앙모한 까닭은 아마도 주로 이 점에 있었다. 따라서 주공이 '섭정칭왕' 할 때 "나는 머리를 감다가 (손님을 맞이하러) 세 차례나 머리 다발을 움켜쥐었고, 밥을 먹다가 세 번이나 입안의 밥을 뱉고서 일어나서 사士를 맞이하였으며, 오직 천하의 현인을 잃을까 근심하였다"라는 말에서부터 성왕에게 정사를 반환한 후에 "북면하여 왕을 모시고 신하로서 섬겼다. 청한 후에 일하고, 복명한 후에 시행하며, 독단적으로 방자한 뜻이 없었으며, 거만한 기색도 없었다"라는 말까지, 이것은 완전히 주공이 분명하게 "천하는 일가一家의 사유물"인 시대에 자신의 내재적 덕성을 통하여 "천하는 공중公衆의 것"이라는 이상을 실천하고자 하였다고 말할 수 있다. 이런 점에서 공자가 주공을 존경하고 앙모하며 주공을 본받은 일은 분명히 역사적 사실에 기초한 것이다.

그러나 주공의 이러한 선천적 조건과 이로부터 결정된 정치참여의 조건은 모두 공자는 갖추지 못한 것이었다. 이른바 "내가 어려서는 비천하였기 때문에 하찮은 일을 많이 할 수 있었다"[91]라는 공자의 자술은 공자와 주공의 선천적인 조건에서의 차이를 거의 다 말하였다고 할 수 있다. 비록 공자가 누누이 자기는 "대부大夫의 뒤를 이은 사람"(대부의 후예)[92]이라고 강조하였지만, 그러나 이것은 주공이 "문왕의 아들이며, 무왕의 동생이며, 성왕의 숙부"인 신분과는 그야말로 비교가 되지 않는다. 비록 공자는 또 "먹는 것도 잊고 노력하고, 깨닫는 즐거움으로 근심도 잊고, (공부에 열중하여) 장차 늙음이 이르는 것도 모르도록" 공부하였으나 자신의 정치이상을 펼칠 수 있는 능력은 도리어 결코 그 지식의 많고 적음으로 결정되지 않았다. 따라서 그는 단지 밑바닥의 작은 일부터 시작할 수밖에 없었으며, 이에 곧 "일찍이 계씨의 위리로 있을 때, 그의 저울질은 공평하였고, 그가 직리職吏를 맡았을 때는 가축은 번식蕃息(繁殖)하였다. 이로 말미암아 그는 사공司空(공사와 땅을

---

91) 『論語』(吳哲楣 主編, 『十三經』), 「子罕」, 1280쪽.
92) 『論語』(吳哲楣 主編, 『十三經』), 「先進」, 1287쪽. 이 외에 『論語』(吳哲楣 主編, 『十三經』), 「憲問」, 1300쪽을 보라.

관리)이 되었다. 얼마 후 노나라를 떠났고, 제나라에서 배척되고, 송宋과 위衛에서는 쫓겨나고, 진陳과 채蔡 나라 경계에서 곤궁에 빠지는"93) 등 일련의 경력이 있었다. 비록 공자는 일평생 늘 정치를 실천할 기회를 찾았지만, 그의 전기에는 주로 그의 빈천한 출신이 그를 제한하였으며, 후반기에는 또 주로 정치적 이상이 그를 제한하였다. 왜냐하면, 그의 정치이상과 당시 사회의 현실 사이에는 매우 큰 차이가 있었을 뿐만 아니라 심지어 서로 상반되었기 때문에, 어떤 제후들이 그를 특별하게 임용하여 정치에 쓰려고 해도 결국에는 자기 나라에 대한 걱정 때문에 부득이 그를 임용하려는 생각을 버릴 수밖에 없었다. 이 점은 공자가 진陳·채蔡에서 곤경을 겪은 뒤의 일단의 경력 가운데 가장 전형적이다. 예를 들면 사마천은 다음과 같이 기록하였다.

소왕昭王(서주 4대왕, 姬瑕)이 서사書社의 땅 7백 리에 공자를 봉하려고 하였다. 초楚의 영윤令尹인 자서子西가 '왕이 사신으로 제후에게 보내는데 자공子貢만 한 사람이 있습니까?'라고 하자, 왕은 "없다"라고 하였다. "왕을 보필할 사람으로 안회顏回만 한 사람이 있습니까?"라고 하자 "없다"라고 하였다. "왕의 군대를 이끌 만한 사람으로 자로子路만 한 사람이 있습니까?"라고 하자 "없다"라고 하였다. "왕의 관윤官尹(관리)으로 재여宰予만 한 사람이 있습니까?"라고 하자 "없다"라고 하였다. (자서는) "그리고 초楚의 선조께서 주周에서 봉해질 때도 자작子爵과 남작 男爵으로 50리였습니다. 지금 공구孔丘가 삼황오제三皇五帝의 법을 받들고 주공周公·소공召公의 업적을 밝힌다 하여 왕께서 그를 기용한다면, 초가 어찌 대대손손 수천 리 땅을 누릴 수 있겠습니까? 문왕은 풍豊에서, 무왕은 호鎬에서 일어났는데, 불과 백 리의 군주로 끝내 천하의 왕이 되었습니다. 지금 공구가 땅을 차지하고 유능한 제자들이 돕게 되면 이는 초의 복이 아닙니다"라고 하자 소왕이 바로 그만두었다.94)

이 하나의 사례는 매우 분명하게 공자의 정치적 유세가 왜 늘 실패의 상황에

---

93) 司馬遷, 『史記』(『二十五史』, 권1), 「孔子世家」, 147쪽.
94) 司馬遷, 『史記』(『二十五史』, 권1), 「孔子世家」, 150쪽.

빠졌는가를 잘 설명해 준다. 공자가 일찍이 상사相事(재상보좌)를 겸임하는 신분으로 제齊·노魯 양국의 협곡지회夾谷之會95)에 참여하였을 때, 공자는 일찍이 노나라를 위해 이미 제나라가 침략하여 점유한 토지를 돌려줄 것을 토론하였으며, 이에 제나라의 대부가 제나라 경공에게 아뢰기를 "노나라가 공구를 등용하였으니, 그 형세가 제나라에 위험합니다"96)라고 하였다. 이는 공자 전반기의 유세遊說가 실패한 주요 원인이 그가 근본적으로 자신의 정치적 바탕이 없기 때문임을 말해 준다. 이러한 상황을 장자莊子가 (자공과의 문답에서) "그(공자)는 영토를 가진 군주인가?…… 제후나 왕을 보좌하는 사람인가?"97)라고 질문한 제자의 물음을 빌린 것과 같다. 왜냐하면, 이미 "영토를 가진 군주"도 아니라면 그것은 자신의 정치적 기반이 없다는 것과 같고, 또한 공자는 본래 제후의 의지를 최고의 사명으로 여기는 "제후나 왕을 보좌하는 사람"도 아니었기 때문이다. 이러한 상황에서 제후들도 근본적으로 그를 임용하려고 하지 않았다. 공자의 후반기 유세가 실패한 것도 주로 당시의 제후들이 모두 스스로를 보호하는 데 안주하고, 자신의 권력과 눈앞의 이익을 잃을까 두려워하였기 때문이다. 따라서 공자의 정치적 목표는 근본적으로 이른바 "진秦·초楚에 조아리고 제후의 패자가 되는" 데 있지 않고, 인륜세계를 경륜經綸하는 도덕적 이상을 실현하는 데 있었다. 여기에 "삼황오제三皇五帝의 법을 받들고 주공周公·소공召公의 업적을 밝히는" 원대하고 웅대한 시도를 더하였는데, 이것은 당시의 제후들에게는 반드시 먼저 자신들의 머리 위에 하나의 도덕적 족쇄를 씌우는 것과 같았다. 이러한 배경에서 공자가 자신의 정치적 이상을 추진하기 위하여 열국列國을 주유周遊한 활동이 번번이 실패한 일은 곧 정해진 역사의 필연성을 가진다.

---

95) 역자 주: 魯나라 定公 10년(BC 500)에 齊나라 景公과 夾谷(지금의 산동 萊蕪 동남쪽)에서 서로 모였고, 공자는 노나라 정공을 도와 회의를 진행하기 위해 이 회의에 참여하였다. 제나라 사람들은 군대로 노나라를 겁박하려 하였으나 공자가 이를 멈추게 하고 양국은 화해를 맹세하였다.

96) 司馬遷, 『史記』(『二十五史』, 권1),「孔子世家」, 148쪽.

97) 『莊子』(郭慶藩 編, 『莊子集釋』),「漁父」, 1123쪽.

이와 같이, 만약 정치가로서의 시각에서 보면, 주공은 틀림없이 한 사람의 성공한 정치가이며, 공자는 분명히 실패한 정치가이다. 그러나 만약 인생의 궤적과 그 사상적 지향의 시각에서 보면, 주공은 분명히 정치개혁의 관점에서 깊고 깊게 사상문화에 영향을 끼쳤다. 즉 이른바 서주의 예악문명과 덕성문화도 주공의 정치개혁 곧 예악제작으로 인하여 후세에 빛을 발하였다. 그리고 공자는 개인의 사상문화의 시각에서 정치실천의 방향으로 노력하였다. 그러나 공자의 정치사상의 실패로 말미암아 중국의 정체에 깊고 깊은 영향을 끼쳤을 뿐만 아니라, 당시에 정치실천의 실패로 인하여 도리어 중국사상문화에 더욱 심원한 영향을 끼쳤다. 즉 공자는 이로 인하여 유가사상의 창시자가 되었다.

만약 그들의 인생의 주요 관심으로 본다면 그들은 분명히 모두 "천하는 일가家의 사유물"인 시대에 입신立身하였으나 도리어 함께 "천하는 공중의 것"이라는 방향으로 노력하였으며, 또한 모두 예악제도와 도덕실천의 방법을 통하여 인륜사회의 도덕이상을 실현하려고 노력하였다. 왕국유가 "주나라가 천하의 질서를 바로잡은 까닭은 상·하를 도덕으로 받아들이고, 천자·제후·경·대부·사·서민을 하나의 도덕 단체로 합하였기 때문이다"[98]라고 한 말은 주공의 정치개혁과 그 예악제도의 건설에 대한 정확한 개괄이라고 하는 것이 마땅하다. 공자는 완전히 사상문화의 각도에서 정치제도를 지향하였으며, 동시에 사상문화 형성의 방법으로 "천자·제후·경·대부·사·서민을 하나의 도덕 단체로 합하였다." 이런 점에서 그들은 당연히 모두 유가에 속한다. 굳이 구별하자면, 주공은 정치 지도자 방식의 유가에 속하거나 혹은 유가적 정치가라고 할 수 있고, 공자는 사상문화의 유가에 속한다. 그러나 그들이 정치와 사상문화의 통일을 견지한 점에서는 완전히 일치한다. 이러한 구별로 보면, 주공은 정치개혁을 통하여 사상문화의 건설을 추진하였고, 공자는 사상문화의 건설방식을 통하여 정치제도의 개혁을 시도하였다.

또한 그들이 같은 "유儒"라는 공통점으로 보면, 주공의 유가적 품격은 완전히

---

98) 王國維, 『殷周制度論』(『觀堂集林』 제2책), 453~454쪽.

그 정치개혁과 정치실천의 단련과 추동을 통하여 형성되었으며, 그 스스로는 완전히 "유儒"라고 자각하지 못하였다고 할 수 있다.(주공 당시에는 근본적으로 "유"이다 "유"가 아니다의 문제는 생각할 수 없었다. 왜냐하면, 당시에는 아직 "유"라는 호칭이 없었기 때문이다.) 단지 정치 위기로 인한 추동과 정치적 실천에 깊이에 따라 형성된 인문적 주요 관심 때문에 그를 "유"라는 품격으로 표현하지 않을 수 없었다. 그러나 공자는 먼저 이른바 "군자유君子儒"라는 자각을 이루었고, 사상문화의 방면에서도 충분하게 또 완전하게 유가의 사상적 품격을 표현할 수 있었다. 이런 면에서 보면, 오직 공자만이 유가사상의 창시자라고 할 수 있다. 주공은 비록 "유"의 품격을 가졌으나 그 "유"의 품격은 정치 위기와 정치 실천의 추진으로 형성되었을 뿐만 아니라, 그 자신도 근본적으로는 이른바 "유"의 사상문화적 입장을 형성하였음을 자각하지 못하였다.(주공에 대하여 말하면, 그는 "유"라는 칭호가 필요하지 않았을 뿐만 아니라, 심지어 도덕적 주요 관심 그 자체도 정치 실천의 깊은 요구 때문에 비로소 그 존재가 필요하였다.) 이것이 곧 주공과 공자의 가장 큰 구별이며, 동시에 공자가 유가儒家(儒學)의 창시자로서 중국 사상과 문화에 최대의 공헌을 하였다.

3. 공자의 생명 방향과 그 중요 공헌

공자가 역사의 전면에 나서면서, 한편으로는 "예의 관념…… 주나라 초기에 싹터서 현저하게 서주西周 말기에 발생하고 해석되었으며, 춘추시대에 크게 유행하였다."[99] 다른 한편으로 춘추시대는 동시에 예악이 붕괴되고, 인륜이 규범을 잃은 시대였으며, 공자에 의해 분명하게 비판받은 "정원에서 팔일무八佾舞(64명이 추는 가장 큰 文舞와 武舞)를 추는 것을 인정할 수 있다면 무엇을 인정할 수 없겠는가?"[100]라는

---

99) 徐復觀, 『中國人性論史』, 41쪽.
100) 『論語』(吳哲楣 主編, 『十三經』), 「八佾」, 1263쪽.

말도 곧 당시의 인륜이 규범을 잃고, 예악이 참람(僭濫)된 현상의 구체적인 표현이다. 그렇다면 이런 상황에서 공자의 사상에 대한 탐구는 어디서부터 시작할까?

이미 앞에서 말한 바와 같이 공자는 시종 주례를 계승한다고 자부하였지만, 그 사상의 넓이는 결코 주례의 범위에 국한되지 않았고, 무엇보다 하·상·주 삼대 전체의 시각에서 주례를 자세하게 살펴보았다. 예컨대 그는 "하나라의 시간(時間)(冊曆)을 행하며, 은나라의 수레를 타고, 주나라의 면류관을 쓰며, 음악은 (순임금의) 소(韶)와 무(舞)를 즐겼다"[101]라고 하였다. 이 말은 공자는 확실히 삼대문화 전부를 그가 선택의 시야와 계승의 범위로 받아들였음을 의미한다. 또 예를 들면, "은나라는 하나라의 예에서 유래하여 빼고 더함이 있음을 알 수 있다. 주나라는 은나라의 예에서 유래하여 빼고 더함이 있음을 알 수 있다. 그것이 혹 주나라를 계승한 것은 비록 백세를 지나도 알 수 있다"[102]라고 하였다. 이들은 모두 공자가 확실하게 삼대문화를 하나의 전체로 보고, 아울러 비교 분석과 구체적 선별의 바탕에서 종합적으로 계승하였음을 말해 준다.

그러나 공자가 삼대문화를 종합 계승함에 주대의 예악문화는 그 종합 계승의 기본적 출발점이 되었을 뿐만 아니라, 하·은 양대 문화에 대해서 분석하고 이해하는 중요한 표준으로 삼았다. 그 총결산과 그 결과의 관점에서 보면, 우리는 당연히 삼대의 생존기능을 집대성한 육예, 즉 사(射)·어(御)·서(書)·수(數)·예(禮)·악(樂)은 틀림없이 모두 공자가 전면적으로 계승하였다고 말할 수 있다. 그렇다면 당시 상황에서 보면, 공자는 결국 어떻게 삼대의 생존기술을 육예(六藝)로 집대성하여 계승하였는가? 예를 들면, 우리가 이미 앞에서 분석했던 "군자는 어떤 일에도 남과 다투지 말아야 하나, 반드시 활쏘기는 다투어야 할진저! 읍(揖)하여 겸손하게 사대(射臺)에 오르고, 내려와서 술을 마신다. 그러한 다툼이 군자의 다툼이다"[103]라는 말과 "활쏘기에 과녁의 가죽을 뚫는 것을 위주로 하지 않고, 힘씀이 동등하지 않기 때문이니 이것이

101) 『論語』(吳哲楣 主編, 『十三經』), 「雍也」, 1303쪽.
102) 『論語』(吳哲楣 主編, 『十三經』), 「爲政」, 1263쪽.
103) 『論語』(吳哲楣 主編, 『十三經』), 「八佾」, 1264쪽.

옛날의 도이다"[104]라는 말과, 맹자가 해석하여 "인자仁者는 활 쏘는 사람과 같으니, 활 쏘는 사람은 자신을 바르게 한 후에 활을 쏜다. 쏘아서 맞지 않으면 이긴 사람을 원망하지 않고, 돌이켜 자신에게 (적중하지 않은 까닭을) 찾을 뿐이다"[105]라고 한 말 등을 포괄해서 모두 공孔·맹孟이 이미 삼대의 생존기능을 전면적으로 군자의 인격 방식으로 분석하고 해석하였음을 설명한다. 이것은 서주 이래의 예악문명의 훈도薰陶로 말미암아 전통적인 육예가 비록 존재하고는 있었지만, 또한 여전히 그 존재기능과 작전 방면을 포괄해서 중요한 역할을 발휘하고 있음을 나타낸다. 그러나 예악문명과 군자인격에 대하여 말하면, 이러한 생존기능은 이미 부차적 지위로 멀리멀리 밀려났고, 원래의 기능으로서 현재는 완전히 군자의 수신修身과 양성養性의 일종인 "예능藝能"으로 바뀌어 표현되었다.

공자가 "도에 뜻을 두고, 덕에 근거하고, 인에 의지하고, 육예에 노닐어라"[106]라고 한 말은 육예의 전혀 새로운 존재방식을 생동적으로 표현하였다.

육예에 왜 이런 종류의 전향이 발생하였는가? 이는 완전히 주공이 예악을 제정한 인문과 도덕적 주요 관심으로 인하여 지향되고 형성된 것이다. 이러한 방향의 규범과 인도 아래 전통적으로 본래 생존과 작전기능으로서의 육예는 여전히 존재하며, 또한 여전히 그 역할이 있지만, 도리어 총체적·근본적 방향 전환을 하지 않을 수 없었는데, 이는 반드시 본래 완전히 생존에 필요한 기능에 복종하는 데서 도덕인격을 배양하는 차원으로 전환해야 하였다. 그리고 공자의 사상문화의 시각과 그 덕을 이루고 사람이 되는 교육방법도 또한 이러한 전향의 주요한 까닭이 되었다. 자, 이제 공자의 교육에 대하여 살펴보자.

공자는 네 가지 문文(文獻)·행行(實踐)·충忠(忠心)·신信(信實)으로 가르쳤다.[107]

---

104) 『論語』(吳哲楣 主編, 『十三經』), 「八佾」, 1264쪽.
105) 『孟子』(吳哲楣 主編, 『十三經』), 「公孫丑上」, 1366쪽.
106) 『論語』(吳哲楣 主編, 『十三經』), 「述而」, 1275쪽.
107) 『論語』(吳哲楣 主編, 『十三經』), 「述而」, 1276쪽.

공자는 『시詩』·『서書』·『예禮』·『악樂』을 가르쳤으며, 제자가 3천 명에 몸으로 육예를 통달한 사람이 72명이었다.[108]

여기서 이른바 "문文(文獻)·행行(實踐)·충忠(忠心)·신信(信實)"은 실제로는 군자의 인격적 출발점 혹은 덕성의 기초이며, 따라서 전통적인 육예를 "묶음 포장"의 방식으로 계승하고 총결산할 수 있다. 이른바 "『시詩』·『서書』·『예禮』·『악樂』"은 마땅히 공자가 예악문화와 성인成人이 되고 덕성을 이루는 교육의 필요에 근거해서 편정編定(편제를 정비)한 새로운 교재라고 해야 하며, 따라서 "『시詩』·『서書』·『예禮』·『악樂』"의 방식은 전통적인 사인士人들을 군자의 인격의 방향으로 인도하였다. 그러므로 『시詩』·『서書』의 덕성에 대한 관심에서 예禮·악樂 예능의 표현까지는 또한 모두 하나의 선線으로 연결되었으며, 몸과 마음 두 측면과 일상의 윤상倫常인 시視·청聽·언言·동動의 관점에 따라 군자의 인격에 대한 전 방위적인 추구와 배양을 전개하였다.

이러한 배경에서 전통적인 육예는 반드시 두 가지 다른 방향으로의 흐름에 직면하였다. 전면적인 덕성의 주요 관심으로 전향하려면, 자신을 "기技"의 관점에서 일종의 예능으로 끌어올려야 하며, 따라서 군자인격의 구체적 표현 즉 "활쏘기와 마차 몰기"가 『의례儀禮』에 들어갈 수 있었던 까닭과 공자가 "예藝에 노닐어라"라고 제창하였던 까닭은 모두 이로 말미암아 발생하였다. 아니면 물러나 그 순수기능의 측면만 지키려고 하거나, 혹 가로로 전개하는 일종의 전쟁진법, 박격搏擊(격투기)의 기술로 머물고자 하면, 무사武士·책사策士·유사遊士 및 이른바 국사國士를 배양하는 방식이 된다. 그러므로 공자의 "『시』·『서』·『예』·『악』"과 덕성을 기르고 사람을 만드는 교육은 실제로는 덕성을 기초로 하고 예능을 주요 형식으로 삼는다. 따라서 또한 전통적인 육예에 대해 완전히 새로운 개조, 즉 새로운 분석과 새로운 이해를 진행한 것이다. 이른바 "문·행·충·신"과 같은 개괄은 공자가 덕성의 주요 관심의

---

108) 司馬遷, 『史記』(『二十五史』, 권1), 「孔子世家」, 151쪽.

시각에 따라 전통적인 육예를 "묶음 포장"적으로 총결산하였을 뿐만 아니라, 동시에 덕성을 함양하는 예능의 방식으로 거기에 새로운 생명을 부여함을 의미한다.

　　바로 이러한 배경에서 공자와 그의 제자 번지樊遲의 다음과 같은 대화가 있게 되었다.

　　번지樊遲가 농사일을 배우기를 청하니, 공자는 "나는 늙은 농부農夫만 못하다"라고 하였다. 채소 가꾸기를 배우고자 청하니, "나는 늙은 채소 농사꾼만 못하다"라고 하였다.
　　번지樊遲가 나가자, 공자는 "소인小人이구나 번수樊須여! 윗사람이 예禮를 좋아하면 백성들이 감히 공경하지 않음이 없고, 윗사람이 의義를 좋아하면 백성들이 감히 복종하지 않음이 없고, 윗사람이 믿음(信)을 좋아하면 백성들이 감히 사실대로 하지 않음이 없다. 이렇게 되면 사방四方의 백성들이 자식을 포대기에 업고 올 것이니, 어찌 스스로 농사를 지으려고 하는가?" 하였다.[109]

　　과거 오랜 시간 동안에 공자와 번지의 이 문답은 종종 공자가 노동인민을 경시하고, 육체노동을 경시한 "철증鐵症"(확증)으로 받아들여졌는데, 당연히 전혀 근거가 없다고 말할 수 없다. 그러나 문제는 이 일단의 문답이 주로 나타낸 것은 공자의 책임정신과 그 예악문화와 "학가學稼"(농사일을 배움), "학위포學爲圃"(채소 가꾸기를 배움) 사이의 서로 다른 가치 선택에 있다고 할 수 있다. 공자는 이미 주례의 계승을 사명으로 여겼고, 덕성과 사문斯文(儒學)을 주요한 책임으로 여겼으므로, 번지의 "농사일을 배움"과 "채소 가꾸기를 배움"은 그 관심 범위에 있지 않았다. 공자가 보기에 만약 "농사일을 배움"과 "채소 가꾸기를 배움"에 전념하려면 근본적으로 예악제도와 그 사상문화의 중요성은 무시해야 하며, 완전히 대·소, 경·중을 구분하지 않고 대를 버리고 소를 취하는 선택을 해야 한다. 왜냐하면, 공자가 "『시』·『서』·『예』·『악』"으로 배양하려는 것은 주로 도덕과 유학의 운명을 책임지

---

109) 『論語』(吳哲楣 主編, 『十三經』), 「子路」, 1294쪽.

는 사군자士君子에 있었으며, 이른바 겨우 두승斗升(작은 그릇)의 크기만의 욕구와 생존에 필요한 것에만 만족하는 소민小民의 백성에 있지 않았다. 따라서 번지가 "농사일을 배움"과 "채소 가꾸기를 배움"의 생존에 필요한 것으로써 공자에게 가르침을 청한 것은 완전히 질문이 안 되는 문제였다고 할 수 있다. 그러므로 단지 "나는 늙은 농부農夫만 못하다"라고 하고, "나는 늙은 채소 농사꾼만 못하다"라고 대답한 것은 전혀 이상하지 않다.

똑같은 상황이 『맹자』에서도 나타나는데, 「등문공滕文公」에서는 다음과 같이 말하였다.

신농神農씨의 말을 실천하는 허행許行(農家의 대표 인물)이 초楚나라로부터 등滕나라로 가서, 대궐 문에 이르러 문공文公에게 고하기를, "먼 곳에서 온 사람으로 임금께서 인정仁政을 행하신다는 말을 들었습니다. 주거할 집터를 받아 백성이 되기를 원합니다"라고 하였다.

문공이 그에게 거처할 곳을 주었다.

그는 제자 수십 명과 함께 모두 갈葛(칡)옷을 입고 신을 삼고 돗자리를 짜서 먹고살았다.

진량陳良의 제자 진상陳相이 그 동생 진신陳辛과 함께 뇌사耒耜(쟁기와 보습)를 짊어지고 송宋나라로부터 등나라에 가서 말하기를, "임금께서 성인의 정치를 행하신다는 말을 들었는데, 이는 또한 성인이시니, 성인의 백성이 되기를 원합니다"라고 하였다.

진상이 허행을 보고 크게 기뻐하여 자기가 배운 것을 모두 다 버리고 허행에게서 배웠다.

진상이 맹자를 뵙고 허행의 말을 설명하기를, "등나라 임금은 진실로 어진 임금입니다. 그러나 아직 도를 듣지는 못하였습니다. 어진 사람은 백성과 더불어 밭을 갈아서 먹고, 스스로 밥을 지어 먹으며 다스립니다. 그런데 등나라에 창름倉廩(곡식 창고)과 부고府庫(재물창고)가 있으니 이것은 백성을 괴롭혀서 자기를 봉양함이니 어찌 어진 군주라고 하겠습니까?"라고 하였다.……

(맹자는) "그렇다면 천하를 다스림이 단지 밭갈이로만 한다는 말인가? 대인이

할 일이 있고, 또 소인이 할 일이 있다. 또 한 사람의 몸으로 백공百工(온갖 장인)이 하는 일을 갖추고 있다 하여, 만일 반드시 스스로 해 본 뒤에 그것을 이용한다면, 이는 천하의 사람들을 길바닥으로 내쫓는 일이다"라고 하였다.[110]

여기서 맹자시대와 공자시대는 당연히 조금 다르다. 공자시대에는 단지 사인士人의 재능으로 학문을 배웠다. 즉 재능은 학문하기 위해 필요한 것이었다. 그러나 맹자의 시대에 이르면 소민의 백성도 성인의 도를 구할 수 있으니, 곧 농가農家도 이로 인하여 흥기하였다. 하지만 그 출신에 필연적으로 따라다니는 소농과 민수시각民粹視角[111]과 그 선천적 국한성 때문에 이른바 "어진 사람은 백성과 더불어 밭을 갈아서 먹고, 스스로 밥을 지어 먹으며 다스린다"라는 말은 곧 농가의 최고 이상이 되었고, 허행이 등문공을 보고 "백성을 괴롭혀서 자기를 봉양한다"라고 비판하였다. 그러나 허행은 오로지 육체노동을 최고의 목표로 삼는 임금과 백성이 함께 경작하는 방식이 실제로는 "천하의 사람들을 길바닥으로 내쫓는 알" 곧 분주히 길을 재촉하는 공상일 뿐임을 전혀 생각하지 못했다.

이러한 현상들은 예악이 붕괴되고 인륜이 규범을 잃은 춘추시대에 공자가 주례의 계승과 확장을 통하여 당시의 세상인심을 구제하려고 한 사람임을 설명한다. 곧 그는 반드시 예악 규범을 표준으로 삼아서 당시의 사회현실에 대하여 다각적인 비판을 하지 않을 수 없었다. 이러한 비판은 공자가 예악문화를 수호하기 위한 것일 뿐만 아니라, 동시에 예악을 예악답게 하는 깊은 사고를 포함하고 있다.

> 공자는 "공손하되 예禮가 없으면 수고롭고, 근신勤順하되 예가 없으면 두려워하고, 용맹하되 예가 없으면 혼란스럽고, 강직하되 예가 없으면 잔혹하게 된다. 군자는 가까운 사람에게 돈독하게 하면 백성이 인仁을 즐겨 하니, 그러므로 오래 되어도 버리지 않으면 백성들이 도둑질을 하지 않는다"라고 하였다.[112]

---

110) 『孟子』(吳哲楣 主編, 『十三經』), 「滕文公上」, 1375~1376쪽.
111) 역자 주: 나로드니키(Narodniki). 인민주의자라는 뜻으로 1860~1890년 시기에 러시아 지식인들이 제창한 農本主義的 급진사상을 의미한다.

공자는 "예로다 예로다 하는데, 그것이 단순히 옥玉과 비단을 말하겠는가? 음악이라 음악이라 하는데, 종이나 북을 말하겠는가?"라고 하였다.[113]

재아宰我가 묻기를 "삼년상三年喪은 기간이 너무 오래입니다. 군자가 삼 년 동안 예를 행하지 않으면, 예는 반드시 훼손됩니다. 군자가 삼 년 동안 악을 행하지 않으면 악은 반드시 무너집니다. 묵은 곡식을 다 먹고 나면 새 곡식이 나오고, 비벼서 불을 피우는 나무도 (계절마다) 바꾸어 불을 피우는데, 1년이면 그칠 만합니다"라고 하였다.

공자는 "(부모가 돌아가신 지 삼 년도 되지 않았는데) 쌀밥을 먹고 비단옷을 입으면 너는 마음이 편안한가?"라고 하였다.

(재아는) "편안합니다"라고 하였다.

(공자는) "네가 편안하다면 그렇게 하여라. 무릇 군자는 상중喪中에는 맛있는 음식을 먹어도 달지 않고, 음악을 들어도 즐겁지 않으며, 집 안에 있어도 편하지 않으니 하지 않는다. 이제 너는 편안하다고 하니 그렇게 하여라"라고 하였다. 재아가 나가자 공자는 "재아는 어질지 못하구나! 자식은 태어나 삼 년이 지나야 부모의 품을 면한다. 무릇 삼년상은 세상의 보통의 상례. 재아도 삼 년 동안 부모의 보호를 받았겠지?"[114]라고 하였다.[115]

임방林放(子立, 공자 제자)이 예禮의 근본을 물었다. 공자는 "훌륭한 질문이로다! 예는 사치함보다는 오히려 검소함이 낫다. 장례는 그것이 쉬움보다는 슬퍼함이 낫다"라고 하였다.[116]

공자는 "사람으로서 인仁하지 않으면 예는 무슨 소용인가? 사람으로서 인하지 않으면 악樂은 무슨 소용인가?"라고 하였다.[117]

---

112) 『論語』(吳哲楣 主編, 『十三經』), 「泰伯」, 1278쪽.
113) 『論語』(吳哲楣 主編, 『十三經』), 「陽貨」, 1310쪽.
114) 역자 주: 이 책의 저자는 이 부분에서 "予也有三年之喪于其父母乎"라고 하였으나, 楊伯峻의 『論語譯註』에 근거하여 喪 대신에 愛로 바꾸어 해석하였다.
115) 『論語』(吳哲楣 主編, 『十三經』), 「陽貨」, 1311쪽.
116) 『論語』(吳哲楣 主編, 『十三經』), 「八佾」, 1263쪽.

공자는 "삼베로 만든 예모를 쓰는 것이 예인데 지금은 치純(검은색 명주, 緇와 같음)를 쓰니, 이는 검소한 것이니 나는 군중群衆을 따르겠다. 대청 아래에서 절하는 것이 예인데 지금은 대청 위에서만 절을 하니 이는 교만함이다. 비록 군중群衆의 뜻과 어긋나더라도 나는 대청 아래에서 절하는 방법을 따르겠다"라고 하였다.[118]

위에서 말한 공자의 예악제도의 체계에 대한 사고 가운데, "공손하되 예가 없음", "근신勤愼하되 예가 없음", "용맹하되 예가 없음", "강직하되 예가 없음" 등의 현상은 당연히 모두 공자가 당시의 "공손함", "근신함", "용맹함", "강직함" 등의 품행이 예를 표준으로 삼지 않고 표현된 여러 가지 편파적 경향을 분명하게 비판하였다고 할 수 있다. 동시에 공자가 예를 중심이자 표준으로 삼은 사상을 표현하였다. 그럼에도 공자는 여전히 끊임없이 "예禮"에 대하여 일깨움과 질문을 진행하였다. 이른바 "예악"이 설마 단지 "옥과 비단", "종과 북"의 형식에 불과한가? 재아宰我와 삼년상에 대하여 토론을 벌일 때 비로소 진정하게 이른바 "예악"은 반드시 "인仁"을 내재적 근거로 삼는다는 것을 분명하게 하였다. 따라서 재아가 삼년상을 지키지 않겠다는 생각을 하자 공자는 명확하게 "재아는 인하지 않구나!"라고 비판하였다. 이 말은 "인"이 곧 "예"라고 하는 행위에서 관철되고 실천되어야 하는 내재적 근거 혹은 내재적 심리의 근원임을 말한다. 내재된 "인"이 결핍된 상황에서 이른바 "예악"은 곧 "옥과 비단", "종과 북"과 같은 공허한 형식으로 전락하고 만다. 왜냐하면, 재아의 제의는 삼년상을 할 수 없거나 삼년상을 원하지 않았으며, 그 주관적인 목적은 심지어 현실의 예악형식을 견지하려는 데 있다.("군자가 삼 년 동안 예를 행하지 않으면 반드시 예가 무너지고, 삼 년 동안 음악을 즐기지 않으면 음악이 반드시 붕괴될 것이다.") 이것은 본래 삼년상을 지키고 싶지 않는 이른바 "비례非禮" 혹은 예를 지키지 않는 행동이라고 할 수 있으므로, 공자로부터 "불인不仁"이라는 분명한 비판을 받았다. 이 말은 공자가 보기에 "예악"은 반드시 "인"을 내재적

---

117) 『論語』(吳哲楣 主編, 『十三經』), 「八佾」, 1263쪽.
118) 『論語』(吳哲楣 主編, 『十三經』), 「子罕」, 1280쪽.

근거로 삼아야만 비로소 진정한 가치가 있는 행위임을 말해 준다. 그렇지 않으면 단지 "옥과 비단을 이르겠는가?…… 종과 북을 이르겠는가?"라는 말처럼 공허한 형식으로 타락할 뿐이다.

그런데 뒷부분의 몇 조목에서 공자는 왜 "예는 사치함보다는 오히려 검소함이 낫다. 장례는 그것이 쉬움보다는 슬퍼함이 낫다"라는 태도를 굳이 고집하였을까? 왜냐하면, 오직 "검소함"과 "슬퍼함"이 있어야 비로소 "상장喪葬의 예"의 본질에 가깝기 때문이며, 또한 사람이 "상례喪禮"에서 가장 심층적인 심리정서에 더 가깝기 때문이다. 따라서 계속해서 이른바 "사람으로서 인仁하지 않으면 예는 무슨 소용인가? 사람으로서 인하지 않으면 악樂은 무슨 소용인가?"라는 더 깊은 질문을 하였다. 이러한 질문은 또한 분명하게 "인"이 "예"의 심층적 근거가 되고 사람이 사람답게 되는 가장 높은 본질임을 명확하게 나타내었다. 왜냐하면, 이 질문에 포함된 의미는 곧 오직 "인"으로만 비로소 더 가깝게 사람의 본질에 접근할 수 있고, 사람으로 하여금 더 사람답게 할 수 있기 때문이다. 그리고 오직 내재한 "인"으로부터 출발해야 비로소 분명하게 "예"가 예답게 되는 내재적 근거와 사람이 사람답게 되는 최고 표준의 의미를 나타낼 수 있다. 공자가 어떤 조건에서는 "여러 사람을 따르겠다"라고 하고, 또 어떤 조건에서는 "사람들의 뜻과 어긋나게" 하는 것은 곧, "예"에 대하여 사안에 따르고, 시대적 형식에 따라서 가감加減을 헤아리는 것도 또한 완전하게 그 내재적인 "인"으로부터 결정한다는 말이다.

이처럼 공자도 "예악"에 대한 반복적인 질문으로 "인"의 문제를 제시하였다. 그리고 "인"이 일종의 인생 관념이 되고 시종 "인애仁愛"와 함께 연결되어 있으며, 공자 이전의 『춘추좌씨전』에서 이미 많이 "인"이 "인애"의 의미를 포함하여 운용하였다.

어진 사람과 가까이하고, 이웃 나라와 잘 지내는 것은 나라의 보배다.[119]

---

119) 『春秋左傳』(吳哲楣 主編, 『十三經』), 隱公 六年, 608쪽.

진나라의 정사를 돌보던 자(晉의 執政인 荀林父가 새로 中軍將이 됨)가 와서 아직 명령
이 행해지지 않고 있습니다. 그의 부장인 선곡先縠은 성질이 괴팍하고 어질지
못하여 윗사람의 명령에 따르지 않습니다. 삼군의 장수가 전권을 가지고 행사하
지 못하고, 명령을 따르려 해도 명령을 내리는 상부上府가 없으니, 군중軍衆이
누구를 믿고 따르겠습니까? 이번에 진격하면 진晉나라 군대는 반드시 패할 것입
니다.[120]

인仁을 체현하면 사람의 우두머리가 될 수 있고, 덕을 아름답게 하면 예禮와
화합할 수 있으며, 사물을 이롭게 하면 의義와 화합할 수 있으며, 곧음을 굳게
하면 일을 잘 할 수 있다.…… 진실로 하위에 있는데도 불인不仁하면, 우두머리(元)
가 될 수 없다.[121]

『춘추좌씨전』에서 이러한 "인"에 관한 구체적인 운용에서 이른바 "인"은 대체
로 모두 "애인愛人"과 "친선親善" 혹은 "인애仁愛"의 관점에서 말하며, 이것은 자연히
예악문명으로부터 온 "인애"의 전통이라고 할 수 있다. 그러나 공자가 "예악"에
대하여 반복해서 질문하고 또 "예악"의 내재적 근거라는 관점에서 "인"을 제시할
때 이 "인"은 또한 전혀 새로운 의미를 가진다. 왜냐하면, "예악"의 내재적 근거로서
의 "인"은 "예악"에 대해 "묶음 포장" 식으로 처리할 수 있을 뿐만 아니라, 또한
오직 "예악"을 초월하고 "예악"의 내재적 근거로서의 "인"의 사상 내용을 포함할
수 있어야만 비로소 진정으로 "예악"으로 하여금 심리의 근거로 관철되고 실현될
수 있도록 할 수 있기 때문이다.
　　『논어』에서 "인"은 모두 109번 나타나며, 이는 『논어』에서 가장 높은 빈도로
나타난 개념이다. 비록 "인"의 출현 횟수에 대한 통계는 "인"의 사상적 함의 자체와는
결코 관련은 없지만, 그 최고로 많이 출현한 횟수와 운용의 빈도는 충분하게 "인"이
이미 "예"를 대신하였고, 또 공자사상의 핵심 관념이 되었음을 증명하였다. "인"에

---

120)『春秋左傳』(吳哲楣 主編,『十三經』), 宣公 十二年, 727쪽.
121)『春秋左傳』(吳哲楣 主編,『十三經』), 襄公 九年, 783쪽.

대한 공자의 논술을 보면, 첫째, "인"은 가장 쉽게 행할 수 있을 것 같은데, 예를 들면 공자는 이미 "인을 행함은 나 자신으로부터 하며, 어찌 타인으로부터 하겠는가?"[122]라고 설명하였으며, 동시에 "인이 멀리 있겠는가? 내가 인을 원하면 이 인仁이 내게 이른다"[123]라고 대답하였다. 이런 말들로 보면 "인"은 가장 쉽게 할 수 있을 것 같으며 또한 현재 지금의 삶에서 출발할 수 있을 것 같다. 그러나 다른 한편으로 공자의 논설에서 "인"은 동시에 가장 도달하기 어려운 것 같다. 그의 가장 우수한 제자인 안회조차도 공자가 보기에 겨우 "3개월 동안 인을 어기지 않았을" 뿐이며, "그 나머지는 기껏해야 겨우 하루나 한 달 정도에 그칠 뿐이다."[124] 심지어는 본인 스스로도 분명하게 "성인과 인자와 같은 반열에 어찌 내가 감히 오를 수 있겠는가? 그러나 인을 행함에 싫증내지 않고 사람을 가르침에 게으르지 않았다고만 말할 수 있을 뿐이다"[125]라고 하였다. "인"에 대한 공자의 이와 같은 매우 역설적(吊詭, 기괴함)인 자리매김은 곧 장력張力이 지극히 큰 관념이 되었다. 한편으로 "인"은 완전히 현재의 인생에서 시작할 수 있고, 현재의 인생에서 "내가 인을 원하면 이 인이 내게 이른다"라는 생활 실천으로 시작할 수 있다. 다른 한편으로 "인"은 또 확실히 가장 도달하기 어려운 것이다. 즉 일생의 노력과 추구를 다해도 "인"은 단지 "하루나 한 달 정도에 그칠 뿐"이기 때문이다.

이런 상황에서 우리는 결국 어떻게 "인"을 파악해야 하는가? 한편으로 "인"은 확실히 "예"를 대체하거나 포함하며, "묶음 포장" 형식의 관념으로 나타난다. 즉 "인"은 "예"에 포함된 사상 내용을 포괄할 뿐만 아니라, 시종 "예"가 관철하고 실천할 수 있는 내재적 근거로 제출되었다. 공자는 주례의 계승과 유지를 주로 "인"에 대한 지지와 수호로 표현하였다. 다른 한편으로 "인"은 또 항상 "사람이 사람다움"의 방향으로 규범화하였다. 예를 들면, 공자는 "사람으로서 인仁하지

---

122) 『論語』(吳哲楣 主編, 『十三經』), 「顔淵」, 1290쪽.
123) 『論語』(吳哲楣 主編, 『十三經』), 「述而」, 1277쪽.
124) 『論語』(吳哲楣 主編, 『十三經』), 「雍也」, 1272쪽.
125) 『論語』(吳哲楣 主編, 『十三經』), 「述而」, 1277쪽.

않으면 예는 무슨 소용인가? 사람으로서 인하지 않으면 악樂은 무슨 소용인가?'라는 심층적 질문에서도 항상 사람이 사람답게 되는 관점에서 "예"를 반성적으로 보았음을 분명하게 표현하였으므로, 그가 "사람이 인仁하지 않음"의 현상에 대하여 반복적으로 헤아리고 일깨우고 질문한 것은 또한 그가 주로 사람이 사람다운 관점에서 "인"의 개념을 제출하였음을 분명하게 표명한다. 대략 공자가 보기에 단지 "인"만 있으면 "예"는 자각적으로 관철되고 실천될 뿐만 아니라가 진정으로 사람의 본질에 접근할 수 있다. 이러한 면에서 자사子思가 "인仁은 곧 사람이다"[126]라고 하고, 맹자가 "인仁은 인심이며, 의義는 사람의 길이다"[127]라고 한 말은 마땅히 공자의 "인"에 대해 가장 정확하게 개괄하여 표현한 것이었다고 할 수 있다.

　사상사에서 흔히 이런 현상이 있는데, 즉 하나의 관념을 제출한 창시인에 대하여 말하면, 자주 그와 함께 발휘된 융통성(靈活性)을 갖추고 있을 뿐만 아니라, 구체적인 운용에서 또한 흔히 어떤 말하지 않아도 아는 성질을 갖추고 있다. 그러나 그 개념을 또렷하고 명확하게 하는 규정이 결핍되어 있다. 실제로 이것은 곧 하나의 개념이 형성되고 새롭게 시작되는 단계에서의 구체적인 표현인데, 공자가 "인"을 논술할 때 이 특징을 갖추고 있다. 그러나 그 뒤 사람으로 말하면 하나의 개념의 유래와 규모, 그 내포적인 지향을 포함하는 기본적인 함의를 분명하게 밝히는 것은 또한 하나의 사상을 분명하게 파악하는 기본 전제이며, 동시에 그것을 계승하고 발전시키는 기본 전제이기도 하다. 공자의 "인"은 당연히 첫째, "예"를 관철하고 실천하고 유지하는 관점에서 제출되었으나, 동시에 또 "예"의 향상, 대체 및 "묶음 포장적" 관념으로 출발하였으며, 이 점에서 "인"은 완전히 "예"에 대한 교체와 갱신적 관념으로 출발하였다. 둘째, "인"은 또 확실하게 사람이 사람답게 되는 방향으로 충실하게 진행하는데, 자사가 "인仁은 곧 사람이다"라고 한 말과 맹자가 "인仁은 인심이며, 의義는 사람의 길이다"라고 한 말은 실제로는 모두 사람이 사람답

---

126) 『禮記』(吳哲楣 主編, 『十三經』), 「中庸」, 563쪽.
127) 『孟子』(吳哲楣 主編, 『十三經』), 「告子上」, 1410쪽.

게 되는 방향으로 진행되고 확충되고 개척된 것이다. 만약 이러한 관점에서 보면, "인"은 또한 공자가 사람이 사람답게 되는 기본적인 특징에 대한 고도의 개괄로 볼 수 있다. 만약 이 두 방면을 통일해서 보면, "예"도 사람이 사람답게 되는 직분과 그 구체적 행위규범을 의미하며, "인"은 사람이 사람답게 되는 내재적 본질로서의 충분한 자각을 의미한다. 이른바 직분과 행위규범이란 어디까지나 단지 사람의 내재적 본질의 외적인 표현에 불과할 뿐이다. 이렇게 되면 "인"과 "예"는 내재적 근거와 외재적 규범 및 그 표현의 관점에서 통일되었다.

이 단계에 이르면 우리는 주공과 공자를 연관 지을 수 있으며, 거듭 새롭게 "인"과 "예"의 서로 다른 내함과 그 추진 관계를 인식할 수 있다. 주공이 예악을 제작한 것은 진실로 "천하의 질서를 바로잡기"와 "그 취지가 상·하를 도덕으로 받아들이고, 천자·제후·경·대부·사·서민을 하나의 도덕 단체로 합하는 데" 있었다. 그러나 주공 당시의 구체적인 방법은 주로 존존尊尊·친친親親의 예악제도와 사람과 사람 사이의 인륜직분과 행위규범으로 실현되었으며, 주공의 '섭정칭왕'의 정치적 리더의 신분은 오직 그 정치와 도덕의 통일이라는 방식을 통하여, 특히 정치제도로써 도덕이념을 관철하는 방식을 통하여 이 이상을 실현하였다. 그러나 사상문화의 관점에서 성장한 공자에 대하여 말하면, 이와 같이 정치와 도덕이 직접 통일된 예악제도는 반드시 어떤 외재적 규범의 특색과 어느 정도 강제적 색채를 가질 수밖에 없다. 실제로 이 특색은 곧 이후의 춘추시대 예악붕괴와 인륜규범을 잃어버리는 근본 원인이 되었다. 왜냐하면, 예악제도는 일종의 외재적 제도와 규범으로 억지로 사람에게 덧씌울 때 그것은 반드시 내재적 참월僭越과 외재적 파괴의 결말에 봉착하기 때문이다. 그러므로 공자가 예악이 붕괴하는 현상에 대하여 끊임없이 질문하고 반복하여 사색한 기초에서 "사람으로서 인仁하지 않으면 예는 무슨 소용인가? 사람으로서 인하지 않으면 악樂은 무슨 소용인가?"라고 한 것은, 만약 외재적 예의 심리근거와 정신적 지주로서의 내재적 인이 없다면, 그것이 아무리 완미完美한 예악제도라고 해도 결국은 반드시 탈각되어 "옥과 비단" 그리고 "종과 북"과 같은 공허한 형식이 되고 만다는 뜻과 같다고 할 수 있다. 이 때문에 공자는 예악제도의 계승과 유지에 대하여 단지 외적인 형식 측면의 노력을 하지 않고, 사람이 사람답게 되는 내재적 시각으로 전향하였을 뿐만 아니라, 사람이 사람답게 되는 내재적 시각에서 예악제도를 지지하고 동시에 사람으로 하여금 사람다운 사람이 되는 방향으로 나아가게 하고 북돋워 주었다. 이러한 배경에서 만약 주공은 중국인의 인문과 도덕정신의 각성과 건립을 대표하며, 아울러 예악의 제도를 실현하고 동시에 개체로서 '올바른 사람을 만드는'(做人) 직분으로서의 인륜 규범의 방식을 더하여 확보하였다고 한다면, 공자의 "인"은 사람이 사람답게 되는 정신의 보편적 각성을 대표하고 완전히 개체적 시각과 사상문화적 시각에 따라서 충분하게 사람이 사람답게 되는 보편적 각성을 나타내었으며, 그가 말한 "인을 행함은 나 자신으로부터 함이지, 어찌 타인으로부터 하겠는가?'라는 말과 "인仁이 멀리 있겠는가? 내가 인을 원하면 이 인이 내게 이른다"라는 말들은 "인"의 개체적 실현을 표현하고, 동시에 개체의 "체인體仁"(인을 몸소 실천함)과 "천인踐仁"(인을 실천함)에 대한 충분한 자각을 표현하였다고 할 수 있다. 역사적 시간에서 보면, 이 점은 마땅히 공자가 주공을 계승하고 주공을 초월한 것이며, 동시에 공자가 중국의 사상문화에 끼친 최대의 공헌이라고 할 수 있다.

다음으로 우리가 "인仁"과 "예禮"를 인류문명의 핵심적 관념으로 독립하여 비교한다면, "인"은 진실로 "예"가 관철하고 실천해야 하는 심리근거와 정신적 주주로 제출되었다. 그러나 "인"이 일단 제출되자 "예"에 대한 일종의 명확한 향상, 대체 및 "묶음 포장적" 총결산의 특색을 갖추었다. "인"의 이러한 특색은 일정한 조건에서는 "예"로 치환되거나 "예"로 대체될 수 있을 뿐만 아니라, "예"의 표준으로 외재적 규범의 차원에서 내재적 근거의 차원으로 올라갈 수 있다. 곧 "인"의 이러한 특징 때문에 공자가 일정한 조건에서는 "군중을 따를" 수 있고, 또 어떤 조건에서는 "군중의 뜻을 위배할" 수 있었다. 따라서 공자는 분명하게 "삼베로 만든 예모를 쓰는 것이 예인데 지금은 치純(검은색 명주, 緇와 같음)를 쓰니, 이는 검소한 것이니 나는 군중群衆을 따르겠다. 대청 아래에서 절하는 것이 예인데 지금은 대청 위에서만 절을 하니 이는 교만함이다. 비록 군중群衆의 뜻과 어긋나더라도 나는 대청 아래에서 절하는 방법을 따르겠다"라고 하였다. 그리고 공자가 일정한 조건에서는 "군중을 따를" 수 있고, 또 어떤 조건에서는 "군중의 뜻을 위배할" 수 있는 관건은 결코 "예"의 외재적 형식에서 취하지 않고, 주로 그 내재적 근거로서의 "안"에서 취하였다. 이러한 표준을 가장 전형적으로 보여 주는 것은 상례喪禮만한 것이 없다. 따라서 공자는 "예는 사치함보다는 오히려 검소함이 낫다. 장례는 그것이 쉬움보다는 슬퍼함이 낫다"라고 하였다. 여기서 만약 외재적 규범의 관점에서만 보면 이른바 "검소함"과 "상喪"은 아직 "예"의 요구에 부합하지 않지만, 공자가 보기에 이른바 "검소함"과 "슬퍼함"은 "예"와 "상"의 본질에 가까울 뿐만 아니라, 더욱 "상례"에서 가장 심층적인 심리정서에 가깝다. 즉 "안"이어야만 비로소 "오히려 검소함"과 "오히려 슬퍼함"의 선택을 할 수 있다.

이것은 매우 중대한 문제를 제기하였다. 중국 지혜의 구체적 특성에 의하면, 이른바 예악과 예능은 종종 보편적 지혜와 그 주요 관심의 지향이 구체적으로 실현되고 형성된 것이다. "예"의 신성함도 또한 여기서 응집되었다. 따라서 『의례儀禮』에는 사람이 특정한 장소에서의 시視 · 청聽 · 언言 · 동動 및 행行 · 주住 · 좌坐 · 와臥에 대한 매우 엄격한 규정이 있다. 예를 들면, "향음주례鄕飮酒禮"와 같은 마을의 사인士人의 모임에서 그 주인, 손님, 중개인 사이에도 매우 엄격한 규범이 있다.

> 주인이 앉아서 (堂上의 높은 자리인 尊南에 있는) 광주리에서 작爵(다리가 셋인 고대 술잔)을 골라서 세洗[128]로 내려간다. 손님도 내려간다. 주인이 앉아서 계단 앞에서 작을 올려놓고 사양한다. 손님이 대답한다. 주인이 앉아서 술잔을 잡고 일어서서 세洗로 가서 남쪽을 향해 앉으며, 광주리 아래에서 작爵을 두고 손을 씻는다. 손님은 동쪽으로 가서 북쪽을 보고 씻는 것을 사양한다. 주인이 앉아서 광주리에서 작을 두고 일어서서 대답한다. 손님이 다시 돌아와 서쪽의 순서로 위치하여 동쪽을 본다. 주인이 앉아서 작을 잡으면 물을 부어 씻는 사람은 서북쪽

---

128) 역자 주: 洗는 『儀禮註疏』(漢 鄭玄 註, 唐 賈公彦 疏)에서는 "洗, 承盥洗者弃水器也"라고 하였다. 즉 洗는 祭官이 손을 씻은 물을 버리는 그릇이다.

으로 향한다. 주인이 한 번 읍하고 한 번 사양하고 오르면 손님이 절하고 씻는다. 주인이 앉아서 술잔을 올려 두고 그대로 절하고 내려가 손을 씻는다. 손님이 내려가면 주인은 사양하고, 손님이 대답하고 자리로 돌아가서 서쪽의 순서에 선다. 씻기를 마치면 읍揖하고 겸양謙讓하며 오른다.……129)

이와 같은 번쇄한 예절은 현대인에게는 틀림없이 하나의 괴롭힘이지만, 당시의 유생들에게는 도리어 규구規矩(규칙, 법칙)에 맞기 때문에, 한마디라도 예제禮制에 맞지 않거나 한 행동이라도 규범에 맞지 않으면, 모두 "예를 모른다"라는 비난을 받게 된다. 그러기에 사마담司馬談(?~BC 110)은 다음과 같이 유학을 개괄하였다.

무릇 유자는 육예六藝를 법도로 삼으며, 육예의 경전經傳은 수천만이나 되어, 여러 세대에 걸쳐 배워도 그 학문을 통달할 수 없으며, 일생 그 예를 다 연구할 수 없다. 그러므로 "너무 넓고 그 요점은 적어 노력해도 공功은 적다"라고 하였다.130)

실제로 중국문화와 그 지혜의 구체성으로 말하면, 그것은 필연적으로 이러한 흐름을 포함하고 있다. 왜냐하면, 그 보편성의 지혜와 그 구체성의 주요 관심도 또한 필연적으로 구체적 일과 구체적 환경에서 실현되어야 하기 때문이다. 따라서 뒤집어서 말하면, 이른바 구체적 환경에서 하나하나의 말과 행동, 일거수일투족一擧手一投足도 예제의 요구일 뿐만 아니라, 동시에 신성한 천의天意의 표현이거나 혹은 적어도 마땅히 신성한 천의를 포함해야 한다. 이렇게 보면, 이러한 구체적인 지혜는 필연적으로 번잡한 방향에 직면하게 되고, 또 점점 더 번잡해져 간다.

이러한 배경에서 이른바 예제의 규범과 요구는 또한 필연적으로 모두가 프로그램화, 경직화되고, 공자의 "인"도 곧 이러한 고정·경직·규격을 위로하는 사람이자 깨부순 사람이다. "삼베로 만든 예모"와 "치純"(검은색 명주, 緇와 같음), "아래에서

---

129) 『儀禮』(吳哲楣 主編, 『十三經』), 「鄕飮酒禮」, 324쪽.
130) 司馬遷, 『史記』(『二十五史』, 권1), 「太史公自序」, 331쪽.

절함"과 "위에서 절함"의 사이에 공자가 일정한 조건에서는 "군중群衆을 따를 수" 있고, 또 어떤 조건에서는 "군중을 떠날 수" 있는 관건은 그가 이러한 과단성 없이 왔다 갔다 하는 상황에서 완전히 자신에게 내재한 "인"에 맡겨서 결정하는 데 있다. 그리고 그가 "예는 사치함보다는 오히려 검소함이 낫다. 장례는 그것이 쉬움보다는 슬퍼함이 낫다"라는 말에서 가만히 취하고 버림을 할 수 있는 까닭도 또한 완전히 그 내재하는 "안"에 맡겨서 결정하였기 때문이다. 따라서 이런 의미에서 공자가 제기한 "안"은 사람의 보편적인 자각과 각성일 뿐만 아니라, 깊은 사상해방운 동이다. 이러한 사상해방은 또 완전히 "칼과 족쇄를 부수고, 그물을 뚫는" 방식의 사상해방이 아니라, "예"를 "인"의 차원으로 끌어올림을 통하여 사람이 사람답게 되는 관점을 따라 "예"의 정신을 사람이 사람답게 되는 자각적 추구가 적중하도록 실현하는 것이다.

마지막으로 "인"과 "예"의 실천과 추진을 말하면, 사람들이 "예"의 차원에만 머물 때는 물론 "예가 아니면 보지 말고, 예가 아니면 듣지 말고, 예가 아니면 말하지 말고, 예가 아니면 행동하지 말라"라고 할 수 있다. 따라서 자신의 시視・청 聽・언言・동動과 행行・주住・좌坐・와臥는 완전히 예제의 요구에 부합하지만, 이 모든 요구와 표현은 어디까지나 사람의 외재적 행위의 차원에 머물러 있다. 그리고 단지 외재적 행위의 차원에서 사람을 규범화하고 요구하면, 결국에는 필연적으로 입으로는 옳다고 하고 마음으로는 그르다고 하거나 행동은 옳다고 하고 마음으로는 그르다고 하며, 각종의 참람僭濫한 행위가 보편적으로 발생하게 된다. 이른바 "계씨季 氏가 팔일무八佾舞를 추고" 재아宰我가 "삼년상"의 합리성을 질의하는 것들이 모두 이러한 배경에서 생겼다. 그러나 공자가 "인"을 제시한 후, "인"은 완전히 사람이 사람답게 되는 내재 근거의 관점에서 제기되었다. 그러므로 본래 "예"의 관철과 실천으로서의 "인"은 또한 "예"가 반드시 각 개체의 내재적 심리와 정신적 근거의 차원에서 실현되도록 하였다. 그리고 사람이 사람답게 되는 내재적 본질의 자각은 동시에 사람의 외재적 행위 세계로부터 그 내재적 심리와 정신의 세계로 진입하였다. 곧 이러한 의미에서 공자의 "인"은 국인國人의 정신세계 생성을 대표하며, 사람이 사람답게 되는 내재적 근거를 확립하는 관점에서 중국인의 정신세계를 개척하였다. 그리고 "인"의 본질적 속성에서 출발하여 이러한 정신세계는 동시에 반드시 인문도덕의 세계가 될 수밖에 없었다.131) 공자가 유학의 창시자로서 그 최대의 공헌은 바로 이 점에 있다고 할 수 있다. 이러한 점에서 우리는 "그가 만약 주나라를 계승하였다면, 백세百世가 지나도 알 수 있다"132)라고 말할 수 있다. 왜냐하면, 이러한 인문주의의 성격과 도덕이상주의의 방향은 동시에 중국문화의 주체적 특성과 그 발전의 진로를 결정하였기 때문이다.

이 외에 공자는 삼대문화를 종합적으로 계승하였으며, 삼대문화를 계승한 기초에서 『시』, 『서』를 산삭刪削하고, 『예』, 『악』을 산정刪定하고, 『역』의 차례를 정하고, 『춘추』를 지었으며, 동시에 중국 사상문화에서의 정신적 전통을 개척하였다. 그리고 공자는 사가私家 교육을 개척하고 그 덕을 이루고 사람다운 사람을 이루는 교육의 방향을 개척하였으며, 또한 진정으로 인류교육사업의 선하先河를 개척하였다. 종합하면, 공자로부터 본래 "학문은 관부官府에 있고" 사상문화는 황가皇家와 귀족이 독점하던 국면은 철저하게 타파되었으며, 한 사람의 남男과 여女가 모두 자기 인생과 자아실현 및 자신의 인간상을 추구하도록 개척하였으며, 이로써 "인을 행함을 자신으로부터 함"이 진정으로 인생에서 실현되도록 하였으며, 각 개인의 인생이 추구하는 최고의 사명이 되었다.

4. "모두가 그대에게 도움이 되지 못하다": 노자의 다른 취향

공자가 그 주체적 정신으로 춘추시대의 예악붕괴와 인륜상실의 사회현실에

---

131) 공자의 "인"의 제기와 그 의미에 대하여 서복관 선생은 "공자가 인을 개척함으로써 그 이후의 정통적인 인성론의 방향이 정해졌을 뿐만 아니라, 이로부터 중국 정통문화의 기본적 성격도 정해졌다. 이것이 중국문화를 이해하는 요강이다"(『中國人性論史』, 89쪽)라고 하였다.

132) 『論語』(吳哲楣 主編, 『十三經』), 「爲政」, 1263쪽.

직면하였을 때, 주대 통치자 집단의 또 다른 계열, 즉 사관史官 계열도 함께 이러한 현실을 주시하였다. 그러나 그들의 생각과 문제 해결의 방향은 또한 근본적으로 공자를 대표로 하는 유가와 다르다. 이러한 차이는 반고班固(32~92)의 논법을 보면, 그 서로 다른 "왕의 관료 출신"에 의해 결정된다. 유가는 교화를 담당하는 사도司徒의 관직 출신이며, 도가는 사관史官 출신이다. 따라서『한서漢書』「예문지藝文志」에서 반고는 유·도 두 학파가 서로 다른 "왕의 관료 출신"으로부터 나와서 사상적으로 다른 진로와 시각에서 서로 다른 특색을 형성하였음을 개술하였다. 반고는 다음과 같이 말한다.

> 유가의 학파는 대개 사도司徒(교육을 관장하던 관리)에게서 나왔다. 임금을 돕고 음양에 순응하여 교화하는 사람이다. 육경六經 중에서 학문을 연마하고, 인의에 뜻을 두고, 요·순임금의 사상을 조술祖述(본받아 계승)하고, 문왕·무왕의 법도를 밝히고, 공자를 종사宗師(우러러 존경하는 스승)로 삼고, 그 말을 중하게 여기고 도道로 삼아 가장 높인다.[133]

> 도가의 학파는 대개 사관史官에서 나왔다. 성패成敗·존망存亡·화복禍福과 고금古今의 도를 두루 기록했다. 그런 뒤에 요점을 지키고 근본을 잡고, (마음이) 맑고 비워 내어(편견 없는 객관적 사고) 자신을 지키고, 몸을 낮추어 자신을 보존할 줄 알았다. 이것은 임금이 나라를 다스리는 학술이다.…… 방탕한 자들이 그것을 하게 되면 예학禮學을 끊어버리고, 아울러 인의를 버리고자 하였다. 말하기를 "오직 마음이 맑고 비어 있어(淸虛)야만 다스릴 수 있다"라고 하였다.[134]

여기서 유가는 사도의 관직 출신이며 "임금을 돕고 음양에 순응하여 교화하는" 직분은 당연히 "육경六經 중에서 학문을 연마하고, 인의에 뜻을 두도록" 정해졌으며, "요·순임금의 사상을 본받아 계승하고, 문왕·무왕의 법도를 밝힘"은 자연히

---

133) 班固,『漢書』(『二十五史』, 권1),「藝文志」, 477쪽.
134) 班固,『漢書』(『二十五史』, 권1),「藝文志」, 477쪽.

공자 이래 유가의 전통이라고 할 수 있다. 그러나 도가는 사관 출신으로 "성패成敗·존 망存亡·화복禍福과 고금古今의 도를 두루 기록"하는 직접의 전통으로 자연히 "요점을 지키고 근본을 잡고, (마음이) 맑고 비워 내어 자신을 지키고, 몸을 낮추어 자신을 보존하는" 심리적 관습을 표현하였다. 이러한 심리적 관습의 발전으로 윗사람은 자연히 일종의 군주가 신하를 부리는 "남면지술南面之術"을 이룰 수 있었다. 그러나 아랫사람은 한 사람의 사인士人으로 "예학禮學을 끊어버리고, 아울러 인의를 버리는" "오직 마음이 맑고 비어 있음"의 도를 이룰 수 있었다. 반고의 이러한 분석은 유·도 두 학파의 서로 다른 진로와 그 시각의 특색과 거의 부합한다.

이처럼 서로 다른 "왕의 관료 출신"들이 결정하는 사상과 시각의 차이는 먼저 공자와 노자의 사상 교류에서 나타난다. 공자와 노자의 사상 대화에 관하여, 사마천 은 『사기』에서 일찍이 두 곳에서 기록하였는데, 이 두 곳의 기록은 유·도 두 학파의 사상적 노선의 차이를 나타내며 기본적으로 서로 일치한다.

> 공자孔子가 주나라에 갔을 때, 노자에게 예禮에 관하여 물었다. 노자는 "그대가 말하는 사람은 그 뼈가 모두 이미 썩어 버리고 단지 그 말만 남아 있을 뿐이오. 또한, 군자가 그의 때를 만나면 수레를 타고 다니지만, 때를 못 만나면 물건을 머리에 이고 양손에 들고 다니게 되네. 내가 듣기에 뛰어난 장사꾼은 물건을 깊이 감추고 마치 없는 것처럼 하고, 군자는 훌륭한 덕德이 있어도, 겉모습은 어리석게 보인다고 들었소. 그대의 교만한 기색과 많은 욕심, 태색態色(잘난 척하는 얼굴 표정)과 음지陰志(모든 것을 자기 뜻대로 하려는 욕심)를 버리시오. 이것들은 모두 그대에게 도움이 되지 않아요. 내가 그대에게 말할 것은 오직 이것뿐이오"라고 하였다.[135]

> 노자가 전송하며 "내가 듣기에 부귀한 자는 사람을 전송할 때 재물로써 하고, 어진 사람은 사람을 전송할 때 말로써 한다고 했습니다. 나는 부귀하지 못하나 어진 사람의 이름을 빌려 그대를 말로써 전송하고자 합니다. '총명하고 깊이

---

135) 司馬遷, 『史記』(『二十五史』, 권1), 「老莊申韓列傳」, 177쪽.

살피되 죽음에 가까워지는 사람은 다른 사람과 다투기를 좋아하기 때문입니다. 박학하고 언변이 광대廣大하나 그 몸을 위태롭게 하는 사람은 남의 나쁜 점을 들추어내기 때문입니다. 사람의 자식으로 마땅히 타인에게 자신을 내세우지 않아야 하며, 남의 신하 된 사람은 마땅히 자신을 내세우지 않아야 합니다"라고 하였다.136)

이 두 가지 기록에서 전자는 『사기』의 「노장신한열전老莊申韓列傳」에 보이는데, 노자의 시각으로 본 기록이라고 할 수 있다. 후자는 「공자세가孔子世家」에서 보이는데, 공자의 시각에서 본 기록이라고 할 수 있다. 그러나 두 곳의 사상적 위상과 정신이 가리키는 것은 오히려 일치한다. 전자는 "그때를 만남"과 "그때를 만나지 못함"으로부터 비교 출발해서, "말하는 사람들은 그 뼈가 모두 이미 썩어 버리고 단지 그 말만 남아 있을 뿐이오"라고 공자를 비판한 것은 노자가 매우 중시하는 현실의 한 면을 나타내었다. 공자에게 "깊이 감추고 마치 없는 것처럼 함"과 "겉모습은 어리석게 보임"을 원하고 특히 "그대의 교만한 기색과 많은 욕심, 태색態色과 음지陰志를 버리시오, 이것들은 모두 그대에게 도움이 되지 않아요"라는 말은 노자가 공자에게 분수에 맞게 때를 따르기를 희망하고, 어떤 큰 "지향志向"을 가지고, "몸"이 상해를 입지 않기를 희망한다는 뜻을 분명하게 나타낸다. 따라서 이 말은 공자의 인류사회를 구원하려는 염원에 대하여 이미 노자가 명확하게 "교만한 기색과 많은 욕심, 태색態色과 음지陰志"라고 비판하였으며, 이것은 모두 "그대에게 이롭지 않다"는 사상이라고 보았다. 후자는 주로 "다투기를 좋아하는 사람"의 "죽음에 가까움"과 "다른 사람의 나쁜 점을 들추어냄"의 "그 몸을 위태롭게 함"의 역사적 교훈에서 출발하여 공자에게 사상적·정신적으로 결코 "자신을 내세움"을 하지 않기를 건의하였다. 왜냐하면, 전제군주 정치제도에서 사상적·정신적으로 "자신을 내세움"의 결과는 "죽음에 가까움"은 아닐지라도 반드시 "그 몸을 위태하게 할" 수 있기 때문이다. 따라서 총체적으로 말하면, 앞 항목에서의 건의는 "깊이

---

136) 司馬遷, 『史記』(『二十五史』, 권1), 「孔子世家」, 147쪽.

감춤"과 "어리석은 것처럼 보임"에 있고, 뒤 조항의 건의는 주로 결코 "자기를 내세움"을 하지 않는 데 있다. 이 두 가지 건의를 보면, 노자가 보기에 공자의 모든 언행은 마치 헛소리가 아니라면("그대가 말하는 사람은 그 뼈가 모두 이미 썩어 버리고 단지 그 말만 남아 있을 뿐이오."), 단지 "이것들은 모두 그대에게 도움이 되지 않는" "지향志向"이라고 말할 수 있다.

만약 우리가 노자의 이러한 건의를 그가 만년에 지은 『도덕경』과 좀 더 비교하면, 그 가운데 많은 표현이 서로 인증認證하는 것이거나 혹은 적어도 상호 설명적인 특징을 가진다고 할 수 있다. 예를 들면 다음과 같다.

천지가 장구長久할 수 있는 까닭은 스스로 자신이 살려고 하지 않기 때문에 오래 살 수 있다. 그러므로 성인은 자신을 뒤에 머물게 함으로 앞서고, 자신을 도외시 함으로 자신이 존재한다. 사사로운 욕심이 없기 때문에 그 사사로움을 이룰 수 있다.[137]

나에게 큰 근심이 있음은 나의 몸이 있기 때문이니, 내 몸이 없으면 내게 어찌 근심이 있겠는가? 내 몸을 소중히 여기듯이 천하를 소중히 여긴다면 천하를 맡길 수 있고, 내 몸을 사랑하듯이 천하를 사랑하는 사람에게는 천하를 부탁할 수 있다.[138]

사람이 살아 있을 때는 (몸이) 부드럽고 약하지만, 죽은 사람은 굳고 단단하다. 만물과 초목이 살아 있을 때는 부드럽고 약하지만, 죽은 모든 것은 말라 딱딱하다. 그러므로 굳고 강한 것은 죽은 무리이고 부드럽고 연약한 것은 살아 있는 무리이다.[139]

이 세 가지 논술에서, 첫 번째는 주로 어떻게 "그 몸을 앞세움"과 "그 몸을

---

137) 『道德經』(『諸子集成』 제3책), 제7장, 4쪽.
138) 『道德經』(『諸子集成』 제3책), 제13장, 7쪽.
139) 『道德經』(『諸子集成』 제3책), 제76장, 45쪽.

보존함"을 할 수 있는가에 대한 것이다. 이것은 주로 성인을 본받는 것으로 곳곳에서 "그 몸을 뒤로 함"과 "그 몸을 도외시함"의 방식을 견지하는데, 이는 당연히 도가의 성인관을 대표한다. 그리고 성인이 이렇게 할 수 있는 것은 또 천지를 본받을 수 있기 때문이며, 천지는 도리어 항상 "스스로 살려고 하지 않기 때문에 장생할 수 있기" 때문이다. 두 번째는 사람이 태어나서 "큰 근심"이 있게 되는 까닭은 그 관건이 "몸이 있음"에 있다는 것이다.(왜냐하면 "몸"은 모든 재앙과 근심을 이어받는 것으로 따라서 "내 몸이 없다면 내게 무슨 근심이 있겠는가?"라고 말한다. 즉 내 몸이 없다면 모든 재앙과 근심은 "나"에게 더 보탤 수 없다는 말이다.) 그러므로 돌이켜 보면 한 사람은 오직 "내 몸을 소중히 여기듯이 천하를 소중히 여긴다면 천하를 맡길 수 있고, 내 몸을 사랑하듯이 천하를 사랑하는 사람에게는 천하를 부탁할 수 있다." 따라서 이른바 "자기 몸을 사랑하는 것"은 실제로는 "천하를 사랑함"의 기본적인 출발점이 된다.(만약 어떤 사람이 근본적으로 자신을 사랑하지 않으면 그는 천하를 사랑할 필요가 있는가?) 세 번째는 주로 "부드럽고 연약한 것은 살아 있는 무리"이며, 굳고 강한 것은 오직 "죽은 무리"일 뿐이라는 데 집중한다. 곧 사람이 태어나서는 결코 "뽐냄"(逞能)과 "잘난 체함"(逞强)을 하지 말아야 한다는 말이다. 왜냐하면, 이들은 모두 "사망死亡"으로 가는 길에 가깝기 때문이다. 만약 이 몇 가지 면의 사상을 통일해 보면, 사람이 태어나서 가지는 모든 "큰 근심"은 곧 사람의 "몸이 있음"에 있다. 사람이 태어나서 "몸이 있음"의 현실에서 출발하여 어떻게 하면 "몸을 먼저 함", "몸을 보존함"에서 "오래 삶"을 모색할 것인지가 인생의 기본적 목표이다. 이 가운데 관건은 주로 반드시 천지를 본받아 자신이 최고라고 여기지(自是) 말고, 자생한다고 여기지 않는 정신을 드높이고, 아울러 항상 "부드럽고 약함"과 "겸손함"(謙下)의 지위에 머물러야 비로소 상해, 재앙, 근심을 면할 수 있다는 데 있다.

만약 노자의 이 몇몇 논술과 공자에 대한 건의를 연결해서 보면, 노자의 인생에서 주목한 중심重心은 항상 "나"의 현실인 "몸이 있음"에 집중되어 있음을 분명하게 알 수 있다. 이러한 관점에서 그는 공자가 인류사회의 구원을 책임지려는 것을 "교만한 기색과 많은 욕심, 태색態色과 음지陰志"라고 보고, 이것들은 모두 "그대에게 도움이 되지 않는다"라는 근거로 보았다. "그대에게 도움이 되지 않을" 뿐만 아니라, 유가들이 "다투기를 좋아"하고, 또 항상 "남의 나쁜 점을 들추어내기" 때문에 실제로 이러한 것은 모두 "그 몸을 위태롭게 하는" 근거가 된다. 이러한 시각에서 보면, 노자의 공자에 대한 건의는 물론 그 진정성을 잃어버리지는 않았지만, 그 건의의 핵심은 도리어 공자에게 "자신을 내세움"을 하지 말라고 하는 데 있으며, 특히 이러한 것은 항상 세계의 변화와 발전에 관여하려는 "태색과 음자"가 있어서는 안 되며, 노자의 말을 빌려 말하면 곧 "이것은 모두 그대에게 도움이 되지 않는다"라는 말이다. 즉 우리는 공자가 희망하는 것을 노자는 그만두도록 말리는 것임을 분명하게 알 수 있다. 유·도 두 학파는 춘추시대 예악이 붕괴되고 인륜이 규범을 잃은 사회현실 앞에서 두 가지 서로 다른 관심의 시각과 서로 다른 관심의 중심을 드러내었다. 유가의 관심 중심은 항상 어떻게 하면 인륜사회의 질서를 재건할 것인가에 있었고, 이것은 정면으로 인륜사회의 위기를 정면으로 직시하는 주체적 담당의 정신이다. 반면, 도가는 이 혼란된 세계에서 어떻게 하면 몸을 더 잘 보존할 수 있는가에 주로 관심을 가졌다. 인륜이 규범을 잃은 사회현실과 그에 직면한 위기에서 또한 완전히 그 흐름에 순응하고 그 물결을 따라 쫓아가려는 마음 상태라고 할 수 있다.

그렇다면, 유·도 두 학파의 이러한 차이는 그들이 서로 다른 "왕의 관료 출신"이라는 점에서 직접 결정되는 것은 아닐까? 당연히 서로 다른 "왕의 관료 출신"과 서로 다른 직업 전통이 틀림없이 그 사상적 시각에 일정한 영향을 주었고, 심지어 어느 정도의 결정적 작용을 포함하였음을 인정해야 하지만, 결코 절대적인 것은 아니다. 왜냐하면, 모든 사관이 필연적으로 "나"의 "몸이 있음"으로 인하여 어떻게 나의 몸이 "오래 존재함"과 "오래 삶"을 할 수 있는가를 인생의 첫째 관심사로 삼았다고 말할 수 없기 때문이다. 즉, 이 책의 인용문에 언급된 몇 사람의 사관들은 역사적 발언권(話語權)을 지키기 위해서 스스로 죽음으로 향해 가려는 것은 아닐까? 그들은 도리어 자신의 생명을 버릴지언정 역사적 발언권을 버리려고 하지 않았는데, 이것은 곧 진정한 사관의 자질이라고 할 수 있다.

그러나 노자의 이러한 "몸이 있음"의 관심 시각은 도리어 결코 사관의 전통이 아니라고 말할 수 없다. 왜냐하면, 역사는 본래 일종의 통시성通時性이 있으며, 인문경험의 성질을 가진 학문이기 때문이다. 따라서 그것은 또한 필연적으로 현실사회의 실연 존재와 그 표현이 자기 관심의 중심이 된다. 게다가 "성패成敗·존망存亡·화복禍福과 고금古今의 도를 두루 기록"하는 직업적 요구가 더해져, 따라서 사회현실의 시각에서 표현된 "성패·존망·화복과 고금의 도를 두루 기록"이 개인의 인생에서 실천되고, 또한 반드시 개체의 "몸이 있음"으로 말미암아 여러 가지 상해를 만나게 된다. 이러한 관점에서 노자의 사상적 시각은 확실히 사관의 전통의 영향이 있다. 그러나 사관의 전통은 단지 현실사회의 실연 표현에 초점을 맞춘 차원일 뿐, 결코 반드시 "자신을 내세움"과 "몸이 있음"의 지나친 관심을 표현한 것은 아니다.

이 문제에 대한 해명은 반드시 다시 현실사회 자체로 되돌아가야 할 듯하며, 아울러 반드시 유·도 두 학파의 서로 다른 시각의 비교에서 비로소 그 까닭을 밝힐 수 있다. 예를 들면 예악의 붕괴와 인륜이 규범을 잃음은 당시 유·도 두 학파가 공통으로 직면한 사회현실이었다. 그러나 공자가 명확하게 "극기복례克己復禮"의 방향을 견지함으로써 오직 예를 관철하고 실천하고 유지하려는 가운데 공자가 발현한 예는 겨우 이른바 "옥과 비단", "종과 북"과 같은 공허한 외재적 형식이 아니라 반드시 진실한 사상 내용과 정신적 신앙의 측면을 포함하고 있었으며, 이에 비로소 "사람으로서 인仁하지 않음"의 현상에서 "예는 해서 무엇하며", "음악은 해서 무엇하랴"라는 반복적 질문이 있게 되었으며, 따라서 또한 예가 예답게 되는 까닭을 사람의 심리적 근원에 따라 사람이 사람답게 되는 차원, 즉 "인"의 고도로 끌어올렸다. 이런 점에서 공자와 노자가 마주한 사회현실은 비록 완전히 일치했지만, 그들의 관심의 편중이 완전히 서로 달랐다. 공자가 각종의 예를 지키지 않음과 예를 참월僭越하는 현상에서 더 깊이 심리적 근거를 탐구할 수 있다는 것은 사회의 동란에 대한 관심이 항상 그 주체인 사람의 심리와 정신의 차원에 집중되어 있음을 설명한다. 사람이 사람답게 되는 고도에서 "예"에 새로운 규정을 하였으며, 그것이

"인"으로 표현되어 제출되었으며, 또한 유학이 유학답게 되는 근본적 특징이 되었다. 노자로 말하면, 그 사회현실의 관심 시각으로부터 "성패·존망·화복과 고금의 도를 두루 기록"하는 직업의 전통은 현실사회에 대한 관심의 편중이 항상 실연 표현의 차원에 맞추어져 있을 뿐만 아니라, 직면한 사회현실에서 어쩔 수 없는 무력감을 나타내며, 나아가 그 개체를 되돌아보며, 힘써 일종의 상해를 입는 것을 면하는 길을 찾으려고 애쓴다. 노자에 대하여 말하면, 이 점은 실로 공자에게 이른바 "교만한 기색과 많은 욕심, 태색態色과 음지陰志"를 버리기를 건의하였고, 따라서 "깊이 감추고 마치 없는 것처럼 함"과 "겉모습은 어리석게 보임"과 "(물건을) 머리에 이고 양손에 들고 다님"의 심리적 근원이다.

한 걸음 더 나아가 춘추시대의 이런 난세에 직면하여 노자는 먼저 "성패·존망· 화복과 고금의 도를 두루 기록"하는 직업적 습관에서부터 역사의 변덕과 허위를 보았다. 따라서 당시의 예악붕괴와 인륜규범 상실의 사회현상에 대하여 그는 유가와 같이 용감하게 나서서 역사의 액운厄運에 결코 직면하지 않고 그 직업적 습관으로 배양된 역사적 방관자의 신분과 분명한 역사적 지혜로써 그 변천 자체를 관찰하였으 며, 아울러 "성패·존망·화복과 고금의 도를 두루 기록"하는 직업적 습관에 따라 역사가 이렇게 되는 까닭의 원인을 깊이 탐구하려고 하였다. 이렇게 보면 현실을 직시한다는 점에서 유·도 두 학파는 근본적으로 일치한다고 할 수 있다. 다만 어떻게 현실의 문제를 대할 것인가에 대해 유·도 두 학파는 두 가지 근본적으로 다른 선택을 하였다. 유가에 대하여 말하면, 반드시 앞장서서 나와 예악이 붕괴되는 주체적 정신에서 그렇게 되는 까닭의 심리적 근원을 탐구하고 이로부터 문제를 없애는 방법을 탐색하였다. 그러나 노자는 강 건너 불 보듯 혹은 냉정한 방관자의 방식이었다. 즉 사가의 직업적 습관은 그들에게 반드시 이러한 방식으로 사회현실을 대하게 할 뿐만 아니라, 반드시 실연적 변화의 흔적의 시각에서 그것이 이렇게 되는 연고緣故를 탐구하게 하였다. 이처럼 도가도 반드시 역사의 "기억"이라는 시간에 따라서 계속 앞을 향해 거슬러 올라가고, 또한 이로부터 이와 같이 되는 원인 혹은 근원적인 방향으로 나아가도록 유도하였다. 도가의 이러한 소급은 그 시점에서 직면한 "성패·존망·화복"의 현상에서 바로 이와 같이 된 까닭의 선재적 원인에 도달하며, 실제로 완전히 실연의 시각에서부터 시간의 차원에 따라 전개되었다. 그리고 이러한 시각은 그것이 직면한 역사이며, 또한 반드시 "성패·존망·화복"의 끊임없는 전환으로 이루어진 실연의 역사이다. 그것이 집중하는 당시와 현실도 반드시 자신이 인생에서 직면하지 않을 수 없고, 또한 받아들이지 않을 수 없는 인생의 각종 억압인 "나의 몸이 있음", 즉 나의 자연적인 생명 그 자체이다. 노자가 "그대의 교만한 기색과 많은 욕심, 태색態色과 음지陰志를 버리시오. 이것들은 모두 그대에게 도움이 되지 않아요"라고 공자에게 충고한 것은 주로 이러한 실연의 역사의 시각과 그 구체적인 개체의 실천 과정에서 결정되었다.

노자의 이와 같은 사상적 시각이 형성될 때, 그는 반드시 천지만물이 실제로는 모두 억제할 수 없이 자신의 반면反面으로 변화하고, 크게는 우주와 천도天道에까지, 적게는 초목과 어류, 곤충까지 이와 같지 않음이 없음을 발견하게 된다. 예를 들면 다음과 같다.

사나운 바람은 아침을 넘기지 못하고, 소나기는 하루를 넘기지 못한다. 누가 이렇게 하는가? 천지天地다. 천지도 오히려 오래갈 수 없는데 하물며 사람이랴![140]

(근본으로) 돌아가는 것은 도道의 움직임이고, 약한 것은 도의 쓰임이다. 천하만물은 유有에서 생겨나고, 유有는 무無에서 생겨난다.[141]

이러한 시각에서 보면 시공의 좌표계에서 천지 사이의 어떤 사물도 최후에는 어쩔 수 없이 자신의 이면으로 나아가야 한다. 또한, 이러한 시각에서 출발하여 노자는 비로소 자신이 전환이라고 부르는 무한정성과 상반상성相反相成(서로 대립하면서도 동일성도 있음)의 도리를 형성하였다.

---

140) 『道德經』(『諸子集成』 제3책), 제23장, 13쪽.
141) 『道德經』(『諸子集成』 제3책), 제40장, 25쪽.

어려운 일은 쉬운 일에서부터 도모하고, 큰일은 작은 일에서부터 한다. 천하의 어려운 일은 반드시 쉬운 일에서부터 일어나고, 천하의 큰일은 반드시 작은 일에서부터 일어난다. 이런 까닭에 성인은 끝내 큰일을 하지 않음으로써 그 큼을 이룰 수 있다.[142]

한 아름이나 되는 큰 나무도 털끝처럼 작은 싹에서 생겨나고, 구 층이나 되는 누각도 한 광주리의 흙에서 일어나며, 천리千里의 먼 여행도 발걸음으로부터 시작한다.[143]

화禍여, 복福이 의지하는 곳이며, 복이여, 화가 (그 속에) 엎드려 있는 곳이로다. 누가 그 궁극을 알겠는가? 그 올바름이 없고, 올바름은 다시 기이함이 된다.[144]

인생세계를 보는 노자의 이러한 관찰 때문에 이른바 "돌아가는 것은 도道의 움직임이고, 약한 것은 도의 쓰임"이라는 지혜가 형성되고, 세상의 만사와 만물에 대하여 반드시 반대 방향을 따르는 노력이 있어야 비로소 진정하게 바른 방향으로 촉성促成하게 하는 목적을 달성할 수 있다. 예를 들면, 다음과 같다.

굽으면 온전해지고, 굽히면 곧게 되고, 우묵하면 채워지고, 헤어져 상하면 새로워지고, 적으면 (근본을) 얻고, 많으면 미혹된다. 그래서 성인은 하나를 품음으로써 천하의 준칙이 된다. 스스로 보지 않으므로 밝고, 스스로 옳다고 하지 않으므로 드러나고, 스스로 자랑하지 않으므로 공功이 있고, 스스로 뻐기지 않으므로 어른 노릇을 한다. 오직 다투지 않으므로 천하에 그와 더불어 다툴 수 있는 것이 없다.[145]

---

142) 『道德經』(『諸子集成』 제3책), 제63장, 38쪽.
143) 『道德經』(『諸子集成』 제3책), 제64장, 39쪽.
144) 『道德經』(『諸子集成』 제3책), 제58장, 35쪽.
145) 『道德經』(『諸子集成』 제3책), 제22장, 12쪽.

수컷(雄)의 뜻을 알고, 암컷(雌)의 뜻을 지키면 천하의 계곡이 된다. 천하의 계곡은 영원한 덕을 떠나지 않으며 어린아이에게도 다시 돌아간다. 그 백白의 뜻을 알고, 그 흑黑의 뜻을 지키면 천하의 준칙이 된다. 천하의 준칙이 되니 상덕常德은 어긋남이 없다. 다시 무극無極으로 돌아간다. 그 영화로움의 뜻을 알고 그 욕됨의 뜻을 지키면 천하의 골짜기가 된다. 천하의 골짜기가 되면 오래가는 덕(常德)이 이에 충족되어 다시 본래의 순박함(樸)으로 돌아간다. 참된 순박함(樸)이 흩어지면 기器가 되니, 성인이 그것을 사용하면 관官의 장長이 된다.146)

장차 줄이고자 하면 반드시 펼쳐 주어라. 장차 약하게 하고자 하면 반드시 강하게 해 주어라. 장차 없애려고 하면 반드시 일으켜 주어라. 장차 빼앗으려고 하면 반드시 주어라.147)

천하에 시작함(시초)이 있으니, 천하의 어머니가 된다. 이미 그 어머니를 얻었으니 그로써 그 자식을 안다. 이미 그 자식을 알았으면 다시 그 어머니를 지키니, 평생토록 위태롭지 않다.148)

노자가 보기에, 모든 일은 반대 방향으로 하는 노력이 진정한 촉성促成의 도이다. 이른바 "굽으면 온전해지고, 굽히면 곧게 된다"라는 말이 사물 존재의 법칙이라고 할 수 있다. 그리고 이른바 "수컷(雄)의 뜻을 알고, 암컷(雌)의 뜻을 지킨다"라는 말은 사람들이 사물의 존재법칙을 인지함으로써 자신의 목적을 달성하는 가장 좋은 방법이라고 할 수 있다. 그리고 "장차 줄이고자 하면 반드시 펼쳐 주어라"라는 말도 완전히 상반된 방향으로의 노력으로 자신이 기대한 목표를 실현하는 하나의 통칙通則(일반적인 법칙)이었다. 실제로 이것은 곧 사물 존재의 변화법칙의 주관적 운용과 같다. 당연히 여기에서는 자연스럽게 위장僞裝과 음손陰損(몰래 덜어냄) 등 여러 가지 인위적인 조치가 관련되는데, 반고班固가 말한 "임금의 통치 기술"은

---

146)『道德經』(『諸子集成』제3책), 제28장, 16쪽.
147)『道德經』(『諸子集成』제3책), 제36장, 20~21쪽.
148)『道德經』(『諸子集成』제3책), 제52장, 32쪽.

이러한 인위적 조치를 가리켜 말한 것이다. 그러나 노자가 보기에 "이미 그 자식을 알았으면 다시 그 어머니를 지킨다"라는 방법도 사실은 사람이 생존하는 궁극적 지혜이다.

이로 인해 노자도 천지만물의 생성과 변화에 관련한 일련의 철학을 형성하였으며, 이러한 철학은 전적으로 사관으로서 장기간 길러진 각성과 냉정함, 그리고 이지적인 지혜와 천지만물의 생존, 운명의 변화에 대한 장기간의 관찰과 종합에 근거한 것이었다. 예를 들면, 구체적 사물의 생존법칙으로서(물론 동시에 사람의 몸을 의탁하는 방식도 될 수 있다.) 적어도 마땅히 "부드러움(柔)과 약함(弱)이 굳셈(剛)과 강함(强)을 이긴다"[149]라는 원칙을 지켜야 한다. 왜냐하면, "사람이 살아 있을 때는 (몸이) 부드럽고 약하지만, 죽은 사람은 굳고 단단하다. 만물과 초목이 살아 있을 때는 부드럽고 약하지만, 죽은 모든 것은 말라 딱딱하다. 그러므로 굳고 강한 것은 죽은 무리이고 부드럽고 연약한 것은 살아 있는 무리"[150]이기 때문이다. 우주와 천도에 관해서는, 이른바 시원始源인 "일一"은 곧 "천지의 시작"이고, "만물의 어머니"이며, 동시에 그 존재의 최고 상태를 대표하고, 이러한 시원의 상태가 이른바 "황홀하고도 미묘해라, 그 안에 상象이 있다. 황홀하고도 미묘해라, 그 안에 사물이 있다. 그윽하고 아득해라, 그 안에 정미함이 있다"[151]이다. 여기서 곧 시원인 "일"에 대한 예찬이 있으니, "하늘은 '일'을 얻어 맑고, 땅은 '일'을 얻어 편안하고, 신神은 '일'을 얻어 신령하고, 계곡은 '일'을 얻어 가득 차고, 만물은 '일'을 얻어 생겨나고, 후왕侯王은 '일'을 얻어 천하를 바르게 한다."[152] 인류사회는 마땅히 소국과민小國寡民(작은 국가, 적은 백성)의 상태로 되돌아가는 것이 가장 좋다. "…… 음식을 달게 먹고, 의복을 아름답게 입고, 거처를 편안히 여기고, 풍속을 즐기며, 이웃 나라가 서로 바라보고, 닭 우는 소리와 개 짖는 소리가 서로 들릴 정도로 (가깝지만), 백성들을

---

149) 『道德經』(『諸子集成』 제3책), 제36장, 21쪽.
150) 『道德經』(『諸子集成』 제3책), 제76장, 45쪽.
151) 『道德經』(『諸子集成』 제3책), 제21장, 12쪽.
152) 『道德經』(『諸子集成』 제3책), 제39장, 24~25쪽.

늙어 죽을 때까지 서로 왕래하지 않는다."153)

마지막으로 우리에게 개체 생명의 안배를 다시 돌아보게 한다. 『도덕경道德經』에서 노자는 영아嬰兒 상태의 정에 특별한 관심이 있는 것 같은데, 그가 곳곳에서 영아 상태를 인생의 모범 혹은 최상의 상태로 보고 있기 때문이다. 예를 들면 다음과 같다.

> (백성의) 기운을 오로지 부드럽게 하여 어린아이처럼 천진난만하게 만들 수 있겠는가?154)

> (예와 선악을 가르쳐도) 사람들은 그저 시시덕거리며 제사에 큰 희생물을 올리는 것처럼 하고, (남녀가) 봄날 누대 위에 오르는 것처럼 한다. 내가 홀로 세상에 버려지니, 나는 갓난아기와 같아서 아직은 어찌해야 좋을지 알 수가 없다.155)

> 상덕常德을 떠나지 않으며 어린아이에게로 다시 돌아간다.156)

> 덕을 품음이 두터움은 어린아이에게 비유된다. 벌, 전갈, 살무사, 뱀 등이 해를 끼치지 않고, 사나운 짐승이 덮치지 않고, 사나운 맹금猛禽이 움켜잡지 않는다. 뼈가 약하고 근육이 부드러우니, 그래서 움켜쥠이 견고하고, 암컷과 수컷의 교합에 대해서 알지 못하므로 온전히 자라니, 정밀함의 지극함이다. 종일토록 소리를 질러도 목이 쉬지 않으니 조화의 지극함이다.157)

그렇다면 여기서 과연 영아의 어떤 점이 노자의 관심을 끌어당겨, 그가 영아의 상태를 인생의 최상의 상태 혹은 최고의 경지로 생각하게 하였는가? 이것은 곧

---

153) 『道德經』(『諸子集成』 제3책), 제80장, 47쪽.
154) 『道德經』(『諸子集成』 제3책), 제10장, 5쪽.
155) 『道德經』(『諸子集成』 제3책), 제20장, 11쪽.
156) 『道德經』(『諸子集成』 제3책), 제28장, 16쪽.
157) 『道德經』(『諸子集成』 제3책), 제55장, 33~34쪽.

이른바 "덕을 품음이 두터움은 어린아이에게 비유된다. 벌, 전갈, 살무사, 뱀 등이 해를 끼치지 않고, 사나운 짐승이 덮치지 않고, 사나운 맹금猛禽이 움켜잡지 않는다"라는 말이며, 이러한 상태는 영아가 세상과 다툼이 없음을 대표하며, 자연스레 마땅히 인생이 추구해야 하는 최고의 경계가 되었다. 곧 영아가 세상과 다툼이 없으므로 비로소 "벌, 전갈, 살무사, 뱀 등이 해를 끼치지 않고, 사나운 짐승이 덮치지 않고, 사나운 맹금猛禽이 움켜잡지 않는다." 또한, 영아는 세상과 다툼이 없으므로 "천하에 그와 더불어 다툴 수 없다." 이러한 점에서 보면, 우리는 단지 사관으로서 노자가 매우 많은 사람이 상해를 입는 것을 보았기 때문에, 항상 영아의 세상과 다툼이 없고 "벌, 전갈, 살무사, 뱀 등이 해를 끼치지 않고, 사나운 짐승이 덮치지 않고, 사나운 맹금猛禽이 움켜잡지 않는" 상태를 인생의 최상의 상태로 삼고 싶어 하였다고 말할 수 있다.

여기서 우리는 노자와 공자를 사상적 관점에서 비교할 필요가 있을 뿐만 아니라 그들을 모두 삼대三代 이래의 문화발전의 역사적 노선으로 포함시켜서 그 사상의 구체적 생성을 탐색할 필요가 있다.

공자를 보면, 그는 현실사회의 고난을 직시하고 주공의 지향志向을 계승하였으며, 당시의 예악붕괴 현상에 대하여 반드시 직접 이와 같이 된 심리적 근원을 탐구하는 방식으로 전개하였다. 그리고 "옥과 비단", "종과 북"과 같은 외재적 형식에 직면하여 "사람으로서 인仁하지 않은데 예는 해서 무엇하며, 사람으로서 인하지 않은데 음악은 해서 무엇하는가?"라는 반복적 질문을 하지 않을 수 없을 때, 오직 관심의 중심이 사람의 심리 근거와 정신적 근거의 차원에 집중할 수밖에 없었다. 따라서 맹자가 전하여 나타낸 "간직하면 보존되고, 버리면 없어진다. 나고 듦이 (일정한) 때가 없으니 그 향하는 바를 알 수 없다"[158]라는 말은 공자가 인심에 대하여 이미 매우 깊은 인식을 하였음을 나타낸다. 그리고 그는 '초楚나라의 미치광이 접여'(楚狂接輿)의 조소嘲笑를 받고, 또 장저長沮와 걸닉桀溺의 풍자를 받았을 때, 단지

---

158) 『孟子』(吳哲楣 主編, 『十三經』), 「告子上」, 1409쪽.

다음과 같은 말로 자신의 지향志向을 표현하였다.

> 공자는 실망하여 말하기를 "새나 짐승과 함께 살 수 없는데, 내가 이 사람들이
> 아닌 누구와 함께하겠는가? 천하에 도가 있다면 나는 세상을 바꾸어 바로잡는
> 일에 참여하지 않을 것이다"라고 하였다.[159]

공자의 이러한 극히 드문 표현에 대하여 주자는 주해注解에서 "마땅히 함께하는
무리를 말하면 이 사람들뿐이니, 어찌 사람을 떠나서 세상과 단절함을 깨끗하다고
여기겠는가? 세상이 만약 이미 다스려지고 있다면 나는 세상을 변화시켜 고칠
필요가 없으므로, 천하가 도가 없다고 보기 때문에 도로써 바꾸고자 할 뿐이다"[160]라
고 하였다. 분명히 이것은 실로 내가 지옥地獄에 들어가지 않으면, 누가 지옥에
들어가겠느냐는 정신이다.

공자의 이러한 정신에 대하여 우리는 단지 이것은 사상문화를 기초로 하고,
도덕을 핵심으로 하는 개과천선改過遷善, 권선징악勸善懲惡을 끝없이 추구하는 정신이
라고 할 수밖에 없다. 만약 주공의 예악제정이 이미 "상하를 도덕으로 아우르며,
천하의 제후와 경卿·대부大夫·사士·서민庶民이 하나의 도덕 단체로 합일한다"[161]
는 방향으로 통하며, 또한 예악제도의 관점에 규범과 수호의 의미를 더하였다.
그렇다면 공자로 말하면, 덕은 있으나 지위는 없으므로 단지 사상문화의 방식으로만
주공의 업적을 계승하였으며, 또한 개체 인생의 시각에 따라 극기복례克己復禮와
천하가 인으로 돌아감을 각 개체 인생의 최고 사명으로 삼았다.

이 기초에서 우리는 다시 노자를 살펴보자. 노자가 "나에게 큰 근심이 있는
까닭은 나에게 몸이 있기 때문이다"라는 말을 인생의 가장 근본적인 불행이라고
보았을 때, 한편으로는 당연히 그 사관史官 전통의 "성패成敗·존망存亡·화복禍福과

---

159) 『論語』(吳哲楣 主編, 『十三經』), 「微子」, 1313쪽.
160) 朱熹, 『論語集註』(『四書集註』), 「微子」, 222쪽.
161) 王國維, 『殷周制度論』(『觀堂集林』 제2책), 453~454쪽.

고금古今의 도를 두루 기록"하는 직업적 습관의 제약을 받았기 때문이지만, 더 중요한 점은 한 사람의 사관으로서 노자는 매우 많은 인생의 상해를 보았고, 또 매우 많은 "성패·존망·화복"이 서로 전화轉化되는 현상을 보았기 때문에, 따라서 그는 세상과 다툼이 없는 동시에 "벌, 전갈, 살무사, 뱀 등이 해를 끼치지 않고, 사나운 짐승이 덮치지 않고, 사나운 맹금猛禽이 움켜잡지 않는" 영아의 상태를 인생의 최고 지향志向으로 삼았다. 이 모든 것은 또한 확실히 사관의 직업과 역사적 지혜의 관점에서도 설명될 수 있다. 그러나 노자의 이 같은 사상 경향은 도리어 주나라 문화의 배경에서는 설명될 수 없다. 왜냐하면, 문왕과 무왕이 정권을 수립하고 적어도 주공이 예악을 제작한 이래, "상하를 도덕으로 아우름"은 이미 서주의 정치와 문화의 최고의 지향점이 되었다. 그리고 예악이 지닌 도덕은 당연히 서주문화의 기본적인 특징이 되었다. 그러나 『도덕경』에서는 반대로 도덕에 대한 어떤 제창提唱과 찬송讚頌이 없으며, 도리어 너무 많은 부정과 조소로 충만되어 있다. 예를 들면 다음과 같다.

> 천지는 인仁하지 않아 만물을 풀로 엮은 강아지(芻狗)로 여긴다. 성인聖人도 인하
> 지 않아 백성을 풀로 엮은 강아지로 여긴다.[162]

> 큰 도가 막히니 인의가 생기고, 지혜가 나오니 큰 거짓이 있게 된다. 육친六親이
> 불화하니 효와 자애로움이 나오고, 국가가 혼란하니 충신이 있게 된다.[163]

> 도道를 잃어버린 후에 덕德이 있게 되고, 덕을 잃어버린 후에야 인仁이 있게
> 되며, 인을 잃어버린 후에야 의義가 있게 되고, 의를 잃어버린 후에야 예禮가
> 있게 된다. 무릇 예는 충성과 믿음이 엷고 혼란함의 시작이다.[164]

---

162) 『道德經』(『諸子集成』 제3책), 제5장, 5쪽.
163) 『道德經』(『諸子集成』 제3책), 제18장, 10쪽.
164) 『道德經』(『諸子集成』 제3책), 제38장, 23쪽.

인의도덕에 대한 이와 같은 부정否定, 조소嘲笑, 비판이 주나라 문화에서 나올 가능성은 거의 없다. 비록 노자가 분명 주나라의 사관 즉 서주의 수장사守藏史(도서관 관리인)이기는 하지만, 인의도덕에 대한 이러한 풍자와 조소는 주나라 문화의 배경에서는 거의 형성되기 어렵다. 물론 이것은 주나라 문화가 근본적으로 도덕에 대해서 어떤 비판도 허용하지 않았다는 말이 결코 아니다. 서주의 예악문화의 배경에서 부도덕한 현상에 대해서는 폭로와 비판을 하도록 하였으며, 그 배후에는 반드시 도덕적 주요 관심의 배경이나 분위기가 있었다.(예를 들면, 공자가 "季氏가 八佾舞를 춘 것"과 "사람으로서 인하지 않음"의 현상에 대하여 비판한 것과 같다.) 그러나 노자와 같은 이러한 조소와 풍자적 비판은 근본적으로 도덕을 부정하는 것이며, 곧 그는 근본적으로 도덕적 시각으로 인류사회를 볼 것인가의 문제가 아니라, 전체 인류사회의 파괴와 재난은 모두 도덕발전의 필연적인 결과로 본다.(인류사회에 대한 노자의 이러한 인식은 오히려 단지 주나라 문화의 산물이라고 말할 수밖에 없다. 왜냐하면, 오직 도덕을 고양하는 시대에만 도덕의 그림자陰影를 볼 수 있기 때문이다.) 그러므로 근본적으로 말하면, 도덕은 그의 시야 내에 있지 않을 뿐만 아니라, 도리어 단지 그가 조소할 수 있는 대상일 뿐이었다. 이 말은 노자가 계승한 문화는 근본적으로 주나라 문화의 계보가 아님을 의미한다.

노자사상에서 나타난 문화의 계보 혹은 문화의 성격을 밝히기 위하여 우리는 반드시 『예기』 중의 하夏·상商·주周 삼대의 문화를 빌려서 비교해야 한다. 『예기』 「표기表記」에서는 공자의 견해를 서술하고 있다.

> 하夏나라의 도道는 명命을 존중하고 귀鬼를 섬기고 신神을 공경하나 그것을 멀리 하였고, 사람을 가까이하여 서로 충실하였으며, 녹祿을 먼저 하고 위엄威嚴을 뒤로 하였으며, 상賞을 먼저 하고 벌罰을 뒤로 하며, 친하되 존경하지는 않았다. 그 백성들의 폐습은 둔하고 어리석었고, 교만하고 거칠며, 소박하고 꾸밈이 없었다. 은殷나라 사람들은 신을 존경하여, 백성을 이끌어 신을 섬기게 하고, 귀신을 먼저 하고 예를 뒤로 하였으며, 벌을 먼저 하고 상을 뒤로 하여 존경하되 친하지

않았다. 그 백성들의 폐습은 방탕하고 조용하지 않고, 이기려고만 하여 부끄러움이 없었다. 주周나라 사람들은 예를 존중하고 베풂을 숭상하였으며, 귀를 섬기고 신을 공경하였으나 그것을 멀리하였고, 사람을 가까이하여 서로 충실하였으며, 그 상과 벌은 작위爵位의 차례로 하여, 친하되 공경하지 않았다. 그 백성들의 폐습은 이로움을 구하고 간교하였으며, 꾸미고 부끄러워하지 않았으며, 남을 해쳐도 덮어 두었다.165)

삼대문화에 대한 공자의 이러한 비교를 개괄해 보면, 이른바 "은殷나라 사람들은 신을 존경하여, 백성을 이끌어 신을 섬기게 하고, 귀신을 먼저 하고 예를 뒤로 하였으며, 벌을 먼저 하고 상을 뒤로 하여 존경하되 친하지 않았다. 그 백성들의 폐습은 방탕하고 조용하지 않고, 이기려고만 하여 부끄러움이 없었다"라고 한 말들의 모든 특징은 은나라 사람들은 근본적으로 주나라 사람과 같은 도덕관념을 아예 가지지 않았고, 완전히 생활에서의 원시적인 천명과 신권의 지배 아래에 있었음을 말해 준다. 아무리 천명이라고 해도 은나라 사람의 시야에서는 일종의 신비적인 상천上天의 의지일 뿐이었다. 이 점은 은의 주왕紂王이 서백西伯이 여黎(지금의 山西省 黎城縣)를 정벌한 현상에 대하여 근본적으로 이해하지 못한 점을 해석할 수 있다.

서백西伯이 여黎를 정벌하자, 조이祖伊는 두려워서 분주히 왕에게 아뢰었다.……
왕은 "오호라! 나의 일생의 명命이 하늘에 달려 있지 않은가?"라고 하였다.166)

곧 은나라 사람들은 완전히 신비적인 천명의 신앙 아래 살았기 때문에 서복관도 다음과 같이 분석하였다.

---

165) 『禮記』(吳哲楣 主編, 『十三經』), 「表記」, 569~570쪽.
166) 『尙書』(吳哲楣 主編, 『十三經』), 「西伯戡黎」, 88쪽.

은나라 사람의 종교생활은 주로 조상신의 지배를 받았다. 그들과 천天과 제帝의 관계는 모두 자신의 조상을 중개인으로 삼았다.[167]

신앙 중심의 종교적 분위기에서 사람은 신앙으로부터 구원을 얻고자 한다. 일체의 문제를 신에게 맡기면, 이때에는 우환의식이 생기지 않는다. 이때의 믿음은 곧 신에 대한 믿음이다. 오직 스스로의 문제를 책임질 때만 우환의식이 생긴다.[168]

곧 은나라 사람들은 완전하게 신비적인 천명신앙 아래 살았기 때문에 그들의 특별한 미신은 은허殷墟에서 출토된 갑골문 가운데서 어찌 이렇게 많은 복사卜辭가 있는가를 설명해 줄 수 있다.[169] 실제로 이것은 은나라 사람이 모든 일을 신비적 천명에서 구하는 기록이다. 그러나 일단 그들이 신봉하는 천명이 결코 그들의 왕권을 보호해 줄 수 없다면, 천天과 천명 그 자체는 또한 반드시 도리어 그들의 조소와 비판과 풍자의 대상이 될 수밖에 없었다. 즉, 노자가 말한 "천지는 인仁하지 않아 만물을 풀로 엮은 강아지(芻狗)로 여긴다. 성인聖人도 인하지 않아 백성을 풀로 엮은 강아지로 여긴다"라는 말은 아마도 오직 이러한 배경에서만 이해될 수 있다. 왜냐하면, 삼대문화의 총체적인 배경에서 아마도 이와 같이 경솔하게 천명에 대하여 이러한 부정과 조소를 할 수 있는 사람은 없을 것이기 때문이다. 대개 또한 단지 왕권의 생사존망의 거대한 재변을 겪은 후에야 비로소 이러한 "천지는 인하지 않고", "성인도 인하지 않음"과 같이 무엇이든 모두 불신하는 견해가 생길 수 있다. 이 점은 아마도 하나라 말기의 백성들이 하늘을 저주함으로써 하의 걸왕을 저주하는 것과 같이 "이 태양이 도대체 언제 사라질 것이냐, 나와

---

167) 徐復觀, 『中國人性論史』, 15쪽.
168) 徐復觀, 『中國人性論史』, 20쪽.
169) 『殷商史』는 은나라 사람의 정신 상황을 개괄하기를, "은나라 사람은 貴를 숭상하고, 은상의 왕실은 일을 만나면 占卜하기를 좋아하였고, 항상 龜甲과 牛骨 두 가지 재료를 이용하여 길흉을 점복하였다. 점복을 한 후 곧 기록하였다.…… 이것이 곧 卜辭이다. 갑골문의 절대다수는 모두 복사이며, 간혹 점복과 관련된 일련의 기록 문자도 있다"라고 하였다.(胡厚宣·胡振宇, 『殷商史』, 355쪽)

너 모두 함께 죽으리라"[170]라고 하는 말과 같다. 마찬가지로 이 점은 또한 노자철학에서 자연천도의 사상과 그 구체적 형성을 아마도 설명할 수 있을 것이다. 왜냐하면, 은나라 사람들의 신비적인 천명신앙이 역사의 철저한 부정을 만난 후 오직 자연적 천명관으로 돌아갈 수밖에 없기 때문이다. 그리고 중국 역사에서 가장 일찍 형성된 사상적 파별인 유儒·도道·묵墨 세 학파 가운데 오직 도가만이 이런 지극히 전형적인 자연천도관의 사상을 갖추고 있다. 현대인에게서 이것은 당연히 말할 필요도 없는 문제이지만, 하·상·주 삼대의 문화적 배경에서, 만약 중대한 변고에 의한 타격을 받지 않았다면 아마도 이렇게 가볍게 자연천도관과 같은 사상 내용을 호출할 수 있는 사람은 없을 것이다.

실제로 노자와 은殷·상商문화의 사이에는 하나의 비록 상반되지만 또한 확실하게 존재하는 실질적인 연관이 숨어 있을 수도 있으며, 이것은 "천명"에서부터 "기수氣數"에 이르는 변천이다. 개념의 시작으로부터 말하면, "천명"은 누누이 『상서』에서 나타나며, 은의 주왕이 "서백이 여黎를 정벌하였"을 때 여전히 믿는 바가 있어 두려움 없이 반문하기를 "나의 일생의 명命이 하늘에 달려 있지 않은가?"라고 하였을 뿐만 아니라, 무왕이 주왕을 정벌할 때까지도 "동쪽으로 가서 군대를 검열하고, 맹진孟津에 이름"과 최후로 파병罷兵(전쟁을 멈춤)을 준비할 때도 "'너는 아직 천명을 모른다. 아직 알 수 없다'라고 하고 이에 군사를 돌렸다"[171]라는 말에서도 모두 명확하게 천명을 언급하였다. 그러나 결국 이 말은 서주의 유자儒子로부터 전해진 표현이며, 「서백감려西伯戡黎」에서 은의 주왕이 직접 "나의 일생의 명命이 하늘에 달려 있지 않은가?"라는 말을 하였는가는 매우 말하기 어렵다. "기수氣數"라는 표현은 한대漢代에 이르러서 비로소 국인들이 왕조의 운명을 개괄한 말이다. 그러나 실제로 "기수"라는 표현은 노자가 "천명"에 대하여 조소하고, 아울러 역사적 발전과 변화에서 "돌아가는 것은 도道의 움직임이고, 약한 것은

---

170) 『尙書』(吳哲楣 主編, 『十三經』), 「湯誓」, 77쪽.
171) 司馬遷, 『史記』(『二十五史』, 권1), 「周本紀」, 12쪽.

도의 쓰임"이 실현된 이후에 형성되었을 가능성이 있다. 노자가 동시에 인생이 전면적으로 "자신을 내세움"과 "몸이 있음"의 차원으로 적용할 때, 또한 "기수", "정수定數"와 같은 표현의 형성은 이중의 기초를 제공하였다. 오늘날까지 일상의 용어 가운데 이른바 "기강氣强", "기약氣弱"과 "기상氣象", "기식氣息" 등은 늘 모두 사람의 자연 생명이 필연적으로 가지는 "제한制限"과 "정수定數"의 상징이다. 따라서 "기수"나 "정수"를 막론하고 모두 하나의 왕권 혹은 개개인의 생명의 근본과 한계를 가리켜 한 말이다. 그러나 노자는 "천명"의 신비한 색채와 개인적인 이상추구의 정신적 품격을 해소한 후, 왕권의 운명이든 개인의 명한命限을 막론하고, 오직 그 진실한 존재인 "기상氣象"과 그 감성 형식인 구체적 한정限定, 곧 "기수"상에서 표명해 낼 수밖에 없었다. 이러한 중대한 변천을 구성하는 사상의 기초는 실은 노자철학에서의 천도자연사상이 제공하였다.

이 외에 상대商代문화가 고도로 발전한 "기수" 학문의 표지는 마땅히 노자철학에서의 천도자연사상을 형성하는 기초이다. 문자쓰기의 중요성은 사관들에게서 당연히 말할 것도 없고, 완전히 사관과 같은 직업으로 형성된 일종의 선재적先在的 전제라고 할 수 있다. 인류의 생존과 실천에서 구체적인 문제를 전문적으로 해결하는 수학數學은 본래 그 자체는 수로 형태를 정하고 수로 형태를 한정하는 뜻이 있다. 비록 은상시대의 "수학"이 노자철학처럼 추상적인 수준에까지는 이르지 못하였지만, 그러나 수로 형태를 정하고 수로 형태를 한정하는 철칙의 성질은 결코 흔들릴 수 없는 것이며, 실제로는 이것은 또한 후일의 국인들이 말하는 "기수"와 "정수定數"의 설이 형성되는 기초일 수 있다.

그러나 노자철학에서 천도자연무위의 사상을 또한 어떻게 설명할 것인가? 만약 노자가 도덕을 비판하고 도덕을 조소한 사상이 은상문화에서 기원하였다고 하면, 이른바 "은나라 사람은 신神을 존경하고 백성을 이끌어 신을 섬기게 한다"라는 말은 도리어 노자철학에서의 천도자연무위의 사상과 근본적으로 그 관계를 지을 수 없다. 그리고 노자가 개인의 "몸이 있음"에 대하여, 사회의 "실연實然"과 "실력實力"에 대하여 주시하는 시각은 도리어 은상시대의 신비적 천명관과 다를 뿐만 아니라, 도리어 이러한 천명관과는 완전히 상반된다. 이러한 상황에서 아마도 오직 노자가 "천하만물은 유有에서 생겨나고, 유는 무無에서 생긴다"라고 하는 반대 방향으로 거슬러 본원을 찾아가는(反向溯源) 인지 방법을 통하여 그 자연천도관 사상의 형성을 설명할 수도 있다. 그러나 하나라 사람들이 "귀鬼를 섬기고 신神을 존경하되 그것을 멀리하며, 사람을 가까이하며 충실하다"라는 특징과 하대夏代의 제후가 '이익을 버리고 골라서 아뢰는'(棄益擇啓) 실력 사관이 바로 노자의 자연천도사 상이 형성되는 사회 역사의 근원일지도 모른다. 이렇게 보면, 만약 노자가 은상 관념의 수호자라고 말하면, 실제로는 도리어 하나라 사람의 천도자연사상으로 되돌아감으로써 자기가 관찰한 문제의 기본적인 시각을 형성하였을 가능성이 매우 크다. 도가사상의 이러한 특징은 또한 바로 "주周의 도道를 등지고 하夏의 정사政事를 이용한다"라는 묵가와 교차하여 서로 침투하는 노선으로 나아갔다.

5. "주周의 도를 버리고 하夏의 정사를 이용한다": 묵가의 등장

유·도 두 학파의 사상 형성은 춘추시대의 중국인이 예악붕괴와 '주나라 문화의 소진消盡 혹은 고갈枯渴'(周文疲憊) 현상이라는 두 가지 서로 다른 해결의 사고 방향을 표현하였으며, 이 두 가지 서로 다른 사고 방향의 형성은 또한 하·상·주 삼대의 서로 다른 문화가 그 사상적 배경과 시각의 기초가 되었다. 이처럼 유·도 두 학파의 불일치와 그 "호출互絀"(상호 배척)[172]은 반드시 전혀 새로운 뒤따르는 사람을 대동하였는데, 곧 묵가墨家이다. 야스퍼스(Karl Theodor Jaspers, 雅斯貝爾斯, 1883~1969)가 말한 축심시대軸心時代(Axial Age)의 사상 창조가 중국의 춘추시대의 유·도·묵 세

---

172) 사마천이 평가하기를 "세상에서 노자를 배우는 사람은 유학을 비판하고, 유학을 공부하는 사람도 역시 노자를 작게 본다. '도가 다르면 서로 도모하지 않는다'라는 말이 어찌 그것을 옳다고 하겠는가?'라고 하였다.(『史記』[『二十五史』, 권1], 「老子申韓列傳」, 177쪽)

학파가 앞뒤로 계속 일어났다는 점에서 가장 전형적이다.

묵자墨子는 하층민 출신으로 "백공百工"(모든 匠人) 가운데 목공木工이었고, 분명히 "왕조의 관료 출신"은 아니었으며, 따라서 묵자 본인은 항상 스스로 "북방의 비천한 사람"[173]이라고 칭하였다. 당시에 이른바 예악붕괴는 물론 춘추시대 '주나라 문화의 소진'과 인륜규범 상실의 일면을 표현하였지만, 이러한 인륜규범 상실의 현상은 동시에 하나의 적극적인 잇따르는 결과를 초래하였는데, 곧 문화의 하향이동이다. 공자 본인이 이 문화 하향이동의 조류에서 가장 유력한 추동자가 되었다. 왜냐하면, 공자는 인류역사상 최초로 민간에서 강학을 시작한 사상가일 뿐만 아니라, 그 "가르침에 차별이 없다"(有敎無類)라는 교육 방침은 틀림없이 사회 하층의 자제들을 대량으로 받아들일 수 있었기 때문이다. 이것은 사회 하층민이 자신의 출신과 운명을 바꿀 기회를 제공하였다. 이렇게 되어 한편으로 이른바 예악붕괴와 주나라 문화의 소진은 예악문화로 하여금 사회의 응집력을 잃게 하였고, 동시에 이전의 "학문은 관부官府에 있다"라는 구도가 근본적으로 깨지면서, 사회의 하층민 출신의 청년들도 문화 하향이동의 조류에서 위로 거슬러 올라갈 수 있게 되어 스스로 문화를 장악하도록 하여 사회 상층의 반열로 진입하였다. 묵적墨翟은 곧 당시 사회 하층에서 사상 창조의 계열로 진입한 탁월한 대표이다.

묵자墨子(BC 468?~BC 376?)[174]는 춘추시대와 전국시대 교체기에 노나라에서 출생 하였다. 대략 공자의 손자인 자사子思(孔伋)와 동시이거나 조금 늦다. 그 당시 배울 수 있는 문화는 주로 유학이었다.(왜냐하면, 당시에는 오직 유가만이 민간에서 강학하였기 때문이다.) 그러나 유가의 예의를 공부하는 과정에서 묵적은 도리어 점점 더 유학에

---

173) 公輸般이 (楚나라를 위해) 높은 구름사다리를 만들어 그것으로 宋나라를 공격하고자 하였다. (그때 노나라에 있던) 墨子가 그 소문을 듣고 魯나라로부터 달려갔다. 말의 발이 갈라지면 옷으로 발을 싸매고 밤낮을 쉬지 않고 열흘 낮 열흘 밤을 달려 (초나 라의 도읍인) 郢에 이르렀다. (초의) 荊王을 보고 "臣은 북방의 미천한 사람입니다. 듣자 오니 대왕께서는 장차 송나라를 공격하려 하신다는데 그것이 사실입니까?"라 고 물었다.(『呂氏春秋』[『諸子集成』 제6책], 「愛類」, 282쪽)

174) 역자 주: 묵자의 생몰연대는 BC 476?~BC 390?, BC 480?~BC 390? 또는 BC 479?~ BC 381? 등 여러 설이 있다.

대하여 불만을 느끼고 마침내 더 이상 참을 수 없어 유학과 결별하지 않을 수 없었다. 그는 스스로 사상학파를 개창하는 길로 나아갔으며, 마침내 묵가墨家의 창시자가 되었다. 묵적이 "유학을 배우는 학업"에서 스스로 학파를 개창하는 데까지 의 과정에 관하여 역사적으로 일찍이 서로 다른 견해가 있는데, 묵가의 자술自述로부 터 온 것도 있고, 동시에 다른 사상가의 개괄도 있다. 예를 들면 다음과 같다.

유자는 "친혈육을 친하게 하는 방법이 있고, 현명한 사람을 존경함에도 등급이 있다"라고 하는데, 이는 친함과 소원함, 존귀함과 비천함의 차이를 말한 것이다. 그 예禮를 말하기를 "부모의 상은 3년, 처와 맏아들(后子)은 3년, 백부伯父 · 숙부叔 父 · 형제兄弟 · 서자庶子는 기년期年(1년), 친척과 족인族人은 5개월이다"라고 하였 다. 만약 친親 · 소疏로 세월의 수를 정한다면, 친한 사람에게는 많이, 소원한 사람에게는 적게 하면 된다. 그런데 아내와 맏아들은 부모와 같이 정하였다. 만약 존귀함과 비천함으로 세월의 수를 정한다면, 그 아내와 자식은 부모처럼 하고, 친 백부나 종형宗兄(집안의 형)은 비자卑子(庶子)와 같이 본다. 거꾸로 됨이 이보다 클 수 있겠는가![175]

묵자는 유자儒者의 학업을 배우고 공자의 학술을 받았다. 그런데 그 예가 더욱 번잡하고 요란해 간단하지 않았으며, 후장厚葬은 재물을 낭비하게 하여 백성을 가난하게 하며, 오랫동안 상복을 입기 때문에 삶을 해치고 사업을 해쳤고 여겼다. 그러므로 주周나라의 도를 반대하고 하夏나라의 정사를 이용하였다. 우禹임금 때 천하에 대홍수가 있자 우임금은 몸소 삼태기로 흙을 나르고(혹 삼태기를 지고), 백성의 앞에 섰다. 황하黃河를 깎아내어 아홉 갈래의 물줄기를 텄다. 장강長江을 파서 아홉 갈래의 물길을 통하게 했다. 5개의 호수湖水를 뚫어 동해로 가도록 정하였다. 이때 불을 쬘 겨를도 없었고, 옷을 빨아 입지도 못하였으며, 언덕에서 죽은 자는 언덕에 장사지내고, 늪지에서 죽은 자는 늪지에 장사를 치렀다. 그러므 로 재물을 절약하고 장례를 간략하게 하고 복장을 간편하게 하고 살았다.[176]

---

175) 『墨子』(『諸子集成』 제4책), 「非儒下」, 178쪽.
176) 『淮南子』(『諸子集成』 제7책), 「要略」, 375쪽.

이 두 기록에서 전자는 묵자 혹은 묵가의 자술自述에서 나온 것이며, 후자는 한대의 『회남자淮南子』의 개괄이다. 그런데 묵적이 유학을 버린 원인을 밝히는 데는 비교적 일치한다. 다른 점은 전자가 주로 묵적이 유학을 버리는 내재적 원인을 나타내는 데 있다. 왜냐하면, 유가의 예교禮敎는 확실히 그가 도저히 받아들일 수 없는 내용이 있었기 때문이다. 후자는 주로 묵가의 사람됨의 기상과 새로운 문화를 개척한 방향을 나타내는 데 있다. 묵가에 대하여 말하면, 전자는 주로 묵적이 유학에 만족하지 않는 근본 원인이라고 할 수 있으며, 후자는 묵가가 복고적인 방식을 통하여 표현한 문화창조를 나타낸다.

이 두 가지 다른 개괄에서 전자는 이른바 "친함과 소원함, 존귀함과 비천함의 차이를 말한다"라는 말은 사실 유가가 주공 이래의 존존尊尊과 친친親親의 도를 겨냥해서 나온 말이다. 존존과 친친은 후일 다시 공자의 인학仁學사상의 내재적 충실함을 얻었다. 왜냐하면, 또한 유가의 "인"과 그 유행되었기 때문이다. 즉, 이른바 관철되고 실천된 일종의 기본 원칙이었다. 따라서 묵적은 여기서 비록 "거꾸로 됨이 이보다 클 수 있겠는가!"라고 하여 그 가운데의 "내재적 모순"을 드러내었지만, 실제로는 유가의 정신과는 근본적으로 서로 화합하지 않는 특성을 나타낸다.(당연히 이 점은 또한 주로 그 서로 다른 인륜에 관한 관심의 편중으로 결정되었다.) 왜냐하면, 유가의 존존과 친친의 도는 본질에서 사람의 "유아有我"(내가 있음)를 인정하는 전제로 하며, 따라서 존존과 친친은 그 덕성이 반드시 "나"를 원심圓心으로 삼고 "나"로부터 출발하고 "문안"(門內, 성과 본이 같은 집안)과 "문밖"(문중의 밖)177)의 다른 장소에서는 다르게 표현되어야 할 뿐이다. 유가의 존존과 친친의 도에 대한 묵자의 질문은 후일 맹자와 이자夷子(戰國시대 묵가학파인 夷之에 대한 존칭)가 애친愛親의 "하나의 근본"(一本)과 "두 개의 근본"(二本)을 변론하는 데에서 정확하게 나타난다.

---

177) 『예기』에서 "문안의 다스림은 은혜를 이용하여 義를 감추며, 문밖의 다스림은 의로써 은혜를 단절한다"라고 하였다.(『禮記』[吳哲楣 主編, 『十三經』], 「喪服」, 598쪽)

"……내가 듣기엔 이자夷子는 묵자墨者(묵가학파)다. 묵가墨家는 장사 지냄에 박薄함을 정도正道로 삼는다. 이자는 그로써 천하天下를 바꾸려고 하였으니, 어찌 옳지 않고 귀하다고 여기지 않겠는가? 그러나 이자는 자기의 어버이를 후하게 장사 지냈으니 이는 천賤하게 여기는 것으로 어버이를 섬겼다'라고 하였다.……이자는 "유자의 도는 옛사람이 마치 어린아이를 보호하듯 하라고 하는데, 이 말은 무엇을 말한 것입니까? 그것은 사랑에 차등이 없는데, (사랑을) 베풂을 육친부터 시작한다'라고 하였다.…… 맹자는 "이자는 정말로 사람들이 그 형의 아들을 사랑하기를 이웃집의 어린아이를 사랑하는 것처럼 해야 한다고 믿는가? 거기에 비유할 것이 있다. 어린아이가 장차 우물에 기어들어 가려는 것은 어린아이의 죄가 아니다. 또 하늘이 사물을 생겨나게 함에 하나의 근본이 있게 하는데, 이자는 두 가지 근본으로 생각하였기 때문이다'라고 하였다.[178]

여기서 먼저 간단한 설명이 필요하다. 묵가의 사상체계와 그 기본적인 추세가 아직 없는 상황에서 맹자와 묵가사상의 반박과 비판으로 끌어들이는 것은 결코 선입견을 위주로 하는 것이 아니라, 맹자가 묵자墨者인 이자夷子의 사상을 이렇게 개괄한 것이 유·묵 두 학파 사상의 근본적 차이를 매우 정확하게 반영하였다. 이러한 차이에서 착수해야 비로소 한 걸음씩 묵가사상의 형성과 그 발전의 추세와 그 이론에 나타난 논리를 드러낼 수 있다. 유·묵 두 학파의 "일본一本"과 "이본二本"의 차이와 유가사상의 '일본론一本論'의 특색에 대하여 명대明代의 심학가心學家 왕양명王陽明(1472~1528)이 일찍이 한 구절로 매우 정확하게 해석하였다. 따라서 우리는 여기서 직접 그가 관련하여 밝혀낸 말을 인용하여 유가의 '일본론'사상을 설명하고자 한다. "예를 들면, 몸은 일체인데, 손과 발로 두목頭目(머리)을 호위하는데, 어찌 굳이 손과 발을 냉대하겠는가? 그 도리가 이처럼 합당하다. 금수禽獸와 초목草木은 같이 사랑해야 하는데, 초목을 버리고 금수를 기르는데, 또 참을 수 있다. 사람과 금수는 같이 사랑해야 하는데, 금수를 잡아서 친족을 부양하고, 제사에 바치며,

---

178) 『孟子』(吳哲楣 主編, 『十三經』), 「滕文公上」, 1378쪽.

빈객을 접대하는데, 마음은 또 참을 수 있다. 가까운 친족과 길 가는 사람을 같이 사랑해야 하는데, 단사두갱簞食豆羹[179]이라도 얻으면 살고, 얻지 못하면 죽는데, 양쪽을 다 만족할 수 없으면, 차라리 가까운 친족을 구하고 길 가는 사람을 구하지 않아도 마음은 또 참을 수 있다. 이것은 이처럼 당연히 도리에 마땅하다."[180]

왕양명이 여기서 말하는 도리는 결코 묵가사상에 대한 비판이 아니라, 심지어 근본적으로 묵가이론과는 무관하며, 유가의 '일본론' 즉 "대인은 완전히 사물과 동체同體"라는 사상으로, 이른바 만물일체萬物一體의 인仁이 전개되는 과정에 관한 구체적 설명이다. 그리고 유가도덕이 '일본론'으로 표현되는 관건은 또한 유가도덕이 반드시 "내가 있음"(이하 有我)이 있어야 한다는 데 있다. 그러므로 사람다운 사람이 되거나(做人) 사람을 사랑하거나 모두 또한 반드시 "나"로부터 시작하며, "친족"을 사랑함으로 시작한다. 이것이 곧 맹자가 말한 "일본一本"사상의 완전한 의미이다. 그리고 맹자가 "이자夷子는 정말로 사람들이 그 형의 아들을 사랑하기를 이웃집의 어린아이를 사랑하는 것처럼 해야 한다고 믿는가?"라고 이자에게 반문한 까닭이며, 마찬가지로 유가의 '일본론'의 도덕은 "유아有我"의 특징으로부터 출발한다.

맹자가 이자를 '두 근본'(二本)이라고 비판하는 관건도 이자가 견지한 이른바 "베풂을 육친부터 시작한다"라고 할 때 그는 "내가 있음"일 뿐만 아니라, 반드시 "내가 있음"을 전제로 출발한다는 데 있다. 왜냐하면, 오직 "내가 있어야" 비로소 "베풂을 육친부터 시작"할 수 있고, 또한 "베풂을 육친부터 시작"함을 선택할 수도 있기 때문이다. 그렇지 않으면, 이른바 "친親"은 또 어떻게 정할 것인가? 그러나 묵가의 "사랑에 차등이 없음"에서 출발하면 또한, 반드시 남과 나의 구별이 없는 상황에 빠져들게 되지, 실제로는 오직 남과 나의 구별이 없음은 곧 본질적으로 "내가 없음"(無我)에 기초해야 비로소 진정하게 이른바 "사랑에 차등이 없음"을 실현할 수 있다. 그러나 이자가 또 유가의 "마치 어린아이를 보호하듯 하라"라는

---

179) 역자 주: 대나무 그릇에 담긴 밥과 祭器에 담긴 국. 변변치 못한 飮食을 의미한다.
180) 王守仁, 『王陽明全集』, 「語錄」 3, 108쪽.

말을 빌려서 자신이 견지하는 "사랑에 차등이 없음"을 설명하려고 할 때는 도리어 또 반드시 "내가 없음"의 전제를 포함하거나 혹은 반드시 일종의 "내가 없음"의 딜레마에 빠질 수밖에 없다. 왜냐하면, 오직 완전한 "내가 없음"이 있어야 비로소 진정하고 이른바 차등이 없는 사랑을 실현할 수 있기 때문이다. 이렇게 되면 "내가 있음"과 "내가 없음"의 사이에 이자의 이론적 논리인 "두 근본"에서 혼란이 생긴다. 그러나 이러한 "두 근본"의 현상은 묵가사상이 굴기하는 가장 큰 동력이 되기도 하며, 동시에 결국에는 "중단中斷"으로 갈 수밖에 없는 근본 원인이기도 하다.

우리는 먼저 당시의 사회현실과 유가에 대한 묵자의 비판에서 그 이론이 일어난 근본 원인을 탐구해 보자. 유가에 대한 묵자의 수많은 비판 가운데, 설령 이른바 "그 예가 더욱 번잡하고 요란해 간단하지 않았다. 후장厚葬은 재물을 낭비하게 하여 백성을 가난하게 하며, 오랫동안 상복을 입기 때문에 삶을 해치고 사업을 해쳤다고 여겼다"라고 한 말이 있지만, 묵자가 유가의 입장을 버린 근본 원인은 사실 오직 하나로서 그것이 곧 "'(유자는) 친혈육을 친하게 하는 방법이 있고, 현명한 사람을 존경함에도 등급이 있다'라고 하는데, 이는 친함과 소원함, 존귀함과 비천함의 차이를 말한 것이다"라고 한 말이다. 왜냐하면, 이 점은 유·묵 두 학파의 근본적 차이일 뿐만 아니라 근본적으로 전체 유가사상의 굴기와 그 구체적 이론의 생장점生長點(돌파구)이기 때문이다. 다른 면의 비판은 오로지 그 서로 근본적 차이의 구체적인 전개와 확장으로부터 나왔다고 할 수 있다.

묵자는 왜 유가의 "친혈육을 친하게 하는 방법이 있고, 현명한 사람을 존경함에도 등급이 있다"라고 한 말을 유가의 사상 가운데 가장 받아들일 수 없는 것이라고 보았을까? 그 주요 원인은 공자가 주공의 도를 계승한 이래 친친親親과 존존尊尊이 유가의 도덕과 정치 두 차원의 세계를 구성하였고, 동시에 유가의 인애정신이 관철되고 실천되는 두 영역을 구성하였기 때문이다. 즉 친친과 존존은 동시에 이 두 큰 영역을 관통하고 통일하는 기본 원칙이 되었다. 유가사상의 이러한 특징은 그 본질적인 인문주의의 품격을 결정하였으며, 동시에 철저하게 어떤 세상 밖의 속죄(救贖. 代贖)의 가능성도 배제하였다. 즉, 중국인이 그러한 일신론에 기초한 외향적 초월적 종교를 가지지도 않고 원칙적으로 이른바 외향적 대속代贖을 믿지 않았던[181] 까닭은 주로 유가의 주체적 문화와 그 철저한 인문주의 성격에 의해 결정되었다.

이런 철저한 인문주의 품격은 근본적으로 유가가 반드시 사람의 "내가 있음"을 인생의 첫 출발점으로 삼을 수밖에 없도록 결정하며, 이것은 그 문화의 주체성의 특징을 나타냄과 동시에 그 민족 성격의 강렬한 현실적 주요 관심 및 인륜과 세속에 관한 관심으로 향하도록 결정하였다. 친친과 존존의 대원칙 하에 반드시 사람과 사람의 관계와 그 상호 간의 구체적인 차별을 인정해야 하며, 만약 이러한 차별이 단지 사람의 생리生理(事理)와 자질을 말한다면, 아무도 그 점에 반대하지 않을 것이다. 그러나 유가는 도리어 친친과 존존을 그 인애정신이 관철되고 실현되는 보편적 원칙으로 실행하였는데, 그것은 "나"로부터 출발하는 인륜 관계에서부터 사람과 사람 사이에 분명하게 존재하는 친親·소疏, 원遠·근近, 박薄·후厚와 같은 여러 가지 다른 것을 인정하지 않을 수 없는 것이다. 왜냐하면, 묵가와 같이 사회의 하층민에서 말하면, 물론 친친으로부터 출발하든 존존으로부터 출발하든 반드시 가장 외롭고 약하고 도움이 없는 집단으로 전락하기 마련이다. 그렇다면 춘추·전국

---

181) 중국인이 요컨대 종교를 믿는가 믿지 않는가의 문제는 현실생활에서 흔히 일종의 충분히 기괴한 상황으로 표현되는데, 한편으로 중국인은 무슨 신앙이든 모두 믿는 것 같다. 곧 불교도 믿을 수 있고, 도교도 믿을 수 있으며, 帝 혹은 上帝도 믿고 심지어 민간의 大仙도 믿을 수 있다. 그 전형적 모습을 표현하면, 일상생활에서 부처를 보면 향을 피우고, 道士 혹은 道觀을 보면 머리를 조아리며, 菩薩을 보면 拜禮하고, 관원을 보면 무릎을 꿇는다. 그러나 다른 한편으로, 중국인의 모든 "믿음"(信)은 또한 반드시 하나의 근본적 전제가 있는데, 그것은 신앙의 대상으로서의 "他者"는 반드시 "나"의 현실적인 福祉를 보증할 수 있어야 한다. 그렇지 않으면 아무것도 믿을 수 없고, 심지어 "하늘"도 또한 詛呪의 대상이 된다. 예를 들면, 『尙書』에서 말하는 "이 태양이 도대체 언제 사라질 것이냐, 나와 너 모두 함께 죽으리라"(『尙書』, 「湯誓」) 하는 말은 곧 중국인이 가장 처음으로 하늘을 저주한 소리다. 그리고 "皇天은 특별히 친애함이 없고, 오직 덕이 있는 사람을 도와주며, 백성의 마음은 일정함이 없고, 오직 베푸는 사람을 따른다"(『尙書』, 「蔡仲之命」)라고 한 말도 또한 중국인의 민족적 성격을 정확하게 보여 준다고 할 수 있다. 이러한 민족적 성격과 같은 것은 그 문화가 철저한 인문주의적 특징으로 결정된다. 물론 이런 철저한 인문주의 문화 그 자체는 곧 그 민족적 성격의 문화적 표현이기도 하다.

과 같이 전란戰亂이 잦았던 시대에 이와 같은 "친·소, 존尊·비卑의 차이"는 또한 무엇을 의미하는가? 이 의미는 물론 존존에서 출발하든 친친에서 출발하든 묵적墨翟을 대표로 하는 사회의 하층민은 반드시 유가의 관심 분야 밖에 있었다. 이 점을 분명하게 깨닫게 되면, 묵가가 왜 유가의 친친과 존존의 도가 초래하는 "친·소, 존·비의 차이"를 유가사상 가운데 가장 받아들일 수 없는 모순이라고 비판하는가, 또한 왜 반드시 이 때문에 또 다른 새로운 학설을 개창開創할 수밖에 없는가를 이해할 수 있다.

물론 이와 같은 반대와 비평은 동시에 묵가사상의 굴기를 이루는 근본 동력이기도 하다. 먼저 인류사회에 대한 묵자의 관심과 시각, 중점적 관심을 살펴보자.

지금 천하의 위정자들은 그들이 과인寡人(왕)이 되는 방법이 많고, 그 백성을 노동하게 하고, 그 세금을 거두어들이는 장부는 두텁고, 백성의 재물은 부족하여, 얼어 죽고 굶어 죽는 사람이 헤아릴 수 없다. 또한 대인大人(제후)들은 군대를 일으켜 이웃 국가를 공벌攻伐하지 않는 사람이 없다.[182]

백성들에게는 세 가지 근심거리가 있다. 굶주리는 사람이 먹을 것을 얻지 못하고, 추위에 떠는 사람이 입을 것을 얻지 못하며, 수고하는 사람이 쉬지 못하는 일이다. 이 세 가지는 백성들에게 큰 근심거리이다.[183]

성인은 천하를 다스림으로써 일로 삼는 사람이다. 반드시 혼란이 일어나는 까닭을 알아야만 비로소 천하를 다스릴 수 있고, 혼란이 일어나는 까닭을 알지 못하면 천하를 다스릴 수가 없다.…… 혼란이 일어나는 이유를 살펴보면, 서로 사랑하지 않아서 일어난다. 신하와 자식이 그의 군주나 부모에게 효도하지 않는 것이 이른바 혼란이다. 자식은 자신을 사랑하고 부모를 사랑하지 않으므로 부모도 자신의 이익을 구하며, 동생이 자신을 사랑하고 형을 사랑하지 않으므로 형도

---

182) 『墨子』(『諸子集成』 제4책),「節用上」, 101쪽.
183) 『墨子』(『諸子集成』 제4책),「非樂上」, 156쪽.

자신의 이익을 구하며, 신하가 자신만 사랑하고 군주를 사랑하지 않으므로 군주도 자신의 이익을 구한다. 이것이 이른바 혼란이다.…… 만약 천하가 서로 사랑하게 하고 남을 사랑함이 마치 그 자신을 사랑하는 것처럼 하면, 불효하는 자가 있겠는가? 부모와 형과 임금을 보기를 자기 몸과 같이 하면, 어찌 불효하겠으며, 어찌 자애롭지 않음이 있겠는가? 동생과 자식과 신하 보기를 자신의 몸과 같이 하면, 어찌 자애롭지 않음이 있겠는가? 그러므로 불효와 자애롭지 않음은 없어진다.[184)]

이것이 바로 묵자가 당시 사회에 대하여 생각한 것이다. 그 시각으로 보면, 그는 분명하게 너무 많은 사회의 고난을 보았다. 위정자들은 단지 "그 백성을 노동하게 하고, 그 세금을 거두어들이는 장부는 두텁고, 백성의 재물은 부족하여, 얼어 죽고 굶어 죽는 사람이 헤아릴 수 없도록" 한다. 그리고 하층의 일반 백성은 오직 이른바 세 개의 큰 "거대한 근심"에 빠져서 스스로 벗어날 방법이 없으니, 이것이 곧 "굶주리는 사람이 먹을 것을 얻지 못하고, 추위에 떠는 사람이 입을 것을 얻지 못하며, 수고하는 사람이 쉬지 못함"이다. 그러나 이 모든 사회적 고난이 결국 어디서 비롯되었는가? 이것은 사람과 사람의 관계가 "나"를 기초로 한 "자애自愛"(자신만 사랑함)와 "불상애不相愛"(서로를 사랑하지 않음)로 이루어지고, 따라서 서로 사랑하지 않기 때문에 "자애"와 "서로 죽이고 해침"의 현상을 초래한다. 즉 "자식은 자신을 사랑하고 부모를 사랑하지 않으므로 부모도 자신의 이익을 구하며, 동생이 자신을 사랑하고 형을 사랑하지 않으므로 형도 자신의 이익을 구하며, 신하가 자신만 사랑하고 군주를 사랑하지 않으므로 군주도 자신의 이익을 구한다. 이것이 이른바 혼란이다." 여기서 모든 "자애"는 모두 사람들이 먼저 "나"의 존재가 있음을 설명하고 이른바 "자애"는 곧 사람마다 가진 "나"의 표현이라고 할 수 있다. 그러나 묵가의 관점으로 보면, 바로 사람과 사람의 이러한 "나"와 "자애"가 있으므로 그 상호 간의 "서로 죽이고 해침"의 현상이 일어난다.

---

184) 『墨子』(『諸子集成』 제4책), 「兼愛上」, 62~63쪽.

그렇다면 이처럼 "서로 사랑하지 않음"으로 일어나는 "서로 죽이고 해침"의 현상에 대하여 묵가는 또 어떻게 벗어나야 한다고 보는가? 이것은 반드시 사람과 사람의 "겸상애兼相愛"(함께 서로 사랑함)로써 현실 사회의 "서로 죽이고 해침"의 현상을 다스리는 것이다. 만약 진정으로 사람과 사람이 "함께 서로 사랑함"으로써 그 상호 간의 "서로 사랑하지 않음"과 "서로 죽이고 해침"의 사회현실을 바꿀 수 있다면 인류사회는 사람과 사람이 함께 서로 사랑하며, 서로 이익을 나누는 낙원樂園이 될 수 있다. 따라서 묵자는 또 "남의 집안 보기를 자기 집안처럼 한다면 누가 훔치겠는가? 남의 몸 보기를 자기 몸과 같이 한다면 누가 해치겠는가? 이렇게 된다면 도적이 없어질 것이다. 오히려 대부가 서로 남의 집안을 어지럽히고, 제후가 서로 남의 나라를 공격하겠는가? 남의 실室(妻, 아내)을 보기를 자기의 아내처럼 하면, 누가 난을 일으키겠는가? 남의 나라를 자기 나라처럼 보면 누가 공격하겠는가? 그러므로 대부가 서로 집안을 어지럽히고, 제후가 서로 나라를 공격하는 일이 없어진다. 만약 천하가 함께 서로 사랑하게 한다면, 나라와 나라는 서로 공격하지 않고, 집안과 집안은 서로 어지럽히지 않을 것이며, 도둑이 없어지고, 군주와 신하, 아버지와 아들이 모두 효도하고 자애로울 수 있을 것이다. 이처럼 되면 천하가 다스려질 것이다"[185]라고 하였다.

당시 사회의 현실에서 보면, 누가 사회의 큰 동요의 세월에서 "백성의 재물은 부족하여, 얼어 죽고 굶어 죽는 사람이 헤아릴 수 없는" 현상에 관심을 가졌는가? 누가 "굶주리는 사람이 먹을 것을 얻지 못하고, 추위에 떠는 사람이 입을 것을 얻지 못하며, 수고하는 사람이 쉬지 못하는 상황"을 시급하게 해결해야 할 "백성의 거대한 근심"으로 보았는가? 당시 유·도·묵 세 학파 가운데 아마도 오직 사회의 하층민 출신인 묵자만이 이러한 문제에 대하여 더욱더 절절하게 느꼈을 것이다. 따라서 어떻게 "굶주리는 사람이 먹을 것을 얻지 못하고, 추위에 떠는 사람이 입을 것을 얻지 못하며, 수고하는 사람이 쉬지 못하는 상황"의 이른바 "백성의

---

185) 『墨子』(『諸子集成』 제4책), 「兼愛上」, 63쪽.

거대한 근심"을 해결할 것인지를 자신의 첫 번째 주요 관심으로 삼고, 모든 방법을 다 생각해서 깊이 해결의 방법을 찾았다. 왜냐하면, 묵자는 하층민 출신이기 때문에 아마도 자신이 일찍이 "굶주리는 사람이 먹을 것을 얻지 못하고, 추위에 떠는 사람이 입을 것을 얻지 못하며, 수고하는 사람이 쉬지 못하는 상황"을 경험한 경력 때문에 묵자 스스로 더욱더 절절하게 그리고 명확하게 이들을 시급하게 해결해야 할 문제로 삼았다. 따라서 묵가사상의 형성은 주로 그의 독특한 출신과 경력, 그리고 독특한 관심 시각에 근원한다.

그렇다면 묵가의 해결 방안은 무엇인가? 이것은 주로 앞에서 말한 것을 총결산한 것으로 이른바 "함께 서로 사랑하고, 서로 이익을 나눈다"라는 원칙이다. 왜냐하면, 사회에 존재하는 모든 고난의 형성되는 근원이 사람과 사람의 "서로 사랑하지 않음"에 있으며, 아울러 "서로 사랑하지 않음"으로부터 사람과 사람의 "서로 죽이고 해침"으로 발전한다. "자식은 자신을 사랑하고 부모를 사랑하지 않으므로 부모도 자신의 이익을 구하며, 동생이 자신을 사랑하고 형을 사랑하지 않으므로 형도 자신의 이익을 구하며, 신하가 자신만 사랑하고 군주를 사랑하지 않으므로 군주도 자신의 이익을 구한다. 이것이 이른바 혼란이다." 곧 사람과 사람의 "서로 사랑하지 않음"으로부터 초래되는 "서로 죽이고 해침"에 대하여 묵가는 오로지 "함께 서로 사랑함"으로써 "서로 사랑하지 않음"과 "서로 죽이고 해침"을 치료할 수 있다고 주장한다. 이처럼 춘추·전국시대와 같은 난세에 묵가는 사회의 고난을 직시하는 정신으로 가장 직접적이고 가장 기본적인 세상을 구제해야 한다고 주장하였다.

묵가의 구세救世 주장으로 "겸애"의 본질적 특징은 타인을 나처럼 사랑하기, 즉 "남의 몸을 내 몸처럼 본다"라는 말이며, 따라서 묵자는 완전히 당시 사회현실을 겨냥하여 다음과 같이 낭랑하고 힘차게 반문하였다. "남의 집안 보기를 자기 집안처럼 한다면 누가 훔치겠는가? 남의 몸 보기를 자기 몸과 같이 한다면 누가 해치겠는가?", "남의 집을 보기를 자기의 집처럼 하면, 누가 난을 일으키겠는가? 남의 나라를 자기 나라처럼 보면 누가 공격하겠는가?" 묵자의 반문은 확실히 매우 힘이 있지만, 구세救世의 주장으로 그것이 유력한가는 결코 그 이론적 논리에 있지 않으며, 주로 그 실현의 전제에 달려 있다. 즉 도대체 어떤 방법으로 결국 어찌하면 진정으로 사람들이 "남의 집안 보기를 자기 집안처럼 보고", "남의 아내 보기를 자기의 아내처럼 보고" 또한 "남의 몸을 자기 몸처럼 볼" 수 있는가? 왜냐하면, 이처럼 "남의 몸을 자기의 몸처럼 보는" 규정 자체는 하나의 완전한 "무아無我(내가 없음)라는 전제를 포함하고 있기 때문이다. 그리고 오직 진정한 "무아"가 있어야 비로소 진정하게 이른바 "남의 몸을 자신의 몸처럼 보고", "남의 집안을 자신의 집안처럼 봄"을 실현할 수 있다. 아득한 세상, 빈번하고 와자하게 오가는 인파(熙熙攘攘的人流) 속에 도대체 누가 진정한 "무아"를 이룰 수 있을까? 이것이 곧 묵가의 이론이 직면한 진정한 어려움이다.

이 난제를 해결하기 위하여 묵자는 위로 하·상·주 삼대가 공동으로 존중하던 하늘에서 구하지 않을 수 없었으며, 또한 하늘의 의지意志, 즉 "천지天志"로써 억지로 개개인 모두가 반드시 무조건 "무아" 즉 조금도 자기를 이롭게 하지 않고, 오로지 타인을 이롭게 하는 사람이 되도록 강요하였다. 따라서 조금도 자기를 이롭게 하지 않고 오로지 타인을 구원하는 집단이 형성되고 또 "비아非我"(나를 제외한 모든 것) 혹은 "무아"의 격위格位(지위)에서 출발하여 이른바 "하늘의 의지"가 인간세계에서 정착되고 아울러 첫째 추동력이 되었다. 혹은 이러한 노력을 통하여 사람과 사람의 관계가 "하늘의 의지"가 정착되고 구체적으로 실현될 수 있었다. 먼저 묵자의 "천지天志"의 사상이 어떻게 제출되었는가를 살펴보자.

묵자 선생은 말하기를 "지금 천하의 사士와 군자들은 작은 것은 알지만 큰 것은 알지 못한다. 어떻게 그것을 아는가? 그들이 가사家事를 처리하는 것으로써 그것을 안다. 만약 가사를 처리함에 가장家長에게 죄를 지으면 오히려 이웃집으로 도피할 곳이 있으나, 친척과 형제가 알게 되면, 서로가 경계하여 모두가 말하기를 '경계하지 않으면 안 되며, 삼가지 않으면 안 된다. 어찌 가사를 처리하면서 가장에게 죄를 지을 수 있겠는가?'라고 한다. 오직 가사를 처리함만 그러한 게 아니라, 나랏일을 처리함도 그러하다. 나랏일을 처리함에 군주에게 죄를 지으면, 오히려 이웃 나라로 도피할 수 있다. 그러나 친척과 형제가 알게 되면, 서로가 경계하여 모두가 말하기를 '경계하지 않으면 안 되며, 삼가지 않으면 안 된다.…… '라고 하였다. 또, 전하는 말에 '이런 밝은 날에 죄를 짓고 장차 어디로 도피할 것인가?' 라고 하면 '도피할 곳이 없다'라고 하였다. 무릇 하늘은 숲속 깊은 골짜기처럼 사람이 없을 수 없으니, 분명하게 반드시 그것을 본다. 그러나 천하의 사士와 군자들은 하늘에 대하여 홀연히 서로 경계해야 함을 모르고 있다.…… 그렇다면 하늘은 또한 무엇을 바라고 무엇을 싫어하는가. 하늘은 의를 바라고 불의를 싫어한다. 그러므로 세상의 백성들을 몰아서 의에 종사하도록 하니, 나도 곧 하늘이 바라는 것을 행한다. 내가 하늘이 바라는 것을 행하면, 하늘 또한 내가 바라는 것을 해 준다"라고 하였다.[186]

즉 묵자는 자신의 "겸상애兼相愛"(함께 서로 사랑하고, 서로 이익을 나눈다)라는 주장을 "천지天志"(하늘의 의지)의 높이로 끌어올리려고 하였으며, 혹은 묵자는 이른바 "천지" 의 방식으로 자신의 "겸상애"의 주장을 실현하고자 하였다. 따라서 「천지」편에서 묵자는 반복적으로 거듭 설명하기를 "이제 무릇 하늘은 천하와 함께 사랑하고,…… 남을 사랑하고 남을 이롭게 하는 사람은 하늘의 뜻을 따르고, 하늘이 내리는 상을 얻게 되고, 남을 증오하고 남을 죽이는 사람은 하늘의 뜻을 거슬러 하늘의 벌을 받는 사람도 있다"[187]라고 하였으며, 또 "지금 세상의 사와 군자가 의義를 행하고자 하면 하늘의 뜻에 순응하지 않을 수 없다. '하늘의 뜻에 순응함이 무엇과 같은가'라고 하면, '함께 세상의 사람들을 사랑하는 것이다. 어떻게 함께 천하의 사람을 사랑함을 아는가? 함께 먹는 것으로 안다'라고 할 것이다"[188] 하였다. 그리고 『묵자墨子』라는 책의 다른 편장篇章에서도 이러한 "천지"의 방식으로 표현한 '함께 서로 사랑하고, 서로 이익을 나누는' 사상이 매우 광범위하게 드러난다. 예를 들면, "이미 하늘을 법으로 삼고 움직여 행함이 있으면, 반드시 하늘의 법도法度로 하며, 하늘이 원하는

---

186) 『墨子』(『諸子集成』 제4책), 「天志上」, 118~119쪽.
187) 『墨子』(『諸子集成』 제4책), 「天志中」, 125쪽.
188) 『墨子』(『諸子集成』 제4책), 「天志上」, 131쪽.

바가 있으면 그것을 하고, 하늘이 원하지 않으면 멈춘다. 그러나 하늘은 무엇을 원하고 무엇을 싫어하는가? 하늘은 반드시 사람들이 서로 사랑하고 서로 이롭게 함을 원하고, 사람들이 서로 미워하고 서로 해침을 좋아하지 않는다.…… 남을 사랑하고 남을 이롭게 하는 사람은 하늘이 반드시 그에게 복을 내리며, 남을 미워하고 남을 해치는 사람은 하늘이 반드시 그에게 재앙을 내린다"[189]라고 하였다.

묵자가 "겸상애"의 주장을 "천지"와 "천의"의 높이로 끌어올릴 때, 한편으로 확실하게 그 "겸상애"의 주장이 직면한 현실의 난제를 이론적으로 해결한 동시에 하늘의 의지라는 방식으로 그 실현의 동력 문제를 이론적으로 해결하였다. 이뿐만 아니라, 묵자는 또한 하·상·주 삼대의 역사 경험에 근거하여 "삼대의 성왕인 우禹·탕湯·문文·무武는 천의에 순응하여 상을 받았다. 옛날 삼대의 폭군인 걸桀·주紂·유幽·여厲는 천의를 거슬러 벌을 받았다"[190]라고 적시하였다. 이처럼 묵자는 삼대의 역사 경험을 총결산하였을 뿐만 아니라 정正·반反 두 반면의 역사 경험에서 사士와 군자는 마땅히 모범으로 배우고 본받아야 한다고 주장하였다. 따라서 「천지」편의 끝부분에서 묵가의 후학들도 흔쾌히 서술하였으며, 묵자 선생도 이와 같은 행동이 곧 "하늘의 뜻을 법으로 삼는다"[191]라고 하였다.

이렇게 해서 묵자가 형성한 "천지"와 "천의"의 방식으로 그의 "겸상애"의 주장을 관철하려고 하였을 때, 아마도 "겸상애, 교상리"의 주장이 직면한 모든 난제를 해결한 듯하였다. 따라서 묵자도 유쾌하게 "천지"의 논설을 "법의法儀"(法規, 準則)라고 불렀으며, 아울러 이것은 세상 일체 사물이 합리적인지 그리고 마땅히 존재해야 하는지의 여부를 판단하는 유일한 표준이라고 여겼다.

그러므로 묵자가 하늘의 뜻이 있다는 말은, 위로는 천하를 왕·공·대인들이 형정刑政(政治와 刑罰)을 행하는 법도가 되고, 아래로는 천하의 만백성이 문학文學

---

189) 『墨子』(『諸子集成』 제4책), 「法儀」, 12~13쪽.
190) 『墨子』(『諸子集成』 제4책), 「天志上」, 120쪽.
191) 『墨子』(『諸子集成』 제4책), 「天志下」, 137쪽.

을 하고 언사를 드러내는 기준이 된다. 그 행동을 보고 그것이 하늘의 뜻에 순응하면 그것을 선의善意의 행동이라 하고, 하늘의 뜻에 반하면 그것을 선의善意의 행동이 아니라고 한다. 그 언사言辭를 보고 하늘의 뜻에 순응하면 그것을 선한 언사라고 하고, 하늘의 뜻에 반하면 그것을 선한 언사가 아니라고 한다. 그 형정을 관찰하여 하늘의 뜻에 순응하면 선한 형정이라고 하고, 하늘의 뜻에 반하면 그것을 선한 형정이 아니라고 한다. 그러므로 이것(天意)에 맡기어 법도로 삼고, 이것을 세워 준칙으로 삼아 장차 천하의 왕·공·대인·경·대부들의 어짊과 어질지 않음을 헤아린다. 그것을 비유하면 흑黑과 백白처럼 분명하다.[192]

묵자 본인에 대하여 말하면, 이러한 "천지天志"는 세상 모든 시비를 재량裁量하는 절대적인 표준이 된다. 묵자는 아래와 같이 자신한다(自詡).

내게 천지天志가 있음은 바퀴 만드는 사람이 규規(컴퍼스)를 가진 것과 같고 장인匠人이 구矩(곱자)를 가진 것과 같다. 윤倫·장匠이 규規·구矩를 잡고 세상의 네모와 원을 제도함에 적중하면 바르고, 적중하지 않으면 그르다.[193]

그렇다면 묵자와 같은 "법을 지키는 사람"(執法者)을 우리는 장차 어떻게 평가할까? 여기서 우리는 잠시 묵가의 형상形象(이미지)에 관한 문제는 평가하지 말고, 마땅히 먼저 묵가의 이러한 사상이 도대체 어떻게 형성되었는가를 분명하게 해야 한다. 먼저 묵자사상의 기본적 출발점은 유학사상을 파기하는 근본 원인을 포함하여 주로 유가의 친친과 존존의 도가 초래하는 "친·소와 존·비의 차이"에 있다. 말하자면, 마땅히 묵가는 주로 사람끼리의 평등한 사상을 추구하는 것 같다. 그리고 이러한 추구는 사회 하층민 출신을 말할 뿐만 아니라 충분히 긍정적이고 보편적인 평등사상이라고 할 수 있다. 묵가가 당시의 현실에 관심을 둔 것으로 말하면, 그가 마땅히 사회의 하층민이 전란 가운데서 "얼어 죽고 굶어 죽는 사람이 셀

---

192) 『墨子』(『諸子集成』 제4책), 「天志中」, 129쪽.
193) 『墨子』(『諸子集成』 제4책), 「天志上」, 122쪽.

수 없이 많고" 또 일상생활에서 대량으로 존재하는 "굶주리는 사람이 먹을 것을 얻지 못하고, 추위에 떠는 사람이 입을 것을 얻지 못하며, 수고하는 사람이 쉬지 못하는" 이른바 "백성의 큰 근심거리"를 보고, 아울러 이러한 현실 상황을 근본적으로 바꾸려고 하였을 때, 마찬가지로 충분히 긍정적이어야 하며, 이러한 생각도 마찬가지로 사회 하층민 출신의 전형적인 표현이다. 그리고 사람과 사람 사이의 "서로 사랑하지 않음"의 현실을 어떻게 바로잡을 것인가를 생각하여 이른바 "겸상애"와 남을 자신처럼 사랑하기, 즉 "남의 몸을 자신의 몸처럼 보는" 사상을 제시한 것도 마땅히 매우 긍정적이다. 왜냐하면, 이처럼 "남의 몸을 자신의 몸처럼 여김", "남의 아내를 자신의 아내처럼 보고(보호하고)", 그리고 "남의 집안을 자신의 집안처럼 여기고", "남의 나라를 자신의 나라처럼 여기는" 이상도 또한 늘 인류사회의 공통된 이상이며, 지금도 여전히 그 고상한 의의를 잃지 않고 있다.

그렇다면 묵가의 문제는 도대체 어디에서 나오는가? 마찬가지로 그의 이상에서 나온다. 왜냐하면, 만약 묵가는 근본적으로 모든 사람의 평등을 요구하려면, 이른바 "관원이라도 항상 귀하지 않으며 백성도 늘 천하지 않으며, 능력이 있으면 높여 주고, 능력이 없으면 아래로 내려보내는"[194] 정치적 이상을 실현해야 하기 때문이며, 그렇다면 이러한 생각은 오늘날까지도 여전히 그 적극적 의미를 잃지 않는다. 그러나 문제는 묵가가 생각하는 '남을 내 몸처럼 사랑함'의 "겸상애兼相愛"와 "남의 집안을 내 집안처럼 보고", "남의 나라를 내 나라처럼 보는" 이상은 도리어 완전히 "천지天志"를 통하여 실현되며, "천지"의 설은 결국은 또 묵자의 수중에 있으면서 세상의 네모와 원을 제도하는 내재적 규구規矩에 불과하다. 여기서 큰 문제가 생겼다. 더욱 중요한 것은 묵자의 생각에 따라 이러한 "남의 집안을 내 집안처럼 보고", "남의 나라를 내 나라처럼 보는" 이상을 실현하려면, 모든 개인은 반드시 먼저 자아自我의 지위를 포기해야 하며, 어떤 사람은 반드시 자아를 진정한 "무아"로 만들어 완전하게 "천지"를 관철하는 도구로 만들어야 한다고 하는데, 이것은 더욱

---

194) 『墨子』(『諸子集成』 제4책), 「尙賢上」, 27쪽.

어렵고 어려운 일이다. 왜냐하면, 만약 묵자가 모든 사람이 평등하고 서로 친하고 서로 사랑하는 사회적 이상을 요구하였다고 하면, 이것은 실제로 주공과 공자의 사업이며, 곧 "천하는 일가—家의 사유물"인 시대에서 이른바 "천하는 공중의 것"인 이상을 실현하려는 것이기 때문이다. 그러나 묵자는 이러한 이상을 실현하는 방식은 결코 인심人心에 호소하거나 사람의 정신에 호소하는 것이 아니며, 도리어 "천지"에 호소하는 것이다. 그런데 "천지"에 호소하는 특징은 또한 먼저 사람들이 반드시 무조건 자아를 버리거나 혹은 "자아"에서 내가 있음의 지위를 근절하기를 요구하며, 따라서 완전히 "무아"의 방식으로 자아가 "천지"를 관철하는 도구가 되게 하였다. 이것은 사람의 해방이 실현되기 전에 묵가는 먼저 개개인이 가진 자아의 지위를 버리라고 요구하거나 혹은 철저하게 자아의 지위를 버리는 방식을 통하여 이른바 자아의 해방을 실현하려는 말이라고 할 수 있다. 따라서 묵가의 이러한 해방의 사고 방향은 장자莊子가 당시에 이른바 "세상의 마음과 어긋남"[195]이라는 말로 개괄하였다.

실제로 인간의 철저한 해방을 모색한다는 이 점에서 유·묵 두 학파는 완전히 일치한다. 그러나 어떻게 이러한 해방을 실현할 것인가의 구체적 방안에서 유·묵 두 학파는 근본적 차이와 대립을 나타내었다. 현실의 인생 혹은 인생에서의 현실에 대하여 유가는 항상 기본적으로 인정하는 태도였다. 즉 유가의 기본적 사고맥락은 현실에서 이상을 향해 앞으로 나아가는 것이다. 인간의 현실적 "내가 있음"에서 출발하여 "소아小我"로 승화시키고, 나아가 "대아大我"로의 초월로 실현해 나간다. 그러나 묵가는 이른바 상천의 의지를 통하여 현실의 인생 혹은 인생에서의 현실을 한마디로 말살하고, 아울러 사람들이 철저하게 "소아"를 버리는 방법으로 직접 "천지"를 따라 나오는 규범으로 각각의 장의 인생을 규범화하든지, 아니면 완전히 "천지"와 "무아"로부터 출발하여 철저하게 현실의 인생을 바꾸려고 한다. 따라서

---

195) 『莊子』(郭慶藩 編, 『莊子集釋』), 「天下」, 1178~1179쪽.
反天下之心, 天下不堪, 墨子雖獨能任, 奈天下何? 離於天下, 其去王也, 遠矣.

"유아有我"와 "무아"의 문제에서 바로 유·묵 두 학파가 현실인생에 관하여 근본적으로 서로 다름이 심하거나 완전히 상반되는 태도를 표현하였다. 유가의 "유아"의 인생 태도는 현실인생에 대한 어느 정도의 승인과 인가를 포함할 뿐만 아니라, 또한 현실에서 출발하여 인생을 향상시키려는 노력도 포함한다.(이 점은 실제로 유가는 사람 생명의 유한성을 인정함을 포함하며, 동시에 현실의 인생에 대하여 결코 만족스럽지 못하여 개선하고 향상시키려는 바람을 희망하였다.) 묵가의 "무아"는 현실인생의 "유아"의 상황에 관한 철저한 부정을 의미할 뿐만 아니라, 반드시 "천지"에서 출발하여 현실인생에 관한 철저한 개조의 진행을 실현해야 한다. 바로 이러한 의미에서 유가는 곧 완전히 주공 이래의 친친과 존존의 도를 인정하였으나, 묵가는 "비명非命"(운명론 비판), "비악非樂"(음악 비판), "비유非儒"(儒家 비판)를 요구하였는데, 실제로 현존세계와 그 질서에 대한 철저한 깨부수기를 요구한 것이다. 그리고 "절용節用"(근검절약)과 "절장節葬"(간소한 장례)과 같은 것은 그것이 이른바 "주나라의 도를 거부하고 하나라의 정사를 이용"하였을 뿐만 아니라, 동시에 사회 하층의 생활 경험에서 출발하여 현존세계와 그 질서에 대하여 철저한 개조를 전개한 것이다. 「비공非攻」편은 묵자가 그 "천지"정신으로 전란 중의 소소한 백성들에 대한 동정을 표현하였을 뿐만 아니라, 동시에 「공수公輸」편에서 초楚나라가 송宋나라를 정벌하려는 것을 중지시킨 일도 또한 묵자가 철저하게 현존의 질서를 변화시키려는 절실한 노력을 나타내었다.

이뿐만 아니라 묵자는 그 "천지"와 "법의法儀"의 사상을 형성한 후에 동시에 또한 "상동尚同"(上向 통일)을 요구하며, 또한 "천지"정신에 근거하여 거듭 새롭게 인간의 질서를 안배하기를 요구하였다. 묵자의 인간 질서에 대한 안배를 살펴보자.

그러므로 천하의 현명하고 훌륭한 사람을 선택하여 천자로 옹립擁立하였다. 천자를 옹립해도 그의 능력만으로는 아직 부족하므로 또 천하의 현명하고 훌륭한 사람들을 선택하여 삼공三公으로 정하여 임명하였다(置立). 천자와 삼공이 즉위해도, 천하는 넓고도 크기 때문에 먼 나라 다른 지역 백성들의 옳고 그름과 이해利害의 변별을 하나하나 분명하게 알 수가 없다. 그러므로 온 나라를 구획區劃하여 제후 나라의 군주를 세웠다. 제후 나라의 군주가 비록 세워져도 그 역량이 아직 부족하여, 또 그 나라의 현명하고 훌륭한 사람을 선택하여 관리의 수장으로 임명하였다.[196]

이러한 기초에서 모든 사람의 정령政令은 다음과 같은 정황으로 표현된다.

> 윗사람이 옳다고 여기는 것은 반드시 모두가 그것을 옳다고 여기며, 그르다고 여기는 것은 반드시 모두가 그것을 그르다고 여겨야 한다.…… 향장鄕長이 옳다고 여기는 것은 반드시 모두가 그것을 옳다고 여겨야 하며, 향장이 그르다고 여기는 것은 반드시 모두가 그르다고 여겨야 한다.…… 군주가 옳다고 여기는 것은 반드시 모두가 그것을 옳다고 여기고, 군주가 그르다고 여기는 것은 반드시 모두가 그것을 그르다고 여겨야 한다.…… 천자가 옳다고 여기는 것은 모두가 그것을 옳다고 여기고, 천자가 그르다고 여기는 것은 모두가 그것을 그르다고 여겨야 한다.[197]

이것은 일종의 상하를 왕복하는 방식의 이중 금자탑金字塔(피라미드) 구조, 즉 권력 구조에서 사상통일까지 모두 반드시 위에서 아래로 가는 원칙에 복종해야 한다. 이러한 피라미드 구조에서는 향장·제후는 물론 천자와 삼공도 반드시 무조건 "천지天志"를 관철하는 살아 있는 도구가 되어야 한다. 그리고 묵자 본인이 "천지"의 "법의法儀"(法規, 準則)를 손에 쥔 것은 마치 "윤輪·장匠이 규규規·구矩를 가지고 세상의 네모와 원을 제도制度하는 것과 같다. 그래서 '적중하면 옳고 적중하지 않으면 그르다'라고 한 말과 같다. 이처럼 만약 묵자가 인류사회와 인류세계를 인정하였다고 하면, 이러한 인류사회도 모든 백성의 공구화, 전체 인류의 공구화를 의미한다.

묵자는 "천지", "법의", "상동"을 특정으로 삼는 구원의 길 가운데서 묵자 본인은 물론 스스로 사졸士卒보다 앞설 수 있지만, 진정으로 조금도 이기심이 없으며,

---

196) 『墨子』(『諸子集成』 제4책), 「尙同上」, 44쪽.
197) 『墨子』(『諸子集成』 제4책), 「尙同上」, 45~46쪽.

오로지 타인을 이롭게 하는 정신을 견지하였고, 아울러 철저한 "무아無我"로서 전체 사회나 전체 인류의 해방 사업에 이바지하였다. 이와 동시에 모든 사람은 향장에서 제후까지, 그리고 삼공과 천자까지, 또한 반드시 무조건 자신의 사상권, 자유권과 의지권을 내놓아야 하며, 아울러 반드시 전심전력을 다하여 "위에서 옳다고 여기는 것은 반드시 모두 옳다고 여겨야 하며, 그른 것은 반드시 모두 그르다고 여겨야 한다"라는 원칙에 의하여 자신의 말과 행동과 의·식·주를 규정해야 한다. 이렇게 되면 세상의 모든 사람이 모두 똑같은 밥을 먹고, 같은 말을 해야 하고, 같은 옷을 입고, 같은 걸음걸이를 하려고 노력할 것이다. 즉 이것이 묵자가 추진하려고 희망하는 대우大禹의 길이다.

그렇다면 왜 묵자의 이러한 구원 방식이 "주周나라 도를 버리고 하夏나라 정사를 이용하였다"고 말하는가? 그 원인은, 한편으로 하·상·주 삼대에서 묵자는 가장 하나라의 도를 중요하게 보고 대우大禹의 정신을 가장 존중하였다. 따라서 그 인격 형성도 완전히 우임금의 형상으로 설계되었을 뿐만 아니라, 또한 『회남자』에서 말한 "우임금은 몸소 삼태기로 흙을 나르며 백성의 앞에 섰다"라는 형상은 실제로 묵자가 생각한 우임금의 형상으로 설계되어 나왔다. 이 밖에도 묵자의 모든 이론과 논설 가운데 그는 늘 "하나라의 도"를 표준으로 삼았다. 묵자의 아래 논설을 살펴보자.

옛날의 백성들이 아직 배와 수레를 만들 줄 몰랐을 때는 무거운 짐을 옮기지 못하고, 먼 길을 가지 못하니, 옛 성왕聖王이 배와 수레를 만들어 백성들의 일을 편리하게 해 주었다. 그때 만든 배와 수레는 완전하고 견고하며, 가볍고 편리하여 무거운 짐을 싣고 멀리 갈 수 있었다. 그 사용한 재료는 적었지만, 편리함이 많았으므로 백성들은 즐겨 그것을 이용하였다.198)

공수자公輸子(생몰 미상)가 대와 나무를 깎아서 까치를 만들었다.199) 공수자는 스스

---

198) 『墨子』(『諸子集成』 제4책), 「辭過」, 21쪽.
199) 역자 주: 날려 보니 사흘 동안이나 내려앉지 않았다고 한다.

로 지극히 교묘하다고 생각하였다. 묵자가 공수자에게 "당신이 만든 까치는 장인의 수레바퀴 굴대의 비녀장만도 못하다. (장인은) 잠깐 세 치의 나무를 깎아서 50석의 무게를 견딜 수 있게 한다. 그러므로 이루어 낸 공이 다른 사람에게 이로우면 교묘하다고 하고, 다른 사람에게 이롭지 않으면 졸렬하다고 한다네"라고 하였다."[200]

지금 만일 여기에 한 제후가 있다고 하자. 그가 그 국가의 정사를 펴면서, "우리나라에서 활 잘 쏘고 수레 잘 모는 사士에게 상을 주고 귀하게 해 주겠다. 그리고 활을 쏘지 못하고 수레를 몰지 못하는 일꾼에게 나는 벌을 주고 천하게 해 주겠다"라고 말하였다. 그리고 이 나라의 일꾼에게 '어떤 사람이 기뻐하고 어떤 사람이 두려워하겠는가?'라고 물으면, 나는 반드시 활을 잘 쏘고 수레를 잘 모는 사람들은 기뻐하고, 활을 쏠 줄 모르고 수레를 몰지 못하는 사람들은 두려워하리라 생각한다.[201]

위의 논설에서 우리는 또 분명하게 묵자가 하나라의 도를 숭배하고 있음을 알 수 있다. 열거한 배와 수레, 활쏘기와 수레 몰기 등은 분명히 하대夏代의 사회문명을 대표하며, 혹은 하대 문명의 최고 발전을 대표한다고 할 수 있다. 바로 이런 의미에서 『회남자』는 이른바 "주나라 도를 버리고 하나라 정사를 이용하였다"라는 말로써 묵자사상의 귀착점을 요약하였다.

그러나 여전히 묵가가 "주나라 도를 버리고 하나라 정사를 이용"하는 방식으로 자신의 이상을 고쳐야만 진정으로 이 큰 깃발을 올릴 수 있는 결정적 요소, 곧 "천지"는 도리어 결코 "하나라 정사"에 속하지 않고, 다만 은상殷商시대 신비적 천명관의 변종이라고 할 수 있는데, 왜냐하면 소박한 하나라 사람은 "귀鬼를 섬기고 신神을 존경하나 멀리하기" 때문이다. 역사의 큰 관문을 이루는 선택(예를 들면, 하나라 사람들이 하나라의 微子啓를 선택하고 우임금이 선정한 益을 버린 것과 같다.)은 "실력實力"을

---

200) 『墨子』(『諸子集成』 제4책), 「魯問」, 292쪽.
201) 『墨子』(『諸子集成』 제4책), 「尙賢下」, 38~39쪽.

인정하고 이른바 "천명"을 인정하지 않은 것이다. 오직 은나라의 주왕만이 "서백이 여黎를 정벌하였을" 때 "오호라! 내가 태어난 목숨이 하늘에 있지 않으냐?"라고 애석해하였다. 이것은 묵가가 능히 상과 벌로 보응報應한다고 여기는 "천지"는 사실 결코 "하나라 정사"로부터 온 것이 아니며, 오직 은나라 사람들의 신비적 천명관에서 자신의 출처를 찾을 수밖에 없었다. 도·묵 두 학파가 하·상문화의 사이에서 서로 교차하고 또 서로 침투하는 노선으로 나아갔다고 말하는 까닭은 바로 묵가가 은상의 천명관을 능히 상과 벌로 부응할 수 있는 "천지"로 개변한 데서 비롯되었다.

이렇게 해서 중국의 춘추시대에 형성된 유·도·묵 세 학파 가운데 하·상·주 삼대가 일찍이 전개되는 순서에 따른 것과 같으며, 또한 거꾸로 근원을 소급하는 방식으로 각자의 사상 창조와 인생 추구를 전개하였다. 이런 의미에서 보면, 반고班固가 말한 제자諸子들은 왕조의 관직에서 나왔다는 이론은 여전히 꽤 일리가 있는 것 같다. 왜냐하면 "학문이 관부官府에 있는" 시대에 관가官家의 사상은 또한 모든 백성의 사상을 대표하기 때문이다. 그리고 뒤에 일어난 사상의 형성은 경로徑路 의존의 방식으로 자신의 사상적 노선을 형성할 수밖에 없다. 이런 의미에서 중국의 유·도·묵 세 학파가 의존하는 하·상·주 삼대의 도는 어느 정도는 후세의 사상가들이 그 사상을 형성하는 일종의 공동의 모체가 되었다.

제5장 기초, 근원과 현실: 유儒·도道·묵墨·법法의 형성과 그 서로 다른 흐름

춘추시대에 유儒·도道·묵墨 세 학파가 차례로 출현한 것은 전통적인 "왕조의 관리" 세계 밖에서 사상과 정신의 세계를 형성하였음을 의미한다. 당시 정치제도의 파괴와 인륜질서의 붕괴로 말미암아 어떤 의미에서 이들 사상과 정신의 세계는 현실세계에 비하여 더욱 큰 합리성과 신성성을 드러내었을 뿐만 아니라, 신성한 삼대를 문화적 배경으로 삼고 있으며, 항상 삼대의 정신적 방향을 견지하고 있었기 때문에, 당시의 사상세계는 실제로 현실세계의 정신을 인도하는 지도자가 되었다.

그러나 이것은 단지 한 방면의 문제로서, 사람들이 현실의 "예악붕괴禮樂崩壞" 외에 이렇게 된 원인을 깊이 탐구해야 할 뿐만 아니라 동시에 사상탐색과 이상추구의 방식으로 현실세계의 발전방향을 연구해야 함을 표명한다. 곧 이러한 역사적 배경으로부터 이제 막 형성된 유·도·묵 세 학파로 말하면, 또한 그 각각 다른 문화 배경과 사상적 좌표로 인하여 서로 다른 탐구의 노선을 형성하였다. 그리고 이 세 학파 가운데 인류사회의 서로 다른 노선의 연구와 사상세계에 대한 주도권 싸움은 그 상호 간의 발전에서 격렬한 경쟁을 하지 않을 수가 없었다. 이것이 곧 춘추시대에서 전국시대로 넘어가는 과도기에 형성되었으며, 이러한 과도기와 동시에 제자학諸子學이 일어났다. 즉 반고가 말한 구류십가九流十家는 사실 당시 사상계에 대한 간단한 분류 혹은 개괄이었다.

1. 자학[1]의 형성과 그 "상호 배척"의 구조

사상의 형성이든 현실에 대한 반영이든, 유가는 항상 춘추시대 예악붕괴禮樂崩壞와 인륜 규범상실의 사회현실을 직시한다. 이 점에서 유가는 당연히 중국사상문화의 주체이다. 그러나 다른 관점에서 보면, 그 학파의 창시인(예를 들면 공자와 노자)의 연령상에서 보든 그들이 도움을 받은 문화 배경과 사상적 좌표가 형성된 역사의 선후로 보든, 도가가 아마도 유가와 비교해 더 역사적 선재성을 갖추고 있다고 보인다.(유가의 문화 배경은 周나라에 있고, 도가의 문화 배경은 곧 夏·商에 있다.) 이 때문에 공자가 노자를 방문하였을 때 노자가 공자에게 전한 격려의 말도 완전히 선배가 후배에게 가르치는 어투였다. 물론 대체로 이러한 어투는 사람의 교류에서 일반적인 규칙과 부합하는데, 그것은 공자가 본래 가르침을 청하는 마음으로 갔기 때문이다. 따라서 당시 노자는 분명하게 공자에게 다음과 같이 훈계하였다.

> 그대가 말하는 사람은 그 뼈가 모두 이미 썩었고 단지 그 말만 남아 있을 뿐이오. 또한, 군자가 그의 때를 만나면 수레를 타고 다니지만, 때를 못 만나면 물건을 머리에 이고 양손에 들고 다니게 되네. 내가 듣기에 뛰어난 장사꾼은 물건을 깊이 감추고 마치 없는 것처럼 하고, 군자는 훌륭한 덕이 있어도, 겉모습은 어리석게 보인다고 들었소. 그대의 교만한 기색과 많은 욕심, 태색態色(잘난 척하는 얼굴 표정)과 음지陰志(모든 것을 자기 뜻대로 하려는 욕심)를 버리시오. 이것들은 모두 그대에게 도움이 되지 않아요. 내가 그대에게 말할 것은 오직 이것뿐이오.[2]

단지 이 권고로만 보면, 노자는 실제로 결코 공자의 생각에 찬동하지 않았으며, 노자도 그들 사이의 이른바 "도가 다르면, 서로 도모하지 않는다"[3]라는 관계를

---

1) 역자 주: 子學은 諸子百家의 학문으로 諸子學이라고 하며, 일반적으로 經學과 史學을 함께 연구한다.
2) 司馬遷, 『史記』(『二十五史』, 권1), 「老莊申韓列傳」, 177쪽.
3) 『論語』(吳哲楣 主編, 『十三經』), 「衛靈公」, 1306쪽.

인정한 듯하다. 따라서 자신의 비판과 건의를 진실하고 솔직하게 제시하였다. 그러나 사마천의 기록에는 공자가 노자를 만난 뒤 아래와 같이 소감을 나타내었다.

> 공자가 돌아가서 제자들에게 말하기를 "새라면 나는 그것이 날 수 있음을 안다. 물고기라면 나는 그것이 헤엄칠 수 있음을 안다. 짐승이라면 나는 그것이 달릴 수 있음을 안다. 달리는 것은 그물로 잡을 수 있고, 헤엄치는 것은 낚시로 잡을 수 있으며, 나는 것은 화살로 잡을 수 있다. 용이라면 나는 그것이 바람과 구름을 타고 하늘로 올라감을 알 수 없다. 내가 오늘 노자를 만나 보니 그는 마치 용과 같았다!"라고 하였다.[4]

공자의 이 한바탕의 감격이 만약 그가 노자에 대하여 표시한 경의敬意, 즉 노자의 사상이 확실하게 공자의 예상 밖이라고 한다면, 그것은 분명히 믿을 수 있다. 그러나 만약 공자의 이 한바탕의 감격이 곧 유가에 대한 노자의 사상이 이미 길짐승의 반열도 아니며, 날짐승의 반열도 아니며, 또한 물고기의 반열도 아니라, 이른바 "바람과 구름을 타고 하늘로 올라가는" "용龍"이라고 할 수 있다면, 그것은 완전히 일종의 과분한 말이 된다.

왜 이렇게 말하는가? 왜냐하면 사마천은 그 뒤의 기록에서 그 자초지종을 설명하기 때문이다. "세상에서 노자를 배우는 사람은 유학을 비판하고, 유학 또한 노자를 보잘것없이 본다. '도가 다르면, 서로 도모하지 않는다'라는 말을 어찌 나쁘다고 하겠는가? 이이李耳(老子)는 무위無爲로써 스스로 변화(自化)하며, 청정淸靜하고 자정自正한다"[5]라고 하였는데, 즉 구체적인 사상의 주장으로 말하면, 유·도 두 학파는 분명히 '도가 다르면, 서로 도모하지 않는다'라는 관계이다. 이러한 관계는 유가의 기본 주장뿐만 아니라 노자 이후에 저술된 『도덕경』에도 나타난다. 공자가 노자를 만났을 때 그는 노군魯君(노나라 임금)의 명을 받들어 "인사"하는

---

4) 司馬遷, 『史記』(『二十五史』, 권1), 「老莊申韓列傳」, 177쪽.
5) 司馬遷, 『史記』(『二十五史』, 권1), 「老莊申韓列傳」, 177쪽.

마음가짐으로 방문하였다. 비록 그때 공자의 사상 규모가 아직 정형화되지는 않았지만, 기본적인 방향은 분명히 이미 형성되었다. 그렇지 않다면 "주나라로 가서 방문하여 노자를 만나 말하였다"[6]라는 기록은 있을 수가 없다. 그리고 『논어』 가운데의 다음과 같은 표현도 실제로는 공자의 인류사회에 대한 기본적인 지향志向을 충분히 나타내고 있다.

> 공자는 "정사를 베풂에 덕으로써 하니 비유하면 북두칠성과 같이 자기 위치에 자리를 잡고 있고 뭇 별들이 그것을 둘러싸고 있는 것과 같다"라고 하였다.[7]

> 공자는 "정령으로써 인도하고 형벌로써 다스리면, 백성은 (법적인) 처벌을 면하려고만 하고 부끄러움을 모른다. 덕으로써 인도하고 예禮로써 다스리면 부끄러움도 있고 품격도 있다"라고 하였다.[8]

공자의 이러한 사상은 그가 노자를 만나기 전에 꼭 이루어진 것이라고 할수는 없지만, "덕으로써 인도하고 예로써 다스리는" "위정爲政"의 방향은 분명히 노자를 만나기 전이 이미 형성되었다. 왜냐하면, 그가 주나라 문화를 계승한 방향, 특히 주공의 사업을 계승하는 방향이 오직 "덕"과 "예禮"를 핵심으로 하였으며, 아울러 "천하의 기강"의 주요한 방법으로 삼은 것도 곧 공자가 주공의 사상을 계승한 표현이기 때문이다. 사실, 이 때문에 노자가 "그대가 말하는 사람은 그 뼈가 모두 이미 썩었고 단지 그 말만 남아 있을 뿐이오"라고 그를 비판하였다.

노자에 대하여 말하면, 그가 비록 공자에게 "그대의 교만한 기색과 많은 욕심, 태색態色과 음지陰志를 버리시오. 이것들은 모두 그대에게 도움이 되지 않아요"라고 건의하였지만, 그는 분명히 자신과 공자가 지향하는 길이 다름을 알고 있었다. 따라서 그는 "주나라에 거주한 지 오래되어 주나라의 쇠퇴함을 알았으므로" 서쪽으

---

6) 司馬遷, 『史記』(『二十五史』, 권1), 「老莊申韓列傳」, 147쪽.
7) 『論語』(吳哲楣 主編, 『十三經』), 「爲政」, 1261쪽.
8) 『論語』(吳哲楣 主編, 『十三經』), 「爲政」, 1261쪽.

로 유람 갈 때, 비록 당시의 세상이 이미 그가 예상한 대로 전개되지는 않았지만, 또한 공자의 기대대로 되지 않았지만, 그도 여전히 공자와 다른 생각을 나타내고자 하였다. 그리하여 『사기』에는 아래 단락과 같은 기록이 있다.

주나라에 있은 지 오래되었는데, 주나라가 쇠락함을 보고 곧 떠나려 하였다. (노자가) 관關(函谷關)에 이르렀을 때 관關을 지키던 윤희(尹喜)가 "선생님께서는 이제 은거隱居하시려고 하는군요. 어렵겠지만 저를 위해 글을 지어 주십시오"라 고 하였다. 이에 노자가 상하 두 편으로 된 책을 지어, 도덕道德의 뜻 오천여 글자를 말하고 떠난 뒤 그 종말을 알 수 없었다.[9]

이 기록은 『도덕경』이 사실은 노자가 세상으로부터 은거하기 전에 지었으며, 심지어 노자사상이 세상에 나타났다고 설명할 수 있다. 비록 『도덕경』이 반드시 전문적으로 유가를 비판하기 위하여 지었다고 할 수는 없으나, 유가의 사상과 주장이 도리어 비판의 주요 대상임은 틀림이 없다. 당시의 정황으로 보면, 만약 『도덕경』이 당시의 사상계에 대한 분명한 비판이라고 하면, 그것은 오직 유가를 겨냥한 것이라고 할 수 있다. 왜냐하면 당시의 사상계에서 오직 유가만 명확하게 자신의 사상과 주장을 제기하였기 때문이다. 따라서 사마천이 『도덕경』에 대하여 "도덕의 뜻을 말함"이라고 총괄하여 본 것에 따르면, 서로의 '나뉘어 갈라짐'(分岐)은 아마도 주로 유가가 견지한 "덕"과 도가가 창도한 "도" 사이에 주로 집중되어 있다 하겠다.

따라서 『도덕경』에 만약 그 사상의 주장이 분명히 역설적이고 비판적인 것이 있다면 그것은 곧 유가를 겨냥하여 말한 것이다. 예를 들면 다음과 같다.

도를 잃은 후에 덕이 나오고, 덕을 잃은 후에 인仁이 나왔으며, 인을 잃은 후에 의가 나왔고, 의를 잃은 후에 예禮가 나왔다. 무릇 예는 충忠(성실함)과 신信(믿음)이

---

9) 司馬遷, 『史記』(『二十五史』, 권1), 「老莊申韓列傳」, 177쪽.

엷어져서 어지러워지는 첫 번째(가치)이다.10)

굽으면 온전해지고, 구부러지면 곧게 되고, 우묵하면 채워지고, 해지면 새로워지고, 적으면 얻고, 많으면 미혹된다. 이렇게 함으로 성인은 하나를 품어서 천하의 법식法式이 된다. 스스로 드러내지 않으므로 밝고, 스스로 옳다고 하지 않으므로 드러나고, 스스로 자랑하지 않으므로 공功이 있으며, 스스로 자랑하지 않으므로 어른이 된다. 무릇 오직 다투지 않으므로 천하에 그와 다툴 수가 없다.11)

수컷(雄)(의 뜻)을 알고, 암컷(雌)(의 뜻)을 지켜서 천하의 골짜기가 된다. 천하의 골짜기가 되면, 상덕常德(영원한 덕)이 떠나지 않으며, 영아嬰兒(갓난아기)로 다시 돌아간다. 그 백白(의 뜻)을 알고, 그 흑黑(의 뜻)을 지키면 천하의 준칙이 된다. 천하의 준칙이 되니 상덕常德은 어긋남이 없으며, 다시 무극無極으로 돌아간다. 그 영화로움(의 뜻)을 알고 그 욕됨(의 뜻)을 지키면 천하의 골짜기가 된다. 천하의 골짜기가 되면 오래가는 상덕常德이 이에 충족되어 다시 본래의 순박함(樸)으로 돌아간다. 순박함이 흩어지면 기器가 되니, 성인(이라는 사람)이 그것을 이용하여 관官의 장長이 된다.12)

하늘과 땅은 길고 오래간다. 하늘과 땅이 그토록 길게, 또 오래도록 가는 이유는 존재하려고 스스로 애쓰지 않기 때문이다. 그러므로 능히 오랫동안 존재한다. 그래서 성인은 자기를 앞세우지 않는 것으로 남의 앞에 서는 것으로 삼는다. 세상 밖에 자신을 둠으로써 자신을 보존한다. 이것은 (작은) 사사로움을 버리기에 가능한 것이 아니겠는가? 그러나 그럼으로써 능히 (자신의 보존이라는 큰) 사사로움을 얻는다.13)

우리에게 큰 걱정이 있는 이유는 우리에게 몸이 있기 때문이다. 우리에게 몸이

---

10) 『道德經』(『諸子集成』 제3책), 제38장, 23쪽.
11) 『道德經』(『諸子集成』 제3책), 제22장, 12쪽.
12) 『道德經』(『諸子集成』 제3책), 제28장, 16쪽.
13) 『道德經』(『諸子集成』 제3책), 제7장, 4쪽.

없다면, 우리에게 무슨 걱정이 있겠는가? 자기 몸을 천하처럼 귀하게 여기는 사람이라면, 그에게 천하를 위탁委託할 수 있다. 자기 몸을 천하처럼 사랑하는 사람이라면, 그에게 천하를 부탁付託할 수가 있다.[14]

위에서 말한 모든 '건의建議 성격(建言性)의 말은 아마도 거의 모두 유가를 겨냥한 것이다. 이른바 "도를 잃은 후에 덕이 나오고, 덕을 잃은 후에 인仁이 나왔으며, 인을 잃은 후에 의가 나왔고, 의를 잃은 후에 예禮가 나왔다"라는 말은 틀림없이 직접 유가 도덕인의道德仁義의 주장과 예악禮樂 제도를 겨냥한 것이다. 그리고 "무릇 예는 충忠(성실함)과 신信(믿음)이 엷어져서 어지러워지는 첫 번째(가치)이다"라는 말도 분명히 유가의 주장과 첨예하게 대립되는 성질을 나타내었다. 그 중간의 몇 구절 즉 "굽으면 온전해지고, 구부러지면 곧게 됨"에서부터 "수컷(雄)(의 뜻)을 알고, 암컷(雌)(의 뜻)을 지켜서", "그 백白(의 뜻)을 알고, 그 흑黑(의 뜻)을 지키면", "그 영화로움(의 뜻)을 알고 그 욕됨(의 뜻)을 지키면"과 "오직 다투지 않으므로 천하에 그와 다툴 수가 없다"라는 말 등은 또한 모두 분명하게 도가와 유가의 다른 방향과 그 다른 방법과 시작점을 나타내었다. 이것은 곧 반드시 상반된 방향으로의 노력이며, 유가와 같이 인륜의 규범을 잃은 사회현실을 직면하고 또한 직접 이러한 현상을 해결할 방법을 결코 찾을 수는 없다. 이른바 "자기 몸을 천하처럼 귀하게 여기는 사람이라면, 그에게 천하를 위탁委託할 수 있다. 자기 몸을 천하처럼 사랑하는 사람이라면, 그에게 천하를 부탁付託할 수가 있다"라는 말도 또한 유가의 인생태도에 대한 재비판이며, 모두가 만약 자기 몸을 사랑하지 않고, 자기 몸을 귀하게 여기지 않는다고 보면, 이러한 사람은 분명하게 이른바 "천하를 위탁委託함"과 "천하를 부탁付託함"의 중임을 분명히 감당할 수가 없다. 유가에 대하여 말하면 이것은 또한 더 이상 분명할 수 없는 비판적 언론이다.

이러한 비판은 당연히 당시 사상계에 대한 도가의 총체적 태도 표명이라고

---

14) 『道德經』(『諸子集成』 제3책), 제13장, 7쪽.

할 수 있으며, 유가의 입장에서는 비록 공자가 결코 분명하게 노자의 언론을 비판하지는 않았지만, 공자가 그 이후에 열국列國을 주유周遊하면서 초楚나라의 미치광이 접여接輿의 조소를 받고, 또한 장저長沮와 걸닉桀溺의 풍자를 받았을 때, 공자가 표현한 인생 태도는 실제로 노자에 대한 비평으로서 명확한 대답과 같다.

> 공자는 탄식하며, "조수鳥獸의 무리와는 함께 살지 못하니, 내가 이 사람들의 무리가 아니라면 누구와 함께 살겠는가? 세상에 도가 있다면 내가 굳이 고치려 하지 않을 것이다"라고 하였다.[15]

공자의 이러한 태도는 어느 정도 날카롭게 맞서며 조금도 물러섬이 없다고 할 수 있다. 왜냐하면, 공자가 보기에 우리가 이미 태어나서 사람이 되었으면, 인도적 방식과 인간적으로 각종의 죄악과 끝까지 치열하게 싸우거나, 혹은 적어도 이 세상을 좀 더 아름답게 바꾸도록 최선을 다해 노력하는 것 외에 어떤 선택이 있겠는가? 이러한 인생 태도를 제외하면 우리는 단지 산림에 들어가서 새와 짐승의 무리와 함께할 수밖에 없다. 이는 공자가 현실세계가 분명히 사람의 뜻대로 다 될 수 없으나 이것이 곧 유가의 적극적인 입세入世의 근본 원인이며, 만약 현실의 인생이 이미 이른바 "천하에 도가 있음"의 세계라면, 유가는 이처럼 슬프고 불안하게 (凄凄惶惶) 열국을 주유하면서 출사出仕하여 정치를 할 기회를 찾을 필요가 없었음을 말해 준다. 공자의 이러한 태도는 분명히 인생의 최저한도 방식의 표현이다. 그리고 이 표현과 동시에 유·도 두 학파의 불일치(分岐), 즉 결국은 인생의 액운과 죄악에 직면할 것인가 아니면 산림에 들어가서 이른바 자아의 청정한 길로 나아갈 것인가의 불일치가 곧 분명하게 드러났다.

공자의 이러한 태도는 삽시간에 그와 도가가 도와 덕, 인과 의, 예禮와 악 등 이른바 "선후先後"에 관한 문제의 불일치를 생략함으로써, 결국 마땅히 우리

---

15) 『論語』(吳哲楣 主編, 『十三經』), 「微子」, 1313쪽.

현실의 인생을 어떻게 직시해야 하는지에 대한 근본적인 심리 상태 상에서 문제를 직접 언급하였다. 공자의 태도는 자연히 인생의 불바다를 직접 돌진하여 비록 살신성인殺身成仁하였지만, 세상에 보탬이 없어도 아까워하지 않는다.(왜냐하면 사람이 사람답게 되는 인의 마음으로부터 결정되는 것은 모두 이와 같기 때문이다.) 그러나 노자를 대표로 하는 도가는 비록 맑게 깨어 있고(淸醒) 이지理智적이지만, 거의 강 건너 불구경하는 마음 태도를 보이고, 또한 이른바 온 세상이 모두 취한 마음으로 냉정하게 인생의 불길을 마주하였고, 따라서 자아청정自我淸淨과 자아구원의 길로 나아가고자 하였다.

이런 점에서 보면, 유·도 두 학파의 분기점은 결국 어디에 있는가? 도가는 곧 오로지 전혀 인륜질서가 붕괴된 사회현실을 도외시한 채 오로지 자아청정의 길만 모색하는 지나친 이기주의인가? 이것은 분명히 극단적으로 한 말이며, 또한 그 관점도 지극함을 향하여 한 말이다. 그러나 당시 사회의 현실에서 말하면, 도가는 분명히 결코 이처럼 냉담하지 않았다. 왜냐하면, 만약 노자가 이미 인생에 대하여 철저하게 절망하였다면, 그는 근본적으로 유가와 "상호 배척"(互絀)을 할 필요가 없었기 때문이다. 그리고 그가 유가에 대하여 한편으로 비판도 하고 건의도 한 것은 또한 인생에 대하여 아직은 철저하게 단념하지(死心) 않았고, 아직은 일말의 구원의 희망을 품고 있었음을 말해 준다. 그렇다면 유·도 두 학파의 분기점은 과연 어디에 있는가? 그것은 곧 서로 다른 구세救世의 방향과 서로 다른 출발점, 그리고 서로 다른 방법에 있다.

노자가 보기에 세계는 늘 "되돌아오는 것은 도의 움직임이며, 약한 것은 도의 쓰임"의 방향으로 발전한다. 그렇다면 사람은 세상에서 자신의 목적을 이루려고 하면, 직접적으로 이른바 강대강强對强의 방식으로 인생의 현실과 정면으로 마주할 수는 없으며, 반드시 상반되는 방법과 수단으로 그것을 반대쪽으로 전화轉化하도록 해야 하며, 아울러 전화의 과정에서 사람의 목적을 실현해야 한다. 구체적으로 말하면, 현실세계가 이미 하나의 "사람으로서 인仁하지 않은" 세상이 되었다면(공자의 당시 사회에 대한 이러한 관점은 반드시 노자의 기본적인 허락을 받을 수 있었으며, 이것은 또 "주나라의 쇠함함을 보고 떠나고자 하였다"라는 원인이 될 수 있었다.), 사람과 사람 사이의 서로 친함과 서로 사랑함의 목적을 달성하기 위하여 먼저 반드시 이러한 현상이 어떻게 발생하는가를 고찰해야 하며, 이른바 "어머니를 지킴으로써 자식을 보존한다"(守母以存子. 근본을 지킴으로써 가지와 잎을 보존한다.)라는 방식으로 그것의 상반된 방향으로의 전화를 촉진하며, 그로써 사람과 사람의 서로 친함과 서로 사랑함의 목적을 달성한다. 이러한 생각을 따라 도가는 또 완전히 서로 다른 선택과 사고의 방향을 가지게 된다.

> 도를 잃은 후에 덕이 나오고, 덕을 잃은 후에 인仁이 나왔으며, 인을 잃은 후에 의가 나왔고, 의를 잃은 후에 예禮가 나왔다. 무릇 예는 충忠(성실함)과 신信(믿음)이 엷어져서 어지러워지는 첫 번째(가치)이다.[16]

노자의 모든 사상과 주장 가운데 이 구절은 아마도 유가에 대한 비판 가운데 가장 직접적이고 긍정적인 대표적 비판일 것이다. 이 비판은 동시에 도가의 서로 다른 사고맥락(思路)을 내포하고 있다. 왜냐하면, 노자가 보기에 공자가 흥미진진하게 즐겨 말하고(津津樂道) 마음에 두고 잠시도 잊지 않는(念念不忘) 그러한 예악禮樂문명은 결국은 인류사회의 발전 과정에서의 "도를 잃음", "덕을 잃음" 혹은 "인을 잃음", "의를 잃음"의 산물에 불과하며, 만약 "예禮"만 놓고 말하면, 그것은 단지 이른바 "충忠(성실함)과 신信(믿음)이 엷어져서 어지러워지는 첫 번째(가치)이다"라는 표현이라고 할 수밖에 없다. 따라서 도가가 보기에 이른바 인생의 현실을 직면하고 "예禮"를 구제하는 방식으로 사회를 구원하려는 생각은 근본적으로 실현할 수 없는 것이며, 오히려 단지 충忠과 신信의 도를 철저하게 소멸시키는 결과를 초래한다. 진정으로 효과적인 구원의 방법은 오로지 이른바 "덕"을 집착하지 말고, 더 중요한 것은 반드시 "도道"를 붙잡고 있어야 하며, 또한 "도와 함께 있는" 방법만이 "어머니를 지킴으로써 자식을 보존"할 수 있으며, 따라서 예악禮樂문명을 구해내는 목적을

---

16) 역자 보충: 『道德經』(『諸子集成』 제3책), 제38장, 23쪽.

달성할 수 있다.

노자의 이 주장에는 유가와는 다른 기본적 사고맥락을 충분하게 표현하였을 뿐만 아니라 확실하게 도가의 이지理智와 그 특색을 표현하였다. 먼저 예악붕괴禮樂崩壞의 사회현실에 직면하여 유가는 확실히 적극적인 입세入世의 마음 자세로 비판과 치우침을 바로잡기를 진행하였으며, 아울러 긍정적인 인륜 표준을 수립하는 형식으로 사람들을 이 방향으로 인도하려고 하였다. 반면에 도가는 완전히 강 건너 불구경하기의 마음 자세, 반대 방향으로 거슬러 본원을 찾아가는(反向溯原) 방식으로 그것이 이와 같은 데 이르는 실제의 원인을 탐구하였으며, 그 후에 다시 이른바 "도와 더불어 함께함"의 "어머니를 지킴으로써 자식을 보존한다"라는 방식을 통하여 인륜사회를 합목적의 방향으로 진화 발전하도록 하였다. 이러한 의미에서 보면, 노자는 우주천지가 이른바 "황홀恍惚함"에서부터 인륜사회의 "작은 나라 적은 백성"(小國寡民)까지 다시 개체를 보존하고 세상에 응하는 이른바 "갓난아기로 되돌아감"의 마음가짐까지의 내용은 사실 결코 복고적이고 후퇴적 사회 역사관이 아니며, 마치 반대 방향으로 거슬러 본원을 찾아가는 방식과 흡사하며, 현실사회가 이처럼 된 진정한 원인을 밝히고, 동시에 이른바 "어머니를 지킴으로써 자식을 보존함"의 방식으로 인간의 원초적 정신과 마음 자세를 보존함으로써 근원적으로 문제를 해결하려고 하였다. 장기적으로 학계는 종종 복고적이고 후퇴적으로 노자의 사회 역사관을 '평가'(定位)하였는데, 보기에 오직 그것이 그러함만 알고 그렇게 되는 까닭을 모르는 표현이라고 할 수 있다. 혹은 적어도 그것이 이처럼 된 진정한 원인을 분명하게 탐구하지 않고, 성급하게 정성적 분석을 진행하는 표현이라고 할 수 있다.

그렇다면 당시 "예악붕괴禮樂崩壞"에 대한 응급처치의 책략에 대하여 말하면, 유·도 두 학파의 분기점은 도대체 어디에 있는가? 그것은 곧 주로 "도"와 "덕"의 관계에 집중되어 있는데, 사마천이 "도와 덕의 의미를 말함"으로써 노자의 『도덕경』을 개괄하려는 까닭은 실제로 그는 이미 분명하게 유·도 두 학파가 "도"와 "덕"의 관계 문제에서 서로 다른 치우침(側重, 偏重)을 알았기 때문이다. 유가는 "덕"을 중시하는데, 이 때문에 (공자는) "정사를 베풂에 덕으로써 하니 비유하면 북두칠성과 같이 자기 위치에 자리를 잡고 있고, 뭇 별들이 그것을 둘러싸고 있는 것과 같다"라고 하였다. 이처럼 주체적 덕성에 치우친 방식에 집중하는 것은 유가가 인생의 현실을 직시하는 주체적 정신에 제약을 받았을 뿐만 아니라, 동시에 이와 반대로 완전히 유가의 주체적 정신의 구체적 표현이기도 하다. 그러나 도가가 "도"를 중시하는 까닭은, 주로 도가가 보기에 인류사회가 예악붕괴禮樂崩壞의 구조에 빠지게 된 까닭은 결코 그 주체 자신의 원인이 아닐 뿐만 아니라, 더 중요한 것은 여전히 객관적 사회 역사의 대세라는 측면의 요소가 존재한다. 즉 이른바 "도"의 요소가 또한 단지 후자에게만 있으므로 (그것이) 세상의 만사만물의 발전과 변화의 궁극적 결정력이다. 도가의 이러한 치우침 때문에 당시 예악붕괴禮樂崩壞의 사회현실에 대해서도 그들은 사회주체로서의 사람에게 호소하지 않고, 천지만물의 근본, 근원이 며 동시에 주재자主宰者인 "도"에 호소하였다. 이처럼, 인류의 규범을 잃은 사회현실 이라는 중대한 문제에 직면하여 유·도 양가는 자연히 두 가지 완전히 서로 다른 태도를 드러내었다. 노자의 "도를 잃은 후에 덕이 있다"라는 말은 그가 보기에 유가가 직접적으로 주체의 덕성에 호소하는 것과 서로 비교된다. 도가의 사상적 관점은 그 형성에서의 근원성을 가지고 있을 뿐만 아니라, 인지상認知上의 선재성先在 性을 지니고 있다. 즉, 유·도 두 학파의 "상호 배척"은 주로 이 점에서 나타난다.

이렇게 되면, 우리가 장차 유·도 두 학파를 춘추시대 예악붕괴禮樂崩壞의 현상의 두 가지 근본적으로 서로 다른 해결의 사고맥락 혹은 처리방식으로 본다면, 도가는 곧 반대 방향으로 거슬러 본원을 찾아가는 방식으로 객관사회의 역사적 시각에 따라 문제를 해결하고자 하였다. 유가는 여전히 현실을 직시하며 또한 주체의 덕성으로부터 시작함을 견지하였으며, 따라서 더 근본적으로는 사람이 사람답게 되는 방식으로 "예禮"가 예禮답게 되는 문제를 해결하였다. 이러한 사고맥락과 함께 유가의 내재적이면서도 초월적인 사상의 구조를 결정하였다. 이렇게 보면 우리도 어느 정도 유·도 두 학파가 모두 현실을 직시하고 있다고 할 수 있지만, 도가는 도리어 종종 시간의 흐름을 따르고, 반대 방향으로 거슬러 본원을 찾아가는 방식, "어머니를 지킴으로써 자식을 보존한다"라는 방식으로 현실사회의 문제를 직면하였다. 또한 "도"의 진화 발전의 객관적 관점에서 사회 주체성의 문제를 해결하려고 하였다. 반면에 유가는 직접 주체성으로부터 시작하고 내재적 또 초월적 사고맥락을 통하여, 그 주체적 내재정신과 그 심리 근원의 시각으로 "예악붕괴禮樂崩壞"의 문제를 해결하였다. 중국 역사에서 유가는 종종 그 주체적 책임정신 때문에 도가를 이른바 "은자隱者" 혹은 "피세자避世者"라고 비판하였고, 심지어는 자기해탈의 이기심에 도취하였다. 도가는 오히려 종종 유가의 해결 방법은 핵심을 붙잡지 못하였을 뿐만 아니라, 이지적이지도 않았다고 보았으며, 그 방식이나 방법에 대해서도 끓는 물로 끓는 물을 멈추려는(揚湯止沸, 근본적인 해결책이 아닌) 것이거나, 심지어는 장작을 안고 불을 끄는(抱薪救火, 잘못된 방법으로 재난을 더 키우는) 것에 불과하다고 하였다. 실제로 유·도 두 학파의 이러한 상호 비판은 어느 정도는 극단적으로 말한 특징이 있다.

마침 유·도 두 학파가 서로 다른 사고맥락으로 인하여 "상호 배척"의 구조에 빠졌을 때, 유가의 옛길을 따라서 나온 묵적墨翟이 또 하나의 "상호 배척"이라는 구조에서의 후발주자가 되었다. 그러나 묵가와 그의 학설은 유가의 절친한 친구의 신분으로 출현하였다기보다는 유가의 비판자 심지어는 창을 돌려 자기편을 공격하는 사람으로 출현하였다. 따라서 묵가의 출현은 유·도 두 학파의 "상호 배척"의 현상에서 "유儒·묵墨 시비"의 구조로 전향하였다. 묵자가 일찍이 "유자의 학업을 배우고 공자의 학술을 이어받았기" 때문에 당시 이른바 "유·묵 시비"는 유가가 인생 현실의 주체적 과정에서 반드시 만나게 되는 내부적 나뉘어 갈라짐에 속하며, 따라서 한때는 사상계의 초점이 되기도 하였다. 거기에다 유·묵 양가는 모두 인생의 현실을 직시하는 특징이 있으므로 그들 사이의 불일치도 유·도 두 학파의 서로 다른 선택과 서로 다른 노선을 완전히 뛰어넘었다. 이러한 구조에 대하여 한비韓非(BC 280?~BC 233)17)는 다음과 같이 개괄하였다.

---

17) 역자 주: 본래 韓非는 人名, 『韓非子』는 書名을 가리키는데, 이 책의 저자는 주로 "韓非

지금 세상에 뚜렷하게 드러난 학파는 유가儒家와 묵가墨家이다. 유가의 지상至上(始祖)은 공구孔丘이고, 묵가의 시조는 묵적墨翟이다.…… (두 학파 후학들의 流派들은) 버리고 취함이 상반되고 다르며, 모두 스스로 진정한 공자와 묵적의 정통이라고 주장한다. 공자나 묵자는 (이미 죽어) 다시 살아날 수 없으니 누가 후세의 학파를 바로잡겠는가? 공자와 묵자는 모두 요·순을 말하지만, 취함과 버림이 서로 다르며, 모두 자신이 진정한 요·순의 정통이라고 주장한다. 요·순이 다시 살아날 수 없으니 누가 유·묵의 진정함을 바로잡을 수 있겠는가?18)

한비의 이러한 조소는, 유·묵 양가가 "모두 요·순을 말하지만, 취함과 버림이 서로 다르다"라는 개괄로서 보면 마땅히 그들이 자연적으로 모두 큰 방향에서는 같지만 내부적으로는 불일치가 있다는 말이다. 실제로 일찍이 한비보다 전에 장자도 "유·묵의 시비是非"라는 설을 주장하여 양자 사이에 "상대가 그르다고 하는 바를 옳다고 하고, 상대가 옳다고 하는 바를 그르다고 하려 하니, 명明(시비를 초월한 절대적 지혜)과 같은 것이 없다"19)라고 하였다. 여기서 장자가 당연히 유·묵 양가의 시비를 진정으로 변석辨析하려는 것은 결코 아니며, 유·묵 양가의 "상대가 그르다고 하는 바를 옳다고 하고, 상대가 옳다고 하는 바를 그르다고 하는" 방식은 단지 그들 서로의 불일치가 "명明과 같은 것이 없음"의 상황에 빠지게 할 수 있다는 것을 말한다. 이는 유·묵 양가는 확실히 현실에 관한 주요 관심에서 공통적인 일면이 있고, 그 주장도 모두 현실 문제를 직접적으로 겨냥하여 나타난 것임을 말해 준다. 그러나 그것이 현실 문제를 관찰하는 시각과 버리고 취하고 강조함의 다름이 있으므로 이른바 "상대가 그르다고 하는 바를 옳다고 하고, 상대가 옳다고 하는 바를 그르다고 하는" 상황에 빠지게 된다.

유·묵 양가의 공통성으로 말하면, 그들의 사상과 주장은 당연히 모두 당시의 인륜 규범상실의 현상을 직접적으로 겨냥해서 나왔다. 그러나 그 불일치는 주로

子"로 통합하여 지칭하고 있다. 이 번역에서는 인명과 서명을 구분하여 표기하였다.
18) 『韓非子』(『諸子集成』 제5책), 「顯學」, 351쪽.
19) 『莊子』(郭慶藩 編, 『莊子集釋』), 「齊物論」, 70쪽.

아래 몇 가지 면으로 표현되었다. 먼저 유가는 직접 당시 예악붕괴禮樂崩壞 현상을 겨냥하였고, 아울러 이른바 "예禮라 예라 하지만, 옥과 비단을 이르겠는가? 악樂이라 악이라 하지만 종과 북을 이르겠는가?"[20]와 "사람으로서 인仁하지 않으면 예는 무슨 소용인가? 사람으로서 인하지 않으면 악樂은 무슨 소용인가?"[21]의 심층적 되물음으로써 "예禮"를 사람이 사람다움의 높이로 올려놓았으며, 또한 "인仁"의 관철과 실천을 통하여 예악붕괴禮樂崩壞의 문제를 해결하였다. 묵가도 비록 현실에 주목하였지만, 그들은 사회의 하층 출신으로 문화영역에서 후발주자의 지위에 있었기 때문에, 예에 대한 유가의 관심에 대하여 깊은 불만을 나타내었다. 왜냐하면 묵가는 "그들(유가)의 예禮가 번잡하고 요란하여 좋아하지 않았고, 후한 장례로 재물을 낭비해 백성들을 가난하게 하였고, 오랜 복상服喪(삼년상)으로 생명을 상하고 사업을 해쳤다고 여겼다.…… 그러므로 재물을 절약하고 장례를 간략하게 하고, 복상을 간단하게 하여 살았고"[22], 그뿐만 아니라 묵가가 주목하는 중심은 항상 이른바 "굶주린 사람이 먹지 못하고, 추운 사람이 입지 못하고, 피곤한 사람이 쉬지 못하는"[23] 소위 "백성의 큰 근심"에 초점이 맞추어져 있었기 때문이다. 따라서 현실로부터 출발하였다는 점에서는 유·묵 양가는 진실로 분명히 일치한다. 그러나 현실을 바라보는 관점의 차이와 서로 다른 차원에서는, 유·묵 양가는 여전히 매우 크게 엇갈린다. 유가는 늘 현실의 주체인 사람의 심리 근원과 그 정신적 근거의 차원에 관심을 가지지만, 반면에 묵가는 늘 사회의 하층민의 의衣·식食·주住·행行, 이른바 생존 위기의 차원에 초점이 맞추어져 있는데, 바로 이 원인 때문에 묵자는 "굶주린 사람이 먹지 못하고, 추운 사람이 입지 못하고, 피곤한 사람이 쉬지 못함"을 "백성의 큰 근심"이라고 여겼다. 즉 묵가는 사회 하층의 의·식·주·행의 문제를 그들이 당면하여 해결해야 할 첫 번째 문제로 삼았다. 이러한 기초에서

20) 『論語』(吳哲楣 主編, 『十三經』), 「陽貨」, 1310쪽.
21) 『論語』(吳哲楣 主編, 『十三經』), 「八佾」, 1263쪽.
22) 『淮南子』(『諸子集成』 제7책), 「要略」, 375쪽.
23) 『墨子』(『諸子集成』 제4책), 「非樂上」, 156쪽.

묵가는 반드시 이른바 "비유非儒"(유학을 부정함)를 포함한 "비명非命"(命을 부정함), "비악非樂"(음악을 부정함) 등의 방식으로 그 주장을 관철하였으며, 이러한 모든 주장은 실제로 현존세계와 그 질서에 대해 철저히 부수고 다시 하나의 완전한 새로운 사회질서를 구성하기를 요구한 것이다. 이른바 "절용節用"과 "절장節葬" 등은 완전히 사회 하층민의 생활 경험에서 나온 것이다.

그러나 만약 유·묵 양가의 사상적 관점에서 사람다운 사람을 만드는(做人) 정신의 수준을 높였다고 보면, 유가의 기본 입장은 여전히 일종의 "내가 있음"(有我)이라고 할 수 있으며, 또한 올바른 사람을 만드는 것도 자아로부터 시작하고, 사랑함도 자신부터 시작한다는 원칙을 견지하고 있었다. 그러나 묵가의 이론은 반드시 일종의 "무아無我"의 기본적 가설假說(預設)이며, "겸애兼愛", "천지天志", "상동尙同"과 같은 설들은 반드시 진정한 "무아"로부터 출발함으로써 비로소 이론적 철저함을 갖추었다. 앞에서 말한 묵자와 이자夷子(묵가학파인 夷之에 대한 존칭), 그리고 맹자의 "일본一本"과 "이본二本"에 관한 논쟁은 실제로는 서로 간의 "무아"와 "유아"에서 불일치를 표현한다. 곧 묵가는 항상 "무아"의 기본 입장에 서 있었기 때문에 그들은 유가의 "친친親親에는 방법이 있으며, 존현尊賢에는 등급이 있다"라는 데서 출발하여 "친소親疏와 존비尊卑의 다름이 있다"[24]라는 비판을 할 수 있었다. 그리고 그 "겸애"가 요구하는 "다른 사람의 가정을 자신의 가정처럼 보고", "다른 사람의 부인을 자신의 부인처럼 보고", "다른 사람의 몸을 자신의 몸처럼 보는" 것과 같은 규정은, 오직 철저하게 "무아"의 기초에 있어야 진정하게 실천될 수 있다. 유가는 반드시 현실인생의 "유아"의 입장에서 출발하였으며, 아울러 "나의 노인을 섬기는 마음으로 타인의 노인을 섬기며, 나의 아이를 돌보는 마음으로 다른 사람의 아이를 돌본다"[25]라는 방식을 통하여 비로소 "천하의 기강이 되어…… 상하를 도덕으로 아우르며, 천하의 제후와 경卿·대부大夫·사士·서민庶民이 하나의 도덕 단체가 됨"을 이룰 수 있으며,

---

24) 『墨子』(『諸子集成』 제4책), 「非樂下」, 178쪽.
25) 『孟子』(吳哲楣 主編, 『十三經』), 「梁惠王」, 1353쪽.

후세의 유가들이 말하는 천지만물 일체의 인仁도 실제로는 이와 같은 현실이다.

그 추구하는 방향에 비추어 보면, 비록 유·묵 양가가 모두 당시 인륜이 규범을 잃은 사회현실에서 출발하였지만, 공자의 "주나라는 (夏商의) 2대를 거울로 삼아 그 문화가 찬란하도다! 나는 주나라를 따르겠다"[26], "만약 나를 쓰는 사람이 있다면 나는 그 나라를 동주東周로 만들겠다"[27], 그리고 "문왕이 이미 세상을 떠나니 문화가 여기에 있지 아니한가?"[28]라는 감탄문들은 모두 공자가 분명하게 주나라 문화를 계승의 대상으로 삼았음을 설명한다. 그러나 묵자는 "비명非命"과 "비악非樂", "절용節用"과 "절장節葬"과 같은 주장으로 명확하게 이른바 "주나라 도를 버리고 하나라 정사를 이용한다"라고 표현하였으며, 따라서 그가 칭찬한 대우大禹는 "몸소 삼태기로 흙을 나르고(혹 삼태기를 지고), 백성의 앞에 섰다. 황하黃河를 깎아내어 아홉 갈래의 물줄기를 텄다. 장강長江을 파서 아홉 갈래의 물길을 통하게 했다. 5개의 호수湖水를 뚫어 동해로 가도록 정하였다"[29]라고 형상화하여 영원히 그 인생의 표준으로 삼았다.

그렇다면 이러한 모든 불일치 가운데 유가에 대한 묵가의 가장 강한 비판은 어디에 집중되어 있는가? 그것은 마땅히 "친친親親에는 방법이 있으며, 존현尊賢에는 등급이 있으며, 친親·소疏와 존尊·비卑의 다름이 있다"라는 말에 집중되어 있다. 왜냐하면, 이 점은 전형적으로 묵가의 "겸애"가 "무아"의 성질을 주장하고 있음을 나타내며, 동시에 그 "겸애"가 요구하는 "다른 나라를 자기 나라처럼 보고", "남의 집을 자신의 집처럼 보며", "남의 부인을 자기의 부인처럼 보며", "다른 사람의 몸을 자신의 몸처럼 보기"와 같은 여러 규정은, 한마디로 하면, 묵가의 "겸애"의 주장이 "무아"의 가설假說이기 때문이다. 따라서 이론적 논리의 관점에서 보면, 그것들은 아마도 가장 쉽게 이른바 "남을 자기처럼 사랑하기" 즉 "다른 사람의

---

26) 『論語』(吳哲楣 主編, 『十三經』), 「八佾」, 1264쪽.
27) 『論語』(吳哲楣 主編, 『十三經』), 「陽貨」, 1309쪽.
28) 『論語』(吳哲楣 主編, 『十三經』), 「子罕」, 1280쪽.
29) 『淮南子』(『諸子集成』 제7책), 「要略」, 375쪽.

몸을 자신의 몸처럼 보는" 주요 관심을 실현할 수 있을 것 같다. 그러나 유가는 항상 "나"를 떠나지 않고 인륜적 사랑을 담론하는 태도를 견지하기 때문에 늘 오직 "유아有我"의 사랑을 말할 수밖에 없다. 이른바 올바른 사람을 만드는 것은 자아로부터 시작하며, 사랑함도 친혈육으로부터 시작하니, 곧 항상 "유아"를 기본 전제로 하며, 따라서 그것은 항상 묵가로부터 "친·소와 존·비의 다름이 있다"라는 비판을 벗어날 수 없었다.

그러나 묵가도 유가의 역부각逆浮刻(反襯)과 비판을 받았다. 예를 들면, 묵자墨者인 이자夷子가 "사랑에 차등이 없다"라고 주장하였을 때, 맹자는 아래와 같이 역부각시 켰다.

> 무릇 이자는 진실로 다른 사람이 그 형의 자식을 친애함이 마치 그 이웃집의 갓난아기를 친애함과 같다고 여기는가?[30]

사실상 이 말은 묵가에게 바로 검증할 수 있는 판결적 시험을 제시한 것과 같으며, 따라서 이자夷子가 근본적으로 도망갈 수 없도록 하였다. 왜냐하면, 맹자가 보기에 이자는 물론 어떤 사람도 근본적으로 그렇게, 즉 이른바 "다른 사람이 그 형의 자식을 친애함이 마치 그 이웃집의 갓난아기를 친애함과 같음"을 할 수 없기 때문이다. 설령 그럴 수 있다고 해도 결국은 억지로 자기의 본심을 붙잡고 의도적으로 그렇게 하는 것에 불과하다. 이 관점에 대한 왕양명王陽明(1472~1528)의 견해를 보면, 그가 거론한 역부각逆浮刻(反襯)의 예증이 아마도 더 힘이 있을 것이다.

> 지친至親(부모 등 4촌 이내의 친혈육)과 낯선 사람을 동일하게 사랑하는 것은 마치 한 그릇 밥과 콩국을 먹으면 살고 먹지 못하면 죽기 때문에 두 가지를 다 할 수 없다. 차라리 지친을 구할지언정 낯선 사람을 구하지 않더라도 마음이 또 참을 수 있다.[31]

---

30) 『孟子』(吳哲楣 主編, 『十三經』), 「滕文公上」, 1378쪽.

심지어 이자 본인도 당시에 아래와 같이 맹자의 반문을 받았다.

내가 듣기로 이자는 묵가학파이며, 묵가가 장례를 치름에 박장薄葬을 그 도로
삼는다. 이자는 세상을 바꾸려고 하는 사람인데 어찌 옳을 것을 그르다고 생각하
여 귀하게 여기지 않겠는가? 그러나 이자는 그 부모의 장례를 후하게 지냈으니
이것은 그 천하게 여기는 바로써 부모를 섬긴 것이다.[32]

이 모든 역부각된 내용은 묵가에게 제출된 매우 첨예한 문제이다. 이른바
"무아"는 도대체 일종의 이론적 논리의 가설인가 아니면 진정으로 '올바른 사람을
만드는 정신'(做人精神)인가? 만약 단지 일종의 이론적 가설이라면, 이러한 가설은
또한 어떤 특별한 의미는 없다.(왜냐하면, 결국 인생은 곧 일종의 이론적 가설이라고 말할
수 없는데도, 완전히 인생을 가설화한 것이기 때문이다.) 만약 이것이 묵가의 진정한 올바른
사람을 만드는 정신이라면, 그것은 반드시 왕양명의 "한 그릇 밥과 콩국을 먹으면
살고 먹지 못하면 죽는다"라는 역부각에 직면한 상황에서 도대체 어떻게 "지친과
낯선 사람"의 문제를 처리할 것인가? 이 문제에 대하여 묵가학파인 이자는 당시에
이미 명확하게 이른바 "사랑에는 차등이 없으며, 베풂은 지친으로 시작한다"라는
방식의 처리를 제시하였기 때문에 그 즉시 맹자로부터 "두 근본"이라는 반박을
받았다. 만약 이자가 철저하게 이른바 "사랑에는 차등이 없다"라는 원칙, 즉 완전히
한결같이 동일한 인(仁)과 자신처럼 남을 사랑하는 "겸애"로 낯선 사람을 사랑한다면,
그것은 필연적으로 "부모가 없음"(無父)[33]이라는 반박을 받았을 것이다. 왜냐하면
"무아"로 전제된 가설은 또한 반드시 일종의 "무부無父"라는 지향점을 예시할 수밖에

---

31) 王守仁, 『王陽明全集』, 「語錄」 3, 108쪽.

32) 『孟子』(吳哲楣 主編, 『十三經』), 「滕文公上」, 1378쪽.

33) 맹자는 "楊朱와 墨翟의 말이 천하를 뒤덮고 있는데, 세상의 말이 양주의 말이 아니면
묵적의 말로 귀결된다. 양씨의 爲我는 임금이 없는 것이며, 묵씨의 겸애는 아비가
없는 것이다. 임금이 없고 아비가 없으면 이것은 禽獸이다"라고 하였다.(『孟子』[吳哲
楣 主編, 『十三經』], 「滕文公下」, 1382쪽)

없기 때문이다. 만약 "베풂은 지친으로부터 시작함"을 견지하려면 또한 반드시 철저하게 "사랑에는 차등이 없다"라는 전제를 부정해야 하며, 따라서 겸애의 주장도 일종의 허위적 가설이 된다. 이것은 곧 맹자의 "두 근본"이라는 반박과 첨예한 양도논법兩刀論法(Dilemma)을 지향한다.

바꾸어 말하면, 유가의 '인륜적 사랑'(人倫之愛)은 항상 "유아有我"의 사랑이므로, 이러한 "유아"의 사랑은 그 인륜적 사랑이 반드시 나로부터 시작하고 육친으로부터 사랑을 시작함을 규정할 뿐 아니라, "나의 노인을 섬기는 마음으로 타인의 노인을 섬기며, 나의 아이를 돌보는 마음으로 다른 사람의 아이를 돌본다"는 말도 곧 이러한 "유아"와 "은혜에 보답함"(推恩)의 방식으로 실현된다. 동시에 그 인륜적 사랑이 "유아"의 성질이기도 하므로 곧 그 뒤의 "타인의 노인을 섬김"과 "다른 사람의 아이를 돌봄"도 가능할 수 있으며, 또한 이러한 이상의 실현도 가능할 수 있게 된다. 나아가 유가 인륜적 사랑이 "유아"성 때문이므로, 유가는 인간생명의 유한성과 국한성을 진정으로 인식할 수 있으며, 당연히 동시에 인륜적 사랑의 현실성과 실천성 및 그 이상적 색채를 항상 확보하고 있다. 즉 그것이 외향적인 속죄성(救贖性)의 종교로 향하지 않도록 하고, 동시에 일종의 오직 이론적 논리성을 자랑하거나 허위과 장으로 전락하지 않도록 한다.34) 그리고 반드시 현실에서 출발하여 "나"로부터 시작하고, 지친으로부터 사랑을 시작하며, 아울러 인생실천의 방식으로 이상적 미래를 지향한다. 이러한 관점에서 보면, 마땅히 유가 인륜적 사랑의 "유아"성이 곧 도덕이상주의로 하여금 주체성의 기초와 실천성을 담당하도록 하였다.

바로 춘추시대의 유·도·묵 세 학파가 전개한 이와 같은 서로 다른 입장과

---

34) 20세기에 유가의 인륜적 사랑에 대한 토론에서 일종의 기독교의 신성한 사랑이 거의 중국의 이론에 충만해 있고, 사람들은 분분하게 신성한 사랑의 "무아"의 지위로부터 출발하여 유가의 인륜적 사랑에 대하여 다양한 비판을 전개하였다. 예를 들면, 유가의 인륜적 사랑인 "有我"성을 마치 부패의 장본인으로 봄으로써 유학을 비판하는 많은 연구자가 분분하게 이 문제를 가지고 광범위하고 깊이 있는 토론을 전개하였다. 郭齊勇 主編의 논문집, 『儒家倫理爭鳴集—以"親親互隱"爲中心』(湖北教育出版社, 2004년판); 『「儒家倫理新批判」之批判』(武漢大學出版社, 2011년판); 『正本淸源論中西—對某種中國文化觀的病理學剖析』(華東師範大學出版社, 2014년판)을 참고하라.

서로 다른 시각의 상호 보완과 상호 배척으로 인하여, 중국이 주축이 된 시대적 사상의 원류를 이루었을 뿐만 아니라, 동시에 그 이후 제자학의 기본적 출발점과 사상발전의 원점좌표가 되었다. 총체적으로 말하면, 당시의 유·도·묵 세 학파는 실제로 모두 춘추시대 예악붕괴禮樂崩壞의 사회현실에서 출발하였다. 그러나 유·도·묵 세 학파의 불일치는 주로 결국은 마땅히 반대 방향으로 거슬러 본원을 찾아가는(反向溯源) 방식으로 역사의 근원을 나아가서 그 실정에 대한 분석과 설명을 해야 할 것인가, 아니면 마땅히 주체가 구체적 발생의 내재적 심리와 정신적 근원 그 자체로 향해야 할 것인가에 달려 있다. 그리고 유·묵 양가의 불일치는 주로 결국 현실주체로서 "무아"의 규정과 "무아"의 가설로부터 출발하여 현실인생을 통섭하고 아울러 현실의 인생 주체가 반드시 무조건적으로 "무아"를 본받아야 할 것인가 아니면 마땅히 현실인생과 현실주체인 "유아"라는 제한에서 출발하여 "나의 초월" 혹은 "초월적인 나"를 향해 갈 것인가에 집중되어 있다. 그리고 도·묵 양가의 차이는 상호 보완과 상호 협공하는 가운데 유가가 이미 그 현실의 "나"로부터 출발하여 "나"의 내재적 심리 근원으로 나아갔으며, 동시에 도·묵 양가의 협공과 비판 하에 "나의 초월" 혹은 "초월의 나"로 향해 간 일면이 있다. 이 이후에 유·도·묵 세 학파의 상호 보완과 상호 배척은 중국의 문화와 사상 그리고 철학에 참신한 출발점이 되었다.

2. 천도와 생명이 서로 관통하다: 유가적 방향

공자가 주공의 사업 즉, "상하를 도덕으로 아우르며, 천하의 제후와 경卿·대부大夫·사士·서민庶民이 하나의 도덕 단체로 합일함"을 계승하여, 주공의 예악禮樂제도를 사람이 사람답게 되는 일종의 보편적 자각으로 끌어올렸을 때, 곧 유학의 형성과 그 형성을 창도한 군자의 인격에게도 견실한 기초를 제공하였다. 다시 말하면, 공자는 "예禮"를 사람이 사람답게 되는 이른바 "인"의 고도高度로 승격시켰으며,

따라서 소위 예악문명으로 훈도薰陶를 받은 군자의 인격은 인륜사회에 필요로 하는 일종의 외재적 규범의 요구가 아니라, 이미 모든 개체에 내재된 인仁을 충분히 자각한 것의 표현이 되었다. 이러한 의미에서 공자는 진정한 유학의 창시자가 되었다.

분명히 공자의 이 거대한 진보는 주로 "예禮가 예禮답게 됨"의 내향적 자문自問과 사람이 사람답게 되는 심사숙고와 그 보편적 실천을 통하여 실현된 것이며, 특히 사람이 사람답게 되는 심사숙와 그 보편적 자각이라는 점에서 아마도 공자가 사가私家교육을 개창하고 유가학파를 개창하는 사상적 기초와 정신적 기둥이 되었을 것이다. 비록 공자가 이미 3대 이래 축적된 육예를 "묶음 포장"(打包, package)하여 "문文·행行·충忠·신信"의 네 가지 기본적 품행으로 삼았지만, 이것은 그가 이미 전통의 기능인 "사士"를 군자 인격의 높이로 끌어올렸음을 보여 준다. 그러나 공자의 사상에서 가장 중요한 점은 "인"의 보편적 자각과 구체적인 생질生質(素質)과 그 특징인 "재능에 따라 가르침을 베풂"의 인재 배양35)에 있다. 바로 이런 특징 때문에 공자의 문하에 "제자가 3천이며, 현인賢人이 70명"의 규모와 구조가 완성되었다. 공자의 3대 수제자 가운데 안회顏回의 인仁, 자공子貢의 지智와 자로子路의 용勇이 있으며, 그것은 "인"의 본질에 대한 일종의 보편적 실천을 나타내며, 동시에 지智·인仁·용勇의 세 가지 덕성에 대한 개체 인격의 방식으로 일종의 특수한 실천과 구체적 표현을 드러내었다. 이 세 사람에 대한 특수한 표현을 상세하게 평가해

---

35) 子路(仲由의 자. 季路라고도 함)가 "옳은 일을 들으면 곧 행하십니까?"라고 여쭈니, 공자는 "부모 형제가 계시는데, 어찌 옳은 일을 들었다고 곧 행하겠는가?"라고 대답하였다. 冉有(冉求. 자는 子有)가 "옳은 일을 들으면 곧 행하십니까?"라고 여쭈니, 공자는 "옳은 일을 들으면 곧 행하여라"라고 하였다. 公西華가 "由(자로)가 '옳은 일을 들으면 곧 행하십니까?'라고 여쭈었을 때 선생님께서는 '부모 형제가 계신다'라고 하시고, 求(염유)가 '옳은 일을 들으면 곧 행하십니까?'라고 여쭈었을 때는 선생님께서 '옳은 일을 들으면 곧 행하여라'라고 하시니, 赤(공서화의 이름)은 미혹되어 감히 여쭙습니다"라고 하였다. 공자는 "冉求는 뒤로 물러서기 때문에 그를 전진시켰고, 仲由는 (잘 나서서) 남의 몫까지 하므로 그를 후퇴시켰다"라고 하였다.(『論語』[吳哲楣 主編, 『十三經』], 「先進」, 1288쪽)

보는 것은 매우 의미 있는 인생의 화두가 될 것이다. 그러나 우리는 여기서 어디까지나 이러한 사상사적 세부 항목에 도취해서는 안 된다. 그러나 반드시 자공의 지智를 통하여 공자사상의 또 다른 차원을 도출해 낼 수 있다.

공자의 제자 가운데 자공은 종종 "덕행德行", "정사政事", "언어言語"(여기서는 言語), "문학" 네 과목36) 가운데 "언어" 부분에서 뛰어났으며, 아울러 자주 "안회는 (쌀독이) 자주 빈다"라는 말과 서로 비교하는 방식으로 "사賜(端木賜 곧 子貢)는 운명을 받아들이지 않고, 재화를 증식하였고, 헤아린 것이 자주 적중하였다"37)라고 하였다. 이것은 자공이 속한 "언어"의 과목은 결코 단순히 말솜씨가 좋다는 것이 아니라, 기지機智(재치 있는 말)와 외교적 재능을 포함하는 몇 가지 부분의 통일임을 의미한다. 당시의 구체적 표현과 다시 결합해 보면, 사마천이 "자공이 나타나자 노魯나라를 보존시키고, 제齊나라를 어지럽게 하고, 오吳나라 (夫差를) 파하고, 월越나라의 진晉나라를 강국으로 만들고, 월越나라 (句踐을) 패자霸者로 만들었다. 자공이 한 번 임용되자 형세가 서로 깨져서 10년 사이에 다섯 나라에 각각 변화가 있었다"38)라고 찬탄한 정황으로 보면, 자공은 틀림없이 한 사람의 탁월한 외교활동가였다. 공자는 당연히 매우 분명하게 자공의 이러한 점을 알고 있었고, 따라서 노나라가 강한 제나라의 위협에 직면하여 구조를 절실하게 기다릴 때 "자로子路가 가기를 청하니 공자는 제지하였다. 자장子張과 자석子石이 가고자 청하였으나 공자는 허락하지 않았다. 자공이 가고자 하니 공자는 그를 허락하였다."39) 따라서 공자는 오직 자공의 재지와 재능만이 이러한 위험한 국면을 해결할 수 있음을 알았고, 그 결과 "자공이 나타나자 노魯나라를 보존시키고, 제齊나라를 어지럽게 하고, 오吳나라

---

36) 역자 주: 四科는 孔子가 63세에 陳나라에서 蔡나라로 가다가 포위되어 식량이 떨어지고 일행이 병들며 곤란을 당할 때 함께했던 뛰어난 제자 10명을 성격에 따라 분류한 내용이다. 『논어』「선진」편에서는 德行으로 顔淵·閔子騫·염백우·仲弓, 言語는 宰我·子貢, 政事는 冉有·季路, 문학은 子遊·子夏였다. 이들을 孔門十哲 혹은 四科十哲이라고 하며, 그 후 공자 문하생 가운데 뛰어난 제자 72명도 이에 따라 분류한다.

37) 司馬遷, 『史記』(『二十五史』, 권1), 「仲尼弟子列傳」, 183쪽.

38) 司馬遷, 『史記』(『二十五史』, 권1), 「仲尼弟子列傳」, 185쪽.

39) 司馬遷, 『史記』(『二十五史』, 권1), 「仲尼弟子列傳」, 184쪽.

(夫差를) 파하고, 월越나라의 진晉나라를 강국으로 만들고, 월越나라 (句踐을) 패자霸者로 만들었다.…… 10년 사이에 다섯 나라에 각각 변화가 있었다"라는 구도가 형성되었다. 그러나 자공이 공자의 문하에 있었던 상황에서 보면, 사마천은 "자공은 말이 교묘하고(利口) 언사가 뛰어나서, 공자는 항상 그 언변을 경계시켰다"[40]라고 하였는데, 마땅히 진실된 상황이라고 할 수 있다. 그리고 또 "안회는 나를 돕는 사람이 아니다. 내 말을 기뻐하지 않음이 없도다!"[41]라는 공자의 감탄과 합하여 본다면, 자공은 항상 공자가 "그 언변을 경계시켰다"라는 것과 같은 논란은 종종 공자를 크게 격발시켰다. 예를 들면, 공자 문하의 사도에는 아래와 같은 토론이 있었다.

> 염유가 "선생님께서 위나라 임금을 도와주실까?"라고 하자, 자공은 "그래, 내가 선생님께 여쭈어볼게"라고 하고, 들어가서 "백이와 숙제는 어떤 사람이었습니까?"라고 하니, 공자는 "옛날의 현인이었다"라고 하셨다. "원망했습니까?"라고 하니, "인을 추구하여 인을 얻었는데 또 무엇을 원망하였겠느냐?"라고 하였다. 자공이 나와서 염유에게 "선생님께서는 위나라 임금을 돕지 않으실 것이네"라고 하였다.[42]

이 문답에서 염유와 자공이 가진 관심은 주로 "공자가 위나라 임금을 도울 것인가?", 즉 위나라 임금을 도와줄 것인가의 문제였지만, 그것을 정면으로 공자에 묻는다면 공자로부터 꾸지람을 받을 수 있기 때문에 자공이 이러한 반문의 방식을 생각해 내었다. 곧 백이伯夷와 숙제叔弟가 서로 왕위를 버린 것으로써 공자에게 위나라 왕 부자간의 왕위쟁탈에 대한 견해를 물었다. 그러자 공자는 "인을 구하여 인을 얻었는데, 또 무엇을 원망할 것인가?"라고 대답하였는데, 이 말은 공자가 근본적으로 위나라 왕 부자간의 왕위쟁탈에 대하여 한마디도 하지 않았고, 따라서

---

40) 司馬遷, 『史記』(『二十五史』, 권1), 「仲尼弟子列傳」, 184쪽.
41) 『論語』(吳哲楣 主編, 『十三經』), 「先進」, 1286쪽.
42) 『論語』(吳哲楣 主編, 『十三經』), 「述而」, 1275~1276쪽.

"위나라 임금을 도와주는" 문제에 대해서도 직접 말하지 않았음을 설명한다.

이러한 반문의 방식은 자공의 지혜로부터 나올 수 있었다. 즉 "헤아린 것이 자주 적중하였다"라는 말은 또 자공이 사물의 이치와 인정人情, 세상의 인심에 대해 자주 매우 정확하게 파악하고 있음을 의미한다. 그러나 만약 자공의 사고맥락이 결코 외재적 세계를 향하지 않았고, 자아의 돌이켜 생각함과 반성에 침잠하였다면, 그 돌이켜 생각함은 종종 공자의 사고에서 또 다른 차원을 이루었다. 예를 들면 다음과 같다.

> 자공은 "부자의 문장文章은 얻어들을 수 있으나, 부자가 말한 성性과 천도天道는 얻어들을 수가 없었다"라고 하였다.[43)

이것은 분명히 자공이 그가 공자의 문하에 있으면서 가르침을 받은 상황을 말해 주는 일종의 감수성의 종합이다. 만약 이것을 또 공자가 스스로 한 감격인 "하늘을 원망하지 않고, 남을 탓하지 않으며, 쉬운 것부터 배워서 상지上智(가장 뛰어난 지혜)에 이르며, 나를 알아주는 것은 오직 하늘뿐이로다!"[44)라는 말과 이른바 "두루 행하되 흘리지 않고, 천리를 즐기고 천명을 알기 때문에 근심하지 않는다. 땅에서 편히 살며 인을 돈독하게 하므로 사랑할 수 있다"[45)는 말과 합하여 보면, 공자의 가르침은 당시에 아마도 분명히 더 많이 이른바 "쉬운 것부터 배워서 상지上智에 이른다"(下學而上達), 특히 "하학下學"의 차원에 머물러 있다고 할 수 있다. 따라서 공자가 지인知人과 세상을 논한 것만 보더라도, 인생에 대해서나 이성理性을 배우는 문제에 대해서나 공자는 모두 매우 깊은 인지와 품평을 하고 있음을 알 수 있다. 그러나 그 표현에 관해서는 또한 종종 "말할 수 있다"는 차원에만 머물러 있다. 예를 들면 다음과 같다.

---

43) 『論語』(吳哲楣 主編, 『十三經』), 「公冶長」, 1269쪽.
44) 『論語』(吳哲楣 主編, 『十三經』), 「憲問」, 1301쪽.
45) 『周易』(吳哲楣 主編, 『十三經』), 「繫辭」, 56쪽.

함께 배울 수는 있어도 아직은 함께 도道에로 나아갈 수는 없으며, 함께 도에로 나아갈 수 있어도 아직은 함께 확고하게 설 수는 없으며, 함께 확고하게 설 수 있어도 아직은 함께 권도權道할 수는 없다.[46]

중인中人 이상은 상지上智를 말할 수 있지만, 중인 이하는 상지를 말할 수 없다.[47]

이 두 인용문만 보아도 공자는 분명히 "성性과 천도天道"에 대하여 주요 관심을 가졌음을 알 수 있다. 왜냐하면, "함께 배울 수 있다"에서 "함께 도에로 나아갈 수 있다"까지, 또 "함께 확고하게 설 수 있다"에서 "함께 권도할 수 있다"까지는 사람의 자질과 식견, 그리고 (능력의) 한계가 분명히 다른 등급이 있음을 말해주기 때문이다. 오직 "함께 권도할 수 있다"는 경지에 도달해야만 비로소 진정으로 자신을 알고(知己) 사람을 안다(知人). 사실 이것은 어떤 사람에 대한 구체적인 극히 일부의 앎일 뿐만 아니라 지천知天에 기초한 지인知人이다. 따라서 자사子思는 일찍이 "육친을 섬기려고 하면, 지인을 하지 않을 수 없으며, 지인을 하려면 천天을 알지 않으면 안 된다"[48]라고 하였다. 그러나 교육만 놓고 보면 "하학"에서 시작하여 "하학"을 통하여 "상달"을 지향하는 것이 곧 하나의 통칙通則이라고 할 수 있다.

그렇다면 공자의 "상달"을 상징하는 "성과 천도"의 주요 관심이 또한 어떻게 전개되는가? 이것은 주로 공자가 현실적으로 격발을 받았을 때 표현되었다. 현실에서 중대한 좌절을 만났을 때마다 공자의 "성과 천도"라는 주요 관심이 강대한 정신적 지탱의 역량을 나타내었다. 예를 들면 다음과 같다.

공자가 광匡 땅에서 위협을 받자 이르기를 "문왕은 이미 세상을 떠났지만 (문왕의) 문화가 여기 있지 않은가? 하늘이 장차 이 문화를 없애려고 한다면, 나의 후인들은 이 문화와 함께할 수 없을 것이다. 하늘이 이 문화를 없애려고 하지

---

46) 『論語』(吳哲楣 主編, 『十三經』), 「子罕」, 1283쪽.
47) 『論語』(吳哲楣 主編, 『十三經』), 「先進」, 1273쪽.
48) 『禮記』(吳哲楣 主編, 『十三經』), 「中庸」, 563쪽.

않는다면, 광匡 땅의 사람들이 나를 어떻게 하겠는가?"라고 하였다.[49]

공자가 말하기를 "하늘이 내가 태어날 때 덕德을 주었으니, 환퇴桓魋[50]가 나를 어떻게 할 것인가?"라고 하였다.[51]

공자가 "나를 알아주는 사람이 없도다!"라고 하니, 자공이 "어찌하여 선생님을 알아주지 않는다고 하십니까?"라고 하니, 공자는 "하늘을 원망하지 않고, 사람도 탓하지 않고, 낮은 것부터 배워서 상지上智에 이르렀으니 나를 알아주는 것은 하늘뿐이로다"라고 하였다.[52]

공자의 이러한 탄식 속에는 실제로 일종의 천도天道·성명性命(생명)과 서로 관통하는 주요 관심을 포함하고 있으나, 공자는 결코 여기에 편중하여 가르침을 세우지 않았다. 따라서 자공조차도 "부자가 말한 성性과 천도天道를 얻어들을 수가 없었다"라고 탄식하였다. 의외로 공자의 "낮은 것부터 배워서 상지에 도달한다"라는 영역에서 "하학"이 "상달上達"의 주요 관심을 포함하고 있을 뿐만 아니라, 그 "하학" 자체도 "상달"의 인지적 표현을 직접 나타내고 있으니, 비로소 그것이 다른 사람들과 "함께 배울 수는 있음", "함께 도道에로 나아갈 수 있음"과 "함께 확고하게 설 수 있음", "함께 권도權道할 수 있음"의 서로 다른 차원의 구별이 있게 된다.

공자가 세상을 떠난 후 "삼 년이 지난 뒤 문인들이 각각의 임지로 돌아갈 무렵, (자공이 시묘하는 곳으로) 들어가 읍揖하고 서로 마주 보고 통곡하였다.……(후일) 자하子夏(卜商)·자장子張(顓孫師)·자유子游(言偃 혹 言游)가 유약有若(子有 곧 有子)이 공자와 닮았다고 하여 공자를 섬기는 예로써 그를 섬기고자 하면서 증자曾子에게도

---

49) 『論語』(吳哲楣 主編, 『十三經』), 「子罕」, 1280쪽.
50) 역자 주: 桓公의 후손이라 하여 桓魋라고 부르며, 宋의 司馬였다.
51) 『論語』(吳哲楣 主編, 『十三經』), 「述而」, 1276쪽.
52) 『論語』(吳哲楣 主編, 『十三經』), 「憲問」, 1301쪽.

강요하였다. 증자는 '그럴 수 없습니다. (선생님은) 양자강과 한수漢水로써 씻고, 가을볕으로써 쬐어서 희고 희어 더 높일 수가 없다'라고 하였다."[53] 이처럼 일찍이 공자가 생전에 "증삼曾參은 노둔하다"[54]라고 평가한 증자조차도 역사의 무대 앞으로 올랐다. 당연히 공자가 만년에 적손嫡孫인 자사를 증삼이 배양하도록 한 상황으로 보면, 또한 증자도 공자의 만년에 덕업德業이 크게 정진하여, 이미 공자가 크게 신뢰하는 제자가 되었음을 말해 준다. 맹자의 인물 품평에서 증삼은 항상 "검약을 준수함"(守約)의 정신으로 세상에 널리 알려져 있었던 듯한데, 『맹자』라는 책에 보면 증자와 자하는 항상 맹자의 인물평에서 서로 다른 두 가지 유형으로 나온다.

맹시사孟施舍는 증자와 비슷하고, 북궁유北宮黝는 자하와 비슷하다. 이 두 남자의 용기는 누가 현명한지 모르지만, 맹시사는 검약을 준수하였다. 옛날 증자가 자양 子襄에게 말하기를 "자네는 용기를 좋아하는가? 내가 일찍이 선생님께 큰 용기에 대하여 들었는데, 스스로 반성하며 의리義理에 부합하지 않으면, 비록 거친 베옷을 입은 사람(지위가 낮음)을 만나더라도 어찌 두려워함이 없겠는가? 스스로 반성하여 의리에 부합하면, 비록 천만 명을 대적하더라도 또한 용감하게 앞으로 나아간다"[55]라고 하셨다. 맹시사가 지킨 용기는 증자의 검약을 준수함보다 못하다.[56]

---

53) 『孟子』(吳哲楣 主編, 『十三經』), 「滕文公」, 1377쪽.
54) 『論語』(吳哲楣 主編, 『十三經』), 「先進」, 1288쪽.
55) 맹자의 이 표현 즉 "自反而不縮, 雖褐寬博, 吾不惴焉? 自反而縮, 雖千萬人, 吾往矣"이라는 구절은 종종 그것을 직설적 어조로 해석하기 때문에 이른바 "自反而不縮, 雖褐寬博, 吾不惴焉"이라는 구절을 일종의 자연스러운 표현이라고 보는데, 그렇게 하면, 말투가 통하지 않고, 語義도 분명하지 않게 된다. (대만의) 李明輝 선생은 주자와 焦循, 閻若璩의 관련 설명을 종합한 것을 기초로 "이 구절은 반문하는 말로 보아야 전체 구절을 해석할 수 있다. '스스로 반성하며 義理에 부합하지 않으면, 비록 거친 베옷을 입은 사람(지위가 낮음)을 만나더라도 어찌 두려워함이 없겠는가? 스스로 반성하여 의리에 부합하면, 비록 천만 명을 대적하더라도 또한 용감하게 앞으로 나아간다"라고 해석하였다. 이와 같아야 그 의리가 매우 분명하다.(李明輝, 『孟子重探』, 臺北, 聯經出版公司, 2001년판, 10쪽 참고)
56) 『孟子』(吳哲楣 主編, 『十三經』), 「公孫丑上」, 1263쪽.

여기서 북궁유가 "한 터럭이라도 남에게 꺾였다고 생각함"[57]이라는 외향적 두려움을 지향하는 것과 서로 비교하면, "맹시사의 용기를 지킴"에서 "증자의 검약을 준수함"까지는 모두 하나의 "지킴"(守)이라는 글자에 집중되어 있으며, 또한 모두 하나의 의지가 겹겹이 응결하고 생각이 겹겹이 내적 지킴(內守)으로 지향함을 드러내었다. 따라서 "증자의 검약을 준수함"은 곧 "스스로 반성하며 의리義理에 부합하지 않으면, 비록 거친 베옷을 입은 사람(지위가 낮음)을 만나더라도 어찌 두려워함이 없겠는가? 스스로 반성하여 의리에 부합하면, 비록 천만 명을 대적하더라도 또한 용감하게 앞으로 나아간다"라는 경지에 이를 수 있다.[58]

당시의 배경에서 증자의 이와 같은 생각의 예증(例證(內收, adduction)과 내적 지킴은 공자의 내재적 천인관통의 사상과 겉으로 드러난 인과 예의 구조에 대응하여, 주로 하나의 "효孝"로 응결하며, 이것은 또한 인과 예의 개체적 실현이며, 동시에 공자정신이 그 시대에서 가장 중요한 표현방식이었다. 왜냐하면 춘추전국 즈음에 "덕행", "정사"이든, "언변", "문학"이든 "제후가 힘으로써 증명"하는 시대에는 갑자기 모두 그 작용을 잃어버리고, 단지 "효도孝道"만이 인과 예의 구체적 통일체로 정착되었기 때문에, 따라서 당시의 유자들이 가장 많이 쓰던 방식이 되었다. 그래서 증자는 비록 공자 문하의 "십철十哲"[59]의 대열에 있지 않았으며, 심지어 공자로부터 분명하게 "증삼은 노둔하다"라는 평가를 받았지만, "효"라는 한 부분에서 입신하였

---

57) 『孟子』(吳哲楣 主編, 『十三經』), 「公孫丑上」, 1262쪽.
58) 학계는 宋代의 二程 이래 항상 『대학』을 증자의 저작으로 본다. 다만 『대학』의 格物·致知·誠意·正心과 修身·齊家·治國·平天下의 사고맥락이 바로 일종의 외향적 발산의 지향과 그 통섭작용을 나타내며, 이것은 증자시대에 표현해 낼 수 있는 것이 아닐 뿐만 아니라, 또한 그것은 "검약을 준수함"라는 정신과 완전히 배치되는 것임을 모르며, 더욱이 그것을 禮樂과 함께 유자의 입신과 일처리를 위한 효도와 응결하는 사상과 함께 통일하여 생각할 수 없다.
59) 공자 문하 열 명의 哲人은 子淵(顔回), 子騫(閔損), 伯牛(冉耕), 仲弓(冉雍), 子有(冉有), 子路(仲由), 子我(宰予), 子貢(端木賜), 子游(言偃), 子夏(卜商)를 함께 가리키며, 본래는 공자가 문하의 제자들을 소개하면서 "德行은 顔淵, 閔子騫, 冉伯牛, 仲弓이며, 언어(言辭)는 宰我, 子貢이며, 政事는 冉有, 季路이며, 文學은 子游, 子夏이다"라고 한 말에 근원한다.(『論語』[吳哲楣 主編, 『十三經』], 「先進」, 1286쪽)

으므로 개인적 방식으로 공자의 인과 예 구조를 이어받았을 뿐만 아니라, 또한 인과 예 양자의 구체적 통일로서 개체의 입신과 처세인 "효도"에 응취하여 내재되었다. 그래서 증자가 쓴 『효경孝經』은 공자의 인예정신의 내재된 응취의 구체적 표현일 뿐만 아니라, 동시에 유자들의 그 시대에 독특한 존재방식이기도 하였다.

그러나 비록 『효경』이 단지 개체적 입신처세와 그 생존방식의 문제만 언급하지만, 증자에 대하여 말하면, "효" 자체는 곧 "인"과 "예"의 구체적 통일이며 그 내재적 응결의 외적 표현이다. 따라서 유자의 입신처세의 근본적 근거가 되었다. 그리고 "효"에 대한 증자의 설명 가운데 이른바 "(무릇 예는) 하늘의 준칙準則(經)이며, 땅의 의로움이며, 백성이 해야 할 일이다"[60]라는 말을 그 가운데 남김없이 수습收拾하였다. 이른바 "천자의 효"와 "제후의 효"에서 "사대부 서인의 효"까지 마땅히 갖추어야 할 내용과 표현도 모두 증자에 의해서 이른바 "효도" 가운데로 망라되었다. 이렇게 되면, 비록 증자는 단지 "효"로써 입론立論하였지만, 유가의 인륜적 물리物理와 그 일과 사물에 응접하는 기본 원칙도 모두 그 가운데로 망라되었다. "효"에 대한 증자의 설명을 살펴보자.

공자는 "무릇 효는 덕의 근본이며, 가르침으로 말미암아 생겨난다.…… 무릇 효는 시작이 어버이 섬김이며, 중도中途는 임금을 섬김이며, 마지막은 입신立身이다"라고 하였다.[61]

(공자는) "친혈육을 사랑하는 사람은 감히 남을 미워하지 않고, 친혈육을 공경하는 사람은 감히 남에게 오만傲慢하지 않는다. 친혈육을 섬김에 사랑과 존경을 다하고 덕으로 가르침이 백성에게 퍼지고 온 나라에 모범이 되는 것은 모두 천자의 효孝이다"라고 하였다.[62]

---

60) 『孝經』(吳哲楣 主編, 『十三經』), 「三才」, 1320~1321쪽.
61) 『孝經』(吳哲楣 主編, 『十三經』), 「開宗」, 1319쪽.
62) 『孝經』(吳哲楣 主編, 『十三經』), 「天子」, 1319쪽.

높은 지위에 있으면서 교만하지 않으면 높지만 위험하지 않고, 절제하고 삼가고 법도를 지키면 가득 차되 넘치지 않는다. 높지만 위험하지 않으므로 오래 귀함을 지킨다. 가득 차되 넘치지 않으므로 오래 부유함을 지킨다. 부유함과 귀함이 자신을 떠나지 않은 다음에 그 사직을 보전할 수 있으며, 그 백성을 평화롭게 함은 대개 제후의 효이다.[63]

아버지를 섬김에 의뢰하여 어머니를 섬기니 사랑함이 한결같고, 부모를 섬김에 의뢰하여 임금을 섬기니 공경함이 한결같다. 그러므로 어머니를 향한 그 사랑을 취하고, 임금을 향한 그 공경함을 취하여 그것을 겸하는 사람이 아버지다.[64]

공경과 겸양으로써 솔선하니 백성이 다투지 않았고, 예와 악으로 인도하니 백성이 화목하였으며, (선을) 좋아함과 (악을) 미워함을 분명하게 보이자 백성이 하지 말아야 할 것을 알았다.[65]

공자는 "천지의 성性에서 인간이 가장 귀하며, 인간의 행위에서 효보다 더 큰 것이 없다. 효 가운데 아버지를 존경함(嚴父)보다 더 큰 것이 없다. 아버지를 존경함에 덕이 하늘과 같이 많음(配天, 임금의 祭天)보다 더 큰 것이 없으니, 주공周公이 그런 사람이다"라고 하였다.[66]

공자는 "친혈육을 사랑함으로써 백성을 가르침에 효孝보다 좋은 것이 없다. 예와 순종으로 백성을 가르침에 공겸함보다 더 좋은 것은 없다. (좋은) 풍습을 옮겨서 (나쁜) 습속習俗을 바꾸는 것(移風易俗)은 악樂보다 좋은 것은 없다. 군주를 편안하게 하고 백성을 다스리는 데는 예禮보다 좋은 것이 없다. 예는 공경함일 뿐이다"라고 하였다.[67]

---

63) 『孝經』(吳哲楣 主編, 『十三經』), 「諸侯」, 1319쪽.
64) 『孝經』(吳哲楣 主編, 『十三經』), 「士」, 1320쪽.
65) 『孝經』(吳哲楣 主編, 『十三經』), 「三才」, 1321쪽.
66) 『孝經』(吳哲楣 主編, 『十三經』), 「聖治」, 1321쪽.
67) 『孝經』(吳哲楣 主編, 『十三經』), 「廣要道」, 1322쪽.

증자의 위 논술에서 모두 효도를 떠나지 않는다고 할 수 있다. 그러나 효뿐만 아니라 사람의 일생에서 생존에 필요한 모든 것이 그 가운데 망라되어 있다. 그러나 또한 오로지 올바른 사람을 만드는 "효"에서 건립된 기초에서 또한 올바른 사람을 만드는 "효"의 기본 원칙에서 출발하였다. 따라서 여기에서 논한 것에는 "천자의 효", "제후의 효"가 있을 뿐만 아니라 또한 이른바 "사대부와 서인의 효"도 있다. 따라서 맹자가 말한 "검약을 준수함"이라는 개괄은 증자사상의 특징이 되었을 뿐만 아니라 또한 분명하게 유학이 공자의 후학들 이른바 70선생의 시대에 유일한 특징을 가지게 되었다.

바로 증자의 이러한 "검약을 준수함" 방식의 "효도" 때문에 유학이 "검약을 준수함" 방식의 내재적 응집과 내향적 뿌리내림의 기회를 얻었을 뿐만 아니라, 유학의 대대적 쓰임을 위하여 일종의 견실한 정신 기초와 사상적 전제가 되는 위대하고 확고한 기초를 다졌다. 증자는 곧 자사의 스승이었고 또 바로 증자의 내재적 응집과 내향적 "검약을 준수함"이 있었기 때문에 비로소 자사는 두 방향으로 깊이 들어가서 두 방향으로 확장과 창조의 조건을 가질 수 있었다. 따라서 자사의 시대에 유학은 마침내 양주楊朱와 묵가 두 학파의 쌍방향 협공에서도 성과 천도가 서로 관통하는 두 방향의 탐색을 전개하였다.

이른바 자사의 시대는 사실 양주와 묵가 두 학파가 병행된 시대였다. 자사와 양주 그리고 묵적 세 사람은 나이가 서로 비슷하였고, 같은 시대에 살면서 또한 각각 유·도·묵 세 학파에 다르게 속하였다. 따라서 당시는 일종의 유·도·묵 세 학파가 우열 없이 나란히 나아가던 시대였다.

그러나 당시 먼저 역사의 무대로 뛰어든 것은 단연 묵가였다. 이는 주로 묵가가 사상문화 영역에서 후발주자였으나, 당시 제후들의 무력정벌로 초래된 사회 전란이 하층민에게서 먼저 나타나 하층의 일반 백성을 이루 말할 수 없이 고통스럽게 하였기 때문에, 묵가는 유가의 대체자이자 비판자로 출현하였으며, 동시에 이른바 "굶주린 사람이 먹지 못하고, 추운 사람이 입지 못하고, 피곤한 사람이 쉬지 못하였다. 이 세 가지는 백성의 큰 근심이었다"[68]라는 큰 주요 관심을 가지고 굴기하였다.

유가에 대한 비판은 이른바 "친친親親에는 방법이 있고, 존현尊賢에는 등급이 있으며, 친소親疏와 존비尊卑의 다름이 있다"[69]라는 말로써 분명하게 유가의 병폐를 깊이 지적하여 유가들이 일시 해명을 할 수 없도록 하였다. 그리고 그들이 창도한 "겸애"와 그 겸애를 규정하는 "남의 집 보기를 자신의 집과 같이 하는데, 누가 훔치겠는가? 다른 사람의 몸을 자신의 몸과 같이 하는데 누가 해치겠는가?…… 남의 가문을 자신의 가문처럼 보는데, 누가 난을 일으키겠는가? 남의 나라를 자신의 나라처럼 보는데, 누가 공격하겠는가? 그러므로 대부들이 서로 남의 가문을 어지럽히고, 제후들이 서로 나라를 공격하는 일이 없어진다. 만약 천하의 사람들로 하여금 서로 사랑하게 하면, 나라와 나라는 서로 공격하지 않으며, 가문과 가문은 서로 어지럽히지 않으며, 도적盜賊이 없어지며, 군신君臣과 부자父子가 모두 효도하고 자애로울 수 있으니, 이와 같다면 천하는 다스려진다"[70]라는 말도 또한 모두 분명하게 일반 백성들이 가진 마음의 요구를 분명하게 깊이 적중하였고, 게다가 "주나라 도를 버리고 하나라의 정치를 이용한다"라는 말과 서로 호응하였으며, 또한 유가와 같은 방식으로 제후들에게 유세하면서 정권에 개입하였다. 이러한 모든 주장은 민간에게 매우 크게 호소력이 있었을 뿐만 아니라, 가는 곳마다 제후들이 대등한 지위와 예로써 대하여 대부분 유가들의 자리를 빼앗았다. 『시자尸子』[71]에서 "묵자는 겸兼을 귀하게 여기고, 공자는 공公을 귀하게 여겼다"[72]라고 한 말은 유·묵 양가가 나뉘어 갈라짐에 대한 최초의 표현이며, 『회남자淮南子』에서 "공자 집의 굴뚝에는 연기가 나지 않고, 묵자의 방석은 따뜻하지 않았다"[73]라고 개괄한 말은 즉 유·묵 양가가 서로 경쟁적으로 (집을 나가) 제후에게 유세하였던 상황을 사실적으로 묘사하였다고 할 수 있다.

---

(68) 『墨子』(『諸子集成』 제4책), 「非樂上」, 156쪽.

(69) 『墨子』(『諸子集成』 제4책), 「非儒下」, 178쪽.

(70) 『墨子』(『諸子集成』 제4책), 「兼愛上」, 63쪽.

(71) 역자 주: 춘추시대 晉의 尸佼가 쓴 책.

(72) 『尸子』(『二十二子』), 「廣澤」, 372쪽.

(73) 『淮南子』(『諸子集成』 제7책), 「修務訓」, 333쪽.

이러한 상황에서 본래 어느 정도 은둔적 경향인 도가는 오히려 자리를 잡지 못하였다. 본래 도·묵 양가의 사상적 요지要旨(宗旨)를 말하면, 그들의 주요 관심은 결코 일치된 지향점을 향하지 않는데, 일치하지 않을 뿐만 아니라 비교적 큰 거리가 있다. 인류사회에 대한 도가의 관심은 본래 그렇게 강렬하지도 않았다. 도리어 그들은 주로 어떻게 이러한 난세에서 자신을 온전하게 보존할 수 있는가의 문제에 관심이 집중되어 있었으며, 따라서 노자도 "이것은 모두 선생의 몸에 아무런 이익이 없다"라고 하여 공자가 세상을 구하려는 주장을 비판하였다. 그러나 묵가는 조금의 이기심도 없이 오로지 남을 이롭게 하는 겸애정신으로 역사의 무대에 뛰어들었으며, 도가들이 보기에 이것은 곧 인류의 이지理智와는 철저히 전도된 것으로 보였다.[74] 그런데 도가가 결국 우선적으로 자아의 구원에 초점을 맞추었기 때문에, 유가의 한결같은 구세정신에 대하여 여전히 "이것은 모두 선생의 몸에 아무런 이익이 없다"라는 비판으로 자신들의 무시를 나타내었다면, 그렇다면 묵가의 이와 같은 오로지 "무아"의 기초에서 털끝만큼의 이기심이 없이 오로지 남을 이롭게 하는 유세 활동을 보았을 때 그들은 그야말로 비판을 가할 수가 없었다. 이러한 상황에서 그들은 단지 자신들의 이론적 주장으로 묵가는 자아결핍의 병이 있음을 부각할 수밖에 없었다. 이러한 경향의 이론이 나타난 것은 곧 양주楊朱의 "위아爲我"의 주장이다. 따라서 맹자는 다음과 같이 개괄하였다.

양주와 묵적의 말이 천하를 뒤덮고 있는데, 세상의 말이 양주의 말이 아니면 묵적의 말로 귀결된다. 양씨의 위아爲我는 임금이 없는 것이며, 묵씨의 겸애는 아비가 없는 것이다. 임금이 없고 아비가 없으면 이것은 금수禽獸이다.[75]

---

74) 묵가에 대한 도가의 관점을 이처럼 개괄하는 것은 도가의 관점에서 "자기 몸을 천하처럼 귀하게 여기는 사람이면, 천하를 맡길 수 있다"(『道德經』 13장)라고 하였기 때문이다. 묵가처럼 털끝만큼도 이기적이지 않고, 오로지 타인을 이롭게 하는 겸애의 주장이 뜻밖에도 사회 대중에 영향을 주는 충분한 주류의 사조가 된 것은 그야말로 인류 지성의 근본적 뒤집힘이었으며, 따라서 후일의 『장자』에서도 "천하의 마음을 뒤집었다"(『莊子』, 「天下」)라고 묵가의 사상 주장을 개괄하였다.
75) 『孟子』(吳哲楣 主編, 『十三經』), 「滕文公下」, 1382쪽.

맹자의 개괄은 당연히 유가의 입장에서 도·묵 양가에 대한 반대 비판이지만, 당시 주류 사조는 도리어 먼저 도가인 양주楊朱와 같은 전심전력의 "위아"로서 묵가의 자아결핍의 병을 반대하였다. 따라서 묵가의 털끝만큼도 이기적이지 않고 전적으로 남을 이롭게 하는 "겸애"정신을 직면해서 도가는 단지 "자신을 귀하게 여기고 생을 중시함"(貴己重生)의 방식으로 자아 혹은 자기 배려의 중요성을 부각시킬 수밖에 없었다.

이처럼 한편으로 현실적 주요 관심의 영역에서 묵가는 더욱 격정적인 태도와 더욱 유혹의 힘이 큰 구호로 유가의 유세정치에 충격을 주었으며, 다른 한편으로 도가는 또 "자신을 귀하게 여기고 생을 중시함"의 주장으로 인류의 주요 관심인 "나"를 중요하게 여기는 마음과 "나를 위함"(爲我)을 으뜸으로 삼는 관점을 부각했다. 예를 들면, 묵가는 이러한 계열의 정치적 주장 즉 "비명非命", "비악非樂", "절용節用", "절장節葬" 등의 구호로 자신들의 "주나라 도를 버리고 하나라 정사를 이용한다"라는 인생 이상을 드높였다면, 도가는 완전히 "자신을 귀하게 여기고 생을 중시함"의 "위아"를 주장함으로써 인류의 주요 관심에서 "나"가 가장 중요한 존재임을 부각시켰다. 이러한 두 가지 서로 완전히 상반되는 사상의 경향은 곧 당시 사상의 영역에서 가장 흡인력이 강한 주장이 되었으며, 따라서 맹자는 이를 개괄하여 "양주와 묵적의 말이 천하를 뒤덮고 있는데, 세상의 말이 양주의 말이 아니면 묵적의 말로 귀결된다" 라고 하였고, 한비韓非는 양·묵 양가의 사상과 주장을 개괄하기를 "묵자의 장례는 겨울에는 겨울옷을 입고, 여름에는 여름옷을 입고, 오동나무 관의 두께는 세 치로 하며, 상복을 입는 기간(服喪)은 3개월로 하니, 세상의 군주가 검소하다고 여기고 그들을 예우하였다.…… 오늘날 어떤 사람이 이런 뜻을 따라서, 위험한 곳에 가(서 일하)지 않고, 군대에 가서 복무하지 않고, 세상에 큰 이익이 되더라도 자신의 정강이 털 한 올과도 바꾸지 않는데, (지금) 세상의 군주는 오로지 그것을 따르고 예우하며, 그 지혜를 귀하게 여기고, 그 행동을 높이며, 사물을 가볍게 보고 생명을 귀중하게 여기는 사土라고 생각한다"[76]라고 하였다. 유가에 대하여 말하면, 이때 가장 중요한 것은 아마도 결코 도·묵 양가 사상에 대한 비판에 있는 것이 아니라,

먼저 어떻게 이론적으로 자신의 견해를 굳건하게 하고, 나아가 자신이 이기는 위치에 설 것인가에 있을 것이다. 당시 자사와 그가 쓴 『중용』도 이러한 역사적 임무를 담당하였다.

자사는 공자의 적손이며 증자의 제자로서 양주와 묵적 두 학파의 협공에 임하여 그는 먼저 조상으로부터 내려온 인仁·예禮의 구도와 천명에 근원하는 의식으로 증자의 "검약을 준수함"의 정신을 드높여서 천도와 성명이 관통하는 사상으로 만들었으며, 나아가 매우 능력이 뛰어난(上天入地) 탐구 정신을 드러내었다. 이러한 정신은 먼저 『중용』의 첫 편에서 잘 나타난다.

> 하늘이 명命한 것을 성性이라 하고, 성性을 따름을 도道라 하고, 도를 닦음을 교敎라고 한다. 도는 잠시(須臾)라도 떠나서는 안 되니, 떠나면 도가 아니다. 이러므로 군자君子는 그것을(도를) 보지 못할까 경계하고 삼가며, 도를 듣지 못할까 몹시 두려워한다. 감추어도 더 잘 드러나며, 미묘해도 더 잘 나타나니, 그러므로 군자는 그 홀로 있음을 삼간다. 기쁨·분노·슬픔·즐거움이 아직 발하지 않음을 중中이라고 하며, 발하여 절도에 맞음을 화和(調和)라고 하니, 중은 세상의 큰 근본이며, 화는 세상의 달통한 도이다. 중과 화를 지극하게 이루면 천지天地가 이에 확립되고, 만물이 이에 생육生育된다.[77]

여기서 자사는 어떻게 천하를 구원할 것인가를 말하지도 않았고, 또한 어떻게 구체적으로 "나를 위함"을 할 것인가를 말하지 않았으나, 직접적으로 이른바 "하늘이 명한 것을 성이라고 한다"라는 말에서 출발하여 "천명", "성", "도", "가르침"을

---

76) 『韓非子』(『諸子集成』 제5책), 「顯學」, 351~353쪽.
   역자 주: 이 구절만 보면, 한비가 楊朱의 "爲我"설을 찬성한 것처럼 자칫 오해하기 쉽다. 그러나 구절에 이어 韓非는 "…… 지금의 군주들이 사물을 가벼이 여기고 생명을 소중하게 여기는 士들을 존귀하게 여기면서 백성들이 전쟁에 나가 목숨을 바치고 임금을 위해 죽음으로 섬길 것을 바랄 수 없다"(今上尊貴輕物重生之士, 而索民之出死而重殉上事, 不可得也)라고 하였다.
77) 『禮記』(吳哲楣 主編, 『十三經』), 「中庸」, 560쪽.

일직선으로 관통하여 수직적으로 유가의 인생의 길을 전개하였는데, 이것이 곧 "도는 잠시(須臾)라도 떠나서는 안 되니, 떠나면 도가 아니다"라는 말이다. 분명하게 자사가 여기서 말한 "천명"은 또한 공자가 50에 알아야 한다고 말한 "천명"이다. 그리고 자사가 "하늘이 명한 것을 성이라고 한다"라고 한 말은 "인성人性"은 곧 "하늘이 명한 것이다"라는 말과 같으며, 혹은 "천명"이 사람의 삶에서 실현된 것이라고 할 수 있다. "천명", "성", "도", "가르침"을 일직선으로 관통한 것은 곧 "천명"이 사람의 삶에서 실현된 구체적 표현이며, 동시에 사람이 태어나서 스스로 실현한 "상달"한 천명으로 천인합일의 도이기도 하다. 그리고 군자가 이른바 "그것을(도를) 보지 못할까 경계하고 삼가며, 도를 듣지 못할까 몹시 두려워함"과 "감추어도 더 잘 드러나며, 미묘해도 더 잘 나타나니", "군자는 그 홀로 있음을 삼간다"라는 말은 또한 모두 사람이 태어나면서 내포하고 있는 "천명지성天命之性"의 전폭적이고 명백하게 드러남이며 구체적인 표현이다. 그 자체에 대하여 말하면, "기쁨·분노·슬픔·즐거움이 아직 발하지 않음"인 "중中"에서부터 "발하여 절도에 맞음"의 "화和"(調和)까지는 개개 인생의 기쁨·분노·슬픔·즐거움이 발현되는 과정이며, 동시에 "천지天地가 이에 확립되고, 만물이 이에 생육生育되는" 천지의 "중화中和"가 되는 "달도達道"와 관련이 있다.

이것은 분명히 수직 초월적인 천인구조이다. 도·묵 양가에 완전하게 둘러싸인 현실인생에 초점을 맞추어 대응하였는데, 묵가는 오로지 "무아"로 세상 사람들을 겸애兼愛하며, 도가는 또 오로지 한마음으로 "위아"를 주장하였다. 이에 유가는 완전히 "천명지성"을 근본으로 삼고 수직적이고 입체적 초월적으로 사람의 생명인 천명의 근원을 전개하였다. 이러한 수직적 초월의 구조는 또한 곧 도·묵 양가의 좌우 협공에 대한 대응이라고 할 수 있다. 증자가 말한 "검약을 준수함"의 정신에 대응하여 이것은 일종의 "신독慎獨"과 같은 실천이며, 또한 일종의 대폭발과 같은 전개이다. 그러나 자사에 대하여 말하면, 중요한 것은 아마도 결코 어떻게 이론적으로 현실인생에서 의거하는 천명을 나타내는 데 있지 않고, 어떻게 현실의 인생의 관점에서 진실하고 또 구체적으로 그 가운데 천명의 내포를 드러낼 것인가에 있다. 자사는 그것을 다음과 같이 말하였다.

공자께서는 "도는 사람을 멀리하지 않으니, 사람이 도를 실천함에 사람을 멀리하면, 도를 행할 수 없다"라고 하였다.[78]

군자의 도는 광대하면서도 은미隱微하다. 우매한 부부夫婦도 더불어 알 수 있지만, 그 지극한 것은 비록 성인聖人이라도 또한 알지 못하는 바가 있다. 모자라는 부부도 (군자의 도를) 행할 수 있지만, 그 지극한 것은 비록 성인이라도 또한 할 수 없는 것이 있다. 하늘과 땅이 크기는 하지만 사람에게는 오히려 모자람이 있다. 그러므로 군자가 큼을 말하면 천하가 그것을 다 싣지 못하고, 작음을 말하면 천하도 (작게) 부수지 못한다. …… 군자의 도는 부부에게서 그 단서가 만들어지며, 그 지극함은 천지에서 살펴서 안다.[79]

분명히 이처럼 "부부에게서 단서가 만들어지는" "군자의 도"는 사실 인생에서의 변하지 않은 도리(常道)이다. 그러나 이와 같은 인생의 상도가 비록 "부부에게서 단서가 만들어진다"라고 하더라도 어리석은 남편과 어리석은 아내와 "함께 앎", "행할 수 있음"으로부터 시작하며, 그것에 내재된 함의는 도리어 가끔은 "비록 성인이라도 또한 알 수 없는 것이 있다"라고 할 수 있다. 이 말은 어리석은 남편과 어리석은 아내와 "함께 앎", "행할 수 있음"이라는 인생에서의 상도 가운데는 분명하게 "비록 성인이라도 또한 알 수 없는 것"과 "비록 성인이라도 또한 할 수 없는"의 초월적 주요 관심과 초월적 내용을 포함하고 있음을 말하며, 따라서 "군자의 도는 부부에게서 단서가 만들어지며, 그 지극함은 천지에서 관찰한다"라고 말한다. 그리고 이러한 "부부에게서 단서가 만들어짐"은 또한 "천지에서 관찰함"의 인생 상도가 될 수 있으며, 동시에 또한 유가가 시종 견지하고 있는 "군자의 도"이기도 하다. 매우 분명하게 이러한 군자의 도는 이미 현실의 인생을 떠날 수 없으며,

---

78) 『禮記』(吳哲楣 主編, 『十三經』), 「中庸」, 561쪽.
79) 『禮記』(吳哲楣 主編, 『十三經』), 「中庸」, 561쪽.

동시에 또한 "천지에서 관찰함"의 초월적 함의를 포함하고 있다. 도·묵 양가의 극단적 언론(예를 들면 세상 사람을 "겸애"함과 오직 "나만을 위함")을 서로 비교하면, 유가는 도리어 그 "잠시라도 떠날 수 없는" 인생 상도의 측면에서 자신의 사상적 체계를 전개하였다.

그렇다면 이러한 상도는 또 어떻게 인생에서 실천되는가? 혹은 그것은 장차 어떻게 현실의 인생에서 그 자신의 가치와 의미를 드러내는가? 실제로 인생 상도는 아무래도 완전히 현실인생에서 출발해서 "군자는 그의 현재 지위에 따라 행동한다" 라고 할 뿐이다. 이러한 인생에 따라서 자사子思는 다음과 같이 말하였다.

군자는 그의 지위에 따라 행동하고 그 (지위) 밖을 바라지 않는다. 부귀하면 부귀함을 행하며, 빈천하면 빈천함을 행하며, 이적夷狄에 있게 되면 이적(의 풍습) 을 행하며, 환난을 만나면 환난에 맞게 행하니, 군자는 어떤 상황에 들어가 있더 라도 스스로 할 수 없는 것이 없다. 높은 지위에 있으면 아래 지위에 있는 사람을 업신여기지 아니하며, 낮은 지위에 있으면 윗자리 사람의 도움을 받지 않는다. 자신을 바르게 하고 타인에게서 구하지 않으면, 원망이 없다. 위로는 하늘을 원망하지 않으며 아래로 타인을 탓하지 않는다. 그러므로 군자는 자기 자리에 평안하게 있으면서 명命을 기다린다.[80]

여기서 말하는 "그의 지위에 따라 행동함"과 "부귀하면 부귀함을 행하며, 빈천하면 빈천함을 행하며, 이적夷狄에 있게 되면 이적(의 풍습)을 행하며, 환난을 만나면 환난에 맞게 행함"은 실제로 안회가 표현한 가난 속에서도 편안한 마음으로 도道를 즐김(安貧樂道)의 정신이며, 따라서 "위로는 하늘을 원망하지 않으며 아래로 타인을 탓하지 않음"을 충분하게 행할 수 있다. 그러나 현실의 생활에서 사람들은 자주 이러한 정신을 일종의 운명에 좌우지되는(罷佈) 아무 때나 분수에 만족하는(安 分隨時) 게으름뱅이 정신으로 이해하기도 한다. 실제로 여기서 일련의 "현재 지위에

---

80) 『禮記』(吳哲楣 主編, 『十三經』), 「中庸」, 562쪽.

따름(素)"을 통하여 드러난 것은 일종의 천지가 낳아 길러 왜곡할 수 없는 것과 부귀富貴·이적夷狄·환난患難 등 모든 인생에서 만날 수밖에 없는 정신이며, 이것은 곧 후일 맹자가 개괄한 "상·하가 천지와 함께 흐른다"[81]라는 정신이다.

이러한 기초에서 유가 군자의 도는 또한 주로 "성性"(본성)과 "성誠"(정성스러움) 두 방면에서 실천되었다. 이른바 "본성本性"은 저절로 하늘이 사람에게 명한 것이며, 또한 사람이 가진 천명지성天命之性이며, 당연히 사람이 능히 "상·하가 천지와 함께 흐른다"라는 근본 근거이다. 이른바 "정성스러움"은 주로 천도의 운행과 본질적인 규정에서 출발하여 형성된 인도人道의 특징이며, 따라서 자사는 "정성스러움은 하늘의 도이며, 정성스러워지고자 하는 것은 사람의 도이다. 정성스러움은 면려勉勵하지 않아도 적중하며, 사려 하지 않아도 얻을 수 있으며, 자연히 도에 적중하니 곧 성인聖人이다"[82]라고 하였다. 분명히 여기서 말하는 "정성스러워지려는 사람"은 사실 또한 "사람의 도"이다. 그리고 "본성"과 "정성스러움"은 상호 보충적이며 통일된 것이며, 또한 하늘에서 사람에게 이르며, 사람으로부터 다시 하늘에 이르는 일종의 쌍방향 통일이다. 만약 "본성"은 천인합일의 본체적 근거라면, "정성스러움"은 또 마땅히 천인합일의 주체적 기초이며 실천을 추구하는 공부이다. "본성"과 "정성스러움"의 이러한 상호 보충적 관계에 관하여 자사는 또 다음과 같이 설명하였다.

오직 세상에서 지극한 정성(至誠)이라야 그 본성을 다할 수 있으며, 그 본성을 다할 수 있어야 사람의 본성을 다할 수 있으며, 사람의 본성을 다할 수 있으면 사물의 본성을 다할 수 있으며, 사물의 본성을 다할 수 있으면 천지의 화육化育에 참여할(參贊) 수 있으며, 천지의 화육에 참여할 수 있으면 천지와 함께 참여할 수 있다.[83]

---

81) 맹자는 "무릇 군자는 지나가면 교화되고, 보존하면 精神이 되니, 상하가 천지와 함께 흘러가니, 어찌 적은 보탬이라고 하겠는가?"(『孟子』[吳哲楣 主編, 『十三經』], 「盡心上」, 1420쪽)라고 하였다.
82) 『禮記』(吳哲楣 主編, 『十三經』), 「中庸」, 564쪽.

오직 세상에서 지극한 정성이라야 세상의 사람이 지켜야 할 큰 도리(人經)를 경륜經綸하고, 세상의 대본大本을 확립하며, 천지의 화육을 알 수 있다. 무릇 어디에 의지하는가? 그 인仁을 정성스럽게 하누나! 그 깊이를 더욱 깊게 하누나! 그 하늘을 더욱 크게 하누나! 진실로 총명한 성인의 지혜로 천덕天德에 이르지 않고 서야 누가 그것을 알 수 있겠는가?[84]

분명히 자사가 보기에 "지극한 정성"은 곧 "본성을 다함"의 주체적 기초이며, 오직 인도人道의 "지극한 정성"에서 출발해야만 비로소 차례대로 "그 본성을 다함"에서 "자신이 가진 본성을 다함"을 이룰 수 있으며, 따라서 또한 "그 본성을 다함"으로부터 "사람의 본성을 다함"과 "사물의 본성을 다함"까지 이를 수 있고, 마지막으로 "천지의 화육에 참여함"과 "천지와 더불어 참여함"의 경지에 이를 수 있다. 이른바 "지극한 정성"이라면 동시에 인생에서의 "천하의 대본을 확립하고 천지의 화육을 앎"을 이루어 위로는 "천덕에 도달함"의 기초에 이르며, 그에 따라 인생의 도를 극진하게 하는 전제가 되는 공부를 이룰 수 있다. 따라서 만약 "천명지성天命之性"이 곧 천인합일의 본체적 근거이며, 천도 운행과 인생 실현의 표현이라면, 이른바 "지극한 정성"은 곧 "자신의 본성을 다함"에서 출발하여 "사람의 본성을 다함", "사물의 본성을 다함", 그리고 "천지의 화육에 참여함"에 이르며, 따라서 "천지와 함께 참여함"의 주체적 추구의 공부이다. 유가가 천인합일의 기초에서 건립한 군자의 도는 자사의 『중용』에서 표현된 것이 최고의 전형典型이다.

그뿐만 아니라, 자사는 또 그 "지성"의 도에서 출발하여 차례로 "본성"과 "정성" 그리고 "정성스러움으로부터 밝게 됨"(自誠明)과 "밝음으로부터 정성스러움"(自明誠)의 구별을 설명하였으며, 아울러 유가의 "덕성德性을 존중함"(尊德性)과 "도를 듣고 배움"(道問學)의 쌍방향의 주요 관심을 전개하였다. 만약 "본성"에서 "정성"에 이르는 그 자체는 하늘에서 사람으로 실현되는 과정이라면, 이른바 "정성

---

83) 『禮記』(吳哲楣 主編, 『十三經』),「中庸」, 564쪽.
84) 『禮記』(吳哲楣 主編, 『十三經』),「中庸」, 566쪽.

스러움으로부터 밝게 됨"과 "밝음으로부터 정성스러움"도 인도人道 내부의 도덕실천과 지식 추구의 구별이 된다. "덕성을 존중함과 도를 묻고 배움"으로부터 곧바로 "지극히 고명하고 중용을 실천함"(遵循中庸之道)에 이르며, 또한 군자의 일상적 존양存養에서 스스로 행하는 도가 된다. "정성스러움으로부터 밝게 됨"과 "밝음으로부터 정성스러움"의 구별과 "덕성을 존중함"과 "도를 묻고 배움"이 어떻게 통일되는가의 문제에 대하여 자사는 일찍이 다음과 같이 설명하였다.

> 정성스러움으로부터 밝아짐을 성性이라고 하며, 밝음으로부터 정성스러움을 가르침이라고 한다. 정성스러우면 밝고 밝으면 정성스럽다.[85]

> 그러므로 군자는 덕성을 존중하고 도를 묻고 배우며, 광대함에 이르고 정미함을 다하며, 지극히 고명하고 중용을 실천한다.[86]

"정성스러움으로부터 밝게 됨"과 "밝음으로부터 정성스러워짐"의 관계에 대하여 자사는 여기서 분명하게 "성性"과 "가르침"이라고 보았다. 즉 성性과 성誠의 관계와 같이 운용하되, 일관되게 양자의 통일을 견지하였으며, 따라서 "정성스러워지면 밝고, 밝으면 정성스러워진다"라고 하였다. 자사가 여기서 말한 "성性"과 "가르침", "정성"과 "밝음"의 쌍방향 통일의 관계에 관하여 북송의 리학가 장재張載(1020~1077)가 일찍이 해석하기를 "모름지기 정성스러움으로부터 밝음과 밝음으로부터의 정성스러워 짐은 다름이 있음을 알아야 한다. 정성스러움으로부터 밝게 됨은 먼저 본성을 다하여 궁리窮理에 이르는 것이며, 먼저 그 본성을 이해함으로부터 궁리에 이름을 말한다. 밝음으로부터 정성스러워짐은 먼저 궁리하여 본성을 다함이며, 먼저 배우고 물음으로 이해하여 천성天性에 도달함을 말한다"[87]라고 하였다.

---

85) 『禮記』(吳哲楣 主編, 『十三經』), 「中庸」, 564쪽.
86) 『禮記』(吳哲楣 主編, 『十三經』), 「中庸」, 565쪽.
87) 張載, 『張載集』, 「語錄中」, 330쪽.

장재의 이러한 해석으로부터 보면, 그는 분명하게 자사의 "천도"와 "인도"의 "성性"과 "성誠", "성性"과 "가르침"의 구별을 견지하고 있다. 동시에 이른바 "본성을 다함"(盡性)과 "궁리窮理" 두 영역의 통일을 추진하였는데, 『중용』이 형성된 이래 아마도 이보다 더 적절한 해석은 없을 것이며, 따라서 필자는 특별하게 장재의 이 해석으로써 필자의 이해로 대체하고자 한다.

"존덕성尊德性"과 "도문학道問學"의 관계는 그 후 또 변화하여 남송의 리학에서 주자朱子와 육상산陸象山(1139~1192)이 장시간 논쟁을 펼쳤다. 비록 자사의 언어적 맥락에서 양자는 근본적으로 대립 관계는 아니지만, 그러나 이 문제는 이미 진화하고 어느 면에서는 주朱 · 육陸의 논쟁을 좌우한 이상 적어도 『중용』에 드러난 이론적 심각성과 그 영향의 심원함을 말해 준다. 이러한 모든 것은 당연히 모두 자사의 유학 연구의 깊이와 발전을 대표하지만, 또한 모두 양 · 묵 양가의 반박과 협공 아래 실현된 것이다. 유학 연구의 발전을 위해서 가장 깊이 새겨볼 만한 역사의 경험이다.

3. 근원에서 현재로 향하는 응집―도가의 맥락

유가가 도 · 묵 양가의 역부각逆浮刻(反襯)과 협공 아래 자신의 이론적 근거를 심화시킬 때 도 · 묵 양가도 발전하였다. 그러나 도가사상의 발전은 곧 노자가 일찍이 "자신을 천하로 귀하게 여기는 사람에게는 천하를 기탁寄託 수 있으며, 자신을 천하처럼 사랑하는 사람에게 천하를 부탁付託할 수 있다"라는 말로 공자의 사상을 역부각 시켰던 것과 같다. 즉 "그대 자신에게 모두 무익하다"라는 말과 같이 당시의 사상계에 관하여 말하면, 도가는 시종 그 반향과 역부각의 방식으로 비판을 진행하였다. 이러한 특성이 도가사상의 발전에서 한편으로 반드시 유 · 묵 양가의 결함에 대하여 역부각과 비판의 경향을 결정하였다. 다른 한편, 그 자신의 사상적 요지도 끊임없이 응취되었으며, 또한 어떤 "(사물의) 시초를 원찰하고

(사물의) 마침을 탐구함"(原始反終)을 나타내며, 한 걸음 더 나아가 그 근원적 출발점의 구조로 나아간다.

본래 사상계에 오직 유·도 양가만 있을 때 노자는 단지 공자의 사상과 주장이 "이것은 모두 그대 자신에게 무익하다"라고 지적하기만 하면 그만이었으나, 유가는 도리어 결코 도가의 비판으로 자신의 주장을 굽히지 않았으며, 나아가 유·도 양가는 "도"와 "덕", "자아"와 "천하" 사이의 "상호 배척"을 형성하였다. 그러나 도가가 절대로 생각하지 못한 것은 새롭게 일어난 묵가가 유가보다 더 급진적이고, 더욱 자신을 중시하지 않을 뿐만 아니라 남을 자신처럼 사랑하라는 요구를 하였다. 즉 "타인을 자신처럼 봄"과 "남의 가정을 자신의 가정처럼 봄"은 어느 정도는 전혀 내가 없는 곧 이른바 털끝만큼도 이기적이지 않고, 오로지 타인을 이롭게 하는 사상과 주장을 형성한 것과 같다. 이러한 상황에서 도가는 유·묵 양가 특히 묵가사상을 역부각 시키고, 비판적이었으며, 또한 오직 자신들의 이론적 요지要旨를 고양함으로써 실현될 수 있었다. 그리고 당시에 이러한 사상적 요지는 주로 양주楊朱의 "위아爲我"설에 집중되었다.

양주의 "위아"에 관하여 앞에서 말한 맹자의 "임금이 없음"이라는 비판을 제외하면, 『맹자』에서 『한비자韓非子』까지, 그리고 『여씨춘추』, 『회남자』, 『열자』도 일련의 구체적인 분석과 설명이 있으며, 아울러 "위아"를 둘러싸고 전개된 것이다. 예를 들면 다음과 같다.

> 맹자는 "양자楊子는 위아설을 취하였는데, 털 한 올을 뽑아 세상을 이롭게 하더라도 하지 않았다. 묵자의 겸애는 정수리에서 발뒤꿈치까지 닳도록 다하였다"라고 하였다.[88]

> 지금 여기 어떤 사람이 있는데, 뜻한바 위험한 성城에는 들어가지 않고, 군대에도 머무르지 않고, 세상의 큰 이익을 정강이 털 하나와 바꾸지 않았다. 세상의 군주

---

88) 『孟子』(吳哲楣 主編, 『十三經』), 「盡心上」, 1422쪽.

는 반드시 그런 자를 따르고 예우하여, 그 지혜를 귀하게 여기고 그 행동을 높이 사고, 물질을 가볍게 여기고 생명을 소중하게 여기는 인물(士)이라고 여길 것이다.[89]

노담은 부드러움을 귀하게 여겼고, 공자는 인(仁)을 귀하게 여겼으며, 묵적은 겸애를 귀하게 여겼으며…… 양생陽生(楊朱)은 자신을 귀하게 여겼다.[90]

지금 내가 태어남은 나를 위해 있으며, 나를 이롭게 하는 것이 또한 중대하다. 그 귀하고 천함을 논하면, 작위가 천자가 되더라도 이(생명)에 비할 수 없다. 그 경중輕重을 논하면 부유함이 천하를 가지더라도 바꿀 수 없으며, 그 안위安危를 논하면 하루아침에 그것을 잃으면 종신토록 다시 얻을 수 없다. 이 세 가지는 도가 있는 사람이면 신중하게 여기는 바이다.[91]

무릇 현을 퉁겨 노래하고 북을 치며 춤을 추는 것이 음악이며, 빙 돌아 오르고 읍揖하며 겸양함으로써 예를 닦으며, 후하게 장례를 치르고 오래(3년) 상을 치르며 죽은 이를 보내는 것은 공자가 세운 것이지만 묵자는 그것을 그르다고 하였다. 겸애兼愛하고 어진 이를 높이고 귀신이 보우하고 명命을 그르다고 한 것은 묵자가 세운 것이지만 양주楊朱는 그르다고 하였다. 성性을 온전하게 하고 참됨을 보존하여 사물로써 형체에 누를 끼치지 않음은 양주가 세운 것이지만, 맹자는 그것을 그르다고 하였다.[92]

옛사람은 털 한 올을 덜어내어 세상을 이롭게 하더라도 하지 않았으며, 천하를 들어서 한 사람에게 바쳐도 받지 않았다. 사람마다 한 올의 털도 손해 보지 않고, 사람마다 천하를 이롭게 하지 않았지만, 천하는 다스려졌다.[93]

89) 『韓非子』(『諸子集成』 제5책), 「顯學」, 352~353쪽.
90) 『呂氏春秋』(『諸子集成』 제6책), 「不二」, 213쪽.
91) 『呂氏春秋』(『諸子集成』 제6책), 「重己」, 6쪽.
92) 『淮南子』(『諸子集成』 제7책), 「氾論訓」, 218쪽.
93) 『列子』(『二十二子』), 「楊朱」, 217쪽.

비록 양주 본인은 결코 그의 사상과 주장에 관한 어떤 저작도 남기지 않았지만, 위에서 말한 『맹자』, 『한비자』, 『여씨춘추』에서부터 『회남자』와 『열자』의 기록과 옮겨 적은 사상의 관점에서 보면, 기본적으로 양주의 대략적 사상의 윤곽을 밝힐 수 있는데, 정면으로 보면, 이른바 "지금 내가 태어남은 나를 위해 있으며, 나를 이롭게 하는 것이 또한 중대하다"라는 말이다. 만약 이 사상을 집중해서 표현한다면 맹자가 개관한 "위아為我"라고 할 수 있다. 객관적으로 보면 "자신을 귀하게 여기고 생명을 중시함", "성性을 온전하게 하고 참됨을 보존함"의 사상을 주장하였다고 개괄할 수 있다. 이러한 주장은 주로 묵가가 오로지 무아無我와 같이 세상 사람을 겸애하는 사상과 주장을 겨냥하여 나온 것이며, 그로써 세상 사람들을 자아를 중시(당연히 간혹 묵가가 주장한 겸애가 자아를 무시한다는 뜻도 포함한다.)하도록 일깨우기도 하였다. 그러나 사상적 근원의 각도에서 보면, 또한 주로 노자의 "자신을 천하로 귀하게 여기는 사람에게는 천하를 기탁寄託 수 있으며, 자신을 천하처럼 사랑하는 사람에게 천하를 부탁付託할 수 있다"라는 말에 근원한다. 이렇게 되면 우리는 또한 양주의 이 주장이 실제로는 오로지 위아為我의 이기적 주장이 결코 아니라 단지 사람마다 모두 마땅히 자중자애해야 한다는 뜻을 나타내는 것이라고 해명할 수 있다. 즉, 열자가 "사람마다 한 올의 털도 손해 보지 않고, 사람마다 천하를 이롭게 하지 않았지만, 천하는 다스려졌다"라고 개괄한 뜻이다. 그러나 묵가가 주장한 겸애가 "무아"와 같은 성격이라는 비판에서 아울러 사람들이 "자아"에 대한 관심을 일깨우려는 점에서 사람마다 모두 자중자애하고 아울러 "자아"를 인생의 첫 번째 출발점으로 삼아야 한다는 적극적 의미를 부각시켰으며, 이른바 "자신을 귀하게 여기고 생명을 소중하게 여김"도 또한 이 점에서 확립되었다.

이뿐만 아니라 양주의 이 주장을 통하여 우리는 유·묵 양가가 현실에 대한 주요 관심의 영향에서 도가는 본래 근원을 파고드는 방식으로 형성된 "어머니를 지킴으로써 자식을 보존함"(守母以存子. 근본을 지킴으로써 지엽을 보존함)이라는 지혜와 근원을 역으로 소급해 가는 인식방법도 끊임없이 현실로 다가서며 곧장 현재에 집중되고 있음을 알 수 있다. 근원을 역으로 소급하는 인식방법은 본래 실연존재實然

存在의 측면으로부터 전개되며, 이 때문에 그것이 현실로 응집될 때 또한 오직 "나"의 실연존재의 측면으로 집중되며, 이것은 곧 양주가 말한 "그 귀하고 천함을 논하면, 작위가 천자가 되더라도 이(생명)에 비할 수 없다. 그 경중輕重을 논하면 부유함이 천하를 가지더라도 바꿀 수 없으며, 그 안위安危를 논하면 어느 하루 그것을 잃으면 종신토록 다시 얻을 수 없다"라는 말의 근본적 원인이다. 왜냐하면 이 모든 일은 실제로는 모두 실연實然의 "나"와 그 현실존재의 전제이며, 또한 오직 실연의 "나"의 현실존재의 기초가 있어야만 비로소 그 실현의 가치와 의미가 있게 된다. 따라서 양주가 보기에 "귀천貴賤", "경중輕重" 나아가 "하루아침에 그것을 잃음"은 또한 모두 반드시 실연존재의 "나"와 실연의 "얻음"(得)의 측면에서 전개된 것이다. 이것은, 도가가 우주천도에 관하여 근원을 역으로 소급하여 이른바 "황홀함" 의 상태에 이르고, 인류사회에 관하여 근원을 역으로 소급하여 "작은 나라 적은 백성"(小國寡民)의 상태에 이르는 것이든, 개체의 세상에 몸을 의탁함에 관하여 또한 반드시 근원을 역으로 소급하여 싸움이 없는 세상, 이른바 "마치 갓난아기가 아직 옹알이를 못함"(若嬰之未孩)의 상태이든, 실제로는 모두 노자가 말한 "내가 가진 큰 근심은 내가 몸이 있다"라는 사실을 둘러싸고 전개되었음을 설명한다. 왜냐하면 도가가 보기에 "귀천"과 "경중" 그리고 "안위"를 막론하고 모두 반드시 실연존재의 "내가 몸을 가짐"으로부터 받아들인 것이기 때문이다. 실제로 이것도 바로 노자가 "내가 가진 큰 근심은 내가 몸이 있음이다. 내가 몸이 없으면, 내가 무슨 근심이 있겠는가?"라는 설에 대한 일종의 구체적인 인생의 실천적 해석이다. 그리고 이러한 실천과 해석은 단지 그것이 유·묵 양가의 현실적 주요 관심의 영향과 이끌려 들어간 상황에서 생긴 필연적 맥락이다.

양주의 이러한 맥락은 분명히 이미 노자가 우주천도의 "황홀함"으로부터 인생의 "갓난아기로 돌아감"의 추구를 포기한 것이며, 도가에 관하여 말하면 이처럼 자아를 강조하는 "자신을 귀하게 여기고 생명을 중시함"의 주장은 분명히 그 사상의 변화 발전의 종점은 결코 아니다. 유·도·묵 세 학파가 정립하고 또 상호 배척과 상호 비판의 상황에서 도가의 사상도 반드시 계속 발전하여 결국은 선진시대

사상적 최고봉을 이루었다. 즉, 장자야말로 중국사상계의 진정하고 영원한 바탕이
되었으며, 동시에 흔들림 없는 위치를 확립하였다.

장자莊子(BC 369?~BC 286)는 맹자와 동시대 사람으로 몇 살이 적다. 그러나 사상발
전의 측면에서 보면, 장자는 더욱 도가사상의 토대를 확립하는 데 집중하였던
것 같다. 이런 점에서 비록 맹자가 유가에 대하여 같은 관심을 가졌지만, 유가에
존재하는 강렬한 인륜의 세상 교육 관심 때문에, 맹자의 시대에는 이른바 세상을
태평하게 다스릴 수 있는 조건은 전혀 성숙되어 있지 않았다.[94] 따라서 맹자사상의
핵심은 장자처럼 완전하게 사상적인 "자아" 확립의 도에 결코 완전히 몰입할
수 없었고, 반드시 적극적으로 그 가정, 국가, 천하에 관한 관심으로 확장하였다.
도가에 근본 한 장자로서는 근본적으로 천하에 관한 관심이 없으며, 노심초사勞心焦思
오직 개인의 안심입명의 길을 생각했을 뿐이다. 따라서 유·도 양가의 사상적
발전의 실연 노선에서 서로 간의 순서에 대하여 말하면, 맹자가 아마도 장자보다
조금 늦은 것 같다.[95]

장자와 맹자는 같은 시대에 살았으며, 함께 '제후들 무력정벌武力征伐'의 국면에
직면하였다. 맹자가 "땅을 다투어 전쟁하면 죽은 사람이 들에 가득 차고, 성城을
다투어 전쟁하면 죽은 사람이 성에 가득 찼다"[96]라고 한 말이 곧 당시 시대상을
사실적으로 묘사하였다고 할 수 있다. 그러나 유·도의 사상적 요지의 불일치로
말미암아 이러한 상황에 직면하였는데, 맹자는 또한 완전히 "토지를 지키느라
인육을 먹게 함이니 그 죄는 죽여도 용서할 수 없으니, 전쟁을 좋아하는 자는
최상의 형벌을 받아야 하고, 제후를 포함한 자들은 그다음이다.……"[97]라는 격렬한

---

94) 맹자는 "무릇 하늘이 아직 세상을 평화롭게 다스리려 하지 않는다. 만약 세상을 평화
롭게 다스리고자 하면, 지금 세상에 나를 제외하고 누가 있겠는가? 내가 무엇 때문에
유쾌하지 않은가?'라고 하였다.(『孟子』[吳哲楣 主編, 『十三經』], 「公孫丑下」, 1372쪽)
95) 역자 주: 일반 역사서에는 맹자가 장자보다 몇 살 많다고 기록되어 있지만, 이 책의
저자는 사상적 정립과정을 보면, 장자가 오히려 맹자보다 몇 살 많다고 본다.
96) 『孟子』(吳哲楣 主編, 『十三經』), 「離婁下」, 1387쪽.
97) 『孟子』(吳哲楣 主編, 『十三經』), 「離婁下」, 1387쪽.

저주를 발설할 수 있었다. 그러나 장자는 도리어 부득불 먼저 자신의 생존을 위한 근심을 하지 않을 수 없었다. 전하는 말에 의하면, 장자는 당시 한 사람의 칠원漆園이라는 고을의 하급 관리일 뿐이었으며, 일찍이 생계가 곤란하여 "(친구인) 감하후監河侯에게 식량을 꾸었다."[98] 그 후 사회적으로 이미 비교적 영향력이 있었지만, 여전히 "헐렁한 베옷을 기워서 입고, 끈으로 묶은 신발을 신고 위왕魏王의 앞을 지나갔다."[99] 다시 세월이 지나 심지어 초왕楚王이 후한 폐백幣帛을 초빙하자 명확하게 자신은 차라리 "진흙에 꼬리를 묻고 끌면서 살겠다"(벼슬하여 속박되기 보다는 가난하더라도 맘 편히 살겠다.)[100]고 하였으며, 혜시惠施가 대상代相(諸侯王의 재상)이라고 의심함에 직접 자신은 "(鳳凰은) 오동나무가 아니면 앉아 쉬지 않고, 대나무 열매(練食)가 아니면 먹지 않고, 예천醴泉(甘露川, 태평한 때 단물이 솟는 샘)이 아니면 마시지 않는다"[101]라고 하였는데, 실제로 이것은 모두 그 인생 지향志向의 직·간접적 표현을 나타낸다.

당시의 사상계에 관하여 말하면, 장자는 그의 「천하」편에서 객관적으로 유가를 소개하기를 "『시』는 도道로써 마음의 뜻을 나타내고, 『서』는 도로써 정사政事를 말하고, 『예』는 도로써 행을 말하고, 『악樂』은 도로써 조화를 말하고, 『역』은 도로써 음양陰陽을 말하며, 『춘추』는 도로써 명분을 말한다"[102]라고 한 말을 제외하면, 유가에 대하여 직접적인 평가나 체계적 비평을 한 것은 결코 없는 것 같다. 그러나 「추수秋水」한 편에서 장자는 공자가 "진陳나라와 채蔡나라에서 곤경을 당한" 한 사건을 분석함으로써 분명하게 유가에 대한 기본적인 입장을 표현하였다.

공자가 진陳나라와 채蔡나라 국경에서 포위되어 곤경을 당할 때, 칠 일 동안 불로 밥을 지어 먹지 못했다.
태공太公 임任이 문안을 가서 "선생은 거의 죽을 지경이지요?"라고 하니, 공자는

---

98) 『莊子』(郭慶藩 編, 『莊子集釋』), 「外物」, 1012쪽.
99) 『莊子』(郭慶藩 編, 『莊子集釋』), 「山木」, 753쪽.
100) 『莊子』(郭慶藩 編, 『莊子集釋』), 「秋水」, 662쪽.
101) 『莊子』(郭慶藩 編, 『莊子集釋』), 「秋水」, 664쪽.
102) 『莊子』(郭慶藩 編, 『莊子集釋』), 「天下」, 1171쪽.

"그렇습니다"라고 하였다.

태공 임이 말하기를, "제가 시험 삼아 불사不死의 도리道理를 말해 보겠습니다. 동해東海에 어떤 새가 있는데, 그 이름을 의이意怠[103]라 합니다. 이 새는 느리게 겨우 날아 거의 날 수 없는 것 같으며, 다른 새들의 도움을 받아서 날며, 독립해 혼자 살 엄두도 내지 못하고, 뭇 새들에게 겁박을 당하면서 겨우 몸을 의탁하여 무리 속에 묵을 수 있었습니다. 나아갈 때는 앞서지 않고, 물러날 때는 마지막이 되지 않으며, 먹을 때는 감히 먼저 맛보지 않고, 반드시 그 순서를 따릅니다. 이런 까닭에 그 새의 행렬에서 배척되지 않으며, 외부의 인간으로부터 해를 입지 않고 근심을 면할 수 있습니다. 곧은 나무가 먼저 벌목되고, 물맛 좋은 샘이 먼저 마릅니다. 선생은 혹시 지식을 꾸며서 어리석은 사람을 놀라게 하고, 자신의 수양으로 다른 사람의 치욕을 드러나게 하고, 해와 달처럼 밝음을 뿜내고 다녔으므로 (곤경을) 면할 수 없습니다. 옛날 제가 대성大成한 사람이 '스스로 떠벌리는 사람은 이룬 공이 없고, 공을 이룬 사람은 추락墜落하고 명성을 이루면 훼손된다'라고 한 말을 들었습니다. 누가 공적과 명성을 버리고 일반 사람으로 돌아갈 수 있겠습니까? 도는 유행하나 분명하지 않고, 쓰임을 얻어도 명성이 있는 곳에 있지 않으며, 순수하고 한결같아서 곧 광인에 비견되며, 공적을 깎고 위세를 버리며 공명을 위하지 않으며, 이런 까닭에 타인을 책망하지 않고 또한 타인의 책망을 받지 않습니다. 지인至人은 소문이 나지 않는데 선생은 어찌 (명성을) 좋아하십니까?"라고 하였다. 공자는 "좋은 말입니다"라고 하였다.

그 교유交遊를 그만두고, 제자들을 보내고, 큰 못을 옮겨 가서 갓옷과 베옷을 입고, 모과와 조밥을 먹고 살며, 짐승의 무리 속에 들어가도 혼란하게 하지 않으며, 새 떼 속에 들어가도 행렬을 혼란하게 하지 않았다. 새나 짐승도 싫어하지 않는데 하물며 사람임에랴![104]

---

103) 역자 주: 林希逸이 '燕'으로 주석한 이래 陸長庚·馬叙倫 등이 모두 鷾鴯(제비)라고 풀이하는데, 여기서 묘사한 새의 특성과 일반적 제비의 특성과는 맞지 않는다. 여기서는 '제빗과의 새'의 일종으로 볼 수 있다.

104) 『莊子』(郭慶藩 編, 『莊子集釋』), 「山木」, 744~749쪽.
역자 주: 이 문장의 각 구절에 관한 해석은 많은 注釋이 있다. 여기서는 이 책 저자의 句讀에 맞추어 번역하였다.

이것은 당연히 장자가 도가의 사상에 의거하여 공자의 행위를 해석하고 형상화한 것이다. 공자에 대하여 "지식을 꾸며서 어리석은 사람을 놀라게 하고, 자신의 수양으로 다른 사람의 치욕을 드러나게 하고, 해와 달처럼 밝음을 뽐내고 다닌다"라는 개괄로 보면, 마땅히 유가의 덕성의 입장과 이상의 심경에 대하여 장자는 아직 알지 못하며, 단지 그가 개괄한 "곧은 나무가 먼저 벌목되고, 물맛 좋은 샘이 먼저 마른다"라는 사물 존재와 발전의 규칙으로 보면, 당시 사회에서 유가가 일으킨 작용과 그 경우境遇(事情)에 대하여 장자도 확실히 매우 분명하게 알고 있었다고 할 수 있다. 그러나 장자가 보기에 유가는 사회 각계 인사의 위협과 증오를 면하기 위하여 또한 반드시 "공적을 깎고 위세를 버리고", "타인을 책망하지 않고 또한 타인의 책망을 받지 않았다." 장자의 이러한 분석과 해석을 통하여, 공자는 태공 임의 이러한 한 차례 가르침을 들은 후, 놀랍게도 "그 교유交遊를 그만두고, 제자들을 보내고, 큰 못을 옮겨 갔다." 이러한 과정을 거쳐 "갓옷과 베옷을 입고, 모과와 조밥을 먹고 사는" 방식의 생활을 하였다. 장자가 보기에 일단 이러한 생활을 하게 되자 자연스럽게 "짐승의 무리 속에 들어가 혼란하게 하지 않으며, 새 떼 속에 들어가 행렬을 혼란하게 하지 않은" 경지에 도달할 수 있었으며, 이것이 곧 이른바 "새나 짐승도 싫어하지 않는데 하물며 사람임에랴!"라는 말이다. 이처럼 공자는 또한 철저하게 새와 짐승과 같이 무리를 이루고 살았다. 만약 장자의 이러한 해석을 공자의 "새와 짐승과는 같이 무리를 이루고 살 수 없으며, 내가 이 사람의 무리가 아니라면 누구와 같이하겠는가?"[105]라는 지향志向(희망)과 비교하면, 유·도 양가의 '나뉘어 갈라짐'도 또한 확연하게 드러났다고 할 수 있다.

묵가에 대하여 장자와 그 후학은 「천하」편에서 매우 훌륭한 결정의 평가를 나타내었다. 그 가운데 객관적 소개를 제외하고, 장자는 또한 도가의 입장에서 묵가사상의 요지를 격렬하게 비판하였다. 먼저 묵가사상의 형성에 대한 소개를 살펴보자.

---

105) 『論語』(吳哲楣 主編, 『十三經』), 「微子」, 1313쪽.

묵자墨子는 "옛날 우禹임금이 홍수를 다스릴 때, 장강長江과 황하黃河의 막힌 곳을 터고, 사방四方의 이족異族(東夷·西戎·南蠻·北狄)과 구주九州를 통하게 하였으며, 명산名山(큰 산, 혹은 大川)이 삼백, 지천支川이 삼천, 작은 내는 셀 수 없었다. 우임금은 몸소 삼태기와 보습을 들고 천하의 하천을 규합糾合(九雜)할 때 장딴지의 살은 빠지고, 정강이에는 털이 없었으며, 빗물에 목욕하고, 거센 바람으로 빗질하고, 만국을 편안하게 다스렸다. 우임금은 대성인으로 천하를 위해 육체를 혹사함이 이와 같았다"라고 칭송하였다. 후세의 묵가로 하여금 모두 갓옷과 베옷을 입고, 나막신과 짚신을 신고, 밤낮으로 쉬지 않고, 애써 고생함을 최고로 삼도록 하고, "이처럼 할 수 없으면 우임금의 도리가 아니므로 묵가라 할 수 없다"라고 하였다.[106]

이 단락의 소개는 완전히 장자가 묵가에 대하여 "주周나라의 도를 버리고 하夏나라의 정사를 사용하였다"라는 요지의 구체적 설명이며, 또한 "우임금은 몸소 삼태기와 보습을 들고 천하의 하천을 규합糾合할 때 장딴지의 살은 빠지고, 정강이에는 털이 없었으며, 빗물에 목욕하고, 거센 바람으로 빗질하였다"라는 묘사는 대우大禹의 형상을 활성화하였을 뿐만 아니라 묵가의 인생 모범과 그 "갓옷과 베옷을 입고, 나막신과 짚신을 신고, 밤낮으로 쉬지 않고, 애써 고생함을 최고로 삼는" 사상적 근원을 정확하게 활성화하였다.

그러나 『장자』에서 묵가사상에 관한 비판은 주로 아래 단락에 집중되어 있다.

후세 사람들에게 사치하지 않도록 하고, 만물을 낭비하지 아니하고, 법제를 야단 스럽게 만들지 않고, 규범으로서 스스로 교만함을 바로잡고 세상의 위급함에 대비하고, 옛날의 도술道術에서 이에 해당하는 것이 있는데, 묵적墨翟과 금활리禽 滑釐가 그 기풍을 듣고 기뻐하여, 그것을 행함이 크게 지나쳤고, 멈추기에는 크게 좇아갔으며, 「비악非樂」을 짓고, 「절용節用」이라고 이름을 붙였다. 살아서는 노래 하지 않고, 죽어도 상복을 입지 않았다. 묵자는 널리 사랑하고 이익을 함께 나누

---

106) 『莊子』(郭慶藩 編, 『莊子集釋』), 「天下」, 1180~1181쪽.

며 전쟁을 비난했으며, 그의 도는 분노하지 않고, 또 배움을 좋아하여 박학하게 하고, 차별하지 않고 선왕과 함께하지 않으며, 옛날의 예악을 부정하였다. ······ 지금 묵자만 홀로 살아서는 노래하지 않고, 죽어도 상복을 입지 않고, 오동나무 관은 세 치 두께로 만들고, 외곽外槨이 없는 것을 법식으로 삼았다. 이런 것으로 사람들을 가르치면 아마도 사람을 사랑하지 않을 것이며, 이런 것으로 스스로 행동하면 진실로 자신을 사랑하지 않을 것이다. 아직 묵자의 도道가 무너지지는 않았지만, 노래하고 싶은데 노래를 비난하며, 울고 싶은데 우는 것을 비난하며, 음악을 하면서 음악을 비난하는 것이 과연 좋은 것인가? 살아서는 노동만 하고, 죽어서는 초라하게 떠나니, 그 도道는 너무 각박하고, 세상 사람들을 근심하게 하고 슬프게 하여, 행하기 어려우니, 아마도 성인의 도가 될 수 없으며, 오히려 세상의 인심과 반하여 세상 사람들이 감당하기 어렵다. 묵자는 비록 혼자만 할 수 있다고 하더라도 세상 사람들이 어떻게 할 수 있겠는가?[107]

이 두 단락의 평가 가운데 앞 단락은 자연스럽게 묵가사상 주장에 관한 객관적 소개라고 할 수 있으며, 뒤 단락은 완전히 도가사상을 좌표로 삼고 묵가사상 주장 그리고 그 사회적 작용에 대해 전면적으로 비판하였으며, 따라서 "이런 것으로 사람들을 가르치면 아마도 사람을 사랑하지 않을 것이며, 이런 것으로 스스로 행동하면 진실로 자신을 사랑하지 않을 것이다.······ 세상 사람들을 근심하게 하고 슬프게 하여, 행하기 어려우니, 아마도 성인의 도가 될 수 없으며, 오히려 세상의 인심과 반하여 세상 사람들이 감당하기 어렵다. 묵자는 비록 혼자만 할 수 있다고 하더라도 세상 사람들이 어떻게 할 수 있겠는가?"라고 말할 수 있다. 이 말은 곧 묵가의 사상과 주장이 근본적으로 인성을 위배하였다는 뜻이다.(도가가 한마음으로 상해를 면하고자 하는 자연 존생의 도와 그 몸을 보존하는 주요 관심으로 보면 더욱 이와 같다.) 왜냐하면 사람이 사람다운 사람이 되려면 우선 "내가 있음"이 먼저이기 때문이다. 즉 "나"가 결국 정신적 '나'이든, 육체적 '나'이든(이 점은 또 유·도 양가의 기본적인 구별을 대표한다.) 상관없이 묵가는 완전하게 "내가 없음"과 같이 세인世人을 함께

---

107) 『莊子』(郭慶藩 編, 『莊子集釋』), 「天下」, 1176~1179쪽.

사랑하기를 요구하였으며, 실제로 『장자』에서 보면 이것은 완전히 "남을 사랑하지 않음", "자신을 사랑하지 않음"의 사상과 주장이며, 따라서 "세상 사람들의 마음을 거스르는 것"이라고 할 수 있다. 그리고 이러한 조건에서 묵자는 "비록 혼자서라도 감당할 수 있음"이 그 겸애의 도이지만, 근본적으로는 "세상 사람들의 마음"을 거스르는 사상과 주장인데, 또 "세상 사람들이 어떻게 할 수 있겠는가?"라고 하는가? 따라서 이러한 측면에서 보면, 또한 『장자』는 이미 분명하게 묵가는 반드시 "중간에 단절"될 운명이라고 단언하였다.

그렇다면, 『장자』는 또 어떻게 자기의 사상적 선구자를 어떻게 대하는가? 이치에 따라 말하면, 『장자』가 공자를 조롱하면서 "대성大成한 사람"을 인용하여 "스스로 떠벌리는 사람은 이룬 공이 없고, 공을 이룬 사람은 추락墜落하고 명성을 이루면 훼손된다"라고 한 말은 본래 노자의 사상에 근거하였으며, 이것은 『장자』가 분명히 도가의 입장임을 설명한다. 그러나 그는 노자의 사상을 결코 완전히 다 수용하지 않고 어느 정도 수정하였으며, 당연히 더 나아간 면도 있다. 이제 노자와 장자의 몇 가지 대략적으로 서로 비슷한 표현을 살펴보자.

어떤 것이 섞여서 이루어진 것이 있으니, 천지보다 먼저 생겨났으며, 소리도 없고, 형체도 없으며, 독립하여 바뀌지 않으며, 두루 행하되 위태롭지 않으므로 천하의 어머니가 될 수 있다.…… 사람은 땅을 본받고, 땅은 하늘을 본받고, 하늘은 도를 본받고, 도는 자연을 본받는다.[108]

근본으로 돌아감은 도의 움직임이며, 약함은 도의 쓰임이다. 천하의 모든 사물은 유有에서 생겨나고, 유有는 무無에서 생긴다.[109]

도를 잃은 후에 덕이 있게 되고, 덕을 잃은 후에 인仁이 있게 되며, 인을 잃은 후에 의義가 있게 되고, 의를 잃은 후에 예禮가 있게 된다. 무릇 예는 충성과

---

108) 『道德經』(『諸子集成』 제3책), 제25장, 14쪽.
109) 『道德經』(『諸子集成』 제3책), 제40장, 14쪽.

신의가 엷어지고 혼란함의 으뜸이다.110)

천하는 시작이 있으니 천하를 어머니로 삼는다. 이미 어머니를 얻었으니 그 자식을 안다. 이미 그 자식을 알면 다시 그 어머니를 지키니 평생토록 몸이 위태롭지 않다.111)

처음(始)이라는 것이 있고, 처음이라는 것이 아직 시작되지 않은 것도 있으며, 무릇 저 처음이라는 것이 아직 시작되지 않은 것도 아직 시작되지 않은 것도 있다. 유有라는 것이 있고, 무無라는 것도 있으며, 무라는 것이 있음이 아직 시작하지 않은 것이 있고, 무라는 것이 있음이 아직 시작하지 않은 것이 있음이 아직 시작하지 않은 것이 있으며, 이윽고 무가 있게 되지만, 유와 무가 과연 무엇이 유이며 무엇이 무인지를 알 수가 없다. 이제 내가 이미 말함이 있는데, 내가 이른 말이 과연 말함이 있는 것인지, 그것이 과연 말함이 없는 것인지 알 수가 없다.112)

위 노자의 말 가운데 "천하의 모든 사물은 유有에서 생겨나고, 유有는 무無에서 생긴다"라는 말은 천하만사와 만물의 변화 발전의 논리이며 발전의 궤도라고 할 수 있다. 또 "이미 어머니를 얻었으니 그 자식을 안다"라는 말은 곧 노자가 그 근원을 역으로 소급하는 방법에서 형성된 일종의 "어머니를 지킴으로써 자식을 지킨다"라는 가치의 선택과 그 구체적인 인식 논리이며, 그것은 이른바 생존의 지혜를 포괄한다. 왜냐하면 노자가 보기에 그렇게 해야만 비로소 이른바 "평생토록 위태롭지 않은" 목적을 이룰 수 있기 때문이다. 따라서 노자의 "어머니를 지킴으로써 자식을 지킨다"라는 지혜는 또한 완전히 천하만사와 만물의 발전과 변화의 궤적을 통하여 그 근원을 역으로 소급하는 인식의 결과이기도 하며, 따라서 노자는 또 특별하게 "무無"를 중시하므로, 그 지혜는 또 "무"의 지혜라고 말할 수 있다. 예를

---

110) 『道德經』(『諸子集成』 제3책), 제38장, 23쪽.
111) 『道德經』(『諸子集成』 제3책), 제52장, 32쪽.
112) 『莊子』(郭慶藩 編, 『莊子集釋』), 「齊物論」, 88쪽.

들면 노자는 일찍이 분명하게 "서른 개의 바큇살이 하나의 바퀴통을 함께함에 그 '무'에 맡겨 수레의 쓰임이 있다. 찰흙을 빚어 그릇을 만드는데 그 '무'에 맡겨 그릇의 쓰임이 있다"[113]라고 하였다. 구체적으로 인류사회를 보면 "성인은 무위하므로 패함이 없고, 집착함이 없으므로 잃음도 없다"[114]라는 것이어야 한다.

그러나 장자에 관하여 말하면, 하나의 우주의 시원인 "무"나 혹은 천하만사와 만물이 따라 나오는 "어머니"가 존재하는가 존재하지 않는가는 여전히 하나의 큰 문제이다. 그리고 우주의 시원인 "무"나 혹은 천하만사와 만물이 따라 나오는 "어머니"가 이렇게 존재한다고 해도 우리가 결국 인식할 수 있는가? 파악할 수 있는가?도 여전히 하나의 큰 문제이다. 따라서 장자는 계속 노자의 근원을 역으로 소급해 나가는 방법을 사용하여, "처음이라는 것이 있음"에서 "처음이라는 것이 아직 시작되지 않은 것도 있음"으로, "유有라는 것이 있고, 무無라는 것도 있음"에서 "무라는 것이 있음이 아직 시작하지 않은 것이 있음"을 향하여 끊임없이 역으로 소급해 나가서, 결국은 이것이 끝없이 근원을 역으로 소급하고 또 영원히 끝이 없는 이른바 "극악의 무한성"으로 조성된 하나의 사상적 올가미에 불과함을 깨달았다. 현실의 인생에서 말하면 우리는 결국 "유"의 세계에 살고 있다. 즉 "이제 내가 이미 말함이 있는데, 내가 이른 말이 과연 말함이 있는 것인지, 그것이 과연 말함이 없는 것인지 알 수가 없다"라는 말이다. 분명히 장자가 보기에 만약 우리가 현재 "말함이 있음"의 세계와 그 의미를 오로지 이른바 "말함이 없음"의 세계에 맡긴다면, 이러한 "무"의 지혜는 바로 그것이 가장 지혜롭지 않은 부분을 드러내는 것이다.[115]

그러나 비록 이와 같음에도 장자는 도리어 결코 "무"의 지혜 자체를 포기하지 않고, 우리의 현재의 인생 속에서 직접적으로 분명하게 보여 주려고 하였다. 이것은

---

113) 『道德經』(『諸子集成』 제3책), 제41장, 9쪽.
114) 『道德經』(『諸子集成』 제3책), 제64장, 39쪽.
115) 장자는 "나의 생명은 한계가 있고, 지식은 한계가 없다. 한계가 있음으로써 한계가 없음을 따르면 위태하다. 그런데도 앎을 추구하면 위태로울 뿐이다"(『莊子』[郭慶藩 編, 『莊子集釋』], 「養生主」, 127쪽)라고 하였다.

이미 노자와 같이 본래 우주의 근원이 되는 "무" 혹은 천하만사와 만물의 "어머니"를 찾는 근원을 역으로 소급하는 "무"가 아니라, 반드시 시공을 둘러싸고 전개되는 실증적 단서의 무궁한 소급을 철저하게 끊어내야 하며, 따라서 반드시 각도를 전환해야 하고, 오직 외형상의 일차원(形上一維)과 현실의 측면에서 "무"의 지혜와 그것이 결국 어떻게 실현되어야 하는가의 문제를 탐색할 수밖에 없다. 장자에 관하여 말하면, 그는 완전히 현실인생의 현실적 주체의 각도에서 문제를 제시하였으며, 따라서 그의 이른바 "무"의 지혜도 곧 우리들의 현재 인생에서의 "무심"이 될 수밖에 없다. 이제 장자가 쓴 "지인至人"의 의미를 살펴보자.

> 왕예王倪는 "지인至人은 신통하도다! 큰 못가의 수풀이 불타도 뜨겁게 할 수 없으며, 황하黃河와 한수寒水가 얼어붙더라도 그를 춥게 할 수 없으며, 격렬한 우레가 산을 쪼개고, 거센 바람이 바다를 진동시켜도 그를 놀라게 할 수 없다. 그러한 사람(至人)은 구름을 타고 해와 달을 몰고 사해의 밖에서 노닌다. 죽음과 삶도 자신을 변화시키지 못하는데, 하물며 이해利害의 단초에 따라 변하겠는가?"라고 대답하였다.
> 구작자瞿鵲子가 장오자長梧子에게 묻기를 "나는 선생에게서 들었는데, '(누군가) 성인聖人은 실무實務에 종사하지 않고, 이익을 취하지 않으며, 해침을 피하지 않고, 구하는 것을 좋아하지 않으며, 도에 연연하지 않는다. 말함이 없음을 말함이 있음으로 삼고, 말함이 있음을 말함이 없음으로 삼으며, 세속의 밖에서 노닌다'라고 하는 말을 선생님은 맹랑孟浪한 말이라고 여기지만, 저는 이를 묘도妙道의 실행이라고 생각합니다"라고 하였다.[116]

여기서 지인이 "큰 못가의 수풀이 불타도 뜨겁게 할 수 없으며, 황하黃河와 한수寒水가 얼어붙더라도 그를 춥게 할 수 없으며, 격렬한 우레가 산을 쪼개고, 거센 바람이 바다를 진동시켜도 그를 놀라게 할 수 없다"라고 하는 말은 결국은 "뜨거움", "차가움", "놀람"과 같은 감각이 근본적으로 없다는 것인가 아니면 반드시

---

116) 『莊子』(郭慶藩 編, 『莊子集釋』), 「齊物論」, 107~108쪽.

"무심"으로 이러한 현상들에 대응한다는 말인가? 그런데 구작자가 말한 "성인聖人은 실무實務에 종사하지 않고, 이익을 취하지 않으며, 해침을 피하지 않고, 구하는 것을 좋아하지 않으며, 도에 연연하지 않는다. 말함이 없음을 말함으로 삼고, 말함이 있음을 말함이 없음으로 삼는다"라는 말은 또한 동시에 이른바 성인이 실제로는 완전히 "무심"의 방법으로 보통 사람들이 가질 수밖에 없는 이러한 감각과 감촉에 대응함을 설명한다.

여기서 아주 큰 문제가 출현하는데, 노자에게 이른바 "무"는 이미 우주의 시원인 "무"로 출현하였으며, 동시에 천하만사와 만물이 나오는 "어머니"의 차원에서 나왔으며, 당연히 이것은 이러한 "무"가 동시에 현실인생의 현실 주체인 "어머니를 지켜서 자식을 보존한다"라는 가장 중요한 선책을 결정한다. 또한 노자의 이러한 역으로 소급하는 것은 완전히 실연세계에서 출현하고 아울러 시공의 차원과 연결되어 그 근원을 역으로 소급해서 나아가며, 이에 따라 그 철학은 반드시 하나의 우주론적 진로와 규모로 전개된다. 그러나 장자에 이르면, 이러한 우주의 시원始源인 "무"는 근본적으로 소급할 수 없으며, 또한 사람이 인식할 수 없으며, 노자가 말하는 객관적임은 더욱이 천하만사와 만물의 어머니가 되는 "무"로서 단지 주체적인 측면에서 현실인생으로 응집되고, 마지막으로 오직 현실의 인생에서 "무심"의 정신 상태로 실현된다. 이처럼 장자철학과 노자사상이 크게 나뉘어 갈라진다. 노자철학은 틀림없이 객관적이고 실연적 우주론의 규모로, 이른바 "도가 하나를 낳고, 하나는 둘을 낳고, 둘은 삼을 낳으며, 삼은 만물을 낳는다"는 말과 "되돌아감은 도의 움직임이며, 약함은 도의 쓰임이다"라는 말은 노자철학의 우주론이 전개하는 변화의 규칙일 뿐만 아니라 그것은 인생의 구체적인 선택의 지혜, 즉 이른바 약함에 의지하여 암컷을 지키는 인생태도가 이로부터 형성된다. 그러나 장자의 철학에서는 그것이 천지만물의 실연 존재임을 인정하더라도 이러한 실연 존재는 이른바 변화규칙이 도리어 이미 어떤 의미도 없음을 포함하며, 진정한 의미가 있거나 혹은 의미의 진정한 부여자는 우리의 인생에서 "무심"의 정신상태와 "무심"의 방식으로 대응하는 대천세계大千世界와 그 만사萬事의 만변萬變에 대응하는 데 있다. 이처럼 만약 노자철학이 일종의 실연實然 우주론이라고 하고 혹은 실연 우주론을 가진 규모라면, 장자의 "무심"과 그것이 표현한 지혜는 단지 본체의식을 포함한 경계론境界論[117]의 형태라고 할 수 있다.

옛사람의 도가사상에 관한 연구 가운데, 노자의 "무"를 가장 중시하였으며, 도가의 "무"를 핵심으로 하는 지혜는 사람들이 적극적으로 인정하고 폭넓게 이해하고 밝혀 드러내었다. 그러나 그 밝혀 드러내는 과정에서 도리어 어떤 것이 "장자"이고 "노자"인가 라는 의심을 면하기 어려웠다. 예를 들어 20세기 중국철학 연구의 권위자인 모종삼 선생의 저작에서 노자의 "무"에 관한 해석은 실제로 완전히 장자의 "무심"을 통하여 이루어졌다. 노자의 이른바 "무"에 관하여 모종삼은 다음과 같이 설명하였다.

> 어떻게 '무'라는 개념을 이해할 수 있는가? "천하만물은 유有에서 생겨나고 유는 무에서 생겨난다"(『도덕경』 40장)라고 하는데, 무는 곧 없음(nothing, nothingness)이다. 이 무無라는 관념은 하나의 논리적 개념 혹은 존재론적 개념으로 보아야 하며, 서양철학에도 있는데, 다만 완전히 서로 다른 해석이다. 가령 노자의 문화적 배경을 안다면, 무는 간단화 해서 처리하는 설명 방법임을 알아야 하는데, 그가 직접 제출한 것은 원래 "무위"였다. "무위"는 "유위"와 대응해서 나왔으며,…… 도가는 이처럼 주나라 문화를 속박束縛으로 보았는데, 왜냐하면 무릇 외재적인 것, 형식적 허울은 모두 조작된 유위의 것이기 때문에, 우리의 생명의 자유자재에 대해 말하자면 모두 속박과 질곡이며, 이러한 상황에서 노자는 비로소 "무위"라는 이 관념을 제출하였다.[118]

---

117) 역자 주: 경계론은 본래 불교의 空사상에서 일체의 是非·善惡 등이 분리되는 경계를 지칭하는 용어다. 경계론은 여러 분야에서 쓰이며, 철학에서는 개인이 태어나서 일생 사는 동안 겪게 되는 生·老·病·死와 모든 인과관계와 禍·福이 생활 속에서 개인과 주변 환경과의 접촉 즉 境界에서 비롯된다는 사상이다. 유학의 도덕경계론, 도가의 심미주의 경계론이 각각 성립될 수 있고, 이 둘의 통일도 상정할 수 있다. 『莊子』에서는 道의 인식경계, 眞人 혹은 至人의 경계, 無己, 忘我의 경계가 있다.
118) 牟宗三, 『中國哲學十九講』(『牟宗三先生全集』 제29권), 88~89쪽.

이러한 형이상학은 주관적 설명이고 존재상의 설명은 아니기 때문에 나는 그것을 명사화하여 "경계境界형태의 형이상학"이라고 부른다. 객관적으로 존재상의 설명은 곧 '실유實有형태의 형이상학'이라고 부르고 이것이 대분류이다. 중국의 형이상학은 곧 도가, 불교, 유가는 모두 '경계형태의 형이상학'의 의미가 있다.[119]

모종삼 선생은 중국의 형이상학을 총칭하여 "경계형태의 형이상학"이라고 하였는데 틀림없이 정확하다. "경계형태의 형이상학"이라는 말은 확실하게 그가 만들어 낸 것으로, 우주만물의 인식과 묘사에 대한 중국의 주체적 지혜를 정확하게 나타낼 수 있다. 그러나 모종삼이 노자철학을 직접 "경계형태의 형이상학"이라고 지칭할 때는 분명하게 "장자"로써 "노자"를 해석한 결과였다. 원인은 매우 간단하다. 노자가 "천하만물은 유有에서 나오고 유는 무에서 나온다"라고 할 때 그는 의심할 여지없이 직접적으로 객관적인 실연세계를 직접 대면하여 일종의 사변적 추론을 하였는데, 장자는 명확하게 인생의 주체적인 입장에서 계속 "처음이라는 것이 있음"에서 "처음이라는 것이 아직 시작되지 않은 것이 있음"으로, "유有라는 것이 있고, 무無라는 것도 있음"에서 "무라는 것이 있음이 아직 시작하지 않은 것이 있음"으로의 무궁한 소급을 한 후, 원래 우주의 시원始源과 천하만사와 만물이 따라 나오는 "어머니"로서의 "무"여야만 비로소 진정으로 버리고, 결국 인생의 현실적 주체로서의 "무심"을 드러낼 수 있었다. 즉, 노자의 "천하만물은 유에서 나오고, 유는 무에서 나온다"라는 말이 포함하는 우주론은 단지 실연존재의 우주론일 뿐, 근원을 역으로 소급해 나가는 인식방법도 또한 단지 실연존재의 시공 차원을 따라 전개되었다. 오직 장자의 내향적인 투명화를 통하여 또한 철저하게 이른바 실연존재에서 벗어나서 이른바 "무심"으로 만상을 관조한 후에 노자가 본래 표현한 실연존재의 우주론이 비로소 본체의식을 기초로 하고, 정신상태로 표현하는 "경계형태의 형이상학"으로 전화轉化할 수 있다. 따라서 모종삼 선생이 말한 "경계형태"라는 말로써 도가의 형이상학을 총칭할 때, 한편으로 지극히 합당한 일면도 있지만,

119) 牟宗三, 『中國哲學十九講』(『牟宗三先生全集』 제29권), 102쪽.

실제로는 그는 이미 노자철학을 장자화하였다. 즉 장자의 경계론을 이용하여 노자가 가리키는 실연존재의 우주론을 이해하였다. 왜냐하면 노·장의 기본적인 구별이, 그들이 결국은 만사만물을 대함에 시공 차원을 따라 근원을 역으로 소급해 나가는가 아니면 철저하게 이러한 시공 차원의 근원을 역으로 소급하는 방법을 버리고 이른바 "무심"으로 대천세계를 관조하는가에 있기 때문이다.

이렇게 보면, 노자의 생존의 실재 기초에서 건립한 우주론으로부터 장자의 경계형태의 형이상학으로 전화하였는데, 이론형태로 보면 당연히 우주론에서 본체론으로 전화한 것이다. 그러나 사람의 생존가치의 관점에서 보면, 또한 생존의 실재 형태로부터 경계론 형태로의 상승이라고 하지 않을 수 없다. 이러한 경계형태가 포함하고 표현해 내는 본체의 의식도 또한 도가사상을 대표하는 장자의 중대한 발전을 의미한다.

이러한 기초에서 우리는 다시 지인至人, 진인眞人, 신인神人 나아가 성인聖人을 해석하는 장자의 설명을 살펴보자.

> 옛날의 진인眞人은 적다고 거절하지 않고, 공功을 이루어도 자랑하지 않고, 일을 속이지(謨) 않았다. 그와 같은 사람은 실패해도 후회하지 않고, 합당하게 이루어져도 우쭐대지 않는다. 그와 같은 사람은 높은 곳에 올라가도 두려워 떨지 않고, 물속에 들어가도 젖지 않으며, 불에 들어가도 뜨거워하지 않았다. 이것은 지식이 도道에 오름이 이와 같기 때문이다. 옛날의 진인은 잠을 자도 꿈을 꾸지 않았고, 깨어 있을 때는 근심이 없었으며, 음식을 먹을 때는 맛을 따지지 않았으며, 호흡은 길고 길었다.[120]

> 무릇 지인至人은 사람들과 함께 땅에서 나는 것을 먹고, 하늘의 운행을 즐기며, 사람과 사물의 이익과 손해를 두고 서로 다투지 않으며, 서로 괴이한 행동을 하지 않으며, 서로 모략하지 않으며, 서로 일을 꾸미지 않으며, 유연하게 갔다가

---

120) 『莊子』(郭慶藩 編, 『莊子集釋』), 「大宗師」, 250~251쪽.

집착함이 없이(倜然) 돌아온다.······ 121)

막고야藐姑射의 산에 신인神人들이 살고 있는데, 피부는 빙설氷雪 같고, 부드러움
은 처녀處女와 같으며, 곡식을 먹지 않고, 바람을 호흡하고 이슬을 마시며, 구름
기운을 타고, 비룡飛龍을 몰아 사해四海 밖에서 노닌다.122)

그러므로 "성인이 살아서는 천天(자연)의 운행을 따르고, 죽어서는 물화物化하며,
고요히 있을 때는 음陰의 덕과 함께하고, 움직일 때는 양陽의 기氣와 같이 파동波動
치며, 복福을 위해 앞서지도 않고, 화禍의 시작도 되지 않으며, 감촉感觸한 후
응하고, 급박急迫해서 움직이며, 어쩔 수 없어야 일어난다. 지혜知慧와 억지로
함(故, 作爲)을 버리고, 하늘의 이치를 따르므로 하늘의 재난이 없으며, 사물에
얽매임이 없으며, 타인의 비난이 없으며, 귀신의 책망도 없다. 살아서는 마치
떠다니는 것 같고, 죽어서는 휴식하는 것 같으며, 사려하지 않고, 미리 꾀하지
않고, 빛나지만 번쩍이지 않고, 미더우나 기약하지 않으며, 잠을 자도 꿈을 꾸지
않았고, 깨어 있을 때는 근심이 없었으며, 정신은 순수하며, 그 영혼은 피로하지
않으며, 허무虛無(無心)하고 염담恬淡(無欲)하여 마침내 천덕天德과 합치된다"라고
하였다.123)

이것은 곧 장자가 묘사한 지인至人·진인眞人·신인神人이며, 여기에는 유가가
말한 성인도 포함한다. 그러나 만약 사람들이 추앙하는 이러한 이미지를 비교하면,
그들은 실제로는 모두 공통적 특징을 가지고 있음을 알 수 있는데, 이것이 곧
외물에 상하지 않고 안으로는 사려가 없으며 자연히 고통이 없다는 점이다. 예를
들면 진인이 "높은 곳에 올라가도 두려워 떨지 않고, 물속에 들어가도 젖지 않으며,
불에 들어가도 뜨거워하지 않았다"라고 하거나, "잠을 자도 꿈을 꾸지 않았고,
깨어 있을 때는 근심이 없었다"라는 표현이 그 특징이다. 그리고 지인은 "사람들과

---

121) 『莊子』(郭慶藩 編, 『莊子集釋』),「庚桑楚」, 864쪽.
122) 『莊子』(郭慶藩 編, 『莊子集釋』),「逍遙遊」, 32쪽.
123) 『莊子』(郭慶藩 編, 『莊子集釋』),「刻意」, 582쪽.

함께 땅에서 나는 것을 먹고, 하늘의 운행을 즐기며, 사람과 사물의 이익과 손해를 두고 서로 다투지 않았다"라는 말과 "유연하게 갔다가 집착함이 없이(恂然) 돌아온다"라는 말이 완전히 세상을 초월한 이미지이다. 신인으로 말하면 거의 인간세상에 살지 않고, 먼지와 티끌에 오염되지 않은 경지로 이른바 "피부는 빙설冰雪 같고, 부드러움은 처녀處女와 같으며, 곡식을 먹지 않고, 바람을 호흡하고 이슬을 마시며, 구름 기운을 타고, 비룡飛龍을 몰아 사해四海 밖에서 노닌다"라는 말과 같이 완전히 상상적으로 묘사하였다. 이러한 기초에서 유가의 성인도 반드시 그에 따라 변해야 하며, 이른바 "성인이 살아서는 천天(자연)의 운행을 따르고, 죽어서는 물화物化하며, 고요히 있을 때는 음陰의 덕과 함께하고, 움직일 때는 양陽의 기氣와 같이 파동波動친다"라는 말처럼 완전히 유가가 자연의 기초에서 건립한 천인합일의 인격으로 자연에 따라 그러함으로 나타나는 것이라고 할 수 있다. 이른바 "빛나지만 번쩍이지 않고, 미더우나 기약하지 않으며, 잠을 자도 꿈을 꾸지 않았고, 깨어 있을 때는 근심이 없었으며, 정신은 순수하며, 그 영혼은 피로하지 않으며, 허무虛無(無心)하고 염담恬淡(無欲)하여 마침내 천덕天德과 합치된다"라는 말은 곧 유가의 성인이 가진 "중용의 덕德"이 자연스럽게 또 무심의 상태로 생생하게 그려지고(傳神) 사실적으로 묘사한 것이라고 할 수 있다.

그렇다면 사람들이 앙모하는 이러한 모든 인격의 이미지는 결국 어떻게 실현되는가? 실제로 이것은 주로 "무심"의 공부를 통하여 도달하는 경계이다. 만약 단시간에 그리고 철저한 "무심"에 이르지 못하면 이른바 "심재心齋", "좌망坐忘", "무심"[124] 상태의 보조와 전제가 되는 공부를 통과하였다고 할 수 있다. 가장 재미있는 의미는

---

124) 역자 주: 心齋·坐忘·無心 등 장자철학의 중심 개념들의 정확한 의미를 알아야 한다. 心齋는 "일체의 대상을 있는 그대로 가장 객관적으로 받아들일 수 있도록 마음의 감관을 깨끗하게 청소하고 비워 완전한 虛의 경지를 이룬 상태"를 의미하며, 坐忘은 "일체의 편견, 선입견 등을 버린 虛의 상태에서 궁극적 진리이자 실체인 道와 일체가 되는 상태"를 말한다. 그리고 無心도 대상에 대한 정확한 인식을 위하여 마음의 평정과 편견·선입견·고정관념 등을 완전하게 비워낸 인식론적 존재론적 두 상황을 합한 개념으로 이해할 수 있다.

장자의 "심재"와 "좌망"이 분명하게(居然) 유가의 공자孔子와 안회顔回와 같은 스승과
제자의 상호 격려의 방법으로 표현되었다.

> 안회가 공자에게 "저는 더 나아졌습니다"라고 하니, 공자가 "무슨 말이냐?"라고
> 하자, 안회는 "저는 인의仁義를 잊었습니다"라고 하였다. 공자는 "좋구나. 그러나
> 아직 멀었다"라고 하였다. 다른 날 다시 "저는 더 나아졌습니다"라고 하니 공자가
> "무슨 말이냐?"라고 하니, "저는 예禮·악樂을 잊었습니다"라고 하니 공자는 "좋
> 구나. 그러나 아직 멀었다"라고 하였다. 다른 날 다시 "저는 더 나아졌습니다"라
> 고 하니 공자가 "무슨 말이냐?"라고 하니, "저는 좌망坐忘에 이르렀습니다"라고
> 하였다. 공자가 깜짝 놀라(蹴然) "무엇을 좌망이라 하느냐?"라고 하니, 안회가
> "사지백체四肢百體를 버리고, 총명함을 버리고, 형체를 떠나고 지혜를 버리고,
> 대통大通과 같아짐을 좌망이라고 합니다"라고 하였다. 공자는 "같아지면 좋아함
> 이 없으며, 물화物化하면 집착함이 없게 되니 너는 과연 현명하구나! 나도 너를
> 따르고자 한다"라고 하였다.125)

> 안회가 "감히 심재心齋(마음을 가지런히 함)가 무엇인지 묻습니다"라고 하니, 공자는
> "만약 뜻을 한결같이 하여 귀로써 듣지 않고 마음으로 들으며, 마음으로 듣지
> 않고 기氣로써 듣는다. 들음은 귀에서 그치고, 마음은 부符(지각)에 그친다. 기라는
> 것은 (마음을) 비워서 사물을 기다림이다. 오직 도는 (마음을) 비움에 집중하니,
> 비움이 곧 마음이 가지런함이다"라고 하였다.126)

이 두 단락의 묘사에서 전자는 안회의 끊임없는 "잊음"(忘)을 통하여 표현되는
이른바 발전을 나타내며, 마지막은 "사지백체四肢百體를 버리고, 총명함을 버리고,
형체를 떠나고 지혜를 버리고, 대통大通과 같아짐"의 상황에 이르러야 비로소 그
"좌망坐忘"의 진정한 실현을 나타내므로 이러한 "좌망"은 실제로는 의식적인 노력으
로 도달한 일종의 무의식적 정신상태라고 할 수 있다.("형체를 떠나 지식을 버림"은

---

125) 『莊子』(郭慶藩 編, 『莊子集釋』), 「大宗師」, 311~314쪽.
126) 『莊子』(郭慶藩 編, 『莊子集釋』), 「人間世」, 163쪽.

곧 실연세계를 포괄하는 자아의 초월과 벗어남의 과정이다.) 따라서 공자를 포함해서 모두 "나도 너의 뒤를 따르고자 한다"라고 하였다. 뒤의 한 단락은 주로 이른바 "심재"의 공부를 말하였으며, 또한 "만약 뜻을 한결같이 함"의 방식을 통하여 자신의 생각을 끊임없이 후퇴하여 지킴(退守)을 하는 것이 이른바 "귀로써 듣지 않고 마음으로 들으며, 마음으로 듣지 않고 기氣로써 듣는다"라는 경지에 이르고, 마지막으로 계속 퇴수退守하여 겨우 그 생명존재인 "기"의 측면과 상태(이 시기는 이미 "무심"의 상태에 진입하였으며, 곧 이른바 사물과 나物·我의 대치에 대하여 고정됨이 없는 마음의 상태를 말한다.)이며, 따라서 완전히 이른바 "사물로써 사물에 대응함"의 방식으로 "허虛로써 사물을 대함"이라고 할 수 있으며, 자연히 이것은 "심재"의 지향과 그 철저한 실현을 나타낸다.

"심재"와 "좌망"이라는 두 가지 서로 다른 공부를 추구함에 장자는 한편으로는 "좌망"을 통하여 인류문명을 잊어버릴 뿐만 아니라 또한 주체적인 자아의식도 잊어버렸으며, 나아가 이른바 "형체를 떠나고 지식을 버리는" 잠재의식 혹은 자연적 본능에 가까운 상태로 들어갔다. 다른 한편으로 "만약 뜻을 한결같이 하는" 이른바 "심재"의 공부를 통하여 사람들이 "귀로서 듣지 않고 마음으로 들으며, 마음으로 듣지 않고 기氣로 듣고" "허虛로써 사물을 대하는" 방법으로 최대한 사람의 잠재능력을 발휘할 수 있도록 하였다. 이 두 가지의 통일과 그 지향점은 곧 하나의 순전히 본능화된 자연인으로서, 장자가 일찍이 공자가 참회하며 천명한 "짐승의 무리 속에 들어가도 혼란하게 하지 않으며, 새 떼 속에 들어가도 행렬을 혼란하게 하지 않았다"라고 하는 상태와 같다. 장자가 보기에 이것이 곧 가장 근본적인 진짜의 생명이며, 이것이 가장 추구할 가치가 있는 인생이다.

이처럼 유가는 사람의 정신적 내적 증명과 내적 확립을 통해 일종의 도덕적 삶을 만들어 내었고, 이로써 이른바 "천지와 더불어 참여하는" 이상을 실현하였다고 하면, 도가는 완전히 인문에 대한 타기唾棄, 도덕에 대한 반환을 통해 "짐승의 무리 속에 들어가도 혼란하게 하지 않으며, 새 떼 속에 들어가도 행렬을 혼란하게 하지 않았다"라는 순수한 자연과 근본적 진짜인 인생을 만들어 내려고 하였다.

중국 역사에서 유·도 양가는 춘추 이래의 예와 악이 붕괴된 현실에 직면하여
자신의 생명에 대한 두 가지 서로 다른 방향의 반성反省과 이미지를 완성하였다.

4. 현실에 대응하면서 근원을 소급함: 묵가의 분화

　유·도 양가가 계속해서 자신의 이론적 근거를 강화하여 인류사회와 그 정신세
계의 통일을 형성할 때 묵가도 적극적으로 노력하였다. 그러나 묵가는 유·도
양가의 이론적 공적에 대해서는 전혀 관심이 없었다. 왜냐하면 그들의 관심은
영원히 하나에 집중되어 있었는데, 그것은 곧 어떻게 인류사회의 현실 고난을
정면으로 대응하고 어떻게 인류세계를 철저하게 고칠 수 있는가를 적극적으로
연구하여 그의 이상인 겸애인생을 실현해야 함에 있었다.
　이러한 인생 방향은 사실 묵자로부터 그 학파가 창립되었을 때 이미 분명하게
확립되었다. 묵자가 "겸애"를 방향으로 삼고, "천지天志", "상동尙同", "상현尙賢"을
그 이상을 실현하는 수단으로 삼고, 아울러 "절용節用", "절장節葬", "비악非樂",
"비공非攻", "비명非命"과 같은 종류의 계열과 결합하여 주장할 때, 묵가는 세상에
작용하고 아울러 철저하게 현실세계를 개조하는 사상이론으로 이미 형성되었는데,
문제는 오직 어떻게 현실세계에 진입하여 이 세계에 진정으로 작용할 수 있는가에
있었다. 이런 점에서 묵가도 이미 사상적으로 선구가 된 동시에 주요한 비판의
대상인 유가로부터 인류사회에 작용하는 주요한 방법을 배웠는데, 우선 제후들에게
유세遊說하는 방법으로 현실의 정권에 직접 접근하였다. 왜냐하면, 춘추 이래 국가
간의 상호 공격, 가문끼리의 상호 찬탈簒奪이 이미 인류사회에서 일상적으로 나타났
는데, 묵가의 관점으로 볼 때 이러한 모든 대역부도大逆不道한 행위를 시작한 사람은
먼저 당시 각각 정무를 담당하고 권력을 장악한 제후들이었기 때문이다. 따라서
묵가는 단지 유가처럼 제후들에 대한 유세를 사회에 작용하는 기본적 방법으로
삼거나 현실의 제후의 권력을 빌려서 직접 인류사회의 개조를 시도할 수밖에

없었다. 이런 점에서, 『회남자』에서는 "공자의 집에는 (유세를 다니느라) 연기가 나지 않았고, 묵자의 집에는 (유세를 다니느라) 앉은 자리가 따뜻할 때가 없었다"[127] 라고 요약하였는데, 이 말이 당시 유·묵 양가가 서로 제후들에게 유세하는 상황을 사실적인 묘사를 하였다고 할 수 있다.

그러나 묵가의 유세 활동은 결코 양보할 수 없는 강성의 원칙이 있었는데, 유명한 "공수公輸"는 특수하고도 무력을 뒷받침으로 하는 묵자의 유세 활동이라고 할 수 있다. 당시에 공수반公輸般이 초楚나라를 위하여 운제雲梯를 만들고 그로써 송宋나라를 공격하려고 하였다. "묵자가 그것을 듣고서 제齊나라를 떠나 10일 밤낮을 걸어서 영郢도 도달하여 공수반을 알현하였다."[128] 두 사람이 전개한 모의 싸움에서 공수반의 각종 공성무기攻城武器는 이미 다 사용하였지만, 묵자의 수성무기守城武器는 넉넉하게 여유가 있었다. 이에 공수반은 송나라를 공격할 수 있는 잔꾀를 부렸으니, 즉 묵자를 죽여서 송나라 공격의 목적을 실현하고자 하였다. 그러나 묵자는 바로 이 점을 알아채고, 분명하고 결연한 목소리로 "신을 죽이면 송나라는 지킬 수 없으니 공격할 수 있습니다. 그러나 신의 제자 금활리禽滑釐 등 300여 명이 이미 신의 방어무기를 가지고 송나라 성城 위에서 초나라 군대를 기다리고 있습니다. 비록 신을 죽이더라도 끊을 수 없습니다"[129]라고 하였다. 이에 초나라 왕이 결국 부득이 "나는 송을 공격할 뜻이 없다"[130]라고 하였고, 이 유세 활동을 끝냈다. 이것은 오랫동안 전해 내려오는 이야기로, 묵자의 "비공非攻"사상을 주로 표현하지만, 실제로는 묵자의 겸애 정서와 그 적극적인 정치참여와 적극적 군사적 참여의 완강하고 과감한 정신을 표현하였다.

묵자의 유세 활동에서 두드러진 특징 가운데 하나는 "천지天志"를 통해 표현되는 절대적 주체정신이다. 이치대로 말하면 제후들에 대한 유세는 본래 제후의 왕권을

---

127) 『淮南子』(『諸子集成』 제7책), 「脩務訓」, 333쪽.
128) 『墨子』(『諸子集成』 제4책), 「公輸」, 293쪽.
129) 『墨子』(『諸子集成』 제4책), 「公輸」, 295~296쪽.
130) 『墨子』(『諸子集成』 제4책), 「公輸」, 296쪽.

빌려서 자신의 정치적 이상을 추진하는 것이며, 이러한 형식은 또한 중국의 정치활동에서 중대한 문제 곧 이른바 사상주체와 권력주체의 "쌍방 주체성의 문제"[131]와 관련되어 있다. 그러나 묵자는 당시에는 분명히 이러한 문제를 고려하지 않았으며, 그가 요구한 것은 단지 당시의 제후왕권이 자신의 계책을 모두 받아들이고 자신이 파견한 인사를 모두 받아들이기만을 희망하였다. 따라서 제후들에 대한 유가들의 유세가 실패한 원인이 주로 "지식을 꾸며서 어리석은 사람을 놀라게 하고, 자신의 수양으로 다른 사람의 치욕을 드러나게 하고, 해와 달처럼 밝음을 뽐내고 다녔기"[132] 때문이라면, (묵가는) 이러한 유가와 서로 비교하면, 당시의 유세 활동에서 제후정권에 대한 일깨움, 교정矯正, 비평이 지나침과 소홀함이 없었다고 할 수 있다. 그러나 묵가가 당시 사회에서 어느 정도 영향을 형성한 후 어떤 제후는 묵가의 "일단 승낙한 일은 반드시 지킨다"라는 특징을 이용하여 묵자를 초빙하여 나라를 다스리고자 하였으나, 묵가는 정문正文(묵가학파의 기본 정신) 혹은 정권에 개입하는 강성剛性의 원칙 때문에 자주 정치를 할 수 있는 기회를 송두리째 날려 버렸다. 아래 기록을 보자.

묵자 선생이 공상과公尙過를 월越나라로 보내 유세하게 하였는데, 공상과가 월왕
越王에게 유세하자, 월왕은 크게 기뻐하여 공상과에게 말하기를 "선생께서 진실

---

131) "쌍방 주체성의 문제"는 서복관 선생의 중국의 수천 년 정치 문제에 대한 반복적인 사고의 종합적 결론이며, 주로 현실정치의 권력주체와 사상주체의 관계에 관한 문제를 가리키고, 그 핵심은 주로 정치의 "體와 用", "형식과 내용"의 쌍방의 구분에 있다. 예를 들면, 그는 "정치의 내용이 변수인 것도 물론 필연적으로 변수이다. 그러나 정치의 형식은 상수이며, 또한 常道라고 할 수 있다"(『學術與政治之間』, 「中國政治問題的兩個層次」, 32쪽)라고 하였다. 서 선생은 이로써 중국 역사상의 정치 문제에서 "풀리지 않은 매듭"(死結)을 분석하였고, 아울러 "체와 용", "형식과 내용"의 쌍방의 구분으로 중국 정치의 민주화의 통로를 탐색하였다. 따라서 그는 이 책의 "自序"에서 종합적으로 "나는 중국의 정치 문제를 줄곧 「中國政治問題的兩個層次」라는 글을 쓰면서 비로소 수십 년 동안의 여러 가지 그럴 듯하지만 아닌 뒤엉킨 논란에서 벗어나 한 줄기 명확하고 간단명료한 길을 보았다"(徐復觀, 『學術與政治之間』, 臺灣學生書局, 1985년판)라고 하였다.
132) 『莊子』(郭慶藩 編, 『莊子集釋』), 「山木」, 744~749쪽.

로 묵자 선생을 우리 월나라에 와서 과인을 가르치게 할 수 있다면, 옛 오吳나라 땅 사방 오백 리를 떼어서 묵자 선생을 청하여 봉하겠습니다"라고 하니, 공상과 가 허락하였다. 마침내 공상과에게 수레 오십 대를 꾸려서 노나라로 가 묵자를 맞아오도록 하였다. 공상과는 "제가 선생님의 도를 월왕에게 유세하니, 월왕이 크게 기뻐하여 저에게 말하기를 '진실로 묵자 선생이 월나라로 와서 과인을 가르 치게 할 수 있다면, 옛 오나라의 땅 오백 리를 떼어서 묵자 선생님을 청하여 봉하겠다'라고 하였습니다"라고 하였다.

묵자 선생이 공상과에게 말하기를 "너는 월나라 왕의 뜻을 어떻게 보았느냐? 생각건대 월나라 왕이 나의 말을 듣고, 나의 도를 쓸 수 있다면, 내(翟, 묵자)가 가서 양식을 배불리 먹고 몸에 맞추어 옷을 지어 입고, 스스로 여러 신하와 함께 지내는데, 어찌 땅을 봉하여 줄 수 있겠는가! 만약 월왕이 나의 말을 듣지도 않고 나의 도를 쓰지도 않는데 내가 간다면, 이는 내가 의를 파는 것이다. (의를 천하에) 고르게 판다면 또한 천하에 할 뿐이지 하필이면 월나라로 가겠는가!"라 고 하였다.[133]

이 기록 가운데 묵자는 벼슬하는 조건을 실제로 한마디로 개괄하였는데, 즉 제후왕권이 반드시 "나의 말을 듣고 나의 도를 사용함"이다. 즉 완전히 국가를 "나"에게 맡겨서 다스리게 한 후에 "나"는 곧 "양식을 배불리 먹고 몸에 맞추어 옷을 지어 입"을 수 있음이지, 근본적으로 이른바 "봉함과 봉하지 않음"의 문제일 수 없다. 그러나 근본적으로 "나의 말을 듣지 않고, 나의 도를 쓰지 않는다면" 아무리 높은 대우를 해 준다고 해도 묵자는 조금도 고려하지 않을 것이다. 왜냐하면 그는 이미 분명하게 "(의를 천하에) 고르게 판다면 또한 천하에 할 뿐이지 하필이면 월나라로 가겠는가!"라고 하였다. 묵자의 이러한 출사出仕의 조건은 주로 묵가의 절대주의적 주체정신의 표현이며, 그 근거는 또한 주로 그가 의지하는 "천지天志"와 "천의天意"로써 인간의 질서를 새롭게 안배하였다. 따라서 인간의 왕권에 대하여 묵자는 원래부터 명확한 교화와 교정의 마음 상태를 가지고 나아갔다. 따라서

---

133) 『墨子』(『諸子集成』 제4책), 「魯問」, 287~288쪽.

월왕의 초빙이 실패한 원인은 오직 월왕이 근본적으로 묵자의 말을 듣지 않은 데 있으며, 따라서 묵자는 근본적으로 월왕의 초빙을 받아들일 수 없었다.

이러한 절대주의적 주체정신이 그 문도들 사이에 표현되면 또한 반드시 먼저 묵가의 원칙과 묵가의 지도자에 대한 절대적 충성 정신으로 표현되어야 하며, 그렇지 않으면 반드시 엄격한 징벌을 받게 된다. 예를 들면, "묵자 선생이 승작勝綽에게 항자우項子牛를 섬기게 하였는데, 항자우가 세 번 노나라 땅을 침범하니 승작이 세 번 그를 따랐다. 묵자 선생이 그것을 듣고 고손자를 시켜 물러나도록 청하였다"[134] 라고 하였다. 또 하나 예를 들면 묵자 선생이 일찍이 조공자曹公子를 송宋나라로 보내 벼슬하게 하였는데, 조공자가 작록과 부귀를 탐하여 그 집안을 두터이 하자, "조공자는 송나라에서 떠나라"[135]라는 제재를 받았다. 이것은 묵자가 그의 제자를 출사시킨 목적은 오직 하나로, 반드시 적극적으로 "비공非攻"과 "겸애"라는 세상을 구하는 일을 추진하는 것이며, 그렇지 않고 제후의 탐욕에 복종하거나 작록과 부귀를 탐하여 원칙을 상실하면 반드시 묵자의 제재를 받았음을 말해 준다.

당연히 다른 한편으로 만약 묵가의 제자가 묵가정신에 충분히 충성하고 거자鉅子 (우두머리)에게 충성하면, 또한 반드시 묵자의 높은 표창을 받는다. 예를 들면 다음과 같다.

묵자 선생이 경주자耕柱子를 초楚나라에 가서 벼슬하게 하였다. 2~3명의 제자가 초나라를 지나다 들렀는데, 하루 세 되의 양식만 주고 손님으로 후하게 대접하지 않았다. 그 2~3명의 제자가 묵자에게 보고하기를 "경주자가 초나라에 있으면서 유익함이 없습니다. 2~3명의 제자가 들렀는데, 하루에 세 되의 양식만 주고 손님으로 후하게 대접하지 않았습니다"라고 하였다. 묵자는 "아직 알 수 없다"라고 하였다. 얼마 지나지 않아 10금을 묵자에게 보내면서 "후생이 아직 죽지 않았습니다. 여기에 10금이 있으니 원하건대 선생님께서 써 주십시오"라고 하였다.

---

134) 『墨子』(『諸子集成』 제4책), 「魯問」, 290쪽.
135) 『墨子』(『諸子集成』 제4책), 「魯問」, 288쪽.

묵자가 "과연 아직 알 수 없구나"라고 하였다.136)

묵자가······ 고석자를 위衛나라에 보내 벼슬하도록 하였다. 위의 군주는 그에게
매우 후한 녹을 주고, 그를 경卿으로 등용하였다. 고석자는 세 번 조회에 나아가
반드시 자신의 생각을 다 말하였으나 실행된 말이 없자 제齊나라로 떠났다. 묵자
선생을 보고 말하기를 "위나라 군주는 선생님으로 인해 저에게 매우 후한 녹을
주고 저를 경으로 등용하였습니다. 제가 세 번 조회에 나아가 반드시 생각을
다 말하였지만, 실행되는 말이 없어서 위나라를 떠나왔습니다. 위나라 군주는
오히려 저를 미쳤다고 하지 않겠습니까?"라고 하였다.

묵자는 "떠남이 진실로 도道라면, 미쳤다고 여겨진들 무슨 해가 되겠는가! 옛날에
주공周公 단旦이 (형인) 관숙管叔을 논박論駁하고 삼공三公을 사임하고 동쪽의 상엄
商奄에 거처하였는데, 사람들이 모두 그를 미쳤다고 하였지만, 후세에는 그 덕을
칭송하고 그 이름을 찬양讚揚하여 지금까지 끊이지 않는다. 또한 내(翟, 묵자)가
그것을 듣건대 '의義를 행함에 비방을 피할 수 없음이 곧 명예이다'라고 하였으니
(위나라를) 떠남이 진실로 도라면 미쳤다고 여겨진들 무슨 해가 되겠는가!"라고
하였다.

고석자는 "제(石)가 (위나라를) 떠남을 어찌 감히 도로써 하지 않았겠습니까?
옛날에 선생님께서 말씀하시기를 '천하에 도가 없으면 인의지사仁義之士가 후록厚
祿의 지위에 있을 수 없도다'라고 하셨습니다. 이제 위나라 군주가 도가 없는데
그 작록爵祿을 탐한다면 제가 진실로 구차하게 남의 곡식만 먹는 사람이 됩니다"
라고 하였다.

묵자 선생이 기뻐하며 자금자子禽子를 불러서 "잠시 내 말을 들어라. 무릇 의義를
위반하고 봉록俸祿을 따르는 사람들을 내가 항상 들었지만, 봉록을 거절하고
의를 따르는 사람을 고석자에게서 보았다"라고 하였다.137)

묵자의 만년에 이처럼 제자를 제후국의 관리로 보내는 행위는 아마도 이미

---

136) 『墨子』(『諸子集成』 제4책), 「耕柱」, 257~258쪽.
137) 『墨子』(『諸子集成』 제4책), 「耕柱」, 260~261쪽.

어느 정도 보편적 정황이 되었다.(공자 시기에 이미 이처럼 하는 일이 시작되었다.) 그러나 묵가의 제자가 출사하면 또한 반드시 먼저 묵가 정신에 충성해야 하고, 다음으로는 반드시 묵가의 거자鉅子에게 절대 충성해야 하였으며, 이러한 충성은 또한 더욱 효과적으로 묵가의 정신을 선양하고 묵가의 출사 원칙을 표창하였다. 따라서 경주자가 초나라에서 출사하고 고석자가 위나라에서 벼슬한 것은 또한 묵자를 매우 높이 표창한 일이었다.

하지만 그 제자들의 절대적 주체정신과 묵가의 원칙에 대한 절대 충성은 자주 현실의 제후정권과 첨예한 충돌을 일으켰다. 당시에 이러한 충돌은 또 묵가의 "삼파三派" 가운데 하나인 "사묵仕墨"138)이 직면한 주요한 모순이었다. 예를 들면, 묵자가 세상을 떠난 후 복돈腹䵍이 일찍이 묵가의 거자가 되고, 또 묵가를 대표하여 진秦나라에 출사하였다. 그리고 그가 대표하는 "묵가의 법"은 제후의 왕권을 포괄하는 이익과 격렬한 충돌을 일으켰으며, 결국은 오직 왕권과 자신의 "후대를 끊음"(絶後)이 충돌하는 방식으로 "묵가의 법"을 고수하였다. 『여씨춘추呂氏春秋』에는 다음과 같이 기록하였다.

---

138) 墨家가 세 파로 나누어졌다는 설은 가장 먼저 『韓非子』에서 비롯되었다. 「顯學」에서 "세상에 드러난 학문은 유·묵이다. 유학의 지극한 이는 孔丘이며, 묵가의 지극한 이는 墨翟이…… 묵자가 세상을 떠난 뒤 相里氏의 묵, 相夫氏의 묵, 鄧陵氏의 묵이 있다. 그러므로 공자와 묵자의 후대에는 유학은 여덟 파로 나뉘고, 묵가는 세 파로 나뉘어, 취함과 버림 및 상반됨이 서로 달랐다"(『韓非子』[『諸子集成』 제5책], 「顯學」, 351쪽)라 하였다. 그러나 한비의 이 말은 실제로는 또 주로 『장자』에 근원한다. 「천하」편에서는 "相里勤의 제자 五侯의 무리와 남방의 묵가인 苦獲, 已齒, 鄧陵子의 무리는 모두 『墨經』을 암송하였으나 (내용이) 다르고 변하여 서로 같지 않아서 서로를 別墨이라고 배척하였다.……"(『莊子』[郭慶藩 編, 『莊子集釋』], 「天下」, 1182쪽)라고 하였다. 이는 장자에서 한비까지 이른바 "묵가가 세 파로 나뉘었다"라는 말이 실제로는 단지 묵가를 변별하는 내부의 서로 다른 파별을 가리키는 말임을 설명한다. 그러나 필자는 여기서 다만 "묵가가 세 파로 나뉘었다"는 말만 빌렸으며, 실제로는 주로 묵가가 사회에 작용한 다른 과정, 즉 仕墨, 俠墨, 辯墨과 그 서로 다른 표현방식에 착안하였다. 이 세 계파가 차례로 무대에 등장하면서 사회적으로 서로 다른 역사적 단계를 구성하였다.

묵자墨翟의 거자鉅子인 복돈腹䵍이 진秦에 살았다. 그의 아들이 사람을 죽였는데, 진의 혜왕惠王이 말하기를 "선생이 나이가 많은데 다른 아들이 없으므로, 과인이 이미 죽이지 말라고 명령을 내렸으니 선생은 지금부터 과인의 말을 따르세요"라고 하였다. 복돈은 "묵가의 법은 사람을 죽인 자는 사형에 처하고, 사람을 상하게 한 자는 형벌을 내리는데, 이것이 사람을 죽이고 상하게 함을 금하는 까닭입니다. 무릇 사람을 죽이고 상하게 함을 금하는 것은 천하의 대의人義인데, 왕께서 억지고 사면하여 죽이지 않으면, 복돈은 묵자의 법을 행하지 않을 수 없습니다"라고 하여 혜왕의 말을 허락하지 않으니 결국 그를 죽였다. 아들은 사람의 사사로움이며, 사사로운 바를 참고 대의를 행하였으니 거자鉅子는 공公을 행하였다고 할 수 있다.[139]

이 사례에서 복돈의 최고 원칙은 곧 이른바 "묵가의 법"이었다. 그러나 당시 "묵가의 법"을 집행하기 위해서는 어느 정도 왕의 명령을 거부해야 하고 동시에 자신도 "후대를 끊음"이라는 위험을 감수해야 하였다. 그러나 복돈은 당시 그러한 선택을 함에 조금도 흔들리지 않았다. 즉 비록 진秦의 혜왕이 이미 "'죽이지 말라고 명령하였으나, 복돈은 도리어 묵자의 법을 실행하지 않을 수 없었고' 혜왕의 청을 거절하고 결국은 아들을 죽였다." 복돈의 이와 같은 선택은 한편으로 인륜적으로 자신의 후대를 끊는 것인 동시에 왕명을 거스르는 것이기도 하였다. 따라서 출사한 묵가에 대하여 말하면, 이처럼 독자獨子를 주살하는 "후대를 끊음"과 같은 행위는 또한 어떤 상징적 의미를 지니었다.[140]

---

139) 『呂氏春秋』(『諸子集成』 제6책), 「去私」, 10∼11쪽.
140) 이 문제에 있어서 유·묵 양가는 매우 큰 차이가 있다. 유가는 복돈의 행위를 반대하며 외아들을 주살할 수 없다고 보는 것이 아니라 반드시 사회법의 이름으로 주살권을 행사해야 한다고 보았으며, 복돈이 "혜왕의 청을 거절하고 결국은 아들을 죽였다"라는 행위도 또한 완전히 자신을 몰인정하고 매정한(絶情寡恩) 사람으로 만들었다고 보았다. 복돈의 이와 같은 행위에 대하여 『여씨춘추』는 "사사로운 바를 참고 대의를 행하였다"라고 칭송하였지만, 실제로는 이 하나의 예가 도리어 "묵가의 법"이 이미 인륜의 常情과 맞지 않을 뿐만 아니라 왕자의 명에도 부합하지 않았음을 설명하며, 따라서 묵가도 이 때문에 필연적으로 "中絶"되는 운명을 맞게 되었다.

이미 "사묵仕墨"이 견지한 "묵가의 법"이 사람의 상정常情과 부합하지 않고 또한 왕의 명령에도 부합하지 않는다면, 묵가에게 제후에게 유세하여 정권에 참여하여 사회를 개조하려는 것도 실패할 수밖에 없는 정해진 운명이다. 그러나 묵가의 구세정신에 대하여 말하면 곧 "사묵"의 길이 통하지 않는다면, 묵가는 또한 또 다른 방법을 열었는데, 그것은 "출사出仕"의 방법 외에 인류사회를 개조하는 방법으로 또한 "협묵俠墨"으로 감당하려고 하였다. 그리고 "협묵"의 출현으로 한편으로 묵가와 현실사회의 거대한 대비적 괴리를 드러냄과 동시에 현실사회 밖에서 현실사회를 개조할 동력을 찾으려는 시험을 시도하였다.

"협묵"도 실제로는 "세상에 드러난 불공평에, 칼을 빼어 서로 돕는다"(의로운 일에 용감히 나서다.)라는 방식으로 사건의 밖이나 사회의 밖의 역량으로 현실사회에 작용하였다. 춘추 이래의 인류사회가 "강자는 반드시 약자를 지배하고, 부자는 반드시 가난한 자를 업신여기며, 귀한 자는 반드시 천한 자에게 교만하고, 간사한 자는 반드시 어리석은 사람을 속이는"141) 사회가 되었다고 할 수 있다면, "협묵"의 사명은 또한 마침 "강약强弱", "빈부貧富", "귀천貴賤", "중과衆寡" 그 이상의 신분과 역량을 초월하여, "강자가 약자를 지배하지 않으며, 다중이 소수를 겁박하지 않으며, 부자가 가난한 자를 업신여기지 않으며, 귀한 자가 천한 자에게 교만하지 않으며, 간사한 자가 어리석은 자를 기만하지 못하는"142) 사회가 되도록 하였다. "협묵"의 이러한 사명은 어느 정도 인류사회에서 "겸상애" 운동의 "제일 추동자"가 되도록 하였다. 바로 "협묵"의 이 작용 때문에 한대漢代에 이르러서도 여전히 협묵에 대하여 한 목소리로 찬탄하고 경앙敬仰하는 정이 충만하였다. 예를 들면 다음과 같다.

묵자를 따르고 복종하는 사람이 180명이며, 모두 불 속에 뛰어들고 칼을 밟을 수 있으며, 죽어도 물러나지 않으니 교화로서 이루어졌다.143)

---

141) 『墨子』(『諸子集成』 제4책), 「兼愛中」, 64쪽.
142) 『墨子』(『諸子集成』 제4책), 「兼愛中」, 65쪽.
143) 『淮南子』(『諸子集成』 제7책), 「泰族訓」, 357쪽.

지금의 유협游俠들은 그 행위가 비록 정의正義에 부합하지는 않지만, 그러나 그들의 말은 반드시 믿음이 있으며, 그들의 행동은 반드시 과감하며, 이미 승낙한 일은 반드시 최선을 다하며, 자신의 몸을 아끼지 않으며, 무사武士로서의 위험과 재난을 감당하였다. 이미 존망과 생사를 버렸으며, 자신의 능력을 자랑하지 않고, 자신의 공덕을 과시함을 수치로 여기니, 이들은 모두 충분히 칭찬할 만한 것들이다.[144]

이 두 단락은 완전히 한대 사람의 진술로서, 전자는 『회남자』가 "협묵"을 찬탄하여 표현한 "불 속에 뛰어들고 칼을 밟고, 죽어도 물러나지 않는" 정신을 표현하였으며, 후자는 사마천이 "협묵"들이 전문적으로 "무사武士로서의 위험과 재난을 감당한" 관점에서 당시에도 작용하던 "협묵"의 후예인 "유협游俠"을 찬양하여 "그들의 말은 반드시 믿음이 있으며, 그들의 행동은 반드시 과감하며, 이미 승낙한 일은 반드시 최선을 다하며, 자신의 몸을 아끼지 않았다"라고 사람됨의 풍모와 재능을 표현하였다. 이러한 모든 것은 사실 완전히 "협묵"이 사회에 작용하는 주요 방법으로 보았다.

실제로 묵자 본인은 협의俠義정신에 충만하였으며, 그것은 초나라가 송나라를 정벌하려는 것을 멈추게 한 일이 그 협의정신의 전형적인 표현이라고 할 수 있다. 그 사회적 이상에 대하여 말하면, "사묵"이 실패한 후에 묵가는 오직 "협俠"이라는 방법으로 사회를 "움직이게 한다"(轉動)라고 할 수 있거나, 혹은 겸애의 이상을 실현하는 제일의 추동자라고 할 수 있다. 묵자 본인이 협의라고 표현하는 해당 정신을 살펴보자.

묵자 선생이 노나라에서 제나라로 가다가 옛 친구를 방문하였는데, 묵자 선생에게 말하기를 "오늘의 세상에 의義를 행하는 자가 없는데, 선생이 홀로 스스로 고생하며 의를 행하는데, 선생은 그만둠만 못합니다"라고 하니, 묵자 선생은

---

144) 『史記』(『二十五史』, 권1), 「游俠列傳」, 316쪽.

제5장 기초, 근원과 현실: 유儒·도道·묵墨·법法의 형성과 그 서로 다른 흐름 **473**

"이제 여기에 어떤 사람이 있는데, 아들이 열 명이 있다고 하면, 한 사람이 농사를 짓고 아홉 명이 놀고먹는다면 농사짓는 사람이 더욱 바쁘게 일하지 않을 수 없다. 왜 그런가? 먹는 사람은 많고 농사짓는 사람이 적기 때문이다. 이에 세상에 의를 행하는 자가 없다면 그대는 나에게 (의를 행하라고) 권면해야지 무슨 까닭으로 하지 말라고 하는가?"라고 하였다.[145]

묵자 본인의 출신에 대하여 말하면, 그는 일개 "북방의 비천한 사람"에 불과하며, 그 구체적인 주장도 결론적으로 말하면, 일련의 "절장節葬", "절용節用", "비악非樂", "비공非攻"과 같은 "천한 사람의 소행"에 불과하다. 그러나 묵자의 "세상의 고난을 한 어깨에 짊어진다"라는 정신은 그가 이러한 "천한 사람"(賤人)으로서 전체 인류세계를 바꾸려는 사상에서 표현되었으며, 이것이 곧 진정한 협의정신이라고 할 수 있다. 따라서 맹자는 평가하기를 "묵자의 겸애는 정수리에서부터 발뒤꿈치까지 다 닳아도 세상을 이롭게 한다면 그것을 하였다"[146]라고 하였다. 장자도 묵가는 "엄격한 계율로 자신을 규제하여, 세상의 위급함에 준비하였다"[147]라고 하였다. 순자荀子도 "묵자의 말은 분명하게 세상을 위하여 부족함을 근심한다. 무릇 부족함은 세상의 공공公共적 근심이 아니며, 다만 묵자의 사사로운 근심이자 지나친 계책이다"[148]라고 하였다. 분명히 묵가는 곧 "정수리에서부터 발뒤꿈치까지 다 닳아도 세상을 이롭게 한다"라는 정신을 통하여, 또한 완강하게 "세상 사람들의 마음을 거스르는 것"의 방법으로 세상을 구원하려고 하였고, 이는 확실히 중국 역사에서 최고의 협의정신이다.

그리고 평소에 묵가의 문도들은 "대부분 갖옷이나 갈대로 된 옷을 입고, 나막신이나 짚신을 신고 밤낮으로 쉬지 않고, 스스로를 수고롭게 함을 최상으로 삼고서 말하기를 '이처럼 할 수 없으면 우임금의 도가 아니며 묵가라고 할 수 없다'라고

---

145) 『墨子』(『諸子集成』 제4책), 「貴義」, 265쪽.
146) 『孟子』(吳哲楣 主編, 『十三經』), 「盡心上」, 1422쪽.
147) 『莊子』(郭慶藩 編, 『莊子集釋』), 「天下」, 1178쪽.
148) 『荀子』(『諸子集成』 제2책), 「富國」, 119쪽.

하였다."[149] 이것이 아마도 그 교단의 정상 생활이었을 것이다. 그의 대제자인 금활리禽滑釐에 대하여 말하면, "금활리 선생은 묵자 선생을 섬긴 지 3년 만에 손발에 못이 박히고 얼굴이 까맣게 타도록 온몸을 바쳐 봉사하면서 감히 욕구를 묻지 않았다"[150]라고 하였다. 묵자의 대제자들이 모두 이와 같았다면 이로부터 그 전체 교단의 정황을 알 수 있다. 그러나 비록 그렇다 하더라도 그 문도들은 여전히 "거자를 성인으로 여기고 모두 그의 시동尸童이 되고, 그 후세가 되기를 희망하였다"[151]라고 하였다. 따라서 『회남자』에서 개괄한 "불 속에 뛰어들고 칼을 밟을 수 있으며, 죽어도 물러나지 않았다"라는 말은 마땅히 묵가 문도의 정신을 사실적인 묘사로 설명하였다고 할 수 있으며, 대개 묵가 문도는 또한 이와 같은 "스스로 고난을 자청함"(自苦)과 "힘든 일을 견담"(受難)의 방식으로 세상을 구원하고자 하는 구세의 심경을 나타내었다.

그리고 어떤 특수한 조건에서 묵가의 문도들은 심지어 "이미 승낙한 일은 반드시 최선을 다한다"와 "불 속에 뛰어들고 칼을 밟을 수 있으며, 죽어도 물러나지 않는다"라는 정신, 이른바 구세의 심경을 실현하기 위하여, 일종의 "스스로 고난을 자청함"의 정신, 혹은 죽음조차도 불사하는 "잠재의식"(情結=情意綜)을 드높였다. 즉 그들은 "스스로 고난을 자청함"과 죽음도 불사하는 방식으로 구세 심경의 순수성과 영원성을 분명하게 드러내었던 것 같다. 『여씨춘추』는 일찍이 협묵과 그 교단이 결국은 어떻게 죽음도 불사하는 방식으로 묵가의 협의정신을 분명하게 드러내었는가를 정확하게 기록하였다.

묵자墨者의 거자鉅子인 맹승孟勝은 형荊(楚나라)의 양성군陽城君과 친하였다. 양성군이 (맹승에게) 자신의 도읍都邑(國)을 수비하게 하도록 하고는 약속하기를 "부신符信이 서로 맞으면 듣고 따르리라"라고 하였다. 초나라 왕(悼王)이 세상을 떠나자

---

149) 『莊子』(郭慶藩 編, 『莊子集釋』), 「天下」, 1181쪽.
150) 『墨子』(『諸子集成』 제4책), 「備梯」, 322쪽.
151) 『莊子』(郭慶藩 編, 『莊子集釋』), 「天下」, 1183쪽.

많은 신하가 오기吳起(『오자병법』을 쓴 정치 개혁가)를 공격하여 왕의 빈소殯所에서 죽였는데, 양성군도 여기에 가담하였다. 초나라가 그 죄를 추궁하니 양성군은 도망가고, 초나라가 그 도읍을 몰수하였다. 이에 맹승은 "내가 그 사람으로부터 도읍을 지켜달라는 부탁을 받고, 부신符信으로 주고받았는데, 지금 그 부신은 볼 수 없고 힘으로 막을 수도 없으니, 죽음으로 하지 않으면 안 된다"라고 하였다. 그의 제자인 서약徐弱이 맹승에게 간언하기를 "죽음이 양성군에게 도움이 된다면 죽는 것이 옳지만, 무익하다면 세상에 묵자를 단절시키므로 옳지 않습니다"라고 하였다.

맹승은 "그렇지 않다. 나와 양성군은 스승이 아니면 벗이요, 벗이 아니면 신하다. 죽지 않는다면, 이제부터는 엄한 스승을 구해도 반드시 묵자에게서 구하지 않을 것이며, 현명한 벗을 구함에 반드시 묵자에게서 구하지 않을 것이며, 어진 신하를 구함에 반드시 묵자에게서 구하지 않을 것이다. 죽으려는 까닭은 묵자의 의義를 행함으로써 그 사업이 계속되게 하려는 것이다. 내가 장차 거자의 지위를 송宋의 전양자田襄子에게 맡기려고 하는데, 전양자는 현명한 사람이니 어찌 묵자가 세상에서 끊어질까 근심하겠느냐'라고 하였다. 서약은 "만약 선생님의 말씀과 같다면 저 약弱이 먼저 죽어 그 길을 열게 해 주십시오"라고 하고는 돌아와 맹승보다 먼저 자결하였다. 이에 따라 맹승은 제자 두 사람이 전양자에게 거자鉅子의 지위를 전달하게 하였다. 맹승이 죽자 그를 따라 죽은 제자가 83명이었다. 전양자에게 명령을 전달한 두 사람의 제자도 초나라로 돌아와 맹승을 따라 죽으려고 하였다. 전양자가 그들을 말리기를 "맹 선생(孟勝)이 이미 거자의 지위를 나에게 전하셨다"라고 하였으나 듣지 않고, 결국은 (초나라로) 돌아와 죽었다.[152]

이 구절은 묵가 교단과 그 제자들이 앞다투어 죽음을 선택하는 기이한 구절이다. 맹승과 양성군이 약속을 하였는데, 양성군을 기다리지 못하고, 맹승은 오직 죽음으로 약속을 실천할 수밖에 없는데, 이것이 자연스럽게 묵가의 협의정신을 나타내었다. 그러나 서약의 우려는 주로 (죽음이) 유리한가 해로운가의 계산과 저울질에서 비롯되었다. 죽음이 결국 유익한가 무익한가? 만약 무익한 죽음이라면 그것은

---

152)『呂氏春秋』(『諸子集成』제6책),「上德」, 243쪽.

묵자의 정신이 후세에 전해 주는 것만 못하다. 그러나 거자로서의 맹승이 고려한 내용은 이미 이러한 이해의 계산의 측면과 범위를 멀리 넘어섰다. 그가 보기에 그와 맹성군은 스승이 아니면 친구이며, 친구가 아니면 신하의 관계이므로, 죽지 않는다면 반드시 후세 사람들이 "엄격한 스승을 구함에 반드시 묵자에게서 구하지 않고, 어진 친구를 구함에 반드시 묵자에게서 구하지 않으며, 어진 신하를 구함에 반드시 묵자에게서 구하지 않는다"는 결과를 초래할 수 있으니, 한마디로 죽지 않는다면 그것은 묵가정신을 상실하는 것과 같다는 말이다. 오히려 죽음을 자각함이 야말로 곧 진정으로 이른바 "묵자의 의義를 행하고 그 사업을 계승하는 것"이며, 따라서 그것은 살신성인殺身成仁의 방법으로 묵가의 구세정서와 구원의 정신을 분명하게 드러내는 것과 같다고 할 수 있다. 또한 이러한 정신의 격발과 감동을 받아서 서약徐弱은 의연하게 "맹승보다 먼저 목숨을 끊었다."

가장 특이한 것은 명령을 전한 두 사람의 사자에 있다. 본래 맹승의 명령을 따르면, 그들은 거자의 지위를 송나라의 전양자에게 전하고서 죽지 않을 수 있었다. 그리고 새로운 거자인 전양자도 이미 죽지 말라는 명령이 있었다. 그러나 이 두 사람의 전령이 볼 때, 만약 죽지 않는다면 장차 거자인 맹승에게 부담이 된다고 생각하여 그들은 임무를 완성한 후 "돌아와서 죽음"이라는 선택을 하였다. 이러한 상황은 마치 죽음 콤플렉스와 같은 의미이지만, 묵가의 제자들은 죽음을 추구하는 방식으로 묵가정신을 드러내고자 하였다.

묵가의 제자들은 왜 이러한 "자결"(自裁)의 방식으로 그 정신을 선양하려고 하였는가? 여기에는 주로 두 가지 원인이 있다. 하나는 사회 하층민 출신과 사회적 고난에 대한 깊은 감수성으로 인하여 인류의 현실을 개조하여 이상사회를 창조하려는 원대한 포부가 매우 강렬하였으나, 그 철저하게 인류사회를 변혁하려는 이상은 실제로는 자신을 위하여 하나의 영원히 완성할 방법이 없는 임무를 제시하였다. 예를 들어 "남의 집을 자신의 집처럼 보면 누가 훔치겠는가? 다른 사람을 자신처럼 본다는 누가 해치겠는가?…… 남의 가문을 자신의 가문처럼 보면 누가 (가문을) 어지럽히겠는가? 다른 나라를 자기 나라처럼 본다면 누가 공격하겠는가?"와 같은 종류는 이론적으로 보면 분명히 이처럼 이상적이고, 또 분명히 가장 아름다운 이상이다. 또한 오로지 사람과 사람 사이에 "남의 집을 자신의 집처럼 봄", "다른 사람을 자신처럼 봄", "남의 가문을 자신의 가문처럼 봄", "다른 나라를 자기 나라처럼 봄"과 같은 상태에 충분히 이를 수 있다면, 그러한 상황은 이른바 "강자는 반드시 약자를 지배하고, 부자는 반드시 가난한 자를 업신여기며, 귀한 자는 반드시 천한 자에게 교만하고, 간사한 자는 반드시 어리석은 사람을 속인다"[153]라는 등의 불평등한 현상을 철저하게 근본적으로 제거할 수 있다. 이상은 물론 아름답지만, 도리어 타인과 자신 사물과 자신의 구별을 반드시 철저하게 버려야 한다는 전제, 특히 반드시 철저하게 "소아小我"와 "사적 자아"를 버려야 한다는 전제가 깔려 있다. 이렇게 되면 한편으로 당연히 가장 아름다운 인류의 이상이 되지만, 그러나 그 실현의 전제는 설상가상雪上加霜의 "무아無我"이다. 이것이 아마도 묵자가 반드시 교단을 조직하려는 것이며, 인류세계에서 겸상애兼相愛(함께 서로 사랑함), 교상리交相利(서로 이익을 나눔)의 첫째 추동력이 되도록 하는 근본 원인이다. 이런 점에서 보면, 아마도 오직 협묵만이 묵가의 구세정신의 진정한 담당자(仕墨의 형식은 제후정권에 어느 정도 이용할 수 있는 성질을 갖추었다.)라고 할 수 있다. 그러나 협묵의 제1추동력을 이루었다고 해도, 이 "제1추동력"이 이른바 "불 속에 뛰어들고 칼을 밟을 수 있으며, 죽어도 물러나지 않는" 경지에 이르렀다고 해도, 어떻게 이와 같은 제1추동력, 즉 묵가의 인륜시범과 인륜표준의 작용으로부터 사대부와 서민 대중의 인륜의 공통인식으로 형성될 수 있는가는 여전히 설상가상雪上加霜이었으며, 따라서 그 문도 가운데는 세속과 타협하는 현상이 나타났다. 예를 들면 작위와 녹봉, 부귀를 탐하고, 사사로이 관료가 되려고 손을 내밀고는 암암리에 벼슬하지 못함을 원망하는 것 등이다. 이러한 것들은 모두 묵자 본인도 그 이상을 실현하기 어렵다는 것을 알았을 뿐만 아니라, 그 제자들도 마찬가지로 그 이상을 실현하기 어려움을 알았다는 사실을 말해 준다. 바로 이러한 배경에서 맹승도 "자결"의 방법으로 그 구세정신을

---

153) 『墨子』(『諸子集成』 제4책), 「兼愛中」, 64쪽.

드러낼 수밖에 없었다.

다른 한편으로 묵가의 제자들은 모두 그 이상이 실현되기 어려운 성질임을 알고 난 뒤는 결코 이러한 "자결"의 방식을 선택하려고 하지 않았으며, 어느 정도는 현실적인 타협을 하였으며, 그로써 세속의 풍습에 일정한 양보를 할 수 있었다. 그러나 이렇게 되면 또한 반드시 그 이상의 진정성과 순수성을 거꾸로 부정할 수 없다는 이 점을 맹승은 진실로 우려하였다. 따라서 "이제부터는 엄격한 스승을 구함에 반드시 묵자에게서 구하지 않고, 어진 친구를 구함에 반드시 묵자에게서 구하지 않으며, 어진 신하를 구함에 반드시 묵자에게서 구하지 않을 것이다"라고 하였다. 이러한 상황에서 맹승은 자각적으로 사망을 선택함으로써 그 이상의 진정성과 순수한 성질을 확보하였을 뿐만 아니라, 또한 확실하게 맹승이 말한 바와 같이 "묵자의 의義를 행함으로써 그 사업을 계승하였다." 이에 따라 묵가 교단에서 집단적으로 "자결"의 사건이 형성되었을 때 묵가에게는 자신이 영원히 완성할 수 없는 임무를 만나게 되면, 오로지 거꾸로 "자결" 방식으로 분신焚身함으로써 그 이상의 초월성과 순수성을 나타내었다. 이렇게 보면, 묵가 문도들의 집단적 자결은 그 이상의 실현과 관련이 없다고 하더라도 도리어 그 이상의 순수성과 영원성을 밝게 조명하였다.

협묵이 자결방식의 "분신焚身"으로 그 가치의 이상과 추구하는 정신을 나타낼 때 묵가의 존재 방식과 그 정신적 기탁은 마치 변묵辯墨의 과정을 따른 것 같다. 실제로 변묵은 결코 사묵仕墨이 아니며, 협묵이 상호 계승을 실패한 후에야 비로소 형성되었으며, 또한 묵가의 구세의 주장이 형성된 것과 함께 형성되었다. 즉 묵가의 겸상애兼相愛와 교상리交相利의 구세의 주장이 형성되면서 변묵도 동시에 형성되었다는 말이다. 예를 들면 「상현尙賢」에서 "지금 국가에서 정치를 하는 왕공王公·대인大人들은 모두 국가가 부유해지고, 백성이 많아지고, 형정刑政이 잘 다스려지기를 바라지만, 그러나 국가가 부유해지지 않고 가난해지며, 백성이 많아지지 않고 적어지며, 형정이 잘 다스려지지 않고 어지러워지니, 이것은 근본적으로 바라는 것을 잃고 그 싫어하는 것을 얻었다. 그 까닭이 무엇인가?"[154]라고 하였다. 분명히 이것은 이미 명확하게 하나의 "변辯"의 문제로 제시되었으며, 아울러 묵가가 항상 "변辯"으로써 학설을 세워야 하는 환경에 직면하지 않을 수 없었다. 유·도 양가의 병행도 또한 묵가가 "변"의 방법으로 자신의 사상적 주장의 길을 열고 가지 않을 수 없도록 하였다. 결정적으로 변묵도 분명히 묵가의 존재 방식 가운데 하나이다.

그러나 묵자의 "변"은 도리어 그들의 후학이 지키고자 하는 사업인 "변묵"과는 근본적으로 다르다. 그 원인은 묵자의 사상이 유·도 양가보다 뒤이기 때문에 사상계의 후발주자이므로 그들은 "변"의 방식으로 자신들의 사상 주장의 방향을 열 수밖에 없었다. 이러한 면에서 보면 묵자의 "변"은 틀림없이 그들 사상 주장의 선전하는 수단이며, 따라서 그들은 실제로 다른 사람의 "취取"(취함)를 중시하고 그들이 표창하는 "명名"(이름)을 중시하지는 않았다. 묵자는 "그러므로 내가 '장님은 희고 검음을 알지 못한다'라고 한 말은 그 이름으로 하는 말이 아니라, 그 '취함'으로 한 말이다. 지금 세상의 군자들이 인이라고 부르는 것은 비록 우왕과 탕왕이라도 그것을 바꿀 수 없지만, 인仁과 불인不仁을 함께 두고 세상의 군자에게 그것을 취하라고 한다면 알 수 없다. 그러므로 내가 '세상의 군자들은 인仁을 알지 못한다'라고 한 말은 그 이름으로 한 말이 아니라 그 취함으로써 한 말이다"[155]라고 하였다. 분명히 묵자가 장님으로 판단한 방법은 "그 이름으로 한 말이 아니라 그 취함으로써 한 말"일 뿐만 아니라, 당시 군자와 그 사상 주장을 판단한 방법도 마찬가지로 그 "취함"을 따른 것으로, 그것이 확립한 "이름"의 각도를 따라 변별한 것만은 아니다. 이것은 묵자가 보기에 이른바 "이름"과 "변辯"이 그 사상 주장을 추진하는 수단에 불과할 뿐이며, 도리어 그 사상 주장 자체를 결코 대표할 수는 없다.

그러나 그 후학에 이르면 "변"의 방법을 학문으로 삼으려고 할 뿐만 아니라, 이른바 전문으로 "변"을 사업으로 하는 "변묵"이 형성되었다. 이것은 결국 왜 그럴까? 그 주요한 원인은 "사묵"과 전제권력이 근본적으로 서로 용납하지 않기

---

154) 『墨子』(『諸子集成』 제4책), 「尙賢上」, 25쪽.
155) 『墨子』(『諸子集成』 제4책), 「貴義」, 267~268쪽.

때문이며, "협묵"과 일반 백성(士庶)의 대중도 서로 어울리지 않기 때문이며, 따라서 그 사상 주장을 추진하는 과정에서 묵가는 유·도 양가의 사상 주장과 서로 충돌할 뿐만 아니라 또한 반드시 일반 백성 대중의 자각적이든 비자각적이든 저항과 의혹을 받지 않을 수 없다. 이러한 모든 것은 묵가가 마지막으로 "변"으로 회귀하지 않을 수 없는 중요한 원인이 된다.

다음으로 묵자는 백공百工(기술장인) 출신으로, 배와 수레를 논하고 갈고리의 강함과 목연木鳶(風箏)을 만드는 것을 논함이 모두 그 제작의 기교 상에서 공수반公輸般과 솜씨를 겨루는 상황으로 보면, 마땅히 묵자 자신이 곧 기계 제작에 정통精通한 목공이라고 해야 한다. 그는 "세상에 일에 종사하는 사람은 법의法儀(法度禮儀의 준말. 법률과 제도)가 없어서는 안 된다. 법의가 없으면서 일을 성공할 수 있는 사람은 없다. 비록 사족士族으로서 장군이나 재상이 된 사람도 다 법도를 가지고 있으며, 백공으로서 일에 종사하는 사람이면 모두 법도를 가지고 있다. 백공이 사각형(方)을 그리는 데 구矩(곱자)로 하고, 원圓을 그리는 데 규規(콤파스)로 하며, 직선은 승繩(먹줄)으로 하며, 수직(正)은 드리운 줄(懸)로써 한다. 숙련된 장인(巧工)이든 숙련되지 않은 장인이든 모두 이 다섯 가지를 법도로 삼는다. 숙련된 장인은 그것을 적중하게 쓸 수 있고, 숙련되지 않은 장인은 비록 그것을 적중하게 쓸 수는 없지만, 바야흐로 이에 의지해서 일하면 오히려 자신의 능력보다 더 뛰어날 수 있다"156)라고 하였다. 분명히 이 관점에서 보면, 곧 그는 일찍이 공구를 사용한 목공의 경력은 묵자가 가진 절대적 색체의 주체의식을 배양하였을 뿐만 아니라 또한 그가 다른 사람들과 변설하는 표준, 즉 법의法儀와 공구工具의 의식을 배양하였다. 그리고 "변묵"은 곧 묵가사상이 사회 대중의 차원에서 저항을 만나고 또한 묵자의 고업故業(원래의 基業)으로 돌아가지 않을 수 없다는 표현이기도 하다. 그러나 여기서 "고업故業"은 이미 더 이상 묵자의 기계제작이 아니라 주로 대화와 강연에서 필수적인 명변名辯의 논리이다. 그리고 여기서 말하는 "법의"도 더 이상 묵자의 규구規矩와 승묵繩墨이

---

156) 『墨子』(『諸子集成』 제4책), 「法儀」, 11쪽.

아니라 대화 교류의 발자취, 곧 명제와 변론의 설득 논리이다.

이렇게 보면 묵가의 후학들도 묵자의 "고업"으로 돌아가는 과정에서 참신한 영역을 개척하였는데 이것이 곧 명변名辯의 논리이다. 현존하는 묵가의 전적典籍에서 「경經」 상·하, 「경설經說」 상·하와 「대취大取」와 「소취小取」 네 편의 문헌은 대개 변묵의 기본 문헌에 속한다. 그리고 묵가의 명변 논리에 관한 다년간의 연구를 한 첨검봉詹劍鋒 선생은 "「경상經上」과 「경하經下」의 서로 다른 특징은 「경상」의 모든 정의定義, 법칙法則, 정리定理는 동일하게 현정顯正의 면에 속하며, 「경하」는 논제論題에 논증을 더하여 건립한 형식을 사용하였으며, 약간의 조항은 별파別派의 이론을 배척하고 있는데 이것은 사악함을 물리침破邪의 일면에 속한다"[157]라고 하였다. 「경상」과 「경하」의 텍스트에 대응하여 「경상」의 "고故는 얻은 바가 있으므로 이루어진다"(故, 所得而後成也), "멈춤止은 오래됨이다"(止, 以久也), "부분體은 전체(兼)에서 나뉜다"(體, 分於兼也), "필必은 그침이 없음이다"(必不已也), "지知는 능력材이다"(知, 材也), "평平은 높이가 같음이다"(平, 同高也)라는 구절과 「경하」의 "오행이 항상 한쪽으로만 이김常勝이 없음은 이유說가 (자연법칙의) 마땅함에 있다"(五行無常勝, 說在宜), "상대가 그것을 모름을 알게 되는 것은 이유가 명名을 취함을 보고 안다"(知其所以不知, 說在以名取)와 "사물의 소이연所以然과 그것을 아는 까닭과 사람으로 알게 하는 까닭이 반드시 같을 필요는 없음은 그 이유가 병통에 있다"(物之所以然與所以知之與所以使人知之不同, 說在病)라는 구절 등등도 모두 「경하」가 확실히 "이유가 ~에 있다"(說在)라는 형식으로 「경상」의 정의와 법칙에 대하여 파생적 운용과 설명을 하였다. 이러한 특징에 비추어 볼 때, 우리는 또한 「경상」은 "입명立名"에 속하며, 「경하」는 어느 정도 논변의 의미를 갖추고 있다. 합하여 보면 묵가가 그 논변의 방법에 대한 구체적인 운용이라고 할 수 있다.

「경설經說」에 관해서는 「경」에 대한 해석과 재설명이며, 그 가운데 일찍이 제시된 "백마白馬", "견백堅白", "일중日中" 등의 견해는 분명히 이미 당시의 혜시惠施

---

157) 詹劍鋒, 『墨家的形式邏輯』(湖北人民出版社, 1956년판), 230쪽.

와 공손룡公孫龍과 같은 명변名辯 계열의 사士들과 합류하였다. 그러나 「대취」와 「소취」는 여전히 묵가 명변의 본색을 유지하고 있으며, 그 가운데 또한 적지 않게 묵가사상에서 설명하고 변호하는 내용이 있다. 예를 들면 다음과 같다.

하늘이 사람을 사랑함은 성인이 사람을 사랑함보다 더 넓다. 그리고 사람을 이롭게 함도 성인이 사람을 이롭게 함보다 두텁다. 이로운 것 가운데 큰 것을 취하고, 해로운 것 가운데 적은 것을 취한다. 해로운 것 가운데 적은 것을 취하는 것은 해로움을 취하는 것이 아니라 이로움을 취하는 것이다. 이로움 가운데 큰 것을 취하는 것은 부득이해서가 아니다. 해로움 가운데 적은 것을 취함은 부득이해서이다. 아직 있지 않은 것에서 취해야 한다면 이로운 것 가운데 큰 것을 취하고, 이미 있는 것에서 버리는 경우는 해로운 것 가운데 작은 해를 취한다.

타인을 사랑함은 자신을 벗어나지 않으니 자신은 사랑함의 가운데 있다. 자신이 사랑함에 있으면 사랑은 자신에게 더해지고, '타인을 사랑함과 같은 비율'(倫列)로 자신을 사랑함이 곧 남을 사랑함이다.

사랑에는 두터움과 엷음이 없으며, 자신을 받듦은 현명함이 아니다.

겸애兼愛는 서로 같음이 있고, 주나라(尙世)158)를 사랑함과 후세를 사랑함은 지금의 세상 사람과 한결같다.

세상에 (남겨진) 사람이 없고 묵자 선생의 말만 남아 있다.

무릇 말씀은 종류로서 행하는 것이며, 말을 입론하되 그 종류를 분명하게 하지 않으면 반드시 곤궁해진다.159)

무릇 변론(辯)은 옳고 그름의 구분을 밝히고, 다스려지고 어지러워짐의 벼리를 살피고, 같음과 다름의 요처(處)를 밝히고, 이름과 실질의 도리를 관찰하여 이로움과 해로움을 처리하고, 혐의嫌疑를 해결하고, 만물의 그러함의 요지를 모의模擬

---

158) 역자 주: 尙은 姜太公의 이름이고, 尙世는 강태공의 후예를 말하며 여기서는 周나라를 의미한다.

159) 『墨子』(『諸子集成』 제4책), 「大取」, 243~249쪽.

하고, 뭇 말들의 교량較量(비교하여 헤아림)을 따져 구하고, 이름(개념)으로 실상을 들춰내고, 말로써 의미를 나타내고, 논설로써 그 까닭을 드러내고, 유형으로 취하고 유형으로 유추한다(予).

그것이 그러함은 그러한 까닭이 있으며, 그것이 그러함이 같다고 그것이 그러한 까닭이 반드시 같을 필요는 없다. 그것을 취함은 그것을 취하는 까닭이 있으며, 그것을 취함이 같다고 그것을 취하는 까닭이 반드시 같을 필요는 없다.

타인을 사랑함에 타인을 사랑하기를 다함(周)을 기다린 후에 남을 사랑하게 된다. 타인을 사랑하지 않으면 타인을 사랑하지 않음을 다하기를 기다리지 않는다. 사랑을 다하지 않음은 타인을 사랑하지 않기 때문이다. 말을 타는 데는 말을 타기를 기다리지 않음을 다한(周) 후에야 말을 탐이 있다. 말을 탐이 있음은 말을 탔기 때문이다. 말을 타지 않음에 이르고 말을 타지 않기를 다한(周) 후에 말을 타지 않게 된다.

나라에 거주하면 나라에 거주함이 된다. 나라에 한 집만 있다고 나라가 있는 것은 아니다.[160]

위에서 열거하여 말한 종류 가운데 묵자의 말과 묵가의 겸애사상에 대한 반복적 해명은 분명히 묵가사상의 요지에 대한 해명에 속한다. 예를 들면 "사람을 사랑함은 자신을 벗어나지 않으니 자신은 사랑함의 가운데 있다"라는 구절과 "상세尙世를 사랑함과 후세를 사랑함은 지금의 세상 사람과 한결같다"라는 구절 등은 모두 분명한 묵가의 종지이다. "말을 나는 것은 말타기를 다한(周) 후에야 말을 탐이 있다"라는 말과 "나라에 한 집만 있다고 나라가 있는 것은 아니다"라는 말은 주연명제周延命題와 부주연명제不周延命題[161]의 판단에 속한다. 그리고 "이로운 것 가운데 큰 것을 취함"과 "해로운 것 가운데 적은 것을 취한다"라는 말은 분명히 가치 선택의 논리에 속한다. 왜냐하면 그 가운데 "아직 있지 않은 것에서 취해야

---

160) 『墨子』(『諸子集成』 제4책), 「小取」, 250∼253쪽.
161) 역자 주: 논리적으로 참이거나 거짓으로 판단될 수 있는 주장인 命題(proposition)의 주어가 全稱, 술어가 否定인 명제는 周延명제이며, 주어가 특칭, 술어가 肯定인 명제는 不周延명제이다.

한다면 이로운 것 가운데 큰 것을 취하고, 이미 있는 것에서 버리는 경우는 해로운 것 가운데 작은 해를 취한다(버린다)"는 의미를 구체적으로 설명하기 때문이다. 그리고 "사랑에는 두터움과 엷음이 없다"라는 말은 묵가의 무아정신無我精神을 재차 밝혔으며, 동시에 "자신을 받듦은 현명함이 아니다"라는 말은 사람의 "유아有我"에 대한 적극적인 대비이기도 하다. 따라서 "옳고 그름의 구분을 밝히고, 다스려지고 어지러워짐의 벼리를 살피고, 같음과 다름의 요처(處)를 밝히고, 이름과 실질의 도리를 관찰하여 이로움과 해로움을 처리하고, 혐의嫌疑를 해결한다"라는 말들도 모두 근본적으로 그 주체의 구체적 필요에 따르는 가치선택의 논리이다.

묵자가 당시 "굶주린 사람이 먹지 못하고, 추운 사람이 입지 못하고, 피곤한 사람이 쉬지 못하는" 현상에 직면하여 이러한 현상이 생기는 근원을 열심히 탐구하여 이른바 "겸상애兼相愛와 교상리交相利"의 주장을 편 것과 서로 비교하면, 변묵은 분명히 사람의 사상 선택을 주요 연구 대상으로 삼고 아울러 그것이 형성된 근원을 열심히 탐구한 것이다. 이것은 틀림없이 묵자정신의 계승이며, 묵자 당시의 "법도" (法儀)와 같이 변묵이 발전하여 이루어진 명변名辯 논리와 같다. 그러나 사묵仕墨, 협묵俠墨, 또는 자각적인 "후사後嗣를 단절함", 혹은 자결방식인 "연소燃燒"로써 "묵자의 의義를 행하고 그 사업을 계승한 사람"과 서로 비교하면, 변묵辯墨은 실제로 이론적 논리의 관점에서 "세상에 (남겨진) 사람이 없고 묵자 선생의 말만 남아 있음"[162]을 선포한 것이다. 이것은 틀림없이 묵가정신과 그 초월성과 영원성에 대한 분명한 의사표시이다. 달리 말하면, "사묵"은 "묵자의 법"으로 자신의 외아들을 죽게 한 것이며, "협묵"은 자신의 생명을 던지는 "자결"의 방식인 연소燃燒로서 그 구세정신을 드러내었다. 변묵은 단지 이론적 논리의 관점에서 이 정신을 표현하였다. 따라서 어느 정도로는 변묵의 "세상에 (남겨진) 사람이 없고 묵자 선생의 말만 남아 있다"라는 말은 실제로는 묵가가 그 이상 정신의 하나인 "중절中絶"(후계를 단절함)과 영원성에 대한 고별과 같다.

---

162) 『墨子』(『諸子集成』 제4책), 「大取」, 246쪽.

이전 사람들의 변묵에 관한 연구에서는 흔히 서양문화와의 비교설명에 치중하고 그 형식논리의 사상을 드러내는 것을 중요하게 여겼다. 변묵은 당연히 그러한 형식논리 부분의 사상이 있는데, 예를 들면 주연명제와 부주연명제, 그리고 일반개념과 개별개념의 비교 등은, 그 실상을 논하면, 변묵에서 탐색하는 것은 "같음과 다름의 요처(處)를 밝히고, 이름과 실질의 도리를 관찰함"이기보다는, 그들이 먼저 관심을 가진 어떻게 "이로움과 해로움을 처리하고, 혐의嫌疑를 해결하는" 문제에 있다. 묵자의 관점에서 보면 전자는 마치 후자의 입장에 이바지하는 것이다. 따라서 "묵자는 서방 사람이다", "아랍 사람이다", 혹은 "인도 사람이다"라고 하기보다는, 그 초년의 목공 경력과 그가 수행한 구세의 주장이 서로 논박하는 과정에서 변묵의 형성을 이해하고, 나아가 묵가의 명변 논의 구체적 형성을 이해하는 것이 낫다. 그러나 묵가의 구세사상으로 말하면, "옳고 그름의 구분을 밝히고, 다스려지고 어지러워짐의 벼리를 살피고, 같음과 다름의 요처(處)를 밝히고, 이름과 실질의 도리를 관찰함"과 "이로움과 해로움을 처리하고, 혐의嫌疑를 해결함"이며, 실제로는 묵자가 찬성하지 않았던 "명名으로써 실實을 얻음"과 "유형으로 취하고 유형으로 유추함"의 결과가 되었다. 따라서 묵가의 이상추구와 구원정신에 대하여 말하면 이것은 틀림없이 하나의 풍자諷刺에 속한다. 그리고 묵자 당시에 가장 원하지 않았던 "명名으로써 실實을 얻음"도 "그 명名으로써 함"으로부터 형성된 "인仁과 불인不仁을 겸하는" 현상을 형성하였고, 이것이 공교롭게도 그 후학이 변화 발전하는 귀착처가 되었다.

5. 현실 문제인 "현실"의 해결—법가의 탄생

유儒·도道·묵墨 세 학파는 중국문화에서 춘추 이래 "예가 붕괴되고 음악이 무너짐"(禮朋樂壞)의 상황과 끊임없이 심화되는 사회 모순에 대한 반영이며, 또한 중국의 핵심시대의 사상주체와 그 주요한 창조를 구성하고 있다. 그러나 이어서 일어난 전국시대는 제후들이 각각 정치를 하며 살육殺戮과 정벌征伐을 일삼던 시대였기 때문에 당시의 사회모순에 대하여 말하면, 유·도·묵 세 학파 그 가운데 유·도 두 학파는 여전히 이른바 "탁상공론"(坐而論道)과 "현실과는 거리가 멀고 사정에는 밝지 못함"(愚遠而闊于事情)의 병폐를 면하기 어려웠다. 따라서 당시의 제후들이 힘써 정벌하는 상황에서 유·도 두 학파는 인생관념과 사람의 정신적인 측면에서 활로를 모색하는 방법으로 당면한 이른바 '멀리 있는 물로는 목마름을 해결할 수 없는'(간박한 문제를 해결할 수 없는 완만한 방법) 어려운 문제를 피하기 어려웠다. 그리고 묵가는 비록 직접적으로 현실 문제를 겨냥한 방법을 강구하였지만, "겸애"의 정서는 단지 "천지天志"와 "상동尙同"의 "법의法儀"를 통해서만 비로소 진정으로 현실에 작용할 수 있고, 그 "무아"로 전제된 가설(預設)은 또한 "세상 사람들의 마음을 거스르는 것", 사람의 "유아"의 천성을 위배하는 여러 가지 많은 모순을 피하기 어렵다. 이러한 상황에서, 어떻게 현실에서 출발하여 현실 문제와 현실의 필요에 직접 대응하여 활로를 찾을 것인가는 필연적으로 현실의 제후들이 벌이는 패권투쟁에 완전하게 적응할 수 있는 사상적 유파를 형성했으니, 곧 법가法家이다.

법가가 현실적 필요에 가장 잘 적응하는 사상 유파라고 말하는 까닭은 두 방면이다. 첫째, 법가 자체는 곧 당시 제후들의 패권경쟁(爭霸)에 적응하기 위하여 탄생하였고, 그 모든 사상 주장도 또한 모두 제후들의 패권경쟁의 문제를 둘러싸고 전개되었으며, 또한 전문적으로 제후들의 패권경쟁의 요구를 만족하기 위하여 이론적 탐구를 진행하였다. 이것이 비록 묵가의 현실적 주요 관심과 같은 측면이 있다고 할 수 있지만, 그것은 묵가가 중시하는 "굶주린 사람이 먹지 못하고, 추운 사람이 입지 못하고, 피곤한 사람이 쉬지 못하는" 상황과 이로부터 형성된 "강자가 약자를 지배하지 않으며, 다중이 소수를 겁박하지 않으며, 부자가 가난한 자를 업신여기지 않으며, 귀한 자가 천한 자에게 교만하지 않으며, 간사한 자가 어리석은 자를 기만하지 못하는" 인생 이상의 지향과는 정면으로 반대된다. 만약 묵가가 완전히 사회 하층의 위치에 서 있다고 하면, 법가는 완전히 패권경쟁을 추구하는 제후의 입장에서 사회를 개조하고 인생을 개조하였다. 따라서 묵·법 두 학파는 비록 서로 비슷한 관심을 가지고는 있었지만, 그 사상적 지향과 관심의 편중에는 도리어 근본적으로 상반되는 성질을 갖추고 있다. 둘째, 이전의 유·도·묵 세 학파를 비교하면, 유가는 항상 인간의 정신과 심리의 근원적 측면에서 문제를 해결하려고 하였기 때문에 현실과 가장 멀리 떨어진 사상 유파라고 할 수 있으며, 도가는 비록 실제 상황(實然)의 관점에서 현실을 중시하는 일면이 있지만, 그 근원을 소급해서 인식하는 방식과 사변적이고 심원한 말투의 습관 때문에 제후들의 패권경 쟁을 위한 정치철학과는 결코 적용하지 못하였다. 당시의 유·도·묵 세 학파 가운데 현실 문제에서 긴밀하게 관심을 가진 학파는 오직 묵가였는데, 묵가의 "무아無我"의 이론적 가설, "세상 사람들의 마음을 거스르는" 실제적 지향 및 "묵자墨 者의 법"을 최고의 원칙으로 삼는 정치실천의 원칙과 처세의 풍격風格은 사람의 상정常情을 위배할 뿐만 아니라, 권력의 근원이 되는 지방에서 당시 제후왕권과 첨예한 충돌을 일으켰다. 왜냐하면 묵가는 비록 현실을 중시하고 아울러 현실에서 출발하였지만, 완전히 사회 하층민의 염원에서 출발하고 항상 "세상 사람들의 마음을 거스르는" 방식을 통하여 완전히 새로운 현실을 만들고자 하였기 때문이다. 이것은 단지 현실사회 가운데서 여러 번 벽에 부딪히고 자신의 "(후손이) 중간에서 단절됨"의 운명을 초래하였을 뿐이었다.

이러한 배경에서 법가가 막 싹이 틀 때, 유·도·묵 세 학파가 누적한 역사교훈은 필연적으로 법가사상이 형성되는 데 가장 중요한 역사적 출발점이 되었다. 먼저 모든 법가는 제후들의 패권경쟁(爭霸)의 실제수요에 적용하기 위하여 형성되었으며, 아울러 "변법變法"의 방식으로 역사의 무대에 등장하였는데, 이는 곧 일관되게 예악禮樂문명을 고집하는 유가가 필연적으로 그 첫 번째 충격의 대상이 되었고, 법가의 "상례常禮를 모두 폐기함", "칼 아래 놓인 채소"(단칼에 잘라버림)의 사상 성격도 필연적으로 유가를 가장 중요한 비판의 대상으로 삼도록 결정하였다. 도가에 대해서 말하자면, 그 근원을 소급하는 인식방법과 사변적 심원한 말투의 습관은 결코 법가의 요구와 부합하지는 않았지만, 그 현실인생의 "몸이 있음"(有身)의 관심 측면, 반대로 근원을 소급함과 반대로 힘을 씀(힘을 거꾸로 이용함)의 추구방식 때문에,

새로 일어난 제후를 만족(이른바 군왕이 신하를 제어할 필요)시켜 줄 수 있었고, 후일 한비가 저술한 「세난說難」에서 열거하고자 한 여러 가지 "몸을 위태하게 하는" 까닭은 실제로는 모두 군왕이 "유신有身"의 관점에서 규정을 만들어 낸 것이며, 아울러 어떻게 해야 군왕의 "역린逆鱗"을 건드리지 않을 수 있는지에서 기본적인 원칙으로 삼는다. 그리고 도가는 항상 현실인생의 "유신"을 그 첫째 관심사로 삼았는데, 이것이 마침 법가의 제후왕권에 이바지하게 되었고, 또한 "작일作壹"163)로써 사회집단에 가장 훌륭한 "연륵軟肋"(이 "軟肋"이 제왕에게서 표현되면 "逆鱗"이라고 할 수 있지만, 이것은 또 공교롭게도 법가가 절대 어기려고 하지 않는 것이기도 하다.)을 제공하였다. 따라서 사상적 근원과 관심의 시각이라는 측면에서 보면, 도가도 법가의 진정한 "낭가娘家"(친정) 혹은 성장의 모체라고 할 수 있으며, 도가는 단지 자아自我가 난세에서 어떻게 자신의 몸을 보존할 것인가의 문제에 관심을 가졌다면, 법가는 항상 어떻게 대중의 "연륵軟肋"(약점)을 꽉 잡아서 사회의 군중을 내몰아서 완전히 제왕의 의지와 요구에 복종시킬 수 있는가에 관심을 두었다. 그러나 현실과 사람의 "연륵"을 강조하는 이 점에서 양자는 도리어 꼭 일맥상통하였다.

그러나 법가사상과 가장 가까운 관계인 묵가는 도리어 시종 극히 비판적인 대상이었다. 이것은 결코 법가가 고의로 자신들의 진정한 출처와 그 형성 기초를 의도적으로 숨겼기 때문이 아니라, 상호 도달하려는 목적의 수단에서 근본적인 불일치의 성격이 있었기 때문이다. 묵·법 두 학파는 비록 모두 현실적 주요 관심 혹은 현실 문제를 해결하는 학파로 알려졌지만, 묵가가 중시하는 현실은 주로 일종의 도덕적 정서 혹은 인도人道의 주요 관심의 동인動因에서 나왔으며, 이는 또 근본적으로 유가에 근원한 기본적 신분에서 결정된 것이다. 그러나 법가의 현실에 관한 관심은 주로 현실의 인생을 억압하고 현실의 각도에서 사회를 억압하여 제후왕권의 요구에 복종하기 위하여 비롯되었다. 당연히 이 점에서 묵가의 "천지天

---

163) 商鞅의 "作壹"은 통일사상으로 형성된 공동의지로 이해할 수 있다. 그는 "국가의 업무는 壹이니 백성이 응용하고…… 백성 하나로 힘쓰니 그 집은 반드시 부유해지고, 그 몸이 나라에 드러난다"(『商君書』[『諸子集成』 제5책], 「壹言」, 18쪽)라고 하였다.

志", "상동尙同", 그리고 "법의法儀"라는 방식을 통하여 표현되어 나온 집권과 도구의식도 매우 깊이 법가를 계발啓發시켰다. 그러나 묵가는 당시에는 주로 또한 "천지"로써 "법의"를 만듦으로써 사람들의 사상관념을 바꾸려고 하였다. 이러한 변화가 이미 『장자』에서 분명하게 "세상 사람들의 마음을 거스르는" 것이라고 비판을 받았지만, 사람들의 현실생활에서 "몸이 있음"과 그 생존의 주요 관심의 관점에서 묵가는 여전히 일종의 소박한 인도주의를 잃지 않았다. 그러나 법가는 도가의 사상의 유전자와 그 일관되게 인생 연륵軟肋의 초점에 관심을 가지고 또한 사람의 "몸이 있음" 곧 이른바 생존의 측면에 집중하기 때문에 그것은 또 전문적으로 사람의 생존조건인 "연륵軟肋"에서 방법을 생각할 수 있다. 이러한 조건에서 묵가도 비록 분명한 사상 전제의 색채를 띠고 있지만, 묵가의 전제주의는 사람의 사상관념의 관점에 국한된다. 그러나 법가의 전제는 이미 사람의 생존근거의 측면에 깊이 들어가 있으며, 아울러 사람의 생존조건인 "연륵"을 통하여 철저하게 사람들의 사상관념을 변화시키고자 하였다. 따라서 묵·법 두 학파가 모두 현실에 관심을 가졌지만 그 수단은 도리어 전혀 상반되기 때문에, 후일 한비韓非가 "유가는 문文으로써 법을 어지럽혔으며, 협묵俠墨은 무武로써 금칙禁飭을 범하였다"[164]라고 한 말처럼, 묵가는 실제로 이미 법가에 의해 이중적인 탄압의 범위에 들어가 있었다. 진秦·한漢 이후 묵가의 "(후손이) 중간에서 단절됨"(中絶)은 자기 자신이 "세상 사람들의 마음을 거스르는" 사상의 요소를 제외하면, 법가가 만들어 낸 집권 독재와의 근본적인 불일치가 당연히 그 주요 원인이다.

이렇게 보면 중국의 사상문화에서 후발주자인 묵·법 두 학파는 그 선구인 유·도 두 학파와는 밀접한 상관관계가 있으며, 또한 유·도 두 학파에서 한 걸음 더 발전한 산물이라고 할 수 있다. 묵가는 자연히 유가사상의 인도주의의 주요 관심에서 한 걸음 더 향상된 사상이라고 할 수 있고, 법가는 도가사상에서 한 단계 미끄러져 내린 결과물이라고 할 수 있으며, 인간의 생존에 관한 도가의 주요한

---

164) 韓非, 『韓非子』(『諸子集成』 제5책), 「五蠹」, 344쪽.

관심을 완전히 현실의 관점에서 실현하려고 하고, 오로지 이러한 현실의 관점을 통하여 개개인들을 억압하여, 사회 전체를 제후왕권의 필요와 그 권력과시(表現)에 이바지하도록 내몰았다.

근대 이래, 중·서문화의 합류와 서양의 법치제도가 만들어 낸 사회문명이 중국의 지식엘리트들을 최대한 매료시킴으로써 오래된 중국의 법가도 서방의 법치사상과 비교되어 최고의 추앙을 받았다. 그러나 중국의 지식엘리트들은 오히려 서방의 법치가 반드시 종교정신을 그 문화적 배경으로 삼고, 법치를 추진하는 까닭도 주로 사람의 합법적 권익을 보호하고 인도정신을 고취한다는 것을 완전하게 보지 않았다. 그런데 중국의 법가는 호랑이를 위한 앞잡이(나쁜 놈의 앞잡이)가 되는 방식으로 만들어졌으며, 항상 왕권의 보호 아래 혹은 전제왕권을 통하여 "합법적으로 해칠 수 있는 권력"(傷害權)을 행사하였으며, 이로써 사람의 사상을 왜곡하여 그 전제집권의 목적을 실현하였다. 따라서 근본적으로 중국의 법가는 항상 황권이 전제집권의 목적을 달성하기 위하여 만들어 낸 사람의 생존조건을 곤경에 빠뜨리는 일종의 강력한 도구였다. 노자가 "성인聖人은 인자하지 않고 백성을 추뉴(芻狗, 짚으로 만든 제사용 인형, 廢物로 본다"라고 한 말이 법가의 사상에서 가장 집중적으로 표현되고 가장 합당한 설명이라고 할 수 있다. 그 후 진秦의 조고趙高의 "지록위마指鹿爲馬"와 양한兩漢의 무자비하고 혹독한 관리들이 능히 '해결하지 못하는 안건이 없음'(無案不破)도 완전히 이 법률과 사람의 생명을 전제집권의 도구와 희생물로 활용한 것이다.

법가사상의 이러한 특징에 관하여 중국 역사에서 가장 유명한 법가의 대표 인물, 즉 상앙商鞅은 변법에서 이미 분명하게 표현하였다.165)

상앙商鞅(BC 390~BC 338)은 성이 공손公孫이고, 이름은 앙鞅이며, 위衛나라 사람으

---

165) 법가는 완전히 제후의 패권경쟁의 파생물이지만, 제후의 패권경쟁에서 필연적으로 부국강병을 추구하기 때문에 사람들은 늘 부강함의 추구와 사회 진보적 여러 개혁의 추동을 모두 법가의 이름으로 기록하였다. 실제로 이것은 모두 과거 "유·법 투쟁사"의 관념으로 전해진 것이며, 또한 법가사상의 성격을 근본적으로 인식하지 못한 표현이다.

로, 진秦나라로부터 일찍이 상읍商邑에 봉封해졌기 때문에 역사적으로 상앙商鞅이라고 부른다. 전하는 말에 의하면 일찍이 위나라에 있을 때 집권대신인 공숙좌公叔座가 높이 중시하여 유언하기를 임용할 수 없으면 반드시 상앙을 죽여서 다른 나라가 임용하지 못하도록 하라고 할 만큼 이미 부국강병의 대가로 꼽혔던 인물이다. 이는 전국시대에 각국의 제후들이 이미 부국강병을 자신들의 주요 목표로 삼았음을 말해 준다. 법가는 시세時勢에 순응하여 생겨났으며, 그들은 반드시 부국강병을 이루어 통일의 역사적 임무를 담당하고자 하였다.

상앙의 일생에 관하여 사마천은 일찍이 진솔하게 해독解讀하였는데, 『사기』「상군열전商君列傳」에서 사마천은 상앙을 다음과 같이 설명하였다.

> 상군은 그 타고난 자품이 각박한 사람이다. 그가 효공에게 제왕의 통치술을 유세한 것을 보면, 근거 없는 허황된 말만 일삼았고 그 본질은 아니었다. 또한 왕의 총애를 받는 가까운 신하를 이용하여 등용이 된 뒤 (태자의 스승) 공자건公子虔을 처벌하고, 위나라 장군 앙卬(公子卬)을 속였으며, 조량趙良의 충언을 존중하지 않았음은 또한 상군의 배은망덕함을 잘 나타낸다. 내가 일찍이 상군이 쓴 「개색開塞」과 「경전耕戰」을 읽어 보니, 그 사람의 행적과 비슷하였다. 결국 진秦나라에서 악명惡名을 얻게 된 까닭이 있었다.[166]

필자도 사마천처럼 『상군서商君書』를 통독하면서, 2천여 년 동안 사마천만큼 상앙商鞅에 대하여 정확한 해독, 곧 그 인물됨이나 그의 사상 학설에 대한 해독을 한 사람은 거의 없다고 생각한다. 또한 사마천만큼 더욱 정밀한 개괄을 한 사람도 없었다. 근·현대의 학자들이 계속 상앙의 술로 자기 마음속 응어리를 달래는 방식은, 중국의 근·현대 굴욕적 역사 가운데서도 일말의 부국강병의 희망과 심경을 드러내는 것 외에, 기본적으로는 어떤 진정한 사상사적 가치는 없다. 따라서 우리는 여기서 사마천의 설명을 기본적인 노선으로 삼아 이 법가의 선구적 사상사의

---

166) 司馬遷, 『史記』(『二十五史』, 권1), 「商君列傳」, 189쪽.

면모를 나타내고자 한다.

　사마천이 "천성이 각박한 사람"이라고 한 말의 뜻은 첫째, 상은은 진秦나라의 총신寵臣인 경감景監(생졸미상)을 통해 진의 효공孝公(BC 381/361~BC 338)을 알현하였음을 말한다. 이 점은 현대인에게는 정말 상관없는 일이라고 할 수는 있고, 당연히 책망할 수도 없다. 그러나 옛날 사람에게는 그 수단이 정당하지 않음은 그 목적 자체도 또한 고상하지 않음을 반증한다.(유가의 이론으로 따져도 더욱 그러하다.) 둘째, "등용된"(得用) 이후 일련의 행위를 가리킨다. 예를 들면, "공자건을 처벌하고, 위나라 장군 앙을 속임"과 "조량의 충언을 존중하지 않음" 등과, 더욱이 그가 위나라 장군 앙과의 어릴 적 우정을 빌려 전쟁에 이용하였다는 점은 상앙이 분명히 목적을 이루기 위해서는 수단과 방법을 가리지 않은 사람임을 말하며, 따라서 사마천이 "역시 상군의 배은망덕함을 잘 나타낸다"라고 하였다. 만약 진의 총신인 경감을 통하여 진나라 효공을 알현한 것은 어쩔 수 없다고 해도, 그가 위나라 장군 앙卬의 면전에서, 한편으로는 어릴 적 우정을 떠벌리고, 다른 한편으로는 또 갑사甲士(甲兵)를 매복하여 "공자 앙을 습격하여 포로로 잡은" 이러한 일은 사람과의 교제에서 전혀 진정한 믿음이 없던 선례를 남긴 것과 같다.(이러한 선례는 물론 상앙으로부터 시작된 것은 아니다. 吳起가 노나라의 軍事統帥權을 맡기 위하여 제나라 출신의 부인을 칼로 죽인 일이 그 진정한 선례라고 할 수 있다.) 상앙에 대한 "지위를 탐내고 이름을 탐낸다"라는 조량의 비판과 조량의 건의에 대한 상앙의 거절도 분명히 그가 "지위를 탐내고 이름을 탐내고", "타고난 자품이 각박한 사람"임을 증명한다. 따라서 사마천은 결론적으로 "상군의 「개색」과 「경전」을 읽어 보니, 그 사람의 행적과 비슷하였다. 결국 진秦나라에서 악명惡名을 얻게 된 까닭이 있었다"라고 하였다.

　상앙이 정치에 참여하는 수단의 부정당함은 먼저 그가 진나라 효공에게 유세하는 데서 나타난다. 이에 대하여 사마천은 일찍이 비교적 상세하게 기록하였다.

　　효공孝公이 위앙을 접견하여 정사政事를 말한 지 꽤 오래되었는데, 효공은 수시로 졸며 잘 듣지 않았다. 자리를 파한 뒤 효공은 경감에게 화를 내며 꾸짖기를

"그대의 빈객은 허망한 사람일 뿐 어찌 등용할 수 있겠는가?"라고 하였다. 경감이
위앙을 꾸짖자 위앙은 "제가 효공에게 제왕帝王의 도리를 말씀드렸는데 그 뜻을
이해하지 못하셨군요"라고 하였다. 닷새 뒤에 다시 위앙을 접견해 달라고 부탁하
였다. 위앙이 다시 효공을 만나 더욱 열심히 말하였으나 아직 뜻이 맞지 않았다.
자리를 파한 뒤 효공은 경감을 꾸짖었고, 경감은 또 위앙을 꾸짖었다. 위앙은
"제가 효공에게 왕도王道를 말씀드렸는데 마음에 들지 않았군요. 청컨대 한 번
더 효공을 만나게 해 주십시오"라고 하였다. 위앙은 다시 효공을 만났고 효공은
그를 좋다고 하였으나 등용하지는 않았다. 물러난 뒤 효공은 경감에게 말하기를
"그대의 빈객은 좋은 사람이네, 그와 더불어 이야기할 만하네"라고 하였다. 위앙
은 "저는 효공에게 패도覇道를 말씀드렸는데 그것을 받아들이고자 하는군요.
제발 한 번 더 뵙도록 해 주십시오. 이제야 원하는 것을 알겠습니다"라고 하였다.
위앙이 다시 효공을 만났다. 효공이 함께 이야기를 나누며 그 자신도 무릎이
앞으로 당겨 나오는 것을 알지 못하였다. 이야기를 나눈 지 여러 날이 지나도록
싫증을 내지 않았다. 경감이 "그대는 어떻게 우리 군주의 마음에 들었는가? 우리
군주가 매우 좋아하네"라고 하였다. 위앙은 "제가 군주에게 제왕의 도로써 삼대
三代를 비유하여 말씀드렸는데, 군주께서는 '너무 멀다 나는 기다릴 수 있다.
또한 어진 군주는 모두 자리에 있을 때 세상에 이름을 나타내는데, 어찌 수백
수십 년을 기다려서 제왕이 되기를 바랄 수 있겠는가?'라고 하였습니다. 그래서
저는 힘 있는 나라를 만드는 방법을 군주에게 말씀드렸고, 군주께서 크게 기뻐하
였을 뿐입니다. 그러나 또한 은殷·주周시대와 비견하기는 어렵습니다"라고 하였
다.[167]

이것은 곧 진나라 효공에게 올린 상앙의 세 가지 설이다. 당시의 배경은,
진나라는 각 제후나라 가운데 후발주자로서, 주나라 평왕이 동천東遷을 하였을
때 비로소 제후의 봉호를 받았지만, 말을 길들이는 곳에서 시작하였고, 또 장기간
견융犬戎과 함께 있으면서 문화가 낙후되었기 때문에, 당시에는 이른바 "제후들이
진秦을 비천하게 보았으니, 이보다 더 수치스러울 수가 없었다"[168]라는 상황이

167) 司馬遷, 『史記』(『二十五史』, 권1), 「商君列傳」, 188쪽.

이미 진나라에 대한 기본적인 공통인식이었다. 그런데 진나라의 역대 군왕들은 문화적으로 관동關東(函谷關 동쪽, 즉 中原)의 제후들로부터 인정을 받는 것이 거의 불가능하였으므로 반드시 기이한 방법(奇招)과 음흉하고 악독한 수단(損招)을 써야 하였고, 따라서 진 효공은 삼대 제왕의 법도에는 관심이 없었고, 아울러 그에게 "어찌 겸손하게 수백 수십 년이나 제왕이 되기를 기다리겠는가?"라고 반문한 것은 분명하게 진나라의 역대 국군國君의 기본적인 공통인식을 나타낸 것이다. 즉 진나라 국군도 항상 관동의 여러 나라에게 괄목상대할 수 있도록 하는 계책을 찾고 있었다는 말이다. 그리고 당시 상앙에 대하여 말하면, 그가 받은 교육으로 보면, 자연적으로 "제왕의 정도"(帝道)와 "왕도王道"를 상·중의 정책으로 보았을 것인데, "패도覇道"는 비록 하책下策이지만, 그것이 진 효공의 내심적 요구에 꼭 맞았으므로 그로부터 서로가 단번에 일치하는 작용을 하였다.

여기서 상앙의 관점에서 보면, 그가 말한 "제도", "왕도", "패도"의 세 가지 정책은 전문적으로 치국治國의 방책을 파는 책사策士와 같지만, 실제로 본인이 정통한 부분은 단지 "패도"를 내용으로 하는 하책에 불과하다. "제도", "왕도", "패도"의 세 가지 계책을 품고 제후들 사이를 누비는 것은 실제로는 이미 가장 강력한 책사의 풍모를 가지고 있었다. 이렇게 보면 제후들에게 유세한 것이 "제도"나 "왕도"이든 아니면 "패도"이든, 실상은 모두 "지위를 탐내고 이름을 탐냄"의 목적에 불과하다.

따라서 『상군서商君書』는 어떻게 부국강병富國强兵을 이룰 것인가가 가장 큰 관심이다. 부국강병을 위한 상앙의 구체적인 방법을 살펴보자.

> 그러므로 성인이 진실로 강한 국가를 만들 수 있다면 옛날 법을 본받지 않으며, 진실로 백성을 이롭게 할 수 있다면 옛날의 예를 따르지 않는다.…… 그러므로 지혜로운 자는 법을 만들고, 어리석은 자는 그 법에 제약을 받고, 현명한 사람은

---

168) 司馬遷, 『史記』(『二十五史』, 권1), 「秦本紀」, 20쪽.

예제를 고치고, 모자라는 사람은 그 예제에 구속된다.[169]

무릇 임금이 백성들을 권면하는 바를 관직과 작위로써 하며, 국가의 흥성興盛은 농사지으면서 싸우는 '농전農戰'으로 한다. 오늘날 백성들이 관직과 작위를 얻는 데에 '농전'으로 하지 않고 교묘한 말과 헛된 방법(道)으로 한다. 이것은 백성을 위로한다고 할 수 있지만, 백성을 위로만 하는 나라는 반드시 힘이 없게 된다. 힘이 없는 나라는 반드시 약해진다.…… 무릇 농사짓는 사람은 적은데 유세遊說로 먹고 사는 사람이 많으면 그 때문에 나라는 가난해지고 위태로워진다.[170]

나라가 농사에 힘쓰지 않으면 제후들과의 패권다툼에서 자신을 지킬 수 없다.…… 언담言談으로 유세하는 사람은 임금을 섬겨서 자신을 존귀하게 하고, 물건 파는 상인(商買)이 집안을 부유하게 하고, 장인의 기술(技藝)로 족하게 먹고산다는 것을 안다. 백성들이 이 세 부류가 편하고 이롭다고 여기면 반드시 농사를 회피하며, 농사를 회피하면 사는 터전을 가볍게 보며, 사는 터전을 가볍게 보면 성을 지키는 전장에 나가려고 하지 않는다.[171]

무릇 성인이 법을 제정하고 풍속을 교화하며, 백성들에게 아침부터 저녁까지 농업을 일삼도록 하였다. 모름지기 알아야 할 것은 무릇 백성들이 나라 일을 따르고 법제를 위해 죽기까지 하는 것은 군주가 영광스러운 명예를 베풀고 상과 벌을 베풂이 밝기 때문이며, 변설로써 사사로이 싸우지 않고도 공을 세울 수가 있기 때문이다. 그러므로 백성은 농사를 좋아하고 전쟁을 즐긴다.[172]

그러므로 왕된 자의 정치는 백성들이 고을에서의 사소한 싸움은 겁내고, 외적과의 전쟁에서는 용감하도록 한다.[173]

---

169) 『商君書』(『諸子集成』 제5책), 「更法」, 1~2쪽.
170) 『商君書』(『諸子集成』 제5책), 「農戰」, 5~6쪽.
171) 『商君書』(『諸子集成』 제5책), 「農戰」, 6쪽.
172) 『商君書』(『諸子集成』 제5책), 「壹言」, 18쪽.
173) 『商君書』(『諸子集成』 제5책), 「戰法」, 20쪽.

나라가 잘 다스려지는 세 가지는 첫째가 법, 둘째가 신뢰信賴, 셋째가 권력이다. 법은 군주와 신하가 같이 지켜야 하며, 신뢰는 군주와 신하가 같이 확립해야 하며, 권력은 군주가 홀로 제어制御한다. 군주가 실수失手하면 위험해지며, 군주와 신하가 사사로움으로 해석하면 반드시 어지러워진다. 그러므로 법을 확립하고 명분을 분명하게 해야 하며, 사사로움으로 법을 해치지 않으면 나라가 잘 다스려진다. 권력 제어가 오직 군주에게서 단행되어야 위엄이 있다.[174]

성인이 나라를 다스림에 상賞과 형벌과 교화를 한결같이 한다. 상賞이 한결같으면 군대는 적수가 없으며, 형벌이 한결같으면 명령이 실행되며, 교화가 한결같으면 아랫사람이 윗사람을 따른다.[175]

이러한 모든 조치들은 당연히 모두 비교적 간단명료하다고 할 수 있다. 그리고 국책國策으로서 기본적인 원칙을 가졌는데 그것은 곧 농업으로 나라를 확립하고 전쟁으로 강함을 구하는 것이라고 할 수 있다. 만약 다른 무게감이 존재한다면 농업과 전쟁 두 가지 가운데 농업은 나라를 세우는 근본, 즉 농민이 양식을 생산함으로써 전쟁을 지원하며, 또한 국가를 위해 병력兵力을 길러낸다. 그러나 전쟁은 강국의 주요 수단이며, 또한 전쟁을 통해서 비로소 강국의 지위를 확립할 수 있다. "언담言談"과 "상가商賈" 그리고 "기예"로 사는 사람들을 만약 국가가 그들을 '법으로 단속(取締)하지 않는다면 절대 표창의 대상이 될 수 없다. 왜냐하면 농민들이 농업에 안심하지 못하고 전쟁에도 참여하지 않도록 하는 모범을 보여 주기 때문이다. 이처럼 상앙도 반드시 "농農"과 "전戰"을 핵심으로 하는 "변법變法"을 통하여 진秦나라를 하나의 전쟁기계로 만들었다.

이뿐만 아니라 사마천의 평가에서 또한 위에서 말한 상앙의 "변법"이 백성의 풍속과 사회적 풍기에 끼친 영향에 대해서도 언급하였다. 상앙의 변법으로 말미암아 진나라는 역사의 전면으로 나왔으며, 이 때문에 진나라 사람, 이른바 진나라 땅에

174) 『商君書』(『諸子集成』 제5책), 「修權」, 24쪽.
175) 『商君書』(『諸子集成』 제5책), 「賞刑」, 28쪽.

살아왔던 백성들에게는 비교적 심원한 영향을 끼쳤다. 특히 진나라 사람들이 "변법"을 반대하는 사람에서부터 인정하는 사람까지 결국에는 뜻밖에도 "크게 기뻐하였다"는 이 점은 또한 많은 생각을 해 볼 가치가 있는 요소이다.

민가民家를 십什과 오伍로 나누어 서로를 감독하고 연좌連坐시켰다. 반역자를 고발하지 않으면 허리를 자르는 형벌(腰斬)에 처했고, 반역자를 고발한 자는 적의 목을 벤 사람과 같은 상을 주었으며, 반역자를 은닉한 자는 적에게 투항한 자와 같은 벌을 주었다. 민가에 성인 남자가 둘 이상이면서 분가하지 않으면 세금을 배로 부과하였다. 군공軍功이 있는 사람은 그 정도에 따라 벼슬을 높여 주었다. 사사로이 싸움을 하는 자는 각각 경중에 따라 크고 작은 형벌을 내렸다. 본업에 힘을 다하고, 농사와 베 짜기와 조와 비단을 많이 생산한 자는 그 신분을 올려주었다. 눈앞의 이익만 일삼고 게을러서 빈궁해진 자는 모조리 노비가 되게 하였다. 종실이라도 군공을 논할 것이 없으면 종적宗籍에 들어갈 수 없었다. 존귀함과 비천함, 관작의 질서와 등급을 분명하게 하였고, 각각 분명하고 차등 있게 밭과 집을 분배하였으며, 가신과 첩의 의복도 가문마다 차등을 두었다. 공로가 있으면 지위가 높아져 영화를 누리고, 공로가 없는 자는 비록 부자라도 번영할 수 없었다.[176)]

법령이 민간에 시행된 지 1년 만에 진나라 백성으로 도읍에 사는 사람 중에 법령이 불편하다고 말하는 사람이 수천 명이었다. 이때 태자太子가 법을 어겼다. 태자는 군주의 후계자로 형벌을 줄 수가 없어서 그를 보좌하는 공자건公子虔에게 형벌을 주었으며, 스승인 공손가公孫賈에게는 경형黥刑(얼굴에 죄명을 刺字하는 墨刑)을 가하였다. 그다음 날 진나라 사람들이 모두 법령을 따랐다. 법령이 시행된 지 10년이 되자 진나라 백성은 크게 기뻐하여, 길에서는 (남의) 물건을 줍지 않았고, 산에는 도적이 없어졌고, 민가는 모두 풍족해졌다. 백성들은 공적인 전쟁에는 용감했지만 사사로운 싸움에는 겁을 냈다. 농촌과 도시가 크게 다스려졌다. 진나라 백성 가운데 처음 법령이 불편하다고 하였던 사람이 법령이 편리하다고 말하자 위앙은 "이것은 모두 교화를 어지럽히는 백성이다"라고 하였다. 이들을 모두

---

176) 司馬遷, 『史記』(『二十五史』, 권1), 「商君列傳」, 188쪽.

변경邊境으로 이주시키니 그 뒤로 백성들은 감히 법령을 논의하지 않았다.[177)]

사마천의 이 두 단락의 설명은 간단하지만 매우 사실적인 묘사의 효과가 있다. 만약 현상으로만 보면 이른바 "길에서는 (남의) 물건을 줍지 않았고, 산에는 도적이 없어졌고, 민가는 모두 풍족해졌다"라는 말은 태평성세를 가리킨다고 할 수 있다. 그러나 주의해야 할 것은 이 모든 것은 강대한 국가기관의 위협과 압박 하에 실행되었으며, 국민개병제도國民皆兵制度로 전국을 하나의 획일화된 대병영大兵營으로 만들었다는 사실이다. 특히 군공을 장려하고 반역자를 고발하는 두 가지 항목은 한편으로는 개개인을 모두 정규군과 의용병(兵勇)으로 만들어 시시각각 군공을 세울 수 있기를 기대하도록 하였으며, 다른 한편으로는 또한 절대로 감히 국가의 법령을 위배하지 못하게 하였다. 왜냐하면 만약 국가의 법령을 위배한다면 만겁이 지나도록 다시 회복할 수 없는 심연에 빠지기 때문이다. 그리고 반역자 고발령의 실행으로 동시에 언제라도 모든 사람은 수시로 공을 세울 가능성을 가지고 있었으며, 당연히 언제라도 반역자로 고발당할 위험에 직면해 있었으며, 또한 누구나 모두 경찰이 될 수 있고, 아울러 경찰의 눈으로 주변 일체를 주시하였다. 따라서 반역자를 고발하는 것이 이 가장 쉬우며, 공을 세워 포장을 받는 가장 빠른 방법이다. 이렇게 되면 한 사람 한 사람이 모두 언제나 또 다른 경찰이 되며, 또한 언제나 다른 사람을 고발할 수 있고 표창을 받아 벼락출세(飛黃騰達)를 할 수 있다. 그리고 이른바 "존귀함과 비천함, 관작의 질서와 등급을 분명하게 하였고, 각각 분명하고 차등 있게 밭과 집을 분배하였으며, 가신과 첩의 의복도 가문마다 차등을 두었다"라는 말처럼, 개개인의 신분은 그 집의 전택田宅과 개인의 의복에 항상 새겨두었다. 이처럼 전체 사회는 완전히 계급화(顯性化), 평면화되었으며, 사회의 종심감縱深感[178)]

---

177) 司馬遷, 『史記』(『二十五史』, 권1), 「商君列傳」, 188쪽.
178) 역자 주: 한 폭의 畫面에서 느낄 수 있는 강력한 원근대비를 縱深感이라고 한다. 이와 달리 초점 촬영을 할 때 평면초점의 景物(피사체)은 분명하지만, 단지 초점에 맞추어진 경물은 뚜렷하지 않으며, 그 초점의 앞뒤로 분명한 범위가 있다. 이 범위를 경심이라고 하고, 그 감각을 景深感이라고 한다.

과 입체감도 또한 무형無形으로 소멸되지만, 이른바 반역과 범죄와 같은 것은 장차 세상에서 도망갈 곳이 없다. 만약 진나라 땅에 백성이 생계를 도모하려고 하면, "길에서는 (남의) 물건을 줍지 않았고, 산에는 도적이 없어졌고, 민가는 모두 풍족해 졌다"라는 현상도 자연히 지상천국이라고 할 수 있다. 그러나 이로부터 이른바 진나라 사람과 진나라는 식량과 병력兵力의 생산기지가 되었으며, 전쟁을 일으키는 구심점이 되었다.

이러한 모든 것은 당연히 "육국六國" 전쟁의 필요에 기초한 것이며, 실제로는 육국 내의 형법의 강압과 "육국" 전쟁의 경제적 약탈과 상호 보완적 기초에서 형성되었다. 그러나 일단 대외적 전쟁과 경제적 약탈의 요소가 상실되면, 대외적 전쟁, 약탈, 대내적인 형벌과 강압으로 유지된 태평스러운 광경이 과연 얼마나 오래 지속될 수 있을까? 진나라가 통일된 지 13년 후의 국가운명(國祚)과 진승陳勝과 오광吳廣의 "무도함을 정벌征伐하고, 포악한 진나라를 토벌하자"179)라는 구호와 유방劉邦(BC 256/247[재위BC 202]~BC 195)의 이른바 "천하가 진나라 때문에 고통받은 지 오래다"180)라는 원한 맺힌 말들이 모두 적절한 설명이다.

그렇다면 이른바 "진나라 사람들은 모두 법령을 따랐다"와 "법령이 시행된 지 10년이 되자 진나라 백성은 크게 기뻐하였다"라는 현상은 어떻게 설명할 수 있는가? 이른바 "진나라 사람들이 모두 법령을 따랐다"라는 말은 "태자가 법을 어겼다"라는 사실에 대하여 "그를 보좌하는 공자건公子虔에게 형벌을 주었으며, 스승인 공손가公孫賈에게 경형黥刑을 가하였기" 때문이다. 보통의 일반 백성에게 이른바 "한번 법으로 정해지면" 곧 "왕자의 범법은 서민과 같은 죄"이며, 따라서 상앙이 "그를 보좌하는 공자건公子虔에게 형벌을 주었으며, 스승인 공손가公孫賈에게 경형黥刑을 가한" 방법에 대하여 사마천이 간단하게 "그다음 날부터 진나라 사람들이 모두 법령을 따랐다"라고 하여 분명하게 즉시 그 효과가 나타났다. 그러나 "진나라

출처: https://zhidao.baidu.com/question/609036800.html 참고.

179) 司馬遷, 『史記』(『二十五史』, 권1), 「陳涉世家」, 152쪽.
180) 司馬遷, 『史記』(『二十五史』, 권1), 「高祖本紀」, 36쪽.

사람들이 모두 법령을 따랐다"라는 현상은 결국 그 형법에 대한 심복心服 때문일까 아니면 두려움 때문일까? 아마도 두 가지 다일 것이며, 틀림없이 후자가 중심일 것이다. 왜냐하면 강대국의 국가기관은 말할 것도 없고, 무력으로 인질을 잡은 악당의 바로 앞에서 모든 사람은 모두 신체적 상해와 생명의 위험에 직면해 있어서 누구라도 모두 즉시 명령집행의 대상이 될 수 있기 때문이다.

마지막으로 우리는 사마천이 거의 3분의 1의 지면을 할애하여 소개한 일단의 대화를 보면, 이 대화는 실제로 조량이 상앙에게 한 비판과 건의였다. 조량이라는 사람은 상앙에게 한 비판과 건의 외에 역사서에는 찾아볼 수가 없지만, 그 대화의 품격으로 보면 그의 건의와 비판은 사마천 본인의 모방으로부터 나올 수는 없는 것이다. 이것은 바로 하나의 역사적 현안이 되었다. 그러나 어찌 되었던 간에 사마천이 조량의 입을 빌려서 상앙의 변법에 대한 평가와 비판을 하였다는 것은 분명하여 의심할 수 없다. 따라서 우리는 여기서 조량을 진나라 고인高人으로 볼 수밖에 없다.

상군이 진나라 재상이 된 지 10년이 지났다. 많은 군주의 종실宗室과 외척이 그를 원망하였다. (진나라의 은자) 조량趙良이 상군을 접견하자, 상군은 "제가 선생을 접견할 수 있게 된 것은 맹난고孟蘭皐의 소개 때문입니다. 지금 저는 선생과 교유하고 싶은데 괜찮을지요?'라고 하였다. 조량은 "저는 구태여 사귀고 싶지 않습니다. 공자는 '어진 이를 추천하면 그를 받드는 사람은 진보進步하고, 모자라는 사람을 불러 모아 왕 노릇하는 사람은 퇴보한다'라고 하였습니다. 저는 어질지 못하기 때문에 감히 명을 받들 수가 없습니다. 또 제가 듣기를 '그 지위에 맞지 않는 사람이 그 지위에 있으면 지위를 탐한다고 하고, 자신의 것이 아닌 명성을 누리면 이름을 탐한다고 한다'라고 하였습니다. 제가 당신의 뜻을 받아들인다면 아마도 지위를 탐하고 이름을 탐하는 사람이 될까 두렵습니다. 그러므로 감히 명령을 따를 수 없습니다"라고 하였다. 상군은 "선생은 진나라를 다스리는 내 방식을 싫어하십니까?'라고 물으니, 조량은 "돌이켜 자기 마음속의 말에 귀기울이는 것을 총聰이라고 하고, 마음속으로 성찰할 수 있는 것을 명明이라고 하며, 자신을 이기는 것을 강強이라고 합니다. 순임금도 '스스로 자신을 낮추면 더욱더 높아진다'라고 하였습니다. 당신은 순임금의 도를 따라야 합니다. 제 의견 따위를 물을 필요도 없습니다"라고 하였다. 상군은 "처음에는 진나라는 북쪽 오랑캐인 융적戎翟의 풍습을 받아들여 아버지와 아들이 구별 없이 한방에서 살았습니다. 내가 그런 풍습을 고쳐서 남자와 여자의 구별이 있게 하였고, 큰 궁궐 문을 세워 노나라나 위衛나라만큼 훌륭한 문화를 이루게 하였습니다. 당신은 내가 진나라를 다스리는 것을 오고대부五羖大夫인 백리해百里奚와 비교하면 누가 더 현명합니까?'라고 물었다. 조량은 "천 마리의 양가죽은 한 마리의 여우 겨드랑이 가죽만 못합니다. 천 사람의 아부는 한 사람의 올바른 직언直言만 못합니다. 주周의 무왕武王은 올바른 직언으로 창성하였고, 은殷의 주왕紂王은 신하들이 입을 다물어서 망하였습니다. 당신이 만약 무왕이 그르다고 여기지 않는다면, 제가 온종일 바른말을 해도 죽이지는 않으실 수 있겠는지요?'라고 하였다. 상군이 "옛말에 이런 말이 있습니다. 겉치레 말은 허황하고, 마음속에서 나오는 말은 진실하며, 고언苦言은 약이 되며, 달콤한 말은 질병疾病이 된다. 선생께서 과연 종일 바른말을 해 주신다면 내게는 약이 될 것입니다. 저는 선생을 섬기려고 하는데, 선생은 어찌 사양하려 하십니까?'라고 하였다. 조량은 "저 오고대부는 형荊 지방의 보잘것없는 인물이었습니다. 그는 진나라 목공이 현명하다는 소문을 듣고 만나보고 싶었지만 찾아갈 여비가 없었다. 그는 할 수 없이 자신을 진나라로 가는 여행자에게 팔아 남루한 홑옷을 입고 소를 치며 따라갔는데, 그로부터 일 년이 지나서야 목공은 백리해가 어질다는 것을 알게 되어 하루아침에 미천한 소치기였던 그를 백성의 관리가 되도록 했습니다. 그러나 진나라에서는 이 일에 불만을 품는 자가 아무도 없었습니다. 그가 진나라 재상이 된 지 육칠 년이 지나자 동쪽으로 정鄭나라를 치고, 진晉의 임금을 세 번이나 세우며, 형荊나라의 재앙을 한 차례 구하였습니다. 봉읍 안의 사람들을 가르치니 진나라 남쪽의 파인巴人까지 공물貢物을 가져오고, 은덕을 제후에게 베푸니, (진나라 서쪽의) 여덟 오랑캐가 와서 복종하였습니다. 유여由余도 이 소문을 듣고 문을 두드리며 만나기를 청하였습니다. 오고대부가 진秦나라 재상이 되자 노력하며 수레에 앉지 않고, 더워도 햇빛 가리개를 하지 않았으며, 나라 안을 다닐 때도 군대의 수레를 타지 않고, 무장한 호위병을 거느리지 않았으며, 그 공로와 명예를 기록한 책이 창고에 쌓이고, 덕행이 후세에까지 전해지고 있습니다. 오고대부가 죽자 진나라의 남자 여자 모두 눈물을 흘리고, 어린아이들은 노래하지 않고, 절구질하는 사람도 방아타령을 하지 않았습니다. 이것이 오고대부의 덕입니다. 이제 그대가 진왕秦王을 알현하게 된 것은 폐인嬖人(왕의 총애를 받는 하급의 사람)이 경감景監의 소개를 받았으니 명예로운 행위라고 할 수 없습니다. 진의 재상이 되어 백성을 섬기는 것을 주로 하지 않고, 크게 궁궐을 세웠으니, 그것을 공적이라고 할 수 없습니다. 태자의 사부에게 묵형墨刑을 가하고 백성을 잔혹하게 상하게 하는 엄중한 형벌을 가하니 이는 원한을 쌓고 재앙을 비축하는 일입니다. 백성을 교화함이 임금의 명령보다 더 깊고, 백성이 윗사람에게 복종함이 임금의 명령보다 빠르게 합니다. 이제 그대가 또 정당하지 않은 수단으로 법을 바꾼 것(左建外易)은 (이치에 어긋나) 이것을 교화라고 할 수 없습니다. 그대는 또 (임금처럼) 남면南面하여 과인寡人이라 칭하며, 날마다 진나라의 귀공자들을 통제하고(繩) 있습니다. 『시경』에서는 '쥐도 서로 예의가 있는데, 사람인데도 예의가 없구나. 사람으로 예의가 없으면 어찌 빨리 죽지 않겠는가?'라고 하였습니다. 이 시로써 보면 (당신은) 천수를 다할 수 없습니다. 공자 건虔은 (鼻刑을 받아 부끄러워) 8년이나 문밖을 나오지 않고 있는데, 당신은 또 축환祝懽을 죽이고 공손가公孫賈에게 경형黥刑을 가하였습니다. 『시경』에서는 '사람의 마음을 얻는 자는 흥하고, 사람의 마음을 잃은 자는 망한다라고 하였습니다. 이 몇 가지 일은 인심을 얻는 일이 아닙니다. 그대가 외출할 때 뒤로 수레 수십 대에 무장한 병사가 따르며, 힘세고 건장한 병사가 양옆에서 네 필의 말이 끄는 수레를 타고 창槍·흡闔·극戟을 잡고 함께 수레를 호위하며 달립니다. 이 가운데 한 가지라도 갖추어지지 않으면, 그대는 외출하지 않습니다. 『서경』에서는 '덕에 의지하는 자는 창성昌盛하고 힘에 의지하는 자는 망한다라고 하였습니다. 당신의 처지는 아침 이슬처럼 위태로운데(危若朝露) 어찌 수명을 더 늘릴 수 있겠습니까? 어찌하여 15개의 성을 돌려주고 전원으로 물러나 정원에 물을 주며 살지 않습니까? 암혈巖穴에 숨어 있는 사람을 드러내어 진왕에게 추천하고, 노인을 받들고 고아를 살피며, 부모와 형제를 공경하고 공이 있는 사람을 공정하게 순서를 정하고 덕이 있는 사람을 존중하면 조금이라도 편안할 것입니다. 그대는 그런데도 여전히 상商과 오의 재부를 탐하고, 진나라의 정교를 농단壟斷하여 백성의 원성을 쌓고 있습니다. 진나라

왕이 하루아침에 빈객을 쫓아내고 조정을 세우지 못하면, 진나라에서 당신의 목숨을 거두려는 사람이 어찌 적다고 하겠습니까? 망하기를 발돋움하고 기다리는(翹足而待) 것과 같습니다"라고 하였다. 상군은 이를 따르지 않았다.[181]

이 긴 인용문은 실제로 사마천이 조량의 입을 빌려 상앙을 체계적으로 비판한 것이며, 그 핵심은 주로 "덕에 의지하는 자는 창성昌盛하고 힘에 의지하는 자는 망한다"라는 말과 "사람의 마음을 얻는 자는 흥하고, 사람의 마음을 잃은 자는 망한다"라는 말에 있다. 구체적으로 말하면, 조량은 상앙이 진나라에 들어온 후한 일을 일일이 나열하여 그의 모든 행동은 실제로는 "이름을 위한 까닭이 아니며", "공로를 위한 까닭이 아니며", "교육을 위한 까닭도 아니며", 당연히 또한 "목숨을 위한 까닭도 아니"라고 여겼다. 그러나 상앙이 스스로 자신한 "진나라를 다스림"은, 스스로는 오고대부五羖大夫와 비교할 수 있다고 생각했는데, 뜻밖에 조량이 그를 오고대부 백리해百里奚의 행적과 한 번 비교하였으니, 오고대부는 "그 공로와 명예를 기록한 책이 창고에 쌓이고, 덕행이 후세에까지 전해지고" 있으나, 반면에 상앙은 "지위를 탐내고", "이름을 탐낸" 사람에 불과하며, 아울러 그가 처한 환경이 이미 "아침 이슬처럼 위태롭고" "어찌 수명을 더 늘릴 수 있겠는가?"라는 지경에 이르렀음을 단번에 드러내었다. 자연히 후일 거열형車裂刑을 초래하였다.

조량이 어떤 사람인지를 모르지만, 상앙이 이미 "(상앙이) 진나라 재상이 된지 십 년"에 끊임없이 "상앙이 교유하기를 청하였다", "제가(상앙) 장차 선생을 섬기고자 한다"라는 말로 볼 때, 적어도 정신적으로 매우 품위 있는 고인高人이며, 또한 그의 담화 가운데 여러 번 공자와 우순虞舜의 말을 자주 인용한 것으로 보면 틀림없이 유가에 속하는 사람이다. 조량이 상에게 한 건의는 "15개의 성을 돌려주고 전원으로 물러나 정원에 물을 주며 살지 않습니까? 암혈巖穴에 숨어 있는 사람을 드러내어 진왕에게 추천하고, 노인을 받들고 고아를 살피며, 부모와 형제를 공경하고

---

181) 司馬遷, 『史記』(『二十五史』, 권1), 「商君列傳」, 189쪽.

공이 있는 사람을 공정하게 순서를 정하고 덕이 있는 사람을 존중하면 조금이라도 편안할 것입니다"라는 말인데, 상앙으로 말하면, 그는 절대 포기할 수 없는 것으로 틀림없이 "상商과 오의 재부를 탐하고, 진나라의 정교를 농단壟斷하여 백성의 원성을 쌓고 있었다." 따라서 상앙에 대한 조량의 비판과 건의는 물거품이 될 운명으로 정해져 있었다. 그러기에 조량은 이와 더불어 이른바 "제가 지위를 탐하고 이름을 탐한다"라는 말로 상앙을 반어적으로 풍자하였다. 그러나 상앙에 대하여 "타고난 자품이 각박한 사람이다"라고 한 말하면, 그는 근본적으로 자신이 이미 자신의 손에 넣은 공명功名과 부귀富貴를 포기할 수 없었고, 또한 말 가운데 "진나라를 다스린" 정치적 공적을 한시도 잊지 않았으나 그가 진나라 사람을 해친 것은 입을 다물고 말하지 않았으며, 따라서 결국은 거열형을 당하며 자신의 일생을 마쳤다.

그러나 상앙의 죽음이 결코 "변법"의 실패를 의미하지는 않듯, 변법의 "성공"도 결코 법가의 사상 주장이 반드시 정확함을 증명하지도 않는다. 역사는 진실로 늘 실연조건의 궤도를 따라서 발전하기 때문에 역사적 선택도 틀림없이 승리하면 왕이 되고 패하면 도적이 되는 논리의 표현이며, 이 때문에 역사를 비난할 사람은 아무도 없다. 그러나 역사와 사상사의 연구자로서 걸핏하면 역사는 가설로 말할 수 없는 까닭에 역사 흐름의 다양한 가능성에 대한 반복된 사색과 질문을 거절한다면 이것은 역사와 사상사 연구의 직무유기일 뿐만 아니라 이른바 승리하면 왕이 되고 패하면 도적이 되는 논리의 공범자가 될 수밖에 없다. 사관史官으로서 태사공도 진실로 도가의 사상 기초를 갖추었고 또 사학의 전통을 가졌으며, 『사기史記』도 반고班固로부터 "시비是非가 자못 성인의 반열에 들며, 대도大道를 논함에 먼저 황로黃老를 익히고 뒤에 육경六經을 익혔으며, 유협游俠을 따르고 처사로 물러나 간웅奸雄을 진술하였으며, 화식貨殖(재화를 축적)을 논술하고 세리勢利를 숭상하고 빈천貧賤을 수치스럽게 여겼다"[182]라는 비판을 받았다. 그러나 사마천이 상앙의 변법을 서술하는

---

182) 班固, 『漢書』(『二十五史』, 권1), 「司馬遷傳」, 597쪽.

가운데 여전히 그 역사적 양심을 잃지 않았으며, 또한 상앙의 권세가 하늘을 뒤덮은 상황에서 조량을 청하여 그가 "지위를 탐하고 이름을 탐한다"고 비판하고, 또 "아침 이슬처럼 위태롭고", "망하기를 발돋움하고 기다린다"라고 단정하였으니, 이것은 역사적 지혜를 표현한 것이자 또한 역사적 양심을 대변하는 것이다.

제6장 제자학에서 경학까지: 유儒·도道·묵墨·법法 제자학 방식의 융합

    법가의 형성은, 한편으로는 제후의 무력적 패권경쟁시대의 도래(왜냐하면 법가 자신은 곧 제후들의 패권경쟁에 부응하여 생겨났기 때문에)를 선포하는 한편, 동시에 춘추시대의 "예악붕괴禮樂崩壞"에서 전국시대의 칠웅七雄의 겸병兼幷까지 중국사회의 중대한 역사적 전환을 의미한다. 이러한 시대적 국면에서 중국의 축심시대 사상가들도 사상적 방향의 선택 문제에 직면하지 않을 수 없었는데, 간단히 개괄하면 어떻게 사상노선에서 통일의 문제로 나아갈 것인가였다. 왜냐하면 이 전에 이른바 제자학諸子學은 실제로 항상 "성性의 가까움(비슷함)"의 시각에서 그 인생의 사고를 전개하였으며, 이는 당연히 그 자신이 지탱하는 역사문화와 그 사상적 시각의 상호 유전적 요소를 결코 배제하지 않기 때문이다. 현재 새롭게 굴기한 법가가 황권皇權과의 결합을 통하여 함께 사상의 도구가 되는 방식으로 그 사회의 변법과 통일을 실현하면서, 사회와 전통관념에 대해 큰 충격을 형성하였고, 매우 분명한 성과를 이루었을 때, 본래 재야에서 함께 자유사상가로 활동한 제자학도 사상적 관점에서 이 문제를 직시하지 않을 수 없었다. 당시에 이 문제는 오히려 제후인 정치가가 먼저 제기하였고, 또한 사상가들과의 대화를 통한 방식으로 표출되었다. 예를 들면, 위魏나라의 양양왕梁襄王(梁惠王의 계승자)과 같이, 비록 맹자가 그를 "바라보니 임금같이 보이지 않고, 다가가서 봐도 경외敬畏할 만한 데가 보이지 않았다"[1]라고 하였지만, 그도 엄연히 한 사람의 제후였으며, 당시에는 도리어 이미 매우 분명하게 이른바 "천하가 어떻게 정해지겠는가?"[2]라는 문제의식을 형성하고 있었다. 이는 당시에 칠웅이

---

1) 『孟子』(吳哲楣 主編, 『十三經』), 「梁惠王上」, 1351쪽.

어떻게 병합되고 천하는 또 장차 어떻게 통일될 것인가의 문제가 이미 당시의 정치가와 사상가들이 공동으로 직면하지 않을 수 없으며 공동으로 관심을 가져야 하는 중대한 문제가 아닐 수 없었음을 말해 준다.

맹자의 붓 아래에서 양양왕은 다음과 같이 출현한다.

> 맹자가 양梁의 양왕襄王을 만난 뒤 나와서 사람들에게 "바라보니 임금같이 보이지 않고, 다가가서 봐도 경외敬畏할 만한 데가 보이지 않았다. 갑자기 '천하가 어떻게 정해지겠는가?'라고 물었다"라고 하였다.
> "나는 대답하기를 '하나로 정해질 것입니다'라고 하였다."
> "누가 천하天下를 통일할 수 있을까?"라고 하기에
> "대답하기를 '살인殺人을 좋아하지 않는 사람이 통일을 할 수 있습니다'라고 하였다."
> "누가 그의 편을 들어줄 수 있는가?"라고 하기에,
> "대답하기를, '천하에 그의 편을 들지 않을 사람이 없을 것입니다'라고 하였다. ...... "3)

맹자가 "바라보니 임금같이 보이지 않고, 다가가서 봐도 경외敬畏할 만한 데가 보이지 않았다"라고 한 서술로 보면, 양양왕은 본래 군주의 "풍모"가 부족한 사람이었지만, 그렇다 하더라도 거뜬히 "천하가 어떻게 정해지겠는가?"라는 중요한 문제를 제기할 수 있었다는 말은 당시의 제후들이 이미 매우 분명하게 천하가 결국은 어떻게 통일될 것인가와 같은 문제의식을 가지고 있었음을 말해 준다. 그렇지 않다면, 이른바 제후의 패권경쟁 전쟁의 동력이 전혀 없었을 것이다. 따라서 당시의 패권경쟁에 바쁜 제후나 사상논쟁과 연구에 가담한 제자학들을 막론하고, 실제로는 모두 이미 천하를 어떻게 통일할 것인가의 문제에 관한 의사議事 일정을 제기하였다.

이른바 전국시대의 백가쟁명百家爭鳴은 이러한 배경 아래 전개되었으며, 백가가

---

2) 역자 주: 위와 같음.
3) 『孟子』(吳哲楣 主編, 『十三經』), 「梁惠王上」, 1351쪽.

서로 다투는 까닭은 실제로는 곧 천하가 어떻게 통일될 것인가에 대한 일종의 이론적 예행연습이었다.

1. 백가쟁명—"양주와 묵자의 말이 세상에 가득하다"

위에서 말한 맹자와 양양왕의 대화로 보면, 맹자가 분명히 하나의 큰 "잘못"을 범하였다. 왜냐하면 그는 분명하게 역사발전의 방향에서 완전히 상반된 판단을 하였기 때문이다. 더구나 이미 역사가 증명하듯이 전국시대의 통일은 이른바 "살인殺人을 좋아하지 않는 사람이 통일을 할 수 있다"라는 말이 아니라, "살인을 좋아하는 사람이 통일을 할 수 있다"라는 말이 꼭 적합하다. 곧 진나라는 전쟁과 살인을 통하여 통일의 대업을 이루지 않았던가? 그러나 다른 한편으로 보면, 진왕조가 통일한 후 십여 년간의 국가운명(國神)과 당시 일반 백성들의 "천하가 진나라 때문에 고통받은 지 오래다"라는 원망은 진나라의 전쟁을 구동력으로 삼는 농경과 전쟁의 국가 정책 및 그들이 만든 전쟁기계가 "12개의 금으로 된 사람을 주조鑄造한" 후, 매우 빨리 녹이 슬어 얼룩덜룩한 "한 무더기의 고물 금속"으로 변했음을 설명한다. 진왕조는 본래 이처럼 무기를 녹여 없애는 방법으로 "천하의 백성을 약하게 함"[4]을 희망하였으나, 그들은 진승陳勝과 오광吳廣이 "나무를 깎아 무기를 만들고 장대를 높이 들어 깃발을 만든" 것처럼 본래 병기가 없었지만, 도리어 "한 남자가 난을 일으키면 일곱 개의 종묘宗廟가 무너진다"[5]라는 결과를 근본적으로 생각하지 못하였다. 이렇게 보면 맹자가 말한 "살인殺人을 좋아하지 않는 사람이 통일을 할 수 있다"라는 말이 아마도 진정으로 인심을 기꺼이 진심으로 탄복하게 하는 방식의 "통일"일 수 있다. 만약 맹자의 "살인殺人을 좋아하지 않는 사람이 통일을

---

4) 賈誼, 『賈誼集』, 「過秦論上」, 4쪽.
5) 賈誼, 『賈誼集』, 「過秦論上」, 4~5쪽.

할 수 있다"라는 말이 하나의 잘못된 역사 판단이라면, 진시황이 통일을 완성한 후 미리 기대하여 "짐朕은 시황제始皇帝이니 후세를 헤아려 2세, 3세를 지나 만세萬世까지 무궁하도록 전하게 하라"6)라고 한 말도 더욱 심하게 규칙에서 벗어났다.

그러나 이런 "착오錯誤" 판단의 배후에는 여전히 각자가 서로 다른 신분과 역사발전에 대한 완전히 다른 기대, 역사 문제를 관찰하는 다른 시각을 포함하고 있다. 당연히 이것은 또 정치와 사상문화의 서로 다른 입장의 교착현상이라고 할 수 있으며, 사상문화에 대하여 말하면 인문적 주요 관심의 시각에서 역사적 발전방향을 제출한 사람들이 사士, 이른바 인문 지식인의 천직天職을 가진 사람들이며, 또한 당시 제자학諸子學의 중심이었다. 이러한 관점에서 보면 맹자와 장자 두 사람의 당시 사상계에 대한 평가와 비판은 유·도 두 학파를 대표하여 중국사회의 역사발전의 진행 방향에 대하여 적극적인 예견을 드러내었다고 할 수 있다.

『장자』의 평가는 주로 그의 「천하」편 가운데서 나타나며, 그 "천하"의 편명도 그가 전문적으로 당시의 각 학자, 각 학파의 제자학에 초점을 맞추어 이론체계를 세웠음을 설명한다. 이것은 이른바 「천하」편이 또 『장자』에서 당시의 제자학에 대한 기본적인 평가를 대표함을 말한다. 예를 들면 『장자』는 먼저 종합적으로 다음과 같이 말한다.

> 세상에 (장생불사의) 방술方術을 공부하는 사람은 많은데, 모두가 자신이 한 공부에 더할 것이 없다고 생각한다. 옛날의 이른바 도술道術은 과연 어디에 있는가? 말하기를 "존재하지 않는 곳이 없다"라고 한다. 말하기를 "신神은 어디에서 내려 오는가? 밝음(明: 진정한 지혜)은 어디서 나오는가?" "성인이 태어나는 바가 있고, 왕이 되는 바가 있으니, 모두 하나에 근원한다"라고 한다.7)

세상이 크게 어지러워지니 현인, 성인이 분명하지 않고, 도덕이 하나로 되지

---

6) 司馬遷, 『史記』(『二十五史』, 권1), 「秦始皇本紀」, 23쪽.
7) 『莊子』(郭慶藩 編, 『莊子集釋』), 「天下」, 1168쪽.

않고, 세상 사람들은 대부분 한 부분만 살펴보고 스스로 좋다고 한다. 귀·눈·입·코와 비유하면, 모두 (기능이) 밝은 바가 있지만, 서로 통하지는 못함과 같다. 마치 백가百家의 여러 재주와 같아 모두 각각 뛰어난 바가 있고, 쓰일 때가 있다. 그러나 전부를 포괄하거나 두루 미치지 못한 한 부분만 아는 사士이다. 그들은 천지의 아름다움을 구별하고, 만물의 이치를 분석하며, 옛사람의 전부를 살폈지만, 천지의 아름다움을 갖추고 신명의 그릇을 가늠할 수 있는 사람이 드물다. 그러므로 내면으로는 성인이며 겉으로는 제왕이 되는(內聖外王) 도가 어두워져 밝지 않고, 막혀서 나타나지 못하며, 세상 사람들은 각각 하고 싶은 대로 하고 스스로 방술方術이라고 여긴다. 슬프다! 백가들은 각자 앞으로 나아가기만 할 뿐이니 반드시 서로 합치하지 못할 것이다. 후세의 학자들은 불행히도 천지의 순수함과 고인古人의 대체大體를 보지 못하니, 도술道術은 세상에서 장차 무너질 것이다.[8]

여기서 장자가 당시를 "세상이 크게 어지러워지니 현인, 성인이 분명하지 않고, 도덕이 하나로 되지 않고, 세상 사람들은 대부분 한 부분만 살펴보고 스스로 좋다고 한다. 귀·눈·입·코와 비유하면, 모두 (기능이) 밝은 바가 있지만, 서로 통하지는 못함과 같다"라는 현상으로 개괄하고 서술한 말은 매우 정확하다. 그러나 『장자』는 분명히 도가의 시야이며, 이것이 그가 "성인이 태어나는 바가 있고, 왕이 되는 바가 있으니, 모두 하나에 근원한다"라고 말하는 근본 원인이다. 그리고 "전부를 포괄하거나 두루 미치지 못한" "한 부분만 아는 사士이다"라고 비판하고, "천지의 아름다움을 구별하고, 만물의 이치를 분석하며, 옛사람의 전부를 살피는" 방향과 "천지의 아름다움을 갖추고 신명의 그릇을 가늠"하는 이론의 표준을 제시한 것도 당연히 모두 매우 정확하고 적절하다. 마지막으로 『장자』는 또 이른바 "내면으로는 성인이며 겉으로는 제왕이 되는(內聖外王) 도가 어두워져 밝지 않고, 막혀서 나타나지 못하며, 세상 사람들은 각각 하고 싶은 대로 하고 스스로 방술方術이라고 여긴다"라는 현상에 대하여 깊은 우려를 나타내었으며, "후세의 학자들은 불행히도

---

8) 『莊子』(郭慶藩 編, 『莊子集釋』), 「天下」, 1173쪽.

천지의 순수함과 고인古人의 대체大體를 보지 못한다"라고 생각하고, 결국 "도술道術은 세상에서 장차 무너질 것이다"라고 한 말은 "성인이 태어나는 바가 있고, 왕이 되는 바가 있으니, 모두 하나에 근원한다"라는 말에 대한 가장 비정한 논평과 비판이 되었다.

『장자』의 평가는 당연히 백가쟁명에 대한 도가의 시각을 나타내며, 또한 도가의 "모두 하나에 근원한다"라는 말이 기본적인 출발점이 되며, "도술道術은 세상에서 장차 무너질 것이다"라는 말은 당시의 제자학과 그 발전방향에 대한 실제적 관찰을 기초로 예측적 판단을 내린 것이다. 도가의 입장에서 보면 이러한 비평은 스스로 그 합리성이 있다. 그러나 당시의 사상계와 그 발전방향에 대한 또 다른 시각의 비판이 있으니 그것은 유가儒家의 관점에서 본 비판이다. 유가가 도가와 다른 점은 그들이 결코 시대의 방관자가 아니라 항상 묵가처럼 "소방대장"과 같은 책임정신과 사상적 품격을 갖추고 있다는 데 있다. 왜냐하면, 당시 사상계의 발전방향과 그 종합적 향배에 대하여 유가의 비판은 도가의 강 건너 불구경하는 식의 지적과 개탄에서 나온 것과 완전히 다르게, 주로 삶의 내재성과 실천성에서 나온 비판이었다. 이러한 비판은 유가와 그들의 제자, 세상이 부앙俯仰하고 항상 인륜의 선善을 견지하는 사람과, 인륜의 악과 끝까지 악전고투하는 사상적 품격을 가장 잘 나타내었다.

유가의 비판은 주로 맹자의 "양주楊朱와 묵적墨翟을 물리침", 곧 양주와 묵가 사상에 대한 논평과 비판으로 표현되었다. 『맹자』라는 책에서 "양주와 묵적을 물리침"은 곧 맹자 스스로의 자리매김(定位)이며, 동시에 "성인의 무리" 즉 유가의 사인과 군자에 대한 기본적인 요구라고 할 수 있다. 양주와 묵적 두 학파의 서로 다른 사상과 주장에 대하여 맹자는 어떤 사람이 그에게 질의한 "선생은 변론을 좋아한다"에 대답하면서 일찍이 논평하였으며, 그 후 양주와 묵가에 대한 체계적인 비판을 전개하였다. 예를 들면 맹자는 다음과 같이 말하였다.

…… 성왕聖王이 나오지 않으니 제후가 방자放恣해지고, 처사處士들이 제멋대로

주장하며, 양주와 묵적의 언설言說이 세상에 가득 찼다. 세상의 언론이 양주로 귀결되지 않으면 묵적으로 귀결되었다. 양주의 위아설爲我說은 (섬기는) 임금이 없으며, 묵적의 겸애兼愛는 아버지가 없음이다. 임금이 없고 아버지가 없으면 금수禽獸이다.…… 양주와 묵적의 도가 그치지 않으면 공자의 도는 드러나지 않는다. 이는 사악한 말들이 백성을 속이고, 인의仁義를 가로막는다. 인의가 가로막히면 짐승을 몰아 사람을 잡아먹게 하고, 사람은 장차 서로를 잡아먹는다. 나는 이를 두려워하여 옛 성인의 도를 지키고, 양주와 묵적을 물리치고, 공허하고 과장된 말(淫辭)을 물리치고, 사설邪說이 일어날 수 없도록 하였다.[9]

…… 나 또한 사람의 마음을 바로잡고 사설邪說을 멈추게 하고, 파행跛行을 막고, 공허하고 과장된 말을 물리치고, 삼성三聖[10]을 계승하려는 것이 어찌 변론을 좋아하겠는가? 나는 어쩔 수 없어 그런 것이다. 양주와 묵적을 물리치는 말을 할 수 있는 사람은 성인의 도제徒弟이다.[11]

맹자는 "양자楊子가 택한 위아爲我는 털 하나를 뽑아 세상을 이롭게 해도 하지 않는다. 묵자墨子의 겸애는 이마에서부터 발꿈치까지 갈아서 없어져도 세상을 이롭게 한다면 하였다. 자막子莫(魯의 隱者)은 중中을 잡았다. 중中을 잡음은 행함이 (도에) 가깝다. 중을 잡되 저울추가 없으면, 한쪽을 잡는 것과 같다. 한쪽을 잡음을 싫어하는 까닭은 그것이 도道를 해치기 때문이며, 한쪽을 들어 올리면 백 가지를 버리는 일이다"라고 하였다.[12]

맹자는 "묵적에서 피해 가면 반드시 양주에 의탁하고(歸), 양주를 피해 가면 반드시 묵적에 의탁한다. 의탁하면 곧 그것을 받아들일 뿐이다. 지금 양주·묵적과 더불어 변론하는 것은 마치 도망 나간 돼지를 쫓는 것과 같다. 이미 우리에 몰아넣고도 또 따라가 묶어 놓는다"라고 하였다.[13]

---

9) 『孟子』(吳哲楣 主編, 『十三經』), 「滕文公下」, 1382~1383쪽.
10) 역자 주: 『孟子集註』에서는 三聖을 禹·周公·孔子라고 주석하였다.
11) 『孟子』(吳哲楣 主編, 『十三經』), 「滕文公下」, 1383쪽.
12) 『孟子』(吳哲楣 主編, 『十三經』), 「盡心上」, 1422쪽.
13) 『孟子』(吳哲楣 主編, 『十三經』), 「盡心下」, 1428쪽.

『맹자』에서 위에서 말한 몇 구절은 양주와 묵적에 대한 집중적인 비판이라고 할 수 있다. 양주와 묵적에 대한 비판과 "양주와 묵적을 물리침"을 통하여 개척된 유가사상의 영역을 분명하게 밝히기 위해, 우리는 여기서 양주와 묵적 두 학파에 대하여 맹자가 위에서 한 비판을 노선으로 삼아서 유가와 도가 두 학파의 사상적 경계를 한 걸음씩 밝혀 보기로 한다.

위의 비판 가운데 첫 번째에서 맹자가 "변론하기를 좋아함"의 원인을 언급하였고 더불어 왜 반드시 "양주와 묵적을 물리침"을 성인의 제자로서 시대적 사명으로 규정하였는가를 설명하였는데, 따라서 다시 말하면 맹자가 "양주와 묵적을 물리침"을 스스로 자리매김한 근본적 원인이라고 할 수 있다. 맹자가 "임금이 없음"과 "아버지가 없음"으로써 양주와 묵적 두 학파의 사상과 주장을 개괄하려고 한 까닭은 결코 인격적 모욕의 논법에서 나온 것이 아니며, 곧 양주와 묵적 두 학파의 이론적 논리에 따르면 결국은 반드시 "임금이 없고 아버지가 없음"에서 나올 수밖에 없다는 결론이다.

먼저 묵가를 살펴보자. 묵가가 주장하는 겸애를 변묵의 규정과 설명을 참고하면, 이른바 겸애는 다음과 같다.

> 타인을 사랑함은 자신을 벗어나지 않으니 자신이 사랑함 가운데 있다. 자신이 사랑함 가운데 있으면 사랑은 자신에게 더해지고, 타인을 사랑함과 같은 비율로 자신을 사랑함이 곧 남을 사랑함이다.[14]

> 사랑에는 두터움과 엷음이 없으며, 자신을 받듦은 현명함이 아니다.[15]

> 겸애兼愛는 서로 같음이 있고, 주나라(周世)를 사랑함과 후세를 사랑함은 지금의 세상 사람과 한결같다.[16]

---

14) 『墨子』(『諸子集成』 제4책), 「大取」, 244~245쪽.
15) 『墨子』(『諸子集成』 제4책), 「大取」, 245쪽.
16) 『墨子』(『諸子集成』 제4책), 「大取」, 246쪽.

타인을 사랑함에 타인을 사랑하기를 다함(周)을 기다린 후에 남을 사랑하게 된다. 타인을 사랑하지 않으면 타인을 사랑하지 않음을 다하기를 기다리지 않는다. 사랑을 다하지 않음은 타인을 사랑하지 않기 때문이다.[17)]

여기서 "타인을 사랑함은 자신을 벗어나지 않으니 자신은 사랑함의 가운데 있다"라는 말은 곧 묵가의 애인愛人이 실제로는 자신에 대한 사랑을 포함한다는 말이다.(이 점은 아마 이미 『장자』에서 말한 "진실로 자신을 사랑하지 않음"에 대한 반박과 회피의 뜻을 포함하고 있다.) 그러나 묵가가 말한 "타인을 사랑함과 같은 비율로 자신을 사랑함"의 방식으로 "자기를 사랑함"은 실제로는 곧 자신을 길거리의 사람과 같다고 보는 것이며 곧, 자신을 길 가는 사람과 같이 사랑한다는 뜻이며, 이것이 곧 "타인을 사랑함과 같은 비율로 자신을 사랑함"이다. 만약 이것이 곧 "타인을 사랑함"의 방식으로서의 "자기를 사랑함"이라면, 이러한 주장은 자연히 곧 "타인을 자기처럼 사랑함"이라고 할 수 있는데, 자신을 사랑함이 곧 길 가는 사람을 사랑하는 것과 같다고 할 수 있으며, 당연히 동시에 자신을 사랑함이 길 가는 사람을 사랑함과 같은 것이라고 할 수 있다. 그러나 이러한 주장은 실제로는 『장자』에서 말하는 "진실로 자신을 사랑하지 않음"의 가능성을 포함하고 있으며, 따라서 이러한 "자신을 사랑함"의 "사랑"은 실제로는 자신을 길 가는 사람처럼 보는 것이다.(결국은 사람이 충분히 자신을 길 가는 사람처럼 보고 또한 길 가는 사람의 마음으로 자신을 사랑할 수 있는가?) 만약 이것이 실제로는 "자신을 사랑하지 않음"이라면 묵가는 도리어 그 "겸애"를 "자신이 사랑함에 있으면 사랑은 자신에게 더해지고, 타인을 사랑함과 같은 비율로 자신을 사랑함"이라고 보는 것이다. 그러나 이것이 곧 "진실로 자신을 사랑하지 않음"이라면 묵가는 또 스스로 확실하게 "타인을 사랑함이 자신을 사랑함과 같다"라는 즉, 모든 사람에 대하여 자신과 또한 길을 가는 사람을 포함하여 모두 완전하게 한결같이 같은 인仁으로 사랑하는 것이다. 이처럼 이미 묵가가 모든 사람이 '타인을

---

17) 『墨子』(『諸子集成』 제4책), 「小取」, 253쪽.

사랑함과 같은 비율로 자신을 사랑함', 곧 완전하게 같이 완전히 똑같은 사랑을 간직한다면 이처럼 길 가는 사람을 대하는 것과 같이 자신을 대하는 방식도 또한 일종의 "타인을 사랑함과 같은 비율로 자신을 사랑함"이며, 당연히 일종의 "타인을 사랑함과 같은 비율"(倫列) 애인愛人이라고 할 수 있다. 묵가는 이로부터 과장되게 "겸애"는 곧 "주나라(尚世)를 사랑함과 후세를 사랑함은 지금의 세상 사람과 한결같다"라고 하며, 아울러 "타인을 사랑함에 타인을 사랑하기를 다함(周)을 기다린 후에 남을 사랑하게 된다"라고 생각하였다. 왜냐하면 묵가가 보기에 이른바 "겸애"는 실제로는 일종의 "주나라 사람이 타인을 사랑함" 즉, "주나라(尚世)를 사랑함과 후세를 사랑함은 지금의 세상 사람과 한결같다"라는 말이다.

실제로 묵가 겸애설의 가장 큰 문제는 인간 존재 징표의 근본적 전제가 되는, 즉 이른바 "내가 있음"(有我)이라는 특성의 존재를 완전히 무시하였다는 데 있다. 왜냐하면 이러한 "내가 있음"은 곧 "나"라는 존재의 징표일 뿐만 아니라 동시에 타인과 내가 구별되는 기본적 출발점이기 때문이다.[18] 묵가는 "나"를 이른바 "타인을 사랑함과 같은 비율로 자신을 사랑함" 속으로 완전히 밀어 넣고자 하여, 오직 "타인을 사랑함과 같은 비율로 자신을 사랑함"을 견지하기만 하면, 『장자』가 말한 "이로써 사람들을 가르치면, 아마도 타인을 사랑하지 않을 것이며, 이로써 스스로 행동하면, 진실로 자신을 사랑하지도 않을 것이다"[19]라는 방식의 비판을 완전히 피할 수 있다고 보았지만, 결국 몰랐던 것은 완전히 이른바 타인과 내가 구별이 없는 경지에 빠지고 만 것이다. 이러한 이론은 실제 생활에서 초래된 터무니없는 것으로 후일 왕양명이 "지친至親(부모, 형제)과 길 가는 사람을 똑같이 사랑하는

---

18) 유가가 볼 때 사람의 존재인 "내가 있음"의 특성은 당연히 사람의 생명이 가진 근본적 한계라고 할 수 있으며, 또한 유가의 모든 인문적 주요 관심과 人文 구조의 근본적 출발점이다. 유·묵 두 학파의 근본적 차이도 사람의 존재로서 "내가 있음"의 특성 이 점을 인정하는가에 집중되어 있다. 그리고 『장자』가 말한 "세상의 인심을 거스른다"라는 비판도 곧 이것을 가리켜 한 말이다. 묵자가 사람으로서의 존재인 "내가 있음"의 특성을 무시하고 그가 말한 "타인을 자신처럼 사랑하는" "겸애"의 이상을 실현하려고 한 것은 그 "겸애"의 空想的 특징을 적절하게 표현하였다.

19) 『莊子』(郭慶藩 編, 『莊子集釋』), 「天下」, 1178쪽.

것은 마치 한 그릇의 밥과 콩국과 같이 먹으면 살고, 먹지 않으면 죽기 때문에 두 가지를 온전하게 다 할 수 없고, 지친을 구할지언정, 길 가는 사람을 구하지 않는다……"[20]라고 반박하였다. 왕양명의 이러한 선택에 대하여 사람이라면 다 믿으며, 사람으로서의 존재라는 품격을 가지고 있기만 하면, 한마디로 오직 "내가 있음"을 인정한다면 모두 어떤 의심과 염려도 하지 않을 것이다. 그러나 묵가가 주장한 겸애에 대하여 말하면, 그것은 근본적으로 이론적 설명을 할 수가 없다. 왜냐하면, "내가 있음"으로서의 사람도 근본적으로 길 가는 사람과 지친 사이에는 이른바 절대균등絕對均等, 절대등가絕對等價의 원칙이 있을 수 없으며, 따라서 쌍방 간에 완전한 사랑을 할 수 없다는 사실, 즉 맹자가 말한 "아버지가 없음"이라는 비판은 실제로는 곧 그 이론의 가설에서 "내가 없음"의 전제를 겨냥하여 말한 것이기 때문이다.

양주楊朱의 "임금이 없음"은 주로 한결같은 "나를 사랑함"과 한결같은 자기 사랑에 있으며, 따라서 근본적으로 타인의 존재를 무시하며, 혹은 근본적으로 타인의 존재가 "나"에 대한 가치와 의미를 인정하지 않으며, 당연히 인류세계의 존재적 가치와 의미를 인정하지 않는다. 양주의 이론적 특징에 관하여 그와 함께 도가의 "근본적 원인"(基因)이라는 한비의 비판이 아마도 그 모순을 더욱 분명하게 나타낼 것이다. 한비는 다음과 같이 말하였다.

오늘날 어떤 사람이 이런 뜻을 따라서, 위험한 곳에 가(서 일하)지 않고, 군대에 가서 복무하지 않고, 세상에 큰 이익이 되더라도 자신의 정강이 털 한 올과도 바꾸지 않는다.[21] 이제 나의 생명은 나를 위해 있고 나를 이롭게 함이 역시 크다. 그 귀천을 논하면 작위爵位가 천자라고 하더라도 나의 생명에 비할 수가 없다. 그 경중輕重을 논하면 부유함이 천하를 가지더라도 그것과 바꿀 수 없다. 그 안위安危를 논하면, 하루아침에 그것을 잃어버리면, 두 번 다시 얻을 수 없다.

---

20) 王守仁, 『王陽明全集』, 「語錄」 3, 108쪽.
21) 『韓非子』(『諸子集成』 제5책), 「顯學」, 352~353쪽.

이 세 가지는 도를 아는 사람이 신중愼重하게 여기는 것이다.[22]

한비의 이러한 비판은 틀림없이 모두 양주를 겨냥하여 한 말이며, 앞 조항에서 "세상에 큰 이익이 되더라도 자신의 정강이 털 한 올과도 바꾸지 않는다"라고 한 말은 양주가 지극하게 자아自我를 중시함을 설명하였으며, 뒤 조항은 그가 말한 "자아"가 실제로는 "나"의 세계존재의 전제로 보고, 그에 따라 또한 "이제 나의 생명은 나를 위해 있고 나를 이롭게 함이 역시 크다. 그 귀천을 논하면 작위爵位가 천자라고 하더라도 나의 생명에 비할 수가 없다. 그 경중輕重을 논하면 부유함이 천하를 가지더라도 그것과 바꿀 수 없다. 그 안위安危를 논하면, 하루아침에 그것을 잃으면, 두 번 다시 얻을 수 없다"라는 말이 있게 되었다. 이러한 모든 말은 당연히 먼저 "자아"에 집중하여 한 말이다. 그러나 "자아"를 "나"의 세계존재의 기본 전제로 보는 사상은 결코 양주가 곧 절대적인 '이기적利己的 이익 추구'(自私自利)를 하는 사람이라는 것을 말하는 것이 아니라, 주로 이른바 세계존재로서의 "내가 있음"의 특성을 나타내고 또한 '나'가 있기 때문에 비로소 세계적 존재이자 "나"의 가치와 의미가 있음을 나타낸다. 이러한 세계 및 그 가치와 의미로서의 "내가 있음"의 특성은 실제로는 왕양명이 그 제자에게 "이제 죽은 사람을 보고서 그의 정령이 흩어지면, 그것의 천지만물은 일찍이 어디에 있는가?"[23]라고 반문反問한 말과 같은데, 이것은 양주가 견지한 세계와 그 존재인 "내가 있음"의 특성이 틀림없이 그 긍정적 가치와 의미가 있음을 말하며, 양주가 견지한 세계존재인 "내가 있음"의 특성은 또한 "자아"의 제일성과 그 "나"로서 역할을 하는 세계존재의 기본 전제임을 강조함으로써 묵가의 "자아"가 가진 결점과 몰락을 부각하거나 반어적으로 풍자하는 것이다.

그러나 비록 "나를 위함"(爲我)은 양주가 절대적으로 '이기적利己的 이익 추구'를 하는 사람임을 나타내지는 않지만, 양주의 "위아爲我"의 이론을 살펴보면, 결국은

---

22) 『呂氏春秋』(『諸子集成』 제6책), 「重己」, 6쪽.
23) 王守仁, 『王陽明全集』, 「語錄」 3, 124쪽.

반드시 이른바 "털 한 올을 뽑아서 세상을 이롭게 하더라도 하지 않는다"라는 결론에 도달할 수밖에 없으며, 혹은 한비가 개괄한 "세상에 큰 이익이 되더라도 자신의 정강이 털 한 올과도 바꾸지 않는다"라는 결론에 이르게 된다. 만약 이러한 사상이 인류세계의 주도적 사상이 된다면, 그것은 필연적으로 "임금이 없음"의 상황으로 갈 수밖에 없다. 왜냐하면 그는 근본적으로 "나"의 가치와 의미에 대한 타인의 존재를 인정하지 않을 것이며, 자연히 인류세계도 인정하지 않을 것이며, 인류문명 형성을 구현하는 "임금"이 인류세계에 대하여 가지는 가치와 의미를 인정하지 않을 것이기 때문이다.

당시 사상계에 대한 맹자의 총체적 비판에서 그는 왜 반드시 양주와 묵적 두 학파를 붙잡았으며, 또한 이른바 "임금이 없음"과 "아버지가 없음"으로써 두 학파의 사상을 자리매김하려 하고, 또한 근본적으로 장자莊子와 다르게 광범하게 여러 학파의 득실을 평론하였는가? 이것은 유가와 도가 두 학파의 다른 입장과 그 다른 인생태도에 관한 것이다.

이미 앞에서 말했듯이 도가는 본질적으로 "자아"를 최우선의 주요 관심 대상으로 삼았다. 이는 노자가 공자에게 "이것은 모두 선생의 신상에 도움이 되지 않는다"라고 한 건의, 양주의 "털 한 올을 뽑아서 세상을 이롭게 하더라도 하지 않는다"라는 태도와 이른바 "이제 나의 생명은 나를 위해 있고 나를 이롭게 함이 역시 크다"라는 선언에서도 잘 알 수 있다. 곧 도가의 인생에서는 먼저 "자아"의 인생에 집중하였고, 따라서 장자는 완전히 "자아"의 "성에 따라 자신이 적응함"의 시각에서 제자백가를 품평할 수 있었으며, 묵가의 "겸애"의 주장에 대하여 "이로써 사람들을 가르치면, 아마도 타인을 사랑하지 않을 것이며, 이로써 스스로 행동하면, 진실로 자신을 사랑하지도 않을 것이다"라는 평가도 이렇게 제기되었다. 특히 "진실로 자신을 사랑하지도 않을 것이다"라는 말은 곧 장자도 항상 "자신"을 핵심이자 기본적 출발점으로 삼았다는 점을 부각시켰으며, 「천하」편 전체가 실제로는 곧 장자가 "자아"의 시각으로 제자백가를 품평한 것이다.

그러나 유가는 근본적으로 다르다. 그들도 "내가 있음"의 일면도 있지만, 유가의

"나"는 결코 도가와 같은 육신으로서의 나 혹은 단지 실제로 존재하는 이 몸으로서의 나가 아니며, 본질적으로 인문정신의 담당자로서 특히 도덕이상주의 정신의 고도에서 응취된 정신적 "나"이다. 이렇게 되면, 그것이 여러 학자(諸子)의 사상적 충격에 직면하였을 때, 그것은 단지 실연적 존재인 이 육신으로서의 나라는 관점에서 여러 학자의 사상을 비평하고 느끼는 것일 뿐만 아니라, 더욱 중요한 것은 유가의 인류문명과 인문정신의 관점에서 여러 학자의 사상적 취향을 품평하는 것이다. 맹자가 "임금이 없음"과 "아버지가 없음"으로써 양주와 묵적의 사상적 향배를 귀결시킬 수 있었던 것은 실제로 유가의 인류문명과 인문정신의 고도에서 양주와 묵적 두 학파의 사상적 향배를 따라서 한 품평과 비판이다.

물론 『맹자』에는 비록 농가農家와 병가兵家, 그리고 다른 사상 유파에 대한 품평이 있지만, 맹자 스스로의 자리매김(定位)은 왜 도리어 항상 오직 "양주와 묵적을 물리침"이라는 일설만 있는가? 이것은 유·도 두 학파의 사상과 관련한 심층적 나뉘어 갈라짐이다. 만약 도가가 본질적으로 실연의 "이 육신으로서의 나"를 우선적인 주요 관심으로 삼는다면, 실연존재의 기초에서 건립된 자아의 주요 관심도 반드시 일종의 "세상에 은둔함"(隱世) 혹은 "세상을 버리고 홀로 섬"(遺世獨立)의 경향을 은연중 내포하고 있으며, 자연히 전체 세계는 모두 "공허화"(虛化) 혹은 "약화弱化"로 처리할 가능성을 포함하고 있다. 왜냐하면 만약 인생이 단지 "이 육신으로의 나"로써 입신立身한다면 전체 세계도 반드시 "나"의 세계가 되기 때문이며, 또한 만약 "이 육신으로로 나"로써 세상에 응한다면 반드시 매우 무거운 상해에 직면하게 되며, 곧 전체 물화物化된 세계도 반드시 "나"에게 매우 무거운 상처를 줄 수 있다. 현실인생에 대한 장자의 느낌을 살펴보자.

한번 그 이루어진 형체를 받으면, 잊어버리지 않고 거의 끝까지 가며, 사물들과 서로 베고 서로 비비며 닳아 없어지고 행하여 없어짐이 마치 말을 달리는 것처럼 그것을 멈추게 할 수가 없으니 어찌 슬프지 않겠는가? 일생 수고하면서도 그 성공을 볼 수 없고, 고달프게 고생해도 그 돌아갈 바를 알지 못하니 어찌 애처롭

지 않겠는가? 사람들이 죽지 않는다고 하지만 무슨 이익이 있겠는가? 그 형체가
변화하면 그 마음도 그와 같이 그렇게 되리니 어찌 크게 슬프다고 하지 않겠는
가?[24]

이 하나의 감개무량함은 장자가 인생에 대한 가장 절실한 느낌이라고 할 수
있으며, 이른바 "심경에 잡념이 없고 고요하며 순일純一하여 대도大道에 밝은 상태
즉 심재心齋"와 "사물과 나의 구별을 다 잊고 도와 합일된 정신경계 즉 좌망坐忘"
및 "때에 맞추어 순리대로 처리함"[25], "마음에 위탁하여 변화에 임함"[26] 등의
논법도 실제로는 모두 정신적으로 인생의 상해와 인생의 비극을 초월하려는 희망을
포함하고 있다. 이러한 상황에서 여러 학자(諸子)의 사상에 대한 장자의 감각은
매우 많이 예민하며, 특히 매우 민감하게 자아의 인생 느낌의 관점에서 여러 학자의
사상과 학설을 품평하였다. 위에서 묵가의 겸애의 주장을 "이로써 사람들을 가르치
면, 아마도 타인을 사랑하지 않을 것이며, 이로써 스스로 행동하면, 진실로 자신을
사랑하지도 않을 것이다"라고 품평한 까닭은 곧, 그것이 충분히 단번에 묵가의
주장이 곧 타인을 사랑하지 않는 것이며, 또한 자신을 사랑하지도 않는 사실을
드러낼 수 있었으며, 주로 그것이 하나의 매우 민감하고도 늘 "자아"를 주시하는
마음을 가지고 있었다는 데 있다. 그리고 그의 "세상에 은둔함" 혹은 "세상을
버림"의 입장은 또한 자주 마치 자신이 은둔자처럼 자세하게 여러 학자의 사상적
득실과 허점을 깊이 음미할 수 있도록 하였다. 당연히 이 점은 제자백가에 대한
품평이 가끔 시공을 초월한 관통력을 갖출 수 있는 원인이 될 수 있었다.

---

24) 『莊子』(郭慶藩 編, 『莊子集釋』), 「齊物」, 63쪽.
25) 『莊子』(郭慶藩 編, 『莊子集釋』), 「齊物」, 286쪽.
26) "마음에 위탁하여 변화에 임함"이라는 구절은 陶淵明의 「歸去來分辭」 가운데 "가고
    머무름을 마음에 맡긴다"(委心任去留)라는 구절에서 먼저 나왔으나, 실제로는 『장자』
    에서 "子祀·子輿·子犂·子來 네 사람"이 서로 교우함을 찬탄하여 "위대하구나 저
    조물주여! 나를 이처럼 얽매이도록 하네"라고 하였는데, 이 말은 본래 "마음에 위탁
    하여 변화에 임함"의 태도를 포함한다.(『莊子』[郭慶藩 編, 『莊子集釋』], 「大宗師」, 285
    쪽 참고)

그러나 유가는 근본적으로 다르다. 그 다름은 우선 그들이 결코 시대적 방관자가 아니며, 인류문명과 인문정신의 주체적 담당자이며, 또한 항상 인류정신의 향배를 주시하고 있기 때문에 그들은 도가인 장자처럼 여러 학자의 이론적 득실을 자세하게 품평할 수 없었고, 또한 후일의 역사가인 반고班固처럼 제자백가에 대한 자세한 분류와 개괄을 할 수 없었다. 그러나 유가의 감각은 여전히 극히 예민하였으며, 이러한 예민함은 주로 어떤 사상 유파의 인류정신의 향에 대한 부정적 영향에 집중되어 있다. 예를 들면, 양주와 묵적 두 학파에 대한 "임금이 없음"과 "아버지가 없음"이라는 개괄은 곧 돌파력과 그 근원을 궁구하는 인식을 잘 갖추고 있다. "임금이 없음"과 "아버지가 없음"을 꼭 붙잡고 양주와 묵가 두 학파를 자리매김할 수 있는 관건은 유가가 인문정신의 담당자라는 주체적 입장 자체에 있다. 양주와 묵가 두 학파에 대한 "임금이 없음"과 "아버지가 없음"이라는 자리매김과 비판은 또한 유가의 주공周公 이래의 이른바 "친친親親"과 "존존尊尊"의 도에 대한 견지堅持를 은연중 내포하고 있다. 이 외에 당시의 제자백가에 대하여 이른바 "임금이 없음"과 "아버지가 없음"이라는 비판은 당시의 각종 사조의 최저선(底線)이자 경계를 꼭 지킨 것이며, 양주와 묵가 두 학파의 사상적 핵심을 정확하게 파악한 것이다. 따라서 도가의 이론적 득실을 어떻게 품평하든 거기에는 자신의 이론적 입장에 반영되어 있다.

한 걸음 더 나아가 보면, 맹자가 양주·묵적 두 학파를 "임금이 없고 아버지가 없음"이라고 비판한 것과 "위아爲我"와 "천하를 이롭게 함"(利天下) 곧 무아無我에 대한 주요 관심은 실제로 동시에 유가의 인류문명의 양단兩端 혹은 두 경계를 조여서 비로소 "양자楊子는 위아爲我의 입장으로 털 한 올을 뽑아서 세상을 이롭게 해도 하지 않았다. 묵자의 겸애는 정수리에서 발뒤꿈치까지 닳아도 세상을 이롭게 한다면 그것을 하였다"라는 분석을 할 수 있었다. 맹자가 보기에 이 두 점은 실제로는 유가 인류문명의 두 극단이 된다. 자막子莫의 "집중執中"은 비록 "가까이 다가감"의 효과는 있지만, 그러나 "중을 잡음에 저울추가 없다면 오히려 한쪽을 잡는 것과 같기" 때문에 여전히 "양단兩端" 혹은 "양편兩偏"에 빠질 가능성이 있다. 왜냐하면

"저울추가 없는" "집중執中"은 보기에 따라 양단을 고려하고 또한 "집중執中"이
"가까이 다가감"의 효과는 있어 보이는 것 같지만, 실제로는 근본적으로 경직되고,
교조적인 "한쪽을 잡음"(執一)이기 때문에 하나의 새로운 "하나의 한쪽"이 되는
것과 같다. 따라서 맹자는 또 "한쪽을 잡는 것과 같다. 한쪽을 잡음을 싫어하는
까닭은 그것이 도道를 해치기 때문이며, 한쪽을 들어 올리면 백 가지를 버리는
일이다"라고 하였다.

　　이러한 기초에서 유가의 "친친"과 "존존"의 도와 서로 비교하면, 양주와 묵가
두 학파의 "위아"와 "세상을 이롭게 함"의 추구는 실제로 각자의 입장에서는 하나의
"집일執一"의 활동이 되고 만다. 양주는 진실로 그가 강조한 "위아"의 일면이 있다.
다만 그 "위아"라는 말은 아마도 결코 틀리다고 볼 수는 없다. 그러나 유가가
보기에 사람이 진정으로 "위아"를 바라며, 또한 반드시 "나"의 자애의 마음을
확충하니, 이것이 이른바 "나의 노인을 섬기는 마음으로 타인의 노인을 섬기며,
나의 아이를 돌보는 마음으로 다른 사람의 아이를 돌본다"[27]라는 말이다. 심지어
또 반드시 자기의 효제孝弟와 애친愛親의 마음을 확충하여 세상에 이르도록 한다
라고 할 수 있다. 따라서 맹자는 "친혈육과 친함(親親)은 인仁이며, 어른을 공경함은
의義이니, 다른 것이 아니라 그것이 세상에 통달함이다"[28]라고 하였으며, 또 "사람은
모두 차마 하지 못하는 바가 있으니, 그 차마 하는 바에 도달함이 인仁이다. 사람이
해서는 안 되는 바가 있으니, 그 해야 하는 바에 통달함이 의義이다. 사람은 타인을
해치려는 마음이 없도록 확충해야 인을 다 쓸 수 없게 된다. 사람은 벽을 뚫고
담을 넘는 마음이 없도록 확충해야 의를 다 쓸 수가 없게 된다. 사람은 남에게
'얘', '쟤'라고 불림이 없는 실질을 확충해야 어디를 가든 의義를 행하지 않음이
없게 된다"[29]라고 하였다. 이 모든 말들은 실제로 모두 노력으로 개척하는 것이며,
양주의 "나"를 충족하고 높였으며, 실연적인 "이 몸으로서의 나"로부터 유가의

---

27) 『孟子』(吳哲楣 主編, 『十三經』), 「梁惠王上」, 1353쪽.
28) 『孟子』(吳哲楣 主編, 『十三經』), 「盡心上」, 1420쪽.
29) 『孟子』(吳哲楣 主編, 『十三經』), 「盡心下」, 1429쪽.

정신적 이성적 "대아大我"로 최선을 다해 나아갈 수 있도록 하였다.

그러나 묵가의 "정수리에서 발뒤꿈치까지 닳도록 세상을 이롭게 함"이라는 말에 대하여 맹자는 또 장차 어떻게 그 바로잡는 작용을 발휘할 것인가? 여기서 먼저 깨달아야 할 점은 만약 인생의 지향점으로 간주한다면 묵가의 "세상을 이롭게 한다"라는 말은 절대 착오가 없다. 그러나 묵가의 문제는 주로 그 "겸애"의 주장에서의 "무아無我"라는 전제 가설에 있다. 따라서 그 "정수리에서 발뒤꿈치까지 닳도록 세상을 이롭게 함"이라는 주장도 주체적 기초가 결핍되었을 뿐만 아니라, 삶의 실천에서 내재적 동력도 결핍되었다. 따라서 묵자는 반드시 그 "겸애"의 주장을 "천지天志"의 높이로 끌어올려 관철해야만 한다. 그러나 이 역시 "자아"의 격에 맞는 희생이 있어야 하는데, 묵가의 지도인 복돈腹䵑이 "후대를 끊음"과 맹승孟勝의 "자결"과 같다. 따라서 묵가의 "겸애"의 주장에 대하여 맹자는 반드시 "나"를 첫째 출발점이나 타인과 나를 구별하는 기본 전제임을 강조하였으며, 그로써 묵가의 "무아"의 병을 바로잡고자 하였다. 바로 이 점에서 양주와 묵가 두 학파의 두 편향적 성향은 실제로는 도리어 상호 보완적이며 또 상호 모자람을 구하는 작용을 초래하였다. 만약 양주의 "위아"가 실연적 존재인 "육신을 가진 나"의 측면에만 국한되지 않는다면 그것은 마찬가지로 "세상을 이롭게 함"으로 나아갈 수 있다. 그리고 묵가의 이른바 "세상을 이롭게 함"이 추구하는 것이 완전히 "위아"의 자아실현의 한 부분이 될 수 있다. 반대의 관점에서 보면, 묵가의 "세상을 이롭게 함"의 추구가 진정으로 "나"의 기초에서 뿌리를 내리고 있고, 아울러 그것이 진정한 "나"의 자아실현의 활동으로 된다면, 이른바 "정수리에서 발뒤꿈치까지 닳도록 세상을 이롭게 함"도 단지 "천지天志"의 요구일 뿐만 아니라 "묵자의 법"이라는 규정이 된다. 그리고 무엇보다 "하늘이 부여한바"는 사람마다 본래 가지고 있으며 또한 인생에 내재한 근거로서 도덕이상이 된다. 이처럼 이른바 "정수리에서 발뒤꿈치까지 닳도록 세상을 이롭게 함"은 또 사람이 갖춘 내재적 근거와 내재적 동력의 자아추구와 자아실현의 활동이 된다.

이처럼, 이른바 "양주와 묵자의 말이 세상에 가득 찼다"라는 말은 실제로 맹자가 당시 백가쟁명의 핵심을 포착한 것이며, 그 최저선을 포착한 비평이다. 그리고 당시 제자학諸子學의 각종 사상과 주장에 대하여 말하면, "위아"와 "세상을 이롭게 함"의 두 편을 모두 포함하고 있다. 그렇다면 맹자의 "양주와 묵자를 물리침" 은 실제로는 양주와 묵가 두 학파에 대한 유가의 두 가지 서로 다른 바로잡음과 새로운 안돈安頓을 나타낸 것이다. 우리가 "위아"와 "세상을 이롭게 함"을 추구하는 양편의 기초에서 "중中을 잡아" 행할 수 있고, 거기에 스스로 도덕이성의 "저울추"를 더할 수 있다면, 대체로 인생의 정확한 방향을 파악할 수 있다. 따라서 맹자는 "묵적에서 피해 가면 반드시 양주에 의탁하고(歸), 양주를 피해 가면 반드시 묵적에 의탁한다. 의탁하면 곧 그것을 받아들일 뿐이다. 지금 양주·묵적과 더불어 변론하는 것은 마치 도망 나간 돼지를 쫓는 것과 같다. 이미 우리에 몰아넣고도 또 따라가 묶어 놓는다"라고 하였다. 이렇게 보면 당시의 백가쟁명에 대하여 맹자가 "양주와 묵적을 물리침"으로써 스스로 자리매김을 할 수 있었던 것은 실제로 공자의 "그 양쪽의 본질을 물어라"(叩其兩端)라는 말과 같으며, 마찬가지로 제자백가에 대한 하나의 원칙과 최소한의 비판을 보여 준 것으로, 당연히 유가가 당시에 제자백가 가운데 종합적 역할을 하였다고 할 수 있다.

2. 유·묵의 융합과 초월적 지향─맹자의 사상

유가사상사에서 맹자의 지위에 관하여 송대 이래 이른바 "아성亞聖"이라는 표현은 이미 역사적인 정평定評이며, 한유韓愈(768~824)에서부터 왕부지王夫之(1619~1692)까지 모두 일찍이 "맹자의 공은 우임금의 아래에 있지 않다"[30]라고 하여

---

30) 韓愈는 "만약 맹자가 없었다면 모두 오랑캐처럼 옷깃을 왼편으로 여미고, 佅離(중국 서부의 소수민족) 말을 하였을 것이다. 그러므로 나는 늘 맹자를 존중하며 그 공이 우임금 아래에 있지 않다고 보는 것은 이 때문이다"(『韓昌黎全集』, 권18, 「與孟尚書書」) 라고 하였으며, 王船山도 "맹자의 공은 우임금 아래가 아니며, 張子(張載)의 공은 또한 어찌 홍수를 疏開하는 支流가 아니겠는가? 수많은 물줄기를 한없이 깊고 넓은 곳(歸墟)

유가사상의 역사적 공헌을 평가하였다. 그러나 현대인으로서 보기에 이른바 "공이 우임금의 아래에 있지 않다"라는 말은 아마도 그의 "양주와 묵자를 물리침"의 사상에 대한 일방적 선양이다. 실제로 맹자의 공이 "우임금보다 아래가 아닌" 까닭은 결코 "양주와 묵자를 물리침"보다 위에 있는 것이 아니라 주로 안으로는 성선性善을 확립하고 겉으로는 양주와 묵자를 물리침에 있으며, 이에 따라 "양주와 묵자를 물리침"은 결국 '내재하는 도덕적 선성善性'의 외재적 표현에 불과할 뿐이다. 맹자는 인간의 내재하는 도덕적 선성善性의 확립으로 중국의 인류문명과 인문정신에 대한 견고한 인성의 근거와 정신적 토대를 확립하였으며, "양주와 묵자를 물리침"은 결국 그 내재하는 도덕적 선성善性의 쓰임이 성대하거나 외향적 투시透視에 불과하다.

그러나 맹자의 성선론性善論에 대하여 현대인들은 흔히 대상화로 인지할 수 있는 사상이라는 관점으로 파악하는 데 익숙해져 있으며, 성선론은 단지 맹자가 제자학설을 이길 수 있는 이론형식의 사상적 주장에 불과한 것 같다. 실제로 이러한 관점은 맹자의 성선론을 유가사상사에서의 지위를 극히 절하시킨 것이며, 맹자 자체도 단지 당시의 제자백가 가운데 한 사람, 즉 기껏해야 제자諸子 가운데 우수한 한 사람에 불과하다고 본 것이다. 이러한 이해는 명대明代 리학가인 설선薛瑄(1389~1464)이 "성현의 언어로 한바탕 담론함은 학자의 공통된 폐단이다"[31]라고 비판한 말과 같다. 왜냐하면 만약 맹자의 성선론이 단지 "양주와 묵자를 물리침"과 제자諸子

으로 인도하니 이 사람이 혼미하여 함정에 빠지게(昏墊) 하고 平康의 탄탄대로를 실천하였도다!"(『張子正蒙注』, 「序論」)라고 하였다.

31) 薛瑄, 『讀書錄』, 卷二, 『薛瑄全集』下冊(山西人民出版社, 1990년판), 1055쪽. 설선의 이 구절에 관하여, 필자가 2009년 대만대학에 객원연구원으로 있을 때 우연히 『薛瑄全集』을 뒤지다 발견하였는데, 당시에는 가슴이 흠칫한 느낌을 가졌다. 그러나 그 구체적 출처를 다시 찾기는 매우 어려웠다. 그리고 薛瑄의 『讀書錄』은 수천 쪽을 한꺼번에 합하여 편집하였기 때문에 찾아보기가 매우 어렵다. 2013년 (山西省의) 運城師範學院의 董萍 선생이 우리 과에 재직하던 중 대학원생에게 답변하면서 마침 설선을 연구한다고 하였다. 그래서 내가 그녀에게 대신 찾아 달라고 부탁하였고, 한 달 후에 동평 선생이 우편으로 구체적인 출처를 알려 왔다. 필자는 이 상·하 두 권의 『독서록』에서 이 한 구절을 찾는 것이 얼마나 어려운가를 알기 때문에, 여기서 특별히 동평 선생님께 감사를 드린다.

의 설을 비판하기 위한 사상 주장 혹은 이론형식에 불과하다면 우리는 『맹자』라는 책에서 그 성선론과 서로 모순되는 사상과 언론을 찾을 수 있을까? 마치 현대인의 각종 임기응변의 설이나 인연因緣을 따라 꿰어 맞춘 논변 가운데에 서로 모순된 곳도 많고, 동시에 그 진실한 견해도 포함되어 있는 것과 같다. 실제로 이것은 단지 겉으로 나타난 원인일 뿐, 『맹자』라는 책에는 분명히 성선론과 서로 모순된 사상은 없으나, 현대인이 보기에 이 점은 단지 그 사상적으로 나타난 내재적 통일성을 설명할 뿐이며, 마치 황당한 말을 "원만"하도록 끼워 맞춘 것일 뿐, 깊은 사상적 내함을 설명하기에는 부족하다. 그러나 맹자의 성선론은 유가사상의 발생과 발전의 진실한 역사를 벗어나면, 반드시 후인들에게 단지 "한바탕 펼친 담론"으로 보이거나, 단지 시대에 따라 일어난 사상 언론으로 완상玩賞될 뿐이다.

사실, 맹자의 성선론이 단지 하나의 사상 주장으로만 파악된다고 해도 그 가운데 깊은 사상사적 내함內涵을 알 수 있다. 예를 들어 맹자의 성선론은 대만의 미국교포 학자인 전신조錢新祖(1940~1996) 선생이 일찍이 매우 분명하게 현대적 표현을 하였으며, 아울러 선악善惡의 비교하는 방식을 통하여 맹자가 확립한 성선론의 형이상학적 의미를 설명하였다.

> 맹자의 왕도설은 성선론과 밀접한 관계가 있으며, 하나이면서 둘이고, 둘이면서 하나인 두 개의 동심원同心圓이며, 운동방식에서는 concentric(동심원)이고, 구조상에는 homologus(상동염색)이다. 이러한 논설의 출발점은 모두 우리 개체의 내심으로 느낄 수 있는 주관적인 정이며, 그가 말하는 우리의 인성이 본래 선하다고 말한 까닭은 우리가 모두 인仁·의義·예禮·지智 사단四端을 가지고 있기 때문이며, 그가 사람은 모두 사단을 가지고 있다고 말할 수 있는 까닭은 우리 사람은 주관적 내심의 느낌으로 모두 스스로 움직이고 스스로 발동할 수 있고, 아울러 자연스럽게 그러한 측은惻隱·수오羞惡·사양辭讓·시비是非의 네 가지 마음을 가지고 있음을 맹자가 관찰하였기 때문이다. 이 네 가지는 우리 마음에 있는 보편성으로 우리 모두가 직접 경험할 수 있는 것이며, 따라서 맹자는 이것을 우리가 사람답게 존재하게 되는 구성조건으로 보았다.

악惡에 관하여 맹자는 우리 인간이 존재하는 선험적 본연과는 무관하다고 보고, 일종의 후천적 경험이 발전한 것으로 보았다.……

악惡에 관한 맹자의 해석에 관하여 어떤 사람은 만족하지 않다고 생각한다. 왜냐하면 맹자는 단지 악은 일종의 형상적 세계에서 현실 문제의 처리에 불과하다고 보고, 철저하게 악의 근원을 탐색하지 않았다고 보기 때문이다. 맹자에 대한 불만을 가진 사람들이 추구하고자 하는 "근원根源"은 특정한 함의를 가진 "근원"이며, 이러한 특정한 함의를 가진 "근원"은 우리 인간이 형이상적 본체에서 악을 행하는 증거물을 가리킨다. 그러나 악의 형이상적 본체에서의 증거물이 아니며, 또한 맹자가 관심을 가진 문제도 아니었다. 왜냐하면 맹자는 근본적으로 악과 우리 인간의 형이상적 본체와 어떤 관계도 존재함을 인정하지 않았기 때문에 맹자의 관심 문제는 무엇을 선의 형이상적 본체의 증거로 보는가이다.[32]

전신조 선생은 대륙(역자 주: 江蘇省 南通)에서 출생하여 대만에서 성장하고 미국에서 교육을 마친 화교華僑학자로서 서양철학의 영향을 받았다. 전 선생은 맹자의 성선론을 분석하면서 비교적 그 자체의 이론적 논리관계를 중시하였고, 본인도 중국 전통문화에서 도가사상에 더 치중하거나 마음을 기울였다. 그럼에도 전 선생의 맹자 성선론에 대한 파악은 매우 정확한 측면이 있다. 먼저 전 선생은 "맹자의 왕도설은 성선론과 밀접한 관계가 있으며 하나이면서 둘이고, 둘이면서 하나인 두 개의 동심원同心圓이다"라고 하였는데, 이 말은 맹자의 성선론은 결코 기묘한 계략으로 상대와의 싸움에서 이기는 총명한 기교론이 아니며, 유가의 왕도정치가 포괄하는 모든 교화사상이 되는 형이상학적 이론적 근거를 확립한 것임을 매우 분명하게 설명하였다. 거기서 나아가 유가의 왕도설과 성선론을 "하나이면서 둘이고, 또한 둘이면서 하나인 두 개의 동심원"의 관계로 비유하였다. 곧 맹자가 곧 성선론으로써 그 왕도설을 지탱하려는 구체적인 설명이라는 말이다. 다음으로 전 선생은 또 맹자가 열거한 "측은·수오·사양·시비"와 그것이 "우리가 모두

---

32) 錢新祖, 『中國思想史講義』(『錢新祖集』 제1권, 臺灣大學出版中心, 2014년판), 211~212쪽.

직접 경험할 수 있는 것"이라는 특징을 통하여 맹자의 성선론이 실제로 "무엇을 선의 형이상적 본체의 증거로 보는가"의 문제를 탐구하였다. 이것은 앞의 문제 즉 왕도정치의 사상으로 깊이 들어가는 동시에 인간의 "보편성"에 대한 "사단"으로써 "우리가 사람답게 존재하게 되는 구성조건"을 증명하였다. 따라서 이것은 우리 인간이 사람답게 되는 정신 근거와 그 근본 특징을 확립한 것과 같다고 할 수 있다. 세 번째로 전 선생은 왜 반드시 "맹자의 관심 문제는 무엇을 선의 형이상적 본체의 증거로 보는가?"의 문제를 강조하고, 또 "맹자는 근본적으로 악과 우리 인간의 형이상적 본체와 어떤 관계도 존재함을 인정하지 않았다"라고 보았는가? 사실 이 점은 맹자가 근본적으로 악의 존재를 인정하지 않았다는 말이 결코 아니며, 맹자가 제출한 성선론의 목적이 근본적으로 이론탐구의 흥취로부터 나온 것이 아니라 주로 인류사회의 정신적 위기로부터 나온 것이 아니며, 사람이 사람답게 되고, 왕도王道가 왕도답게 되고 또한 인류문명을 어떻게 확립할 수 있는가의 관점에서 인성의 문제를 탐구하려는 목적에서 나온 것이다. 이 점이 또한 유가가 인류문명을 담당하는 주체이며 그 담당 정신으로서의 구체적 표현이다.

마지막으로 전신조 선생의 이러한 분석은 주로 이론적 논리의 입장에서 전개되었지만, 그러나 만약 우리가 맹자의 성선론을 은殷·주周 정권의 교체 이후 중국의 정치와 문화의 중대변혁33)과 그 사조의 흐름 속에서 파악해 보면, 문왕文王의 "우환의식憂患意識"에서 주공周公의 "예악禮樂의 제정"까지 또 공자의 "인仁으로써 예禮를 지탱함"(以仁抵禮)과 자사子思의 "천명天命을 성性이라고 한다"라는 데 이르기까지 앞사람을 뒷사람이 이어서 계속 탐색하면 분명하게 알 수 있다. 맹자의 성선론은 실제로 우리의 조상들이 이전의 축심시대軸心時代에서부터 이미 시작한 인류문명과 그 정신적 토대를 온갖 고생을 무릅쓰고 이루어 낸(篳路藍縷) 탐색이며, 성선론도 또한 유가의 이러한 한 걸음 한 걸음 절대 쉬지 않고 깊이 들어간 탐색을 대표한다.

---

33) 王國維는 "중국의 정치와 문화의 변혁은 殷·周의 교체기보다 극적이었을 때는 없다"(『殷周制度論』[『觀堂集林』 제2책], 451쪽)라고 하였다.

결론적으로 거듭 말하면 인류문명의 최고 단안을 확립하였다. 따라서 맹자의 성선론은 근본적으로 다른 사람과의 전쟁에서 이기기 위하여 제출된 총명하고 교묘한 설질의 이론적 가설(預設)34)을 가지고 있지 않으며, 유가의 인류문명을 탐구한 단순한 이론적 논리의 귀결이 아니라, 유가의 역대 선현들이 인류문명과 인문정신에 대하여 앞사람을 뒷사람이 이어서 계속 탐색한 역사적 응결이자 가치의 결정結晶이다.35) 아마도 단지 이러한 관점에서 출발해야, 맹자가 말한 "군자가 본성으로 삼는 인·의·예·지는 마음에 근본하고 그 생겨나는 기색(生色)이 함치르르하며(睟然, 깨끗하고 반지르르 윤이 나며), 얼굴에 나타나고, 등에도 넘쳐나고, 사지에도 말하지 않아도 드러난다"36)라는 말과 "군자가 지나는 곳마다 변화가 있고, 마음에 있는 것은 신묘하며, 상하로 세상과 함께 흐른다"37)라는 정신과 열정을 비로소 이해할 수 있다.

이러한 기초에서 맹자의 "양주와 묵자를 물리침"과 유가 인류문명에 대한 탐구와 구축은 완전히 새로운 의미가 있다. 그의 "양주와 묵자를 물리침"을 보면 양주의 "위아爲我"에서 묵자의 "정수리에서 발뒤꿈치까지 닳아도 세상을 이롭게 한다"까지는 사실 유가의 인류문명의 경계 혹은 두 끝단을 구성하는데 공자가 말한 "양단兩端"이 그것이다. 문제는 맹자가 보기에 "털 한 올을 뽑아서 세상이 이롭다고 해도 하지 않는다"라는 방식의 "위아"는 결코 진정한 "위아"가 아니며,

---

34) 현대인들은 흔히 맹자의 성선론을 하나의 이론적 예시로 보거나 단지 이론적 논리의 관점에서 질의하기를 좋아하는데, 사실 이러한 태도는 성선론을 진정한 사상적 탐구를 가로막는 또 다른 표현이다. 맹자의 성선론이 만약 유가사상문화의 역사발전과 그 역사적 맥락 속에서의 험난한 행로를 벗어난다면, 한마디로 역사문명과의 어울려 함께 나아가는 진정한 사상탐색을 벗어난다면, 성선론의 진정한 함의를 이해할 방법이 없기 때문에 그 이론을 假說化한다. 이 또한 단지 "성현의 언어로 한바탕 담론한 것"이 될 뿐이다.
35) 맹자의 성선론이 유가로서 인류문명에 대한 탐색의 역사적 응취와 가치결정을 한 점에 관하여, 拙作인「觀點, 視角與思想譜系—關於孟子性善論的思想史解讀」(『儒家文化硏究』 제4집, 三聯書店 2012년판, 269~354쪽) 참고.
36) 『孟子』(吳哲楣 主編, 『十三經』), 「盡心上」, 1421쪽.
37) 『孟子』(吳哲楣 主編, 『十三經』), 「盡心上」, 1420쪽.

진정한 "위아"가 되려면 반드시 실연적 "육신으로서의 나"를 "정신적 나"의 수준으로 끌어올려야 하며, 이러한 "정신적 나" 혹은 "심령心靈의 나"라는 방식의 "위아"에 근거하고, 동시에 또한 반드시 자아를 확충하거나 혹은 자기 확장의 노력을 해야 하며, 사람은 사물과 자신의 담장과 경계를 초월하고, "자신의 본성을 다함"에서 "사람의 본성을 다함"에 이르고 다시 "사물의 본성을 다함"까지 이르러야 한다. 이것은 곧 유가의 만물일체의 인仁을 지향하는 동시에 반드시 묵가가 말하는 "정수리에서 발뒤꿈치까지 닳아도 세상을 이롭게 함"의 추구를 포함한다.

그러나 맹자의 입장에서 보면, 묵자의 "정수리에서 발뒤꿈치까지 닳아도 세상을 이롭게 함"은 물론 매우 긍정적인 인생 방향이라고 할 수 있지만, 문제는 묵가의 출발 전제나 이론적 가설인 "무아"의 성격, 즉 묵가가 보기에 사람은 반드시 혹은 철저하게 "무아"가 되어야 비로소 진정으로 묵가 스스로 표현한 "타인을 자기처럼 사랑함"을 달성할 수 있고(묵가가 말하는 "타인을 자기처럼 사랑함"은 사실 "겸애" 주장의 "무아"적 특성을 직접 인증하지만, 타인과 나의 자연적 구별이라는 조건에서 어떤 사람이든 모두 전적으로 "타인을 자기처럼 사랑함"을 달성할 수 없다.), 그런 후에 비로소 이른바 "정수리에서 발뒤꿈치까지 닳아도 세상을 이롭게 함"을 달성할 수 있다. 그러나 인간에게 있어, 자아의 감성적 경험은 실제로는 그 사람이 존재하는 첫째 징표이며, 철저한 "무아"가 그 "겸애"라는 주장의 기본적인 전제로 삼는 것은 "정수리에서 발뒤꿈치까지 닳아도 세상을 이롭게 함"을 추구하는 내재적 동력(곧 내가 왜 이처럼 남을 사랑해야 하는가?)을 철저하게 부정하는 동시에 사상적 주장으로서 "세상의 인심을 거스름"과 같이, 곧 세상의 인성에 위배되는 주장이다. 그러나 묵가의 "겸애"의 주장으로는 직접적으로 양주의 "위아"로부터 그 주체성을 빌려 올 수 없고, 양주의 한결같은 마음인 "위아"는 또 근본적으로 세상에 관해서는 관심을 두지 않았다. 그렇다면 그도 반드시 유가의 "정신적 나" 혹은 "심령의 나"의 관점에서 그 주체정신을 끌어와야 하며, 아울러 오로지 유가의 "나의 노인을 섬기는 마음으로 타인의 노인을 섬기며, 나의 아이를 돌보는 마음으로 다른 사람의 아이를 돌본다"라는 방식을 통해서만 비로소 진정으로 그들이 말하는 세상을 함께 사랑하는 원대한 뜻과 이상을 실현할 수 있다. 이처럼 비록 맹자가 "양주와 묵자를 물리침"으로써 스스로 자리매김을 하였지만, 그도 도리어 반드시 먼저 유가의 사상과 정신을 운용함으로써 묵가의 "정수리에서 발뒤꿈치까지 닳아도 세상을 이롭게 함"을 개조해 나가야 하였다.

아마도 바로 이 원인 때문에 비록 맹자가 "양주와 묵적을 물리치는 말을 할 수 있는 사람은 성인의 도제徒弟이다"[38]라고 하였지만, 그는 또한 동시에 "지금 양주·묵적과 더불어 변론하는 것은 마치 도망 나간 돼지를 쫓는 것과 같다. 이미 우리에 몰아넣고도 또 따라가 묶어 놓는다"[39]라고 하였다. 이것은 맹자가 시종 "양주와 묵자를 물리침"으로써 스스로의 자리매김을 하였지만 단지 묵가의 "무아"의 기본 입장만 바꾸고 그것을 유가의 "나의 노인을 섬기는 마음"과 "나의 아이를 돌보는 마음"이라는 기본 입장으로 치환置換하기만 하면, 이른바 "정수리에서 발뒤꿈치까지 닳아도 세상을 이롭게 함"을 추구하는 정신도 여전히 적극적으로 긍정할 가치가 있다. 그리고 그 기본 입장을 바꾼다는 기초에서 묵가의 "정수리에서 발뒤꿈치까지 닳아도 세상을 이롭게 함"의 추구도 유가의 인륜문명과 인문정신의 구축에 충분히 이바지할 수 있다.

그렇다면, 유가의 "아성亞聖"으로써 맹자도 결국 묵가의 이러한 방면의 사상적 요소를 흡수하였는가? 당연히 인정해야 할 것은 비록 맹자가 시종 "양주와 묵자를 물리침"으로 스스로의 자리매김을 하였지만, 만약 묵가의 사상적 이론에 익숙하다면, 맹자의 사상에도 곳곳에서 묵가의 사상적 흔적을 발견할 수 있다는 것이다. 예를 들면, 사람은 모두 반드시 "측은지심惻隱之心"을 가지고 있다는 점은 『맹자』책 가운데 본래 맹자가 성선론사상을 확립하는 주요한 논거이다. 그러나 그것을 조금만 더 분석해 보면, 이러한 논거의 주요 사례인 "지금 어린아이가 우물에 빠지려는 것을 갑자기 본다면"이라는 말은 바로 묵가로부터 온 것이며, 묵가의 사례를 개조한 것이다. 자, 아래 두 단락의 논술을 비교해 보자.

---

38) 『孟子』(吳哲楣 主編, 『十三經』), 「滕文公下」, 1383쪽.
39) 『孟子』(吳哲楣 主編, 『十三經』), 「盡心下」, 1428쪽.

사람은 모두 차마 하지 못하는 마음이 있다고 말하는 까닭은, 지금 어떤 사람이 갑자기 어린아이가 우물에 빠지려 하는 것을 보면 모두 두려워하고 조심하고 측은하게 여기는 마음이 있기 때문이다. 내밀히 그 아이의 부모와 사귀려는 까닭도 아니고, 마을 사람들과 벗들에게 칭찬 듣기를 바라기 때문도 아니며, 구해 주지 않았다는 소리를 듣기 싫어서도 아니다. 이로써 보면, 측은하게 여기는 마음이 없으면 사람이 아니며, (자기 잘못을) 부끄러워하고 (남의) 악함을 미워함이 없으면 사람이 아니며, 사양辭讓하는 마음이 없으면 사람이 아니며, 옳고 그름을 가리는 마음이 없으면 사람이 아니다. 측은하게 여기는 마음은 인仁의 단서이며, 부끄러워하고 미워하는 마음은 의義의 단서이며, 사양하는 마음은 예禮의 단서이며, 옳고 그름을 가리는 마음은 지智의 단서이다. 사람이 이 사단四端을 가지고 있음은 사체四體가 있는 것과 같으며, 이 사단이 있으면서 스스로 할 수 없다고 하는 사람은 자신을 해치는 사람이며, 그 임금을 위해서 할 수 없다고 하는 사람은 그 임금을 해치는 사람이다.[40]

이제 여기 어떤 사람이 속粟을 지고 가다 길가에서 쉬었다가 일어나려고 했지만 일어날 수가 없었다. 군자는 그것을 보고 어른과 젊은이, 귀함과 천함에 상관없이 반드시 그를 일으킨다. 왜 그런가? 의義라고 할 것이다. 이제 의義를 실천하려는 군자는 선왕의 도를 받든다고 말하지만, 기쁘게 그것을 실천하지 않고, 또 그것을 따르는 사람을 비난하고 훼방한다. 그러므로 세상의 군자가 의로운 사士를 보고는 속粟을 지고 가는 사람만도 못하게 여긴다.[41]

이 두 가지 사례에서 묵가의 주체도 곧 이른바 "의사義士"의 행위가 있는 "군자君子"이며, 유가의 주체도 곧 완전히 범칭泛稱할 수 있고 또한 인류의 보편성을 갖춘 "지금 어떤 사람"(今人)이다. 즉, 유가가 논하는 주체는 사실 모든 사람을 가리키며, 이것은 다시 말하면, 유가의 "현대인"은 분명히 보다 더 인류적 보편성을 가리키는 것이거나, 혹은 모든 사람의 인류적 보편성의 행위를 가리키는 것이다. 그러나

40) 『孟子』(吳哲楣 主編, 『十三經』), 「公孫丑上」, 1364~1366쪽.
41) 『墨子』(『諸子集成』 제4책), 「貴義」, 270쪽.

구체적인 장면으로 말하면 묵가의 장면은 이른바 "속粟을 지고 가다 길가에서 쉬었다가 일어나려고 했지만 일어날 수가 없음"이다. 그리고 유가는 "어린아이가 우물에 빠지려 하는 것을 봄"으로, 곧 양자는 시급하게 도움이 필요한 상황이다. 그 결과를 보면, 묵가는 "어른과 젊은이, 귀함과 천함에 상관없이 반드시 그를 일으킨다"라는 상황이며, 유가는 "지금 어떤 사람이 갑자기 어린아이가 우물에 빠지려 하는 것을 보면 모두 두려워하고 조심하고 측은하게 여기는 마음이 있다"라는 상황이다. 양자의 이와 같은 매우 서로 비슷한 상황에서 보면 마땅히 맹자가 말한 "어린아이가 우물에 빠지려 하는 것을 봄"은 실제로는 묵가의 "속粟을 지고 가다 길가에서 쉬었다가 일어나려고 했지만 일어날 수가 없음"을 바탕으로 변화한 것이라고 할 수 있다. 그러나 묵가의 결론은 "군자는 그것을 보고 어른과 젊은이, 귀함과 천함에 상관없이 반드시 그를 일으킨다"라는 말이며, 유가의 "지금 어떤 사람"은 비록 결코 "군자"라고 할 수는 없지만 이른바 "지금 어떤 사람"은 곧 어떤 사람이든 모두 "군자"와 다르지 않다는 말이다. 이 때문에 사람의 본심과 그것에 포함된 "측은지심"이 인류의 보편적 측면에서의 확장을 제외하면, 맹자의 "지금 어떤 사람이 갑자기 어린아이가 우물에 빠지려 하는 것을 본다"라는 말은 실제로 묵가의 "군자는 그것을 보고 어른과 젊은이, 귀함과 천함에 상관없이 반드시 그를 일으킨다"라는 말에 근원하지만, 도리어 완전히 유가의 "지금 어떤 사람"이 "모두 두려워하고 조심하고 측은하게 여기는 마음이 있음"의 요구에 따른다.

이것은 무슨 문제를 설명하는가? 이것은 비록 맹자가 "양주와 묵자를 물리침"으로써 스스로를 자리매김하였지만, 그와 동시에 묵가의 사상을 흡수하였으니, 곧 묵가를 비판하는 동시에 그 입장을 개조하였으며, 그 사상적 관점과 정신적 방향을 전환시켰다. 따라서 묵가의 사례를 완전히 유가의 이론 확립의 수요에 맞도록 이바지할 수 있게 하였다.

이 외에, 성인의 도道에 관한 맹자의 논술에서 또한 항상 이른바 "규구規矩"(규범)라는 말을 언급하였으며, 맹자는 심지어 항상 "규구"로써 성인의 도를 형용하였다. 예를 들면 다음과 같다.

이루離婁의 눈 밝음과 공수자公輸子의 정교함도 자나 컴퍼스로 하지 않으면 사각형과 원을 그릴 수 없다. (晉나라의 樂師인) 사광師曠의 귀 밝음도 육률六律로써 하지 않으면 정확한 5음을 낼 수 없다. 요순堯舜의 도도 인정仁政으로 하지 않으면 세상을 평화롭게 다스릴 수 없다. 지금 (군주가) 어진 마음과 어진 명성이 있어도 백성들이 그 혜택을 입지 못하면 후세 사람에게 모범이 될 수 없으며, 선왕의 도를 행할 수 없다. 그러므로 '단지 선善만으로 정사를 행하기에는 부족하며, 단지 법法만으로 스스로 행할 수는 없다'라고 하였다.…… 성인이 이미 눈 계산을 다한 뒤 컴퍼스·직각자·수준기·먹줄로써 네모·원·수평·직선을 만들었으므로 이루 다 쓸 수 없었다. 이미 귀로 다 듣고서 다시 육률로써 5음을 바르게 하였으므로 이루 다 쓸 수 없었다. 이미 마음을 다하여 생각한 후 다시 차마 할 수 없는 사람의 정사로써 하니 인仁이 세상을 뒤덮는다.[42]

컴퍼스와 직각자는 네모와 원의 지극함이다. 성인은 인륜의 지극함이다. 임금이 되려면 임금의 도를 다해야 하고, 신하가 되려면 신하의 도를 다해야 한다. 두 가지는 모두 요순堯舜을 본받기만 하면 된다.[43]

큰 목수는 서투른 장인을 위해 먹줄을 고치거나 없애지 않는다. (활쏘기 명인) 예羿는 서투른 사수射手를 위해 그 활을 벌리는 비율을 변화시키지 않는다.[44]

목수와 수레 제작자는 다른 사람에게 컴퍼스와 직각자를 쓰는 법을 가르쳐 줄 수 있지만, 다른 사람을 공교工巧하도록 할 수는 없다.[45]

위에서 말한 논의 가운데 이른바 "컴퍼스와 직각자", "수준기水準器 와 먹줄"은 맹자의 유가 성인의 도에 대한 매우 중요한 설명이라고 할 수 있으며, 특히 "컴퍼스와 직각자는 네모와 원의 지극함이다. 성인은 인륜의 지극함이다"라는 말은 그야말로

---

42) 『孟子』(吳哲楣 主編, 『十三經』), 「離婁上」, 1384쪽.
43) 『孟子』(吳哲楣 主編, 『十三經』), 「離婁上」, 1384쪽.
44) 『孟子』(吳哲楣 主編, 『十三經』), 「盡心上」, 1424쪽.
45) 『孟子』(吳哲楣 主編, 『十三經』), 「盡心下」, 1426쪽.

유가 성인의 도에 대한 맹자의 지극히 간명하고 정확한 비유라고 할 수 있다. 그러나 "컴퍼스와 직각자", "수준기와 먹줄"과 같은 설명은 유가에 원래 있던 개념이며, 물론 맹자의 인생 경력에서 획득한 설명이다. 그렇다면 맹자의 "컴퍼스와 직각자", "수준기와 먹줄"의 개념은 결국 어디에서 온 것일까?

　실제로는 이른바 "컴퍼스와 직각자", "수준기와 먹줄"과 같은 논법은 오직 묵가에게서만 근원할 수 있으며, 곧 묵자 본인의 목공 경력이 이미 그 "컴퍼스와 직각자", "수준기와 먹줄"의 설명에서 구체적인 출처를 제공하였으며, 또한 묵자의 문장에서 그는 매우 능숙하게 "컴퍼스와 직각자", "수준기와 먹줄"과 같은 개념을 사용하고 있다. 예를 들면 다음과 같다.

　　세상에 일에 종사하는 사람은 법의法儀(法度禮儀의 준말. 법률과 제도)가 없어서는 안 된다. 법의가 없으면서 일을 성공할 수 있는 사람은 없다. 비록 지극한 사士라도 장상將相이 되면 모두 법도를 가지고 있으며, 지극한 백공이라도 일에 종사하는 사람이면 모두 법도를 가지고 있다. 백공은 네모(方)는 직각자(矩)로 그리고, 원圓은 컴퍼스(規)로 하며, 직선은 먹줄(繩)로 하며, 수직(正)은 현懸으로써 하였다. 숙련된 장인(巧工)이든 숙련되지 않은 장인이든 모두 이 다섯 가지를 법도로 삼는다.[46]

　　하늘의 운행은 광대하면서도 사사로움이 없으며, 그 베풂은 두터우면서도 공덕으로 내세우지 않으며, 그 광명은 오래되어 쇠퇴하지 않는다. 옛 성왕은 그것을 법도로 삼았다. 이미 하늘을 법도로 삼았으니, 행동과 하는 일은 반드시 하늘을 법도로 삼는다. 하늘이 하고자 하면 그것을 하고, 하늘이 하려고 하지 않으면 멈춘다.[47]

　　내게 하늘의 뜻이 있음을 비유하면 수레바퀴를 만드는 사람에게 컴퍼스가 있고, 목수에게 직각자 있는 것과 같다. 수레바퀴를 만드는 사람과 목수는 컴퍼스와

---

46) 『墨子』(『諸子集成』 제4책), 「法儀」, 11쪽.
47) 『墨子』(『諸子集成』 제4책), 「法儀」, 12쪽.

직각자를 가지고 세상의 사각형과 원을 헤아리면서 "적중하면 바르고, 적중하지 않으면 그르다"라고 하였다. 지금 세상의 사군자士君子들의 책에는 다 기록할 수 없을 만큼 많고, 말들도 모두 헤아릴 수 없을 만큼 많아서, 위로는 제후에게 유세遊說하고, 아래로는 뭇 사인士人에게 유세하지만, 그 말들은 인仁과 의義에서는 크게 서로 거리가 멀다. 무엇으로 그것을 아는가? 그것은 내가 세상의 밝은 법도를 얻어서 그것을 헤아려 보기 때문이다.[48]

위에서 말한 묵자의 논증에서 이른바 "네모(方)는 직각자(矩)로 그리고, 원圓은 컴퍼스(規)로 하며, 직선은 먹줄(繩)로 하며, 수직(正)은 현懸으로써 하였다"라는 말은 틀림없이 "컴퍼스와 직각자", "수준기水準器와 먹줄" 그리고 "법도"의 원활한 운용이며, 아마도 오직 그 초년의 목공의 경력이 있었기 때문에 비로소 묵자에게 이와 같은 능숙하고 원활한 도구의식을 제공하였을 것이다. 이러한 점에서 보면 당연히 맹자의 "컴퍼스와 직각자는 네모와 원의 지극함이다. 성인은 인륜의 지극함이다"라는 말은 분명히 묵가로부터 왔으며, 묵가사상에 대한 분명한 본보기였다고 할 수 있다.

그러나 여기에는 하나의 중대한 차이가 있다. 묵가에게 "컴퍼스와 직각자", "수준기와 먹줄" 그리고 "법도"는 단지 그 목적에 도달하는 하나의 공구에 불과하였으며, 이러한 공구는 그것이 가공을 필요로 하는 재료에 대하여 말하면(곧 사회적 관리에 대하여 말하면 사회 밑바닥의 많은 중생들에 해당한다.), 물론 일종의 절대적 표준의 의미도 있지만, 묵가사상의 종지가 되는 "겸애"와 "천지"에 대하여 말하면, 이러한 "공구"는 역시 주관적 의도를 관철하기 위한 객관적 수단에 불과하다. 이와 같이 묵가의 "천지"와 그것이 관리하고자 하는 사회적 현실 사이에도 두 층의 명확한 수직적 관계가 존재하며, 이에 따라 두 층의 반드시 복종해야 하는 절대의식을 포함한다. 그 하나는, 이른바 "가공해야 하는 재료"는 "공구" 곧 "법의法儀"에게 적대적으로 신복臣服해야 한다는 의식이며, 마찬가지로 "사각형과 원"이 "컴퍼스와

---

48) 『墨子』(『諸子集成』 제4책), 「天志上」, 122쪽.

직각자"에게 신복해야 하는 것과 같다. 다른 하나는, 이러한 "공구"도 묵가의
의지가 집중적으로 체현되는 "천지"에 대한 절대적 신복이라는 것이다. 이와 같이
그 이중적 수직관계와 그 절대적인 복종의식은 묵가의 사상이 강력한 절대성과
전제적 색체를 가지도록 하였다. 그리고 전통적으로 유·도·묵 세 학파 가운데
묵가가 극히 농후한 종교적 의식을 갖춘 까닭도 이 두 층의 절대복종의 수직적
관례를 표상으로 삼기 때문이다. 현대인이 묵가는 비교적 강렬한 전제적 독재사상을
갖추고 있다고 비판하는 까닭도 결코 단지 사회를 관리하는 "윗사람이 옳다고
하는 바는 반드시 모두 그것을 옳다고 하고, 그르다고 하는 것은 반드시 그르다고
한다"[49]라는 말을 표준으로 삼는 것만이 아니라, 동시에 이와 같은 절대복종의
전제의식이 또한 반드시 "천지"의 방식으로 사회의 구석구석까지 관철되어야 하고,
아울러 곳곳마다 "향장鄕長이 옳다고 여기는 것을 반드시 모두 옳다고 여기고,
향장이 그르다고 하는 것을 반드시 모두 그르다고 여긴다"[50]라고 하는 데까지
실현되어야 하기 때문이다. 이처럼 전체 세상이 하나의 목소리만 있으며, 하나의
시비표준만 있음, 이것이 곧 "천지"의 형식으로 표현되어 나오는 묵가의 정신이다.

　　무엇보다 중요한 것은 묵가의 이와 같은 "반드시 모두 그것을 옳다고 해야
한다"와 "반드시 그것을 그르다고 해야 한다"라는 양식도 전체 사회를 완전히
일종의 일차원적(單向度)으로, 절대적 "명령"과 "복종"의 관계로 만들었다는 것이다.
『회남자』에서 말한 "묵자에 복무하는 사람이 180명으로 불을 지고 칼을 밟으며,
죽어도 발길을 돌리지 않는다"[51]라는 말도 아마 이러한 절대복종의 도구의식으로
훈련받은 데서 나왔을 것이다. 묵자의 대제자인 금활리禽滑釐의 "묵자 선생을 섬긴
지 3년 만에 손발에 못이 박히고 얼굴이 까맣게 타도록 온몸을 바쳐 봉사하면서
감히 욕구를 묻지 않았다"[52]는 묵가가 전형적인 고행주의가 되었을 뿐만 아니라,

---

49) 『墨子』(『諸子集成』 제4책), 「尙同上」, 45쪽.
50) 『墨子』(『諸子集成』 제4책), 「尙同上」, 45쪽.
51) 『淮南子』(『諸子集成』 제7책), 「泰族訓」, 357쪽.
52) 『墨子』(『諸子集成』 제4책), 「備梯」, 322쪽.

그 제자들도 모두 사상도 없고 근본적으로 사상이 필요하지 않는 '맹목적 추종자(應聲蟲)'가 되고 말았다. 근대近代(전국시대) 이래 묵가의 과학기술사상이 고양되는 동시에 인문과학의 지탄을 널리 받은 원인도 주로 이 점 때문이다.

그렇다면 맹자는 또 어떻게 묵가가 가진 이러한 강렬한 절대주의 색채의 사상 주장에 맞섰는가? 먼저 유가가 묵가와 다른 점은 유가가 보기에 인생은 언제나 오직 "자아"의 실연 존재의 관점에서 전개될 수 있고, 유가의 세계는 항상 반드시 "공구"를 빌려서 교정되어야 할 필요가 없으며, 아울러 영원히 오직 구원을 기다리는 인류세계를 그 대상이 되도록 하였다. 비록 유가도 인류의 고난을 구하였지만, 유가 자신은 항상 묵가처럼 자신에게 일종의 초연히 속세를 벗어난 신분으로 허풍을 떨지는 않았다. 공자가 "내가 이 사람들의 무리와 함께하지 않으면 누구와 함께하겠는가?"[53]라고 말한 감격은 분명하게 유가는 항상 "사람"의 신분과 인류로써 공동으로 인생의 고난을 겪어 왔음을 말해 준다. 맹자도 "하늘이 이 백성을 생겨나게 하고, 먼저 지각한 사람이 뒤에 지각한 사람을 깨우치고, 먼저 깨우친 사람이 뒤에 깨우친 사람을 깨우치도록 하였다"[54]라는 말과 함께 매우 분명하게 설명하였다. 만약 유가도 일종의 구원의 마음이 있었다면 그 구원의 방식도 주로 계발啓發과 감통感通의 방식을 통한 자각自覺으로 다른 사람을 자각하게 하고, 자신의 구원으로 남을 구원하기를 실현하는 것이다. 이 때문에 유가가 보기에 인생은 영원히 모두가 구원의 대상이 아니며, 유가도 구원을 추구한다고 하면 이러한 구원은 결국 계발·각성·감통의 방식을 통한 자아의 구원일 뿐이며, 아울러 자아의 구원 방식을 통하여 자신이 깨우친 뒤 남을 깨우침과, 자신을 먼저 구원한 뒤 남을 구원하고 나아가 전체 인류를 구원하려는 목적에 불과하다. 맹자가 "우임금은 세상에 물에 빠진 사람이 있으면 자신 때문에 빠졌다고 생각하고, 후직后稷은 세상에 굶주린 사람이 있으면 자신 때문에 굶주린다고 생각하였다"[55]라고 한 말도 바로

---

53) 『論語』(吳哲楣 主編, 『十三經』), 「微子」, 1313쪽.
54) 『孟子』(吳哲楣 主編, 『十三經』), 「萬章上」, 1400쪽.
55) 『孟子』(吳哲楣 主編, 『十三經』), 「離婁下」, 1394쪽. 맹자의 이 말은 본래 세상의 "眈溺"

전형적인 유가의 자신이 깨우친 뒤 남을 깨우치고 자신을 구원한 뒤 남을 구원하는 구원정신의 특색을 나타낸 말이다. 따라서 유가에게 사람은 영원한 목적이며, 인생도 영원히 "공구"로서 개조되고 교정되는 대상이 될 수 없다. 유가의 관점에서 보면 인생은 분명히 무엇인가 마땅히 개조되어야 하고 마땅히 높여야 할 점이 있다. 그렇다면 이 또한 오직 사람 자신의 자각에 기초하여 스스로를 개조하고 스스로를 높이는 활동을 통해서 이룰 수밖에 없다.(근본적으로 말하면 이것도 공자가 말한 "仁으로부터 말미암을 뿐이다"라는 정신으로 결정된다.) 이처럼 철저하게 묵가의 "공구"로써 인륜세계에 절대복종의 의식을 타파하였다.

다음으로 위 단락에서 인용한 맹자의 우임금과 후직에 관한 원문에서도 분명하게 유가의 인륜사회와 인륜의 고단에 대한 구원심리가 나타난다. 그러나 우리가 그것을 묵가의 사상 노선과 비교하면 여전히 묵가사상에서 그 "원형原型"을 발견할 수 있다.

> 묵자 선생이 노나라에서 제나라로 가는 도중에 옛 친구를 찾아가니 그 친구는 묵자에게 "지금 세상에는 의義를 행하는 사람이 없는데 그대는 홀로 고생스럽게 의를 행하려고 하니 자네는 그만두는 것만 못하네"라고 하였다. 묵자 선생은 "지금 여기 어떤 사람이 10명의 자식이 있는데, 한 사람이 경작하고 아홉 명이 집에만 있다면 농사짓는 사람은 더욱 급선무로 삼지 않을 수 없었다. 왜 그런가 하면 먹는 사람은 많고 농사짓는 사람이 적기 때문이다. 지금 세상에 의를 행하는 사람이 없다면 자네는 오히려 (의를 행하라고) 나에게 권해야 하는데, 왜 그만두라고 하는가?"라고 하였다.56)

과 "굶주림"을 구하고자 하는 사명감을 포함하고 있다. 그러나 유가의 "耽溺"과 "굶주림"에 대한 인식은 먼저 "이미 빠짐"과 "이미 굶주림"을 통하여 실현된 것이며, 그 구원의 방식도 또한 "자신으로 말미암아 타인에 이름"의 자각과 자신을 구한 뒤 타인을 구하는 방식으로 실현된 것이다. 왜냐하면 유가는 항상 세상 밖으로 초월하는 신분을 가정하지 않았기 때문에, 또한 세상 밖으로 초월하는 신본으로 수많은 중생과 인륜세계를 마주한 적이 없었다.

56) 『墨子』(『諸子集成』 제4책), 「貴義」, 265쪽.

우임금은 세상에 물에 빠진 사람이 있으면 자신 때문에 빠졌다고 생각하고, 후직 后稷은 세상에 굶주린 사람이 있으면 자신 때문에 굶주린다고 생각하였기 때문에 이와 같이 급선무로 삼았다.[57]

만약 우리가 우임금과 후직에 관하여 맹자가 "이와 같이 급선무로 삼았다"라고 한 말과 묵자의 "자네는 오히려 (의를 행하라고) 나에게 권해야 하는데, 왜 그만두라고 하는가?"라고 한 말을 조금 더 비교하면, 양자는 비록 함께 절박하고 거의 같은 정신을 가졌지만 그 사이에는 여전히 근본적 차이가 있음을 알 수 있다. 묵자는 주로 자신 "한 사람의 경작"으로 나머지 "9명의 집에 있는 사람"(그 자신은 결코 그 "아홉 사람" 속에 있지 않다.)을 먹여 살리는 것이며, 맹자는 주로 우임금과 후직이 당시 부담한 사회적 책임을 통하여, 또 자신의 본래 직분으로 해야 할 일을 잘 하는 방법으로 인류를 구원하는 대업에 충실하였다.[58] 양자의 사이를 구체적으로 구별하면 여전히 그 내재의 인생인 "나"와 외재적으로 초월한 "천지"에서 설명할 수 있다.

따라서 묵가는 "겸애"를 실질적 내용으로 삼는 "천지"로 말할 수 있다면, 유가는 결코 이러한 외재적 형식과 외재적 의지를 필요로 하지 않는 방식으로 타인의 "사랑"을 강요하지 않았는데, 비록 유가가 하늘을 우러름을 믿고 또 "하늘"이 사람에게 갖춘 최고의 중재仲裁와 최고의 결정작용을 함을 인정하지만, 『상서尙書』 이래 "천의天意"는 이미 "민심民心"의 의미를 대표하였다. 그러므로 유가가 신앙하는 "하늘"은 일종의 신비적인 외재적 역량이라고 하기보다는 실제로는 차라리 "민심"에 "천의"를 합한 것이라고 하는 편이 낫다. 『상서』 가운데 "천의"와 "민심"과

---

57) 『孟子』(吳哲楣 主編, 『十三經』), 「離婁下」, 1394쪽.
58) 유가의 이와 같은 "각각 그 업무에 근면함"과 분업적 협력의 관계에 관하여 왕양명은 매우 적절하게 설명하기를 "그러므로 후직이 농사에 근면하고 가르침을 몰랐던 것을 부끄러워하지 않았고, (순임금의 신하이자 商의 시조인) 契이 가르침을 잘하는 것을 보고 곧 자신이 가르침을 잘하는 것으로 보았으며, (堯임금 때 樂正인 夔가 음악을 잘하면서도 禮에 밝지 못함을 부끄럽게 여기지 않았으며, 夷가 禮에 통함을 보고 자신이 禮에 통한다고 여겼다"(『王陽明全集』, 「語錄」二, 55쪽)라고 하였다.

관련 있는 설명을 살펴보자.

> 하늘의 총명함은 우리 백성의 총명함으로 말미암으며, 하늘의 밝은 위엄은 우리 백성의 밝은 위엄으로 말미암는다.[59]

> 하늘이 백성을 궁휼히 여김은 백성이 바라는 바이므로 하늘이 반드시 따른다.[60]

> 하늘은 우리 백성이 보는 것을 통하여 보며, 하늘은 우리 백성이 듣는 바를 통하여 듣는다.[61]

묵가에 대하여 말하면, 그의 "겸애"는 사람들이 타인과 나, 사물과 나를 구분하지 않고 세상 사람들을 한결같이 사랑하기를 요구한다. 왜냐하면 "내가 있음"이 없을 수 없는 인생이기 때문에 실제로는 일종의 "세상의 인심을 거스르는" 주장을 제출한 것과 같다. 그러나 묵가는 오직 이와 같아야 비로소 전체 인류가 구원을 얻을 수 있으며, 따라서 묵가도 반드시 "겸애"를 "천지"의 높이로 끌어올리고 아울러 "천지"의 "법의法儀"를 관철하는 방식으로 인생에서 실천해야 한다고 생각한다. 이와 같이 하여 이른바 "수레바퀴를 만드는 사람과 목수는 컴퍼스와 직각자를 가지고 세상의 사각형과 원을 헤아리면서 '적중하면 바르고, 적중하지 않으면 그르다'라고 해야 한다"라는 구조를 형성하였다. 묵가의 정치상의 전제 독재의 색채와 신앙적인 "천지"의 숭배도 이처럼 형성되었으며, 묵가사상에서의 모든 모순은 이로부터 확대되어 유행하였다.

그러나 유가가 맹자의 "양주와 묵자를 물리침"을 통하여 철저하게 양주의 "위아"와 묵가의 "무아"를 변화시키고, 아울러 올바른 사람을 만드는 선택권을 개개인에게 맡겨 주었기 때문에, 묵가처럼 현실인생을 오로지 그 이상을 실현하는

---

59) 『尚書』(吳哲楣 主編, 『十三經』), 「皐陶謨」, 70쪽.
60) 『尚書』(吳哲楣 主編, 『十三經』), 「泰誓上」, 89쪽.
61) 『尚書』(吳哲楣 主編, 『十三經』), 「泰誓上」, 90쪽.

도구로 보는 사상을 철저하게 제거할 수 있었다. 또한 유가는 묵가의 "천지"를 개조함을 관철하여 "민심"과 "민의"의 영역으로 정착시켰으며, 이에 따라 묵가처럼 본래부터 가진 강렬한 외재적 숭배의 특색인 "천지" 신앙을 일종의 인생에 내재하는 도덕이상에 대한 초월적 추구로 변화시켰다. 이렇게 한편으로 맹자의 "양주와 묵자를 물리침", 곧 양주와 묵가 두 학파의 이단사상을 비판하고, 다른 한편으로는 양주의 "위아"와 묵가의 "정수리부터 발뒤꿈치까지 닳도록 세상을 이롭게 함"도 완전히 유가의 자아해방과 자아실현에 바탕을 둔 도덕실천의 추구로 전환되었다.

묵가에 대하여 말하면, 맹자의 비판과 개조에서 가장 중요한 점은 모든 개체마다 없을 수가 없는 "내가 있음"을 모든 개체에게 돌려주었고, 그에 따라 모든 개체에게 본래부터 완전히 "법의"에 복종해야 하는 묵가와 같은 인생을 모든 개체 자신에게 돌려주었으며, 아울러 모든 개체가 반드시 스스로 책임지는 인생이 되도록 하였다는 데 있다.(이러한 사상은 본래 공자의 "仁으로 말미암을 뿐이다"라는 말에 있으며, 맹자의 발전은 주로 이른바 "두 근본"의 현상에 대한 변석을 통하여 묵가를 비판함으로써 완전히 "무아"의 "정수리부터 발뒤꿈치까지 닳도록 세상을 이롭게 함"을 추구하도록 한 데 있다.) 이와 동시에 유가는 묵가의 "공구의식"과 "천지"로 구성된 이중의 수직적 절대복종의 관계를 완전히 해체하여, 한편으로는 천인합일天人合一을 통하여 "천지"를 모든 개체에 내재된 본질 혹은 내재적 요구로 만들었고, 다른 한편으로는 "컴퍼스와 직각자는 네모와 원의 지극함" 과 "성인聖人은 인륜의 지극함"을 통하여, 묵가를 "컴퍼스와 직각자"를 통하여 절대복종의 의식을 개조하고, 모든 개체가 성현의 인격을 자각적으로 추구하도록 하며, 아울러 모든 개체의 내재적으로 본유本有한 초월적 추구정신을 실천하도록 하였다.[62] 이와 같이 묵가가 구축한 인생의 이중적 수직관계와 그 절대복종의 의식은 유가의 초월적 추구를 특징으로 하는 내재적 본유의 도덕이상으로 전환되었다.

이러한 기초에서 묵가가 본래 갖춘 적극적 의미의 이상도 기본적으로 유가사상

---

62) 졸저, 「從絶對意識到超越精神: 孟子對墨家思想的繼承, 批判與超越」, 『人文雜誌』 2007년 제 2기 참고.

으로 진입하였고, 아울러 유가사상의 "예상豫想(預料)이 되어 완전히 새로운 구조를 만들어 내었다. 예를 들면 공자사상의 구조에서 인仁으로써 예禮를 지탱하는 구조는 이미 내재적인 인과 외재적인 예禮의 상호 보완적 관계를 고려하였고, 동시에 유가의 형이상과 형이하의 두 세계를 아울러 고려하였다. 그러나 결국은 내·외와 상·하의 이차원적 구조 혹은 이중적으로 향하는 성질이 여전히 존재한다. 하지만 맹자의 철학에서는 묵가사상의 충실함을 통하여 유가의 사상이 비교적 분명하게 서로 다른 세 방향으로 드러나게 하였으며, 이러한 서로 다른 세 방향은 유가사상의 세 가지 서로 다른 주요 관심의 입장으로 드러났으며, 비교적 전면적이고 입체적으로 유가의 인생세계를 드러내었다. 맹자철학에서 세 가지 서로 다른 방향도 마찬가지로 유·묵 두 학파의 사상적 충돌과 융합을 통한 것, 곧 묵가에 대한 비판과 동시에 묵가의 사상적 요소를 흡수해야만 비로소 형성될 수 있는 것이다.

묵가사상에 대한 맹자의 비판은 우선 인생에서 없을 수 없는 개체의 실존이라는 점에 집중되어 있다. 그리고 맹자가 "묵가의 겸애는 아버지가 없는 것이다"라고 주장하고 아울러 "임금이 없고 아버지가 없으면 금수禽獸와 같다"[63]라고 생각할 수 있었던 관건은 또한 "겸애"의 주장에 "내가 없음"의 특성이 있다는 데 있으며, 이른바 "아버지가 없음"은 실제로 이론구조의 "내가 없음"의 특성이 인격화되어 드러난 것이다. 따라서 맹자철학에서 "나"의 존재와 인생의 자아실현의 추구는 완전히 유가철학의 기본적 출발점이 되었다. 맹자가 "무릇 사물의 가지런하지 않음은 사물의 실정이다"[64]라고 한 말을 예로 들면, 이것은 곧 비유적 관점에서 사람의 자질을 설명한 것이며, "사물의 가지런하지 않음"과 같이 완전히 동등하지는 않지만, 그렇다 해도 올바른 사람을 만드는 선택권에 있어서는 모든 개체는 여전히 평등한 선택의 자격을 갖추고 있다. 예를 들면 다음 맹자의 말과 같다.

---

63) 『孟子』(吳哲楣 主編, 『十三經』),「滕文公下」, 1382~1383쪽.
64) 『孟子』(吳哲楣 主編, 『十三經』),「滕文公上」, 1377쪽.

백성이 도를 행함에 일정한 생업(恒産)이 있는 사람은 변하지 않는 도덕심(恒心)이 있으며, 항산이 없는 사람은 항심이 없다. 만약 항심이 없으면 방탕放蕩·방벽放 辟·사악邪惡·사치奢侈 등 하지 않은 일이 없다.[65]

항산이 없으면서도 항심을 가지는 사람은 오직 사士만이 가능하다. 백성은 항산 이 없으면 항심도 없다. 만약 항심이 없다면 방탕·방벽·사악·사치하는 일을 하지 않음이 없다.[66]

『맹자』의 원문에서 이 단락의 논술은 먼저 "항상"을 통해 개체 생존의 바탕적 역할을 함으로써 통치자들에게 "백성을 다스리는 산업"의 문제를 제기하였다. 하지만 개체에 대하여 말하면 이것은 "사士"와 "민民"이 다른 선택의 표현이기도 하다. 왜냐하면 맹자가 보기에 오직 "사士"만이 진정으로 "항산이 없어도 항심을 가짐"을 실천할 수 있다. 민으로 말하면 이미 "항산이 없고" "그에 따라 항심이 없기" 때문에 이른바 "방탕·방벽·사악·사치하는 일을 하지 않음이 없는" 경지에 빠질 수 있기 때문이다. 분명히 개체의 경우 이른바 "항산"의 유·무가 물론 한 개인으로서 선택할 수 없는 선천적 조건이라고 할 수 있지만, 결국은 "항산이 있음"의 여부가 개인으로서 요컨대 자각적으로 "사士"가 되느냐 아니면 "민民"이 되느냐의 다른 선택의 표현이 되며, 당연히 동시에 "사"와 "민"의 근본적 구별이 된다. 이 도리를 설명하기 위해 맹자는 또 심지어 대순大舜의 모범을 거론하여 "순임금이 깊은 산 속에 살 때는 나무와 돌로 집을 짓고, 사슴과 돼지와 놀며, 깊은 산 속에 사는 야인과 다른 것이 매우 드물었다. 그러나 하나라도 좋은 말을 듣거나 하나의 좋은 행동을 보면, 마치 강과 하천의 둑이 터지듯 과감하게 실천하지 않음이 없었다"[67]라고 하였다. 분명하게 개체에 대하여 말하면 결국은 "사"를 위한 것인지 혹은 "민"을 위한 것인가의 문제로 인생의 서로 다른 선택에 따라서

---

65) 『孟子』(吳哲楣 主編, 『十三經』), 「滕文公上」, 1374쪽.
66) 『孟子』(吳哲楣 主編, 『十三經』), 「梁惠王上」, 1354쪽.
67) 『孟子』(吳哲楣 主編, 『十三經』), 「盡心上」, 1420쪽.

함께 전개된다.

"사"와 "민"을 위한 서로 다른 선택에서 출발하면, 이른바 "부동심不動心", "지언知言", "양기養氣" 그리고 "집의集義"는 "도의道義에 합당한 일을 함으로써 취한 것"(義襲)이 아니며, 또한 유가의 사군자士君子가 되기 위해 필요한 도덕수양이다. 이른바 "인의仁義로 말미암아 행하고 인의를 행함이 아니다"[68]라는 말은 자연히 유가 사군자의 내재적 수양의 기본적 지표가 되기도 한다. 이러한 수양공부와 그 지향은 사실 맹자가 "군자가 본성으로 삼는 인·의·예·지는 마음에 근본하고 그 생겨나는 기색(生色)이 함치르르하며 睟然(깨끗하고 반지르르 윤이 나며), 얼굴에 나타나고, 등에도 넘쳐나고, 사지에도 말하지 않아도 드러난다"[69]라고 한 말과 같다. 이렇게 되면 사군자의 인격도 기본적으로 형성되고, 이로부터 개체의 선천적인 조건은 후천적인 서로 다른 선택과 더불어 서로 다른 인생으로 구성되며 또한 맹자철학의 첫째 지향점이 되며, 당연히 일종의 다른 인생이 된다.

군자의 인격을 함양하는 기초에서 유가가 담당하는 정신도 반드시 사회집단과 세상에 대한 주요 관심으로 지향해야 한다. 사회적 영역에서 보면 이 점은 심지어 유가가 유가답게 되는 하나의 기본적 특징이라고 할 수 있다. 그러나 맹자의 철학에서 이러한 사회집단과 세상에 관한 주요 관심도 군자의 인격과 책임정신으로 표현되어야 하며, 이러한 책임정신도 두 가지 방면으로 표현되어야 하는데, 하나는 이른바 "천하의 넓은 거처(인 仁)에 거주하고 천하의 바른 자리(인 禮)에 서고 천하의 달도達道를 행하며,…… 부귀도 그를 음탕하게 만들지 못하고, 빈천도 그의 고상한 뜻을 옮기도록 할 수 없고, 강압적인 위력도 그를 굴복시키지 못할 때 이를 일러 대장부라고 한다"[70]라는 말이며, 이것이 바로 자신을 바르게 세우고 자아를 성취하는 한 면이다. 다른 한 방면은 또한 "나의 노인을 섬기는 마음으로 타인의 노인을 섬기며, 나의 아이를 돌보는 마음으로 다른 사람의 아이를 돌보면, 세상을 손바닥에

---

68) 『孟子』(吳哲楣 主編, 『十三經』), 「離婁下」, 1392쪽.
69) 『孟子』(吳哲楣 主編, 『十三經』), 「盡心上」, 1421쪽.
70) 『孟子』(吳哲楣 主編, 『十三經』), 「滕文公下」, 1379쪽.

서 운용할 수 있다"[71]라는 말이며 맹자는 또 "친혈육을 친하게 여김(親親)은 인(仁)이며, 어른을 공경함은 의(義)이다. 이는 다름이 아니라 세상에 통달함이다"[72]라고 하였으며, 또 "사람마다 친혈육을 친하게 대하고, 어른을 어른으로 모시면 세상이 평안하다"[73]라고 하였다. 분명히 이러한 말들은 맹자의 "인자(仁者)는 그가 사랑하는 바로써 사랑하지 않은 바에 이르며, 인하지 않은 사람은 그가 사랑하지 않는 것으로써 사랑하는 것에 이른다"[74]라는 말과 같은 뜻이다. 이렇게 되는 까닭은 주로 "사람은 타인을 해치려는 마음이 없도록 확충해야 인을 다 쓸 수 없게 된다. 사람은 벽을 뚫고 담을 넘는 마음이 없도록 확충해야 의를 다 쓸 수가 없게 된다. 사람은 남에게 '애', '재'라고 불림이 없는 실질을 확충해야 어디를 가든 의(義)를 행하지 않음이 없게 된다"[75]라고 할 수 있기 때문이다. 분명히 이러한 지향은 유가 사군자의 사회집단과 세상에 관한 주요 관심을 나타내며, 동시에 유가의 노인을 편안하게 하고 어린이를 감싸고(老安少懷), 임종을 신중하게 하고 조상을 섬김(愼終思遠)의 인륜문명의 표현이기도 하며, 역대 유가가 드높인 만물일체의 인(仁)사상은 실제로 이러한 자신을 미루어 남을 생각함의 방식을 통하여 실현된 것이다.

마지막으로 『맹자』 7편의 논리로 귀결되는 것으로서, 동시에 그 철학의 최고 결론이 되는 이른바 "마음을 다하면 성(性)을 알고 하늘을 안다"라는 목표를 지향한다. 묵가의 철학에서 인간의 최고 주재는 주로 "천지"를 통하여 드러나지만, "천지"는 동시에 묵가의 "세상의 사각형과 원을 헤아리는" 내재적 "컴퍼스와 직각자"이다. 묵가철학의 이 특징은 한편으로 그 철학이 강렬한 종교적 품격을 갖추게 하며, 동시에 이러한 종교정신은 또 묵자의 수중에서 때에 따라 "세상의 사각형과 원을 헤아릴" 수 있는 "법의"이기도 하다. 맹자가 이미 철저하게 묵가의 인륜사회에 관한 이중의 수직적 복종관계를 해체하고 올바른 사람을 만드는 선택권을 개개인에

---

71) 『孟子』(吳哲楣 主編, 『十三經』), 「梁惠王上」, 1353쪽.
72) 『孟子』(吳哲楣 主編, 『十三經』), 「盡心上」, 1420쪽.
73) 『孟子』(吳哲楣 主編, 『十三經』), 「離婁上」, 1386쪽.
74) 『孟子』(吳哲楣 主編, 『十三經』), 「盡心下」, 1425쪽.
75) 『孟子』(吳哲楣 主編, 『十三經』), 「盡心下」, 1429쪽.

게 돌려주었고, 이에 따라 어떻게 올바른 사람이 될 것인가의 문제는 개인의 자연적 자격이며, 동시에 신성불가침의 권리이다. 또한 맹자가 유가 천인天人의 본질에서 동일정신을 통하여 그것이 천덕天德인 동시에 모든 개체에 내재하도록 하였다. 이렇게 되면 이른바 "마음을 다하면 성性을 알고 하늘을 안다"라는 말도 모든 개체의 자각적 추구가 되고, 나아가 묵가가 본래 가지고 있는 강렬한 외재적 숭배의 특색인 종교정신을 내재적 이상인격의 추구로 전환하게 되었다. 만약 묵가의 "천자" 가 분명히 위협적 성질을 가지고 있을 뿐만 아니라 또한 외재적 숭배의 특색을 가졌다면 유가의 이상인격에 관한 추구는 도리어 강렬한 초월성을 가지고 있다. 그러나 본질적으로는 인생에 내재한 인문주의 정신 즉 휴머니즘이다.

이와 같이 맹자철학의 세 가지 서로 다른 지향은 우리 인생에서 세 가지 서로 다른 영역, 서로 다른 범위를 구성하였다. 이른바 개체 인격은 우리의 오늘날의 사적인 영역에 해당하며, 이른바 사회집단과 세상에 대한 주요 관심도 오늘날 우리의 공공公共영역 혹은 사회 범위에 해당하며, 이른바 "마음을 다하면 성性을 알고 하늘을 안다"라는 초월적 추구는 한편으로는 일종의 인생적 신앙으로 볼 수 있으나, 동시에 우리의 인생을 위해 정신적 지평선을 제공한다. 오늘날까지 사람들이 말하는 "세계世界", "세간世間"과 같은 말은 결국은 이 큰 세 영역에 있는 유기적 통일에 불과하며, 이른바 세계의 발전과 변화도 이 큰 세 영역의 발전을 통하여 드러난 것이다. 따라서 이러한 의미에서 맹자는 세상 사람들의 인생세계를 개척한 사람인 동시에 유가의 입장에서 당시 제자諸子의 백가쟁명의 현상에 대한 유가식의 통일을 이룬 사람이다.

3. 유·도 전체기간의 통일: 순학荀學의 규모와 그 방향

만약 맹자가 유·묵을 융합하는 방식으로 당시의 제자학에 대하여 시험적·창조 적 통을 진행하였다면, 순자荀子(BC 313?~BC 238)는 자각적으로 유·도를 융합하는 방식으로 이러한 통일을 실현하였다. 그러나 유·묵 두 학파는 사상적으로는 근연近緣(가까운 인연) 관계에 속하며, 묵가는 또 유가의 사상 궤적을 따라 일어섰기 때문에 맹자는 "양주와 묵자를 물리침"이라는 방식으로 통일을 이룩할 수 있었다. 그런데 유·도 두 학파는 사상적으로 틀림없이 원연遠緣 관계에 속한다. 즉 그 출발점이 다를 뿐 아니라 탐구의 방향과 인생 가치에서도 근본적인 불일치가 존재한다. 따라서 그 통일은 어려움이 많을 뿐만 아니라, 순자가 실현한 이른바 유·도 전체기간(前後) 융합방식의 통일에서부터 늘 자기 생각을 매우 '주도면밀한'(前矛後盾) 체계로 만든다. 그러나 순자 때가 되면, 칠웅의 겸병과 천하통일의 대국면이 이 형성되었고, 따라서 곧 당시 사회현실을 반영하도록 하였으며, 사상적 통일도 또한 늦거나 이르거나 상관없이 하나의 추세가 되었으며, 순자는 유·도 두 학파의 사상적 융합에 대하여 꼭 맞게 이러한 형세에 적응하였다.

순자는 당연히 유가에 속한다. 그러나 유가가 형성된 이래의 사승師承의 전수傳授를 따라서 보면, 공자孔子, 증자曾子, 자사子思의 문인에서부터 맹자까지 명확한 사승의 전수계보가 확실하게 드러나는데, 순자에 이르면 이러한 전수계보는 이미 그렇게 분명해 보이지 않는다. 순자의 자술自述에 의하면, 그는 멀리는 공자 문하의 자궁子弓을 계승한 것 같으며, 자궁은 또한 중궁仲弓의 다른 이라는 관점도 있다. 따라서 이러한 측면에서 보면 순자는 자각적인 유가의 제자임이 틀림없다. 순자의 사승관계에 대하여 청淸나라 왕중汪中(1744~1794)이 일찍이 『순경자통론荀卿子通論』의 글에서 고증하여 다음과 같이 말하였다.

> 『사기史記』에 맹자가 자사의 문인에게서 수업하였음을 기록하였으나 순경荀卿에 대해서는 자세하게 언급하지 않았다. 이제 그 책(『순자』)을 고증하면, 「권학勸學」에서 시작하여 「요문堯問」에서 끝나니, 편집순서는 거의 『논어』를 모방하였다. 『육예론六藝論』에서는 "『논어』는 자하子夏와 중궁이 함께 찬술撰述하였다"고 하였다. 『풍속통風俗通』에서는 "곡량谷梁은 자하의 문인이며, 「비상非相」·「비십이자非十二子」·「유효儒效」세 편은 매번 중니仲尼와 자궁을 병칭竝稱하였다"라고

하였다. 자궁을 중궁이라고 하는 것은 마치 자로子路를 계로季路로 부르는 것과
같다. 순경의 학문은 실로 자하와 중궁으로부터 나왔음을 알 수 있다.[76]

옛사람들은 비교적 사승의 전수관계를 중시하는데, 이것은 자연적인 도리이다.
공자 · 증자 · 자사 · 맹자의 일직선적으로 서로 계승한 관계와 그 사상의 내재적
일치성은 사승 전수의 중요성을 알 수 있으며, 옛사람들이 학문에는 본원本源이
있다고 하는 말은 대게 이것을 가리켜 하는 말이다. 그러나 사승의 전수관계가
개인의 사상을 함께 그렇게 되도록 결정한다는 말은 결코 아니다. 이 점은 순자와
한비의 스승과 제자 관계에서 더욱 전형적으로 나타난다. 즉, 한비는 틀림없이
순자의 제자이지만, 순자는 유가에 속하고, 한비는 분명히 법가에 속한다. 그러나
법가의 신분인 한비와 순자와의 사승관계는 결코 부정할 수 없다. 묵자의 "유자儒者의
학업을 배움"도 마찬가지로 반드시 유가가 되도록 결정할 수 없었다. 이것은 사승관
계가 한 사람의 사상에 대하여 결정적 작용을 할 수 없음을 말해 준다. 그러나
비록 사승의 전수라는 측면에서 보면 우리는 여전히 순자의 사승관계를 분명하게
말할 수 없다. 그러나 순자가 멀리는 자궁子弓을 존중하였다는 정황으로 보면
대개 맹자가 말한 "내가 원하는 바는 공자를 배우는 것이다"[77]라고 한 말과 같이
적어도 이것은 스스로 선택한 사승관계이다. 이것은 순자는 틀림없이 자각적인
유가의 제자였고, 모든 명확하게 말할 수 없는 요소들이 순자가 일대의 대유大儒라는
이름에 결코 방해가 되지 않음을 말해 준다. 따라서 순자에 대하여 말하면, 그
구체적인 사승의 전수관계를 고찰하는 것은 직접 그 사상적 자원資源에서 출발하여
그 기본적인 사상계보를 정립함만 못하며, 도리어 순자의 이와 같은 그렇게 분명하지
않은 사승의 전수관계가 실제로는 그 사상의 융합적 특색과 그 독특한 사상계보를
형성하는 데 더 도움이 된다.
그렇다면 사상계보로 말하면 우리는 왜 반드시 유 · 도 융합의 방식으로 순자의

---

76) 汪中, 『荀卿子通論』(『諸子集成』 제2책), 15쪽.
77) 『孟子』(吳哲楣 主編, 『十三經』), 「公孫丑上」, 1364쪽.

사상적 진로 혹은 계보의 지위를 자리매김해야 하는가? 실제로 한 사람의 사상적 진로의 형성은 한편으로는 스스로 흡수할 수 있는 사상자원에서 결정되며, 동시에 더 중요한 것은 주로 각종의 사상자원에 대한 자각적 선택으로 결정된다. 왜냐하면 서로 다른 주체적 선택 때문에 비로소 진정으로 주체적인 자아 선택과 자아 소조塑造의 역량으로 나타난다. 순자시대에 이르러 비록 제자학이 이미 주류를 이루었지만 백가쟁명도 이미 막바지에 이르렀다. 그의 「비십이자」편으로만 보아도 제자들의 사상에 대한 모든 비판이 나타나며, 심지어 유가의 정통 학은 주류인 자사・맹자의 학파도 마찬가지로 비교적 엄격한 비판을 받았다. 그러므로 제자백가의 잘못에 대한 논평도 어느 정도는 맹가쟁명에 대한 하나의 종합이라고 볼 수 있다. 이 말은 비록 순자가 유가에 속하지만, 또한 "매번 중니仲尼와 자궁을 병칭並稱하였다." 그러나 그 유가사상의 진로와 이론적 규모는 이미 분명하게 주류인 자사・맹자의 학파와는 달랐다. 그리고 당시의 제자백가 가운데 역사가 유구하고 심후한 역사전통을 갖춘 사상유파는 실제로는 오직 유・도・묵 세 학파였다. 이미 맹자가 유・묵 융합의 방식으로 유학을 이론적 정점으로 올려놓았지만, 순자는 자사・맹자의 학파에 대하여 찬성하지 않았는데, 그 근거는 또한 오직 도가道家 혹은 유・도 융합의 방식을 통하여 유가의 발전을 실현할 수 있었다는 데 있다.

당연히 순자가 어느 정도의 도가 즉 "근본적 원인"(基因)을 갖추었다는 점에 관하여 우리는 성급하게 인정할 필요는 없으며, 완전히 순자의 구체적인 논술을 통하여 분명하게 밝힐 수 있다.

공자가 유학을 창립하면서부터 "성性과 천도天道"[78]의 문제도 또한 이른바 천인관계와 함께 이미 유가의 '사람을 평가하고 세상일을 논하는'(知人論世) 데서 가장 중요한 요점이 되었다. 공자의 사상에서 은・주 이래 "하늘"의 삼중三重으로 포함된 의義, 곧 신성이 주재하는 의義(神性主宰義, 이하 '신성수재의 의'로 표기), 도덕초월의

---

78) "자공은 '공자의 문장은 얻어들을 수 있으나, 공자가 말한 性과 天道는 얻어들을 수
    가 없다'라고 하였다."(『論語』[吳哲楣 主編, 『十三經』], 「公冶長」, 1269쪽)

제6장 제자학에서 경학까지: 유儒・도道・묵墨・법法 제자학 방식의 융합   551

의義, 자연 생성변화(生化)의 의義가 늘 함께 존재하며, 도·묵 두 학파는 각자의 방식으로 나누어져 분명하게 "하늘"의 자연 생성변화의 의와 신성주재의 의를 계승하였다. 도·묵 두 학파가 한쪽을 치우쳐 취함과 고양하는 방식을 계승함으로써 유가도 마치 단지 도덕초월의 의만 일차원적으로 중시한 것 같지만, 실제로는 유가의 "하늘"은 항상 세 가지 의미를 함께 보존하였다. 그러나 순자의 철학에서 "하늘"은 단지 하나의 뜻만 포함하고 있는데 그것은 곧 자연 생성변화의 의이다. 이것은 결국 왜 그럴까? 분명히 이러한 현상이 조성된 원인은 단지 순자의 서로 다른 사상적 선택과 사상계승에서 그 원을 찾을 수 있다. "하늘"에 대한 순자의 논술을 보자.

천도의 운행에는 상법常法이 있으니, 요임금 때문에 존재하지도 않고, 걸왕桀王 때문에 없어지지도 않는다. 그에 따라 다스림으로 응하면 길吉하고, 어지러움으로 응하면 흉하게 된다. 근본에 힘쓰고 절용節用하면 하늘도 가난하게 할 수 없고, 기르고 비축하며 때에 맞춰 움직이면 하늘도 병들게 할 수 없으며, 도를 닦아서 의심하지 않으면 하늘도 재앙을 내리지 않는다.…… 그러므로 하늘과 사람의 직분職分을 밝히면 지인至人이라고 할 수 있다.[79]

세상이 다스려짐과 어지러워짐은 하늘 때문인가? 말하기를 "일日·월月·성星·신辰과 같은 천체의 운행은 우왕이나 걸왕 때나 모두 같았지만, 우왕은 다스림으로 했고, 걸왕은 어지러움으로 하였으니, 다스림과 어지러움은 하늘에 의해 결정되는 것이 아니다"라고 한다. 그러면 때에 따라 결정되는가? 말하기를 "봄과 여름에 번식하고 성장하여 가을과 겨울에 수확하고 저장하니 이것은 또한 우왕과 걸왕이 같은 바이지만 우왕은 다스림으로 하고 걸왕은 어지러움으로 하였으니 다스림과 어지러움은 때가 결정하는 것이 아니다"라고 한다. 그러면 땅에 의해 결정되는가? "땅을 얻으면 생존하고 땅을 잃으면 죽는 것은 우왕이나 걸왕이나 같지만, 우왕은 다스림으로 하고 걸왕은 어지러움으로 하였으니 다스림과

---

79) 『荀子』(『諸子集成』 제2책), 「天論」, 205쪽.

어지러움은 땅 때문이 아니다"라고 한다.[80]

순자는 이 두 단락에서 "하늘"에 대한 집중적 논술에서 그 자연 생성변화로서 천의 의義는 이미 매우 명확하게 나타난다. 비록 유가는 결코 하늘의 자연 생성변화의 의를 부정하지는 않지만, 유가의 "하늘"은 도리어 단지 자연 생성변화의 의義뿐만 아니라, 주로 자연 생성변화를 통하여 "하늘"의 생겨나고 또 생겨나는 덕을 나타낸다. 그러나 순자의 이러한 논술을 보면, "천도의 운행에는 상법常法이 있으니, 요임금 때문에 존재하지도 않고, 걸왕桀王 때문에 없어지지도 않는다"라는 말에서 "하늘과 사람의 직분職分을 밝히면 지인至人이라고 할 수 있다"라는 말까지는 완전히 자연적 천의 관점에서 논의를 확립한 것이다. 우왕과 걸왕의 서로 같은 천지와 서로 다른 명운의 비교로써 자연적 하늘과 인간의 상호 간섭하지 않는 특성을 설명하였으며, 물론 우왕과 걸왕의 서로 다른 사람으로서 작용하는 요소를 부각하기도 하였지만, 순자의 "하늘과 사람의 직분을 밝혔다"라는 사상도 공·맹의 신성주재의 하늘과 도덕 초월의 하늘을 철저하게 제거하였다.

그렇다면 순자의 이와 같은 자연 생성변화의 천의 근원은 결국 어디에 있는가? 매우 분명하게 그것은 늘 "천지"를 고양하거나 항상 "하늘이 상벌을 준다"라거나 "귀신이 능히 보응報應한다"라고 여기는 묵가에 근원할 수 없다. 비록 유가도 "하늘"에 자연 생성변화의 의가 있음을 인정하지만 공자·맹자가 보기에 "하늘"은 자연의 생성변화를 통하여 그 도덕근거와 도덕 초월적 의미를 가진다. 그러나 순자의 하늘과 인간의 서로 다른 직분을 구별하는 사상은 또한 근본적으로 공자의 "하늘에 죄를 얻으면 기도할 곳이 없다"[81]라는 말과 서로 맞물릴 수 없으며, 동시에 맹자의 "그 마음을 다하는 사람은 그 성性을 안다. 그 성을 알면 하늘을 안다"[82]라는 말과도 서로 연결될 수 없다. 순자는 심지어 "오직 성인만이 하늘을 알려고 하지

---

80) 『荀子』(『諸子集成』 제2책),「天論」, 207~208쪽.
81) 『論語』(吳哲楣 主編,『十三經』),「八佾」, 1264쪽.
82) 『孟子』(吳哲楣 主編,『十三經』),「盡心上」, 1419쪽.

않는다"83)고 여겼으며, 또한 "하늘"이 인간에 대하여 이미 "가난하게 할 수 없고" 또 "병들게 할 수 없고" 동시에 "재앙을 내릴 수 없다"라고 보았다. 이렇게 보면 순자는 완전히 객관적으로 자연의 측면에서 "하늘"의 의미를 확립하였으며, 또한 근본적으로 유·묵 두 학파의 사상에서 입증할 수 없고, 단지 도가사상 가운데서 그 출처를 찾을 수 있다. 이제 노자가 말한 하늘의 의미를 살펴보자.

> 천지는 인仁하지 않고 만물을 추뉴(芻狗, 짚으로 만든 제사용 인형, 廢物로 보며, 성인聖人은 인자하지 않고 백성을 추뉴로 본다.84)

> (도는 만물의 어머니로) 낳아도 소유하지 않고, 베풀어도 자랑하지 않고, 자라게 해도 주재主宰하지 않으니 이를 현덕玄德이라고 한다.85)

> 사람은 땅을 본받고 땅은 하늘을 본받고 하늘은 도를 본받고 도는 자연을 본받는다.86)

"하늘"에 대한 노자의 이러한 설명에서 이른바 "인仁하지 않다"라는 말은 사실 아무른 가치나 의미가 없는 "자연"의 뜻을 포함하며, 또한 "하늘"은 근본적으로 유·묵 두 학파가 부여하는 신성주재 혹은 초월적 의義는 없다. 이것은 도가가 볼 때 이른바 "하늘"은 사실 우리의 머리 위에 있는 "푸른 하늘"이다. "낳아도 소유하지 않고, 베풀어도 자랑하지 않고, 자라게 해도 주재主宰하지 않는다"라고 한 말은 모두 자연적 천의 구체적 표현이며, 곧 하늘과 만물 양자는 서로 간섭하지 않는 관계임을 말하며, 당연히 순자가 말한 "천도의 운행에는 상법常法이 있으니, 요임금 때문에 존재하지도 않고, 걸왕桀王 때문에 없어지지도 않는다"라는 의미를

---

83) 『荀子』(『諸子集成』 제2책), 「天論」, 204쪽.
84) 『道德經』 제5장(『諸子集成』 제3책), 3쪽.
85) 『道德經』 제10장(『諸子集成』 제3책), 6쪽.
86) 『道德經』 제25장(『諸子集成』 제3책), 14쪽.

나타낸다. 분명히 순자가 말한 "천도의 운행에는 상법이 있다"라는 말은 실제로 도가의 자연적 천의 순종과 인지화에 대한 표현이다. 그리고 "하늘과 사람의 직분職分을 밝히면 지인至人이라고 할 수 있다"라는 말은 "하늘과 사람"의 구분에 대하여 논의한 것이며, 동시에 자연천의 기초에서만이 비로소 실현가능한 일이다. 이렇게 보면 순자가 "천도의 운행에는 상법이 있다"라는 말과 그가 견지한 "하늘" 자연 생성변화의 의도 오직 도가의 시각에 근원해서만 설명할 수 있다.

순자의 "천론"이 완전히 도가의 자연천自然天에서 나왔기 때문에 인간에 대해서도 순자는 당연히 도가의 입장에서 인간을 논한 것 같다. 왜 이렇게 설명하는가? 왜냐하면 유가의 천인관계의 일관성 원리에 근거하면, "하늘"을 논함에 반드시 "사람"에 대한 기본적 관점이 포함되어야 하며, 혹은 적어도 "사람"을 논하는 기본적 시각을 결정해야 하기 때문이다. 선진의 사상가들이 사람을 논함에 주로 인성의 문제에 집중하였고 특히 인성의 기본적 사고방향을 어떻게 파악하는가에 집중하였다. 공자와 노자 당시에는 물론 인성의 문제에 몰두하지 않았지만, 공자의 "인仁으로 말미암아 행한다"와 "불안不安", "불인不忍"과 같은 "인仁"에 대한 설명과 논의로써 보면 그것을 사실 이미 분명히 "인仁"에 대한 내재적 이해를 분명하게 포함하고 있으며, 자사의 "하늘이 명命한 것을 성性이라고 한다"라는 말에서 "맹자는 성선을 말하였다"라는 데까지 모두 유가 인성론의 주류를 이루었다. 그러나 순자는 사람에 대한 인식과 논술은 도리어 근본적으로 도덕이성의 내재성에서 출발하지 않고, 오히려 주로 사람의 자연적 천성(生質) 혹은 생성원리(生理)의 기초적인 면에서 시작하였다. 이에 곧 그의 유명한 "성악性惡"의 사상이 나오게 되었다.

무릇 성性은 하늘이 이루는 것이며, 배워서 될 수 없고 노력하여(事) 될 수도 없다. 예의禮義라는 것은 성인聖人이 만드는 것으로 사람이 배워서 능이 할 수 있으며, 노력해서 이룰 수 있다. 배워서 될 수 없고, 노력하여 될 수 없지만 사람에게 있는 것을 성性이라고 하며, 사람이 배워서 능하며 노력하여 이룰 수 있는 것을 작위(僞)라고 하며, 이것이 성과 작위作爲(僞)의 구별이다.[87]

지금 사람의 성性은 태어나면서부터 이익을 좋아하는 마음이 있고 이것을 따르기 때문에 다툼과 빼앗음이 생기고 사양함이 없어진다. 태어나면서부터 시샘과 미워함이 있고 이것을 따르므로 음란함과 어지러움이 생기고 예의禮義와 문리文理가 없어진다. 충성과 믿음이 없어진다. 태어나면서부터 귀와 눈에 욕망이 있어서 음악이나 여색을 좋아함이 있는데 이것을 따르기 때문에 음탕하고 혼란스러운 것이 일어나고, 예의나 문채가 없어지게 된다. 그러므로 사람의 성을 따르고 사람의 정에 순응하면 반드시 쟁탈이 생기고, 직분을 어긋나게 하고 문리文理를 어지럽혀서 난폭함으로 귀결된다. 그러므로 반드시 스승의 법으로 교화와 예의禮義의 도가 있어야만 사양辭讓함이 나오고 문리에 합하여 다스림으로 돌아간다. 이로써 보면, 사람의 성은 악함이 분명하며, 그 선함은 작위이다. 그러므로 굽은 나무는 반드시 도지개(隱括)에 의지하여 열을 가해 바로잡은 후에 곧게 되며, 무딘 쇠는 반드시 갈고 벼린 뒤에 예리하게 되니, 지금 사람들의 성이 악함은 반드시 스승의 법을 기다린 뒤에 바르게 되며, 예의禮義를 얻은 뒤에 다스려진다. 그런데 지금 사람들은 스승의 법이 없으니 치우치고 비뚤어져 바르지 않으며, 예의가 없으니 어그러지고 어지러워져 다스려지지 않는다. 옛날 성왕이 사람의 성이 악하고, 치우치고 비뚤어져 바르지 않으며, 어그러지고 어지러워져 다스려지지 않기 때문에 이를 위해 예의禮義를 일으키고 법도를 제정하고 사람의 성정을 교정하여 꾸며서 바르게 하고, 사람의 성정性情을 감화시켜 그를 인도하여 모두 다스림을 드러내고 도에 합하도록 하였다.[88]

인성에 관한 순자의 이 두 문장의 논술에서 그는 사람의 "배울 수 없고 노력으로 할 수 없음"에 입각하여 인성을 토론하였기 때문에 "배워서 될 수 없고, 노력하여 될 수 없지만 사람에게 있는 것을 성性이라고 한다"라고 하였다. 이러한 점에서 보면 그는 분명히 사람의 천성 혹은 실연적인 천성의 본능의 관점에서 인성의 문제를 토론하였다. 이것은 본래 자사·맹자가 논한 인성과는 같은 방면에 있지 않고, 곳곳에서 그 "성악"설을 맹자 인성론과 대립적으로 제시하였으며, 적절하게

---

87) 『荀子』(『諸子集成』제2책),「性惡」, 290쪽.
88) 『荀子』(『諸子集成』제2책),「性惡」, 289~290쪽.

"기강과 조례(統類)를 모른다"[89]라고 표현하였다. 그리고 인성의 구체적인 규정에 대하여 볼 때 그는 또 사람의 자연적 천성과 감성 욕망의 관점에서 인성을 규정하였다. 예를 들면, "지금 사람의 성性은 태어나면서부터 이익을 좋아하는 마음이 있고 이것을 따르기 때문에 다툼과 빼앗음이 생기고 사양함이 없어진다. 태어나면서부터 시샘과 미워함이 있고 이것을 따르므로 음란함과 어지러움이 생기고 예의禮義와 문리文理가 없어진다"라는 말과 "굽은 나무는 반드시 도지개(隱括)에 의지하여 열을 가해 바로잡은 후에 곧게 되며, 무딘 쇠는 반드시 갈고 벼린 뒤에 예리하게 되니, 지금 사람들의 성이 악함은 반드시 스승의 법을 기다린 뒤에 바르게 되며, 예의禮義를 얻은 뒤에 다스려진다"라는 말 등과 같으며, 이러한 인성은 실제로 오직 사람의 자연적 천성과 동물적 공통성을 가리켜 말할 수 있을 뿐이다. 그러나 오직 사람과 동물의 공통성을 따라 인성을 토론하는 것은 자연히 "기강과 조례(統類)를 모른다"는 말이다.

그렇다면 인성에 관한 순자의 이와 같은 관점은 유가의 전통 가운데서 그 근거를 찾을 수 있는가? 분명히 불가능하다. 왜냐하면, 공자가 비록 "성性은 서로 비슷하나, 습관은 서로 멀다"[90]라는 말을 하였는데, 이 말은 또 그 뒤 리학가들의 해석에 의하면 주로 사람의 기질을 따라 말한 것이며, 또한 공자의 "인仁으로부터 말미암는다"라는 말과 자사의 "하늘이 명한 것을 성性이라고 한다"라는 말과 맹자의 "군자가 성性으로 삼는 바" 등의 말로 보면, 유가는 실제로 이미 분명하게 사람과 동물의 공통성이라는 관점을 제외해야 인성의 토론이 가능하였기 때문이다. 이뿐만 아니라, 맹자의 "군자가 성으로 삼는 바"[91]라는 말만을 놓고 볼 때, 그는 심지어

---

89) 순자는 "(자신의) 뜻은 공평함으로 편안하고, 행동은 수양으로 편안하며, 지식은 모든 종류에 통달하였다. 이와 같아야 大儒라고 할 수 있다"(『荀子』[『諸子集成』 제2책], 「儒效」, 92쪽)라고 하였다. 이 때문에 "모든 종류에 통달함"은 본래 대유에 대한 순자의 일관된 설명이다. 그러나 순자는 곳곳에서 "성악"으로 맹자의 "성선"과 대치하여 설명할 때 또한 그 자신은 "모든 종류를 모른다"라고 표현하였다. 따라서 두 사람은 동일한 각도에서 인성을 규정하지 않았기 때문에 그 결론도 결코 근본적으로 대립적 성질을 갖춘 것은 아니다.

90) 『論語』(吳哲楣 主編, 『十三經』), 「陽貨」, 1309쪽.

이미 "항산恒産이 있는 사람은 항심恒心이 있고 항산이 없는 사람은 항심이 없다"[92]라는 말에서 이른바 "민民"의 영역을 배제하고 오로지 이른바 "항산이 없으나 항심이 있는 사람은 오직 사士만 가능하다"[93]라는 관점에 따라 군자가 스스로 확립한 "인성"을 토론하였다. 이렇게 보면 순자의 인성론은 분명하게 유가전통에서 설명을 찾을 수 없다. 그렇다면 순자의 이와 같은 완전히 사람의 자연적 천성에 입각하여 인성을 확립한 것은 결국 어디서 비롯되었는가? 이 또한 마찬가지로 도가로부터 비롯되었다. 인성에 대한 장자의 설명을 살펴보자.

> 나는 언덕에서 태어났으니 언덕을 편안하게 여김은 본성故이다. 물속에서 자라서 물속을 편안하게 여김은 습성習性이며, 내가 그러한 까닭을 알지 못하면서 그러한 것은 명命입니다.[94]

> 성인은 살아 있을 때는 하늘의 운행을 따르고, 죽으면 사물事物의 변화를 따르고, 고요할 때는 음陰의 덕을 함께하고, 활동할 때는 양陽의 파동波動과 함께하며, 앞선다고 복福이 되지도 않고, 처음이라서 화禍가 되지 않으며, 다그침을 받은 뒤에 움직이는 것은 어쩔 수 없이 그렇게 된 후 비로소 일어난다. 지혜와 작위를 버리고 하늘의 이치를 따른다.[95]

순자가 인성을 "무릇 성性은 하늘이 이루는 것"이라 하고 또 "배워서 될 수 없고, 노력하여 될 수 없지만 사람에게 있는 것을 성性이라고 한다"라고 규정한 말을 참고하면, 장자가 "나는 언덕에서 태어났으니 언덕을 편안하게 여김은 본성故

---

91) "군자가 성으로 삼는 仁義禮智는 마음에 근원하며, 그 나타나는 모습(生色)은 분명하여 얼굴에 나타나고, 등에서 왕성하며, 사지에 퍼져서 사지는 말하지 않아도 드러난다."(『孟子』[吳哲楣 主編, 『十三經』], 「盡心上」, 1421쪽)
92) 『孟子』(吳哲楣 主編, 『十三經』), 「滕文公上」, 1374쪽.
93) 『孟子』(吳哲楣 主編, 『十三經』), 「梁惠王上」, 1354쪽.
94) 『莊子』(郭慶藩 編, 『莊子集釋』), 「達生」, 721쪽.
95) 『莊子』(郭慶藩 編, 『莊子集釋』), 「刻意」, 592쪽.

이다. 물속에서 자라서 물속을 편안하게 여김은 습성習性이다"라고 한 말은 인성에 관한 표준적 관점임을 알 수 있다. 그러나 장자는 자연인성의 기초에서 만들어 낸 "성인은 살아 있을 때는 하늘의 운행을 따르고, 죽으면 사물事物의 변화를 따르고, 고요할 때는 음陰의 덕을 함께하고, 활동할 때는 양陽의 파동波動과 함께한다"라고 한 성인관聖人觀은 도리어 순자는 어찌되었던 도저히 받아들일 수 없는 것이다. 그리고 이른바 "다그침을 받은 뒤에 움직이는 것은 어쩔 수 없이 그렇게 된 후 비로소 일어난다. 지혜와 작위를 버리고 하늘의 이치를 따른다"라는 말은 자연 본성을 드러내는 데는 물론 매우 근거가 있지만, 유가의 성인이 마땅히 해야 하는 표현은 아니다.(이른바 "하늘의 이치를 따른다"라는 말은 실제 단지 天然에 근거하는 자연의 이치에 불과하다.) 이것은 순자의 사상이 분명히 또 다른 곧 성현을 존중하고 스승의 법과 교화의 일면이 있음을 말해 준다. 그러나 인성에 대한 규정을 말하면, 순자가 말한 "성性은 하늘이 이루는 것이다"라는 말과 "배워서 될 수 없고, 노력하여 될 수 없지만 사람에게 있다"라는 말은 장자의 "하늘의 이치를 따른다"라는 말과 어떻게 다른가? 따라서 순자의 인성론은 이미 도가의 "근본적 원인"(基因)의 일면도 있지만, 마찬가지로 도가의 "근본적 원인"과는 분명하게 구별되는 면도 있다.

근대 이후, 동서문화의 교합과 충돌로 인하여 사람들은 순자의 이와 같은 완전한 실연존재로부터 출발하는 시각이 대상인식을 촉진한다는 면에서 긍정적 역할을 한다고 인식하였으며, 그에 따라 순자가 수천 년 동안 유학 내부에서 받아 온 비판에 대하여 크게 분개하였다. 그러나 다른 한편으로는 맹자의 성선론이 사람들의 마음에 깊이 자리 잡았고, 또 순자가 맹자를 비판한 성악설이 매우 분명하게 (章章) 갖추어져 있었다. 따라서 사람들은 순자로부터 벗어나기 위해서, 그 성악설이 다방면으로 전개된 것에 대하여 또한 해명하지 않을 수 없었다. 예를 들면, 왕선겸은 『순자집해荀子集解』의 "서序"에서 다음과 같이 말하였다.

> 옛날 당나라의 한유韓愈는 순자서荀子書를 '대강大綱은 순박醇朴하나 흠은 적다'라
> 고 하였고, 송나라 때는 공격하는 사람들이 더 많았다. 그 이유를 유추하면,

성性이 악하다고 말했기 때문이었다. 내가 보기에 성악설은 순자의 본의本意가 아니다. 그는 "곧은 나무가 도지개(隱栝)에 의지하지 않아도 곧음은 그 성이 곧기 때문이며, 굽은 나무는 반드시 도지개에 의지하여 열을 가해 바로잡은 후에 곧게 되는 것은 그 성이 곧지 않기 때문이다. 지금 사람의 성은 악하니 반드시 성왕의 정치와 예의禮義의 교화에 의지한 후 다스림이 나타나고 선善하게 된다"라고 하였다. 무릇 순자가 사람의 성에 선과 악이 있음을 몰랐다면, 나무의 성도 굽음과 곧음이 있음을 몰랐을 것이다. 그러나 그의 말이 이와 같으니 어찌 정말로 성을 몰랐겠는가? 나는 이 때문에 순자가 크게 혼란한 세상을 만나 백성들이 모두 도덕성을 상실하고 어지러워 감정이 격해져 이런 (성이 악하다는) 말을 하고 만 것을 슬퍼한다. 순자는 학문을 논하고 정치를 논함에 모두 예禮를 종지宗旨로 삼고 반복하여 상세하게 추구하며 그 취지를 힘써 밝혀 천고의 도를 닦고 교화를 확립하여 외면할 수 없도록 하였다. 그는 "인륜과 사물의 조리에 정통하지 못하면, 잘 배웠다고 할 수 없다"라고 하고, 또 "한 가지 일이라도 적합하지 않다면, 이것이 어지러움의 발단이 된다"라고 한 말들은 성인聖人 문하의 일관된 정수를 탐구하고 고금의 (다스림과 어지러움의) 성공과 실패의 원인에 통철洞徹하였고, 논의는 궤석几席(常理)을 벗어나지 않으며[96], 사려가 무한하게 두루 미쳤으며, 몸소 일찍이 단 하루도 백성을 다스린 적은 없지만, 행한 일은 그것을 널리 널리 미루어나가 모두 준칙이 됨을 믿을 수 있다. 그러나 가혹한 무리들이 욕하고 비난하고 억지 논의를 만들어 내어 유가의 도와 함께하지 못하도록 쫓아 내었다. 나는 또 순자의 학술이 당시에 쓰이지 못하고 그 이름이 후세에 산산이 부서져 속인들의 입에서 거듭 굴절되어 흘러 다니는 것을 슬퍼한다.[97]

왕선겸의 이 "서序"는 분명히 순자를 위해 불공평함을 호소하는 매우 많은 내용을 포함하고 있다. 그러나 이른바 "성이 악하다는 설은 순자의 본의가 아니다"라는 말은 실제 바로 현재 순자의 각종 "성박性朴[98]"론의 근원이 되고, 그로써 순자의

---

96) 역자 주: 이 책의 원문에는 "論議不越几(几?)"로 표기하였는데, 동양고전종합DB에는 '几' 대신 '几'로 표기하였다.
   http://db.cyberseodang.or.kr/front/main/main.do
97) 王先謙, 『荀子集解』(『諸子集成』 제2책), 「序」, 1쪽.

성악설에 대한 비난과 비판을 피한다. 나무의 "성이 곧다"와 "성이 곧지 않다"라는 순자의 설을 인용하여 자연계에서의 "네모"와 "원"이 기하학적 이론에서의 "네모"와 "원"의 관계와 대응한다면 순자는 여전히 "성악"이라는 비난을 피할 수가 없다. 그리고 "곧음"과 "곧지 않음"을 막론하고 순자는 늘 그것을 "생겨남의 이치"(生之理)로 귀결시키는데, 이것은 분명히 자연성自然性의 영역에 속하며, 맹자의 성선론과는 결코 같은 노선이 아니다. 그리고 순자가 진실로 "인성"을 알았는지 진실로 "선악"을 알았는가의 문제는 "크게 혼란한 세상을 만나" "감정이 격해져 이런 (성이 악하다는) 말을 하였다"라는 말과 "예禮를 종지宗旨로 삼았다"라고 한 말들만으로는 모두 해명하기에는 부족하다.

당연히 청나라 시대 한학은 유학을 연구할 때 흔히 문헌고증과 음운훈고音韻訓詁, 즉 지식적 영역에 집중하였기 때문에 그 전부터 청유淸儒들은 실제로 이미 순자를 고양하기 시작하였다. 예를 들면 왕중汪中(1744~1794)은 『순경자통론荀卿子通論』에서 다음과 같이 설명한다.

> 대개 70명의 제자들이 이미 세상을 떠난 뒤, 한漢의 유학자들은 아직 일어나지 않았고, 게다가 전국시대와 폭압적 진秦나라의 난세를 만났지만, 육예六藝의 전함을 붙잡고 끊어지지 않게 한 사람이 순경荀卿이다. 주공周公이 그것을 짓고, 공자가 그것을 조술祖述하고, 순경 선생이 그것을 전하였으니 그 공로는 한결같다.[99]

왕중의 이 말을 보면, 유학의 전승은 주로 이른바 "육예六藝"의 문헌적 영역에 집중되어 있으며, 또한 공자와 순자를 통하여 실현되었으며, 증자曾子, 자사子思,

---

98) 역자 주: '인간의 본성은 순박하다'는 뜻. 인간의 도덕적 특성인 性은 情·欲·辨·知·能 등의 요소를 포함하고 있고, 이들 요소 그 자체는 善과 惡으로 규정할 수 없고, 그것이 현실의 다양한 상황에서 개인의 수양의 결과에 따라 선·악으로 나타난다. 순자는 이러한 性 자체를 인간의 본성으로 인정하였으므로 이러한 순자의 인성론을 性惡說로 규정하기보다는 성 그 자체는 순박하므로 性朴說로 보아야 한다는 주장이다.

99) 汪中, 『荀卿子通論』(『諸子集成』 제2책), 15쪽.

맹자孟子는 도리어 전혀 긍정적 작용이 없었던 것처럼 보인다. 그러나 이것은 매우 큰 잘못된 기록이다. 실제 유학은 무엇보다 일종의 생생하게 살아 있는 세상을 구하고 백성을 제도濟度하는 정신이며, 문헌은 역사로 표현된 문자적 기록에 불과하다. 만약 유가의 생생한 참 정신을 떠나면 아무리 깊숙이 감추어진 진귀한 문헌이라고 하더라도 또한 그 부분에 대한 알맞은 이해를 진행할 수가 없다. 따라서 왕중이 "주공周公이 그것을 짓고, 공자가 그것을 조술祖述하고, 순경 선생이 그것을 전하였으니 그 공로는 한결같다"라고 한 말은 우리가 단지 청유淸儒와 한漢·송宋의 유학자 사이의 다툼에서 비롯된 과장된 표현이라고 이해할 수 있다.

그러나 우리가 순자는 결코 성악론을 주장하지 않았고 단지 "성박설性朴說"이라고 인정하더라도, 이러한 "성박性朴"의 관점은 여전히 도가의 틀을 벗어나지 않는다. 예를 들면, "생生을 성이라고 한다"(生之謂性)라고 주장한 고자도 일종의 "성박"론이라고 할 수 있지만, 고자는 여전히 도가의 신도로 간주된다.[100] 그러나 인성에 관한 순자의 주장은 근본적으로는 주로 고자의 관점을 기초로 연역된 것이다. 그러면 고자의 인성에 관한 주장을 살펴보자.

고자는 "성性은 버드나무와 같으며, 의義는 버드나무로 만든 그릇과 같다. 사람의 성이 인의仁義로운 것은 버드나무로 그릇을 만드는 것과 같다"라고 하였다.[101]

고자는 "생生을 성이라고 한다"라고 하였다.[102]

고자는 "식색食色이 성이다"라고 하였다.[103]

---

100) 서복관 선생은 "고자의 '생지위성'의 관점은 장자의 성론과 매우 비슷하다. 맹자와 장주는 동시대에 살았지만 서로 들은 적이 없으나 고자는 아마도 장자의 제자일 것이다"(徐復觀, 『中國思想史論集』, 「『孟子』知言養氣章試釋」, 臺灣學生書局, 1959년판, 148쪽)라고 하였다.
101) 『孟子』(吳哲楣 主編, 『十三經』), 「告子上」, 1406쪽.
102) 『孟子』(吳哲楣 主編, 『十三經』), 「告子上」, 1407쪽.
103) 『孟子』(吳哲楣 主編, 『十三經』), 「告子上」, 1407쪽.

고자는 "성은 선함도 없고 불선함도 없다"라고 하였고, 또 "성은 선하게 될 수도 있고, 불선하게 될 수도 있다. 그렇기 때문에 문왕文王과 무왕武王이 일어나면 백성들은 선을 좋아하고, 유왕幽王과 여왕厲王이 일어나면 백성들은 포악함을 좋아한다"라고 하였고, 또 "어떤 사람의 성은 선하고 어떤 사람의 성은 불선하니, 따라서 요임금이 있으면서도 (惡人 형) 상象이 있고, 고수瞽瞍라는 (악인) 아버지 에게서도 순舜임금이 있고, 형의 아들로서 주紂와 같은 임금이 있고, 또 (같은 형의 아들로) 미자계微子啓와 왕자 비간比干이 있다"라고 하였다.[104]

이 모든 관점은, "생을 성이라고 한다"이든 "식색食色이 성이다"라는 말들과 여기서 파생된 "성은 선함도 없고 불선함도 없다", "성은 선하게 될 수 있고, 불선하게 될 수 있다", 그리고 "어떤 사람의 성은 선하고 어떤 사람의 성은 불선하다" 와 같은 관점이든, 실제로 모두 "생지위성生之謂性", 이른바 "성박론性朴論"을 기초로 설명할 수 있다. 왜냐하면 "생지위성" 그 자체는 "성박론", 즉 이른바 "하늘이 이루는 것"이라는 다른 논법으로 볼 수 있다. 그리고 "성은 선하게 될 수 있고, 불선하게 될 수 있다"라는 말은 "성은 선함도 없고 불선함도 없다"라는 뜻을 포함하고 있으며, 곧 이른바 "성박"에 본래 있는 성질 그 자체로 이러한 규정을 포함하고 있다. 동시에 또 "성은 선하게 될 수도 있고, 불선하게 될 수 있다"라는 두 가지 서로 다른 성향의 가능성도 포함하고 있으며, "어떤 사람의 성은 선하고 어떤 사람의 성은 불선하다"와 같은 말은 곧 여전히 사람의 '생겨난 바탕'(生質)에서 찾은 것이다. 곧 "하늘이 이루는 것"라는 말로써 그 선악이 서로 다름을 표현한 것이다. 왕선겸이 "곧은 나무가 도지개(隱括)에 의지하지 않아도 곧음은 그 성이 곧기 때문이며, 굽은 나무는 반드시 도지개에 의지하여 열을 가해 바로잡은 후에 곧게 되는 것은 그 성이 곧지 않기 때문이다"라고 한 말과 같다. 고자가 생지위성生之謂性을 긍정하여 "성性은 버드나무와 같으며, 의義는 버드나무로 만든 그릇과 같다. 사람의 성이 인의仁義로운 것은 버드나무로 그릇을 만드는 것과 같다"라고 한

---

104) 『孟子』(吳哲楣 主編, 『十三經』), 「告子上」, 1408쪽.

말은 본래 "성박론"에 대한 매우 적절한 설명이라고 할 수 있다.

이를 바탕으로 우리는 다시 순자사상에서 말하는 "성인"과 맹자가 논한 "성聖"의 차이를 살펴볼 수 있다. 주지하듯이 맹자가 "사람은 모두 요·순이 될 수 있다"라고 하였고, 순자도 "길거리의 사람도 우임이 될 수 있다"라고 하였다. 요·순·우는 줄곧 유가로부터 성현聖賢으로 공인되어 왔기 때문에 사람들은 결국 어떤 조건에서 "요·순이 될 수 있다"고 하는지, 또 어떤 조건에서 "우임금이 될 수 있다"고 하는지가 곧 맹자와 순자의 성인관의 기본적 구별을 나타낸다. 그렇다면 먼저 "사람은 모두 요·순이 될 수 있다"라고 한 맹자의 말을 살펴보자.

> 조교曹交(曹나라 임금의 동생)가 묻기를 "사람은 모두 요·순이 될 수 있다고 말한 적이 있습니까?"라고 하니,
>
> 맹자는 "그렇다"라고 대답하였다.
>
> (조교가 또 묻기를) "듣건대 문왕文王은 키가 10척이고, 탕왕湯王은 9척이라고 합니다. 이제 저는 9척 4촌으로 곡식만 축내고 있습니다. 어떻게 하면 좋을까요?" 라고 하였다.
>
> (맹자가) "무슨 관계가 있겠습니까? 오직 실천할 뿐입니다. 여기 어떤 사람이 있는데, 그의 힘이 한 마리 병아리도 이길 수 없다면 힘없는 사람이 됩니다. 이제 백균百均(3천 근, 1800kg)을 든다면 힘 있는 사람이 됩니다. 그러므로 오획烏獲 (전국시대 秦의 力士)과 같은 임무를 한다면 이 또한 오획이 될 뿐입니다. 무릇 어찌 이기지 못함을 근심하겠습니까? 하지 않을 뿐입니다. 어른의 뒤에서 천천히 가는 것을 공손하다고 하고, 어른 앞을 지나 빨리 가는 것을 공손하지 않다고 합니다. 천천히 가는 사람이 어찌할 수 없어서 그런 것일까요? 빨리 가지 않을 뿐입니다. 요·순의 도는 효孝와 제弟일 뿐입니다. 선생께서 요임금의 옷을 입고 요임금의 말을 외고 요임금의 행위를 한다면 요임금이 됩니다. 선생께서 걸왕桀 王의 옷을 입고 걸왕의 말을 외고 걸왕의 행위를 한다면 걸왕이 될 뿐입니다"라고 하였다.[105]

---

105) 『孟子』(吳哲楣 主編, 『十三經』), 「告子下」, 1413쪽.

맹자의 이 말은 매우 복잡해 보이지만 실제로는 도리가 매우 간단한데, 주로 두 가지를 말한다. 첫째는 이른바 "실천함"(爲)과 "실천하지 않음"의 문제이며, 둘째는 "실천함"의 기초에서 "요임금의 옷을 입고 요임금의 말을 외고 요임금의 행위를 한다" 즉 이른바 모든 곳에서 요임금을 본보기로 삼는다면 이는 곧 "요임금이 된다"라는 말이다. 또 맹자가 "요·순의 도는 효孝와 제弟일 뿐입니다"라고 한 말은 유가의 성현의 도는 사실 "효孝와 제弟"로부터 확충된 것임을 말한다. 따라서 맹자의 말에서 성현의 도는 사실 또한 도덕실천에서 끊임없이 확충된 문제이다.

순자의 "길거리의 사람도 우임금이 될 수 있다"라는 말은 마찬가지로 순자가 이해한 성현의 도라고 할 수 있다. 「성악」편에서 순자는 다음과 같이 말하였다.

> 길거리의 사람도 우임금이 될 수 있다 라는 말은 무슨 뜻인가? 무릇 우임금이 우임금답게 된 까닭은 그가 인의仁義와 바른 법을 행했기 때문이다. 그렇다면 인의와 바른 법은 (누구나) 알 수 있고 능히 아는 도리가 있는데, 길거리의 (평범한) 사람도 모두 인의와 바른 법을 알 수 있는 자질이 있고, 모두 인의와 바른 법을 능히 할 수 있는 재능(具)이 있다. 그러므로 그들이 우임금이 될 수 있음은 분명하다. 이제 인의와 바른 법을 진실로 알 수 있고 능히 할 수 있는 도리가 없다고 한다면, 아무리 우임금이라도 인의와 바른 법을 알 수 없고, 능히 인의와 바른 법을 행할 수도 없으며, 장차 길거리의 사람도 진실로 인의와 바른 법을 알 수 있는 자질이 없게 되며, 진실로 인의와 바른 법을 능히 할 수 있는 재능이 없다면, 길거리의 사람도 안으로는 부모와 자식 사이의 의義를 알 수 없고, 밖으로는 임금과 신하의 바름을 알 수도 없다. 그러나 사실은 그렇지 않으니, 길거리의 사람들도 모두 안으로 부모와 자식 사이의 의義를 알 수 있고 밖으로는 임금과 신하의 바름을 알 수 있으니 그러므로 알 수 있는 자질과 능히 할 수 있는 재능은 길거리의 사람들에게도 있음이 분명하다.106)

순자의 "길거리의 사람도 우임금이 될 수 있다"라는 말에서 관건은 주로 우임금

---

106) 『荀子』(『諸子集成』 제2책), 「性惡」, 295~196쪽.

이 우임금답게 되는 본질적 특징이 "인의와 바른 법을 할 수 있다"라는 점에 집중되어 있으며, "길거리의 사람"도 우임금이 될 수 있는 것도 주로 "길거리의 사람"도 이미 "인의와 바른 법을 알 수 있는 자질"이 있고 또한 "인의와 바른 법을 능히 할 수 있는 재능"이 있기 때문이다. 여기서 소위 "인의와 바른 법을 알 수 있는 자질"은 우리가 오늘날 이른바 능히 인지할 수 있는 심리적 기초를 포괄하는 생리生理 기초에 해당하며, 또한 "인의와 바른 법을 알 수 있는 재능"은 오늘날 우리가 말하는 인지와 실천능력에 해당한다. 여기서 말하는 생리生理는 심리적 기초와 인지와 실천적 능력을 말하며, 당연히 모두 "길거리의 사람도 우임금이 될 수 있다"라는 일종의 필요조건이라고 할 수 있다. 그리고 인식의 깊이로서 말하면, 또한 주로 순자가 확실하게 맹자의 "사람은 모두 요·순이 될 수 있다"라고 한 말을 생리의 기초와 실천능력의 위치까지 연역해 나간 것이며, 특히 "알 수 있고 능히 할 수 있는 도리가 있다"는 경지까지 연역해 나간 것이다. 이에 따라 마땅히 순자의 "길거리의 사람도 우임금이 될 수 있다"라는 말은 분명히 맹자가 "사람은 모두 요·순이 될 수 있다"라고 한 말까지 어느 정도 포함한 것이며, 나아가 '학문적 원리나 법칙'(學理)화 논설의 경지로 추진하였다.

그러나 존재하는 문제는 첫째, 이른바 "인의와 바른 법"이 우임금이 우임금답게 되는 기본적 특징, 즉 위대한 우임금이 성인이 되는 까닭이 단지 "인의와 바른 법"의 영역으로 나타낼 수 있는가에 있으며, 둘째 순자가 "인의와 바른 법"의 "알 수 있고 능히 할 수 있는 이치가 있다"라는 말에 관한 규정은 분명히 학리화되어 있다. 그러나 "길거리의 사람"의 "인의와 바른 법을 알 수 있는 자질"과 "능히 인의와 바른 법을 할 수 있는 재능"에 대한 분석은 도리어 단지 필요조건의 영역에 머물고 있으며, 즉 이른바 "길거리의 사람"은 진실로 "우임금이 될 수 있는" 자질을 갖추고 있고 기초적으로 실천능력을 포괄하고 있다. 그러나 결코 반드시 "우임금이 될 수 있는" 실천적 추구를 포함하지는 않는다. 이렇게 보면, "길거리의 사람도 우임금이 될 수 있다"라는 말도 단지 "길거리의 사람"은 모두 "우임금이 될 수 있는" 자질만 갖추고 있고, 인식과 실천능력을 포괄하여 말하면 오히려 결코 "길거리의 사람"이 "우임금이 될 수 있는" 실천적 추구 그 자체를 포함하고 있지는 않다. 그것을 맹자가 "사람은 모두 요·순이 될 수 있다"라고 한 말에서 규정한 "요임금의 옷을 입고, 요임금의 말을 외며, 요임금의 행위를 행하는" 실천적 추구와 서로 비교하면, 이것은 또한 순자의 "길거리의 사람도 우임금이 될 수 있다"라는 말이 가진 주요한 결함이 있는 부분이기도 하다. 왜냐하면, 맹자의 "사람은 모두 요·순이 될 수 있다"라는 말은 도덕실천을 지향하는 절대명령이라고 할 수 있고, 그 관건은 주로 주체적인 "실천함"(為)과 "실천하지 않음"에서 결정된다. 그리고 군자가 말한 "길거리의 사람도 우임금이 될 수 있다"라는 말은 주로 "길거리의 사람"이 "우임금이 될 수 있는" 생리적 기초를 가지며, 또 "우임금이 될 수 있는" 인식과 실천능력을 갖추고 있음을 설명한다. 따라서 "길거리의 사람"이 "우임금이 되는" 생리적 자질과 인식 및 논리적 설명이라고 말할 수 있다.

　맹자와 순자 두 학파가 완전히 공통적으로 지향하는 명제에 관하여 말하면 마땅히 그들은 본래 공자의 "인仁으로 말미암는다"라는 말에 근원하며, 실제로 모두 사상적 발전이지만 맹자와 순자가 서로 다른 지향을 실천하는 가운데 맹자는 분명하게 그것을 실천추구의 영역까지 이르렀고, 따라서 "요임금의 옷을 입고, 요임금의 말을 외고, 요임금의 행위를 실행한다"라고 표현하였고, 곧 모든 곳에서 요임금을 본보기로 삼는다. 그러나 순자는 도리어 완전히 "길거리의 사람도 우임금 이 될 수 있다"라는 인식과 실천가능성에 대한 학문적 원리나 법칙(學理)적 분석으로 인도하였다. 맹자와 순자 두 사람의 서로 다른 주요 관심과 중점은 이로부터 확연히 드러난다. 이 외에 맹자는 항상 "선생께서 요임금의 옷을 입고 요임금의 말을 외고 요임금의 행위를 한다면 요임금이 됩니다"라는 자세를 견지하였고, 이에 따라 항상 '범인凡人과 성인이 하나가 된다'(凡聖合一)라는 가능성을 견지하였고, 아울러 이를 기본적 전제로 삼아 "요임금의 옷을 입고 요임금의 말을 외고 요임금의 행위를 한다"라는 실천적 추구를 구체화하는 데 중점을 두었다. 따라서 "사람은 모두 요·순이 될 수 있다"라는 주장에 대하여 말하면, 이른바 "선생께서 요임금의 옷을 입고 요임금의 말을 외고 요임금의 행위를 한다"라는 말도 곧 "사람은 모두 요·순이 될 수 있다'라는 말의 필요충분조건이다. 반면에 순자의 "길거리의 사람도 우임금이 될 수 있다"라는 말을 분석하고 논증함에 이른바 "우임금이라도 인의와 바른 법을 모르면 인의와 바른 법을 실천할 수 없으며, 길거리의 사람도 진실로 인의와 바른 법을 알 수 있는 자질이 없으면, 진실로 인의와 바른 법을 할 수 있는 재능이 없다"라는 말은 성인이 인륜의 본보기이며, 유도 작용을 하고 있음을 분명하게 가지고 있는 동시에 "성인"을 범인이 따라잡을 수 없는 인륜의 밖으로 밀어내었다. 이런 점에서 순자가 말하는 "길거리의 사람도 우임금이 될 수 있다"라고 한 말은 사실 단지 "될 수 있다"라는 점에 그칠 뿐이며, 성현으로서의 추구도 실제로는 단지 필요조건에 불과하며, 결코 필요충분조건은 아니다. 아마도 순자에게서 우임금은 "하늘이 낸 성인"(天縱之聖), 곧 선천적 성인이라고 할 수 있다. 왜냐하면 만약 "우임금이라도 인의와 바른 법을 모르면 인의와 바른 법을 실천할 수 없으며, 길거리의 사람도 진실로 인의와 바른 법을 알 수 있는 자질이 없으면, 진실로 인의와 바른 법을 할 수 있는 재능이 없다"라는 말도 분명하게 "성인"을 하늘이 내린 영역과 범위로 밀고 간 것이다. 사실 이것도 그가 "우임금이라도 인의와 바른 법을 모르면 인의와 바른 법을 실천할 수 없으며, 길거리의 사람도 진실로 인의와 바른 법을 알 수 있는 자질이 없으면, 진실로 인의와 바른 법을 할 수 있는 재능이 없다"라고 말한 근본적 원인이 되며, "인의와 바른 법"이 반드시 "하늘이 낸 성현"에 반드시 의지하는가 라는 점에서 맹자와 순자의 성인관은 근본적으로 다를 수 있다.

사실 맹자와 순자 사이에 있을 수 있는 이러한 차이도 또한 순자가 도가사상을 흡수하고 계승한 것을 통하여 설명할 수 있다. 당연히 이 때문에 순자가 보기에 맹자의 많은 관점을 그는 모두 받아들일 수 없었다. 따라서 그는 맹자의 성선론을 비판해야 할 뿐만 아니라, 맹자의 많은 "망령된"(狂妄) 이론을 비판하려고 하였다. 예를 들면, 「비십이자非十二子」라는 글에서 맹자는 순자가 비판하는 주요 대상이 되었다.

대략 선왕을 본받으면서도 그 계통을 모르면 겉으로 그럴듯하나 재능은 많이 거칠며, 뜻만 지나치게 커서, 견문이 잡박하고, 지나간 옛것을 참고하여 말을 만들어 내고는 그것을 오행五行이라고 하였다. 매우 편벽되고 어긋나서 계통이 없으며, 어렴풋이 숨어서 설명이 없고 없으며, 닫히고 소략해져 해명할 수 없으며, 그 말을 꾸미고 단지 드높여서 말하기를 '이것은 진실로 옛 군자의 말이다'라고 한다. 자사子思가 제창하고 맹가孟軻가 화답하였으니 세속의 도랑 속 어리석은 유자들이 활짝 좋아하며 그 그름을 알지 못하고 결국 이어받아 전하니 중니仲尼와 자유子游가 자못 후세에 명성이 두터워졌으니 이것은 자사와 맹가의 죄이다.[107]

순자의 이러한 비판에서 그 초점은 주로 "옛것을 참고하여 말을 만들어 내고는 그것을 오행五行이라고 하였다"라는 말에 집중되어 있다. 과거 매우 오랜 시간에서 사람들은 "오행"을 『상서尚書』「홍범洪範」과 『국어國語』「정어鄭語」에 기록된 금金·목木·수水·화火·토土로 이해하였기 때문에 자사와 맹자 학파의 "오행"도 순자에 의해 "옛것을 참고하여 말을 만들어 낸" 것으로 규정되었다. 이것은 심지어 사맹思孟 학파의 존재 여부에 대한 중대한 현안이 되기도 하였다. 방박龐樸(1928~) 선생이 『맹자』와 마왕퇴의 백서를 반복하여 비교함으로써 비로소 『맹자』 책 중 인仁·의義·예禮·지智·성聖의 그 자연성과 사실성이 곧 사맹학파가 제시한 "오행"임을 발견하였고, 아울러 또 그 이후 새롭게 출토된 곽점초간郭店楚簡으로 실증되었을 때 비로소 사맹학파가 "옛것을 참고하여 말을 만들어 내고는 그것을 오행이라고 하였다"라는 말의 구체적인 내함內涵을 이해하였다.[108] 그러나 순자가 이러한 "오행"을 "옛것을 참고하여 말을 만들어 낸" 것으로 보았고, 아울러 "매우 편벽되고 어긋나서 계통이 없으며, 어렴풋이 숨어서 설명이 없고 없으며, 닫히고 소략해져 해명할 수 없다"라고 여겼으며, 그 관건은 물론 "하늘" 아니면 "사람"에 있었으며, 순자도 모두 도가로부터 자연적 실연의 시각을 빌렸고, 그에 따라 사맹학파가 "지志를 으뜸의 기로 여긴다"[109]

---

107) 『荀子』(『諸子集成』 제2책), 「非十二子」, 59~60쪽.
108) 龐樸, 『竹帛『五行』篇校注及硏究』, 「馬王堆帛書揭開了思孟五行說古謎」; 「思孟五行新考」, 131·142쪽 참고.

라는 입장에서 도덕이상주의 정신을 근본적으로 받아들일 수 없었다. 따라서 순자는 「비십이자」 편에서 사맹학파에 대한 비판은 실제로 그 사상 내부의 유·도의 모순이며, 즉 이른바 실연적 시각과 이상적 시간의 모순된 표현이다.

그러나 비록 순자가 어느 정도 도가사상을 흡수하였지만, 그 사상적 성격과 학술적 진로는 도리어 결코 도가에 속하지 않으며, 단지 유가에 속할 뿐이다. 원인은 매우 간단하다. 순자가 도가사상을 흡수하고 계승한 것은 주로 그 실연적 시각의 영역에 한정되어 있으며, 그 인생 추구와 사상적 지향은 도리어 근본적으로 유가에 속한다. 이 점은 그 「권학勸學」의 시작 편에서부터이든, 성현의 인격에 대한 추앙과 그 "융성한 예禮와 법의 중시"의 인륜에 대한 주요 관심 나아가 유가의 치세 작용을 강조한 「유효儒效」부터이든, 완전히 유가의 나라를 편안하게 하는 치국治國의 인륜에 대한 주요 관심에 착안한 것이다. 따라서 유가의 성현의 인격을 추앙하고 유가의 인륜에 대한 주요 관심의 긍정과 유가 문헌의 공부와 전수에 대하여 살펴보면, 왕중汪中이 말한 "주공周公이 그것을 짓고, 공자가 그것을 조술祖述하고, 순경 선생이 그것을 전하였으니 그 공로는 한결같다"[110]라고 한 말도 기본적으로 성립될 수 있었으며, 왕선겸이 개탄한 "성인聖人 문하의 일관된 정수를 탐구하고 고금의 (다스림과 어지러움의) 성공과 실패의 원인에 통철洞徹하였으며, 논의는 궤석几席(常理)을 벗어나지 않고, 사려가 무한하게 두루 미쳤으며, 몸소 일찍이 단 하루도 백성을 다스린 적은 없지만, 행한 일은 그것을 널리 널리 미루어나가 모두 준칙이 됨을 믿을 수 있다"[111]라는 말도 마찬가지로 충분히 성립될 수 있다.

---

109) 맹자는 "무릇 志는 氣의 으뜸이며, 기는 육체에 충족된다"(『孟子』[吳哲楣 主編, 『十三經』], 「公孫丑上」, 1363쪽)라고 하였으며, 또 "항산이 없어도 항심이 있는 사람은 오직 士만 할 수 있다"(『孟子』[吳哲楣 主編, 『十三經』], 「梁惠王上」, 1354쪽)라고 하였다. 이러한 점에서 자사가 말한 "하늘이 명한 것을 性이라고 한다"라는 말을 포함해서 공자, 증자, 자사, 맹자는 일치된 도덕이상주의 정신을 가지고 있으며, 순자는 그처럼 완전한 실연존재로부터 출발한 시각을 분명하게 이해할 수 없었고, 따라서 그는 단지 이른바 "매우 편벽되고 어긋나서 계통이 없으며, 어렴풋이 숨어서 설명이 없으며, 닫히고 소략해져 해명할 수 없다"라는 말에 따라서 비판할 수 있었다.

110) 汪中, 『荀卿子通論』(『諸子集成』 제2책), 15쪽.

왜 이렇게 말하는가? 순자와 맹자는 비록 어느 정도 시간적 차이는 있지만, 그들의 인륜에 대한 주요 관심과 사상적 지학은 도리어 완전히 일치하기 때문이다. 예를 들면 맹자와 순자 시대에 천하의 통일은 혹 늦거나 혹 이르거나의 이미 정해진 추세였지만, 그들의 통일노선은 도리어 완전히 일치하였다. 예를 들면 다음과 같다.

> 하나의 의롭지 않은 일을 하고, 한 사람의 무고한 사람을 죽여서 천하를 얻더라도 (세 사람) 모두 하지 않을 것이다.[112]

> 하나의 의롭지 않을 일을 하고, 죄 없는 한 사람을 죽여서 천하를 얻더라도 하지 않을 것이다.[113]

> 관중은 증서曾西도 비교되기를 원하지 않은 사람인데, 선생은 나를 그(관중)와 비교하려고 하십니까?[114]

> 중니의 문인들은 5척의 어린아이까지도 오백五伯(춘추오패)을 일컫기를 부끄럽다 고 말한다.[115]

이 완전히 일치된 의견은 순자와 맹자가 모두 유가의 사상적 대사大師이며, 모두 유가의 도덕이성의 입장에 서 있음을 말해 준다. 그것을 공자사상의 계승으로 보면 맹자가 주로 인仁에 치중한 반면, 순자는 주로 예禮에 치중하였다. 그들과 제자諸子사상과의 관계로 말하면, 맹자는 주로 유·묵을 융합하려고 하였지만, 순자는 주로 유·도를 관통하려는 데 치중하였다. 그러나 유·묵 두 학파는 근연近緣

---

111) 王先謙, 『荀子集解』(『諸子集成』 제2책), 「序」, 1쪽.
112) 『孟子』(吳哲楣 主編, 『十三經』), 「公孫丑上」, 1364쪽.
113) 『荀子』(『諸子集成』 제2책), 「儒效」, 76쪽.
114) 『孟子』(吳哲楣 主編, 『十三經』), 「公孫丑上」, 1361쪽.
115) 『荀子』(『諸子集成』 제2책), 「仲尼」, 66쪽.

관계에 속하기 때문에 맹자는 유가의 입장에서 묵가의 사상을 흡수하였고 동시에 또 묵가를 초월하였지만, 순자는 도가의 실연적 시각을 흡수하는 동시에 맹자처럼 유가의 입장에서 철저하게 묵가를 융합하고 초월할 수 없었다. 그러나 자기 자신은 실연적 시각의 기초 밖에 있는 조화상태에 머물도록 하였다. 순자의 바로 이 점 때문에 그 사상의 깊이에서 맹자와 멀고 먼 차이가 나게 되었고, 맹자에 대한 비판에서도 사실 그가 맹자를 이해하지 못하고 그 사상의 돌파력도 표현력이 부족하게 되었다. 왜냐하면 도가의 실연적 시각의 견제 때문에 순자도 맹자의 도덕이상주의에 기초한 형이상학적 시각을 이해하지 못하였을 뿐만 아니라, 심지어 공자·증자·자사·맹자가 일관되게 견지한 일련의 기본적 결론도 포기하였으며, 사맹학파에 대한 "옛것을 참고하여 말을 만들어 내고는 그것을 오행五行이라고 하였다"라는 비판은 사실 후일 유가의 인·의·예·지·신 "오상五常"에 대한 이해로 서 바로 수준미달의 표현이 되고 말았다.

그러나 순자는 결코 반드시 맹자의 사상과 모순을 발생하지는 않았으며, 마땅히 순자사상이 끝나는 부분에서 바로 맹자사상의 진정한 시작이 이루어진다. 왜냐하면 순자는 완전히 실연존재의 입장에서 군자의 시각을 지향하였고, 맹자는 또한 이른바 "군자가 성으로 삼는 바"로써 그 이론구성 전부의 기본적 출발점으로 삼고 있기 때문이다.[116] 만약 맹자의 도덕이상주의의 초월적 시각이 흔히 이른바 "우원하여 일의 실정에 정밀하지 못하다"[117]라는 비난을 면하기 어려웠다면, 순자는 객관존재

---

[116] 맹자와 비교하면, 순자도 유가도덕이상주의에 대하여 일종의 "후퇴적 수세"(退守) 혹은 "讓步"를 하였다고 할 수 있다. 즉 계속 退守에서 자연인성의 입장에 이르고, 아울러 이 점에서 매우 약간의 지식 축적의 방식으로 도덕이상주의로 나아갔다. 이 점은 현대인들이 좋아하지만, 또한 맹자가 말한 "군자가 성으로 삼는 바"라는 말과 는 지극히 큰 반대적 차이를 구성하였다. 순자는 결코 "군자가 성으로 삼는 바"를 부정하지는 않았지만, 그 이론 자체는 또한 합리적으로 "군자가 성으로 삼는 바"를 설명할 수 없었다. 따라서 맹자에 비해 순자가 한편으로 "退守"를 나타내었으나, 다른 한편으로는 자연인성의 기초에서 "接續"의 경향을 드러내었다. 만약 이 양자 의 이러한 관계를 이해하지 못하고, 양자 사이에서 是非와 長短을 억지로 따지면, 그것은 정말 "계통을 모르는" 표현이 된다.
[117] 司馬遷, 『史記』(『二十五史』, 권1), 「孟子荀卿列傳」, 203쪽.

에서 출발하는 실연적 시각에 따라서 바로 이러한 결점을 보완할 수 있었다. 물론 반대로 보면, 공자와 맹자의 "하늘"에 대한 도덕초월주의의 견지와 "천도天道와 성명性命이 서로 관통한다"라는 사상적 논설에는 또한 분명히 순자의 "과두寡頭적 인문주의"[118]라는 중대한 부족함을 바로잡을 수 있다. 이러한 상황에서 맹자와 순자의 서로 다른 천인관계와 서로 다른 인성론의 입장도 마찬가지다. 왜냐하면 순자는 완전히 인간의 감성적 욕망의 시각에서 인성人性이 필연적으로 만들어 내는 악惡을 판단하였다면, 맹자는 도리어 인륜문명이 확립되는 관점에서 인성이 필연적으로 포함하고 있는 선善을 논증하였다. 맹자가 보기에(사실 모든 유가는 반드시 이와 같은 입장을 취한다.), 만약 인성의 선함이 없다면 전체 인류문명은 확립되지 않을 뿐만 아니라, 인류의 앞날도 반드시 칠흑같이 어두울 것이다.

그러나 순자가 유·도 두 학파의 전체를 관통하는 방식으로 융합함은(비록 이 융합이 결코 철저하지는 않지만) 또한 유학에 두 가지 방면의 영향을 끼쳤다. 먼저 그 소극적 의미를 보면, 그는 하늘의 신성한 주재의 의미와 도덕 초월적 의미를 해소하였으며, 그에 따라 그의 철학에서 "하늘"은 어떤 신성성과 도덕성이라고 할 만한 것이 없으며, 오직 인사의 사무와 무관한 객관적 존재일 뿐이며, 따라서 오직 사람의 인식대상으로만 존재한다. 아울러 순자는 "자연과 인간은 서로 구분됨을 밝힌다"라는 방식으로 철저하게 "하늘"을 자연화自然化·물리화物理化하였으며(이와 같은 자연적 물리적 "하늘"은 여전히 중국인의 생존적 실재로서의 하늘이며, 결코 서양문화에서 인류의 인식의 궁극적 대상인 객관세계와 다르다.), 어떤 의미에서 이것은 중국인들의 신앙체계의 해체 혹은 해소와 같다. 다음으로 순자는 이와 동시에 인생에서 범인과 성인

---

118) 牟宗三은 순자의 인문주의는 곧 "과두적 인문주의"라고 보았다. 그는 "공자, 맹자로부터 말하면 禮義와 法道는 모두 하늘로부터 나왔으며, 모두 性分으로부터 나왔으며, 氣質과 人欲은 天이 아니다. 순자로부터 말하면 禮義와 法道는 모두 人爲로부터 나오며, 도리어 天까지 다스렸으며, 기질과 인욕은 모두 천성이며, 그것이 천에게서 드러나는 것이 오직 이것이기 때문에 예의와 법도는 안돈될 곳이 없으며, 오직 人爲로 돌아가기를 좋아하기 때문에 이것이 본원을 드러낼 수 없는 까닭이다"(牟宗三, 『荀學大略』[『牟宗三先生全集』 제2책], 185쪽)라고 비평하였다.

사이의 거리를 벌려 놓았다. 왜냐하면 순자의 철학에서 그는 여전히 공자, 맹자와 같이 성인聖人을 즐겨 언급하였지만, 그가 보기에 성인은 단지 이른바 "하늘이 내린 신성神聖"이며, 그가 인간에게 가져다 준 것도 단지 인류의 예교禮敎와 질서이지만, 성인은 도리어 결코 일반인이 인식하거나 추구할 수 있는 대상이 아니며, 단지 인간이 우러러보거나 존중하여 따라야 하는 대상일 뿐이다. 앞에서 인용한 "그러므로 아무리 우임금이라도 인의와 바른 법을 알 수 없고, 능히 인의와 바른 법을 행할 수도 없으며, 장차 길거리의 사람도 진실로 인의와 바른 법을 알 수 있는 자질이 없게 되며, 진실로 인의와 바른 법을 능히 할 수 있는 재능이 없다"라는 말은 순자가 분명하게 이른바 "인의와 바른 법"을 완전히 위대한 우임금(大禹)과 같은 "하늘이 내린 성인"의 몸으로 기탁하였음을 설명한다. 만약 "우임금이라도 인의와 바른 법을 알 수 없고, 능히 인의와 바른 법을 행할 수도 없다"라고 한다면 후세의 세상 사람들은 영원히 "인의와 바른 법"이 도대체 어떤 것인지 영원히 알 수 없다. 이렇게 보면 맹자의 "컴퍼스와 직각자는 네모와 원의 지극함이다. 성인은 인류의 지극함이다"[119]라는 말과 "선생이 요임금의 옷을 입고 요임금의 말을 외고 요임금의 행위를 행한다면 곧 요임금이 된다"라는 말과 서로 비교하면, 성인은 더는 보통의 사람이 학습하고 본받을 수 있는 본보기가 아니라 단지 사람들이 추앙하고 존중하여 따라야 하는 대상이 될 뿐이다. 따라서 이런 의미에서 순자는 또한 근본적으로 국민의 본보기와 모범으로 삼을 수 있는 체계를 해체한 것과 같다.

그 적극적 의미로 말하면 순자는 유·도 융합의 기본적 입장이기 때문에 도가의 객관적이고 실연적인 인식의 시각이 동시에 유학으로 들어가고 그에 따라 유학을 위한 기본적인 인지적 '학문적 원리나 법칙'(學理)의 체계를 수립하였다. 예를 들면 앞에서 인용한 순자의 "길거리의 사람도 우임금이 될 수 있다"라는 구절을 분석하면서 제시한 "그러므로 인의와 바른 법은 알 수 있고 능히 알 수 있는 이치가 있으나,

---

119) 『孟子』(吳哲楣 主編, 『十三經』), 「離婁上」, 1384쪽.

길거리의 사람은 모두 인의와 바른 법을 알 수 있는 자질이 있고, 모두 인의와 바른 법을 능히 할 수 있는 재능이 있다"라는 말은 사람이 자신에 대한 인식을 말하며, "인의와 바른 법을 알 수 있는 자질이 있음"에서 "인의와 바른 법을 능히 할 수 있는 재능이 있음"까지는 틀림없이 인간 자신에 대한 인식의 심화를 대표한다. 이뿐만 아니라, 순자는 또한 인식의 시각에서 인류정신이 추구하는 데서 마주치는 어려운 문제를 해결하였다. 이제 순자가 인간에 대하여 추구한 분석을 살펴보자.

> 듣지 않는 것은 듣는 것만 못하고, 듣는 것은 보는 것만 못하고, 보는 것은 아는 것만 못하고, 아는 것은 행하는 것만 못하다. 배움은 행함에서 멈춘다. 행함은 (이치를) 밝힘이며, 밝힘으로써 성인聖人이 된다. 성인은 인의仁義에 근본하고, 시비是非를 마땅하게 하고, 언행을 일치하게 하며, 털끝만큼도 잘못이 없으며, 오직 유가의 도를 행할 뿐이다. 그러므로 듣기만 하고 보지 않음은 비록 넓다고 해도 반드시 오류가 있으며, 보기만 하고 모르면 비록 안다고 해도 반드시 망령되며, 알지만 행하지 않으면 비록 돈독하지만 반드시 곤궁하게 된다. 듣지 않고 보지 않으면 비록 마땅해도 인仁은 아니며, 그 도를 백 번 열거해도 백 번 떨어질 것이다.[120]

여기 "들음"에서 "봄"까지, "앎"에서 "행"까지의 과정은 순자의 전체 인류의 정신문제에 대한 해결을 포함하고 있으며, 따라서 "배움은 행함에서 멈춘다", "행함은 (이치를) 밝힘이며, 밝힘으로써 성인聖人이 된다"라고 하였다. 분명히 이것은 체계적인 인식노선을 대표하지만, 순자가 볼 때, 인지를 통하여 그가 해결하려는 문제는 어떻게 하면 "인의仁義에 근본하고, 시비是非를 마땅하게 하고, 언행을 일치하게 하는가"의 문제였다. 그렇지 않다면 또한 반드시 이른바 "듣기만 하고 보지 않음은 비록 넓다고 해도 반드시 오류가 있으며, 보기만 하고 모르면 비록 안다고 해도 반드시 망령되며, 알지만 행하지 않으면 비록 돈독하지만, 반드시 곤궁하게

---

120) 『荀子』(『諸子集成』 제2책), 「儒效」, 90쪽.

된다"라는 상황에 빠지게 된다. 순자는 이로부터 "들음"에서 "봄"까지, "앎"에서 "행"까지의 인식의 경로를 제시하였다.

이 인식노선의 배후에, 그리고 항상 이러한 인식노선이 전개될 수 있는 전제가 바로 우주천도 생성변화의 배경에 관한 것으로, 이것은 천도의 전개 과정이며 동시에 우주가 막 시작되는 때부터 현재 우리의 인생까지 우주생성변화의 과정이기도 하다. 순자는 다음과 같이 말한다.

> 물과 불은 기氣는 있으나 생명은 없으며, 풀과 나무는 생명은 있으나 지능知能이 없으며, 날짐승과 들짐승은 지능은 있으나 의義가 없다. 사람은 기도 있고 생명도 있고 지능도 있고 또 의도 있으므로 세상에서 가장 귀한 존재다. 힘은 소보다 못하고, 달리기는 말보다 못하지만, 소나 말을 부리는 까닭은 무엇인가? 사람은 무리를 이룰 수 있지만, 저 짐승들은 무리를 이룰 수 없기 때문이다. 사람은 무엇으로써 무리를 이루는가? 직분이다. 직분은 무엇으로 실행할 수 있는가? 의義이다. 그러므로 의로써 직분을 나누면 화합하고, 화합하면 하나가 되고, 하나가 되면 힘이 세지고, 힘이 세지면 강해지고, 강해지면 사물을 이긴다. 그러므로 궁실宮室을 얻어서 거주한다. 그러므로 사시四時의 순서에 따라 만물을 재도裁度하고, 함께 세상을 이롭게 함은 다른 방법이 없이 직분(구분)의 의義를 얻음에 있다.[121]

여기서 "생명이 없음"에서 "생명이 있음"까지, "지능이 없음"에서 "지능이 있음"까지, 또 "의義가 없음"에서 "의가 있음"까지, 이것은 우주천도의 변화 발전의 단계를 나타내는 동시에 우리 인간이 "사람은 기도 있고 생명도 있고 지능도 있고 또 의도 있으므로 세상에서 가장 귀한 존재다"라는 우주천도의 근거가 된다. 그렇다면 인간은 어떻게 이처럼 되는가? 그것은 곧 "사람은 무리를 이룰 수 있고", "직분"과 "의"를 가질 수 있으므로 "그러므로 의로써 직분을 나누면 화합하고,

---

121) 『荀子』(『諸子集成』 제2책), 「王制」, 104~105쪽.

화합하면 하나가 되고, 하나가 되면 힘이 세지고, 힘이 세지면 강해지고, 강해지면 사물을 이긴다"이고, 순자의 "사람은 기도 있고 생명도 있고 지능도 있고 또 의도 있으므로 세상에서 가장 귀한 존재다"에 대한 우주진화론적 설명이 되었다. 분명히 우주천도의 자연진화를 근거로 삼고 아울러 우주진화에서 기초한 인식론은 순자의 국민에 대한 실연적 생존세계의 게시揭示일 뿐만 아니라, 동시에 이와 같은 실연세계의 진화발전의 과정에 대한 가장 적절한 설명이기도 하다.

만약 이것이 곧 순자가 국민의 생존에 대한 실재세계의 게시와 유가의 학리學理에 대하여 인생 인식의 결론적인 중요한 공헌을 하였다면(유학은 이로써 객관적 학리를 형성하는 길로 나가게 된다.), 이 공헌은 실제로는 주로 순자가 유·도융합 혹은 도가를 유가로 인도하는 방식으로 실현된 것이다.

4. 도·묵 두 학파의 "현실"통일: 한비의 법·술·세

선진유가의 마지막 대사로서 순자의 사상은 주로 유·도를 융합하는 방식으로 형성되었지만, 그 제자인 한비에 이르면 또 다른 길로 나아가게 된다. 여기서부터는 다시는 유·묵 혹은 유·도의 융합은 없으며, 완전히 현실적 주요 관심의 시각에서 도·묵 두 학파를 하나로 통합하였고, 따라서 법가사상을 역사적 선봉에 서게 하였다.

한비韓非(BC 280?~BC 233)는 법가의 대표적 인물이며, 또한 법가가 형성된 이래의 집대성자이다. 그러나 여기서 말하는 "집대성集大成"은 단지 초기의 법가사상인 이른바 법法·술術·세勢 세 부분의 통일을 가리키는 것이 결코 아니라, 먼저 도·묵 두 학파의 현실적 주요 관심과 그 방식과 방법에 대한 통일이며, 나아가 현실을 직시하며, 현실 문제를 해결하는 기초에서 초기 법가사상에 대한 통일과 집대성이다. 왜냐하면 법가는 본래 전국시대 제후들의 패권경쟁에서 형성되었고, 법가 그 자체도 이러한 현상에 대응하여 굴기崛起하고, 후일의 (전국시대) 칠웅七雄 사이의 정벌적 공격과 정벌적 외교(伐攻伐交)가 더해진 것으로, 따라서 법가는 현실에 대한 밀접한 주요 관심과 현실 문제를 해결하려는 데 전문적으로 초점을 맞춘 사상 유파가 될 수밖에 없었기 때문이다. 역사적 시각에서 보면, 상앙商鞅이 진秦 효공孝公에게 유세하였고 진 효공이 제왕의 도를 버리고 홀로 부국강병富國强兵의 국책國策을 선택한 것[122]은 법가로 하여금 황권皇權의 절박한 현실 문제 해결을 도모하려는 일면을 보도록 하였으며, 또한 법가의 현실에 대한 주요 관심, 곧 공리적 추구와 현실 문제를 해결하려는 데에 강력한 정신적 동력을 제공하였으며, 나아가 어떻게 신속하게 사회를 변화시키고 현실인생을 변화시킬 수 있는가가 그 첫째 급선무가 되었다. 도가와 묵가도 이와 같은 어떻게 신속하게 현실을 변화시킬 것인가에 대한 독촉으로 법가의 영역으로 진입하였다.

한비는 일찍이 순자에게서 수학하였는데, 그 때문에 순자의 유·도 융합의 시각도 반드시 그에게 중대한 깨우침을 주었으며, 그에게 이지적 시각에서 어떻게 해야 더 효과적으로 현실에 작용하고 아울러 현실에 개입할 수 있을까를 탐색하도록 하였다. 대략 한비가 보기에 순자의 '예를 존중하고 법을 중시함'(隆禮重法)과 교화를 중시하는 사상 주장도 사람들이 맹자를 이른바 "현실과는 거리가 멀다"(迂遠)라고 비판한 병을 면하기 어렵다. 그리고 설령 그것이 결코 "우원迂遠"하지는 않지만 하나의 구세의 주장으로서 또한 반드시 현실의 제후왕권을 통해서만 비로소 작용을 발휘할 수 있다. 비록 그렇다고 해도 순자는 현실을 직시하는 실연적 시각이 어디까지나 도가로부터 나온 만큼, 그에 따라 한비도 반드시 도가의 실연적 시각과 실연적 시각이 기초한 각성과 이지理智를 이 세계에 자신이 직면한 기본적 시작으로 삼아야

---

122) 진 효공이 당시 상앙이 말한 제왕의 도를 버리고 부국강병의 방법을 선택한 것은 당시 진나라가 제후들 가운데 후발주자로서 문화와 문명의 차원과 函谷關 동쪽(關東)의 여러 제국과 경쟁을 할 수 없었기 때문이며, 따라서 진 효공은 "제후들이 秦을 낮춰봄이 이보다 더 나쁠 수가 없다"(『史記』,「秦本紀」)라고 한 말은 곧 반드시 신속하게 부국강병의 효과를 보아야 한다는 입장과 관동의 제후국가와 우열을 비교할 수 있도록 재촉한 것이다. 따라서 진나라의 부국강병은 본래 오직 진나라의 실제 상황에서 나온 특수한 선택일 뿐이었으나, 이로부터 "제후들의 武力征伐"의 시대가 열렸고, 여러 제후국은 어지럽게 부국강병을 변법이 지향하는 대단원으로 삼았다.

한다. 이렇게 되면 이른바 "해로解老"편과 "유로喻老"편은 자연히 한비가 전국시대 공벌攻伐의 형세에 직면할 때 반드시 수련해야 하는 첫째 과제가 된다. 그리고 "해로"와 "유로"에서 어떻게 "그 몸을 보호"할 수 있으며, 또한 "그 몸을 보호함"을 통하여 "그 사직을 평안하게 함"도 또한 한비의 첫 번째 주요 관심이 되었다. 그는 다음과 같이 분석하였다.

> 무릇 나라가 있었더라도 후일 멸망했고, 몸이 있더라도 나중에 재앙을 만났다면, 그 나라를 잘 보전했고 그 몸을 잘 보존했다고 말할 수 없다. 무릇 그 나라를 보존하려면 반드시 그 사직을 편안하게 해야 하고, 그 몸을 잘 보존하려면 반드시 천수天壽를 마칠 수 있다. 그 후 비로소 그 나라를 잘 보존했고, 그 몸을 잘 보존했다고 할 수 있다. 무릇 그 나라를 잘 보전하고 그 몸을 잘 보존하려는 사람은 반드시 도를 체득해야 하며, 도를 체득하면 그 지혜가 깊어지고, 지혜가 깊으면 원대함을 이룰 수 있고, 원대함을 이룸은 일반 사람(衆人)이 그 지극한 바를 알 수 없다. 오직 무릇 (도를 체득한 사람이) 그 일의 지극함을 알 수 없는 사람에게 명령하고, 그 일의 지극함을 알 수 없는 사람이 그 몸을 보전하고 그 나라를 지킬 수 있도록 할 수 있다.[123]

여기서 "그 몸을 보존함"으로써 "천수를 마치며", "그 나라를 보존함"으로써 "그 사직을 편안하게 함"의 점층적 추론에서 한비는 "그 몸을 보존함"과 "그 나라를 보존함"을 통한 실연적 시각과 그 기본적 출발점을 나타내었으며, 또한 분명하게 이 모든 것을 "도를 체득함"과 연결하였는데, 그 뜻은 단지 "도를 체득함"의 기초에서 만 비로소 "지혜가 깊어짐"에 이르고, 또한 오직 "원대함을 이룸"의 전제에서 비로소 "일반 사람이 그 지극한 바를 알 수 없음"에서 마지막으로 이른바 "그 몸을 보존함"과 "그 천수를 마침", "그 나라를 보존함"으로써 "그 사직을 편안하게 함"의 목적을 실현할 수 있도록 한다. 여기서 "그 몸을 보존함"과 "그 사직을

---

123) 韓非, 『韓非子』(『諸子集成』 제5책), 「解老」, 102~103쪽.

편안하게 함"은 틀림없이 실연적 시각이며, 그 마음가짐은 전형적으로 "지혜를 이용함"에 속하고, 이미 그 기초가 되는 동시에 보다 높은 지향이 되는 "도를 체득함"에 속하며, 이러한 "도를 체득함"의 지향은 동시에 또 "일반 사람이 그 지극한 바를 알 수 없음"을 그 특징으로 삼는다. 대체적으로 "그 몸을 보존함"에서 "그 나라를 보전함"까지는 아울러 "도를 체득함"의 기초에서 도달하는 "지혜가 깊음", "원대함을 이룸"에 도달하고, 그에 따라 "일반 사람이 그 지극한 바를 알 수 없음"이라는 부분도 기본적으로 한비의 사상적 윤곽을 나타낸다.

이러한 과정에서 한비는 어떻게 "그 몸을 보존함"과 "천수를 마침"을 통하여 직접 "그 나라를 보존함"으로써 "그 사직을 편안하게 함"으로 도달할 수 있는가? 왜냐하면, 전자 즉 "그 몸을 보존함"으로 "천수를 마침"은 틀림없이 그 기본 입장이 실연적 시각에 속하며, 후자 즉 "그 나라를 보존함"으로써 "그 사직을 편안하게 함"은 도리어 분명히 제후왕권의 시각에 속하기 때문이다. 이러한 현상은 한편으로 당연히 한비가 "한韓나라의 공자公子"라는 신분으로 설명할 수 있으며, 다른 한편으로는 한나라가 서쪽으로 강국인 진秦과 인접하여 있기 때문에 당시 제후들의 패권경쟁에서 한나라는 가장 먼저 강국인 진나라의 압력과 능욕을 당하였다. 따라서 한비 스스로 "그 몸을 보존함"에 대한 주요 관심은 직접 제후왕권의 "그 사직을 편안하게 함"에 대한 관심으로 이어졌으며, 또한 그러한 구체적인 신분과 당시의 시대적 구조를 통하여 충분하게 이해할 수 있다.

그러나 제후왕권의 입장에서 당시 사회현실에 대하여 말하면, 한비는 한편으로 사상적 정합整合을 진행해야 하는 동시에, 자신이 해석한 사상을 모두 자신의 "몸이 온전함"의 관심에 이르고 동시에 영화부귀를 "자신에게서 얻어짐"으로 돌아가도록 해야 하였다. 따라서 당시 사상계에 유행한 각종의 관점들에 대하여 한비는 모두 한번 재해석을 진행하고자 하였다. 예를 들면 다음과 같다.

덕德은 내면적인 것이고, 득得은 외면적인 것이다. 노자의 '상덕上德은 덕이 아니다'라는 말은 그 정신이 외물外物에 어지러워지지 않음을 말한다. 정신이 외물外物

에 어지러워지지 않으면 몸이 온전하고, 몸이 온전함을 득得이라고 하며, 득은 몸에서 얻음이다.[124]

의義는 군君·신臣과 상上·하下의 일이며, 부모와 자식, 귀하고 천함의 차이가 있으며, 붕우의 사귐과 접촉(交接)에 친함과 소원함, 안과 밖의 구분이 있음을 안다.[125]

예禮로써 정情을 다스리며,…… 임금과 신하, 부모와 자식의 사귐에, 귀하고 천함 과 현명함과 모자람의 구별도 예로써 한다. 마음속에 품고만 있으면 (상대를) 깨닫게 하지 못하므로, 빠르고 급히 달려가 공손하게 절을 하며 (마음속을) 밝히며, 진실로 마음으로 사랑해도 (상대는) 알지 못하므로 좋은 말과 번드레한 말로 그것을 믿도록 한다. 예禮는 겉으로 꾸밈으로써 내심을 깨닫도록 하게 하므로 예로써 정을 다스린다고 한다.[126]

이러한 모든 해석은 당연히 모두 잘못이라고 할 수는 없다. 그러나 "덕德"과 "득得"을 나누어 해석하고, 아울러 "덕은 내면적인 것이고, 득은 외면적인 것이다"라 는 말은 유가 전통의 "덕은 득이다"[127]라는 말과 도리어 분명하게 완전히 상반된 뜻으로 파악하였다. 따라서 표면적으로 보면, 유가의 이른바 "덕은 득이다"라는 말은 주로 "예악禮樂을 모두 얻은 것을 덕德이 있다고 한다"[128]라는 말을 가리킨다. 그러나 예악은 하늘에 근본하므로 유가가 볼 때 "예禮는 본래 하늘의 자연"이며, "천지의 예는 자연으로 존재하는데 어찌 사람에게 빌리겠는가? 하늘이 사물을 생출生出함에 곧 존尊·비卑, 대大·소小의 사이 있으니 사람은 그것을 따름이니 이것이 예가 되는 까닭이다."[129] 따라서 유가에서 말하는 "덕은 득이다"라는 말은

124) 韓非, 『韓非子』(『諸子集成』 제5책), 「解老」, 95쪽.
125) 韓非, 『韓非子』(『諸子集成』 제5책), 「解老」, 96쪽.
126) 韓非, 『韓非子』(『諸子集成』 제5책), 「解老」, 96쪽.
127) 『禮記』(吳哲楣 主編, 『十三經』), 「樂記」, 513쪽.
128) 『禮記』(吳哲楣 主編, 『十三經』), 「樂記」, 513쪽.
129) 張載, 『經學理窟』(『張載集』), 「禮樂」, 264쪽.

본질적으로 사람이 하늘에서 얻음을 가리켜 한 말이며, 따라서 이른바 "덕德"은 근본적으로 내·외의 구분이 필요 없다. 그런데 한비는 "덕"과 "득"을 분리하여, "덕은 내면적이고, 득은 외면적이다"라고 하였다. 즉, "덕"은 주로 내재한 덕성을 가리켜 한 말이며, "득"은 외재적으로 "획득"한 어떤 것을 가리켜 한 말이다. 이러한 해석은 한편으로 물론 순자처럼 예약을 단지 "거짓"(僞)으로 본 것이기도 하지만, 다른 한편으로는 한비의 내외를 구별하는 실연적 시각에 한층 더 초점을 맞춘 것이기도 하다. "의義"의 상·하 구별과 "예禮"의 "겉으로 꾸밈으로써 내심을 깨닫도록 하여" "정情을 다스리는" 규정은 또한 실연적 시각으로 보면 이렇게 확실하다고 할 수 있을 뿐이다. 따라서 이러한 해석에서 한비는 또 분명하게 실연적 시각으로 내·외와 상·하의 구별을 더욱 부각했다.

이러한 실연적 시각과 "용지用智"의 전통을 한 걸음 더 집중함으로써, 그가 주시하는 초점을 반드시 현실의 제후왕권에 집중시키도록 하고, 또한 반드시 어떻게 왕권을 공고하게 하고, 신하를 통제하여 당시의 제후들의 패권경쟁에 대한 특수한 예물이 되도록 할 것인가는 당연히 자기 스스로 얻은 공명功名과 이록利祿의 특수한 수단이라고 할 수 있다. 이러한 흐름은 틀림없이 한비가 현실의 자아적 주요 관심에 따라서 제후왕권의 주요 관심으로 향하는 자연적인 연장이며, 또한 한비가 현실의 자아적 주요 관심에 따라서 제후왕권의 주요 관심으로 전향하였다는 표현이기도 하다. 다음 인용문을 살펴보자.

> 막중한 권세는 군주의 연못이다. 군주가 신하들 사이에 막중한 권세를 휘두르다 권세를 잃게 되면 다시 얻을 수 없다. 제齊나라 간공簡公은 대부인 전성田成에게 권력을 잃었고, 진공晉公은 육경六卿에게 권세를 잃고, 나라는 망하고 자신은 죽임을 당했다. 그러므로 노자는 "물고기는 연못을 벗어나서는 안 된다"(36장)라고 하였다. 상벌은 나라의 이기利器인데, 군주에게 있으면 신하를 제어하지만, 신하에게 있으면 군주를 이긴다. 군주가 상을 주려고 할 때 신하는 (군주의 褒賞의 뜻을) 깎아서 자신의 덕으로 여기고, 군주가 벌을 주려고 하면 권세에 더하여

자신의 위력으로 여긴다. 군주가 상을 주려 하면 신하는 그 권세를 이용하고, 군주가 벌을 주려고 하면 신하는 그 위력에 편승便乘한다. 그러므로 (노자는) "나라의 이기利器는 남에게 보여서는 안 된다"라고 하였다.[130]

이러한 모든 말은 당연히 모두 한비의 노자 『도덕경』에 대한 해석에서 나왔다. 이러한 해석은 한편으로는 진실로 한비가 현실을 더욱 중시하였다는 특징이 있으며, 동시에 그는 또 도가의 분명한 이성과 지모의 전통을 정권운용의 영역으로 끌어들인 것이다. 왜냐하면 여기서 한비가 논한 것은 이미 왕권 주체의 시각에서 군신의 관계를 분석한 것이며, 왕권이 자신의 권세와 지위를 중시함은 사람들이 자신의 살아 있는 몸을 대하는 것과 동일시하기 때문이다. 따라서 도가사상의 권모술수화는 사실 주로 한비의 이러한 왕권의 시각을 통한 해석에서 실현된 것이라고 할 수 있다.

한비가 도가의 실연적 시각과 지모의 전통을 현실의 정치에 운용할 때 그가 먼저 형성한 것은 "군도君道"와 "신도臣道"이며, 한비가 볼 때 유가가 말한 "군주가 군주답지 않고, 신하가 신하답지 않다"라는 비판도 먼저 군주가 마땅히 어떤 모습이어야 하며, 신하로서의 본분도 또한 마땅히 어떤 품행을 갖추어야 하는가 하는 바로 이 생각의 노선에 기초하고 있다. 한비는 다음과 같이 분석하였다.

도道는 만물의 시초이며 시비의 벼리이다. 이러므로 현명한 군주는 시초를 지켜 만물의 근원을 알고, 벼리를 제도制度하여 선善과 패망敗亡(惡)의 단서를 안다. 그러므로 허정虛靜의 태도로 기다리고(令은 衍文으로 之로 대체), 명의名義는 자연으로 형성되고, 사정事情도 자연으로 건립된다. 허虛(편견 없는 객관성)하면 실물의 실정을 알며, (마음이) 안정安靜되면 행동의 바름을 안다.[131]

130) 韓非, 『韓非子』(『諸子集成』 제5책), 「喩老」, 116~117쪽.
131) 韓非, 『韓非子』(『諸子集成』 제5책), 「主道」, 17~18쪽. 이 구절은 邵增樺 註譯, 『韓非子 今註今譯』(臺北, 臺灣商務印書館, 1986)을 참고하여 번역하였다. 이하 『韓非子』 관련 부분도 동일함.

군주는 자신이 바라는 것을 드러냄이 없어야 하며, 군주가 바라는 바를 드러내면
신하는 군주가 원하는 것을 만들어 낸다. 군주는 자신의 의견을 드러내지 말아야
하는데, 군주가 자신의 의견을 드러내면 신하는 (군주와) 다른 의견을 감춘다.
그러므로 군주가 좋아하는 것과 싫어하는 것을 드러내지 않으면 신하는 (자신의
의견을) 솔직하게 드러낸다. (군주가) 옛것(이미 가진 의견이나 생각)을 버리고 지략을
버리면 신하가 스스로 갖춘다.…… 공적이 있으면 군주의 현명함으로 드러내며,
허물이 있으면 신하가 그 죄를 책임진다.[132]

군주의 도는 물러나 안정함을 보배로 삼는다. 스스로 일을 조종하지 않으면서
졸렬함과 교묘함을 알며, 스스로 헤아려 꾀하지 않으면서 장점과 허물을 안다.
이러므로 (군주는 신하에게 직접) 말하지 않아도 (신하는) 최선을 다해 응한다.[133]

이러한 "물러나 안정함을 보배로 삼음"의 "군주의 도"에서 군주는 먼저 "만물의
근원을 앎", "선·악의 단서를 앎"을 먼저 해야 하고, 또 "자신이 바라는 것을
드러내지 않음", "자신의 의지를 드러내지 않음"을 해야 하고, 따라서 "신하가
(자신의 의견을) 솔직하게 드러내도록" 한다. 즉 모든 대신의 본래 면목은 자연적으
로 그렇게 드러내며, 그에 따라 그들의 장점과 단점을 인식한 후에 "장점과 허물"의
이기利器를 포착하여 조용하게 통제한다. 신도臣道에 대하여 비록 신하로서의 도리를
논하지만 한비는 의연하게 "군주의 도" 또한 군주로서 가져야 하는 시각에서
신하들을 관찰하였으며, 또한 완전히 군주의 필요에 근거하여 신하로서의 도를
규정하였다. 그는 "신하를 총애하여 지나치게 가까이 하면 반드시 자신의 몸을
위태롭게 하며, 신하가 지나치게 고귀하게 되면 반드시 군주의 지위가 바뀌게
된다. 왕비와 첩의 차등이 없으면 반드시 적자嫡子가 위태로워지며, (군주의) 형제가
복종하지 않으면 반드시 사직社稷이 위태로워진다"[134]라고 하였다. 말하자면, 신하

---

132) 韓非, 『韓非子』(『諸子集成』 제5책), 「主道」, 18쪽.
133) 韓非, 『韓非子』(『諸子集成』 제5책), 「主道」, 20쪽.
134) 韓非, 『韓非子』(『諸子集成』 제5책), 「愛臣」, 16쪽.

에 대하여 군주는 반드시 절대적인 위엄을 가지고 결코 어떤 군권을 위협할 수 있는 가능성을 허락하지 말아야 한다. 다른 한편으로 신하의 도 그 자체에 대하여 말하면, "대신人臣의 녹봉祿俸이 비록 크지만 성시城市까지 위력이 펼치지 못하게 해야 하며, 무리가 비록 많더라도 신하의 사졸士卒이 되지 못하게 해야 한다. 그러므로 신하가 국무國務를 처리함에 사사로이 조회를 못하게 하고, 군무軍務에 임함에 사사로운 교류가 없게 하고, 국가재정(府庫)에는 사사로이 일반 가정에 대여貸與하지 못하도록 해야 한다"135)라고 하였다.

한비가 여기서 "해로解老"와 "유로喩老"의 정신에 근거하여 만들어 낸 군신의 도 가운데서 군왕 권력의 절대성은 이미 분명하게 정해졌고, 군신 사이 절대복종의 관계도 이미 매우 명확해졌다. 한 걸음 더 나아가서는 군권의 절대성과 그 전제 독재적 색채도 꼭 한층 더 강화되었다. 그리고 이른바 신하는 완전히 신첩臣妾과 노복奴僕의 신분으로 전락하였다. 중국 역사에서 군주정치체제는 군자에게서 "하늘" 의 신성주재神性主宰의 의와 도덕초월의 의로 해소된 후 오직 군권의 유일한 최강권력으로 나아갈 수밖에 없었다.136) 한비가 좀 더 자세하게 논한 군신의 도를 살펴보자.

현명한 군주가 그 신하를 통제하고 인도하는 방법은 두 가지 권병權柄일 뿐이다. 두 가지 권병은 형刑과 덕德이다. 무엇을 형과 덕이라고 하는가? 살육하는 것을 형刑이라고 하고, 경축慶祝하고 상주는 것을 덕德이라고 한다. 신하로서 죽임과 죄를 두려워하고, 경축과 상을 이롭게 여긴다. 그러므로 군자가 스스로 그 형과 덕을 사용하면, 군신은 그 위력을 두려워하고 그 이로움을 도모한다.137)

---

135) 韓非, 『韓非子』(『諸子集成』 제5책), 「主道」, 17쪽.
136) 맹자는 "세상 사람들이 모두 존중하는 세 가지가 있으니, 官爵이 그 하나며, 나이가 그 하나며, 德이 그 하나이다. 조정에서는 관작만한 것이 없으며, 마을 동네에서는 나이만한 것이 없으며, 세상을 돕고 백성을 기르는 데는 德만한 것이 없다"(『孟子』 [吳哲楣 主編, 『十三經』], 「公孫丑下」, 1368쪽)라고 하였다. 그러나 순자가 하늘의 신성 주재와 도덕초월의 의를 해소한 후 "나이" 혹은 "덕"을 막론하고 모두 반드시 무조건적으로 군주 정권의 부림(驅謙)에 복종해야 하였다. 따라서 중국의 군주 전제정권과 그 독재체제는 순자가 하늘의 신성주재와 도덕초월의 의를 해소하였을 때 이미 시작되었으며, 한비는 이러한 독재정체를 극단적으로 몰고 갔을 뿐이다.

군주가 장차 간사함을 금하고자 하면 형벌과 명분(刑名)이 부합하는가를 살펴보아야 하는 것은 말과 일이다. 신하된 자가 진언陳言하면 군주는 그 말에 따라 일을 부여하고 오로지 그 일로써 그 공을 책임지게 한다. 공이 그 일에 합당하고 일이 그 말과 합당하면 상을 내린다. 공이 그 일과 합당하지 않고, 일이 그 말과 합당하지 않으면 벌을 준다. 그러므로 신하들은 말은 큰데 공이 적으면 벌을 내리는 게 공이 적어서 벌을 내리는 것이 아니라 공이 그 이름과 합당하지 않아서 벌을 내린다. 신하들이 그 말은 적게 하고 공은 크다면 역시 벌을 내리는데, 그 공이 큼을 기뻐하지 않은 것이 아니라 그 이름과 합당하지 않기 때문이다. 폐해가 공의 크기보다 심해도 역시 벌을 내린다.[138]

이와 같이 군주는 단지 "형刑과 덕德" 두 가지 권병을 가지기만 하면 세상 사람들을 신하나 백성으로 부릴 수 있다. 실제로 순자가 "하늘"의 신성주재와 도덕초월의 의를 해소한 후 인간세상의 왕권이 "하늘"의 신성주재권력을 참칭하거나 찬탈하였다. 심지어 어떤 의미에서는 "하늘"이 할 수 없거나 혹은 근본적으로 하지 못하는 일을 군주는 그 "형과 덕"이라는 두 권병을 빌려서 그 신하들에게 자신의 의지에 따라서 일을 진행하도록 부릴 수 있다. 신하에 대하여 말하면 이러한 행사의 표준이 심지어 완전히 인간의 천성을 왜곡하는 지경까지 도달하였다. 지존至尊인 왕권으로 "신하"를 부리는 여러 가지 행동거지를 살펴보자.

그러므로 월越나라 왕이 용기를 좋아했기 때문에 백성들이 많이 죽음을 가볍게 여겼으며, 초楚나라 영왕靈王은 허리가 날씬한 미녀를 좋아했기 때문에 나라에는 밥을 굶는 여자들이 많아졌다. 제齊나라 환공桓公은 질투심이 많아 내시內侍를 좋아하였기 때문에 수조豎刁는 스스로 거세하여 내시를 다스렸으며, 환공이 맛있는 음식을 좋아했기 때문에 역아易牙는 자기 아들의 머리를 삶아 임금에게 올렸다. 연燕나라 왕 자쾌子噲는 현명한 사람을 좋아하였으므로 (國相인 子之에게

---

137) 韓非, 『韓非子』(『諸子集成』 제5책), 「二柄」, 26쪽.
138) 韓非, 『韓非子』(『諸子集成』 제5책), 「二柄」, 27~28쪽.

禪讓하러 하였으나) 자지子之는 나라를 물려받지 않겠다고 밝혔다. 그러므로 군주가 싫어함을 보이면 신하들은 진실을 숨기고, 군주가 좋아함을 보이면 신하는 능력 있는 것처럼 꾸민다.[139]

그러므로 "뛰어난 목수는 눈대중만으로도 먹줄에 맞출 수 있지만, 반드시 먼저 컴퍼스와 직각자로 법도로 삼는다.…… 그러므로 먹줄이 곧아야 굽은 나무를 바로 깎을 수 있고, 수준기水準器로 울퉁불퉁하고 패인 것도 평평하게 깎고, 저울에 달아 무거운 것을 가벼운 것에 더해 줄 수 있으며, 두斗(한 말)와 석石(한 섬)을 설치하여 많고 적음을 헤아린다. 그러므로 법으로써 나라를 다스리도록 조치를 할 뿐이다"라고 하였다.[140]

이러한 치국治國의 도는 한편으로 진실로 이른바 군권의 절대성, 즉 무소불위의 한 면을 표현하였으며, 다른 한편으로 사람이 할 수 없는데 할 수 있도록 하는, 곧 완전히 사람의 천성을 왜곡하는 방식으로 신하들과 세상 백성을 부리는 방법은 우리가 마치 또 어떤 일찍이 서로 알고 있는 것 같은 감정이 있는 것처럼 보이게 한다. 그렇다면 이와 같은 "형刑과 덕德" 두 가지 권병, 마치 컴퍼스, 직각자, 먹줄을 영활하게 운용하여 신하를 부리는 방법은 결국 어디서 유래하였는가? 그것은 묵가에게서 비롯되었다.

먼저 묵가가 컴퍼스와 먹줄을 어떻게 운용하였는가를 살펴보자.

세상에 일에 종사하는 사람은 법의法儀(法度禮儀의 준말. 법률과 제도)가 없어서는 안 된다. 법의가 없으면서 일을 성공할 수 있는 사람은 없다. 비록 지극한 사士라도 장상將相이 되면 모두 법도를 가지고 있으며, 지극한 백공이라도 일에 종사하는 사람이면 모두 법도를 가지고 있다. 백공은 네모(方)는 직각자(矩)로 그리고, 원圓은 컴퍼스(規)로 하며, 직선은 먹줄(繩)로 하며, 수직(正)은 현懸으로써 하였다.

139) 韓非, 『韓非子』(『諸子集成』 제5책), 「二柄」, 28~29쪽.
140) 韓非, 『韓非子』(『諸子集成』 제5책), 「有度」, 25~26쪽.

숙련된 장인(巧工)이든 숙련되지 않은 장인이든 모두 이 다섯 가지를 법도로 삼는 숙련된 장인은 그것을 적중하게 쓸 수 있고, 숙련되지 않은 장인은 비록 그것을 적중하게 쓸 수는 없지만, 바야흐로 이에 의지해서 일하면 오히려 자신의 능력보다 더 뛰어날 수 있다.141)

그러므로 묵자 선생이 하늘에 뜻이 있다고 한 말은, 위로는 천하의 왕·공·대인들이 형정刑政(政治와 刑罰)을 행하는 법도가 되고, 아래로는 천하의 만백성이 문학文學을 하고 언사를 드러내는 기준이 된다. 그 행동을 보고 그것이 하늘의 뜻에 순응하면 그것을 선의善意의 행동이라 하고, 하늘의 뜻에 반하면 그것을 선의善意의 행동이 아니라고 한다. 그 언사言辭를 보고 하늘의 뜻에 순응하면 그것을 선한 언사라고 하고, 하늘의 뜻에 반하면 그것을 선한 언사가 아니라고 한다. 그 형정을 관찰하여 하늘의 뜻에 순응하면 선한 형정이라고 하고, 하늘의 뜻에 반하면 그것을 선한 형정이 아니라고 한다. 그러므로 이것(天意)에 맡기어 법도로 삼고, 이것을 세워 준칙으로 삼아 장차 천하의 왕·공·대인·경·대부들의 어짊과 어질지 않음을 헤아린다. 그것을 비유하면 흑黑과 백白처럼 분명하다.142)

내게 하늘의 뜻이 있음을 비유하면 수레바퀴를 만드는 사람에게 컴퍼스가 있고, 목수에게 직각자 있는 것과 같다. 수레바퀴를 만드는 사람과 목수는 컴퍼스와 직각자를 가지고 세상의 사각형과 원을 헤아리면서 "적중하면 바르고, 적중하지 않은 것은 그르다"라고 하였다.143)

분명히 묵자가 "법의法儀"를 잡아 나라를 다스림은 그가 초년에 컴퍼스와 직각자, 먹줄로써 목재를 가공한 것과 같으며, 묵자가 이러한 방법으로 국가를 다스리는 데 운용한 것은 묵자가 스스로 불가피한 성질이 있기 때문이다.(그러나 일찍이 이미 어느 정도는 전제적 독재사상을 포함하고 있다.) 그러나 묵가 당시에 "컴퍼스와 직각자를

---

141) 『墨子』(『諸子集成』 제4책), 「法儀」, 11쪽.
142) 『墨子』(『諸子集成』 제4책), 「天志中」, 129쪽.
143) 『墨子』(『諸子集成』 제4책), 「天志下」, 122쪽.

가지고 세상의 사각형과 원을 헤아리면서 적중하면 바르고, 적중하지 않은 것은 그르다"라고 하였다는 사실은 결코 강제로 인성을 왜곡하여 사람이 할 수 없는 일을 하도록 하지는 않았으며, 특히 한비가 말한 제나라 환공처럼 "수조豎刁는 스스로 거세하여 내시를 다스리고", "역아易牙가 자기 아들의 머리를 삶아 임금에게 올리도록" 하여 자신의 특수한 기호를 만족하도록 할 수는 없었다.[144] 그러나 한비가 도가의 "만물의 근원을 알고", "선함과 패망의 단서를 앎"을 흡수하고, 동시에 또 "그가 원하는 바를 드러내지 않음", "자신의 의지를 드러내지 않음"과 같이 깊이 감추고 드러내지 않는 군주의 제어술을 형성한 후에 또 묵가의 목수가 목재를 가공하는 컴퍼스, 직각자, 먹줄의 사용 방법을 그 가운데로 받아들였으며, 이것은 "먹줄이 곧아야 굽은 나무를 바로 깎을 수 있고, 수준기水準器로 울퉁불퉁하고 패인 것도 평평하게 깎고, 저울에 달아 무거운 것을 가벼운 것에 더해 줄 수 있으며, 두斗(한 말)와 석石(한 섬)을 설치하여 많고 적음을 헤아린다. 그러므로 법으로 써 나라를 다스리도록 조치를 할 뿐이다"라는 상황이 되었다. 이러한 방법으로부터 오로지 제왕의 의지가 중심이 되었고, 이에 따라 오직 제왕이 하고자 하는 의지를 갖추면, 그 신하는 또 반드시 무조건 만족시켜야 하는데 마치 "제齊나라 환공桓公은 질투심이 많아 내시內侍를 좋아하였기 때문에 수조豎刁는 스스로 거세하여 내시를 다스렸으며, 환공이 맛있는 음식을 좋아했기 때문에 역아易牙는 자기 아들의 머리를 삶아 임금에게 올렸다"라는 상황과 같았다. 이렇게 묵가 원래의 오직 "천지"에

---

144) 묵가는 진실로 "세상의 인심을 거스르는" 일면이 있었는데, 예를 들면 문도들은 반드시 "무아"의 마음으로 "타인을 자신의 몸처럼 사랑하기"를 요구한 것은 사실 사람의 자연적 천성에 위배되는 요소가 있다. 그러나 인성에 대한 묵가의 왜곡은 또한 주로 세상을 구원하는 요구에 복종하려는 데 있으며, 따라서 맹자는 묵가가 "정수리에서부터 발뒤꿈치까지 다 닳아도 세상을 이롭게 한다면 그것을 하였다"라고 하였다. 그러나 한비는 인성에 대한 왜곡은 완전히 군왕의 특수한 기호를 만족시키는 것이었다. 예를 들면, "豎刁는 스스로 거세하여 내시를 다스리고", "易牙가 자기 아들의 머리를 삶아 임금에게 올리도록" 하는 등의 일은 완전히 齊나라 환공의 "내시를 좋아함", "味食을 좋아함"의 기호를 위한 것이었으며, 이것은 묵가와는 완전히 상반된 방향으로 나아갔다.

대한 절대복종(是從)이 일변하여 오직 제왕의 의지에 대한 절대복종이 되었다. 법가에 대하여 말하면, 그들의 눈에는 제왕의 의지를 제외하면, 오직 제왕의 의지를 만족할 수 있는 도구 곧 "법의", 즉 제어술 혹은 사람을 부리는 기술이 필요하였다. 이러한 "법의"는 또 완전히 제왕의 "세勢"와 "술術"을 통하여 진행되었다. 이처럼 온 나라의 상하가 오직 하나의 사상, 하나의 언론을 가질 수 있다. 이것은 오직 제왕만이 생각할 수 있는 것이며, 신하와 국민에 대해서는, 생각은 오직 군주가 생각하는 것, 말은 군주가 말하는 것이 하나의 생존 도리일 것이며, 국민들이 매우 일찍부터 형성한 "(통치자의 폭정이 두려워) 길에서 눈짓으로 대화한다"[145]라는 전통을 형성한 것은 전혀 이상하지 않다.

그렇다면 법가사상을 집대성한 사람으로서 한비는 어떻게 묵가의 사상을 받아들였는가? 그 후 완전히 제왕의 입장에서 저술한 「오두五蠹」편에서 이른바 "유가는 문文으로써 법을 어지럽혔으며, 협俠(묵가)은 무武로써 금법禁法을 범하였다"[146]라고 한 말은 본래 묵가가 "문文"과 "협俠"의 이중적 금지명령의 반열에 놓여 있었는데, 우리가 여기서 도리어 법가는 분명히 묵가의 사상을 흡수하였다고 하는 관점은 도대체 근거가 있는가? 실제로 선진 사상계의 이러한 흐름은 분명하게 반드시 춘추 이래의 시대적 상황이며 그에 따라 일어난 유·도·묵·법 네 학파의 사상적인 "근본적 원인"과 그 지향하는 주요 관심을 통하여 설명해야 한다.

시대적 상황으로 말하면 춘추시대는 자연히 주周나라 문화가 피로해지고 예악禮樂이 붕괴된 난세였으며, 공자가 말한 "사람으로 인仁하지 않음"도 이러한 현상에 대한 유·도 두 학파의 공통 비판이라고 할 수 있다. 그러나 이 문제를 어떻게 해결할 것인가? 유가는 자연히 "예禮"에 대한 심층적 질문을 통하여 사람의 심리근원

---

145) (周厲는) "왕이 포학하고 사치하며 오만하면 國人(周族의 자유민)들이 왕을 비방한다. 召公이 간하여 말하기를 '백성이 명령을 견디지 않습니다'라고 하니 왕이 노하여 호위무사에게 비방하는 자를 감시하여 보고하라고 하여 그를 죽였다. 그 뒤 비방이 뜸해졌다.…… 왕이 더욱 엄격해지니 국인들이 감히 말을 하지 않고 길을 가면서 눈짓으로 말하였다"(司馬遷, 『史記』[『二十五史』, 권1], 「周本紀」, 14쪽)라고 하였다.
146) 韓非, 『韓非子』(『諸子集成』 제5책), 「五蠹」, 344쪽.

과 정신에 의거한 층면層面에서 문제를 해결하려고 시도하였으며, 그것이 곧 "인仁"의 제출이었다. 그리고 도가는 "몸"에 대한 관심에 치중하고, 아울러 "유有는 무無에서 생겨난다"라는 반대 방향의 근원을 소급해 가는 논리를 통하여 "이미 그 어머니를 알면 그 자식을 안다"[147]라는 방식으로 현실 문제에 대한 철저한 해결을 구하려고 하였다. 당시 사회현실에 대하여 말하면, 유·도 두 학파는 모두 현실과 동떨어진 길을 가고 있었던 것 같다. 곧 현실과 동떨어진 혹은 현실을 초월하는 방식으로 현실의 문제를 해결하려 하였다. 이렇게 현실과 동떨어지거나 현실을 초월하여 조성된 허점이 곧 묵·법 두 학파가 일어나게 된 근본적 동인動因이 되었다.

묵가가 굴기한 근본 원인은 주로 유가가 "효제孝弟를 근본으로 삼는" "친친親親의 인仁"은 본래 "친親·소疏와 존尊·비卑의 차이"[148]라는 중대한 결함이 있기 때문이 며, 따라서 "겸애"의 주장을 제출하였다. 또한 사람과 사람 사이의 "겸상애兼相愛"도 여전히 힘이 부족하며, 동시에 초월적 근거와 실천적 차원의 필연성이 부족하기 때문에 다시 "천지天志"를 제출하고, 아울러 "하늘의 의지"라는 방식으로 사람들에게 "서로 함께 사랑하며 서로 함께 이익을 나누어야 한다"라고 독촉하였다. 그러나 이러한 사상이 근본적으로 "겸상애"를 실천해 낼 수 없고 또 근본적으로 획일화될 수 없는 보통의 대중적 측면에서, 묵자도 단지 그의 인생에서 축적된 심후한 목공의 경력을 따를 수밖에 없었으며, 곧 이른바 "직각자로 사각형을 그리고, 컴퍼스로 원을 그리며 먹줄로 직선을 그리며, 수직은 현懸으로 그린" 경력에서 방법을 찾았다. 그래서 "법의"의 표준의식과 이른바 "수레바퀴를 만드는 장인이 컴퍼스와 직각자를 쓰는" 공구의 사용이 있고 여기에 재단裁斷과 정정正定의 방법을 더하였다. 필자가 묵가들이 강렬한 독재전제사상을 가졌다고 여기는 것은 곧 묵가의 모든 주장이 본래 "사람에 근본함"(人本)에 근원하기 때문이며, 모두 인류사회의 고난을 구원하기 위하여 설립되었기 때문이다. 그러나 결국은 "사물에 근본"(物本)하는 태도를 취하지

---

147) 老子, 『道德經』(『諸子集成』 제3책), 제52장, 32쪽.
148) "儒者가 '親親에는 인술이 있고, 현자를 존중함에 등급이 있다함'은 親·疏와 尊·卑의 다름을 말한 것이다."(『墨子』(『諸子集成』 제4책], 「非儒下」, 178쪽)

않을 수 없었다. 즉 마치 "사물"을 대하는 것과 같이 사람을 대하는 방법으로 인류사회가 직면한 문제를 해결하였다. 이것은 사람을 사람으로 취급하지 않을 가능성도 포함하며 혹은 인류사회의 고난을 구하기 위하여 또한 반드시 먼저 사람을 수단이나 공구로 활용할 수도 있다.

실제로 사회현실을 주시하는 관점에서 묵·법 두 학파는 완전히 일치하지 않을 뿐만 아니라 유·도·묵·법 네 학파도 모두 인생의 현실 밖으로 동떨어져 있을 수 없다. 이 점에 대하여 말하면, 당연히 전체 중국문화는 확실히 모두 강렬한 현실세계에 관한 관심과 현실적 관심의 특색을 갖추고 있다. 그러나 도가의 반대로 근원을 향해 가는 것과 유가는 심층적 질문은 반드시 모두 어느 정도는 결국 "멀리 떨어짐" 혹은 현실을 초월하는 방법으로 현실의 문제를 해결하였다. 그러나 묵가가 형성된 이후 이러한 현실과 현실 문제에 대한 직접적 관심으로 그 해결의 방향을 탐구하는 방식과 방법은 또한 후세의 사상가들에게 대대적인 영향을 끼쳤다. 거기에 춘추시대부터 전국시대까지의 거대한 사회변화로 "제후들이 정벌征伐에 힘씀"은 이미 전혀 이상할 것 없는 사회의 일상이 되었다. 상앙이 진 효공孝公에게 유세하였고 진 효공은 또 성왕聖王의 도는 돌아보지 않고 오직 부국강병만 중시하였고, 또한 분명한 실제적 효과를 거두었으며, 이로써 전국시대는 법가가 이른바 종횡가縱橫家들을 포함하는 독보적인 지위를 차지하는 시대가 되었다. 따라서 법가는 묵가와 같이 현실사회의 현실 문제를 탐구하여 그 해결 방법의 방향을 계승하였을 뿐만 아니라, 묵가의 지고무상의 "천자"를 한결같이 재위하고 있는 제후의 왕권으로 봉헌奉獻한 후에 다시 스스로 "천자"를 집행하는 "법의法儀"를 담당하였다. 이렇게 보면 법가는 자연히 중국의 유·도·묵·법의 네 학파 가운데 가장 현실을 중시하는 사상적 유파가 되었다.

법가가 현실을 중시하고 실효를 중시하는 사상적 특징은 한비가 중국의 유사有史 이래 역사적 대세와 그 기본적인 흐름에 대한 분석에서 충분히 표현되었다. 그는 종합적 역사경험의 시각에서 다음과 같이 분석하였다.

문왕이 인의를 행하여 세상의 왕이 되었고, 언왕偃王은 인의를 행하다 나라를 잃었는데, 인의가 옛날에는 쓰임이 있었지만 지금에는 쓰임이 없다. 그러므로 '세상이 다르면 일도 다르다'고 한다.…… 상고上古에는 도덕을 겨루고, 중세中世[149]에는 지모를 쫓으며, 지금에는 기력氣力을 쟁탈한다.[150]

따라서 한비가 보기에, 유·도 두 학파가 "도"와 "덕"의 문제에서 "상호비난"하는 것은 실제로 일찍이 이미 '철 지난 시든 꽃'(明日黃花)이 되었으며, 묵가의 "겸애"와 "천지"는 분명히 "우원迂遠"하여 실제의 문제를 해결할 수 없었다. 진정으로 문제를 해결할 수 있는 사람은 한 부분의 땅과 인민을 가진 제후왕권이다. 왜냐하면 이들이 야말로 진정한 "기력氣力"을 가지고, 아울러 진정으로 "기력"을 통하여 문제를 해결할 수 있었기 때문이다. 따라서 이것은 한비가 반드시 자기 일생 전부를 어떻게 제후들에게 유세할 것인가에 도박을 걸 수밖에 없도록 결정하였다.

한韓나라의 여러 공자 가운데 한 사람으로 한비는 늘 집권 귀족들로부터 배척을 받아 왔는데, 「초견진初見秦」은 처음 진나라에 도착해서 진왕秦王에게 올린 한 편의 글일 뿐이므로, 따라서 그의 「세난說難」 한 편이 실제로는 한비가 제후들에게 유세하기 위하여 지은 정신적 각오라고 볼 수 있다. 물론 이보다 앞서 한비는 먼저 이해가 "서로 다른" 시각에서 군주와 신하 사이의 서로 다른 이해 추구를 구분하였으며, 이로써 그 유세 활동이 진정으로 군주를 감동을 줄 수 있고, 이것이 반드시 군주에게 실제적인 이익이나 혜택을 줄 수 있도록 기대하였다. 그는 다음과 같이 분석하였다.

군주의 이익은 유능한 사람을 관직에 임명하는 데 있지만, 신하의 이익은 무능해도 관직을 얻는 데 있다. 군주의 이익은 공로를 세운 사람에게 작록을 주는 데 있지만, 신하의 이익은 공로가 없이도 부귀하게 되는 데 있다. 군주의 이익은

---

149) 역자 주: 일반적으로 춘추시대 이전의 역사를 上古의 伏羲시대, 中古의 文王시대, 下古의 孔子시대로 구분한다.
150) 韓非, 『韓非子』(『諸子集成』 제5책), 「五蠹」, 341쪽.

제6장 제자학에서 경학까지: 유儒·도道·묵墨·법法 제자학 방식의 융합　　593

호걸에게 능력을 발휘하도록 하는 데 있고, 신하의 익은 붕당을 만들어 사욕을 취하는 데 있다. 이런 까닭에 국토가 깎여도 신하의 사가私家는 부유해지고, 군주는 낮아지고 대신은 중요해진다. 그러므로 군주는 세력을 잃고 신하가 나라를 얻는다.[151]

이러한 기초에서 한비는 또 유세의 어려움과 주의해야 할 문제를 매우 자세하게 분석하였다.

무릇 유세遊說의 어려움은 나의 지식으로 (군주를) 설득하기가 어렵다는 것이 아니며, 또한 나의 변설로 나의 뜻을 잘 설명하기가 어렵다는 것도 아니며, 내 말이 감히 빗나가 (논지를) 잃고 뜻을 다하기가 어렵다는 것도 아니다. 무릇 유세의 어려움은 설득을 당하는 사람(君主)의 마음에 나의 변설이 꼭 맞는가에 달려 있다. 설득을 당하는 사람이 바라는 바가 명예롭고 고상하고 두터운 것인데, 많은 재리財利로써 설득하면, 보통의 인물로 여겨져 비천卑賤한 대우를 받고 반드시 멀리 내쳐질 것이다. 설득을 당하는 사람이 바라는 바가 많은 재리인데, 그를 명예롭고 고상한 것으로써 설득하면, 별로 아는 게 없고 실제 사정과 거리가 멀다고 여겨져 반드시 받아들여지지 않을 것이다. 설득을 당하는 사람이 속으로는 많은 재리를 좋아하면서도 겉으로는 명예롭고 고상함을 원하면, 겉으로는 등용을 하지만 실제로는 소원하게 대할 것이며, 많은 재리로 설득하면, 속으로는 그 말을 쓰지만 드러내 좋고 그 몸을 버릴 것이다.[152]

이처럼 열심히 "설득을 당하는 사람의 마음"(所說之心)을 헤아릴 수 있다면, 이 이전의 중국 역사에서 아마도 유례가 없을 것이며, 이처럼 열심히 "설득을 당하는 사람의 마음"(所說之心)을 헤아린 기초에서는 다시 자아를 잃지 않기 위해서 나아가 "설득을 당하는 사람(君主)의 마음에 나의 변설이 꼭 맞음"을 얻을 수 있으니,

---

151) 韓非, 『韓非子』(『諸子集成』 제5책), 「孤憤」, 59쪽.
152) 韓非, 『韓非子』(『諸子集成』 제5책), 「說難」, 60~61쪽.

이전에는 중국 역사에서 사상가들이 아마도 이만큼 노력한 적이 없을 것이다. 실제로 이러한 모든 것이 설명하는 하나는 당시 제후왕권의 확대와 겸병兼幷의 격화, 그리고 현실 위기의 긴박함이다. 그리고 한비의 일생의 총명함과 재지才智로 반드시 제후들에게 유세하는 방식으로 인류사회를 변화시키려는 꿈을 실현해야 했다. 뿐만 아니라, 「세난說難」편에서 한비는 특히 유세활동에서 몇 가지 금기를 제시하였으며, 이러한 금기도 모두 "이와 같은 것은 목숨이 위태롭다"라는 방식으로 표현하였다. 예를 들면, "일은 비밀을 지켜야 이루어지며, 말이 누설되면 실패한다. 반드시 상대의 비밀을 누설하지 않아야 하며, 유세할 때 상대가 비밀을 지키고자 하는 비밀을 언급하게 되면 유세자의 목숨이 위태롭다"153)이다. 또 "상대가 하고자 하는 일을 알면, 유세자의 목숨이 위다"154), "설득이 이루어지지 않아 실패하면 의심을 받아 이와 같은 유세자는 목숨이 위태롭다"155), "귀인이 허물이 있고 설득자 가 예의를 말하며 그 단점을 들추어내면 유세자의 목숨이 위태롭다"156), "귀인이 혹 좋은 계책을 얻어 그것을 자기의 공로로 삼고자 하는데 유세자가 함께 알게 되면 유세자의 목숨이 위태롭다"157), "상대가 할 수 없는 일을 강권하거나, 상대가 그만둘 수 없는 일을 그만두도록 하면 유세자의 목숨이 위태롭다"158)이다. 이처럼 이른바 제후에게 유세하는 일은 거의 "대단히 조심하고, 힘써 상제를 섬김"159)과 같이 활동해야 하는 일이다.

이 외에 한비는 더 전문적으로 「내저설內儲說」 상·하, 「외저설外儲說」 상·하에서 "긴"(大部頭)의 문장을 지었는데, 이른바 "내저설"은 곧 전문적으로 군주의 내면적 모략謀略을 분석하였으며, "외저설"에서는 전문적으로 군주가 도대체 어떻게 신하의

153) 韓非, 『韓非子』(『諸子集成』 제5책), 「說難」, 61쪽.
154) 韓非, 『韓非子』(『諸子集成』 제5책), 「說難」, 61쪽.
155) 韓非, 『韓非子』(『諸子集成』 제5책), 「說難」, 61쪽.
156) 韓非, 『韓非子』(『諸子集成』 제5책), 「說難」, 62쪽.
157) 韓非, 『韓非子』(『諸子集成』 제5책), 「說難」, 62쪽.
158) 韓非, 『韓非子』(『諸子集成』 제5책), 「說難」, 62쪽.
159) 『詩經』(吳哲楣 主編, 『十三經』), 「大雅·大明」, 198쪽.

말과 행동을 보고 들어서 상벌을 단행할 것인가를 토론하였다. 따라서 「내저설」의 첫 편에서 한비는 분명하게 다음과 같이 말한다.

군주가 (나라를 다스리는 데) 사용할 일곱 가지 인술人術이 있고, 살펴야 할 여섯 가지 기미機微가 있다. 일곱 가지 인술은 첫째, 여러 가지 단서를 참고하여 관찰하는 것이며, 둘째, 범죄는 반드시 처벌하여 (군주의) 권위를 명백하게 하는 것, 셋째, 상을 내림이 믿음이 있게 하여 (신하의) 능력을 다하게 하는 것, 넷째, 하나 하나 다 듣고 책임을 묻는 것, 다섯째, 의심스러운 명령을 내려 상대를 속이는 것, 여섯째, 분명하게 알면서도 모르는 척 신하에게 물어보는 것, 일곱째, 일부러 반대로 말하고 거꾸로 일을 행하여 신하를 살피는 것을 말한다. 이 일곱 가지는 군주가 사용하는 인술이다.160)

이러한 모든 수단은 실제로 모두 군주가 결국 어떻게 신하를 감독하고, 경계하고, 제어해야 하는가를 중심으로 계획된 것이며, 그 가운데 또 대량의 역사적 사실과 역사경험으로 통하여 그것의 실제적 효과를 증명하였다. 이것은 한비가 보기에 군주와 신하의 관계는 이익의 추구에서 서로 배반적이기 때문에 그 관계도 마땅히 상호 시기하고 서로 경계하는 관계임을 말한다. 군주가 현실정치에서는 주도적 지위에 있기 때문에 「외저설」 또한 주로 군주가 결국 어떻게 신하를 감독하고, 경계하고, 제어해야 하는가를 중심으로 전개되었다.

그렇다면 한비는 과연 어떤 사람인가? 그는 과연 군주의 입장에 서 있는가 아니면 신하의 입장에 서 있는가? 한비는 비록 한韓의 공자였지만, 그의 저서로 보면 그는 도리어 틀림없이 한 사람의 유세游說 인물에 속하며, 따라서 여기서 분석하는 것도 신하의 입장에서 군주를 훈계하고 아울러 신하가 일상적으로 군주를 기만할 때 사용하는 방식과 방법을 들추어내어, 군주가 더욱 철저하게 신하의 허위와 속임수의 수단을 경계하도록 한 내용이다. 이렇게 보면, 한비의 제후왕권은

---

160) 韓非, 『韓非子』(『諸子集成』 제5책), 「內儲說」, 158쪽.

사실 묵자의 "법의"가 "천지"에 대한 관계와 같다. 즉 완전히 온 마음으로 지혜를 다하여 관철하고 실천하고, 아울러 "천지"의 명령인 "법의"를 집행하는 사명을 가졌으며, 그래서 그 자신도 마치 장주莊周와 마찬가지로, 이미 결국 장주 자신이 나비로 변했는지 아니면 나비가 이미 장주로 변했는가를 몰랐다. 그러나 한비는 여기서 또 단지 사람들의 행위를 감시하고 제어하는 묵자의 "법의"를 뛰어넘어, 신하들의 행위를 감시하고 제어할 뿐만 아니라, 또한 반드시 가장 먼저 내재적 영역에서 모든 사람의 사상과 정신을 감시하고 제어하였다. 그리고 한비에 대하여 말하면 그는 이러한 방식을 통하여 군권의 절대성을 자신의 "법의"의 성격으로 완성하려고 하였다.

이러한 배경에서 묵자의 "법의"로 대표되는 공구의식과 표준의식, 그리고 "천지"로 대표되는 절대의식을 샅샅이 모두 법가로 진입시켰으며, 한비의 사상적 선택으로 진입시켰다. 그렇지만 묵자의 사상에서 그 공구의식과 표준의식, 그리고 "천지"로 대표되는 절대의식이 삼위일체三位一體의 관계가 되고, 아울러 모두 철저하게 인류사회와 인류질서를 개조한 "겸애"로 통일되었으며, 따라서 묵가는 비록 대상에 절대복종을 요구하는 일면이 있지만, 묵가는 인류의 고난과 현실인생의 관심과 사랑에 대하여 매우 진지하고 성실하였으며, 또한 사람이 능히 그 "겸애"정신의 진정성을 의심할 만한 것이 없었다. 그러나 한비가 묵가의 이러한 사상방법을 계승한 후 도리어 완전히 상반된 방향으로의 논증을 진행하였다. 즉 묵가의 공구의식과 표준의식 그리고 "천지"로 대표되는 절대의식도 모두 반드시 무조건적으로 사람과 사람이 서로 친하고 서로 사랑하는 하나의 근본 목표에 복종해야 하며, 이러한 방식과 방법이 법가로 진입한 후에는 도리어 완전히 상반된 작용을 일으켰다. 한편으로 모든 절대성은 반드시 무조건 제후왕권에 집중되었으며, 또 다른 한편으로 신하와 백성은 또 반드시 무조건 그 절대복종의 명령을 받드는 의식을 나타내었다. 자연히 이것은 곧 이른바 "공적이 있으면 군주의 현명함으로 드러내며, 허물이 있으면 신하가 그 죄를 책임진다"라는 말이다. 군주 자신은 영원히 선·악의 밖에 높이 앉아 있고, 근본적으로 선악표준으로 비교·비판을 할 수 없는 사람이다.

이 말은 군주 혹은 군권 자체가 진리의 표준이며 정의 화신이라는 뜻이다.

이러한 근본적인 배반 때문에 당시의 제후왕권에 대하여 말하면, 묵·법 두 학파는 두 종류의 완전히 서로 다른 혹은 근본적으로 상반된 태도로 나타낼 수 있다. 묵가에 대하여 말하면, 모든 제후왕권은 그 도움과 교화의 대상일 뿐이며, 한비에 대하여 말하면, 제후왕권은 단지 절대복종 혹은 무한으로 미화된 대상일 뿐이며, 이른바 "공적이 있으면 군주의 현명함으로 드러내며, 허물이 있으면 신하가 그 죄를 책임진다"라는 말은 곧 군주왕권에 무조건 복종하고 또 무한으로 미화된 구체적 표현이다. 그러면 당시 제후왕권의 전면에서 묵자와 한비가 보인 서로 다른 표현을 살펴보자.

> 묵자 선생이 공상과公尙過를 월越나라로 보내 유세하게 하였는데, 공상과가 월왕越王에게 유세하자, 월왕은 크게 기뻐하여 공상과에게 말하기를 "선생께서 진실로 묵자 선생을 우리 월나라에 와서 과인을 가르치게 할 수 있다면, 옛 오吳나라 땅 사방 오백 리를 떼어서 묵자 선생을 청하여 봉하겠습니다"라고 하니, 공상과가 허락하였다.……
> 묵자 선생이 공상과에게 말하기를 "너는 월나라 왕의 뜻을 어떻게 보았느냐? 생각건대 월나라 왕이 나의 말을 듣고, 나의 도를 쓸 수 있다면, 내(翟, 묵자)가 가서 양식을 배불리 먹고 몸에 맞추어 옷을 지어 입고, 스스로 여러 신하와 함께 지내는데, 어찌 땅을 봉하여 줄 수 있겠나! 만약 월왕이 나의 말을 듣지도 않고 나의 도를 쓰지도 않는데, 내가 간다면 이는 내가 의를 파는 것이다. (의를 천하에) 고르게 판다면 또한 천하에 할 뿐이지 하필이면 월나라로 가겠는가!"라고 하였다.[161]

그러므로 월越나라 왕이 용기를 좋아했기 때문에 백성들이 많이 죽음을 가볍게 여겼으며, 초楚나라 영왕靈王은 허리가 날씬한 미녀를 좋아했기 때문에 나라에는 밥을 굶는 여자들이 많아졌다. 제齊나라 환공桓公은 질투심이 많아 내시內侍를

161) 『墨子』(『諸子集成』 제4책), 「魯問」, 287~288쪽.

좋아하였기 때문에 수조豎刁는 스스로 거세하여 내시를 다스렸으며, 환공이 맛있는 음식을 좋아했기 때문에 역아易牙는 자기 아들의 머리를 삶아 임금에게 올렸다. 연燕나라 왕 자쾌子噲는 현명한 사람을 좋아하였으므로 (國相인 子之에게 禪讓하러 하였으나) 자지子之는 나라를 물려받지 않겠다고 밝혔다. 그러므로 군주가 싫어함을 보이면 신하들은 진실을 숨기고, 군주가 좋아함을 보이면 신하는 능력 있는 것처럼 꾸민다.[162]

여기서 묵자가 출사하는 조건은 한 점에 집중되어 있는데 곧 "월나라 왕이 나의 말을 듣고, 나의 도를 쓸 수 있다"라는 말이며, 이 하나의 조건은 분명하게 하나의 "도道가 세勢보다 높다"라는 심리적 배경에 있으며, 묵자 본인의 구체적 요구도 이른바 "양식을 배불리 먹고 몸에 맞추어 옷을 지어 입고, 스스로 여러 신하와 함께 지낸다"라는 말에 불과할 뿐이다. 그러나 한비의 논술에서는, "수조豎刁는 스스로 거세하여 내시를 다스림"으로 "제齊나라 환공桓公은 질투심이 많아 내시內侍를 좋아함"의 성격에 이바지하는 데서부터 역아가 제 환공의 "미식味食을 좋아함"의 기호를 만족시키기 위하여 "자기 아들의 머리를 삶아 임금에게 올림"까지, 이러한 권력 특히 황권皇權이 인생의 모든 선택에서 유일한 표준과 근본적 출발점이 되었다. 더욱 두려운 것은 한비가 보기에 이 모든 요구는 제후왕권의 요구로부터 나왔기 때문에 모두 절대적으로 합리적이며 정상적이라는 것이다. 묵자가 보기에 곧 월왕越王과 그 본인도 "사람"의 범주를 벗어나지 않았기 때문에 여전히 어느 정도는 비판과 훈계를 포함하고 있지만 "나의 말을 듣고, 나의 도를 씀"을 필요로 하였다. 한비가 보기에 수조豎刁가 "스스로 거세한" 까닭은 완전히 "제齊나라 환공桓公은 질투심이 많아 내시內侍를 좋아함"의 요구에 복종하기 위한 것이며, 역아易牙가 "자기 아들의 머리를 삶아 임금에게 올린 것"도 또한 완전히 "환공이 미식을 좋아함"의 요구에 복종하기 위한 것이다. 이러한 요구 자체는 근본적으로 토론도 필요 없고, 선악평가의 범주에도 들지 않으며, 신하된 사람으로 근본적으로 평가를

---

162) 韓非, 『韓非子』(『諸子集成』 제5책), 「二柄」, 28~29쪽.

할 자격도 없다. 대략 한비가 보기에 군주의 요구 자체는 절대적 합리성을 갖추고
있으며, 또한 신하로서 반드시 복종하고 따라야 할 절대적 명령이다.

　나아가 묵자가 사람과 사람 사이에 서로 친하고 서로 사랑하기를 요구하는
"겸상애兼相愛"가 그 목표달성을 위한 분투가 되며, 그 자체가 하나의 인성이 선하다
는 기본적인 전제가 된다. 실제로 오직 이 전제의 기초에서 이른바 "겸상애"가
비로소 현실이 되고 인류가 목표달성을 위한 분투가 될 수 있다. 그러나 한비가
군주와 신하 사이에 서로 시기하고 서로 경계하는 권력의 활동이 충만함은 또한
인성이 본래 악하다는 기본 전제에 놓여 있다. 그렇다면 왜 마찬가지로 현실에
대한 주요 관심을 중시하는 묵·법 두 학파가 결국은 두 가지 완전히 상반된
이론적 지향을 하게 되었는가? 그 가운데의 근본 원인은 우선 "하늘"의 신성주재의
의義와 도덕초월의 의를 해소한 순자에게 있으며, 그에 따라 예禮를 융성하게 하고
법을 중시(隆禮重法)하는 논설은 단지 성인의 (억지) 조작과 교화활동에 불과하게
되었다. 왜냐하면 이른바 인문적 주요 관심도 실제로는 근본적으로 초월성의 근거가
결핍된 "과두寡頭적 인문주의"가 되기 때문이다. 그리고 이러한 근본적으로 초월성
의 근거가 결핍되고 또 초월적 추구와 지향이 결핍된 인문주의와 그것이 완전히
현실인생의 영역에 집중된 이른바 '예禮를 융성하게 하고 법을 중시함'이 이루어졌을
때 또 어디로 가야 하는가? 그것은 오직 현실의 권력 집중으로 향하고, 또한 현재의
행위(거짓)에 초점을 맞출 수밖에 없다. 따라서 한비의 사상에서 "하늘"은 근본적으로
그 관심의 범위 밖에 있으며, 또한 근본적으로 관심을 둘 필요도 없었다. 이에
전체 인류사회도 단지 현실권력의 부림(驅迫) 아래 악은 더 악하게 되고 검은 것은
더 검게 되는 "기력"의 격투에서 미래로 나아갈 수밖에 없다.(결국 미래가 있는지
없는지는 매우 말하기 어렵다.)

　이에 따라 춘추시대의 "예악붕괴禮樂崩壞"로 인하여 유·도 두 학파가 발단하고,
당시의 "사람으로 불인不仁함"의 현상에 대하여 진행한 사고의 사상적 탐색 운동도
춘추시대부터 전국시대까지의 상황변화까지163), 인류의 생존환경이 악화함에 따라
제자백가의 사상적 탐색도 급격하게 현실에 초점을 맞추도록 핍박하였으며, 현실의

제후왕권을 향하여 접근하였다. 이러한 집중의 과정은 동시에 묵·법 두 학파의 형성 과정이며, 제후왕권의 절대성을 향해 접근한 표식이 법가의 탄생이다. 앞에서 이미 말했듯이, 현실을 중시하는 점에서 묵·법 두 학파는 완전히 일치하지만, 묵가는 항상 그 초월적 근거와 이상적 추구에 대한 지향을 유지함으로써 그것도 곧 "겸애"의 주장을 "천지"의 높이로 끌어올렸으며, 아울러 "법의"의 도구의식과 표준의식을 통하여 인륜생활을 관철하였다. 이처럼 묵가는 비록 이른바 "윗사람이 옳다고 하는 바는 반드시 모두 그것을 옳다고 하고, 그르다고 하는 것은 반드시 그르다고 한다. 향장鄕長이 옳다고 여기는 것을 반드시 모두 옳다고 여기고, 향장이 그르다고 하는 것을 반드시 모두 그르다고 여긴다"[164]라는 절대복종의 일면은 있지만, "겸애"와 "천지"의 상호 견제 아래 그 "법의"도 곧 단지 "겸애"의 방향으로 함께 발전하며, 그것이 복종하는 것도 단지 "겸애"정신에 대한 복종일 뿐이다. 그러나 순자가 "하늘"의 신성주재의 의미와 도덕 초월적 의미를 해소한 후 사람들의 사고의 방향도 또한 오직 현실인생과 현실적 이해의 차원에 머물렀고, 아울러 반드시 현실적 이해의 관점에서 전개하려고 하였으며, 유·묵 두 학파가 공동으로 견지한 "도道가 세勢보다 높다"라는 정신을 철저하게 제거하였으며, 현실의 인생에서 사람들도 단지 무조건 현실인생에서의 권력의 원천에 밀착하고 따라서 현실인생에서의 모든 동력의 원천인 제후왕권으로 다가갔다. 한비가 도·묵을 하나의 용광로에 융해하여 법·술·세를 하나로 모으고 또 무조건 제후왕권의 부림에 복종하고, 그를 위해

---

163) 춘추시대는 周나라의 문화가 피로해진 예악붕괴의 시대로 "예악과 정벌이 천자로부터 나옴"이 무너지고 "예악과 정벌이 제후로부터 나오는" 시대로 전락하였다. 그러나 전국시대는 "제후들의 무력정벌"의 시대였다. 춘추시대에는 비록 "예악과 정벌이 제후에게서 나왔지만" 그러나 제후들은 여전히 예를 위반하는 현상을 금기시하지 않을 수 없었다. 그러나 전국시대에는 각 제후 사이의 겸병과 힘겨루기는 이미 군사력이 국가의 국력의 강약의 주요 표시가 되었다. 따라서 각 제후는 분분히 부국강병을 향해 추구하였으며, 법가는 여기에 부응하여 생겨났다. 이러한 흐름을 곧 한비는 "上古에는 도덕을 겨루고, 中世에는 지모를 좇으며, 지금에는 氣力을 경쟁한다"(『韓非子』, 「五蠹」)라고 개괄하였다. 이로부터 법가도 더욱 급박하고 심지어 무조건으로 현실 권력에 다가가는 노력을 하였음을 이해할 수 있다.

164) 『墨子』(『諸子集成』 제4책), 「尙同上」, 45쪽.

지모와 책략을 최선을 다해 생각한 것은 이러한 형세에 적극적이고 주동적으로 적응한 것이며, 동시에 이러한 인생의 통로에서 역사적 정상을 지향하였다.

그러나 한비의 이러한 권력은 인생의 경로에서 결국은 반드시 일종의 자아부정의 결과를 포함할 수밖에 없으며, 이러한 결과는 주로 두 가지 방면으로 나타난다.

그 첫째 자아 부정은 한비 자신의 운명에서 나타났다. 한 사람의 개체로서 어떻게 "자신이 존재하고", "자신을 보존하고", "자신을 영화롭게 하는가"는 대략 한비 인생에서 가장 높이 추구하는 것이다. 그가 일생 그처럼 많은 마음을 써서 왕권에 보답하고, 왕권을 만들어 냄은 「세난說難」에서 어떻게 왕권에 접근하고 어떻게 왕권의 신임을 얻을 것인가를 전문적으로 분석하여 서술하였을 뿐만 아니라, 역사적 경험을 종합하는 관점에서 「내저설內儲說」과 「외저설外儲說」을 서술하여 내재적인 권모와 술수를 외재적인 경계와 위세의 관점에서 왕권을 무장하였다. 말 나온 김에 한 구절을 더하면, 중국 역사상의 전제왕권이 지고무상의 지위를 갖추고 아울러 "신기神器"(왕권)로 여겨지는 것은 먼저 마땅히 한비의 모사와 형상화로 그 공을 돌려야 한다. 그러나 한비 본인은 도리어 의연히 자신이 공들여 형상화한 전제왕권 아래에서 죽었다. 이러한 과정에 대하여 사마천은 다음과 같이 기록하였다.

어떤 사람이 그 책(한비의 저서)을 진秦나라에 가져가 전하였다. 진왕秦王이 「고분孤憤」, 「오두五蠹」 2편의 글을 보고, "아! 과인이 이 사람을 만나 그와 사귈 수 있다면 죽어도 여한이 없겠다!"라고 하였다. 이사李斯가 "이것은 한비가 저술한 책입니다"라고 하니, 진나라가 급히 한韓나라를 공격하였다. 한왕韓王은 처음에 한비를 등용하지 않았으나 상황이 급해지자 한비를 진나라에 사신으로 보냈다. 진왕은 한비를 좋아하였으나 아직 그를 믿지 않았다. 이사와 요고姚賈가 한비를 싫어하여 헐뜯어 "한비는 한나라의 공자公子입니다. 지금 왕께서 천하를 통일하려 하시는데 한비는 결국 진나라를 위해 일하지 않을 것입니다. 지금 왕께서 등용하지 않고 오랫동안 억류하였다가 돌려보낸다면, 이는 스스로 후환을 남기는 일이오니, 차라리 법을 어겼다는 핑계로 처형하시는 것만 못합니다"라고 하였다. 진왕은 그 말을 그럴듯하게 여겨 옥리에게 맡겨 한비를 관리하도록 하였다.

이사는 사람을 시켜 한비에게 사약을 보내어 자살하도록 하였다. 한비는 직접 진왕에게 진언하고자 하였으나 만날 수가 없었다. 진왕은 이를 후회하고 사람을 보내 한비를 사면하려 하였으나 한비는 이미 죽었다.[165]

한비의 이러한 결말을 사마천은 거듭 개탄하기를 "그러나 한비는 유세의 어려움을 알고 「세난」에서 이미 갖추었지만 끝내 진秦나라에서 죽임을 당하고 스스로 탈출할 수 없었다"[166]라고 하였으며, 한비의 일생을 서술한 후 사마천은 또 감탄하기를 "내가 홀로 한자韓子가 「세난」을 쓰고도 스스로 탈출하지 못함을 슬퍼할 뿐이다"[167]라고 하였다. 그렇다면 사마천이 여기서 거듭 개탄한 "스스로 탈출할 수 없었다"라는 말은 결국 무엇을 가리키는가? 그것은 이사李斯와 요고姚賈가 가해하려는 모략에서 탈출할 수 없음을 가리키는가, 아니면 진왕이 후회하기 전의 황권으로부터 탈출할 수 없음을 가리키는가? 아마도 둘 다 아니다. 주로 전문으로 생사여탈의 대권으로 비롯되는 생명을 위협하는 전제왕권의 호구虎口로부터 탈출할 수 없음을 가리키며, 이것이 곧 사마천이 "스스로 탈출할 수 없다"라고 한 진정한 뜻이다. 왜냐하면 한비의 처지에서 말하면 비록 그가 힘써 만들어 낸 전제왕권을 따르려고 하였지만, 결국은 그 자신을 전제왕권의 입속에 묻혀 버렸으며 이것이 곧 진정으로 "스스로 탈출할 수 없었다"라는 말의 뜻이기 때문이다.

서양 중세의 스콜라철학(經院哲學)에 의하면, 신학자들이 항상 토론한 하나의 문제는 하나님 자신도 들 수 없는 돌덩어리를 만들 수 있느냐는 문제였다. 스콜라철학에 대하여 말하면 당연히 이른바 딜레마를 통하여 추리한 문제, 즉 하나님은 만능萬能의 방식으로 하나님 자신이 결코 만능이 아니라는 결론을 표현한다는 추리이다. 그러나 만약 그것을 한비의 "스스로 탈출할 수 없다"라는 결론과 비교해 보면, 사마천이 한탄하는 "스스로 탈출할 수 없다"라는 말은 실제로는 "하나님

---

165) 司馬遷, 『史記』(『二十五史』, 권1), 「老莊申韓列傳」, 178~179쪽.
166) 司馬遷, 『史記』(『二十五史』, 권1), 「老莊申韓列傳」, 178쪽.
167) 司馬遷, 『史記』(『二十五史』, 권1), 「老莊申韓列傳」, 179쪽.

자신도 들 수 없는 돌덩어리를 만들 수 있는가"라는 문제에 대한 멋진 대답이
된다. 왜냐하면 한비가 일생을 분명히 매우 정성스럽게 전제왕권의 모사와 형상에
종사한 것은 당연히 그의 "능함"이었으나, 그가 결국 전제왕권의 호구虎口에서
죽을 때는 그것이 곧 그의 "불능不能"이 되기 때문이다. 그러나 "능能"과 "불능不能"의
통일은 한비의 일생에서 자못 훌륭한 두 측면으로 개괄할 수 있다. 그 개체의
"자신이 존재함", "자신을 보존함", "자신을 영화롭게 함"을 추구하는 관점에서
보면, 마땅히 한비는 결국 확실하게 "스스로 탈출할 수 없다"라는 경지에 도달하였
다. 왜냐하면 그는 마치 "무릇 나라가 있었더라도 후일 멸망했고, 몸이 있더라도
나중에 재앙을 만났다면, 그 나라를 잘 보전했다고 말할 수 없다"라는 말과 같이
결국 전제왕권의 독약에 죽고 말았기 때문이다. 이러한 관점에서 볼 때 한비는
분명히 "스스로 탈출할 수 없는" 사람이었다. 그러나 만약 전제왕권의 모사와
형상으로 보면 한비는 분명히 매우 뛰어난 "능"을 보여 주었다고 할 수 있다.
왜냐하면 그 후 2천여 년 동안 "대대로 모두 진秦의 정치체제를 행하였기" 때문이며,
또 한비의 "스스로 탈출할 수 없다"는 실제로 그 전제왕권과 독재통치에 몸을
바쳐 헌신한 것이라고 볼 수 있음을 설명하기 때문이다. 이런 점에서 우리는 또한
한비가 "스스로 탈출할 수 없는" 방식으로 고금을 관통하는 "능"을 표현하였다고
할 수 있다. 그러나 한비의 이러한 "능"도 확실히 근본적인 "불능"의 도전에 직면하였
는데, 이러한 "능"이 극으로 확대되면 또한 반드시 곳곳에서 "불능"의 타격을
받을 수밖에 없다. 왜냐하면 한비가 생활한 같은 세기, 같은 전제국가인 조정에서
뜻밖에도 진秦의 2세(황제)와 조고趙高(?~BC 207) 사이에 "능"과 "불능"의 논쟁이
연출되었기 때문이다. 사마천은 이 과정을 비교적 완전하게 정리하여 다음과 같이
기록하였다.

> 8월 기해己亥 날, 조고趙高가 반란을 일으키려고 하였으나, 신하들이 따르지 않을
> 까 염려하여 먼저 (신하들의 마음을) 시험해 보려고 2세 황제에게 사슴을 가져와
> 바치면서 "말입니다"라고 했다. 2세 황제가 웃으면서 "승상이 잘못 본 것 아니오?

사슴을 말이라고 하다니"라고 하고, 좌우에 물으니, 좌우가 혹 침묵하고 혹 "말입니다"라고 하여 조고에게 아첨하고 따르고, 혹은 "사슴입니다"라고 하였다. 조고가 사슴이라고 대답한 사람을 법으로 암암리에 모해謀害하였다. 그 후 신하들은 모두 조고를 두려워하였다.[168]

이 논쟁에서 조고는 승상이며 호해胡亥(BC 229?230?/210~BC 207)는 제왕이었다. 사실대로 말하면 이것은 진실로 말할 필요도 없는 문제였으며, 권력의 대소로 논해도 틀림없이 왕王이 대大, 승상이 소小이다. 즉 조고는 당연히 무조건 진의 2세 황제의 조칙에 복종해야 한다. 왜냐하면 한비의 이론적 논리에 따르면 호해는 이때 틀림없이 알 수 있었고 반드시 "말"이라는 사실도 얻어내야 했다. 그러나 "좌우는 혹 침묵하고 혹 '말이다'라고 하여 조고에게 아부하고 따랐으며", "조고가 사슴이라고 대답한 사람을 암암리에 법으로 모해謀害하였다"라는 사실은 동시에 권력이 큰 쪽에 쏠리고 또한 반드시 사실적 진상眞相에 복종하여 "말"이라고 한 사람들은 결국 뜻밖에도 "법률"의 제재를 받았음을 말해 준다. 그렇다면 결국 무엇 때문인가? 사실 이 상황은 본래 한비의 최초 선택에 포함되어 있었다. 한비는 처음부터 왜 제후왕권을 선택하여 그것을 모사하고 형상화하는 대상으로 삼아 노력하였을까? 이것은 당연히 먼저 제후가 권력을 가지고 인사임용권뿐만 아니라 합법적 상해권傷害權까지 가지고 있었기 때문이다. 그러나 다년간 법가사상을 실행한 후[169], 왜 지고무상의 왕권이 도리어 진상을 얻지도 못하고 또 승상丞相의 권력에 복종하지 않을 수 없었던 것일까? 실제로 권력의 근원인 왕권에 관해 말하면, 승상의 권력은 결코 권력이 아닌데, 그는 어떻게 승리를 얻고 또 사실의 진상을

---

168) 司馬遷, 『史記』(『二十五史』, 권1), 「秦本紀」, 27쪽.
169) 진시황이 "「孤憤」, 「五蠹」 2편의 글을 보고, '아! 과인이 이 사람을 만나 그와 사귈 수 있다면 죽어도 여한이 없겠다!'라고 하였다"라는 말에서부터 진의 2세 황제가 "항상 궁중에 살면서" 농민봉기에 직면하였을 때, 여전히 한비의 「五蠹」편과 같이 자신을 변론하고 승상을 견책한 것을 보면, 秦왕조도 분명히 한비의 가르침을 따라 권력을 행사하고 운용하였음을 잘 알 수 있다. (司馬遷, 『史記』, 「老莊申韓列傳」과 『史記』, 「秦本紀」 참고)

기만할 수 있었을까? 이것은 주로 조고가 합법적인 상해권을 가졌고, 왕권 즉 호해는 도리어 조고와 같이 신하들에 대한 현실적 상해권을 가지지 못하였기 때문이다. 이것이 곧 "좌우가 혹은 침묵하고 혹은 '말입니다'라고 하여 조고에게 아첨하고 따르는" 근본 원인이다. 이처럼 임용권과 장려·발탁권이 완전히 합법적 현실의 상해권으로 바뀐 후, 황제인 고귀한 호해도 사실적 진상을 얻을 수 없게 되었다. 따라서 일반 백성들이 이른바 "현의 장관은 현장 관리보다 못하다"라는 견해는 사실 법가의 권력형상화와 권력숭배에 대한 일종의 풍자이며, 동시에 현실적 상해권 아래에서 합법적인 "현실피해"를 피하기 위한 분명한 선택이기도 하다.

따라서 역사의 반향으로 진秦·한漢 대일통의 전제정권이 형성된 후 법가는 단지 황권의 부속품 혹은 기생물로 존재하였으며, 이른바 "혹리酷吏"는 특수한 기생 방식이다. "혹리"의 명성이 지극하게 역겨운 상황에서 황권은 언제든지 가져다 쓸 수 있고 언제든지 죽여 버릴 수 있는 희생품이 될 수밖에 없다. 묵가에 대하여 말하면, 진·한 이래 전제왕조의 엄격한 타격으로 묵가는 이미 전체적으로 "중단中斷"되었으며, 단지 묵가정신을 계승한 "유협遊俠"만이 여전히 현실적 관심과 도의를 담당하는 전통을 견지하였다. 당연히 흔히 "비명非命에 죽는다"라는 점에서 "혹리"와 "묵협墨俠"은 어떤 일관성이 있을 수 있지만, 그 정신과 영향은 같다고 할 수 없다. 사마천이 묵가의 후예인 "유협"에 대하여 서술하고 노래한 내용을 보자.

지금의 유협游俠들은 비록 정의正義에 부합되지는 않지만, 그러나 말은 반드시 믿음이 있고, 그들의 행동은 반드시 과감했으며, 이미 승낙한 일은 반드시 성실하였으며, 자신의 몸을 아끼지 않았고, 사士의 위험과 재난에 임해서는 존망과 생사를 돌보지 않았으며, 자신의 능력을 자랑하지 않았고, 그의 공덕을 과시하는 것을 부끄럽게 여겼으니, 모두 또한 많이 칭찬할 만한 것이었다.[170]

"유협"이 민간에서 생존하고 목숨으로 도의道義를 담당하였기 때문에 비록

---

170) 司馬遷, 『史記』(『二十五史』, 권1), 「游俠列傳」, 316쪽.

끊임없이 전제황권의 탄압과 주살을 받았지만, 도리어 여전히 하층 백성의 섬김을 받았다. 법가의 굴기를 대표하는 "모사謀士"로부터 전문적으로 황권을 위한 사냥매와 사냥개를 전문적으로 충당하는 "혹리"에 이르기까지 오직 천고의 악명만 남겼다. 자연히 이것은 묵·법 두 학파가 가진 서로 다른 정신의 요원한 역사적 반향이라고 할 수 있다.

제3부

한대 경학의 전개

제7장 경학의 형성과 그 우주론적 특색

　기원전 221년 진秦의 통일 이후, 중국은 마침내 춘추 이래 수백 년 동안 제후들의 각자 정치를 하는 데서 전국시대 상호 패권경쟁 전란의 상황까지를 끝내고, 새로운 통일의 시대로 진입하였다.

　그러나 이 통일은 은주殷周시대 무왕武王의 혁명과 주공周公이 반란을 평정한 후에 이룬 통일과는 매우 큰 차이가 있다. 전자는 비록 왕조가 바뀐 성질의 사회혁명이었지만, 문왕·무왕·주공의 정치 지도자들이 새로 시작한 "덕치德治"와 "민본民本"의 전통은 그 이후의 중국 역사에 매우 깊은 영향을 끼쳤다. 이른바 예악문명을 핵심으로 하는 중화문화도 이로부터 확립되었으며, 춘추시대에 이르러 공자는 곧 주공이 예악을 제정한 것을 앙모仰慕하고 유추하여 조술하는 과정에서 비로소 유학의 창시자가 되었으며, 이로부터 삼대 이래 "학문을 조정(官府)에서 주도함"의 상황이 바뀌었으며, 이에 따라 비로소 도·묵·법 세 학파와 제자백가의 학문이 잇따라 일어났다. 공자가 새로 시작한 유학에서 제자학諸子學의 굴기에 이르기까지 제후들의 패권경쟁으로 일어난 사회 전란과 이 전란을 멈출 수 있는 정책을 세울 수 있는가를 둘러싸고 이로부터 여러 가지 서로 다른 사상문화의 주장이 형성되었다. 이러한 관점에서 볼 때 우리는 서주의 정치 지도자들과 그 정치적 창조성이 확실히 일정 부분 그 이후의 학술사상과 문화사조를 끌어내고 또한 깊은 영향을 끼쳤음을 인정하지 않을 수 없다. 그러나 전국시대가 전개되면서 춘추시대의 정치가 길어낸 문화적 현상으로부터 근본적 역전이 발생하였다. 전국시대 정치 지도자들은 학술문화를 선도하지 않았지만 각 제후왕권은 도리어 학술문화로부터 비롯되었다는 것이다. 즉, 진시황이 한비의 사상을 찬탄한 데서 진의 2세에 이르기까지 그 저작은 편리한 대로 인용되었는데, 이는 새로운 정권이 도리어 제자학의 학술과 사상문화에 의해 인도되어 통일을 완성하였다고 말할 수 있다.

바로 춘추시대와 전국시대 사이에 이처럼 크고 심지어는 상반되는 차이가 있으므로 서주의 정치 지도자들은 근본적으로 이른바 사상문화라는 문제를 생각할 수 없었다. 그들이 보기에 정치는 곧 사상이며, 문화였고, 어떻게 정치문제를 해결할 것인가도 사상문화의 문제였지만, 당시 그들의 사상적 시야는 이른바 사상문화의 문제가 있을 수 없었다. 그러나 춘추·전국의 "제후들의 무력 정벌"을 거쳐 통일을 완성한 정치 지도자들에 대하여 말하면, 어떻게 사상문화의 문제를 대하는가도 마치 어떻게 "모사謀士"를 대할 것인가와 같이 중시하지 않을 수 없는 문제가 되었다. 비록 두 차례의 통일이 모두 혁명 혹은 전쟁의 방식을 통하여 실현되었지만, 이 두 차례의 통일 사이에 형성된 학술과 사상문화를 어떻게 볼 것인가? 어떻게 학술문화를 선택하고 어떻게 학술문화의 지위를 확정할 것인가가 곧 진秦·한漢 대일통의 통치자들이 직면하지 않을 수 없는 중대한 문제가 되었다.

1. 대일통 정권의 사상문화 선택

진왕조는 부국강병의 변법을 통하여 강성해졌으며, 경전耕戰 즉 농경農耕과 전쟁戰爭을 겸하는 국가정책을 통하여 제후의 패권전쟁에 참여하였고, 마지막으로 겸병전쟁으로 통일을 완성하였다. 따라서 진왕조의 통치자들에 대해 말하면, 강산江山은 완전히 자신의 무력에 의지한 "쟁탈"(打)로 만들어졌으나, 천하를 공격하는 과정에서 진왕조는 시종 법가를 그 지도사상으로 삼았다. 이처럼 통일을 완성한 후에도 진왕조는 반드시 계속 법가의 사상으로 정권을 구성하였다. 예를 들면, 철저하게 서주西周 이래의 분봉제分封制를 폐지하고 군현제郡縣制를 확립하여 수직적인 행정지도 관계를 확립하였다. 즉 효율성이 높은 중앙집권제를 확립하고 동시에 반드시 "수레바퀴 폭의 통일", "문자의 통일", 이른바 "직선도로의 수축修築" 등 도량형度量衡을 통일하였다. 종합하면, 진왕조가 법가의 경전耕戰 방식을 통하여 통일을 완성하였다면, 당연히 계속해서 법가사상을 계승하여 그 정치권력의 절대적 농단壟斷과 절대화의 조성을 실현해야 하며, 이에 따라서 국가 정권의 구조를 완성해야 하였다. 진왕조의 정권 건립의 조치에 관하여, 당시 통치집단을 포함한 그 시대 사람들이 다음과 같이 분명하게 기록하고 있다.

세상의 병기를 거두어 함양에 모아서 녹여서 종鐘과 종 틀을 만들고 쇠로 만든 인물상 12개를 만드니 무게가 각각 1천 석이었으며, 궁전의 뜰에 두었다. 법령과 도량형度量衡을 통일하였으며, 수레바퀴의 폭을 통일하고 문자도 통일하였다. …… 천하의 부호富豪 12만 호를 함양으로 이주시켰다.[1]

농업을 숭상하고 말단인 상업을 버리게 하니 일반 백성黔首이 부유해졌다. 널리 세상의 백성들이 한마음으로 왕의 뜻을 존중하였다. 기계와 도량형을 통일하고 문자도 통일하였다. 해와 달이 비추는 곳에는 배와 수레가 다닐 수 있게 하였다. 모두 그 수명을 누리며 뜻을 펴지 못하는 사람이 없었다.[2]

제후들의 나라를 군현으로 만들고 사람마다 스스로 안락하며, 전쟁의 근심이 없이 만세까지 전하게 되니, 상고시대 이래 폐하의 위엄과 덕에 이른 왕은 없습니다.[3]

(이사가 진시황에게 건의하기를) "사관史官에게 진秦의 기록이 아닌 것은 모두 불태우도록 하고, 박사의 관직에 있지 않으면서 세상에서 감히 간직하고 있는

---

1) 司馬遷, 『史記』(『二十五史』, 권1), 「秦始皇本記」, 24쪽.
   역자 주: 이 책의 저자는 각주9)까지 秦始皇 관련 인용 부분을 「秦本記」라고 표시하였으나, 정확한 인용 근거는 『史記』 「秦始皇本記」이다. 따라서 각주9)까지의 인용 근거는 모두 『史記』 「秦始皇本記」로 수정하여 표시한다.
2) 司馬遷, 『史記』(『二十五史』, 권1), 「秦始皇本記」, 24쪽.
3) 司馬遷, 『史記』(『二十五史』, 권1), 「秦始皇本記」, 25쪽.

『시경』·『서경書經』·제자백가의 서적은 모두 모아서 수위守尉(지방관)에게 불태우게 하십시오. 감히 『시경』과 『서경』에 빗대어 말하는 자는 길거리에서 처형하여 버리게 하고, 옛것에 기대어 현재를 비방하는 자는 족형族刑(가족들까지 처형)에 처하며, 관리가 이를 알고도 조치하지 않은 사람은 같은 죄로 다스리십시오. 명령을 내린 지 30일이 지났는데도 서적을 태우지 않으면, 경형黥刑을 가하여 만리장성을 쌓게(城旦) 하십시오"라고 하였다.[4]

(侯生과 盧生이 서로 의논하여 말하기를) "시황始皇의 사람됨은 천성적으로 고집세고 사납고 자신만 옳다고 여기고, 제후諸侯로 일어나 천하를 병합倂合한 후, 생각나는 대로 하고자 하며, 자고로 자신을 따를 사람이 없다고 여긴다. 오로지 옥리獄吏를 신임하니 옥리들이 총애를 받는다. 박사博士가 비록 70명이지만 다만 인원만 채우고 등용하지는 않는다. 승상丞相과 모든 대신은 모두 이미 이루어진 일만 받고 황제에 의존하여 일을 처리한다. 황제는 즐겨 형벌과 살육하는 일로 위엄으로 여기니, 세상 사람들은 죄罪를 받을까 겁내고 녹봉만 지키고, 감히 최선을 다하려고 하지 않는다. 황제는 자신의 허물을 듣지 않고 날로 교만해지며, 아랫사람은 두려움에 엎드려 순종하며 비위를 맞추며 힘써 기만한다. 진秦나라의 법에는 두 가지 이상의 방술을 쓸 수 없으며 (효험이 없으면) 바로 죽인다.……세상의 대소사가 모두 황제에게서 결정되니, 황제는 결국 문서의 중량을 재고 밤낮으로 정해진 양이 있고 그 양을 채우지 못하면 휴식할 수도 없다. 권세를 탐함이 이와 같으니 선약仙藥을 구해주어서는 안 된다"라고 하였다. (이에 바로 도망갔다.)[5]

위에서 말한 몇몇 조항 가운데 사마천이 역사 문헌에 근거하여 개괄하여 전달한 첫째 조항을 제외하면, 그 나머지는 모두 진왕조의 당사자들에게서 나온 것이다. 예를 들면, 두 번째 조항은 진시황 28년(BC 218) 동쪽을 순시巡視하던 낭야琅邪의 석각石刻에서 나온 것으로, 당시에 진왕조는 통일을 완성한 지 3년도 지나지 않았기

---

4) 司馬遷, 『史記』(『二十五史』, 권1), 「秦始皇本記」, 25쪽.
5) 司馬遷, 『史記』(『二十五史』, 권1), 「秦始皇本記」, 25쪽.

때문에 완전히 진시황의 자아논공自我論功 혹은 자아 자리매김(自我定位)이라고 할수 있으며, 세 번째 조항은 진시황이 함양궁咸陽宮에서 대연大宴을 베풀 때 박사인 주청신周靑臣의 찬사에서 나온 것으로, 어느 정도는 당시 주류를 이룬 사상문화께의 진시황에 대한 평가였다고 할 수 있으며, 네 번째 조항은 당시 승상인 이사李斯가 진시황 34년(BC 212)에 "분서焚書"의 건의에서 나온 것으로, 당연히 법가의 대표 인물인 진시황을 위하여 전쟁을 통한 통일에서 그 사상의 통일을 이룰 때까지 제출한 일종의 통치 정책이라고 할 수 있다. 마지막(다섯째) 조항은 전문적으로 진시황을 위해 선약仙藥을 찾아주던 방사方士, 곧 노생盧生과 후생侯生이 암암리에 나눈 의론에서 나온 것이며, 아울러 그들이 몰래 도망을 갔기 때문에 그로 인해 후일 "갱유坑儒"의 사건이 생겼다. 따라서 일정 부분 이러한 문헌들이 진왕조가 통일을 완성하고 마지막으로 나라가 망할 때까지 그 사이의 문헌과 실록을 대표한다고 볼 수 있다.

위에서 이러한 원래의 문헌을 발췌한 목적은 주로 진왕조 통일을 전후한 정치적 상황과 그 형세의 변화를 나타내는 데 있다. 정치적 상황에 대하여 말하면 통일 전에 통일을 위한 지모智謀와 계책을 세울 수 있는 사람으로 진시황도 완전히 현대인들이 말하는 "호형호제"(稱兄道弟)하는 관계로 처신하였다. 예를 들면, 위료尉繚 (전국시대 兵家)가 일찍이 진시황을 위해 관동關東의 육국六國을 파괴하기 위한 "합종合縱"의 계략을 건의하자, "진왕秦王은 그 계책을 따라 위료를 접견할 때 대등한 예로 대하였고, 의복과 음식을 위료와 함께하였다."[6] 이러한 일단의 접대를 보고 위료는 비로소 진시황의 사람됨을 알 수 있다. 이에 그는 다음과 같이 말하였다.

"진왕의 사람됨은…… (자신이) 곤궁할 때는 쉽게 다른 사람에게 몸을 낮추지만, 뜻을 얻으면 쉽게 사람을 잡아먹을 것이다. 내가 평민이지만 나를 만나면 늘 스스로 몸을 낮춘다. 만약 진왕이 천하를 얻는 뜻을 이루면 천하가 모두 그의

---

6) 司馬遷, 『史記』(『二十五史』, 권1), 「秦始皇本紀」, 23쪽.

노예가 될 것이다. 그와는 오래도록 교유할 수 없다"라고 하고는 도망하려 하였
다.7)

그러나 또한 같은 진왕秦王 정政이 통일을 완성한 후에는 다음과 같이 말하였다.

시황제가 양산궁梁山宮으로 행차하면서, 산 위에서 승상의 수레와 기마騎馬가
많음을 보고 언짢게 여겼다. 궁중의 누군가가 승상에게 알리니, 그 후 승상이
수레와 기마를 줄였다. 시황이 노하여 "이는 궁중의 누군가가 나의 말을 누설한
것이다"라고 하여, 심문했으나 자복自服하는 사람이 없었다. 당시 곁에 있었던
자들을 체포하라고 조칙을 내리고, 모두 죽였다. 그 후로 황제가 행차하여 머무는
곳을 알지 못하였다.8)

이것이 곧 한 사람의 진시황이다. 그러나 이 진왕秦王 정政 한 사람의 전후
다른 행동은 또한 완전히 진왕조 통일의 전환점이 되었다. 따라서 그가 스스로
자신이 이미 삼황오제三皇五帝를 한 몸에 모았다고 생각하여 스스로 시황제라고
칭하였을 때, 즉 "짐朕이 시황제로 후세에는 2세, 3세로 수를 헤아려 만세萬世토록
이르며 무궁하게 전해질 것이다"9)라고 하였는데, 이것이 이른바 만세통일의 획책劃
策이다. 그러나 통일 전에는 겨우 평민에 불과한 유사遊士인 위료와도 같은 옷을
입고 같은 음식을 먹을 수 있었지만, 통일을 완성한 후에는 승상조차도 "수레와
기마가 많은" 현상을 용납하지 않았다. 이것은 통일 전에는 진시황이 예禮로써
현사賢士를 대하고 몸을 낮추고 평민 유사와도 같은 의복을 입고 같은 식사를
하였지만, 통일을 이룬 후에는 승상도 제왕과 같은 존귀한 사람이 될 수 없었고,
결국 위료가 "만약 진왕이 천하를 얻는 뜻을 이루면 천하가 모두 그의 노예가
될 것이다"라는 결과를 알아챈 것이 전혀 이상하지 않음을 말해 준다.

---

7) 司馬遷, 『史記』(『二十五史』, 권1), 「秦始皇本記」, 23쪽.
8) 司馬遷, 『史記』(『二十五史』, 권1), 「秦始皇本記」, 25쪽.
9) 司馬遷, 『史記』(『二十五史』, 권1), 「秦始皇本記」, 25쪽.

실제로 진시황의 이러한 변화는 또한 진왕조 통일을 전후한 정치적 상황변화가 가장 집중된 표현이라고 할 수 있으며, 따라서 그 강산이 "2세, 3세에서 만세萬世토록 이르며 무궁하게 전해질 것이다"라고 표시할 때, 백성들은 그저 박사 주청신周靑臣처럼, 이른바 소리 높여 만세 부르며 대응할 수밖에 없었다. 그러나 이후의 정치적 실천, 승상 이사李斯가 "분서焚書"를 건의한 데서부터 진시황이 스스로 발동한 "갱유坑儒"의 사건에 이르기까지 동시에 이 왕조의 단명을 예고하고 있었다. 따라서 서한의 정치가인 가의賈誼(BC 200~BC 168)는 단지 짧은 몇 구절만으로 진나라가 망한 교훈을 종합할 수 있었다.

일개 사내가 난을 일으키자 천자天子의 사당이 무너지고, 3대 진왕秦王 자영子嬰(?~BC 206)이 다른 사람의 손에 죽임을 당하여 세상의 웃음거리가 된 것은 무슨 까닭인가? 인의仁義를 베풀지 않았고, 공격과 수비의 형세가 달라졌기 때문이다.[10]

진왕이 탐욕스럽고 비루한 마음을 품고, 자신의 분격奮激한 지략을 행하고, 공신功臣들을 믿지 않고, 사민士民(藝를 배운 백성)과 친하지 않고, 왕도王道를 폐하고 사사로운 애정을 드러내고, 문서文書를 불태우고 형법刑法을 엄혹하게 하고, 거짓과 무력武力을 앞세우고 인의仁義는 뒷전으로 한 채, 포학暴虐함을 천하를 다스리는 시작으로 삼았다. 무릇 천하를 겸병兼幷하면서 거짓과 무력을 중시하고, 위태함을 안정함에는 권력에 순응함을 귀하게 여겼다. 이로 미루어 말하면 (천하를) 취함과 지킴에 방법이 달랐다.[11]

그러므로 진秦나라가 강성强盛했을 때는 법이 번잡하고 형벌이 엄혹하여 세상을 떨게 하였다. 그러나 쇠약해지니 백성이 원망하고 세상이 배반하였다. 그러므로 주周나라 왕조의 품계 질서秩序는 그 도道를 얻었기 때문에 천여 년간 끊어지지 않았다. 그러나 진나라는 본말을 잃었기 때문에 오래가지 못하였다.[12]

---

10) 賈誼, 『賈誼集』, 「過秦上」, 5쪽.
11) 賈誼, 『賈誼集』, 「過秦上」, 5쪽.
12) 賈誼, 『賈誼集』, 「過秦下」, 8쪽.

가의의 이러한 결론은 완전히 진한시대 사람들의 공통된 인식이었으며, 서한의 사상가들이 진왕조가 단명한 까닭에 대하여 결론을 내린 영원히 바꿀 수 없는 의론이라고 할 수 있다. 따라서 진을 대신하여 일어난 한대 통치자들에 대하여 말하면, 이것은 가장 중요한 전거지감前車之鑑(他山之石의 뜻)의 교훈이 되었다. 곧 진왕조의 이와 같은 '전거지감' 때문에 한漢의 고조 유방劉邦은 관중으로 진입한 후 곧 관중의 부로父老와 약법삼장約法三章을 맺었다.

> 부로들이 진나라의 가혹한 법에 고통을 당한 지 오래되어, 비방誹謗하는 자들은 족형族刑에 처하고, 몰래 사사로이 의론하는 자(偶語者)는 저잣거리에서 공개 처형 당하였습니다. 내가 제후들과 약속하기를 먼저 관중에 들어가는 사람이 왕이 되기로 하였으니, 내가 마땅히 왕이 되어야 합니다. 여러 부로님과 세 가지 조항 만 약속(約法三章)하고자 합니다. 사람을 죽인 자는 사형에 처하고, 사람을 다치게 한 자와 도둑질을 한 자는 그에 상응하는 처벌處罰을 할 것입니다. 나머지 진나라 의 법은 모두 없애겠습니다.[13]

당시에 유방의 이러한 약법約法은 당연히 그 후 진나라를 계승하여 일어난 서한西漢 정권의 지도 사상에 대한 선택이었으며, 당시의 상황에서 이러한 극히 간결하고 개괄적인 약법은 도리어 사람의 생명권 및 재산권에 대한 존중과 사람 사이의 원시적 평등정신을 잘 나타내었다.

약법삼장은 사람의 생명권과 재산권에 대한 존중을 말하지 않아도 깨우칠 수 있도록 하여, 어떤 사람도 모두 아무 이유 없이 남의 생명을 해치거나 남의 재산을 훔칠 수 있는 권리는 없다. 그렇다면 약법삼장에 나타난 사람과 사람끼리의 원시적 평등정신은 또 어떻게 설명할 것인가? 즉, 유방의 약법삼장에서 사람의 생명권과 재산권에 대한 존중과 이로부터 표현되는 원시적 평등정신은 결국 어디에 서 비롯되었는가?

---

13) 司馬遷, 『史記』(『二十五史』, 권1), 「高祖本紀」, 37쪽.

먼저, 양혜왕梁惠王과 맹자가 "천하가 어떻게 정해질까"를 토론한 것에서부터 한비가 "월越나라 왕이 용기를 좋아했기 때문에 백성들이 많이 죽음을 가볍게 여겼으며, 초楚나라 영왕靈王은 허리가 날씬한 미녀를 좋아했기 때문에 나라에는 밥을 굶는 여자들이 많아졌다.…… 연燕나라 왕 자쾌子噲는 현명한 사람을 좋아하였으므로 (國相인 子之에게 禪讓하러 하였으나) 자지子之는 나라를 물려받지 않겠다고 밝혔다"14)라고 한 상황까지, 특히 "연나라 왕 자쾌는 현명한 사람을 좋아하였으므로 (國相인 子之에게 禪讓하러 하였으나) 자지子之는 나라를 물려받지 않겠다고 밝혔다"라는 말은 신하와 백성의 선택은 거의 완전히 군왕의 애호愛好에 따라 결정되었던 것 같지만, 사실은 당시에 제후군왕의 이러한 주장 자체도 시대사조의 영향을 벗어날 수 없었다. 만약 진시황 부자가 한비사상을 추앙한 것으로 보면 당시의 이른바 제후군왕의 사상도 도리어 당시의 시대사조에 의해 좌우되며, 혹은 직접 시대사조에 의해 만들어졌다고 할 수 있다.

만약 다시 시대사조의 관점에서 보면, 진시황 부자가 한비사상을 추앙한 것이 진실로 한비가 말한 "상고上古에는 도덕을 겨루고, 중세中世에는 지모를 좇으며, 지금에는 기력氣力을 쟁탈한다"15)라고 한 말에서 "기력을 쟁탈함"의 전통이라고 할 수 있다. 이러한 전통이 진나라에서 분명히 찬란한 성과를 거두었다. 즉 진나라의 패업霸業을 촉진하였을 뿐만 아니라 진왕조가 통일을 쟁취하도록 하였다. 이렇게 보면 진의 통치자 특히 진의 2세 황제가 법가사상을 추앙한 것은 자연히 통치자로서 그 지도사상에 대한 일종의 자각적 선택이라고 할 수 있다. 왜냐하면 이 이후부터 사회의 사상문화를 선택하고 이끄는 주체는 이미 더 이상 제자의 사상가가 아니라, 반드시 대일통 정권의 통치자에게 자리를 넘겨주어야 하기 때문이었다. 만약 이러한 관점에서 보면, 유방의 약법삼장도 자연히 한제국漢帝國이 지도사상으로 선택한 성질도 갖추었다. 그렇다면 유방의 약법삼장사상이 결국 어디로 귀속되는가? 그것

---

14) 韓非, 『韓非子』(『諸子集成』 제5책), 「二柄」, 28~29쪽.
15) 韓非, 『韓非子』(『諸子集成』 제5책), 「五蠹」, 341쪽.

은 곧 묵가墨家였다.

먼저 묵가가 인간생명의 원시적 평등권에 대해 논증한 것을 살펴보자.

관리라고 항상 귀하지 않으며, 백성도 끝까지 천하지 않으니, 능력이 있으면 그를 천거하고, 능력이 없으면 낮아진다.…… 16)

무릇 타인을 사랑하는 사람은 타인도 역시 그를 사랑하며, 타인을 이롭게 하는 사람은 타인도 그를 이롭게 한다. 타인을 미워하는 사람은 타인도 그를 미워하며, 타인을 해치는 사람은 타인도 그를 해친다. 이것이 어찌 어려운 일이 있겠는가?17)

묵자墨者의 거자鉅子인 복돈腹䵝이 진秦에 살았다. 그의 아들이 사람을 죽였는데, 진의 혜왕惠王이 말하기를 "선생이 나이가 많은데 다른 아들이 없으므로, 과인이 이미 죽이지 말라고 명령을 내렸으니 선생은 지금부터 과인의 말을 따르세요"라고 하였다. 복돈은 "묵가의 법은 사람을 죽인 자는 사형에 처하고, 사람을 상하게 한 자는 형벌을 내리는데, 이것이 사람을 죽이고 상하게 함을 금하는 까닭입니다. 무릇 사람을 죽이고 상하게 함을 금하는 것은 천하의 대의大義인데, 왕께서 억지고 사면하여 죽이지 않으면, 복돈은 묵자의 법을 행하지 않을 수 없습니다"라고 하여 혜왕의 말을 허락하지 않으니 결국 그를 죽였다.18)

묵자에 대하여 말하면, 이른바 "사람을 죽인 사람은 사형에 처하고 사람을 해친 자는 형벌을 내린다"라는 말은 실제로 기본적인 인류의 대등한 원칙이며 혹은 사람과 사람의 원시적인 평등정신이다. 예를 들면 묵자가 그의 겸애의 원칙을 논증할 때 예를 들어 설명한 "타인을 사랑하는 사람은 타인도 역시 그를 사랑하며, 타인을 이롭게 하는 사람은 타인도 그를 이롭게 한다. 타인을 미워하는 사람은 타인도 그를 미워하며, 타인을 해치는 사람은 타인도 그를 해친다"라고 한 말과

---

16) 『墨子』(『諸子集成』 제4책), 「尙賢上」, 27쪽.
17) 『墨子』(『諸子集成』 제4책), 「兼愛中」, 67쪽.
18) 『呂氏春秋』(『諸子集成』 제6책), 「去私」, 10~11쪽.

같다. 그 근거는 주로 사람의 생명권의 평등에 있다. 당시에 묵자의 이러한 사상은 실제 선진시대 제사들로부터 기본적으로 공인을 받은 것으로, 일관되게 "양주와 묵자를 제거함"을 종지로 삼은 맹자도 "내가 지금에 와서 비로소 타인의 어버이를 살해하는 것의 엄중함을 알았다. 타인의 아버지를 죽이면 타인 역시 나의 아버지를 죽이며, 타인의 형을 죽이면 타인도 역시 자신의 형을 죽인다. 그렇게 되면 자신이 죽인 것은 아니라 해도 거의 차이가 없을 뿐이다"[19]라고 하였다. 이것은 타인의 부형父兄을 죽임으로 초래한 타인이 "나"의 부형을 죽이게 되는 것은 사실 단지 "거의 같은" 구별이 있을 뿐이며, 따라서 다른 사람의 부형을 죽이는 것은 사실 도리어 타인에게 "나"의 부형을 죽이게 하는 것과 같다. 분명히 유방의 약법삼장은 틀림없이 이러한 사상의 영향을 받았으며,[20] 그로부터 나아가 주로 전란을 경과한 후 수시로 "도둑이 재물을 훔치는" 문제에서 드러난다. 사람의 생명 평등권에서부터 사람의 재산평등권까지 실제로는 일종의 자연적 신장과 확장일 뿐이다. 따라서 만약 우리가 진나라가 법가의 지도사상을 통하여 제후의 쟁패에서 승리를 거두고 또한 진왕조가 통일을 이루었음을 인정하면, 유방의 약법삼장도 자연히 신 정권의 지도사상에 대한 새로운 선택과 같다.

　여기서 하나의 매우 중요한 관건은 바로 법가가 비록 진왕조가 겸병전쟁에서 승리를 얻을 수 있도록 하고 또 매우 빨리 통일을 실현하도록 하였지만, 법가 역시 매우 빨리 진왕조의 강산을 저버렸다는 데 있다. 그 중의 원인은 확실히 가의가 종합하여 "일개 사내가 난을 일으키자 천자天子의 사당이 무너지고, 3대 진왕秦王 자영子嬰(?~BC 206)이 다른 사람의 손에 죽임을 당하여 세상의 웃음거리가 된 것은 무슨 까닭인가? 인의仁義를 베풀지 않았고, 공격과 수비의 형세가 달라졌기 때문이다"라고 한 말과 같다. 진일보한 해석에 따르면 곧 "진왕이 탐욕스럽고

---

19) 『孟子』(吳哲楣 主編, 『十三經』), 「盡心 下」, 1426쪽.
20) 劉邦의 約法三章이 묵가사상의 영향을 받았다고 하는 것은 유방이 묵가의 저작을 읽었다는 것을 의미하는 것이 아니라, 공동사회 하층 출신으로서 자연히 사람의 생명의 근원적 평등권으로 하여금 인간관계를 처리하는 기본 원칙으로 삼았음을 가리킨다.

비루한 마음을 품고, 자신의 분격奮激한 지략을 행하고, 공신功臣들을 믿지 않고, 사민士民(藝를 배운 백성)과 친하지 않고, 왕도王道를 폐하고 사사로운 애정을 드러내고, 문서文書를 불태우고 형법刑法을 엄혹하게 하고, 거짓과 무력武力을 앞세우고 인의仁義는 뒷전으로 한 채, 포학暴虐함을 천하를 다스리는 시작으로 삼았다. 무릇 천하를 겸병함에 거짓과 무력을 중시하고, 위태함을 안정함에는 권력에 순응함을 귀하게 여겼다. 이로 미루어 말하면 (천하를) 취함과 지킴에 방법이 달랐다"라는 말이다. 만약 가의의 이러한 결론을 육가陸賈가 당시에 유방에게 반문하여 "말 위에서 천하를 얻었다고 어찌 말 위에서 천하를 다스릴 수 있습니까? 또 탕왕과 무왕도 무력으로 천하를 얻었지만, 민심에 따라서 천하를 지켰으며, 문文과 무武를 함께 쓰는 것이 나라를 오래 보존하는 방법입니다"[21]라고 한 말을 비교하면, 가의가 재차 강조한 "공격과 수비의 형세가 달라졌다"라는 말과 "취함과 지킴에 방법이 달랐다"라는 말은 서한의 지식인들이 진왕조가 멸망한 원인에 대하여 공통된 인식을 하였다고 할 수 있다.

유방에 대하여 말하면 그는 비록 묵가사상 혹은 자신의 인생경험에서 나온 사람의 생명과 재산권을 존중하는 약법삼장을 제출하였지만, 그도 결국은 사회의 하층민으로 당시에는 유방도 심지어 지도사상을 선택할 만한 기초가 없었으며, 그는 단지 "천하를 쟁탈"(打天下)하려는 정치적 우두머리에 불과하였다. 그와 육가의 대화로 볼 때 그는 도리어 직접 유학으로 나아갔다.

육가는 때때로 황제 앞에서 『시경詩經』과 『상서尙書』로 설득하였다. 고조는 육가를 꾸짖으며 "나로 말하면 말 위에서 천하를 얻었으니 어찌 『시경』과 『상서』를 일삼겠는가!"라고 하였다. 육가는 "말 위에서 천하를 얻었다고 어찌 말 위에서 천하를 다스릴 수 있습니까? 또 탕왕과 무왕도 천하를 무력으로 빼앗았지만, 법으로 다스렸으며, 문文과 무武를 함께 쓰는 것이 나라를 오래 보존하는 방법입니다.…… 만약(鄕使) 진나라가 천하를 통일한 뒤에 인의仁義를 행하고 옛 성인을

---

21) 司馬遷, 『史記』(『二十五史』, 권1), 「酈生陸賈列傳」, 253쪽.

본받았다면 폐하께서 어떻게 천하를 차지할 수 있었겠습니까?"라고 하였다. 고조는 마음이 언짢았지만 도리어 부끄러워하는 기색을 보이며 곧 육가에게 "시험 삼아 나를 위해 진나라가 천하를 잃은 까닭과 내가 천하를 얻은 까닭이 무엇인지, 그리고 옛날에 성공하고 실패한 나라에 대해 저술해주시오"라고 하였다. 이에 육가는 국가 존망의 징조를 조술祖述하여 모두 12편을 지었다. 그가 한 편을 상주할 때마다 고조는 일찍이 좋다고 칭찬하지 않은 적이 없었으며, 좌우의 사람들도 모두 만세를 외쳤는데, 그 책을 『신어新語』라고 하였다.[22]

왜냐하면, 육가는 유생(前秦시대 博士)이기 때문에 그 『신어』도 또한 틀림없이 유가사상에 속한다. 따라서 한고조가 "일찍이 좋다고 칭찬하지 않은 적이 없다"라는 말은 자연히 유가사상에 대한 이해와 어느 정도의 인가를 나타낸다. 그러나 유방의 이러한 이해는 당시에도 여전히 외면적인 선망의 정에서 비롯되었으며, 마치 숙손통叔孫通(생몰 미상)이 조의朝儀 즉 '신하가 군왕을 조배朝拜하는 예의禮儀'에 대한 연설演說을 듣고 감탄하기를 "내가 이제야 비로소 황제가 귀함을 알았다"[23]라고 한 것과 같다. 그러나 유방이 묵가정신에 근원한 약법삼장으로 진왕조의 엄혹한 형법을 대체한 것으로 보면, 그것은 유학을 배척한 것은 아니며(비록 전쟁 중에 그가 걸핏하면 유생의 모자를 오줌통으로 쓰고 또한 유생을 욕하기는 하였지만, 그것은 단지 사회 하층민 출신으로 흔히 유생이 우아함과 禮儀를 차리는 데 대한 반감을 나타내었을 뿐이다.), 또한 어느 정도는 분명히 유학을 받아들일 만하다고 본 것이다.

그러나 유방이 유학에 대하여 어느 정도 선망의 정을 가졌다고 하더라도 그는 당시에는 단지 황실 의례의 차원에 머물렀을 뿐이다. 그러나 서한西漢 정부 당국의 "이데올로기"인 국가의 지도사상은 유방의 일시적인 선망의 정으로 결정할 수 없었고, 유방을 따라 천하를 무력 쟁탈하고 그 이후 승상이 된 소하蕭何(BC 257~BC 193)와 조참曹參(?~BC 190)이 앞뒤로 연이어 결정하였다.

---

22) 司馬遷, 『史記』(『二十五史』, 권1), 「酈生陸賈列傳」, 253쪽.
23) 司馬遷, 『史記』(『二十五史』, 권1), 「劉敬叔孫通列傳」, 257쪽.

소하는 유방과 달리 본래 문화인이었으며, 봉기하기 이전의 신분은 현縣의 관리였다. 따라서 유방의 통치집단, 즉 일련의 나라와 싸워 얻은 공신들이 직접 정부 상층으로 넘어온 관원 가운데 소하는 실제로 서한 정치체제의 설계사이며 국가의 지도 사상인 "이데올로기"를 만들어 낸 사람이다. 먼저 소하가 유방이 싸워서 강산을 손에 넣는 과정에서 어떻게 작용하였는가를 살펴보자.

고조高祖가 봉기蜂起하여 패공沛公이 되자, 소하는 보좌관이 되어 항상 사무事務를 감독하였다. 패공이 함양咸陽에 이르자 장수들은 모두 앞을 다투어 창고로 달려 가 돈과 비단 등 재물을 나누어 가졌지만, 소하만 홀로 먼저 궁으로 들어가 진나라의 승상부丞相府와 어사부御史府의 법령, 지도, 서적들을 수습하여 보관했 다. 패공은 한왕漢王이 되자 소하를 승상으로 삼았다. 항왕項王과 제후들은 함양 에 진입하여 도륙하며 불태우고 떠났다. 한왕이 천하의 험한 요새와 인구의 많고 적음, 강약強弱의 소재와 백성의 병고病苦 등을 모두 알게 된 까닭은 소하가 진나라의 지도와 서적을 모두 얻었기 때문이다.…… 한왕이 군사를 이끌고 동진 東進하여 삼진三秦을 평정하였을 때 소하는 승상의 신분으로 남아 파촉巴蜀을 지키면서 백성을 위무慰撫하고 국가의 시행령을 공포하고, 군대에 양식을 공급하 였다. 한왕 2년에 한왕이 제후들과 함께 초楚나라를 칠 때, 소하는 관중關中을 지키며 태자를 모셨고, 역양櫟陽을 다스렸다. 법령을 미리 제정하고(約束), 종묘宗 廟·사직社稷·궁실宮室·현縣·읍邑을 확립함에 오직 한왕에게 상주하여 허락을 얻어 정사를 처리했다. 만약 한왕에게 상주할 상황이 아니면 오직 마땅하게 시행하고 한왕이 돌아오면 보고하였다. 관중의 일을 보며 호구를 헤아려 군대에 양식을 공급하였으며, 한왕이 여러 차례 군대를 잃고 도망하였으나, 소하는 늘 관중에서 병졸을 징발하여 결손난 인원을 보충하였다. 한왕은 이 때문에 관중의 정사를 전적으로 소하에게 일임하였다.[24]

소하는, 전지田地와 집은 반드시 궁벽한 곳이었고, 가옥家屋에는 담장을 치지 않았 다. 말하기를 "후손이 현명하다면 나의 검소함을 본받을 것이고, 현명하지 못하

---

24) 司馬遷, 『史記』(『二十五史』, 권1), 「蕭相國世家」, 160~161쪽.

더라도 권세가에게 빼앗길 것도 없을 것이다"라고 하였다.[25]

　　이러한 인물됨으로 보면 소하는 분명히 유·도를 융합하고 안목이 원대한 치세에 능숙한 신하(治世能臣)이다. 함양을 함락한 뒤 "장수들은 모두 앞을 다투어 창고로 달려가 돈과 비단 등 재물을 나누어 가졌지만, 소하만 홀로 먼저 궁으로 들어가 진나라의 승상부丞相府와 어사부御史府의 법령, 지도, 서적들을 수습하여 보관"했기 때문에 그 이후 "한漢이 진나라의 제도를 계승"하여 견실한 기초를 마련하였으며, "한왕이 천하의 험준한 요새와 인구의 많고 적음, 강약強弱의 소재와 백성의 병고病苦 등을 모두 알게 된 까닭은 소하가 진나라의 지도와 서적을 모두 얻었기 때문이다." 이러한 점에서 보면 소하는 그야말로 지식과 문헌자료로써 유방의 성장을 배양한 총통부의 비서장에 해당한다. "파촉巴蜀을 지키면서 백성을 위무慰撫하고 국가의 시행령을 공포하고, 군대에 양식을 공급함", "관중關中을 지키며 태자를 모셨고, 역양櫟陽을 다스림", "관중의 일을 보며 호구를 헤아려 군대에 양식을 공급하였으며, 한왕이 여러 차례 군대를 잃고 도망하였으나, 소하는 늘 관중에서 병졸을 징발하여 결손난 인원을 보충함" 등은 또한 유방이 "천하를 쟁탈"하는 데 후방의 병참부장과 같았다. 그러나 사람들을 가장 절찬하게 한 것은 서한왕조의 제일 공신으로서 소하는 뜻밖에도 "전지田地와 집은 반드시 궁벽한 곳이었고, 가옥家屋에는 담장을 치지 않았다"라는 사실과 "후손이 현명하다면 나의 검소함을 본받을 것이고, 현명하지 못하더라도 권세가에게 빼앗길 것도 없을 것이다"라고 말한 데 있다. 이것은 분명히 유·도를 융합한 지혜를 나라를 평안하게 하고 나라를 다스리는 데 적용한 것일 뿐만 아니라, 자신의 거가居家와 입신 및 처세까지도 포함한다.

　　소하의 이러한 행위는 완전히 유학으로 세상에 응하고 도가로써 입신한 것이라고 말할 수 있다. 그의 계승자인 조참도 소하의 이러한 입신立身과 일 처리의

원칙을 제도화하였고, 그로써 서한 전기의 국가 이데올로기에 대한 명확한 선택이 되었다. 이 점에 관해 사마천의 설명에서 대개 일종의 사실적인 묘사와 같은 증거를 볼 수 있다.

조참曹參이 처음 벼슬하지 않았을 때는 소하와 사이가 좋았으나, 나중에 각각 장군이 되고 승상이 되었을 때 사이가 멀어졌다. 그러나 소하가 죽음에 임해서 현명하다고 추천한 사람은 오직 조참이었다. 조참이 소하를 이어서 한漢의 상국相國이 되어 일함에 바꾸거나 고침이 없이 한결같이 소하가 약속約束(미리 제정)한 대로 따랐다.

각 군郡과 제후국의 관리 중에 문사文辭에 질박하고 중후한 장자長者(덕망과 경험을 갖춘 明官)를 선발하여 바로 승상사丞相史에 임명하였다. 관리 중에 말과 글이 각박하고 심하고 명성을 얻는 데 애쓰는 사람은 바로 배척하고 쫓아냈다. 조참은 밤낮으로 좋은 술을 마셨다. 경대부卿大夫 이하의 관리나 빈객들이 조참이 정사를 돌보지 않는 것을 알고 찾아와서 모두 말을 하려고 하였다. 그런 사람이 오면 조참은 항상 그들에게 좋은 술을 마시게 하고 조금 지난 후, 하고자 하는 말을 하려 하면, 다시 그에게 술을 마시게 하여 취하게 한 뒤 돌려보내 끝내 말을 시작하지 못하게 하였고, 늘 그렇게 하였다.[26]

조참의 아들 조줄曹窋(생몰 미상)이 중대부中大夫가 되었다. 혜제惠帝는 상국이 이상하게도 정사를 다스리지 않자 "어찌 짐을 하찮게 여길 수 있는가"라고 여기고, 조줄에게 말하기를 "집에 돌아가서 은밀히 조용하게 그대 아버지에게 '고제高帝가 여러 신하와 이별한 지 얼마 안 되었고, 또 황제의 나이도 젊은데, 당신께서는 상국相國으로 매일 술을 마시고 황제께 정사를 주청하는 바가 없으니 어찌 천하를 걱정하게 합니까?라고 물어보되, 그러나 내가 시켰다고 하지 말라"라고 하였다. 조줄이 휴가를 얻어 (조참의 집으로) 돌아가서 잠시 아버지를 모신 뒤 그대로 조참에게 간하였다. 조참이 노하여 조줄에게 태형笞刑 2백 대를 때리며 "조정에 들어가서 황제를 모시되, 천하의 일은 네가 말할 것이 못된다"라고 하였다.[27]

26) 司馬遷, 『史記』(『二十五史』, 권1), 「蕭相國世家」, 162쪽.

좋은 술로써 건의하려는 사람의 입을 막음에서 그 아들에게 이백 대의 태형을 때림까지는 그야말로 "고집스럽게" 간언을 거부한 것이라고 할 수 있다. 그러나 "각 군郡과 제후국의 관리 중에 문사文辭에 질박하고 중후한 장자長者(덕망과 경험을 갖춘 明官)를 선발하여 바로 승상사丞相史에 임명하였다. 관리 중에 말과 글이 각박하고 심하고 명성을 얻는 데 애쓰는 사람은 바로 배척하고 쫓아냈다"라는 말로 보면 조참은 사람을 잘 알아보는 상국인 것 같다. 다만 그가 완전히 예상하지 못한 것은 그의 아들의 건의가 실제로는 새로운 군주인 한의 혜제가 그에게 내린 일종의 문책이자 불만을 나타내었다는 점이다. 따라서 다음 날 조당에서 조참은 혜제와 다음과 같은 대화를 나누었다.

조회할 때 혜제는 조참을 나무라며 "조줄을 어찌 그렇게 다스렸소? 지난번 일은 짐이 시켜 그대에게 간하게 한 것이었소"라고 하였다. 조참은 관을 벗고 사죄하며, "폐하께서 스스로 살펴보시기에 성무聖武와 고제高帝는 누가 더 훌륭합니까?"라고 하니, 혜제가 "짐이 어찌 감히 선제를 바라볼 수 있으리오!"라고 하니, 조참이 "폐하께서 보시기에 저와 소하 중에 누가 더 현명합니까?"라고 하니, 혜제는 "그대가 소하에게 못 미치는 것 같소"라고 하였다. 조참은 "폐하의 말씀이 옳습니다. 또한 고제께서는 소하와 더불어 천하를 평정하였으며, 법령도 이미 분명하게 하였습니다. 이제 폐하께서는 팔짱만 끼고 계셔도 되고, 저와 신하들은 직책만 지키면서 (소하의 법을) 잘 지키면서 잃지만 않으면, 옳지 않겠습니까?"라고 하였다. 혜제는 "되었소. 그대는 그만하시오!"라고 하였다.[28]

이렇게 보면, 조참이 그의 부하에게 술을 먹여서 간언을 거절한 것은 물론 그의 아들에게 채찍의 태형을 가한 것은 실제로는 심모원려深謀遠慮였다. 비록 술을 먹여서 건의하려는 사람의 입을 막고 태형으로 아들의 건의에 대답한 것,

---

27) 司馬遷, 『史記』(『二十五史』, 권1), 「蕭相國世家」, 163쪽.
28) 역자 주: 原書에는 이 인용문에 대한 출처표시가 없으나 문맥상 "司馬遷, 『史記』(『二十五史』, 권1), 「蕭相國世家」, 163쪽"으로 보충한다.

조당에서 "폐하께서 스스로 살펴보시기에 성무聖武와 고제高帝는 누가 더 훌륭합니까?"라고 하고, "폐하께서 보시기에 저와 소하 중에 누가 더 현명합니까?"라고 하여 혜제의 문책에 대답한 것은 모두 반드시 합당하지는 않지만, 조참은 확실하고 분명하게 당시 사회의 변화상황을 파악하고 있었으며, 또한 국가가 필요로 하는 정책을 잘 알고 있었다.

서한의 왕조는 이와 같은 방식으로 그 국가의 지도사상(이데올로기)의 선택을 완성하였으나, 이러한 선택은 정확하지 않았으며, 당시 조정의 역사가인 사마천은 또 다음과 같이 기록하여 분명한 대답을 나타내었다.

> 백성이 그를 노래하기를 "소하가 만든 법은 밝기가 한결같이 고르고, 조참이 그를 대신하여 지키며 잃지 않았다. 그 청정함을 시행하니 백성들이 편안하고 한결같네"라고 하였다.[29]

> 조참이 한나라의 상국이 되자, 청정함을 지극히 말하여 도道와 일치하였다. 그러나 백성들이 진나라의 잔혹함에서 벗어난 후, 조참은 더불어 휴식하며 억지로 하지 않았으므로 세상 사람들이 모두 그 미덕을 칭찬하였다.[30]

따라서 후세의 역사가들도 흔히 서한 초기의 이와 같은 지도사상을 개괄하여 "무위無爲의 다스림으로 백성들과 함께 휴식하였다"라고 하였지만, 지도사상은 실제로 전국시대 후기 이래 유행하기 시작한 황로학黃老學이었다. 이 시대의 사회적 청명한 상태를 역사적으로는 줄곧 "문경文景의 정치"(文景之治)라고 부른다.

그렇다면, "문경지치"는 과연 어떻게 형성되었는가? 황로학에 뿌리를 둔 "무위無爲의 다스림으로 백성들과 함께 휴식하였다"라는 상태는 또 어떻게 서한 통치자들의 기본적인 국책이 되었는가?

---

29) 司馬遷, 『史記』(『二十五史』, 권1), 「蕭相國世家」, 163쪽.
30) 司馬遷, 『史記』(『二十五史』, 권1), 「蕭相國世家」, 163쪽.

첫째 원인은 서한왕조가 포악한 진나라에서 굴기한 것에 있는데, 이것은 곧 맹자가 "또한 왕자王者가 일어나지 않은 때가 지금보다 오랜 적이 없었으며, 백성들이 학정에 초췌함이 지금보다 더 심한 때가 없었다. 배고픈 사람이 쉽게 먹을 수 있게 하고, 목마른 사람이 쉽게 마실 수 있게 해야 한다"[31]라는 말과 같다. 따라서 유방이 "세상이 진나라 때문에 고통을 받은 지 오래다"[32]라고 한 말도 그 시대를 대표하는 가장 강렬한 함성이라고 할 수 있다. 그러므로 만약 사회 역사의 인연으로 만난 기회로 보면, "문경지치"를 처음으로 만든 것은 사실 진왕조의 악법과 혹정酷政 그 자체에 있었다고 할 수 있다.

둘째, 줄곧 유방을 따라 강산을 쟁취한 개국의 원훈元勛들에 대하여 말하면, 그들은 원래 모두 사회의 하층에서 나라의 실정과 민심을 깊이 잘 알고 있던 지식인들로서, 소하와 조참은 모두 현급縣級에 속하는 관리들이다. 그들이 당시에 유방을 따라 봉기한 것은 한편으로는 당연히 현령縣令이 그들을 주살하려고 하므로 (그들은 이미 도망할 길이 없었다.) 조정을 향해 사죄하려고 하였기 때문이며, 다른 한편으로 그들은 본래 모두 진왕조의 하급 관원에 속하였기 때문에 감히 머리를 들고 봉기한 것은 실제로는 주로 위험을 두려워하는 심리에서 비롯되었다. 따라서 당시 그들이 일치하여 유방을 영수領袖로 추대한 심리에 대하여 사마천은 "소하와 조참 등은 모두 문리文吏로서 자신을 사랑하여 일을 두려워하여 나아가지 않았으며, 후일 진나라에 그 가족이 멸족당할까 두려워 유계劉季 즉 유방에게 모두 양보하였다.…… 이에 유방이 몇 번 양보하였다. 아무도 감히 하려는 사람이 없으므로 결국 유방을 패공沛公으로 세웠다"[33]라고 분석하였다. 실제로 인류 역사 부분에

---

31) 『孟子』(吳哲楣 主編, 『十三經』), 「公孫丑上」, 1362쪽.
32) 司馬遷, 『史記』(『二十五史』, 권1), 「高祖本紀」, 36쪽. 그러나 이 "세상이 진나라 때문에 고통을 받은 지 오래다"라는 말은 동시에 陳勝의 「大澤鄕起義」에서도 보이는데, 예를 들면 "진승은 '세상이 진나라 때문에 고통을 받은 지 오래다. 내가 듣기로 2세인 작은 아들(長子인 扶蘇가 아닌 次子 胡亥)이 부당하게 옹립되었으며, 마땅히 옹립되어야 할 사람은 공자 扶蘇이다.…… '라고 하였다" 하였다.(『史記』(『二十五史』, 권1], 「陳涉世家」, 152쪽) 이러한 견해가 당시 이미 전 사회적으로 광범위하게 공감하는 기본적 공동 인식임을 알 수 있다.

관한 문화적 지식이나 사회에 참여한 정치적 경험으로 말하면 소하와 조참은 틀림없이 유방을 압도하였지만, 오직 "일을 두려워하여 나아가지 않았으며, 후일 진나라에 그 가족이 멸족당할까 두려워하여" 이 때문에 만장일치로 유방을 반진反秦의 영수로 추대하였다. 따라서 강산을 탈취한 후 그들은 또 분명하게 시대의 변화상황과 그 수요를 파악하였고, 아울러 황로학으로 "무위의 다스림으로 백성과 함께 휴식하는" 새로운 이데올로기를 만들어 내었다.

유방의 가치는 한편으로 당연히 "세상이 진나라 때문에 고통을 당한 지 오래다"라는 시대에 대한 가장 강한 음성을 외칠 수 있었다는 데 있으며, 다른 한편으로는 주로 가장 간단하게 약법삼장을 개괄하여 진나라 군민을 안무按撫할 수 있었다는 데 있다. 사실 이 점만 놓고 볼 때, 만약 세상풍조에 대한 인심의 사회심리적인 정확한 파악이 없었다면 매우 어려운 일이다. 가장 중요한 점은 유방이 감히 천하를 무력 쟁탈하려는 담략이 있을 뿐만 아니라 또한 어느 정도 자신을 아는 총명과 타인을 아는 지혜를 갖추고 있었다는 데 있다. 예를 들면, 유방이 천하통일을 이루고 수도 장안을 건설한 후 일찍이 군신들과 큰 연회를 열었는데, 술이 거나하게 취했을 때 그는 군신들과 다음과 같은 대화를 나누었다.

> 고조는 "열후들과 장수 여러분은 짐을 속이지 말고 모두 그 심정을 말하도록 하라. 내가 천하를 얻은 까닭은 무엇이며, 항우가 천하를 잃은 까닭은 무엇인가?"라고 하였다. 고기高起와 왕릉王陵이 "폐하는 오만하여 사람을 업신여기지만, 항우는 어질어서 사람을 사랑합니다. 그러나 폐하는 사람으로 하여금 성城과 땅을 공략攻略하게 하여 항복한 사람에게는 (城과 땅을) 나누어 주며, 천하와 더불어 이익을 같이 누렸습니다. 항우는 어진 사람을 시기하고 유능한 사람을 질시하여, 공이 있는 사람은 그를 해치고, 어진 자는 의심하며, 이기기를 좋아하여 타인에게 공을 돌리지 않고, 땅을 빼앗아도 다른 사람에게 그 이익을 나누어 주지 않았으니, 이것이 그가 천하를 잃은 까닭입니다"라고 하였다. 고조는 "그대들은 하나만

---

33) 司馬遷, 『史記』(『二十五史』, 권1), 「高祖本紀」, 36쪽.

알고 아직 둘은 모른다. 무릇 군막 안에서 계책을 짜서 천 리 밖의 승리를 결정하는 일에 나는 자방子房(張良)보다 못하다. 국가를 진정시키고, 백성을 위로하고, 군량을 보내어 군대를 궤향饋餉하며, 식량 운송로가 끊어지지 않게 하는 것은 내가 소하蕭何보다 못하다. 백만 대군을 통솔하여 싸우면 반드시 승리하고, 공격하면 반드시 빼앗는 일은 내가 한신韓信보다 못하다. 이 세 사람은 모두 인걸人傑들이며, 내가 이들을 기용할 수 있었고, 이것이 내가 천하를 얻은 까닭이다. 항우에게는 범증范增 한 사람만 있었는데도 그를 기용하지 못하였고, 이것이 그가 내게 사로잡히게 된 까닭이다"라고 하였다.[34]

유방의 이 해명을 보고 우리는 그가 당시 벌떼처럼 일어난 여러 제후 가운데 천하를 탈취하는 데 절대적인 우세를 점하였음을 인정하지 않을 수 없다. 이른바 "천하와 더불어 이익을 같이 누렸다"라는 말은 자연히 유방이 천하를 무력 쟁탈하려는 기치라고 말할 수 있으며, 자신을 아는 총명과 타인을 아는 지혜와 여러 인재를 잘 운용한 것은 지혜를 모아 협력을 얻고 강산을 탈취하는 주체적인 기초가 되었다고 할 수 있다.

그러나 유방에게는 여전히 보통 사람을 뛰어넘는 매우 분명한 점이 있는데, 그것은 그가 아직 대권을 독차지할 수 없도록 작은 권력으로 반드시 분산하고, 아울러 과감하게 사람을 쓴 데 있으며, 특히 사람을 탄복하게 한 점은 유방이 현실을 직시할 수 있고, 또한 부하의 비판을 충분하게 받아들이는 데 있었다. 예를 들면, 장량張良·유경劉敬·육가陸賈·숙손통叔孫通과 같은 모사들 중 그를 비판하지 않은 사람이 없었다. 그러나 유방은 당시에 비록 "탐탁지 않음", "불쾌함" 등의 표시는 하였지만, 그는 흔쾌히 그들의 비판을 받아들이고 또한 모사謀士들의 건의를 받아들였는데, 이것이 바로 그가 충분하게 여러 사람의 적극성을 자극하고 여러 사람의 장점을 모을 수 있었던 근본 원인이었을 것이다. 오히려 소하와 조참 같은 옛 진나라의 관리들은 일찍부터 전제집권의 관원으로 훈련받았기 때문에

---

34) 司馬遷, 『史記』(『二十五史』, 권1), 「高祖本紀」, 39쪽.

그들은 거의 직접 유방을 비판하지 않고 얼굴색을 살피고 얼굴 표정을 살피며 심리를 알아보는 방식으로 윗사람의 뜻을 추측하였다. 유방은 분명히 어느 정도의 문화도 없어서 이 사람이 아는 모든 것으로는 대개 유방 당시에 후세의 군주들이 말하는 "성군聖君"을 근본적으로 기대할 수 없었다. 그는 단지 분명하게 스스로 강산을 무력 쟁취하여 곧 시대를 바꾸고 또한 강산을 평안하게 안정시키려고 하였고, 따라서 그도 자기 자신이 가진 모순을 가릴 생각도 하지 않았다. 예를 들면, 술을 탐하고 색을 밝히며, 타인을 존중하지 않고 남을 욕하는 등, 부하들과 함께 농담하면서도 동시에 분명하게 부하들에 잘못을 인정하였다. 그러나 이러한 모순은 그가 한 사람의 걸출한 정치적 영수가 되는 데 영향을 끼치지 않았을 뿐만 아니라, 오히려 이러한 "모순" 때문에 오히려 다른 사람과 친근해질 수 있는 점이 있게 되었다.

바로 이러한 유방의 정치적 품격 때문에, 그가 비록 "오만하게 다른 사람을 모욕"하고 늘 유생들의 모자를 빼앗아 오줌을 누었지만, 유생은 결코 이러한 일 때문에 유방을 버리고 몸을 돌려 투항하지 않았으나, 도리어 "인자하고 남을 사랑한" 항우는 그 부하들이 뿔뿔이 흩어져 유방에게 투하였다. 다시 예를 들면, 유방은 결코 소하와 조참과 같은 역사 문화적 지식과 사회적 정치 경험이 없었지만, 소하가 "홀로 먼저 궁으로 들어가 진나라의 승상부丞相府와 어사부御史府의 법령, 지도, 서적들을 수습하여 보관"하였을 때, 유방은 소하가 어떤 반란의 의도를 가졌는가를 결코 의심하지 않았으며, 소하가 당시의 "천하의 험한 요새와 인구의 많고 적음, 강약强弱의 소재와 백성의 병고病苦에 시달리는 것" 등 여러 정황을 그가 알도록 하였을 때, 그는 소하를 주객이 전도된 것으로 생각하지 않고, 자신을 위한 어떤 인물로 생각하였다. 실제의 정황은 이와 달랐는데, 곧 유방은 역사 지식과 정치 경험이 별로 없었기 때문에 그는 오히려 소하 등이 일을 하도록 내버려 두었으며, 이에 비로소 "무위로 다스리며 백성과 더불어 휴식한다"라는 기본적인 국책이 있게 되었고, 한나라 초기 황로학의 부흥과 기본적인 국책으로서의 지도사상을 갖추게 되었다. 그러므로 한나라 초기의 "무위로 다스리며 백성과 더불어 휴식한다"

라는 기본적인 국책에 대하여 말하면, 비록 유방이 본래 자각적으로 참여하고 제정하였다고 말할 수 없지만, 그러나 이 개국의 영수는 도리어 틀림없이 한나라 초기 국책에서 가장 중요한 촉진자였다.

2. 현량의 문학을 천거함: 황로학에서 요순의 도까지

한나라 초기 통치자들이 황로학의 "무위의 다스림"을 지도사상 혹은 기본적 국책으로 선택하였을 때, 그것을 통치자의 지혜로 황로학을 선택하였다고 하기보다는 당시의 정치경제의 형세가 그들로 하여금 황로학을 그 지도사상으로 채택하지 않을 수 없게 하였다고 할 수 있다. 당연히 여기에는 객관적인 두 가지의 요소가 있다.

먼저 왕권의 주체적 각도와 당시 선택의 대상을 제공하는 것으로 볼 때 진왕조의 법가 선택은 비록 그들이 매우 빨리 강산을 탈취하고 통일을 완성하는 데 도움을 주었지만, 그 엄한 형벌과 준엄한 법의 특징 때문에 바로 다시 그 정권의 멸망을 초래하였는데, 이는 법가의 이러한 엄한 형벌과 적은 은혜, 사람을 부당하게 대우함(사람은 단지 정권을 지키기 위한 그들의 통치 수단이나 도구로 봄)이 이미 근본적으로 선택받을 자격을 상실하였음을 설명한다. 또한 가의賈誼가 "인의仁義를 베풀지 않았고, 공격과 수비의 형세가 달라졌기 때문이다"라고 하고, "취함과 지킴에 방법이 달랐다"라고 한 말도 모두 분명하게 법가사상이 이미 철저하게 선택받을 수 있는 정치사상의 무대에서 퇴출당하였음을 선고하였다. 그렇다면 고조 유방이 약법삼장을 통해 보여 준 묵가사상은 어떠한가? 비록 사회가 전란일 때 묵가의 원시평등정신은 확실히 어느 정도 인심을 위로하는 작용을 일으킬 수 있었지만, 국가의 이데올로기 혹은 지도사상으로서 맹자의 "아버지가 없음"과 장자의 "세상의 인심을 거스른다", 순자의 "용用에 막혀 문文을 모른다"[35]라는 비판도 모두 묵가의 사상과 주장이 비록 일시적인 효용은 있지만, 결국은 이처럼 국가의 장기간 다스림과 평안함의 방책으로 확립되기 어렵다는 점을 말해 준다. 이처럼 선진제자들이 제공할 수 있는 사상적 자원으로 말하면, 오직 유·도 두 학파뿐이다. 그러나 당시의 통치자들에 대하여 말하면 유·도 두 학파 가운데서 앞장서 원시 도가의 황로학에서 탈바꿈하여 지도사상으로 선택될 수 있었던 것은 당연히 이미 일종의 절대적인 지혜를 나타내었다고 할 수 있다.

다시 당시의 객관적 형세로 보면, 진왕조의 엄한 형벌과 가혹한 정치적 타격을 겪었고 게다가 초楚·한漢 전쟁의 박해가 겹치면서 당시의 세상은 이미 극도로 피폐해졌다. 서한이 개국했을 당시의 곤궁한 상태를 사마천을 다음과 같이 묘사하였다.

> 한漢나라가 흥기하여 진秦나라의 폐단을 접하였을 때 장년의 남자는 군대에 끌려 갔고, 노약자들은 군량을 운송했다. 노동은 번거로웠고 재물은 부족했다. 천자도 군사거駟軸車(털 빛깔이 균일한 네 마리 말이 끄는 수레)를 갖추지 못했고, 장군과 재상들은 겨우 소가 끄는 수레밖에는 탈 수가 없었으며, 백성들은 가축을 기르고 곡식을 쌓아 둘 여력이 없었다.…… 그리하자 법령을 지키지 않고 이익만을 추구하는 백성들이 매점매석買占賣惜으로 시장을 장악하여, 쌀 한 석이 만 전錢, 말 한 마리는 백금에 거래되었다.[36]

이와 상응하여 당시의 이러한 곤궁한 상황은 또한 제왕이 그에 대하여 취한 행정조치를 선택한 내용에서도 잘 나타난다. 『한서漢書』는 다음과 같이 기록하였다.

> 효문황제孝文皇帝가 즉위한 지 23년, 궁실·동산과 동물원(園囿)·수레·기마騎馬·어가御駕 등이 늘어난 것이 없었으며, 백성에게 불편한 일이 있으면 바로 풀어 주어 백성을 이롭게 하였다. 일찍이 노대露臺를 지으려고 장인을 불러 비용을 계산해 보니 값이 100금金이었다. 이에 황제가 "100금이면 중간급 백성의 열 집 재산에 해당한다. 내가 선제의 궁실을 받들어 사용하면서 항상 욕이 될까

---

35) 『荀子』(『諸子集成』 제2책), 「解蔽」, 261쪽.
36) 司馬遷, 『史記』(『二十五史』, 권1), 「平準書」, 85쪽.

걱정했는데, 무슨 누대樓臺를 짓겠는가!"라고 하였다. 황제는 늘 두꺼운 비단옷을 입었고, 총애하는 신부인愼夫人도 땅에 끌리는 옷을 입지 않도록 했으며, 휘장에 수를 놓지 않게 하여, 도탑고 소박함을 보여 세상의 규범이 되고자 하였다.[37]

　　이 두 단락의 기록에서 한 단락은 당시 제왕의 행실에서 나왔으며, 또 한 단락은 사가들의 당시 사회에 대한 사실적 묘사인데, 특히 "천자도 균사거均駟車를 갖추지 못했고, 장군과 재상들은 겨우 소가 끄는 수레밖에는 탈 수가 없었다"라는 점은 또한 서한 초기의 경제 상황과 그 빈곤의 실상을 생생하게 묘사하였다. 이것은, 한대의 통치자들이 "무위의 정치"를 선택하여 "백성들과 더불어 휴식한다"라는 정책을 선택한 까닭은 결코 단지 한대 제왕의 천성이 근검절약하였기 때문만은 아니며(당연히 漢文帝가 어려서부터 겪은 민간의 생활도 근검절약하는 습관에 어느 정도 촉진작용이 있었다.), 당시의 경제적 형세가 그들로 하여금 이와 같이 선택하지 않을 수 없도록 하였음을 보여 준다. 이러한 관점에서 볼 때, 당시의 경제 형세가 곧 한나라 초기 지도사상의 최종적 결정자라고 할 수 있으며, 당연히 한문제의 "노대露臺"를 그만두게 한 최후의 촉진자라고 할 수 있다.

　　그러나 서한 정권을 새로 세운 사람들이 자각적으로 황로학의 "무위의 정치로 백성들과 더불어 휴식한다"라는 정책을 선택하여 정부의 지도사상으로 삼은 것은 결국 그들의 정치적 지혜의 표현이며, 또한 그들의 지도사상이 기본적으로 당시에 적응한 실제적 정황이었음을 설명한다. 한나라 초기 몇 대 제왕의 "공검恭儉"의 정책 때문에 비로소 역사적인 "문경文景의 다스림"을 이룰 수 있었다. 따라서 반고班固는 일찍이 『한서漢書』에서 칭찬하여 다음과 같이 말하였다.

　　주周나라와 진秦나라의 폐단은 법만은 엄밀하고 문건은 준엄하여 간악한 추구를 막을 수가 없었다. 한漢나라가 일어나서 번잡하고 사나움을 쓸어내고 백성들과 함께 휴식하였다. 효문황제孝文皇帝에 이르면 공손하고 검약함을 더하고, 효경황

37) 班固, 『漢書』(『二十五史』, 권1), 「文帝紀」, 354쪽.

제孝景皇帝는 왕업을 준수하여 50~60여 년 사이에 낡은 풍속과 습관을 고치고
일반 백성들은 순박醇朴·돈후敦厚하였다. (「景帝紀贊」에서) "주周나라에서는 성
왕成王과 강왕康王을 말하고, 한나라에서는 문경文景을 말하니 아름답도다"라고
하였다.38)

이러한 "번잡하고 사나움을 쓸어내고 백성들과 함께 휴식하였다"라는 정책을
통하여 이룩한 사회적 풍요와 민풍의 순박·돈후함도 또한 사마천의 묘사에서
볼 수 있다.

한漢이 일어난 지 70여 년간 국가는 큰일이 없었고, 홍수나 가뭄이 재해를 만나지
않아서 백성들은 집마다 의식주에 부족함이 없었으며, 곡식 창고도 모두 차고,
관청의 창고에는 재화가 넘쳐흘렀다. 경사京師(수도)의 돈은 막대하여, 돈을 묶은
줄이 썩어도 고칠 수가 없었다. 태창太倉(수도의 곡식 창고)의 곡식은 겹쳐 쌓고도
넘치고 남아 노천에 쌓아두었다가 결국 썩어서 먹을 수 없는 지경에 이르렀다.
서민들이 거리를 말을 타고 다녔으며, 밭길 사이에 무리를 이루었고, 승乘이란
글자가 찍힌 암말은 따로 모아 무리를 이룰 수가 없었다. 일반 여항의 백성들도
기름진 고기와 곡식을 먹었으며, 관리가 된 사람은 오래 자손에게 전해져서 맡은
관직을 자신들의 성씨로 삼았다. 그러므로 사람마다 스스로 아끼고, 범법犯法을
중시하였고, 먼저 의義를 행한 다음 치욕스런 행위를 물리쳤다. 이러한 때 법망은
성글고 백성들은 부유하여, 재물로서 교만함이 넘쳤으며…… 39)

분명히 이것은 의심 없이 서한西漢의 사회가 번영하였다는 표현이며, 이른바
"집마다 의식주에 부족함이 없었다"라는 말은 자연히 그 시기의 나라가 태평하고
백성이 살기가 평안함을 의미한다. 당연히 이러한 풍요로운 국면은 동시에 하나의
위대한 전환의 시대가 도래함을 의미한다. 이 하나의 전환은 또 뛰어난 재능과

---

38) 班固, 『漢書』(『二十五史』, 권1), 「景帝紀」, 354쪽.
39) 司馬遷, 『史記』(『二十五史』, 권1), 「平準書」, 85쪽.

원대한 지략을 가진 한무제漢武帝와 연결되어 있었다.

한무제가 역사의 무대에 등장할 때 한편으로 "국가는 큰일이 없고", "백성은 집집마다 의식주에 부족함이 없었다." 다른 한편으로는 한나라 초 이래 이미 형성되어 통치자들이 방법으로 의지하는 심리적 습관을 지배하며 유지된 "무위의 다스림으로 백성과 더불어 휴식한다"라는 정책이다. 이와 같은 일종의 지도사상에서부터 국가정책까지의 격렬한 충돌적 전환은 또한 필연적으로 발생한다.

이 이전에 효혜제孝惠帝 때부터 이미 진대秦代의 "협서령夾書令"을 폐지하였으며, 그에 따라 민간에서는 매우 빨리 자유로운 강학講學의 학풍이 출현하였다. 이 풍조에 대하여 말하면, 당시 민간의 강학은 또한 틀림없이 유학을 위주로 하였다. 왜냐하면 물론 유가의 현실에 대한 주요 관심과 그 존재 방식은 모두 먼저 인륜 교화로부터 시작되었기 때문이다. 그리고 순자의 "유자가 조정에 있으면 정사를 아름답게 하고, 아랫자리에 있으면 풍속을 아름답게 한다"[40]라는 말은 분명하게 유가의 사상적 성격을 획정하였다. 유학의 이러한 특징에 대하여 『사기』 「유림전」에서는 역사적 시각에 따라 다음과 같이 기록하였다.

> 공자가 세상을 떠난 후 70명의 제자는 흩어져서 제후들에게 유세했는데, 크게는 제후의 사부師傅와 경상卿相이 되었고, 작게는 친구로서 사대부를 가르쳤으며, 혹은 은거하여 나타나지 않았다.…… 그 후 유학儒學은 점차 쇠퇴하다 진시황秦始皇 때에 이르면, 천하는 전국시대로 함께 다투며, 유가의 학술은 배척당하였지만, 제齊·노魯 두 나라에서만 학자들이 홀로 버리지 않았다.[41]

> 한의 고조高祖가 항적項籍을 죽이고 군대를 이끌고 노魯나라를 포위했을 때, 노나라의 여러 유생이 예악을 숭상하고 강론하고 읊고 익히며, 현악기를 연주하며 노래하는 시간이 끊어지지 않았으니 어찌 성인이 남긴 교화敎化로 예악을 좋아하는 나라가 아니겠는가?…… 그러므로 한漢나라가 일어난 뒤 여러 유생이 비로소

---

40) 『荀子』(『諸子集成』 제2책), 「儒效」, 76쪽.
41) 司馬遷, 『史記』(『二十五史』, 권1), 「儒林傳」, 306쪽.

경예經藝를 익힐 수 있었고, 대사례大射禮와 향음주례鄕飮酒禮의 예의를 강습할
수 있었다.…… 경제景帝 때에는 유자들을 임용하지 않았고, 두태후竇太后가 황로
黃老의 학설을 좋아하였기 때문에 여러 분야의 박사들은 기존 관원으로 책문策問
을 기다렸지만, 진현進見된 사람은 없었다.[42]

사마천의 이 단락의 회고는 기본적으로 공자가 세상을 떠난 이후 유학의 발전,
퍼짐, 그리고 전파의 상황을 정리한 것으로 비록 그 사이에 일찍이 "분서갱유焚書坑儒"
의 타격을 겪었고, 또 문제文帝와 경제景帝 사이에는 "유자儒者를 임용하지 않음"의
영락零落을 겪었지만, 유학의 뿌리와 그 민간적인 기초는 도리어 여전히 단절되지
않았다. 이처럼 유학의 발흥과 이미 서한의 공식적 이데올로기가 된 황로학과의
모순도 반드시 폭발하게 되어 있었고, 또 반드시 서한의 공식적 이데올로기의
중대한 전환을 초래하였다. 따라서 경제 시대에는 이미 황생黃生과 원고생轅固生의
격변이 발생하였고,[43] 유학은 결국 반드시 황로학을 대체하는 학문이 될 수밖에
없었다.

이것은 왜 그런가? 이것은 당연히 유학과 황로학의 서로 다른 성질 때문에
결정된다. 왜냐하면 원시 도가에서 진화한 황제 노자의 학문이 유학이 추앙하는
요순의 도와 겨루어야 하는 필요 때문에 어쩔 수 없이 추앙하기는 하였지만, 그러나
실제로는 도리어 단지 일종의 정치상 후퇴하여 수세守勢하는 기술일 뿐이다. 이른바
"무위의 다스림으로 백성과 더불어 휴식한다"라는 말도 곧 당시 한 세기 동안
두 차례의 전국적인 큰 전쟁 이후의 곤궁하고 피로한 상태에 적응하기 위한 것이다.
그러나 서한의 국가 경제와 백성들의 재력이 회생함에 따라, 만약 여전히 "무위의
다스림으로 백성과 더불어 휴식한다"라는 방법을 계속 집행한다면, 이것은 곧
하나의 답습과 방임이 될 뿐이다. 따라서 황생과 원고생의 격변은 곧 국민 경제의
회복에 따라 국가 이데올로기로서의 지도사상도 필연적으로 중대한 대전향이

---

42) 司馬遷, 『史記』(『二十五史』, 권1), 「儒林傳」, 306쪽.
43) 司馬遷, 『史記』(『二十五史』, 권1), 「儒林傳」, 307쪽을 참고.

필요함을 예시한 것이다.

그러므로 한무제 때에 이르면 한편으로 70여 년 동안의 수생修生과 양식養息을 통하여 서한의 종합적 국력은 이미 유달리 강대하였으며, 사마천을 이를 "경사京師의 돈은 막대하여, 돈을 묶은 줄이 썩어도 고칠 수가 없었다. 태창太倉의 곡식은 겹쳐 쌓고도 넘치고 남아 노천에 쌓아두었다가 결국 썩어버려서 먹을 수 없는 지경에 이르렀다. 서민들이 거리를 말을 타고 다녔으며, 밭길 사이에 무리를 이루었고, 승乘이란 글자가 찍힌 암말은 따로 모아 무리를 이룰 수가 없었다"라고 개괄하였다. 이 말은 이미 충분히 그 당시의 "집집마다 의식주에 부족함이 없는" 정황을 설명하였다. 또 다른 한편으로 서한 사회는 또 때마침 큰 역할을 할 한 사람으로서 한무제와 그의 '뛰어난 재능과 원대한 지략'을 기대하였으며, 또한 문제·경제 시대에 이러한 청정무위를 특징으로 하는 "백성과 더불어 휴식한다"라는 정책을 더 이상 받아들일 수 없었으며, 자연히 혜제惠帝·문제文帝 이래의 이른바 "재상 소하蕭何가 만든 법을 후임인 조참曹參이 그대로 따른다"(蕭規曹隨)라는 집정執政 품격에 더 이상 만족할 수 없게 되었다. 따라서 한무제는 반드시 현실의 기초에서 한바탕 일을 보여 주어야 하였는데, 그 첫걸음이 뜻밖에도 "현량문학賢良文學을 천거함"이었다.

"현량문학을 천거함"은 본래 한나라 시대의 '선발제도'(察擧制度)이며, 또한 관원을 선발하는 주요 형식으로, 대개 한의 문제 때에 이미 실행되었다. 예를 들면, 문제 2년(BC 178)에 일찍이 아래와 같이 조칙을 내렸다.

> 짐이 아래로는 군생群生(모든 생명)을 다스리고 기를 수 없었고, 아래로는 삼광三光 (해·달·별)의 밝음에 누가 되었으니 그 부덕不德함이 크다. 명령이 도달하면 짐의 과실을 다 생각하고, 지혜와 식견이 모자라는 바를 모두 짐에게 알려 주기를 바라네. 현량賢良하고 방정方正하고 직언直言으로 극진하게 간언할 수 있는 사람 을 천거하여 짐이 생각하지 못한 것을 광정匡正해 주기를 바라오.[44]

---

44) 班固, 『漢書』(『二十五史』, 권1), 「文帝紀」, 352쪽.

문제 15년(BC 165)에는 또 다음과 같은 조칙을 내렸다.

제후·왕·공경·군수에게 현량賢良하고 방정方正하고 직언直言으로 극진하게 간
언할 수 있는 사람을 천거하도록 조칙을 내리고, 황제가 친히 그에게 책문策問을
내리고, 의견진술의 말을 듣고 채납採納하였다.[45]

서한왕조는 이로부터 관원을 선발하는 선발제도를 형성하였다. 이 기간에
한의 문제는 심지어 적극적으로 추천하지 않은 군현을 비판하는 조칙을 내려,
"이제 만호萬戶의 현에서 명령에 응하지 않는다고 하면 어찌 인정人情을 실행하겠는
가? 이는 관리들이 어진 사람을 천거하는 도리를 아직 갖추지 못한 것이다"[46]라고
여겼다. 이 이후 현량방정賢良方正 혹은 현량문학賢良文學을 천거하는 것이 곧 한대
관원을 선발하는 중요한 방법이 되었다.

한무제가 적극적으로 "현량문학으로 천거"(擧賢良文學)를 실행할 때, 그는 당연히
사회 속에서 필요로 하는 인재를 찾았으며, 한무제 당시 절박성은 주로 그가 가능한
한 빨리 언변·일처리·글쓰기에만 능하고 적극적인 창의정신이 없으며(四平八穩)
또 황로술에만 빠져 있는 노신老臣을 축출하고 사람의 등용을 제도적으로 돌파함을
실현하려는 데 있었다. 바로 이러한 조건에서 동중서董仲舒(BC 176?~BC 104)와 공손홍
公孫弘(BC 200~BC 121) 등의 원래 박사 및 "기존 관원으로 책문을 기다리는" 유생도
곧 형세에 순응하여 나타났다. 왜냐하면 한무제의 "현량문학으로 천거함"은 완전히
책문策問의 방식으로 전개되었는데, 말하자면, 한무제가 제목을 내면 추천을 받은
유생이 와서 회답하고, 무제가 필요로 하는 인재로 만족할 수 있는가를 보는 것이다.
분명히 이것은 서한의 인재등용제도의 형식을 계승하여 형성된 일종의 주도사상과
인재등용 풍격風格의 대전환이 되었다.

이러한 전환은 먼저 동중서의 "천인삼책天人三策" 가운데 나타나 있다. 물론

---

45) 班固, 『漢書』(『二十五史』, 권1), 「文帝紀」, 353쪽.
46) 班固, 『漢書』(『二十五史』, 권1), 「文帝紀」, 353쪽.

이것은 우선 한무제의 책문을 통하여 나타났다.

> 황제가 "짐이 지존의 자리와 자미子美의 덕을 계승하고 무궁함을 전하며, 이
> 덕을 무한히 베풀고자 하는 임무가 크고 지켜야 할 책임이 중대하다. 이 때문에
> 밤새 불안하고 편안하지 않다.…… 듣건대, 오제五帝·삼왕三王의 도는 예禮를
> 개조하고 음악을 지으니 천하가 때맞추어 화합하였다. 유우씨有虞氏(순임금의 성)의
> 음악은 소韶보다 더 성盛한 것이 없으며, 주周나라 때는 작勺보다 성한 음악이
> 없었다. 성왕聖王은 이미 세상을 떠났고, 종고鍾鼓와 완현琬弦의 소리는 아직 쇠퇴
> 하지 않았으나, 대도大道는 쇠미하고 이지러지고 쇠퇴하여 걸주桀紂의 행태에
> 이르렀으니 왕도王道는 크게 붕괴崩壞되었다. 무릇 5백 년 사이에 선왕의 법도를
> 지킨 임금, 행정을 맡은 사인士人들이 선왕의 법을 지켜서 세상에 도움이 되기를
> 바라는 사람이 매우 많지만, 오히려 끝내 되돌리지 못하고, 날로 기울어져 없어지
> 고, 후왕後王(秦王)에 이른 후에 멈추었으니, 어찌 그 지켜야 할 것을 혹 황당무계하
> 게 그 전통을 잃어버리겠는가? 진실로 하늘이 내린 명은 다시 되돌릴 수 없으니
> 반드시 크게 쇠퇴하도록 밀고 나간 후에 멈추도록 할 것인가? 오호라! 무릇 사소
> 한 것일지라도 밤새 자지 않고 노력하며 상고의 교훈을 본받기를 힘쓰는 사람이
> 또한 장차 도움이 없을 것인가? 삼대가 천명을 받음에 그 부절符節(징표)이 어찌
> 있는가? 재이災異의 변화는 무엇에 인연하여 일어나는가? 성명性命(생명)의 실정이
> 혹 요절하고 혹 장수하며 혹 인仁하고 혹 비천하며, 항상 그 이름을 듣고도 그
> 이치에 밝지 못하다. 어떻게 훌륭한 정책을 받아들여 법령으로 시행하고 형벌을
> 가볍게 하고 간사함을 고쳐서 백성이 화락和樂하고 정사政事는 마땅하고 밝으며,
> 무엇을 고치고 무엇을 꾸며서 감로甘露를 내리고, 백곡百穀을 보태고 천하에 덕이
> 미치며, 은택이 초목에까지 미치며, 해와 달과 별이 온전하며, 추위와 더위가
> 고르며, 하늘의 보우保佑를 받고, 귀신鬼神의 명수命數(신령함)를 누리며, 덕택德澤이
> 넘쳐나 세상 밖까지 시행되고 만물에까지 이르게 할 수 있겠는가?"라고 하였다.[47]

한무제의 이러한 책문과 그 방향에 대하여 보면, 그 자체로 이미 분명하게

---

47) 班固, 『漢書』(『二十五史』, 권1), 「董仲舒傳」, 572쪽.

유가가 삼황오제의 도 위에 자리매김하였다. 이것은 마땅히 먼저 무제를 태자로 삼고 경제가 그를 위하여 위관衛綰(?~BC 131)이라는 유학자를 태부太傅로 선택하였을 때 결정되었고, 더욱 중요한 것은 유가가 그들이 생긴 이래로 "크게는 제후의 사부師傅와 경상卿相이 되었고, 작게는 친구로서 사대부를 가르침"이라는 교육 담당의 전통을 형성하였다는 것이다. 이렇게 보면, 유가의 도에 대해 무제 당시 "현량문학으로 천거"도 이때 마침 군신이 공모한 특성을 뚜렷하게 드러내었다. 따라서 동중서의 회답도 또한 완전히 유가의 학문적 원리나 법칙(學理)의 관점에서 전개되었다.

폐하께서 덕음德音을 내시고, 밝은 조서를 내리시어 천명天命과 본성을 구하심은 모두가 어리석은 신들이 할 수 있는 일이 아닙니다. 신이 삼가 『춘추春秋』를 살펴본 것 가운데, 전대에 행해진 일을 보고, 그것으로써 '하늘과 사람의 상관관계'(天人相與之際. 이하 天人關係로 표시)를 살펴보니, 심히 두렵습니다. 나라에 장차 도道를 잃은 패망敗亡이 일어나려 하면, 하늘은 이에 먼저 재이災異로써 허물을 깨우쳐 줍니다. 그래도 자성自省할 줄 모르면 또 괴이한 이변을 나타내어 놀라고 두렵게 하며, 그래도 변화할 줄 모르면 이에 좌절과 실패가 이르게 합니다. 이로써 천심天心이 인군人君을 인애仁愛하여 그 혼란을 멈추게 하려 함을 알 수 있습니다. 크게 도를 잃은 세상이 아니라면, 하늘은 온 힘을 다해 버티고 유지하게(扶持)하고 모두 안전하게 하려 하며, 일함에 오로지 힘쓸 뿐입니다. 학문에 오로지 힘쓰면 견문이 넓어지고 앎이 날로 분명해지며, 도를 행함에 오로지 힘쓰면 도와 보전하려고 바라고 있습니다. 이에 대해 사람이 할 수 있는 일이란 배움뿐입니다. 배워 학문을 닦는다면 견문이 넓어지고, 지혜가 한층 밝아집니다. 배움으로써 도를 행하게 되면, 덕은 나날이 일어나며 크게 공功이 쌓이니, 이는 모두 사람을 부리면 곧장 이를 수 있고 효과도 있습니다.……
도道는 그로 말미암아 다스림에 이르는 길이며, 인仁·의義·예禮·악樂은 모두 그 도구입니다. 그러므로 성왕聖王이 세상을 떠난 뒤에도 자손이 백여 년 안녕히 오래 지낼 수 있는 것은 모두 예악교화의 공 때문입니다. 왕으로서 아직 음악을 만들지 않았을 때는 곧 선왕의 음악을 세상에 마땅하게 사용하여 백성을 깊이 교화합니다. 교화의 정을 얻지 못하면, 아雅(창업의 올바름)와 송頌(창업의 공덕을 칭송)

의 음악이 이루어지지 않습니다. 그러므로 왕이 된 사람은 공을 이루고 음악을
짓고 그 덕을 노래합니다. 음악은 그로써 백성의 풍속을 변화시키고 백성의
풍속을 교화시키는 것입니다. 그렇게 백성을 변화시킴은 쉽고 그렇게 사람을
교화함이 현저합니다. 그러므로 음성은 조화에서 생겨 인정에 근본하며, 피부에
접하여 골수에 저장됩니다. 그러므로 왕도가 비록 쇠하여 이지러져도 관현의
음성은 아직 쇠퇴하지 않습니다.[48)]

우리는 여기서 당연히 이미 한무제와 동중서 사이의 모든 책문과 대책을 인용할
필요는 없다. 왜냐하면 말할 필요도 없이 그 "질문"이든 "답"이든 모두 이미 분명하게
유학의 범위에 있기 때문이다. 그리고 동중서의 "답"도 이미 그 "재이災異와 견고譴告"
의 설로 모두 다 드러났다. 이것은 유학의 규모를 나타내었을 뿐만 아니라 분명하게
한유漢儒의 특색도 뚜렷하게 돌출시켰다. 이 하나의 책문과 대책에서 동중서는
명확하게 아래와 같은 건의를 제출하였다.

신이 어리석지만, 육예六藝의 과목과 공자의 학술에 있지 않은 것은 모두 그
도를 끊어버리고 사용되지 않도록 해야 합니다. 사악하고 편벽한 설이 소멸하여
없어진 후에 기율紀律이 통일되어 하나로 되며 법도法度가 밝아질 수 있으니
백성이 알고 따를 것입니다.[49)]

그리고 이러한 사적인 언담과 문답에서 동중서는 심지어 명확하게 유가의
'태평의 정치'(致治)의 원칙을 표현하였다.

무릇 인仁한 사람은 그 도리(誼)를 바르게 하고 이익을 도모하지 않고, 그 도를
밝히되 그 공을 헤아리지 않습니다. 이 때문에 공자의 문하에서는 다섯 척 동자도
오백五伯(다섯 霸主. 夏의 昆吾, 殷의 大彭과 豕韋, 齊桓公, 晉文公)을 일컫기를 부끄러워하

---

48) 班固, 『漢書』(『二十五史』, 권1), 「董仲舒傳」, 572쪽.
49) 班固, 『漢書』(『二十五史』, 권1), 「董仲舒傳」, 576쪽.

는데, 이들은 먼저 사술詐術과 폭력을 행한 뒤 인仁과 의誼를 말합니다. 진실로 요사스러운 술법만 행할 뿐이기 때문에 대군자大君子의 문하에서는 일컫기에도 부족하였습니다.[50]

동중서의 이러한 대답이 한무제의 수긍을 얻었기 때문에 이로부터 서한왕조의 지도사상, 즉 국가의 인사선발제도에서 개인의 입신처세술에 이르기까지 유학을 기초로 하는 데로 완전히 통일되었다. 이것은 틀림없이 한나라 초기 이래 "재상 소하蕭何가 만든 법을 후임자인 조참曹參이 그대로 따른다"(蕭規曹隨)라는 국책에 대한 첫 번째의 철저한 뒤집기라고 할 수 있다. 물론 이 이전에 한무제가 막 즉위하였을 때 일찍이 태부로서 당시 이미 승상에 임명된 위관衛綰도 한무제에게 상주上奏하기를 "'현량을 천거함에 혹 신불해申不害·상앙商鞅·한비韓非·소진蘇秦· 장의張儀의 말을 공부한 사람은 국정을 어지럽힌 사람이니 청컨대 모두 물리치십시오' 이를 윤허하여 주십시오"[51]라고 하였다. 자연히 이것은 당시 이른바 "법령으로 나라를 다스리는 법가의 통치(刑名法術) 학설"을 분명하게 국가의 지도사상 밖으로 축출한 것이며, 한무제가 즉위한 때부터 서한왕조는 이미 유학으로의 전면적인 전환을 시작하였음을 말해 준다. 건원建元 5년(BC 136) 한무제는 또 다음과 같은 조칙을 내렸다.

5년 봄 삼주전三銖錢을 버리고 반량전半兩錢을 시행하고, 오경五經박사를 설치하였 다.[52]

그리고 이 조서로부터 또한 필연적으로 유학 연구의 발흥이 비롯되었다. 이에 대하여 사마천은 다음과 같이 개괄하였다.

---

50) 班固, 『漢書』(『二十五史』, 권1), 「董仲舒傳」, 576쪽.
51) 班固, 『漢書』(『二十五史』, 권1), 「武帝紀」, 356쪽.
52) 班固, 『漢書』(『二十五史』, 권1), 「武帝紀」, 356쪽.

이 이후로 『시경』의 강론은 노魯나라에는 신배공申培公, 제齊나라에는 원고생轅固生, 연燕나라에는 한태부韓太傅가 있었다. 『상서尚書』의 강론은 제남濟南의 복생伏生으로부터 시작되었다. 『예기禮記』의 강론은 노나라의 고당생高堂生으로부터 시작하였다. 『역경易經』의 강론은 치천菑川의 전생田生으로부터 시작하였다. 『춘추春秋』의 강론은 제와 노나라의 호무생胡毌生으로부터 시작하였고, 조趙나라에서는 동중서董仲舒로부터 시작하였다.[53]

분명히 이 말은 유학이 국가의 이데올로기로서 정식으로 무대에 올랐음을 나타낸다. 그리고 이른바 "오경박사를 설치함"은 당연히 국가가 유가의 오경과 그 공식 이데올로기로서의 신분을 정식으로 확인하였음을 나타낸다. 따라서 동중서가 "현량문학으로 천거"하기를 제출한 "백가를 몰아내고 오직 유학의 학술만 존중한다"(罷黜百家, 獨尊儒術)[54]라는 건의에 이르면, 유학은 이미 사회 사조의 주류가 되었을 뿐만 아니라, 유생도 점차 조정에서 주체가 되어 갔다.

유학의 이러한 부흥 과정에서 동중서와 함께 "현량문학으로 천거함"을 제출한 공손홍公孫弘도 적지 않은 작용을 하였다. 원삭元朔 5년(BC 124) 무제는 다음과 같은 조칙을 내렸다.

대체로 듣건대 예禮로써 백성을 지도하고, 악樂으로 풍속을 교화하였다. 지금은 예악이 붕괴되어 짐이 매우 슬프다. 그러므로 천하의 방정하고 견문이 넓은 학자를 모두 불러들여 함께 조정에 추천하고자 한다. 그들을 예관禮官으로 삼아 학문에 힘쓰도록 하고, 강의로 들려주도록 하고, 나머지 사람도 천거하여 예禮를 일으키는데, 세상의 선구가 되고자 한다. 태상太常은 그 뜻을 박사와 그 제자들과 의논하여 향당鄕黨의 교화를 높여서 현명한 인재를 기르도록 하라.[55]

---

53) 司馬遷, 『史記』(『二十五史』, 권1), 「儒林傳」, 306쪽.
54) 역자 주: 여기서 "罷黜百家, 獨尊儒術"이라는 구절은 동중서가 직접 말한 구절은 아니며, 「董仲舒傳」에는 "推明孔氏, 抑黜百家"라고 하였고, 「武帝紀贊」에는 "罷黜百家, 表章六經"이라고 하였다. 이 구절을 쓴 사람은 淸 말기의 易白沙(1886~1921)가 1916년 잡지 『新靑年』에서 발표한 「孔子評論」이라는 글에서 처음 제시되었다.

이것이 곧 역사서에서 이른바 "승상인 공손홍이 박사를 설치하고 그 제자들을 관원으로 두기를 청하여 학자들이 더욱 광범위해졌다"[56)고 하는 설명이며, 그 원문은 아래와 같다.

(公孫弘이 학관이 되어 유가의 도가 침체됨을 한탄하여 다음과 같이 奏請하였다.) "들자하니 '삼대三代의 도는 향리에도 교육기관이 있어, 하夏나라 때에는 교校, 은殷나라 때에는 상庠, 주周나라 때에는 서序라 하였습니다. 선善을 권면勸勉하면 조정에서 현창顯彰하고, 악惡을 징계할 때에는 형벌을 가하였습니다. 그러므로 교화를 실행함에 먼저 규범을 세워 경사京師(서울)에서부터 시작하고, 안으로부터 밖으로 나간다라고 하였습니다. 이제 폐하께서는 지극한 덕을 밝히시고, 큰 밝음을 열어서 천지와 짝하고, 인륜의 근본으로 삼고, 학문을 권장하고 예禮를 일으키며, 교화를 숭상하며 어진 사람을 면려勉勵하셔서 이러한 바람이 사방으로 퍼져 태평太平의 근원이 되게 하십시오. 고대의 정치와 교화가 두루 미치지 못하고 그 예제禮制가 갖추어지지 못하였으니 청컨대 옛날 관제를 참고하여 이를 일으키도록 윤허해 주시길 바랍니다. 박사관博士官에는 제자 50명을 배치하시고, 그들의 세금과 부역을 면제시켜주십시오. 태상太常에게는 백성 중에 18세 이상의 용모와 태도가 단정한 인물을 선발하여 박사의 제자로 보충하여 주십시오. 군국郡國의 현관縣官 가운데 문자文字(학문)를 좋아하고, 어른을 존경하며, 정치와 교화를 엄숙嚴肅하게 하며 향리 사람들과 우애롭게 지내며, 출입出入(處世)에 어그러짐이 없는 사람이 있다는 말을 들으면, 현령縣令, 제후국의 재상, 현장縣長, 현승縣丞 등 2천 석(二千石)의 봉록을 받는 관리에게 천거하십시오. 2천 석 이상의 관료가 엄밀하게 관찰(謹察)하여 적합한 사람은 뽑아서 태상에게 '천거하여 도성에서 시험을 본(計偕)' 후 태상에게 가서 (박사의) 제자들처럼 수업을 받을 수 있도록 하십시오. 1년이 지나면 모두 시험을 보게 하여 하나의 예藝(經學) 이상에 통달하면 문학文學과 장고掌故(역사제도문화 등의 기록을 담당) 부분의 결원缺員에 보충시켜 주십시오. 그 가운데 가장 뛰어난 제자(高弟)는 낭중郎中으로 임명하고, 태상이 문서로 상주

55) 班固, 『漢書』(『二十五史』, 권1), 「武帝紀」, 356쪽.
56) 班固, 『漢書』(『二十五史』, 권1), 「武帝紀」, 356쪽.

上奏하도록 하십시오. 만약 수재秀才나 이채로운 재주가 있는 인재 등은 언제든지 이름을 아뢰도록 해 주십시오. 그들 중에 학업을 일삼지 않고 재능이 뒤떨어져서 하나의 예藝에도 통달하지 못하면 퇴출하고, (이들이) 능력이 있다고 추천한 관리를 벌하십시오……"라고 주청하였다. 황제가 "좋다"라고 허락하였다. 이로부터 공公·경卿·대부大夫·사士·리吏 가운데 학문이 뛰어난 사인士人이 많아졌다.57)

매우 분명하게 이것이 한대의 경학제도의 확립을 구성하였고, 이로부터 유학은 또한 황권이 정식으로 존중하여 받드는 '변하지 않는 법식과 도리'(經典)가 되었다. 역사적 시각에서 보면 이것은 춘추시대의 제자학의 하나인 곧 유학에서 발단하여 처음으로 황권에 의하여 국가 이데올로기 혹은 황권이 운용하는 지도사상으로 확정되었다고 할 수 있다. 그것은 이른바 "학문이 뛰어난 사인士人이 많아졌다"라는 말은 곧 경학발흥의 표현에 지나지 않는다.

서한의 국가 이데올로기의 반전에서 경학발흥까지의 과정에서 국가체제 중의 박사제도와 민간의 자유로운 강학의 학풍도 또한 유학 발흥의 두 가닥 매우 중요한 추진력을 형성하였다. 당연히 한경제가 무제가 어릴 때부터 위관衛綰을 따라 유학을 학습하도록 안배할 수 있었다는 점은 결정적 작용을 하였다. 왜냐하면 어떤 측면에서 보면, 심지어 창발과 근본적인 동력으로 작용하였다고 할 수 있다.(시험 삼아 생각하면, 한무제의 建元 5년 "오경박사를 설치"하였을 때는 아직 "현량문학으로 천거함"은 없었으며, 동중서와 공손홍과 같은 유생도 아직은 박사의 業에 熟居하고 있었다.) 이러한 상황에서 만약 한무제가 자각적으로 "오경박사를 설치"하고 또 그와 함께 "현량문학 천거함"이 없었다면 유학의 반전에서 그것이 국가 이데올로기에 이르기까지 그 길은 아마도 훨씬 길고 더뎠을 것이다. 종합적으로 말하면 이러한 결과는 여전히 국가의 박사제도와 민간의 자유로운 강학의 학풍이 서로 촉진한 결과였다.

먼저 박사제도부터 보면, 중국의 박사제도는 전국시대에서 기원하였다. 일종의

---

57) 班固, 『漢書』(『二十五史』, 권1), 「儒林傳」, 701~702쪽. 이 인용문의 출처는 司馬遷의 『史記』 「儒林傳」에도 기록되어 있다.

관제官制로서 혹은 관제의 보충 형태로 보면 주로 진秦에서 기원하였다. 전국시대의
구조에서 보면 진秦나라는 틀림없이 외래의 유세游說 인사들을 가장 많이 이용한
국가였으며, 통일을 완성한 후에는 오히려 관동의 6개국에 남아 있던 대량의 문화와
영향력을 가졌지만, 뿌리가 없는 유세 인사들과 직면하였고, 진나라의 국책인
법가는 결코 이러한 문화적 유세 인사들을 임용할 수 없었고, 이에 박사제도는
가장 기본적인 안전책이나 관리방식이 되었다. 그러나 「진시황본기秦始皇本紀」를
보면, 전문적으로 선약仙藥을 찾아 주는 후생侯生과 노생盧生은 원망을 품고 "시황의
인간성은 천성이 매우 고집스럽고 자신을 스스로 옳다고 믿으며, 제후로서 일어나
천하를 아우르고, 바라는 것을 얻는 데는 예로부터 자신만한 사람이 없다고 믿었다.
옥리獄吏를 전적으로 신임하니 옥리가 총애를 받았다. 박사博士가 비록 70명이지만
다만 인원만 채우고 등용하지는 않았다"58)라고 하였다. 이 점만 놓고 보면, 진나라도
당시에 막 박사제도를 설립한 것처럼 보이는데, 그들이 특히 "박사가 비록 70명이지
만 다만 인원만 채우고 등용하지는 않았다"라고 하였기 때문이다. 물론 그들 두
사람이 먼저 도망하였기 때문에 결국 후일의 "갱유坑儒"의 사건을 초래하였다.
따라서 박사라는 말이 비록 전국시대에 기원하였지만, 마땅히 진나라가 제도적인
개창국이다.

이렇게 보면 이른바 박사제도는 처음 형성될 때부터 "사士"와 함께 연결된
것 같으므로 전목錢穆 선생은 "진秦의 박사는 곧 전국시대에 근본한다"59)라고 하였다.
또, "공안국孔安國(생졸 미상)은 한漢나라 조정의 박사가 되었으며, 정강성鄭康成(127~
200, 鄭玄)은 '직하생稷下生'으로 지칭되었으며(生은 곧 先生이다.), 그러므로 '박사博士'와
'직하 선생'은 이름은 다르나 실상은 같으며, 한나라 말까지도 이 뜻은 바뀌지
않았다"60)라고 하였다. 따라서 마비백馬非百(1896~1984) 선생은 한 걸음 더 소급하여
"대개 제齊나라의 직하 선생은 곧 진대秦代 박사제도의 근원이다"61)라고 하였다.

---

58) 司馬遷, 『史記』(『二十五史』, 권1), 「秦本紀」, 25쪽.
59) 錢穆, 『兩漢經學今古文平議』, 「兩漢博士家法考」(商務印書館, 2001년판), 184쪽.
60) 錢穆, 『兩漢經學今古文平議』, 「兩漢博士家法考」, 184쪽.

이것은 당연히 직접적 기원을 말한 것이며, 다시 그 이전을 소급하면 전국시대의 백가쟁명이 곧 박사제도가 형성된 용광로라고 할 수 있다.

박사제도의 영향을 살펴보면, 사마천은 다음과 같이 기록하였다.

> 진秦나라 말기에 이르러 『시경詩經』과 『서경書經』을 불태우고 술사術士를 매장하니 육예六藝는 이로부터 훼손되었다. 진섭陳涉이 왕이 되자, 노魯나라의 여러 유생들은 공자 가문의 예기禮器를 가지고 진왕陳王에게 귀순했다. 이에 공갑孔甲이 진섭의 박사博士가 되었다가 끝내는 진섭과 함께 죽었다.…… 진섭이 한 일이란 아주 미천하지만, 진신縉紳(벼슬아치) 선생의 무리가 공자의 예기禮器를 가지고 가서 헌정의 예물로 바치고 그의 신하가 된 것은 무엇 때문이었을까? 이는 진秦나라가 그들의 서적을 불태워 버렸기 때문에 쌓인 원한을 진왕陳王에게서 분을 풀고 싶었기 때문이다.[62]

후일 유방劉邦을 따라 천하를 무력 쟁취한 육가陸賈도 진秦나라에 연고를 둔 박사이며, 한고조를 위해 조정의 의식儀式을 연출演出한 숙손통叔孫通도 뜻밖에도 전진前秦(五胡十六國시대의 '前秦'이 아닌 '漢나라 이전의 秦나라'를 의미)의 천자의 명령을 기다리는 "대조박사待詔博士"[63]였다. 한나라 초기에 민간에서 강학을 시작했던 복생伏生도 전진前秦의 박사였다. 종합하면, 한대에 진秦왕조의 "협서령夾書令"을 폐지한 후, 가장 먼저 일어난 민간 강학은 대체로 '전잔의 박사들'로 이루어졌고, 그 성분은 약간 잡박할 뿐이다.

한나라가 진나라의 제도를 계승하였기 때문에 자연히 진대의 박사제도를 계승하였다.("陳涉이 왕이 되자, 魯나라의 여러 유생은 공자 가문의 禮器를 가지고 陳王에게 귀순했다. 이에 孔甲이 진섭의 博士가 되었다가 끝내는 진섭과 함께 죽었다.……"라는 말은 당시 정치체제 구축의 경로로 의지한 것도 진섭이 왕을 참칭한 데서 표현되었다.) 문제文帝와 경제景帝 시기에

---

61) 馬非百, 『秦集史』(中華書局, 1982년판), 893쪽.
62) 司馬遷, 『史記』(『二十五史』, 권1), 「儒林傳」, 307쪽.
63) 司馬遷, 『史記』(『二十五史』, 권1), 「劉敬・叔孫通列傳」, 256쪽.

정치무대에서 활약한 서생들은 기본적으로 모두 박사였으며, 예를 들면 가의賈誼는 한의 문제가 본래 전쟁에 징집한 정위廷尉였으며, 이 때문에 "가생賈生(가의)이 젊어서 부터 자못 제자백가의 서적에 통달하여 문제 때에 박사가 되었다."[64] 또 원고생轅固生을 예로 들면 "『시경』을 공부하여 경제 때에 박사가 되었다."[65] "한생韓生은 연燕나라 사람으로 문제 때에 박사가 되었다."[66] "호무생胡毋生은 제齊나라 사람으로 경제 때 박사가 되었다."[67] 동중서도 마찬가지로 경제 때의 박사이다. 대체로 말하면 이전 박사들의 성분은 비교적 잡박하였으나, 무제가 "오경박사를 설치"한 이후에는 박사제도가 기본적으로 유가의 "전매특허"가 되었다.

다시 민간 강학의 학풍에 대하여 말하면, 솔선하여 강학한 전진前秦박사 가운데 『상서尙書』를 전한 복생과 『시경』을 전한 한생韓生이 있다. 그리고 노魯나라에서 『시경』을 전한 신공申公도 뜻밖에도 당시 조정 대신인 왕장王臧과 조관趙綰의 스승이 었으며, 그의 "제자로서 박사가 된 사람이 10여 명이었다."[68] 이런 정황은 이른바 단지 박사제도에만 한정되지 않고, 우선 유가경전의 기본적 성질에서 결정되었다. 왜냐하면 사회정치와 비교적 밀접한 관계가 있는 유·도·묵·법의 네 학파 가운데 오직 유가만이 시종 올바른 사람을 만드는 교육사업에 헌신하였고, 사마천은 이것을 개괄하여 "공자가 세상을 떠난 후 70명의 제자는 흩어져서 제후들에게 유세했는데, 크게는 제후의 사부師傅와 경상卿相이 되었고, 작게는 친구로서 사대부를 가르쳤다" 라고 하였는데, 모두 교육사업에 힘쓴 것을 두고 한 말이다. 그리고 유가사상은 또 항상 인륜에 대한 주요 관심을 중심적 성질로 갖추고 있는데, 이것은 유가로 하여금 현실의 사회와 정치교화를 버리고 이른바 자신들만 홀로 옳다고 할 수 없도록 하였다. 따라서 단지 사회가 승평昇平의 세상이 되고 세상이 대체로 안정된 시대가 되기만 하면, 유가는 다른 몇 학파를 대신하는 하나의 필연적인 추세가

---

64) 司馬遷, 『史記』(『二十五史』, 권1), 「屈原·賈生列傳」, 224쪽.
65) 司馬遷, 『史記』(『二十五史』, 권1), 「儒林傳」, 307쪽.
66) 司馬遷, 『史記』(『二十五史』, 권1), 「儒林傳」, 308쪽.
67) 司馬遷, 『史記』(『二十五史』, 권1), 「儒林傳」, 308쪽.
68) 司馬遷, 『史記』(『二十五史』, 권1), 「儒林傳」, 307쪽.

될 수 있었다.

　이렇게 되면 우리가 다시 유·도·묵·법의 네 학파가 앞뒤로 굴기한 것을 돌아볼 때 그 사상적 성질로 말하면, 가장 일찍 형성된 유가는 인간의 정신과 심리적 근원의 측면에서부터 "예악붕괴禮樂崩壞"의 문제에 대하여 철저히 해결하기를 모색하는 시도를 제외하면, 도가와 묵가에서부터 곧바로 법가에 이르기까지 모두 점점 더 현재의 현실생활에 집중하는 추세를 표현한 것 같다. 예를 들면, 그 굴기가 유가와 다른 도가로부터 말하면 우선 그것의 주요 관심인 "몸이 있음"의 측면에서 묵가는 주요 관심인 사람의 "몸을 보존함"에서 직면한 현실적 고난에 집중하였으며, 법가는 또 주로 인신人身의 생존조건을 장려하고 징계하는 방식으로 사람의 천성天性을 억지로 바꾸려고 시도하였으며, 그에 따라 그 전제집권의 목적에 도달하였다. 이렇게 되면, 만약 우리가 유가를 춘추시대 "예악붕괴" 즉 인륜이 규범을 잃은 현상을 직면하여 인생의 액운을 주체적 담당자로서 직시하고, 그 이후 서로 계승하며 형성된 도·묵·법 세 학파도 점점 더 사람이 생존하는 바로 지금과 현실을 표현함에 집중한다면, 국인國人(周族의 자유민)들의 주요 관심과 시야도 점점 더 현실정치에 집중하거나 혹은 초점을 맞추고 있다고 설명할 수 있는가?

　춘추시대와 전국시대로부터 바로 진秦·한漢의 통일에 이르기까지 이 한없이 긴 역사의 변화 과정에서 유·묵 두 학파가 일찍이 사상문화에서 "현학顯學"(저명학술)이 된 것을 제외하면, 제후정권과의 합작에서, 후일의 법가가 부상한 것은 분명히 전제정권이 가장 먼저 선택하고 운용한 지도사상이었으며, 그 후에 유방이 묵가사상을 운용하고, 소하와 조참이 도가에 근원한 황로사상을 선택하였다. 그러나 유가의 역사상 이러한 기회는 아마도 가장 늦은 것이며, 아마도 법가와 묵가 그리고 황로도가가 연속적으로 임용된 이후의 잉여剩餘라고 할 수 있다. 그러나 이것 또한 동시에 한무제가 유가를 지도사상으로 선택하였을 때는 그가 이미 다른 선택이 없었던 것이거나 혹은 단지 유학만이 비로소 앞 왕조가 실패한 전철을 피할 수 있는 선택이 될 수 있었음을 설명하였다. 실제로 유학이 대일통 정권에 선택되었을 때 이른바 법가·묵가·황로도가는 일찍이 이미 지도사상의 밖으로 배제되었다.

따라서 이러한 각도에서 보면, 아마 가장 일찍 전제정권과 합작한 법가도 가장 일찍 역사적으로 버려진 사상조류가 되었다. 왜냐하면 진왕조가 멸망한 것은 물론 논할 수는 없거니와, 위관이 "현량을 천거함에 혹 신불해申不害 · 상앙商鞅 · 한비韓非 · 소진蘇秦 · 장의張儀의 말을 공부한 사람은 국정을 어지럽힌 사람이니 청컨대 모두 물리치십시오"라고 주청한 말이 인가를 얻었을 때 또한 한대의 통치자들이 이미 법가의 '눈앞의 성공과 이익에만 급급한 근시안'과 인성을 왜곡한 패류悖謬가 근본적으로 국가의 '사회질서가 장기간 안정되고 태평'(長治久安)하게 되는 데 이롭지 않음을 충분히 인식하였음을 말하며, 묵가와 도가에 근원한 황로학은 비록 일시적으로 작용을 발휘할 수는 있으나 결국에는 하나의 민족이 인류문명의 '사회질서가 장기간 안정되고 태평'하도록 하는 대책을 제공하지 못하였다.

이렇게 보면 한대의 통치자들은 이미 70여 년의 비교와 감별을 통하여 비로소 최후로 유가를 인류문명의 지도사상으로 선택하였다. 그리고 한무제가 "오경박사를 설치"함과 동중서의 "백가를 몰아내고 오직 유학의 학술을 존중함"을 건의한 것은 대일통 정권과 유학이 장기적으로 합작을 시작하였음을 나타낸다.

3. 경학의 역사적 형태

경학이란 무엇인가? 만약 우리가 (내용은 이해하지 못하면서) 글자만 보고 대강 뜻을 짐작하여 해석한다면 이른바 경학은 곧 경전經典을 전문적으로 연구하는 학문이라고 할 수 있다. 그렇다면 어떤 문헌을 "경전"이라고 할 수 있는가? 이 문제에 대하여 역사적으로 일련의 관점이 있는데, 예를 들면 다음과 같다.

경經에 다섯 가지 있는 것은 무슨 까닭인가? 경經은 상常(불변함)이다. 다섯 가지 불변함의 도가 있으니 오경五經이라고 한다.[69]

경이라는 것은 항구적인 지극한 도리이며, 불후不朽의 위대한 가르침(鴻敎)이다.[70]

경은 지름길(徑)이며, 불변의 전典(典籍)이며, 예를 들면, 지름길은 통하지 않은 곳이 없으므로 항상 이용할 수 있다.[71]

경은 불변함이며, 불변의 도리를 말한다. 그러므로 육경六經이 세상에 행하여짐은 마치 해와 달이 하늘에서 경과經過하는 것과 같다.[72]

중국인 사유의 구체성은 흔히 추상적 정의에 익숙해져 있지 않아서 이러한 논법은 "불변함이다", "항구적인 지극한 도리", "지름길", "불변의 전典", "불변의 도리" 등과 같은 구체적 해석을 제외하면, 정의성定義性의 논법은 거의 제공하지 않았으며, 도리어 명대明代 하량준何良俊(1506~1573)의 "마치 해와 달이 하늘에서 경과經過하는 것과 같다"라는 말이 "경經"이라는 글자에 대한 구체적 운용으로 하나의 '정의성' 인식을 제공할 수 있다. 그러나 만약 우리가 이것을 "경經"의 정의로 본다면 이른바 "경"은 마땅히 먼저 하나의 동사動詞가 되며, 예를 들면 우리가 오늘날에도 여전히 사용하는 "경화經畫"(經營計劃), "경위經緯", "경천위지經天緯地" 등의 말은 역사적 관점에서 보면 아마도 "경"이 처음에는 단지 동사적 함의로써 운용된 뒤에 비로소 이른바 "상도常道", "상전常典"과 같은 형용사적 성질의 논법이 형성되었다고 할 수 있다.

실제로 이러한 동사적 운용이 아마도 "경"의 진정한 근원이라고 할 수 있다. 예를 들면 『춘추좌전春秋左傳』에서 "경"에 관하여 다음과 같이 운용한다.

예禮는 국가를 경륜하고, 사직을 안정되게 하며, 백성을 질서 있게 하며, 후예들을

---

69) 陳立 撰, 吳則虞 點校, 『白虎通疏證 · 五經象五常』, 445쪽.
70) 『太平御覽』 제3책, 2735쪽.
71) 『太平御覽』 제3책, 2735쪽.
72) 何良俊, 『四友齋叢說』(中華書局, 1959년판), 1쪽.

이롭게 한다.73)

옛날에는 진씨陳氏에게로 들어갔으며, 지금은 정현鄭玄으로 들어가며, 백성들이 노고를 마다 않고, 임금은 원망이 없으니 정사는 경經(條理)이 있다.74)

무릇 예禮는 하늘의 경經이며, 땅의 의義이며 백성의 행行이다. 천지의 경經으로 백성이 그것을 실질로 본받는다.75)

여기서 이른바 "국가를 경륜함"은 곧 우리가 오늘날 말하는 "경략經略"과 "경화經畫"(경영계획)의 뜻이며, 또한 틀림없이 동사로서 운용되는 것이며, 실제로는 우리가 쓰는 일상용어 가운데 "경리經理"(경영관리), "경영經營", "경륜經綸"의 뜻이며, 이른바 "정사는 경經이 있다"라는 말은 또한 주로 근본적 원칙의 뜻을 가리키며, 또한 분명히 "경리", "경화", "경영"의 관점을 따라서 파생되고 확장된 것이다. 만약 다시 "하늘의 경經"과 "천지의 경"으로 보면 틀림없이 또한 법칙성의 대강大綱으로 운용한 것이다. 따라서 오늘날 명사 혹은 형용사인 "경經"(조리, 중심적)은 실제로는 먼저 동사적인 "경영", "경화經畫", "경륜"에서 파생된 것이다.

그러나 만약 우리가 계속 유가 경학의 함의와 그 형성을 캐묻는다면 주로 형용사 혹은 명사적 함의로서 가리켜 말한 것이며, 나아가 반드시 문헌의 형식으로 존재해야 하며 또한 유가의 경영과 경화와 인륜사회를 경륜하는 기본 원칙으로 출현하였다고 할 수 있다. 이러한 관점에서 본다면 공자 이전에 생겨난『시』·『서』·『역』·『예禮』와 이른바 노魯나라 역사인『춘추』는 모두 마땅히 유가역사에서 가장 기본적인 경전이라고 해야 하는데, 이 다섯 가지는 어느 하나라도 모두 인륜사회의 치리治理를 중심으로 전개되었으며, 또한 확실하게 기본 원칙의 의미를 갖추고 있기 때문이다.

---

73)『春秋左傳』(吳哲楣 主編,『十三經』), 隱公 十一年, 612쪽.
74)『春秋左傳』(吳哲楣 主編,『十三經』), 宣公 十二年, 726쪽.
75)『春秋左傳』(吳哲楣 主編,『十三經』), 昭公 二十五年, 920쪽.

그러나 유가의 경학에 대하여 근·현대의 대가인 피석서는 도리어 분명하게 "공자 이전에는 경經이 있을 수 없다"라고 고집하는데, 이것은 도대체 왜 그럴까? 『경학역사經學歷史』라는 책에서 피석서는 분명하게 말한다.

경학이 시작되던 시대에 공자가 "육경六經"을 산정刪定함이 시작이다. 공자 이전에는 경이 있을 수 없었고, 오히려 이이李耳(老子)가 출현한 뒤에야 비로소 오천 자를 지었다. 부처가 아직 탄생하기 전에는 칠불七佛의 의론이 전해지지 않았다. 『역』은 복희가 처음 괘를 그리고 문왕이 중괘重卦를 하였지만 그림만 있고 사辭는 없었다. 사천司遷(사마천)·양웅揚雄·왕충王充도 단지 문왕의 중괘까지만 언급하고 괘사卦辭는 말하지 않았다. 또한 『연산連山』과 『귀장歸藏』도 복서卜筮의 사용에만 그쳤다. 『연산』과 『귀장』은 경이 될 수 없으니 복희와 문왕의 『역』도 경이 될 수 없다. 『춘추』는 노나라 역사의 옛 이름으로 그 사실과 글만 있고 그 뜻풀이는 없다. 또한 진晉의 역사인 『승乘』과 초楚의 역사인 『도올檮杌』도 사실을 기록한 책에 불과하다. 진晉의 역사인 『승』과 초楚의 역사인 『도올』은 경이 될 수 없으니 노나라의 『춘추』도 또한 경이 될 수 없다. 고대의 『시詩』 3,000편, 『서書』 3,240편은 비록 권卷과 질帙이 풍부하지만 아직 경으로 산정刪定되지 않았고, 아직은 편篇마다 규범으로 삼을 만한 뜻풀이는 없다. 『주례周禮』가 절벽의 옥벽屋壁에서 나오자 한漢나라 사람들은 혼란스러워 징험徵驗할 수 없다고 보았으며, 또한 육국六國시대 사람이 쓴 것으로 보며 정말로 주공周公에게서 나온 것은 아니라고 보았다. 『의례儀禮』 17편은 비록 주공이 남긴 것이지만 당시에는 혹 이 수에 그치지 않고(더 많음) 공자가 산정하였다고 보거나 또한 17편에 못 미쳤고 공자가 증보增補하였다고 보았지만 모두 아직은 알 수 없는 일이다. "유비孺悲(魯公이 특별히 공자에게 禮를 배우도록 보낸 학자)라는 학사가 공자에게 상례喪禮를 배웠으며, 「사상례士喪禮」가 이렇게 책이 되었다"라는 말을 보면 17편은 또한 공자가 처음으로 정한 것이다. 그것을 『시경』을 300편으로 산정하고 『서』를 100편으로 산정한 것과 비유하면 모두 공자의 손을 거쳐서 정해진 후에 경의 반열에 들게 되었다.[76]

---

76) 皮錫瑞 著, 周宇同 注釋, 『經學歷史』(中華書局, 2011년판), 1쪽.

여기서 피석서가 "공자 이전에는 경이 있을 수 없다"라는 견해를 견지한 것을 보면 마치 공자를 절대 존중하는 태도에서 나온 것 같다. 즉 오직 공자의 손을 거쳐서 산정된 후에야 비로소 "경"으로 간주할 수 있다고 보았다. 왜냐하면 오직 공자 이후에 비로소 경학이 있을 수 있었기 때문이다. 실제로 그가 이러한 견해를 견지하는 관건도 바로 이 점에서 결정되었고, 이것이 피석서가 볼 때 오직 공자의 산정을 거친 후에 유가의 원시문헌도 비로소 "편마다 규범으로 삼을 만한 뜻풀이"가 갖추어졌고 이에 따라 "경"의 형태가 완성되었다. 살펴보면, 피석서가 오직 "공자의 손을 거쳐서 정해진 후에 경의 반열에 들었다"라고 단정한 관건도 공자의 산정을 거친 이후라는 데 있으며, 유가의 원시적 문헌도 비로소 "규범으로 삼을 만한" 의미를 갖추게 되었다. 따라서 피석서가 경전으로 보는 표준(이하 '경전표준'으로 표기)은 아마도 한결같이 "공자의 손으로 산정한 것"이라는 원칙을 견지한 것이고, 마치 공자에 대한 절대 존중의 태도를 표현한 것은 실제로 이른바 "공자의 손으로 산정함"을 말하며, 아마도 주로 "규범으로 삼을 만함"을 실현한 점 때문이다. 만약 단지 이 점만 본다면 피석서의 경학표준은 실제로 "경"은 비교적 원시적이고 본래 모습의 함의를 가지고 있다. 즉 먼저 반드시 이른바 "경"의 동사적 성질 곧 "규범으로 삼을 만함"의 의미를 갖추고 있어야 한다.

그러나 이러한 각도에서 보면 우리는 또 여전히 공자 이전에도 마찬가지로 존재하고 또 반드시 "경"이 존재하였다고 말할 수 있다. 왜냐하면, 『시』·『서』·『역』·『예』·『춘추』가 비록 공자를 통하여 산정되었지만 결국은 공자가 개작改作한 것이 아니다. 단지 공자가 개작한 것이 아니라면 『시』·『서』·『역』·『예』·『춘추』에 있는 내용도 여전히 "규범"이 될 수 있는 내용을 갖추고 있다. 왜냐하면 우리는 결국 "오경五經" 가운데 모든 "규범으로 삼을 만함"의 내용이 모두 공자가 "산정"하여 나온 것이라고 말할 수 없기 때문이다. 예를 들면, 『상서』는 비록 공자를 통하여 산정되었지만 공자를 통하여 산정된 『상서』라고 하더라도 그 가운데의 내용은 결국 먼저 그 본래부터 있던 것이지 공자가 보태어 나온 것이 아니며, 여전히 "규범으로 삼을 만함"의 의미를 잃어버리지 않았다. 예를 들면 『상서』의 아래 내용과 같다.

> 백성은 가까이 할 수 있으나 백성을 하시下視해서는 안 된다. 백성은 나라의 근본이며, 근본이 공고하면 나라가 안녕하다.[77]

> 덕德에는 일정한 스승이 없으니 선善을 위주로 함이 스승이다. 선善에는 일정한 스승이 없으니 협심協心하여 한결같이 함이(스승이)다.[78]

> 황천皇天은 친함이 없으니 오직 덕이 있는 사람만 보우한다. 백성의 마음은 일정함이 없으니 오직 지혜智慧로운 사람을 따른다.[79]

만약 우리가 위에서 말한 것이 『상서』에 본래 있던 내용임을 인정한다면, 우리는 또 그 가운데 확실하게 "규범으로 삼을 만함"의 의미가 있음을 부정할 수가 없다. 왜냐하면, 『상서』는 중국 역사에서 가장 오래된 정부 문헌이며, 그것은 본래 서주西周의 통치자들의 하夏·은殷·주周 삼대의 정치경험에 대한 종합이기 때문이다.[80] 이미 삼대의 정치경험에 대한 종합이라면 또한 어떻게 그 가운데 본래 "규범으로 삼을 만함"의 의미가 갖추어져 있다는 것을 부정할 수 있겠는가? 심지어 어느 정도는 "규범으로 삼을 만함"의 의미가 없다면 근본적으로 『상서』라는 저작이 있을 수가 없을 것이다. 당연히 공자 이후의 "산정刪定"도 말할 수 없을 것이다.

그렇다면 도대체 어떻게 이 난제難題를 풀어야 할까? 사실 이 문제의 답안은

---

77) 『尙書』(吳哲楣 主編, 『十三經』), 「五子之歌」, 75쪽.
78) 『尙書』(吳哲楣 主編, 『十三經』), 「五子之歌」, 82쪽.
79) 『尙書』(吳哲楣 主編, 『十三經』), 「五子之歌」, 110쪽.
80) 『尙書』의 "요임금을 자세하게 공부함", "순임금을 자세하게 공부함"의 내용으로 보면 그것은 분명히 후인이 追述한 어감이 있다. 그러나 殷·商의 갑골문자로 보면 商代에는 분명히 이와 같은 자세하고 치밀한 追述 문자가 형성될 수 없었으므로 단지 그것은 西周 초기에 형성되었다고 단정할 수 있다.

"경"이 동사·형용사와 그것이 명사로 쓰이는 서로 다른 함의 가운데 있다. 즉 공자 이전의 "경"은 주로 동사와 형용사로서의 "규범으로 삼을 만한" 함의를 가진 경이며, 공자의 산정과 정리整理를 거친 후의 "경"은 곧 명사로서의 법칙성을 가진 근본 원칙의 함의를 갖추고 있다. 만약 이러한 관점에서 유가의 경전을 본다면 적어도 문왕·무왕·주공의 시대에 유가는 이미 경전을 가졌으며,『상서』가운데 "전典"·"모謨"·"고誥"·"훈訓"·"서誓"·"명命" 등이 이처럼 많은 것은 설마 "규범으로 삼을 만함"의 관점에서 전개된 것이 모두 아니란 말인가?

이것은 곧 유학의 존재 형태에 관한 문제이다. 우리가 공자와 주공을 비교할 때 일찍이 주공은 정치 지도자와 정치실천형의 유가라고 말할 수 있으며, 반면에 공자는 사상탐색과 문화창조형의 유가라고 할 수 있다. 정치 지도자로서 유가가 직면한 것은 주로 현실 문제이며 우선적으로 해결해야 할 것은 현실의 정치 위기였다. 따라서『상서』는 삼대의 정치경험에 대한 종합이며, 그것은 주로 "전典"·"모謨"·"고誥"·"훈訓"·"서誓"·"명命"·"정征"·"공貢"·"가歌"·"범犯"과 같은 종류의 형태로 표현되었다. 그리고 그 훈계적 의미는 또한 구체적으로 "고誥"·"훈訓"과 같은 형태 가운데 집중적으로 표현되었다. 만약 "규범"(法戒)이라고 말하려면 그것은 우선 동사적으로 "규범"을 운용해야 한다. 즉, 오직『상서』가운데 이처럼 많은 "고誥"만 해도,「대고大誥」·「강고康誥」·「주고酒誥」에서부터「소고召誥」·「낙고洛誥」·「중훼지고仲虺之誥」에 이르며, 이들은 분명하게 그 가운데서 매우 명확하고도 동사적으로 "규범"의 의미로 쓰이고 있음을 알 수 있다. 따라서 만약 유가의 경전이 확실하게 동사로서의 경략經略·경륜經綸·경위經緯와 같은 함의를 가졌다고 하려면, 이 점 역시 먼저 서주의 정치유학과 실천유학으로부터 표현하고 종합한 것이다.

다만 정치유학의 "규범"적 의미는 어디까지나 비교적 현실적이자 비교적 구체적이며, "문헌" 형태로서는 약간은 자질구레하고 산만하게 보인다.[81] 이에 유가경전

---

81) 西周의 銘文은 대부분 교훈과 훈계적 의미를 갖추고 있으며, 그 일상의 그릇 위에 존재하는 방식은 결국은 조금씩 흩어졌다.

의 두 번째 형태가 있게 되었는데, 이러한 고정된 문본文本 양식을 갖춘 문헌의 형태는 주로 공자의 "산정刪定"과 정리를 거쳐서 실현된 것이다. 예를 들면『장자莊子』와『예기』에는 모두 아래와 같이 대략 서로 같은 기록이 있다.

공자가 노담老聃에게 "저는『시詩』·『서書』·『예禮』·『악樂』·『역易』·『춘추春秋』의 육경六經을 공부하고 스스로 오래되었다고 여기며, 그 사리事理를 숙지熟知하고 있습니다. 그로써 72명의 군주에게 요구하고, 선왕의 도道를 논하고 주공周公의 유적遺迹을 밝혔지만, 한 명의 군주도 채택하여 쓰지 않았습니다. 참으로 심합니다! 사람을 설득하기가 어렵고 도를 밝히기가 어렵습니다"라고 하였다.[82]

공자는 "그 나라에 들어가 보면 그 교화를 알 수 있다. 그 사람됨이 온유溫柔하고 돈후敦厚하면『시』의 교화이며, 정사에 통달하며 멀리 있는 일을 알면『서』의 교화이며, 널리 박학하고 평온하고 선량하면『악樂』의 교화이며, (性情이) 깨끗하고 조용하며 (생각이) 정미하면『역』의 교화이며, 태도가 공손하고 검약하며 장엄하고 공경하면『예禮』의 교화이며, 말을 언사言辭를 분류하고 일을 비교하면『춘추』의 교화이다. 그러므로『시』의 뜻을 잃으면 어리석어지고,『서』의 뜻을 잃으면 거짓되고,『악』의 뜻을 잃으면 사치스러워지고,『역』의 뜻을 잃으면 사악한 인간이 되고,『예』의 뜻을 잃으면 번거로워지고,『춘추』의 뜻을 잃으면 어지러워진다. 그 사람됨이 온유하고 돈후하면서 어리석지 않으면『시』에 조예가 깊은 사람이며, 정사에 통달하며 멀리 있는 일을 알고 거짓되지 않으면『서』에 조예가 깊은 사람이며, 널리 박학하고 평온하고 선량하면서 사치스럽지 않으면『악』에 조예가 깊은 사람이며, (性情이) 깨끗하고 조용하며 (생각이) 정미하면서 사악하지 않으면『역』에 조예가 깊은 사람이며, 태도가 공손하고 검약하며 장엄하고 공경하면서 번거롭지 않으면『예』에 조예가 깊은 사람이며, 말을 언사言辭를 분류하고 일을 비교하면서 어지럽지 않으면『춘추』에 조예가 깊은 사람이다"라고 하였다.[83]

---

82)『莊子』(郭慶藩 編,『莊子集釋』),「天運」, 583쪽.
83)『禮記』(吳哲楣 主編,『十三經』),「經解」, 550쪽.

장자의 문장에서 공자가 "『시』·『서』·『예』·『악』·『역』·『춘추』를 공부한" 것에 대해 자술한 것에서 『예기』 중에서 공자가 제자들에게 당부·훈계·지도한 것까지는 대체로 유가의 문헌형태인 "육경六經"이 분명히 공자의 손으로 이루어진 것임을 증명한다. 그러나 이른바 "육경"의 논법은 도리어 꼭 공자에게서 나온 것은 아니다. 원인은 매우 간단하다. 비록 공자가 『시』·『서』·『예』·『악』을 교재로 썼지만, 공자는 도리어 결코 직접 자신이 산정한 교제를 "경"이라고 부를 수 없었다. (예를 들면 공자와 제자들의 일상적 대화는 비록 70명의 제자와 그 후학들의 손으로 이루어진 것으로 "論語"라고 불리는 어록일 뿐이다.) 그리고 당시에는 아마도 이미 이른바『산해경山海經』·『본초경本草經』으로 일컬어지는 것이 있었으며, 공자 이후에『도덕경道德經』·『묵경墨經』과 같은 이름이 있게 되었다. 왜냐하면, 모든 "경"은 단지 후인들의 덧붙임과 추중追贈으로 나온 것이며, 또한 단지 일단의 실천적 경험을 통해서만 비로소 나올 수 있는 것이었다. "육경"과 같은 이름은 아마도 단지 전국 말기의 진秦과 관동의 6국이 대치한 이후에 비로소 출현하였을 것이다. 따라서 진나라가 천하를 통일하려는 희망이 형성되었을 때 "숫자는 6을 벼리로 삼고, 부절符節·모형(法)·관冠을 모두 6촌으로 하였다. 수레의 너비를 6척尺으로 하고, 6척을 일보一步로 하고, 여섯 마리 말이 끄는 수레를 탄다"라고 결정하였다. 진왕조에 대하여 말하면 이것은 매우 중대한 역사적 사건이었다. 그러나 진나라의 겸병과 진나라의 무력통일 노선과 대치하고 있는 관동의 6국에 대하여 말하면 "육예六藝"·"육경"과 같은 논법은 아마도 진나라의 무력정벌에 정신적으로 대항하는 역사기록일 것이다. 따라서 비록 "육경"이 문헌으로서 공자의 산정을 거친 후에야 형성되기는 하였으나 "육경"이 유가의 영원한 교전敎典이 된 것은 적어도 "육예"와 같이 단지 진나라에 대항하는 시대적 산물일 수밖에 없다.

따라서 진·한시대에 이르면 비록 "육경"의 종류가 모두 이미 유생들의 일상용어가 되었지만, 한무제漢武帝 건원建元 5년의 조서에는 도리어 단지 "오경박사를 설치"하였다고 하였다. 이것은 비록 "육예"·"육경"의 논법이 당시에 이미 유생들의 구두선口頭禪이 되었으나, 정부의 문헌인 황제의 조서는 오직 엄격하게 진실을 가리키는가를 핵실核實하여 정할 뿐만 아니라, 또한 반드시 구체적으로 실천되어야 함을 설명한다.

그러나 유가의 『시』·『서』·『예』·『악』·『역』·『춘추』는 공자의 1차 해독과 해석 그리고 산정을 거친 후 그것들이 유가의 "경"으로 곧 문헌의 형태로 이미 형성되었다. 그리고 『시』의 "온유하고 돈후하면서 어리석지 않음"과 『서』의 "정사에 통달하며 멀리 있는 일을 알고 거짓되지 않음", 『악』의 "널리 박학하고 평온하고 선량하면서 사치스럽지 않음", 『역』의 "(性情이) 깨끗하고 조용하며 (생각이) 정미하면서 사악하지 않음", 『예』의 "태도가 공손하고 검약하며 장엄하고 공경하면서 번거롭지 않음", 『춘추』의 "언사言辭를 분류하고 일을 비교하면서 어지럽지 않음"은 완전히 개인의 관점을 중심으로 전개된 것이다. 이것은 공자가 산술刪述하여 정리한 "육경"이 사실은 모두 제자학에 기초하였을 뿐만 아니라 또한 어떻게 군자의 인격을 배양할 것인가를 중심으로 전개된 것이다. 당연히 반대로 보면, 이것은 늘 군자의 인격을 중심으로 하는 "육경"이며, 사실은 또 공자의 손으로 "육경"을 산정한 증거로 볼 수 있다. 따라서 서주의 정치실천과 정치경험, 정치교훈의 형태인 유학과 서로 비교하면, 이것은 유가경전의 두 번째 형태라고 할 수 있다.

그러나 공자의 산술刪述과 정리를 거친 후 유가의 경전은 이미 "육경"이라는 이름이 있고, 또한 사회적으로도 비교적 광범위한 영향을 끼쳤으며, 예를 들어 『장자』에서 개괄한 "『시』로써 뜻을 말하고, 『서』로써 정사를 말하고, 『예禮』로써 행을 말하고, 『악』으로 조화를 말하고, 『역』으로 음양을 말하며, 『춘추』로써 명분을 말한다"[84]는 유가의 "육경"이 사회적으로 광범위한 영향을 형성하였다는 표현이다.(혹자는 적어도 이미 도가인 장자의 승인을 얻었다고 말하기도 한다.) 그러나 이러한 표현은 여전히 제자학의 형태에 속하며, 왕조정치와의 사이에는 여전히 비교적 큰 간격이 존재한다. 즉 유가의 "육경"이 비록 이미 견고하게 제자학의 입장에 확고히 서 있을 뿐만 아니라 군자의 인격을 배양함을 지향하며, 진실로 이미 사회에 작용하는

---

84) 『莊子』(郭慶藩 編, 『莊子集釋』), 「天下」, 1171쪽.

하나의 주요한 경로를 형성하였지만, 이러한 형태와 광범위한 사회 대중과의 사이에는 여전히 일정한 거리가 있었다.

이러한 상황에서 겸병전쟁이 심화됨에 따라 먼저 법가와 전제정치의 결합이 있었고, 이어서 묵가의 원시적 평등사상이 법가의 독재전제사상을 와해시켰으며, 그 후에 도가의 황로학에서 탈바꿈한 "무위의 정치"와 대일통의 정권이 서로 결합한 "백성과 함께 휴식한다"라는 기본적 국책이 있게 되었다. 이러한 과정에서 유가는 여전히 결코 대일통 정권의 호감을 결코 얻지는 못하였지만, "협서령夾書令"이 폐지됨에 따라 유가는 이미 그 제자학의 형태에서 출발하여 견고하게 올바른 사람을 만드는 교육권을 움켜잡았다. 이러한 상황은 진실로 사마천이 개괄한 것처럼, "공자가 세상을 떠난 후 70명의 제자들은 흩어져서 제후들에게 유세했는데, 크게는 제후의 사부師傅와 경상卿相이 되었고, 작게는 친구로서 사대부를 가르쳤으며, 혹은 은거하여 나타나지 않았다. 그러므로 자로子路는 위衛나라에 은거하였고, 자장子張은 진陳에 은거하였고, 담대자우澹台子羽는 초楚나라에 은거하였으며, 자하子夏는 서하西河에 은거하였으며, 자공子貢은 제齊나라에서 일생을 마쳤으며, 전자방田子方 · 단간목段干木 · 오기吳起 · 금활리禽滑釐의 무리는 모두 자하의 무리에게서 수업을 받고 왕자王者의 스승이 되었다. 이때에 오직 위魏의 문후文侯만이 학문을 좋아하였다. 그 후 유학儒學은 점차 쇠퇴하다 진시황秦始皇 때에 이르면, 천하는 전국시대로 함께 다투며, 유가의 학술은 배척당하였지만, 제齊 · 노魯 두 나라에서만 학자들이 홀로 버리지 않았다."[85] 분명히 공자가 사교육을 시작한 후부터 유가는 줄곧 올바른 사람을 만드는 교육을 기본으로 하는 사회적 입지로 삼았으며, 사회에 대하여 작용하고 또 사회에 영향을 끼치는 주요한 직업이 되었다. 따라서 어른이 되고 올바른 사람을 만드는 교육이 비로소 유가의 존재적 기초이며, 또한 사회적 작용을 발휘하는 중요한 길목이 되었다.

바로 이 때문에 사회는 올바른 사람을 만드는 교육이 없을 수 없으며, 따라서

---

85) 司馬遷, 『史記』(『二十五史』, 권1), 「儒林傳」, 306쪽.

유가는 한 걸음 더 사회에 이바지할 기회를 얻게 되었다. 그리고 경제景帝의 조정에서 "유자들을 임용하지 않았고, 두태후寶太后가 황로黃老의 학설을 좋아하였기 때문에 여러 분야의 박사들은 기존 관원으로 책문策問을 기다렸지만, 진현進見된 사람은 없었다."[86] 그러나 한나라 경제는 도리어 유자인 위관衛綰을 태자의 태부太傅로 초빙하여 한무제를 배양하는 책임을 맡겼으며, 이것이 유학이 전체적으로 반전하여서 한 걸음 더 발전하는 기회를 만들었다. 따라서 동중서와 공손홍이 "현량문학으로 천거함"을 통하여 정치무대에 등장하기 2년 전에 한무제가 이미 건원 5년에 "오경박사를 설치"하였다. 이것은 바로 유가가 시종 올바른 사람을 만드는 교육에 근거하였기 때문에 그에 따라 비로소 위관이 태자의 태부로 부임할 수 있게 되는 복선伏線을 깔게 되었다. 또한 황권을 중시함으로써 비로소 유학이 무제武帝 시대에 전체적 반등에 이바지할 수 있게 되었다. 만약 한무제가 동중서의 "백가를 몰아내고, 오직 유술儒術만 존중한다"라는 건의를 받아들인 것이 유학이 한대漢代에서 "독존獨尊"으로 향한 흐름의 표현이라면, 또 만약 한무제가 건원 5년에 "오경박사를 설치"하지 않았다면, 후일 동중서가 "신이 어리석지만, 육예六藝의 과목과 공자의 학술에 있지 않은 것은 모두 그 도를 끊어버리고 사용되지 않도록 해야 합니다"[87]라는 건의를 할 수 없었을 것이다.

이렇게 되면 유학은 마침내 한무제 시대에 황권皇權이 가진 "독존獨尊"의 경전經典이 되었으며, 이때의 경전을 유가 경학의 세 번째 형태라고 할 수 있는데, 이는 제자諸子들이 승인한 경전일 뿐 아니라 동시에 황권이 승인하고 이미 그 문관文官체제와 상호 결합한 경전이 되었다. 그것이 경학經學이 된 것으로 말하면, 이것은 곧 유학 역사에서 최고의 형태였으며, 한대 유학을 "경학시대經學時代"라고 일컫는 것은 주로 그것이 황권이 승인하고 보호하고 장려한 형태를 가리켜 한 말이다. 만약 유학과 황권의 관계를 논한다면, 이것도 곧 유학이 생겨난 이래 전체 사회는

---

86) 司馬遷, 『史記』(『二十五史』, 권1), 「儒林傳」, 307쪽.
87) 班固, 『漢書』(『二十五史』, 권1), 「董仲舒傳」, 576쪽.

모두 신봉하고 국가의 지도사상이 된 유학의 형태를 대표한다.

그러나 만약 그것과 정치와의 구체적인 관계를 말하면, 이러한 경학 형태의 유학은 그것은 황권정치와 밀접하게 결합하여 있었고, 이 때문에 아마도 서주의 유학이 막 창립되었을 때, 즉 사실 아직 그 이름이 없던 시대로 마땅히 돌아가야 할 것 같다. 사실 그렇지 않다면 서주시대의 유학은 우선 당시의 정치 지도자들이 3대의 정치 경험을 거울로 삼은 기초에서 인仁을 정치에서 베푼 것을 통하여 출현한 유가의 정치적 실천정신이며, 이는 유학정신을 그 정권의 구체적 운영에서 나타낸 것이며(비록 당시에는 아마도 유학이라는 호칭이나 명칭은 없었지만), 한대 통치자들은 비록 "오경박사를 설치"하고 유학을 그 정권의 지도 사상으로 삼았지만, 실제로는 주로 유학을 일종의 통치술로 이용하였다. 자, 이제 중국 역사에서 처음으로 "오경박사를 설치"한 한무제가 어떤 사람인지 살펴보자.

> 천자가 바야흐로 문학의 유자儒者를 초빙하려 하면서 말하기를 "나는 이러 이러 하고자 한다"라고 하니, 급암汲黯이 대답하기를 "폐하께서는 속으로 욕심이 많으 시면서 겉으로는 인의仁義를 베풀고자 합니다. 그렇게 해서 어떻게 당唐·우虞 (요·순)의 정치를 본받으려고 하십니까?"라고 하니, 상上(무제)은 아무 말도 하지 않고, 화가 나서 낯빛이 바뀌더니 조회를 파했다.[88]

> 조관趙綰과 왕장王臧이 무제에게 명당明堂[89]을 세워 제후들을 조회하도록 주청했 으나, 그 일을 이룰 수 없게 되자 그 스승인 신공申公을 천거하였다. 이에 천자가 사자에게 속백束帛(예물로 쓰는 비단 다섯 필)과 옥벽玉璧을 가지고 네 마리 말이 끄는 수레를 보내 안전하게 신공을 모셔오도록 하니, 제자 두 명(조관과 왕장)도 에 무제는 사신에게 속백束帛과 옥벽玉璧 등을 예물을 가지고 가서, 네 마리 말이 모는 편안한 수레를 보내 신공을 모셔오도록 했는데, 이때 제자인 조관과 왕장도 작은 마차를 타고 따랐다. 신공이 도착하여 천자를 알현했다. 무제가 그에게

---

88) 司馬遷, 『史記』(『二十五史』, 권1), 「汲鄭列傳」, 305쪽.
89) 역자 주: 天命을 받은 천자가 朝會·祭祀·慶賞·敎學·選士 등을 행하는 건물.

664   제3부 한대 경학의 전개

혼란한 세상을 다스리는 일을 물었는데, 신공은 당시에 이미 여든이 넘은 노인이었지만 대답하기를 "다스리는 일은 말을 많이 하는 데 있지 않고, 힘써 일을 행하는지에 달려 있습니다"라고 하였다. 그 당시 무제는 문사文詞를 좋아하였기 때문에 신공의 대답을 듣고 나서 아무 말도 하지 않았다.[90]

이 양단의 대화는 매우 분명하게 한무제가 유학을 숭배하였음을 나타내지만, 그러나 단지 이용하였을 뿐이며, 따라서 급암汲黯이 당시에 무제를 "속으로 욕심이 많으시면서 겉으로는 인의仁義를 베풀고자 합니다"라고 규정하였다. 그리고 신공이 말한바 "다스리는 일은 말을 많이 하는 데 있지 않고, 힘써 일을 행하는지에 달려 있습니다"라고 한 구절에 대해서는 "아무 말도 하지 않음"으로 대응하지 않았다. 이것은 한무제가 유학을 제창한 것은 단지 유학의 이름으로 "인의를 행함"[91]에 불과함을 말해 준다.

이러한 상황에서 이른바 "오경박사를 설치함"과 그것이 유학을 선양하려는 것이라는 말은 단지 주로 유학을 이용하여 자신의 대일통의 정권을 위한 세력을 키웠을 뿐이다. 따라서 무제의 조정에서 가장 중용되고 순서를 뛰어넘어 정대廷對(御殿 問答)에 발탁된 첫 번째 사람인 공손홍이 유학을 대표하는 인물이 되었다. 공손홍의 사람으로서의 됨됨이는 사마천의 기록에 의하면, "매번 조회가 열릴 때면 그는 (어떤 일의) 실마리만 진술하여 천자가 스스로 결정을 내릴 수 있도록 하고, 조정에서 얼굴을 맞대고 논쟁을 하려고 하지 않았다. 이에 천자는 그가 행동이 신중하고 돈후하며 변론에 여유가 있으며, 문장과 법률에 밝은 이속吏屬의 일에도 뛰어나며, 유가 학술에 맞추어 잘 꾸미는 것을 보고는, 그를 매우 좋아하였다. 1년(다른 곳에서는 2년)이 채 못 되어 좌내사左內史로 승진하였다"[92]라고 하였다. 이 이후에 실로 "문장과 법률에 밝은 이속의 일에도 뛰어나며" 또 "유가 학술에 맞추어 잘 꾸민" 공손홍은

90) 司馬遷, 『史記』(『二十五史』, 권1), 「儒林傳」, 307쪽.
91) 孟子云, "由仁義行, 非行仁義也."(『孟子』[吳哲楣 主編, 『十三經』], 「離婁下」, 1392쪽)
92) 班固, 『漢書』(『二十五史』, 권1), 「公孫弘傳」, 583쪽.

심지어 신하로서는 최상위인 한무제의 승상이 되었다.

지위가 승상에까지 오른 유학의 영수로서 공손홍이 관리로서의 특징은 바로 그가 "현량문학으로 천거함"으로 발탁되어 처음으로 올린 상소 가운데 나타난다.

"폐하께서는 옛 성인의 지위는 가지고 있으나 옛 성인의 명성은 없으며, 옛 성인의 명성은 있으나 옛 성인의 이속吏屬은 없으니, 이 때문에 권세는 같으나 다스림은 다릅니다. 앞 세상에서 이속이 발랐기 때문에 백성이 돈독하였으며, 지금 세상에서 이속이 사악하니 백성이 야박합니다. 정사가 폐단이 있어 실행되지 않고 명령이 고달프니 듣지 않습니다. 무릇 사악한 이속으로 하여금 폐정弊政을 행하도록 하고, 고달픈 명령으로 야박한 백성을 다스리려고 하면 백성들을 교화할 수 없습니다. 이것이 정치가 다른 까닭입니다"라고 하였다.[93]

이 상소를 보면, 우리는 완전히 한무제가 왜 공손홍과 같은 인물을 좋아하였는지, 아울러 어전 문답에서 첫 번째로 발탁하려고 하였는가를 충분히 이해할 수 있다. 이것은 다음 두 가지 점으로 결정된다. 첫째, "폐하께서는 옛 성인의 지위는 가지고 있으나 옛 성인의 명성은 없으며, 옛 성인의 명성은 있으나 옛 성인의 이속吏屬은 없으니, 이 때문에 권세는 같으나 다스림은 다릅니다"라는 말이다. 이것은 분명하게 "옛 성인의 지위"와 "옛 성인의 명성"이 통일되는 책임을 오로지 "옛 성인의 이속"의 신상에 덮어씌웠으며, 오직 "옛 성인의 이속"이 있도록 하려면, 한무제는 자연히 "옛 성인의 지위"와 "옛 성인의 명성"을 모두 통일하여 얻을 수 있다는 말이다. 둘째, 공손홍의 이러한 상소는 또한 부끄럼이 없는 "책하責下"(신하를 감찰하고 책문함)의 논리로 충만되어 있으니, 곧 "옛 성인의 지위"와 "옛 성인의 명성"이 통일되지 않은 주요한 이유는 "옛 성인의 이속"이 결핍되고, "옛 성인의 이속"이 결핍됨은 또 현실 사회에서의 "악한 이속"과 "백성이 야박함"과 "정치의 폐단"의 모든 근거가 된다는 말이다. 따라서 문제의 중요한 일 가운데 더 중요한 문제, 모든 것 가운데

---

93) 班固, 『漢書』(『二十五史』, 권1), 「公孫弘傳」, 583쪽.

모든 것은 또한 먼저 어떻게 "옛 성인의 이속"을 선발하여 사회정치의 기본적 출발점으로 삼아야 하는 가에 있다. 이것이 진실로 표준적인 제왕으로서 생각해야 하는 생각이며, 제왕의 급선무이다. 그리고 이러한 사람을 유학 부흥의 영도 인물로 삼았으니, 이는 단지 이른바 "곡학아세曲學阿世"94)의 유학이 될 뿐이다.

한편 유학 선양에서 가장 유력한 한가漢家(漢왕조)의 제왕에 대하여 살펴보면, 그들이 선양한 유학은 결국은 어떤 목적에서 출발하였는가에 있다. 급암汲黯이 말한 "속으로 욕심이 많으시면서 겉으로는 인의仁義를 베풀고자 합니다"라고 한 말은 일종의 설명이라고 할 수 있으며, 신공申公이 말한 "다스리는 일은 말을 많이 하는 데 있지 않고, 힘써 일을 행하는지에 달려 있습니다"라고 한 말도 마찬가지로 하나의 설명이다. 그런데 한무제가 "곡학아세"하는 공손홍을 어전 문답에서 첫 번째로 발탁한 것도 하나의 설명이다. 그러나 가장 전형적인 설명은 여전히 한무제가 일찍이 증손曾孫과 현손玄孫과 나눈 다음의 대화이다.

효원황제는 선제宣帝의 태자이다. 두 살 때 선제가 즉위하였다. 여덟 살에 태자의 위에 올랐다. 강대하고, 부드럽고 인자하여 유학을 좋아하였다. 선제가 문장과 법률에 밝은 이속吏屬을 많이 등용하여 형벌로 통제하는 것을 보고,…… 일찍이 연회에서 모시면서 조용히 말하기를 "폐하께서는 형법에 의지함이 매우 깊으니 마땅히 유행을 써야 합니다"라고 하였다. 이에 천자는 얼굴에 기색을 나타내며 "한가漢家는 자신의 제도를 두고 있는데, 본래 패도와 왕도를 섞어 놓은 것이니 어찌하여 오로지 덕교에 맡겨서 주周의 정치를 이용한다는 말인가? 또 세속의 유학자들은 시의時宜에 통달하지 못하고, 옛것은 옳고 지금 것은 그르다고 하기를 좋아하고, 사람들이 명목과 실질을 미혹되게 하여 지켜야 할 것을 모르니 어찌 족히 맡길 만하겠는가?"라고 하고, 이에 탄식하기를 "우리 왕조를 어지럽히는

---

94) 공손홍이 현량문학으로 천거될 때 轅固生의 나이는 이미 90여 세로 일찍이 경고하기를 "公孫 선생은 정학에 힘쓰고 말하였으며, 曲學으로 阿世함이 없었다"라고 하였다. 공손홍 이후의 정치적 기풍을 비교해 보면, 진실로 이 한마디가 씨가 되었다고 할 수 있다.(司馬遷,『史記』[『二十五史』, 권1],「儒林傳」, 308쪽 참고)

사람은 태자로구나!"라고 하였다.[95]

한의 선제는 중흥의 밝은 군주일 뿐만 아니라, 한무제 이후 유학을 가장 힘써 선양한 사람이다. 그러나 그가 진정으로 등용한 사람은 사실 태자가 개괄한 것처럼 "문장과 법률에 밝은 이속吏屬"에 불과하였고, 자신이 인정한 한왕조가 "스스로 가진 제도"는 또한 "패도와 왕도를 섞은 것"에 불과하였다. 따라서 태자가 "마땅히 유생을 등용"할 것을 건의하였을 때, 호된 책망을 받았을 뿐만 아니라 "우리 왕조를 어지럽히는 자"로 단정되기도 하였다. 이것은 비록 한무제가 먼저 "오경박사를 설치"하고 또 "현량문학으로 천거함"을 실천하여 크게 유학을 선양하였지만, 실제로는 일종의 "패도와 왕도를 섞어 놓은 것"에 불과하였음을 말해 준다. 그리고 유학에 대하여 말하면 이러한 운용은 결국 일종의 겉치장 도구에 불과함을 말해 준다.

이렇게 되면 비록 한대의 유생이 박사로 세워지고 유가의 경전도 경학으로 존중되었으며, 유가사상도 황권에 의해 대대적으로 국가의 지도사상이자 황가의 의식형태로 인정을 받았지만, "한왕조는 자신의 제도를 가졌기" 때문에, 이러한 경학설이 결국 일종의 "패도와 왕도가 섞인 것"으로 표면적 유가와 내면적 법가의 학문에 불과하다는 말이다.

4. 천인감응: 유가 도덕의 실현

비록 유학이 한대 통치자들에 의해 겉치장의 도구로 여겨지고 "경학"으로 추앙을 받았지만, 유생儒生과 유학에 대하여 말하면, 이러한 이용은 결국 진秦왕조의 "분서갱유焚書坑儒"에 비해서는 좋았다. 따라서 유생들이 한대 제왕들의 심리를 포착하여 자신들에게 역방향으로 이용하기 시작하였으며, 그에 따라 한대 유학의

---

95) 班固, 『漢書』(『二十五史』, 권1), 「元帝紀」, 367쪽.

발흥과 연구로 깊이 들어가게 되었다. 이처럼 유학이 생겨난 이래 처음으로 관방의 이름으로 존중받는 정통의 경학 형태를 형성하였다. 이 점은 또 충분히 공손홍과 함께 "현량문학으로 천거"되어 역사의 전면에 등장한 동중서의 사상에서 충분하게 표현되었다.

동중서(BC 179~BC 104)는 하북河北의 조강棗強 사람으로 오로지『공양춘추』를 공부하여 경제景帝 때에 박사가 되었다. 동중서의 일생 학행에 관하여『사기』와 『한서』에서는 일찍이 차례로 다음과 같이 평가하였다.

> 동중서는……『춘추』를 공부하여 효경제 때에 박사가 되었다. 장막을 치고 강론을 하였으며, 제자에게 전수함에 오래된 차례로 서로 수업하였으며(역자 주: 먼저 배운 제자가 뒤에 들어온 제자를 가르침), 혹은 얼굴을 보지 못한 사람도 있었으며, 대개 3년간이나 동중서는 사원舍圓에 나오지 않을 정도로 그 정진함이 이와 같았다. 진퇴와 처신이 예가 아니면 행하지 않으니 학사들이 모두 그를 스승으로 존중하였다.[96]

> 한나라가 일어나 진나라가 없앤 학문을 계승한 후에 경제景帝·무제武帝의 치세에 동중서는『공양춘추』를 공부하여 처음으로 음양陰陽을 변천하여 유자儒者의 근본으로 삼았다.[97]

> 동중서가 한나라와 만나 진나라가 없앤 학문을 계승한 후 육경을 분리하여 분석하였는데, 장막을 치고 발분하여 대업大業에 깊이 생각하여 후세 학자들을 모두 하나로 통일되게 하고 유학자 무리의 우두머리가 되었다.[98]

두 사람의 역사학 대가의 지극히 일치된 평가로 볼 때, 동중서는 당시에『공양춘

---

96) 司馬遷,『史記』(『二十五史』, 권1),「儒林傳」, 308쪽.
97) 班固,『漢書』(『二十五史』, 권1),「五行志」, 429쪽.
98) 班固,『漢書』(『二十五史』, 권1),「董仲舒傳」, 576쪽.

추』를 공부하여 세상에 이름을 떨쳤으며, 사마천이 "학사들이 모두 그를 스승으로 존중하였다"라고 한 말에서부터 반고가 "유자儒者의 근본으로 삼았다"와 "유학자 무리의 우두머리가 되었다"라는 말로써 보면 동중서는 당시에 이미 공인된 유학의 영수領袖였다. 오늘날의 시각에서 보면 동중서는 확실히 일대의 유종儒宗이라는 평가에 부끄럽지 않다.

동중서는 비록 "현량문학으로 천거됨"을 통하여 역사의 전면에 나왔지만, 그 사상적 근원은 오로지 『공양춘추』에 있다. 따라서 한무제에게 "현량문학으로 천거"되어 책문策問에 대답하는 가운데 동중서는 명확하게 완전히 『공양춘추』에 근거한 "하늘과 인간이 서로 함께하는 경계"(天人相與之際)와 "하늘은 재이災異로써 견고한다는 설"(災異譴告說)을 제의하였다.

신이 삼가 『춘추』에서 살펴보니, 전대에 이미 일어난 일을 조사함에 하늘과 사람의 상관관계로써 관찰하니 매우 두렵습니다. 국가가 장차 도를 잃어버리는 패란敗亂이 있게 되면, 하늘은 이에 먼저 천재天災와 지이地異로서 견고譴告를 하고, 그래도 자성自省할 줄 모르면 또 괴이怪異로써 두렵게 만듭니다. 그래도 변화할 줄 모르면 이에 패망이 이르도록 합니다. 이로써 천심天心은 인군人君을 인애仁愛하고 혼란을 멈추고자 함을 알 수 있습니다.[99]

신이 삼가 『춘추』의 문장을 살펴보고, 왕도王道의 단서를 구하니 정월正月에서 얻었습니다. 정월의 순서는 왕이 정하며, 왕의 순서는 봄이다. 봄은 하늘이 하는 바이다. 정월은 왕이 정하는 바이다. 그러므로 그 뜻은 위로 하늘의 하는 바를 계승하고 아래로 땅이 하는 바를 정월로 하니 정월은 왕도의 단서라고 할 뿐입니다. 그러므로 왕이 된 사람이 하고자 하는 바는 마땅히 그 단서를 하늘에서 찾아야 합니다. 천도天道의 큼은 음양陰陽에 있습니다. 양陽은 덕이 되고, 음陰은 형형刑이 되니 형刑은 살殺을 위주로 하고 덕德은 생生을 위주로 합니다. 그러므로 양이 자라서 대하大夏에 머물고, 그로써 낳고 기름과 길러 자라도록 함을 일로

---

99) 班固, 『漢書』(『二十五史』, 권1), 「董仲舒傳」, 572쪽.

삼고, 음이 자라 대동大冬에 머물며 공허하고 쓰이지 않은 곳에 쌓입니다. 이로써 하늘이 덕에 맡기고 형刑을 쓰지 않음을 알 수 있습니다. 하늘은 양을 위에서 베풀어 세월의 공능을 주관하며, 음을 아래에 엎드리게 하여 때맞춰 나와서 양을 보좌하도록 합니다. 양이 음의 협조를 얻지 못하면 또한 홀로 세월을 이루지 못합니다. 양이 끝남을 성세成歲의 이름으로 삼으니 이것이 천의天意입니다.100)

이 두 단락의 진술에서 전자는 "하늘과 인간이 서로 함께하는 경계"(天人相與之際)를 주요 관심의 중심으로 삼았고, 아울러 상천上天이 국가의 "도를 잃은"(失道) 정치의 "재이災異로 견고譴告함"에 대해 통치자를 경계하는 주요 수단으로 설명하였으며, 『공양춘추』의 "하늘과 인간이 서로 함께하는 경계"도 주로 국가의 정치와 상천이 자연현상을 통하여 표현하는 "재이로 견고함"에 집중되어 있음을 표명하였다. 뒷부분은 "천도天道의 큼은 음양陰陽에 있다. 양陽은 덕이 되고, 음陰은 형刑이 된다"라는 말과 음과 양의 배합으로 인간의 "봄", "왕", "정正"(正月)의 다른 순서를 설명하며, 아울러 "하늘은 양을 위에서 베풀어 세월의 공능을 주관하며, 음을 아래에 엎드리게 하여 때맞춰 나와서 양을 보좌하도록 한다"라는 방식으로 "하늘이 덕에 맡기고 형刑을 쓰지 않음"의 "천의天意"를 분명하게 드러내었으며, 동중서가 자연현상을 통하여 직접적으로 추출해 된 "천의"를 논증하는 방식이 비록 결코 언사가 적절하다고 할 수 없지만, "천의"와 "인심人心"의 백성을 근본으로 하는 방식의 통일은 시종 관철하고 있다는 설명이다.

그렇다면 동중서의 이러한 "하늘과 인간이 서로 함께하는 경계"는 결국 어떤 문제를 해결하려는 것인가? 『춘추번로春秋繁露』에서의 구체적 논술을 살펴보자.

『춘추』의 대법大法은 인민은 임금을 따르고 임금은 하늘을 따르는 것이다.……
그러므로 인민을 굽히게 하고 임금을 펴게 하고, 임금을 굽히게 하고 하늘을
펴게 함이 『춘추』의 대의大義다.101)

---

100) 班固, 『漢書』(『二十五史』, 권1), 「董仲舒傳」, 573쪽.

옛날에 문자를 만든 사람이 세 획을 긋고 그 가운데로 연결하여 왕王이라고 하였다. 세 획은 천天·지地·인人이며, 그 가운데를 연결한 것은 그 도道를 통함이다. 천·지·인의 가운데를 관통하여 그것을 '투철하게 통하게 함'(參通)은 왕이 아니면 누가 이를 감당할 수 있겠는가?[102]

매우 분명하게 "민民", "군君", "천天" 삼자 사이에 동중서는 두 가지 "굽함"(屈)으로 이른바 "임금을 펴게 함"과 "하늘을 펴게 함"의 지향을 나타내었으며, 이것이 이른바 『춘추』의 정신에 근거하여 권력과 사상을 천자를 중심으로 통일함(春秋大一統)이라고 한다. 이것은 아마도 곧 한무제가 『공양춘추』를 긍정한 기초일 것이다. 그러나 동중서의 사상은 도리어 결코 오직 이른바 "임금을 펴게 함"의 측면에 머물지 않고, "임금을 펴게 함"에서 "하늘을 펴게 함"의 목적까지 도달하려는 것이었다.[103] 따라서 그 아래의 일단은 또한 직접 "왕자王者"의 사명을 규정하였는데, "세 획은 천天·지地·인人이며, 그 가운데를 연결한 것은 그 도道를 통함이다. 천·지·인의 가운데를 관통하여 그것을 '투철하게 통하게 함'(參通)은 왕이 아니면 누가 이를 감당할 수 있겠는가?"라고 하였다. 분명히 동중서는 "그 도道에 통함"의 방식을 통하여 "왕자"의 사명은 구체적으로 "천·지·인의 가운데를 관통하여 그것을 투철하게 통하게 함"을 실현해야 한다는 점에 있다. 이 말은 "하늘"에 대하여 말하면 "왕자"는 반드시 민심과 민의를 대표하지만, "민"에 대하여 말하면 "왕자"는 또 반드시 "천의"와 "천시"를 대표하므로 또한 "하늘을 대신하여 백성을 기름"과 같으며, 따라서 마땅히 "천도天道의 큼은 음양陰陽에 있습니다. 양陽은 덕이

---

101) 董仲舒 著, 鍾肇鵬 主編, 『春秋繁露校釋』, 「玉杯」(河北人民出版社, 2005년판), 48쪽.

102) 董仲舒 著, 鍾肇鵬 主編, 『春秋繁露校釋』, 「王道通三」, 730쪽.

103) 동중서의 "두 가지 굽함"과 "두 가지 폄"의 관계에 관하여 서복관 선생은 분석하기를, "그의 '임금을 굽히게 하고 하늘을 펴게 함'의 주장이 황제의 승인을 얻기 위해 '백성을 굽히게 하고 임금을 펴게 함'의 한 구절을 먼저 말하였다.…… 즉 먼저 통치자의 심리에 영합한 후 다시 나아가서 자신의 진정한 주장을 말하였다. 따라서 동중서의 입장에서 '백성을 굽히게 하고 임금을 펴게 함'의 한 구절은 허구이고 보조적인 것이며, '임금을 굽히게 하고 하늘을 펴게 함' 이 한 구절이 바로 實이며 주체이다"(徐復觀, 『兩漢思想史』 제2권, 212쪽)라고 하였다.

되고, 음陰은 형刑이 된다"라는 원칙을 관철해야 하며, 또한 마땅히 이러한 정신의 모범적인 집행자가 되어야 한다.

동중서의 "인민을 굽히게 하고 임금을 펴게 하고, 임금을 굽히게 하고 하늘을 펴게 함"이 가리키는 방향을 보면, 그는 공손홍과 일치하는 점도 있고, 다른 점도 있다. 그 같은 점을 말하면, 그들은 당연히 모두 춘추대일통 정신을 '상세하게 밝혀낸'(闡發) 사람들이며, 또한 대일통의 군권을 찬성하였다. 그러나 그 다른 점은, 공손홍은 "폐하께서는 옛 성인의 지위는 가지고 있으나 옛 성인의 명성은 없으며, 옛 성인의 명성은 있으나 옛 성인의 이속吏屬은 없으니 이 때문에 권세는 같으나 다스림은 다릅니다"라는 말을 통하여, 명확하게 "옛 성인의 지위"와 "옛 성인의 명성"을 통일시키려는 책임을 "옛 성인의 이속"들에게 덮어씌웠으며, 그 논리는 또한 전형적인 "아랫사람을 책하고 윗사람은 책하지 않음"의 논리이다. 동중서는 이와 다르다. 그는 "임금을 펴게 함"의 목적이 주로 더욱 훌륭하게 "하늘을 펴게 함"을 위한 것이며, 따라서 군권을 대표하는 "왕자"도 반드시 진정으로 "천의"와 "민심"을 대표할 수 있어야 하며, "세 획을 긋고 그 가운데를 연결하여 왕이라고 한다"와 "세 획은 천天·지地·인人이며, 그 가운데를 연결한 것은 그 도道를 통함이다"라고 한 말은 또한 분명하게 하늘과 인간이 서로 관통하는 책임을 모두 군왕에게 덮어씌웠다. 따라서 공손홍은 틀림없이 전형적인 군본론자君本論者라고 할 수 있으나 동중서는 시종 일종의 민본정신을 견지하였다.

동중서의 이와 같은 천인관통의 방식은 주로 두 가지 노선으로 실현되었다. 하나는 곧 "왕자"의 "하늘을 대신하여 백성을 기름"을 통하여 "천의"가 직접 민심에 관통되고, 일반 백성의 윤리 생활에서 실현되기를 희망하는 것으로, 이는 자연히 "천의"를 인륜화人倫化한 실천의 관통방식이라고 할 수 있다. 또 다른 하나는 음양오행의 방식을 통하여 자연계에 관통해 내려가는 것으로 춘생春生(봄에 남)·하장夏長(여름에 길러짐)·추수秋收(가을에 거두어들임)·동장冬藏(겨울에 갈무리함)을 포함하며, 그로써 아래로 자연계의 하나하나의 풀과 나무에게로 관통된다. 이러한 두 가지 노선은 또 서로 영향을 주며, 또 그것이 "천의"가 "왕자"와 그 국가의 정령으로 표현될 수 없거나 통과할 수 없을 때, 그것은 오직 "먼저 천재天災와 지이地異로서 견고譴告를 하고, 그래도 자성自省할 줄 모르면 또 괴이怪異로써 두렵게 한다. 그래도 변화할 줄 모르면 이에 패망이 이르도록 할" 뿐이다. 즉 "이로써 천심天心은 인군人君을 인애仁愛하고 혼란을 멈추고자 함을 알 수 있다"라는 말이다. 이처럼 이른바 "천의"는 또 완전히 이 두 가지 경로를 통하여 전체 인생의 세계로 관철되고 실천된다.

그렇다면 여기서 동중서 철학의 최고 원칙이자 근본적인 출발점인 "하늘"은 결국 무엇을 가리키는가? 먼저 "하늘"에 대한 논술을 살펴보자.

하늘은 만물의 조상이며 만물은 하늘이 아니면 생겨나지 않는다.[104]

하늘은 모든 신의 대군大君이다. 하늘을 섬김이 갖추어지지 않으면, 비록 모든 신들이라도 도움이 없다. 어떻게 그렇게 말하는가? 땅의 신에게 제사함을 『춘추』 에서는 책망하였다. 공자는 "하늘에 죄를 얻으면 기도할 곳이 없다"라고 하였는 데, 이것이 그 법이다. 그러므로 진秦나라에 이른 하늘의 복이 주周나라만 못함을 나타내었다.[105]

이런 까닭에 하늘은 그 위치가 높아서 아래로 베풀며, 그 형체를 감추어도 그 빛이 드러나며, 뭇 별들을 늘어놓았지만, 지극히 정밀함에 가까우며, 음양을 고찰 하여 서리와 이슬을 나타낸다. 그 위치를 높게 한 것은 그로써 존엄하게 되며, 아래로 베풀어서 그로써 인仁하게 되며, 그 형체를 감추어 그로써 신神이 되며, 그 빛을 드러내어 그로써 밝음이 되며, 뭇 별들을 늘어놓아 그로써 서로 계승하 며, 지극히 정밀함에 가까워 그로써 굳건함이 되며, 음양을 고찰하여 그로써 세월을 이루며, 서리와 이슬을 내려 그로써 생겨나고 죽는다.[106]

위에서 하늘에 대한 논술 가운데 제1조는 매우 쉽게 이해할 수 있는데, 이것은

---

104) 董仲舒 著, 鍾肇鵬 主編, 『春秋繁露校釋』, 「順命」, 940쪽.
105) 董仲舒 著, 鍾肇鵬 主編, 『春秋繁露校釋』, 「郊語」, 911쪽.
106) 董仲舒 著, 鍾肇鵬 主編, 『春秋繁露校釋』, 「天地之行」, 1064쪽.

바로 국인들이 줄곧 존중하고 받들어 온 하늘이 곧 만물의 조상이자 생명의 근원이라는 뜻이다. 제2조인 하늘이 "모든 신의 대군大君"이라는 규정은 유가에게서는 비교적 보기 드문 것 같은데, 비록 동중서가 공자의 "하늘에 죄를 얻으면 기도할 곳이 없다"라는 말을 인용하여 자신의 증거로 삼았지만, 유가 역사에서 확실하게 하늘의 "신성이 주재하는 의"(神性主宰義)를 부정하지는 않는다.(예를 들면, 맹자의 "이것은 하늘이 내게 부여한 것이다"라고 말과 "하늘은 말하지 않으나 행동과 일로서 그것을 보여 줄 뿐이다"라고 한 말들은 모두 어느 정도 신성주재의 의를 포함하고 있지만, 유가의 천은 주로 신성주재의 의미로 의론하지 않으며, 그보다는 더 흔히 도덕근원과 도덕초월의 의로 천을 논한다.) 따라서 이처럼 전문적으로 "모든 신의 대군"이라는 관점으로 하늘을 논한 입장은 결코 유가의 전통적인 노선은 아닌 것 같다.(후에 詳論함) 제3조에 관해서는 완전히 하늘의 신성주재의 의가 구체적으로 표현되었다고 볼 수 있으며, 심지어 동중서가 보기에 무릇 천지 사이의 모든 현상은 모두 하늘의 신성주재의 의義를 체현하지 않음이 없으며, 또한 하늘의 신성주재의 의에 대한 구체적 표현이 아님이 없다. 즉 "그 위치를 높게 한 것은 그로써 존엄하게 되며, 아래로 베풀어서 그로써 인仁하게 되며, 그 형체를 감추어 그로써 신神이 되며, 그 빛을 드러내어 그로써 밝음이 되며, 뭇 별들을 늘어놓아 그로써 서로 계승하며, 지극히 정밀함에 가까워 그로써 군건함이 되며, 음양을 고찰하여 그로써 세월을 이루며, 서리와 이슬을 내려 그로써 생겨나고 죽는다"라는 말이다. 동중서가 이렇게 논설할 수 있는 까닭은 곧 명확하게 "하늘"을 높이 들어 올려 그로써 대일통의 전제군주의 머리 위에 "긴고주緊箍咒[107]"를 씌우는 것을 목적으로 하기 때문이다. 그리고 그가 주周·진秦 두 왕조의 서로 다른 운명을 비교하려는 까닭도 주·진 두 왕조의 서로 다른 운명을 비교함으로써 새로 일어난 왕권이 어느 정도 자성과 두려움을 갖도록 희망하였기 때문이다.

그렇다면 우리는 다시 철학 속의 사람을 살펴보자. 동중서가 보기에 이미

---

107) 역자 주: 『西遊記』에서 三藏法師가 孫悟空의 머리에 금테를 씌워 조종 통제하려고 할 때 외우는 주문. 金箍咒라고도 한다.

하늘이 "만물의 조상", "모든 신의 대군"이라면 근본적으로 사람의 모든 것은 완전히 하늘에 의해 결정되며, 사람 자신도 하늘의 산물일 뿐만 아니라, 마땅히 "천의"와 "천심"의 표현이 된다. 따라서 동중서가 사람에 대하여 논술한 것 가운데 가장 근본적인 것은 오직 하나 곧 "사람을 만드는 것은 하늘이다"(爲人者天)라는 말이다.

천지의 기는 합해지면 하나가 되고 나뉘면 음과 양이 되며, 다시 나뉘면 사계절이 되고, 진열하면 오행이 된다. (오행의) 행行은 행함이며, 그 행함은 서로 다르기 때문에 오행이라고 하며, 비견比肩해 있으면 상생相生하고 간격해 있으면 상승常勝(相克)한다.[108]

하늘에는 음과 양이 있고, 사람에게도 음과 양이 있다. 천지의 음기가 일어나면 사람의 음기도 그와 응하여 일어난다. 사람의 음기가 일어나면 천지의 음기도 역시 마땅히 그와 응하여 일어나니 그 도는 한결같다.[109]

사람이 사람다운 사람이 됨은 하늘에 근본하니, 하늘도 사람의 증조부曾祖父이다. 이것은 사람이 위로 하늘과 닮은 까닭이다. 사람의 형체는 하늘의 수에 화합하여 이루어지고, 사람의 혈기는 하늘의 뜻에 화합하여 인仁하며, 사람의 덕성은 하늘의 이치에 화합하여 의義롭고, 사람의 호오好惡는 하늘의 따뜻함과 맑음에 화합한 것이며, 사람의 희로喜怒는 하늘의 차가움과 더위와 화합한 것이며, 사람의 수명受命은 하늘의 사계절과 하합한 것이며, 사람이 태어나 희로애락喜怒哀樂의 화답이 있음은 춘하추동春夏秋冬과 같은 종류이다. …… 하늘이 사람과 버금하니 사람의 정情과 성性은 하늘로부터 말미암는 것이다. 그러므로 받는다고 하며, 하늘의 호칭에서 유래한다.[110]

---

108) 董仲舒 著, 鍾肇鵬 主編, 『春秋繁露校釋』, 「五行相生」, 833쪽.
109) 董仲舒 著, 鍾肇鵬 主編, 『春秋繁露校釋』, 「同類相動」, 814쪽.
110) 董仲舒 著, 鍾肇鵬 主編, 『春秋繁露校釋』, 「爲人者天」, 702쪽.

이 세 단락은 대체로 동중서의 천인관계에 대한 기본적인 논설이다. 그리고 제1조는 주로 천도운행인 "음양", "오행", "사시"의 방식을 통하여 신성주재인 "하늘"이 우주만물 사이에서 구체적으로 실현되고 두루 표현됨을 나타내는 데 있다. 제2조는 주로 "같은 종류끼리 서로 움직인다"라는 원칙으로 하늘과 사람이 서로 응하는 성질을 나타내며 그에 따라 이미 존재하는 속성의 관점에서 규정된 "하늘에는 음양이 있으며, 사람도 또한 음양이 있다"라는 말에서부터 바로 "천지의 음기가 일어나면 사람의 음기도 그와 응하여 일어난다. 사람의 음기가 일어나면 천지의 음기도 역시 마땅히 그와 응하여 일어나는" "그 도는 한결같다"라는 말처럼 상호 감응하는 하나의 설이 있게 되었다. 제3조는 주로 "천"과 "사람"을 서로 비교함으로써 "사람이 위로 하늘과 서로 닮는 까닭"의 근본 원인과 그 구체적 표현을 설명하였다.

그렇다면 사람과 하늘 사이는 어떻게 서로 상응하는 상호작용의 관계를 맺을 수 있는가? 존재의 속성으로 보면 이것은 주로 하늘과 사람의 본질적인 동일성에 있으며, 또한 이른바 "하늘에 음양이 있고, 사람도 역시 음양이 있다"라는 설과 같다. 그러나 그 구체적 표현으로 보면 또한 주로 "하늘"은 이미 "음양", "오행", "사시"의 방식을 통하여 존재하고 그것이 화육化育하여 유행하는 기본적 원칙에서 철저하게 사람에게 내재해 있으며, 따라서 사람의 모든 것은 반드시 하늘에 상응하니 그것이 곧 이른바 "사람은 하늘의 수에 부합한다"라는 말이다. 따라서 동중서가 보기에 사람의 모든 것은 또한 완전히 "하늘"의 모양과 운행방식을 중심으로 전개된다.

하늘과 땅이 부합하고 음양이 부합하며, 항상 몸에 베풀어져 몸은 하늘과 같아져서 수數로서 서로 참여하니 그러므로 명命도 더불어 서로 연결된다. 하늘의 한 해의 수로써 마치며 사람의 몸을 이루니, 그러므로 (사람의) 작은 마디가 360분절이니 (1년의) 날수와 부합한다. 대절大節이 12분절이니 월수와 부합副合하며, 내면에는 오장五臟이 있으니 오행의 수와 부합하며, 밖으로 사지四肢가 있으니 사계절

의 수와 부합하며, 잠깐 보였다가 잠깐 어두움은 주야晝夜와 부합하며, 잠깐 강剛
하고 잠깐 유柔함은 겨울·여름과 부합한다.…… 그것과 수를 셀 수 있는 것은
같은 수로 부합하며, 수로 셀 수 없는 것은 모두 같은 것에 해당하는 것으로
하늘에 부합하는 것은 한결같다.111)

이러한 배경하에 "사람"은 완전히 "하늘"을 위한 응성충應聲蟲과 같다. 왜냐하면
"그 수를 셀 수 있는 것은 같은 수로 부합하며, 수로 셀 수 없는 것은 모두 같은
것에 해당하는 것으로 하늘에 부합하는 것은 한결같기" 때문이다. 이와 같이 "사람"
과 "하늘"은 모두 "서로 부합"하거나 "서로 부합하지 않음"이며, 본질적으로 모두
"한결같은" 관계이며, 마치 "사람"은 어떤 독립성이 없다고 할 수 있다. 사실은
그렇지 않다. 동중서는 여기서 비록 곳곳에서 "하늘"을 드높였고, 아울러 "사람"의
일체를 모두 "하늘"을 통하여 설명하였지만, 그 목적은 도리어 바로 사람에게
있으며, 또한 더욱 좋게 그 사상의 인본人本과 인문적 관심을 표현하기 위해서이다.
왜 이렇게 말하는가? 천인관계에 관한 설명을 살펴보자.

하늘이 백성을 태어나게 함은 왕을 위한 것이 아니며, 하늘이 왕을 옹립함은
백성을 위함이다. 그러므로 그 덕이 있어 족히 백성을 안락하게 하는 자에게
하늘이 그것(王位)을 부여하며, 그 악하여 백성을 해치는 자는 하늘이 그것을
빼앗았다.112)

앞에서 동중서의 "인민을 굽히게 하고 임금을 펴게 하고, 임금을 굽히게 하고
하늘을 펴게 한다"라는 "두 굽힘"과 "두 펴게 함"의 설에 대한 분석에서 그 "굽힘"(屈)
은 아마도 오직 "백성"의 한편에만 실천되고 그 "폄"(伸)은 아마도 "백성을 굽힘"(屈民)
과 "임금을 굽힘"의 방식을 통하여 일치하여 "하늘"을 지향한 것 같다. "왕자王者"로

---

111) 董仲舒 著, 鍾肇鵬 主編, 『春秋繁露校釋』, 「人副天數」, 805쪽.
112) 董仲舒 著, 鍾肇鵬 主編, 『春秋繁露校釋』, 「堯舜不擅移, 湯武不專殺」, 498쪽.

678   제3부 한대 경학의 전개

말하면 시종 하늘과 인간 사이에 있으면서, 곧 "그 가운데를 연결"하고 "그 도를 통함"도 곧 이른바 "천·지·인의 가운데를 관통하여 그것을 투철하게 통하게 함"(參通)의 작용이다. 이 구조에서 "하늘"은 영원히 "펌"이고 "굽히지 않음"이며, "백성"은 아마도 오직 "굽힘"과 "퍼지 못함"의 운명인 것 같다. 그러나 일단 우리가 "하늘이 백성을 나게 하며 왕이 하는 것이 아니며, 하늘이 왕을 세움은 백성을 위함이다"라는 구절을 고찰한 후는 이른바 "백성"이 곧 진정으로 "하늘"과 "왕"의 주체가 되며, 또한 "하늘"과 "왕"이 반드시 이바지해야 할 대상이다.

이제 동중서가 "왕"이 필수적으로 "하늘을 알아야 함"과 또한 반드시 "백성을 위함"의 속성에 대한 규정과 그것이 존재하는 기본적 의무에 복종해야 한다고 말한 내용을 살펴보자.

> 무릇 왕자王者는 하늘을 알지 않으면 안 되며, 하늘을 아는 것은 시인詩人도 어렵게 여기는 바이다. 천의天意는 알기 어렵고 그 도道도 이해하기 어렵다. 이런 까닭에 음양의 출입과 허와 실이 있는 곳을 밝히고, 오행의 본말本末·순역順逆·대소大小·광협廣狹을 변론하여 그로써 천도를 관찰한다. 하늘의 뜻(天志)은 인仁하며, 그 도는 의로우며, 인주人主(임금)가 된 자는 생명을 주고 빼앗음에 각각 그 의의義에 합당해야 하니 사계절(의 운행)과 같다. 관직을 배열하고 이속吏屬을 둠에 반드시 그 능력으로써 하니 이는 오행과 같으며, 인仁을 좋아하고 패려悖戻를 미워하고, 덕德에 맡기고 형벌을 멀리함은 음양과 같으니 이를 일러 하늘에 짝한다고 한다.[113]

> 하늘의 명령을 명命이라고 하며, 명命은 성인이 아니면 행할 수 없으며, 질박質朴함을 성性이라 하며, 성性은 교화가 아니면 이루어지지 않으며, 인욕人欲을 정情이라고 하며, 정은 도제度制(법도와 規制)가 아니면 절도節度가 없다. 이런 까닭에 왕자는 위로는 삼가 천의天意를 이으며 명命을 따르며, 아래로는 백성을 교화함을 밝히는 데 힘쓰고 이로써 성性을 이루며, 법도의 마땅함을 바르게 하고 상·하의

---

113) 董仲舒 著, 鍾肇鵬 主編, 『春秋繁露校釋』, 「天地陰陽」, 1089쪽.

질서를 구별하여 욕망을 방비하니 이 세 가지를 닦아서 대본大本을 떠받친다.[114]

왕이 된 사람은 마음을 바르게 하여 조정을 바르게 하며, 조정을 바르게 하여 백관을 바르게 해야 하며, 백관을 바르게 하여 만민을 바르게 하며, 만민을 바르게 하여 사방(세상)을 바르게 한다. 사방이 바르면 멀고 가까운 곳이 하나라도 바르지 않음이 없으며, 그리고 사악한 기운이 그 사이에서 간여함이 없어진다. 이런 까닭에 음양이 순조롭고 풍우가 때맞추어 일어나며 뭇 생명이 조화롭고 만민이 번성하고, 오곡五穀이 숙성하며 초목이 무성하며, 천지 사이가 윤택하여 대풍大豐으로 아름답고, 사해의 안에 성덕聖德이 널리 퍼져 모두가 몰려와서 신하가 되며, 여러 가지 복된 사물이 상서로움으로 나타나서 끝까지 이르지 않음이 없게 됨이 곧 왕도王道의 끝입니다.[115]

분명히 "왕자"가 반드시 알아야 하는 천은 관건이 왕자가 반드시 "하늘의 뜻을 관찰하고 오행의 본말本末·순역順逆·대소大小·광협廣狹을 변별하여 그로써 천도天道를 관찰"해야 하며, 성인이 반드시 천명을 알아야 하는 까닭은 그 관건이 또한 성인이 반드시 위로는 천명天命을 이어서 "백성을 교화함을 밝혀서 성性을 이룬다"라는 데 있다. 인군人君에 대하여 지천知天은 진실로 그 본분이며, 순명順命은 마땅히 그 추구함이 되며, 그 최소한의 한 점은 또한 반드시 "마음을 바르게 하여 조정을 바르게 하며, 조정을 바르게 하여 백관을 바르게 해야 하며, 백관을 바르게 하여 만민을 바르게 하며, 만민을 바르게 하여 사방(세상)을 바르게 함"의 책임을 다해야 한다. 이렇게 되면 "왕자"의 모든 것은 또한 진정으로 "하늘이 왕을 옹립함은 백성을 위함이다"라는 점을 실천해야 한다.

하늘에 관해서 그것은 이미 "만물의 조상"이며 동시에 또한 "모든 신의 대군大君"이기 때문에, 따라서 마치 영원한 "폄"과 "굽히지 않음"은 오직 사람들이 영원히 우러러보는 대상과 같지만, 그러나 "하늘"은 왜 또 반드시 "왕을 옹립"하는가?

---

114) 班固, 『漢書』(『二十五史』, 권1), 「董仲舒傳」, 575쪽.
115) 班固, 『漢書』(『二十五史』, 권1), 「董仲舒傳」, 573쪽.

하늘이 "왕을 옹립"하는 까닭은 또 주로 일반 백성의 복지를 위함이다. 이것은 도대체 왜 그럴까? 왜냐하면 이것은 "하늘"이 "백성"의 복지를 제외하면 결코 자신의 기호나 추구가 없으며, 이 점은 또한 유학이 형성된 이래의 아득히 오래된 전통이 되었기 때문이다. 이제 삼대의 정치 지도자들이 "하늘"과 "백성"에 대하여 논술한 것을 살펴보자.

백성은 가까이할 수 있으나 백성을 하시下視해서는 안 된다. 백성은 나라의 근본이며, 근본이 공고하면 나라가 안녕하다.[116]

덕德에는 일정한 스승이 없으니 선善을 위주로 함이 스승이다. 선에는 일정한 스승이 없으니 협심協心하여 한결같이 함이(스승이)다.[117]

황천皇天은 친함이 없으니 오직 덕이 있는 사람만 보우한다. 백성의 마음은 일정함이 없으니 오직 지혜智慧로운 사람을 따른다.[118]

하늘은 아래 백성을 긍휼하게 여기며, 백성이 원하는 바를 하늘은 반드시 그것을 따른다.[119]

하늘이 보는 것은 내 백성이 보는 것으로부터 하며, 백성이 듣는 것은 내 백성이 듣는 것으로부터 한다.[120]

이렇게 되면, 동중서는 "천의天意"에 대한 모든 존중과 선양도 완전히 "하늘이 보는 것은 내 백성이 보는 것으로부터 하며, 백성이 듣는 것은 내 백성이 듣는

---

116) 『尙書』(吳哲楣 主編, 『十三經』), 「五子之歌」, 75쪽.
117) 『尙書』(吳哲楣 主編, 『十三經』), 「五子之歌」, 82쪽.
118) 『尙書』(吳哲楣 主編, 『十三經』), 「五子之歌」, 110쪽.
119) 『尙書』(吳哲楣 主編, 『十三經』), 「泰誓上」, 89쪽.
120) 『尙書』(吳哲楣 主編, 『十三經』), 「泰誓中」, 90쪽.

것으로부터 한다"라는 방식으로 "백성"의 염원으로 되돌렸으며, 또한 "천의"와 "천지天志"에 대한 모든 논설은 이로 인해 일반 백성의 인심의 향방으로 되돌렸다.

동중서의 이러한 사상은 유가철학에서는 근본적으로 어떤 문제도 발생할 수 없는 것이다. 존재하는 문제의 부분은 그 사상의 이러한 지향이 실제로는 유가적 방식으로 실현되는 것이 결코 아니라는 데 있다. 즉 이미 공자의 "예禮가 아니면 보지도 말고, 예가 아니면 듣지도 말고, 예가 아니면 말하지도 말고, 예가 아니면 행동하지 말라"[121]라는 방식을 통하여 실현되는 것이 아니며, 또한 맹자의 "그 마음을 다하는 사람은 그 성性을 안다. 그 성을 알면 하늘을 안다"[122]라는 방식으로 실현되는 것도 아니다. 주로 묵가에 충만된 신성주재의 의를 가진 "천의"와 "천지"를 통하여 실현된다. 물론 "천의"와 "천지" 혹은 "하늘"을 통하여 표현되어 나오는 신성주재의 의는 사실 모두 묵가의 사상에 속한다. 예를 들면 묵자는 일찍이 확실하게 다음과 같이 말하였다.

하늘은 반드시 사람들이 서로 사랑하고 서로 이롭게 함을 원하고, 사람들이 서로 미워하고 서로 해침을 좋아하지 않는다.…… 남을 사랑하고 남을 이롭게 하는 사람은 하늘이 반드시 그에게 복을 내리며, 남을 미워하고 남을 해치는 사람은 하늘이 반드시 그에게 재앙을 내린다.[123]

남을 사랑하고 남을 이롭게 하는 사람은 하늘의 뜻을 따르고, 하늘이 내리는 상을 얻게 되고, 남을 증오하고 남을 죽이는 사람은 하늘의 뜻을 거슬러 하늘의 벌을 받는 사람도 있다. [124]

옛 삼대의 성왕인 우禹·탕湯·문文·무武는 천의에 순응하여 상을 받았다. 옛날

---

121) 『論語』(吳哲楣 主編, 『十三經』), 「顔淵」, 1290쪽.
122) 『孟子』(吳哲楣 主編, 『十三經』), 「盡心上」, 1418쪽.
123) 『墨子』(『諸子集成』 제4책), 「法儀」, 12~13쪽.
124) 『墨子』(『諸子集成』 제4책), 「天志中」, 126쪽.

삼대의 폭군인 걸桀·주紂·유幽·여厲는 천의를 거슬러 벌을 받았다.[125]

매우 분명하게, 물론 동중서의 "천의"설 혹은 "천지"설은 실제로 모두 묵가에 근원한다. 그리고 하늘의 신성주재적 의義도 역시 묵가의 하늘이 능히 상벌을 내리고 귀신이 응보한다는 설에 근원한다. 그렇다면 이것은 동중서가 이미 묵가의 신도가 되었다는 설명이 아닌가? 그렇지 않다. 여기서 동중서는 비록 묵가의 사상개념과 방식과 방법을 빌렸지만, 그 정신의 지향은 도리어 여전히 유가에 속한다. 그가 묵가의 "천"의 신성주재가 함의한 의義를 받아들이려 한 까닭도 주로 당시 시세의 압박에 의한 일종의 임시방편적(權變性) 선택이었으며, 이러한 시세의 압박과 동시에 그 천인관계에서도 하나의 중대한 특징을 결정하였다.

공자와 맹자가 처한 춘추전국시대를 보면, 공맹의 사상이 비록 당시 제후들의 신임을 결코 얻지는 못하였지만, 각 제후는 공·맹에 대해서는 여전히 비교적 예禮로 공경하였다. 그러나 진秦왕조가 법가의 경전耕戰정책과 무력정벌의 노선으로 통일을 완성한 후에 진시황은 자신이 강산을 완전히 자신의 무력에 의하여 "싸워 얻은" 것이라고 여겼으며, 따라서 자신의 위치 정립도 곧 "짐朕은 시황제始皇帝이니 후세를 헤아려 2세, 3세를 지나 만세萬世까지 무궁하도록 전하게 하라"[126]라는 말로 이루어졌다. 그리고 이러한 마음 상태도 진실로 후생侯生과 노생盧生이 당시에 의론한 것은 완전히 "생각나는 대로 하고자 하며, 자고로 자신을 따를 사람이 없다고 여긴다.…… 박사博士가 비록 70명이지만 다만 인원만 채우고 등용하지는 않는다"[127]라는 말과 같았다. 진나라에서 한나라까지 무력에 의지하여 강산을 쟁탈하는 전통은 분명히 이미 전방위적으로 계승되었고, 이 때문에 사상문화의 요소는 더욱 비주류화 되었다. 이러한 조건에서 만약 동중서가 공·맹의 도덕교화의 전통을 계승하려고 하지 않았다면 분명히 창백하고 무력할 뿐만 아니라 통치자의

125) 『墨子』(『諸子集成』 제4책), 「天志上」, 120쪽.
126) 司馬遷, 『史記』(『二十五史』, 권1), 「秦本紀」, 23쪽.
127) 司馬遷, 『史記』(『二十五史』, 권1), 「秦本紀」, 25쪽.

조소를 받을 수 있었다. 왜냐하면 강산은 완전히 진·한 통치가 사용한 무력으로 싸워 얻은 것이며, 결코 유가의 도덕으로 교화되어 얻은 것이 아니기 때문이다. 이러한 조건에서 아마도 오직 하늘의 신성주재의 의와 상벌로 응보하는 능력만이 비로소 인간의 왕권이 효과를 거둘 수 있었을 것이다. 따라서 동중서의 "천의"와 "천지" 그리고 하늘의 상벌로 응보하는 능력 등 여러 설은 완전히 대일통의 전제정권 이 "유학은 나라에 아무런 도움이 없다"[128]라고 하는 말을 겨냥하여 "재이로 견고함" 과 "상벌로 응보함" 방식의 맞장구라고 할 수 있다. 동중서가 보기에 오직 이와 같아야 비로소 현실의 군주권력이 조금 경외심을 갖도록 하여 효과를 거둘 수 있으며, 이것이 곧 동중서가 공·맹의 도덕초월의 천을 취하지 않고 오직 묵가의 신성주재의 천과 아울러 '재이로 견고함'과 상벌로 응보하는 방법을 취한 근본적 원인일 것이다.

바로 동중서가 묵가의 신성주재의 천과 상벌로 응보하는 능력을 빌려 유가의 도덕교화의 사상을 선양하였고, 또 천에 관한 공·맹의 도덕초월의 의도 실현될 수 없었기 때문에 단지 이른바 "천은 모든 신의 대군", "음양", "오행", "사시四時"와 같은 자연 생성변화의 방식을 통해서만 도덕을 함축할 수 있었다. 과거 매우 오랫동 안 동중서의 이러한 천의 신성주재의 의를 강조함과 "음양", "오행", "사시"의 변화발전을 통하여 도덕을 전도하는 방식은 줄곧 일조의 "신학목적론神學目的論"으 로 해석됐다. 실제로 이렇게 동중서가 신성주재의 천과 자연생성변화와 재이로 견고함의 방식으로 도덕을 강론한 것과 마찬가지로 모두 합당하지 않은 차용이다. 그러나 동중서가 묵가의 신성주재의 천과 음양오행 그리고 그 자연의 생성변화와 재이로 견고함의 방식을 빌려 도덕을 강론한 까닭은 바로 유가의 도덕을 일종의 "천의"와 "천지" 식으로 고양하기 위해서이다. 오늘날 사람들이 서양의 "신학목적 론"을 차용하는 것은 도리어 흔히 근본적으로 신학전통이 없는 중국철학에서 뜻밖에도 돌출적으로 아무런 근거도 없는 신학목적론을 드러내도록 한 것이며,

---

128) 『荀子』(『諸子集成』 제2책), 「儒效」, 75쪽

따라서 동중서가 대표하는 한대 유학이 단지 묵가의 신성주재의 천을 빌려서 대일통의 전제정권과 서로 맞서 대항하려는 기본적 사실을 완전히 소홀히 하였다. 왜냐하면 진·한이 천하를 "쟁탈"한 시대에 신성주재의 천과 그 상법으로 응보하는 능력을 제외하면 다른 어떤 것이 대일통의 전제정권에 맞서 대항할 수 있으며, 무엇으로 경외심을 갖게 하고 의견을 수렴할 수 있겠는가?

5. 도덕의 근거─우주생성변화론

서한西漢 유학의 대표 인물로서 동중서는 묵가의 신성주재의 천과 그 "천의", "천지"를 통하여 유가의 인애仁愛도덕을 긍정하기를 시도하였으나, 그러나 만약 이러한 긍정이 단지 이른바 신성주재적 천의 관점에서 말한 것이라면 그것은 일종의 종교성을 가진 "독단獨斷"에 빠짐을 면하기 어려우며, 또한 반드시 어느 정도의 인생의 "신앙"적 부분이 포함되어야 한다. 유학의 종사로서 동중서에 대하여 말하면, 그는 유가도덕에 틀림없이 지대한 인생신앙의 성분이 포함되도록 하였지만, 유가도덕의 본질상 도리어 단지 인심에 호소하는 도덕의 "각성" 활동에 속하며, 하나의 예를 들면 맹자가 "하늘이 이 백성을 나게 함에 먼저 안 사람이 뒤에 아는 사람을 깨우쳐 주고, 선각자先覺者가 후각자後覺者를 깨우치도록 하였다"[129]라고 한 말과 같다. 따라서 비록 동중서가 유가도덕이 강렬한 삶의 신앙성을 가지도록 하였지만, 그가 제자를 모집하고 유학을 전파하려고만 한다면, 그가 또 반드시 이론적 논설의 방식으로 진행하려면, 단지 이른바 "천의"와 "천지"의 방식을 통하여 복음을 전파할 수는 없다. 그렇다면 유가도덕에 대하여 말하면, 동중서는 또 장차 어떻게 이론적 논설을 진행할 것인가? 이것은 주로 천도의 생겨나고 또 생겨나는(生生) 우주생성변화론에 기초하여 표현되어야 한다. 그리고 동중서도 이러한 천도의

---

129) 『孟子』(吳哲楣 主編, 『十三經』),「萬章上」, 1400쪽.

생생生生하는 현상을 통하여 그가 신앙하는 유가도덕을 논증하였다.

유가에 대하여 말하면, 천도의 생생은 근원이 매우 긴 관념이다. 예를 들면, 『주역周易』「계사繫辭」에 "『역』에는 태극이 있고, 이것(태극)이 양의兩儀(음양)를 생겨나게 한다. 양의는 사상四象(四時)을 생겨나게 한다. 사상은 팔괘八卦를 생겨나게 하며, 팔괘는 길吉·흉凶을 정하며, 길·흉은 대업大業을 생겨나게 한다. 이런 까닭에 상象을 본받음에 천지보다 큰 것은 없으며, 변통變通은 사시보다 큰 것이 없으며, 상을 들어 밝혀냄은 일월日月보다 큰 것이 없으며, 숭고함은 부귀보다 큰 것은 없으며, 사물을 준비하여 정성스럽게 사용하며, 기물器物을 이루어 세상을 이롭게 함은 성인聖人보다 위대한 것이 없다.…… "130)라는 말에 있다. 천지의 근거가 되는 "태극"은 물론 "양의兩儀를 생겨나게 함", "사시를 생겨나게 함", "팔괘를 생겨나게 함", 그리고 "대업을 생겨나게 함" 등은 모두 하나의 "생生"을 그 공동의 덕성으로 삼고 있다. 따라서 『주역』에서 또 "천지의 대덕을 생生이라고 한다"131)라는 말이 있고, 동시에 또 "생겨나고 또 생겨남을 역이라고 한다"132)라는 논법도 있다.

그러나 어떻게 천도의 생생함으로 유가도덕의 현실적 합리성을 논증할 수 있는가? 진·한 이래, 유가가 포괄하는 대다수의 제자학의 사상적 계보 가운데 또한 단지 우주생성변화론으로 이 점을 논증하려고 하였다. 본래 객관적 천도에 대하여 진행하는 우주론의 탐색은 결코 유가의 특기가 아니라 줄곧 거꾸로 근원을 소급해 가는 데 습관이 된 도가인 노자의 특기이지만, 노자의 이른바 "이미 그 어머니를 얻었으니 그로써 그 자식을 안다. 이미 그 자식을 알았으면 다시 그 어머니를 지킨다"133)라는 흥취도 흔히 그를 원시原始의 "일一"에 집중하도록 하니, 이른바 우주생성변화론은 이 원시의 "알"일 뿐만 아니라, 동시에 또한 전체 우주의 생성변화 발전 과정에서 자아 발전을 진행한다. 이렇게 되면, 진정으로 생화학적

---

130) 『周易』(吳哲楣 主編, 『十三經』), 「繫辭上」, 54~55쪽.
131) 『周易』(吳哲楣 主編, 『十三經』), 「繫辭下」, 56쪽.
132) 『周易』(吳哲楣 主編, 『十三經』), 「繫辭上」, 52쪽.
133) 『道德經』(『諸子集成』 제3책), 제25장, 32쪽.

의미의 우주론은 곧 유가가 반드시 전개해야 하는 사상이 되었다.

유가로 말하면, 공자가 "사람으로 인仁하지 않음"의 현상을 깊이 반성한 것에서
부터 "예禮가 예답게 됨"의 문제를 심층적으로 캐묻기까지, 그 본래 가진 장점에
대한 설명은 일종의 초월적 본체론 시각의 사색에 있으며, 또한 "사람으로서 인하지
않음"과 "예가 예답게 됨"의 문제가 형성되는 심리 근원과 형이상학적 근거에
대한 깊은 사색을 진행하는 데 있다. 그러나 자사가 『중용中庸』에서 말한 "중中이라는
것은 천하의 대본大本이며, 화和는 천하의 달도達道이다. 중화中和를 이루면 천지가
제자리를 잡고, 만물이 길러진다"[134]라고 말한 이래 유가는 도리어 이른바 "대본"
대 "달도"의 관조작용과 양자가 시공時空의 세계에서 유기적 통일을 통하여 하나의
본체우주론의 사상적 규모를 형성하였다. 이제 자사가 주체성의 "지성至誠"과 "진성
盡性"을 통하여 발현해 낸 유가의 본체우주론의 진로를 살펴보자.

> 오직 천하에서 가장 정성스러워야 그 성性을 다할 수 있으며, 그 성을 다하면
> 사람의 성을 다할 수 있으며, 사람의 성을 다하면 사물의 성을 다할 수 있으며,
> 사물의 성을 다할 수 있으면 천지의 화육化育에 참찬參贊할 수 있으며, 천지의
> 화육에 참찬할 수 있으면 천지와 더불어 참찬할 수 있다.[135]

분명히 이것이 곧 자사가 천도의 본체인 "성誠"과 "지성至誠"[136]과 인생주체의
실천적 추구의 공부인 "진성盡性"의 과정을 통한 통일로 나타난 본체우주론이다.
비록 이러한 본체우주론이 이미 강렬한 개체의 색채를 갖추고 있을 뿐만 아니라
동시에 일종의 경계형태를 표현하고 있지만, 그것이 우주론으로서는 도리어 결코
완전히 주관적인 것은 아니며, 심지어 주객합일의 특징을 갖추고 있다. 동시에

---

134) 『禮記』(吳哲楣 主編, 『十三經』), 「中庸」, 560쪽.
135) 『禮記』(吳哲楣 主編, 『十三經』), 「中庸」, 564쪽.
136) "誠은 하늘의 도이며, 誠하고자 하는 것은 사람의 도이다. 誠은 힘쓰지 않아도 적중
하며, 사려하지 않아도 할 수 있으며, 조용하게 도에 적중하니 聖人이다."(『禮記』[吳
哲楣 主編, 『十三經』], 「中庸」, 564쪽)

초월적 본체론으로 실연實然존재의 우주론과 유기적 통일이 있음은 의심할 바 없이 확실하다.

축심시대의 사상가로서 자사의 이러한 사고 노선과 규모는 멀리 진·한의 유자들이 이해할 수 없는 것이며, 자연히 그것을 접수하고 계승하는 대상도 될 수 없었다. 이 문제를 초래한 원인은 실제로는 또한 매우 간단한데, 이것은 주로 전국시대 제후들의 쟁패에서 진·한 왕조의 "기력氣力을 쟁탈함" 방식의 통일까지 진·한의 유가는 근본적으로 형이상학적 본체의 수준에서 도덕 문제를 직시하고 또 이해하고 논증할 방법이 없었기 때문에, 유가의 전통적 도덕에 대해서도 그들은 단지 실연존재를 따르고 또 반드시 진실로 실감할 수 있는 "기력"의 시각으로 우주론 논증을 전개해야만 하였다. 이러한 상황에서 진·한 유가는 사맹思孟학파를 통하여 유가의 정신을 계승할 수 없었으며(동중서가 맹자의 性善論을 비판한 것이 하나의 증명이며, 아래에서 상세하게 논할 것이다.), 그리고 주로 『역전』과 순자가 발현한 실연 우주론의 경로를 통하여 유가도덕의 합리적 논증을 완성하였다.137) 따라서 선진유학의 정신적 유산에 대하여 우선 그들의 시야에 들어오게 된 것은 곧 단지 『역전』의 천·지·인으로 구성된 "삼재三才의 도道"와 실연적 시각으로 건립된 우주의 진화과정일 수밖에 없다.

> 천도天道가 있고, 인도人道가 있고, 지도地道가 있다. 삼재三才와 겸하여 그것을 두 번 하므로 6이다. 6이라는 수는 다름이 아니라 삼재의 도이다.138)

이런 까닭에 하늘의 도를 확립하는 것을 음陰이라 하고 양陽이라 하며, 땅의

---

137) 이택후 선생은 "진·한 전제 제국이 필요로 하는 '치국·평천하'의 철학은 도리어 이러한 주관의식적 수양을 강조하는 세계관이 결코 아니며, 오히려 외재세계(자연과 사회를 포함하는)의 논증을 위주로 하는 우주계통론이라고 할 수 있다. 따라서 맹자와 『중용』이 아니라 오히려 순자와 『역전』이 이러한 우주계통론의 길을 닦았다"라고 하였다.(李澤厚, 『中國古代思想史論』, 「荀易庸記要」, 人民出版社, 1986년판, 134쪽)
138) 『周易』(吳哲楣 主編, 『十三經』), 「繫辭下」, 59쪽.

도를 확립하는 것을 유柔라고 하고 강剛이라고 하며, 사람의 도를 확립하는 것을
인仁이라고 하고 의義라고 한다.[139]

천지天地가 있고 난 뒤에 만물이 있고, 만물이 있고 난 뒤에 남녀男女가 있고,
남녀가 있고 난 뒤에 부부夫婦가 있으며, 부부가 있고 난 뒤에 부자父子가 있으며,
부자가 있고 난 뒤에 군신君臣이 있으며, 군신이 있고 난 뒤에 상하上下가 있으며,
상하가 있고 난 뒤에 예의禮義가 베풀어진다.[140]

여기서 이른바 천·지·인 "삼재의 도"와 "삼재의 도"에 기초해서 건립된
우주만물의 생성변화 발전의 궤적은 단지 일련의 "무엇이 있고 난 뒤에 무엇이
있다"라는 시공적 선후의 양식으로 표현될 수 있다. 왜냐하면 이것은 실연의 시각과
가시적 시각에서 전개되는 일종의 우주의 진화과정이며, 또한 "무엇이 있고 난
뒤에 무엇이 있다"라는 생성변화의 양식도 우주의 진화발전의 과정에 대한 중국인의
연속적 인식을 나타내기 때문이다.

바로 『역전』이 이미 가시적 현상을 통하여 실연적 시각의 우주발전 양식을
드러내었기 때문에, 그에 따라 순자에 이르러서는 또한 이로부터 완전히 실연세계의
진화 발전에 기초한 체계적인 인식론 사상을 발전시켰으며, 이러한 인식론은 또
그 우주발전의 양식과 어떤 연속성의 통일을 나타내었다. 예를 들면 다음과 같다.

물과 불은 기氣는 있으나 생명은 없으며, 풀과 나무는 생명은 있으나 지각은
없으며, 날짐승과 들짐승은 지각은 있으나 의義는 없다. 사람은 기도 있고 생명도
있고 지각도 있으며 또한 의도 있으므로 세상에서 가장 귀하다.[141]

듣지 않음은 들음보다 못하고, 들기만 함은 보는 것만 못하며, 보기만 함은 아는

---

139) 『周易』(吳哲楣 主編, 『十三經』), 「說卦」, 59쪽.
140) 『周易』(吳哲楣 主編, 『十三經』), 「序卦」, 62쪽.
141) 『荀子』(『諸子集成』 제2책), 「王制」, 104쪽.

것만 못하며, 알기만 함은 행함만 못하다. 배움은 그것을 행함에 이르면 그치며, 행行함이 밝고, 밝게 되면 성인聖人이 된다. 성인은 인의仁義에 근본하며, 시비是非가 마땅하며, 언행言行이 가지런하며, 털끝만큼도 실수가 없으며, 도道 외에 다른 것이 없으며, 행함에서 그친다. 그러므로 듣기만 하고 보지 않으면 비록 박학해도 반드시 오류가 있으며, 보기만 하고 알지 못하면 비록 인식해도 반드시 망령되며, 그것을 알아도 행하지 않으면 비록 돈독해도 반드시 곤궁하다. 듣지도 않고 보지도 않으면 비록 마땅해도 인仁이 아니며, 그 도를 백 번 열거하면 백 번 잘하지 못하게 된다.[142]

여기서 만약 우주진화 발전의 시각에서 본다면 순자가 여기서 "무엇이 있으나 무엇이 없다"라는 양식은 『역전』의 "무엇이 있고 난 뒤에 무엇이 있다"라는 규정과는 꼭 상반되는 것 같지만, 실제로는 완전히 일치한다. 『역전』의 "무엇이 있고 난 뒤에 무엇이 있다"라는 양식이 나타내는 것은 주로 일종의 전제조건으로 오직 앞항의 "(무엇이) 있음"의 기초가 있어야 비로소 뒤항의 "있고 난 뒤 (무엇이) 있음"이 실현된다. 반면에 순자는 이러한 기초에서 한 걸음 더 나아가, 설사 이미 "(무엇이) 있음"이 있다고 하더라도 또한 이른바 "무엇이 있고 난 뒤에 무엇이 있음"이 곧바로 실현될 수 없으며, 따라서 더욱 돌출적인 발전적 진화의 과정성을 드러내었다. 이 밖에도 물론 『역전』의 "무엇이 있고 난 뒤에 무엇이 있다"라는 말과 또한 순자의 "무엇이 있으나 무엇이 없다"라는 말은 실제로는 모두 오직 시간의 무한 연속과 공간의 무한 확장의 기초 위에서 건립되어야만 비로소 이러한 진화 발전의 추세를 실현할 수 있다. 만약 시공간의 좌표계를 제거해 버린다면 여기서는 물론 이른바 "무엇이 있고 난 뒤에 무엇이 있음"과 또한 이른바 "(무엇이 있으나) 무엇이 없음"은 또한 전혀 아무것도 없는, 즉 근본적으로 말할 것이 없다. 그리고 이러한 두 가지 진화 발전의 양식은 근본적으로 시공간의 좌표라는 이 한 점에 의존하며, 또한 바로 이것이 그들의 진화 발전의 양식이 비로소 우주의

---

142) 『荀子』(『諸子集成』 제2책), 「儒效」, 90쪽.

생성변화론의 근본적인 특징이 되었다.

바로 이 특징 때문에 순자 역시 반드시 한 걸음 더 발전시켜 하나의 체계적 인지수양의 학문으로 발전시켰으며, 이러한 인지수양의 학문적 전개 노선은 또한 반드시 이른바 "듣지 못함"에서 "그것을 들음"까지, 또 "그것을 들음"의 발전에서 "그것을 봄"까지, 그 후 다시 "그것을 봄"에서 줄곧 이른바 "그것을 앎"과 "그것을 행함"까지, 나아가 하나의 개체로서 "들음"과 "봄"에서 "그것을 앎"과 "그것을 행함"까지 하나의 체계적 인지수양의 모든 과정을 구성하였다. 그러나 모든 것은 여전히 시간좌표의 무한 연장과 공간좌표의 무한 확장의 기초에서 건립된다. 따라서 순자는 마지막 반문적 성격의 사색으로 말하기를 "듣기만 하고 보지 않으면 비록 박학해도 반드시 오류가 있으며, 보기만 하고 알지 못하면 비록 인식해도 반드시 망령되며, 그것을 알아도 행하지 않으면 비록 돈독해도 반드시 곤궁하다"라고 한 말은 실제로 "그것을 들음", "그것을 앎", "그것을 행함"의 수양체계에서 진행된 일종의 목적성 반문反問이며, 이로써 "들음"에서 "봄"으로, "앎"에서 "행함"으로의 과정성과 필연성 그리고 되돌릴 수 없는 특성을 강조하였다. 이른바 "듣지도 않고 보지도 않으면 비록 마땅해도 인仁이 아니며, 그 도를 백 번 열거하면 백 번 잘못하게 된다"라는 설도 또한 인생의 견문과 지행 수양에서 빠져서는 안 되고 한쪽을 소홀히 해서도 안 되는 것으로 재차 강조하였다. 따라서 개체에 대하여 말하면, 이것은 일종의 체계적인 인지수양의 학문이 되었다.

그러나 순자처럼 시공의 차원에 따라서 전개되는 체계적인 인지수양의 학문이라고 하더라도, 동중서는 결코 자신의 사상체계 중에 완전히 융합하지는 않았다. 그 원인도 마찬가지로 매우 간단한데, 그것은 주로 순자가 선진유학의 마지막 대사大師였기 때문에 그는 당연히 태연하게 개체의 인지수양의 관저에서 제자백가의 학문을 종합하였지만, 동중서는 도리어 근본적으로 이러한 조건이 없었다. 왜냐하면 순자에서 동중서까지 백여 년 동안 유학은 모든 중국인과 더불어 두 차례 거국적 대전을 겪었을 뿐 아니라, 또한 두 차례 매우 억세고 사나운 이른바 진시황과 한무제라는 폭군 군주를 만났다. 진시황의 "패업霸業"은 물론 한무제의 "무공武功"도 모두 한비韓非의 "기력을 쟁탈함"의 방식으로 "쟁탈"해 왔기 때문이다. 따라서 한유의 종사로서 동중서에 대하여 말하면, 그에게 절실하게 필요로 한 것은 결코 어떻게 자신의 정밀하고 치밀한 이론체계를 구성하는 데 있지 않고, 어떻게 황권이라는 사나운 말을 제어할 수 있는 고삐와 굴레를 씌울 수 있느냐에 있었다. 따라서 서한의 "유학자 무리의 우두머리"로서 동중서의 생각은 근본적으로 어떻게 하나의 원만하고 정치精致한 이론체계를 세우는가에 있지 않고, 우선 어떻게 하면 선진제자의 사상 가운데서 전제황권이라는 "사나운 말"(烈馬)을 길들이는 "기계器械"를 찾을 수 있는가에 있었다. 진시황과 한무제와 같은 "사나운 말"의 면전에서 정치하고 또 원만한 이론체계가 도대체 무슨 작용을 할 수 있을까? 이것은 아마도 곧 동중서의 이론 구조가 이처럼 조잡함에도 사마천에서 반고까지의 평가가 오히려 이와 같이 높은 원인일 것이다. 역사가로서 사마천과 반고는 또한 모두 동중서가 당시의 정치적 국면에서 일어난 작용에서 착안한 것이며, 근본적으로 이론구조의 정심精深함의 정도에 착안한 것은 아니다.

바로 이 때문에 동중서도 어쩔 수 없이 유가의 도덕초월의 천을 버리고 오직 묵가의 신성주재의 천을 취하고 아울러 상벌로 응보하는 "천의"와 "천지"로서 제왕에게 진언할 수밖에 없었다. 왜냐하면, 뛰어난 재능과 원대한 계략을 지닌 한무제로 말하면 이른바 도덕의리설이란 결국 일종의 진부하고 힘없는 대명사에 불과하지만, 그러나 그들은 결국은 역사를 부인할 수 없으며, 또한 걸桀·주紂·유幽·여厲 네 왕도 천고의 유일한 제왕 진시황과 함께 역사적 징벌을 받았음을 부정할 수 없으며, 동시에 우禹·탕湯·문文·무武왕이 역사적 표창을 받았음도 부정할 수 없다. 한 걸음 더 나아가 동중서가 도입한 "천의"와 "천지"는 또 어떻게 표현하는가? 이것은 마찬가지로 그가 한무제에게 회답한 "책문策問"과 그가 나타낸 진언進言 가운데서 표현되었다. 동중서는 "신이 삼가 『춘추春秋』를 살펴본 것 가운데, 전대에 행해진 일을 보고, 그것으로써 '하늘과 사람의 상관관계'를 살펴보니, 심히 두렵습니다. 나라에 장차 도道를 잃은 패망敗亡이 일어나려 하면, 하늘은 이에 먼저 재이災異로써 허물을 깨우쳐 줍니다. 그래도 자성自省할 줄 모르면 또 괴이한 이변을 나타내어 놀라고 두렵게 하며, 그래도 변화할 줄 모르면 이에 좌절과 실패가 이르게 합니다"라고 하였다. 여기서 동중서는 반드시 "나라에 장차 도道를 잃은 패망敗亡이 일어나려 하면, 하늘은 이에 먼저 재이災異로써 허물을 깨우쳐 줍니다. 그래도 자성自省할 줄 모르면 또 괴이한 이변을 나타내어 놀라고 두렵게 함"을 강조하면서 "전대에 이미 행해진 일"을 교훈으로 삼아 곧 임금인 한무제가 "천심天心이 인군人君을 인애仁愛하여 그 혼란을 멈추게 하려 함"의 도리를 깨닫기를 희망하였다.[143]

그러나 동중서의 사상은 결국 순자 이래의 진·한 유학자들의 고정된 생각의 궤도에서 벗어나지 않았기 때문에 일종의 실연적인 시각에서 우주천도의 진화발전과 인류사회의 기초적 구성을 표현하였다.

천지의 기는 합해지면 하나가 되고 나뉘면 음과 양이 되며, 다시 나뉘면 사계절이 되고, 진열하면 오행이 된다. (오행의) 행行은 행함이며, 그 행함은 서로 다르기 때문에 오행이라고 하며, 비견比肩해 있으면 상생相生하고 간격해 있으면 상승常勝(相克)한다.[144]

하늘에는 음과 양이 있고, 사람에게도 음과 양이 있다. 천지의 음기가 일어나면 사람의 음기도 그와 응하여 일어난다. 사람의 음기가 일어나면 천지의 음기도 역시 마땅히 그와 응하여 일어나니 그 도는 한결같다.[145]

사람이 사람다운 사람이 됨은 하늘에 근본하니, 하늘도 사람의 증조부曾祖父이다.

---

143) 한무제의 책문에서 그 핵심이 주로 "삼대가 명을 받음에 그 符節은 어디에 있는가? 재이의 변화는 무엇에 인연하여 일어나는가?"라는 데 있기 때문이다. 근본적으로 이른바 "譴告"의 설이 없으며, 이로써 동중서가 말하는 재이·견고의 설은 완전히 일종의 남의 주제를 빌려서 자신의 견해를 밝힌 것이라고 할 수 있는데, 그 목적은 곧 임금이 임의대로 妄動하지 않도록 경계하려는 데 있다.(班固,『漢書』[『二十五史』, 권1],「董仲舒傳」, 572쪽 참고)
144) 董仲舒 著, 鍾肇鵬 主編,『春秋繁露校釋』,「五行相生」, 833쪽.
145) 董仲舒 著, 鍾肇鵬 主編,『春秋繁露校釋』,「同類相動」, 814쪽.

이것은 사람이 위로 하늘과 닮은 까닭이다. 사람의 형체는 하늘의 수에 화합하여 이루어지고,…… 하늘이 사람과 버금하니 사람의 정情과 성性은 하늘로부터 말미암는 것이다. 그러므로 받는다고 하며, 하늘의 호칭에서 유래한다.[146]

이러한 모든 논법은 순자의 침착하고 정치精致한 논증과 서로 비교하면, 분명히 좀 더 거칠지만, 동중서의 근본적 목적은 결코 이론 구조에 있지 않고, 주로 어떻게 "하늘과 사람은 서로 짝하며"(天人相副)의 기본 원칙과 "재이災異로써 견고譴告함"의 경고 작용을 부각해서 대일통의 황권이 "하늘"을 경외하는 것과 마찬가지로 "하민下民"을 경외하고 자상하게 돌보도록 하는 데 있다. 따라서 동중서의 『춘추번로春秋繁露』에 대하여 말하면 엄밀한 논리 분석을 통하여 그 이론의 귀추를 자세하게 따져 보는 것은 그 현실의 경우와 현실의 주요 관심의 시각에서 그 진정한 마음씀을 이해하는 것만 못하다.

『춘추번로』는 동중서가 공자로 대표되는 선진의 제자 가운데 어떻게 전제 제왕의 이론 무기에 어떻게 대처해야 하는가를 찾는다는 점에서 우리는 또 하나의 구체적인 증명을 찾을 수 있는 책이다. 이론 탐구의 시각에서 보면 맹자의 성선론은 완전히 선진시대 유학이론 탐구를 대표하는 최고의 결론이라고 할 수 있으며, 이 점은 또 후세 유가로부터 한결같이 공인을 받았다. 즉 한유韓愈(768~824)에서부터 왕선산王船山(1619~1692)까지 이르는 극히 일치된 "맹자의 공로는 우임금 아래에 있지 않다"라는 평가도 이 점을 설명해 준다. 그러나 동중서의 이론 탐구 가운데 맹자의 성선론은 도리어 비판의 대상이 되었다. 예를 들면 다음과 같다.

이제 살펴보면, 성인의 말 가운데 본래 성선性善이라는 이름이 없고, "선인善人도 나는 만나보지 못하였다"라는 말이 있다. 곧 만민萬民의 성이 모두 이미 선하게 되었다고 하지만 선인은 왜 볼 수 없는가? 공자가 이렇게 말한 뜻을 살펴보면, 선을 행함이 매우 감당하기 어렵다고 보았다. 그리고 맹자가 만민의 성이 모두

---

146) 董仲舒 著, 鍾肇鵬 主編, 『春秋繁露校釋』, 「爲人者天」, 702쪽.

능히 감당할 수 있다고 본 것은 지나치다.[147]

성性이란 타고난 바탕이 순박한 것이며, 선善은 왕의 가르침의 교화이다. 그 바탕이 없으면 왕의 가르침은 교화하지 못하고, 왕의 가르침이 없으면 바탕이 순박함은 선이 되지 못한다.[148]

그러므로 성性이 벼(禾)에 비유된다면, 선善은 쌀(米)에 비유된다. 쌀은 벼에서 나오며, 벼는 모두가 쌀이 되지는 않는다. 선은 성에서 나오며 성은 모두가 다 선이 되지는 않는다. 선과 쌀은 사람이 하늘을 계승한 것이 밖에서 이루어진 것이며, 하늘이 안에서 이룬 것이 아니다.[149]

동중서의 맹자 성선론에 대한 이해에서 미흡한 곳에 대해, 필자도 이미 여러 차례 변석하였기[150] 때문에 여기서 다시 더 분석할 필요는 없다. 그러나 여기서 반드시 지적해야 할 점은 동중서의 이와 같은 인성의 질박함에 관한 논리가 과연 어디서 왔는가의 문제다. 이것은 주로 고자告子의 "생生을 성이라고 한다"(生之謂性)는 말과 인성은 "선도 없고 불선不善도 없다"라는 말과 또 "선이 될 수 있고, 불선이 될 수 있다"[151]라는 규정에서 왔다. 왜냐하면 동중서의 "성性이란 타고난 바탕이 순박한 것이며, 선善은 왕의 가르침의 교화이다. 그 바탕이 없으면 왕의 가르침은 교화하지 못하고, 왕의 가르침이 없으면 바탕이 순박함은 선이 되지 못한다"라는 말과 "성性이란 타고난 바탕이 순박한 것이며, 선善은 왕의 가르침의 교화이다. 그 바탕이 없으면 왕의 가르침은 교화하지 못하고, 왕의 가르침이 없으면 바탕이 순박함은 선이 되지 못한다"라는 말은 실제로는 고자의 "성은 기류杞柳(버드나무)와

---

147) 董仲舒 著, 鍾肇鵬 主編, 『春秋繁露校釋』, 「實性」, (684~685쪽.
148) 董仲舒 著, 鍾肇鵬 主編, 『春秋繁露校釋』, 「實性」, 687쪽.
149) 董仲舒 著, 鍾肇鵬 主編, 『春秋繁露校釋』, 「審察名號」, 667쪽.
150) 拙著, 「告子的"生之謂性"及其意義」, 『文史哲』 2007년 제6기; 「觀點・視角與思想譜系—關於孟子性善論的思想史解讀」, 『儒家文化研究』 제4집(三聯書店, 2012년판) 참고.
151) 『孟子』(吳哲楣 主編, 『十三經』), 「告子上」, 1407~1408쪽.

같고 의義는 배권桮棬(나무 술잔)과 같다. 인성人性이 인의仁義가 되는 것은 버드나무가 나무 술잔이 되는 것과 같다'라는 말의 또 다른 논법이다. 이들이 극히 일치하는 점은 곧 이른바 "질박한 성"(버드나무와 벼)에서 출발하여 이른바 "선성善性"(나무 술잔과 쌀)까지 반드시 한 번의 외재적인 가공 제작(왕의 가르침의 교화와 밖에서 이루어짐)의 과정을 거쳐야 비로소 실현되는 것이다. 이러한 "버드나무"에서 "나무 술잔"까지, "질박함"에서 "선성"까지, 그리고 "벼"에서 "쌀"까지, "성性"에서 "선善"까지의 과정은 완전히 우주론의 시공간에서 전개되는 것이다.

그러나 동중서에 대하여 말하면 자아의 자리매김은 유학이 진행하는 이론 탐구 방면을 담당한(유학자의 사명도 반드시 인륜적 현실의 주요 관심을 첫 번째로 두는 것) 데 있지 않고, 어떻게 일차원적이고 홀로 존대尊大한 전제군권의 편제를 위한 하나의 사상문화의 새 장을 만들 수 있을 것인가에 달려 있다.[152] 따라서 그 우주론적 사고의 맥락이 그다지 정치하거나 원만하지 못하며, 다만 그의 실연존재의 시각과 그 우주론의 진로도 도리어 여전히 당시에 매우 큰 작용을 발휘하였으며, 특히 경학의 굴기에 따라서 형성된 "위서緯書" 가운데서 비교적 "원만圓滿"하게 드러났다. 당연히 이른바 "위서"의 우주론의 진로도 이후의 유학자들이 선구적으로 전개한 일종의 이론적 보완 작업이라고 할 수 있다.[153]

한대 유학의 우주론 진로와 그 특색에 관하여, 서한 말년에 형성된 "위서"로 경전을 분석하고 경전을 해석하는 방식은 매우 좋은 소급과 전시展示를 진행하였다.

---

152) 동중서가 군주의 전제권력을 제한하려는 데 심혈을 기울였고, 서복관 선생은 이를 매우 깊이 분석하였다. 그는 "동중서는 대개 유·도 두 학파를 느꼈고 개인의 인격 수양으로부터 바로잡고 이러한 권력의 근원을 해소하려고 생각하는 것은 아마도 거의 불가능하며, 여기서 단지 그것을 천의 철학 가운데로 끌어들였으며, 게다가 형이상 학적 객관적 방식을 더하여 이로부터 권력의 근원을 올바른 궤도로 끌어들이기를 희망하였다.…… 근대의 통치자 권력에 대한 제한은 헌법에서 구하지만, 동중서는 단지 하늘에서만 구하였다. 이것이 그의 天의 철학을 구성하는 진실한 배경이다"라 고 하였다.(徐復觀, 『兩漢思想史』 제2권, 華東師範大學出版社, 2001년판, 183쪽)

153) 鍾肇鵬 先生은 "동중서는 유학을 핵심으로 삼고 또 陰陽·道·法의 사상을 흡수하여 하나의 방대한 천인감응의 신학목적론 체계를 구성하였다. 그 뒤의 讖緯神學도 곧 이 사상의 계승과 발전이다"라고 하였다.(『七緯』, 「前言」, 中華書局, 2012년판)

물론 동중서의 우주론은 "모든 신의 대군大君"인 "하늘"에서 출발하였기 때문에 그 이후의 유학에 대하여 말하면, 단지 "하늘"로부터 말하는 것은 매우 부족한 것 같으므로 반드시 이른바 "천지가 아직 분화되기 전"까지 소급해 가야 하며, 심지어 또한 반드시 노자의 "유有는 무無에서 생긴다"라는 논리를 따라 천지의 시원인 "무無"의 측면까지 소급해 올라가야 하는데, 이것이 곧 이른바 형形도 없고 상相도 없는 시각時刻이다. 한유들이 보기에 오직 이와 같은 형形과 상相이 없는 것만이 비로소 진정한 천지의 시작이 되고 만물의 어머니가 된다. 예를 들면 다음과 같다.

> 무릇 형체가 있는 것은 형체가 없는 것으로부터 생기니 건곤乾坤(天地)은 어디에서 생기는가? 그러므로 '태역太易이 있고, 태초太初가 있고, 태시太始가 있고, 태소太素 가 있다'라고 한다. 태역은 아직 기氣로 나타나지 않은 상태이다. 태초는 기의 시초이며, 태시는 형체의 시초이며, 태소는 물질의 시초이다. 기와 형체와 물질이 갖추어져서 서로 분리되지 않음을 혼륜渾淪이라고 한다. 만물이 서로 혼륜하여 이루어짐을 말하면, 그것은 보려고 해도 보이지 않고, 그것을 들으려고 해도 들을 수 없으며, 쫓아가려 해도 따를 수 없으므로 역易이라고 한다.154)

> 천지가 아직 분화하기 전에 태역太易이 있고, 태초太初가 있고, 태소太素가 있고, 태극太極이 있으니 이것이 오운五運(五行)이 된다. 형상形象이 아직 분화하지 않음 을 태역이라 하고, 원기가 처음 싹틈을 태초라고 하고, 기氣 형태의 단서端緖를 태시라고 하고, 형태가 변하여 질質이 있음을 태소라고 한다. 질과 형이 이미 갖추어짐을 태극이라고 한다. 오기五氣가 점점 변함을 오운五運이라고 한다.155)

한대에서 이른바 "위서緯書"는 곧 경전을 전문으로 해석한 책이며, 동시에 유가경전에 대한 한유의 기본 이해를 대표한다. 경전의 위상은 당연히 "위서"의

---

154) 『易緯・乾鑿度』, 권하, 趙在翰 輯, 鍾肇鵬・蕭文鬱 點校, 『七緯』, 43~44쪽.
155) 『孝經緯・孝經鉤命訣』, 趙在翰 輯, 鍾肇鵬・蕭文鬱 點校, 『七緯』, 726쪽.

위상도 결정한다. 그러나 반대로 보면 이른바 "위서"의 지위는 동시에 경전 자체의 이면적 위상을 나타낸다. 어떤 때는 사람들은 심지어 완전히 "위서"가 유전되는 상황을 통하여 그 경전이 처한 당시의 지위와 영향을 반추反推한다. "위서" 자체는 한유의 유가경전에 대한 이해를 대표하며, 칠서七書라는 책 가운데 세 곳 이상에서 모두 "천지가 아직 분화되지 않음" 혹은 "유有는 무無에 생긴다"라는 시각에서 천지만물의 생성과 진화발전의 과정을 언급하였다. 이른바 "천지가 아직 분화되지 않음"은 자연히 유가경전인 『역전易傳』의 전통을 대표하며, "유有는 무無에 생긴다" 라는 말은 도가의 근원을 반대로 소급하는 생각의 노선을 대표한다. 그러나 한대에 이 두 가지 서로 다른 전통은 도리어 공동으로 우주의 기원과 만물생성의 진화과정에 대한 분석에 힘썼는데, 한편으로는 한대의 우주론도 곧 유·도 두 학파의 재차 융합을 대표하며, 동시에 우주만물의 생성변화에 관한 분석이 유·도 두 학파의 분기分岐와 대립을 초월하였으며, 따라서 우 학파의 기본적인 공동인식이 되었다고 설명하였다.

그러나 우주의 기원과 천지만물의 생성변화에 관한 한유들의 분석에는 이미 동중서가 최초로 빌려온 우주생성변화론에서 표현된 "천심天心이 인군人君을 인애仁愛하여 그 혼란을 멈추게 하려 함"과 같은 도덕적 내포는 없었던 것 같다. 그보다는 더 많이 이른바 "태역이 있고, 태초가 있고, 태시가 있고, 태소가 있다"라는 '네 고리설'에 도취되거나 혹은 이른바 "형상形象이 아직 분화하지 않음을 태역이라 하고, 원기가 처음 싹틈을 태초라고 하고, 기氣 형태의 단서端緒를 태시라고 하고, 형태가 변하여 질質이 있음을 태소라고 한다. 질과 형이 이미 갖추어짐을 태극太極이 라고 한다. 오기五氣가 점점 변함을 오운五運이라고 한다"라는 말에 대하여 더욱 정밀하고 치밀한 사변의 구분과 이론적으로 완미하였다. 이것은 동중서가 본래 우주생성변화론을 빌려서 그 임금을 바로잡고 백성을 위해 '고통에서 벗어나도록 해 달라'고 하는 청명請命임을 말하며, 아울러 분명히 "천심의 인애"의 본질을 부각하려 하였으나, 그 후계자에 대하여 말하면, 도리어 완전히 순수사변적 개념의 유희로 전락하였다. 우주진화의 "네 고리설"(四環節說)은 물론 이른바 "오운설五運說"

은 실제로는 완전히 단지 그 사변능력을 표현하는 이른바 "우주론적 환상"[156]일 뿐이다. 이것은 당연히 동중서의 정신에 대한 한유들의 유리游離와 배반背叛이라고 할 수 있다.

그러나 더 중요한 것은 그 뒤에 있다. 동중서가 우주의 생성변화론을 끌어들인 까닭은 한편으로는 당연히 우주만물의 생성 진화를 통하여 자연계의 "재이災異" 현상이 "천심天心"의 "인애仁愛"와 "견고譴告"의 함의를 부각하기를 희망한 것이며, 이것은 당연히 어느 정도는 일종의 자연목적론의 색채를 나타내었다. 즉 동중서가 보기에 자연계의 모든 현상은 모두 그 도덕적 함의와 가치 방면의 의미가 있다. 그러나 이로부터 출발하여 "천의"로 표현된 자연현상은 도리어 그 "견고"의 작용으로서의 면을 발휘할 수 있으며, 마찬가지로 "상서祥瑞"의 "표창表彰"이라는 일면을 발휘할 수 있으며, 자연현상 자체는 도리어 이러한 "견고"와 "표창" 사이의 평형과 표준 그 자체를 완성하거나 설명할 수 없다. 예를 들면, 동물 대 인류의 재배법의 위해와 야수 대 인간의 생명生命을 기르는 상해傷害는 동중서의 이론에 의하면 결국 하늘의 선의의 "견고"인가 아니면 징벌적 의미의 "표창"인가? 만약 이것이 자연의 선善이라면 이것은 자연이 사람에게 내리는 선의의 "견고"와 같다. 만약 이러한 "견고"의 합리성을 인정한다면 사람은 아무런 작위함도 없을 뿐만 아니라 또한 최후로 단지 이른바 "자신의 몸을 호랑이의 밥으로 준다"라는 처지로 갈 수밖에 없다. 그러나 만약 이것이 자연계의 "악惡"과 그 인간에 대한 징벌적 의미의 "표창"이라고 한다면, 사람은 반드시 "인체에 해로운 벌레는 모두 제거해야 한다"라는 심리를 품고서 사람의 생명에 해로운 모든 동물을 완전히 없애버릴 것이다. 실제로 인류 발전의 역사가 이미 증명하며, 자연계 자체는 선악이라고 말할 수가 없다. 사람에 대하여 말하면 자연도 근본적으로 이른바 "견고"와 "표창"의 구분을 할 것도 없으며, 단지 자연 자체의 발전적 평형과 협조를 유지해야만 비로소 자연계의 "목적"을 구성하였다. 이렇게 보면, 자연현상을 통하여 가치와 도덕을 함축하는

---

156) 劉述先, 『朱子哲學思想的發展與完成』(臺灣學生書局, 1995년판), 273쪽.

노력도 철저히 소멸된다.

그러나 또 다른 일면은 동중서가 우주생성변화론을 도입하려는 그 목적은 완전히 우주만물의 생성진화의 현상을 통하여 "하늘"이 우주만물의 생명의 근원이며 가치표준의 작용임을 증명하는 데 있다.(옛사람들이 이미 "하늘은 모든 신의 大君이다"라는 말을 빌려서 일종의 "神學目的論"이라고 하였으며, 이러한 "신학목적론"의 관점은 "하늘"이 가진 의지와 상벌로 응보하는 이 점에서는 또한 어느 정도의 합리성을 가지고 있다.) 그러나 실제로는 동중서가 "하늘"의 도덕 가치와 의지의 속성을 강조하는 까닭은 한편으로 당연히 전제군주의 위협과 협박(이것은 어느 정도로는 효과적이며, 왜냐하면 결국은 역사상 桀·紂·幽·厲 네 왕의 본보기)이며, 다른 한편으로는 또 주로 우주생성변화의 무한함으로써 유가도덕의 보편적 유효성을 증명하려는 데 있다. 전제군주의 위협이라는 점을 제외하면, 단지 도덕의 보편성과 유효성에 대하여 말하면, 이른바 우주의 생성진화의 무한함은 사실 결코 도덕원칙의 현재적(當下) 유효성과 보편적 합리성을 결코 증명할 수 없으며, 특히 그 현실의 합리성을 증명할 수도 없다. 이것은 마치 우리 인류의 기본적인 생존 경험과 같으며, 우리의 경험으로 말하면 태양은 진실로 항상 동쪽에서 떠올랐지만, 그러나 이로써 태양이 내일도 반드시 동쪽에서 떠오를 것임을 증명할 수는 없다. 같은 도리로서 유가 역사의 장구함과 도덕이성의 역사적 합리성도 결코 현실생활에서의 현재적 합리성을 증명할 수 없다. 이렇게 보면 동중서가 빌린 우주생성변화론은 사실 유가도덕의 현실적 합리성을 논증하는 목적을 결코 달성할 수 없다.

6. 번잡한 예교禮敎와 참위학讖緯學

비록 동중서의 우주생성변화론이 결코 유가도덕의 현실적 합리성을 논증하는 목적을 달성할 수는 없지만 동중서에게서 유가도덕은 본래 일련의 전문적인 변설과 논증의 이론을 제공하는 것이 아니며, 우선 일종의 도덕신앙 혹은 인생에 관한 신앙이다. 오직 이러한 시각에서만 보면 우리는 비로소 동중서의 많은 거칠고 원만하지 않은 이론적 논설을 이해할 수 있다. 그러나 일단 도덕신앙이나 인생신앙으로 전향한 뒤에는 앞사람이 그 사상의 "신학목적론"의 정성定性도 어느 정도 이해할 수 있을 것이다. 그리고 동중서의 확고하지만 결코 원만하지 못한 많은 이론적 논증과 그 합리성도 설명될 수 있다.

예를 들면, 그가 "사람은 하늘의 수와 짝한다"(人副天數)와 "같은 종류끼리 서로 움직인다"(同類相動)라는 이론을 제기하였을 때 본래는 곧 이로써 임금의 임의적인 잘못된 행위를 제한하고, 전제군주에게 인민에 대하여 만물의 생명에 대한 존중을 일깨우려고 하였다. 따라서 그는 반드시 이른바 "사람은 하늘의 수와 짝한다"라는 방식을 통하여 어떻게 하든 사람에 대하여 "하늘을 섬김"의 수준으로 높여야 하며, 그리고 만물의 "움직임"을 포괄한 사람의 "움직임"에 대하여 또한 반드시 "천의"인 "음양陰陽의 소식消息"(消長)을 체험하고 관찰할 수 있는 높이까지 올라가야 한다. 이에 아래와 같은 방식으로 논증하였다.

> 하늘과 땅이 부합符合하고, 음과 양이 짝하여 항상 몸에 베풀어지면 몸은 하늘과 같아지고, 수로써 서로 참여하니 그러므로 명命도 함께 서로 연결된다. 하늘이 한 해를 마치는 수로써 사람의 몸을 구성하므로 작은 마디는 360개로 일 년의 날수와 짝한다. 큰 마디는 12개로 나뉘는데 12달의 수와 짝한다. 내면에는 오장五臟이 있어 오행의 수와 짝한다. 밖으로는 사지四肢가 있으니 사계절의 수와 짝한다. 잠깐 보이고 잠깐 어두움은 낮과 밤에 짝하며, 잠깐 강하고 잠깐 부드러움은 겨울과 여름에 짝하며, 잠깐 슬프고 잠깐 즐거움은 음과 양에 짝한다.…… 그 셈할 수 있는 것에서 같은 수로 짝하며, 셀 수 없는 것은 마땅히 같은 종류로서 하늘과 짝함이 한결같다.[157]

사물은 본래 종류끼리 서로 부른다. 그러므로 용龍이 비를 부르고 부채로 더위를

---

157) 董仲舒 著, 鍾肇鵬 主編, 『春秋繁露校釋』, 「人副天數」, 805쪽.

꽃으며, 군대가 처한 곳에는 가시나무가 자란다. 아름다움과 악함은 모두 종래從
來가 있어 명命으로 삼지만 그 처하는 바를 알지 못한다. 하늘에는 장차 음으로
비를 내리고, 사람의 병고病故로 먼저 움직이니 이는 음과 양이 응하여 일어나는
것이다. 하늘은 장차 구름으로 비를 내리고자 하면, 또 사람으로 하여금 누워
자고 싶게 하는 것은 음기이다.…… 병자는 밤이 되면 질병이 더욱 심해지고,
닭은 새벽이 이르면 모두 울어서 서로 근접하도록 한다. 그 기가 더욱 정밀해지므
로 양陽은 더욱 양다워지고, 음은 더욱 음다워지며, 음양의 기가 이로 인하여
종류끼리 서로 더하고 덜어낸다.[158]

이 두 단락의 논술에서 전자는 주로 "하늘과 땅이 부합符合하고, 음과 양이
짝하여 항상 몸에 베풀어지면 몸은 하늘과 같아지고, 수로써 서로 참여하니 그러므로
명命도 함께 서로 연결된다"라는 사실을 강조하는 데 있으며, 후자는 "같은 종류끼리
서로 움직인다"라는 방식으로 사람과 하늘, 사람과 자연 사이의 상호 관계를 강조하
는 데 있으며, 따라서 "하늘에는 장차 음으로 비를 내리고, 사람의 병고病故로
먼저 움직이니 이는 음과 양이 응하여 일어나는 것이다. 하늘은 장차 구름으로
비를 내리고자 하면, 또 사람으로 하여금 누워 자고 싶게 하는 것은 음기이다.……
병자는 밤이 되면 질병이 더욱 심해진다"라는 논법이 있게 된다. 이러한 모든
논법은 비록 결코 엄격한 과학적 근거를 갖추지는 않았지만, 또한 흔히 인생의
경험으로 실증할 수 있고 확실하게 일정한 경험적 유효성을 가지고 있다.

바로 이 때문에 서복관 선생은 동중서의 음양오행학설, 특히 그 "음양陰陽의
소식消息"의 설은 매우 뛰어나다고 평가하였다. 그는 다음과 같이 말하였다.

2천여 년 동안 음양오행의 설은 사회에 깊이 들어와서 광대하게 유행하는 인생철
학이 되었으며, 모두 동중서의 사상으로 소급해 갈 수 있다. 그는 의식적으로
『여씨춘추呂氏春秋』「십이기十二紀‧기수紀首」를 발전시켜서 포함하지 않은 것이

---

158) 董仲舒 著, 鍾肇鵬 主編, 『春秋繁露校釋』, 「同類相動」, 809쪽.

없는 체계를 건립하였고, 아울러 그가 전승한『공양춘추公羊春秋』와『상서尙書』의
「홍범洪範」을 이 계통으로 끌어들임으로써 유가사상의 전환을 촉진하였다.159)

서복관의 이 논평은 당연히 주로 음양오행학설의 역사적 영향에 관한 것이기도
하며, 그것이 영향을 발생하는 원인은 또 주로 경험의 광범위한 유효성에 기초한
것이다. 일정한 경험적 유효성을 갖추었기 때문에 비로소 비교적 광범위한 사회적
영향을 형성하였다.

동중서에 대하여 말하면, 그 음양오행학설은 도리어 완전히 "천"에 대한 믿음으
로부터 나온 것이며, "천의"가 널리 음양오행에 존재함으로서 이른바 "음양소식"의
설이 있게 되었다. 이것은 또 동중서가 "천의"를 체험하고 관찰한 특수한 통로이기도
하다. 동시대인으로 심지어『공양춘추』의 제자인 사마천이 그에 대하여 서술한
내용을 살펴보자.

> 동중서는 광천廣川 사람이다. 『춘추』를 공부하여 효경제 때에 박사가 되었다.
> 장막을 치고 강론을 하였으며, 제자에게 전수함에 오래된 차례로 서로 수업하였
> 으며(역자 주: 먼저 배운 제자가 뒤에 들어온 제자를 가르침), 혹은 얼굴을 보지 못한 사람도
> 있었으며, 대개 3년간이나 동중서는 사원舍圓에 나오지 않을 정도로 그 정진함이
> 이와 같았다. 진퇴와 처신이 예가 아니면 행하지 않으니 학사들이 모두 그를
> 스승으로 존중하였다. 지금의 황제(한무제)가 즉위함에 강도江都의 재상이 되었다.
> 『춘추』의 재이災異의 변화로써 음양이 어긋나는 까닭을 유추하였다. 그러므로
> 비를 구할 때는 모든 양기陽氣를 가두고 모든 음기陰氣를 방출하였다. 비를 멈추고
> 자 할 때는 반대로 하였다. 그것을 한 나라에 행함에 일찍이 원하는 대로 얻지
> 못한 적이 없었다.160)

동중서가 일을 행함에 "진퇴와 처신이 예가 아니면 행하지 않으니 학사들이

159) 徐復觀,『兩漢思想史』제2권, 183쪽.
160) 司馬遷,『史記』(『二十五史』, 권1),「儒林傳」, 308쪽.

모두 그를 스승으로 존중하였다"라는 말에서 "『춘추』의 재이의 변화로써 음양이 어긋나는 까닭은 유추함", "비를 구함", "비를 멈추고자 함", "일찍이 원하는 대로 얻지 못한 적이 없었다"라는 말들로 보면, 동중서도 틀림없이 진정으로 일종의 신앙으로서 복종하여 실행하였다. 그러나 이러한 "음양소식陰陽消息"은 흔히 사람들로 하여금 "구속되어 두려움이 많음"의 병을 키우게 한다.

따라서 태사공 사마천에서 반고에 이르기까지 모두 음양가들을 비판하였다.

> 무릇 음양과 사시四時・여덟 방위・십이도十二度・24절기는 각각의 교령敎令이 있으며, 그것을 따르는 사람은 번창하고 그것을 거스르는 사람은 죽지 않으면 망한다고 하지만 반드시 그렇지는 않다. 그러므로 "사람으로 하여금 구속되어 두려움이 많게 한다."…… 무릇 유학자는 육예六藝를 모범으로 삼고, 육예의 경전經傳만 수천수만을 헤아린다. 대대로 그 배움을 통달할 수 없고, 일생 동안 그 예禮를 궁구할 수 없다. 그러므로 "광박하나 요점은 적고 노력하나 공功은 적다"라고 한다.[161]

사마담은 여기서 당연히 음양가와 유가를 분리하여 평가하였으나, 동중서가 음양오행학설을 유학에 끌어들인 후에 이른바 음양가가 "구속되어 두려움이 많음"의 병이 있고 유가의 번잡한 예禮와 함께 효력을 발휘하였다. 따라서 비록 이른바 "대대로 그 배움을 통달할 수 없고, 일생 동안 그 예禮를 궁구할 수 없다"라는 설은 본래는 안자晏子가 공자의 "두 번 일생을 살아도 그 가르침을 다할 수 없으며, 일생 동안 그 예禮를 궁구할 수 없었다"[162]라는 비판에서 빌려온 것이지만, 이러한 차용은 또한 유가에 확실하게 이러한 결점과 결함이 존재하고 있음을 설명하며, 이러한 번잡한 예교禮敎가 음양오행학설과 합류한 뒤, 이러한 결함이 곧 한 걸음 더 범람하기 시작하였다. 따라서 반고가 『한서』를 저술하였을 때 더욱 비판적으로

---

161) 司馬遷, 『史記』(『二十五史』, 권1), 「太史公自序」, 331쪽.
162) 『晏子春秋』(『諸子集成』 제4책), 권8, 207쪽.

말하였다.

그러나 미혹된 사람은 이미 정미精微함을 잃고 편벽便辟된 사람은 또 수시로
기복이 있으며, 도의 근본에서 위배되고 떨어진 사람은 진실로 대중을 그릇되게
하여 총애를 탐한다. 후진들이 그것을 답습하니 이 때문에 오경이 그릇되게
분석되고, 유학을 점점 쇠퇴하게 했으니 이것이 편벽된 유학의 우환憂患이다.163)

동중서는 진실로 반고가 비판한 것과 같은 이러한 현상의 책임은 없지만,
그러나 한대의 유학 종사로서 음양오행의 설을 유학으로 끌어들여 유학이 이른바
"구속되어 두려움이 많음"의 번쇄함에 빠지게 하지는 않았지만, 참위讖緯의 말이
범람하여 유행하게 된 것은 결국 그 허물을 면하기 어려울 것이다. 이른바 참위는
먼저 "참讖"과 "위緯"의 종합이며, 그들은 본래 두 가지 서로 다른 사물이지만,
경학이 공식적인 이데올로기로 된 배경에는 특히 그것이 동중서가 음양오행설을
유학으로 끌어들인 후에 "참"과 "위"의 합류도 하나의 필연적인 추세가 되었다.
"참"은 본래 일종의 신비하고 영험靈驗한 도참圖讖 혹은 참언讖言을 가리키며, 또한
미래에 대한 어느 정도의 예견적 성질을 가지고 있다.(현대의 중국어에서 말하는 "말이
씨가 된다"[一語成讖]라는 말과 민간에서 말하는 "까마귀 주둥이"[烏鴉嘴. 불길한 말을 잘하는 사람]라는
말들도 모두 참언의 이러한 성질과 관련이 있다.) 이른바 도참과 참언의 현상이 전국시대에
일어났으며, 「진시황본기秦始皇本紀」 가운데 진시황의 북방 순유巡遊를 기록하였으
며, 연燕나라 사람 노생盧生이 "(장생불사약은 구하지 못하고) 녹도서錄圖書(讖言書)를
바치면서 '진秦을 망하게 하는 자는 호胡다'라고 하였다." 이것은 곧 도참으로 그
결과 진시황은 "몽염蒙恬 장군에게 30만 명의 병사를 일으켜 북쪽의 호胡를 공격하여
하남河南의 땅을 약취略取"164)하게 하지 않을 수 없었다. 다시 예를 들면, 당시의
석각石刻에 "진시황이 죽고 땅이 나누어진다"라는 말과 숨은 인사들이 말한 "올해에

---

163) 班固, 『漢書』(『二十五史』, 권1), 「藝文志」, 477쪽.
164) 司馬遷, 『史記』(『二十五史』, 권1), 「秦始皇本紀」, 25쪽.

조룡祖龍(진시황의 별칭)이 죽는다"라는 말 등은 사실 모두 어떤 신비하고 또 영험한 참언의 성질을 띠고 있다. 진승陳勝(?~BC 208)과 오광吳廣(?~BC 208)이 대택향大澤鄕에서 기의起義하였을 때도 마찬가지로 참언의 이러한 특징을 이용하였다. 예를 들면 그들이 상의하여 다음과 같이 말하였다. "'오늘은 진실로 우리가 공자公子 부소扶蘇와 항연項燕이라고 거짓으로 일컬으며, 천하를 위하여 앞장섰다고 하면 호응하는 사람들이 많을 것이다'라고 하니, 오광은 그렇게 여겼다. 이에 비단에 붉은 글씨로 '진승왕陳勝王'이라고 쓰고, 다른 사람이 그물로 잡아 온 물고기의 배 속에 넣었다. 병졸이 생선을 사서 삶아 먹은 후, 물고기 배 속의 글을 보고, 진실로 괴이하게 여겼다. 또 간격을 두어 명령하여 오광이 몰래 주둔하고 있는 군대의 옆 숲속의 사당에 가서 불을 피워 놓고, 여우 소리를 내면서 '대大 초楚나라는 흥하고 진승이 왕이 된다'라고 하였다. 병졸들이 모두 밤중에 놀라고 두려워하였다. 다음 날 병졸들 사이에서 자주 말하게 되니 모두 진승을 주목하게 되었다."[165] 이처럼 진왕조의 통치를 한 번에 뒤엎은 농민봉기의 불길도 뜻밖에도 신비한 "참언"을 빌려 타올랐다.

"위緯"는 본래 "경經"에 상대하여서 하는 말이며, 원래는 베를 짜는 과정에서 "경선經線"(날줄)에 상응하는 선線(씨줄)을 가리키며, 이른바 처음과 끝을 세로로 꿰뚫는 선이 곧 경선이며, 수시로 첨가되는 횡선橫線이 곧 위선緯線에 속한다. 베를 짜는 과정은 본래 "경선"과 "위선"이 끊임없이 교직交織하는 과정이다. 유가의 경학이 국가의 이데올로기가 된 후, 대대로 서로 전하는 원전原典이 자연스럽게 "경서經書"가 되었다. 경학이 통치지위를 얻은 시대에 사람들은 흔히 "위서"를 통하여 경전을 학습하였다.

본래, "위서"와 "참언"은 결코 필연적 관계는 없다. "위서"는 조당朝堂(조정)에서 명분이 옳고 말이 순리적으로 유행할 수 있었지만, 이른바 "참언"은 도리어 단지 사회 하층의 초야에서만 유행할 수 있었다. 그러나 동중서가 음양오행설과 재이·견

---

165) 司馬遷, 『史記』(『二十五史』, 권1), 「陳涉世家」, 152쪽.

고설을 하나로 통일한 후에 지고무상의 "천의"와 "천지"도 음양오행에 포함된 자연현상 가운데 나타나기 때문에, 모든 자연현상 특히 비교적 기이한 자연현상은 또한 신비한 "천의"의 구체적인 표현이 되었다. 이처럼 사회 상층에서 유행하던 "위서"가 사회 하층에서 유행하던 "참언"과 합류하였고, 동중서의 재이·견고설의 인도로 "천의"를 내포한 "위서"는 꼭 신비한 "참언"을 통하여 분석되고 설명되어야 하였다. 예를 들면 "진나라를 망하게 하는 사람은 호胡다"라는 하나의 참언에 대해 방사方士들은 충분히 "호해胡亥"(BC 229?230?/210∼BC 207)로 보아 원만한 해석을 할 수 있었지만, 이 해석은 궤변적인 색채가 없지 않다.

오늘의 시각에서 보면 우리는 이러한 "참"과 "위"를 결합한 경전의 해석방법이 완전히 황당하고 터무니없다고 할 수 있지만, 상하가 단절되어 있고 소통이 막혀 있던 고대사회에서 "참언"은 흔히 사회의 하층민의 강렬한 요구와 바람을 나타내는 특수한 방식이 된다. 예를 들면 진승과 오광이 진왕조를 전복시키기 위해 지어낸 "참언"과 같으며, 누가 그것을 "천의"의 표현이 아니라고 할 수 있겠는가? 따라서 당시 사회에 대하여 말하면, 이른바 "참언"도 또한 흔히 사회 하층이 사회개혁의 희망을 나타내는 주요한 방식이었으며, 이러한 방식은 사회 하층민의 허락을 받기 위한 것일 뿐만 아니라 어느 정도는 상층 사회의 승인을 얻은 것일 수도 있다. 예를 들면, 동한東漢 광무제光武帝(BC 6/AD 25∼AD 57)가 통일을 완성하는 과정에서 "땅의 신이 신령神靈하게 응하여 주초朱草가 싹텄다"라는 현상으로 개원改元(왕조의 교체)을 선포하였을 뿐만 아니라 또한 명확하게 "세상에 도참圖讖을 선포하였다."[166] 당연히 훗날 황건군黃巾軍이 봉기하였을 때도 마찬가지로 이러한 신비적 색채의 참언을 이용하였다.

한대 경학에서 참위설이 유행한 정황에 대하여 종조붕鍾肇鵬(1925∼) 선생은 『칠위七緯』라는 책의「전언前言」에서 비교적 상세하게 고찰하여 논술하였다. 그는 참위학의 굴기와 유행은 모두 동중서와 떼려야 뗄 수 없는 관계라고 지적하였다.

---

166) 范曄, 『後漢書』(『二十五史』, 권1),「光武帝紀」, 803∼804쪽.

진·한 이래로 방사方士화된 유생들이 음양술수陰陽術數를 유학과 서로 결합하였는데, 한대의 대유大儒인 동중서는 이 일파의 두드러진 대표였다. 동중서는 유학을 핵심으로 삼고 또 음양·도가·법가의 사상을 받아들여 하나의 방대한 천인감응天人感應 신학목적론의 철학 체계를 구축하였다. 그 후의 참위신학은 곧 이 사상의 계승과 발전이다.[167]

참위는 경학이 신학화된 산물이다. 참위는 공자와 유가의 경전에 부회附會하고 또 종교적 신권神權의 힘을 빌려 길흉화복吉凶禍福을 예시豫示하고 현실을 지도하는 작용을 할 수 있었다. 이렇게 하면 한대의 정치와 결합하는 데 편리할 뿐만 아니라, 아울러 "신神"의 역량으로 경학의 권위성을 증가시킴으로써 통치사상으로서의 경학의 지위를 공고하게 하였다.[168]

종조붕 선생은 한대의 참위학이 동중서에게서 기원하였다고 생각하였는데, 이는 의심할 바 없이 정확하다. 왜냐하면 동중서는 음양오행학설을 도입하고 또 "사람은 하늘의 수와 짝한다"(이하 人副天數)와 "동류同類끼리 서로 움직인다"(이하 同類相動)라는 방식을 통하여 그 천인합일의 의식을 돋보이게 할 때 또한 반드시 자연계의 "재이" 현상을 빌려서 황권에 대한 "견고"의 작용을 발휘하려고 하였기 때문이며, 이러한 배경에서 본래 경전을 해석한 "위서"와 "재이"현상을 통해 신비한 "천의"를 표현한 "견고"의 작용이 합류한 것은 일종의 피할 수 없는 추세가 되었다. 그러나 종조붕 선생은 동중서 철학을 "천인감응 신학목적론의 철학 체계"라고 불렀고, 참위학은 "참위신학"이라고 하였는데, 이는 분명히 서양 중세의 신학의 이름을 빌려서 한 말이다. 왜냐하면 동중서의 "천인감응설"은 물론 "참언"을 빌려서 봉기한 진승과 오광, 또는 "세상에 도참을 선포"한 동한의 제왕 유수劉秀 등 그들의 참위설은 비록 모두 신비한 점은 있었지만, 근본적으로 "신神"은 없었다. 신비한 "참언"의 방식으로 표현된 "천의"와 "민심"에 불과하였기 때문이다.

---

167) 趙在翰 輯, 鍾肇鵬·蕭文鬱 點校, 『七緯』, 「前言」.
168) 趙在翰 輯, 鍾肇鵬·蕭文鬱 點校, 『七緯』, 「前言」.

당시의 참위학은 "'신'의 역량으로 경학의 권위성을 높였다", "따라서 통치사상으로서의 경학의 지위를 공고하게 하였다"라고 하는 말들은 사실이지만 여전히 과거처럼 거창한 서사敍事를 특징으로 하는 이른바 이데올로기적 표현에 속한다. 동중서가 음양오행학설을 도입하고, 아울러 "인부천수人副天數"와 "동류상동同類相動"과 "재이災異 · 견고譴告"의 방식을 통하여 "천의"와 "민심"을 표현한 것은 경학을 공고하도록 하기보다는, 차라리 우선 "재이 · 견고"의 방식으로 전제황권의 임의적인 망동妄動을 억제하고 나아가 하층의 백성들을 보살피도록 하기를 희망하였을 뿐이다.

역사적 시각으로 볼 때 경학은 실제 진 · 한 대일통大一統의 전제정권이 형성된 후 유학과 황권이 국가 이데올로기로 서로 선택하고 조성한 결과이다. 통치자의 시각에서 보면 선진의 제자 가운데 인륜현실과 서로 결합한 사상 유파는 오직 유 · 도 · 묵 · 법의 네 학파뿐이며, 이처럼 그 선택은 오직 이 네 학파 사이에서만 진행할 수 있다. 법가는 비록 가장 통치자의 심리적 기대와 실제적 수요에 부합하지만, 진왕조가 솔선하여 실천하였지만 단명하였던 교훈 때문에 통치자들이 근본적으로 광명정대하게 그것을 지도사상으로 삼을 수가 없었다. 묵가는 또 법가와는 정반대로 그것이 통치자의 요구에는 가장 합장하지 않은 사상 유파였으며, 그 때문에 대일통 정권이 인정하는 국가의 지도사상이 될 수 없었다. 이제 태사공 사마담의 묵가에 대한 평가를 살펴보자.

묵자도 요 · 순의 도를 숭상하여 그 덕성에 대하여 "당堂의 높이는 석 자였고, 흙으로 만든 계단은 세 계단이며, 지붕을 띠풀로 덮고 다듬지 않았으며, 서까래는 참나무를 다듬지 않고 썼다. 식사는 질그릇으로 먹고, 국도 질그릇으로 마셨고, 현미玄米나 기장으로 만든 밥에 명아주 잎과 콩잎으로 끓인 국을 먹었다. 여름에는 갈포로 만든 옷을 입고, 겨울에는 사슴 가죽으로 만든 옷을 입었다"라고 말하였다. 묵가는 장례에 오동나무 관의 두께는 세 치로 하며, 곡소리도 그 슬픔을 다 드러내지 않도록 하였다. 상례喪禮를 가르침에 반드시 백성이 이와 같이 하도록 하였다. 만약 세상이 이와 같도록 본받는다면 존귀함과 비천함의 구별이 없어질 것이다. 무릇 세상이 변하고 시대가 달라지면, 사업事業도 꼭 같을 필요는 없으므로, "검소하지만 따르기 어렵다"라고 하였다.[169]

사마담은 한의 경제와 무제 시대의 태사령이었으며, 그의 평가가 비록 반드시 제왕의 마음과 일치하지는 않았지만, 사관의 관점으로는 아마 묵가가 통치자의 요구에 가장 부합하지 않는 면이 있음을 잘 알았을 것이다. 즉 일찍이 "묵자의 법"을 빌려서 진나라 군민에게 약법삼장을 편 유방을 보면, 그는 숙손통이 강연한 조정의 의식에서 감동을 받고 "'나는 오늘에야 황제의 귀함을 알았다'라고 하여 숙손통에게 태상의 벼슬을 내리고, 금 500근을 하사下賜하였다."[170] 어찌 또 묵가의 "존귀함과 비천함의 구별이 없음"과 "검소하지만 따르기 어려움"에 만족할 수 있겠는가?

이와 같이 법·묵 두 학파에 대한 잇따른 배제는 자연히 통치자들의 천평天平(저울추)이 유·도 두 학파로 기울었다. 한나라 초의 통치자들이 황로사상에서 제련한 "무위無爲로써 다스리며, 백성과 함께 휴식한다"라는 지도사상은 확실히 최고의 지혜였다. 그러나 황로학의 "무위로써 다스림"은 한나라 초기의 "백성과 함께 휴식함"에만 어울린 것 같다. 일단 종합적 국력이 강대해진 후에는 역시 반드시 군신·부자를 강조하는 유가사상에게 자리를 물려주어야 했다. 이 점에서 보면 한무제의 "오경박사를 설치함"과 "현량문학으로 천거함"은 명확하게 유학에 월계관을 씌운 것일 뿐만 아니라 유학에게 지도사상과 국가정책을 찾아 달라고 요구한 것이며, 특히 인재를 찾아 달라고 요구한 것이다. 따라서 이러한 시각에서 보면 유학은 한대와 대일통 정권의 결합으로 어느 정도 역사적 필연성을 가지고 있었다.

재차 유학의 측면에서 보면, 주공의 이와 같은 정치실천 유학(주공 당시에는 구체적 정치 문제에 직면하여서 단지 해결의 방법을 모색하였을 뿐) 자체는 "유儒"의 사상적

---

169) 司馬遷, 『史記』(『二十五史』, 권1), 「太史公自序」, 331쪽.
170) 司馬遷, 『史記』(『二十五史』, 권1), 「劉敬叔孫通列傳」, 257쪽.

성격에 대한 기본적인 자각을 형성하지 못하였으므로, 당연히 이른바 "유"의 호칭과 이름은 있을 수 없었다. 즉 "조술祖述하였을 뿐 짓지 않았으며, 믿음으로 옛것을 좋아하였다"171)라는 말로 자신의 자리매김을 한 공자가 일생 동안 70여 나라를 주유周游한 경력과 "만약 나를 쓰고자 하는 사람이 있으면, 나는 그 나라를 동주東周로 만들겠노라!"172)라는 선언은 공자가 항상 정치실천과 정치실천을 통한 인류사회의 개선을 인생에서 추구하는 으뜸가는 자리에 두었음을 나타낸다. 이러한 면에서 보면 유가와 대일통 정권의 결합은 마땅히 한 박자에 들어맞았다고 할 수 있다.

그러나 전국시대 이래 "제후들의 무력 정벌"의 구조와 진왕조의 무력통일 노선, 그리고 유방의 "쟁탈"천하의 경력도 곧 하夏·상商·주周 삼대 이래의 인류역사를 완전히 새롭게 개작한 것이다. 진왕조의 "협서령夾書令"의 추진과 "분서갱유"의 타격은 또한 철저하게 유자들의 사회 문제에 대한 사고의 기본적인 좌표를 바꾸어 놓았다. 이러한 상황에서 공자의 군신론君臣論173)과 맹자의 대신大臣의 도道는 근본적으로 한유漢儒의 시야에 들어갈 수 없었다. 심지어 맹자의 "군자가 성으로 삼는 바"174)도 동중서에 의해 명확하게 "'선인善人도 나는 만나보지 못하였다'라는 말이 있다. 곧 만민萬民의 성이 모두 이미 선하게 되었다고 하지만 선인은 왜 볼 수 없는가? 공자가 이렇게 말한 뜻을 살펴보면, 선을 행함이 매우 감당하기 어렵다고 보았다. 그리고 맹자가 만민의 성이 모두 능히 감당할 수 있다고 본 것은 지나치다"175)라고 고쳐 쓰였다. 이처럼 비록 유방이 천하를 "쟁탈"하면서 이미 유생들이 그 속에 참여하였지만, 진나라의 분서갱유의 여파로 군주를 따름이 호랑이 옆에 있는

---

171) 『論語』(吳哲楣 主編, 『十三經』), 「述而」, 1274쪽.

172) 『論語』(吳哲楣 主編, 『十三經』), 「陽貨」, 1309쪽.

173) "定公이 '임금이 신하를 부리고, 신하는 임금을 섬겨야 하는데 어떻게 해야 합니까?'라고 물으니, 공자는 '임금은 신하를 禮로써 부리고, 신하는 임금을 忠으로써 섬겨야 합니다'라고 대답하였다."(『論語』[吳哲楣 主編, 『十三經』], 「八佾」, 1265쪽)

174) "군자가 성으로 삼는 仁義禮智는 마음에 근원하며, 그 나타나는 모습(生色)은 분명하여 얼굴에 나타나고, 등에서 왕성하며, 사지에 퍼져서 사지는 말하지 않아도 드러난다."(『孟子』[吳哲楣 主編, 『十三經』], 「盡心上」, 1421쪽)

175) 董仲舒 著, 鍾肇鵬 主編, 『春秋繁露校釋』, 「實性」, 684~685쪽.

것과 같은 운명도 반드시 유가들이 가장 절절한 인생 체험이 되었다. 따라서 동중서가 신성주재의 천과 음양오행의 도에다 다시 재이·견고의 이론을 더하여 한무제의 책문에 응하였을 때, 그는 정성들여 화장化粧을 하고 또 고심하여 자신을 무당 혹은 박수무당과 같이 분장한 한 사람의 유학자였다.[176]

아마도 바로 이 원인으로 그의 인생에서 다음과 같은 에피소드가 생긴 것 같다.

중도에 해임되어 중대부中大夫가 되어, 집에 머물면서 『재이지기災異之記』를 저술했다. 이때 요동遼東의 고조高祖 사당에서 화재가 발생했는데, 주보언主父偃이 동중서를 시기해 그의 책을 훔쳐서 무제에게 바쳤다. 무제는 여러 유생들을 불러 그 책을 살펴보게 했는데, (朝廷을) 풍자하고 비방한 내용이 있었다. 동중서의 제자인 여보서呂步舒는 그것이 스승의 책인 줄 모르고, 이를 가장 어리석다고 하였다. 이에 동중서는 옥에 갇히고 사형 판결을 받았으나, 황제는 조칙을 내려 그를 사면하였다. 이에 동중서는 끝내 다시는 재이설災異說을 강론하지 않았다.[177]

당연히 그 시대에는 유생인 동중서는 말할 것도 없고, 최고 지위의 신하인 승상丞相도 한마디라도 합당하지 않으면 퇴출되어 허리를 잘리거나 기시棄市(시장에서 사형당함)를 당하는 사람이 어찌 소수이겠는가? 그러나 한유의 종사인 동중서는 그 인생에서 또 다른 면이 있었는데, 즉 그가 강도상江都相이 되었을 때, 일찍이 역왕易王(江都의 劉非, 魯恭王)과 나눈 아래와 같은 문답이 있다.

---

176) 동중서가 "하늘과 사람의 상관관계"와 "재이·견고"의 설이 "神道로 가르침을 베풂"의 성질이라는 말에 대하여 이전 사람들이 이미 주목하였다. 예를 들면 피석서는 "당시의 유학자들은 임금을 지존으로 여겼지만 두려워 기피함이 없었으며, 하늘의 모습을 빌려서 경외감을 표시하였고, 마치 그 임금이 덕을 잃은 자가 있으면 몹시 두려워하고 수양하고 반성하는 것과 같이 하였다. 이것은 『춘추』가 元으로 천하를 통치하고, 천하를 통치함이 군주의 義였으며, 또한 『역』은 神道로 가르침을 베푸는 뜻이다. 한유들은 이에 근거하여 그 임금을 바로잡았다"라고 하였다.(皮錫瑞, 『經學歷史』, 69쪽)
177) 司馬遷, 『史記』(『二十五史』, 권1), 「儒林傳」, 308쪽.

무릇 인仁한 사람은 그 마땅함을 바르게 하고 이익을 도모하지 않고, 그 도를 밝히되 그 공을 헤아리지 않습니다. 이 때문에 공자의 문하에서는 다섯 척 동자도 오백五伯(다섯 霸主)을 일컫기를 부끄러워하는데, 이들은 먼저 사술詐術과 폭력을 행한 뒤 인仁과 의誼를 말합니다. 진실로 요사스러운 술법만 행할 뿐이기 때문에 대군자의 문하에서는 일컫기에도 부족하였습니다. 오패는 다른 제후에 비하면 조금 낫지만, 삼왕과 비교하면 그야말로 무부武夫(돌)를 아름다운 옥과 비유함과 흡사합니다.[178]

아마도 역왕과의 문답에서는 결코 생명의 문제와는 무관하며, 또한 이 문제 자체는 단지 유학자의 자립 방법과 관련이 있으므로, 이것이 비로소 진정한 동중서이며, 또한 한대 유학의 참된 정신을 대표하고 있다. 신성주재神性主宰의 천과 음양오행의 도에 재이·견고의 이론으로 한무제의 책문에 대응하였으며, 아울러 참위학의 유행과 각종의 황당무계한 말들이 범람을 초래한 것은, 단지 무당과 같은 차림새와 그 부작용으로 이해할 수밖에 없다.

---

178) 班固, 『漢書』(『二十五史』, 권1), 「董仲舒傳」, 576쪽.

제8장 경학의 변천과 그 역사 및 지식의 편중

유가의 전적典籍이 서한의 황실로부터 경전經典으로 추인받고 아울러 "오경박사를 설치"하는 방식으로 공식적인 이데올로기 혹은 국가의 지도사상으로 선포되었을 때, 진실로 또한 유학과 정치권력의 두 번째 결합이 나타났다. 그러나 두 번째의 결합은 1차 때인 서주西周시대와는 완전히 다르다. 서주시대의 유학과 정치권력의 결합은 주로 그 정치 지도자, 곧 문文·무武·주공周公 본인들은 이 국가의 영도자인 동시에 또 유학자의 품격과 심정을 갖추고서 실현되었고, 이 때문에 그들은 개체로서 "정사를 폄"과 동시에 또한 국가와 정치권력에서 "인仁을 베풂"을 대표하며, 그에 따라 그들의 사회통치의 방식도 또한 후인들이 "덕치德治" 혹은 "인정仁政"으로 개괄하였다. 왜냐하면 주체적 시각에서 보면, 그들은 본래 동일한 주체이기 때문이다. 그것을 결합이라고 말하는 까닭은 주로 현실의 생활 가운데 개인의 품격·사상학술과 국가권력 양자의 분리와 상호 간의 긴장감이 참조할 좌표이며, 또한 주로 그들의 몸으로 체현으로부터 나온 정치권력의 영수로서의 신분과 유학자 개인의 인애仁愛 정서와 인애정신의 수준으로부터 통일된 것을 겨냥하여 말한 것이다. 예를 들면 문·무·주공은 이미 서주의 정치 지도자임과 동시에 유학자의 인애 정서와 인애정신을 갖추고 있으므로 필자는 일찍이 그것을 유학이라고 하지 않고 정치실천 형태의 유학이라고 하였다. 그러나 진·한 대일통의 전제정권이 형성된 후, 강산은 우선 통치자(물론 토지와 인민을 점거한 제후이든 아니면 사회 하층 출신으로 봉기한 지도자이든)들이 무력으로 쟁탈해 나온 것이며, 또한 그들 본인도 유학정신을 믿지 않았기 때문에, 곧 유가정신을 믿지도 않았을 뿐만 아니라 유학을 "나라에 무익하다"

라고 보거나 또한 통치를 파괴하는 "다섯 좀벌레"(五蠹)의 하나라고 보았기 때문에, 따라서 "분서갱유焚書坑儒"의 거사가 있었다.(혹은 조금 가벼운 표현으로 유학자의 모자를 오줌통으로 삼거나, 혹은 아예 유생들을 내몰아서 멧돼지와 대결시켜 누가 언변이 좋은가伶牙俐齒를 보았다.) 따라서 이러한 배경에서 정치권력과 유학은 각각 그 주체가 있을 뿐만 아니라, 그 결합도 통치자가 강산을 쟁탈한 후에 긴 시간의 비교와 감별을 경과하여 비로소 마지막으로 유학을 지도사상으로 선택하였다. 이처럼 권력 기구에 개입한 유학자들은 그 기량이 충실하여 마치 과거 대가大家의 집안에 초빙된 가정교사와 같았다. 이러한 관계를 이해하게 되면 자연히 역대 유학자가 권력정치에서 그렇게 근신하고 또 대담한 마음 상태를 가졌음을 이해할 수 있다. 그들이 근신한 까닭은 당연히 먼저 모든 유학자가 매우 분명하게 자신의 신분을 알고 있었기 때문이며, 또한 분명하게 자신이 수시로 살육당하거나 제거될 수 있는 운명임을 잘 알았기 때문이다. 그리고 그들이 또 매우 대담한 일면을 가진 까닭은 유학자가 보기에 오직 유가만이 진정으로 정치권력의 정신적 주체를 대표할 수 있는 것은 오직 유가만이 진정으로 "천의"와 "민심"을 대표할 수 있기 때문이다. 따라서 진·한 이래 대일통의 전제권력이 통치하는 사회에서 유가는 늘 이 두 방면에서 유기적으로 통일되었다. 그리고 동중서의 "하늘과 사람의 상관관계"와 음양오행설에 기초하여 건립한 "재이·견고설"도 곧 이러한 신분과 심리상태의 전형적인 표현이라고 할 수 있다.

그러나 진·한 통치자가 "기력을 쟁탈함"의 방식으로 "천의"와 "민심"을 강제로 단절시켰고, 또 정치권력을 유일한 지존으로 모시는 방식을 통하여 유가의 형이상학적 시각과 신앙의 주요 관심을 온 마음으로 배척하였고, 혹은 자신의 정치권력으로서 직접 유가 전통의 신앙적 주요 관심을 대신하였기 때문에 이것이 곧 매우 분명한 결과를 초래하였고, 이를 따라서 유가가 원래 가진 "천도天道와 성명性命의 상호 관통한다"라는 사고의 기준은 오직 전제권력의 통치하의 "하늘이 덮고 있는 바, 땅이 싣고 있는 바"가 될 뿐이며, 또한 반드시 정치체제를 통하여 그 권력의지를 관철하고 실천하였다. 이러한 상황을 만약 장자莊子의 말을 빌려 표현한다면, 정치권력도 또한 유학자를 포함한 모든 사람이 진정으로 이른바 "천지 사이에서 벗어날 곳이 없는"[1] 상황이 되었다. 자연히 이러한 상황은 사람에게 하나의 기본적인 관념을 형성하게 하였다. 유학자에 대하여 말하면 반드시 "천자天子"를 하늘의 직접적인 대표로 하며, 아울러 제왕의 부림에 이바지함을 자신의 인생 최대의 기쁨 혹은 최대의 영광으로 여겼다. 이와 같다면 그 인생도 겨우 평면화와 고목화되어 권력의 영역 아래에서 공명功名과 이록利祿을 추구할 뿐이며, 곧 공손홍의 "곡학아세曲學阿世"가 이러한 방면을 대표한다고 볼 수 있다.

한대 유학이 정부 이데올로기가 되고 아울러 "경학"의 방식으로 국가의 지도사상이 된 까닭은 본래 이것이 정치권력의 요구에 적응함으로써 비로소 형성되었기 때문이며, 이 이후의 모든 유학자는 모두 반드시 권력의 세상에서 자신의 연구와 탐구를 전개해야 하였다.

1. 고문경학의 출현과 형성

한대의 경학이 굴기하였을 때 맨 처음에는 주로 본래 진나라 박사들이 입에서 입으로 서로 전한 것을 빌렸으며, 즉 당시 경학의 전수는 주로 이처럼 입과 입으로 서로 전하는 방식이었으며, 그 후에 또 입으로 전함에 근거하여 한대에 통용되던 문자로 쓴 경전이 형성되었다. 그런데 진왕조의 "협서령"이 폐지된 후, 옛사람이 벽 속에 감추어 두었던 선진시대 문자로 쓰인 경전이 출현하였고, 이에 원래 한대에 통용되던 문자로 쓰인 경전을 금문경학今文經學이라고 불렀으며, 진나라 이전의 문자로 쓰인 경전을 고문경학古文經學이라고 불렀다.

금문경학과 고문경학의 서로 다른 형성 방식과 그 구획의 기준에 관하여 근대 경학대사인 피석서는 지극히 정확하게 논단하였다. 그는 다음과 같이 말한다.

---

1) 『莊子』(郭慶藩 編, 『莊子集釋』), 「人間世」, 172쪽.

양한兩漢의 경학에는 금문과 고문의 구분이 있다. 금문과 고문이 구분되는 까닭은 우선 그 문자의 다름에서 비롯된다.[2]

한나라 때 이른바 금문은 오늘날 예서隸書라고 하며, 세간에서는 희평석경熹平石經[3]이라고 하며, 공묘孔廟 등에 있는 한나라 비석이 이것이다. 한나라 시대의 고문이라고 하는 것은 오늘날에는 고주古籀라고 하며, 세간에서 전하는 종정鐘鼎과 석고石鼓, 설문에서 열거한 고문이 이것이다. 예서는 한나라 때 통용되었으므로 금문이라고 하며 지금 사람들이 해서楷書에 대해서는 누구나 다 알고 있다. 고주는 한나라 때는 이미 통용되지 않았으므로 고문이라고 하였으며, 지금 사람들이 전례篆隸라고 보며 사람마다 모두 다 알 수는 없다.[4]

분명히 이른바 금문경학과 고문경학은 우선 서로 다른 서사書寫(문자기록) 방식으로 형성되었다. 그렇다면 이런 최초의 완전히 서로 다른 문자기록 형식으로 형성된 경전이 결국에는 왜 두 가지 근본적으로 다르거나 심지어 완전히 대립적인 경학유파로 발전하게 되었는가? 주우동周宇同 선생은 일찍이 피석서가 경학은 "무릇 금문학과 고문학의 양대 학파가 있다"[5]라고 말한 관점을 주석하기를 "경학은 한나라 때에 금문학과 고문학이 달랐다. 그것은 처음 경서의 문자기록의 자체字體(字型)가 각각 다름에 기원하였으나 그 후 학통學統과 종파宗派 그리고 기타 경학적인 모든 문제는 모두 그에 따라서 대치되는 지위에 있었다"[6]라고 하였다. 따라서 경학의 양대 유파로서 그 처음 시작은 완전히 서로 다른 문자기록의 방식으로 발단되었다. 이 점에 대하여 피석서는 다음과 같이 분석하였다.

---

2) 皮錫瑞 著, 周宇同 注釋, 『經學歷史』, 54쪽.
3) 역자 주: 후한 때 『역』·『서』·『시』·『예기』·『춘추』·『공양전』·『논어』 등 七經이 異文이 많아 표준 문장을 정정하여 이를 비석에 새겨 낙양 太學의 정문 앞에 세웠다. 이를 熹平石經이라고 한다.
4) 皮錫瑞, 『經學通論』, 「論漢時今古文之分由文字不同, 亦由譯語各異」(中華書局, 1954년판), 48쪽.
5) 皮錫瑞 著, 周宇同 注釋, 『經學歷史』, 31쪽.
6) 皮錫瑞 著, 周宇同 注釋, 『經學歷史』, 33쪽, 注釋 8번.

무릇 문자는 반드시 모든 사람이 다 알아야 비로소 초학을 가르칠 수 있다. 허신許愼은 공자가 육경六經을 쓰고 정함에 모두 고문을 사용하였다고 하였다. 그러므로 공씨孔氏와 복생伏生이 소장한 책은 또한 반드시 고문이다. 한나라 초에 생도들에게 장서를 풀어 전수하고, 반드시 통행의 금문으로 고쳤으며 이에 편리 하게 학자들이 외우고 익혔다. 그러므로 한나라가 설립한 박사 14명은 모두 금문 가였다. 그리고 고문이 아직 일어나기 전에는 아직 따로 금문이라는 이름을 확립하지 않았다. 『사기』「유림전」에서는 "공씨가 『고문상서古文尚書』를 가졌으 나, 공안국은 금문으로 그것을 공부하였다"라고 하였는데, 곧 『상서』의 고문과 금문을 두고 한 말이다. 노魯·제齊·한韓의 『시詩』, 『공양춘추』, 『사기』에는 금문 가를 말하지 않았다. 유흠劉歆에 이르러서야 비로소 『고문상서』·『모시毛詩』·『주 관周官』·『좌씨춘추左氏春秋』가 증설되었다. 학관이 설립되면 반드시 해설을 내 놓아야 한다. 『후한(서)後漢(書)』에서는 위굉衛宏·가규賈逵·마융馬融 등이 또 차 례로 증보增補되어 세상에 유행하였고, 드디어 금문에서 분리되어 제각기 제 갈 길을 갔다.(分道揚鑣) 허신의 『오경이의五經異義』에는 고문설, 금문 『상서』의 하후씨夏侯氏와 구양씨歐陽氏의 설, 고문 『모시』설, 금문 『시』에 한韓씨 노魯씨 설, 고문의 『주례周禮』설, 금문 『예기』의 대설戴說, 고문 『춘추』의 좌씨설, 금문 『춘추』의 공양설, 고문 『효경孝經』설, 금문 『효경』설 등이 있는데 모두 분별하여 말하지만, 문자가 다르기 때문에 해설도 또한 다른 것은 아니다.[7]

피석서의 이 분석은 이른바 금문·고문 경학은 최초에는 완전히 다른 문자의 문자기록의 방식 혹은 서로 다른 출처 경로의 문헌을 포함하여 형성되었다. 심지어 그 최초의 출현에 대하여 말하면 아마도 모두 고문으로 오직 전수의 편리함만 위해서 비로소 한漢의 예서隸書로 쓰어 완성된 금문이 있었다. 즉 그 처음에는 결코 그다지 큰 불일치가 없었으나, 마지막에는 서로 다른 문자기록 방식의 불일치가 형성되었을 뿐만 아니라, 또한 한대 경학에서 대립되는 성질을 가진 양대 주요 유파가 이루어지고, 심지어 유학연구 중의 영향이 심원한 두 가지 서로 다른 진로가

---

7) 皮錫瑞 著, 周宇同 注釋, 『經學歷史』, 54~55쪽.

형성되었다. 그렇다면 왜 그럴까?

물론 종합적으로 보면 모두 경학 역사의 발전으로 인하여 조성된 것이다. 그러나 이 발전에서 서로 다른 문헌의 문자기록(書寫) 방식이 있었고, 그 때문에 "반드시 해설을 내놓아야 함"이 있었고, 또 황권으로 설립된 박사제도가 있었기 때문에 고문경학도 또한 반드시 힘써 관학으로 대우하였는데, 곧 박사의 제자로 세웠다. 금문과 고문경학이 함께 학관으로 설립된 후에 원래 두 가지 서로 다른 해설체계도 또한 점점 발전하여 두 종류의 서로 다른 경학체계가 이루어졌다. 경학의 분파와 그 각자 서로 다른 전수 계보 등의 문제에 대하여 필자의 학문적 소양이 한계가 있으므로, 또한 연구방향과 주요 관심이 다르므로 우리는 여기서 금문경학과 고문경학의 구체적인 불일치와 그 유파가 형성되는 까닭을 상세하게 변석할 방법이 없다. 즉 필자는 여기서 결코 경학의 사실적 기록과 경학연구의 방식을 통하여 경학으로 진입하려고 하지 않았으며, 주로 철학과 사상사를 투시하는 방식을 통하여 양한의 경학연구가 결국 어떻게 금문경의 독존으로부터 발전하여 금문과 고문경학이 병립하게 되었는가를 분명하게 밝히려고 하였다.

한무제가 건원建元 5년에 "오경박사를 설치"하였을 때 당시의 경학은 주로 금문경학이었다. 그러나 "협서령"이 폐지된 후 원래 진왕조의 "분서갱유" 때에 사람들이 감추어 두었던 경전이 비로소 출현하기 시작하였다. 심지어 이보다 조금 일찍 "금문"으로 유행하던 문헌은 실제로 처음에는 모두 "고문"의 형식으로 출현한 것이다. 이러한 상황은 곧 『사기』「유림전」에서 "공씨는 고문 『상서』가 있었고, 공안국은 금문으로 그것을 읽었고 이로 인하여 그 가문이 일어났다"[8]라고 하였다. 그리고 피석서의 이른바 "공씨孔氏와 복생伏生이 소장한 책은 또한 반드시 고문이다. 한나라 초에 생도들에게 장서를 풀어 전수하고 반드시 통행의 금문으로 고쳤으며 이에 편리하게 학자들이 외우고 익혔다"라는 구절도 또한 모두 그 문헌이 처음 출현과 그에 대한 문자기록 강론과 독송의 서로 다른 방식으로 한 말이다. 예를

---

8) 司馬遷, 『史記』(『二十五史』, 권1), 「儒林傳」, 309쪽.

들면 사마천이 "『상서』를 말하면 제남濟南의 복생으로 시작하였다"9)라고 한 말은 사실 복생의 『상서』는 처음부터 반드시 "고문"의 형식으로 출현한 것이다.(왜냐하면 복생은 본래 진나라의 박사이기 때문에 그 벽 속에 감추어졌던『상서』도 반드시 고문이다.) 그러나 한대에 제자에게 전수를 시작하였을 때는 또한 반드시 금문의 방식으로 강론하고 독송해야 하였으며, 따라서 금문『상서』의 최초의 판본이 되었다. 따라서 사마천은 다음과 같이 기록하였다.

> 복생伏生은 제남濟南 사람으로 원래는 진나라 박사였다. 효문제 때『상서』를 잘 공부한 사람을 구하려고 하였으나 세상에 그런 사람이 없었다. 이에 복생이 잘 공부하였다는 말을 듣고 그를 초빙하려고 하였으나, 이때 복생의 나이가 90이 넘어 늙어서 갈 수가 없었다. 이에 태상에게 조서를 내려 장고掌故인 조착晁錯(?~ BC 154)을 보내 전수받도록 하였다. 진나라가 책을 불태웠을 때 복생은『상서』를 벽 속에 감추었다. 그 후 병란이 크게 일어나 집을 떠나 떠돌다가 한漢나라가 평정하자 복생이 숨겨 놓은 책을 찾아보니 수십 편이 없어지고 다만 29편만 얻었다. 곧 이것을 제齊 · 노魯의 공간에서 가르쳤다. 학자들은 이로 말미암아 자못『상서』를 말할 수 있게 되었고, 산동山東의 여러 대사大師들은『상서』를 섭렵하여 가르치지 않는 사람이 없었다.10)

복생이 "본래 진나라 박사였다"라는 신분으로 보면 그가 익숙한 것은 틀림없이 고문이었으며, "진나라가 책을 불태웠을 때 복생이『상서』를 벽 속에 감추었다"라는 상황으로 보면 틀림없이 고문『상서』에 속한다. 한대에 이르러 "복생이 숨겨 놓은 책을 찾아보니 수십 편이 없어지고 다만 29편만 얻었다"라는 말로 보면 이 29편은 틀림없이 고문경전이다. 그러나 복생이 제 · 노의 공간에서『상서』를 전수할 때도 그가 전수한『상서』는 도리어 반드시 금문이었다. 왜냐하면 한대에는 이미 한예漢隷 (한나라 때의 隷書)로 바뀌었고 복생도 분명히 금문『상서』를 전수하여 이름을 날렸기

---

9) 司馬遷, 『史記』(『二十五史』, 권1), 「儒林傳」, 307쪽.
10) 司馬遷, 『史記』(『二十五史』, 권1), 「儒林傳」, 308쪽.

때문이다. 그렇다면 이 가운데서의 전환과 과도過渡의 원인은 결국 어디에 있는가?

이것은 왜냐하면 복생이 이미 "진나라 박사"였고, 진나라에서 "책을 불태웠을" 때 감추어 둔 『상서』는 반드시 고문이기 때문이다. 그러나 그가 이미 문제文帝시대에서도 여전히 건재하였기 때문에 그는 틀림없이 금문에 익숙하였다고 할 수 있다. 복생이 전수한 『상서』가 금문으로 불리는 까닭은 그 관건도 한대에는 한나라 때의 예서로 바뀌었다는 데 있으며, 청년 학자들은 단지 금문만 인식하고 있었기 때문에 그의 『상서』는 금문의 전수일 뿐만 아니라, 또한 금문의 방식으로 전해진 것이다. 이것은 또 피석서가 "반드시 통행의 금문으로 고쳤으며 이에 편리하게 학자들이 외우고 익혔다"라고 한 이 말이 결정적이다. 구체적으로 말하면, 이것은 또한 주로 조착의 "유학留學" 경력을 통하여 설명된다.

> 효문제 때에 세상에는 『상서』를 공부한 사람이 없었는데, 오직 제齊의 복생이 있다는 말을 들었다. 복생은 본래 진나라의 박사로서 『상서』를 공부하였는데, 나이가 90이 넘어 늙어 갈 수 없었다. 이에 태상에게 조칙을 내려 사람을 보내 전수받도록 하였다. 태상이 조착晁錯을 보내 복생이 가진 책을 반환하고 상서上書로 진술陳述하였다. 조칙으로 태자太子의 사인舍人으로 삼고, 대부의 문을 열고 박사로 옮겨갔다.[11]

이 점에서 보면 조착은 뜻밖에도 "복생처소"(伏生所)의 "유학" 경력이 있었기 때문에 비로소 이름을 떨칠 수 있었고, 복생처소에서 전한 금문 『상서』도 아마 조착의 "상서上書로 진술陳述한 것"으로 비로소 유행할 수 있었다.

복생은 당시에 "벽 속에 감춘" 고문이 능히 개정되어 금문으로 유행할 수 있었던 것은 주로 복생이 아직 살아 있었고, 또 금문을 잘 알았고 그래서 금문의 방식으로 강론하여 가르칠 수 있었기 때문이다. 그러나 이미 세상을 떠난 유생들이 소장했던 경전에 대해서는 단 고문의 방식으로만 세상을 대할 수 있었다. 먼저

---

11) 班固, 『漢書』(『二十五史』, 권1), 「袁盎晁錯傳」, 545쪽.

서한의 왕실이 "협서령"을 폐기한 후에 선진의 전적典籍들에 대한 수색상황을 살펴보면, "전국시대는 합종合縱·연형連衡으로 진眞·위僞를 분쟁分爭하였고, 제자諸子들의 말은 어지럽고 혼란하였다. 진나라가 그것을 근심함에 이르러 이에 그 문장을 불태워 없애버리고, 백성들을 우매하게 만들었다. 한나라가 일어남에 진의 패류敗謬를 고쳐서, 크게 책과 서적을 수집하고 책을 헌납하는 길을 열었다."12) 곧 황실의 적극적인 주도하에 각 제후의 왕들도 모두 앞다투어 힘써 서적을 찾는 데 힘을 다하였다.

> 하간헌왕河間獻王 유덕劉德(?~BC 130)이 효경제 2년 전에 왕위에 올랐으며, 학문을 수련하고 옛것을 좋아하며 실제의 일에서 옳음을 찾았으며, 따르는 백성들이 좋은 책을 얻으면 반드시 잘 필사를 해서 하간왕에게 바치고 진본은 남겨 두었다. (하간왕은) 금백金帛을 하사하며 좋은 학자들을 초빙하였으며, 천하의 도술을 아는 사람은 천리를 멀다 하지 않고 찾아오고, 혹 선조가 오래된 책을 가지고 있으면, 대부분 헌왕에게 바쳤으므로 책을 많이 얻었고 이를 한나라 조정 등에 주었다.13)

> 노魯나라 공왕이 궁실을 꾸미기를 좋아하여 공자의 고택을 헐고 그 궁실을 넓히는데 종경鐘磬과 금슬琴瑟의 소리를 듣고 결국은 감히 다시 훼손하지 못하였는데, 그 벽 속에서 고문의 경전을 얻었다.14)

조정과 재야의 상·하가 끊임없이 "벽 속에 감춘" 경전이 발견되었을 때 또한 반드시 한 문파의 새로운 경학이 형성되었으며, 조정에서도 끊임없이 표창하는 상황에서 이처럼 새롭게 출현한 경학도 또한 반드시 끊임없이 통용되는 경전의 "관학"의 지위를 모색하였다. 이처럼 새롭게 나타난 경학이 곧 고문경학이다.

---

12) 班固, 『漢書』(『二十五史』, 권1), 「藝文志」, 474쪽.
13) 班固, 『漢書』(『二十五史』, 권1), 「景十三王傳」, 560쪽.
14) 班固, 『漢書』(『二十五史』, 권1), 「景十三王傳」, 561쪽.

분명히 "협서령"의 폐지에 따라서 출현하기 시작하고 또 그 고문의 원래 모양으로 유행한 경전經典은 또한 고문경학의 최초 출현을 대표하였다.

　　서한의 말기에 이르러 고문경전의 대량 출현에 따라서 연구에 몰두하던 사람들도 끊임없이 관학의 신분과 박사와 제자의 설립을 추구하였으며, 유흠도 곧 고문경전의 관학 신분을 앞장서 주장하고 적극적으로 추진한 사람이었다.

　　유흠劉歆(BC 53?~AD 23)은 본래 서한 황실의 종친으로 "어려서부터 『시』・『서』에 능통하여 문소文召에 속할 수 있었으며, 성제成帝를 뵙고 대조환자서待詔宦者署(환관을 관리하는 부서의 문서관리)와 황문랑黃門郞(황제의 명령 전달, 黃門侍郞)이 되었다. 하평河平(成帝 때의 연호, BC 28~BC 25) 시기에 아버지 유향과 함께 영교비서領校祕書의 조직을 받고 육예전기六藝傳記를 강론하고 제자諸子・시부詩賦・수술數術・방기方技 등 연구하지 않은 바가 없었다. 유향이 세상을 떠난 후 유흠이 다시 중루교위中壘校尉가 되었다."[15] 단지 유흠의 이러한 출신과 경력으로만 봐도 그는 어려서부터 『시』・『서』에 통하였을 뿐만 아니라 자식으로 아버지의 가업을 계승하고, 그 직업도 또한 전문적으로 황실도서의 교열작업을 책임진 사람이었다. 따라서 역학에 대한 유흠의 작용을 반고班固는 다음과 같이 평가하였다.

　　유흠劉歆과 유향劉向 부자가 처음 같이 『주역』을 공부하였고, 선제宣帝 시기에 유향이 『곡량춘추穀梁春秋』를 전수받아 연구하기를 10여 년, 크게 밝게 학습하였으며, 유흠은 교비서校祕書로서 고문의 『춘추좌씨전』을 보고 유흠은 매우 그것을 좋아하였다. 당시 승상인 사윤함史尹咸이 『좌씨』를 잘 공부하고 유흠과 함께 경전經傳을 교정하였다. 유흠이 사윤함을 따르고 승상인 적방진翟方進(BC 53~BC 7)으로부터 전수받고 대의大義를 질문하였다. 처음의 『좌씨전』에는 많은 고자古字와 고언古言이 있어서 학자들이 훈고訓詁하여 전하였을 뿐이며, 유흠이 『좌씨』를 공부하고 전문傳文을 인용하여 경을 해석하고, 이미지를 바꾸어 뜻을 밝히고, 이에 장구와 의리가 갖추어졌다. 유흠도 또한 냉정하게 도모함이 있어 부자가

---

　15) 班固, 『漢書』(『二十五史』, 권1), 「楚元王傳」, 505쪽.

모두 옛것을 좋아하여, 널리 보고 뜻이 강직하여 보통 사람을 뛰어넘었다. 유흠은 좌구명이 좋아함과 싫어함은 성인聖人과 같으며, 몸소 부자夫子를 참견參見하고, 공양公羊·곡량穀粱은 70 제자의 후예로 전해 들음이 친히 본 것 같고 그 상세함과 간략함이 서로 달랐다고 보았다. 유흠이 여러 차례 유향에게 잘못을 지적하였는데, 유향은 이의異議가 있을 수가 없었으며, 여전히 스스로는 그 『곡량穀粱』의 의미를 지켰다. 그리고 유흠은 친근하게 『좌씨춘추』·『모시』·『일예逸禮』·『고문상서』를 모두 학관에 진열陳列하고자 하였다. 애제哀帝가 유흠에게 명령하여 오경박사와 그 뜻을 강론하게 하였고, 여러 박사가 간혹 '짝하는 상대로 인정하지 않았다.'…… 16)

실제로 이것은 이미 고문경학의 제2차 출현이며, 또한 관학의 신분을 요구하는 방식으로 출현하였다. 그리고 유흠은 당시의 신분이 황실의 위임을 받아 고전문헌을 전문으로 교열하는 비서祕書였다. 물론 이 하나의 공안公案의 기원으로 보면 유흠 부자는 모두 "『역』을 공부함"으로써 일어난 전문가이며, 이후 또 한 걸음 나아가 "『곡량춘추穀粱春秋』를 받았다." 그러나 유흠은 『곡량춘추』 외에 또 『춘추좌씨전』도 밝혀내었으며, 장기간의 깊은 연구를 기초로 "전문傳文을 인용하여 경전을 해석하고, 의미를 새롭게 전환(轉相)하여 밝혀냄"의 방법을 형성하였다. 따라서 그는 일찍이 승상인 적방진에게 "대의를 질문"하였고, 또 이러한 방법으로 부친인 유향에게도 잘못을 지적하였으며, 이에 유향은 "이의異議가 있을 수 없었다." 이로부터 유향 부자의 『곡량춘추』와 『좌씨춘추』에서 불일치가 생겨났다. 그리고 유흠은 한 걸음 더 노력하였으니 "『좌씨춘추』·『모시』·『일례逸禮』·『고문상서』를 모두 학관에 진열陳列하고자 한 것"이었다. 자연히 이것은 명백하게 고문경학이 금문경학과 나란히 학관에 진열되는 지위를 쟁취한 것이며, 심지어 당시 애제哀帝의 지지를 얻기까지 하였다. 그러나 금문경학의 박사들은 도리어 "짝하는 상대로 인정하지 않았다."

---

16) 班固, 『漢書』(『二十五史』, 권1), 「楚元王傳」, 506쪽.

이러한 과정에서 고문경학은 분명히 이미 완전하게 재야의 민간학술에서 직업적 관원에 의해 각성하여 제창되었을 뿐만 아니라, 또한 이미 "전문傳文을 인용하여 경을 해석하고, 이미지를 바꾸어 뜻을 밝힘"의 방법을 형성하였다. 그리고 당시의 금문경학은 자신의 부패하고 타락함과 비루한 일면을 충분히 보여 주었다. 왜 이렇게 말하는가? 실제로 이것은 반고가 논평한 "무제가 오경박사를 설립하고 제자와 관원을 열고, 과를 개설하여 사책射策(경술의 내용을 묻는 시험)을 보고, 벼슬과 녹봉으로 권하며, 그 처음을 시작한 지 백여 년이 지났지만, 전문 직업으로 삼는 사람이 날로 번성하고, 그 가지와 잎도 자못 무성하여, 하나의 경전에 대한 설명이 백만여 말이나 되고, 대사大師의 무리가 천여 명이나 되었다. 대게 이록利祿의 길 때문에 그렇다"[17]라고 한 말과 같다. 그렇지 않다면 유가경전에 관련된 중대한 학술 문제인 이상, 어찌 "짝하는 상대로 인정하지 않음"을 말할 수 있겠는가? 설마 금문경학은 고문경학과 대화할 수 있는 자격이 결여되었다는 말인가? 아니다. 주요 원인은 금문경의 박사들이 "짝하는 상대로 인정하지 않음"의 방식을 통하여 그것을 학관의 밖으로 배제시키려고 생각한 데 있다.

고문경학의 제3차 돌출에 이르면, 왕망의 섭정에서 줄곧 한왕조를 찬탈한 후 건립된 것은 신新왕조였다. 왕망은 외척 가문의 출신으로 효원孝元황후의 처조카였으며, "집안에는 무릇 아홉 후侯와 다섯 명의 대사마大司馬가 있었다." 그러나 그 부친이 일찍 죽었기 때문에 『한서』에는 왕망이 어려서부터 "고아로 가난하였고, 이 때문에 절개를 꺾고 공손하고 검소하였다. 『예경禮經』을 받고 패군沛郡의 진참陳參을 스승으로 섬겼으며, 근신謹身하고 박학하였으며, 유생과 같은 옷을 입었다"[18]라고 하였다. 왕망은 일찍이 유흠과 같이 황문랑이 되었으며 관계도 자못 친하였다. 이 때문에 그는 시작부터 중용重用되었을 때도 "유흠의 경전으로 문장을 썼다."[19] 이러한 관점에서 보면 당연히 그는 자신의 재능을 충분히 발휘하였다고 할 수

---

17) 班固, 『漢書』(『二十五史』, 권1), 「儒林傳」, 706쪽.
18) 班固, 『漢書』(『二十五史』, 권1), 「王莽傳」, 763쪽.
19) 班固, 『漢書』(『二十五史』, 권1), 「王莽傳」, 764쪽.

있으며, 이 이후 왕망의 벼슬길은 상승일로였으며, 이러한 과정을 자신이 스스로 서술하기를 "신은 원수元壽 2년 6월 무오戊午일 창졸스러운 밤, 신도후新都侯로 미앙궁未央宮에 입궐하였으며, 경신庚申일에 대사마를 제수받고 삼공三公의 자리에 충원되었다. 원시元始 2년 2월 병진丙辰일에 태부太傅로 제수받고 안한공安漢公으로 시호를 하사받고, 사보관四輔官으로 예우받았다. 올해 갑자에 다시 재형宰衡으로 제수받고 상공上公의 지위에 올랐다"[20]라고 하였다. 이것은 신하로서는 최고의 자리에 오른 것이며, 당연히 유씨의 강산을 찬탈할 야심이 한 걸음 더 팽창하였다.

왕망이 보정輔政 · 섭정攝政에서 신新왕조로 자립하는 과정에서 그가 유생 출신이기 때문에 유가의 전장典章을 잘 알고 있었고 따라서 그는 자신을 높여 주공周公에 비유하였을 뿐만 아니라(이 이전에 공자가 주공에 대하여 간절하게 마음속에 간직한 것 외에 아마도 오직 어불위만 높이 표창하였다.), 또한 자신이 스스로 세력을 만드는 방법으로 유가의 일련의 고문경전을 내놓았다. 예를 들면 그가 재형宰衡으로 임용되던 그해에 그는 다음과 같은 조치를 하였다.

> 왕망王莽이 명당明堂 · 벽옹辟雍 · 영대靈臺를 일으키고 학자들을 위하여 만구萬區에 건축물을 지어 시장을 열고 항상 창고를 채우고 제도를 더욱 성대하게 하였다. 『악경樂經』의 학관을 세우고 박사의 인원을 증가하니 경經마다 다섯 명이었다. 천하에 하나의 예예藝에 능통한 교수 열한 명 이상을 파견하고, 없어진 『예禮』 고문의 『서』 · 『모시』 · 『주관』 · 『이아爾雅』 · 천문天文 · 도참圖讖 · 종률鍾律 · 월령月令 · 병법兵法 · 『사편史篇』의 문자에 조예가 있는 사람은 그 뜻을 통지하여 모두 공거公車로 삼았다.[21]

만약 서한의 금문과 고문경학이 대치하는 상황으로 보면 이 또한 고문경학의 대변신이라고 할 수 있다. 그러나 왕망에 대하여 말하면, 또한 문화적 무대, 정치적

---

20) 班固, 『漢書』(『二十五史』, 권1), 「王莽傳」, 767쪽.
21) 班固, 『漢書』(『二十五史』, 권1), 「王莽傳」, 767쪽.

공연에서의 수작이자 연기에 불과하였다. 이러한 정황에서 원래 줄곧 고문경학을 창도한 유흠은 "모두 명당明堂을 다스리고 교화를 베풀며 열후列侯로 봉해졌다."22) 고문경학에 대하여 말하면, 이 또한 제3차의 매우 훌륭한 등장이라고 할 수 있다. 그러나 왕망의 신新왕조가 단명하였기 때문에 그가 높이 표창한 고문경학도 신왕조와 함께 소멸된 후 일단의 극히 암울한 나날을 보냈다.

이렇게 되면 고문경학이 관학의 지위를 얻는 마지막 충격은 동한시대에 일어났다. 유수劉秀가 유씨 종친의 신분으로 서한 말년의 농민봉기와 신망新莽정권을 섬멸함으로써, 왕망의 이러한 고문경학은 반드시 버려지게 되었고, 금문경학이 다시 독존의 지위를 회복하였다. 그러나 유수는 도참을 폐기하지 않았고, 또한 자기 정권의 합법성을 위해 도참과 상서로운 징조와 같은 것을 이용하여 논증을 진행하였으며, 이것은 고문경학이 관학의 지위를 얻는 충격적 기회를 남겼다. 또한 고문경학이 결국은 그 "장구章句와 의리義理"를 진행할 수 있게 됨으로써 민간에서의 영향도 점점 커졌다. 따라서 가규에 이르면 고문경학은 마침내 관학의 신분을 얻게 되었다.

가규賈逵(174~228)는 한나라 초기 정론가政論家인 가의賈誼(BC 200~BC 168)의 9세손이며, 그의 부친 가휘賈徽는 일찍이 "유흠으로부터 『좌씨춘추』를 전수받고 아울러 『국어國語』·『주관周官』을 학습하고, 또 도운塗惲(생졸미상)으로부터 『고문상서』를 전수받았으며, 사만경謝曼卿(생졸미상)으로부터 『모시』를 학습하고 『좌씨조례左氏條例』 21편을 지었다. 가규는 아버지의 가업을 다 전수받고 약관弱冠의 나이에 『좌씨전』과 오경의 본문을 외울 수 있었으며, 『대하후상서大夏侯尙書』로써 가르치고, 비록 고학古學이지만 겸하여 다섯 학자의 『곡량穀梁』설을 통하였다. 어릴 때부터 항상 태학에 머물렀기 때문에 인간사人間事에 어두웠다."23) 곧 가규의 이러한 출신으로 보면 분명히 고문경세가의 출신이라고 할 수 있다.

---

22) 班固, 『漢書』(『二十五史』, 권1), 「王莽傳」, 768쪽.
23) 范曄, 『後漢書』(『二十五史』, 권1), 「賈逵傳」, 1011쪽.

장제章帝 시대에 장제가 특히『고문상서』와『좌씨전』을 좋아하였기 때문에 조칙을 내려 가규를 북궁北宮의 백호관白虎觀에서 강의하도록 하였으며, 가규도 이 기회를 빌려 장제에게『좌씨전』을 위해 조목별 진술을 올렸다.

　　신이 삼가『좌씨』의 30가지 일과 특히 유명한 사람을 뽑아서 보니, 이것은 모두 군신의 정의正義와 부자父子의 기강紀綱이며, 그 나머지는『공양』과 10중 7·8은 같으며, 간혹 문간文簡(簡策 위쪽에 쓴 문장)이 조금 다르지만, 대체大體를 해치지는 않습니다. 예를 들면 제중祭仲·기계紀季·오자서伍子胥·숙술叔術의 무리처럼,『좌씨』의 뜻은 군왕과 아버지의 도리에 깊고,『공양』은 권변權變(政事에 잘 應變)에 잘 능하며, 그것의 상호 다름과 막힘은 진실로 두텁고 멀며, 억울함이 오래 쌓여 그렇게 분명하지 않습니다. 신이 영평永平(漢 明帝, 58~75) 중에『좌씨』와 도참圖讖을 합하여 올린 말씀은 선제先帝께서 '고루하고 촌스러운 말(芻蕘)을 남기지 않고, 신의 말을 살펴 받아들이시고 그 전고傳詁(傳의 해석)를 기록하고, 비서祕書로 간직하였습니다. 건평建平(哀帝 劉欣. BC 7~4) 중에 시중侍中인 유흠이『좌씨』학관을 세우고자 하여, 먼저 대의大義를 난폭하게 논의하지 않고 가볍게 일상으로 쓰며 그 의義가 가장 좋다고 믿었으며, 여러 유자를 헐뜯고 누르니 여러 유학자는 속으로 불복하고 서로 그를 배격하였습니다. 효애孝哀황제 때 거듭 대중의 마음을 거슬렀기 때문에 유흠을 하내태수河內太守로 내쫓았습니다.『좌씨』를 공격하고 결국 원망이 거듭되었습니다. 광무光武황제에 이르러 홀로 드러낸 지혜를 떨쳐『좌씨』와『곡량穀梁』을 일으켜 세웠으며, 두 선사先師는 도참을 깨우치지 않았기 때문에 중간에서 폐지하였습니다. 무릇 선왕의 도를 보존하는 까닭은 황제를 안심시키고 백성을 다스리려 하는 데 있습니다. 이제『좌씨』가 임금과 아버지를 존중하고 신하와 자식을 낮추며, 줄기를 강하게 하고 가지는 약화시키며, 선善을 권하고 악을 징계하며, 지극히 밝고 지극히 절실하며, 지극히 곧고 지극히 순順합니다. 이 삼대의 다른 사물은 손익損益이 때를 따르므로 선왕께서 널리 다른 학자들을 살피시고 각각 받아들임이 있었습니다.『역』에는 시수施讐와 맹희孟喜가 있고, 다시 양구梁丘의 역이 설립되었으며,『상서』에는 구양생歐陽生과 또 대大·소小의 하후夏侯가 있으며, 세 가지 경전의 차이도 또한 이와 같습니다. 또 오경의 전문가는 모두 도참으로 유씨劉氏가 요임금의 후손임을 증명하지 않았으나 오직 『좌씨』만 홀로 문장으로 밝혔습니다. 그런데 오경의 전문가는 모두 전욱顓頊이 황제黃帝를 대신한다고 하였는데, 요임금은 화덕火德이 되지 못하고, 『좌씨』는 소호少昊가 황제黃帝를 대신한다고 여겼는데 곧 도참에서 말하는 제선 帝宣(少昊)입니다. 만약 요임금이 화덕이 되지 못하면 한漢은 적색赤色의 덕德이 되지 못하며, 그것이 밝혀낸 바는 더 이롭고 실實이 더 많습니다.[24]

곧 가규가 올린 이 몇 개 조의 진술은 고문경학이 마지막으로 마침내 학관의 지위를 얻도록 하였다. 당연히 이것은 또 몇 년 이후의 일이기는 하다. "8년에 조칙을 내려 여러 유학자는 각각 뛰어난 제자를 선발하여 『좌씨』·『곡량춘추』·『고문상서』·『모시』를 배우도록 하였으며, 이로부터 네 경전이 드디어 세상에 유행하였다."[25] 그리고 유흠이 같은 해 제창한 『좌씨춘추』·『모시』·『일례』·『고문상서』가 결국 학관의 대오에 진입하였다.

가규의 이러한 상서 중에 우리는 아래 몇 가지 정보를 얻을 수 있다. 첫째, "광무光武황제에 이르러 홀로 드러낸 지혜를 떨쳐 『좌씨』와 『곡량』을 일으켜 세웠으며, 두 선사先師는 도참을 깨우치지 않았기 때문에 중간에서 폐지하였습니다"라는 말이다. 즉 양한兩漢의 황실에서 보면 물론 금문경학이나 고문경학이나 도참이 있는가의 여부와 황실정권을 위하여 합리적으로 논증을 진행할 수 있는가의 여부가 곧 관학의 표준을 확립할 수 있는가의 여부이다. 그렇다면 양한의 황실은 왜 이렇게 도참을 중시하였는가? 이에 대하여 피석서는 일찍이 이전 사람의 논술을 빌려서 다음과 같이 분석하였다.

왕충王充은 『논형論衡』에서 "무릇 오경은 또한 한가漢家(한왕조)가 설립한 것이며, 유생의 선정善政과 대의는 모두 여기서 나왔으며, 동중서가 『춘추』의 뜻을 표창하여, 법령에 합치하도록 하고, 괴이怪異함이 없다. 그러므로 『춘추』는 한漢의

---

24) 范曄, 『後漢書』(『二十五史』, 권1), 「賈逵傳」, 1011쪽.
25) 范曄, 『後漢書』(『二十五史』, 권1), 「賈逵傳」, 1011쪽.

경전이다. 공자가 제작하여 한나라에 물려주었다"라고 하였다. 왕중임王仲任(왕충의 자)이 공자가 제작하여 한나라에 물려주었다고 본 것은 『공양춘추』을 인용하여 한 말이다. 한칙비韓敕碑[26])에서는 "공자는 가까운 성인으로 한나라를 위해 도를 정하였다"라고 하였다. 사신비史晨碑에서는 "서쪽 교외에서 수렵하여 기린을 얻은 것은 한나라를 위해 만들어진 일이다"라고 하였다. 구양수歐陽修(1007~1072)는 한유漢儒를 협소하고 초라하다고 보았으며, 공자가 『춘추』를 지은 것이 어찌 오직 한나라에만 국한되겠는가? 성인의 경전이 모두 후세를 위한 입법임을 모르니, 한나라에 전하지 않더라도, 주周나라를 계승한 것은 한나라이고, 정통이 아닌 진秦나라의 제위帝位를 제외하면, 성인의 경전을 한나라가 제작하였다고 해도 안 될 것이 없다. 그리고 당시의 한나라로 말하면, 당시 사람들이 떠받듦이 곧 옛 성인聖人을 떠받듦이다. 예를 들면 구양수는 송宋에서 태어났으나 송나라는 공자의 가르침을 존중하여 공자의 경을 읽었으니 성경聖經은 송에서 만든 법이라고 해도 또한 안 될 것이 없다. 지금 사람들은 청나라에서 태어났으며, 청나라는 공자의 가르침을 존중하고 공자의 경전을 읽으니 성경을 청나라를 위해 제정한 법이라고 해도 또한 안 될 것이 없다. 구양수의 말이 어찌 구애받음이 심하겠는가?[27])

매우 분명하게 양한의 황실이 이와 같이 도참을 중시한 까닭은 도참이 구현하는 중신이 주로 그 경전이 곧 "한나라를 위해 제작된" 것임을 강조하는가? 즉 한漢 왕실 정권의 합법성을 충분히 논증할 수 있는가에 관건이 달려 있다. 구양수는 근본적으로 이처럼 겨우 "한나라를 위해 제작된" 것이라는 관점을 받아들일 수 없었으며, 마땅히 유가의 인문적 감성과 도덕이상주의 정신의 표현이라고 할 수 있다. 피석서가 말한 것도 어느 한 왕조나 어느 세대를 막론하고 단지 "공자의 가르침을 존중하고, 공자의 경전을 읽기"만 하면 공자가 그 입법의 관점은 아마도 어느 정도 도리가 있다고 말할 수 있지만, 그러나 결국은 어느 정도 "넘치고 비천僭賤

---

26) 역자 주: 東漢 永壽 2년(156)에 세운 禮器碑를 말한다.
27) 皮錫瑞 著, 周宇同 注釋, 『經學歷史』, 80~81쪽.

한 것"이 되고 말았다.

그러나 더 훌륭한 것은 그 다음에 있다. 가규의 관점을 살펴보면, "또 오경의 전문가는 모두 도참圖識으로 유씨劉氏가 요임금의 후손임을 증명하지 않았으나 오직 『좌씨』만 홀로 문장으로 밝혔습니다. 그런데 오경의 전문가는 모두 전욱顓頊이 황제黃帝를 대신한다고 하였는데, 요임금은 화덕火德이 되지 못하고, 『좌씨』는 소호少昊가 황제黃帝를 대신한다고 여겼는데 곧 도참圖識에서 말하는 제선帝宣(少昊)입니다. 만약 요임금이 화덕이 되지 못하면 한漢은 적색赤色의 덕德이 되지 못하며, 그것이 밝혀낸 바는 더 이롭고 실實이 더 많습니다"라고 하였다. 이처럼 고문경학이 학관으로 설립될 수 있는 까닭은 "『좌씨』만 홀로 문장으로 밝힘" 즉 "도참으로 유씨가 요임금의 후예임을 밝힘"이 있었을 뿐만 아니라, "『좌씨』는 소호少昊가 황제黃帝를 대신하였다고 여겼으며, 즉 도참에서는 제선帝宣(少昊氏)이라고 한 것이다." 이것은 곧 금문경학이 논증한 결론과 비교하면 또한 정확하고 적절하기 때문이다. 이러한 점에서도 볼 수 있는 것은 양한 황실이 "공자의 가르침을 존중하고 공자의 경전을 읽기"를 호소한 것은 결국 하나의 이용에 지나지 않으며, 곧 유학의 영향을 이용하여 자기 정권의 합법성을 논증하려는 것일 뿐이다. 그리고 한의 선제가 태자에게 훈계한 "한의 황실은 자신의 제도를 가졌으며, 본래 패왕의 도가 뒤섞였다.……"[28]라고 한 말이 곧 진정한 황실의 가법이다. 그래서 금문경학이든 고문경학이든 막론하고 오직 그 경전이 "한나라를 위해서 제작된 것"임을 돌출시켰다는 점에서 비로소 그것이 학관으로 설립된 진정한 원인이 되었다.

2. 금문·고문경학의 불일치: 유향과 유흠의 간격

만약 이른바 "도참"이 양한 정권의 합법성을 위하여 논증한 것으로 곧 고문경학

---

28) 班固, 『漢書』(『二十五史』, 권1), 「元帝紀」, 367쪽.

이 모두 관학이 되는 근본 원인이 되었다고 말한다면, 그 굴기의 역사로 보면 금·고문학의 간격은 반드시 또한 메울 수 없는 불일치가 존재한다. 그렇지 않다면 유흠이 창도한 고문경학의 도전에 직면하였을 때 금문경학의 박사들이 어떻게 "짝하는 상대로 인정하지 않은" 태도를 취할 수 있었을까?

금·고문경학의 불일치에 대하여 피석서는 매우 큰 영향력이 있다고 평가하였는데, 그 가운데 양자의 불일치를 개괄한 것은 이미 오늘날의 금·고문경학을 소개하는 유행어가 된 것 같다. 피석서는 다음과 같이 말하였다.

경학을 공부함에 반드시 한학을 종지로 삼아야 하지만 한학도 또한 변별이 있다. 전한의 금문학은 오로지 미언微言에서 대의大義를 밝히는 것이며, 후한에서 고문과 섞이면서 다양하고 상세한 장구章句와 훈고訓詁가 있었다. 장구와 훈고는 학자들이 싫어하는 마음을 다할 수가 없었으므로 이에 송유宋儒가 일어나서 의리義理를 말하였다. 이것이 한나라와 송나라의 경학이 나누어진 까닭이다. 오직 전한의 금문학만 의리와 훈고의 장점을 겸할 수 있었다. 무제와 선제의 사이에 경학이 크게 창성하여 가수家數(파별)가 아직 나누어지지 않고 순정純正하여 잡되지 않았으며, 그러므로 그 학문도 매우 정밀하여 유용하였다. 「우공禹公」이 황하를 치수함, 「홍범洪範」으로 변화를 관찰함, 『춘추』로써 옥사獄事를 판결함, 305편으로 간서諫書(奏章)에 해당시킴은 하나의 경을 공부하여 하나의 경만큼의 이익을 얻었다. 당시의 책들은 아깝게도 대부분 흩어져 없어졌다. 지금까지 전하는 것은 오직 복생의 『상서대전尙書大傳』이 대부분 고례故禮(본래의 예)를 보존하고 있어 「왕제王制」편과는 서로 출입出入이 있으나, 『서書』의 뜻을 해석한 것이 가장 오래된 것이다. 동중서의 『춘추번로春秋繁露』는 『공양公羊』의 삼과구지三科九旨[29]를

29) 역자 주: 科는 項目, 旨는 旨意를 뜻한다. '三科九旨'는 세 항목과 항목별로 세 가지 의미가 있음을 뜻한다. '三科九旨'에 관한 세 가지 의견이 있는데, 대표적으로 東漢의 宋衷이 쓴 『春秋注』에서 "三科는 첫째 三世(태평, 승평, 난세)를 엶, 둘째 三統을 보존함, 셋째 내외를 다르게 함, 이것이 삼과이다. 九旨는 첫째 시절, 둘째 달, 셋째 해, 넷째 王, 다섯째 天王, 여섯째 천자, 일곱째 나무람, 여덟째 폄하, 아홉째 단절함이다. '시절', '달', '해'는 상세하고 간략함의 뜻이며, '왕', '천왕', '천자'는 원근과 친소의 의미를 기록한 것이다. '나무람', '폄하', '단절'은 가볍고 무거움의 뜻이다"(三科者,

드러내 밝혔으며, 천인天人과 성명性命의 학문에 조예가 깊었다. 『한시』는 단지 『외전外傳』만 존재하고 시인詩人의 뜻을 미루어 연역하면 옛 뜻을 증명할 수 있다. 학자는 먼저 (『춘추』의) 세 책을 읽고 그 의미를 깊이 생각해야 비로소 한학漢學의 유용함이 정밀함에 있고 넓음에 있지 않은 까닭을 알며, 경전에 통하여 실제로 활용(致用)하며, 먼저 미언微言에서 대의를 찾고 그로써 장구와 훈고의 학문을 본다. 예를 들면, 유흠이 "문자를 분석함에 번쇄한 말과 자잘한 문장은 학자가 늙도록 해도 하나의 예藝도 궁구하지 못한다"라고 나무란 것은 그 어려움과 쉬움, 얻고 잃음이 어떠한가를 나타낸다.(고문학은 유흠에게서 나왔으며, 고문의 훈고가 남긴 폐해는 먼저 유흠이 나무란 것이니 후세의 支離하고 자질구레한 학문은 또한 유흠이 취한 것은 아니다.)[30]

양한 경학에 대한 피석서의 이러한 평가는 곧 이른바 금문경학은 자질구레한 말(微言)에서 대의大義를 찾음(이하 '微言大義'로 표기)을 중시하며, 고문경학은 오로지 장구와 훈고를 주석하는데, 이 관점은 거의 오늘날에도 경학연구에서 일상적으로 제기되는 화두이다. 그러나 피석서 본인이 금문경학의 입장임을 고려하면 이러한 관점은 또한 재분석이 필요하다. 우선, 이른바 금문경학이 중시하는 미언대의微言大義는 도대체 무엇을 가리키는가? 그 주요 표현이라는 것도 또한 동중서의 천인감응론과 재이견고설에 불과하다. 혹은 또한 피석서가 열거한 것처럼, "「우공禹貢」이 황하를 치수함, 「홍범洪範」으로 변화를 관찰함, 『춘추』로써 옥사獄事를 판결함, 305편으로 간서諫書(奏章)에 해당시킴"과 같은 종류와 이른바 "하나의 경전을 공부하면 경전 하나의 이익을 얻는다"와 같은 것이다. 그렇다면, 어떻게 「우공」 가운데서 "황하를 치수함"의 도리, 「홍범」에서 "변화를 관찰함", 또 『춘추』 가운데서 "옥사獄事를 판결함"의 원칙과 또 "305편" 가운데서 "간언諫言"의 비결을 발현할 수 있는가?

一曰張三世, 二曰存三統, 三曰異外內, 是三科也. 九旨者, 一曰時, 二曰月, 三曰日, 四曰王, 五曰天王, 六曰天子, 七曰譏, 八曰貶, 九曰絶. '時與日' '月', 詳略之旨也. '王與天王' '天子' 是錄遠近親疏之旨也. '譏與貶' '絶' 則輕重之旨也)라고 하였다.

30) 皮錫瑞 著, 周宇同 注釋, 『經學歷史』, 56~57쪽.

이것이 이른바 미언대의, 즉 미언 가운데 대의를 탐색함이다. 유가경전 가운데 당연히 이러한 도리가 결핍되지는 않지만, 만약 단지 "육경"의 경전이 곧 천하를 다스리는 도리를 포함하고 있다면, 이러한 세계는 또한 반드시 하나의 폐쇄된 사회이거나, 아니면 이러한 세계는 기본적으로 정지되고 더 이상 발전하지 않는다고 말하는 것은 이것이 우리의 선조가 이미 세상의 도리를 다 인식하였다고 생각했기 때문이다.

다시 고문경학에 대한 평가를 보면, 이른바 장구와 훈고는 무슨 뜻인가? 즉 이른바 고문경학도 완전히 문자의 구두句讀와 장구의 훈고에 초점을 맞춘다는 뜻이다. 고문경이 본래 선진시대 문자로 쓰인 경전이기 때문에 자구의 식별에서부터 장구의 훈해訓解까지는 자연히 절대적으로 필요한 전제조건이 되기 때문이다. 그러나 고문경 연구는 또한 단지 여기에 그치고 말았는가? 피석서가 인증하고 또 유흠이 "문자를 분석함에 번쇄한 말과 자잘한 문장은 학자가 늙도록 해도 하나의 예藝도 궁구하지 못한다"라고 풍자한 것과 같은 현상은 적어도 고문경의 창도인인 유흠도 이러한 현상에 만족하지 못한다는 것을 설명하였다. 이 점만 보면 이른바 장구와 훈고는 분명히 고문경학의 기본적 특색을 개괄하기에는 충분하지 않다. 그렇다면, 이것은 고문경학이 또 다른 그것이 논해야 하는 학문의 요지가 있다고 말할 수 있는가?

실제로 이 문제에 대해서도 우리는 양한 경학을 하나의 전체로 하여 가장 기본적인 공통적인 특징으로부터 그 역사적 발전을 분석할 수 있으며, 아울러 역사발전의 과정에서 그 서로 다른 입장과 서로 다른 주요 관심의 형성을 음미하고 연구할 수 있다.

한대 경학 확립의 표지는 당연히 한무제가 건원 5년에 "오경박사를 설치"한 것이지만, 한내 경학의 발생에 진정으로 영향을 준 것을 말한다면, 주로 동중서의 "현량문학을 천거함"에서의 대책對策(治國에 관한 황제의 질문에 대답함)이며, 또한 그 대책에서 처음 제출한 것이 역시 경학의 공통 특징을 충분히 표현하였다.

황제가 "짐이 지존의 자리와 큰 덕을 계승하고 무궁함을 전하며, 이 덕을 무한히 베풀고자 하는 임무가 크고 지켜야 할 책임이 중대하다. 이 때문에 밤새 불안하고 편안하지 않다.…… 듣건대, 오제五帝·삼왕三王의 도는 예禮를 개조하고 음악을 지으니 천하가 때맞추어 화합하였다. 유우씨有虞氏(舜임금의 성)의 음악은 소韶보다 더 성盛한 것이 없으며, 주周나라 때는 작勺보다 성한 음악이 없었다. 성왕聖王은 이미 세상을 떠났고, 종고鍾鼓와 완현莞弦의 소리는 아직 쇠퇴하지 않았으나, 대도大道는 쇠미하고 이지러지고 쇠퇴하여 걸주桀紂의 행태에 이르렀으니 왕도王道는 크게 붕괴崩壞되었다. 무릇 5백 년 사이에 선왕의 법도를 지킨 임금, 행정을 맡은 사인士人들이 선왕의 법을 지켜서 세상에 도움이 되기를 바라는 사람이 매우 많지만, 오히려 끝내 되돌리지 못하고, 날로 기울어져 없어지고 후왕後王(秦王)에 이른 후에 멈추었으니, 어찌 그 지켜야 할 것을 혹 황당무계하게 그 전통을 잃어버리겠는가? 진실로 하늘이 내린 명은 다시 되돌릴 수 없으니 반드시 크게 쇠퇴하도록 밀고 나간 후에 멈추도록 할 것인가? 오호라! 무릇 사소한 것일지라도 밤새 자지 않고 노력하며 상고의 교훈을 본받기를 힘쓰는 사람이 또한 장차 도움이 없을 것인가? 삼대가 천명을 받음에 그 부절符節(징표)이 어찌 있는가? 재이災異의 변화는 무엇에 인연하여 일어나는가? 성명性命(생명)의 실정이 혹 요절하고 혹 장수하며 혹 인仁하고 혹 비천하며, 항상 그 이름을 듣고도 그 이치에 밝지 못하다. 어떻게 훌륭한 정책을 받아들여 법령으로 시행하고 형벌을 가볍게 하고 간사함을 고쳐서 백성이 화락和樂하고 정사政事는 마땅하고 밝으며, 무엇을 고치고 무엇을 꾸며서 감로甘露를 내리고, 백곡百穀을 보태고 천하에 덕이 미치며, 은택이 초목에까지 미치며, 해와 달과 별이 온전하며, 추위와 더위가 고르며, 하늘의 보우保佑를 받고, 귀신鬼神의 명수命數(신령함)를 누리며, 덕택德澤이 넘쳐나 세상 밖까지 시행되고 만물에까지 이르게 할 수 있겠는가?"라고 하였다.[31]

폐하께서 덕음德音을 내시고, 밝은 조서를 내리시어 천명天命과 정성情性을 구하심은 모두가 어리석은 신들이 할 수 있는 일이 아닙니다. 신이 삼가 『춘추春秋』를 살펴본 것 가운데, 전대에 행해진 일을 보고, 그것으로써 '하늘과 사람이 서로

---

31) 班固, 『漢書』(『二十五史』, 권1), 「董仲舒傳」, 572쪽.

함께하는 경계'(天人相與之際)를 살펴보니, 심히 두렵습니다. 나라에 장차 도道를 잃은 패망敗亡이 일어나려 하면, 하늘은 이에 먼저 재이災異로써 허물을 깨우쳐 줍니다. 그래도 자성自省할 줄 모르면 또 괴이한 이변을 나타내어 놀라고 두렵게 하며, 그래도 변화할 줄 모르면 이에 좌절과 실패가 이르게 합니다. 이로써 천심天心이 인군人君을 인애仁愛하여 그 혼란을 멈추게 하려 함을 알 수 있습니다. 크게 도를 잃은 세상이 아니라면, 하늘은 온 힘을 다해 버티고 유지하게(扶持) 하고 모두 안전하게 하려 하며, 일함에 오로지 힘쓸 뿐입니다. 학문에 오로지 힘쓰면 견문이 넓어지고 앎이 날로 분명해지며, 도를 행함에 오로지 힘쓰면 도와 보전하려고 바라고 있습니다. 이에 대해 사람이 할 수 있는 일이란 배움뿐입니다. 배워 학문을 닦는다면 견문이 넓어지고, 지혜가 한층 밝아집니다. 배움으로써 도를 행하게 되면, 덕은 나날이 일어나며 크게 공功이 쌓이니, 이는 모두 사람을 부리면 곧장 이를 수 있고 효과도 있습니다.……

도道는 그로 말미암아 다스림에 이르는 길이며, 인仁·의義·예禮·악樂은 모두 그 도구입니다. 그러므로 성왕聖王이 세상을 떠난 뒤에도 자손이 수백 년 안녕히 오래 지낼 수 있는 것은 모두 예악교화의 공로功勞 때문입니다.[32]

여기서 한무제의 책문은 당연히 청년 황제로서 가장 관심 있는 문제 곧, "상고의 교훈을 본받기를 힘쓰는 사람이 또한 장차 도움이 없을 것인가? 삼대가 천명을 받음에 그 부절符節(징표)이 어찌 있는가? 재이災異의 변화는 무엇에 인연하여 일어나는가?"라는 것에 대한 표현이다. 이러한 모든 문제는 또한 한 사람의 큰 힘을 발휘할 군주로서 관심을 가지지 않을 수 없는 것이다. 그러나 동중서가 "폐하께서 덕음德音을 내시고, 밝은 조서를 내리시어…… 어리석은 신들이 할 수 있는 일이 아닙니다"라는 인사치레의 말을 한 후에 자신이 연구하고 학습한 것에 근거하여 분명하게 "신이 삼가 『춘추春秋』를 살펴본 것 가운데, 전대에 행해진 일을 보고, 그것으로써 '하늘과 사람이 서로 함께하는 경계'(天人相與之際. 이하 天人關係로 표시)를 살펴보니, 심히 두렵습니다. 나라에 장차 도道를 잃은 패망敗亡이 일어나려 하면,

---

32) 班固, 『漢書』(『二十五史』, 권1), 「董仲舒傳」, 572쪽.

하늘은 이에 먼저 재이災異로써 허물을 깨우쳐 줍니다. 그래도 자성自省할 줄 모르면 또 괴이한 이변을 나타내어 놀라고 두렵게 하며, 그래도 변화할 줄 모르면 이에 좌절과 실패가 이르게 합니다"라고 제의하였다.

서한시대 군신君臣 사이의 이 문답에 대하여 후인들은 그것을 이른바 "하늘과 사람의 상관관계"(天人相與之際)의 "재이·견고설"로 개괄하였다. 오늘의 시각에서 보면, 이 점은 아마도 경학이 역사 무대에 등장할 수 있는 최대의 특징일 것이다. 곧 피석서 본인도 이 "견고"의 합리성을 승인하지 않을 수 없었으므로 결국 그는 다음과 같이 분석하였다.

당시의 유학자들은 임금을 지존으로 여겼지만 두려워 기피함이 없었으며, 하늘의 모습을 빌려서 경외감을 표시하였고, 마치 그 임금이 덕을 잃은 자가 있으면 몹시 두려워하고 수양하고 반성하는 것과 같이 하였다. 이것은 『춘추』가 원元으로 천하를 통치하고, 천하를 통치함이 군주의 의義였으며, 또한 『역』은 신도神道로 가르침을 베푸는 뜻이다. 한유들은 이에 근거하여 그 임금을 바로잡았다. 그때는 임금이 바야흐로 경술經術을 존중하고, 유신儒臣을 중시였기 때문에 일식日蝕이나 지진地震을 만나면 반드시 아랫사람에게 자신이 죄가 있는가를 묻거나 혹 삼공三公을 면직시키기도 하였다. 비록 주周나라 선왕宣王이 재난을 만나서 두려워하는 것과 꼭 같지는 않지만, 몸을 기울여 수행하고, 또한 군신 간에 서로 경계하고 교훈을 남겼다. 이것이 또한 한나라 때에 공자의 가르침을 실행한 하나의 증거이다.[33]

즉 이것은 한무제가 지도사상을 어떻게 선택하여 "현량문학"에 대한 대책을 물을 것인가의 문제이며, 동중서의 대책은 "하늘과 사람의 상관관계"의 "재이·견고"의 현상을 통하여 "그 군주를 광정"하기를 시도한 것이며, 따라서 "그 임금이 덕을 잃은 자가 있으면 몹시 두려워하고 수양하고 반성하는 것과 같다. 원元으로

33) 皮錫瑞 著, 周宇同 注釋, 『經學歷史』, 69쪽.

천하를 통치하고, 천하를 통치함이 군주의 의義이며, 또한 『역』은 신도神道로 가르침을 베푸는 뜻이다"라고 하였다. 지금 보면, 이 점이 곧 한대 경학의 근본정신이라고 할 수 있다.

그러나 이 정신이 역사의 발전 과정에서 어떻게 변하는가? 물론 "현량 문학을 천거함"의 과정에서 동시에 이미 공손홍처럼 제왕이 생각하는 바를 생각하고, 제왕이 긴급하게 여기는 것을 긴급하게 여기는 이른바 "굴학아세屈學阿世"의 유학이 출현하였다. 그 후 이와 같은 자연현상을 통하여 표현된 "재이·견고설"은 또 점점 변화 발전하여 자연계의 "신기하고 기이함"과 "상서祥瑞로움"의 현상을 통하여 임금 통치의 합리성과 합법성 그리고 "덕정德政"에서의 하늘과 사람이 감응함을 논증하는 표현이 되었으며, 따라서 또 전문적으로 군주의 "덕정"에 대한 응답과 "포상襃賞"을 하는 현상이 되었다. 이제 『한서』 「왕망전王莽傳」에서 이와 같은 자연현상에 대한 이용을 살펴보자.

> 이에 뭇 신하들이 곧 성대하게 말하기를 "왕망王莽의 공덕功德이 주周나라 성왕成王 때 흰 꿩을 바친 것 같은 상서祥瑞로움에 이르렀으니, 왕망이 나라를 안정시키고 한왕조를 평안하게 하는 대공大功이 있으므로 마땅히 안한공安漢公이라는 호를 하사하고 봉읍封邑의 호수를 늘리고, 전지田地와 작읍爵邑을 내려 주시고, 위로 옛 제도를 따르고, 아래로 행사의 준행準行으로 삼고, 천심을 따르소서"라고 하였다. 태후가 『상서』에 따라 조칙을 내려 그 행사를 갖추었다.[34]

심지어 당시 이러한 자연현상을 통하여 권력자의 집권을 미화하는 방법까지도 변방 소수민족의 "조정에 귀속되어 속국이 되기를 원함"(願内屬)의 방식을 통하여 표현하였으며, 그 구체적 실천 방법에서는 여전히 "신기하고 기이함"과 "상서로운" 현상을 통하여 실현되었다. 예를 들면, 왕망이 중랑장을 파견하여 "금폐金幣를 가지고 새외의 강족羌族을 권유勸誘하여 땅을 헌납하고 조정에 귀속되어 속국이

---

34) 班固, 『漢書』(『二十五史』, 권1), 「王莽傳」, 764~765쪽.

되기를 원하게 하도록" 할 때 강족의 지도자는 일찍이 태황태후와 다음과 같은 대화를 나누었다.

> 양원良愿에게 항복할 의사를 물으니 대답하기를 "태황태후가 성스럽고 밝으며, 안한공安漢公은 지극히 인자하고, 천하는 태평하며, 오곡이 잘 익어, 혹 벼의 길이가 한 장丈이 넘고, 혹 하나의 조粟에는 세 개의 낟알이 있고, 혹 씨를 뿌리지 않았는데도 저절로 싹이 생겨나고, 혹 누에를 치지 않았는데도 고치가 저절로 만들어지고, 감로甘露가 하늘에서 내리고, 예천醴泉이 저절로 땅에서 솟아나고, 봉황이 날아와 춤추며, 신작神爵이 집단으로 내려왔습니다. 4년 이래 강족羌族 사람의 질고疾苦가 없으므로 네 가지 즐거움이 따라왔습니다"라고 하였다.[35]

비록 그 방법이 여전히 자연계의 "신기하고 기이함"과 "상서로운" 현상을 통하여 표현되었지만, 여기에 털끝만큼의 "견고"의 성분이 있는가? 전혀 없다. 모든 것이 단지 자연계의 "신기하고 기이함"과 "상서로운" 현상을 통한 황권(王莽을 가리킴)에 대한 아첨만 있다. 이것은 틀림없이 경학의 변화발전에서 중대한 현상이라고 할 수 있다. 만약 왕망 본인이 곧 "한나라를 찬탈할" 야심가라면, 유수劉秀라는 진룡眞龍 천자의 표현을 살펴보자. 유수는 당연히 서한 말년의 농민봉기와 왕망의 신왕조를 무력 제거한 뒤 비로소 한 왕실의 강산을 다시 얻은 사람이지만, "신기하고 기이함"과 "상서로운" 현상을 매우 좋아함은 도리어 왕망 못지않았다. 왜냐하면 유수가 그의 이름에 "수秀"를 사용하였는데, 바로 그가 출생하던 "그해에 상서로운 벼가 생겼는데, 한 줄기에 아홉 이삭이 열매를 맺었기 때문에, 그로 인하여 광무제의 이름을 수秀라고 지은 것이다."[36] 물론 민간에서 굴기한 유씨 성의 종친으로서 그 자연현상에 대하여 "견고"의 시각으로 그 "경외敬畏하고 자성自省함"의 일면을 받아들였을 뿐만 아니라, 동시에 "신기하고 기이함"과 "상서로운" 현상의 시각을

---

35) 班固, 『漢書』(『二十五史』, 권1), 「王莽傳」, 768쪽.
36) 范曄, 『後漢書』(『二十五史』, 권1), 「光武紀」, 804쪽.

따라 자신의 긍정적 의미를 얻는 일면도 있었다. 예를 들면 다음과 같다.

22년(AD 47) 9월 무진戊辰, 지진으로 땅이 갈라지니 조칙을 내려 "일전에 지진이 일어났는데 남양南陽이 특히 심하였다. 무릇 땅이란 사물을 맡아 지극히 무겁고, 안정되어 움직이지 않는 것이다. 이제 지진으로 갈라지니 허물이 임금에게 있다. 귀신은 순조롭지 않으면 덕이 없고, 재앙이 벼슬아치들에게 이르니, 짐이 매우 두렵다. 그러므로 남양에서는 전조田租와 사료세飼料稅를 거두지 말고, 범죄자들의 죄를 한 등급 감하여 행하고, 무진년 이전에 사형에 처할 죄수도 그 사형죄를 한 등급 감형하였다"[37]라고 하였다.

29년(AD 54) 봄 2월 정사丁巳 삭일朔日(초하루), 일식이 있었다. 사자를 보내어 억울하게 옥에 갇힌 사람의 말을 듣고 관련된 죄수를 내보냈다. 경신庚申에 세상의 죄지은 남자들에게 사면령을 내렸는데, 사람마다 2등급을 감형하였다. 환鰥(홀아비)·과寡(홀어미)·고孤(고아)·독獨(늙어 자식이 없는 사람)·독융篤癃(중병 걸린 사람)·가난해서 스스로 존립할 수 없는 사람들에게 곡식을 내리되 사람마다 다섯 곡斛(1곡은 10말)을 내렸다. 여름 4월 을축乙丑에 세상에 조칙을 내려 죄수 가운데 참수형 이하 각 급에 따라 한 등급씩 죄를 감형하였으며, 그 나머지 각각 차별에 따라 노역勞役으로 속죄하게 하였다.[38]

중원中元 원년(AD 56)에 경사京師(서울)에서 예천醴泉이 솟아났는데, 그것을 마신 사람은 고질병이 모두 치유되었으나 오직 애꾸눈과 절름발이는 치유되지 않았다. 또 물가에서 적초赤草가 생겨났고, 군국郡國에는 자주 감로甘露가 내렸다. 군신群臣이 상주하기를 "땅의 신령함이 응하고 주초朱草가 싹을 틀었다. 효선제孝宣帝 때 아름다운 상서로움(嘉瑞)이 있을 때마다 문득 연호를 고쳤다. 신작神爵·오풍五風·감로甘露·황룡黃龍이 나타남에 자세한 연보를 열거하였는데, 대개 신령함에 감응하여 덕과 믿음을 표창하였다. 이 때문에 교화가 이루어져 승평昇平(나라가

37) 范曄, 『後漢書』(『二十五史』, 권1), 「光武紀」, 803쪽.
38) 范曄, 『後漢書』(『二十五史』, 권1), 「光武紀」, 803쪽.

태평함)에 이르니 중흥中興이라고 하였다"라고 하였다.…… 이 해에 처음으로 명당明堂·영대靈臺·벽옹辟雍을 짓고 북쪽 교외에 묘역을 조성하였다. 그리고 세상에 도참을 선포하였다.39)

유수가 서한 강산의 중계와 중흥자로서 마땅히 역사상 보기 드문 명군이라고 하며, 따라서 "허물이 임금에게 있다"라는 자성과 "억울하게 옥에 갇힌 사람의 말을 듣고 관련된 죄수를 내보냄" 등 세상에 대사면을 내리는 조치를 하였으나, 마지막에는 여전히 이른바 "명당明堂·영대靈臺·벽옹辟雍을 짓고…… 세상에 도참을 선포"하는 행위를 면하기 어려웠다. 이러한 행위는 실제로 또한 역대 제왕들이 도참을 통하여 자아의 긍정과 자기 표창으로 회귀하는 전철과 같았다. 따라서 가규賈逵가 "광무光武황제에 이르러 홀로 드러낸 지혜를 떨쳐 『좌씨』와 『곡량穀梁』을 일으켜 세웠으며, 두 선사先師는 도참을 깨우치지 않았기 때문에 중간에서 폐지하였습니다"라고 한 말은 사실 곧 유수가 도참을 통하여 자아긍정과 자기표창을 시도한 표현이다.

이러한 시각에서 보면, 역사적으로 자연의 "재이" 현상으로부터 "경외"와 "자성"의 작용을 얻을 수 있는 사람은 대개 명군明君으로 간주할 수 있다. 그러나 무릇 자연계의 "신기하고 기이함"과 "상서로운" 현상에 심취하여 자아긍정과 자기표창을 하는 사람은 반드시 혼군昏君에 속한다. 그러나 문제는 동중서가 "하늘과 사람이 서로 함께하는 경계"로써 "재이·견고설"을 제출한 후에 이처럼 자연계의 "재이·견고"현상을 통하여 끊임없이 "재이"로부터 "신기하고 기이함"과 "상서로움"의 방향으로 진화 발전해 나가는 데 있는데, 이것은 결국 사람들이 주시하는 시각의 전이轉移인가 아니면 "천의" 자체가 이처럼 변화한 것인가? 그러나 이 점은 틀림없이 경학 자체가 주시하는 시각의 전화를 나타낸다. 이러한 전화로 인하여, 비로소 가규는 고문경학을 가볍고 쉽게 "관학官學"의 대오로 들여보낼 수 있게

---

39) 范曄, 『後漢書』(『二十五史』, 권1), 「光武紀」, 803~804쪽.

되었다. 범엽范曄이 가규에 대해 "어릴 때부터 항상 태학에 머물렀기 때문에 인간사人間事에 어두웠다"[40]라고 한 구절은, 윗사람의 뜻을 추측하는 데 능하고 또 세력을 빌려 말하는 데 능한 가규에 대하여 한 말이며, "인간사人間事에 어두웠다"(이른바 책벌레)라는 말은 곧 양심을 속이는 허튼소리이다. 오히려 피석서의 평가는 그 가운데의 부분적 실정을 나타낸다.

한유들이 말하는 재이는 실제로 징험이 있었다.…… 왕망 때 참언으로 "유수劉秀가 천자가 된다"라는 말이 있었고, 특히 분명히 증명되었다. 그러므로 광무제는 적복부赤伏符(붉은색의 예언서)로 명命을 받았으며, 깊이 참위를 믿었다. 오경의 뜻은 모두 참언으로 결정하였다. 가규賈逵는 이로써 『좌씨』를 일으켰고, 조포曹褒는 이로써 한나라의 예禮를 정하였다. 이에 오경은 외학外學이 되고 칠위七緯가 내학內學이 되어 드디어 일대의 풍기風氣(풍속)가 되었다.[41]

분명히 "재이견고"에서 참위의 충만까지, 다시 "신기하고 기이함"과 "상서로움"으로 태평을 가장하기까지, 아울러 이로써 전제정권의 합법성을 논증하는 것은 곧 경학 발전의 총체적 추세이다. 이러한 추세 속에서 관학 행렬에 진입한 고문경학은 단지 가규가 그것을 추천하는 방식을 통한 그 자체가 곧 그 성질에 대한 가장 좋은 설명이다. 그러나 금·고문경학 사이에는 분명히 차이가 존재하며, 진정으로 금·고문경학의 차이와 불일치를 비교하여 잘 나타낼 수 있는 것은 아마도 유향과 유흠 부자보다 나은 것이 없을 것이다. 관계를 논하면 그들은 당연히 혈연으로 서로를 계승한 부자父子이며, 그 직업을 논하면 유흠은 성년이 되었을 때 "조칙을 받아 아버지 유향의 영교비서領校祕書가 되었으며,…… 유향이 세상을 떠난 뒤 유흠이 다시 중루교위中壘校尉가 되었다."[42] 이것은 혈연은 물론 직업으로도 그 부자는 모두 앞뒤로 이어지는 관계이지만, 금·고문경학이 서로 다른 지조를 지킨다는

---

40) 范曄, 『後漢書』(『二十五史』, 권1), 「光武紀」, 1011쪽.
41) 皮錫瑞 著, 周宇同 注釋, 『經學歷史』, 71쪽.
42) 班固, 『漢書』(『二十五史』, 권1), 「楚元王傳」, 505쪽.

면에서 그 부자는 뜻밖에도 대립하는 관계이다. 이것은 아주 깊이 연구해 볼 만한 관계가 되었다.

유향(BC 77~BC 6)은 자가 자정子正, 본명은 갱생更生, 서한의 황실 출신으로 초원 왕楚元王 유교劉交의 4세손이다. "나이 12세에 아버지 유덕劉德(?~BC 130, 河間獻王)에 의해 연랑輦郎으로 임용되었다. 약관에 이미 토목정비를 갈고 닦아 간대부諫大夫가 되었다.…… 마침 처음 『곡량춘추』를 설립하였을 때 갱생更生(유향)을 불러 『곡량』을 수업 받게 하였으며, '오경'을 석거각石渠閣에서 강론하였다. 다시 낭중郎中·급사황문給事黃門을 제수받고, 산기散騎·간대부諫大夫·급사중給事中을 거쳤다."[43] 그의 50여 년의 정치 생애에서 유향은 일찍이 두 번이나 감옥에 갇혔고, 두 차례 죄를 지어 면직되어 서인庶人이 되었다.(그 가운데 한 차례는 심지어 10년 넘게 "파직되어 임용되지 못함"의 경력이 있다.) 그러나 그는 항상 그 충직한 본성을 바꾸지 않았다. 비록 깊이 황제의 신임을 얻었지만, 외척과 환관의 반대 때문에 항상 중용重用되지 못하였다. 유향의 일생에서 벼슬이 높아지는 최대의 장애가 되고 또 여러 번 타격을 받게 된 근원은 뜻밖에도 자신의 아들 유흠이 힘을 다해 은혜에 보답한 왕씨 가족 때문이었다. 유향과 외척인 왕씨 사이의 은원恩怨에 대하여 반고는 일찍이 다음과 같이 평가하였다.

> 유향은 자신의 견해를 임금에게 믿음을 얻었으므로 항상 종실에서 송사를 분명히 하였고, 왕씨王氏와 재위하고 있는 신하들을 비웃고 풍자하였는데 그 말이 자못 통절痛切하였고 지극히 성실하였다. 임금이 여러 번 유향을 구경九卿으로 등용하고자 하였으나 매번 왕씨로서 현직에 있는 사람과 승상과 어사의 지지를 받지 못하였으므로 승진하지 못하였고, 대부의 반열에서 30년 넘게 머물다가 72세로 세상을 떠났다. 세상을 떠난 후 13년 만에 왕씨가 한나라를 대신하였다.[44]

---

43) 班固, 『漢書』(『二十五史』, 권1), 「楚元王傳」, 501쪽.
44) 班固, 『漢書』(『二十五史』, 권1), 「楚元王傳」, 505쪽.

이러한 경력으로 보면, 외척인 왕씨는 그야말로 유향의 일생에서 벼슬 승진의 최대 난적難賊이었으며, 유향은 평생 확실히 불요불굴不撓不屈하게 외척 및 고위 고관과 투쟁하였으며, 그 투쟁의 무기는 뜻밖에도 동중서 이래 금문경학의 전통무기, 즉 "재이·견고설"이었다. 이러한 점에서 보면 그들 부자 두 사람은 정치에서 학술까지 거의 모두 대립적 입장이었다.

그러나 유향이 진술한 "재이·견고설"은 이미 동중서처럼 직접 자연현상을 통하여 전개한 해석과는 아주 크게 달랐으며,『곡량춘추』에 대한 연구를 통하여 역사적 무게감을 최대한 증가시켰고, 어느 정도는 믿음성을 증가시켰다. 이러한 방면의 내용은 뜻밖에 모두 그가 황제에게 올린 상서에 드러난다.

242년 동안 일식이 서른여섯 차례, 지진이 다섯 번, 임금의 무덤이 무너진 것이 두 번, 혜성彗星이 세 번 나타났으며 밤에 보통의 별이 보이지 않고, 밤중에 별똥이 비처럼 떨어진 것이 한 번 화재가 열네 번 일어났습니다. 북쪽의 소수민족인 장적長狄이 세 번 쳐들어왔으며, 다섯 번의 운석隕石이 떨어졌으며, 육역六鶃(六鶃)이라는 새가 날아갔으며, 메기 떼, 역鶂(물여우), 비蜚(메뚜기 떼), 구관조九官鳥가 집을 찾아온 것이 모두 한 번씩이었습니다. 낮이 어두컴컴해지고, 비가 내려 수빙樹氷(상고대)이 생기고, 오얏과 매화가 겨울에 맺고, 7월에 서리가 내려도 초목이 죽지 않고, 8월에 콩이 죽고, 큰비와 우박이 내렸으며, 비와 눈 우레와 번개가 질서를 잃고 상승相乘하였습니다. 수해水害·한해旱害·기아饑餓와 여蠡(좀벌레)·종螽(메뚜기)·명봉오螟蜂午(벼 해충)가 함께 일어났습니다. 이러한 때를 당하여 화란禍亂에 매번 응할 때 임금을 시해함이 서른여섯 번, 나라가 망한 것이 쉰두 번이었으며, 제후들이 다투어 도망가고, 위후衛侯는 초하루마다 불러도 가지 않았으며, 제齊는 명命을 거슬러 초하루에 협조하였습니다. 다섯 대부大夫가 정권을 다투고, 세 임금이 자리를 바꾸었으며 올바르게 다스릴 수가 없어서 결국 쇠약해져서 다시 일어날 수 없었다. 이로써 보면, 화기和氣가 상서로움을 이루고, 괴기乖氣(어긋난 기)가 재이를 초래합니다. 상서로움이 많으면 나라를 평안하게 하게 재이가 많으면 그 나라를 위험하게 하며, 천지의 마땅한 도리는 고금古今의 통달한 의義입니다. 이제 폐하께서 삼대의 업을 열고 문학文學의 사인士人을 초빙하여,

유유자적하여 관용을 베풀어 함께 나아갈 수 있게 하였습니다. 이제 어진 사람과 모자라는 사람이 뒤섞이고 흑백이 분명하지 않고, 사악함과 올바름이 뒤섞이고, 충언忠言과 참언讒言이 함께 나아갑니다.…… 무릇 권력을 타고 세력에 의지하는 사람, 아들과 제자가 조정에 떼 지어서 모이고 좌우에서 보좌하고, 보이지 않게 부합하는 자가 많으며, 앞으로는 집결하고, 비방과 칭찬이 장차 반드시 쓰여 결국에는 괴리乖離가 오래되었습니다. 이 때문에 해와 달이 빛을 잃고, 눈과 서리가 여름에 내리고 바닷물이 끓어 넘치고, 구릉과 계곡이 바뀌고, 열성列星이 운행을 잃었으니 모두 원기怨氣로 인하여 비롯된 것입니다.[45]

매우 분명하게 유향은 여기서 완전히 『곡량춘추』의 전통을 통하여 자연적인 재이를 직접 조정의 문란함으로 귀결시켰으며, 특히 "권력을 타고 세력에 의지하는" 외척으로 돌렸다. 따라서 "화기和氣가 상서로움을 이루고, 괴기乖氣(어긋난 기)가 재이를 초래합니다. 상서로움이 많으면 나라를 평안하게 하게 재이가 많으면 그 나라를 위험하게 하며, 천지의 마땅한 도리는 고금古今의 통달한 의義입니다"라고 하였다. 그리고 당시의 조정이 문란한 까닭은 주로 "권력을 타고 세력에 의지하는 사람, 아들과 제자가 조정에 떼 지어서 모이고 좌우에서 보좌하고, 보이지 않게 부합하는 자가 많으며, 앞으로는 집결"하기 때문이며, 또한 "해와 달이 빛을 잃고, 눈과 서리가 여름에 내리고 바닷물이 끓어 넘치고, 구릉과 계곡이 바뀌고, 열성列星이 운행을 잃는" 데까지 이르게 하였다. 종합하면 이러한 모든 현상은 "모두 원기怨氣로 인하여 비롯된 것이다."

그러나 서한의 황실종친으로서 유향도 황제에게 비판교육을 진행할 수 있는 기회를 결코 놓치지 않았을 뿐만 아니라, 또한 그 비판도 매우 간절하였다. 따라서 문란한 조정과 자연현상 사이의 상호 재해를 열거한 후에 유향은 또 한 걸음 더 나아가 이 모든 것을 직접 황상의 용인用人으로 돌렸다. 그는 다음과 같이 말하였다.

---

45) 班固, 『漢書』(『二十五史』, 권1), 「楚元王傳」, 502~503쪽.

그러한 까닭은 원찰하면, 참언讒言과 사악함이 함께 나아갑니다. 참언과 사악함이 함께 나아가는 까닭은 임금이 의심이 많기 때문에 이미 현명한 사람을 기용하여 선정善政을 행하는데도 혹시 참소가 있으면 어진 사람이 물러나고 선정은 사라집니다. 무릇 의심하는 마음을 가진 사람은 비방誹謗하고 중상中傷하는 입을 부르며, 끊임없는 뜻을 견지하는 사람은 여러 악당의 문을 여는 것입니다. 참언과 사악함이 함께 나아가면 어진 사람들은 물러나고, 악당이 많아지면 올바른 사인士人이 소멸됩니다.……『역』에서 "어려움을 해산함에 크게 호령한다."(역자 주: 渙卦 九五, 渙汗其大號)라고 하였는데, 호령은 한汗(임금의 호령)과 같으니 임금의 호령이 나오면 돌이킬 수 없는 것이다. 이제 선善한 명령을 내려 아직 다 이르기 전에 되돌리면 이는 호령을 되돌리는 것이다. 어진 사람을 등용하여 아직 30일도 지나지 않았는데 물러나면 이는 전석轉石(물에 떠내려온 돌)이다. 『논어』에서 "불선不善을 보면 끓는 물에 손을 담그는 것처럼 하라"(『論語』, 「季氏」, "見不善如探湯.")라고 하였다. 이제 두 정부에서 아첨으로 부당하게 그 자리에 있으면서 여러 해 동안 물러나지 않았습니다. 그러므로 명령을 내리면 마치 호령은 되돌리는 것과 같으니, 어진 사람을 쓰게 되면 마치 물에 떠내려 온 돌과 같으니, 아첨을 물리침은 산을 뽑는 것과 같으니 이처럼 음양의 조화를 기대하는 것이 어찌 어렵지 않겠습니까?[46]

유향이 이미 황제의 연장자로 종친으로 어릴 때부터 관료사회에 진출하였기 때문에, 관료사회에 대한 그의 통찰은 그야말로 논리가 투철하고 정곡을 찌른다고 할 수 있으며, 그 비판의 창끝은 제왕의 용인의 마음을 직접 겨누었다. 따라서 유향이 보기에 이러한 "참언과 사악함이 함께 나아가면 어진 사람들은 물러나고, 악당이 많아지면 올바른 사인士人이 소멸되는" 상황이 조성된다. 관건은 또한 제왕이 근본적으로 조정을 교란시키는 외척과 간사하고 아첨하는 소인배를 근절하려고 하지 않는다는 것이다.

다른 한편으로, 제왕의 사후死後의 일에 관하여 유향의 건의는 또 매우 이성적이

---

46) 班固, 『漢書』(『二十五史』, 권1), 「楚元王傳」, 503쪽.

었으며, 오늘날까지도 여전히 그 적극적 의미를 잃지 않았다. 그 원인은 당시 성제成帝가 창릉昌陵을 크게 영건營建하려고 생각하여 스스로 하나의 사치스럽고 호화로운 (사후) 안식처를 건조하려고 하였고, 유향은 역사적 시각에서 역대의 묘릉의 변천을 분석하여 종합적으로 "예부터 지금까지 장례는 시황만큼 성대한 사람은 아직 없었습니다. 수년 동안 밖으로는 항적項籍(項羽)의 재해를 입었고, 안으로는 목수牧豎(牧童)에 의한 실화失火의 화禍[47]를 입었으니 어찌 슬프지 않겠는가?"[48]라고 하였다. 이것은 앞서 경고한 방식으로 성제가 창릉을 크게 영건하려는 마음을 깨뜨린 것과 같으며, 그 후 또한 조용하게 다음과 같이 건의하였다.

> 폐하께서 즉위하시어 친히 근검절약하시니 비로소 초릉初陵을 영건營建함에 그 규모가 간략하고 작아서 세상 사람들이 현명하다고 칭찬하지 않은 사람이 없었습니다. (그런데 그 무덤을) 창릉昌陵으로 옮기면서 비석을 더욱 높이고 흙을 쌓아 산처럼 만들고, 백성들의 분묘墳墓를 파헤친 것이 누적되어 수만 개나 되었고, 영건을 위한 거주지가 읍을 이루고 기일을 대단히 절박하게 하고, 공력과 비용도 많게는 백만이 넘습니다. 죽은 사람은 지하에서 원망하며, 산 자는 지상에서 근심하니 원망의 기운이 음양을 감동하고 이로 인해 기근이 생기고, 사망하고 떠도는 사람이 수십만 명이나 되니 신은 매우 우려스럽습니다. 죽은 사람이 지각이 있다면 다른 사람의 무덤을 파헤쳤으니 그 해가 많을 것이며, 만약 (죽은 사람이) 지각이 없다고 해도 또한 어찌 그렇게 크게 하겠습니까? 도모함이 현명하고 지각이 있으면 기뻐하지 않을 것이며, 많은 서민에게 보인다면 그것을 고통으로 여길 것이며, 만약 진실로 어리석은 지아비와 음란하고 사치한 사람을 즐겁게 하려고 한다면 또한 왜 하려 하십니까? 폐하께서는 인자仁慈하시고 돈독함이 아름답고 도탑고 총명함으로 소통함이 세상을 덮으니, 마땅히 한왕조의 덕을 넓히시고 유씨劉氏의 아름다움을 숭배하고, 오제五帝와 삼왕三王을 밝혀 부지런히 힘쓰십니다. 그러나 도리어 포악한 진나라의 어지러운 군주와 사치함을 다투시

---

47) 역자 주: 진시황릉의 묘가 목동이 양을 찾는 횃불에 불타게 된 사건(『한서』, 「유향전」)
48) 班固, 『漢書』(『二十五史』, 권1), 「楚元王傳」, 504쪽.

니 구롱丘隴(진시황이 죽은 곳)과 흡사하며, 어리석은 남자의 안목을 즐기고, 일시의 경관을 성대하게 하고, 현명하고 지각 있는 사람의 마음을 버리고, 만세의 안녕을 망치니 신은 남몰래 폐하를 부끄럽게 여깁니다.[49]

이와 같은 비판적 건의는 아마도 오직 유향과 같은 황실 종친 어른만이 할 수 있은 일이지만, 그 사상은 확실히 매우 귀중하다. 따라서 이 문장의 끝에서 유향은 또 성제에게 하나의 표준을 제시한다. "효문孝文황제는 분묘墳墓를 씀에 장례를 간단하게 하고, 검소하게 신神을 안돈하였으니 모범으로 삼을 수 있습니다. 진秦의 소왕昭王과 시황은 (무덤에) 산을 쌓듯 후하고 훌륭하게 하고, 사치함으로 생업을 해쳤으니 족히 경계로 삼을 만합니다"[50]라고 하였다. 성제成帝는 유향의 상소를 본 후, "매우 유향의 말에 감동하였으나 그의 헤아림을 따를 수 없다"[51]라고 하였다.

유향의 이러한 비판과 건의는 모두 『곡량춘추』로부터 나왔으며 아울러 그 당시에 가까운 역사적 배경과 결합하여 전개된 것이며, 따라서 비록 천인天人과 음양감응의 기초에서 전개된 재이·견고의 방면에 관한 내용이지만, 동중서처럼 직접 자연의 재이현상을 이용하여 견고를 진행한 것에 비하면 훨씬 더 절실하고, 현실과의 결합도 매우 긴밀하다. 이러한 시각으로 보면 또한 천인감응을 배경으로 하는 "재이·견고설"은 곧 서한 금문경학으로 정치를 규범화하고 정권에게 충고하는 주요한 '전장典章과 법도章法'라고 할 수 있다. 이러한 장법章法은 동중서의 『공양춘추』가 유향의 『곡량춘추』로 전환된 후 조정을 규범화하는 장법도 비교적 성숙되었다.

그러나 성숙된 정치이론은 도리어 유향의 정치생명을 구하지는 못하였고, 또한 서한 왕조가 "찬탈"당하는 운명도 구할 수 없었다. 따라서 그의 아들 유흠은 그 아버지의 인민을 위한 정치참여의 도리에 대하여 거의 전면적으로 배반하였다.

---

49) 班固, 『漢書』(『二十五史』, 권1), 「楚元王傳」, 504쪽.
50) 班固, 『漢書』(『二十五史』, 권1), 「楚元王傳」, 504쪽.
51) 班固, 『漢書』(『二十五史』, 권1), 「楚元王傳」, 504쪽.

정치적으로 보면 유흠은 당시에 황문랑이 되었을 때 일찍이 왕망과 같은 반열이었으며, 또한 관계도 아주 익숙하였다. 왕망도 그의 재주를 깊이 사랑하였으므로 그에 의해 중시되고 포섭됨을 면하기 어려웠다. 따라서 왕망이 득세한 후에 유흠도 마침내 "문장을 주관함"과 "명당을 다스리고 교화를 펼치고 열후列侯로 봉해졌다."[52] 그리고 또 "국사國師"로 추앙받게 되었다. 그러나 이 "국사"는 자연히 왕망이 한나라 강산을 찬탈하는 나팔수가 되었으며, 당연히 유흠으로 말하면 그는 또한 왕망의 권세를 빌려서 고문경학을 창시하려는 계획도 포함하고 있었을 것이다. 따라서 최후까지 유흠은 또 왕망을 "동쪽 남양南陽에서 천자를 내린다"[53]라고 겁박하려고 하였으나 결국은 실패하고 자살하였다. 이로써 그 일생의 밝고 선명한 저녁놀 같은 길에 마침표를 찍었다.

학술상에서 유흠이 유향의 금문경학의 입장을 배반한 정황은 조금 복잡하다. 왜냐하면, 유흠은 "어려서부터 『시』·『서』에 능통하여 문소文召에 속할 수 있었으며, 성제成帝를 뵙고 대조환자서待詔宦者署와 황문랑黃門郎이 되었다. 하평河平 시기에 아버지 유향과 함께 영교비서領校祕書의 조칙을 받고 육예전기六藝傳記를 강론하고 제자諸子·시부詩賦·수술數術·방기方技 등 연구하지 않은 바가 없었다. 유향이 세상을 떠난 후 유흠이 다시 중루교위中壘校尉가 되었다"[54]기 때문이다. 이는 그 경력을 보기만 하면 유흠은 분명히 전문적이고 이론탐구에 뛰어난 유생이었다. 그러나 "유흠과 유향이 처음에는 모두 『역』을 공부하였고, 선제宣帝 시기에 유향이 『곡량춘추穀梁春秋』를 전수받아 연구하기를 10여 년, 크게 밝게 학습하였으며, 유흠은 교비서校祕書로서 고문의 『춘추좌씨전』을 보고 매우 그것을 좋아하였다. 당시 승상인 사윤함史尹咸이 『좌씨』를 잘 공부하고 유흠과 함께 경전經傳을 교정하였다. 유흠이 사윤함을 따르고 승상인 적방진翟方進(BC 53~BC 7)으로부터 전수받고 대의大義를 질문하였다. 처음의 『좌씨전』에는 많은 고자古字와 고언古言이 있어서 학자들이

52) 班固, 『漢書』(『二十五史』, 권1), 「王莽傳」, 768쪽.
53) 班固, 『漢書』(『二十五史』, 권1), 「王莽傳」, 768쪽.
54) 班固, 『漢書』(『二十五史』, 권1), 「楚元王傳」, 505쪽.

훈고訓故하여 전하였을 뿐이며, 유흠이 『좌씨』를 공부하고 전문傳文을 인용하여 경을 해석하고, 이미지를 바꾸어 뜻을 밝히고, 이에 장구와 의리가 갖추어졌다." 이 점에서 보면, 유흠은 일찍부터 이미 유향의 『곡량춘추』에서 『좌씨춘추』의 입장으로 전향하였으며, 따라서 그는 "좌구명이 좋아함과 싫어함은 성인聖人과 같으며, 몸소 부자夫子를 참견參見하고, 공양公羊·곡량谷梁은 70 제자의 후예로 전해 들음이 친히 본 것 같고 그 상세함과 간략함이 서로 달랐다고 보았다. 유흠이 여러 차례 유향에게 잘못을 지적하였는데, 유향은 이의異議가 있을 수가 없었으며, 여전히 스스로는 그 『곡량穀梁』의 의미를 지켰다." 이것은 처음 유흠이 『좌씨춘추』를 연구할 때부터 그 부자는 유가경전에서 이미 서로 다른 학술적 선택을 형성하였음을 설명한다.

이러한 상황에서 유흠이 "『좌씨춘추』·『모시』·『일례』·『고문상서』를 모두 학관에 진열陳列하고자 하였다"라고 한 말은 실제로는 고문경학을 위해 학관의 지위를 쟁취爭取한 것이다. 금문경학박사들이 "짝하는 상대로 인정하지 않은 것"은 주로 그들의 주요 관심이 근본적으로 서로 다른 측면에 치중되어 있기 때문이다. 이 점은 또한 유흠의 「이태상박사서移太常博士書」 가운데 나타나 있다. 유흠은 당시 금문경학에 대한 격렬한 비판 때문에 오히려 어떤 격렬한 반작용을 불러일으켰다. 그러나 경학제체의 발전으로 말하면 새로운 경전이 출현할 때 자연히 또한 마땅하게 학관의 계열로 진입하였다.

「이태상박사서」는 유흠이 금문박사들로부터 "짝하는 상대로 인정하지 않음"이라는 상황을 만난 후 격분하여 지은 것이며, 우리는 물론 이 점을 따라서 금문경학을 이해할 수는 없지만, 이것으로 금·고문경학의 불일치, 특히 그것이 고문경학이 금문경학에 대한 비판으로 파악하려면 마땅히 또한 비교적 적확하다고 해야 한다. 여기서 유흠은 다음과 같이 썼다.

과거 학식이 얕은 사람은 폐지되어 없어지는 과실過失을 생각하지 않고, 진실로 초라하고 구차할 뿐이며, 문자文字를 분석함에 번쇄한 말과 자잘한 문장은 학자가 늙도록 해도 하나의 예藝도 궁구하지 못한다.55) 입으로 하는 말은 믿고 경전의 기록을 배반하고, 이것은 최하의 선생이지 과거의 일은 아니며, 국가에 장차 큰일이 이르면 마치 벽옹辟雍·봉선封禪·순수巡狩의 의칙儀則을 확립하는 일과 같은 것에는 매우 어두워서 그 근원을 알지 못한다. 그러면서도 낡은 것을 안고 지키려 하고, 자신의 모자람이 드러나 타파되기를 싫어하는 사사로운 뜻을 가진 것과 같으며, 그러므로 정의에 잘 부응하여 따르는 공심公心이 없고, 간혹은 질시하고, 실제 사실을 고려하지 않고, 뇌동하여 서로 따르고, 남이 말하는 시비是非를 따르고, 이 세 학문(춘추삼전)을 억누르고, 『상서』만 갖추고, 좌씨는 『춘추』를 전하지 않았다고 하니 어찌 슬프지 않겠는가?……

무릇 예禮는 야생(野)에서 구하지 못하니, 고문도 오히려 야생에서 더 구할 수 없지 않겠는가? 과거 『서』에 대한 박사로 구양생이 있었고, 『춘추』 공양과 『역』에는 시수施讐와 맹희孟喜가 있었지만, 효선황제 때 널리 『곡량춘추』, 『양구역梁丘易』, 대·소 『하후상서夏侯尙書』를 설립하여 뜻이 비록 상반되더라도 도리어 함께 그것을 설치하였는데 왜 그렇게 하였는가? 그것이 지나쳐 폐기하기보다는 차라리 양립하도록 하였다. 전傳에서는 "문왕·무왕의 도가 아직 땅에 떨어지지 않고 사람에게 있었고, 어진 사람과 그 뜻이 큰 사람이 어질지 않은 사람과 뜻이 적은 사람이 있다"라고 하였는데, 지금 이 몇 학파의 말이 대·소의 의미를 포함하고 있다면 어찌 한쪽만 끊어버릴 수 있겠는가? 만약 반드시 자신의 견해만 지키고 자신의 동문同門만 옳다고 하고, 도의 진실을 싫어하고 밝은 가르침을 위반하고, 성인의 뜻을 잃고 문리文吏(實務 執法 하급관리)의 의론에 빠져서, 심지어 두 번째 세 번째 군자(의 말)도 취하지 않는다.56)

---

55) "문자를 분석함에 번쇄한 말과 자질한 문장은 학자가 늙도록 해도 하나의 藝도 궁구하지 못한다"라는 말은 본래 금문경학에 대한 유흠의 비판이었으나, 피석서는 도리어 그의 『經學歷史』에서 그 의미를 반대로 인용하여, 古文經學에 대한 반대 비판으로 삼고, 또한 "古文訓詁의 流弊가 유흠의 비방을 받기보다 먼저"라고 생각하였다. 마땅히 알아야 할 것은 이것은 매우 정확하지 않다. 왜냐하면 유흠이 금문경학을 비판한 것은 고문경학에 대한 자기성찰이나 자아비판으로 볼 수 없기 때문이다. (『經學歷史』, 57쪽 참고)

56) 班固, 『漢書』(『二十五史』, 권1), 「楚元王傳」, 506쪽.

이 서신 가운데 유흠은 먼저 금문경학이 "입으로 하는 말은 믿고 경전의 기록을 배반하고, 이것은 최하의 선생이지 과거의 일은 아니며, 국가에 장차 큰일이 이르면 마치 벽옹辟雍·봉선封禪·순수巡狩의 의칙儀則을 확립하는 일과 같은 것에는 매우 어두워서 그 근원을 알지 못한다"라고 비판하였다. 이 점은 아마도 확실하게 금문경학의 단점과 약점을 들추어내었을 것이며, 당연히 고문경학의 장점이 구체적 역사와 지식의 측면에 있음을 설명하였다. 후반부에는 주로 공자의 "예禮는 야생(野)에서 구하지 못한다"라는 말을 빌려서 고문경 연구의 필요성을 설명하였다. 왜냐하면 고문경은 결국 성문화成文化된 경전이므로, 따라서 "고문도 오히려 야생에서 더 구할 수 없지 않겠는가?"라고 반문하였다. 그리고 전체 「이태상박사서」 가운데 금문박사가 낡은 것을 안고 지키려 하고(抱殘守缺) 또 제왕의 의지를 이용하여 고문경 학을 선전하는 것 외에, 유흠의 금문경학에 대한 주요한 비판도 역사와 지식의 영역에 집중되어 있다.

이렇게 보면 유흠이 학문적 원리나 법칙(學理)에서 그 부친의 『곡량춘추』의 입장도 배반한 것은 아마도 확실히 『좌씨춘추』의 역사와 지식적 요소의 유혹을 받았을 것이다. 그 부자 사이가 "유흠이 여러 차례 유향에게 잘못을 지적하였는데, 유향은 이의異議가 있을 수가 없었으며, 여전히 스스로는 그 『곡량穀梁』의 의미를 지켰다"라는 말은 또한 유흠이 표창한 고문경학이 비록 역사와 지식의 면에서 장점이 있지만, 결국은 유향이 "천인감응"의 기초에서 천지와 음양에 관해 건립한 덕성德成신앙은 흔들 수가 없었다. 이렇게 보면 유향에서 유흠까지의 금·고문경학 의 변천은 아마도 한대 경학이 덕성신앙에서 역사와 지식 추구에 이르는 중대한 전향을 포함하고 있을 것이다.

3. 고문경학의 전향: 역사와 지식의 추구

만약 유향 부자의 불일치가 이미 양한 경학이 금문경에서 고문경으로 전환할 때 표현되었다고 하면, 환담과 왕충도 또한 충분히 이러한 전향의 구체적 지향을 표현하였을 것이다. 만약 유향 부자가 경학 내부로부터 이러한 흐름을 표현하였다면 환담과 왕충의 방향도 실제로는 이미 경학의 범위를 벗어났을 것이다. 그러나 한 시대에 공동으로 존중하고 공동으로 향유하는 인식의 시각으로서, 환담과 왕충은 여전히 고문경학의 기초에서 발전된 인식방법을 보여 주고 있다.

환담桓譚(BC 20~AD 56)은 자는 군산君山, 패국상沛國相(지금 安徽 宿縣) 사람이다. 음률을 좋아하고 고금鼓琴을 잘 다루었으며, 박학다재하였다. "오경을 두루 익히고 모두 대의를 훈고하였으며, 장구章句는 하지 않았다. 문장에 능했는데 특히 고학古學을 좋아하였으며, 여러 차례 유흠과 양웅楊雄(혹 揚雄)을 따라 의문 나고 다른 점을 변석辨析하였다."[57] 이러한 경력으로 보면 마땅히 환담은 먼저 재능과 학문이 뛰어난 사람이라고 할 수 있다. 왜냐하면 유흠과 양웅은 당시에 모두 재능이 비범한 학술의 영수급 인물에 속하였고, 일정한 재기才氣가 없거나 일정한 학리적學理的(학문적 원리) 기초와 지식 축적의 배경이 없으면 근본적으로 이러한 대인물과 함께 "의문 나고 다른 점을 변석辨析"할 수 없기 때문이다. 그러나 "왕망이 황제의 대리정무를 보고 왕을 시해하고 찬탈하니 세상의 사인士人들이 그의 미덕을 경쟁적으로 칭찬하지 않은 사람이 없었으며, 하늘이 예시하는 부조符兆를 지어서 아첨하였으나, 환담만 스스로를 지키며 조용히 말이 없었다. 왕망 때에 장악대부掌樂大夫가 되었으며, 새 왕조가 세워졌을 때 태중대부太中大夫로 제수받았다. 세조世祖가 즉위하였을 때 조칙으로 부름을 받았으나 상소로 올린 말이 황제의 뜻과 맞지 않아 채납採納되지 않았다."[58] 이러한 경력으로 보면 환담은 한편으로 이른바 삼조三朝의 원로라고 할 수 있지만, 왕망 때에 "세상의 사인士人들이 그의 미덕을 경쟁적으로 칭찬하지 않은 사람이 없었으며, 하늘이 예시하는 부조符兆를 지어서 아첨하였으나, 환담만 스스로를 지키며 조용히 말이 없었다"라고 한 말로 보면 환담은 분명히 또한

---

57) 范曄, 『後漢書』(『二十五史』, 권1), 「桓譚傳」, 977쪽.
58) 范曄, 『後漢書』(『二十五史』, 권1), 「桓譚傳」, 977쪽.

경쟁형의 성격에 속하지 않았다.(이러한 점은 유흠과는 전혀 다르다.) 당연히 이것은 아마도 그의 풍부하고 두터운 학술 수양이 그것을 하찮게 여기도록 하였을 것이다. 그러나 관료사회에 대하여 말하면 환담과 같이 청고하고 도도한 성격은 자연히 오직 그와 같은 관직을 하면 할수록 점점 작아지는 사람에 속하며, 따라서 유수劉秀의 시대에 이르면 결국은 "상소로 올린 말이 황제의 뜻과 맞지 않았기" 때문에 결국은 "채납되지 못함"으로 일생의 벼슬길에 마침표를 찍게 되었다.

환담은 재능으로 등용이 되었고, 또 "상서로서 올린 말" 때문에 "등용되지 못하였다." 따라서 "등용됨"과 "등용되지 못함"은 인생의 전환점으로 먼저 그의 "상서로서 올린 말" 가운데 표현되었다. 상서로서 올린 말은 자연히 황제가 나라를 다스리는 방략에 대한 환담의 건의에 속한다. 그 첫째 상서로서 올린 말은 주로 당시 사회에서 보편적으로 존재하는 대를 이어 원수를 갚음과 농사를 버리고 상업을 경영하는 현상을 겨누어 나왔으며, 아울러 이로부터 "나라의 흥함과 쇠함" 그리고 "국가의 기본 방침"에 관한 대계大計에 관련되어 있었다. 그러므로 상서도 먼저 국가의 흥함과 쇠함에 관한 담론으로 시작하였다.

신이 듣기에 나라의 흥함과 망함은 정사政事에 달려 있다고 합니다. 정사의 득실은 보좌補佐로 말미암습니다. 보좌가 현명하면 준수한 사인士人이 조정에 충만하며 이치가 세상의 업무에 합당합니다. 보좌가 밝지 않으면 의론이 적절한 때를 잃고 잘못된 일을 많이 하게 됩니다.…… 대개 좋은 정치는 세속을 살펴서 가르침을 베풀며, 실정을 살펴서 방비책을 세우며, 위엄과 덕망을 다시 일으키고 문관과 무관을 가려 쓴 후에 정치를 때맞추어 조절하니 조급한 사람을 안정시킬 수 있습니다. 옛날 동중서는 "나라를 다스림은 금슬琴瑟에 비유할 수 있으니 그것이 조화롭지 않은 것은 해이解弛한 것으로 금琴의 줄을 조절(更張)해야 한다"라고 하였습니다. 무릇 경장更張은 행하기 어려우며, 대중과 맞서는 사람은 망합니다. 이런 까닭에 가의賈誼는 재능 때문에 축출逐出되었고, 조착晁錯은 지모 때문에 죽었습니다. 세상에는 특수한 재능이 있으나 끝내 감히 말을 꺼내지 못하는 사람은 이전의 일을 두려워하기 때문입니다. 또한 법을 세워 금하는 사람은 세상의 간사함을 다 막을 수 없으니, 모두 대중이 원하는 바와 부합합니다. 대저 나라의 이익을 편하게 취하는 일이 많은 것은 그럴 수 있습니다.…… 현재는 사람들이 서로 살상하면 비록 법에 복종하더라도, 사사로이 원한을 맺습니다. 자손이 서로 보복하여 분노가 전보다 심해집니다. 한 집안이 전멸되고 가업이 끊어짐에 이르러도 세속에서는 호건豪健(名望이 뛰어난 사람)이라고 부르기 때문에, 비록 나약하고 겁이 있더라도 오히려 힘써 행하니, 이 때문에 사람들이 각자 처리하는 것을 허락하고 다시 법으로 금함이 없는 것입니다. 오늘날 마땅히 옛 명령을 자세하게 밝히는 것은 만약 관의 처벌에 복종하지 않고 사적으로 서로 살상殺傷하는 자는 비록 한 몸은 도망가더라도 가속을 변경으로 이주시키고, 서로 상해를 입힌 자는 평상의 두 배를 더하고, 여성 죄수의 경우 매월 돈을 내어 사람을 고용하여 산에서 벌목하도록 하여 속죄(贖山)하는 것도 못하게 해야 합니다. 이렇게 하면 원한의 스스로 풀어지고 도적이 없어집니다.

…… 오늘날 재력가와 거상巨商은 많은 돈과 재화財貨를 빌려주고, 중산층 자제들은 이를 위해 대신해서 일을 처리하고 민첩하게 심복心腹처럼 부지런히 일합니다. 그들이 받아들이는 이자와 수입은 봉읍을 가진 군주에 비견됩니다. 이를 대중들이 모방하여, 경작에 힘쓰지 않고 먹으며 여러 분야에서의 사치풍조가 이르고 이목耳目을 음란하게 합니다. 이제 여러 재력가와 상인들에게 자기들끼리 서로를 밀고하도록 명령하여, 만약 자신의 힘으로 얻은 것이 아니면 고하도록 하면 대개 착실하게 신고합니다. 이처럼 제 한 몸을 위해 일하도록 하면, 감히 재화로 사람을 대하지 않을 것이며, 일이 적고 힘이 약하면 반드시 전묘田畝(논밭)에서 일하도록 돌아가야 합니다. 논밭을 잘 가꾸면 곡식의 수입이 많고 땅의 힘을 다하게 됩니다.[59]

이러한 건의를 보면 대개 환담은 당시에 크게 자신을 드러내고 싶은 희망을 가지고 있었으며 따라서 "나라의 흥함과 쇠함", "정사의 득실"에 대한 보좌의 문제를 언급하였다. 그리고 그가 제기한 인물로 보면 동중서와 가의에서 조착까지 모두 국가를 경륜經綸한 고수이며, 이것은 당시에도 확실히 관직에 나가 입신출세하

---

59) 范曄, 『後漢書』(『二十五史』, 권1), 「桓譚傳」, 977쪽.

려는 희망을 가지고 있었다. 그러나 "세속을 살펴서 가르침을 베풀며, 실정을 살펴서 방비책을 세우며, 위엄과 덕망을 다시 일으키고 문관과 무관을 가려 씀" 정책을 베푸는 책략으로 보면, 환담이 당시에 중시한 것은 사실 주로 "조정調整"에 있고 "경장更張"에 있지 않았다. 그 표준도 또한 "법을 세워 금하는 사람은 세상의 간사함을 다 막을 수 없으니 모두 대중이 원하는 바와 부합한다. 대저 나라의 이익을 편하게 취하는 일이 많은 것은 그럴 수 있다"라는 말이다. 환담의 이와 같은 시정施政의 표준으로 보면, 대개 국가가 항상 양호한 발전으로 향하는 조정 가운데 있도록 하는 희망이다. 그가 중시한 현상의 하나는 대를 이어 원수갚음이며, 다른 하나는 농사를 버리고 상업을 경영함에 있었다. 전자는 사법私法의 횡포를 불러와서 사회의 치안을 불안하게 한다. 예를 들면 맹자를 주해한 조기趙岐는 경조윤京兆尹인 당현唐玹에게 죄를 얻었기 때문에 "가속과 종친을 모두 중법重法에 빠뜨려 그들을 모두 죽게" 하였다. 그리고 조기 본인도 "스스로 성명姓名을 감추고, 북해의 시중에서 소병燒餅을 팔지"[60] 않을 수 없었다. 후자의 현상은 곧 농사를 버리고 상업에 종사하게 되면 반드시 국가의 기본이 흔들림을 초래하며, 따라서 "이제 여러 재력가와 상인들에게 자기들끼리 서로를 밀고하도록 명령하여, 만약 자신의 힘으로 얻은 것이 아니면 고하도록 하면 대개 착실하게 신고하도록" 하고, 사람들을 "감히 재화로 사람을 대하지 않도록" 하며, 그로써 "반드시 전묘田畝(논밭)에 서 일하도록 돌아가도록" 하는 목적을 이루고자 하였다.

이러한 상상을 따른 조치를 보면, 마땅히 비교적 온화하고 또 비교적 이성적인 조치에 속한다고 할 수 있으나, 환담의 이러한 건의는 도리어 채택되지 않았을 뿐만 아니라 심지어 응답도 받지 못하였다. 그 원인은 범엽이 말한 바에 의하면 주로 "이때 황제는 막 참언讖言을 믿기 시작하여 대부분의 혐의嫌疑를 결정하였다. 또 보답이 항상 적고 박薄하여 세상이 안정될 때가 없었다."[61] 실제로 이것은

---

60) 范曄, 『後漢書』(『二十五史』, 권1), 「趙岐傳」, 1123쪽.
61) 范曄, 『後漢書』(『二十五史』, 권1), 「桓譚傳」, 977쪽.

또한 극히 표면적 원인일 수 있다. 즉 아마도 주로 그 이후 유수劉秀가 환담에게 참위讖緯를 질문하였기 때문에 결국 범엽의 이와 같은 결론이 있을 수 있다. 그러나 환담에 대하여 말하면, 그는 매우 이 상서를 중시하였지만 회답을 얻을 수 없는 상황에서 심지어 "분하고 답답한 마음을 금할 수 없음"을 느꼈기 때문에 재차 상소를 결정하였다. 그러나 이 뒤의 상소는, 환담에게 명확하게 유수가 그의 건의를 근본적으로 "채납하지 않음"을 알게 하였을 뿐만 아니라, 또한 하마터면 목을 베일 뻔한 운명을 초래하였다. 두 번째의 상소에서 환담은 다음과 같이 말하였다.

> 신이 전에 고언瞽言(보잘것없는 말)을 올렸는데, 조보詔報를 듣어보지 않으니, 마음
> 이 분하고 답답함을 누를 수 없어 죽음을 무릅쓰고 다시 진언합니다.…… 무릇
> 사람의 정은 보이는 일에는 소홀히 하고 다른 소문을 귀하게 여기니, 선왕이
> 기술한 것을 관찰하건대, 모두 인의仁義와 정도를 근본으로 여기고, 기괴하고
> 터무니없는 일은 없었습니다. 대개 천도天道와 인성과 생명(性命)은 성인도 말하
> 기 어려운 것입니다. 자공子貢으로부터 듣지 못했는데 하물며 후세의 천박한
> 유학자가 통할 수 있겠습니까? 이제 여러 교묘한 지혜와 보잘것없는 재능, 방기方
> 技의 술수를 가진 사람들이 날로 도서圖書를 증가시키고, 교활하게 참기讖記라고
> 하고, 기만하고 미혹시키고 탐욕스럽고 간사하게 임금을 그릇되게 하니 어찌
> 멀리 물리치지 않을 수 있겠습니까? 신 환담은 엎드려 폐하께서 방사方士들의
> 황백黃白(鍊金術)의 술수를 힘써 물리치셨다는 말을 듣고 매우 영명하다고 여겼습
> 니다. 그런데 참기를 청취하려 하신다니 또한 어찌 잘못이 아니겠습니까? 그
> 일이 비록 때로는 부합하더라도, 비유하면, 복수卜數(占卜과 術數)가 단지 우연히
> 맞는 종류와 같습니다. 폐하께서는 마땅히 밝게 들으시고 성의聖意를 드러내시
> 어, 뭇 소소하고 왜곡된 말들을 제거하시고, 오경의 바른 뜻을 좋으시고, 부화뇌
> 동附和雷同하는 속설을 다스리시고, 통인通人(사리에 통달한 사람)의 우아한 지모智謀
> 를 상고詳考하십시오.
> …… 옛사람이 말하기를 "세상은 취해야 취하는 것으로 알지만, 주는 것이 취하
> 는 것임을 모른다"라고 하였습니다. 폐하께서는 진실로 작위를 가볍게 보고 청찬
> 을 중시하시고 사인士人과 같이 인식하신다면 어찌 부르는데 오지 않고, 어찌

말하는데 해석하지 않고, 어찌 향하는데 열지 않으며, 어찌 정벌하여 극복할 수 없겠습니까? 이와 같다면 능이 협狹(좁음)을 광廣(넓음)으로 여기며, 느림을 빠르게 여기고, 죽은 자를 다시 존재하게 하고 잃어버린 것을 다시 얻었다고 하는 것과 같습니다.(62)

이 두 번째 상소로 보면, 마땅히 환담도 분명하게 치세의 능신能臣이라고 할 수 있는데, 앞 단락은 유수가 "인의와 정도를 근본으로 삼고", 그러한 "기괴하고 터무니없는 일"(이것은 곧 참위의 일을 가리키는데, 환담은 유수가 참위에 도취해 있음을 아마 알고 있었을 것으로, 전문적으로 참위의 일에 대한 비판을 진행하였다.)을 믿지 않도록 건의하는 것이다. 따라서 "그 일이 비록 때로는 부합하더라도, 비유하면, 복수卜數(占卜과 術數)가 단지 우연히 맞는 종류와 같기" 때문에 유수가 "오경의 바른 뜻을 좇으시고, 부화뇌동附和雷同하는 속설을 다스리시고, 통인通人(사리에 통달한 사람)의 우아한 지모智謀를 상고"(이것은 어느 정도 자신을 다른 사물과 비유하여 스스로 해명한 혐의를 포함하고 있는 것 같다.)하기를 희망하였다. 뒤의 단락은 주로 유수가 "받음과 줌"의 도리를 분명하게 해 주기를 건의한 것으로, 충분히 세상의 적극성을 불러일으키도록 하였으며, 따라서 "폐하께서는 진실로 작위를 가볍게 보고 칭찬을 중시하시고 사인士人과 같이 인식하신다면 어찌 부르는데 오지 않고, 어찌 말하는데 해석하지 않고, 어찌 향하는데 열지 않으며, 어찌 정벌하여 극복할 수 없겠습니까?'라고 하였다. 이치대로 말하면 환담의 이러한 건의는 모두 치국의 좋은 책략이라고 말할 수 있다. 그러나 아마도 제왕이 근본적으로 다른 사람이 자신의 치국의 방술에 대하여 이러쿵저러쿵 마구 논하는 것을 허락하지 않기 때문에, 아마도 유수의 당시 생각이 근본적으로 여기에 있지 않고 참위에 있었기 때문에, 또 아마도 제왕은 본래 지나치게 청고清高한 사람을 좋아하지 않기 때문에, 따라서 오직 "제왕에 성찰하여 상주할수록 더욱 언짢아함"63)의 결과를 얻었다. 만약 한비의 시각에서 보면 이것은 틀림없이 고의로

---

62) 范曄, 『後漢書』(『二十五史』, 권1), 「桓譚傳」, 977~978쪽.
63) 范曄, 『後漢書』(『二十五史』, 권1), 「桓譚傳」, 978쪽.

"역린逆鱗"을 건드린 것이 된다. 바로 환담이 형세를 인식하지 못하였기 때문에 두 차례나 "역린"을 건드렸고, 따라서 유수도 오로지 참위로써 질문을 하였다.

그 후에 조칙을 내려 영대靈臺를 설치할 것을 회의하였는데, 황제가 환담에게 "나는 참위讖緯로 그것을 결정하려고 하는데 어떠한가?" 하니 환담은 "신은 참위를 공부하지 않았습니다"라고 하였다. 황제가 그 까닭을 물으니 환담은 다시 극단적으로 참위는 경전이 아니라고 대답하였다. 황제가 크게 노하여 "환담은 성인의 도를 비방하고 법을 무시하였으니, 당장 끌고 가 참형하라"라고 하였다. 환담이 머리를 땅에 두드리며 피를 흘리기를 한참이 지나 풀려났다. 육안군승六安郡丞으로 쫓겨났으나, 마음은 우울하고 즐겁지 않았으며, 도중에 병으로 세상을 떠나니 당시 70세였다.[64]

환담에 대해 말하자면, 유수가 전문적으로 참위로써 물음은 본래 열지 않아야 할 항아리를 연 것으로(열지 말아야 할 비밀을 열어 버림), 환담이 "신은 참위를 공부하지 않았습니다"라고 회답한 것이 안 될 것은 없지만, 그는 "다시 극단적으로 참위는 경전이 아니"라고 해서는 안 되었다. 이것은 역린의 문제를 건드린 것일 뿐만 아니라, 의도적으로 스스로 파멸을 초래한 것이다. 따라서 "성인의 도를 비방하고 법을 무시하였으니, 당장 끌고 가 참형하라"라고 처결하고, 마지막으로 오직 한바탕 "머리를 땅에 두드리며 피를 흘린" 후에 비로소 "육안군승六安郡丞으로 쫓겨나는" 결정을 얻었다. 이치대로 보면 이 결정은 결코 받아들일 수 없는 것은 아니지만 아마도 그가 희망한 것과 반대의 차이가 너무 크기 때문에 환담은 "마음은 우울하고 즐겁지 않고" 마지막으로 오직 "도중에 세상을 떠남"으로 자신의 인생 귀결을 맞이할 수밖에 없었다.

그러나 참위에 대한 환담의 비판은 결국 한 시대를 열었는데, 이것은 곧 경학의 신성화로부터 침전과 반성의 시대로 나아가기 시작하였다. 참위가 비록 결코 경학의

---

64) 范曄, 『後漢書』(『二十五史』, 권1), 「桓譚傳」, 978쪽.

전부를 대표할 수는 없지만 그것이 결국 경학의 사조 가운데로 끌려 들어가고, 아울러 경학의 심을 빌려서 유행하게 된다. 유수가 "참위로 결정한" 국가 대사의 방식은 또한 그때 참위학의 유행이 이미 최고의 경지에 올랐음을 설명한다. 따라서 환담이 참위학을 비판함이 비록 경학에 대한 비판을 대표하지는 않지만(환담은 심지어 또한 명확하게 "오경의 正義"로 돌아가야 함을 강조하였다.), 결국 경학 내부의 일종의 신사조의 맹아를 대표한다. 따라서 이를 이어 출현한 왕충王充에 이르면, 비판의 창끝은 참위학으로부터 한 걸음 더 나아가 경학의 굴기를 대표하는 천인감응설로 향하였다.

왕충王充(27~97?)은 자는 중임仲任이며 동한의 사상가이다. 왕충은 "보잘것없는 족벌의 외로운 가문으로…… 조종으로부터 특출한 근본이 없고, 문장 등 전적典籍 하나 전해진 것이 없다."[65] 그러나 그는 여섯 살 때부터 학문을 배우고 "공손하고 삼가며 인仁하며 온순하였으며, 예의와 공경함을 구비하고, 엄숙하고 장엄하며 조용하고 냉정하며, 거인巨人의 의지가 있었다."[66] 그 후 서울로 유학을 가서 일찍이 대유인 반표班彪(3~54)를 스승으로 모셨고, 학식이 박학다식하였으며, 장구를 묵수하지는 않았다. 그러나 그가 출사를 한 후에는 도리어 늘 공조功曹의 소리小吏(衙前)로 떠돌았는데, 그의 타고난 천성이 강직하였기 때문에 간쟁諫諍을 좋아하였고, 그 때문에 여러 번 승진에서 탈락하여 교수敎授로서 일생을 마쳤다. 만년에 집에서 저서를 쓰고 자신의 일생의 사상을 종합하였다. 그의 자술에 근거하면, 그는 당시에 "가난하여 몸 맡길 일묘一畝의 땅도 없었지만 의지는 왕공王公보다 여유가 있었고, 신분이 낮아서 소량의 녹봉도 없었지만, 그의 마음은 만종萬鍾의 식읍을 가진 것과 같았다. 관직을 얻어도 기뻐하지 않았고, 잃어도 원망하지 않았다. 편안히 즐겁게 살아도 욕심으로 방자하지 않았고, 가난하여 고통스러운 지경에 처해도 의지는 나태하지 않았다. 옛 문장을 깊이 맛 들여 읽고, 기이한 말들을 즐겨 들었다.

---

65) 王充, 『論衡』(『諸子集成』 제7책), 「自紀篇」, 287쪽.
66) 王充, 『論衡』(『諸子集成』 제7책), 「自紀篇」, 282쪽.

세상의 속설을 읽고 타당하지 못한 곳이 있으면, 그윽한 곳에 홀로 거처하며 그 허실을 고찰하고 논증하였다."[67] 단지 이러한 자아의 자리매김에서 보면, 왕충의 타고난 특성이 근본적으로 관직에 나아가는 데 적합하지 않음을 알 수 있고, 관직에 나아간 뒤에도 또 근본적으로 승진하지 못하고, 따라서 단지 공조의 소리로 떠돌 수밖에 없었다. 그러나 동한사회가 왕충과 같은 인물을 배양해 낼 수 있었던 것은 또한 경학의 유행이 가져다 준 문화보급으로 공을 돌리지 않을 수 없으며, 관직에서 완전히 물러난 후, 왕충은 자신이 일생 동안 쌓아 온 학문으로, 양한이 경학을 대표로 삼은 이데올로기를 지식적 의미에서 해명하고 경험적 의미에서 실증적으로 연구하는 데 온 힘을 쏟았다. 따라서 전통사회에서 왕충은 흔히 "이단"의 경향을 가진 사상가였다.

왕충이 저술한 『논형論衡』은 비록 주로 시론時論으로 대상을 비판하였지만, 실제로는 주로 사람의 타고난 본성과 명운命運에 관한 문제였다. 따라서 외견상으로 보면, 그는 양한 이래의 각종의 문화와 사조(당연히 먼저 경학을 가리킨다.)에 대하여 일종의 지식형태의 해명과 경험의식에서의 검증작업을 진행하였다. 실제로는 스스로를 슬퍼하고 애도하는 내용을 포함하고 있다. 그러나 『후한서』「왕충전」에서 원산송袁山松(?~401)의 『후한서』를 인용하여 말하기를 "왕충이 쓴 『논형』은 중국에서 전한 사람이 없었는데, 채읍蔡邑(133~192)이 오吳나라에 들어와 처음 그것을 얻었으며, 항상 비밀리에 완상하면서 담론의 보조로 삼았다. 그 후 왕랑王郞(?~24)이 회계태수會稽太守가 되었을 때 그 책을 얻었고, 비로소 (공개가) 허락되었으며, 당시 사람들은 그 재주를 칭찬하였으며, 혹 말하기를 '이인異人을 보지 못하면 마땅히 그 책을 보아야 한다'라고 하였다. 묻는다면, 과연 『논형』의 이익됨은 이로부터 전하여졌다고 할 수 있다."[68] 채읍과 왕랑과 같은 명사가 『논형』에 대하여 "비밀리에 완상하면서 담론의 보조로 삼았다"라고 한 정황으로 보면 왕충의 『논형』은 이미

67) 王充, 『論衡』(『諸子集成』 제7책), 「自紀篇」, 283쪽.
68) 『中國儒學百科全書·論衡』(中國大百科全書出版社, 1997년판), 488쪽.

그 시대 지식인의 최고점에 있었음을 설명한다.

『논형』은 왕충 일생의 지식을 축적한 총결산이라고 할 수 있으나, 그 총결산은 흔히 또 각종의 시론에 대한 비판과 해명을 통하여 전개되었다. 예를 들어 양한의 사람들에 대하여 말하면, "道도의 대원大原은 하늘에서 나오며, 하늘은 불변이며, 도 또한 불변이다"[69]라는 말도 또한 양한 경학의 기본적 인식이라고 할 수 있다. 그러나 왕충의 붓 아래에서 "하늘"은 도리어 일찍이 이미 이러한 신성함을 잃어버렸으며, 겨우 "자연"의 함의만 가졌다. 왕충의 아래 논술을 살펴보자.

> 천지의 기가 합해지면 만물은 저절로 생겨나니 부부가 기를 합하면 자식이 태어나는 것과 같다. 만물이 생겨남에 혈기를 가진 종류(인간)는 배고픔과 추위를 안다. 오곡을 먹을 수 있음을 알아 취하여 먹으며, 명주와 삼베가 입을 수 있음을 알아 취하여 입는다. 혹 말하기를 하늘이 오곡을 생겨나게 하여 사람에게 먹이고 명주와 삼베를 생겨나게 하여 사람을 입힌다고 하는데, 이것은 하늘이 사람을 위하여 농부와 길쌈하는 부녀의 무리를 만들었다는 말로서 자연과 합치하지 않기 때문에 그 뜻에 의문이 있어 따를 수 없다. 도가의 이론에 의거하여 시험적으로 논한다. 하늘이란 만물 가운데 두루 기를 펴지게 하여, 곡식은 배고픔을 구하고 명주와 삼베는 추위를 구하기 때문에 사람은 곡식을 먹고 명주와 삼베를 입는다. 무릇 하늘이 목적을 가지고 오곡과 명주·삼베를 생겨나게 하여 사람들을 입히고 먹이지 않으니, 이로써 천재지변이 사람을 견고讉告하는 것이 아님을 안다. 사물은 저절로 생겨나 사람들이 입고 먹도록 하며, 기는 저절로 변하여 사람들이 그것을 경외하고 두려워하게 한다. 이와 같은 말로 논하면 사람의 마음에 싫어한다. 만약 하늘의 서상瑞祥이 목적이 있다고 하면 자연은 어디에 있으며, 무위는 어디에 있는가? 무엇으로 하늘이 자연임을 알겠는가? 하늘은 입과 눈이 없음으로써 안다. 유위하는 것을 살펴보면 입과 눈이 있는 것들이다. 입은 먹고지 히며 눈은 보고지 하니, 기욕嗜慾이 마음에 있으면 겉으로 드러나 입과 눈으로 그것을 구하며 얻으면 이롭고 하고자 한다. 이제 입도 눈도 없는

---

69) 班固, 『漢書』(『二十五史』, 권1), 「董仲舒傳」, 575쪽.

욕망이 사물에게 구할 바도 없는데 무엇을 하리오? 무엇으로 하늘이 입과 눈이 없음을 아는가? 땅으로써 안다. 땅은 흙을 체로 하며 흙은 입과 눈이 없다. 하늘과 땅은 지아비와 지어미며, 땅의 자체는 입과 눈이 없으며, 또한 하늘도 입과 눈이 없음을 안다. 천체天體라고 해도 마땅히 땅과 같다. 천기天氣라고 해도 기는 마치 구름과 연기와 같아서 구름과 연기가 어찌 입과 눈이 있겠는가?[70]

여기서 왕충이 입과 눈의 유무로 천지가 의지가 없음을 증명한 것은 아직 반드시 성립하는 것은 아니지만(적어도 불충분하며, 왜냐하면 입과 눈은 결코 의지의 유일한 표현이 아니기 때문이다.), 그러나 그가 천도자연무위의 입장을 견지한 것은 매우 명확하기 때문에 그도 또한 명확하게 반문하기를 "만약 하늘의 서상瑞祥이 목적이 있다고 하면 자연은 어디에 있으며, 무위는 어디에 있는가? 무엇으로 하늘이 자연임을 알겠는가?"라고 반문하였다. 이러한 천도자연무위의 사상은 또한 왕충이 견지한 핵심적 관점을 바로 증명하였다. 즉 "무릇 하늘이 목적을 가지고 오곡과 명주·삼베를 생겨나게 하여 사람들을 입히고 먹이지 않으니, 이로써 천재지변이 사람을 견고譴告한다"라고 하였다. 매우 분명하게 왕충은 천지가 입과 눈이 없음과 천도자연무위의 관점을 통하여 이른바 "하늘의 서상瑞祥"설을 부정하였으며 또한 동중서 이래 건립된 "하늘의 모든 신의 대군"이라는 명제를 기초로 한 "재이·견고"설을 철저하게 부정하였으며, 나아가 천지를 철저하게 자연무위의 입장으로 돌이켰다.

왕충은 진일보하여 천도자연무위의 사상에 근거하여 경학의 재이·견고설의 형성을 분석하였으며, 아울러 양비론적兩非論的 방법으로 역사상의 수없이 많은 관점이 성립될 수 없거나 믿을 수 없음을 증명하였다.

음과 양이 조화롭지 못하면 재해와 이변이 발생한다. 혹 선대부터 물려받은 흉화凶禍 때문이기도 하고, 혹 기의 자연스러운 현상일 수도 있다. 성인과 현인도 동류同類로 감응하며, 마음으로 회의하고 두려워하며 스스로 생각한다. 재해와

---

70) 王充, 『論衡』(『諸子集成』 제7책), 「自然篇」, 177쪽.

이번의 나쁜 징조는 무엇 때문에 나타나는가? 허물을 자신에게 돌려 자책하여 죄가 있는지 두려워한다. 두려워하고 삼가고 무서워하고 겁내는 뜻은 아직 반드시 그것이 실제 일이 있어서가 아니다. 어떻게 그것을 밝히는가? 탕왕은 가뭄을 만나자 다섯 가지 과오를 자책하였다. 성인은 순정하고 완전하여 행위에 결점과 과실이 없는데도 어떻게 다섯 가지 과오가 있다고 자책하는가? 그러나 『서』에서는 "탕임금이 자책하니 하늘이 응하여 비를 내렸다"라고 한 것처럼 탕임금은 본래 과오가 없었지만 다섯 가지 과오로 자책하고 하늘은 어떤 까닭으로 비를 내렸는가? 과오가 없는데도 가뭄이 이르고, 또한 자책으로 비를 얻을 수 없음을 안다. 이로부터 말하면 가뭄은 탕왕이 한 일은 아니며, 비는 자책한다고 내리지 않는다. 그러나 먼저 가뭄이 든 후에 비가 내리는 것은 자연의 기이다. 이 말은 『서』의 글이다. 힐난하기를 "춘추의 대우大雩(祈雨祭의 이름)이다"라고 하였다. 동중서는 토룡土龍(기우제에 쓰는 흙으로 만든 용)을 설치하였는데, 모두 한순간이었다. 한동안 비가 오지 않으면 기우제를 지내며, 음을 구하여 복을 청함은 백성을 염려해서다. 탕왕이 7년 가뭄을 만나 다섯 가지 과오로 자책한 것은 어느 때인가? 무릇 일시의 가뭄을 만나면 문득 자책하는가? 가뭄이 7년이나 되었으므로 이에 자책한 것이다. 갑자기 문득 자책함을 말한다. 7년 만에 곧 비가 내리면 하늘의 감응이 진실하니 어찌 지체하겠는가? 7년 만에 자책하였음을 말한다. 백성을 염려함이 어찌 이렇게 늦었는가? 기우제의 법도에 맞지 않고 백성을 사랑하는 뜻을 싫어하는 것도 아니니, 『서』의 말은 믿을 수가 없다.[71]

이 단락의 토론은 먼저 "음양의 부조화"로 "재변災變"의 발생을 설명한 것이며, 자연은 또한 유학사에 수많은 공안公案을 포함하고 있다. 왕충은 먼저 "탕왕이 7년 가뭄을 만남"으로 탕왕의 "다섯 가지 자책"을 분석하였으며, "탕임금은 본래 과오가 없었지만 다섯 가지 과오로 자책하고 하늘은 어떤 까닭으로 비를 내렸는가? 과오가 없는데도 가뭄이 이르고, 또한 자책으로 비를 얻을 수 없음을 안다"라고 보았다. 따라서 그는 추론하기를 "가뭄은 탕왕이 한 일은 아니며, 비는 자책한다고

---

71) 王充, 『論衡』(『諸子集成』 제7책), 「感類篇」, 181쪽.

내리지 않는다"라고 하였다. 즉 가뭄은 결코 상탕商湯의 과오 때문에 초래된 것이
아니며, 그 후에 비가 내리는 것도 상탕의 "자책" 때문에 상천을 감동시켰기 때문도
아니다. 왕충이 보기에 "먼저 가뭄이 든 후 비가 내리는 것은 자연의 기이다."
현재 사람들에 대하여 말하면, 이것은 당연히 하나의 매우 간단한 도리이다. 그러나
양한시대 천인감응의 배경에서는 하늘과 인간의 상관성은 반드시 그 상호활동을
포함하며, 따라서 왕충도 전문적으로 양비론적 방법으로 이러한 설명의 황당무계함
을 증명하였다. 구체적으로 말하면 이것은 "탕왕이 7년 가뭄을 만나 다섯 가지
과오로 자책한 것은 어느 때인가? 무릇 일시의 가뭄을 만나면 문득 자책하는가?
가뭄이 7년이나 되었으므로 이에 자책한 것이다"라고 한 말인데, 곧 만약 "일시의
가뭄을 만나" 문득 자책하면 하늘이 응하는 바는 도리어 "7년 만에 곧 비가 내리면
하늘의 감응이 진실하니 어찌 지체하겠는가?'라고 한 말은 곧 하늘의 반응이 어찌
이와 같이 더디고 느림을 의미한다. 이와 반대로 만약 "7년 만에 자책"한 것이라면,
상탕이 "백성을 염려함이 어찌 이렇게 늦었는가?'라고 반문하였다. 왜냐하면 여기서
이른바 "7년 만에 비가 내림"은 이미 하나의 공인된 역사적 사실인데, 그렇다면
만약 기우제의 법도에 맞지 않고 백성을 사랑하는 뜻을 싫어하는 것도 아니니,
『서』의 말은 믿을 수가 없다. 만약 "일시의 가뭄을 만나면 문득 자책한다면",
하늘의 반응은 "7년 만에 비가 내림", "하늘의 감응이 진실하니 어찌 지체하겠는가?'
라는 말들은 명확하게 하늘이 질책하는 의미를 포함하고 있다. 만약 하늘이 이미
큰 가뭄이 7년 동안 계속되니 상탕이 비로소 자책을 시작하였다면 이것은 또한
상탕에 대하여 "백성을 염려함이 어찌 이렇게 늦었는가?'라는 질책의 뜻을 포함하고
있다. 이처럼 상탕이 "일시의 가뭄을 만나, 문득 자책함" 혹은 "7년 만에 자책함",
또한 "백성을 염려함이 어찌 이렇게 늦었는가?'라는 질책은 하늘에서 이루어지는
것이 아니라 상탕의 신상에서 실현된 것이다. 따라서 왕충은 이로부터 출발하여
결론을 얻는데, "『서』의 말은 믿을 수가 없다"라고 하였다.

한 걸음 더 나아가, 이와 같이 왕충이 천도자연무위로부터 출발하여 전개한
연구도 반드시 사람의 몸에서 실현되어야 하며, 유가의 전통에서 인간의 관점도

또한 반드시 고쳐 쓰여야 하는 운명에 직면하게 된다. 왕충이 인간을 보는 관점을 살펴보자.

> 묻기를 "사람이 천지간에서 태어나며, 천지는 무위無爲(목적이 없다.)이다. 사람이 품부받은 천성天性도 또한 당연히 무위여야 하는데, 유위有爲하는 것은 왜인가?" 라고 하였다. 대답하기를, 덕이 지극하고 순수하고 두터운 사람은 선천적으로 품수稟受한 천기天氣가 많기 때문에 능히 하늘을 본받을 수 있으며, 자연은 무위 다. 선천적으로 품수한 기가 엷고 적으면, 도덕을 준수하지 않고, 천지와 유사하 지 않으므로 불초不肖(갖추지 못함)라고 한다. 불초라는 말은 비슷하지 않다는 뜻이 다. 천지와 비슷하지 않음은 성현과도 비슷하지 않으므로 유위有爲라고 한다. 천지는 화로이며 조화를 공능으로 삼으며 품부받은 기는 한결같지 않으므로 어찌 모두 현자賢者가 되겠는가? 현명함이 순수한 것은 바로 황로黃老이다. 황黃은 황제黃帝이며, 노老는 노자이다. 황제와 노자의 조행은 몸속에 무욕無慾, 담박淡泊 함을 추구하고, 다스림에 무위를 근본으로 삼았다. 본인이 자신을 공손하게 하자 음양이 스스로 조화를 이루고 유위에 마음이 없는데도 사물이 저절로 변화하며, 생겨남에 뜻이 없어도 사물이 스스로 이루어진다.[72]

여기서 왕충의 천도자연무위로부터 출발한 "인륜"은 곧 "사람이 천지간에서 태어나며, 천지는 무위이다. 사람이 품부받은 천성도 또한 당연히 무위여야" 하였다. 이른바 "유위"는 바로 천지가 모자라는 자손의 행동과 구체적인 표현이다. 왜냐하면 오직 "덕이 지극하고 순수하고 두터운 사람은 선천적으로 품수한 천기가 많기 때문에 능히 하늘을 본받을 수 있으며, 자연은 무위"이기 때문이다. 분명히 왕충은 여기서 여전히 천인을 일관하는 품수한 기(稟氣)의 원칙을 견지하고 있으며, 사람 상호간의 차별은 또한 주로 품기稟氣의 엷음과 두터움, 많음과 적음에서 보았다. 여기서 천인을 관통하여 "품기"와 "무위"의 원칙은 오직 황로학의 "몸속에 무욕無慾, 담박淡泊함을 추구하고, 다스림에 무위를 근본으로 삼아야" 비로소 진정한 "본인이

---

72) 王充, 『論衡』(『諸子集成』 제7책), 「自然篇」, 179쪽.

자신을 공손하게 하자 음양이 스스로 조화를 이루고 유위에 마음이 없는데도 사물이 저절로 변화하며, 생겨남에 뜻이 없어도 사물이 스스로 이루어진다."

그러나 이러한 "인륜" 혹은 인생관은 사람다운 사람이 되는 원칙(做人原則. 이하 人間原則)을 철저하게 뒤집어엎었다. 만약 한나라 초기에 일찍이 신봉하였던 황로학의 자연무위사상을 말한다면 왕충은 현재에서 천인의 일관성에 관한 연구를 통하여 완전히 새롭게 황로학으로 되돌아갔다. 『주역』에는 이른바 "(사물의) 시초를 원찰하고 (사물의) 마침을 탐구한다"(原始反終)73)라는 말이 있는데, 그렇다면 왕충이 그 일생의 탐구를 마치고 또 새롭게 "무위"의 관념에 되돌아갔을 때, 이것은 경학의 종결을 의미하는가? 이것은 당연히 또한 경학의 종결이라고 말할 수 없으며, 도리어 한대 경학이 굴기한 이래 천인일관과 천인감응의 관념을 따라서 유가가 황로·도가의 입장으로 전향하였음을 상징한다.

아마도 이러한 원인으로 양한의 경학에 대하여 말하면, 왕충의 『논형』도 한대 경학사상 관점의 철저한 반전을 대표한다. 무릇 유가의 원래 관념은 왕충의 새로운 해독을 얻지 않은 것이 없으며, 그 함의도 그 원래 의미의 반면反面으로 흐르지 않은 것이 없었다. 이러한 반역이 형성된 까닭도 왕충의 일생이 울울창창한 뜻을 얻지 못하고 거듭 관직을 잃은 경력과 무관하지 않을 수 없으며, 거대한 사회 사조와 그 흐름으로 보면, 유수가 국가의 대사를 "참위로 결정함"도 서한 이래의 참위학이 이미 극에 달했음을 설명한다. 왜냐하면 필연적으로 "사물이 극에 도달하면 반드시 되돌아간다"(物極必反)라는 운명에 직면하지 않을 수 없기 때문이다. 아마도 이러한 면의 원인 때문에 『논형』 가운데 앞의 십수 편은 거의 완전히 인간의 정성情性과 명운命運의 문제를 중심으로 전개되며, 아울러 완전히 이른바 품기稟氣와 '형체를 부여받음'(賦形)의 원칙에 입각하여 이론이 세워졌다. 예를 들면 다음과 같다.

---

73) 『周易』「繫辭」에서는 "(사물의) 시초를 원찰하고, (사물의) 마침을 탐구하니, 그러므로 삶과 죽음의 도리(說)를 안다. 精氣가 만물이 되고, 游魂이 변화를 이루니, 이런 까닭에 鬼神의 情狀을 안다"라고 하였다. (『周易』[吳哲楣 主編, 『十三經』], 「繫辭上」, 52쪽)

조행操行이 항상 현명하더라도 관직에서 항상 때를 만남(遇)은 없다. 어짊과 어질지 못함은 재능이다. 때를 만남과 만나지 못함은 때에 따른다. 재능이 높고 조행이 고결해도 반드시 존귀하게 됨을 보증하지 못한다. 능력이 모자라고 탁해도 반드시 비천하게 됨을 보증하지 못한다. 혹 높은 재능과 고결한 조행이 있더라도 때를 만나지 못하고 물러나 하류에 있을 수 있으며, 모자라는 능력과 탁한 조행을 하더라도 때를 만나 대중의 위에 있을 수 있다.[74]

이런 까닭에 재능이 높고 조행이 중후해도 반드시 부귀함을 꼭 보증하지는 않으며, 지혜가 모자라고 덕이 엷어도 반드시 빈천하게 된다고 믿을 수 없다. 혹 때로는 재능이 높고 조행이 중후해도 명命이 나쁘고 막혀서 벼슬에 나아가지 못하기도 하고, 지혜가 모자라고 덕이 엷어도 명이 선하고 흥하여 크게 출세할 수도 있다. 그러므로 일에 임하여 지혜로움과 어리석음, 조행의 청淸·탁濁은 본성과 재능이다. 벼슬길에서의 귀·천과 재산운영에서의 빈·부는 명命과 때이다. 명은 피할 수 없으며, 때는 힘으로 할 수 없으며, 지혜는 하늘로 귀결된다.[75]

수명의 길고 짧음은 모두 하늘에서 받고, 골상骨相의 좋고 나쁨도 모두 신체에 나타난다. 명이 요절할 상이면, 비록 남다른 행실을 갖추고 있어도 끝내 오래 살지 못하며, 빈천해질 녹명祿命이라면 선한 성품을 지녔더라도 끝내 부귀해질 수 없다.[76]

왕충이 이러한 길을 걸어갈 때, 그는 마침내 사람의 모든 것을 하늘에 귀결시켰으며, 사람의 품기稟氣와 부형賦形을 하늘에 귀결시켰으므로 곧 "사람이 태어나 성명性命이 부유하고 귀하게 됨은 처음 품수한 자연의 기와 양육받아 성장하면서 부·귀의 명이 징험된다"[77]라는 말이 있게 되었다. 이것이 곧 모든 것은 '품기'와 '부형賦形'의 "명命"에 의해서 결정된다는 명정론命定論이다. "명"은 사람에 대한 결정 작용을

---

74) 王充, 『論衡』(『諸子集成』 제7책), 「逢遇篇」, 1쪽.
75) 王充, 『論衡』(『諸子集成』 제7책), 「命祿篇」, 5쪽.
76) 王充, 『論衡』(『諸子集成』 제7책), 「命義篇」, 11쪽.
77) 王充, 『論衡』(『諸子集成』 제7책), 「初稟篇」, 26쪽.

하는데, 그것은 현명함과 어리석음과는 무관하며 또한 본성과 재능(情才)과도 무관하다. 따라서 사상사에서는 줄곧 왕충이 귀결한 명정론을 마땅히 매우 도리가 있다고 보았다.

그러나 왕충이 사람의 모든 것은 오로지 사람의 품기와 부형을 하늘에 귀결시키고 "명"으로 결정된다고 보았을 때, 또한 반드시 유가의 근본적 문제도 연관되어 있는 게 그것이 곧 인성人性이다. 인성에 대하여 이미 공자가 "성은 서로 비슷하다"라고 하였고, 순자는 "성악性惡" 혹은 "성은 질박하다"(性朴)라고 주장하였으나, 동중서는 "성삼품性三品"을 주장하였다. 이 모든 관점은 각자 서로 다른 언어환경에서 모두 일정한 의미가 있으며, 또한 그것이 유학 대사의 지위를 가지는 데 영향을 주지 않았다. 그러나 맹자의 성선론이 제출된 후, 성선론의 함의를 정확하게 이해하는가의 여부는 결국 그 사람의 유가에 대한 이론 인식에서의 사상적 깊이를 대변하였다. 왕충은 비록 이미 명확하게 황로도가의 입장에 서 있었지만, 인성의 문제에서는 그는 도리어 여전히 유가가 선·악으로 인성을 논하는 기본적 관점을 견지하였다. 이것은 적어도 왕충이 결코 인류문명에 대한 희망을 버리지 않았음을 말해 준다. 즉, 적어도 인성의 문제에서는 희망을 포기하지 않았다. 왜냐하면 도가는 인성이 선·불선으로 말할 수 없는 것이며, 당연히 이른바 선하다고 할 것도 없으며 악하다고 할 것도 없지만 또한 선하다고도 할 수 있고 악하다고도 할 수 있다. 이것은 곧 장자莊子가 조화造化에 대하여 가진 태도이다. 즉 소를 부르면 소가 응하고, 말을 부르면 말이 응하며, 종합하면 결국은 하나의 자연지성自然之性에 불과하다는 말이다. 왕충이 선·악으로 인성을 논하는 태도를 견지하려는 까닭은 그가 여전히 근본적으로 인류문명을 포기하지 않았음을 설명한다. 하지만 그의 입장과 관점은 확실히 이미 도가화되었다. 그러나 인성의 문제에서는 그는 기본적으로 주周나라 사람 세석世碩의 관점을 찬성한다.

성정性情은 사람이 공부해야 하는 근본이며, 예악은 이로부터 생겨난다. 그러므로 성정의 극단을 원찰하여 예로써 그것을 예방하고, 악樂으로 절도 있게 한다.

성性에는 낮추어 겸양하고 사양함이 있고, 그러므로 예를 제정하여 그 마땅함을 따르도록 하며, 정情은 좋아함·싫어함·기뻐함·성냄·슬퍼함·즐거워함이 있으므로 악을 제정하여 그 경건함과 통하게 한다. 예를 제정하고 악을 제정하는 까닭은 정情과 성性 때문이다. 옛날에 태어난 유생들은 대부분 저작과 편장篇章을 남겨, 논술하지 않은 것이 없지만, 그 실상을 규정하지 못하였다. 주周나라 사람 세석世碩(春秋 陳人, 공자 제자)은 '사람의 본성은 선도 있고 악도 있으므로 사람의 선한 성을 가려내어 배양하고 힘쓰면 선이 커지고, 악한 성을 배양하고 이루면 악이 커진다'라고 생각하였다. 이와 같다면 정과 성은 각각 음·양과 선·악이 있고, 거기서 길러진다. 그러므로 세석은 『양성서養性書』78) 한 편을 지었다. 복자천宓子賤·칠조개漆雕開·공손니자公孫尼子 등도 성을 논하였는데, 세석과 서로 다른 점이 있지만 모두 성은 선함도 있고 악함도 있다고 보았다. 맹자는 성선편을 지어, 인성은 모두 선하며, 그것이 불선이 되는 것은 사물이 그것을 어지럽히기 때문이라고 보았다. 사람이 천지에서 태어날 때는 모두 선한 본성을 품부받는데, 성장하면서 사물과 교접하면서 방종하고 도리를 어기게 되어 불선不善이 나날이 생겨난다.79)

맹자로부터 유자정劉子政80)에 이르기까지 홍유鴻儒·박사博士·생도生徒는 듣고 본 것이 많다. 그러나 성정을 올바로 규정한 사람은 없다. 다만 세석世碩과 공손니자公孫尼子가 말한 것만이 대략 정확한 견해에 접근해 있다.…… 사실상 사람의 본성에 선이 있고 악이 있는 것은 사람의 재질에 높고 낮은 차이가 있는 것과 같다. 높은 재주는 낮아질 수 없고, 낮은 재주는 높아질 수 없다. 사람의 본성에 선악이 없다고 하는 것은 사람의 재질에 높고 낮음이 없다고 하는 것이다. 하늘로부터 성을 받는 것과 명을 받는 것은 동일한 사실이다. 명에는 귀천이 있고, 성에는 선악이 있다. 사람의 본성에 선악이 없다고 하는 것은 사람의 명에 귀천이 없다고 하는 것이다.81)

---

78) 역자 주: 현재 이 책은 逸失되어 전하지 않는다.
79) 王充, 『論衡』(『諸子集成』 제7책), 「本性篇」, 28쪽.
80) 역자 주: 劉子政(BC 77?~BC 6?). 서한 경학자. 주요 저서로는 『說苑』, 『新序』, 『別錄』 등이 있다.
81) 王充, 『論衡』(『諸子集成』 제7책), 「本性篇」, 30쪽.

쑥이 삼나무(麻) 틈에서 나면 붙들지 않아도 자연히 곧게 되고, 흰 비단이 검은 물감에 들어가면 염색하지 않아도 저절로 검어진다. 쑥의 본성은 곧지 않고 비단의 바탕은 검지 않지만, 삼나무가 지탱해 주면 곧게 되고 검은 것에 물들면 검게 된다.[82]

다만 "그러므로 성정의 극단을 원찰함"이라는 말로 보면 왕충은 실제 인성을 실연의 관점에서 줄곧 사람이 처음 태어났을 때까지, 즉 이른바 품기稟氣와 부형賦形이 하나의 시공의 차원에서 고찰된 것임을 알 수 있다. 그리고 맹자에 대하여 "인성은 모두 선하며, 그것이 불선이 되는 것은 사물이 그것을 어지럽히기 때문이라고 보았다. 사람이 천지에서 태어날 때는 모두 선한 본성을 품부받는데, 성장함에 사물과 교접하면서 방종하고 도리를 어기게 되어 불선不善이 나날이 생겨난다는 말이다"라는 해독도 또한 충분하게 그가 확실히 실연존재의 시각으로 인성의 문제를 고찰하였음을 증명하였다. 이것은 그가 맹자가 논한 인성의 궁극적 근원의 성질, 즉 이른바 시공의 차원을 초월함을 이해하지 못하였을 뿐만 아니라, 또한 이러한 시공을 초월하고 구체적으로 표현된 인성을 시공의 좌표계 가운데 놓고서 품평하였고, 혹은 또 이것은 시공차원에서 구체적으로 표현된 것을 통하여 직접 그 시공차원을 초월한 기본적 성질을 설명한 것이며, 따라서 또한 "사람이 천지에서 태어날 때는 모두 선한 본성을 품부받는다"라는 개괄(이 점은 아마도 그가 맹자의 "赤子之心"에 대한 이해를 대표한다.)이 있었으며, "성장하면서 사물과 교접하면서 방종하고 도리를 어기게 되어 불선不善이 나날이 생겨난다"라는 뜻을 나타낸다. 왜냐하면, 왕충은 인성을 시공세계에서의 구체적 표현을 통하여 맹자의 시공을 초월(이른바 형이상학적 시각)하는 인성을 이해하고 논증하여 정하는 관점을 가졌기 때문에, 따라서 또한 그가 완전히 사람의 재능 및 본성과 명운(命運)으로 직접 인성을 설명하는 사고의 방향이 있게 되었고, 아울러 "사람의 본성에 선악이 없다고 하는 것은 사람의 재질에 높고 낮음이 없다고 하는 것이다"라고 생각하였다. 그리고 이른바 "사람의 본성에 선악이

---

82) 王充, 『論衡』(『諸子集成』 제7책), 「率性篇」, 11쪽.

없다고 하는 것은 사람의 명에 귀천이 없다고 하는 것이다"라는 말은 동시에 또한 전형적으로 왕충이 형이하학적으로 형이상을 논하는 시각과 특징을 나타내었다. 이른바 "쑥이 삼나무(麻) 틈에서 나면 붙들지 않아도 자연히 곧게 되고, 흰 비단이 검은 물감에 들어가면 염색하지 않아도 저절로 검어진다"라고 한 말은 왕충이 보기에 자연은 외재적 환경으로 "길러진" 결과이며, 실제로 또한 인성의 선악이 완전히 외재적 환경으로 결정된다고 말하는 것과 같으며, 따라서 직접 인성이 선도 있고 악도 있다는 결론을 내릴 수 있다. 왜냐하면, 현실생활에서의 인성은 본래 선과 악이 섞여 있는 것이 특징이기 때문이다. 사실 왕충의 이러한 견해는 오히려 그가 맹자의 사상을 "인성은 모두 선하며, 그것이 불선이 되는 것은 사물이 그것을 어지럽히기 때문이다"라고 개괄한 것을 증명하였다. 여기서 출발하면, 그의 인성론은 실제로는 진정으로 맹자가 "마치 버드나무를 해쳐서 배권桮棬(나무 술잔)을 만든다고 하면, 또한 인성을 해쳐서 인의로 만드는 것과 같은가?"[83]라고 하여 고자를 반박한 말과 같은 것이다.

왕충은 인성을 이와 같은 실연존재 혹은 실연경험의 시각으로 토론하였고, 그는 반드시 사람의 모든 인식을 구체적 감성경험으로 받아들여서 검사하여 증명하고 아울러 그 진위를 논증하여 결정하였다. 그리고 양한의 경학에서 허다한 참위론 또한 반드시 그로부터 감성경험의 검증을 포함한 실연존재로부터 검증을 받아야 했으며, 따라서 한고조는 물론 양한의 정신적 시조인 당요唐堯조차도 모두 반드시 구름과 안개를 타고 하늘을 날 수 있었는가를 검증받아야 했으며, 광무제에 관해서 심지어 또한 반드시 그의 "상서로운 벼의 정기, 봉황의 기"가 사람으로 형태가 변할 수 있는가를 검증받아야 했다.

요임금과 고조高祖가 분명히 용의 자식이라면, 자식의 본성은 아비와 비슷할 것이다. 용이 구름을 탈 수 있다면, 요임금과 고조도 마땅히 그럴 수 있어야

---

83) 『孟子』(吳哲楣 主編, 『十三經』), 「告子上」, 1406쪽.

한다. 만물 가운데 땅에서 자라는 것은 각각 그 본래의 종자와 비슷하다. 흙과 비슷하지 않은 것은 흙에서 생성되지 않기 때문이다. 흙은 단지 길러 줄 따름이다. 어미가 자식을 잉태하는 것은 땅이 만물을 기르는 것과 같다. 요임금과 고조의 어머니가 용의 씨를 받은 것은 땅이 어떤 사물의 파종을 받은 것과 같다. 사물은 씨 뿌려진 종자로부터 생겨나니, 무릇 두 제왕도 마땅히 용과 비슷해야 한다.[84]

광무황제가 제양궁濟陽宮에서 태어날 때, 봉황이 연못에 모여들고, 집안에 상서로운 벼가 생겨났다. 성인이 탄생할 때 기이한 새와 길한 사물이 상서로움으로 응한다. 반드시 기이하고 길한 것이 출현할 때 태어난 아이를 그 사물의 자식이라고 한다면, 이는 곧 광무황제가 상서로운 벼의 정기와 봉황의 기라는 말인가?[85]

왕충은 이러한 반박성 예증을 적시할 때 한편으로는 확실하게 그의 철저한 경험지식의 입장을 표현하였으며, 다른 한편으로는 분명하게 그 사람의 진부함과 사랑스러움을 나타내었다. 아마도 오직 자신의 경험지식의 무한화와 절대화가 있어야만 비로소 각종의 참위설을 향해 이러한 판단적 실험과 검증의 표준을 제시할 수 있을 것이다. 물론 다른 한편으로는 오직 이른바 "요임금과 고조高祖가 분명히 용의 자식"이라는 말과 광무가 생시에 확실히 이른바 "봉황이 연못에 모여들고, 집안에 상서로운 벼가 자라는" "아름다운 상서祥瑞"의 현상에 대한 진정한 믿음이 있어야 비로소 이러한 참위설에 대하여 이와 같은 검증을 진행할 수 있다. 그러나 참위가 유행하고 또 "국시國是"를 결정하는 시대에 아마도 오직 이와 같은 "진부한" 정신이 있어야 비로소 그것을 민족정신의 무대에서 완전하게 추방할 수가 있다.

---

84) 王充, 『論衡』(『諸子集成』 제7책), 「奇怪篇」, 33쪽.
85) 王充, 『論衡』(『諸子集成』 제7책), 「奇怪篇」, 34~35쪽.

4. 기개와 절조: 경학정신의 개체적 응집

어느 면에서 볼 때 "기개와 절조"(氣節. 이하 氣節로 표시)는 '비방과 칭찬'(毁譽)이 반반인 문제라고 할 수 있다. 응당 "비방"(毁)의 일면으로서 "기절氣節"은 마치 모두 "명사名士"와 함께 연결된 것 같으며, 그렇게 결정하였다. "기절"은 반드시 모종의 이른바 허명 확대의 과격함과 널리 명성을 떨침의 찬양과 서로 연결되어 있다. 응당 "칭찬"의 일면으로서 "기절"은 마치 유가가 찬양하는 도덕적 용기 및 책임의식이 '담당정신'과 서로 연결되어 있으며, "기절"을 가진 어떤 사람은 적어도 또한 하나의 도덕책임과 담당정신을 가진 사람이다. 일상의 용어 가운데 만약 어떤 사람이 기절을 가졌다고 하면 그것은 틀림없이 일종의 최상급 찬미이다. 그러나 하나의 민족에 대하여 말하면 만약 지나치게 "기절"을 숭상하면 왕왕 일종의 편협·과격함으로부터 표현된 널리 성명을 떨친 것과 같은 여러 가지 결점이 될 수 있다. 중국의 문화에서 "기절"이라는 말이 최초로 한대에 형성되었다. 만약 그 구체적 형성배경을 말하면, 그것은 마땅히 주로 양한의 경학으로부터 배양된 결과라고 할 수 있으며, 특히 그것은 경학정신의 개체 인생 방식의 실현과 응집이라고 할 수 있다.

만약 글자를 분석하여 의미를 해석하는 관점에서 보면 이른바 "기절"은 마치 응당 지기志氣와 절조節操의 줄임말과 같으며, 혹은 적어도 두 가지가 직접 통일된 구체적 표현이라고도 할 수 있다. 실제로 "기절"은 비록 "기" 혹은 "기상氣象"을 통하여 표현되어 나온 일종의 절조節操라고 할 수 있지만, 더욱 중요하게는 "지志"와 서로 관계가 있다. 두 가지의 구체적인 통일에서 만약 지나치게 "기"의 측면을 나타내면, 자주 이른바 "사기使氣"(버럭 화냄)와 "제멋대로 함"(任性)으로 합류할 수 있으며, "사기使氣"와 "제멋대로 함"이 비록 "기절"에 갖추어진 이떤 외적 표현 혹은 어느 정도로 이른바 "기절"의 양상을 표현하였지만, 그러나 그것이 진정한 기절이라고 결코 말할 수 없다. 예를 들면 "기절" 관념이 이제 막 형성되고 그것이 한대에서 구체적으로 표현된 것으로 보면, 비록 당시에 이미 "기절"의 말이 있었다고 하지만, 그러나 그것이 표달된 것은 도리어 결코 진정한 "기절"은 아니며, 더 많은 것은 이른바 "사기使氣"이다. 예를 들면, 『사기』에서 사마천이 급암汲黯에 대하여 묘사한 것과 같다.

급암汲黯은 인성人性이 거만했으며, 예의에 벗어났으며, 얼굴을 맞대고 모질게 꾸짖고, 남의 잘못을 용서하지 않았다. 자기와 뜻이 맞는 사람에게는 잘 대했지만, 자신과 뜻이 맞지 않은 사람과는 마주 보지도 않았으니, 사인士人들 역시 이 때문에 그를 잘 따르지 않았다. 그러나 학문을 좋아하고, 협객俠客과 교유交游하며, 지기志氣와 절조節操를 중히 여기며, 집 안에서도 조행操行이 단정하고 깨끗하였으며, 직간하기를 좋아하여, 여러 차례 군주의 안색을 찌푸리게 하였으며, 늘 부백傅柏과 원앙袁盎의 사람됨을 흠모했다. 그는 관부灌夫, 정당시鄭當時와 종정宗正인 유기劉棄(혹은 劉棄疾)와 사이가 좋았다. 그들 또한 자주 직언했기 때문에 관직에 오랫동안 머물러 있을 수 없었다.[86]

이것은 급암의 인물에 대한 사마천의 묘사로서, 그 가운데 "인성人性이 거만했으며, 예의에 벗어났으며, 얼굴을 맞대고 모질게 꾸짖고, 남의 잘못을 용서하지 않았다"라고 한 말과 "학문을 좋아하고 의협심과 절조를 중히 여기며 집 안에 있을 때도 조행이 바르고 깨끗했으며, 직간하기를 좋아하여, 여러 차례 군주의 안색을 찌푸리게 하였다"라는 말 등은 "지기와 절조를 중하게 여김"을 "협객俠客과 교유함" 및 "집 안에서도 조행操行이 단정하고 깨끗함"의 중개 고리로 본다면, 사마천이 "기절氣節"의 함의를 이해하지 못하였다고 말할 수는 없는 것 같다. 그러나 급암이 "남의 잘못을 용서하지 않았다"라고 한 말과 "자기와 뜻이 맞는 사람에게는 잘 대했지만, 자신과 뜻이 맞지 않은 사람과는 마주 보지도 않았다"라는 말로 보면, 사마천이 여기서 말한 "기절氣節"은 결국 일종의 "사기使氣"와 "임성任性"의 동의어에 불과할 뿐으로, 기껏해야 단지 자신의 기준에 따라 친구를 선택하고, 비교적 강한 원칙성과

---

86) 司馬遷, 『史記』(『二十五史』, 권1), 「汲鄭列傳」, 305쪽.

배척성을 가졌을 뿐이라고 할 수 있다. 따라서 단지 이 점으로만 볼 때 "기절" 관념은 당시에 막 형성된 것 같으며, 심지어 사마천도 여전히 "인성이 거만함", "예의를 벗어남" 그리고 "사기使氣"(버럭 화냄)와 "제멋대로 함"(任性)의 중간 단계 혹은 중개 고리로 운용하였다.

그러나 만약 "기절"을 일종의 '품격이 있음', '원칙이 있음'의 담당 정신으로 이해한다면 그것은 실제로는 매우 일찍 형성된 것이다. 예를 들면, 맹자가 제창한 "대장부 정신"은 우리가 어찌 되었든 간에 대체로 모두 그 가운데 반드시 일정한 "기절"의 요소를 포함하고 있음을 마땅히 부정할 수 없을 것이다. 그러나 단지 "기절"만 있다고 해서 반드시 "대장부 정신"을 갖춘 것은 아니다. 다시 예를 들면, 맹자가 "용勇"을 논할 때 "스스로 돌이켜보아 떳떳하지 않으면, 비록 빈천한 사람이나 허름한 옷을 입은 사람이라도 내가 어찌 두려워하지 않겠는가? 스스로 돌아보아 떳떳하다면 비록 천만 명이라 하더라도 나는 가겠다"[87]라고 제시한 말은 또한 명확하게 외향적인 "췌惴"(두려워함)와 "두려워하지 않음"을 완전히 내재적 반성의 기초인 "떳떳하지 않음"(縮)과 "떳떳함"(不縮)의 사이에서 결정하였다.[88] 따라서 이 양자의 관계에 관하여 우리는 또한 "기절"을 가진 사람은 아직 반드시 "대장부 정신"을 가지지는 않았으며, "대장부 정신"을 가진 사람은 도리어 반드시 "기절"을 가졌다고 말할 수 있다. "대장부 정신"에 대한 맹자의 설명을 살펴보자.

천하의 넓은 거처(인 仁)에 거주하고 천하의 바른 자리(인 禮)에 서고 천하의 대도大

---

87) 『孟子』(吳哲楣 主編, 『十三經』), 「公孫丑上」, 1363쪽.
88) 이명휘 선생은 맹자의 이 단락의 말을 번역하기를 "나는 자신을 돌이켜 스스로를 반성한 후에 義理에 합당하지 않다고 생각하면, 비록 지위가 낮은 사람을 만나더라도 어찌 두려워함이 없겠는가? 나는 자신을 돌이켜 반성한 후에 의리에 합당하지 않다고 생각하면, 비록 천만 명과 대면하더라도 또한 용감하게 앞으로 나아갈 것이다"라고 하였다. 필자는 이 말이 매우 합당하다고 생각하였다. 이것 또한 "스스로 돌이켜보아 떳떳하지 않으면, 비록 빈천한 사람이나 허름한 옷을 입은 사람이라도 내가 어찌 두려워하지 않겠는가?"라는 구절을 물음표로 끊은 원인이다.(李明輝, 『孟子重探』, 聯經出版公司, 2001년판, 10쪽)

道를 행하여, 뜻을 얻어 등용되면 백성들과 그 뜻을 따르고, 뜻을 얻지 못하면 홀로 그 도를 행합니다. 부귀도 그를 음탕하게 하지 못하고, 빈천도 그의 고상한 뜻을 바꾸게 할 수 없고, 위세와 무력도 그를 굴복시키지 못할 때 이를 일러 대장부라고 한다.[89]

여기서 맹자가 말하는 대장부 정신은 틀림없이 "기절"의 일면을 포함하고 있지만, 단지 "기절"만 있다고 해서 반드시 "대장부 정신"을 충분히 성취할 수 없다고 할 수 있다. 왜냐하면, "기절"은 단지 사람다운 사람이 되는 원칙과 그 내재적 수호守護의 한 면, 곧 맹자가 말한 "음탕하게 하지 못함", "바꾸게 할 수 없음", "굴복시킬 수 없음"의 일면에만 집중되어 있기 때문이다. 그러나 "대장부 정신"은 반드시 인생의 "뜻을 얻음"과 "뜻을 얻지 못함"의 두 방면을 포괄하고 있다. 왜냐하면 이른바 "대장부 정신"은 실제로는 곧 "기절"의 진일보한 발전이기 때문이다. 그러나 총체적으로 말하면 그들은 모두 동일한 방향에 속하는 정신수양과 완전히 일치한다.

아마도 이러한 원인 때문에 맹자철학에서 분명히 또한 "기절" 사상의 구체적 출처와 그 구체적 표현을 포함하고 있다. 이제 맹자와 그 제자인 공손추公孫丑의 "부동심不動心"에 관한 토론을 살펴보자.

> "무릇 의지는 기氣를 부리는 장수將帥이다. 기는 몸을 가득 채우는 것이다. 무릇 의지가 지극하며 기는 그다음이다. 그러므로 '의지를 굳게 가지고, 그 기氣를 난폭하게 하지 말아라'라고 한다."
> "이미 말씀하시길, '의지가 지극하며 기는 그다음이다'라고 하고, '의지를 굳게 가지고, 그 기氣를 난폭하게 하지 말아라'라고 한 말은 무슨 뜻입니까?"
> (맹자는) "의지가 한결같으면 기를 움직인다. 기가 한결같으면 의지를 움직인다. 이제 넘어지는 것과 뛰는 것이 있다면 이는 기이며, 그 반대로 움직이게 하는

---

89) 『孟子』(吳哲楣 主編, 『十三經』),「滕文公下」, 1379쪽.

것은 마음이다"라고 하였다.

공손추가 "감히 묻습니다. 선생께서는 무엇에 능한지요?"라고 하였다.

맹자는 "나는 말을 알며, 나의 호연지기를 잘 기른다"라고 하였다.

공손추가 "감히 묻습니다. 무엇을 호연지기라고 합니까?"라고 하였다.

맹자는 "말로 하기 어렵다. 그러한 기는 지극히 크고 지극히 굳세며, 곧게 길러져 해로움이 없으니 천지 사이에 충색充塞된다. 그러한 기는 의義와 짝하고 도道와 함께하며, 의와 도가 없으면 (기는) 굶주려 연약해진다. 그것은 집의集義(의를 알고 지키려는 의지를 굳게 함)로 생겨나는 것이며, 의가 엄습해 와서 취하는 것이 아니다. 행동이 마음에 흡족하지 않으면 (기는) 굶주려 연약해진다"라고 하였다.[90]

여기서 이른바 "부동심不動心"은 또한 "기절"의 다른 표현이라고 할 수 있다. 그러나 결국은 어떻게 "부동심"을 할 수 있는가? 이것은 반드시 "의지"(志)를 "기"의 장수로 삼는 것이며, 혹은 적어도 "'의지가 지극하며 기는 그다음이다'라고 하는 선택의 순서를 마땅히 견지해야 한다고 말한다. 왜냐하면 "지志"와 "기"는 본래 마땅히 "기의 장수" 및 "몸을 가득 채움"의 관계이며, 하지만 "서로 이김", 즉 "의지가 한결같으면 기를 움직인다. 기가 한결같으면 의지를 움직이는" 가능성이 존재하기 때문이다. 그리고 이른바 "넘어지는 것과 뛰는 것"은 실제로는 완전히 "기"에서 말미암은 "그 마음과 반대로 움직임"과 "그 의지와 반대로 움직임"의 표현이라고 할 수 있다. 따라서 또한 반드시 "기"가 완전히 "의지"의 요구에 복종하도록 해야 하며, 따라서 그 자신을 "의지"의 구체적 표현이 되게 해야 한다. 일단 "기"가 완전히 "의지"의 내재적 응결과 외재적 표현이 되어야 하며, 주체는 또한 자각적으로 "의지"로써 "기"의 공부를 충분히 기를 수 있고, 거기에 "의義와 짝하고 도와 함께함"의 자각적 수양을 더하여 그에 따라서 "지극히 크고 지극히 굳셈", "천지 사이에 충색함"의 "호연지기浩然之氣"를 형성한다. 그리고 이른바 "부동심"은 "기절"을 포함하고, 또한 함께 형성된다. 따라서 "기절"은 일종의 사람다운 사람이

---

90) 『孟子』(吳哲楣 主編, 『十三經』), 「公孫丑上」, 1363쪽.

되는 기본적 자질(操守)이 되며, 또한 "의지"가 "기"의 장수이며, "의지"로써 "기"를 기른 산물이라고 할 수 있다. 그리고 양자의 관계에 대하여 말하면, 또한 "의지"는 "기"에 대한 내재적 응결과 전면적 주재라고 할 수 있으며, 따라서 그것을 완전히 "의지를 한결같이 하고", "마음을 흔들리지 않도록" 하였다. 일단 "의지를 한결같이 함"과 "마음을 흔들리지 않도록 함"의 상태에 도달하게 될 때 이른바 "기절氣節"도 자연스럽게 표현되어 나온다.

맹자는 "의지"와 "기"의 관계와 그가 견지한 "의지"는 "기"의 장수이며, "의지"로써 "기"를 기르는 "부동심"을 추구하여, 곧 이미 분명하게 "기절"의 학리적學理的 생성을 나타내었다. 그러나 이러한 학적 생성으로부터 인생실천의 생성에 이르기까지 여전히 반드시 유학의 역사발전을 통하여 실현되었다. 이러한 역사적 임무는 우선 양한 경학으로부터 담당한 것이다. 이 과정에 관하여 범엽은 그의『후한서』가운데 전국시대부터 동한사회까지 사조의 발전과 변화 과정에 대해 비교적 체계적 정리를 하였고, 그 가운데는 "기절"의 생성과 그 구체적 표현을 포함하고 있으며, 따라서 여기서 특별하게 인증하였다.

　　…… 패덕覇德의 시대(戰國末 六國시대)가 이미 쇠퇴하고, 교활한 기회주의가 싹트기 시작하였다. 강자가 승리를 거두는 것을 웅위雄偉로 여기고 약자는 교활하고 열악함으로 굴욕을 당한다. 반 푼짜리 계책을 만들어 만금을 얻고, 한마디 말로 보물과 벼슬을 내린다. 간혹 보잘것없는 사람이 관리가 되고, 평민 출신으로 경상卿相에 오르기도 하였다. 사士 가운데 말을 잘 꾸미고 교묘하게 말을 잘하는 사람, 이익을 탐내는 사람이 시도 때도 없이 다투어 찾아온다. 이로부터 서로 사랑하고 다투며, 때에 따라 형세와 국면에 맞추어 변하여, 그 기풍은 만회할 수도 없고, 그 폐단은 되돌릴 수도 없었다. 한고조가 장검을 들고 일어나니 무부武夫들이 발흥勃興하였다. 법령을 관용으로 느슨하게 하고, 의례도 간결하게 하며, 사호四豪(信陵・平原・春申・孟嘗君)의 풍류를 계승하고, 사람들은 만만하고 방자하게 위에 있으려는 마음을 품고 생사를 가볍게 보고 의기를 중시하며, 원수와 은혜는 반드시 보답하고, 명령이 사가私家에서 실행되고, 권력이 필부에게로 넘

어가고, 협객의 무리에게 일을 맡기는 것이 시속時俗이 되었다. 한무제 이후 유학을 숭상하고 경술經術을 공부하는 사람들이 떼 지어 운집하였으며, 석거각石渠閣의 분분한 논쟁에서는 의견을 같이하는 사람끼리 당을 이루고 의견이 다른 사람을 공격하고(黨同伐異), 문학을 강구講究하는 사람들이 이때 왕성하였다. 왕망의 권력을 사취詐取하고 결국은 나라를 찬탈하니 충의忠義가 있는 무리는 왕망의 아래에서 벼슬하는 것을 수치로 여기며, 이에 은거함을 영광으로 여기며, 기꺼이 수척해짐(가난)을 받아들였다. 비록 한나라 중흥中興의 운을 맞이하여 한나라의 덕이 다시 열렸지만, 명철보신明哲保身과 반듯하게 자신만 지키고, 서로가 연대하고 흠모하여 따르며, 물러감과 나아감을 절도 있게 하고, 시론을 중시하였다. 환제桓帝·영제靈帝의 재위 기간에 군주가 황음荒淫하고 어지러워 국가의 운명이 엄사閹寺(宦官)에게 맡겨졌고, 사자士子들은 그들과 함께하는 것을 부끄럽게 여겼다. 그러므로 필부조차도 격분하였으며, 처사處士들은 횡의橫議를 일삼고, 이에 명성을 격양시키고, 서로 찬양하며, 공경公卿들을 품평하고, 집정자들을 헤아려 논하고, 강직한 기풍이 널리 행해졌다.[91]

범엽의 이 개괄은 전국시대 이래 중국 사회사조의 흐름을 매우 분명하게 정리하였다. 이른바 "패덕霸德의 시대(戰國末 六國시대)가 이미 쇠퇴하고, 교활한 기회주의가 싹트기 시작하였다. 강자가 승리를 거두는 것을 웅위雄偉로 여기고 약자는 교활하고 열악함으로 굴욕을 당한다"라는 말은 자연히 전국시대 말기 사회의 형세에 대한 묘사이다. 또한 한비韓非가 말한 "기력을 쟁탈함"이다. 이른바 "간혹 보잘것없는 사람이 관리가 되고, 평민 출신으로 경상卿相에 오르기도 하였다. 사士 가운데 말을 잘 꾸미고 교묘하게 말을 잘하는 사람, 이익을 탐내는 사람이 시도 때도 없이 다투어 찾아온다"라는 말은 또 분명히 당시 종횡지사縱橫之士(合縱과 連橫에 힘쓰는 士人)가 분주하게 유세하는 모습이다. "한고조가 장검을 들고 일어나니 무부武夫들이 발흥勃興하였다"라는 말은 또한 틀림없이 한나라 초기 사회 형세에 대한 설명이다. 그리고 "생사를 가볍게 보고 의기를 중시하며, 원수와 은혜는 반드시

91) 范曄, 『後漢書』(『二十五史』, 권1), 「黨錮列傳」, 1132쪽.

보답하고, 명령이 사가私家에서 행해지고, 권력이 필부에게로 넘어가고, 협객의 무리에게 일을 맡기는 것이 시속時俗이 되었다"라는 말은 또한 분명히 한나라 초기 호협豪俠의 기풍에 대한 묘사이다. 그리고 "한무제 이후 유학을 숭상하고 경술經術을 공부하는 사람들이 떼 지어 운집하였다"라는 말은 자연히 경학의 흥기를 대표한다. 이른바 "석거각石渠閣의 분분한 논쟁에서는 의견을 같이하는 사람끼리 당을 이루고 의견이 다른 사람을 공격하였다"(黨同伐異)라는 말은 경학 내부 학파끼리 의 논쟁에 대한 소개이다. 왕망 이후 "충의忠義가 있는 무리는 왕망의 아래에서 벼슬하는 것을 수치로 여기며, 이에 은거함을 영광으로 여기며, 기꺼이 수척해짐(가 난)을 받아들였다"라는 말은 사실 기절의 풍조가 처음 시작된 것이다. 그리고 "환제桓帝·영제靈帝의 재위 기간에 군주가 황음荒淫하고 어지러워 국가의 운명이 엄사閹寺(宦官)에게 맡겨졌고, 사자士子들은 그들과 함께하는 것을 부끄럽게 여겼다"라는 말은 분명하게 이른바 "필부조차도 격분하였으며, 처사處士들은 횡의橫議를 일삼고, 이에 명성을 진작시키는" 근원이었다. 또한 당연히 "기절"이 전체 사회가 추구하는 기호와 취향의 구체적인 표현이었다.

그러나 범엽의 이러한 구분은 주로 사회 정치적 상황에 따른 변화발전과 문화사조의 총체적 흐름에 따라 한 말이며, "기절"에 대하여 말하면, 비록 또한 그것이 형성된 사회적 사조의 배경과 그 시류時流의 표현은 충분히 나타내지만, 여전히 그 구체적 생성을 설명하기에는 결코 충분하지 않다. 따라서 필자는 여기서 특별히 경학이 확립된 이래의 전형적인 모습을 선택하여 한유의 "기절" 풍격의 구체적 형성을 나타내고자 한다.

> 무릇 인仁한 사람은 그 도리(誼)를 바르게 하고 이익을 도모하지 않고, 그 도를 밝히되 그 공을 헤아리지 않습니다. 이 때문에 공자의 문하에서는 다섯 패주霸主(五伯)를 일컫기를 부끄러워하는데, 이들은 먼저 사술詐術과 폭력을 행한 뒤 인仁과 의誼를 말합니다. 진실로 요사스러운 술법만 행할 뿐이기 때문에 대군자의 문하에서는 일컫기에도 부족하였습니다.[92]

유흠은 또한 침착하고 냉정하며 지모가 있었으며, 부자가 모두 옛것을 좋아하여 널리 보고 의지가 강하여 보통 사람을 뛰어넘었다. 유흠은 좌구명左丘明이 좋아한 것과 싫어한 것은 성인聖人과 같으며, 몸소 부자夫子를 참견參見하고, 공양公羊 · 곡량谷梁은 70 제자의 후예로 전해 들음이 친히 본 것 같고 그 상세함과 간략함이 서로 달랐다고 보았다. 유흠이 여러 차례 유향의 잘못을 지적하였는데, 유향은 이의異議가 없었으며, 여전히 스스로는 그 『곡량穀梁』의 의미를 지켰다.93)

왕망이 황제를 대리하여 정무를 보고 왕을 시해하고 찬탈하니 세상의 사인士人들이 그의 미덕을 경쟁적으로 칭찬하지 않은 사람이 없었으며, 하늘이 예시하는 부조符兆를 지어서 아첨하였으나, 환담만 스스로를 지키며 조용히 말이 없었다.94)

가난하여 몸 맡길 일묘一畝의 땅도 없었지만, 의지는 왕공王公보다 여유가 있었고, 신분이 낮아서 소량의 녹봉도 없었지만, 그의 마음은 만종萬鍾의 식읍을 가진 것과 같았다. 관직을 얻어도 기뻐하지 않았고, 잃어도 원망하지 않았다. 편안히 즐겁게 살아도 욕심으로 방자하지 않았고, 가난하여 고통스러운 지경에 처해도 의지는 나태하지 않았다. 옛 문장을 깊이 맛 들여 읽고, 기이한 말들을 즐겨 들었다. 세상의 속설을 읽고 타당하지 못한 곳이 있으면, 그윽한 곳에 홀로 거처하며 그 허실을 고찰하고 논증하였다.95)

세속을 떠나 은거해도 어버이 섬기기를 게을리하지 않았고, 성품이 고결해도 세속을 초월하지 않았으므로 천자는 신하를 얻을 수 없었고, 제후는 친구를 얻을 수 없었다.…… 96)

필자가 보기에 이 과정은 실제로 한유漢儒의 "기절" 관념이 형성된 사상과

---

92) 班固, 『漢書』(『二十五史』, 권1), 「董仲舒傳」, 576쪽.
93) 班固, 『漢書』(『二十五史』, 권1), 「楚元王傳」, 506쪽.
94) 范曄, 『後漢書』(『二十五史』, 권1), 「桓譚傳」, 977쪽.
95) 王充, 『論衡』(『諸子集成』 제7책), 「自紀篇」, 283쪽.
96) 范曄, 『後漢書』(『二十五史』, 권1), 「郭符許列傳」, 1139쪽.

정신적 발전의 노선을 대표한다. 그 가운데 제1조는 곧 동중서와 역왕易王(魯恭王)과의 문답으로부터 나왔는데, 비록 동중서가 일찍이 "재이·견고설" 때문에 하마터면 목이 베일 뻔하였지만, 그가 견지한 "그 도리를 바르게 하고 이익을 도모하지 않고, 그 도를 밝히되 그 공을 헤아리지 않는다"라는 정신은 이미 유자들의 본분이 되었을 뿐만 아니라 동시에 한유의 "기절" 정신의 진정한 원천이다. 그리고 이른바 "일컫기를 부끄러워함"과 "진실로 요사스러운 술법만 행할 뿐이기 때문에 대군자의 문하에서는 일컫기에도 부족하였습니다"라고 한 말들은 또한 분명하게 유자가 수호해야 하는 인격적 한계를 견지하였다. 제2조는 유향과 유흠의 부자 사이에서 표현되었다. 비록 "유흠이 여러 차례 유향의 잘못을 지적하였는데, 유향은 이의異議가 없었다"라고 하지만, 그러나 유향도 학리적 이유로, 곧 "이의가 없음"과 관계적으로 『곡량춘추』에 관한 입장에서 부자의 정을 버린 것은 결코 아니며, 분명히 이것은 틀림없이 일종의 학술·학리에서 수호해야 할 정신에서 혈연적 정을 초월한 것이다. 환담에 대하여 왕망이 정권을 찬탈하였을 때 "세상의 사인士人들이 그의 미덕을 경쟁적으로 칭찬하지 않은 사람이 없었으며, 하늘이 예시하는 부조符兆를 지어서 아첨하였으나" 환담만 도리어 "스스로를 지키며 조용히 말이 없었다"라는 정신을 견지하였다. 이것은 틀림없이 "기절"의 표현이다. 그리고 왕충이 "관직을 얻어도 기뻐하지 않았고, 잃어도 원망하지 않았다. 편안히 즐겁게 살아도 욕심으로 방자하지 않았고, 가난하여 고통스러운 지경에 처해도 의지는 나태하지 않았던" 까닭은 또한 완전히 득실得失과 진퇴進退, 빈부貧富와 궁달窮達을 초월한 삶의 표현이다. 곽림종郭林宗이 이른바 "천자는 신하를 얻을 수 없었고, 제후는 친구를 얻을 수 없었다"라고 한 말은 분명히 독립적이고 자고자대自高自大한 인격의 "기절"을 표현한 것이며, 또한 한유의 "기절"정신의 전형典型이기도 하다. 따라서 양한 사인士人의 "기절"의 추구는 완전히 유가경전에 의해 배양된 것이며 또한 그 경학정신의 개체적 실천과 개체의 응결이다.

양한 사인의 "기절"정신이 경학에서 도움을 받은 이 점에 대하여 피석서도 주목하였다. 본래 금문경학의 대사로서 피석서는 줄곧 서한의 금문경학을 존중하였으나 고문경학은 깎아내렸다. 그러나 사인이 추구한 "기절"에 대해서는, 피석서는 도리어 전한을 비판하고 후한을 표창하였다. 그는 다음과 같이 말하였다.

후한의 인사선발은 반드시 경전에 밝고 품행이 단정해야 하며, 대개 그 문장만 오로지 중시하지 않고 반드시 그 품행을 깊이 살폈다. 전한시대 광형匡衡·장우張禹·공광孔光·마궁馬宮은 모두 경사經師로서 승상의 지위에 있었으나 나라의 잘못된 것을 바로잡은 일이 없었다. 광무제는 이것을 거울삼아 유민遺民을 거두고, 처사處士를 잘 대접하고, 절의節義를 찬양하였으며, 경전을 존중함에 반드시 경전의 뜻을 실행할 수 있는 사람을 존중하였다. 후한後漢의 삼공三公(太尉·司徒·司空)이었던 원안袁安(?~92)·양진楊震(54~124)·이고李固(94~147)·진번陳蕃(?~168) 등은 정의를 지키고 아부하지 않았으며, 전한의 광형·장우·공광·마궁과는 크게 동董(연뿌리)과 유蕕(누린내풀)의 구별이 있다. 『유림전』에 기록된 대평戴平(미상)·손기孫期(미상)·송등宋登(미상)·양윤楊倫(미상)·복공伏恭(BC 5~AD 84) 등이 입신한 것은 모두 볼만한 것이 있다. 범울종范蔚宗(蔚宗은 范曄의 자)이 그것을 논하여 "담론하는 것은 인의仁義이며, 전한 것은 성인의 법이었다. 그러므로 사람들은 군신과 부자의 강상綱常을 인식하고, 학자들은 어긋나고 간사함을 바른길로 되돌리는 길을 알았다. 환담桓譚과 영제의 기간부터 임금의 도는 정사와 교화가 선하지 않고, 조정의 기강은 날로 쇠락하고, 나라의 간극間隙이 자주 벌어졌다. 중간급 이하의 지혜를 가진 사람조차도 그 붕괴를 살피지 않은 사람이 없었으나, 권력이 강한 신하는 절도竊盜의 지모智謀를 키우고, 준걸의 남자들은 보잘것없는 의론에 굴복하고, 사람들은 선왕의 말만 외고, 아래로는 반역을 두려워하고 세력에 순응하였다.…… 업적이 약해지고 황폐해짐이 모두 이르렀는데도 여러 해를 견딜 수 있었던 것은 이것이 어찌 학문의 효과가 아니겠는가?"라고 하였다. 고염무顧炎武(1613~1682)는 범엽이 지언知言(사리가 통하는 말)을 하였다고 생각하며, "삼대 이하 풍속의 아름다움은 동경東京(洛陽)보다 뛰어남이 없었다"라고 하였다. 그러므로 국가가 경전을 존중하고 학문을 중시하고 풍속을 일소하는 것이 아니라면, 국가의 근간이 쇠미해진다. 무식한 사람은 경학이 무익하다고 여기고 그것을 버리려고 하는데, 후한시대 진왕秦王이 유학을 나라에 무익하다고 한 것과 같은 지경에 이르지 말아야 한다.[97]

피석서의 이와 같은 금문경학자에 관한 언급은 매우 얻기 드문 서한 금문경학에 대한 반성적 비판과 동한 고문경학에 대한 표창을 진행한 글이다. 그 가운데 관건은 동한 광무제가 견지한 "경전에 밝고 품행이 단정함"(經明行修)의 인사선발의 표준, 즉 "대개 그 문장만 오로지 중시하지 않고 반드시 그 품행을 깊이 살폈다"라는 말이다. 서한의 광형·장우·공광·마궁이 "경사經師로서 승상의 지위에 있었으나" "나라의 잘못된 것을 바로잡은 일이 없었다"라는 말과 서로 비교하면, 동한은 분명히 크게 전진하였다. 그리고 광무제가 "유민遺民을 거두고, 처사處士를 잘 대접하고, 절의節義를 찬양하였으며, 경전을 존중함에 반드시 경전의 뜻을 실행할 수 있는 사람을 존중하였다"라는 정책의 영향으로 사인士人도 반드시 더욱 "경전에 밝고 품행이 단정함"과 표리여일表裏如一(言行一致)의 군자적 품행을 중시하였으며, 이것은 곧 "기절"의 풍조가 사회문화의 토대가 된 것이다. 그리고 "환담桓譚과 영제의 기간부터 임금의 도는 정사와 교화가 선하지 않고, 조정의 기강은 날로 쇠락함"의 배경에서 "기절"의 풍조는 반드시 일종의 격양의 대세를 형성하였다. 고염무가 표창한 "삼대 이하 풍속의 아름다움은 동경東京(洛陽)보다 뛰어남이 없었다"라는 말은 곧 이러한 격양된 "기절"의 사회풍조를 가리켜 한 말이다.

그러나 이러한 격양된 "기절"의 풍기와 환관이 정권을 전횡하는 사회 현실 사이의 상호 충돌로 결국 반드시 "당고지화黨錮之禍"의 발생을 격발하였다. 이러한 과정에서 당연히 먼저 조정의 썩어 문드러짐으로부터 시작하였으며, 범엽이 개괄한 "환제桓帝·영제靈帝의 재위 기간에 군주가 황음荒淫하고 어지러워 국가의 운명이 엄사閹寺(宦官)에게 맡겨졌고, 사자士子들은 그들과 함께하는 것을 부끄럽게 여겼다. 그러므로 필부조차도 격분하였으며, 처사處士들은 횡의橫議를 일삼고, 이에 명성을 격양시켰다"라고 한 말에서 "임금의 도는 정사와 교화가 선하지 않고, 조정의 기강은 날로 쇠락함"에 이르기까지 모두 당시 조정을 가리켜 한 말이다. 이러한 상황에 직면하여 사인士人이 취한 방법은 흔히 자아 추방을 특징으로 삼는 "항분抗憤"

---

97) 皮錫瑞 著, 周宇同 注釋, 『經學歷史』, 82~83쪽.

(격분)이었다. 유숙劉淑을 예로 들면, "(유숙은 어려서부터) 오경을 공부하여 밝혔으며, 결국은 은거하여 정사精舍를 세우고 강론하여 가르쳤으며, 여러 학생이 항상 수백 명이었으며, 주군州郡에서 예로 청하니 오부五府가 함께 불러 임용하였으나(連辟) 결코 가지 않았다"[98]라고 하였다. 또 종자宗慈를 예로 들면, "효렴孝廉(효도와 청렴)으로 천거하여 아홉 차례 공부公府의 도징道徵으로 초빙받았으나 가지 않았다. 그 후 수무령脩武令이 되었다. 태수가 권호權豪(권세자)가 되어 많이 재화와 뇌물을 받았는데, 종자宗慈는 관직을 버리고 떠났다."[99] 또 단부檀敷를 예로 들면, "효렴으로 천거하여 잇달아 공부에 초빙하였으나 모두 가지 않았다. 정사精舍를 세워 교수하니 멀리서부터 오는 사람이 수백 명이었다. 환제 때에 박사博士로 초빙받았으나 가지 않았다. 영제가 즉위하여 태위太尉인 황경黃瓊이 방정方正으로 천거하여 대책對策이 시의에 적합하였으며, 다시 의랑議郎으로 옮겼으며, 몽령蒙令을 보좌하였다. 군수郡守가 사람됨이 그른 것을 보고 관직을 버리고 떠났다."[100]

그러나 동한 사인의 이 같은 자아 추방과 그 "기절"의 추구는 오히려 당시의 민간 특히 태학에서 매우 높은 명성을 얻었다. "태학에서 말하기를 '세상의 모범인 이원례李元禮(110~169)는 호강豪強한 세력자인 진중거陳仲擧를 두려워하지 않았으며, 세상의 준수俊秀는 왕숙무王叔茂(王暢)이다'"[101]라는 말은 곧 조정의 이론 외에 또 다른 여론의 장이었으며, 아울러 이로부터 조야朝野의 사이에 심한 분열(撕裂)의 국면과 반대의 형세가 형성되었다. 그리고 사회 여론과 조정의 의론이 완전히 일종의 모순으로 지향이 형성된 정황에서 "당고지화"가 발생하는 것은 피할 수 없었다.

우리는 여기서 당연히 이미 다시 동한 조정의 두 차례의 "당인黨人을 체포함"의 원인과 결과 및 그 구체적 과정에 뒤엉킬 필요는 없으나, 이 정책적 조치가 격발된

---

98) 范曄, 『後漢書』(『二十五史』, 권1), 「黨錮列傳」, 1133쪽.
99) 范曄, 『後漢書』(『二十五史』, 권1), 「黨錮列傳」, 1135쪽.
100) 范曄, 『後漢書』(『二十五史』, 권1), 「黨錮列傳」, 1137쪽.
101) 范曄, 『後漢書』(『二十五史』, 권1), 「黨錮列傳」, 1132쪽.

사회여론의 반발에 대해서는 분석을 진행하지 않을 수 없다. 왜냐하면 "당인을 체포함"의 결과로 흔히 "당인黨人"은 더욱 높은 사회적 명망을 가져다주었기 때문이며, 또한 더욱 고조된 기절의 추구를 초래하였기 때문이다. 끝으로 가장 전형적인 것은 당시 심지어 모자母子 결별과 뜻밖에도 어머니가 "죽은들 무슨 한이 있겠는가?"라고 하여 아들을 격려한 정황이 발생하였다.

> 건녕建寧 2년(169), 결국 대대적으로 당인黨人을 주살하였고, 조칙을 내려 급히 범방范滂(137~169) 등을 체포하라고 하였다. 독우督郵인 오도吳導가 현에 도착하여 조서를 가져왔지만, 객사客舍를 폐쇄하고 침상에 엎드려 울었다. 범방이 그 말을 듣고 "반드시 나 때문일 것이다"라고 하고, 곧 스스로 감옥으로 갔다. 현령 곽읍郭揖이 크게 놀라 인수印綬를 풀어버리고 그를 끌고 함께 도망치면서, 말하기를 "세상에 큰일이 벌어졌는데, 선생은 왜 여기에 계십니까?"라고 하니, 범방은 "범방이 죽어 재앙이 끝난다면 어찌 감히 자네에게 죄를 연루시키며, 또한 노모를 집을 떠나 떠돌게 하겠는가?"라고 하였다. 그 어머니가 이에 결단을 내렸다. 범방이 어머니에게 아뢰어 말하기를 "저의 동생 중박仲博은 부모에게 효도하고 공경하니 잘 공양供養할 것입니다. 저는 황제의 뜻을 따라 황천皇天으로 돌아가니 죽고 삶은 각각 그 얻는 바가 다릅니다. 오직 대인만이 참을 수 없는 큰 은혜를 헤아릴 뿐이니 더 마음 상하고 슬퍼 마십시오"라고 하였다. 어머니는 "네가 지금 이응李膺(110~169)·두밀杜密(?~169) 등과 이름을 나란히 하는데, 죽더라도 또 무슨 한이 있겠는가? 이미 명령이 있으니 다시 오래 살기를 찾는다고 하더라도 어찌 겸할 수 있겠는가?"라고 하였다. 범방이 무릎을 꿇고 가르침을 받고 두 번 절하며 물러났다. 그 아들을 보고 말하기를 "내가 너를 악을 행하게 하려고 해도 악을 행해서는 안 되며, 너를 선한 일을 하도록 해고, 나는 나쁜 일을 하지 않는다"라고 하였다. 길을 가는 사람들이 그 말을 듣고 눈물을 흘리지 않은 사람이 없었다. 이때 나이가 33세였다.[102]

---

102) 范曄, 『後漢書』(『二十五史』, 권1), 「黨錮列傳」, 1136쪽.

이것은 당연히 매우 비장한 한 장면이자, 당시의 암울했던 조정과 세상 풍경과 민속이 서로 격렬하게 상반되는 표현이며, 거의 "서로 공존할 수 없고 나와 네가 함께 망하는"[103] 또 다른 버전이라고 할 수 있다.

그러나 곧 이와 같은 조야 여론의 모순된 형세는 또 다른 현상을 만들어 내었는데 그것은 곧 민간사회의 상호 표방의 풍조였다. 그리고 이러한 상호 표방의 풍조는 또 조야 여론이 서로 필적하는 주요한 형식이 되었을 때 널리 명성을 떨치는 많은 현상이 발생하는 것을 피하기 어려웠다. 심지어 일종의 완전히 실제를 벗어난 상호 치켜세우기의 논의가 형성되었다. 이러한 현상에 대하여 범엽은 「당고 열전黨錮列傳」에서 체계적 정리와 종합을 진행하였다. 그는 다음과 같이 썼다.

이로부터 정직한 사람은 폐기되어 등용되지 못하고 나쁜 사람이 악취를 풍기며 서로 투합하여 함께 결탁하였다. 서로 더불어 추켜세우고(標榜) 세상의 명사名士 를 지적하여 칭호를 정하였다. 첫째를 "삼군三君", 둘째를 "팔준八俊", 셋째를 "팔고八顧", 넷째를 "팔급八及", 다섯째를 "팔주八廚"라고 하였으며, 옛날의 "팔원 八元"·"팔개八凱"와 서로 비슷하다. 두무竇武·유숙劉淑·진번陳蕃을 "삼군"이라 고 하였다. 군君은 일세의 종사宗師가 된다는 말이다. 이응李膺·순익荀翌·두밀杜 密·왕창王暢·유우劉祐·위랑魏朗·조전趙典·주우朱宇를 "팔준"이라고 하였으며, 이는 사람 가운데의 영걸英傑을 말한다. 곽림종郭林宗·종자宗慈·파숙巴肅·하복 夏馥·범방范滂·윤훈尹勳·채연蔡衍·양척羊陟을 "팔고"라고 하였다. 고顧는 자신 의 도덕적 품행이 타인의 옹호를 충분히 받는다는 말이다. 장검張儉·잠일지岑日 至·유표劉表·진상陳翔·공욱孔昱·원강苑康·단부檀敷·적초翟超를 "팔급"이라고 불렀다. 급及은 타인을 인도하여 추종하고 본받게 함을 말한다. 도상度尙·장막張 邈·왕고王考·유유劉儒·호모반胡母班·진주秦周·번향蕃向·왕장王章을 "팔주"라 고 불렀으며, 이는 능히 돈으로 사람을 구할 수 있음을 말한다.[104]

---

103) 『尙書』(吳哲楣 主編, 『十三經』), 「湯誓」, 77쪽.
104) 范曄, 『後漢書』(『二十五史』, 권1), 「黨錮列傳」, 1132쪽.

이로써 곧 사인들 사이에 상호 표방과 상호 치켜세우기 풍조가 형성되었다. 그리고 이러한 풍조가 지향하는 바는 또한 흔히 일종의 이른바 '겉은 금과 옥으로 포장하였으나 그 속에는 낡아빠진 솜이 들어 있고' 따라서 오로지 허명虛名에만 연연해하고 신임과 명망을 얻기 위하여 경쟁적으로 서로 분주한 상황을 조성하였다. 예를 들면, 「이응전李膺傳」에 기록하기를 "이때 조정은 날로 문란해지고 기강은 퇴계하고 해이하니, 이응이 홀로 풍채를 견지하고 스스로 성명聲名을 높였다. 사인으로 그 접객으로 발탁된 사람을 일러 등용문登龍門이라고 하였다"[105]라고 하였다.

더욱 심한 것은 재능과 학식이라고는 조금도 없는 강호의 사기꾼이 뜻밖에도 명사名士를 사칭하고 분주하게 공경公卿의 문을 드나들었으며, 또한 여러 번 소원을 이루었다. 예를 들면 「부융전符融傳」에는 다음과 같이 기록되어 있다.

> 한때 한중漢中의 진문경晉文經과 양국梁國의 황자애黃子艾가 함께 그들의 재지才智를 자랑하여, 서울에 올라와 자랑하다 몸져누워 병을 요양하는데 서로 연결이 되지 않았다. 낙양 성중城中의 사대부들 가운데 호사가好事家들이 그 명성을 듣고 문병하러 문 입구에서 기다렸으나, 여전히 그를 만나 볼 수 없었다. 삼공三公에 임용되기를 바라는 사람들이 항상 그를 방문하면 (그가) 좋아함과 싫어함에 따라서 주고 뺏고 하였다. 부융符融은 그 거짓과 진실을 잘 살폈으므로 이에 태학太學에 이르러 함께 이응李膺을 보고 "진문경과 황자애 두 사람의 행업行業에 대해 들은 바는 없는데, 호걸을 자처하며, 마침내 공경들로 하여금 문병하게 하고, 왕공 대신이 그 문에서 기다리게 하였습니다. 부융이 그들의 보잘것없는 학문(小道. 유학 외의 학문)이 정의를 손상하고(破義), 허황한 명예와 실질을 위반하였다고 의심하여 특별히 잘 살펴야 합니다"라고 하였다. 이응도 그렇게 보았다. 두 사람은 이로부터 명성이 점차 쇠퇴하였고, 빈객들도 차츰 줄어드니 열흘 만에 차례로 한탄하며 도망쳤다.[106]

---

105) 范曄, 『後漢書』(『二十五史』, 권1), 「黨錮列傳」, 1139쪽.
105) 范曄, 『後漢書』(『二十五史』, 권1), 「黨錮列傳」, 1139쪽.
106) 范曄, 『後漢書』(『二十五史』, 권1), 「黨錮列傳」, 1139~1140쪽.

이것은 완전히 명사를 사칭하는 강호 사기꾼의 행위이다. 사회적으로 분분하게 허명의 자아도취에 빠졌을 때 이러한 현상은 자연히 피하기 어려운 것이다.

그렇다면 양한의 경학이 배양한 "기절"의 추구가 어떻게 이와 같은 강호 사기꾼이 도처에 가득한 현상을 초래하였는가? 실제로 이것은 유학정신 심지어 전체 민족정신의 저하低下 혹은 미끄러져 내린 현상이 되었다. 예를 들면, 경학으로서의 유학은 본래 마땅히 인륜의 세상 교화를 담당하는 정신을 배양해야 하며, 이러한 담당 정신의 개체적 응결도 마땅히 일종의 "큰 절조節操에 임하여 빼앗을 수 없는" "기절"을 드러낸다. 그러나 일단 조야 여론이 시열撕裂(심한 분열)하는 국면이 형성됨에 따라, "기절"은 또 전체 사회가 추구하고 표창하는 풍조가 되었으며, 특히 그것이 조야朝野의 여론이 서로 격하게 반목하고 또 서로 격탕擊盪하는 상황이 되었다면, 본래 조정의 왜곡된 기풍과 사악한 기운에 격분하였던 "기절"은 또한 점점 왜곡된 기풍과 사악한 기운에 격분하는 구체적 환경으로부터 벗어나, 일종의 명사로서 자신이 대본을 쓰고 연출하고(自編自導), 스스로 자화자찬하는 활동이 되었다. 이러한 상황에서 이른바 "기절"의 추구도 완전히 변화 발전하여 일종의 명성을 중시하는 행위가 되었으며(이러한 행위를 현대 사람들은 흔히 "博眼球"[Ed Balloon]라고 한다.), 심지어 이른바 황당하고 고루固陋한 "기절奇節"로 명성을 얻는 목적에 도달함을 아끼지 않음은, 예를 들면 위에서 인용한 이른바 "타인을 인도하여 추종하고 본받게 함"과 "능히 돈으로 사람을 구할 수 있는 사람" 등은, 또한 이른바 명사의 특수한 신분이 되고, 심지어 분주하게 사회의 특수한 "행두行頭"(무대의상)가 되었다. 이처럼 이와 같은 명사가 그 특수한 "무대의상"으로써 경사京師의 대읍大邑에서 인기를 높일 수 있었다면, 강호의 사기꾼은 자연히 자신이 스스로 제작한 각종의 "무대의상"으로 강호를 누빌 수 있었다. 동한의 사회적 기풍은 또한 이러한 명사숭배와 명사추구 가운데 썩어 문드러져 가고 있었다.

실제로 이와 같은 기풍이 막 형성되었을 때, 맑고 깨끗한 사인은 이러한 현상에 대하여 이미 깨달은 바가 있었고, 또한 이미 자각적인 억제와 상호 일깨움을 시작하였다. 예를 들면, 이고李固와 황경黃瓊은 모두 당시의 명사로서, 황경이 명사가 된 까닭은 곧 관직을 사양하고 나아가지 않았고 또한 여러 번 초빙을 받아도 가지 않았기 때문이다. "황경이 처음에는 아버지로 인해 태자사인太子舍人에 임용되었으나, 병을 핑계로 사양하고 가지 않았다. 부친상을 당하여 (3년의) 복상服喪을 다하자, 오부五府에서 모두 청하였으나 해마다 응하지 않았다."[107] 그 뒤 공거公車가 되지 않을 수 없었으나, 또 "질병 때문에 못 간다"라고 핑계를 대었다. 이러한 상황에서 "평소 황경을 흠모하는" 이고가 황경에게 한 통의 편지를 보내어 황경이 마땅히 적극 관직에 나가기를 권하였고, 아울러 "명성은 성대盛大하지만 실덕實德이 따르지 못합니다"라는 말로 황경에게 보내는 동시에 세상의 명사들에게도 한마디 경종을 울렸다. 이고는 다음과 같이 썼다.

들건대 이미 이수伊水와 낙수洛水를 건너서 만세정萬歲亭 가까이에서 어찌 일에 임해 차츰 나아가되 왕명만을 따르겠습니까?…… 대개 성현은 처신하는 바가 귀중한 것입니다. 진실로 산을 베개로 삼고 골짜기에서 살며, 소부巢父와 허유許由의 행적을 본받는다면, 이것은 곧 옳다. 만일 정사를 보좌하고 백성들을 구제하려면, 지금이 바로 그때입니다. 사람이 생겨난 이래로 선정은 적고 혼란한 풍속은 많으니, 반드시 요·순과 같은 임금을 기다려야 하므로, 이것은 지사志士로서 끝내 때를 가리지 않는 것입니다. 일찍이 제가 듣기를 "산이 지나치게 높으면 무너지기 쉽고, 옥이 지나치게 희면 쉽게 오염된다"라고 하였습니다. 「양춘陽春」의 노래는 조화로움이 반드시 적으니, 성대한 명성과는 실제에 부합副合하기 어렵습니다. 최근 (하남성의) 노양魯陽의 번군樊君이 부름을 받고 처음 도착했을 때 조정에서는 강단과 자리를 설치하고, 마치 신명을 가진 사람처럼 대우하였습니다. 비록 크게 다름이 없더라도 언행을 지키는 것 또한 부족함이 없었습니다. 그러나 비방이 퍼져 흘러나가, 시간에 따라 명성이 모두 사라졌으니, 어찌 보고 듣고자 하는 바람이 깊고 명성이 너무 성대해서가 아니겠습니까? 근래 초빙된 사인士人들로는 호원안胡元安·설맹상薛孟嘗·주중조朱仲昭·고계홍顧季鴻 등이 있는데, 그들의 공업은 대개 선택할 것이 없으며, 이런 까닭에 세속적 논의는 모두

---

107) 范曄, 『後漢書』(『二十五史』, 권1), 「黃瓊傳」, 1133쪽.

'처사들이 오로지 헛된 명성만 훔칠 뿐이다'라고 합니다. 바라건대 선생께서는 원대한 지모를 넓혀서 많은 사람을 탄복하게 하셔서, 이러한 말들을 눈처럼 씻어 버리십시오.[108]

이 구절은 진실로 한 편의 언사가 간절하고 진심 어린 편지이며, 또한 진정한 사인정신士人精神을 대표한다. 황경도 또한 진정한 명사라고 할 수 있으며, 그의 일생은 확실하게 대중의 신망을 얻지는 않았지만, 조정에 들어가면서부터 순제順帝 부터 환제桓帝까지 네 조정의 난세를 다스린 명신名臣이었다.

그러나 동한 이래 형성된 이와 같은 "기절" 추구와 명사를 존중하는 기풍은 중국 사회와 문화의 고질병이 되었으며, 진정으로 국가정책과 민생에 관심을 가진 사인들도 이러한 명사 기풍이 사회의 고질병이라고 비판하지 않는 사람이 없었다. 예를 들면 현대 신유학의 개창자인 웅십력熊十力(1885~1968)도 온 힘을 다해 명사의 풍조를 경계하였으며, 진정한 유학정신의 진흥을 자신의 최고 사명으로 삼았다. 명성과 이익을 쫓는 명사의 기풍에 대하여 그는 일관되게 깊이 미워하고 간절하게 단절하였으며, 심지어 근원을 탐구하고 본원을 찾는 방법으로 비판을 진행하였다. 그는 다음과 같이 말하였다.

우리나라는 후한 이래로 명사의 기풍이 특히 심했는데(魏晉시대 명사의 기풍은 후한에 서 시작하였다. 나는 옛날 작은 글에서 그것을 언급하였다.), 고정림顧亭林은 동경의 풍속을 찬양하였으나, 사실 착오가 매우 심하였다. 명사名士는 당론에 견주어 표방하거 나 권세에 아부하거나 방탕한 기풍이 있었는데, 이는 후한부터 시작하였다. 임종 林宗·태구太邱는 모두 향원鄕愿이었으며, 경사經師인 순상荀爽과 마융馬融도 옛사 람들은 이미 만족하지 않았다. 곧 정현鄭玄은 원소袁紹의 부름을 받고 가다가 도중에 죽었는데 또한 어찌 독실한 유학자인가? 공융孔融은 본래 학문을 하지 않았는데, 이형禰衡과 같은 악동들이 서로 상을 주고 빌리며, 그들은 정현을 존중

---

108) 范曄, 『後漢書』(『二十五史』, 권1), 「黃瓊傳」, 1133쪽.

제8장 경학의 변천과 그 역사 및 지식의 편중   793

하였으니 곧 그것이 표방標榜의 관습일 뿐임을 알 수 있다. 당시에 오직 노식盧植
만이 이의가 없었다. 실제의 덕은 쇠미하고 실제의 학문도 잘하지 않았는데
후한에서 비롯된 나쁜 선례가 지금까지 이르러 해로움이 더 강렬해졌다. 명나라
말기 왕선산王船山과 고정림顧亭林이 힘써 오염된 풍조를 교정하여 강학으로 생도
를 모아 경계하였다.[109]

웅십력이 여기서 이른바 "실제의 덕은 쇠미하고 실제의 학문도 잘하지 않았는데
후한에서 비롯된 나쁜 선례"라고 한 말은 곧 동한의 명사 기풍을 가리켜 한 말이다.
그가 보기에 이러한 명사는 근본적으로 유가의 참정신이 결핍되어 있고, 단지
줄곧 경학을 공명과 이록利祿을 추구하는 도구로 보았다. 그리고 경학 자체는
또한 공명과 이록을 얻으려고 빌린 출세 수단에 불과했다. 그가 "왕선산과 고정림이
힘써 오염된 풍조를 교정하여 강학으로 생도를 모아 경계하였다"라고 표창한
까닭은 결코 진정으로 강학을 포기하려는 것이 아니라, 이처럼 강학을 빌려 "오로지
헛된 명성을 훔치는"(純盜虛聲) 명사 기풍에 대해 반감을 나타낸 것일 뿐이다.
이와 같이 동중서의 "도리(誼)를 바르게 하고 이익을 도모하지 않고, 그 도를
밝히되 그 공을 헤아리지 않는다"라는 말에서부터 환담이 "세상의 사인士人들이
그의 미덕을 경쟁적으로 칭찬하지 않은 사람이 없었으며, 하늘이 예시하는 부조符兆
를 지어서 아첨하였다"라는 말과 "(환담만) 스스로를 지키며 조용히 말이 없었다"라
는 말까지, 다시 또 곽림종의 "천자는 신하를 얻을 수 없었고, 제후는 친구를
얻을 수 없었다"라는 말까지는 모두 분명히 한 줄기 경학을 하는 유학으로부터
명사를 추구하는 노선을 나타낸 것이다. 그리고 이응李膺의 "홀로 풍채를 견지하고
성명聲名을 스스로 높였다"라는 말에서 진문경晉文經과 황자애黃子艾의 "호걸을 자처
하며, 마침내 공경들로 하여금 문병하게 하고, 왕공 대신이 그 문에서 기다리게
하였다"라는 말은 일종의 명사로부터 강호의 사기꾼으로 흘러간 인생의 궤적이었
다. 그러나 명사라는 것이 문화가 있은 이래로 근본적으로 피할 수 없는 현상이므로

---

109) 熊十力,『讀經示要』(『熊十力全集』제3권, 湖北教育出版社, 2001년판), 709쪽.

오직 어떻게 명사로 하여금 명실상부하고 표리여일表裏如一함을 명사의 기본 요구로 삼도록 해야 한다. 이러한 배경에서 만약 "기절"이 또 경학정신의 개체적 응결과 도덕적 지조를 대표한다면 명사의 자아 자리매김과 자아 표방도 마땅히 "기절"을 통하여 끊임없이 정신적 담당의 차원으로 끌어올리는 데로 나아가 한다. 이렇게 보면 이고李固가 "명성은 성대盛大하지만 실덕實德이 따르지 못합니다"라고 한 말은 또한 마땅히 세상의 명사들에게 영원한 경종이 되어야 한다.

5. 장구: 구체적 지혜의 학리적 표현

"기절"과 같이 "장구章句"도 비방과 칭찬이 반반인 개념이다. 하나의 논법으로 "장구"는 사실 고문경학이 굴기한 이후에 비로소 출현하기 시작하였으며, 그것이 출현하기 시작한 후 이미 한 가닥 비방의 요소를 가진 것 같다. 이른바 그 긍정적 함의는 또한 흔히 이른바 "장구가 되지 않음" 혹은 "장구를 좋아하지 않음"의 방식을 통하여 표현되었다. 이것으로 인해 장구의 부정적 함의가 두드러졌다. 예를 들면 다음과 같다.

> 고상高相은 패현沛縣 사람이다. 『역』을 연구한 비공費公(費直으로 추정됨)과 동시대 사람이며, 그의 학문도 또한 장구章句를 경멸하고, 음양재이陰陽災異를 전문으로 말하였으며, 스스로 정장군丁將軍(丁寬, BC 180?~?)으로부터 나왔다고 하였다.[110]

고상은 서한 사람으로 여기서처럼 "그의 학문도 또한 장구章句를 경멸하고, 음양재이陰陽災異를 전문으로 말하였다"라고 말한 관점은 또한 분명히 반고를 표창한 화법을 나타낸다. 사마천의 『사기』는 상고시대부터 서한의 전기까지에 치중하였기

---

110) 班固, 『漢書』(『二十五史』, 권1), 「儒林傳」, 703쪽.

때문에 결코 고상을 언급하지 않았다. 또 이 외에 사마천 시대에는 아마도 이와 같은 "장구章句" 형식으로 표현된 언어 습관이 아직 형성되지 않았던 것 같다. 왜냐하면 유흠이 고문경학을 선양하였을 때 더욱 분명하게 당시의 금문경학은 단지 "당시 스승(유학자)이 전하는 대로 읽을 뿐이다"라고 비판하였으며, 스승이 외워 읽는 것을 비판하기를 "과거 학식이 얕은 사람은 폐지되어 없어지는 과실過失을 생각하지 않고, 진실로 초라하고 구차할 뿐이며, 문자를 분석함에 번쇄한 말과 자잘한 문장은 학자가 늙도록 해도 하나의 예藝도 궁구하지 못한다"111)라고 하였다. 따라서 유흠이 황실 도서관의 교리校理가 될 때까지는 이른바 "장구학章句學"의 전통이 아직 형성되지 않았음을 알 수 있다. 따라서 사마천의 문장으로 우리는 경학의 전수도 아래와 같은 상황에 불과함을 알 수 있다.

> 한漢나라가 일어난 뒤 여러 유생이 비로소 경예經藝를 익힐 수 있었고, 대사례大射禮와 향음주례鄕飮酒禮의 예의를 강습할 수 있었다.112)

> 천자天子(武帝)가 그에게 혼란한 세상을 다스리는 일을 물었는데, 신공은 당시에 이미 여든이 넘은 노인이었지만, 대답하기를 "다스리는 일은 말을 많이 하는 데 있지 않고, 힘써 일을 행하는지에 달려 있습니다"라고 하였다. 그 당시 천자는 문사文詞를 좋아하였기 때문에 신공의 대답을 듣고 나서 아무 말도 하지 않았다.113)

> 공안국孔安國은 고문 『상서』가 있었는데, 그는 금문으로 그것을 읽었고, 이로 인하여 그 학파가 일어났다.114)

---

111) 班固, 『漢書』(『二十五史』, 권1), 「楚元王傳」, 506쪽. 여기서 "학자가 늙도록 해도 하나의 藝도 궁구하지 못한다"는 학풍이 있게 된 원인일 뿐만 아니라, 동시에 문헌적 Text가 존재하게 된 원인이다. 왜냐하면 당시에는 문헌이 부족하였기 때문에 조정에서는 전문가인 晁錯을 복생의 집으로 "留學"을 보냈는데, 이것이 곧 문헌 부족의 표현이다.

112) 司馬遷, 『史記』(『二十五史』, 권1), 「儒林傳」, 307쪽.

113) 司馬遷, 『史記』(『二十五史』, 권1), 「儒林傳」, 307쪽.

곧 이러한 상황을 보면, 한나라 초기 유학자들의 "경예經藝를 익힐 수 있었고, 대사례大射禮와 향음주례鄕飮酒禮의 예의를 강습할 수 있었다"라는 상황에서 "다스리는 일은 말을 많이 하는 데 있지 않고, 힘써 일을 행하는지에 달려 있습니다"라는 상황까지, 다시 "그는(孔安國) 금문으로 그것을 읽었고"까지는 모두 그때 유학은 또한 분명히 일종의 폐기된 상태로부터 이제 막 회복되어 전습傳習이 시작되었음을 설명한다. 따라서 유흠이 "초라하고 구차할 뿐이며, 문자를 분석함에 번쇄한 말과 자잘한 문장은 학자가 늙도록 해도 하나의 예藝도 궁구하지 못한다"라고 한 말은 서한의 유행들이 학습에 나태했을 뿐만 아니라, 그들이 "당시 스승(유학자)이 전하는 대로 읽을 뿐"이라는 간단한 학습 방법에 도취되었던 것이 아니라면, 확실히 당시의 조건, 즉 문헌 결핍 방면에서 제약을 받았던 원인이다. 그러나 서한에서 "장구"가 이미 출현하였다. 『한서』「유흠전」에서 반고는 이미 명확하게 "장구와 의리"를 제출하였으며, 또한 당시에도 긍정적 의미가 출현하였다. 예를 들면 다음과 같다.

처음 『좌씨전』에는 고자古字와 고언古言이 많아서 학자들이 훈고訓詁로 전할 뿐이었으며, 유흠이 『좌씨』를 공부할 때 전문傳文을 인용하여 경을 해석하였고, 전상의 의미를 바꾸어 밝혀내었으며, 이에 장구와 의리가 갖추어졌다. 유흠은 또 침착하고 냉정하며(湛靖) 지모가 있었고, 부자가 모두 옛것을 좋아하고 널리 살피고 의지가 강하였으며, 보통 사람보다 뛰어났다. 유흠은 좌구명이 좋아함과 싫어함은 성인聖人과 같으며, 몸소 부자夫子를 참견參見하고, 공양公羊 · 곡량穀梁은 70 제자의 후예로 전해 들음이 친히 본 것 같고 그 상세함과 간략함이 서로 달랐다고 보았다. 유흠이 여러 차례 유향에게 잘못을 지적하였는데, 유향은 이의異議가 있을 수가 없었으며, 여전히 스스로는 그『곡량穀梁』의 의미를 지켰다. 그리고 유흠은 친근하게 『좌씨춘추』 · 『모시』 · 『일예逸禮』 · 『고문상서』를 모두 학관에 진열陳列하고자 하였다. 애제哀帝가 유흠에게 명령하여 오경박사와 그 뜻을 강론하게 하였고, 여러 박사가 간혹 '짝하는 상대로 인정하지 않았다.'…… 115)

---

114) 司馬遷, 『史記』(『二十五史』, 권1), 「儒林傳」, 308쪽.
115) 班固, 『漢書』(『二十五史』, 권1), 「楚元王傳」, 506쪽.

이 기록으로 보면 "장구"는 아마 고문경학의 출현에 따라 출현하였다고 볼 수 있다. 고문경학의 고자古字 기록과 그 시대의 현격한 거리 때문에 자의적字義的 음운音韻과 훈고訓詁로부터 전장典章(제도와 문물)의 대의까지 또한 반드시 일련의 "장구와 의리"의 학문을 필요로 하였다.[116] "유흠이 여러 차례 유향에게 잘못을 지적하였는데, 유향은 이의異議가 있을 수가 없었다"라는 상황으로 보면, 이러한 "장구와 의리"의 학문은 확실히 그 학리로 강론할 수 있는 것을 가졌음을 설명한다. 이는 "장구학章句學"의 첫 번째 출현으로 보면, 그것이 또한 긍정적 적극적 함의를 포함하고 있음을 설명한다.

그러나 유흠이 당시에 고문경학을 추앙하기 위하여 한 노력은 결국 실패하였는데, 이것은 곧 동한이 개국되었을 때도 여전히 금문경학이 관학官學의 지위를 독점하고 있었음을 의미한다. 이때 유가경전은 비록 사람마다 한 권씩 가졌다고 말할 수는 없었지만, 대량의 필사를 통하여 금문경학이든 고문경학이든 막론하고 모두 이미 이른바 문헌 결핍의 문제가 없어졌다. 경학에 존재하는 문제는 도리어 그 수많은 "사법師法"이 가져온 수없이 많은 "가법家法"(학파적 입장)이었으며, 따라서 이른바 "장구"의 문제도 여기에 따라서 출현하였다. 반고와 범엽의 기록에서 이때의 "장구"는 아마도 완전히 일종의 좋지 않은 학풍과 습관이 된 것 같다. 따라서 『한서』와 『후한서』에서 이른바 "장구의 학습" 혹은 "장구의 유학"은 아마도 일종의 부정적 의미를 가진 모습이었던 것 같다. 그러나 이와 반대로 "장구를 좋아하지 않음" 혹은 "장구를 하지 않음"의 학문은 아마도 모종의 적극적 표창의 의미를 가진 것 같다. 예를 들면 다음과 같다.

박학하고 다방면에 통하였으며, 오경을 두루 익히고, 모두 대의大義를 훈고하되 장구는 하지 않았다. 문장文章에 능하고 특히 고학古學을 좋아하였으며, 유흠과

---

116) 錢穆 선생은 "漢儒의 經傳에 章句가 있는데 그것 또한 늦게 시작되었고, 대개 昭帝·宣帝 이후다"(『兩漢經學今古文平議』, 「兩漢博士家法考」, 商務印書館, 2001년판, 223~224쪽 참고)라고 하였다.

양웅楊雄(혹 揚雄)을 따라 의문이 있고 다른 점을 변석辨析하였다.117)

왕충은 논설을 좋아하여 처음은 괴상한 것 같지만 끝은 이치理致의 실實이 있었다. 속유俗儒는 문장만 지키고 그 진실을 잃어버리고, 이에 문을 닫고 깊이 생각에 잠기어 경조사慶弔事의 예를 끊고, 문호門戶(학파)의 벽을 쌓고 각각 도필刀筆(문서기록자. 刀筆吏)을 설치하였다.118)

반고班固의 자는 맹견孟堅이며, 9살에 시부詩賦를 외웠으며, 성장하여서는 이미 수많은 서적에 널리 관통하였으며, 구류九流와 백가百家의 말들을 궁구하지 않은 것이 없었다. 학문함에 일정한 스승이 없었으며, 장구를 하지 않고 대의를 거론할 뿐이었다.119)

순숙荀淑의 자는 계화季和이며, 영천潁川의 영음潁陰 사람으로 순경荀卿(순자)의 11세손이다. 어려서부터 고상한 품행이 있었으며, 박학하였으나 장구는 좋아하지 않았고, 대부분 속유俗儒들의 비난을 받았지만, 그 주州의 사람들은 그를 지인知人이라 칭하였다.120)

이러한 기록으로 보면 이른바 "장구를 하지 않음" 혹은 "좋은 장구가 아님"과 같은 말은 분명히 일종의 표창성의 용어로 나온 것이다. 왕충王充이 경멸한 "속유는 문장만 지킨다"라는 말은 사실은 곧 그들 본인이 "장구를 좋아하지 않음"의 또 다른 논법이다. 만약 어떤 사람을 "장구를 하지 않음"이라고 표창한 것이 반고 개인의 특수한 기호라고 한다면, 범엽도 마찬가지로 이와 같은 기호를 가졌으며, 따라서 그도 비로소 전문적으로 이른바 "장구를 하지 않음"이라는 말로 반고의 학풍을 표현하였다. 이것은 당시의 "장구학"이 실제로는 이미 세속 유자들의 경학연

---

117) 范曄, 『後漢書』(『二十五史』, 권1), 「桓譚傳」, 977쪽.
118) 范曄, 『後漢書』(『二十五史』, 권1), 「王充傳」, 1062쪽.
119) 范曄, 『後漢書』(『二十五史』, 권1), 「班固傳」, 1024쪽.
120) 范曄, 『後漢書』(『二十五史』, 권1), 「荀淑傳」, 1113쪽.

구에서 일종의 보편적 연구풍습(通習)이 되었고, 그에 따라 이른바 "장구학"은 자연히 역사가들이 반감이 있는 공명과 이록을 추구하는 무리를 대신 지칭한 것임을 설명한다.

그러나 만약 중국문화의 형성과 발전 그리고 그 지혜의 구체적 특색을 보면, 이른바 "장구"의 현상은 피할 수 없을 뿐만 아니라, 또한 전통문화와 그 구체적 지혜의 하나인 독특한 표현과 전달방식이기도 하다.

첫째, 중국문자로 보면, 중국 글자는 간단히 개별적 '네모난 글자'(方塊字)이며, 그 구성 방법도 상형象形·지사指事·회의會意·전주轉註·형성形聲·가차假借의 여섯 가지 방법 곧 이른바 한자의 육서六書로서 구체적으로 구성되었다. 상형·지사·회의 이 세 가지의 가장 기본적인 문자 구성 방법은 모두 그것이 가리켜 말하는 사물의 원형과의 사이에 비교적 긴밀한 관계를 유지하고 있으며, 이 때문에 중국문자와 그것이 가리켜 말하는 사물과 그 주체 생존 세계 사이와의 관계는 확실히 비교적 긴밀하다. 한편으로 이것은 당연히 중국문화의 추상적 정도가 높지 않은 표현이라고 할 수 있지만, 다른 면에서 보면, 이것들은 그것이 가리켜 말하는 사물과의 사이에 긴밀한 관련이 있는 문화는 또한 일종의 분명한 구체적 특징을 표현할 수 있다. 중국문자의 이러한 특징은 그 지혜의 구체성을 결정할 뿐만 아니라, 동시에 또한 반대로 중국의 지혜가 시종 구체적 사물과 구체적 환경의 특징을 벗어나지 않음을 강화하였다. 이와 같이 중국문자의 구조와 구성에서만 볼 때, 중국문화도 또한 반드시 구체적 이해를 진행해야 한다.

둘째, 최초의 중국문자는 모두 실체자 즉, 실제 의의를 가리키는 문자이며, 각 글자마다 모두 그 독특하게 가리키거나 독립적인 함의를 가지고 있다. 따라서 그 조합과 조어造語 방식은 매우 융통성이 다양할 뿐만 아니라, 근본적으로 다르고 심지어 완전히 상반된 함의도 그 서로 다른 조합의 방식 가운데 직접 포함시킬 수도 있다. 이렇게 되면, 중국문자도 그 서로 다른 조합방식으로 말미암아 완전히 서로 다른 함의를 갖출 수 있으며, 이러한 서로 다른 함의는 또 반드시 구체적 문구文句 형성의 환경에서 비로소 정확한 이해를 할 수 있다. 중국문자의 상형적象形的

색채와 그 조합 및 표현방식의 유연성은 또한 이로부터 결정된다. 역사적으로 보면 중국문자의 표현이 운용하기에 좋은 까닭과 중국문화가 매우 역사를 중시하는 까닭은 그 지혜의 구체성으로부터 결정되며 동시에 그 문화표현의 구체적 특색으로부터 결정되기 때문이다. 이러한 조건에서 중국문화에 대한 이해는 그 문자를 인식해야 할 뿐만 아니라 더욱 중요한 것은 문자 이해가 포함하고 있는 구체적 지식과 문자를 통하여 표현되는 문구의 배경과 사고의 좌표이며, 이른바 언어의 맥락과 어기語氣의 요소이다. 『논어』를 예로 들어 보면, 그것은 본래 공자가 제자들을 가르치고 깨우친 어록 혹은 제자와의 대화를 기록한 것에 불과하지만, 그 하나하나의 장章과 단락은 모두 그 담화의 서로 다른 배경과 언설의 구체적 문구의 환경이다. 이러한 상황에서 글자를 익히는 차원에만 머무는 것은 단지 문자의 일반적 함의를 파악하기에는 분명히 매우 부족하며, 단지 글자의 표면적 함의와 문형구조의 의미만 파악하는 것도 마찬가지로 부족하며, 단지 쌍방 대화의 구체적 문구의 환경만 파악하고 대화 쌍방의 서로 다른 마음 상태와 서로 다른 어의語義의 지향만 파악하는 것도 또한 부족하다. 이 때문에 해독과 이해에 대하여 말하면 곧 반드시 "장구"라는 형식을 통하여 원상회복(還原)과 보충적 설명을 진행해야 한다. 그리고 중국 지혜의 구체성과 표현의 구체적 문구의 환경과 의도로부터 결정되는 장구의 형식은 마침 하나의 상대적이고 독립적인 문구의 세계를 구성할 수 있다. 따라서 이른바 장구는 실제로는 문구의 배경을 원상회복하고 문구의 분위기를 드러내는 작용을 일으킨다.

셋째, 중국문자를 인식하고 아울러 그 다른 조합방식과 어의구조를 이해하더라도, 중국문화에는 여전히 매우 이해하기 어려운 점이 존재한다. 이것이 곧 이른바 말 밖의 뜻 혹은 뜻은 말 밖에 있다는 것이다. 말 밖의 뜻이 존재할 필요가 있는 까닭은 그 관건이 또한 중국문자의 구체적 표현에 있으며, 이것이 이른바 "글은 말을 다 표현하지 못하고, 말은 뜻을 다 표현하지 못한다"[121]의 문제이다. 이와 같은 "글은 말을 다 표현하지 못하고, 말은 뜻을 다 표현하지 못한다"라는 방식의

---

121) 『周易』(吳哲楣 主編, 『十三經』), 「繫辭上」, 55쪽.

표현은 연구자가 "(독자의) 의意로써 (작가의) 지志를 거슬러 이해한다"(以意逆志)라는 방식을 통하여 전면적 문본文本(Text) 파악을 요구할 뿐만 아니라, 더 중요하게는 "사람을 알고 세상을 논함"(知人論世)의 방식으로 작자가 문본을 창작할 때의 심지心志 와 구체적인 용의用意를 이해하는 데 있다. 따라서 이른바 문본에 대한 이해는 또한 단지 하나의 주체와 객체 관계의 기초 위에 세워진 대상인식의 문제뿐만 아니라, 두 가지 인생의 소통과 두 "세계"의 충돌과 중첩 및 융합이 있다는 것이다. 바로 이러한 이유 때문에 맹자는 "시詩를 설명하는 사람은 문자文字에 구애되어 언사言辭를 해치지 않아야 하며, 언사에 구애되어 지조志操를 해치지 않아야 한다. (독자의) 의意로써 (작가의) 지志를 거슬러 이해(以意逆志)해야 비로소 진실을 얻을 수 있다. 언사言辭를 예로 들어 본다면, 「운한雲漢」의 시에서 '주나라의 나머지 백성들은 살아남은 사람이 없다'라고 한 구절의 이 말을 믿는다면 이는 주나라의 유민은 한 명도 없다는 뜻이다"[122]라고 하였다. 분명히 만약 오직 텍스트 글자의 표면적 함의만 붙잡는다면, 또 만약 단지 텍스트에 대한 대상인식의 방법만 취한다면 이른바 "주나라의 유민은 한 명도 없다"라는 말은 자연히 「운한雲漢」의 시의 기본적 함의라고 할 수 있지만, 그러나 "이의역지以意逆志"와 "지인세론知人論世"의 기초에서 는 또한 완전히 이른바 '주나라의 나머지 백성들은 살아남은 사람이 없다'라고 한 구절은 작자의 심지心志 혹은 이상적 지향에 불과할 뿐이며, 결코 당시에 정말로 "주나라의 유민은 한 명도 없다"는 지경에 이르렀음을 의미하지 않는다.

이렇게 되면 중국의 고대 경전을 전면적으로 이해하려면, 또한 반드시 하나의 포괄적 계통의 공정을 전개해야 하며, 이른바 "장구"가 이러한 포괄적 공정의 구체적 분파 심지어 독립적 기층 단위를 구성하였다. 이러한 관점에서 보면 이른바 "장구" 혹은 "장구학"은 심지어 또한 고대 경전을 이해하는 데 반드시 없어서는 안 되는 수단이다. 왜냐하면 중국 경전은 사건 그 자체에서 (卽하여) 이치를 말하는 독특한 표현방식 때문에 그 완전하고 구체적 지혜는 왕왕 무작위의 평론과 인연을

---

122) 『孟子』(吳哲楣 主編, 『十三經』), 「萬章上」, 1398쪽.

따라 유용하게 사용(發用)하는 방식을 통하여 매우 자질구레하고 매우 구체적인 방식으로 표현되어 나온다. 따라서 또한 반드시 "장구"와 같은 형식을 통하여 구체적 사리에서 완전한 지혜까지, "미언(微言)"에서 "대의(大義)"까지 사이에 소통과 이해의 교량으로 보아야 한다. 이렇게 보면, 경전의 "장구" 형식을 연구하려면 비단 반드시 없어서는 안 되며, 또한 문본의 기본 함의에 대한 "구두(句讀)"[123]에서부터 그 완전한 지혜를 이해하는 데까지, "미언"에서 "대의"까지의 소통과 비약의 주요 통로이기도 하다.

역사적 시각에서 보면 전국시대에서 진·한에 이르는 사이에 중국 문화와 유학은 "분서갱유"라는 외재적 타격을 겪었을 뿐만 아니라, 단지 표현만 보아도 또한 선진의 고문에서 한대漢代 금문까지의 표현방식상의 변형이 존재하였다. 이러한 배경에서 일반적인 젊은이(後生小子)들은 전국시대 고문으로 쓰인 경전을 읽고 이용할 수 없을 뿐만 아니라 곧, 공자의 11세손인 공안국조차도 당시 막 출토된 전국시대 고문을 어떻게 손쓸 방법이 없었다.(아마도 공안국은 고문을 인식할 수는 있었지만 익숙하게 운용할 수 있었던 것은 여전히 금문이었을 것이다.) 따라서 곧 사마천의 다음과 같은 "공안국은 『고문상서古文尙書』가 있었는데, 그는 금문으로 그것을 읽었고, 이로 인하여 그 학파가 일어났다"라는 말이 있게 되었다. 이렇게 보면, 이미 공안국이 "고문『상서』"가 있었지만 "금문으로 그것을 읽어야" 하였으며, 따라서 금문『상서』의 전파자가 되었다면, 일반적인 경학박사에 대하여 말하면 금문은 아마도 경전을 깊이 연구하는 가장 중요한 방법이 되었을 것이다.

그러나 진대의 "협서령夾書令"이 폐지되고 한나라 초기 조야의 상·하가 고대 문헌을 적극 수집함에 따라 새롭게 출토된 고문경전은 갈수록 더 많아졌고, 이에 따라 경학의 발전도 곧 그 추세가 반드시 금문에서 고문으로 전향해야 하였다.

---

123) 일반적으로 말하면, 옛사람의 작문은 오늘날과 같이 결코 구절을 끊지 않았으나, 경전을 연구하기 위해서는 반드시 "句讀" 즉, 이른바 "구절을 끊음"(斷句)의 공부가 필요하다. 그리고 이러한 "句讀"의 공부는 마침 章句學이 형성되는 기초가 된다. 이 때문에 이른바 章句學은 단지 경학 형성의 이후 특히 고문경학이 형성된 이후의 산물이다.

그러나 전국의 고문으로 쓰인 경전에 당면하였을 때 문자의 음운과 훈고를 따라 시작하는 것을 제외하면 또 어떤 방법이 있을 수 있겠는가? 일단 고문경학으로 전향한 뒤 음운과 훈고를 따라 시작된 "장구학"도 또한 하나의 기본적인 착수처가 되었다. 따라서 동한 이후 경전을 깊이 연구하는 까닭은 주로 음운과 훈고로 시작하였고, 또한 "장구학"에 집중하였고, 동한의 유생들은 곧 결코 비루하고 옹졸하여 고의로 "장구"에 도취한 것은 결코 아니며, 그들이 당면한 고문경전이 반드시 이러한 방법을 통하여 착수해야 비로소 진정한 연구를 전개할 수 있었기 때문이다. 이러한 면에서 청대 건가乾嘉 시기의 대사大師인 대진戴震(1723~1777)의 일단의 연구 체험은 또 완전히 "장구학"이 필요로 하는 지당至當한 명언名言이 될 수 있다. 대진은 다음과 같이 말하였다.

일찍이 경經에서 밝히기 어려운 몇 가지 일을 해결하였다. 「요전堯典」을 외우고 여러 번 "이에 희씨羲氏와 화씨和氏에게 명하였다"(乃命羲和)라는 구절에 이르러, 항성恒星(고정된 별자리)과 칠정七政(日·月·金·木·水·火·土)이 운행되는 까닭을 모르면 책을 덮고 졸업을 할 수가 없었다. 「주남周南」·「소남召南」은 「관구關鳩」로부터 시작하며, 고음古音을 모르고 오로지 협운協韻에만 힘쓰면 의견이 맞지 않아 읽지 못하였다. 고문의 『예경禮經』을 외우고 먼저 「사관례士冠禮」를 공부하고, 옛날의 궁실과 의복 등의 제도를 모르면 그 방법에 미혹되어 그 쓰임을 변별할 수가 없었다. 고금의 지명과 연혁沿革을 모르면 「우공禹貢」의 영역領域이 어디에 있었는가를 모른다. 소광少廣(알려진 면적이나 體積으로 변의 길이를 계산)·방요旁要(句股 피타고라스 정리)를 알지 못하면 「고공考工」의 기계는 문자로 말미암아 그 제원을 추측할 수 없다. 조수鳥獸·충어蟲魚·초목草木의 형상과 종류와 이름을 알지 못하면 비比(詩作 비유법)·흥興(관련 사물의 감흥)의 의미가 괴리된다. 그리고 자학字學·고훈故訓·음성音聲이 아직 분리되기 전에 성聲과 음音, 경經과 위緯 연형連衡·합종合從은 마땅히 변별되어야 한다. 하나라 말기 손숙연孫叔然이 반어법을 창립하였고, 그 후에 경經·논論·운韻을 고찰하여 모두 이용하였다. 석씨釋氏(불교)의 무리는 그를 따라 그 법을 익혔으며, 가만히 자신들을 위해서 사용하였으며, 서역으로부터 왔다고 하였고, 유자들은 여러 전고典故를 두루 열거하나 기억記憶할 수 없었

다. 중국의 측천무후가 구고句股를 사용하였고, 지금의 서양 사람들은 이름을
바꾸어 삼각三角과 팔선八線이라고 하며, 그 삼각법이 곧 구고이며, 팔선이 곧
철술綴術(천문학 측정법)이다. 그러나 삼각법이 끝나면 반드시 구고로써 그것을 다
스려야 하며, 구고를 사용할 줄 아는 사람은 법을 다 갖추었다고 해도 그 이름이
지당하다.…… 무릇 경의 어려움과 밝음은 힘쓰기에 달려 있으며, 유자는 마땅히
홀연히 설치하여 강론해서는 안 된다. 제가 그 근본의 처음을 궁구하고자 하여
그것을 한 지 10년에 점차 경에 회통한 바가 있어 그 후에 성인의 도를 알았고,
마치 나무 기둥을 세울 때 먹줄을 드리운 것처럼 조금이라도 어긋남이 있어서는
안 된다.[124]

대진이 여기서 논하는 것은 당연히 주로 경전을 이해하는 지식의 기초에 관하여
말한 것이며, 이것은 틀림없이 매우 중요한 일면이다. 그러나 이 외에도 또한
이른바 인문 배경과 작자의 심지心志에 포함된 구체적 언사의 분위기를 포함하는
일면도 있다. 따라서 동한의 "장구학"의 형성은 그 필요성뿐만 아니라 이와 같은
어쩔 수 없는 면도 있었다. 양한의 역사 조건의 이와 같은 변화를 보면, 아마도
사마천은 매우 적게 "장구"를 언급하였지만, 반고와 범엽은 오히려 누누이 "장구학"
을 언급한 원인일 것이다.

중국 지혜의 구체적 특징을 말하면 이른바 "장구"는 사실 단지 "장구학"일
뿐만 아니라, 우선 "장구"의 방식을 통하여 고인의 언사와 언어환경으로 진입하고,
이로써 가능한 전면적으로 고인의 정신세계를 모두 드러내야 한다. 전통문화의
배경에서 이것은 연구자와 텍스트 사이의 소통 문제일 뿐만 아니라, 고문과 금문
두 세계 사이의 만남과 소통이다. 이 점에서 볼 때 "장구학"이 담당한 의미는
자연히 매우 중요하고 극히 중대한 것이다.

그렇다면 반고에서 범엽까지 이러한 유명한 역사가들은 왜 이처럼 "장구학"을
경멸하였는가? 그리고 존중하고 표창한 인물 가운데 뜻밖에도 모두 이른바 "장구를

---

124) 戴震, 『戴震全書』 6, 「與是仲明論學書」, 371쪽.

좋아하지 않음" 혹은 "장구를 하지 않음"이라는 공동의 특징이 있다는 것은 결국 무엇을 말하는가? 이것은 곧 동한의 "장구학"에 관한 구체적 표현이다. 이치대로 말하면, 이미 "장구학"이 중국문화와 그 지혜의 구체적 특징의 표현일 뿐만 아니라 완전한 지혜의 구체적 실천인 이상, 중국의 구체적이고 또 완전한 지혜를 파악하려 면, "장구" 외에 사실 또한 더 좋은 통로는 결코 없지만, 동한의 "장구학"이 무엇 때문에 또 마침 반고와 범엽의 일치된 경멸을 받았을까? 이 가운데의 원인은 비록 중국문화와 그 완전한 지혜는 반드시 구체적인 "장구"의 형식으로 표현되어야 하지만, 동한에 이르러서는 이른바 "장구학"은 도리어 중국문화의 완전한 지혜를 아직 전면적으로 표현할 수 없었으며, 더 많고 더 보편적 정황은 도리어 그 경학실천 을 장구로 만든 후에 또한 겨우 이른바 "장구"의 측면에만 머물러 있고, 따라서 일종의 순수한 "장구학"이 되었다. 이러한 상황은 마치 경학의 "대의"가 진실로 구체적인 "미언" 가운데서 실천될 수 있지만, 그러나 겨우 "미언"만으로는 도리어 결코 "대의"를 포함할 수 없듯이, 일단 "미언"이 순수한 "미언"으로 되었을 때라야만, 이른바 "장구"도 순수한 "장구학"이 되었다. 그러나 이처럼 완전한 지혜를 잃은 "장구"는 초월적 "대의"인 "미언"을 잃어버렸고, 자연히 또한 단지 번쇄하고 자질구 레한 의미의 퇴적물이 될 수밖에 없었다.

이제 반고에서 범엽까지 이들 사학의 대가들이 기록한 동한의 경학을 살펴보자.

광무光武 중년 이후로 간과干戈가 조금씩 물러나고 오로지 경학을 일삼으니 이로 부터 그 기풍이 세상에 돈독해졌다. 그들은 유의儒衣를 입고 선왕을 칭하며, 상서 庠序(학교)를 열고, 학사學舍를 모으고, 대개 나라 곳곳으로 번졌다. 만약 경생經生 (경학박사)이 있는 곳이라면 만 리 길을 멀다 하지 않았으며, 고요한 거처가 잠시 건립되면, 식량을 휴대하고 오는 사람이 수천 명이나 되었으며, 스승으로 이름이 높고 문을 열고 학생들을 가르치는 사람이 편마다 기록된 사람이 만 명 아래는 아니었으나(만 명 이상), 모두 오로지 서로 개조開祖(학파의 창시자)의 학문만 전하여 혹 와전訛傳되고 섞이지 않았다. 조정에 분쟁이 있으면 사사로운 일을 명찰明察하 여 그 장章과 조목이 번성하며, 동굴에 은거하며 일가의 설을 종합하였다.[125)]

안제安帝가 정치를 돌본 이후 예문藝文에 얇아서 박사조차도 강좌를 열지 않고 강론하지 않으니, 친구와 생도들이 서로가 게으르고 흐리터분하여 학사學舍는 퇴폐頹廢되고, 국청鞠廳은 채소밭이 되고, 목동과 초동樵童과 나무꾼이 그 아래에서 나무를 베고 풀을 베었다. 순제順帝가 적포翟酺(동한. 생졸 미상)의 말에 감동되어 이에 다시 횡우黌宇(학교)를 수리하여 대략 240개의 방房(집)과 1,850실을 건축하였다. 경전에 밝은 정도를 시험하여 낙제자落第者를 제자로 보충하고, 갑을甲乙과를 증설하여 과원科員은 각 10명으로 하였으며, 군국郡國의 기유耆儒를 제외하고 모두 보랑補郎과 사인舍人이 되었다. 본초本初 원년元年(146)에 양태후梁太后가 조칙을 내려 "대장군 이하 600석 녹봉을 받는 관리는 모두 자식을 학교에 보내어, 매년 향사鄕射에서 한 달에 한 번 향회鄕會를 열고 이를 일상화하라"라고 하였다. 이로부터 학문에 힘쓰는 사람이 3만여 명이나 되었다. 그러나 장구가 점차 소원해지자 대부분 부화浮華(겉치레)를 서로 숭상하니 유자의 기풍은 모두 쇠퇴하였다.[126]

후세의 경전이 이미 괴리가 생겼으며, 박학한 사람은 또한 생각하지 않고도 많이 듣고 의심스러운 것은 판단을 유보한다는 뜻을 생각하지 않았으며, 세세한 의義에 힘쓰고 어려운 것은 피하며, 언어를 교묘하게 하고, 형체를 파괴하였다. 다섯 글자의 문장을 설명하는데, 2~3만 자에 이른다. 뒷사람들은 오로지 이를 뒤쫓아가고 그러므로 어린아이 때 하나의 예藝를 익히기 시작하여 백수白鬚가 되어야 말할 수가 있으니 어찌 그 익힌 바가 보이지도 않을 것을 훼손하여 마침내 스스로 폐쇄되겠는가? 이것이 배우는 사람의 큰 근심이다.[127]

위에서 말한 세 단락의 기록에서 앞 두 조목은 주로 황실의 중시 여부를 기술하였기 때문에 광무제 시기부터 "경생經生(경학박사)이 있는 곳이라면 만 리 길을 멀다 하지 않았으며, 고요한 거처가 잠시 건립되면, 식량을 휴대하고 오는 사람이 수천 명이나 되었으며, 스승으로 이름이 높고 문을 열고 학생들을 가르치는

---

125) 范曄, 『後漢書』(『二十五史』, 권1), 「儒林傳」, 1191쪽.
126) 范曄, 『後漢書』(『二十五史』, 권1), 「儒林傳」, 1181쪽.
127) 班固, 『漢書』(『二十五史』, 권1), 「藝文志」, 477쪽.

사람이 편마다 기록된 사람이 만 명 아래는 아니었으나(만 명 이상), 모두 오로지 서로 개조開祖(학파의 창시자)의 학문만 전하여 혹 와전訛傳되고 섞이지 않았다"라는 상황이 안제·순제 시기는 "박사조차도 강좌를 열지 않고 강론하지 않으니, 친구와 생도들이 서로가 게으르고 흐리터분하여 학사學舍는 퇴폐頹廢되고, 국청鞠廳은 채소밭이 되고, 목동과 초동樵童과 나무꾼이 그 아래에서 나무를 베고 풀을 베었다"라는 상황이 되었다. 이러한 구조에서 이른바 "장구가 점차 소원해지자 대부분 부화浮華(겉치레)를 서로 숭상하니 유자의 기풍은 모두 쇠퇴하였다"라는 상황도 아마 경학의 필연적인 귀착점이었을 것이다.

그러나 가장 중요한 것은 여전히 세 번째 단락으로 이것이 곧 경학박사의 표현이라면, 그 표현은 또한 어떠한가? 이것은 곧 반고가 비판한 "박학한 사람은 또한 생각하지 않고도 많이 듣고 의심스러운 것은 판단을 유보한다는 뜻을 생각하지 않았으며, 세세한 의義에 힘쓰고 어려운 것은 피하며, 언어를 교묘하게 하고, 형체를 파괴하였다. 다섯 글자의 문장을 설명하는데, 2~3만 자에 이른다"라는 말이다. 분명히 근본적으로 "대의"가 없거나 혹은 이미 "대의"를 잃어버린 상황에서 또한 단지 이른바 "세세한 의義에 힘쓰고 어려운 것은 피하며, 언어를 교묘하게 함"으로써 학문을 사칭하였다. 그리고 사람들이 모두 경쟁적으로 서로 나쁜 일에 습관이 된 후에 마지막으로 또한 단지 이른바 "뒷사람들은 오로지 이를 뒤쫓아 가고 그러므로 어린아이 때 하나의 예藝를 익히기 시작하여 백수白首가 되어야 말할 수가 있으니 어찌 그 익힌 바가 보이지도 않을 것을 훼손하여 마침내 스스로 폐쇄되겠는가?"라는 상황이 형성되었으며, 자연히 이것은 또 완전히 하나의 번잡스러운 장구의 시합이 되었다. 오직 이러한 의미에서 우리는 비로소 반고에서 범엽까지 왜 "장구를 좋아하지 않음" 혹은 "장구를 하지 않음"이라는 말을 당시 유학자들을 표창하는 언사로 사용하였는가를 이해할 수 있다.

이러한 구조에서 이른바 "기절氣節"의 명사화名士化·허풍화虛風化와 "장구"의 번잡화와 비속화가 또한 양한의 경학이 스스로 치료할 수 없는 고질병이 되게 하였으며, 이러한 두 가지 증상이 서로 번갈아 발동하여 또한 경학박사가 진정으로

서로가 서로를 헐뜯는 해충이 되도록 하였다. 이것은 곧 자신을 망칠 뿐만 아니라, 유가의 경전을 망쳐버렸다. 웅십력熊十力은 "위진魏晉의 명사 기풍은 후한에서 시작하였다"[128]라고 생각하였는데, 실제로 위진의 명사들 가운데 완적阮籍(210~263)의 "예법禮法에 구애받지 않음"과 혜강嵇康(223~262 또는 224~263)의 "탕왕과 무왕을 비판하고 주공과 공자를 가볍게 여김"과 "명교名敎(儒敎)를 넘어서 자연에 임함"[129]을 막론하고 사실 모두 경학박사에 비하면 더 많이 사랑스럽다. 왜냐하면 위진의 명사들은 적어도 일종의 사람다운 진정성이 있었고 또한 초탈하고 활달한 인생의 추구가 있었기 때문이다. 경학박사들은 "기절"로 세속화된 명사를 막론하고 또한 경문經文의 주소注疏인 장구에 도취한 무리였으며, 실제로는 모두 이미 허위적이고 진부함의 대명사가 되었다. "탕왕과 무왕을 비판하고 주공과 공자를 가볍게 여김"과 "명교名敎(儒敎)를 넘어서 자연에 임함"이라는 위진현학이 능히 그것을 대신하여 일어난 까닭이며, 마침 초탈하고 활달한 인생의 추구가 경학박사의 허위와 진부함을 대신하였다.

그러나 양한 경학의 이러한 허위적이고 진부함의 귀결처는 결코 완전히 동한 황실의 중시 혹은 중시함이 충분하지 않음으로 그 죄를 돌릴 수 없으며, 그 근본 원인은 주로 경학 자체의 이론적 기초에 있다. 서한의 개국과 유학이 막 회복되어 소생한 때에 동중서는 천인감응의 기초에서 건립한 "재이·견고설"로써 한무제의 "천명과 본성"에 관한 질문에 대답하려고 하였는데, 피석서의 논법을 살펴보면, 그 주요 원인은 "당시의 유학자들은 임금을 지존으로 여겼지만 두려워 기피함이 없었으며, 하늘의 모습을 빌려서 경외감을 표시하였고, 마치 그 임금이 덕을 잃은 자가 있으면 몹시 두려워하고 수양하고 반성하는 것과 같이 하였다.…… 한유들은 이에 근거하여 그 임금을 바로잡았다"[130]라고 보았기 때문이다. 피석서의 이러한 논법은 동중서를 대표로 하는 한유의 주관직 의도에서는 틀림없이 징확하지만,

---

128) 熊十力, 『讀經示要』(『熊十力全集』 제3권), 709쪽.
129) 房玄齡 等, 『晉書』(『二十五史』, 권2), 「嵇康傳」, 679쪽.
130) 皮錫瑞 著, 周宇同 注釋, 『經學歷史』, 69쪽.

그러나 이러한 "하늘의 형상을 빌려서 경외감을 표시"하는 "신도神道로 가르침을 베풂"은 본래 도리어 모순이 있다. 그 최대의 모순은 곧 그것이 일정하게 자연계의 생장변화(生化)의 현상과 인류사회의 다스림의 정황을 반드시 하나하나 대조해 보아야 한다는 데 있지만, 그러나 이것은 본래의 근본적으로 명확한 대응을 할 수 없는 것이다. 예를 들면 하나하나 사실대로 하나하나 대응하려면, 또한 반드시 상반된 현상 모두에 분명하게 모두 대응을 나타낼 수가 있어야 한다. 이것은 동중서가 "경외감을 나타냄"을 특징으로 하는 "천인감응론"과 "재이·견고설"이 최후로 "포장襃奬"(표창함)으로써 "신령한 변이"와 "아름다운 상서로움"(嘉瑞)의 특징으로 변화 발전하지 않을 수 없는 근본 원인이 되었다. 유생들이 어지럽게 "신령한 변이"와 "아름다운 상서로움"을 황권에 아첨하는 수단으로 삼았을 때 이러한 "천인감응론"과 "재이·견고설"도 곧 그 막바지로 향하였다. 만약 그것이 여전히 존재할 필요가 있었다면, 단지 전제왕권과 사회 대중이 서로 속이려는 필요성 때문이라고 할 수 있다.

다시 예를 들면, 동중서가 유가 전통의 천인관계를 통하여 왕권을 규범화하였다는 이 점은 진실로 질책할 수는 없지만, 그 천인관계는 도리어 주로 천지·음양·오행·사시와 같은 자연의 생장변화의 우주론적 순서를 통한 방식으로 전개되었다. 비록 자연의 생장변화의 현상에 도덕질서의 함의를 부여한 것도 또한 유학의 전통이라고 할 수 있지만, 그러나 선진의 공맹유학의 자연과 도덕의 관계는 도리어 주로 사람의 도덕 심령이 자연현상을 관조하는 것인데, 그러나 자연현상도 동시에 사람의 도덕질서에 대한 피드백과 노정露呈을 나타낸다. 이 점에서 그 자연과 도덕의 관계는 본질적으로 일종의 본체론적 관계를 포함하고 있으며, 본체론적 관계는 단지 하늘과 사람이 본질적인 대응이 있어야 하며, 오히려 자연의 생장변화와 도덕질서가 현상과 경험이라는 측면에서 하나하나 결코 대응할 필요는 없다. 그러나 동중서가 자연계의 생장변화의 순서와 인류의 도덕질서에 하나하나 대응적인 해석을 진행한 후, 이러한 대응적 관계가 또한 일종의 완전히 자연의 생장변화의 순서에 의거하여 전개되는 우주론의 도덕 관계로 변화되었다. 그리고 우주의 생장변화론의 대응 관계로서 그것은 한편으로 반드시 충분하게 실증되기를 요구하고 실증도 반드시 상호 방향을 포함해야 한다. 즉 예를 들면 "재이·견고"의 "경외감을 나타냄"의 작용이 "신령한 변이"와 "아름다운 상서로움"의 표창 방식으로 변화, 발전하는 것은 곧 이와 같다. 다른 한편으로 우주의 생장변화론의 순서 자체는 또한 인륜도덕의 영원성을 지탱해 줄 수 없으며, 우주의 생장변화의 영원한 지속성으로써 인륜도덕의 영원함을 논증하는 데는 유효하지만, 기껏해야 단지 인륜도덕의 발생근원을 설명할 수 있을 뿐이지, 근본적으로 그 즉각적 합리성을 논증할 방법이 없으며, 또한 그것의 미래의 보편성과 영원한 유효성을 논증할 방법이 없다.

그러나 동중서가 시작한 이러한 우주생장변화론의 논증 방식은 도리어 항상 양한 경학의 진정한 반성을 얻어내지 못하였으며, 위서緯書가 형성된 후에는 이러한 우주생장변화론의 논증 방식은 더욱 체계적이 되었을 뿐만 아니라, 더욱 정치화精致化되었으며, 심지어는 단지 이러한 우주생장변화 과정에 대해서만 말하면, 위서는 또한 더욱 구체적인 "사환절四環節"(敎學法) 혹은 "오운五運"(오행의 운행. 相生·相剋) 방식의 설명을 더하였다.

> 무릇 형체가 있는 것은 형체가 없는 것으로부터 생기니 건곤乾坤(天地)은 어디로부터 생기는가? 그러므로 "태역太易이 있고, 태초太初가 있고, 태시太始가 있고, 태소太素가 있다"라고 한다. 태역은 아직 기氣로 나타나지 않은 상태이다. 태초는 기의 시초이며, 태시는 형체의 시초이며, 태소는 물질의 시초이다. 기와 형체와 물질이 갖추어져서 서로 분리되지 않음을 혼륜渾淪이라고 한다. 만물이 서로 혼륜하여 이루어짐을 말하면, 그것은 보려고 해도 보이지 않고, 그것을 들으려고 해도 들을 수 없으며, 쫓아가려 해도 따를 수 없으므로 역易이라고 한다.[131]

> 천지가 아직 분화하기 전에 태역太易이 있고, 태초太初가 있고, 태소太素가 있고, 태극太極이 있으니 이것이 오운五運(五行)이 된다. 형상形象이 아직 분화하지 않음

---

131) 『易緯·乾鑿度』, 권하, 趙在翰 輯, 鍾肇鵬·蕭文鬱 點校, 『七緯』, 43~44쪽.

을 태역이라 하고, 원기가 처음 싹틈을 태초라고 하고, 기氣 형태의 단서端緖를
태시라고 하고, 형태가 변하여 질質이 있음을 태소라고 한다. 질과 형이 이미
갖추어짐을 태극이라고 한다. 오기五氣가 점점 변함을 오운이라고 한다.[132]

이러한 모든 논증은 한유의 실연實然 우주론 사유가 더욱 정치精致하고 더욱
체계화된 것 외에는 사실 이론의 깊이에서는 조금의 진전도 없다. 특별하게 하나
언급할 만한 것은 앞 단락에서 "형체가 있는 것은 형체가 없는 것으로부터 생긴다"라
는 말로 논증을 전개한 것으로, 사실 도가의 "유有는 무無에서 생긴다"라는 방식에
근거하여 전개된 우주론의 논증이다. 뒤 단락의 "천지가 아직 분화되기 전"이라는
소급의 방식을 통하여 전개한 논증은 『역전易傳』의 "천지가 있은 후에 만물이
있다"라는 생장변화의 전통에 속한다. 이렇게 보면 한대漢代 경학의 우주생장변화론
은 실제로 유·도 두 학파의 서로 다른 전통이 다시 한 번 융합됨을 나타내었으며,
당연히 또한 유·도 두 학파가 공동으로 우주생장변화론을 논증하려고 노력하였다
는 것을 표현하였다고 할 수 있다. 그러나 앞서 서술한 바와 같이 단지 우주생장변화
론의 측면에 머물려고만 한다면 이른바 도덕질서의 영원성의 현재적 합리성과
보편적 유효성을 포함해서 또한 항상 이론적 논리를 확보할 수 없었으며, 더욱이
실천적 생활에서의 유효성을 얻을 수 없었다.

우주생장변화론으로부터 인륜 질서상의 무효성을 논증하는 데는 오직 두 가지
방향을 따라서 발전할 수 있었다. 첫째는 우주생장변화와 그 전개 과정에서의
층차성과 정세화精細化에 도취하였다는 점이다. 둘째는 곧 왕왕 공허하고 자잘한
의미의 퇴적과 견강부회하는 말을 통하여 인륜질서의 실천적 실현을 전이轉移·왜곡
歪曲하고 아울러 해소하고 완만하게 한 것이다. 예를 들면 동중서의 "천지의 기는
합해지면 하나가 되고 나뉘면 음과 양이 되며, 다시 나뉘면 사계절이 되고, 진열하면
오행이 된다. (오행의) 행行은 행함이며, 그 행함은 서로 다르기 때문에 오행이라고

---

132) 『孝經緯·孝經鉤命訣』, 趙在翰 輯, 鍾肇鵬·蕭文鬱 點校, 『七緯』, 726쪽.

하며, 비견比肩해 있으면 상생相生하고 간격해 있으면 상승常勝(相克)한다"라는 말에서 한 걸음 더 단계화된 "태역太易이 있고, 태초太初가 있고, 태시太始가 있고, 태소太素가 있다"라는 "사환절四環節"의 설에 이르고, 혹은 그것을 더욱 정세화精細化된 "형상形象이 아직 분화하지 않음을 태역이라 하고, 원기가 처음 싹틈을 태초라고 하고, 기氣 형태의 단서端緒를 태시라고 하고, 형태가 변하여 질質이 있음을 태소라고 한다. 질과 형이 이미 갖추어짐을 태극太極이라고 한다. 오기五氣가 점점 변함을 오운五運이라고 한다"라는 이른바 "오운五運"의 설에 이른 것은 물론 이 단계적 깊이 들어감과 정세화된 확장이지만, 그 자체는 또한 천지도덕의 인생실현에 도움이 되지 않으며, 일정한 사변단계와 구체적 생장변화의 과정을 증가시켰을 뿐이며, 이러한 단계성과 정세화와 사변적 경향 그 자체는 또한 그것이 본래 포함한 도덕적 공능와 도덕책임을 약화 혹은 제거하였다.

그 다음으로 중국문화의 정체성과 지혜의 구체성으로 보면, 도덕을 예로 든다면 천지의 도덕이 개체의 인생에서 실현되는 것은 또한 반드시 하의 "기절氣節"로 응결될 수 있으며, 경전지혜의 구체화에 대한 해석도 또한 반드시 상대적으로 독립된 "장구"로 표현될 수 있다. 그러나 "기절"이 완전히 당시의 명사들에 의해서 농단되고, 때로는 심지어 강호의 사기꾼에게 절취당하여 그에 따라 일종의 허장성세로 협잡질하는(招搖撞騙) 사기술이 되고 말았다. 그리고 "장구"가 또 완전히 타락하여 경학박사가 공명과 이록을 추구하는 출세수단(敲門磚)이 되었으며, 또한 상호 추켜세우기(攀比)와 상호 경쟁의 수단이 되었을 때, 즉 실제로는 곧 이미 본래 인륜도덕이 되었던 "질質"적 방면의 내용은 없어졌고, 존재하는 것은 오직 공허하고 자잘한 의미의 퇴적과 견강부회하는 말뿐인 지식이 "양量"적으로 범람하고 확장되었을 뿐이며, 이것은 아마도 반고가 "다섯 글자로 된 문장에 대한 설명이 2~3만 글자에 이르렀다"라고 비판한 원인이었을 것이다.

이렇게 되면 한대 경학이 그 우주생장변화론에 포함된 도덕질서와 또한 구체적 지혜를 막론하고 또한 모두 근본적으로 그 목적을 달성할 수 없는 정황에서 쇠락할 수밖에 없었다. 이러한 쇠락은 한대 통치자들이 실제로는 "패왕의 도에 물들었다"라는 데 근원할 뿐만 아니라, 동시에 경학이 우주생장변화론의 기초에서 건립한 이론적 지향과 경학박사의 공명과 이록추구에도 근원한다. 이러한 관점에서 보면, 양한 경학의 쇠락은 또한 주로 대일통 정권과 유가경전 사이의 상호간의 부응과 이용 때문에 쇠락하였다고 할 수 있다. 경학이 쇠락한 후에, 만약 양한의 유학이 분명하게 여전히 일단의 진정한 정신을 가지고 있었다면, 이것은 또한 오직 동중서가 소리 높여 외쳐 "무릇 인(仁)한 사람은 그 도리(誼)를 바르게 하고 이익을 도모하지 않고, 그 도를 밝히되 그 공을 헤아리지 않다"라고 한 말처럼 아마도 오직 이 정신만 있었다면, 이것이야말로 진정으로 왕조의 흥망과 경학의 성쇠盛衰를 충분히 초월할 수 있고 또한 진정으로 통치자와 경학박사 사이의 일종의 공통적 최저 수준의 정신을 관통되도록 할 수 있었고, 이에 따라 양한 경학의 진정한 유산을 구성하였을 것이다. 만약 오직 이러한 유산이 있었다면 비로소 진정으로 유학이 재도약하고 굴기하는 정신적 보증이 될 수 있었을 것이다.

맺는 글: 유학연구의 해독의 시각과 그 해석학적 순환

유학의 발생·해독·해석에 대하여 진행한 연구가 양한兩漢의 경학에서 그치는 주요한 원인은 유학발전이 양한의 경학에 이르러 이미 상대적으로 완전한 발생·해독·해석으로 구성된 윤회가 출현하였기 때문이다. 이 하나의 윤회는 완전히 중국문화의 자아생성과 자아발전의 방식을 통하여 실현된 것이며, 따라서 또한 우리가 원래 상태의 유학 혹은 유학 원래 상태의 형성과 발전에 대하여 진행한 인식과 반성에 도움이 되었다. 본래 인도에서 근원한 불교가 양한兩漢의 교체交替 시기인 서력기원西曆紀元을 전후하여 중국에 전파되었으나, 양한의 경학은 근본적으로 불교의 영향을 받지 않았으며, 혹자는 당시의 불교는 아직 근본적으로 경학박사의 시야에 들어오지 않았으며, 이 때문에 이러한 연구의 원생성原生性(原始性)을 보증할 수 있었다고 하였다. 이치대로 말하면, 위진현학도 마찬가지로 불교의 영향을 받지 않았지만, 위진현학은 이미 사람들의 시야에는 신도가新道家 혹은 도가사상의 새로운 굴기로 보였고, 동시에 또한 양한 경학의 부정적 형태나 대체자로 나타났기 때문에, 우리의 고찰에서 제외되었다.

그렇다면 왜 굳이 이러한 원시 상태의 성질인 유학에 관하여 굳이 계속 연구를 진행해야 하는가? 이것은 물론 우리가 오늘날 어떻게 유학의 이러한 부족함을 원망하는가와 상관없이 유학은 결국 중국문화의 주체이며, 또한 삼대 문화의 종합적 계승의 기초 위에 있는 산물이기 때문에 충분히 중화민족의 가장 본질적인 주체정신을 대표할 수 있다. 따라서 우리 민족의 역사로 볼 때, 역사의 발전과 전향에서 매번 하나의 중대한 고비에서 우선은 유학의 자각적 지점으로부터 현실을 직시하고 아울러 책임을 담당하였다. 즉 유학이 "학문이 끊어지고 도를 상실함"으로써 "불교와 노장사상이 치열하게 전파"된 원인을 충분하게 설명하고 관문을 닫고 쇄국으로 근대화에 낙후되었다는 매를 맞는 책임을 질 수 있으며, 또한 모두 주체정신의 표현이기도 하지만, 사람들이 유학을 비난하고 유학을 비판하는 까닭은 또한 곧 그것이 중화민족 주체정신의 표현이기 때문이다. 역사적으로 일찍이 적지 않은 왕조에서 불교에 미혹되고 도교에 미혹되어 망하였으나 사람들이 이것을 구실로 불교와 노장을 절대로 비난하지 않은 것은 불교와 노장의 정신이 담당하는 근원이 여기에 있지 않기 때문이다. 따라서 원시 형태의 유학에 관하여 연구를 진행하는 것은, 그 원시의 발생·해독·해석을 경유하여 구성된 발전의 반복적 진행의 반성을 포함하는 것은, 근원을 형성하는 시각으로부터 유학의 부족함을 검토하고, 그 특징을 개괄하여 그 발전의 궤적을 탐색하고, 아울러 그 발전과 변화발전의 규칙적 요소를 찾으려는 것이다. 이러한 시각에서 보면, 필자는 우리가 이미 기본적인 목적에 도달하였고, 처음 추정한 것이 실현되었다고 생각한다.

다음은 다섯 개 방면으로 종합하여 이 책의 기본적인 결론으로 삼고자 한다.

1. 정치위기가 유가의 원시적 발생이다

우리가 유학사를 깊이 연구할 때, 매번 유학과 유생들을 보면 정치와 항상 유착되어 끊어질 수 없는 관계가 있었던 것 같으며, 또한 항상 역사상의 유생들이 매번 정치적 탄압과 해침, 심지어 우롱을 당하고도 도리어 어리석은 망상을 고치지 않은 것을 원망하였다. 현재 우리는 마침내 그 원인을 찾았으며, 또한 그 가운데의 유래를 분명하게 이해하였는데, 이것은 곧 유학의 최초 형성 속에 포함되어 있으며, 혹은 유학이 아직 유학으로 형성되기 이전에 있다고 말하는데, 곧 이른바 유학이라는 호칭이 아직 형성되지 않았을 때 유학은 이미 현실의 정치생활 속에서 형성되었다. 따라서 유학과 정치의 관계는 마치 유학자 개인 혹은 어떤 사람과 그 부모와의 혈연, 혈육 간의 정, 인류의 관심처럼 한결같이 그 생명의 뿌리에서부터 가져온 것이다. 그리고 유학의 이러한 특징은 또한 그 최초의 형성 과정에서 충분히 표현되었다.

우리는 앞의 서술에서 유학은 주나라 문화에서 생겨난 것인데, 구체적으로 말하면, 서주의 문왕文王·무왕武王·주공의 3대 정치 지도자가 곧 유학의 창시자를 형성하였거나 혹은 시대를 창시한 유학이라고 할 수 있다. 이러한 관점에서 유학과 예악禮樂문화의 관계는 어느 정도에서는 일종의 하나이면서 둘이며, 둘이면서 하나인 관계라고 할 수 있다. 즉 만약 예악문화가 없다면 또한 유학도 없다. 예악문화는 서주의 3대 정치 지도자, 즉 문왕·무왕·주공이 서로 이어서 노력하고 "천명天命"의 인생실현과 인륜사회의 이상성과 제도성制度性의 설계를 대표할 뿐만 아니라, 또한 유학의 산생을 대표한다. 따라서 앞의 서술에서 우리는 이미 문왕·무왕·주공, 특히 주공을 정치적 실천형태의 유학에 대하여 서술한 사람이라고 생각하였으며, 이것은 또 공자가 왜 "내가 오랫동안 꿈에서도 주공을 뵙지 못하였다"[1]라는 말로 자신의 생명이 종점을 향해 가고 있음을 암시할 수 있었는가를 설명할 수 있으며, 당연히 그 일생의 임종에 대한 유감을 나타내었다.

그러나 예악문명은 결코 자발적으로 생성된 것이 아니며, 하夏·상商·주周 삼대三代의 생존기능에 기초하여, 아울러 생존기능에 대하여 진행한 인문적 주요 관심과 우환의식, 그리고 주체의 덕성의 주요 관심으로 진행된 축적과 전환 및 투시의 산물이다. 이러한 산물은 하·상 양대의 사射·어御에서 서書·수數에 이르는 생존기능의 발전과 누적을 설명할 수 있을 뿐만 아니라, 동시에 중국인의 생존세계에서 생존기능의 발전과 그 누적이 일정 정도에 이르렀음을 설명할 수 있으며, 또한 반드시 일종의 주체적 혹은 인문적 전향을 발생할 수 있었다. 하대夏代의 "사射·어御"에서부터 은상殷商의 "서書·수數"까지를 예로 들면, 그 자체는 일종의 단순히 외향적인 생계도모의 수단에서 주체성의 문명창조와 소통, 표현의 전향을 포함하고 있으며, "서·수" 그 자체는 또한 이러한 전향된 역사기록이라고 할 수 있다. 은상의 "서·수"에서 다시 주대周代의 "예禮·악樂"까지에 대해서는 완전히 국인國人들이 그 주체의 의지(즉 德性)에 근거하여 생존세계와 그 질서의 일종의 직접적 경영기획(經劃)과 완전히 새로운 안배가 이루어졌다. 이것은 또한 사람의 주체적 정신의 직접적

---

1) 『論語』(吳哲楣 主編, 『十三經』), 「述而」, 1275쪽.

표현이 되었다. 그러므로 하대의 "사·어"에서 은상의 "서·수"까지, 다시 은상의 "서·수"에서 주대의 "예·악"까지는, 한 측면으로는 진실로 중국인의 생계도모의 수단과 생존기능의 끊임없는 누적과 끊임없는 진보를 나타낸다. 이와 동시에 전체적인 "육예六藝" 즉 사·어에서 서·수까지 다시 예禮·악樂까지는 동시에 또 한 사람의 주체적 정신이 끊임없이 부각되는 과정이 되었고, 예악禮樂문명이 서주의 정치제도와 사상문화의 통일체가 되는 때를 기다려서 중국인의 덕성세계와 도덕이상도 동시에 형성되었다. 이 전체의 과정은 또한 일종의 외향적 생계도모의 "기技"로부터 내재적 표현인 "예藝"에 이르는 발전 과정이라고 할 수 있다.

그러나 어느 정도에서는, "육예六藝"의 형성은 단지 인간의 생존수단과 사회문명의 진보와 발전을 표시할 뿐이며, 유학에 대하여 말하면 그것은 기껏해야 단지 유학 때문에 형성된 문명 기초일 뿐이라고 할 수 있지만, 반드시 유학이라는 문화와 문명 자체의 생성을 결코 대표한다고 할 수 없다. 즉 단지 "육예"라는 이러한 생존기능이 있기만 하면 반드시 유학의 형성이 이루어진다는 것을 아니다. 왜냐하면 단지 생존기능의 관점에서만 보면, 마치 사·어와 서·수와 같은 기능은 틀림없이 모든 민족이 형성되고 발전하는 과정에서는 반드시 거쳐야 하는 단계이지만, 그러나 반드시 예악문명을 형성할 수 있다는 것은 결코 아니며, 또한 반드시 유학을 산생할 수 있는 것도 아니다. 그리고 "육예六藝"의 최고 발전을 대표하는 예악문명은 진실로 유학과 더욱 긴밀한 관계를 가지고 있지만, 그러나 만약 단지 인륜규범의 시각에서 예악문화를 이해한다면, 모든 민족은 그 형성과 발전의 과정에서 또한 모두 반드시 일정한 인륜규범을 형성할 수 있지만, 그렇다고 반드시 예악문명으로 나아갈 수 있는 것은 결코 아니다. 이렇게 되면, 사·어에서 서·수까지 이러한 생존기능이 형성된 후에 또한 반드시 하나의 비교적 중대한 요소가 존재하게 되는데, 이는 끊임없이 사·어에서 서·수까지 인문적 주요 관심과 사람의 덕성의 표현인 예악문명의 방향으로 전향하여 진행하도록 촉진하는 것이며, 이 중대한 요소가 먼저 곧 중국의 농경문명이었다.

중국의 농경문명은 신농神農 시대부터 시작되며, 이른바 "신농이 백초百草를 맛보았다"라는 말은 실제로는 이미 중국 농경문명의 기초를 다지게 하였으며, 헌원軒轅황제에 이르면 또 "다섯 가지 곡식을 심으며 만민을 무마撫摩함"에서 "때에 맞추어 온갖 곡식과 초목을 파종하고, 새와 짐승과 곤충을 순화함"[2]까지에 이르렀다. 그러나 중국 농경문명의 진정한 형성은 요순堯舜시대에 있었으며, 이 점은 주로 주周나라 사람의 시조인 후직后稷을 통하여 실현되었다. 전설에 의하면 우순虞舜이 대우大禹를 사공司空으로 임명하여 물과 흙을 다스리도록 하였을 때, 대우大禹도 일찍이 "직稷과 계契에게 사양하여 고요皐陶에까지 이르렀다"라는 것을 거쳤고, 순임금도 후직이 잘하는 것에 근거하여 명령하기를 "기棄야, 백성들이 굶주림의 어려움을 겪고 있으니 너는 후직后稷으로서 때맞추어 온갖 곡식을 파종하여라"[3]라고 하였다. 이것은 후직이 우순의 명령을 준수하여 농업개발에 종사하였음을 말한다. 이때부터 농업과 종식種植은 곧 국인國人들의 주요 생계가 되었다. 따라서 이른바 "후직이 파종하고 수확하였다"라는 말은 곧 중화민족이 농경문명을 개척하였다는 일종의 역사적 전설이 되었다. 맹자 시대에 이르러서 후직은 이미 공인된 중국 농경문명의 창시자가 되었다. 맹자는 다음과 같이 말하였다.

> 후직后稷이 백성들에게 농사와 가축 기르기를 가르치고 오곡五穀을 기르게 하였다. 오곡이 풍성하여지자 백성을 교육하였다. 이에 인민에게 도道가 있게 되었다.[4]

> 우임금은 세상에 물에 빠진 사람이 있으면 자기 때문에 빠졌다고 생각하였으며, 후직은 세상에 굶주린 사람이 있으면 자기 때문에 굶주린다고 생각하여 이런 까닭에 그것을 급선무로 삼았다.[5]

아마도 바로 이 방면의 원인 때문에 맹자는 또 바로 이어서 "우禹임금과 후직后稷

---

2) 司馬遷, 『史記』(『二十五史』, 권1), 「五帝本紀」, 1쪽.
3) 『尙書』(吳哲楣 主編, 『十三經』), 「舜典」, 67쪽.
4) 『孟子』(吳哲楣 主編, 『十三經』), 「滕文公上」, 1376쪽.
5) 『孟子』(吳哲楣 主編, 『十三經』), 「離婁下」, 1394쪽.

은 당시 태평한 세상이었지만, 세 번이나 (자기 집) 문을 지나가면서도 집에 들어가지 않았다. 그래서 공자가 그들을 현인賢人이라 하였다"[6]라고 평가하였다. 여기서 한 가지 언급하고 싶은 점은, 이 말이 요·순·우·후직이 모두 선천적으로 성인聖人임을 증명하기 위한 것이 아니며, 이른바 중국문명이 곧 일종의 순수한 농업문명 혹은 단지 업을 기초로 건립된 문명임을 인증印證하기 위함도 물론 아니다. 이는 중국의 면면이 오래된 농업의 전통이 곧 중국인의 역사성歷時性(역사의 기원과 발전을 연구)의 역사의식과 경험 즉 체험성의 인식방법을 촉진했음을 말한다. 중국문자의 상형象形의 특색과 그 지혜의 구체적 특징도 마찬가지로 유구한 농업전통과 농업문명의 장기적인 누적으로 형성되었다.

농업문명이 중국문화에 대해 가장 직접적으로 촉진작용을 하였다. 우선 국인國人들의 역사의식과 경험의식의 형성에 있다. 그리고 이러한 역사성의 역사의식과 경험의식은 먼저 농업과 농업생산의 방식을 통하여 형성된 것이다. 아시아 문화권에서 중국인의 강렬한 역사의식은 먼저 그 농경 경험의 누적으로 형성된 것이다. 그리고 "오곡을 기름"의 생산과 활동방식은 동시에 중국인 경험 즉 체험성의 인지방식을 촉진시켰다. 가장 중요한 점은 또, 중국인이 왜 "하늘"에 지고무상의 지위를 부여하였는가에 있다. 이것은 틀림없이 "하늘"이 농업생산에서의 결정적 작용을 함으로써 이루어진 것이며, 오늘날 이른바 "하늘에 의지하여 밥을 먹는다"라는 말이 곧 가장 전형적으로 "하늘"이 농경과 농업생산에서 결정적 작용을 한다는 것을 보여 준다.

농업문명이 하나의 동류집단(族群)의 내부에 체현되고, 또한 그 전체 족군族群 그 자체는 모두 농경으로부터 발전했을 때, 흔히 "오곡을 기름"의 특징으로 인하여 형성된 일종의 "생생生生"(끊임없이 생겨남)의 관념이며, 나아가 "생명을 좋아함의 덕"으로 발전하였다. 자연존중과 생명존중의 "덕성德性"의식도 곧 자연히 이러한 "오곡을 기름"의 전통에서 싹터 발전하였다. 따라서 서주西周 족군의 역대 선조는

---

6) 『孟子』(吳哲楣 主編, 『十三經』), 「離婁下」, 1394쪽.

모두 인애仁愛로 유명하였는데 문왕에 이르면 막 왕위를 계승하자마자 "(文王이) 후직과 공류公劉의 사업을 준수하고, 고공古公이 공계公季의 법도를 본받고, 인仁을 돈독하게 하며, 노인을 공경하고, 어린이에게 자애로웠고, 자신을 낮추는 예로 현자賢者를 대하였다"7)라는 집정의 풍격을 형성하였으며, 따라서 사마천도 "시인詩 人들이 서백西伯을 칭송하였으며, 대개 천명天命을 받은 해에 왕으로 칭하여졌으며, 우虞나라와 예芮나라의 송사를 결단하였다"8)라고 평가하였다. 그러나 문왕의 이러한 "인仁을 돈독하게 하며, 노인을 공경하고, 어린이에게 자애로웠고, 자신을 낮추는 예로 현자賢者를 대하였다"라는 전통은 도리어 은나라 주왕紂王의 시기를 받았다. 그리고 문왕이 은나라 주왕의 시기를 받아 유리羑里에 갇혔을 때 이른바 "문왕이 말하기를 아! 그대 은나라여, 사람들이 또한 말하기를, '쓰러진 나무의 뿌리가 드러나면 가지와 잎은 상하지 않았더라도 뿌리는 실상 먼저 뽑혔다'라고 하였네. 은나라 거울은 먼 곳에 있지 않고, 하나라 말세에 있다네"9)라고 한 말은 일종의 전형적인 역시성의 경험의식을 표현하였다. 이른바 "은나라 거울은 먼 곳에 있지 않고, 하나라 말세에 있다네"라고 한 말은 곧 문왕이 하나라 이후로 은나라 주왕의 시대에 이르기까지 정치 역사 경험의 체계적 종합이다. 이러한 경험이 촉진한 바는 곧 역대 왕조의 정치 경험과 교훈인 우환의식에 깊숙이 뿌리를 내렸다. 따라서 공자는 "『역』이 일어남은 은나라의 말세와 주나라의 덕이 성할 때일까? 문왕과 주왕의 일에 해당하는가? 그러므로 그 말이 위태하다"10)라고 하였다. 이러한 사건으

---

7) 司馬遷, 『史記』(『二十五史』, 권1), 「周本紀」, 12쪽.

8) 이른바 "虞나라와 芮나라의 송사"는 곧 "감옥에 있는 虞나라와 芮나라 사람이 獄訟을 해결할 수 없어, 周나라로 넘어왔다. 경계로 들어와 보니, 농부는 모두 밭의 경계를 다투지 않고, 민속은 모두 연장자에게 겸양하였다. 虞나라와 芮나라 사람들이 아직 西伯을 만나기 전에 모두 慚愧히여 서로 이르기를 '내가 쟁송하는 바를 주나라 사람들은 수치스럽게 여기는데, 무엇 때문에 가느냐? 단지 치욕스러울 뿐이다'라고 하고, 결국 돌아가 모두 양보하고 갔다"(司馬遷, 『史記』[『二十五史』, 권1], 「周本紀」, 12쪽)라고 하였다.

9) 『詩經』(吳哲楣 主編, 『十三經』), 「大雅·蕩」, 206~207쪽.

10) 『周易』(吳哲楣 主編, 『十三經』), 「繫辭下」, 59쪽.

로 보면, 자연히 후세에서 말하는 "문왕이 역易을 연산演算하였다"라는 말이 있게 되었으나, 그 사고의 내용으로 보면, 곧 "은나라 거울은 먼 곳에 있지 않고, 하나라 말세에 있다네"라는 말을 통하여 분명하게 정권의 멸망 논리와 인문적 주요 관심에 충만된 우환의식으로 표현되었다.

무왕에 이르면 서주 정치 지도자들은 소박한 인문적 주요 관심의 기초에서 건립된 우환의식이 곧 하나의 중대한 전향을 일으켰는데, 이것은 곧 그 우환의식은 은나라 주왕이 이미 멸망한 "은나라 거울"에서 자신의 나라로 전이되는 운명을 맞이하게 되었다. 왜냐하면 문왕의 시대에 그 우환의식은 주로 일반 백성의 생존과 은나라 주왕의 왕권의 운명을 둘러싸고 전개되었으며, 따라서 문왕이 막 석방되었을 때, 곧장 주왕紂王에게 "낙서洛西의 땅을 헌납하고 주왕에게 가서 포락炮烙의 형벌을 그만두기를 청하였다."[11] 그러나 무왕의 시대에 이르면, 비록 서주가 이미 상商을 극복하는 거대한 성공을 얻었지만, 마땅히 무왕이 풍豊과 호鎬의 옛 땅을 돌려받았고, 은나라 주왕의 강산이 와해되는 직전에도 도리어 그는 "새벽까지 잠을 자지 않았다" (其明不寐). 이때 무왕의 우환의식은 곧 이미 더 이상 은나라 주왕의 왕권과 그 운명에 있지 않았고, 자신이 주왕紂王을 정벌하여 함락시킨 강산을 어떻게 해야 비로소 "하늘의 보우"를 얻을 수 있는가에 있었으며, 이것은 또한 역사가들이 해석한 "무왕은 '하늘의 밝은 명命을 다 이루고, 하늘의 보우를 안정시키고 하늘의 집에 의지하기를' 희망하였다"[12]라고 한 말과 같다. 분명히 서주의 정권이 어떻게 위로 천의天意에 부합하고, 아래로는 민심에 부합하여, 은나라 주왕의 전철을 밟지 않으려는 것은 곧 무왕의 우환의식이 되었으며 또한 서주의 덕성문화와 예악문명이 형성되는 기본적 동력이 되었다.

비록 무왕이 이미 "하늘의 보우를 안정시키고 하늘의 집에 의지함"의 문제를 제기하였으나, 문제를 결코 해결하지는 못하였다. 상나라를 극복한 지 머지않아

---

11) 司馬遷, 『史記』(『二十五史』, 권1), 「周本紀」, 12쪽.
12) 楊寬, 『西周史』, 137쪽.

무왕이 병으로 세상을 떠났다. 이처럼 서주의 정권이 어떻게 해야 비로소 오래도록 다스려지고 평안하게 할 수 있는가에 대한 문제는 또한 역사적으로 주공의 어깨 위로 내려앉았다. 당시 이미 형성된 전위傳位의 계보(적장자계승제도[傳嫡制]는 殷商의 말기에 이미 싹터서 殷의 紂王이 微子啓를 뛰어넘어 왕위를 계승한 것도 또한 적장자계승제도의 초보적 형성의 표현이라고 할 수 있다.)를 살펴보면, 무왕은 자연스럽고 마땅하게 적자嫡子인 성왕成王에게 전위하였다. 그러나 당시 성왕의 나이가 어렸기 때문에 무왕과 주공周公의 친형제인 관숙管叔 · 채숙蔡叔 · 곽숙霍叔이 평소에 주공이 상나라를 정벌하는 과정에서 얻은 "보좌輔佐" 공에 불만을 품었고, 현재도 또 주공이 서주 정권의 "고굉지신股肱之臣"과 "보익輔翼"의 지위에 있는 것에도 불만을 품었기 때문에 곧 무왕이 일찍 세상을 떠나고 성왕이 나이가 어려서 새 정권은 여전히 아직 안정되지 못한 상황에서 사방에서 "주공이 유자孺子(成王)를 이롭지 않게 하리라"[13]라는 유언비어가 퍼졌으며, 아울러 기회를 빌려 은나라 주왕의 아들인 무경武庚과 연합하여 반란을 일으켰다. 주공으로 말하면 이것은 하나의 극히 엄중한 정치적 시련이 되었다.

이 시련의 엄중함은 곧 주공이 이미 '적장자계승제'라는 거대한 역사적 진보를 확보해야 할 뿐만 아니라, 당연히 더 중요하고 더 긴박한 것은 반드시 먼저 서주의 역대 통치자들이 고심해서 경영하여 얻은 강산이 사분오열된 국면으로 빠지지 않도록 해야 한다는 점이며, 이 두 가지는 보기에 완전히 상반된 임무와 같지만, 또한 반드시 주공을 통하여 완성되어야 한다는 점이다. 이보다 더 엄중한 시련이 또 있는데, 위에서 말한 두 가지 문제가 해결된 후에 어떻게 구체적으로 무왕이 제출한 어떻게 해야 비로소 "하늘의 보우"를 얻을 수 있는가의 문제에 있다. 왜냐하면 당시의 상황으로 볼 때 만약 주공이 솔선하여 먼저 군사를 일으켜 반란을 진압한다면 이른바 "주공이 유자孺子(成王)를 이롭지 않게 하리라"라는 함정에 빠지게 되는 것과 같다. 그러나 만약 군사를 일으켜 반란을 진압하지 않는다면 왕계王季 · 문왕 · 무왕 이래 삼대의 사람들이 고심하여 경영한 서주 정권이 하루아침에 무너지게

---

13) 『尙書』(吳哲楣 主編, 『十三經』), 「金縢」, 96쪽.

되었다. 이러한 상황에서 무왕이 이른바 어떻게 해야 비로소 "하늘의 보우"를 얻는가의 문제도 또한 완전히 무의미하게 되었다.

이렇게 여러 방면으로 꼬인 난제에 직면하여 주공의 선택은 곧 옳은 일은 사양하지 않음으로, 의연하게 군대를 통솔하여 출정하였다. 이에 곧 주공의 섭정칭왕攝政稱王 혹은 "천자의 자리를 이행함"의 시대를 열었다. 주공이 섭정칭왕을 하게 된 일단의 경력에 관하여 『상서대전尚書大傳』에서 이미 고전적으로 종합하여 다음과 같이 말하였다.

> 1년 만에 난을 구하고, 2년 만에 은殷을 극복하고, 3년 만에 엄국奄國을 토벌하고, 4년 만에 후복侯服과 위복衛服을 세우고, 5년 만에 성주成周(西周의 東都 洛邑)를 경영하고, 6년 만에 예악禮樂을 제작하고, 7년 만에 성왕成王에게 왕위를 돌려주었다.[14]

그리고 주공이 섭정칭왕을 한 지 7년 만에 이른바 "난亂을 구함"·"은殷을 극복"·"엄국奄國 토벌"은 자연히 한 걸음 한 걸음 철저하게 난을 평정하는 공작이라고 할 수 있으며, 이른바 "후복侯服과 위복衛服을 세움"과 "성주成周를 경영함"은 당연히 또한 주공이 서주 정권을 공고하게 하는 정치적 군사적 조치였다고 할 수 있으며, 마지막의 "성왕成王에게 왕위를 돌려줌"은 당연히 또한 주공이 적장자계승제를 이행하고 유지하였다고 할 수 있다. 따라서 왕국유는 "무왕이 붕어하였을 때 천하는 아직 안정되지 않았고, 국가는 뛰어난 군주에게 의지하였다.…… 그러나 주공이 곧 성왕에게 왕위를 전하고 자신이 섭정하였으며, 그 후에 정사를 돌려주었다. 섭정이라는 것은 변고變故를 구제하기 위함이다. 성왕에게 왕위를 돌려줌으로써 올바름을 정착시켰다. 이후에 아들이 계승하는 법이 마침내 모든 왕이 바꾸지 않은 법이 되었다"[15]라고 평가하였다.

주공이 "섭정칭왕"을 하였을 때, 관숙·채숙·곽숙이 본래 "주공이 유자孺子(成

---

14) 伏生, 『尚書大傳』, 권2(湖北崇文書局, 光緒三年[1877]刻本).
15) 王國維, 『殷周制度論』(『觀堂集林』 제2책), 456쪽.

王를 이룹지 않게 하리라"라는 유언비어를 퍼뜨렸는데, 그것은 곧 성왕의 강산이 반드시 주공에게 찬탈당한다는 뜻이므로, 따라서 주공의 당시 선택은 또한 굴복하지 않고 맞서는 것이었다. 이것은 주로 위기가 곧 통치집단 내부에서 발생하였고, 반란을 일으키는 사람도 또한 모두 주공의 친형제였으며, 거기에다 당시의 인심이 동요하여 주공 본인은 입이 있어도 변명하기 어려웠기 때문에, 따라서 후일 백거이白居易(772~846)가 또한 이른바 "주공이 유언비어를 두려워한 날이었네"라는 시구로 주공이 당시에 앞뒤로 적의 공격을 받은 곤혹스러움을 표현하였다. 그러나 그가 삼감三監(관숙·채숙·곽숙)의 난을 평정하였고 성주成周를 경영하였으며 예악을 제정 하였고 "성왕成王에게 왕위를 돌려주었을" 때, 주공의 거대한 공적은 "위엄이 천하를 진동하였으며, 명성은 온 나라를 진동시켰다." 따라서 이때의 경계와 제어는 또한 오직 그 자신에게서 나올 수밖에 없었다. "성왕成王에게 왕위를 돌려줌"의 여부도 또한 완전히 자신의 생각으로 결정하였다. 그러나 주공이 섭정칭왕하고 군대를 통솔하여 출정한 것 등은 한결같이 어떤 망설임도 없이 의연하고 결연히 성왕에게 왕위를 돌려주었고, 이것은 "주공이 유자孺子(成王)를 이룹지 않게 하리라"라는 유언 비어가 거짓임을 실증하였을 뿐만 아니라, 주공 자신이 적장자계승제를 옹호한 진실을 실증하였다. 그리고 주공의 진정성은 또한 그가 자신의 아들 백금이 그를 대신하여 노魯나라에 부임할 때 배웅하면서 다음과 같이 훈계한 것으로부터 충분하게 표현된다.

주공이 백금伯禽에게 훈계하여 말하기를, "나는 문왕의 아들이자, 무왕의 동생이 며, 성왕의 숙부이니, 나는 세상에서 결코 천한 사람이 아니다. 그러나 나는 한 번 머리를 감다가도 세 번을 머리 다발을 움켜쥐고 달려 나갔고, 한 번 식사하 다가 세 번 음식물을 뱉어내면서 일어나 인사人士를 기다리면서도 오히려 천하의 현명한 인재를 잃을까 걱정했다. 네가 노나라로 가게 되면 근신하며 나라를 가졌다고 사람들에게 교만하게 굴지 않도록 하여라"라고 하였다.16)

---

16) 司馬遷, 『史記』(『二十五史』, 권1), 「魯世家」, 96쪽.

주공이 능히 백금에게 이와 같은 훈계를 할 수 있었던 것은 또한 그의 "섭정"에서 "정권을 돌려줌"까지의 기본적인 마음 상태를 충분히 설명할 수 있다. 그리고 그의 "한 번 머리를 감다가도 세 번 머리 다발을 움켜쥐고 달려 나갔고, 한 번 식사하다가 세 번 음식물을 뱉어내면서…… 오히려 천하의 현명한 인재를 잃을까 걱정했다"라는 공손하고 정중함은 또한 그의 세상에 대한 마음 태도를 충분히 설명한다. 이것은 곧 진정으로 천하로써 천하를 보고, 천하로써 천하를 다스리는 마음 상태이다. 만약 이때 또 이른바 "주공이 유자孺子(成王)를 이롭지 않게 하리라"라는 말의 진위 문제를 변석하려는 것은 곧 그야말로 주공의 인자仁者로서의 심경에 대한 일종의 모독冒瀆이 된다.

주공의 "섭정"에서 "정권을 돌려줌"까지의 과정에 관하여 역대의 유학자들이 모두 논평을 하였는데, 회남왕 유안劉安의 평가가 가장 적절하며, 생동감 있게 주공의 덕성을 표현하였다.

> 무왕武王이 붕어하였을 때 성왕이 나이가 어려, 주공이 문왕의 왕업王業을 계승하고, 천자의 일을 이행하고 세상의 정사를 듣고, 이적夷狄의 난을 평정하였으며, 관숙管叔과 채숙蔡叔의 죄를 처벌하고, 병풍을 등지고 제후들을 조회하고 처벌과 포상을 결정하되 좌고우면함이 없으니 위엄이 천하를 진동하였으며, 명성은 온 나라를 진동시켰으니 무武에 유능하다고 할 수 있다. 성왕이 장성하자 주공은 도적圖籍과 정사를 돌려주고, 북면하여 왕을 모시고 신하로서 섬겼다. 청한 후에 일하고, 복명한 후에 시행하며, 독단적으로 방자한 뜻이 없었으며, 거만한 기색도 없었으니 유능한 신하라고 할 수 있다.[17]

이러한 과정에 관하여 주공은 굴복하지 않고 맞서며 의연하게 군대를 통솔하여 출정할 때 물론 어려움도 있었으니, "주공이 유언비어를 두려워한 날이었네"라는 말에서 표현된 것처럼 앞뒤로 적의 공격을 받았고 또 입이 있어도 변명하기 어려운

---

17) 『淮南子』(『諸子集成』 제7책), 「氾論」, 214쪽.

상황이었다. 그러나 가장 어려운 것은 여전히 "천자의 일을 이행함"과 "위엄이 천하를 진동하였으며, 명성은 온 나라를 진동시킴"에서 "정사를 돌려줌"에 이르고 성왕의 뒤에서 "북면하여 왕을 모시고 신하로서 섬겼다. 청한 후에 일하고, 복명한 후에 시행하며, 독단적으로 방자한 뜻이 없었으며, 거만한 기색도 없었다"라는 데까지, 이 말들은 생동적으로 주공의 정치권력에 대한 태도를 표현한 것이며, 진실로 이른바 '감당할 수 있으면 가지고, 내려놓아야 하면 놓아 주는'(拿得起·放得下) 능수능란함이며, 또한 진정으로 정치적 실천의 유학자로서 권력을 대하는 마음 상태를 잘 표현하였다. 이러한 배경에서 우리는 또 유가와 정치의 관계를 완전하게 이해할 수 있으며, 곧 정치와는 끊으려야 끊을 수 없는 연관관계가 있는 까닭은 그들이 결코 권력을 탐닉하였기 때문이 아니며, 도덕이상과 인문적 주요 관심으로 영원히 정치를 포기할 수 없었으며, 정치적 혼란으로부터 초래하는 인민의 재앙을 참을 수 없다는 가슴에 가득 찬 인문학적 심정이었다. 이러한 심정은 또한 진실로 공자가 "천하에 도가 있다면 나는 세상을 바꾸어 바로잡는 일에 참여하지 않을 것이다"[18]라고 탄식한 말과 같이 주로 유가의 책임의식과 담당정신을 표현하였으며, 따라서 공자는 겨우 "천하에 도가 있다면 나는 세상을 바꾸어 바로잡는 일에 참여하지 않을 것이다"라고 탄식하였을 뿐이다. 더욱 중요한 점은 곧 주공이 주동적으로 "정치를 돌려줌"을 통하여 왕권의 적장자계승제가 "마침내 모든 왕이 바꾸지 않는 법이 되도록" 한 데 있었고, 그 당시 의로운 일은 사양하지 않는 "섭정"에서 반란을 평정한 후 또 의연하고 결연하게 "정치를 돌려줌"도 또한 정치실천의 유학이 권력에 대한 태도를 충분히 설명할 수 있다.

그러나 주공의 가장 중요한 공헌은 결코 "난을 구함"과 "은殷을 극복함"의 정치 군사적 재능에 있는 것도 아니고, 또 그 정치권력의 능수능란함에도 있는 것도 아니라, 주로 예악禮樂을 제정하여 중국의 덕성德性문화를 만들어 내고 심원한 역사적 영향을 끼친 데 있다. 앞에서 서술한 것처럼, 어떻게 서주의 정권이 위로

---

18) 『論語』(吳哲楣 主編, 『十三經』), 「微子」, 1313쪽.

하늘의 뜻에 화합하고, 아래로 민심에 화합하게 하였으며, "하늘의 보우"를 얻기 위해 일찍이 주나라 무왕은 "새벽까지 잠을 자지 않은"(其明不寢) 문제가 있었는데, 주공이 예악을 제작하는 방식을 통하여 이 난제를 해결하려고 시도하였다. 구체적으로 말하면 또한 존존尊尊·친친親親의 양대 체계인 인륜규범의 작용을 통하여 모든 사람이 모두 존존·친친·현현賢賢(어진 사람을 어질게 대함)의 계통 속에서 생활하도록 하며, 모든 사람은 이러한 계통이 가진 천연적 권력을 누릴 뿐만 아니라, 동시에 반드시 이러한 "인륜천지人倫天地"(세상인륜)에 상응하는 책임을 져야 한다. 이러한 책임은 존존尊尊 체계의 정치적 책임인 동시에 친친과 현현賢賢 계통의 도덕적 의무이다. 그러나 이러한 예악제도禮樂制度는 또한 마찬가지로 적장자계승제를 통하여 실현된다. 이에 대하여 왕국유는 다음과 같이 해독하였다.

> 주나라가 천하를 안정시키는 까닭을 보고자 하면, 반드시 그 제도로부터 시작해야 한다. 주나라 사람의 제도는 상나라와 크게 다르니, 첫째는 자식에게 왕위를 전하고 정실正室 소생에게 왕위를 전하는(立子立嫡) 제도이며, 이로부터 종법과 상복의 제도가 생겼으며, 아울러 이로부터 봉건적 자제子弟의 제도가 생겼으며, 임금은 하늘이며 아들은 신하 제후가 되는 제도이다. 둘째는 묘수廟數(종묘의 수)의 제도이며, 셋째는 동성불혼同姓不婚(어머니의 성이 같으면 혼인하지 않음)의 제도이다. 이 몇 가지는 모두 주나라가 천하를 다스리는 까닭이며, 그 요지要旨(宗旨)는 상·하를 도덕으로 아우르며, 천하의 제후와 경卿·대부大夫·사士·서민庶民이 하나의 도덕 단체로 합일한다.19)

> 주나라의 제도와 전례典禮는 곧 도덕의 기계器械(연장)이며, 존존尊尊·친친親親·현현賢賢·남녀유별 네 가지의 결합체結合體이다. 이것을 민이民彝(常道, 사람의 떳떳한 도리)라고 하며, 이로부터 말미암지 않은 것은 상도常道가 아니라고 한다.20)

---

19) 王國維, 『殷周制度論』(『觀堂集林』 제2책), 453~454쪽.
20) 王國維, 『殷周制度論』(『觀堂集林』 제2책), 472쪽.

이렇게 되면 사회 전체는 하나의 존존으로 대표되는 정치권력의 체계일 뿐만 아니라, 동시에 모든 개체가 그 가운데 있는 친친과 현현이 포괄하는 이른바 남녀가 다른 도덕체계에 몸을 맡겨야 한다. 왜냐하면 친친은 반드시 효제孝弟의 정과 혈연의 사랑이 있어야 하기 때문이며, 존존은 반드시 정치권력과 그 등급제도가 있어야 하기 때문이다. 동시에 현현賢賢도 사회 전체 즉 모든 사람이 반드시 일정한 동류집단(族群)과 세상의 주요 관심이 있어야 하기 때문이다. 이처럼 사회 전체의 정치·문화·사상도 모두 완전히 덕성의 기초 위에서 확립된다. 또한 이러한 덕성을 기초로 하는 정치문화로 맹자의 이른바 "요堯·순舜의 도는 효제孝弟일 뿐이다"[21]라는 말이 있게 되었다. 바로 이 점에서 출발하여 맹자의 아래와 같은 설명이 있게 되었다.

사람마다 친혈육을 친하게 하고, 어른을 어른으로 모시면 세상이 평안해진다.[22]

인자仁者는 그 사랑하는 사람에 대한 마음으로 사랑하지 않은 사람을 대하며, 불인不仁한 사람은 사랑하지 않는 사람을 대하는 마음으로 사랑하는 사람을 대한다.[23]

맹자가 여기서 논한 것은 당연히 모든 사람이 오직 그 개인의 독자적인 "효제"의 측면에만 머물 수 있어야 한다는 것이 결코 아니며, 또 결코 모든 사람이 독자적으로 "그 친혈육을 친하게 하고, 그 어른을 어른으로 모심"의 측면에 머물기만 하면 천하게 평화롭게 다스려진다는 것이 아니다. 즉 모든 사람이 우리의 인애仁愛의 마음을 확충하여 "그 사랑하는 사람에 대한 마음으로 사랑하지 않은 사람을 대하면" (상반된 표현으로 반드시 "不仁한 사람은 사랑하지 않는 사람을 대하는 마음으로 사랑하는 사람을

---

21) 『孟子』(吳哲楣 主編, 『十三經』), 「告子下」, 1413쪽.
22) 『孟子』(吳哲楣 主編, 『十三經』), 「離婁上」, 1386쪽.
23) 『孟子』(吳哲楣 主編, 『十三經』), 「盡心下」, 1425쪽.

대한다"라는 세계가 된다.), 비로소 사람이 본연으로 갖춘 덕성에 의지하여 하나의 인륜세계와 덕성의 세상을 건립할 수 있다. 분명히 맹자가 여기서 논한 것은 완전히 주공이 예악을 제작한 정신에 대하여 건립된 덕성세계의 적극적 전개와 이상적 해명이다.

앞의 서술에서 필자는 일찍이 주공이 섭정칭왕할 때 "한 번 머리를 감다가 (손님을 맞이하러) 세 차례나 머리 다발을 움켜쥐었고, 밥을 먹다가 세 번이나 입안의 밥을 뱉고서 일어나서 사士를 맞이하였으며, 오직 천하의 현인을 잃을까 근심하였다"라는 말에서부터 성왕에게 정사를 반환한 후에 "북면하여 왕을 모시고 신하로서 섬겼다. 청한 후에 일하고, 복명한 후에 시행하며, 독단적으로 방자한 뜻이 없었으며, 거만한 기색도 없었다"라는 말들은 모두 완전히 "천하를 일가의 사유로 여기는" 시대에 덕성을 통하여 "천하는 공중公衆의 것"이라는 심정을 실천하려는 것이라고 할 수 있으며, 주공이 예악을 제정함에는 확실하게 이러한 특색을 갖추고 있다. 그러나 주공이 이와 같이 할 수 있었던 관건은 그가 정치적 지도자이자 덕성실천의 유자로서 가지고 있는 독특한 품성에 있었으며, 이것이 곧 마음과 손이 서로 수반隨伴함이며, 지행합일이며, 그 내재적인 마음이 발동하면 생각이 움직임도 동시에 또한 직접적 표현을 외재적인 인덕을 베풀어 정사를 행하는 것으로 볼 수 있다.

이것은 당연히 정치실천의 유가로서 가장 귀중한 특징이라고 할 수 있으며, 또한 서주 유학의 특징이기 때문에 왕국유도 종합적으로 "이상의 여러 제도는 모두 '존존'과 '친친' 두 뜻에서 나왔으며, 그러한 존존, 친친, 현현賢賢 이 세 가지는 천하를 다스리는 통의通義(도리와 정의)이다. 주나라 사람들은 존존과 친친 두 뜻으로 위로는 조상과 사당을 다스렸으며, 아래로는 자손을 다스렸으며, 옆으로는 곤제昆弟 (형제)를 다스리고, 어진 이를 어질게 대하는(賢賢) 뜻으로 관료를 다스렸다"[24]라고 하였다. 따라서 사회적 측면에서 보면, 문왕이 "우虞나라와 예芮나라의 송사를

---

24) 王國維, 『殷周制度論』(『觀堂集林』 제2책), 472쪽.

결단함" 중의 "농부는 모두 경계를 양보하고, 민속도 모두 어른에게 양보하였다"라는 데서 "성왕과 강왕 시대에 천하가 안녕하여 형벌과 과실이 40여 년간 쓰이지 않았다"[25]라는 말까지는 모두 주공이 예악을 제작한 덕성문화의 사회적 효과로 보았다.

그러나 주공이 예악을 제작한 데는 두 가지 매우 중요한 역사 작용이 있는데, 첫째는 덕성을 핵심으로 삼고, 도덕실천을 지향점으로 보는 예악문명이 실제로는 은상殷商 이래 천명관이 인생에서 실현된 것이며, 따라서 이 이후 중국문화는 이러한 외향적 숭배와 외재적 신앙의 가능성이 배제되었을 뿐만 아니라, 중국문화로 하여금 근본적으로 철저한 인본人本과 인문주의의 특색을 가지도록 하였다. 아울러 주공이 예악을 제작하여 체현한 도덕정신은 본래 은상의 천명관을 인생에서 실현한 것이기 때문에 그 도덕도 강렬한 신념과 신앙의 색채를 가지고 있을 뿐만 아니라, 또한 늘 인생 정신의 최저선과 추구의 극치極致(최종 목표)로 작용하기도 한다. 둘째, 주공이 예악을 제정한 이 중대한 작용으로 말미암아, 그로서 배양한 덕성의 유학도 그 덕성에 의지하여 하夏・은殷・주周 삼대의 역사전설에 대하여 다시 새로운 해독과 새로운 정리를 진행하였으며, 『상서』가 곧 서주의 유학자들이 하・은・주 삼대의 역사에 대하여 거듭 새롭게 해독하고 새롭게 해석한 표현이라고 할 수 있다. 따라서 주공이 덕성배양을 핵심으로 삼아 제작한 예악은 국인國人(周族의 자유민)의 신앙형태를 변화시켰을 뿐만 아니라, 거듭 새롭게 중국의 삼대 역사를 해석한 것이다. 이로부터 공・맹 시대에 이르렀고, 맹자의 이른바 "사람마다 친혈육을 친하게 하고, 어른을 어른으로 모시면 세상이 평안해진다"라는 말과 "인자仁者는 그 사랑하는 사람에 대한 마음으로 사랑하지 않은 사람을 대하며, 불인不仁한 사람은 사랑하지 않는 사람을 대하는 마음으로 사랑하는 사람을 대한다"라는 말은 곧 이러한 덕성정신이 충만해 있고, 또한 이러한 내제적 덕성의 기초를 바탕으로 건립된 것이며, 우리는 비로소 맹자가 "군자가 본성으로 삼는 인・의・예・지는 마음에 근본하고

---

25) 司馬遷, 『史記』, 「周本紀」(『二十五史』), 13쪽.

그 생겨나는 기색(生色)이 함치르르하며(睟然, 깨끗하고 반지르르 윤이 나며), 얼굴에 나타나고, 등에도 넘쳐나고, 사지에도 말하지 않아도 드러난다"[26]라고 한 말을 이해할 수 있다. 오직 이러한 의미에서 말하면, 우리는 비로소 더욱 심각하게 공자가 탄식하여 "혹시 주나라를 계승한 자가 있다면 백세百世가 지나도 알 수 있다"[27]라고 한 말을 이해할 수 있다. 왜냐하면 여기서 "주나라를 계승함"은 결코 단지 이른바 예악제도의 측면에만 한하는 것이 아니라, 무엇보다도 예악제도를 통하여 표현된 사람으로서의 신앙과 민족의 문화정신이기 때문이다.

2. 이론창조: 사상문화로부터의 해독

자각적인 "주나라를 계승", "주나라를 따름"으로서 공자가 주공과 크게 구별되는 것은, 혹은 공자가 주공과 다른 점이 곧 "지위를 가짐"의 여부 이 점에 있다 말하므로, 공자도 시종 이른바 "(성인의 학문을) 기술하였을 뿐 창작하지 않았다"(述而不作)라는 말로 자아의 자리매김을 하였는데, 즉 공자는 단지 삼대문명을 소개하여 기술(紹述)한 사람이며, 주공은 틀림없이 "작자作者"에 속한다는 뜻이다. 따라서 "술術"(記述)과 "작作"(創作)의 구별에 대하여 자사는 곧 직접 그것을 "직위가 있음"의 여부와 "예악을 제작함"의 여부로 자리매김을 하였으며, 아울러 변석하여 말하기를 "비록 직위를 가지고 있더라도 그에 합당한 덕이 없다면 감히 예악을 제작하지 못하며, 비록 그 덕이 있더라고 그에 합당한 직위가 없으면 또한 감히 예악을 제작하지 못한다"[28]라고 하였다. 분명히 오직 "덕"과 "지위" 둘 다 원만圓滿해야 비로소 예악을 제작할 수 있다. 이 때문에 자사가 보기에 "덕"과 "지위" 둘 다 만족해야 예악을 제작할 수 있는 기본적 조건이 되며, 그러므로 공자의 입장에서 보면 "지위"의 여부는 그와 주공과의 중대한 구별이 된다. 그러나 이처럼 "지위"의

---

26) 『孟子』(吳哲楣 主編, 『十三經』), 「盡心上」, 1421쪽.
27) 『論語』(吳哲楣 主編, 『十三經』), 「爲政」, 1263쪽.
28) 『禮記』(吳哲楣 主編, 『十三經』), 「中庸」, 565쪽.

여부와 그 서로의 "지위"상의 차별이 주공에 대한 공자의 이해를 결정할 수 있을까? 곧 이미 공자와 주공이 "지위가 있음"과 "지위가 없음"의 차별에서 존재한다면, 그들 상호간의 지위적 차별을 초월하여 주공에 대한 공자의 이해를 설명할 수 있는가? 이 문제에 대하여 우리는 두 사람의 후계자에 대한 가르침을 통하여 완전히 증명할 수 있다.

> 주공이 백금伯禽에게 훈계하여 말하기를 "나는 문왕의 아들이자, 무왕의 동생이며, 성왕의 숙부이니, 나는 세상에서 결코 천한 사람이 아니다. 그러나 나는 한 번 머리를 감다가도 세 번 머리 다발을 움켜쥐고 달려 나갔고, 한 번 식사하다가 세 번 음식물을 뱉어내면서 일어나 인사人士를 기다리면서도 오히려 천하의 현명한 인재를 잃을까 걱정했다. 네가 노나라로 가게 되면 근신하며 나라를 가졌다고 사람들에게 교만하게 굴지 않도록 하여라"라고 하였다.[29)]

> 안연顔淵이 인仁을 여쭙자, 공자는 "자기 자신을 이기고 예로 돌아감이 인이다. 하루를 자신을 이기고 예로 돌아가면 세상이 인仁으로 돌아갈 것이다. 인을 행함이 자기 자신으로부터 말미암으며 남으로부터 말미암겠느냐?"라고 하였다.
> 안연이 "청컨대 그 항목을 여쭙겠습니다"라고 하니, 공자는 "예禮가 아니면 보지도 말고, 예가 아니면 듣지도 말고, 예가 아니면 말하지도 말고, 예가 아니면 하지 말라"라고 하였다.
> 안연은 "제가 비록 민첩하지는 않지만, 모쪼록 이 말씀을 힘써 행하겠습니다"라고 하였다.[30)]

이 두 단락의 훈계에서 전자는 주공이 그를 대신해서 노魯의 봉지로 가는 아들 백금이 떠날 때 한 격려의 말이며, 후자는 공자가 안연顔淵에게 학문의 방향에 관해 훈계한 말이다. 전자의 특징은 주공이 자기 스스로 "한 번 머리를 감다가도

---

29) 司馬遷, 『史記』(『二十五史』, 권1), 「魯世家」, 96쪽.
30) 『論語』(吳哲楣 主編, 『十三經』), 「顔淵」, 1290쪽.

세 번 머리 다발을 움켜쥐고 달려 나갔고, 한 번 식사하다가 세 번 음식물을 뱉어내고,…… 오히려 천하의 현명한 인재를 잃을까 걱정했다"라는 정사에 근면함으로 백금에게 "나라를 가졌다고 사람들에게 교만하게 굴지 않도록 하여라"라고 훈계하였다. 후자는 "인仁을 행함은 자신으로부터 한다"라는 중대한 방향의 개척을 한 것 외에 일상의 윤리적 수양도 또한 주로 "예禮가 아니면 보지도 말고, 예가 아니면 듣지도 말고, 예가 아니면 말하지도 말고, 예가 아니면 하지 말라"라는 데서 실현되었으며, 곧 모든 것은 예禮에 의지하여 행해야 하며, 예가 아니면 보고 듣고 말하고 행동하지 말아야 한다. 만약 주공이 예악을 제작한 근본 목적이 곧 "상·하를 도덕으로 아우르며, 천하의 제후와 경卿·대부大夫·사士·서민庶民이 하나의 도덕 단체가 됨"이라고 한다면, 공자가 안회에게 예가 아니면 보지도 듣지도 말하지도 행동하지도 말라고 한 훈계는 주공 이래의 예악제도가 개인들의 보고 듣고 말하고 행동함과 일거일동一舉一動의 공간에서 실현됨을 나타낸다. 이러한 관점에서, 만약 주공이 예악을 제작한 것과 그 근본 목적에 대한 이해에 관하여 말하면, 당시에는 아마도 공자의 이해에 비하여 더 높은 수준에 도달하지 않았던 것 같다.

따라서 공자가 말하는 "주나라를 따름"과 "주나라를 계승함"은 실제로는 곧 주공의 사업을 계승한 것이다. 만약 주공이 지향志向하는 사업(志業)이 곧 "천하는 일가一家의 사유물"인 시대에 예악제도의 규범과 자신의 덕성수양을 통하여 이른바 "천하는 공중公衆의 것"인 이상을 실현하려고 한다면, 공자는 또한 이러한 사업의 진정한 계승자이며, 그가 안회에게 예가 아니면 보지도 듣지도 말하지도 행동하지도 말라는 신신당부와 훈계는 또한 정확하게 이 점을 표현하였다.

그러나 공자와 주공의 구별은 또한 단지 "지위가 있음"의 여부 이 점뿐만 아니라, 이른바 "시時"도 마찬가지로 그들 사이에 있는 매우 중요한 차별이다. 왜냐하면 주공은 당시에 주로 현실의 정치적 위기를 해결하기 위해서, 당연히 또한 무왕이 제출한 서주 정권이 어떻게 "하늘의 보우"를 획득할 수 있는가의 문제를 해결하기 위해서 예악을 제작하였으며, 따라서 천명을 도덕으로 변화시키고 예악을 내재적 덕성의 외재적 표현으로 변화시켰다. 그러므로 주공으로 말하면, 예악제작은 곧 일생 최대의 문화창조, 즉 정치문제를 예악문화로 변화시키고, 또 예악문화를 도덕수양의 문제로 변화시키는 것이었다. 따라서 서주사회는 하나의 예악제도로 천하를 통치하는 시대를 대표한다. 이로부터 흘러가서 성왕成王과 강왕康王 시대뿐 아니라 이른바 동주東周의 춘추시대도 모두 예악제도의 범위 아래 있었다. 춘추시대의 이러한 문화적 특징에 대하여 서복관은 다음과 같이 해독하였다.

> 『좌전』과 『국어國語』를 통해서 보면, 춘추 242년의 역사는 이 시대 가운데서만 발현되기 어려운 하나의 공동의 이념이 있는데, 인생을 개괄할 뿐만 아니라 우주를 개괄할 수도 있다. 이것이 곧 예禮이다. 앞에서 말한 것과 같이 예는 『시경』의 시대에 이미 인문적 표상으로 변화하였다. 춘추시대는 예禮의 시대이며 또한 인문적 시대였으며, 이것은 『시경』의 시대를 계승한 종교의 추락 이후의 필연적인 발전이며, 이 발전의 경향은 중국문화의 주요한 발전방향을 대표한다.[31]

서복관의 이러한 해독은, 『예기』에서 말한 "무릇 예는 친·소를 규정하고, 의심스러운 것을 해결하고, 같음과 다름을 구별하며, 옳음과 그름을 밝히는 소이所以이다"[32]라는 말은 또한 춘추시대 인륜 풍모風貌의 사진寫眞이라고 할 수 있음을 설명한다. 그리고 공자가 말한 "무릇 예는 선왕이 하늘의 도를 계승하여 사람의 실정을 다스리는 것이다"[33]라는 말은 또한 "예禮"의 본질과 그 작용에 대한 일종의 명확한 표현이라고 할 수 있다.

그러나 공자의 시대에 예악문화는 확실히 이미 분명하게 일종의 피로하고 쇠퇴한 현상을 드러내었으며, 공자의 주공에 대한 이해와 주공이 지향하는 사업의 계승도 곧 공자로 하여금 한층 더 이른바 '예악붕괴'와 '사람으로 인仁하지 않음'을 느끼도록 하였다. 즉, 『논어』에 "참월僭越"·"위례違禮" 혹은 "불수례不守禮"(예를

---

31) 徐復觀, 『中國人性論史』, 40~41쪽.
32) 『禮記』(吳哲楣 主編, 『十三經』), 「曲禮」, 413쪽.
33) 『禮記』(吳哲楣 主編, 『十三經』), 「禮運」, 473쪽.

지키지 못함)의 현상에 대한 대량의 명확한 비판은 곧 당시 예악붕괴의 구체적인 표현이라고 할 수 있다. 따라서 공자의 시대에는 이미 더 이상 그러한 것이 예악제도를 통하여 정치위기를 환원할 수 있는 시대가 아니었으며, 예악제도가 이미 쇠락하고 붕괴한 상황에서 어떻게 예악제도를 구제하고, 어떻게 인류문명을 다시 만들 것인가가 문제였다.

바로 공자와 주공이 이 두 영역에서 커다란 차이가 있기 때문에, 이것이 두 사람 상호간에는 일종은 근본적 다름을 결정하였으며, 이러한 다름은 또한 주로 공자와 주공이 함께 유가이며 동시에 그 각자가 근본적으로 서로 다르게 표현되는 형태에서 나타난다. 예를 들면, 주공은 정치적 지도자의 신분으로 표현되는 정치적 실천 형태의 유학자라고 할 수 있으며(비록 당시에는 아직 "儒"라는 호칭이 없었지만), 그 정치적 지도자 신분으로 말미암아 그는 또 마음과 손이 서로 수반함과 지행합일을 할 수 있었다. 즉 그 내재적인 마음이 발동하면 생각이 움직임도 동시에 또한 직접적 표현을 외재적인 인덕을 베풀어 정사를 행하는 것으로 볼 수 있다. 그러나 공자는 도리어 근본적으로 이러한 조건이 없었으며, 그가 "(성인의 학문을) 기술하였을 뿐 창작하지 않았다"(述而不作)라는 말로 자아의 자리매김을 하려고 한 까닭은 곧 그가 당시에 덕은 있으나 지위가 없는 현실의 조건 때문에 결정된 것이다. 그러나 또한 공자의 "(성인의 학문을) 기술하였을 뿐 창작하지 않았다"라는 말 때문에 그는 반드시 "기술記述"을 "창작"으로 보아야 한다고 결정하였다. 구체적으로 말하면 이것은 곧 주공을 정치 지도자의 신분으로 표현한 정치실천의 유학자에서 삼대의 문화를 체계적으로 종합한 기초에서 형성된 중국 사상문화를 창조한 유학자로 변화시켰으며, 바로 공자의 이러한 사상문화의 전향이 있었기 때문에 그는 "유儒"라는 일종의 신분적 자각을 형성하였을 뿐만 아니라, 또한 "군자유君子儒"[34])와 같은 명확한 추구의 방향도 가졌다.

---

34) "공자가 자하에게 이르되 '너는 君子儒가 되고 小人儒가 되지 말라'라고 하였다." (『論語』[吳哲楣 主編, 『十三經』], 「雍也」, 1273쪽)

이렇게 되면 또한 반드시 다시 한 번 더 공자의 신분에 관한 문제를 언급해야 하는데, 즉 공자는 결국 무슨 신분으로 삼대문화의 발굴과 정리에 종사하였으며, 또한 주공이 제작한 예악의 기초에서 "인을 행함을 자신으로부터 함"의 "군자유"의 추구 방향을 제출하였는가? 공자의 신분에 관하여 비록 그 혈연적으로는 스스로 "대부大夫의 후예"35)라고 인정하지만, 공자 일생의 거대한 사상문화의 공헌으로 말미암아 한대漢代부터 사람들은 한결같이 본래 장자莊子가 제출한 "소왕素王"으로 공자를 추존追尊하였다. 예를 들면 다음과 같다.

> 공자의 통달한 지혜는 장굉萇宏보다 뛰어났으며, 용맹은 맹분孟賁을 복종시켰고, 달리기는 들의 토끼를 따라잡을 수 있었으며, 힘은 성문을 들어 올릴 수 있으며, 능력 또한 많았다. 그러나 용력은 세상에 알려지지 않았고, 기교도 (사람들이) 몰랐으며, 오로지 도를 가르치는 행위로만 소왕素王이 되었다.36)

> 공자의 왕업 즉 소왕의 업은 『춘추』에 있다.37)

이러한 "소왕素王"에 대한 모든 논법은 한편으로는 공자에게는 확실히 불공평한 뜻이 있지만, 다른 한편으로는 이러한 "소왕"의 형식은 또한 공자가 지향하는 사업과 정신이 확실하게 현실의 왕권 밖에 존재한다는 것을 말해 준다. 즉, 이것은 곧 삼대 이래 사상문화의 정리와 종합 그리고 사람다운 사람이 되는 정신의 형상화(塑造)와 담당 위에 존재함을 말한다. 바로 이러한 원인으로 왕충王充은 "공자의 왕업…… 『춘추』에 있다"라고 하였다.

그러나 공자의 입장에서 말하면, 우리는 또한 크게 그 현실사회에서 필경 "왕王"과 "왕 아님"의 문제를 지나치게 의식할 필요가 없으며, 또한 현실의 "왕자王者" 외에 따로 공자에게 "소素"라는 미명美名을 꼭 더할 필요도 없다. 왜냐하면, 공자와

---

35) 『論語』(吳哲楣 主編, 『十三經』), 「先進」, 1287쪽.
36) 『淮南子』(『諸子集成』 第7책), 「主術訓」, 149~150쪽.
37) 王充, 『論衡』(『諸子集成』 第7책), 「定賢」, 269쪽.

동시대의 의봉인儀封人(생졸 미상)이 이른바 "하늘이 장차 부자夫子를 목탁木鐸으로 삼을 것이다"[38]라고 한 평가 그 자체는 곧 공자에 대한 매우 적절한 자리매김이며 설명이기 때문이다. 이 외에 유가에 대한 비판자로서 『장자』에는 또한 공자의 신분에 대한 하나의 명확한 인정이 있는데, 비록 이러한 인정이 조롱하는 방식으로 표현되기는 하였지만, 그 진면목을 잃지는 않았다.

공자가 울창한 숲속을 노닐다가 행단杏壇 위에서 쉬고 있었다. 제자들은 책을 읽었고, 공자는 거문고를 타며 노래를 하였다. 곡의 연주가 아직 반이 되지 않았는데, 어떤 어부가 배에서 내려왔다. 수염과 눈썹이 모두 하얗고, 머리를 산발하고 소매를 휘저으며, 언덕 위로 올라와서 멀찍이 떨어져 자리를 잡고 왼손은 무릎 위에 얹고 오른손은 턱을 괸 채 노래를 들었다. 곡이 끝나자 자공과 자로를 부르니, 두 사람이 함께 그를 대하였다.
그 손님이 공자를 가리키며, "저 사람은 무엇을 하는 사람인가?"라고 물었다.
자로가 대답하기를 "노魯나라의 군자입니다"라고 대답하였다.
손님이 (공자의) 종족宗族(姓)을 물으니 자로가 대답하기를 "성은 공씨孔氏입니다"라고 하였다.
손님이 "공씨는 어떤 공부를 하였습니까"라고 물었다.
자로가 미처 대답하지 못하자, 자공이 대답하기를 "공씨는 성정이 충신忠信을 갖추었고, 몸소 인의를 실행하며, 예악을 다스리고, 인륜을 고르며, 위로는 세상의 군주에게 충성하고 아래로는 백성을 교화하며, 장차 세상을 이롭게 하려고 합니다. 이것이 공씨가 하는 공부입니다"라고 하였다.
또 묻기를 "영토를 가진 군주인가?"라고 하니
자공이 "아닙니다"라고 하였다.
"제후나 왕을 보좌하고 있는가?"라고 하니
자공이 "아닙니다"라고 하였다.

---

38) "儀邑의 封人이 (공자를) 뵈기를 청하니…… 나가서 말하기를, '그대들은 어찌 벼슬 잃을 것을 근심하는가? 천하에 도가 없어진지 오래되었다. 하늘이 장차 夫子를 목탁으로 삼으실 것이다'라고 하였다."(『論語』[吳哲楣 主編, 『十三經』], 「八佾」, 1265쪽)

그 손님은 웃으며 되돌아가면서 말하기를 "인仁하다고 하면 인이지만, 아마도 그 몸은 화를 면하기 어려울 것이다. 심신心身을 혹사酷使하니 그 진성眞性(본성)을 위태롭게 할 것이다. 오호라! 도와 분리됨이 멀도다!"라고 하였다.[39]

장자는 공자의 지음知音임을 부끄럽게 여기지 않았으며, 한번에 공자가 "인仁하다고 하면 인이지만, 아마도 그 몸은 화를 면하기 어려울 것이다. 심신心身을 혹사酷使하니 그 진성眞性을 위태롭게 할 것"이라는 것을 간파하였다. 다른 한편으로, 그는 공자가 "영토를 가진 군주인가?" 그리고 "제후나 왕을 보좌하고 있는가?"라고 반문하였으며, 이에 명확하게 공자의 기본 신분을 자리매김하였다. 그렇다면 공자는 결국 어떤 신분이었는가? 장자가 보기에 공자는 "영토를 가진 군주"도 아닐 뿐만 아니라 또한 "제후나 왕의 보좌"의 신분도 아니었으므로 단지 일개 "필부匹夫"의 신분에 불과하였다. 우리는 여기서 장자가 어부를 통하여 표현한 조소嘲笑적인 심리상태를 잠시 제쳐두면, "영토를 가진 군주"인지 "제후나 왕의 보좌" 신분인지를 설문한 것은 명확하게 공자가 "필부"의 신분임을 나타내었다. 그리고 공자가 일생 탐색한 특수성은 그 "필부"의 신분을 기초로 건립된 것이며, 그는 곧 필부의 신분으로 천하의 사상문화의 중임을 담당하려고 하였다.

이렇게 보면, 공자의 일생 사상문화의 연구와 그 주요한 공헌은 사실 모두 필부의 신분을 통하여 실현된 것이다. 사실상 바로 이 점 때문에 도리어 공자 일생의 최대 공헌이 되었다. 주공의 일생 공헌은 주로 그가 정치 지도자라는 특수한 신분의 기초에서 이루어진 것이며, 따라서 그의 사상 창조도 마음과 손이 서로 수반함과 지행합일의 특징을 갖출 수 있었으며, 그 내재적인 마음이 발동하면 생각이 움직임도 동시에 또한 직접적 표현을 외재적인 인덕을 베풀어 정사를 행하는 것으로 볼 수 있다. 그러나 공자에 대하여 말하면, 이러한 조건 모두가 그가 근본적으로 구비하지 못한 것이기 때문에 이처럼 공자는 단지 한 사람의

---

39) 『莊子』(郭慶藩 編, 『莊子集釋』), 「漁父」, 1121~1124쪽.

"필부" 신분으로 사상문화의 탐색을 전개할 수밖에 없었다. 비록 그렇더라도 우리가 가장 먼저 알 수 있는 것은 공자가 "필부"에 대하여 사람다운 사람으로서 선택권과 선택결정권이 있다고 충분히 긍정하였다는 사실이다.

자신을 이기고 예로 돌아가는 것이 인仁이다. 어느 날 자신을 이기고 예로 돌아가면 세상이 인仁으로 돌아갈 것이다. 인을 행함이 자기 자신으로부터 말미암지 남으로부터 말미암겠느냐?[40]

공자는 "삼군에서 장수를 빼앗을 수 있지만, 필부에게서 그 의지를 빼앗을 수 없다"라고 하였다.[41]

공자는 "인에 대해서는 스승에게도 양보할 수 없다"라고 하였다.[42]

공자는 "사람이 능히 도를 넓힐 수 있지, 도가 사람을 넓힐 수는 없다"라고 하였다.[43]

사람으로서 인仁하지 않으면 예가 무슨 필요가 있겠는가? 사람으로 인하지 않은데 악樂은 무슨 필요가 있겠는가?[44]

공자는 "삼베로 만든 예모를 쓰는 것이 예인데 지금은 치純(검은색 명주. 緇와 같음)를 쓰니, 이는 검소한 것이니 나는 군중群衆을 따르겠다. 대청 아래에서 절하는 것이 예인데 지금은 대청 위에서만 절을 하니 이는 교만함이다. 비록 군중의 뜻과 어긋나더라도 나는 대청 아래에서 절하는 방법을 따르겠다"라고 하였다.[45]

---

40) 『論語』(吳哲楣 主編, 『十三經』), 「顔淵」, 1290쪽.
41) 『論語』(吳哲楣 主編, 『十三經』), 「子罕」, 1283쪽.
42) 『論語』(吳哲楣 主編, 『十三經』), 「八佾」, 1263쪽.
43) 『論語』(吳哲楣 主編, 『十三經』), 「衛靈公」, 1305쪽.
44) 『論語』(吳哲楣 主編, 『十三經』), 「衛靈公」, 1305쪽.
45) 『論語』(吳哲楣 主編, 『十三經』), 「子罕」, 1280쪽.

여기서 공자의 모든 긍정은 "필부"도 사람다운 사람으로서의 선택권이 있다는 긍정일 것이다. 그 모든 질문도 또한 "필부"가 사람다운 사람으로서 선택결정권을 중심으로 전개한 질문이었다. "(대청의) 위에서 절함"과 "(대청의) 아래에서 절함", "군중을 따름"과 "군중과 어긋남" 사이의 균형과 취하고 버림에서는 공자 본인의 취함과 버림일 뿐만 아니라, 동시에 세상의 개체마다 각 "필부匹夫와 필부匹婦"가 양도할 수도 없고 침탈할 수도 없는 기본적인 권리가 될 수 있었다. 그러므로 공자는 곧 이 "필부"의 신분으로 "예禮"의 관철과 실현, "인"의 실천과 추구를 모든 사람의 어깨 위에서 실현하였으며, 모든 "필부"의 마음에서 실현하였다. 이러한 의미에서 공자는 곧 천하 후세의 모든 "필부匹夫와 필부匹婦"의 대변인이었다.

주공과 서로 비교하면 주공이 예악을 제작한 까닭은 주로 예악제도禮樂制度를 통하고 존존尊尊·친친親親·현현賢賢을 통하여 "상·하를 도덕으로 아우르며, 천하의 제후와 경卿·대부大夫·사士·서민庶民이 하나의 도덕 단체가 되도록" 하고자 하는 데 있었으나, 주공이 예악을 제작함은 주로 그가 정치 지도자로서 특수한 신본의 기초에서 건립된 것이다. 이를테면 주공은 완전히 정치체제라는 "피라미드"(金字塔)의 정점에 서 있으면서 충분히 "상·하를 도덕으로 아우른" 예악제도를 제출하였다. 그러나 공자는 완전히 "피라미드"의 밑바닥에 서 있으면서 이른바 벽돌 하나, 돌 하나, 풀 한 포기, 나무 한 그루의 시각에서 예악제도를 실현하였으며, 아울러 "인仁"을 모든 개체 모든 "필부匹夫와 필부匹婦"의 보고 듣고 말하고 행동함과 일거일동一擧一動이 한결같이 의지하는 예禮의 정신적 근거와 심리적 지탱으로 보았다. 이처럼 만약 주공의 입장에서 본다면 이것은 완전히 예악제도의 인생 실현과 개체적 실현이라고 할 수 있으며, 이 점은 틀림없이 또한 주공의 사상에 대한 거대한 발전을 포함하고 있는데 곧, 주공의 "예禮"가 공자의 "인仁"의 단계로 발전된 것이다.

이뿐만 아니라, 비록 공자 자아의 자리매김이 주로 이른바 "(성인의 학문을) 기술하였을 뿐 창작하지 않았다"라는 차원에 있지만, 왜냐하면 그는 "영토를 가진 군주"도 아니고 또한 "제후나 왕의 보좌"도 아니기 때문에, 하지만 이러한 "필부"로서 도리어 자신이 "영토를 가진 군주"도 아니고 또한 "제후나 왕의 보좌"도 아닌 현실을 완전히 무시하였으며, 그가 "필부"로서 마땅히 가질 수 있는 포부와 시야를 개척하기 위해 노력하였으며, 나아가 하·상·주 삼대문화에 대하여 침착하게 비교와 취사선택取捨選擇을 하였다. 이제 먼저 삼대문화에 대한 공자의 범론泛論을 살펴보자.

> 하夏나라의 예는 내가 능히 말할 수 있으나 기杞(禹王의 자손국)나라는 증명할 수가 없다. 은殷의 예는 내가 능히 말할 수 있으나 송宋(殷의 유민)나라는 증명할 수가 없다. 문헌文獻이 증명하기에 부족하기 때문이다. (문헌이) 충분하다면 내가 능히 그것을 증명할 수 있다.[46]

> 공자는 "은나라는 하나라의 예를 이어받아 덜거나 보탠 바를 알 수 있으며, 주나라는 은나라의 예를 이어받아 덜거나 보탠 바를 알 수 있다. 만약 주나라를 계승한 자가 있다면 백세百世가 지나도 알 수 있다"라고 하였다.[47]

> 안연이 나라를 위하여 물으니 공자는 "하夏나라의 시간時間(冊曆)을 행하며, 은나라의 수레를 타고, 주나라의 면류관을 쓰며, 음악은 (순임금의) 소韶와 무舞를 즐긴다"라고 하였다.[48]

여기서 논하는 것은 당연히 모두 삼대의 문화와 문명에 관한 것이지만, 공자에게서는 도리어 이른바 발전과 낙후의 문제는 근본적으로 없는 것 같다. 존재하는 것은 오직 하나의 표준, 곧 누가 문명에 더 가까운가의 지표를 보는 것이며, 혹은 누가 더 문명을 표현하는 데 기울어져 있는가 또는 더 충분한가를 보는 것이다. 이것은 결국 왜 그러한가? 이것은 왜냐하면, 공자는 오늘날의 사람들이 말하는

46) 『論語』(吳哲楣 主編, 『十三經』), 「八佾」, 1264쪽.
47) 『論語』(吳哲楣 主編, 『十三經』), 「爲政」, 1263쪽.
48) 『論語』(吳哲楣 主編, 『十三經』), 「衛靈公」, 1303쪽.

발전과 낙후와 같은 시대적 표준이 없었고, 그가 가진 것은 오로지 그 "필부"의 시각으로 출발한 우수한 것을 택하는 선택만 있을 뿐이었기 때문에, 따라서 "하夏나라의 시간時間(冊曆)을 행하며, 은나라의 수레를 타고, 주나라의 면류관을 쓰며, 음악은 (순임금의) 소韶와 무舞를 즐긴다"라는 말이 있게 되었다. 여기서 "하夏나라의 시간時間(冊曆)"과 "은나라의 수레"는 물론, 또한 "주나라의 면류관"은 모두 더 문명적이고 더 사용하기에 적합한 방식으로 공자의 선택 범위에 들어온 것들이다. 따라서 이러한 관점에서 보면, 공자는 바로 "필부"의 신분과 시각으로 삼대문화에 대한 1차적인 새로운 종합을 진행하였다.

더욱 중요한 것은 공자가 삼대의 예를 어떻게 "은나라는 하나라의 예를 이어받아 덜거나 보탠 바를 알 수 있으며, 주나라는 은나라의 예를 이어받아 덜거나 보탠 바를 알 수 있다. 만약 주나라를 계승한 자가 있다면 백세百世가 지나도 알 수 있다"라고 말할 수 있었는가? 이것을 살펴보면 매우 독단적 판단으로 보인다. 한편으로는 당연히 먼저 삼대의 예는 본래 상호 "손익損益"의 기초에서 건립되었고 또한 "손익"의 기초에서 생성되었기 때문이다. 그러나 다른 한편으로 이것은 주대周代의 예가 이미 인류문명의 최고 경지를 뛰어넘었기 때문에 영원히 바꿀 필요가 없다고 말하려는 것은 아닌가? 아니다. 공자가 이렇게 말하는 까닭은 한편으로 "손익"과 결합한 방식이 이미 확실하게 인류문명의 계승과 발전의 경로를 나타낸 것이기 때문이며, 더욱 중요한 것은 "중국의 정치와 문화의 변혁은 은·주의 교체기보다 극적이었을 때는 없다"[49]라는 데 있다. 은·주 교체기의 극적인 변화는 정치제도로부터 곧바로 사상문화와 도덕의 영역으로 향하였으며, 따라서 "은나라 사람들은 귀신을 섬김"과 "천명天命"을 믿는 전통을 철저하게 바꾸었는데, 이것이 곧 "상·하를 도덕으로 아우르며, 천하의 제후와 경卿·대부大夫·사士·서민庶民이 하나의 도덕 난체가 되도록" 한 것이다. 당연히 여기서 말하는 도덕은 현대에서 인류사회의 기율紀律·법규이거나 이른바 통치계급의 의지가 집중되어 체현된 인류

---

49) 王國維, 『殷周制度論』(『觀堂集林』 제2책), 451쪽.

규범을 가리켜 한 말은 결코 아니며, 모든 개인을 받쳐주는 입신행사立身行事(입신처세)와 그에 근본적으로 의지하는 "천명"과 "천명"이 개인에게 실현되는 덕성을 가리켜 한 말이다. 이처럼 중국문화는 또한 근본적으로 외재적으로 배모拜謨하는 천명과 신권神權의 길과 결별하고, 그것을 철저하게 모든 사람의 사람다운 사람으로의 정신에 실현하고.확립하였다. 이렇게 보면 중국문화의 성격과 그 발전의 경로는 또한 이러한 "상·하를 도덕으로 아우르는" 방식으로부터 직접 결정되었다. 곧 이러한 의미에서 보면, 공자만이 "만약 주나라를 계승한 자가 있다면 백세百世가 지나도 알 수 있다"라고 논증하여 판단할 수 있다.

마지막으로 공자의 중국의 사상문화에 대한 최대의 공헌은 자신이 "필부"라는 신분에 입각하여, 세상 후세의 무수한 필부匹夫와 필부匹婦의 사람다운 사람의 정신에 대해 충분한 긍정과 결연한 정립挺立을 진행하였다는 점에 있다. 이 점에 대하여 서복관 선생은 이미 매우 좋게 설명하였으며, 따라서 우리는 여기서 서 선생의 설명을 빌려 이 점에 대한 필자의 인식을 나타내고자 한다. 서복관을 다음과 같이 말하였다.

중국문화사에서 공자로부터 확실하게 보편적 인간을 발현하였으며, 또한 이에 즉하여 일체의 사람과 사람 사이의 불합리한 봉역封域(경계)을 타파하였으며, 오로지 인간이기만 하면 곧 같은 종류이며, 또한 평등의 이념임을 인정하였다. 이 하나의 이념은 이미 주나라 초의 천명天命과 민명民命을 함께 칭하는 사상적 원형에서 배태되었다. 그러나 이 사상의 원형은 따지고 보면 통치자인 상층 계급으로부터 연결되어 있으며, 따라서 아직 한 걸음 더 분명해지도록 하지 못하였다.…… 이로부터 마땅히 공자는 이천사백 년 더 전에 매우 분명하게 드러내었으며, 또한 보편적 인간의 이념으로 실천하였음을 이해할 수 있으며, 이것은 하나의 경천동지의 대사건이었다.
공자는 사회적 정치적 계급의 제한을 타파하였으며, 전통적인 계급으로 군자와 소인의 구분을 도덕적 품성의 군자와 소인의 구분으로 변화시켰으며, 따라서 군자와 소인이 되는 것은 모든 사람이 각자의 노력으로 결정되며, 군자가 모든

사람의 개인적 노력 향상의 표준이 되도록 하였으며, 더는 계급상의 압제자는
아니었다.[50]

여기서 이른바 "보편적 인간"은 사실 평등한 사람다운 사람의 권리, 즉 이른바
사람다운 사람의 선택권 또는 선택결정권일 뿐이며, 이 점은 또한 완전히 공자의
"인을 행함은 자신으로부터인가 아니면 타인으로부터인가?"라는 질문과 "인에
대해서는 스승에게도 양보하지 않는다"라는 말과 "삼군三軍에서 장수를 빼앗을
수는 있지만, 필부에게서 그 의지를 빼앗을 수 없다"라는 말을 통해서 직접 해석하였
다. "계급으로 군자와 소인의 구분을 도덕적 품성의 군자와 소인의 구분으로 변화시
켰다"라는 말은 완전히 주공에 대하여 정치문제를 도덕문제로 변화시킨 일종의
계승과 심화였다고 할 수 있다. 그러나 공자의 추진은 주로 "인을 행함은 자신으로부
터"라는 방식을 통하는 데 있고, 따라서 사람다운 사람의 선택권과 선택결정권을
모든 "필부"와 모든 개인에게 전해 주었으며, 이것은 곧 이른바 군자와 소인을
정치적 신분과 사회적 지위로 구분하던 것을 모든 개인 사람다운 사람으로서
자아 선택의 기본 권력으로 변화시켰다. 이러한 점에서 보면, 공자는 곧 자신이
"영토를 가진 군주"도 아니고 또한 "제후나 왕의 보좌"도 아닌 "필부"의 신분으로
"심신心身을 혹사酷使함"으로써 인류 해방을 위한 탐색을 선행先行하였다고 하겠다.

이렇게 보면 만약 주공이 "천명"의 정치 문제를 도덕 문제로 변화시켰고 따라서
"상·하를 도덕으로 아우르며, 천하의 제후와 경卿·대부大夫·사士·서민庶民이 하
나의 도덕 단체가 되도록" 하는 선행적 연구자라고 한다면, 공자는 틀림없이 이러한
방향과 진로를 심화시킨 사람이다. 그러나 그들은 "지위"와 "시時" 그리고 직면한
구체적인 문제의 차이로 말미암아, 만약 주공이 정치실천의 유학자 대표이며,
이 때문에 도덕으로 정치적 위기를 해소한 개척자라고 한다면, 공자는 사상문화의
유학자 대표로서 삼대 문화에 대하여 가감加減을 짐작하고 손익損益을 종합하는

---

50) 徐復觀, 『中國人性論史』, 57쪽.

방식을 통하여 국인들의 인생세계를 개방하였으며, 아울러 그가 "필부"의 신분으로
사람다운 사람의 선택권과 선택결정권을 "인을 행함에 자신으로부터 행함"의 방식
을 통하여 모든 사람에게 전해 주었으며, 아울러 "군자"로 하여금 모든 개인 모든
"필부匹夫와 필부匹婦"가 모두 인생의 모범으로 추구할 수 있도록 하고, 따라서
국인들의 자립·자강의 정신세계의 개척자가 되었다. 이른바 백가쟁명의 제자학
및 모든 중국의 교육사업이 모두 공자와 같은 "필부"의 신분으로 시작한 것은
아니라면, 또한 모두 각자 서로 다른 자아인지와 자아 선택의 기초에서 건립된
것인가?

3. 신앙적 확립과 우주론적 해석

만약 주공과 공자가 분별하여 정치실천의 유학과 사상문화의 유학 두 가지
다른 형태를 대표한다고 하면, 동중서는 전혀 새로운 형태의 유학을 대표하며,
이러한 전혀 새로운 형태는 사실 또한 주로 춘추전국 이래 중국사회의 역사발전에서
조성된 것이다. 그 "신新"이 되는 까닭은 주로 "신新"이 통치자가 강산을 쟁탈한
후에 유학을 "경經"의 방식으로 불러들인 것이기 때문이다. 양한 유학이 경학經學으
로 불린 까닭은 주로 서한 통치자가 역사 경험을 종합한 기초에서 주동적으로
"오경박사를 설치"함으로써 비롯되었으며, 아울러 유학이 국가 이데올로기라는
특수한 형식으로 결정되었기 때문이다. 이처럼 만약 단지 외재적 형식의 관점에서
보면 동중서로 대표되는 양한 경학과 주공으로 대표되는 정치실천의 유학 사이에는
마땅히 어떤 지극히 큰 일치성이 있어야 할 것 같다. 왜냐하면 그들은 모두 거의
이른바 "정교합일政敎合一"[51] 형태를 나타내고 있기 때문이다. 실제로는 양한 경학의

---

[51] "政敎一致"는 서양 중세의 세속정치는 반드시 종교 신권의 명령을 듣고 또한 臣服해
야 하는 것의 표현이다. 따라서 근대 이래 계몽사조가 초래한 "政敎分離"가 곧 현대
화의 주류가 되고, 과학과 민주도 또한 이러한 사조의 추동으로 발전해 나왔다. 阿片
戰爭 이후 중국이 서양을 학습하는 과정에서 "정교분리"는 서양을 배우는 주요한
내용 가운데 하나였으며, 이것은 당연히 정확한 일면이 있을 뿐만 아니라 필수적

이러한 특수적 형태 때문에, 오히려 양자 사이에 지극히 큰 차이가 있게 되었다. 이러한 차이는 심지어 대단히 큰 주공과 같은 정치적 영수領袖와 공자와 같이 "영토를 가진 군주"도 아니며, 또 "후왕侯王의 보좌"도 없는 개체로서 "필부匹夫"의 유학자라는 차이다.

왜 이렇게 말하는가? 이것은 주로, 중국 역사상 가장 "정교합일"의 색채를 잘 갖춘 유학으로서, 서주의 정치실천 형태의 유학이며, 또한 그 주체적 정치 지도자로서 우선 유학자의 인문적 정서와 사상문화의 기초를 가지고 있기 때문이다. 따라서 문왕·무왕은 물론 주공까지도 그 본인들은 모두 일종의 유학자적 인애仁愛의 정서를 가지고 있었다. 동시에 또한 그들이 함께 정치 지도자의 신분을 가지고서 유가 정신을 표현한 것이며, 또한 유가 정신을 정권의 구체적 운용에서 관철하였다. 서주의 정치실천 유학의 이러한 특징은 문왕의 "우虞·예芮나라의 송사訟事" 가운데 서 표현되었을 뿐만 아니라, 무왕의 서주 정권이 "하늘의 보우"를 얻지 못한 데 대한 우환의식에서도 표현되었으며, 또한 더 정형적으로 주공의 예악제작에서도 표현되었다. 이것이 곧 왕국유가 꼭 "상·하를 도덕으로 아우르며, 천하의 제후와 경·대부·사·서민이 하나의 도덕 단체가 되도록" 하였다는 말로 주공의 예악제작 의 평가한 근본 원인이다. 그리고 서복관이 서주의 우환의식을 은상의 "천명 신권"의 관념에서의 종교적 경외의식과 구별하려는 이유이며, 또한 같은 원인에서 나왔다.[52]

일면도 있다. 그러나 20세기 중국 지식인들은 도리어 왕왕 유가의 사람다운 사람의 정신인 덕성 교육을 서양의 종교 신권에서의 "宗教"로 구별 없이 보기도 하고, 또 서양인들이 "정교합일"에 대한 비판을 유가의 도덕정신에 대한 비판으로 보기도 하는데, 이것은 완전히 다른 것이다. 왜냐하면, 서양의 종교는 "天堂"을 지향하는 것이 며, 중국의 유학은 영원히 현실의 인생에서 인문적 가르침 혹은 成德의 가르침을 실현하는 것이다. 만약 이러한 기초를 벗어난다면 그것은 인생의 정신의 범위를 벗 어난 것과 같다.

52) 서복관은 "우환의식이 움직이는 상황에서 사람의 信心의 근거는 점점 신으로부터 자기 자신의 행위의 勤愼과 노력으로 옮겨가게 된다. 이러한 근신과 노력은 주나라 초에 '敬', '敬德', '明德' 등의 관념에서 표현되었다. 특히 하나의 敬이라는 글자는 실 로 주나라 초기 사람들의 모든 생활 속에 관통되었으며, 이것은 우환의식의 경계의 식을 바로 이어받은 정신의 신중함과 집중 그리고 일에 대한 근신과 열성의 심리상 태이다. 주나라 초기에 강조한 敬의 관념은 종교적 경건함과 비슷하지만 실제는 다

이러한 관점에서 보면, 만약 서주 정권이 자체가 곧 일종의 정교합일의 기초 있는 정권이라고 하면, 그것은 또한 반드시 "정政"(정치)을 "교敎"(교육)에 합하고, "정치"를 유가의 인문적 교육과 성덕의 교육에 합치함을 근본적 목적으로 삼은 것이다.

만약 단지 정교합일을 이러한 외재형식으로 본다면 한대 정권도 사실은 서주와 결코 다르지 않다. 왜냐하면 서주에서부터 덕성추구와 예악문화를 은상 이래의 "천명 신권"과 치환한 후 중국문화는 근본적으로 외재적 배모拜謨 혹은 외향적 숭배의 가능성을 배제하였으며, 이것은 또한 단지 그것이 사람의 덕성 신앙과 내재적 초월 노선으로 향하도록 하였으며, 따라서 기본적으로 중국정권의 "정교합일"의 이와 같은 기본 형식을 결정하였다. 바로 중국정권의 이러한 특수한 존재방식 때문에 주체적 사람다운 사람의 덕성이 흔히 정치권력 운용의 기초가 되었다. 왜냐하면, 중국에는 이와 같이 근본적으로 외향신앙적 종교가 결핍된 조건에 있기 때문에 단지 일상윤리 가운데 사람다운 사람의 정신과 그것이 포함한 신앙과 덕성의 기초에 내재하고 체현하는 근원이 있어야만 비로소 진정으로 인생에서 사람을 대하고 사물을 대함에 없는 곳이 없는 제어작용(監控功能)에 이를 수 있다. 덕성의 기초와 신앙의 제어와 그것이 사람다운 사람의 내부단속의 작용과 최저 한계를 지키는 작용을 벗어나게 되면, 사람은 법도 없고 하늘도 없는 경지에 빠지게 되며(외재적인 불교와 도교 및 상제를 포함해서 근본적으로 상응하는 제어작용을 할 수 없다.), 심지어 사람의 탈을 쓴 짐승으로 떨어지게 된다. 또한 이러한 원인 때문에 역대 정권은 모두 유가의 사람다운 사람의 덕성의 최저한도와 그 교화 기능을 통하여 그 정권의 합법성을 논증하였으며, 아울러 항상 덕성을 관원을 선발하는 첫째 기준으로 삼았다. 역대의 전제정권에 대하여 말하면, 마땅히 이것은 확실히 하나의 비교적 분명하고 비교적 이성적인 선택이었다. 생각하면, 근본적으로 종교신앙이

르다. 종교적 경건함은 사람을 자신의 주체성을 해소하고 자신을 신의 면전으로 귀 의하여 철저하게 신에 의지하는 심리상태이다. 주나라 초기에 강조한 敬은 사람의 정신이 산만함으로부터 집중하여 자신의 관능적 욕망을 스스로 맡은 책임에 의해 해소되기 전에, 분명하게 자기의 주체적 적극성과 이성적 역할을 부각시키는 것이 다"(徐復觀, 『中國人性論史』, 20쪽)라고 하였다.

없는 민족에 대하여 말하면, 그것은 또한 어디에서 그 정권의 위를 초월해 있는 합법성을 찾아 지탱할 수 있겠는가? 또한 어디에서 그 관원이 정사를 베푸는 근본 근거와 그 개체가 사람다운 사람이 되는 덕성의 최저 한계를 찾을 수 있겠는가?

그러나 구체적 표현의 관점에서 보면, 만약 서주가 "정치"를 "교화"에 합하는 식의 정교합일이라면, 한대漢代의 정권 형식이 이와는 정반대로 "정치"를 "교화"에 합하는 것이 아니라 바로 "교화"를 "정치"에 합하는 특징이 있으며, 완전히 "교화"로써 "정치"에 부합하고 복종하는 방식의 정교합일이다. 당연히 이와 같은 정권의 조직형식의 형성은 먼저 한비가 말한 근세(전국시대) 이래 "기력을 쟁탈함"의 필연적인 결과였다. 바로 이러한 "기력을 쟁탈함" 방식의 정권 형성의 논리 때문에, 예로부터 사람다운 사람의 교육을 담당해 온 유학은 단지 오직 정권에 의존해야만 생존할 수 있는 이른바 무위도식하는 모사謀士에 불과하며, 게다가 이후 진秦의 소왕昭王이 유학을 "사람의 나라에 무익하다"라고 규정하고 진시황의 분서갱유라는 타격이 더하여졌기 때문에, 유학은 진왕조에서는 확실하게 이미 최저점으로 쇠퇴하였다. 사마천이 "진섭陳涉이 왕이 되자, 노魯나라의 여러 유생들은 공자 가문의 예기禮器를 가지고 진왕陳王에게 귀순했다. 이에 공갑孔甲이 진섭의 박사博士가 되었다가 끝내는 진섭과 함께 죽었다.…… 진섭이 한 일이란 아주 미천하지만, 진신縉紳(벼슬아치) 선생의 무리가 공자의 예기禮器를 가지고 가서 헌정의 예물로 바치고 그의 신하가 된 것은 무엇 때문이었을까? 이는 진秦나라가 그들의 서적을 불태워 버렸기 때문에 쌓인 원한을 진왕陳王에게서 분풀이 하고 싶었기 때문이다"[53]라고 한 말은 마땅히 이것이 진秦·한漢의 교체기에 유학의 생존 상황과 유학자의 마음 상태를 정확하게 묘사한 것이라고 할 수 있다. 이러한 상황에서 유학과 전제정권이 서로 반목하고 옛것이 옳고 지금은 그르다고 하고, 이로부터 이루어진 필연적인 현상이었다.

이런 배경에서 서한 정권이 "오경박사를 설치"하는 방식으로 유학에 평화의 손길을 내밀었을 때, 이것은 진정으로 협력하면 서로 좋고, 떨어지면 서로 손상되는

---

53) 司馬遷, 『史記』(『二十五史』, 권1), 「儒林傳」, 第307쪽.

이성적인 선택이었다. 다만 서한 통치자는 유학에 평화의 손길을 내밀었고 이로부터 이른바 경학 형태의 유학이 형성되었지만, 도리어 근본적으로 서주시대와는 달랐다.

서주 정치의 실천형태인 유학은 먼저 그 정치 지도자들이 현실의 정치적 위기를 따라 모색해 온 유학이었으며, 당시에는 아직 "유儒"라는 호칭이 없으므로, 자연히 "유儒"라는 자각을 말할 수도 없었다. 그러나 그들은 확실하게 우환의식과 인문적 주요 관심으로부터 계속 발전해 온 순정純正한 유학의 품격을 보여 주었으며, 이것은 그 내재적으로 인仁을 베푸는 동시에 또한 외재적으로 정치를 발동함과 양자의 직접적 통일의 기초가 되었다. 그러나 서한의 통치자들이 재차 유학에게 평화의 손길을 내밀었을 때, 통치집단은 이미 그들이 무력으로 쟁탈할 것을 재촉해 온 강산을 얻었고, 그들은 단지 지도사상에 대한 필요에서만 출발하여 유학을 선택하였고, 이렇게 하여 이른바 유학은 사실 마치 귀족 가문에 초빙된 가정교사처럼 통치집단에 진입하였다. 단지 정권에 대한 유학의 이와 같은 개입의 방식을 보면, 통치자에게 이것은 틀림없이 일종의 이용이다. 그러나 유학으로 보면 결국은 남의 세력을 빌려서 몸을 뒤집는 것에 불과한, 즉 자신의 생존 상황을 바꾸는 것일 뿐이다. 왜냐하면 서주에서 유학은 통치집단의 진정한 정신적 주체로서 표현되었지만, 서한 정권에서는 진정한 주체는 단지 통치집단의 최고 대표, 즉 황권皇權 자체였으며, 유학은 결국 그들에 의해 초빙된 "가정교사"였을 뿐이다. 곧, 한의 선제宣帝가 그 태자에게 "한가漢家는 자신의 제도를 두고 있는데, 본래 패도와 왕도를 섞어 놓은 것이다"[54]라고 교육한 것은 이미 분명하게 서한 통치자들의 가정과 진실된 의도를 나타내었다. 따라서 한대의 정교합일의 형식은 완전히 "교화"를 "정치"에 합한 것이다. 이러한 상황에서, 서한과 서주는 모두 이른바 정교합일의 형식을 가지고 있었지만, 정권이든 유학이든 막론하고 서한은 모두 서주와 크나큰 차별이 있었다.

이러한 배경에서 출발하여 우리는 당연히 한대 유생들이 매우 신중하면서도

---

54) 班固, 『漢書』(『二十五史』, 권1), 「元帝紀」, 第367쪽.

매우 대담한 심리상태를 이해할 수 있으며, 당연히 또한 동중서가 왜 한무제의 "천명과 본성"의 책문에 대면하여 이른바 재이·견고설로 크게 말하려(大談) 하고, 아울러 명확하게 제시하기를 "나라에 장차 도道를 잃은 패망敗亡이 일어나려 하면, 하늘은 이에 먼저 재이災異로써 허물을 깨우쳐 줍니다. 그래도 자성自省할 줄 모르면 또 괴이한 이변을 나타내어 놀라고 두렵게 하며, 그래도 변화할 줄 모르면 이에 좌절과 실패가 이르게 합니다. 이로써 천심天心이 인군人君을 인애仁愛 하여 그 혼란을 멈추게 하려 함을 알 수 있습니다"55)라고 제시하였는가를 이해할 수 있다. 동시에 우리는 자연히 왜 동중서가 후일 재이·견고를 크게 말하다가 하마터면 목숨을 잃을 뻔한 경력도 있는지 이해할 수 있다. 실제로 이러한 현대인들이 이해하기 어려운 모든 현상을 근현대의 금문경학의 대사인 피석서는 도리어 분명하게 보았다. 그는 다음과 같이 지적하였다.

> 당시의 유학자들은 임금을 지존으로 여겼지만 두려워 기피함이 없었으며, 하늘의 모습을 빌려서 경외감을 표시하였고, 마치 그 임금이 덕을 잃은 자가 있으면 몹시 두려워하고 수양하고 반성하는 것과 같이 하였다. 이것은 『춘추』가 원元으로 천하를 통치하고, 천하를 통치함이 군주의 의義였으며, 또한 『역』은 신도神道로 가르침을 베푸는 뜻이다. 한유들은 이에 근거하여 그 임금을 바로잡았다.56)

피석서의 이 해독을 통해 우리는 당시 "임금을 지존으로 여겼지만 두려워 기피함이 없음"이라는 태세를 분명하게 알 수 있으며, 당연히 동중서가 완전히 "하늘의 모습을 빌려서 경외감을 표시하였고, 마치 그 임금이 덕을 잃은 자가 있으면 몹시 두려워하고 수양하고 반성하는 것과 같이 하였다.…… 이에 근거하여 그 임금을 바로잡았다"라고 한 말의 깊은 뜻을 이해할 수 있다. 이것은 한대 경학이 우선 통치자가 유학에 대한 자각적 선택에서 비롯된 후에 비로소 이른바 황권과

---

55) 班固, 『漢書』(『二十五史』, 권1), 「董仲舒傳」, 第572쪽.
56) 皮錫瑞 著, 周宇同 注釋, 『經學歷史』, 第69쪽.

유학이 상호 이용하고 상호 견제하게 되었음을 설명한다. 이러한 상황은 또한 맹자가 "조맹趙孟이 귀하게 만든 것은 역시 조맹이 천하게 만들 수 있다"57)라는 말과 같으며, 이에 따라 서주의 정치 지도자들은 정치적 위기의 핍박 아래 "상·하를 도덕으로 아우르며, 천하의 제후와 경卿·대부大夫·사士·서민庶民이 하나의 도덕 단체가 되도록" 한마음으로 걸어간 것과는 완전히 다른 두 가지 일이다. 따라서 비록 그들이 모두 "정교합일"의 외재적 형식을 갖추고 있었지만, 전자는 "정치"를 "교화"에 합친 것이며, 아울러 도덕정신을 이용하여 그 정치적 위기를 해소하려 한 것이다. 후자는 곧 완전히 "교화"를 "정치"에 합친 것이며, 유학을 이용하여 그 정치적 통치를 위하여 합리적 논증을 진행하였다.

그렇다면 동중서를 대표로 하는 한대 경학과 공자를 대표로 삼는 사상문화인 유학의 관계는 어떠한가? 당연히 동중서와 공자는 확실히 비교적 일치된 정신을 가지고 있다고 할 수 있다. 그러나 전자는 기본적으로 자유사상가의 자학子學 형태에 속하고, 후자는 한대의 국가 이데올로기를 대표하는 경학 형태에 속하기 때문에, 사상문화의 관점에서 양자를 비교하면, 동중서 사상은 정말 비교가능성이 없다.

그러나 동중서의 유가 입장과 그 유자의 사상적 계보는 의심할 바 없이 확정적이 며, 이러한 기본 입장에서 사상계보까지의 유가의 품격은 서한 왕권을 위한 치국방략 의 계책을 모색하는 데서 나타났을 뿐만 아니라, 그가 한 사람의 유학자로서 입신하여 세상에 응하는 기본 원칙에서도 나타났다. 아래의 두 가지 논단論斷을 살펴보자.

> 도道는 그로 말미암아 다스림에 이르는 길이며, 인仁·의義·예禮·악樂은 모두
> 그 도구입니다. 그러므로 성왕聖王이 세상을 떠난 뒤에도 자손이 백여 년 안녕히
> 오래 지낼 수 있는 것은 이 모두가 예악교화의 공 때문입니다.58)

---

57) 『孟子』(吳哲楣 主編, 『十三經』), 「告子上」, 第1411쪽.
58) 班固, 『漢書』(『二十五史』, 권1), 「董仲舒傳」, 第572쪽.

무릇 인仁한 사람은 그 마땅함을 바르게 하고 이익을 도모하지 않고, 그 도를
밝히되 그 공을 헤아리지 않습니다. 이 때문에 공자의 문하에서는 다섯 척 동자도
오백五伯(다섯 霸主)을 일컫기를 부끄러워하는데, 이들은 먼저 사술詐術과 폭력을
행한 뒤 인仁과 의誼를 말합니다. 진실로 요사스러운 술법만 행할 뿐이기 때문에
대군자의 문하에서는 일컫기에도 부족하였습니다.[59]

전자는 동중서가 진심으로 서한 통치자를 위해서 책략을 모색하였고 따라서
"도道는 그로 말미암아 다스림에 이르는 길이며, 인仁·의義·예禮·악樂은 모두
그 도구이다"라고 하였다. 다시 말하면 오직 진정으로 "인의仁義와 예악"을 국가의
이데올로기로 삼아야만 비로소 진정으로 장구한 치안治安(나라가 태평하고 사회질서가
안정됨)의 도가 되며, 따라서 서주의 문왕·무왕·주공과 같이 되며, 비록 "성왕聖王이
세상을 떠난 뒤에도 자손이 백여 년 안녕히 오래 지낼 수 있는 것"은 곧 "이
모두가 예악교화의 공 때문이었다." 그러나 후자는 완전히 유학자의 자아 입신과
자아선택의 도道로서 드러난 것이며, 따라서 곧 "무릇 인仁한 사람은 그 의誼(義)를
바르게 하고 이익을 도모하지 않고, 그 도를 밝히되 그 공을 헤아리지 않습니다.
이 때문에 공자의 문하에서는 다섯 척 동자도 오백五伯(다섯 霸主)을 일컫기를 부끄러워
하는데, 이들은 먼저 사술詐術과 폭력을 행한 뒤 인仁과 의誼(義)를 말합니다. 진실로
요사스러운 술법만 행할 뿐이기 때문에 대군자의 문하에서는 일컫기에도 부족하였
습니다"라고 말하였다. 곧 그것이 유자들의 입신의 처세와 자아선택의 정신의
구체적 표현으로 그것은 공자가 "인을 행함에 자신으로부터 함"과 "삼군三軍에서
장수를 빼앗을 수는 있지만, 필부에게서 의지는 빼앗을 수 없다"라는 정신과 고도의
일치성을 유지하고 있을 뿐만 아니라, 직접 이러한 정신을 계승하고 발휘한 것이다.
따라서 동중서는 비록 양한 경학의 국가 이데올로기를 대표하지만, 그의 입신처세의
기본 원칙은 도리어 완전히 공자의 자학子學정신을 계승하였다. "무릇 인仁한 사람은
그 의誼(義)를 바르게 하고 이익을 도모하지 않고, 그 도를 밝히되 그 공을 헤아리지

---

59) 班固, 『漢書』(『二十五史』, 권1), 「董仲舒傳」, 第576쪽.

않습니다"라는 말은 또한 분명하게 일종의 "이利"에 대한 "의誼"(義)와 "공功"에 대한 "도道"의 초월성을 견지하였다. 이러한 점에서 보면, 선진유학정신의 계승자로서나 혹은 양한 경학의 인격화의 표현으로서나 동중서는 모두 마땅히 손색이 없다.

그렇다면 선진유학에 대한 동중서의 계승정신은 주로 어디에서 표현되었는가? 이것은 곧 명확하게 "이利"에 대한 "의誼"(義)와 "공功"에 대한 "도道"의 초월성을 견지한 점에 있을 뿐만 아니라, 또한 분명하게 이러한 초월적 정신을 인생의 신앙화하는 데서 표현하였다. 이러한 신앙화는 우선 그 초월적 "천의天意"와 "천지天志"에 대한 신앙성을 형상화한 데서 나타나며, "하늘"을 충분하게 신성화한 점에서도 나타난다. 예를 들면 다음과 같다.

하늘은 만물의 조상이며 만물은 하늘이 아니면 생겨나지 않는다.[60)

하늘은 모든 신의 대군大君이다. 하늘을 섬김이 갖추어지지 않으면, 비록 모든 신들이라도 도움이 없다. 어떻게 그렇게 말하는가? 땅의 신에게 제사함을 『춘추』에서는 책망하였다. 공자는 "하늘에 죄를 얻으면 기도할 곳이 없다"라고 하였는데, 이것이 그 법이다. 그러므로 진秦나라에 이른 하늘의 복이 주周나라만 못함을 나타내었다.[61)

이런 까닭에 하늘은 그 위치가 높아서 아래로 베풀며, 그 형체를 감추어도 그 빛이 드러나며, 뭇 별들을 늘어놓았지만, 지극히 정밀하게 보이며, 음양을 고찰하여 서리와 이슬을 나타낸다. 그 위치를 높게 한 것은 그로써 존엄하게 되며, 아래로 베풀어서 그로써 인仁하며, 그 형체를 감추어 그로써 신神이 되며, 그 빛을 드러내어 그로써 밝음이 되며, 뭇 별들을 늘어놓아 그로써 서로 계승하며, 지극히 정밀함에 가까워 그로써 군건함이 되며, 음양을 고찰하여 그로써 세월을

---

60) 董仲舒 著, 鍾肇鵬 主編, 『春秋繁露校釋』, 「順命」, 第940쪽.
61) 董仲舒 著, 鍾肇鵬 主編, 『春秋繁露校釋』, 「郊語」, 第911쪽.

이루며, 서리와 이슬을 내려 그로써 생겨나고 죽는다.[62]

이상의 모든 논술에서 "하늘"은 "만물의 조상" 즉 "만물은 하늘이 아니면 생겨나지 않을" 뿐만 아니라, 또한 "모든 신의 대군人君" 즉 "하늘을 섬김이 갖추어지지 않으면, 비록 모든 신들이라도 도움이 없다." 분명히 "하늘"은 여기서 이미 완전히 인생 신앙의 형태를 얻었으며, 따라서 "그 위치가 높아서 아래로 베풀며, 그 형체를 감추어도 그 빛이 드러나며, 뭇 별들을 늘어놓았지만, 지극히 정밀하게 보이며, 음양을 고찰하여 서리와 이슬을 나타낸다"라는 여러 가지 표현이 있게 되었으며, 특히 "그 위치를 높게 한 것은 그로써 존엄하게 되며, 아래로 베풀어서 그로써 인仁하며, 그 형체를 감추어 그로써 신神이 된다"라는 이 점은 곧 국인國人의 신앙이 "하늘"이라는 일반적 논설을 충분하게 나타내었다.

그렇다면 이런 신도神道 신앙의 하늘은 결국 사람에게 어떤 작용을 하는가? 이것은 또한 주로 "천지의 기"를 주체로 하는 우주의 생성변화론을 통해서 실현되며, 특히 음양의 두 기를 통하여 작용을 발휘한다. 예를 들면 다음과 같다.

천지의 기는 합해지면 하나가 되고 나뉘면 음과 양이 되며, 다시 나뉘면 사계절이 되고, 진열하면 오행이 된다. (오행의) 행行은 행함이며, 그 행함은 서로 다르기 때문에 오행이라고 하며, 비견比肩해 있으면 상생相生하고 간격해 있으면 상승常勝(相克)한다.[63]

하늘에는 음과 양이 있고, 사람에게도 음과 양이 있다. 천지의 음기가 일어나면 사람의 음기도 그와 응하여 일어난다. 사람의 음기가 일어나면 천지의 음기도 역시 마땅히 그와 응하여 일어나니 그 도는 한결같다.[64]

---

62) 董仲舒 著, 鍾肇鵬 主編, 『春秋繁露校釋』, 「天地之行」, 第1064쪽.
63) 董仲舒 著, 鍾肇鵬 主編, 『春秋繁露校釋』, 「五行相生」, 第833쪽.
64) 董仲舒 著, 鍾肇鵬 主編, 『春秋繁露校釋』, 「同類相動」, 第814쪽.

맺는 글: 유학연구의 해독의 시각과 그 해석학적 순환   855

사람이 사람다운 사람이 됨은 하늘에 근본하니, 하늘도 사람의 증조부曾祖父이다. 이것은 사람이 위로 하늘과 닮은 까닭이다. 사람의 형체는 하늘의 수에 화합하여 이루어지고, 사람의 혈기는 하늘의 뜻에 화합하여 인仁하며, 사람의 덕성은 하늘의 이치에 화합하여 의義롭고, 사람의 호오好惡는 하늘의 따뜻함과 맑음에 화합한 것이며, 사람의 희로喜怒는 하늘의 차가움과 더위와 화합한 것이며, 사람의 수명受命은 하늘의 사계절과 화합한 것이며, 사람이 태어나 희로애락喜怒哀樂의 화답이 있음은 춘하추동春夏秋冬과 같은 종류이다.…… 하늘이 사람과 버금하니 사람의 정情과 성性은 하늘로부터 말미암는 것이다. 그러므로 받는다고 하며, 하늘의 호칭에서 유래한다.[65]

하늘이 백성을 태어나게 함은 왕을 위한 것이 아니며, 하늘이 왕을 옹립함은 백성을 위함이다. 그러므로 그 덕이 있어 족히 백성을 안락하게 하는 자에게 하늘이 그것(王位)을 부여하며, 그 악하여 백성을 해치는 자는 하늘이 그것을 빼앗았다.[66]

위의 "천도天道"와 "신화神化"의 작용에 대한 논술에서, "천도"는 자연히 이른바 "나뉘면 음과 양이 되며, 다시 나뉘면 사계절이 되고, 진열하면 오행이 된다"라는 방식으로 전개되며, 이것은 저절로 우주의 생성변화론에 속한다. 그러나 "하늘"의 "인간"에 대한 작용은 주로 "하늘"과 "인간"이 공동으로 갖춘 "음양"의 기초와 그 자연생성변화의 현상을 통하여 표현되어 나오므로 "하늘에는 음과 양이 있고, 사람에게도 음과 양이 있다. 천지의 음기가 일어나면 사람의 음기도 그와 응하여 일어난다. 사람의 음기가 일어나면 천지의 음기도 역시 마땅히 그와 응하여 일어나니 그 도는 한결같다"라고 하였다. 이것은 "하늘"과 "인간"이 존재의 속성상에서의 공동적 기초로 드러날 뿐만 아니라, "하늘"이 "인간"에게 작용하는 주요한 방식의 표현이기도 하며, 이것은 곧 이른바 "천인감응天人感應" 혹은 "음양감응陰陽感應"설이

65) 董仲舒 著, 鍾肇鵬 主編, 『春秋繁露校釋』, 「爲人者天」, 第702쪽.
66) 董仲舒 著, 鍾肇鵬 主編, 『春秋繁露校釋』, 「堯舜不擅移, 湯武不專殺」, 第498쪽.

다. 실제로 이러한 모든 감응과 작용은 우선 "하늘"이 "인간"에 대해 말하는 것이며, 또한 "하늘"이 "인간"에게 부여한 규범과 인도의 표현이다. 이 하나의 기초에서 그 결론은 자연적으로 이른바 "사람이 사람다운 사람이 됨은 하늘에 근본하니, 하늘도 사람의 증조부曾祖父이다"라는 말이 되며, 이에 이어서 "하늘이 백성을 태어나게 함은 왕을 위한 것이 아니며, 하늘이 왕을 옹립함은 백성을 위함이다"라고 하였다. 분명히 동중서도 이러한 우주생성변화와 천인(음양)감응의 방식을 통하여 유학이 "하늘"에 대한 신앙화의 논증을 완성하였을 뿐만 아니라, 동시에 천인감응과 음양감응의 형식을 통하여 소시민 백성에 대한 안무按撫와 임금에 대한 경고와 감시의 작용을 완성하였으며, 마지막으로 또한 이른바 "하늘이 백성을 태어나게 함은 왕을 위한 것이 아니며, 하늘이 왕을 옹립함은 백성을 위함이다"라고 하였다. 여기서 "하늘"과 "왕"이 완전히 하나로 결합하여 "위민爲民"을 위하여 존재하게 되고, 이는 여전히 유가의 인본주의의 입장을 견지하고 있다.

앞에서 동중서로 대표되는 양한의 경학에 대한 구체적인 해독에서 필자는 이미 명확하게 우주생성변화인 하늘과 땅의 영원함을 통하여 현실 정권의 그 당시의 합리성과 아울러 결코 성립할 수 없음을 논증하려고 하였으며, 필자는 현재도 여전히 이러한 입장을 견지하였다.(당연히 역사적 발전도 이미 충분하게 이 점이 증명되었다.) 왜냐하면 우주천도의 영원함과 정권의 현실적 합리성은 완전히 서로 별개의 것이기 때문이다.(현대인이 보기에 특히 이와 같다.) 어떤 현실의 정권도 모두 우주천도의 영원함의 시각을 따라 자아의 그 즉시의 합리적 논증과 버팀목을 얻기는 불가능하다. 그러나 중국문화의 독특한 언어 환경에서 현실의 정권과 서로 비교하면, 도덕과 덕성은 틀림없이 일종의 초월적 존재이며, 덕성 그 자체도 확실하게 현실정권에게 일정한 합리적 근거를 제공할 수 있다. 그러나 도덕과 덕성 그 자체는 도리어 마찬가지로 우주천도의 영원함의 각도에서 논증과 설명을 얻을 수 있는 방법이 없다. 비록 중국문화의 언어환경에서 덕성의 근거는 마치 "하늘"에 영원히 있는 것과 같고, 아울러 영원히 자연현상을 통하여 그 자신의 의지와 심리의 향배를 표현할 수 있는 것 같지만, 이러한 덕성의 근거로서 "하늘"은 도리어 자연현상의 근원으로서의 "하늘"과는 결코 같지 않으며, 뒤에서 말한바 "하늘"은 실제로는 단지 "천지가 아직 분화되기 전" 혹은 "형체가 있는 것은 형체가 없는 것에서 생긴다"라는 말처럼 근원을 말한 것이며, 이것은 우주 근원에 대하여 그 궁극까지를 소급해 나가는 것이라고 할 수 있을 뿐만 아니라, 동시에 또한 천도의 생생함이 기본적 출발점이라고 할 수 있다. 그러나 이러한 소급이 장자가 노자의 "유有는 무無에서 나온다"라는 말에 대한 반복된 질문을 경과한 후에 있으며, 이미 근본적으로 이러한 소급의 의미를 해소하였다. 전자에 대해서는 분명히 이미 논리적 소급의 대상일 뿐만 아니라, 또한 영원히 논리적 소급 혹은 대상인지의 방식을 통하여 그 기본적 출발점을 확정할 방법이 없으며, 따라서 그것은 또한 단지 본체론적 의미를 가진 신앙대상만 될 수 있다. 신앙의 대상에 대하여 말하면 대상적 인지나 우주론적 소급은 막론하고 또한 이른바 이론적 논리의 추론일 수도 있지만, 또한 모두 착수한 것이 없다.

그렇다면 동중서의 우주천도사상은 결국 어떤 성질에 속하는가? 표현적으로 보면 그것은 틀림없이 일종의 우주생성변화론이며, 그것은 "천지의 기는 합해지면 하나가 되고 나뉘면 음과 양이 되며, 다시 나뉘면 사계절이 되고, 진열하면 오행이 된다"라는 방식을 통하여 특히 그것이 표현한 우주생성변화론의 특색을 나타낸다. 그러나 동중서가 표현하려는 사상은 오직 일종의 우주생성변화와 같은 영원한 사상인가? 분명히 아니다. 아래의 논증을 살펴보자.

왕이 된 사람은 마음을 바르게 하여 조정을 바르게 하며, 조정을 바르게 하여 백관을 바르게 해야 하며, 백관을 바르게 하여 만민을 바르게 하며, 만민을 바르게 하여 사방(세상)을 바르게 한다. 사방이 바르면 멀고 가까운 곳이 하나라도 바르지 않음이 없으며, 그리고 사악한 기운이 그 사이에서 간여함이 없어진다. 이런 까닭에 음양이 순조롭고 풍우가 때맞추어 일어나며 뭇 생명이 조화롭고 만민이 번성하고, 오곡五穀이 숙성하며 초목이 무성하며, 천지 사이가 윤택하여 대풍大豊으로 아름답고, 사해의 안에 성덕聖德이 널리 퍼져 모두가 몰려와서 신하가 되며, 여러 가지 복된 사물이 상서로움으로 나타나서 끝까지 이르지 않음이 없게 됨이 곧 왕도王道의 끝입니다.[67]

여기서 이른바 "왕이 된 사람은 마음을 바르게 하여 조정을 바르게 하며, 조정을 바르게 하여 백관을 바르게 해야 하며, 백관을 바르게 하여 만민을 바르게 하며, 만민을 바르게 하여 사방(세상)을 바르게 한다"라는 말은 이른바 우주생성변화의 현상에서 필연적으로 수반되는 결과인가? 분명히 아니다. 그러나 동중서의 언어환경에서 그것은 항상 모종의 말하지 않은 비유와 증명하지 않아도 스스로 분명한 성질을 가진 것 같다. 그렇다면 여기서 "정正"의 표준은 결국 어디서부터 오는가? 분명히 동중서의 입장에서 보면 그것은 원래 자연천도 가운데 포함되어 있으며, 오히려 직접적으로 스스로 만들어지는 자연성질의 천도天道 그 자체는 될 수 없으며, 단지 유가의 전통으로부터 또한 사람의 덕성으로부터 올 수 있다. 동중서에게 있어 이 점은 또한 유가전통 가운데 일찍이 이미 분명하게 증명된 요소인 것 같다. 따라서 낡은 『상서』 가운데 서주의 유학도 일찍이 이러한 방면의 요소를 분명하게 밝혔다.

백성은 가까이 할 수 있으나 백성을 하시下視해서는 안 된다. 백성은 나라의 근본이며, 근본이 공고하면 나라가 안녕하다.[68]

덕德에는 일정한 스승이 없으니 선善을 위주로 함이 스승이다. 선善에는 일정한 스승이 없으니 협심協心하여 한결같이 함이(스승이)다.[69]

황천皇天은 친함이 없으니 오직 덕이 있는 사람만 보우한다. 백성의 마음은 일정함이 없으니 오직 지혜智慧로운 사람을 따른다.[70]

---

67) 班固, 『漢書』(『二十五史』, 권1), 「董仲舒傳」, 第573쪽.
68) 『尙書』(吳哲楣 主編, 『十三經』), 「五子之歌」, 75쪽.
69) 『尙書』(吳哲楣 主編, 『十三經』), 「五子之歌」, 82쪽.

하늘은 아래 백성을 긍휼하게 여기며, 백성이 원하는 바를 하늘은 반드시 따른
다.[71]

하늘이 보는 것은 내 백성이 보는 것으로부터 하며, 하늘이 듣는 것은 내 백성이
듣는 것으로부터 한다.[72]

이것은 곧 덕성이며 또한 민심이고, "하늘이 보는 것은 내 백성이 보는 것으로부
터 하며, 하늘이 듣는 것은 내 백성이 듣는 것으로부터 한다"라는 말이다. 『상서』의
이러한 역사전통에서 우리는 또한 분명하게 볼 수 있는데, 이른바 "정正"의 표준은
곧 "천의天意"이며, 곧 "민심民心"이다. 그러나 양자의 통일과 그 구체적 표현은
또한 우리가 기금 현재에서 사람마다 자명한 "덕성"이다. 바로 이러한 원인 때문에
동중서의 우주생성변화론의 논증이 아무리 엉성하고 아무리 불합리하다고 하더라
도 모두 그 당시의 "뭇 유학자의 우두머리가 됨"과 "유학자의 조종이 됨"의 지위에는
결코 영향을 주지 않았다. 이것은 주로 그가 완전히 우주생성변화론의 방식으로
인류문명의 "민본"과 "덕성"을 논증한다는 의미를 포함하기 때문이다. 그리고
그는 극히 불합리하고 심지어 조잡한 논증 방식으로 또한 한유들의 "의미는 말
밖에 있다"라는 주요 관심을 확실하게 해석하였다. 이것은 바로 백성을 위하여
명령을 듣는 동시에 재이災異와 견고譴告의 방식으로 군주를 향하여 "시경示徼(경외감
을 나타냄)을 하려고 하였으며, 어느 정도로는 "그 임금을 바로잡았다"라는 주요
관심을 포함하고 있다. 이러한 의미에서 말하면, 동중서는 곧 국인國人(周族의 자유민)의
신앙체계를 자각적으로 형상화한 사람이다. 이것은 한유漢儒의 공적을 대표할 뿐만
아니라, 또한 동중서가 한대漢代에서 "교화"를 "정치"에 합하는 배경에서 이룩한
사상사적 공헌이다.

---

70) 『尚書』(吳哲楣 主編, 『十三經』), 「五子之歌」, 110쪽.
71) 『尚書』(吳哲楣 主編, 『十三經』), 「泰誓上」, 89쪽.
72) 『尚書』(吳哲楣 主編, 『十三經』), 「泰誓中」, 90쪽.

4. 해독과 이해의 교체와 순환

주공과 공자로부터 바로 동중서에 이르기까지, 유학은 세 가지 다른 역사적 형태를 거치는데, 정치 지도자의 이른바 정치실천의 유학, 자유사상가와 개체 인생의 일용적인 사상문화로서의 유학, 경학의 천도 신앙의 유학이라는 세 가지 다른 형태이다. 그렇다면 이러한 세 가지 서로 다른 형태를 통하여 우리는 장차 어떻게 유학의 구체적 발생과 그 역사발전을 설명해야 할까?

구체적 발생의 관점에서 볼 때, 만약 은殷·주周의 교체기 사회와 정치적 거대한 변화 그리고 서주의 정치위기가 없었다면, 아마도 문왕·무왕의 우환의식과 주공의 예악제작도 있을 수 없을지 모르며, 당연히 주공이 "상·하를 도덕으로 아우르며, 천하의 제후와 경卿·대부大夫·사士·서민庶民이 하나의 도덕 단체가 되도록 하였다"라는 실천과 노력을 할 수 없었을 것이며, 자연히 유儒 혹은 유학儒學을 말할 수도 없었을 것이다. 따라서 유학은 완전히 당시의 사회와 정치위기에서 생겨난 것이며, 이 점은 동시에 왜 후세의 유생들이 항상 현실의 사회·정치 문제에 대하여 영원히 떨어질 수 없이 조심하고 염려하는 마음을 품고 있는가를 해석할 수 있다. 근본적으로 말하면, 이것은 당연히 주로 유가의 인륜 현실의 주요 관심으로부터 결정된 것이며, 유학자의 인본주의 입장과 그 인문적 심정과 꼭 같으며, 또한 영원히 포기할 수 없는 것이다. 비록 이후의 역사 발전에서 유생이 전제황권의 탄압을 받을 때 "원둔遠遁"(조정으로부터 멀리 도피함)의 사상이 싹트기는 하였지만 모든 '은둔의 희망' 혹은 초택草澤(草野)에 머물며 민간에서 강학하기도 하였지만, 그러나 현실정치에 위기가 발생하면, 유생들은 언제나 제일 먼저 몸을 떨쳐 일어났다. 이러한 상황은 명대의 대유인 왕양명 본인에게서 가장 전형적인 모습을 찾을 수 있다.[73]

---

73) 예를 들면, 왕양명이 일찍이 劉瑾의 박해를 받은 것을 비롯하여 후일 張忠(1495~1552)과 許泰(생졸 미상)의 모함을 받았을 때 그는 모두 "늙은 아버지를 업고 도망"하여 조정으로부터 멀리 떠나 은둔하려는 생각을 하였지만, 寧王 朱宸濠가 藩亂을 일으켰을 때 각 지방관들이 한때 관망하는 태도를 보이니, 왕양명은 그 제자 鄒守益(1491~1562)과 아래와 같은 대화를 펼쳤다. "추수익이 '저들이 주신호를 따르며 제

그가 유근劉瑾(1451~1510)의 박해를 받았을 때 그는 "원둔遠遁"을 생각하였고, 이후에 또한 여러 번 「병을 요양하기를 비는 상소」(乞養病疏)와 「스스로 간절히 그만두기를 비는 상소」(自劾乞休疏)를 올렸으며, 가장 의미 있는 것은 주신호朱宸濠(1476~1521)가 번란藩亂을 일으켰을 때 왕양명은 뜻밖에도 자신의 "「고향으로 돌아가는 지름길」(便道歸省)과 「주신호의 반란을 다시 보고하는 상소」(再報濠反疏)를 같은 날 올렸는데" 마치 완전히 일종의 이른바 "몸은 그 일에 간여하지 않는다"[74]라는 마음상태를 나타내었으나, 진정으로 주신호의 번란을 평정한 사람은 도리어 왕양명 본인이었다. 이러한 상황은, 유학이 이미 현실의 사회정치적 위기 속에서 생겨났다면, 또한 반드시 사회정치와는 떨어지려야 떨어질 수 없는 연계가 있으며, 또한 유학자의 민본民本 정서도 또한 현실정치에 대한 주요 관심도 영원히 버릴 수 없도록 하였다는 것을 설명한다. 이 점은 바로 유학의 구체적인 발생과 형성에서의 특징이며, 또한 그 생명의 뿌리에서부터 가지고 있는 특징이라고 할 수 있다.

그렇다면 유학은 또한 어떻게 자신의 발전을 실현할 것인가? 실제로 유학은 이 구체적 발생과 형성에서의 특징이 동시에 그 발전의 방식과 기본 노선을 결정하였기 때문에, 총체적으로 말하면, 그 발전도 또한 마찬가지로 현실의 사회와 정치 위기가 촉진하여 실현된 것이다. 즉, 주공의 정치실천 유학에서부터 공자의 사상문화 유학에 이르기까지, 또 동중서의 경학 형태로 표현되어 나온 천도신앙의 유학까지 현실의 사회정치의 형세로부터 촉진되어 형성되지 않은 형태는 하나도 없으며, 마치 주공의 예악제작과 공자의 "(성인의 학문을) 기술하되 창작하지 않았다"라는 말과 동중서의 천인감응론과 재이 · 견고설처럼, 또한 현실정치의 추동 혹은 현실 정치형세의 핍박이 아닌 것이 하나도 없었기 때문에 비로소 이러한 형태가 이루어질 수 있었다.

후에 봉함을 바라는데 올바른 계책을 찾을 수 있겠습니까?'라고 하니 선생(陽明) 말 없이 한참을 지낸 뒤 '세상에 반란이 없어지도록 우리는 진실로 이와 같이 할 것이 다'라고 하였다. 추수익은 근심하고 두려워하며 한때 마음속에 생각했던 利害가 씻 어졌다."(王守仁, 『王陽明全集』, 「年譜」 2, 1263쪽)

74) 王守仁, 『王陽明全集』, 「年譜」 2, 1274쪽.

그러나 유학 발전의 구체적 방식에 대하여 말하면, 주로 해독과 해석의 교체와 상호침투와 순환을 통하여 실현되었다. 예를 들어 유학사로 보면, 서주의 문왕·무왕·주공과 같은 정치 지도자로 대표되는 정치실천의 유학은 본래 유학사의 전반에 대한 일종의 소급을 의미한다. 즉 아직 "유儒"라는 이름이 없던 이전의 중국 역사로 소급하는 것이 곧 이른바 "(성인의 학문을) 기술하되 창작하지 않았다"라는 말이다. 그러나 설사 그렇다고 하더라도 이러한 전사前史 단계의 유학은 실제로 곧 여전히 혹은 이미 앞사람이 해독하고 해석하여 나온 역사이다. 예를 들어 『상서』를 보면, 그것은 본래 유가의 가장 오래된 경전이며, 또한 중국 최고의 정부 문헌, 즉 삼대의 정부 문헌의 집성이다. 그리고 중국문자가 은상殷商시대에 형성된 정황으로 보면, 그때는 또한 근본적으로 『상서』와 같은 서사書寫 방식이 형성될 수 없었다. 이렇게 보면, 『상서』의 형성은 또한 오직 서주 정권이 성립된 이후로 한정되며, 또한 서주의 유학자들이 삼대의 역사 전설에 대한 해독과 종합이라고 할 수 있으며, 그 가운데 『주서周書』와 같은 문헌도 특히 이 점을 표현하였다. 그러나 서주의 유생들은 끝내 근거 없이 삼대의 역사와 전설을 창조할 수 없었으며, 또한 요·순에서 문왕·무왕·주공의 시대까지를 근거 없이 날조할 수 없었다. 따라서 단지 서주의 유생들이 근거한 전설傳說은 삼대 역사에 대한 일종의 해독과 정리라고 할 수 있으며, 『상서』에서 첫머리로 편집한 "만약 요堯임금의 옛일을 상고하면"과 "만약 순舜임금의 옛일을 상고하면"[75]이라는 말에서 분명하게 알 수 있으며, 이른바 "계고稽古"는 실제로 이미 후인들이 소급해서 나온 역사이다. 『상서』 「대고大誥」의 "주공이 재상에서 왕이 되었다"라는 말은 지극히 여전히 후세 유생의 해독과 해석일 수 있는데, 왜냐하면 그것은 이미 명확하게 "주공이 재상에서 왕이 되었다"라는 말로 "주공이 천자의 자리를 이행하였다"라는 말을 외면하였기 때문이며, 따라서 또한 그것이 이미 주공의 섭정칭왕攝政稱王이라는 하나의 일을 기피하였음을 실명한다. 분명히 춘추전국 이후에야 비로소 있을 수 있는 일이다.

---

75) 『尙書』(吳哲楣 主編, 『十三經』), 「堯典」; 『尙書』(吳哲楣 主編, 『十三經』), 「舜典」, 65~66쪽.

이러한 모든 것은 이른바 『상서』는 하·상·주 삼대의 원시 문헌은 결코 아니며, 곧 공자의 말 그 자체에서도 그것은 이미 앞사람이 한 해독과 해석을 통하여 나온 상고시대의 문헌이다. 그리고 후일의 유생들에 대하여 말하면 『상서』와 『시경』은 단지 공자가 산정刪定하여 기술(刪述)하고 정리한 것에 불과한 것 같으며, 역사상 이른바 공자가 시서詩書와 예악禮樂을 산정하였다는 설은 또한 이러한 특징을 표현한 것이다. 이것은 서주의 유학이 생겨난 이후에 이미 삼대의 역사 전설과 정부 문헌에 대하여 진행한 체계적인 해독과 정리를 한 것임을 설명한다. 그 이후의 발전은 또한 반드시 끊임없는 해독과 해석을 추가하여 실현된 것이다. 이러한 관점에서 20세의 고사변파古史辨派가 견지한 중국 고대 역사의 "누층적으로 조성"된 설이며, 마땅히 일정한 도리가 있다고 할 수 있다. 그러나 우리가 직면한 상고시대의 문헌이 아마 확실히 고인의 끊임없는 해독과 해석을 통한 정리로부터 나왔다고 하더라도, 이것이 또한 중국 역사를 부정할 이유는 될 수 없다. 원인은 매우 간단하다. 비록 『상서』에 기록된 삼대 역사가 이미 고인들의 해독과 정리를 거쳤지만, 하지만 고인들도 어디까지나 터무니없이 날조할 수는 없었으며, 그 해독과 해석도 반드시 일정한 역사적 근거가 있다. 예를 들면 『역전』에 이미 기록되기를 "『역』을 지은 사람은 근심이 있었는가?"[76]라는 말이 있는데, 『역전』에는 이 말이 아마도 단지 공자(혹은 前人)의 추측성 해석일 수 있으나, 그러나 만약 우리가 『시경』에서의 "문왕이 말하기를 아! 그대 은나라여, 사람들이 또한 말하기를, '쓰러진 나무의 뿌리가 드러나면 가지와 잎은 상하지 않았더라도 뿌리는 실상 먼저 뽑혔다'라고 하였네. 은나라 거울은 먼 곳에 있지 않고, 하나라 말세에 있다네"[77]라고 한 말과 문왕이 막 석방되자마자 바로 가서 "낙서洛西의 땅을 헌납하고 주왕에게 가서 포락炮烙의 형벌을 그만두기를 청하였다"[78]라고 한 말을 연계하면, 특히 그것을 『일주서逸周書』에서 기록한 문왕이 비록 서주가 이미 상商을 극복하는 거대한 성공을

---

76) 『周易』(吳哲楣 主編, 『十三經』), 「繫辭下」, 58쪽.

77) 『詩經』(吳哲楣 主編, 『十三經』), 「大雅·湯」, 206~207쪽.

78) 司馬遷, 『史記』(『二十五史』, 권1), 「周本紀」, 12쪽.

얻었지만, 도리어 또한 서주 정권이 아직 하늘의 보우를 얻지 못하였기 때문에 "새벽까지 잠을 자지 않았다"(其明不寢)라는 정황으로 보면, 이른바 우환의식의 설은 또한 매우 분명하게 존재하였다. 따라서 비록 상고의 문헌이 확실히 이미 고인의 해독과 해석을 경과하였지만, 그러나 그 해독은 도리어 결코 전혀 근거가 없는 해독은 아니었으며, 또한 그 해석도 또한 역사적 근거가 전혀 없는 해석은 아니었다.

바로 우리가 마주한 역사 문헌은 이미 전인이 해독과 해석을 거친 문헌이기 때문에 따라서 상고 문헌의 이러한 특징은 또한 바로 중국 역사의 연속성과 그 사상발전 계속성의 통일을 나타내었다. 이른바 해독解讀과 해석은 전인前人이 고인古人이 겪은 경력의 역사적 사건을 새로운 역사적 조건에서 끊임없는 해독과 사상적 계승을 표현해 낸 것일 뿐만 아니라, 또한 전인이 고인이 경험한 사건의 사상적 가치와 현실적 의미에 대한 평가와 천발闡發을 나타낸 것이다. 즉 중국 역사의 연속성과 그 사상적 계속성은 또한 이러한 해독과 해석의 교체와 상호 침투 과정에서 생생불식生生不息의 발전 동력을 얻었다. 이 점에 대하여 말하자면, 중국의 상고 문헌에 표현된 해독과 해석이 교체하고 상호 침투하는 성질은 또한 바로 우리가 고대사상의 발전을 이해하는 데 하나의 열쇠를 제공하였다.

이 밖에도 우리가 오늘날 고인의 사상인식에 대한 관점에서 보면, 이러한 해독과 해석의 교체와 상호 침투의 발전 방식은 동시에 우리가 고대사상의 발전 방식을 이해하는 데 매우 좋은 모범적 예를 제공하였다. 예를 들면, "육예六藝"와 "육례六禮"의 관계에 대하여 한유들이 압도적으로 "육예"를 "육경六經"으로 불렀기 때문에 역사적으로 일찍이 존재하였던 "육예"와 "육경"의 서로 다른 내함과 그 관계에 대하여, 사람들은 "문육예文六藝"와 "무육예武六藝"로 그것을 병칭並稱하던지, 아니면 이른바 "대육예大六藝"와 "소육예小六藝"로 그들 사이에 포함하고 포함되는 관계를 가리켜 부르게 되었다. 이른바 "문육예"와 "무육예"라는 말은 자연히 사람들이 그것을 동시에 함께 존재하는 관계로 이해하기 때문에 또한 "문무文武의 도는 한 번은 엄격하고 한 번은 느슨한" 관계가 되었다. 이른바 "대육예"와 "소육예"의 논법은 또한 "육경"의 "대육예"가 "소육예"를 포함하며, "소육예"는 "대육예"의

지류 혹은 부분에 불과할 뿐임을 가리킨다. 이러한 현상에 대하여 현재 우리도 충분히 알 수 있으며, 사실 이것은 단지 진·한 대일통의 전제정권이 형성된 후 사람들이 그 내함內涵의 해독解讀과 그 관계에 대한 재인식과 재해석이 될 뿐이며, 도리어 그들 본래의 관계가 결코 아니다.

우리가 현재 파악하고 있는 인류학과 사회학의 지식으로 보면, 이른바 "육예"와 "육경"은 완전히 서로 다른 시대의 서로 다른 성질의 문명을 대표한다. 전자는 인류가 생존기능 방면의 진보와 발전을 대표하며, 후자는 유학이 형성된 이후의 역사상 유생이 삼대의 생존기능을 해독하고 해석하여 형성된 문헌 체계를 대표한다. 이 때문에 후자는 반드시 전자의 기초 위에 건립되어야만 비로소 형성이 가능하며, 곧 후자는 형성과 동시에 전자에 대한 해독과 해석을 대표한다. 그 상호 관계의 특징은 유가의 "활쏘기 예禮"를 완전한 덕성화로 해석한 한 가지 점이 곧 가장 전형적이다. 왜냐하면 『예기』의 해석을 참고하면, "활쏘기는 진퇴進退와 응접함이 반드시 예禮에 적중하며, 내면의 의지가 바르고, 외면의 몸체가 곧은 후에 활과 화살을 들고 예리하게 살펴야 하며, 활과 화살을 쥐고 예리하게 살핀 연후에 적중할 수 있으니 이로써 덕성을 살필 수 있다"[79]라고 하였다. 『예기』의 이러한 해석으로 보면, 이른바 활쏘기 예禮는 마치 모두 그 주체적 덕성에 있는 것 같으며, 그것이 적중할 수 있는가의 여부도 또한 기본적으로 그 주요 관심의 범위에 있지 않다. 이렇게 보면, 곧 "육예六藝"와 "육경六經"의 본래 관계에 나아가서 말하면, 오직 후자만이 전자의 기초 위에 건립될 수 있으며, 이것은 곧 『상서』와 같이 삼대 역사 전설의 해독과 정리에 대하여 반드시 문자 형성과 역사 전설의 기초 위에 건립되는 것과 같다.

그러나 사람들은 왜 "육예"와 "육경"의 형성에 대하여 "문육예"와 "무육예"를 병칭하거나 혹은 "대육예"와 "소육예"를 상호 포함의 인식을 형성하였는가? 이것은 완전히 오랜 기간 묻혀 있었기 때문에 조성된 것이다. 이러한 정황은 또한 마치

---

79) 『禮記』(吳哲楣 主編, 『十三經』), 「射義」, 594쪽.

우리가 서로 다른 거리에 있는 두 점을 가진 것과 같은데, 거리가 지나치게 멀기 때문에 그래서 흔히 우리의 시각으로 두 개의 병렬된 점이 같은 것으로 간주된다. 특히 그것들이 우리가 서로 다른 시간적 거리에 존재하고 있을 뿐만 아니라, 또한 인류문명 변화발전의 진행 과정에서 서로 다른 역사적 계단과 서로 다른 가치 체계에 있음을 알지 못한다. 왜냐하면 만약 생존기능의 시각에서 보면 "활쏘기"의 목적은 먼저 적중하는 데 있지 않으며, 또한 적중하기 위함이 바로 "활쏘기"와 같은 기능을 형성할 수 있었다. 그러나 만약 "활쏘기의 예禮"의 "덕성을 관찰함"의 해석을 참고하여 보면, 먼저 반드시 중시해야 할 것은 오히려 "내면의 의지가 바르고, 외면의 몸체가 곧음"에 있고, 적중함의 여부는 기본적으로 그 주요 관심의 범위에 있지 않았다.

　이런 관점에서 보면, 유학의 발전 변화의 역사는 어느 정도로는 역사상의 유학자들이 끊임없이 해독하고 해석한 역사라고 할 수 있다. 위에서 말하였듯이, 유학사에 대한 해독과 분류 가운데서 우리는 이미 될 수 있는 한 역사에 충실한 방식으로 유학이 생긴 뒤 바로 양한 경학까지를 세 개의 서로 다른 역사의 단계로 구분하였다. 이 세 가지 서로 다른 단계는 또한 그 형성 발전상에서의 특색이 유학의 기본 형태를 구성하였다. 예를 들면 문왕·무왕·주공을 대표로 하여 개창된 시대의 유학은 심지어 근본적으로 "유儒"라는 호칭이 없었으며, 그들은 또한 그들은 또한 유학의 발전을 위하여 제도 창조에 종사하지 않았다. 심지어 그들은 또한 근본적으로 "유儒"이다, "유儒"가 아니다 의 문제를 생각하지 않았으며, 그들이 가진 관심은 주로 어떻게 하면 현실의 사회와 정치 위기를 해소할 수 있는가에 있었다. 이 점은 문왕이 "천명을 받은 해에 왕을 칭하고 우虞나라와 예芮나라의 송사를 결단하였다"라는 말에서부터 유리羑里에 갇혀서부터 싹튼 깊고 깊은 우환의 식에 이르고, 다시 막 석방되어 "낙서洛西의 땅을 헌납하고 주왕에게 가서 포락炮烙의 형벌을 그만두기를 청하였다"라는 말에서 보면, 노가 또한 문왕의 유학자적 심정을 부인할 수 있겠는가? 그러나 문왕이 이러한 방면의 노력을 하였을 때 이런 것이 마땅히 유학자가 마땅히 해야 하는 언행이라고 생각하였을까? 분명히 이러한 문제는 근본적으로 문왕의 사고 범위에 있지 않았으며, 문왕도 이러한 문제를 사고할 수 없었으며, 그가 직면한 것은 먼저 곧 현실의 정치위기와 어떻게 하면 위기를 해소할 수 있는가의 문제였다. 무왕으로 말하면, 은상을 극복한 거대한 공을 이룬 후에 그는 천하에 군림하고, 부유함으로 온 세상을 가지는 영예로움으로 충만하였던 것이 아니라, 그의 일생 거의 60여 년간 본 것은 은상 왕조가 도리에 맞지 않은 짓을 하여 강산을 상실하는 역사였으므로, 따라서 서주의 정권이 "아직 하늘의 보우를 얻지 못함"이라는 깊고 깊은 우환에 충만하였고, 아울러 이 때문에 밤새 생각하여 "모든 것이 밝아질 때까지 잠을 자지 않았다." 누가 또한 이것이 유학자가 반드시 갖추어야 할 일종의 우환의식이 아니라고 하겠는가? 따라서 무왕도 마찬가지로 이른바 "유儒"이다, "유儒"가 아니다 의 문제를 생각할 수 없었다. 주공에 이르면, 결국 일찍이 "천자의 자리를 이행함"으로 섭정칭왕攝政稱王하거나 후일의 사람들이 "재상으로 왕이 되었다"라는 말이 있음을 막론하고, 오직 『회남자』에 기록된 "성왕이 장성하자 주공은 도적圖籍과 정사를 돌려주고, 북면하여 왕을 모시고 신하로서 섬겼다. 청한 후에 일하고, 복명한 후에 시행하며, 독단적으로 방자한 뜻이 없었으며, 거만한 기색도 없었다"라는 말로 보면, 결코 일반인이 할 수 있는 일이 아니다. 그리고 사마천이 기록한 주공이 아들 백금이 떠나기 전에 훈계하기를 "나는 문왕의 아들이자, 무왕의 동생이며, 성왕의 숙부이니, 나는 세상에서 결코 천한 사람이 아니다. 그러나 나는 한 번 머리를 감다가도 세 번 머리 다발을 움켜쥐고 달려 나갔고, 한 번 식사하다가 세 번 음식물을 뱉어내면서 일어나 인사人士를 기다리면서도 오히려 천하의 현명한 인재를 잃을까 걱정했다. 네가 노나라로 가게 되면 근신하며 나라를 가졌다고 사람들에게 교만하게 굴지 않도록 하여라"라고 한 말도 또한 같은 의미를 포함하고 있다. 여기서 오직 그 "한 번 머리를 감다가도 세 번 머리 다발을 움켜쥐고 달려 나갔고, 한 번 식사하다가 세 번 음식물을 뱉어내면서 일어나 인사人士를 기다리면서도 오히려 천하의 현명한 인재를 잃을까 걱정했다"라는 마음 상태로 보면 결코 일반적인 왕공이나 대인이 할 수 있는 일이 아니다. 그러나 주공과 같은 사람도 "유儒"이다, "유儒"가 아니다 의 문제를 생각하지 않았을 뿐만 아니라, 또한 결코 오직 이러해야만 비로소 세상 백성을 우롱愚弄할 수 있다고 생각하지 않았으며, 당시의 사회와 정치위기 때문에 그는 근본적으로 이러한 문제를 사고할 만한 시간과 공간이 없었다. 당연히 세상의 부유한 왕으로서 그들은 진실로 은의 주왕과 같이 주지육림酒池肉林에 도취할 수는 있었지만, 그것은 또 다른 문제, 즉 중국 역사는 반드시 새로 써야 하는 문제이다.

바로 이런 의미에서 볼 때, 우리는 비로소 서주의 정치 지도자들이 개창한 유학을 정치실천 형태의 유학이라고 부른다. 이 문제에 대하여 우리가 일찍이 경험한 "중국철학의 합법성 토로"처럼, 진정으로 성장하고 있는 중국철학은 절대 이른바 "합법성"의 토론에 참여할 수가 없다. 그러나 그 성장 자체는 도리어 곳곳에서 나타나고 있으며, 아울러 중국철학이 결국 합법한가 합법하지 않은가의 문제를 증명하는 데 있으며, 진실로 이른바 "복숭아와 자두나무는 말을 하지 않아도, 그 아래에는 저절로 길이 생긴다"라는 말처럼 본래부터 하나의 행동에 의해 이루어진 문제이다. 그러나 문왕·무왕·주공에 대하여 말하면 그들의 당시의 마음 상태는 아마도 왕양명이 자기 자신을 공자 당시 "불안하고 황급함"과 같이 연결하여 해독하고 해석한 것과 같을 것이다.

이 때문에 매번 백성이 곤경에 빠져 있음을 생각하면, 그 때문에 슬프고 마음이 아파서 자신이 모자라는 사람임을 잊고서, 이것(良知學)으로 그들을 구하려고 생각하니, 또한 스스로 그 역량을 알지 못하는 사람입니다. 세상 사람들은 저의 이와 같은 모습을 보고, 비록 함께하지만, 비웃지 않으면 비난하고 배척하며 미쳐서 판단력을 잃은 사람으로 여길 뿐입니다. 오호라! 이것이 어찌 근심스럽지 않겠습니까? 제가 바야흐로 병으로 아픔이 막다른 처지에 탐의 비웃음(非笑)을 따질 겨를이 있겠습니까? 사람은 진실로 그 부모나 자식, 형제가 깊은 연못에 빠진 것을 본다면 소리쳐 부르며 기어가서 신발을 벗고 옷을 벗어시, 벼랑에 매달려 그것을 아래로 늘어뜨려서 잡아당기려고 할 것입니다. 사인士人은 그것을 보고 그 곁에서 서로 더불어 담소하고 읍하며 겸양하며, 그 예모禮貌인 의관을 버리고 소리쳐 부르짖고 넘어지고 엎어지는 모습을, 병으로 미쳐 판단력이 마비

된 사람이라 생각합니다.…… 만약 거기에 아버지 · 자식 · 형제의 사랑이 있는
사람이라면 진실로 원망함이 글에 달하여 미친 듯이 온 힘을 다하여 뛰어가서
기어서 다가가 구하려 하지 않은 사람이 없을 것이다. 저들은 장차 물에 빠지는
재앙도 상관하지 않는데, 하물며 미쳐서 판단력을 잃었다는 비난을 상관하겠으
며, 또한 하물며 타인의 믿음과 불신을 구하는 것을 상관하겠습니까?[80]

옛날 공자 당시에 어떤 사람은 그가 아첨꾼이라고 비난하고, 어떤 사람은 그가
언변만 좋은 사람이라고 비난하였으며, 어떤 사람은 그가 현명하지 않다고 폄훼
貶毀하였고, 그는 예를 알지 못한다고 비판하였고, 단지 동쪽 집의 공구孔丘(평범한
사람)라고 모욕하였으며, 어떤 사람은 질투하여 그를 방해하였고, 어떤 사람은
그를 미워하여 죽이고자 하였다. 신문晨門과 하괴荷蕢의 무리는 모두 당시에는
현사賢士였지만, "이 사람은 그것이 불가능한 줄 알면서도 하다니! 비루하고,
경직되었도다! 안 되는 것을 알았다면 여기서 그만두어야 할 뿐이다"라고 하였
다.…… 그러나 공자는 마치 길에서 잃어버린 자식을 찾듯이 정신없이 바쁘게
움직이며, 앉은 자리가 따뜻해질 겨를도 없었던 것이 어찌 탐들이 나를 알아주고
나를 믿어 주기를 바라고 하였겠습니까?[81]

왕양명이 여기서 밝힌 것은 사실 후일 그의 제자가 된 섭문울聶文蔚에게 "자사 ·
맹자 · 주렴계周濂溪 · 정호程顥가 서로 천년을 두고 서로 만나 자신들의 학문을 세상
사람 모두가 믿도록 하기보다는, 차라리 진실로 한 사람에게서 믿음을 얻는 것보다
못하다"[82]라고 한 문제에 대한 분명한 회답이다. 그리고 왕양명에 대하여 말하면,
이것은 근본적으로 한 사람의 믿음과 불신의 문제가 아니라, 우선 스스로가 이와
같이 하지 않을 수가 없다는 문제이다. 서주의 문왕 · 무왕 · 주공의 정치적 실천
형태의 유학으로 말하면, 우리는 대체로 이와 같이 이해할 수 있다. 정치 지도자의
신분과 그 실천의 풍격으로 갖춘 마음과 손이 서로 수반함과 지행합일의 특징에

---

80) 王守仁, 『王陽明全集』, 「答聶文蔚」, 80쪽.
81) 王守仁, 『王陽明全集』, 「答聶文蔚」, 81쪽.
82) 王守仁, 『王陽明全集』, 「答聶文蔚」, 79쪽.

대해서는, 여기서 다시 토론할 필요는 전혀 없다. 이러한 정신에 근거하여 비로소 공자의 삼대 역사전설에 대한 해독과 해석이 있게 되었으며, 또한 비로소 『시』・『서』 예악과 같은 기본적인 유가경전이 있게 되었다.

공자로 대표되는 사상문화의 유학과 그 특징에 대하여 서주의 정치실천의 유학과 서로 비교하면, 주로 "지위가 있음"과 "지위가 없음" 그리고 "때를 만남"과 "때를 얻지 못함"의 구별에 있다. 바로 공자가 "지위가 없고" 또한 "때를 만나지 못하였기" 때문에 따라서 그는 단지 "(성인의 학문을) 기술하되 창작하지 않았다." 그러나 바로 "(성인의 학문을) 기술하되 창작하지 않았기" 때문에 한편으로 공자가 "기술記述"을 "창작"으로 삼을 수밖에 없었으며, 이른바 공자를 대표로 하는 사상문화의 유학도 또한 오로지 이것으로 학설을 세웠다. 다른 한편으로 공자는 "지위가 없을" 뿐만 아니라 또 "때를 만나지 못하였기" 때문에 도리어 필부 개인의 사람다운 사람의 정신적 시각에서 유학이 유학답게 되도록 하는 명확한 징청澄淸(淨化) 역할을 하였으며, 아울러 보고 듣고 말하고 행동함과 일거일동一擧一動에서 실현을 진행하였으며, 이것은 바로 "유儒"의 자각을 가질 뿐만 아니라, 또한 "군자유君子儒"의 방향을 형성하였다. "인"과 "예禮"의 상호 보충과 내외의 상호 지지支持로 말하면, 또한 군자인격의 구체적 표현이 되었다. 따라서 서복관은 "공자가 개벽한 내재적 인격세계로부터 인류의 무한한 융합과 향상의 기회를 개방하였다"[83]라고 하였다. 공자가 "시詩・서書와 예禮・악樂을 산정하고, 역전易傳의 서序를 정하고, 춘추를 지었다"라는 말은 또한 모두 사상문화의 관점에서 삼대문화의 체계를 정리하고 종합한 표현이다.

그리고 동중서를 대표로 하는 양한의 경학도 비록 유가의 사람다운 사람이 되는 "교화"와 대일통 정권의 "정치"의 두 번째 결합이었으나, 한대 통치자가 본래 이른바 "패도와 왕도가 섞임"을 지도사상으로 삼았기 때문에 "오경박사를 설치함"으로 말하면, 결국은 그것을 빌려서 외관을 장식하기 위한 통치도구에 불과하며, 따라서 통치자의 권력 주체로서 보면, 그것은 본래 진실한 합작의 기초가

---

83) 徐復觀, 『中國人性論史』, 61쪽.

되기에는 부족하며, 따라서 그 쌍방이 결합을 의미하는 "정교합일政敎合一"이 서주西周와 같은 작용을 발휘하기에 어려운 운명으로 정해져 있다. 그러나 비록 그렇다고 해도, 동중서는 여전히 그 우주생성변화론과 재이·견고설로 적극적 응답을 진행하려고 하였다. 이것은 쌍방 합작인 "정교합일"로서 유학은 항상 그 진정성을 잃지 않았다. 오직 그 진정성이 지나치게 황권의 지지를 얻게 되었을 때 곧 "마땅히 죽임"을 만난 후에 "조칙으로 사면함"의 방식으로 처리하였으며, 이에 동중서도 "결국 다시 재이를 감히 말하지 못하였다."[84]

동중서의 "재이·견고설"에 대하여 지난 연구에서는 흔히 신도神道를 설교說敎하는 성질 때문에 그것을 노동인민에 대한 이론으로 간주되었는데, 곧 주로 노동인민을 속이기 위하여 이러한 논법이 있게 되었다는 뜻이다. 그 철학의 "신학목적론"의 성질 규정도 이로부터 형성되었다. 실제로 만약 우리가 열심히 그 "재이·견고설"의 제의를 분석하면, 그것은 본래 한무제의 책문에 대응하기 위한 것임을 알 수 있으며, 또한 오로지 한무제의 "천명과 본성"에 대한 질문을 겨냥해서 비로소 재이·견고 방식의 회답이 있게 되었으며, 따라서 곧 "폐하께서 덕음德音을 내시고, 밝은 조서를 내리시어 천명天命과 본성을 구하심은 모두가 어리석은 신들이 할 수 있는 일이 아닙니다. 신이 삼가『춘추春秋』를 살펴본 것 가운데, 전대에 행해진 일을 보고, 그것으로써 '하늘과 사람의 상관관계'(天人相與之際. 이하 天人關係로 표시)를 살펴보니, 심히 두렵습니다. 나라에 장차 도道를 잃은 패망敗亡이 일어나려 하면, 하늘은 이에 먼저 재이災異로써 허물을 깨우쳐 줍니다. 그래도 자성自省할 줄 모르면 또 괴이한 이변을 나타내어 놀라고 두렵게 하며, 그래도 변화할 줄 모르면 이에 좌절과 실패가 이르게 합니다. 이로써 천심天心이 인군人君을 인애仁愛 하여 그 혼란을 멈추게 하려 함을 알 수 있습니다"라는 말이 있게 되었다. 그리고 "인군人君을 인애仁愛하여 그 혼란을 멈추게 하려 함을 알 수 있습니다"라는 말의 근본 목적은 동중서의 "재이·견고설"이 완전히 대일통의 전제정권의 "난정亂政"을 겨냥하여

---

84) 班固, 『漢書』(『二十五史』, 권1), 「董仲舒傳」, 576쪽.

제출된 것임을 설명하며, 그들이 견지한 "『춘추』의 대법은 사람은 임금을 따르고, 임금은 하늘을 따른다.…… 그러므로 백성을 굽히고 임금을 펼치게 하며, 임금을 굽히고 하늘을 펼치게 한다.…… "[85]라는 말과 이른바 "하늘이 백성을 태어나게 함은 왕을 위한 것이 아니며, 하늘이 왕을 옹립함은 백성을 위함이다. 그러므로 그가 덕이 있어 족히 백성을 안락하게 하는 자에게 하늘이 그에게 그것(王位)을 부여하며, 그가 악하여 백성을 해치는 자는 하늘이 그것을 빼앗았다"[86]라고 한 말들이 모두 분명하게 "천의"와 "민심"을 대표하여 통치자들에게 제출한 건의이며, 이른바 "세 획을 긋고 그 가운데로 연결하여 왕王이라고 하였다. 세 획은 천天·지地·인人이며, 그 가운데를 연결한 것은 그 도道를 통함이다"[87]라고 한 말도 마찬가지로 "천의"와 "민심"을 관통하여 중간 고리로 "왕"의 지위를 확립해 주는 것이다. 따라서 피석서를 포함한 사람들이 모두 분명하게 알았으니, "당시의 유학자들은 임금을 지존으로 여겼지만 두려워 기피함이 없었으며, 하늘의 모습을 빌려서 경외감을 표시하였고, 마치 그 임금이 덕을 잃은 자가 있으면 몹시 두려워하고 수양하고 반성하는 것과 같이 하였다. 이것은 『춘추』가 원元으로 천하를 통치하고, 천하를 통치함이 군주의 의義였으며, 또한 『역』은 신도神道로 가르침을 베푸는 뜻이다. 한유들은 이에 근거하여 그 임금을 바로잡았다.…… 비록 주周나라 선왕宣王이 재난을 만나서 두려워하는 것과 똑같지는 않지만, 몸을 기울여 수행하고, 또한 군신 간에 서로 경계하고 교훈을 남겼다. 이것이 또한 한나라 때에 공자의 가르침을 실행한 하나의 증거이다"[88]라고 하였다.

학문적 원리의 관점에서 볼 때 동중서의 음양오행론은 물론 그 재이·견고설은 이론적으로는 모두 지나치게 엉성하고, 또한 이론적 논증의 철저함과 합리성을 결코 갖추지 못하였다. 그러나 일단 유학자 개인의 입신출세의 기본 원칙에 입각하

---

85) 董仲舒 著, 鍾肇鵬 主編, 『春秋繁露校釋』, 「玉杯」, 48쪽.
86) 董仲舒 著, 鍾肇鵬 主編, 『春秋繁露校釋』, 「堯舜不擅移, 湯武不專殺」, 498쪽.
87) 董仲舒 著, 鍾肇鵬 主編, 『春秋繁露校釋』, 「王道通三」, 732쪽.
88) 皮錫瑞 著, 周宇同 注釋, 『經學歷史』, 69쪽.

면, 동중서의 회답도 또한 분명히 설득력이 있다. 동중서는 "무릇 인仁한 사람은 그 도리(誼)를 바르게 하고 이익을 도모하지 않고, 그 도를 밝히되 그 공을 헤아리지 않습니다. 이 때문에 공자의 문하에서는 다섯 척 동자도 오백五伯(다섯 霸主. 夏의 昆吾, 殷의 大彭과 豕韋, 齊桓公, 晉文公)을 일컫기를 부끄러워하는데, 이들은 먼저 사술詐術과 폭력을 행한 뒤 인仁과 의誼를 말합니다. 진실로 요사스러운 술법만 행할 뿐이기 때문에 대군자의 문하에서는 일컫기에도 부족하였습니다"[89])라고 하였다. 이와 같은 언사는 공손홍과 같은 "곡학아세曲學阿世"의 유학이 제출할 수 있는 것은 결코 아니다. 따라서 동중서로 대표되는 양한의 경학은 이론적으로 표현된 "우주생성변화론"은 물론 이른바 "재이 · 견고설"도 그 이론이 철저한가와 합리적인가의 여부는 전적으로 같은 일이며, 그것이 유학자 개인이 "천의"와 "민심"에 대한 신앙으로 표현되는 것은 또 하나의 같은 일이다. 동중서의 철학은 실제로는 "천의"와 "민심"의 시각으로 자연계의 재이 현상에 대하여 내린 해독과 해석이다. 이 해독은 물론 해석도 모두 먼저 대일통의 전제정권을 겨냥한 것이며, 소민小民인 일반 백성을 겨냥한 것을 결코 아니다.

5. 유학 발전의 회고와 전망

필자가 알 수 있는 인류문명 가운데, 아프리카, 아시아 및 유럽은 세 가지 서로 다른 인류문화의 영역이다. 이 세 가지 다른 구역의 문명은 실제로 또한 흑인黑人 · 황인黃人 · 백인을 대표로 한다. 현대 서양 인류학의 견해에 의하면 지구상의 모든 인종은 10만 년 전 한 사람의 아프리카 여성의 염색체에서 기원한다. 대략 5만(다르게는 10만 년으로 말한다.) 년 전에, 가장 먼저 아프리카를 떠난 일부분이 아시아 정착을 완성하였고, 또한 베링해협을 건너서 북아메리카 정착을 완성하였으며, 이것이 곧 오늘날의 황색인종을 형성하였다.(당연히 또한 臺灣海峽을 건너 오세아니아

---

89) 班固, 『漢書』(『二十五史』, 권1), 「董仲舒傳」, 576쪽.

지역도 포함한다.) 대략 3만 년 전(혹은 더 일찍이) 또 한 부분의 아프리카인이 지중해를 통과하여 계속 북상北上하였으며, 끝내 유럽 정착을 완성하였으며, 유럽은 한대寒帶지역에 가깝기 때문에 오늘날의 백색인종을 형성하였다.

필자는 결코 인류학자가 아니며 또한 각종의 서로 다른 문화에 인류학적인 설명을 하려는 것도 아니지만, 그러나 인류학과 관련된 성과를 참고로 우리는 어떤 인종이 문화상에서의 인류학적 특성이 있는가를 더욱 명료하게 알 수 있다. 예를 들면, 아프리카인은 인도인을 포함하여 모두 손가락으로 밥을 먹는 데 습관이 되어 있으며(식사 도구를 사용하지 않는 것은 완전히 자연스러운 방식이다.), 아시아인들은 젓가락을 사용하여 음식을 먹는 것에 습관이 되어 있으며(극히 간단한 도구를 사용하는 것은 자연스러운 겉모습을 가지고 있을 뿐만 아니라 동시에 일정한 인문 혹은 문명적 특징을 나타낸다.), 유럽인은 나이프와 포크로 식사를 하며(이것은 이른바 인류문명의 발전과 그 도구화의 산물을 나타낸다.), 이러한 특징들은 비록 지리 환경 방면에서 온 결정과 형상화 작용을 결코 배제하지 않을 뿐만 아니라, 또한 마찬가지로 인류학 혹은 인종학의 요소도 배제할 수 없다. 한 걸음 더 나아가 유럽인의 과학 인식능력이 발달하면서 자연을 정복하고 자연을 개조하는 방면에서의 열망이 매우 강렬하고 그 성과도 매우 현저하였다. 그러나 사람의 자연적 천성의 방면과는 상실하거나 멀어짐도 또한 마찬가지로 가장 멀리 나갔다.(그 추상적 부호화된 문자의 표현도 또한 이 특징을 나타낸다.) 이와 반면, 아프리카인은 자연을 인식하고 개조하는 방면에서의 진보는 가장 느린 것 같아서, 거의 아무런 진보의 흔적이 보이지 않는다. 그러나 이는 인간의 자연 천성을 유지하는 데서는 도리어 특별히 좋은 조건을 가지고 있다고 할 수 있다. 예를 들면, 아프리카인들은 음악·체육 방면의 재능은 아마도 다른 인종과는 근본적으로 비교가 안 되는데, 왜냐하면 아프리카인은 항상 사람과 동물이 나란히 존재하는 환경에서 생활하기 때문이며, 따라서 자연을 인식하고 개조하는 방면에서의 낙후는 사실 바로 그 자연 천성이 보존된 구체적 표현이다.(손가락으로 밥을 먹는 것과 완전 자연화, 현지에서 재료를 취하여 활과 화살을 만드는 기술은 특히 자연 천성을 유지하는 방면의 특징을 나타낸다.) 만약 동등한 조건 아래의 아프리카인과 유럽인을 원시의 밀림 속에 두면,

아마도 오직 아프리카인만 더 잘 살 수 있을 것이다. 문명이 발달한 유럽인은 아마도 근본적으로 밀림의 환경에 적응할 수 없을 것이다.(당연히 현대에서 자연에 대한 지식과 탐험의 방면에서는 마침 또한 유럽인들이 가장 앞장 서 있지만, 그러나 그것은 곧 도구의 제조를 전제로 한다. 그들에게도 또한 맨 처음 표현된 것이 자연을 인지하고 개조하는 능력이 있었다. 따라서 이 세 가지 계통의 인종 가운데 아프리카인과 유럽인이 양극단에 있다고 할 수 있으며, 당연히 모두 각각의 영역에서의 장단점이 있다.)

　　그러나 중국을 주체로 삼고 대다수를 점하고 있는 아시아인들은 도리어 모든 면에서 중화中和와 중용中庸의 기질을 보이는 것 같다. 전하는 바로는, 옛날 황제黃帝가 천하를 통일하였을 때, 곧 "토덕土德의 상서祥瑞가 있어 황제黃帝라고 불렀기"[90] 때문에, 토덕 자체가 중화의 덕을 나타내고 또한 흙의 색깔이 곧 아시아인이 황색인종과 대응한다는 것을 전혀 몰랐다. 그러나 만약 중국인의 시각으로 아시아인의 생활을 보면, 곧 아프리카인은 단지 즉각적卽刻的으로 생활한다고 느끼는데, 즉 이른바 그날그날 살아가면, 진취심이 매우 부족해진다. 그러나 만약 중국인의 시각으로 유럽인의 대상인지와 공구 제작 및 과학연구를 평가하면 중국인들은 대개 또한 매우 가치가 없다고 느낄 것이며, 특히 이른바 물질에 빠져서 의지를 잃어버림(玩物喪志)에 빠졌으며, 따라서 자신의 인생에 매우 미안해할 것이라고 염려할 수 있다. 인류의 공통성과 그 발전방향에 대하여 말하면, 중국인은 한편으로 당연히 아프리카인의 "천지와 내가 공생하며, 만물과 내가 한결같다"[91]라는 말에 충분히 동의할 수 있다. 그러나 다른 한편으로 중국인은 또한 유럽인의 과학 인식과 그 이성적 전통을 이해할 수 있는데, 도구를 만들어 자연을 개조함에 따라 인류의 복지를 만족시키는 것을 포괄한다. 그러나 중국인의 모든 노력은 우선 반드시 인생의 가치와 의미의 향상에 따라야 하는 것 같으며, 또한 반드시 "나"의 현재의 인생에 충분히 이바지할 수 있어야 하며, 이것은 곧 중국인의 주체적 정신과 그

　90) 司馬遷, 『史記』(『二十五史』, 권1), 「五帝本紀」, 1쪽.
　91) 『莊子』(郭慶藩 編, 『莊子集釋』), 「齊物論」, 88쪽.

구체적 지혜의 표현이다. 따라서 비록 중국인도 자연을 인지하고 도구를 만들 수 있지만, 자연을 인지하거나 도구를 만드는 것과 상관없이 모두 반드시 "나"의 현재의 인생에 이바지해야 하며, "나"의 주체적 정신의 요구에 이바지해야 한다. 순수한 도구와 맹목적 자연개조는 이른바 순수하고 또 순수한 지혜를 포괄하며, 이것은 근본적으로 중국인의 시야 안에 있지 않으며, 어떻게 자연을 이용하여 "나"의 가치를 실현하고 "나"의 인생 의미를 실현할 것인가가 곧 중국인이 가장 중시하는 요소이다. 20세기의 80년대에 중국 청년들은 양자강 최고의 래프팅 열기(熱氣, Boom)를 형성하였는데, 실제로 만약 미국인이 장강 급류타기(rafting)를 격발(激發)하지 않았다면, 대개 중국인은 "나는 다른 사람을 평가할 겨를이 없다"라는 말로 이러한 흥취에 대하여 대답할 수 있지만, 그러나 당시에 양자강 최고의 래프팅 열정이 형성된 까닭은 곧 중국인의 문화적 주체정신을 잘 드러내었다.

　중국인의 이러한 문화적 주체정신은 주로 유·도 두 학파의 긴장감 있는 서로 다른 추구에 집중되어 있으며, 사실 근본적으로 말하면, 또한 사람의 "몸"과 "마음" 양면에 집중되어 있다. 이제 유·도 두 학파의 서로 다른 인생 태도를 살펴보자.

　자공이 타인을 비교하기를 좋아하자, 공자는 "단목사端木賜(자공)는 현명하구나! 나는 그럴 겨를이 없는데"라고 하였다.[92]

　오리의 다리가 비록 짧더라도 이어붙이면 우환이 되고, 학의 다리가 비록 길더라도 자르면 아픔이 된다. 그러므로 본성이 긴 것은 자르면 안 되며, 본성이 짧은 것은 이어붙여서도 안 되니, 근심을 없애는 바가 아니기 때문이다.[93]

---

92) 『論語』(吳哲楣 主編, 『十三經』), 「憲問」, 1300쪽. 공자의 이러한 견해는 유가가 한결같이 자신의 사적인 이익만 추구하는 것이 결코 아니며, 공자가 "옛날의 학자는 자신을 위한 공부를 하였고, 지금의 학자는 남을 위한 공부를 한다"(『論語』[吳哲楣 主編, 『十三經』], 「憲問」, 1300쪽)라고 한 말과 합쳐서 보면, 이러한 출발은 사람다운 사람이 되는 것은 나로부터 시작될 뿐만 아니라 동시에 또한 오직 진정한 "자신을 위한" 공부여야 비로소 진정한 "남을 위한" 공부가 될 수 있다는 말이다.
93) 『莊子』(郭慶藩 編, 『莊子集釋』), 「駢拇」, 350쪽.

여기에서 전자는 공자의 "자공이 남을 비교함을 좋아함"에 대한 직접적인 반응이며, 이른바 "나는 그럴 겨를이 없다"라는 비판도 주로 자공에게 먼저 자아의 신심과 본성의 문제에 집중하기를 깨우친 데 있다. 만약 맹자가 이 현상에 직면하게 된다면 이것은 또한 "자신의 밭은 버려두고 남의 밭을 가꾼다"[94]라는 말에 불과하다. 후자는 완전히 자연천성에 대한 장자의 열망과 존중을 나타내며, 당연히 사람의 자연천성에 대한 존중도 포함하며, 따라서 그는 또한 항상 일종의 "인위人爲로 자연을 손상하지 않는다"[95]라는 태도를 견지하였다.

최근 1세기 전 바야흐로 5·4운동의 바람이 중국의 대지를 몰아칠 때, 양수명梁漱溟(1893~1988) 선생은 일찍이 「동서문화와 그 철학」(東西文化及其哲學)이라는 제목으로 북경대학에서 강연하였으며, 그 가운데서 문화의 세 가지 방향을 제시하였는데, 즉 중국·인도·서양은 각각의 서로 다른 인생 향로를 표현하였다고 보았다. 양 선생은 서양문화는 한뜻으로 앞으로 나아가고, 인도印度문화는 한뜻으로 뒤로 가며, 중국문화는 앞을 향하지도 않고 뒤를 향하지도 않으며, 측면의 길로 향해 간다고 보았다. 이것은 물론 문화적인 직관이며, 일종의 직관적 견해로, 구체적으로 말하면 또한 주로 다음과 같은 세 가지 서로 다른 추구 방향을 나타낸다.

> 본래의 방향: 바로 온 힘을 다해 구하려는 물건을 얻는 것이며, 그의 요구를 만족시키기 위한 방법을 찾은 것이며, 바꾸어 말하면 분투적 태도이다. 문제에 부딪히면 모두 전면에 나가 손을 쓰는 것이며, 이렇게 손쓰는 결과가 곧 상황을 개조하는 것이며, 우리의 요구를 만족시킬 수 있게 하는 것이며, 이것이 생활 본래의 노선이다.[96]

---

94) 『孟子』(吳哲楣 主編, 『十三經』),「盡心下」, 1429쪽.
95) "北海若이 말하기를 '소나 말이 네 발이 있는 것을 天이라고 하며, 말의 머리에 굴레를 씌우고 소의 코뚜레를 한 것을 人이라고 한다. 그러므로 인위로 자연을 해치지 말고, 고의로 천명을 해치지 말고, 得意(만족하여 뽐냄)를 위해 이름을 해치지 말라. 삼가 지켜서 잃지 않음을 일러 그 眞性으로 돌아간다'라고 하였다."(『莊子』[郭慶藩 編, 『莊子集釋』],「秋水」, 648쪽)
96) 梁漱溟, 『東西文化及其哲學』(商務印書館, 2008년판), 61쪽.

중국인이 특별히 가진 그의 노선과 태도는 서양인과는 다르며, 곧 그가 나아가는 바가 제1조에서 요구하는 노선과 태도는 결코 아니다. 중국인의 사상은 안분安分·지족知足·과욕寡慾·섭생攝生이며, 결코 물질적 향락을 제창하지 않으며, 도리어 또한 인도印度의 금욕사상도 결코 없다.(승려 도사가 결혼하지 않음과 고행을 숭상함이 인도문화의 모방이며, 중국 본래의 것은 아니다.) 상황이 어찌 되었든, 그가 모두 만족하고 안주할 수 있을 뿐만 아니라, 결코 이러한 국면을 개조하기를 요구하는 것을 부정하는 것은 아니다.…… 97)

인도 사람들은 서양인과 다른 행복을 요구할 뿐만 아니라 중국인과도 다른 분수를 지키는 데 만족하며, 그것은 이러한 생활을 벗어나기 위해 노력하는 것이다. 앞을 향하는 것도 아니며, 중간을 유지하는 것도 아니며, 방향을 바꾸어 뒤로 향하는 것이며, 곧 우리가 말하는 바 제3조의 노선이다.98)

양수명 선생의 이러한 구분은 한편으로는 당연히 그 당시 시야에 제한을 받았으며, 동시에 양 선생의 흥미가 주로 불교에 있었기 때문에 그는 불교로써 인도인의 인생행로를 대표하였다. 실제로 인도인의 "돌이켜 뒤를 향함"은 극히 아프리카인의 자연문화와 아시아인의 자연 이용의 주체성 문화와 충돌하고 서로 격발하여 생긴 산물일 가능성이 있다. 그러나 만약 우리가 양 선생의 이러한 견해를 참조한다면, 여전히 중국문화의 주체적 정신과 자연에 임하는 중화中和의 품격을 볼 수 있을 것이다. 만약 중국문화의 주체적 정신이 유가로부터 주요 역할을 담당하였다고 한다면 그 중화의 품격은 흔히 도가의 자연회귀의 방식을 통한 비판과 반성 및 견제를 통하여 실현된 것이다.

이러한 시각에서 우리는 다시 한 번 유학의 형성과 발전 및 그 흐름을 살펴보자.

서주의 문왕·무왕·주공이 정치 지도자의 신분과 그 인류 실천의 방법으로 유학의 형성을 선언하였을 때 그 본래의 목적을 말하면, 당연히 당시 직면한 정치적

---

97) 梁漱溟, 『東西文化及其哲學』, 72쪽.
98) 梁漱溟, 『東西文化及其哲學』, 72쪽.

위기를 해소하기 위함이었으나 "상·하를 도덕으로 아우름"의 방법과 그가 성취한 예악문명은 중국문화가 외재적 초월과 외향적 숭배로 흐를 가능성을 근본적으로 배제하였으며, 왕국유가 "중국정치와 문화의 변혁은 은·주 교체기에 가장 극적이었다"[99]라고 한 것은 대개 이것을 가리켜 한 말이며, 혹은 적어도 이 방면의 함의를 포함하고 있다. 그러나 서주의 예악문화가 곧 "상·하를 도덕으로 아우름"의 방식으로 실현되었기 때문에 이와 같은 중대한 변혁은 한편으로는 중국문화의 인륜 실천의 주요 관심으로 편중됨을 결정하였고, 동시에 중국의 독특한 인륜의 모범과 시범적 문화양식을 형성하였으며, 이러한 모범과 시범적 양식은 한편으로는 그 인륜 실천의 주요 관심에 반드시 편중될 필요가 있었으며, 곧 정치 지도자로서 또한 반드시 인륜의 모범과 시범적 작용을 해야 하였으며,[100] 동시에 이른바 정치 지도자도 반드시 외향적 초월성의 숭배를 배제한 후의 대체품의 작용을 충분히 감당할 수 있어야 한다. 이것 또한 중국 역사에서 줄곧 제왕을 "성상聖上"이나 "성천자聖天子"라고 부른 원인이며, 역사적으로 제왕에 대한 평가는 실제로 인륜 표준과 시범적 작용을 만족시키는 표준이 되는가이다. 이처럼, 또한 중국의 정치와 문화는 아마도 영원히 "덕성"과 "덕치"의 포대기를 벗어날 방법이 없도록 결정한 것 같다. 왜냐하면 외향적 초월성의 숭배를 배제하고 나면 인간의 왕권도 감독할 수 없는 지위에 있게 되며, "덕성"과 "덕치" 그리고 도덕적 모범은 이미 외향적 초월성의 숭배를 대신하였다면, 그것은 또한 일정한 감독의 책임을 담당하지 않을 수 없다. 따라서 중국 정치 지도자의 "덕치"의 품격은 인생 신앙의 대체품 작용을 감당하였을 뿐만 아니라, 또한 반드시 인륜의 모범과 시범성의 작용을 일으켰다.

서주의 정치 지도자가 개척한 인륜 실천 유학의 특색은 정치 지도자의 품격으로

---

99) 王國維, 『殷周制度論』(『觀堂集林』 제2책), 451쪽.
100) 공자는 이러한 인륜의 모범과 시범적 작용을 강조하여 "그 자신이 바르면 명령하지 않아도 행하고, 그 자신이 바르지 않으면 비록 명령해도 따르지 않는다"라고 하였으며, 또 "진실로 그 자신을 바르게 한다면, 정치에 종사함에 무슨 문제가 있겠는가? 자신을 바르게 하지 못하면 남을 어떻게 바로잡겠는가?"(『論語』[吳哲楣 主編, 『十三經』], 「子路」, 1294·1295쪽)라고 하였다.

삼았기 때문에 그 영향도 사상 유파의 범위를 훨씬 뛰어넘었으며, 어떤 의미에서는 중국인들이 한결같이 동의하는 일종의 집단 무의식이 되고, 혹은 국인國人들이 광범위하게 인정하는 정치적 Paradigm(유형)이라고 할 수 있다. 이제 이러한 인륜의 모범과 시범성의 작용이 이후 제자諸子 사상에서 어떻게 표현되는가를 살펴보자.

초나라 영왕靈王이 가는 허리를 좋아하였기 때문에 영왕의 신하들은 모두 하루 한 끼만 먹고 절식했고, 숨을 모두 내쉰 후 혁대를 졸라매고 담장을 잡고서야 일어날 수 있도록 허리가 가늘어지도록 힘썼다. 이렇게 일 년이 지나자 조정에는 암황색과 검은 얼굴이 조정에 가득 찼다. 이것은 무슨 까닭인가? 임금이 그것을 좋아했기 때문에 신하들이 그렇게 하였다. 옛날 월나라 구천句踐은 용감한 사인士人을 좋아하여, 신하들을 훈련시켰고, 그에 화답하였다. 한번은 배에 불을 질러놓고 사인들을 시험하여 말하기를 "월越나라의 보물이 모두 여기에 있다"라고 하고, 월왕이 친히 북을 치며 사인들을 독려하였다. 사인들이 북소리를 듣고 분분히 흩어져 어지럽게 나아가 불 속에 뛰어들어 죽은 사람이 대략 백여 명이나 되었다.[101]

하늘이 이 백성을 생겨나게 하고, 먼저 지각한 사람이 뒤에 지각한 사람을 깨우치게 하고, 먼저 깨우친 사람이 뒤에 깨우친 사람을 깨우치도록 하였다.[102]

월越나라 왕이 용기를 좋아했기 때문에 백성들이 많이 죽음을 가볍게 여겼으며, 초楚나라 영왕靈王은 허리가 날씬한 미녀를 좋아했기 때문에 나라에는 밥을 굶는 여자들이 많아졌다. 제齊나라 환공桓公은 질투심이 많아 내시內侍를 좋아하였기 때문에 수조竪刁는 스스로 거세하여 내시를 다스렸으며, 환공이 맛있는 음식을 좋아했기 때문에 역아易牙는 자기 아들의 머리를 삶아 임금에게 올렸다. 연燕나라 왕 자쾌子噲는 현명한 사람을 좋아하였으므로 (國相인 子之에게 禪讓하려 하였으나) 자지子之는 나라를 물려받지 않겠다고 밝혔다. 그러므로 군주가 싫어함을

---

101) 『墨子』(『諸子集成』 제4책), 「兼愛中」, 66~67쪽.
102) 『孟子』(吳哲楣 主編, 『十三經』), 「萬章上」, 1400쪽.

보이면 신하들은 진실을 숨기고, 군주가 좋아함을 보이면 신하는 능력 있는 것처럼 꾸민다.[103]

여기서 우리는 이미 이러한 사례들을 구체적으로 분석할 필요는 없지만, 그러나 그 하나의 공통점은 정치권력이 제창한 모범과 시범성의 역량을 통과하는 데 있었다. 서도 다른 점은 초나라 영왕 본인은 반드시 허리가 가는 사람에 속하였고 따라서 뭇 신하들이 힘껏 모방하고 다투어 서로 본받으려고 하였다. 한비는 완전히 전제권력의 요구와 나타난 의사를 통하여 이 점을 실현하려고 하였으며, 따라서 "수조豎刁는 스스로 거세하여 내시를 다스림"과 "역아易牙는 자기 아들의 머리를 삶아 임금에게 올렸다"라고 하는 인간들의 기행奇行이 일어났다. 당연히 여기서 맹자가 이른바 "먼저 지각한 사람이 뒤에 지각한 사람을 깨우치게 하고, 먼저 깨우친 사람이 뒤에 깨우친 사람을 깨우치도록 하였다"라고 한 말은 "비림비공批林批孔"에서 그에게 부여한 의미는 결코 아니며, "성인이 먼저 내 마음이 함께 그러함을 얻을 뿐이다"[104]라는 말에 불과하다. 즉, 중국문화에는 이른바 "계시啓示"를 얻어서 "선지先知"인이 되는 것은 결코 존재하지 않는다.

유학 발전의 두 번째 형태는 곧 공자를 대표로 하는 사상문화의 유儒이다. 이 단계에서 유학은 그 신분의 작을 실현하였을 뿐만 아니라 또한 공자가 이미 "지위가 없음"과 또 "때를 얻지 못함"의 특수한 경우에서조차도 그는 오직 "기술"을 "창작"으로 할 수밖에 없다고 결정하였고, 따라서 그는 삼대 문화에 대한 정리와 계승 및 종결자일 뿐만 아니라 또한 그 자신이 "지위가 없음"과 또 "때를 얻지 못함"의 구체적 환경에 처하였기 때문에 그는 또 단지 "필부"의 신분으로 삼대의 문화적 성과에 직면할 수밖에 없었다. 이렇게 되면 공자의 사상도 또한 두 가지 서로 다른 지향점을 나타내었다. 그 하나는 곧 "필부"의 신분으로 문왕·무왕·주공의 정치문화 유산에 직면하였으며, 그가 드러낸 것은 또한 중국의 정치원칙에

---

103) 韓非, 『韓非子』(『諸子集成』 제5책), 「二柄」, 28~29쪽.
104) 『孟子』(吳哲楣 主編, 『十三經』), 「告子上」, 1409쪽.

대한 규명糾明이 되었다.

> 정사를 베풂에 덕으로써 하니 비유하면 북두칠성과 같이 자기 위치에 자리를
> 잡고 있고 뭇 별들이 그것을 둘러싸고 있는 것과 같다.[105]

> 정령으로써 인도하고, 형벌로써 다스리면, 백성은 (법적인) 처벌을 면하려고만
> 하고 부끄러움을 모른다. 덕으로써 인도하고 예禮로써 다스리면 부끄러움도 있고
> 품격도 있다.[106]

> 위에서 예를 좋아하면 백성을 쉽게 부릴 수 있다.[107]

> 그 자신이 바르면 명령하지 않아도 행하며, 그 자신이 올바르지 않으면 비록
> 명령해도 따르지 않는다.[108]

> 진실로 자기 자신을 바르게 하면 정치를 하는 데 무슨 문제가 있겠는가? 자기
> 자신을 바르게 하지 못하면, 남을 어떻게 바로잡겠는가?[109]

이 모든 논조는 기본적으로 모두 분석이 전혀 필요 없는 원칙에 속하며, 앞의
두 조항에서 "정사를 베풂에 덕으로써 함"에서 "덕으로써 인도하고 예禮로써 다스리
면 부끄러움도 있고 품격도 있다"라는 말까지는 곧 유가의 덕치와 예교사상에
대한 규명糾明이며, "위에서 예를 좋아하면 백성을 쉽게 부릴 수 있다"라는 말에서부
터 "그 자신이 바르면 명령하지 않아도 행하며, 그 자신이 올바르지 않으면 비록
명령해도 따르지 않는다"라는 말과 그리고 "자기 자신을 바르게 하지 못하면,

---

105) 『論語』(吳哲楣 主編, 『十三經』), 「爲政」, 1261쪽.
106) 『論語』(吳哲楣 主編, 『十三經』), 「爲政」, 1261쪽.
107) 『論語』(吳哲楣 主編, 『十三經』), 「憲問」, 1302쪽.
108) 『論語』(吳哲楣 主編, 『十三經』), 「子路」, 1294쪽.
109) 『論語』(吳哲楣 主編, 『十三經』), 「子路」, 1295쪽.

남을 어떻게 바로잡겠는가?'라는 말까지는 유가 인생의 모범작용과 시범성 정치에 대한 구체적 설명이었다. 바로 이러한 관점에서 볼 때, 공자야말로 이른바 "만약 주나라를 계승한 자라면 비록 백세百世가 지나도 알 수 있다"라고 명확하게 단언할 수 있었다.

공자사상의 두 번째 지향은 마찬가지로 "필부"의 신분으로 전개되었지만, 정치에 직면한 것이 결코 아니라, 삼대 이래의 중국문화와 그 자신으로부터 말미암아 형상화하고 아울러 도덕을 기초로 하는 군자의 인격에 직면한 것이었다. 그리고 공자의 입장에서 보면, 그는 곧 도덕인격으로써 삼대 이래 문화의 문제에 직면하였다.

예禮로다 예로다 하는데, 그것이 단순히 옥玉과 비단을 말하겠는가? 음악이라 음악이라 하는데, 종이나 북을 말하겠는가?110)

사람으로서 인仁하지 않으면 예는 무슨 소용인가? 사람으로서 인하지 않으면 악樂은 무슨 소용인가?111)

인을 행함은 자신으로부터인가 아니면 타인으로부터인가?112)

삼군에서 장수를 빼앗을 수 있지만, 필부에게서 그 의지는 빼앗을 수 없다.113)

도道에 뜻을 두고, 덕德에 근거하며, 인仁에 의지하고, 예藝로 노닌다.114)

하夏나라의 시간時間(冊曆)을 행하며, 은나라의 수레를 타고, 주나라의 면류관을 쓰며, 음악은 (순임금의) 소韶와 무舞를 즐겼다.115)

---

110) 『論語』(吳哲楣 主編, 『十三經』), 「陽貨」, 1310쪽.
111) 『論語』(吳哲楣 主編, 『十三經』), 「八佾」, 1263쪽.
112) 『論語』(吳哲楣 主編, 『十三經』), 「顔淵」, 1290쪽.
113) 『論語』(吳哲楣 主編, 『十三經』), 「子罕」, 1283쪽.
114) 『論語』(吳哲楣 主編, 『十三經』), 「述而」, 1275쪽.
115) 『論語』(吳哲楣 主編, 『十三經』), 「衛靈公」, 1303쪽.

삼베로 만든 예모를 쓰는 것이 예인데 지금은 치純(검은색 명주, 緇와 같음)를 쓰니, 이는 검소한 것이니 나는 군중群衆을 따르겠다. 대청 아래에서 절하는 것이 예인데 지금은 대청 위에서만 절을 하니 이는 교만함이다. 비록 군중群衆의 뜻과 어긋나더라도 나는 대청 아래에서 절하는 방법을 따르겠다.116)

위에서 기술한 어록들은 이전에 대체로 모두 인용된 적이 있으며, 함의도 비교적 솔직담백하다. 그러나 우리가 이러한 어록들을 한데 모았을 때, 공자사상의 창조와 그 문화의 담당 정신을 분명하게 알 수 있다. 먼저 이른바 "옥玉과 비단을 말하겠는가?"와 "종이나 북을 말하겠는가?"라는 말은 당연히 그 "예禮"의 심층적 질문을 나타낸다. 이른바 "사람으로서 인仁하지 않으면 예는 무슨 소용인가?"라는 말과 "악樂은 무슨 소용인가?"라는 방식의 일깨움은 명확하게 "인"을 "예"의 근본적 근거의 차원으로 놓은 것이다. 이른바 "인을 행함은 자신으로부터"라는 말과 "필부에게서 그 의지는 빼앗을 수 없다"라는 말과 "도道에 뜻을 두고, 덕德에 근거하며, 인仁에 의지하고, 예藝로 노닌다"라는 말들은 곧 "군자유" 혹은 군자인격의 형성과정과 구체적 형성방법이다. 그리고 "하夏나라의 시간時間(冊曆)을 행하며, 은나라의 수레를 타고, 주나라의 면류관을 쓴다"라는 말과 "군중을 따름"과 "군중과 어긋남"을 포함하여 "(대청) 아래에서 절함"과 "(대청) 위에서 절함"의 사이에 짐작과 선택은 또한 완전히 "군자유"의 일종인 "인仁을 행함"의 표준이라고 할 수 있다. 따라서 공자도 명확하게 단언하여 "문왕이 이미 세상을 떠났지만, 문물이 나에게 있지 아니한가?"117)라고 말할 수 있었다. 그리고 가장 중요한 점은 공자가 "인"을 내재적 근거로 삼았고, 삼대 문화를 범위로 삼았고, 또한 "인을 행함은 나로부터 함"의 방식을 상천上天이 개체에게 부여한 신성불가침의 권력으로 삼았고, 따라서 "군자유"의 개체인격의 형상화를 완성한 데 있다.

유학의 세 번째 형태는 동중서를 대표로 삼고 천인감응을 특징으로 하는 경학형

---

116) 『論語』(吳哲楣 主編, 『十三經』), 「子罕」, 1280쪽.
117) 『論語』(吳哲楣 主編, 『十三經』), 「子罕」, 1280쪽.

태이다. 양한의 경학은 진실로 물론 이데올로기, 즉 이른바 국가의 지도사상 방식으로 역사의 무대에 출현하였으나, 그 뿌리는 도리어 모두 공자가 이른바 "군주유"의 기초 위에서 건립되었다.(東漢 유생의 "氣節" 추구도 실제로는 군자적 인격이 추락하여 小節과 細行에서 전문적으로 표현된 것이라고 할 수 있다.) 그리고 그 지향하는 것은 완전히 "천의"와 "천자"를 형식으로 삼아 표현되는 "민심" 즉 유가의 도덕이성 혹은 도덕신앙이다. 이와 같이 유학은 실제로 일종의 인생신앙의 형태가 되었다. 자연히 이러한 과정에서 동중서가 음양오행과 재이·견고를 끌어들이고 마지막으로 또 참위학讖緯學으로 추락함에서부터 고문경학이 자구의 훈고 때문에 번쇄한 지식 고증에 도취되어 하나의 장구학章句學으로 넘쳐흐르게 된 정황으로 보면, 자연히 모두 한유의 부족함을 표현한 것이다. 다만 그 이론적 논증의 부족과 신앙의 면면하고 심원함은 여전히 공자의 "군자유"의 정신을 표현하고 있다. 동중서의 아래 진술을 살펴보자.

> 무릇 인仁한 사람은 그 도리(誼)를 바르게 하고 이익을 도모하지 않고, 그 도를 밝히되 그 공을 헤아리지 않습니다. 이 때문에 공자의 문하에서는 다섯 척 동자도 오백五伯(다섯 霸主, 夏의 昆吾, 殷의 大彭과 豕韋, 齊桓公, 晉文公)을 일컫기를 부끄러워하는데, 이들은 먼저 사술詐術과 폭력을 행한 뒤 인仁과 의誼를 말합니다. 진실로 요사스러운 술법만 행할 뿐이기 때문에 대군자의 문하에서는 일컫기에도 부족하였습니다.[118]

양한 경학은 또 동중서의 이 한마디 명언으로 인하여 그의 "군자유"의 가저家底(家産)를 분명하게 드러내었다. 왜냐하면, 그가 시종일관 "그 도리(誼) 곧 의義를 바르게 하고 이익을 도모하지 않고, 그 도를 밝히되 그 공을 헤아리지 않습니다"라는 정신을 견지하였기 때문에 비로소 진정으로 그의 인생신앙인 도덕이상의 근거와 인문적 주요 관심의 지향점을 드러내었다. 이러한 관점에서 볼 때 이른바 재이·견고로부터 초래된 참위讖緯의 가득 참과, 자구의 훈고로 말미암아 초래된 번쇄한 장구는

---

118) 班固, 『漢書』(『二十五史』, 권1), 「董仲舒傳」, 576쪽.

모두 마땅히 자신의 발전에서 바로잡고 보충해야 할 요소이다. 그러나 당시 조정의 부패와 사풍士風의 교만하고 과격함으로 말미암아 양한의 경학은 현학玄學의 청담淸談에 일패도지一敗塗地하였으며, 다시 불교의 공관空觀에도 패하였으며, 따라서 중국 본토의 유·도 두 학파는 함께 삼교병립三敎竝立 논쟁의 소용돌이로 빠져들어 갔다.

이로부터 인도에서 전래한 불교와 중국 본토의 유·도 두 학파의 약 천 년간 인연의 합류 및 융합과 상호작용을 하였고, 유학은 삼교융합의 기초에서 거듭 다시 일어날 때를 기다려서 주자朱子를 대표로 하는 천리론天理論이 유가도덕이성의 보편적 주요 관심과 그 전면적 실현의 일면에 치중하여 규명하였으며, 왕양명을 대표로 하는 양지설良知說을 도덕이성의 개체적 실현과 그 "시간에 구애받지 않고 옳음을 알고 그름을 안다"라는 도덕판단과 도덕선택의 일면에 치중하여 규명하였다. 도덕이성의 보편적 전개와 도덕이성의 개체적 실현은 실제로 유학이 형성된 이후의 두 번째 천 년 동안의 중대한 발전을 대표하고 있다. 애석하게도 사람들은 주朱·왕王의 시비를 흥미진진하게 여기는 것이 아니면, 서양의 대상과의 인지이성에 대한 비교로 한때의 우열優劣에 도취하고 있다. 유학이 수천 년을 통하여 축적하여 형성한 도덕인격은 오히려 사람들의 조롱과 비판의 대상이 되었다. 이것이 바로 왕양명이 조소했던 그런 것으로 "자기 집의 수많은 재산을 버리고 이 집 저 집 대문을 따라 밥을 빌어먹는 거지처럼 지낸다"[119]라는 현상이다.

실제로 근대 중국으로 보면 주자학은 물론 양명학도 도덕이성의 보편적 전개와 또한 도덕이성의 개체적 실현이며, 사실은 모두 중화민족의 현대화가 추구하는 극히 귀중한 정신적 유산이며, 또한 우리가 향하는 현대문명의 중요한 정신적 양식이다. 그러나 사람들이 주·왕의 시비에 매달릴 때, 흔히 자신의 선입견 때문에 본래 서로 다른 차원의 정신 추구를 억지로 동일한 차원으로 강제로 억압하여 이른바 이것이 아니면 저것의 선택을 진행하였고, 이것이 곧 전통 정신의 두 가지 상처를 초래하였다. 유가의 도덕이성으로 말하면, 그것은 본래 사회의 정치 위기에

---

119) 王守仁, 『王陽明全集』, 「詠良知四首示諸生」, 790쪽.

서 형성되어, 군자의 인격으로 실현되고, 또 강하고 용맹한 군주 권력을 만나서 일종의 천도와 인생 신앙으로 격양되었으며, 이에 따라 실제로 중국인의 정신세계를 대표하고 있다. 그러나 유학의 역사발전 중에 또한 도덕이성의 서로 다른 시대적 상황 때문에 또한 그 서로 다른 돌출적 편중과 서로 다른 정신적 집중을 형성하였으며, 이것이 곧 그것이 일종의 극대極大 포용성을 갖춘 입체적 구조로 표현되었다. 각 세대의 사상가들은 그 기본 정신에 근거하여 시대 문제에 대하여 대응하면서 아울러 어떤 측면을 부각하면서 동시에 흔히 다른 측면을 약화시키기도 한다. 예를 들면 주자학은 도덕이성의 보편적 확장을 부각할 때 반드시 도덕이성의 개체적 실현의 문제를 약화시켰으며, 왕양명은 도덕이성의 개체적 실현을 부각할 때는 동시에 반드시 그 보편적 확장의 문제를 돌볼 방법이 없었으나, 그렇다고 마땅히 피차가 서로 배척하며 피차가 질이 나쁜 이유가 되지는 않는다. 다만 우리는 전체적으로 유가의 도덕이성에 동의할 수만 있다면, 또 오직 우리가 입체적으로 유가의 도덕이상주의의 정신적 구조를 바로 세울 수가 있으려면, 정치실천의 유학은 물론 사상문화의 유학이든 혹은 천도인생 신앙의 유학이든 모두 서로 다른 중점을 두는 주자학과 양명학을 포괄하고 있으며, 또한 모두 우리의 현대화 추구에서 그 대체할 수 없는 작용을 발휘해 낸다.

마지막으로 우리는 유학의 역사적 발생학의 과제와 고별하고자 할 때, 필자는 한마디로 자신이 유학에 대하여 가지고 있는 가장 절실한 인지로 표현하고자 한다. 즉, 유학은 일종의 가장 비장한 인생(도덕) 이상주의의 사조이며, 비록 우리가 어둠에 빠져서 몸이 죄악에 빠질 수도 있지만, 그러나 우리가 영원히 억압할 수 없고, 또한 자신의 내심內心 깊은 곳에서 나오는 광명과 선량함에 대한 동경憧憬도 숨길 수도 없다. 비록 우리의 인생에 충만되어 있는 각종의 주관적 한계와 객관적 한계도 있지만, 누구도 우리의 진선진미盡善盡美의 이상인격에 대한 기대를 가로막을 수는 없으리니! 이것이 유가도덕 이상주의 추구의 요체이며, 또한 유학 3천 년 발전 역사가 드러내 보인 결론이다.

참고문헌(인용한 순서대로)

『左傳』, 吳哲楣 主編, 『十三經』, 國際文化出版公司, 1993년판.

『周易』, 吳哲楣 主編, 『十三經』, 國際文化出版公司, 1993년판.

『道德經』, 『諸子集成』 제三冊, 上海書店, 1986년판.

朱熹, 『朱熹集』, 四川敎育出版社, 1996년판.

黎靖德 編, 『朱子語類』, 中華書局, 1986년판.

王守仁, 『王陽明全集』, 上海古籍出版社, 1992년판.

李贄, 『焚書・續焚書』, 中華書局, 1975년판.

章學誠 著, 葉瑛 校注, 『文史通義校注』, 中華書局, 1985년판.

『孟子』, 吳哲楣 主編, 『十三經』, 國際文化出版公司, 1993년판.

張載, 『張載集』, 中華書局, 1978년판.

郭慶藩 編, 『莊子集釋』, 萬卷樓圖書公司, 2007년판.

『論語』, 吳哲楣 主編, 『十三經』, 國際文化出版公司, 1993년판.

司馬遷, 『史記』, 『二十五史』, 권1, 中國文史出版社, 2002년판.

呂不韋, 『呂氏春秋』, 『諸子集成』 제6책, 上海書店, 1986년판.

錢穆, 『論語新解』, 三聯書店, 2012년판.

牟宗三, 『中國哲學十九講』, 『牟宗三先生全集』 제29책, 聯經出版公司, 2003년판.

陸賈, 『新語』, 『諸子集成』 제7책, 上海書店, 1986년판.

徐復觀, 『中國經學史的基礎』, 『徐復觀論經學史二種』, 世紀出版集團, 2005년판.

程顥・程頤, 『程氏遺書』, 『二程集』, 中華書局, 1981년판.

朱熹, 『四書集註』, 嶽麓書院, 1985년판.

陳獻章, 『陳獻章集』, 中華書局, 1987년판.

『墨子』, 『諸子集成』 제4책, 上海書店, 1986년판.

陳來, 『古代宗敎與倫理—儒家思想的根源』, 三聯書店, 1996년판.

余英時, 『論天人之際—中國古代思想起源試探』, 中華書局, 2014년판.

李澤厚, 『由巫到禮釋禮歸仁』, 三聯書店, 2015년판.

班固, 『漢書』, 『二十五史』, 권1, 中國文史出版社, 2002년판.

韓非, 『韓非子』, 『諸子集成』 제5책, 上海書店, 1986년판.

陳立 撰・吳則虞 點校, 『白虎通疏證』, 中華書局, 1994년판.

『太平御覽』 第一冊, 中華書局, 1960년판.

房玄齡 等, 『晉書』, 『二十五史』, 권2, 中國文史出版社, 2002년판.

錢穆, 『先秦諸子系年』, 商務印書館, 2001년판.

陳士珂 輯, 『孔子家語疏證』, 上海書店, 1987年 影印版.

恩格斯,「勞動在從猿到人的轉變中的作用」,『馬克思恩格斯文集』제9권, 人民出版社, 2009 년판.

『淮南子』,『諸子集成』제7책, 上海書店, 1986년판.

『國語』, 徐元誥 撰, 王樹民·沈長雲 點校,『國語集解』, 中華書局, 2002년판.

趙在翰 輯, 鍾肇鵬·蕭文鬱 點校,『七緯』, 中華書局, 2012년판.

『尸子』,『二十二子』, 上海古籍出版社, 1986년판.

『太平御覽』제四冊, 中華書局, 1960년판.

『禮記』, 吳哲楣 主編,『十三經』, 國際文化出版公司, 1993년판.

王國維,『觀堂集林』, 中華書局, 1959년판.

劉述先,『理想與現實的糾結』, 吉林出版集團, 2011년판.

『四庫全書總目提要』,「周禮註疏」,『十三經注疏』上冊, 中華書局, 1980년판.

賈公彥,「序周禮廢興」,『十三經注疏』上冊, 中華書局, 1980년판.

『尚書』, 吳哲楣 主編,『十三經』, 國際文化出版公司, 1993년판.

黃懷信 等 撰, 黃懷信 修訂, 李學勤 審定,『逸周書彙校集注』, 上海古籍出版社, 2007년판.

『周禮』, 吳哲楣 主編,『十三經』, 國際文化出版公司, 1993년판.

『春秋左傳』, 吳哲楣 主編,『十三經』, 國際文化出版公司, 1993년판.

『荀子』,『諸子集成』제2책, 上海書店, 1986년판.

陸九淵,『陸九淵集』, 中華書局, 1980년판.

龐樸,『竹帛『五行』篇校注及研究』, 萬卷樓圖書有限公司, 2000년판.

牟宗三,『荀學大略』,『牟宗三先生全集』제2책, 聯經出版公司, 2003년판.

范曄,『後漢書』,『二十五史』, 권1, 中國文史出版社, 2002년판.

賈誼,『賈誼集·賈太傅集』, 嶽麓書社, 2010년판.

黃彰健,『周公孔子研究』, 學生書局, 1997년판.

丁爲祥,『學術性格與思想譜系―朱子的哲學視野及其歷史影響的發生學考察』, 人民出版社, 2012년판.

舒天民,『六藝綱目』, 中華書局, 1985年 影印版.

陳亮,『陳亮集』, 中華書局, 1987년판.

徐錫名,『周原甲骨文綜述』, 三秦出版社, 1987년판.

朱歧祥,『周原甲骨研究』, 臺灣學生書局, 1997년판.

胡厚宣·胡振宇,『殷商史』, 上海人民出版社, 2003년판.

楊寬,『西周史』, 上海人民出版社, 2006년판.

徐復觀,『中國人性論史』, 上海三聯書店, 1991년판; 2001년판.

辜堪生·李學林,『周公評傳』, 四川大學出版社, 2006년판.

王暉,『商周文化比較研究』, 人民出版社, 2000년판.

伏生,『尚書大傳』, 湖北崇文書局 光緒三年(1877)刻本.

『孝經』, 吳哲楣 主編,『十三經』, 國際文化出版公司, 1993년판.

郭齊勇 編,『儒家倫理爭鳴集―以"親親互隱"爲中心』, 湖北教育出版社, 2004년판.

890

郭齊勇 編, 『「儒家倫理新批判」之批判』, 武漢大學出版社, 2011년판.

郭齊勇 編, 『正本清源論中西一對某種中國文化觀的病理學剖析』, 華東師範大學出版社, 2014
  년판.

徐復觀, 『徐復觀雜文補編: 思想文化卷』 上, 中央研究院中國文哲研究所, 2001년판.

『詩經』, 吳哲楣 主編, 『十三經』, 國際文化出版公司, 1993년판.

『儀禮』, 吳哲楣 主編, 『十三經』, 國際文化出版公司, 1993년판.

戴震, 『戴震全書』, 黃山書社, 1994년판.

徐復觀, 『學術與政治之間』, 臺灣學生書局, 1985년판.

詹劍鋒, 『墨家的形式邏輯』, 湖北人民出版社, 1956년판.

方授楚, 『墨學源流』, 上海書店, 1989년판.

商鞅, 『商君書』, 『諸子集成』 제5책, 上海書店, 1986년판.

韓愈, 『韓昌黎全集』, 中國書店, 1991년판.

薛瑄, 『薛瑄全集』, 山西人民出版社, 1990년판.

錢新祖, 『中國思想史講義』, 『錢新祖集』, 臺灣大學出版中心, 2014년판.

徐復觀, 『中國思想史論集』, 臺灣學生書局, 1959년판.

馬非百, 『秦集史』, 中華書局, 1982년판.

何良俊, 『四友齋叢說』, 中華書局, 1959년판.

皮錫瑞 著, 周宇同 註釋, 『經學歷史』, 中華書局, 2011년판.

董仲舒 著, 鍾肇鵬 主編, 『春秋繁露校釋』, 河北人民出版社, 2005년판.

李澤厚, 『中國古代思想史論』, 人民出版社, 1986년판.

徐復觀, 『兩漢思想史』, 華東師範大學出版社, 2001년판.

劉述先, 『朱子哲學思想的發展與完成』, 臺灣學生書局, 1995년판.

皮錫瑞, 『經學通論』, 中華書局, 1954년판.

『中國儒學百科全書』, 中國大百科全書出版社, 1997년판.

李明輝, 『孟子重探』, 聯經出版公司, 2001년판.

錢穆, 『兩漢經學今古文平議』, 商務印書館, 2001년판.

『晏子春秋』, 『諸子集成』 제4책, 上海書店, 1986년판.

王充, 『論衡』, 『諸子集成』 제7책, 上海書店, 1983년판.

熊十力, 『熊十力全集』, 湖北教育出版社, 2001년판.

梁漱溟, 『東西文化及其哲學』, 商務印書館, 2008년판.

찾아보기

지은이 **정위상丁爲祥**

陝西 西安 사람으로, 철학박사, 섬서사범대학 철학과 교수, 중국철학전공 박사과정지도
교수, 중국철학회 이사, 중화공자학회·중국주자학회 상무이사, 중화공자학회 육상산분
회·왕양명분회 부회장, 貴陽孔學堂·紹興 王陽明研究院 학술위원으로 활동하고 있다.
중국철학을 연구한 이래, 이미 전공부분 저서 6권을 출판하였고, 그 가운데 중국의 고등
학교 인문사회과학 우수성과 부분에서 2등과 3등 상을 각각 1회 획득하였으며, 陝西省
철학사회과학 우수성과 2등 상을 2회 받았다. 연구 업적으로『哲學研究』,『中國哲學史』,
『北京大學學報』,『復旦學報』,『中國哲學季刊』(美國),『文化中國』(캐나다),『哲學與文化』
(臺灣) 등의 학술지에 170여 편의 논문을 발표하였다. 현재 국가사회과학기금의 중대 프
로젝트인 "송명도학의 핵심가치 연구"(宋明道學核心價值研究)와 귀주성 사회과학원이
기획한 중요 입찰 프로젝트인 "儒道 상호 보충(互補)과 그 가치관의 상호 支持" 등의
프로젝트를 진행하고 있다.

옮긴이 **손흥철孫興徹**

연세대학교 철학과에서 학사 및 석·박사 학위를 받고 중국 南京大學 哲學系 방문학자를
지냈다. 안양대학교 교양대학 교수, 한국국제대학교 교수, 율곡학회 회장을 역임하였고,
현재 중국 국제유학연합회(ICA) 제6기 이사회 이사, 中國 河南省 國際河洛文化研究會 해
외이사로 있다. 저서로『녹문 임성주의 삶과 철학』,『중국 고대사상과 제자백가』 등 5권
이 있고, 역서로는『이정의 신유학』(원제:『洛學源流』),『정현의 주역』(원제:『周易鄭氏
學闡微』) 등이 있다.『定本 與猶堂全書』 사업에 공동연구원으로 참여하였으며, 2015년
율곡학술대상을 수상하였다. 논문으로는「율곡의 경세론과 疏通의 정신」,「다산학의 재
조명을 위한 시론」,「인물성동이논쟁의 논거 분석」 등 국내외 100여 편이 있다.

옮긴이 **최해연崔海燕**

중국 延邊大學 정치학과(외국철학 전공)에서 석사학위를 받았고, 충남대학교 정치외교
학과에서 박사과정을 수료했다. 현재 연변대학 마르크스주의학원 교수로 재식 중이다.
논문으로는「이시다 바이간(石田梅岩)의 商人 윤리사상」,「대학생의 도덕규범 失態와 대
안 고찰」(大學生公德失范的現狀及對策思考) 등 10여 편을 발표했다.